KB157885

기 드 모파상(1850~1893)   오귀스탱 페이앵 페랭. 1888.

▲〈에트르타의 요동치는 바다〉 클로드 모네. 1883.

노르망디 해안 소도시 에트르타는 절벽이 유명하다. 모파상이 자유로운 어린시절을 보낸 곳으로 이때의 기억이 《여자의 일생》 등의 작품 배경이 되었다. 코끼리 바위라 이름붙인 사람도 모파상이다. 모네 등 많은 화가들의 작품에 등장하는 장소이기도 하다.

▶〈폭풍우가 지나간 에트르타 절벽〉 귀스타브 쿠르베. 1870.

▼반대편 아치 모양의 바위를 통해 바라본 에트르타 절벽

▲〈엡트강의 뱃놀이〉 모네. 1890. 상파울루미술관. 엡트강은 노르웨이 지베르니에 있는 강.

물을 사랑하고 센강의 연인이라 불렸던 모파상은 뱃놀이의 즐거움을 그린 단편을 많이 썼다. 파리 외각의 센강을 무대로 한 〈피크닉〉도 그런 작품이다. 그 안의 문장은 이 모네의 작품에 그려진 뱃놀이 풍경과 완전히 호응한다.

◀ 파리의 센강과 에펠탑 야경 파리에서 노르망디로 흐르는 센강은 모파상에게는 영혼의 강이다.

▲〈센 강변의 점심〉 가스통 발랑드. 1914.
19세기 프랑스에서는 들놀이나 뱃놀이 등의 오락이 서민 계급에 보급된다. 반짝이는 자연, 산들바람, 수면에 일렁이는 햇빛, 가벼운 복장으로 편히 쉬는 남녀 등과 같은 풍경을 인상파 그림에 담게 되었을 때 소설 쓰는 방법도 변했다. 정감 있는 신체감각이 바로 소설의 주제가 된 것이다.

▶ 루앙에 있는 오래된 수도원

▲ 모파상이 태어난 미로메닐성 남측 왼쪽에 모파상 흉상이 있다.

◀앙리 4세 중고등학교
1859년(9세) 아버지 직장을 따라 가족은 파리로 옮겨갔고 모파상은 앙리 4세 중고등학교에 입학했다.

▲루앙 국립고등학교 입구 1867년(17세) 이 학교에 기숙생으로 입학한다.

▶플로베르(1821~1880) 어머니 로르는 모파상을 플로베르에게 보내 문학수업을 받게 했다.

▼〈마르스라투르 전투〉 피에르 조르주 잔니오. 1870. 프로이센-프랑스전쟁(1870~71)의 하나. 모파상은 전쟁이 벌어지자 자원입대했다.

루이 부이예(1821~1869) 프랑스 시인. 모파상의 시작(詩作)에 도움을 주었다.

에밀 졸라(1840~1902)   프랑스 소설가. 마네. 1868. 플로베르를 통해 모파상을 알게 된 뒤 평생 친분을 두터이했다.

《여자의 일생》 삽화

〈비곗덩어리〉 삽화

〈석고상과 장미, 두 권의 소설이 있는 정물〉 빈센트 반 고흐. 1887~88. '두 권의 소설'은 모파상의 《벨아미》, 공쿠르 형제의 《제르미니 라세르퇴》를 이른다.

〈루이 파스칼〉 툴루즈 로트렉. 1891. 로트렉이 《벨아미》 주인공 '조르주 뒤루아'에게서 영감을 받아 그린 작품

〈양산 쓰고 왼쪽으로 향한 여인〉 클로드 모네, 1886. 모파상의 작품과 잘 어울리는 그림이다.

기 드 모파상 기념상 파리 몽소공원

모파상의 무덤 파리 몽파르나스 묘지

World Book 80

Henri René Albert Guy de Maupassant
UNE VIE/LA PARURE

여자의 일생/목걸이

기 드 모파상/이춘복 옮김

동서문화사

디자인 : 동서랑 미술팀

여자의 일생/목걸이

차례

Une Vie

여자의 일생

주요인물

잔 이 소설의 주인공. 남작 집안의 외동딸로서 사람 좋고 자상한 부모 밑에서 고이 자란, 감미로운 사랑과 여자의 행복을 꿈꾸는 순진무구한 처녀. 미남인 라마르 자작과 결혼한다.

아버지 잔의 아버지. 선량하고 마음 약한 남작.

어머니(애칭 아델라이드 부인) 잔의 어머니.

로잘리 잔과 젖형제인 하녀. 순수한 노르망디 처녀.

라마르 자작(쥘리앵) 미모의 청년 귀족. 잔과 결혼한다.

피에르(애칭 폴) 잔의 외아들.

질베르트 푸르빌 백작 부인 쥘리앵과 불륜관계를 맺는다.

아베 피코 쾌활한 노사제(老司祭).

아베 톨비악 피코 사제의 후임인 젊은 사제. 광신적인 신비주의자.

1

잔은 짐을 모두 꾸리고 나자 다시 창 앞으로 가보았다. 비는 여전히 세차게 쏟아져 내리고 있었다. 억수 같은 비는 밤새도록 유리창과 지붕을 뒤흔들며 쏟아졌었다. 물기가 흠뻑 배어 무겁게 내리 드리운 하늘이 무너져서 땅을 진창으로 만들고 사탕처럼 녹이려는 것만 같았다. 돌풍이 때때로 후덥지근한 열기를 뿜고 지나갔다. 넘쳐흐르는 도랑물 소리가 인적 없는 길거리에 가득 울려 퍼지고 있었다. 모든 집들은 마치 해면처럼 습기를 빨아들여, 집 안까지 스며든 습기가 지하실에서 다락방에 이르기까지 벽에 땀처럼 배어들었다.

어제 수녀원 부속 기숙학교를 나와 자유로운 몸이 된 잔은 이미 오래전부터 꿈꾸어 오던 인생의 많은 행복을 금방 휘어잡을 듯이 벼르고 있었다. 그래서 날씨가 개지 않아 아버지가 떠나기를 망설이면 어쩌나 걱정을 했다. 어쩌면 날이 개이지 않을지도 모른다는 걱정을 하면서 아침부터 지평선 쪽을 바라본 것이 아마 백 번은 더 될 것이다.

그녀는 여행가방 속에 달력을 넣지 않은 것이 생각났다. 그래서 벽에 걸린 조그만 달력을 떼어냈는데, 그 달력의 도안 한가운데에는 그 해를 나타내는 1819가 금박으로 박혀 있었다.

그녀는 수녀원을 나온 날인 5월 2일까지 성자들의 이름 하나하나에 연필로 줄을 그으면서 처음 네 칸을 지워 버렸다.

그때 문밖에서 부르는 소리가 들려왔다.

"자네트!"

잔은 대답했다.

"들어오세요, 아버지."

아버지가 들어왔다.

시몽 자크 르 페르튀 데 보 남작은 좀 고집스럽기는 하나 마음씨 좋은, 지난 세기의 귀족 같은 인물이었다. 장 자크 루소를 열렬히 숭배한 그는 자연에 대해서, 들과 숲과 짐승들에 대해 깊은 애정을 품고 있었다.

귀족 가문에서 태어난 그는 프랑스 혁명이 일어났던 1793년을 본능적으로 증오했다. 그러나 기질이 꽤 철학적인 데다 자유주의 교육을 받았기 때문에 전제주의를 증오했다.

그의 큰 장점이며 동시에 큰 단점은 선량하다는 것이었다. 남을 사랑하고 남에게 호의를 베풀고 남을 포용하기에 넘칠 듯한 선량함, 산만하고 저항력이 없으며 의지의 힘이 마비된 듯한 선량함, 그것은 정력이 말라 버린 거의 악덕에 가까운 선량함이었다.

이론가인 그는 딸을 행복하고, 착하고, 올바르고, 친절하게 키우기 위해서 완전한 교육방침을 계획해 놓았다. 그래서 딸을 12살까지만 집에서 키우고, 부인이 눈물로 애원하는 것도 뿌리치고 성심(聖心)수녀원 기숙학교로 보냈다.

그는 그곳에 딸을 엄중히 가두어 놓음으로써 속세에서 격리시켰으며, 세상일을 전혀 모르도록 했다. 그리고 딸이 17살이 되면 깨끗하고 순박한 그대로 돌아와 주기를 바랐으며 그 뒤로는 자기 자신이 건전한 시정(詩情)의 세계에서 엄격하게 양육할 생각이었다.

풍요한 전원의 품 안에서 생활하게 하여 그녀의 영혼을 일깨워주고, 소박한 사랑과 동물들의 솔직한 애정을 보여주어 청순한 삶의 법칙에 대한 그녀의 무지를 깨우쳐주고 싶었다.

그녀는 기쁨에 찬 얼굴로 싱싱한 생명력과 행복에의 갈구에 가득 차서 수녀원 기숙학교를 나왔다. 할 일 없는 낮과 긴 밤에 혼자 남모르게 미래를 향한 희망을 키우는 동안, 그녀는 마음속에 그려오던 온갖 기쁨과 온갖 멋진 우연을 금방 손에 넣으려 기다리고 있었다.

엷은 솜털이 덮여 있어 햇살이 비치면 부드러운 비로드처럼 윤기 흐르는 그녀의 귀족적이고도 아련한 장밋빛 피부는 갈색 머리칼과 어울려 마치 베로네제[*1]의 초상화와 같았다. 그녀의 눈은 네덜란드의 도기인형처럼 불투명한 푸른빛이 감돌았다.

그녀의 왼쪽 콧방울과 오른쪽 턱 밑에는 점이 있었다. 턱에 난 점에는 피부색과 거의 구별할 수 없는 털이 두셋 돋아 곱슬거리고 있었다. 키는 날씬하게

___
*1 베네치아파의 이탈리아 화가.

크고, 가슴은 부풀어 올랐으며 허리의 선은 물결이 이는 듯했다.

그녀의 맑은 목소리는 때로 지나치게 날카로운 듯했으나 천진한 그 웃음소리는 주위 사람들에게 기쁨을 뿌려주었다. 이따금 그녀는 언제나 하는 버릇대로 머리를 매만지려는 듯 두 손을 관자놀이에 올리곤 했다.

그녀는 아버지에게 달려가 와락 껴안고 키스하며 물었다.

"그럼, 떠나시겠어요?"

그는 벌써 백발이 성성해진 제법 길게 기른 머리를 설레설레 저으며 창을 가리켰다.

"이런 사나운 날씨에 어떻게 여행을 떠나겠니?"

그러나 그녀는 귀엽게 응석을 섞어가며 졸라댔다.

"아이, 아버지, 떠나요. 오후에는 날씨가 갤 거예요."

"하지만 어머니가 말을 안 들을 게다."

"아녜요, 어머니의 승낙은 내가 받을 수 있어요."

"어머니가 승낙만 한다면 떠나기로 하자꾸나."

그러자 그녀는 재빨리 남작 부인의 방으로 달려갔다. 떠나는 오늘을 너무나 안타깝게 기다려왔던 것이다.

성심수녀원에 들어간 뒤로 아버지가 자신의 임의대로 정한 나이가 될 때까지 그녀는 어떠한 오락도 가져보지 못했으며, 루앙에서 떠나본 일조차 없었다. 보름쯤 파리에 간 적이 꼭 두 번 있었지만, 그곳도 역시 도회지였으므로 그녀는 오직 전원에만 가고 싶어 했다.

그녀는 지금 레푀플에 있는 그들의 소유지 이포르 근처 언덕 위에 세워진, 선조로부터 물려받은 옛 성관(城館)에서 한여름을 보낼 계획이었다. 그녀는 해변의 자유로운 생활에 무한한 기쁨을 느껴볼 작정이었다.

이 성관은 그녀에게 주어진 것이었으므로 그녀가 결혼하면 줄곧 이곳에서 살게 될 것이다.

그러므로 지난밤부터 쉴 새 없이 내리는 비는 그녀의 생애에서 처음으로 맛본 가장 큰 슬픔이었다. 그러나 2, 3분 뒤 그녀는 집이 떠나갈 듯 소리치며 어머니 방에서 달려 나왔다.

"아버지, 아버지! 엄마가 승낙했어요. 빨리 말을 매도록 하세요!"

비는 여전히 억수같이 쏟아졌고, 사륜마차가 현관 앞으로 다가왔을 때는 더욱 세차게 퍼붓는 것 같았다.

남작 부인이 한쪽은 남편의 부축을 받고 또 한쪽은 젊은이처럼 우람해 보이는 커다란 하녀의 부축을 받으며 층계를 내려왔을 때, 잔은 막 마차에 오르려던 참이었다. 하녀는 코 태생의 노르망디 처녀로 겨우 18살이었으나 20살 넘어 보일 만큼 성숙했다. 잔과는 같은 젖을 먹고 자라 둘째딸처럼 대우받고 있었는데, 이름은 로잘리였다.

그녀의 중요한 임무는 몇 해 전부터 심장비대증에 걸려 몸이 뚱뚱해져 고생하는 마님의 보행을 돕는 일이었다.

남작 부인은 숨을 헐떡이며 헐어빠진 저택 현관 앞 돌층계까지 와서 빗물이 개울처럼 넘쳐흐르는 뜰 안을 바라보며 중얼거렸다.

"이런 날씨에 어디를 간다고……."

여전히 미소지어 보이며 남작이 대답했다.

"그래도 좋다고 한 것은 당신이오, 아델라이드 부인."

부인은 아델라이드라는 화려한 이름을 가졌기 때문에 남작은 얼마쯤 놀리는 듯한 존경을 담아 이름 뒤에 '부인'이라고 붙여 부르곤 했다. 남작 부인은 다시 몇 걸음 걸어서 겨우 마차 속으로 들어갔는데, 그 몸무게 때문에 마차의 스프링이 모두 기우뚱 휘었다.

남작은 부인 옆에 앉고 잔은 로잘리와 함께 그 맞은편에 자리잡았다.

찬모인 뤼디빈이 망토를 가져와 식구들은 그것을 무릎에 잘 둘렀다. 두 개의 바구니는 발밑으로 밀어넣었다. 뤼디빈은 시몽 영감 옆에 자리잡고 커다란 담요로 몸을 감았다. 문지기 부부가 마차문을 가만 닫아주며 작별 인사를 했다.

그들은 문지기 부부에게 다음 짐마차로 실어 나를 짐을 다시 한 번 부탁하고 출발했다.

마부 시몽 영감은 세찬 비에 머리를 숙이고 허리를 구부리더니 세 겹 칼라가 달린 큰 마부용 외투를 뒤집어썼다.

돌풍이 윙윙 울리며 유리창을 때리고 마차 바닥에 물이 들이쳐 축축해졌다.

말 두 마리가 전속력으로 모는 마차는 해안을 돌아 소나기가 퍼붓는 하늘을 향해, 잎 떨어진 나무들처럼 돛대와 활대와 어망을 처량하게 치켜올린 큰 배들이 늘어선 옆을 달렸다.

이윽고 마차는 몽 리부데의 긴 거리에 들어섰다. 얼마 뒤 몇 개의 목장을 지

났다.

때때로 비에 젖은 버드나무가 마치 죽은 것처럼 힘없이 가지를 늘어뜨린 채 비를 머금은 안개 사이로 무겁게 서 있었다. 말편자는 끊임없이 물이 흥건한 바닥에 철벅거리고 네 개의 바퀴는 진흙투성이가 되었다.

식구들은 모두 입을 다물고 있었다. 그들의 마음도 땅처럼 푹 젖어 있는 듯 했다.

어머니는 머리를 뒤로 기댄 채 눈을 감고 있었고, 남작은 비에 젖은 단조로운 전원을 음울한 눈으로 바라보았다. 짐 하나를 무릎에 올려놓고 앉은 로잘리는 서민계급 특유의 동물적인 공상에 잠겨 있었다.

그러나 이 미적지근한 빗속에서 잔은 땅속에 갇혀 있던 식물이 대기로 다시 나온 듯 생생하게 되살아나는 자신을 느꼈다.

밀도 높은 환희가 무성한 나뭇잎처럼 그녀의 마음을 슬픔으로부터 지켜주고 있었다. 그녀는 말은 한 마디도 하지 않았지만 노래 부르고 싶고 손을 밖으로 펼쳐 빗물을 받아 마시고 싶은 기분이었으며, 말이 전속력으로 마차와 함께 자신을 이끌어가는 것이 즐거웠다. 또한 잔은 황량한 풍경을 바라보며, 이러한 빗속에서도 안전하게 보호된 자신을 발견하고 기뻐했다.

억수같이 퍼붓는 빗속을 달리는 말 두 필의 번지르르한 방둥이에서는 허연 김이 피어올랐다. 남작 부인은 차츰 잠들어갔다. 늘어져 흔들리는 여섯 가닥의 머리를 단정하게 말아 빗어 꾸민 남작 부인의 얼굴은 점점 아래로 처져 목에 그어진 세 개의 굵은 주름살로 힘없이 받쳐져 있었는데, 그 세 번째 물결은 크나큰 가슴의 바닷속으로 사라져 갔다.

숨쉴 때마다 남작 부인의 머리는 치켜올려졌다가는 다시 떨어졌다. 반쯤 열린 입술 사이로 세찬 숨소리가 새어 나올 때마다 남작 부인의 볼이 불룩거렸다. 남작은 살며시 그녀에게로 몸을 굽히고 그 부푼 배 위에 올려진 깍지 긴 남작 부인의 손안에 조그마한 가죽지갑을 쥐여 주었다.

이 감촉이 부인을 깨웠다. 부인은 선잠을 깬 사람처럼 흐릿한 눈으로 멍하니 그 지갑을 보았다. 지갑이 아래로 떨어지면서 금화며 지폐가 마차 안에 흩어졌다.

그러자 부인은 완전히 잠이 깨었고, 딸은 마음속에만 가득 차 있던 들뜬 기분을 이참에 온통 웃음으로 터뜨렸다.

남작은 흩어진 돈을 주워 모아 부인의 무릎 위에 올려놓고 말했다.

"여보, 이것은 엘르토 농장을 팔고 남은 돈이오. 이제부터 우리가 자주 가서 살게 될 레푀플을 수리하려고 그 농장을 팔았소."

부인은 6천 4백 프랑을 세어서 다시 조용히 지갑 속에 넣었다. 엘르토는 그들의 부모가 물려준 서른 한 개의 농장 가운데 하나둘씩 팔기 시작해, 아홉 번째로 팔린 농장이었다.

그러나 그들은 아직도 이들 여러 농장에서 연 2만 프랑의 수입이 있었고, 관리만 잘한다면 3만 프랑은 어렵지 않게 들어올 수 있었다.

그들은 늘 검소한 생활을 했으므로 이른바 그 '선량함'이라는 밑 빠진 독만 없었던들 이 수입만으로도 풍족하게 살아갈 수 있었을 것이다.

그런데 마치 태양이 늪의 물기를 말리듯 이 선량함은 남작 집안의 돈을 말리고 있었다. 돈은 흐르고 도망치고 사라져 버렸다.

아무도 그 까닭을 알지 못했다. 언제나 남작 부부 가운데 한 사람이 말하곤 했다.

"오늘 뭐 별다른 것도 사지 않았는데 1백 프랑이나 썼으니 어떻게 된 일인지 모르겠어."

어쨌든 아무렇게나 돈을 쓴다는 것은 남작 부부의 큰 행복 가운데 하나였다. 이 점에 있어 그 부부는 훌륭하고 감동할 만한 태도로 서로 이해하고 있었다.

잔이 물었다.

"내 저택은 지금도 아름다워요?"

남작은 쾌활하게 대답했다.

"곧 알게 될 게다."

억수같이 퍼붓던 소나기가 차츰 약해지더니 이윽고 가느다란 이슬비가 되어 안개처럼 나부꼈다.

구름은 점점 높아지면서 밝아지는 것 같았다.

갑자기 이제까지 보이지 않던 구름의 틈새에서 햇살이 엇비슷이 초원 위로 뻗쳐갔다. 구름이 쪼개져 나가면서 푸른 하늘이 보였고, 그 쪼개진 구름의 틈은 마치 장막이 열리는 듯 넓어져갔다.

이윽고 깊고 밝게 갠 푸른 하늘이 크게 펼쳐졌다. 서늘하고 부드러운 산들바람이 대지의 행복한 숨소리인 듯 스쳐가고, 전원과 숲을 따라 마차가 지나갈 때 이따금 비 맞은 깃을 말리는 경쾌한 새소리가 들려왔다.

저녁이 되었다. 마차 안의 식구들이 모두 잠들고 잔만이 잠을 이루지 못하고 있었다. 말에게 숨을 돌리게 하고 물과 귀리를 먹이기 위해 마차는 주막 앞에서 두 번 쉬었다.

해는 이미 지고 멀리서 저녁 종소리가 들려왔다.

어떤 조그마한 마을에 이르러서 마부는 마차의 등에 불을 켰고, 하늘에는 알알이 들어박힌 별들이 반짝였다. 불을 밝힌 집들이 한 개의 등불이 되어 어둠 속을 꿰뚫고 여기저기 나타났다.

별안간 저 언덕 뒤 전나무 가지 사이로 크고 붉은 달이 잠에 취한 듯한 얼굴을 내밀었다.

날씨는 아주 따뜻해서 창문은 내려진 채였다. 지금은 잔도 공상과 행복한 환상에 지쳐서 잠들어 있었다. 같은 자세로 오래 있어 몸이 마비된 듯하면 그녀는 이따금 눈을 뜨고, 희뿌연 어둠 속으로 지나가는 농장의 숲과 들, 그리고 여기저기에 누워 있는 소들이 고개를 드는 것을 바라보았다. 그녀는 이리저리 자세를 바꾸며 조금 전에 꾸다 만 꿈을 다시 꾸어보려고 애썼지만, 계속 귀에 거슬리는 마차 소리가 생각을 뒤흔들어 놓았다. 몸과 마음이 함께 피곤해져서 눈을 감았다.

이윽고 마차가 멈춰섰다. 하인과 하녀들이 등불을 들고 마차 문 앞에서 기다리고 있었다. 목적지에 닿은 것이다. 깜짝 놀라 깨어난 잔은 벌떡 뛰어내렸다. 남작과 로잘리는 한 소작인이 비춰주는 등불에 의지하여, 거의 기운이 다 빠져가는 목소리로 "얘들아, 아이구, 하느님 맙소사"라고 되풀이하는 남작 부인을 거의 안다시피 부축하여 안으로 끌어들였다. 부인은 먹지도 마시지도 않고 침대에 눕자 곧 잠들었다.

잔과 남작은 마주앉아 밤참을 먹었다.

아버지와 딸은 서로 바라보며 웃기도 하고 식탁 너머로 손을 쥐기도 했다. 두 사람은 어린아이 같은 기쁨에 사로잡혀 수리가 끝난 저택을 보러 나섰다. 그것은 이미 잿빛으로 변한 흰 돌로 지어진 높고 넓은 저택으로 농장과 성관을 낀 노르망디식 건물이었으며, 한 집안 식구가 살 만큼 충분히 널찍했다. 넓은 복도가 저택을 둘로 가르며 양쪽 끝으로 뻗쳐 있고, 저택 건물의 앞뒤 한가운데에는 큰 문이 열려 있었다. 양쪽에 있는 두 개의 충계가 이 입구를 타넘듯 2층에서 만나 가운데를 공간으로 남기고 다리 모양으로 통하고 있었다. 아래 층 오른쪽에 굉장히 널찍한 객실이 있었는데, 그 벽은 새들이 노니는 나뭇잎을 그린 벽포로 장식되어 있었다.

잔바늘로 수놓은 보가 덮여 있는 가구에는 라 퐁텐*²의 우화집(寓話集)에 나오는 삽화가 그려져 있었다. 그녀가 어렸을 때 좋아했던 여우와 두루미 이야기가 그려진 의자를 발견하고 잔은 벅찬 기쁨으로 몸을 떨었다.

객실 오른쪽에는 옛날 서적이 가득 찬 서재와 지금은 쓰지 않는 두 개의 방이 나란히 있었다. 왼쪽으로는 새 벽판으로 갈아댄 식당과 시트와 식탁보, 속옷 따위를 넣어두는 방과, 찬방, 부엌, 목욕탕이 딸린 방이 있었다. 2층엔 긴 복도가 있었다.

열 개의 방에 열 개의 문이 이 복도에 늘어서 있었다. 안으로 쑥 들어간 오른쪽이 잔의 방이었다. 아버지와 딸은 그 방으로 들어갔다. 남작은 다락에 쓰지 않고 넣어두었던 벽포와 가구로 딸의 방을 새로 장식해 놓았다. 플랑드르 산(産)의 아주 오랜 벽포에 그려진 이상스러운 인물들로 이 방은 가득 차 있었다.

그녀는 침대를 보고 기쁨의 환성을 올렸다. 침대 네 모서리에서 박달나무로 만든 큰 새가 한 마리씩 침대를 받쳐들고 있었는데, 검게 밀랍을 칠한 듯 번쩍번쩍 빛나는 것이 마치 침대의 파수꾼처럼 보였다. 침대 양옆에는 꽃과 과일로 꾸며진 큰 꽃 장식이 새겨져 있었다. 우아하고 섬세하게 조각된 네 개의 기둥은 코린트식의 기둥머리와 장미와 큐피드가 엉켜붙은 그 밑기둥을 떠받치고 있었다.

침대는 위용을 보이면서 놓여 있었다. 오랜 세월을 지낸 만큼, 검은 윤기가 흐르는 나무의 딱딱한 위엄에도 불구하고 퍽 우아해 보였다.

장식용 침대 커버와 천장 덮개가 두 개의 하늘처럼 빛났다. 짙은 감색의 옛날 비단으로 만들어진 이 장식품은 군데군데 금실로 수놓은 큰 백합꽃이 별처럼 반짝이고 있었다.

그녀는 침대를 충분히 감상하고 나서 등불을 들어 벽포 그림을 주의 깊게

---

*2 17세기의 프랑스 시인이며 우화수집가.

살펴보았다. 초록, 빨강, 노랑 빛깔의 옷차림을 한 귀족과 귀부인이 하얀 과일이 무르익어가는 푸른 나무 밑에서 이야기하고, 나무열매와 같은 빛깔의 큰 토끼가 초록색 풀을 뜯고 있었다.

이들 귀족의 바로 머리 위에, 먼 배경으로 둥글게 지붕 끝이 뾰족한 작은 집이 다섯 채 있었다. 그리고 그 위쪽 거의 하늘 가까운 곳에 빨간 풍차도 있었다. 그 그림들 사이에서 꽃이 핀 큰 나뭇가지 모양의 무늬가 벽포 사이사이를 누비고 있었다. 다른 두 개의 벽포도 첫 번째 것과 아주 비슷했다. 다만 플랑드르식의 옷을 입은 조그만 늙은이 넷이 집에서 나오며, 극도의 놀라움과 분노의 표정으로 손을 하늘로 쳐들고 있는 것이 다를 뿐이었다.

그러나 네 번째 벽포는 하나의 참극을 나타내고 있었다. 여전히 풀을 뜯고 있는 토끼 곁에 쓰러져 있는 젊은이는 아무래도 죽은 것 같았다. 그 쓰러진 젊은이를 바라보며 한 젊은 귀부인이 비수로 자기 가슴을 찌르고 있었으며 나무열매들은 검은색으로 변해 있었다.

잔은 이 그림을 이해하려는 생각을 단념하려고 했는데, 그때 벽포 저쪽 한구석에 아주 작은 동물 한 마리가 보였다. 만일 토끼가 실제로 살아 있다면 풀잎처럼 쉽사리 먹어치울 것 같은 동물이었다. 그것은 사자였다.

아하, 그제야 그녀는 그것이 피라모스와 티스베*³의 불행한 운명을 그린 것임을 알았다.

이 그림의 단순성을 웃어넘기면서도, 그녀는 이런 사랑의 모험을 그린 그림에 둘러싸인 것을 오히려 행복하게 생각했다. 그리고 이 사랑의 모험이 끊임없이 자기의 명상에 그리운 희망을 불어넣고 밤마다 그 꿈속에 옛날의 전설적인 애정이 꽃피기를 바랐다. 그 밖의 것은 모두 전혀 양식이 다른 가구들을 모아 놓고 있었다.

이 가구들 모두가 잡다한 양식이 뒤섞여 이 집 안에서 여러 대를 두고 내려오는 것들이었다. 전통이 오랜 집안이란, 자질구레한 세간이 뒤섞인 일종의 박물관처럼 되는 법이다.

루이 14세 시대의 훌륭한 장롱은 반짝이는 구리로 장식되었는데, 이것은 아직도 그 시대의 꽃무늬를 수놓은 비단에 덮인, 루이 15세 시대의 두 개의 안락

---

*3 고대 로마의 시인 오비디우스의 작중인물이며 그들의 극적인 사랑으로 유명함.

의자 곁에 놓여 있었다.

장미나무로 만든 책상은, 제정시대 양식의 둥근 유리뚜껑 속에 들어 있는 시계가 놓인 맨틀피스와 마주 보고 서 있었다. 이 청동 시계는 금빛 꽃이 핀 꽃밭 속에서 네 개의 대리석 기둥으로 떠받혀 있는, 벌집 모양을 본뜬 것이었다.

벌집의 길쭉한 틈새 밖으로 튀어나온 가느다란 추는, 날개가 칠보(七寶)로 꾸며진 한 마리의 작은 벌이 꽃밭 위를 빙글빙글 날아다니게 하고 있었다. 짙은 칠을 한 사기로 된 문자판은 이 벌집 한가운데 박혀 있었다.

시계가 11시를 쳤다. 남작은 딸에게 키스하고 자기 방으로 돌아갔다. 잔은 허전한 기분으로 침대에 누웠다.

그녀는 마지막으로 다시 한 번 자기 방을 둘러보고 나서 촛불을 껐다.

머리맡 쪽 벽에 붙은 침대 왼쪽으로 창문이 있었는데, 이곳으로 달빛이 밀물처럼 쏟아져 들어와 방바닥에 빛이 연못을 이루었다.

또 달빛은 벽으로 반사되어, 그 창백한 빛이 피라모스와 티스베의 움직임 없는 사랑의 모습을 조용하게 어루만져 주고 있었다.

잔은 발치 쪽의 창밖에 부드러운 달빛을 흠뻑 마신 큰 나무를 보았다.

그녀는 돌아누워 눈을 감았다가 곧 다시 눈을 떴다. 아직도 마차의 동요에 흔들리는 듯했으며 바퀴 소리도 여전히 머릿속에서 울리는 것같이 여겨졌다.

그녀는 한동안 가만히 있으면 잠들 거라 생각하고 가만히 누워 있었다. 그러나 얼마 안 있어 마음의 초조함이 온몸으로 번져 나갔다. 다리에서 경련이 일고 차츰 열이 오르기 시작했다.

마침내 그녀는 맨발로, 유령처럼 보이는 긴 잠옷만 걸치고 팔을 드러낸 채 방바닥 위에 펼쳐진 달빛의 연못을 지나 창문을 열고 밖을 내다보았다. 밖은 달빛이 교교하여 대낮같이 밝아서, 그녀가 어렸을 때 사랑했던 낯익은 이 지방의 경치 전체가 환하게 보였다.

눈앞에 보이는 넓은 잔디밭은 달빛 아래 버터처럼 노랗게 펼쳐져 있었다. 아름드리나무 두 그루가 저택 앞에 우뚝 서 있었는데 북쪽 것은 플라타너스이고, 남쪽 것은 보리수였다.

끝없이 펼쳐진 잔디밭 저쪽 끝에서 작은 숲이 저택과의 경계를 이루고 있었다. 늘 거칠게 몰아치는 바닷바람으로 뒤틀리고 가지가 꺾이고 침식되어 지붕 모양으로 비스듬히 잘린 다섯 줄로 늘어선 해묵은 느릅나무가 저택을 돌풍으로부터 보호해 주고 있었다. 하나의 커다란 숲 정원을 이룬 이 들판은 그 오른쪽과 왼쪽에, 노르망디 특유의 사투리로 말한다면, 푀플이라고 부르는 엄청나게 큰 백양나무 가로수길이 각각 경계를 짓고 있었는데, 이것이 지주댁과 그에 인접한 두 개의 농장을 분리시키고 있었다. 농장 하나에는 쿠야르 집안이 살고 다른 하나에는 마르탱 집안이 살고 있었다. 그들의 저택 이름은 푀플이라는 이 나무에서 따온 것이었다.

정원 저편에 금작화(金雀花)가 피어 펼쳐져 있으나 아직 개간하지 않은 초원에서는 밤낮으로 바닷바람이 윙윙대며 몰아치고 있었다. 그 끝은 갑자기 끊어져 깎아지른 듯한 해발 1백 미터의 절벽을 이루며, 그 기슭을 파도 속에 담그고 있었다.

잔은 저 멀리 별빛 속에 잠든 듯이 보이는 수면이 길게 물결치고 있는 것을 바라보았다. 태양 없는 이 고요 속에서 대지의 온갖 냄새들이 뿜어져 나오고 있었다. 아래층 창문 높이까지 뻗어오른 재스민이 새로 돋아난 싹들의 나긋한 향기와 뒤섞여 강렬한 향내를 풍겼다. 이따금 느릿한 바닷바람이 짙은 소금 냄새와 끈끈한 해초 냄새를 풍기고 지나갔다.

그녀는 먼저 바닷바람을 들이마시는 행복에 온몸을 내맡겼는데, 이 전원에서의 휴식이 마치 찬물에 목욕하는 것처럼 마음을 가라앉혀 주었다. 해가 지면 깨어나 밤의 적막 속에 은밀하게 숨어 있던 온갖 짐승들이 조용한 움직임으로 달빛이 스며드는 이 밤을 채우고 있었다. 울음소리도 내지 않는 커다란 새들이 검은 반점처럼 그림자처럼 하늘을 날고, 눈에 보이지 않는 벌레 소리가 귀를 간질였다. 소리 없이 돌아다니는 무언가의 기척들이 이슬에 함빡 젖은 풀숲과 인적 없는 적막한 모랫길 위를 스쳐 지나갔다.

다만 몇 마리의 우울한 두꺼비들이 달빛을 향해 짧고 단조로운 노래를 부르고 있었다.

잔의 가슴은 이 달밝은 밤처럼 속삭임에 가득 차 부풀어오르는 것 같았으며, 그녀를 둘러싼 채 울고 있는 이 밤에 생물들처럼 종잡을 수 없이 숱하게 오가는 욕망으로 가슴이 뿌듯해지는 듯했다. 밤의 부드럽고 뿌연 어둠 속에서 그녀는 살아 있는 시의 세계로 이끌리는 것 같았고, 아련한 달빛 속에서 한낮의 자신을 넘어선 초인간적인 떨림이 스치듯, 걷잡을 수 없게 그 어떤 희망과 행복의 숨소리처럼 고동치고 있음을 느꼈다.

그녀는 사랑을 꿈꾸기 시작했다.

사랑! 2년 동안 그녀는 사랑이 찾아오기를 불안한 마음으로 기다리고 있었다. 이제 그녀는 자유롭게 사랑할 수 있다. 이제는 그를 만나기만 하면 되는 것이다. 사랑할 사람을!

그는 어떤 사람일까? 그녀는 물론 그가 어떤 사람인지 알 수 없었고, 또 생각해 본 일조차 없었다.

그는 바로 그일 것이다. 그뿐이었다. 다만 그녀가 알고 있는 것은, 자기는 온 마음을 다 바쳐 그를 사랑할 것이며, 그는 온 힘을 다해 자기를 사랑해 주리라는 것뿐이다. 둘은 이러한 밤이면 하늘의 별이 뿌리는 재 같은 빛 속을 손을 맞잡고 몸을 바짝 붙여 서로의 가슴이 뛰는 소리를 듣고 서로의 체온을 느끼며, 이 감미롭고 투명한 여름밤에 둘만의 사랑에 젖어, 오직 사랑의 힘만으로 마음속 깊이까지 숨어들도록 굳게 맺어져 산책할 것이다. 그리고 그것은 아무런 시련 없이 불멸의 사랑 속에서 끝없이 계속되리라.

그녀는 문득 그가 자기 앞에 있는 것처럼 느껴졌다. 갑자기 육감적인 전율이 파도처럼 발끝에서 머리끝까지 휩쓸고 지나갔다. 그녀는 마치 자기의 꿈을 끌어안으려는 듯 자기도 모르게 두 팔로 가슴을 꼭 껴안았다. 그리고 미지의 그를 향해 내민 그녀의 입술 위로, 봄의 입김이 마치 사랑의 키스를 해주듯 스쳐 지나 그녀의 의식을 몽롱하게 했다.

갑자기 저쪽에서 저택의 밤길을 걸어오는 발걸음 소리가 들려왔다. 그녀는 미칠 듯한 기분으로 불가능이나 신의 섭리, 신의 가호, 기구한 운명의 장난 같은 것을 믿어보려는 안타까운 마음에서 '혹 그분이 아닐까?' 하고 생각했다. 또 정말 그가 문 앞에서 하룻밤의 잠자리를 청할지도 모른다고 생각하며 그녀는 자신의 팔로 자기도 모르게 가슴을 누르며, 그 규칙적인 발걸음 소리에 귀 기울였다. 그러나 발걸음 소리가 지나가 버리자 속아 넘어간 것처럼 서글퍼졌다. 그러나 자기의 희망이 어리석은 꿈에 사로잡혔었음을 깨닫자 미치광이 같았던 행동에 절로 웃음이 나왔다. 조금 마음이 가라앉은 그녀는 이번에는 얼마쯤 사리에 맞는 꿈속에 자신의 마음을 맡기고 미래를 내다보며 생의 발판을 세우려고 했다. 바다가 내다보이는 이 조용한 저택에서 그와 함께 살림을 꾸미리라. 아이는 둘을 낳을 것이며, 남자아이는 그분 것이고 여자아이는 내 것이다.

지금 두 아이가 플라타너스와 보리수 사이의 잔디밭에서 뛰노는 모습이 눈에 선히 보이는 것 같았다. 우리 아빠와 엄마는 애정어린 눈길을 아이들 머리 위로 보내며 대견한 눈빛으로 아이들 뒤를 쫓으리라. 그녀는 언제까지나 그러한 몽상에 잠긴 채 우두커니 서 있었다.

그러는 동안에 달은 이미 하늘의 여행을 끝내고 바닷속으로 막 지려 하고 있었다. 공기는 한층 싸늘해지고 동쪽 지평선이 훤히 밝아왔다. 오른쪽 농장에서 수탉이 홰치는 소리가 들리고 잇따라 왼쪽 농장에서 몇 마리가 대답했다. 닭장 너머로 들리는 닭들의 쉰 목소리는 꽤 멀리서 들려오는 듯했으며, 어느덧 밝아오는 하늘에는 별들이 하나 둘 사라져가고 있었다. 어디선가 재잘거리는 새소리가 들려왔다. 지저귐 소리가 처음에는 나뭇잎 사이로 조심스럽게 들려오더니 점점 야무지고 떨리는 듯한 즐거운 소리로 바뀌어, 가지에서 가지로, 나무에서 나무로 옮겨갔다.

잔은 문득 자신이 밝아진 빛 속에 있는 것을 느끼고 두 손으로 눈을 가렸다. 얼굴을 들자 찬연한 먼동의 빛에 눈이 부시어 다시 눈을 감았다. 진홍빛의 구름 등성이가, 백양나무들로 가리워진 채 깨어난 한쪽 대지 위로 핏빛 같은 빛을 던지고 있었다.

그러더니 곧 이글이글 타는 듯한 태양이 유유히 찬란한 구름을 헤치고 나무와 들과 바다와 온 지평선을 불꽃으로 덮으면서 불쑥 솟아올랐다. 잔은 행복감으로 미칠 것만 같았다. 빛나는 자연의 사물을 눈앞에 두자, 미칠 듯한 기쁨과 끝없는 감동이 그녀의 가슴을 떨게 하고, 마음은 망연해졌다. 이것은 내 태양, 내 여명이다! 새로운 생활의 출발이요, 희망의 문을 여는 순간이다! 그녀는 밝게 빛나는 공간을 향해 두 팔을 뻗쳐 태양을 끌어안고 싶은 욕망을 느꼈다.

그녀는 이야기하고 싶었다. 아침의 탄생처럼 신성한 무엇인가를 외치고 싶었다. 그러나 그녀는 이처럼 미칠 듯한 환희 속에서 아무것도 하지 못하고 힘없이 조용히 움츠리고 있을 수밖에 없었다. 다시 얼굴을 두 손으로 가렸을 때 그녀의 두 눈은 눈물로 가득 차 있었다. 그녀는 기뻐 흐느꼈다. 그녀가 다시 머리를 들었을 때는 여명의 장엄한 경치는 이미 사라진 뒤였다. 그녀 자신도 몸이 식은 듯 마음이 가라앉음을 깨닫고 피로해져서 창문을 닫고 침대에 가서 누웠다. 그리고 몇 분 동안 명상에 잠겼다가 너무나도 깊은 잠 속에 빠져 8시에 깨우는 소리도 듣지 못하고, 아버지가 방 안에 들어와 흔들어 깨워서야 겨우 잠에서 깨어났다.

아버지는 이제 딸의 것이 된 아름다운 저택을 딸에게 보여주고 싶어 했다.

바다 쪽이 아닌 육지 쪽을 향한 현관은 길에서 좀 멀찌감치 사과나무를 심어놓은 널찍한 뜰에 있었고, 이른바 시골길이라고 불리는 이 길은 농가의 울타리 사이를 돌아 한 5리쯤 뻗어 나가 르아브르와 페캉을 잇는 큰길에 닿아 있었다. 똑바른 샛길이 숲 변두리를 따라 현관 층계까지 이르고 있었다. 바닷가의 자갈로 만들고 짚으로 덮은 작은 건물들 몇 채가 두 농장의 도랑 길가 뜰에 양쪽으로 늘어서 있었다. 지붕은 새로 이어지고 목수가 손댈 만한 곳은 다시 손을 보았으며 벽도 수리되었고, 방도 새로 도배하고 내부 전체가 모두 알뜰히 새로 칠해져 있었다.

퇴색한 낡은 저택은, 새 은빛 덧문과 잿빛 도는 정면 벽에 요즈음 새로 칠한 석회가 마치 얼룩처럼 보였다.

다른 한쪽, 잔의 방 창문이 열린 쪽의 정면은 정원의 숲과 강한 바람에 잦아 들어 있는 느릅나무들이 장막 너머 멀리 바다 쪽을 향하고 있었다. 잔과 남작은 서로 팔을 끼고 구석구석까지 모두 돌아보았다. 그러고 나서 공원이라고 불리는 터를 빙 둘러싼 큰 백양나무 가로수길을 천천히 거닐었다. 나무 밑에는 풀이 돋아나 있어 마치 푸른 카펫을 깔아놓은 듯했다. 정원 저쪽 끝의 숲은 비할 데 없이 아름다웠으며 나뭇잎들로 가려진 오솔길은 이리저리 얽혀 있었다. 별안간 토끼 한 마리가 뛰어나와 그녀를 놀라게 했다. 토끼는 경사지를 깡총 뛰어넘어 절벽의 금작화 속으로 쏜살같이 달아났다.

점심식사 뒤에도 기운을 차리지 못한 아델라이드 부인이 더 쉬겠다고 해서 남작은 딸에게 둘이서 이포르까지 내려가 보자고 했다. 레뙤플의 한 마을인 에투방을 지나 쭉 걸어가는 길에 세 농부가 이미 오래전부터 알고 있는 듯이 그들에게 인사했다. 둘은 구부러진 골짜기를 따라 바다까지 경사져 뻗친 숲속으로 들어섰다. 이윽고 이포르 마을이 나타났다. 집 문턱에 앉아 옷가지를 꿰매던 여자들이 두 사람이 지나가는 모습을 바라보았다. 그 한복판에 실개천이 흐르고 집집마다 문 앞에 난파선 조각들이 즐비하게 쌓인 경사진 길거리는 강렬한 소금 냄새를 풍기고 있었다.

조그만 은화처럼 반짝이는 비늘이 여기저기 붙은 갈색 그물들이 비좁은 집 문 앞에 널려 있었다. 그런 가난한 집에서는 한 방에서 많은 식구들이 우글거리며 살고 있어 심한 악취가 풍겨 나왔다. 몇 마리의 비둘기가 먹이를 찾아 개천가를 돌아다녔다. 잔에게는 이러한 모든 풍경들이 연극의 무대장치처럼 신기하고 새롭게 느껴졌다.

어떤 집 담을 돌자 별안간 바다가 나타났다. 눈길 닿는 데까지 잔잔히 펼쳐진 푸르고도 불투명한 바다였다. 두 사람은 바닷가에서 걸음을 멈추고 바라보았다. 새깃처럼 흰 돛을 단 배가 몇 척 멀리 지나가고 있었다.

오른편에도 왼편에도 모두 높은 절벽이 솟아 있었다. 곶(串)처럼 튀어나온 곳이 한쪽 시야를 가렸으며, 다른 쪽은 해안선이 아득히 멀리 끝없이 뻗어 나가고 있었다. 가까이 있는 절벽과 해안의 벌어진 틈으로 항구와 몇 채의 집이 보였다. 흰 거품으로 바다를 장식하는 파도가 부드러운 소리를 내며 바닷가 조약돌을 씻어주었다.

이 지방 특유의 작은 고기잡이배가 자갈밭 경사 위로 끌어올려져 콜타르를 칠한 뱃전에 햇볕을 받으며 한쪽으로 쓰러져 있었다. 몇 사람의 어부들은 저녁 밀물을 기다리며 배 띄울 준비를 하고 있었다. 사공 한 사람이 그들에게 생선을 팔러 왔다. 잔은 넙치를 한 마리 사서 직접 레푀플로 들고 가고 싶다고 했다. 사공은 뱃놀이를 한다면 도와드리겠다고 했다. 그리고 상대방의 기억에 똑똑히 새겨두려는 듯, "라스티크입니다, 조제팽 라스티크입니다" 하고 자기 이름을 몇 번이나 되풀이했다.

남작은 절대로 잊지 않겠다고 그에게 약속했다. 두 사람은 저택으로 돌아가기로 했다.

그 큰 생선은 잔을 피로하게 했으므로 그녀는 생선 아가미를 아버지의 단장으로 꿰어 둘이서 단장의 양끝을 잡았다. 두 사람은 언덕을 다시 올라가며 아이들처럼 지껄이고, 서늘한 바람을 이마에 받으며 눈을 반짝이면서 유쾌하게 걸었다.

그들은 점점 팔힘이 빠졌다. 넙치는 어느덧 처져 커다란 꼬리가 풀을 스치며 끌려갔다.

2

즐겁고 자유로운 생활이 잔에게 시작되었다. 그녀는 책을 읽고 공상을 하고 혼자 산책하기도 했다. 꿈에 잠겨 천천히 길을 따라 거닐거나 작고 꼬불꼬불한

골짜기를 뛰어내리기도 했다. 양쪽 산등성이가 금빛 비단 제의(祭衣)처럼 금작화로 온통 덮여 있었다. 더위 때문에 한층 더 짙게 피어오르는 가시금작화의 강렬하고 달콤한 냄새는 향기로운 술처럼 그녀를 취하게 했다. 그리고 바닷가에 부딪쳐 철썩거리는 먼 파도소리를 들으며 그녀의 가슴도 물결이 일듯 출렁였다.

그녀는 때로 피곤해지면 경사진 무성한 풀숲에 누워 쉬기도 했다.

이따금 골짜기를 돌아가다가 멀리 잔디밭 끝자락이 깔때기 모양으로 움푹 꺼지면서 그 사이에 푸른 삼각형 바다가 펼쳐지고, 수평선 위로 흰 돛단배 한 척이 햇빛에 반짝이며 떠 있는 것을 보면, 그녀는 자기 머리 위에 있는 행복이 신비에 싸여 다가오는 듯 온몸이 걷잡을 수 없는 환희에 사로잡히는 것이었다.

대지의 상쾌함을 즐기면서 부드러운 기복을 이룬 지평선의 조용한 경치를 보는 동안에 어느새 고독을 사랑하는 마음이 그녀에게 스며들었다. 그녀가 너무 오랫동안 움직이지 않고 앉아 있었으니까 작은 산토끼들이 거리낌 없이 깡충깡충 뛰어 발밑으로 지나갈 때도 있었다. 어떤 때는 물속의 물고기처럼, 또 하늘을 나는 제비처럼, 지칠 줄 모르고 움직이는 상쾌한 기쁨 속에서 그녀는 몸을 약동시키며 바닷바람에 날려 절벽 위를 달렸다. 그녀는 땅에 씨를 뿌리듯 여기저기에 추억의 씨를 뿌렸다. 그것은 죽을 때까지 뿌리내리고 자라날 그런 추억이었다. 그것은 이 골짜기의 모든 주름살 하나하나에 그녀의 마음을 조금씩 심어 넣는 것처럼 여겨졌다. 그러더니 그녀는 수영을 하기 시작했다. 튼튼하며 대담하고 위험이라는 것을 몰랐으므로 보이지 않는 데까지 헤엄쳐 갔다. 자기의 몸을 뜨게 해주는 이 차갑고 투명한 푸른 물속에 잠겨 있으면 기분이 상쾌했다.

바닷가에서 깊숙이 내려가 그녀는 가슴 위로 팔짱을 끼고 물 위에 드러누워 아득히 먼 푸른 하늘을 바라보았다. 때때로 그녀 위로 제비가 깃을 치며 지나가고 갈매기의 흰 그림자가 스쳐 지나갔다. 들리는 것이라고는 멀리 바닷가 조약돌에 찰싹거리는 파도의 속삭임과, 넘실거리는 파도를 따라 들려오는 막연한 육지의 소음뿐, 그것도 희미하여 거의 들리지 않았다.

이윽고 잔은 다시 몸을 일으켜 세우고 기쁨에 사로잡혀 두 손으로 물을 튀기며 날카로운 함성을 질렀다. 이따금 그녀가 너무 멀리 갔을 때는 배가 마중 나오기도 했다. 그녀는 배가 고파 새파래졌는데도, 마음과 몸은 기쁨에 넘쳐 입가에 미소를 머금고 반짝이는 눈으로 저택에 돌아왔다.

남작은 또 남작대로 농업에 관한 큰 계획을 세우고 있었다. 그는 시험 삼아 농작물 재배도 해보고, 증산도 꾀해 보고, 새로운 농기구도 실험해 보고, 외국 품종의 씨앗을 옮겨 심어보고 싶어 하기도 했다. 그는 하루의 일부를 농부들과 이야기하며 보내곤 했는데, 그들은 고개를 갸웃거리며 남작의 시도를 믿으려 하지 않았다. 때때로 그는 이포르의 사공들과 같이 바다에도 나갔다. 근처 동굴이며 샘터며 기암괴석 같은 것을 보고 나서는 또 여느 어부처럼 고기잡이도 하고 싶은 마음이 들었다. 미풍이 부는 날, 바람을 안고 돛이 부풀어오른 고기잡이배가 파도 위로 달릴 때, 또 양쪽 뱃전에 큰 줄을 바닷속으로 늘여놓아 고등어 떼가 따라올 때, 남작은 걸린 고기가 펄떡이면 곧 알아차릴 수 있는 작은 줄을 불안에 떨리는 손으로 꽉 쥐고 있었다.

또 남작은 전날 밤에 쳐둔 그물을 거두려고 달밤에 나가기도 했다. 그는 삐걱거리는 돛대 소리와 시원한 밤에 윙윙대는 바닷바람 쐬기를 좋아했다. 그리고 뾰죽이 바위며 종루의 지붕이며 페캉의 등대 등을 목표로 하여 부표를 찾으려고 멀리 바람을 헤치며 배를 저어나가, 부채꼴 모양으로 넓적하게 생긴 홍

어의 미끈미끈한 등과 살진 배를 비추어 주는, 이제 막 솟아오른 아침햇살을 받아가며 움직이지 않고 갑판 위에 서 있기를 좋아했다. 식사 때면 으레 자기가 멀리 갔다 온 바다 산책 이야기에 여념이 없었다. 그러면 부인은 부인대로 넓은 백양나무 가로수길을 몇 번 걸었는지 이야기하였다.

그러나 왼쪽 가로수길은 햇빛이 들지 않기 때문에 걷는 쪽은 언제나 오른쪽 쿠야르 집안의 농원에 딸린 백양나무 가로수길뿐이었다. 의사가 권유한대로 운동을 위해 부인은 걷는 데 온 힘을 다했다. 밤의 냉기가 가시고 나면 부인은 곧 로잘리의 팔에 기대어 가로수길로 나갔다. 망토와 두 개의 숄을 둘렀고, 검은 부인용 모자를 쓴 머리 위에는 또 한 개의 붉은 털모자까지 얹혀 있었다.

그러고는 오른쪽 발은 절면서—왼쪽 발은 끌리다시피 하며—걸었는데, 이렇게 가로수길을 처음부터 끝까지 갔다오는 동안 갈 때 한 줄, 그리고 올 때 한 줄, 그렇게 걸을 때마다 두 줄씩 그어졌다. 그녀의 발길이 닿았던 곳마다 풀이 짓눌려 줄이 그려지는 것이다. 이렇게 저택 모퉁이에서부터 정원수의 막다른 관목 숲까지 직선으로 끝없이 오른쪽 다리를 절면서 걷기를 계속하는 것이었다.

부인은 줄이 생긴 길 양끝에 긴의자를 하나씩 놓게 하고, 5분마다 한 번씩 걸음을 멈추고 참을성 있게 자기를 부축해 주는 하녀에게 말하곤 했다.

"좀 쉬자, 애야, 숨이 차다."

그리고 쉴 때마다 긴의자 위에 어느 때는 털모자를, 어느 때는 숄을, 그리고 또 하나의 숄을, 그다음에는 덧모자를, 또 망토를 벗어놓았다.

그래서 가로수길 양끝에는 두 개의 큰 옷 보따리가 생겨났는데, 그것은 점심 식사하러 들어갈 때 로잘리가 부인을 부축하지 않아도 되는 한쪽 손으로 가지고 들어갔다.

오후에도 남작 부인은 더욱더 느려진 걸음으로 또 걷기를 계속했다. 오전보다 쉬는 시간이 훨씬 길어지고 부인을 위해 밖에 내놓은 긴의자 위에서 한 시간이나 졸 때도 있었다. 부인은 이것을 '나의 운동'이라고 불렀는데, 그것은 '나의 심장비대증'이라는 뜻이기도 했다. 10년 전 부인이 숨이 답답하여 진찰을 받았을 때, 의사는 심장비대증이라고 진단내렸다. 그때부터 부인은 이 진단의 뜻은 몰랐지만 그 말이 머릿속에 꼭 박혀버렸다.

자기의 심장에 남작이나 잔이나 로잘리에게 손을 대보라고 몹시 졸랐지만 가슴이 너무 비대해져서 아무도 심장의 고동을 느낄 수 없었다. 혹시 새로운 다른 병세가 나타날까봐 부인은 다른 의사에게 진단받기를 완강히 거부했다. 그리고 말끝마다 그 비대증 이야기를 꺼집어냈으며, 마치 그 병이 자기 혼자만 앓는 것이고 자기에게만 속해 있으며 남들은 이 병에 걸릴 아무 권리도 없는 듯 여기고 있었다. 마치 "옷"이나 "모자" "우산" 등을 입에 담듯이 남작은 "내 아내의 심장비대증", 잔은 "어머니의 심장비대증"이라고 거침없이 말했다.

부인은 젊었을 때 몹시 아름다웠고 몸매가 갈대보다 더 가늘었다. 제정시대의 군복을 입은 모든 장교들과 왈츠를 추고, 코린*⁴을 읽고 눈물을 흘렸다. 부인은 이 소설에서 깊은 감명을 받았다.

몸이 뚱뚱해짐에 따라 부인의 영혼은 더욱더 시적인 충동에 사로잡혀갔다. 그리고 너무나 뚱뚱해진 몸 때문에 안락의자에만 붙어 있게 되자 부인의 생각은 사랑의 모험을 따라 방황했고, 스스로를 그 모험의 여주인공으로 여겼다. 이 모험 속에는 특히 부인이 좋아하는 것이 있어서, 마치 자동악기가 핸들을 돌리면 끊임없이 같은 곡을 되풀이하듯 언제나 그것을 꿈의 세계로 불러들이는 것이었다. 갇힌 여인과 제비의 이야기가 담긴 애달픈 연가는 부인의 눈시울을 적시게 했다. 베랑제*⁵의 어떤 음탕한 가요마저 그것이 사랑의 우수를 노래하고 있다는 이유로 부인은 좋아했다.

때때로 부인은 손끝 하나 까딱하지 않고 몇 시간이나 공상에 잠겨 있기도 했다.

레쾨플의 저택은 부인의 마음을 끝없이 즐겁게 해주었다. 그것은 부인의 마음속 소설에 하나의 무대를 제공해 줄 뿐 아니라 주변의 숲이며 황량한 들판, 근처의 바다가 부인이 몇 달 전부터 읽기 시작한 월터 스콧의 작품들을 연상시켜 주기 때문이었다.

비오는 날이면 부인은 방 안에 들어앉아 스스로 기념물이라고 부르는 것을 살펴보며 하루해를 보냈다. 그것은 모두 부인이 예전에 받은 옛날 편지들이었다. 아버지의 편지, 어머니의 편지, 약혼시절 남작의 편지, 그 밖에도 여러 가지 편지가 있었다. 부인은 구리로 만든 스핑크스로 네 모서리가 장식된 마호가니 책상 속에 편지 뭉치를 간직하고 있었다.

---

*4 그리스의 여류시인.
*5 18세기의 프랑스 민요시인.

부인은 여느 때와는 다른 목소리로 말한다.

"애, 로잘리, 그 회상의 기념물이 들어 있는 서랍을 이리 가져온."

로잘리가 책상뚜껑을 열고 서랍을 빼서 마님의 의자 위에 놓으면 마님은 그 편지를 한 장 한 장 읽어가며 때로는 눈물을 흘리기도 했다.

이따금 잔이 로잘리 대신 어머니를 산책시켜 주었는데, 그러면 어머니는 딸에게 어린시절의 추억을 들려주었다.

딸은 그러한 옛이야기 속에서 자신의 모습을 발견하고 자기들의 생각이 비슷하며, 욕망도 같은 피를 잇고 있다는 점을 깨닫고 깜짝 놀라곤 했다. 실은 이 세상에 나타난 다른 인간들도 이미 똑같은 감각에 가슴 설레었을 것이고, 또 이 세상의 마지막 남녀들도 똑같은 감각에 가슴 설레게 될 것이 틀림없다. 모녀의 느릿느릿한 걸음은 그들의 느릿한 이야기와 보조를 맞추었지만 때로는 그것도 숨이 차서 얼마 동안 이야기가 끊기기도 했다. 그럴 때면 잔의 생각은 이미 시작된 사랑의 이야기를 넘어 환희에 찬 미래로 달려가 희망 속에서 뒹굴었다.

어느 날 오후, 모녀가 벤치 위에서 쉬고 있을 때 갑자기 가로수길 저 끝에서 그들을 향해 걸어오는 뚱뚱한 신부의 모습이 보였다.

신부는 멀리서부터 인사하고 얼굴에 상냥한 미소를 지으며 다가와서 다시 한 번 큰 소리로 인사했다.

"남작 부인, 그동안 안녕하셨습니까?"

그는 이 지방의 주임 신부였다. 부인은 철학 전성기에 태어나서 신앙을 갖지 않은 부친 슬하에서 혁명시대에 성장했기 때문에 종교에 대한 여자의 본능으로 신부를 좋아하기는 했지만 성당에 자주 가지 않았다. 그래서 부인은 자기 교구의 사제인 피코 신부를 완전히 잊고 있었으므로 그를 보자 얼굴을 붉혔다. 부인은 먼저 신부를 찾아가지 못한 것을 변명했다. 그러나 신부는 조금도 언짢은 기색이 없었다. 잔의 얼굴을 보자 그녀의 아름다움을 칭찬하고서, 긴 의자에 걸터앉아 법모(法帽)를 무릎 위에 놓더니 이마의 땀을 닦았다.

그는 몹시 뚱뚱했고 얼굴이 삶은 문어처럼 붉었으며 땀을 비오듯 흘리고 있었다.

그는 땀에 젖어 얼룩진 큰 손수건을 꺼내 쉴 새 없이 얼굴과 목을 닦았다. 그러나 땀이 밴 그 손수건을 집어넣자마자 곧 새 땀방울이 살갗에 솟아나 불룩한 아랫배 쪽 사제복 위에 떨어져 바람에 날리는 먼지와 섞이면서 조그마한 얼룩자국을 만들었다.

그는 명랑하고 전형적인 시골 신부로서 마음이 너그럽고 말하기를 좋아하는 호인이었다. 여러 가지 이야기를 늘어놓고 마을 사람에 대해 말하면서도 자기 교구에 속하는 이 두 모녀가 성당에 나오지 않고 있었다는 사실을 전혀 눈치채지 못한 것 같았다. 부인은 본디 무심한 데다 신앙심마저 희미했으므로 예배를 드리지 못했고, 잔은 경건한 의식을 신물이 나도록 맛본 수녀원에서 해방된 뒤라 아직도 마음이 벅차 있었다.

남작도 나타났다. 그는 범신론적(汎神論的) 종교관을 가진 탓에 성당 교리에 대해서는 무관심했다. 그러나 그전부터 알고 지내는 신부에게 남작은 친절하게 대하고 저녁식사에도 초대했다.

인간의 영혼을 다루는 일은 가장 평범한 사람, 이를테면 운명의 조작으로 자기 동료에게 권력을 행사할 수 있게 된 아주 평범한 사람에게도 무의식적인 요령을 부여한다. 이 신부도 그 요령 덕택으로 남을 기쁘게 해줄 수 있었다. 남작 부인은 신부를 극진히 대접했다. 이는 아마도 서로 통하는 사람끼리 접근시키는 친화력과 이 육중한 신부의 붉은 얼굴, 그리고 가쁜 숨소리가 부인의 숨찬 심장비대증을 위로해 주었기 때문인지도 모른다.

식후 디저트가 나올 때쯤 신부는 한 잔 마신 사제답게 재담을 늘어놓았다. 그것은 즐거운 식사 뒤에 흔히 나오는 허물없는 자연스러운 태도였다.

그는 갑자기 유쾌한 생각이 떠오른 듯 큰 소리로 외쳤다.

"참, 우리 교구 안에 새 신자가 한 사람 늘었는데 소개해 드리지요. 라마르 자작이라고 합니다!"

그러자 이 지방의 모든 족보를 샅샅이 외고 있는 남작 부인이 물었다.

"그렇다면 그분은 외르 라마르 가문 출신입니까?"

신부는 머리를 끄덕였다.

"그렇습니다, 부인. 지난해 세상을 떠난 장 드 라마르 자작의 아들입니다."

그러자 무엇보다도 귀족을 좋아하는 아델라이드 부인은 신부에게 여러 가지 질문을 하여 대략 다음과 같은 사실을 알아냈다.

이 젊은 자작은 선조로부터 물려내려오는 저택을 팔아 아버지의 빚을 정리하고 에투방에 있는 세 개의 농장 가운데 한 곳에 임시 거처를 두었는데, 이 농장들은 연수입이 5, 6천 프랑쯤 되었다. 그러나 자작은 착실한 데다 절약가였으므로 2, 3년은 이 임시 거처에서 검소하게 생활하며 앞으로 사교계에 나갈 만한 재산을 모아, 빚진다든가 농장을 저당잡히지 않고 유리한 결혼을 할 생각으로 있었다.

신부는 덧붙여 말했다.

"아주 마음씨가 좋은 젊은이입니다. 단정하고 싹싹한 사람이지요. 하지만 여기에서는 그다지 재미있게 지낼 데가 없는 것 같습니다."

남작이 말했다.

"이따금 우리집으로 데리고 오십시오. 그에게 심심풀이가 될 수 있을 테니까요."

그리고 화제는 다른 곳으로 옮겨갔다.

모두들 객실로 들어가 커피를 마시고 나자 신부는 식사 뒤에 산책하는 것이 습관이어서 정원을 한 바퀴 돌겠다고 했다.

남작도 함께 따라나섰다. 두 사람은 하얀 칠을 한 저택의 현관을 따라 천천히 걸음을 옮겼다. 한 사람은 마르고, 한 사람은 둥그런 버섯 같은 법모를 쓴 그들의 그림자는, 달을 향해 걷거나 또는 달을 등지고 걷는 데 따라 달이 그들을 앞서기도 하고 뒤서기도 했다. 신부는 호주머니에서 꺼낸 일종의 코담배를 꺼내 씹었다. 그는 시골사람다운 솔직한 말투로 설명했다.

"소화가 잘 안 돼서요. 소화시키는 데 좋지요……."

그는 문득 하늘의 밝은 달을 쳐다보며 말했다.

"이런 경치는 언제 봐도 싫증이 나지 않는군요."

그러고는 여자들에게 작별인사를 하러 안으로 들어갔다.

3

다음 일요일, 남작 부인과 잔은 그 신부에 대한 미묘한 존경심에 끌려 미사에 참석했다.

미사가 끝난 뒤, 모녀는 신부를 목요일 점심식사에 초대하려고 기다리고 있었다. 이윽고 신부는 키가 크고 점잖아 보이는 한 젊은이와 정답게 팔을 끼고 성기실(聖器室)에서 나왔다.

신부는 두 여자를 보자 기쁘고 놀란 듯 소리쳤다.

"이거 참 잘됐군요! 남작 부인과 잔 아가씨, 이번에 새로 이웃이 된 라마르 자작을 소개하겠습니다."

자작은 머리를 숙여 인사하고 전부터 가까이 지내고 싶은 생각이었다며, 정말 사회 경험이 풍부한 신사답게 거침없이 이야기했다. 그는 여자들에게는 동경의 대상이 될 수도 있으나 남자들에게는 어딘지 불쾌한 느낌을 받게 할 정도로 미남자의 외모를 지니고 있었다. 검은 곱슬머리가 햇빛에 그을어 반지르르한 이마를 덮고, 그린 듯한 굵은 눈썹은 흰자위가 좀 푸르러 보이는 검은 눈을 깊이 있고 부드러워 보이게 해주었다.

짙고 긴 속눈썹은 그의 눈에 어떤 정열이 깃들게 해, 살롱에서는 귀부인들의 마음을 설레게 하고, 거리에서는 바구니를 끼고 나온 모자 쓴 아가씨들의 눈길을 끌 게 틀림없었다.

번민하는 듯한 눈의 매력은 심오한 사상을 지니고 있는 듯 보였다. 그리하여 대수롭지 않은 말도 사람들에게 그럴듯한 의미를 주었다. 또한 반드르르하고 멋진 숱 많은 수염은 조금 위엄 있어 보이는 턱을 가리고 있었다.

그들은 서로 인사를 나누고 헤어졌다.

이틀이 지난 아침 라마르 씨는 처음으로 남작 댁을 찾아왔다. 그가 왔을 때 남작 식구들은 객실의 창 앞에 있는 커다란 플라타너스 나무 아래에다 시골풍의 긴의자를 내다놓고 쓸 만한지 살펴보고 있었다. 남작은 서로 마주 보고 앉을 수 있도록 긴의자 하나를 더 가져다 보리수 아래에 놓고 싶어했다. 그러나 짝지어 나란히 앉기를 싫어하는 부인이 한사코 이를 말렸다. 의논 끝에 자작은 부인의 의견에 찬성했다.

그리고 나자 자작은 그 고장에 관한 이야기를 꺼냈다. 혼자 여기저기 거닐어 보니 아름다운 곳이 많았으며, 더할 나위 없이 좋은 경치라고 자신있게 말했다. 때때로 그의 눈은 우연이란 듯 잔의 눈과 마주쳤다. 그녀는 갑작스런 이 눈길에 이상한 느낌을 받았다. 그 눈길은 얼른 돌려졌으나 거기에는 애무하는 듯한 감탄과 막 눈뜨기 시작한 공감의 정이 서려 있었다.

지난해 세상을 떠난 라마르 씨의 아버지는 마침 남작 부인의 아버지 데 퀼토 씨와 가깝게 지내던 어느 친구분과 잘 아는 사이였다. 그리하여 이야기는 자연히 끝없이 친척관계를 캐고 연대를 따져가며 계속되었다. 더욱이 남작 부인은 기억력이 비상하여 조금도 헛갈리지 않고 복잡한 족보를 시시콜콜 캐내면서 남의 집안 대대손손의 혈통관계를 따져 들어갔다.

"자작은 혹시 바르플뢰르의 소누아 집안 이야기를 들어본 일이 있어요? 큰 아들 공트랑이 쿠르실 집안의 딸과 결혼했답니다. 쿠르실 쿠르빌 말예요. 그 둘째아들이 내 사촌 여동생인 로슈 오베르와 결혼했는데, 그 애는 크리상주 집안과 친척이지요. 그런데 크리상주 씨는 나의 아버지와 다정한 친구이며 아마 당신 아버님과도 서로 아는 사이일 거예요."

"그렇습니다, 부인. 그분은 아마도 외국으로 망명하셨지요? 그분의 아들은 파산한 그 크리상주 씨가 아닙니까?"

"바로 그분이에요. 내 이모부였던 데르트리 백작이 돌아가시자 그분은 이모에게 청혼했지요. 그러자 이모는 그분이 코담배를 즐긴다고 청혼을 거절했어요. 그런데 빌루아즈 집안은 어떻게 됐는지 아세요? 가문이 기울어지자 오베르뉴로 가서 자리잡아 보겠다고 1813년쯤 투렌을 떠났는데, 그 뒤 통 소식을 듣지 못했어요."

"내가 알기로는 그 뒤 늙은 후작은 말에서 떨어져 돌아가시고 따님 한 분은 영국사람과 결혼했으며, 또 한 분은 듣건대 부유한 장사치의 유혹에 빠져 결혼했다더군요."

그는 어렸을 때부터 부모에게서 들었던 이야기 중에서, 기억나는 이름을 몇 개 떠올렸다. 같은 계급의 가문끼리 결혼하는 것이 공적인 대사건만큼이나 중요했던 것이다. 그들은 만나본 일도 없는 그 사람들에 대해 마치 친척이라도 되는 듯 들먹였다. 그 사람들도 다른 곳에서 똑같은 투로 그들 이야기를 할 것이다. 그들은 같은 계급, 같은 신분, 또 혈통이 같다는 단 한 가지 사실만으로 멀리 떨어져 있으면서도 친구나 친척 사이인 것처럼 친밀하게 느끼는 것이다.

남작은 본디 사교성이 없는 데다 그의 철학적인 사고방식은 사회 신분이나 지위에 맞지 않았으며, 또 이 근처의 귀족 가문들을 전혀 알지 못했다. 그래서 자작에게 그들에 관해 물었다.

라마르 씨가 대답했다 "이 부근에는 귀족이 그다지 많지 않아요."

이 지방에는 토끼가 그다지 많지 않습니다, 라고 말하는 것 같은 말투였다. 그리고 나서 그는 자세히 이야기하기 시작했다.

이 근처에 귀족 가문은 셋밖에 없었다. 노르망디 귀족의 대표격인 쿠틀리에 후작, 그리고 가문은 아주 좋으나 얼마쯤 세상에서 고립되어 살고 있는 브리즈빌 자작 부부와 푸르빌 백작이다. 브리즈빌 자작은 성격이 괴팍하여 부인을 죽도록 들볶는다는 소문이 있었으며, 호숫가에 세운 브리예트 저택에서 사냥으로 나날을 보낸다고 한다. 자기네들끼리만 교제하면서 여기저기에 토지를 산 몇몇 벼락부자들이 있지만 자작은 전혀 그들을 알지 못했다.

라마르 씨는 이제 작별인사를 했다. 다른 사람들한테보다도 더욱 공손하고 더욱 부드럽게 각별한 작별인사를 하려는 듯 그의 마지막 눈길은 잔에게로 향했다.

남작 부인은 그가 매력 있고 나무랄 데 없는 이상적인 사람이라고 했다. 남작도 맞장구쳤다.

"정말 그렇소. 확실히 기품 높은 집안에서 자란 젊은이구려."

다음 주일, 그는 저녁식사에 초대되었다. 그 뒤로 그는 규칙적으로 남작 집을 찾아오게 되었다.

그는 대개 오후 4시쯤 찾아와서 일명 '어머니의 산책길'에서 남작 부인과 만나 '어머니의 운동'을 위해 그녀를 부축해 주었다. 외출하지 않을 때면 잔도 남작 부인을 반대편에서 부축해 주었으며, 세 사람은 똑바로 난 큰길을 끊임없이 천천히 왔다갔다했다. 자작은 그녀에게는 좀처럼 말을 걸지 않았다. 그러나 검은 비로드와 같은 그의 눈은 곧잘 파란 마노(瑪瑙) 같은 잔의 눈과 마주쳤다.

두 사람은 이따금 남작과 함께 이포르 마을에 내려가기도 했다. 어느 날 저녁 세 사람이 바닷가를 산책하고 있을 때 라스티크 영감이 그들에게 다가와 파이프를 문 채—아마 파이프를 물고 있지 않은 영감을 보는 일은 코가 없어진 영감을 보는 것보다 더 놀라운 일일 것이다—말했다.

"남작 나리, 바람이 이 정도라면 내일 에트르타까지 나가도 그다지 힘들이지 않고 돌아올 수 있을 겁니다."

잔은 손뼉을 쳤다.

"아, 좋아라! 가요, 네, 아버지!"

남작은 라마르 씨를 돌아보며 말했다.

"자작은 의향이 어떻소? 거기 가서 점심이나 듭시다."

이리하여 당일여행은 곧 계획이 세워졌다.

새벽부터 잔은 일어나 있었다. 옷 채비로 꾸물거리는 아버지를 기다리는 틈을 타 두 사람은 이포르 아래쪽의 이슬에 젖은 들과 새소리로 떨리고 있는 숲을 걸었다. 자작과 라스티크 영감은 고패*6 위에 걸터앉아 있었다.

다른 사공 두 사람이 배 띄울 준비를 거들고 있었다. 사나이들은 어깨를 뱃전에 대고 힘껏 배를 밀었다. 자갈 깔린 해변으로 밀고 갈 때엔 힘이 들었다. 라스티크 영감은 용골(龍骨)*7 밑으로 기름칠한 나무 지렛대를 밀어넣고 자기 자리로 되돌아가서는, 힘을 모으도록 앞장서서 목청을 길게 뽑아 "영차!" 하고 장단을 맞추었다.

가까스로 바닷가 비탈에 이르자 배는 갑자기 자기 힘으로 움직이기 시작하더니, 헝겊이 찢어지는 듯한 소리를 내며 둥글둥글한 자갈 위를 미끄러져 내려갔다. 배는 작은 물결이 이는 거품 위에서 멈추었다. 모두들 배에 올라 자리잡자, 육지에 남은 두 사공이 배를 물결 위로 밀어넣었다.

바다에서 불어오는 끊임없는 산들바람이 물 위를 가볍게 스치면서 잔물결을 일으켰다. 이윽고 돛이 올라 바람에 부풀더니 배는 조용히 흔들리면서 바다 위로 나아갔다.

곧바로 그들의 첫 항해가 시작되었다. 수평선을 바라보니 저쪽에 낮게 드리워진 하늘이 바다와 맞닿아 있었다. 육지 쪽에는 깎아지른 듯한 높은 절벽이 그 발치에 큰 그림자를 던지고 있었고, 햇빛에 반짝이는 잔디밭 비탈은 드문드

---

*6 뱃줄 도르래.
*7 배의 밑바닥 뼈대.

문 검은 초승달처럼 움푹 패어 있었다. 저 멀리 뒤쪽에서 갈색 돛단배 몇 척이 페캉 해안의 흰 방파제에서 나오고 있었으며, 또 저편 멀리 야릇한 모양의 창문처럼 구멍이 뚫린 동그스름한 아치형 바위는 파도 속에 코를 처박은 큰 코끼리와 비슷했다. 이것이 에트르타의 작은 문 바위였다.

잔은 파도에 흔들리자 뱃멀미가 좀 나서 한 손으로 뱃전을 잡고 바다 멀리 저쪽을 바라보고 있었다. 그녀는 온갖 창조물 가운데 빛과 공간과 물, 이 세 가지만이 참된 아름다움이라고 여겼다.

모두 입을 다물고 있었다. 키와 밧줄을 잡은 라스티크 영감은 이따금 앉은 자리 밑에 숨겨둔 술병을 꺼내어 병째 들이마셨다. 그러고는 자기 몸의 한 분신 같은 파이프로 쉴 새 없이 담배를 피웠는데, 그 불은 영원히 꺼질 때가 없을 것 같았다. 파이프에서 끊임없이 한 줄기 푸른 연기가 실처럼 피어오르고 또 입에서도 담배연기가 흘러나왔다. 아무도 이 사공의 흑단 같은 사기 파이프보다 더 검게 찌든 담뱃대에 불을 붙이거나 담배를 갈아끼우는 것을 본 사람은 없었다. 이따금 한 손에 파이프를 뽑아들고는 연기가 흘러나오는 입술 끝으로 바다를 향해 갈색 침을 내뱉었다.

남작은 뱃머리에 앉아 사공 역할을 잘 해내고 있었다. 잔과 자작은 나란히 앉았는데 두 사람 다 좀 어색해하고 있었다. 그러다가 알 수 없는 그 어떤 힘이 그들의 눈길을 마주치게 했다. 두 사람은 마치 서로를 잡아끄는 힘이 암시한 듯 동시에 눈을 들었다.

그것은 남자가 못생기지 않고 여자가 아름다울 때 필연적으로 두 남녀 사이에 급속히 일어나는 미묘하고 막연한 직감으로, 이미 두 사람 사이에 싹트고 있었다. 함께 있다는 것만으로도 두 사람은 행복을 느꼈는데, 아마 그들은 서로를 생각하고 있었기 때문인 것 같았다.

태양은 자기 아래에 펼쳐진 망망한 바다를 한층 높은 곳에서 내려다보려는 듯이 높이높이 솟아올랐다. 그러나 바다는 맵시라도 내려는 듯 엷은 안개로 몸을 덮은 채 햇빛을 가리고 있었다. 바다 위에 나지막이 드리워진 거의 투명한 금빛 안개는 먼 풍경을 훨씬 부드럽게 보이게 했다. 태양은 끊임없이 열기를 내뿜으며 반짝이는 구름을 녹였다. 태양이 마음껏 열을 내뿜자 어느덧 안개는 증발되어 사라져 버렸다. 그러자 거울처럼 매끄러운 바다는 찬란한 햇빛 속에서 강렬히 빛을 반사하기 시작했다.

잔은 이 풍경에 완전히 도취되어 중얼거렸다.

"아, 너무도 아름다워요!"

"정말 아름답군요!"

자작이 대꾸했다. 이 아침의 청명한 빛은 두 사람의 가슴속에 메아리 같은 것을 일게 해주었다.

그때 문득 마치 바닷속을 걷는 절벽의 두 다리처럼 에트르타 문 모양의 바위가 나타났는데, 배가 드나들 수 있을 정도의 높이로 아치를 이루고 있었다. 한쪽 끝이 뾰족한 바위 탑은 첫 번째 활 모양의 문 앞에 우뚝 솟아 있었다.

배는 바닷가에 닿았다. 남작이 먼저 내려 밧줄을 잡아 배가 흔들리지 않도록 바닷가에 매어두는 동안, 자작은 잔을 두 팔에 안아 물에 젖지 않도록 육지에 올려놓았다. 두 사람은 이 짧은 포옹에 흥분된 채 나란히 서서 단단한 자갈밭을 걸어 올라갔다. 그때 불쑥 라스티크 영감이 남작을 향해 하는 말이 두 사람에게 들려왔다.

"보아하니 두 사람은 천상배필입니다."

바닷가 작은 주막에서의 점심은 참 즐거웠다.

바다에 있을 동안에는 그들의 목소리와 생각이 마비되어 침묵했으나, 식탁을 대하자 마치 휴가중인 아이들처럼 지껄이기 시작했다.

그들은 하찮은 일에도 한없이 기쁨을 느꼈다.

라스티크 영감은 식탁에 앉으며 여전히 연기가 피어오르는 파이프를 조심스럽게 베레모 속에 감추었다. 이것을 보고 모두들 웃음을 터뜨렸다. 그 빨간 코가 마음에 들었는지 파리 한 마리가 몇 번씩이나 날아와 앉으려고 했다. 영감이 파리를 잡기에는 느린 손짓으로 겨우 쫓아버리자, 파리는 제 동료들이 이미 더럽혀 놓은 얼룩진 모슬린 커튼에 가서 앉아 영감의 그 반질반질한 코를 다시 노리고 있는 듯했다. 왜냐하면 파리는 곧 다시 날아와 그의 코에 앉으려고 했기 때문이다.

파리가 날아올 때마다 웃음이 터져나왔다. 영감이 간지러워 화를 벌컥 내며 "에이, 치근거리기도 하는군!" 하고 중얼거리면 잔과 자작은 몸을 흔들며 눈물이 나올 만큼 웃어대면서 소리를 내지 않으려고 냅킨을 입에 갖다 댔다.

커피를 마시고 나자 잔이 물었다.

"산책이나 좀 할까요?"

자작이 일어섰다.

그러나 남작은 자갈밭에서 볕을 쬐는 편이 더 좋겠다며 말했다.

"둘이 갔다 오게. 한 시간 뒤에 여기서 다시 만나지."

두 사람은 초가집 몇 채가 이룬 이 마을을 곧장 빠져나가서 농장인 듯한 저택을 지나 길게 뻗친 넓은 골짜기로 나섰다.

파도의 움직임이 몸의 균형감각을 잃어버리게 한 데다 소금 냄새 풍기는 바다가 한층 더 시장기를 느끼게 해주던 참에, 막 끝낸 점심식사가 그들을 멍하게 했고 큰 웃음소리가 그들의 신경을 흥분시켰다. 그리하여 두 사람은 끝없이 들판을 달리고 싶은, 얼마쯤 광적인 욕구에 사로잡혔다.

잔은 이제까지 겪어보지 못한 어떤 새롭고 다급한 감정에 들떠 귓속에서 윙윙거리는 소리가 나는 것을 느꼈다.

흘러넘칠 듯한 햇살이 두 사람의 머리 위로 내리비쳤다. 길 양쪽에 무르익은 농작물은 더위에 고개를 숙인 채 축 늘어져 있었다. 풀잎처럼 수많은 메뚜기 떼가 밀밭과 보리밭, 바닷가의 갈대숲 속을 뛰어다니면서 가냘프지만 귀가 아프도록 길게 울어댔다.

그 밖에 뜨겁게 달아오른 하늘 아래 다른 소리는 아무것도 들리지 않았다. 하늘은 푸른빛으로 눈부시게 반짝였으며, 타오르는 불길 가까이에서 달아오른 쇠붙이처럼 단번에 빨개질 것 같은 누런빛을 띠고 있었다.

저 멀리 오른쪽에 작은 숲이 보였으므로 두 사람은 그리로 걸어갔다. 두 산비탈 사이로 깊숙이 난 좁다란 오솔길이 햇빛도 뚫지 못하는 크고 빽빽한 수목 아래로 뻗어 있었다. 그곳으로 들어가자 싸늘한 냉기가 두 사람을 휘감았다. 가슴속까지 스며들어 소름끼치는 듯한 습기였다. 빛과 신선한 공기를 받지 못하여 풀이라곤 자취도 없었다. 이끼만이 땅을 덮고 있었다.

그들은 걸어나갔다.

잔이 입을 열었다.

"저기 앉을 만한 데가 있군요."

고목이 두 그루 죽어 있었다. 숲 사이의 뚫린 구멍으로 밝은 햇살이 쏟아져 들어와 땅을 따스하게 하여 잔디와 민들레와 풀덩굴을 일깨우고 안개처럼 아련한 아네모네꽃과 물레 같은 디기탈리스꽃을 피우고 있었다. 나비, 꿀벌, 왕벌, 파리만 한 모기, 날개 달린 수많은 곤충, 붉은 점이 있는 무당벌레, 푸른빛을 뿜는 딱정벌레, 촉각이 달린 검은 벌레 등 온갖 벌레들이 겹겹이 쌓인 잎으로, 싸늘해진 그늘 속 따스한 빛의 우물 안에 떼지어 모여 있었다.

머리는 나무그늘에 가린 채 다리에만 따스한 햇살을 받으며 두 사람은 앉았다. 둘은 한 줄기 햇빛이 비춰내는 이 조그만 생명들의 꿈틀거림을 바라보았다. 잔은 감격하여 몇 번이나 말했다.

"기분이 참 상쾌하군요. 시골은 정말 아름다워요, 때때로 나는 꽃 속에 숨은 벌이나 나비가 되고 싶어요."

두 사람은 저마다 자신의 습관과 취미에 대해, 사람들이 늘 마음속의 이야기를 할 때 쓰는 낮고 은근한 투로 말했다. 자작은 이미 사교계에 염증이 났고, 무미건조하고 언제나 판에 박은 듯한 자신의 생활에도 싫증이 났으며, 거기서는 그 어떤 진실성과 성실함을 찾으려 해도 찾을 수 없다고 말했다.

사교계! 그녀는 그것을 알고 싶기는 했지만 도저히 전원생활과는 비할 바가 못 된다고 확신하고 있는 터였다.

서로의 생각이 가까워질수록 두 사람은 더욱 예의를 갖추어 무슈와 마드모아젤이라고 서로를 부르며 눈길에 웃음꽃을 피우고 더욱더 얽혀갔다. 하나의 새로운 호의가 그들의 마음속에 파고들어, 한층 넓은 애정과 미처 꿈꾸어 보지 못했던 온갖 사물에 대한 관심이 두 사람의 마음속에 싹트는 것 같았다.

이윽고 두 사람은 되돌아왔다. 그러나 남작은 걸어서 벼랑 꼭대기에 걸린 '처녀의 방'이라는 동굴을 향해 떠난 뒤였으므로 두 사람은 주막에서 남작을 기다리기로 했다. 남작은 바닷가를 오랫동안 산책하고 저녁 5시가 되어서야 나타났다.

모두들 다시 배에 올라 집으로 향했다. 배는 순풍을 받아 미끄러지듯 앞으로 나아갔다. 물결이 잔잔하여 나아가는 것을 느끼지 못할 만큼 천천히 앞으로 항진했다. 훈훈한 미풍이 천천히 불어오다가 끊어지곤 할 때마다 돛은 팽팽해졌다가 다시 축 늘어져 돛대에 휘감기고, 물결은 아주 잔잔했다. 탈대로 타버린 태양이 둥그런 궤도를 따라 고요히 해면으로 다가오고 있었다. 다시 바다의 권태가 사람들을 잠자코 있게 했다.

이윽고 잔이 입을 열었다.

"여행을 하고 싶어요!"

자작이 대답했다.

"그래요, 하지만 혼자 하는 여행은 쓸쓸합니다. 서로의 감회를 나누기 위해서라도 적어도 둘쯤은 같이 떠나야겠지요."

잔은 잠시 생각에 잠겼다.

"흔히들 그래요…… 하지만 나는 역시 혼자 산책하는 것이 더 좋아요…… 혼자 공상에 잠겨 있을 때는 참 즐겁거든요."

자작은 오랫동안 그녀를 쳐다보다가 말했다.

"둘이서도 공상할 수 있지요."

잔은 눈을 내리깔았다. 이것은 암시일까? 아마 그럴지도 모른다. 그녀는 좀 더 먼 곳을 보려는 듯 수평선 쪽으로 눈길을 돌렸다. 그러고는 나지막한 목소리로 말했다.

"나는 이탈리아에 가보고 싶어요…… 그리고 그리스에도…… 네, 그래요, 그리스가 좋을 거예요…… 또 코르시카에도! 코르시카는 참 아름답고 소박한 곳일 거예요!"

자작은 산장과 호수가 있어서 스위스가 좋다고 했다.

"아니에요, 코르시카 같은 새로운 나라나 추억에 찬 유서 깊은 나라가 나는 좋아요. 어렸을 때부터 역사를 공부한 민족의 유적을 찾는다든가 위대한 사적이 이룩된 장소를 답사한다는 것은 정말 즐거운 일일 거예요."

자작은 그녀처럼 흥분하지 않고 말했다.

"나는 영국에 많은 매력을 느끼고 있습니다. 배울 점이 많은 나라지요."

이리하여 두 사람은 세계 여러 나라에 대해 이야기를 나누었다. 지구의 양극에서 적도까지의 사이에 흩어져 있는 여러 나라들의 재미있는 점을 이야기하고, 중국이며 여러 민족들의 믿어지지 않는 풍습이나 거짓말 같은 풍경에 도취했다. 그러나 세계에서 가장 아름다운 나라는 역시 프랑스라는 결론에 이르렀다. 여름은 서늘하고 겨울은 온화한 기후에 전원은 풍요롭고 푸른 숲과 잔잔한 강이 흐르며 아테네가 번영했던 이후로 어느 나라에도 없었던 미술문화를 육성한다는 것이었다.

그러고 나서 두 사람은 입을 다물었다.

더욱 기울어진 해는 피를 흘리는 듯했으며 폭넓은 한 줄기 광선과 눈부신 한 가닥 길이 바다 끝에서부터 이 배가 뒤로 남기는 물줄기까지 뻗쳐온 것 같았다.

마지막 훈풍도 이제는 멎어 잔잔한 물결마저 일지 않았으며 움직이는 것 같지도 않은 배는 붉게 물들어갔다. 끝없는 평온이 공간을 채우고, 자연의 온갖 요소들은 서로 만나는 언저리에서 침묵하고 있었다. 한편 거대한 바다는 하늘 아래 젖어 반짝이는 배(腹)를 활 모양으로 출렁이며, 거대한 붉은 신부처럼 자기에게로 다가오는 태양을 연인인 양 기다리고 있었다.

태양은 포옹의 욕정에 타오르는 듯 이글이글 불타면서 낙조를 서둘렀다. 드디어 바다는 태양을 껴안고 조금씩 조금씩 그 태양을 삼켜 버렸다.

수평선으로부터 서늘한 바닷바람이 불어왔다. 바람이 물결치는 바다 한가운데서 잔물결을 일으키고, 삼켜진 태양은 안도의 숨을 내쉬었다. 저녁놀은 아주 짧은 순간에 지나가고 곧 별이 총총한 밤하늘이 펼쳐졌다.

라스티크 영감은 노를 젓기 시작했고 모두 바다가 인광으로 반짝이는 것을 보았다. 잔과 자작은 나란히 앉아 배가 뒤로 남기는 은빛 물결을 바라보았다. 두 사람은 이제 아무 생각도 하지 않고 막연히 먼 곳을 바라보며 오직 달콤한 행복에 잠겨 저녁 공기를 마시고 있었다. 잔이 한 손을 의자에 짚고 있었는데 우연인 듯 자작의 손끝이 그녀의 피부에 와 닿았다. 이 가벼운 접촉에 그녀는 놀랍고 행복하고 마음이 혼란스러워 움직일 수가 없었다.

그날 밤 침실에 들자 그녀는 이상하게도 마음이 설레고 감격에 차서 울음이 터질 것 같은 기분이었다. 그녀는 괘종시계를 바라보았다. 그 작은 꿀벌이 다정했던 친구의 심장처럼 살아 움직여 자신을 보여주고 있는 것 같았다.

자기 생애의 소리 없는 증인이 되어주리라, 가볍고 규칙적으로 재잘거리는 소리를 내며 자기의 기쁨과 슬픔의 동반자가 되어주리라는 생각이 들었다. 그녀는 그 날개에 입맞추려고 금빛 꿀벌을 멈추게 했다. 무엇에나 입맞추고 싶은 기분이었다. 그러다가 갑자기 전에 책상서랍 속에 낡은 인형을 감춰두었던 것이 생각나서 찾아내어 보니 그 또한 다정한 친구라도 만난 듯 기뻤다. 인형을 가슴에 꼭 껴안고는 채색한 그 인형의 볼과 곱슬곱슬한 머리에 미친 듯이 입을 맞추었다. 그녀는 두 팔에 인형을 안은 채 생각했다. 수없는 밀어로 약속하던 그 더없이 친절한 신의 뜻으로 만나게 될 나의 남편이 바로 그일까, 나를 위해 창조되고 내 생애를 바치려는 사람이 바로 그일까, 그와 내가 장차 은근한 사랑으로 결합하여 떨어질 수 없는 사랑의 열매를 맺을 두 사람일까.

그녀는 자기의 정열인 듯한 생명의 설레는 약동, 미칠 듯한 황홀감, 마음속을 뒤흔드는 감정을 이제까지 느껴보지 못했었다.

그러나 지금은 자작을 사랑하기 시작한 것 같았다. 왜냐하면 자작을 생각할 때는 정신이 몽롱해지기 때문이었다. 그러면서도 자작에 대해 끝없이 생각했다. 자작이 곁에 있으면 가슴이 두근거렸고 눈길이 마주치면 얼굴이 붉어졌다 파래졌다 했으며, 그의 목소리를 들으면 몸이 떨렸다.

그날 밤 그녀는 잠을 이루지 못했고, 날이 갈수록 사랑하고 싶은 안타까운 욕구가 점점 강하게 그녀를 사로잡았다. 그녀는 쉴 새 없이 자문자답해 보고 데이지꽃이나 구름으로, 또는 동전 같은 것을 공중에 던져 점쳐 보기도 했다.

그러던 어느 날, 아버지가 딸에게 일렀다.

"내일 아침에는 아름답게 차려라."

"왜요, 아버지?"

아버지는 대답했다.

"그건 비밀이다."

이튿날, 산뜻하게 화장하고 아래층에 내려가 보니 객실 탁자 위에 과자상자들이 쌓여 있고 의자 위에는 큼직한 꽃다발이 하나 놓여 있었다. 마차 한 대가 뜰 안으로 들어섰다. 그 마차에는 다음과 같이 씌어 있었다.

'페캉 거리 르라 과자점, 결혼 피로연 요리 주문 배수.'

뤼디빈이 수습요리사의 도움을 받으며 마차 뒤에서 맛있는 냄새가 나는 넓적하고 큰 광주리를 수없이 끄집어내고 있었다.

라마르 자작이 나타났다. 꼭 맞는 바지가 그의 발이 작음을 뚜렷이 보여주는 훌륭한 에나멜 장화를 덮고 있었다. 허리가 꼭 끼는 긴 프록코트 앞가슴 사이로 셔츠의 레이스가 내보였다. 몇 겹씩 감은 날씬한 넥타이, 그리고 특별히 위엄을 나타낸 아름다운 갈색 머리는 꼿꼿이 세우고 있었다. 여느 때와 아주 달라 보였다. 늘 보아 오던 사람들에게도 특별한 인상을 주는 듯한 그런 모습이었다.

잔은 어리둥절하여 처음 보는 사람인 듯 물끄러미 그를 바라보았다. 그리고 그를 나무랄 데 없는 귀족, 머리끝에서 발끝까지 그야말로 당당한 영주라고 생각했다.

자작은 미소지으며 허리를 굽혔다.

"준비는 다 되셨습니까?"

잔은 떠듬거렸다.

"준비라니요? 대체 무슨 말씀이지요?"

그녀의 아버지가 대답했다.

"이제 곧 알게 된다."

말을 맨 마차가 앞으로 나오고, 잘 차려입은 아델라이드 부인이 로잘리의 팔에 의지하여 방에서 나와 내려오고 있었다. 로잘리가 라마르 씨의 그 우아한 차림에 온통 정신을 빼앗긴 듯이 보였으므로 남작은 자작의 귀에 나직이 속삭였다.

"어떠시오, 자작. 우리집 하녀가 당신을 퍽 마음에 들어 하는 것 같소."

자작은 귀까지 붉어져 못 들은 척하면서 큰 꽃다발을 들어 잔에게 안겨주었다. 잔은 더욱 놀라며 꽃다발을 받았다. 네 사람이 함께 마차에 올랐다.

남작 부인에게 기운을 내도록 하기 위해 차가운 수프를 가지고 나온 뤼디빈이 말했다.

"마치 결혼식 같아요, 마님."

이포르 마을에 들어서자 모두들 마차에서 내렸다.

그들이 마을을 지나올 때마다 줄무늬진 새 옷을 입은 어부들이 집집에서 몰려나와 인사하고 남작과 악수를 나누며 행렬을 뒤따랐다.

잔이 자작의 팔을 잡은 채 두 사람은 앞장서서 걸어갔다. 성당 앞에 이르자 모두들 멈춰섰다. 그러자 은으로 만든 커다란 십자가가 나타났다. 성가대의 한 소년이 그것을 똑바로 받쳐들고 있었고, 그 뒤를 붉은색과 흰색이 섞인 옷을 입은 소년이 관수기(灌水器)가 담긴 성수반을 들고 뒤따라왔다.

그 뒤를 세 사람의 늙은 성가대원이 따라갔는데, 그중 한 사람은 다리를 절었다. 다음에는 세르팡이라는 관악기 나팔수가 지나가고 그다음에는 신부가, 불룩한 배 위에 교차시킨 금빛 완장 대(帶)를 내밀고 나타났다.

그는 미소와 목례로 인사하고 나서 눈을 반쯤 감고 기도문을 외는지 중얼거리며 법모를 콧등까지 내려쓴 채 흰 옷 입은 수행원들의 뒤를 따라 바다 쪽으로 걸어갔다. 바닷가에는 한 무리의 사람들이 꽃다발로 장식한 새 배를 둘러싸고 기다리고 있었다. 그 배의 돛대와 돛, 밧줄은 미풍에 나부끼는 리본들로 덮여 있었고, '잔'이라는 배 이름은 뒤쪽에 금색으로 쐬어 있었다.

남작의 돈으로 만들어진 이 배의 선장인 라스티크 영감이 행렬 앞에 섰다.

남자들은 약속이라도 한 듯 같은 동작으로 일제히 모자를 벗었다. 주름 잡힌 커다란 천을 어깨에 늘어뜨린 검은색 망토를 머리부터 뒤집어쓴, 믿음이 두터운 여신도들이 한 줄로 나란히 걸어오다가 십자가가 눈에 띄자 둥그렇게 꿇어 앉았다. 신부는 성가대의 두 소년 사이에 서서 그 배 한쪽 끝으로 걸어갔다.

한편 다른 한쪽에서는 흰 옷에 어울리지 않는 초라한 세 늙은 성가대원이 맑은 하늘 아래에 수염이 더부룩한 턱으로 제법 위엄 있는 자세를 취하고, 악보를 보면서 입을 크게 벌리며 곡조도 맞지 않는 성가를 부르고 있었다. 그들이 숨돌릴 때마다 세르팡의 나팔소리가 붕붕 울렸다. 나팔수의 얼굴은 치켜올려 있고, 조그만 잿빛 눈은 숨을 잔뜩 들이켜 크게 부풀어오른 볼 속에 감추어져 있었다. 이마와 목의 살가죽도 부풀어올라 살에서 떨어져 나갈 것 같았다.

소리 없이 투명한 바다는 명상에 잠기며 자기 품에 안긴 작은 배의 영세식을 지켜보는 듯했다. 다만 잔물결이 자갈밭을 긁으면서 나직이 갈퀴 소리를 낼 뿐이었다. 날개를 편 흰 갈매기 떼가 푸른 하늘에 곡선을 그리며 날아가는 듯하더니 꿇어앉은 군중들 위로 무엇을 하고 있는지 궁금한 듯 다시 선회하여 되돌아오곤 했다.

5분 동안이나 '아멘'을 외치고 나서야 성가가 끝났다.

그러자 신부는 혀 꼬부라진 소리로 라틴어를 몇 마디 중얼거렸으나 사람들은 그 억양밖에 듣지 못했다. 그러고 나서 신부는 성수를 뿌리면서 배의 주위를 한 바퀴 돌고는 이번에는 뱃전 옆에 손을 맞잡고 선 대부(代父) 앞에서 기도문을 중얼거리기 시작했다.

자작은 미남다운 의젓한 모습을 잃지 않았으나 처녀는 갑작스러운 감격에 숨이 막혀 왠지 눈앞이 아찔해지는 것 같아 이가 맞부딪칠 만큼 몸을 떨었다.

얼마 전부터 그녀의 머릿속에서 떠나지 않던 꿈이 지금 어떤 착각 속에서 현실로 나타난 것이다.

사람들은 결혼 이야기를 하고 있었다. 지금 신부는 바로 옆에서 축복을 올리고 있다. 흰 옷 입은 사람들이 성가를 부르고 있다. 돌연 어떤 환각이 현실로 나타나는 것처럼 생각되었다. 자신의 결혼식이 이루어지려는 것이 아닌가.

그녀의 손가락은 지금 신경질적으로 떨린 것일까? 그녀의 초조함이 혈관을 따라 달려 그의 심장에까지 전해졌던 것일까? 이해했을까? 예감했을까?

그녀처럼 자작도 어떤 사랑의 도취 속에 빠지고 싶었을까? 아니면 단순한 경험에서 어떤 여자라도 자기에게 저항하지 않는다는 것을 알고 있었던 것일까? 그녀는 갑자기 그가 처음에는 자기의 손을 가만히, 그다음에는 좀더 세게, 그러고는 으스러져라고 쥐는 것을 깨달았다.

그러고는 얼굴빛 하나 달라지지 않고 아무도 눈치채지 못하게 또렷이 말했다.

"잔! 당신만 좋다면 이것이 우리의 약혼식이 될 수도 있습니다."

그녀는 마치 '네' 하고 대답하듯 천천히 고개를 숙였다. 그때 성수를 뿌리고 있던 신부가 그들의 손가락 위에도 몇 방울 떨어뜨려 주었다.

그것으로 끝났다. 여자들은 일어섰다. 돌아갈 때는 저마다 뿔뿔이 흩어졌다. 성가대 소년의 손에 들린 십자가는 이미 그 위엄을 잃은 뒤라 양옆으로 흔들리고 앞으로 기울어지며 금방이라도 넘어질 것처럼 소년과 함께 앞으로 달음질쳐 갔다. 기도를 끝낸 신부는 그 뒤를 따라 재빨리 걷고 있었다. 성가대원과 나팔수는 한시바삐 예복을 벗으려고 지름길로 빠져나갔고, 어부들도 떼지어 급히 걸어갔다.

그들의 머릿속에 파고드는 똑같은 생각이 그들의 걸음을 음식이 차려진 곳으로 재촉하고, 입에 군침이 괴게 하며, 뱃속까지 내려가 장(腸)이 노래 부르게 했다. 레푀플에는 맛있는 음식이 그들을 기다리고 있었기 때문이다. 큰 식탁이 뜰 안 사과나무 그늘 아래 차려져 있었다. 어부와 농부들을 합쳐 60명 남짓한 사람들이 거기에 자리잡았다. 한가운데 남작 부인이 앉고 그 양옆에 이포르와 레푀플의 신부가 앉았다. 맞은편에는 남작이 촌장 부부 사이에 끼어 자리잡고 있었다.

이미 늙고 말라빠진 시골 여자인 촌장 부인은 주위에 앉은 이 사람 저 사람에게 인사하기에 바빴다. 그녀는 여위고 긴 얼굴에 노르망디식 큰 모자를 쓰고 있었는데, 그 모습은 마치 흰 볏을 단 암탉 머리 같았다. 늘 놀란 것처럼 동그란 눈은 닭을 꼭 닮았다. 그리고 접시를 코로 찍듯이 조금씩 재빠르게 음식을 집어먹었다.

자작 옆에 앉아 있는 잔은 행복의 세계를 내달리고 있었다. 그녀는 이미 아무것도 보이지 않았다. 아무것도 알지 못했다. 그저 기쁨으로 머리가 혼란스러워 입을 다물고 있었다.

그녀는 물었다.

"세례명은 뭐예요?"

자작이 말했다.

"쥘리앵입니다. 아직 모르셨습니까?"

그녀는 그 물음에 대답하지 않고 마음속으로 생각했다.

'쥘리앵, 앞으로 얼마나 자주 불러볼 이름인가?'

식사가 끝난 뒤 앞뜰은 어부들에게 맡겨놓고 저택의 뒤쪽으로 자리를 옮겼다. 남작 부인은 남작의 부축과 두 신부의 호송을 받으며 여느 때와 같이 운동을 시작했다.

잔과 쥘리앵은 관목숲까지 가서 풀이 우거진 오솔길로 들어갔다. 별안간 자작이 그녀의 손을 잡고 물었다.

"저의 아내가 되어주시겠습니까?"

그녀는 다시 한 번 고개를 푹 숙였다.

그는 머뭇머뭇 말했다.

"대답해 주십시오. 제발 부탁입니다."

그러자 그녀는 조용히 눈을 들어 그를 바라보았다.

자작은 그 눈길 속에서 대답을 읽을 수 있었다.

4

어느 날 아침, 남작은 잔이 채 일어나기도 전에 그녀의 침실에 들어와 침대 끝에 걸터앉으며 말했다.

"라마르 자작이 너를 아내로 맞이하고 싶다는구나."

그녀는 이불 속에 얼굴을 파묻고 싶은 심정이었다.

아버지는 말을 계속했다.

"대답은 나중에 드리겠다고 했다만……."

그녀는 감동으로 목이 메어 가슴이 답답했다.

조금 뒤 남작은 웃으면서 결론을 덧붙였다.

"네 의견을 듣지 않고 결혼을 결정하고 싶지 않았다. 네 어머니와 나는 이 결혼에 반대하지는 않지만, 그렇다고 네게 강요할 생각은 없다. 너는 상대방보다 훨씬 부유하지만 일생의 행복을 생각할 때는 돈 같은 것에 구애 받아서는 안

된다. 자작에게는 친척이 없다. 그러니 만일 네가 자작과 결혼한다면 우리집에 아들이 하나 들어오는 셈이지. 하지만 다른 사람과 결혼하게 되면 우리의 하나밖에 없는 딸인 네가 남의 집으로 가게 되는 거다. 그 사람이 우리 마음에는 들지만, 너는 어떠냐? 네 마음에도 들던?"

그녀는 귀까지 빨개져서 낮은 소리로 떠듬거렸다.

"네, 아버지. 기꺼이 그와 결혼하겠어요."

그러자 아버지는 딸의 눈 속을 들여다보고 웃으며 나직이 말했다.

"나도 그런 줄 짐작하고 있었지."

그녀는 저녁때까지 술취한 사람처럼 지냈다. 자신도 무엇을 하는지 의식하지 못하고 기계적으로 이것을 집으면 저것이 집히고, 걷지도 않았는데 두 다리는 피로할 대로 피로했다. 6시쯤 어머니와 함께 플라타너스 나무 아래 앉아 있노라니 자작의 모습이 보였다. 잔의 가슴은 미칠 듯이 뛰기 시작했다.

자작은 조금도 흥분한 기색 없이 가까이 왔다. 옆에까지 오자 그는 남작 부인의 손을 잡아 입맞추었다. 그리고 나서 잔의 떨리는 손에 입술을 갖다 대고 감사와 애정을 담아 긴 키스를 했다. 이리하여 황홀한 약혼시절이 시작되었다.

단둘이서만 객실 한구석이나 황량한 들판이 펼쳐진 관목숲 속의 비탈에 앉아 이야기했다. 때때로 어머니의 산책길을 걸으며 그가 미래를 이야기하면, 그녀는 어머니의 먼지나는 발자취가 난 길 위로 눈길을 떨어뜨리고 있었다.

일단 일이 결정되자 모두들 결혼을 서둘렀다. 그리하여 결혼식은 그로부터 6주 뒤인 8월 15일에 올리기로 하고, 신랑 신부는 곧 신혼여행을 떠나기로 합의를 보았다.

여행지에 대해 의논할 때 잔은 코르시카섬을 택했다. 코르시카에서라면 이탈리아의 도시들보다 단둘이 있을 시간이 더 많으리라고 여겼기 때문이다. 두 사람은 그날을 기다리는데 그다지 초조해하지는 않았으나, 아기자기한 애정에 싸여 뒹굴거나 감미로운 애무를 음미하거나, 손가락과 손가락을 서로 끼고 영혼이 녹아들듯 오래오래 마주 보며 정열에 충만된 눈길을 주고받거나, 그런 것에 말할 수 없는 쾌감을 느끼며 마음껏 안아보고 싶다는 야릇한 욕망에 막연하게 괴로워하거나 하며 결혼식 날을 기다렸다.

결혼식에는 외따로 살고 있는 남작 부인의 여동생 리종을 초대하기로 했는데, 그녀는 베르사유의 어떤 수녀원에서 지내고 있었다.

아버지가 돌아가신 뒤 남작 부인은 그 동생을 자기 집에 데려와 함께 살려고 했다. 그러나 이 노처녀는 자기는 모든 사람들에게 방해가 되고 쓸모없는 귀찮은 존재라는 생각에 사로잡혀 쓸쓸하고 외로운 사람들에게 방을 빌려주는 수녀원으로 은거해 버렸던 것이다.

그녀는 이따금 찾아와서 한두 달쯤 식구들과 함께 보냈다. 그녀는 말없고 키가 작은 여자로 언제나 자기의 존재는 나타내지 않으려 하며, 식사 때만 잠시 나타났다가는 곧 자기 방으로 돌아가 꼼짝 않고 들어앉아 있었다.

나이는 겨우 42살이었으나 더 늙어 보였으며, 눈매가 유순하고 슬펐다. 집에서는 한 번도 한 사람 몫으로 취급받는 일이 없었다. 그녀는 어렸을 때부터 예쁘지도 않고 장난도 하지 않았으므로 아무도 그녀에게 입맞춤을 해주는 사람이 없었다.

그녀는 늘 한구석에 조용하고 순하게 앉아 있었다. 그때부터 그녀는 언제나 고립된 생활을 해왔고, 결혼할 나이가 된 뒤에도 아무도 거들떠보지 않았다. 그녀는 마치 그림자나 길든 물건처럼, 날마다 보는 사람의 눈에 익기는 하지만 아무도 그녀에 대해 마음 쓰지 않는, 마치 살아 있는 가구와 다름없었다. 언니

인 남작 부인은 결혼 전 친정에서 젖은 습관대로 이 동생을 하찮고 사람 축에
끼지도 못하는 존재로 여겼다. 일종의 멸시가 깃든 호의를 담아 아무 거리낌
없이 무관심하게 대했다.

그녀의 이름은 리즈였는데, 이 화려하고 앳된 이름이 거북스럽게 느껴졌다.
그녀는 결혼하지 않았고 또 앞으로도 결코 결혼하지 않을 것 같아서 식구들
은 리즈를 리종이라고 불렀다.

잔이 태어나면서부터 그녀는 '리종 이모'로 통했다. 겸손하고 조촐하고 몹시
수줍어하며 언니나 형부까지 어려워하는 성품이었다. 형부는 그녀를 사랑하기
는 했지만, 그러나 그것은 무관심한 친절이요 무의식적인 동정이요 형부로서의
천성적인 호의 같은 막연한 애정이었다.

이따금 남작 부인은 먼 처녀시절의 일을 이야기하다가 때를 명확하게 규정
지으려면 "그것은 리종이 분별없던 시절이었어요"라고 말할 때가 있었다. 그러
고는 그 이상의 것은 이야기하지 않았다. 그래서 이 '리종의 무분별'은 안개에
싸인 채 그대로 남아 있었다.

19살이었던 무렵 리즈는 어느 날 밤 강물에 몸을 던졌는데, 아무도 그 까닭
을 알지 못했다. 그즈음 그녀의 생활 태도에는 이런 무분별을 짐작케 하는 아
무런 징조도 없었던 것이다. 물에서 건져내 보니 반쯤 죽어 있었는데, 부모는
분노로 두 손을 휘둘렀을 뿐, 전혀 이해할 수 없는 그 행동의 원인을 알아보려
고도 하지 않았고 그러한 딸의 행동을 '미친 행동'이라는 것으로 결말지어 버
렸다. 그 말투는 마치 얼마 전 '코코'라는 이름의 말이 도랑에 빠져 다리가 부
러지는 바람에 할 수 없이 도살장에 보낸 사건을 이야기하는 듯 체념에 가까
웠다. 그 뒤 얼마 안 되어 이름이 리종으로 바뀐 리즈는 좀 모자라는 사람으로
취급받기 시작했다.

그녀가 근친들에게 일으키게 했던 악의 없는 멸시는 차츰 그녀를 둘러싼 모
든 사람들의 마음속에도 스며들었다. 어린 잔마저도 타고난 어린이의 독특한
감수성으로 그녀를 거들떠보지 않았다. 잘 시간에 키스하러 가지도 않고 그
방에 들어간 일조차 없었다.

그 방의 잔일을 보살피는 하녀 로잘리만이 그 방을 잘 알고 있는 듯했고, 리
종 이모가 아침식사를 하러 식당으로 들어오면 그나마 어린 잔만이 습관적으
로 이모 옆으로 가서 키스를 받기 위해 이마를 내밀었다.

그뿐이었다. 식구 가운데 그녀에게 할 말이 있으면 하녀를 보내고, 만일 방에 없으면 다시는 그 일에 마음 쓰지도 않고 생각도 하지 않으며 "어찌 된 일인지 리종이 안 보이네." 하고 걱정할 뿐 더 이상 캐묻지 않았다.

그녀는 절대로 자기 자리를 차지하는 일이 없었다. 세상에 전혀 알려지지 않은 미개척의 땅처럼 근친에게도 알려지지 않는 사람들이 있는데, 그녀도 그런 사람들 가운데 하나였다.

만일 그녀가 죽더라도 집 안에 구멍이나 공허함 같은 빈자리를 만들지 않을 것이며, 주위 사람들의 생활 습관이나 사랑에 대해 서로 나누는 이야기 속에도 끼어들지 못하는 그런 무리 중 한 사람이었다. 누군가 리종 이모라는 말을 입 밖에 내더라도 누구의 마음속에서든 아무런 애정이 일어나지 않았다. 마치 리종 이모가 커피 그릇이나 설탕 항아리인 것처럼 대하는 말투였다.

그녀는 언제나 조용히 빠른 걸음으로 걸었는데 좀처럼 소리를 내거나 어디에 부딪치는 일이 없었으며, 마치 소리내지 않는다는 특성을 주위의 사물에게 전달하기라도 하려는 것 같았다. 두 손은 솜으로 만들어진 것처럼 가볍고 부드럽게 사물을 다루었다. 그녀는 잔의 결혼이라는 말에 마음이 온통 혼란스러워 7월 중순쯤 도착했다.

그녀는 올 때 많은 선물을 가져왔는데, 그녀가 가져온 것이라서 아무도 거들떠보지 않았다. 그녀가 도착한 다음 날부터 식구들은 벌써 그녀의 존재를 잊어버리고 있었다. 그러나 그녀의 마음속에는 이상한 감동이 싹터 올랐으며, 그녀의 눈길은 잠시도 두 약혼자에게서 떠나지 않았다.

그녀는 아무도 들어오지 않는 자기 방에 들어앉아 이상하게 정력을 기울이며 마치 침모처럼 들뜬 듯이 행동하며 결혼 준비에 몰두하고 있었다.

그녀는 자기가 만든 손수건과 머리글자를 수놓은 냅킨을 남작 부인에게 계속 보여주면서 물었다.

"이만하면 됐어요, 아델라이드 언니?"

그러면 남작 부인은 그저 기계적으로 그것들을 보며 대답했다.

"너무 이렇게 애쓰지 마, 리종."

그달이 다 지난 무더운 어느 날 밤, 밝고 훈훈한 밤하늘에 달이 떠올랐다. 사람의 영혼 속 깊숙이 깃든 비밀스러운 시(詩)를 송두리째 일깨워주듯 마음을 뒤흔들고 감동시키며 흥분시키는 듯한 밤이었다. 정원에서 불어오는 부드러운 바람이 조용한 객실로 불어 들어왔다. 남작과 그의 부인은 램프 갓이 탁자 위에 그리는 둥근 불빛 앞에서 맥없이 카드놀이를 하고 있었다. 리종 이모는 그들 사이에 앉아 뜨개질을 하고 있었다.

결혼을 앞둔 젊은이 한 쌍은 열어젖힌 창틀에 기대어 달빛 어린 정원을 바라보고 있었다. 보리수와 플라타너스가 각각 한 그루씩 달빛에 창백하게 빛나면서 검은빛으로 변한 관목숲까지 뻗어나가 넓은 잔디밭 위에 긴 그림자를 던지고 있었다. 부드러운 밤의 매력과 안개가 어린 듯 창백하게 빛나는 수목에 끌려 잔은 어머니와 아버지를 돌아보며 말했다.

"아버지, 집 앞의 숲을 한 바퀴 돌고 오겠어요."

남작은 카드놀이에서 눈길을 떼지 않고 말했다.

"다녀오려무나."

그러고는 그 카드놀이를 계속했다.

두 사람은 밖으로 나와 작은 관목숲을 향해 달빛으로 하얗게 보이는 잔디밭을 천천히 걸었다. 시간이 지나도 두 사람은 들어갈 생각을 하지 않았다. 피로해진 남작 부인은 침실로 올라가려고 생각하면서 말했다.

"애들을 그만 불러들이구려."

남작은 두 사람의 그림자가 조용히 움직이는 달빛 어린 정원을 한 번 둘러보며 말했다.

"그냥 내버려둡시다. 밖의 경치가 아주 좋은걸. 처제보고 좀 남아서 기다리고 있으라지. 리종, 어때?"

그녀는 불안스러운 눈길로 조심스럽게 대답했다.

"네, 제가 기다리고 있겠어요."

남작은 부인을 부축하여 일으키고 자신도 낮의 더위에 지친 몸으로 객실에서 함께 나가며 말했다.

"나도 그만 가서 자야겠군."

리종 이모는 일어나서 털실과 뜨개바늘을 안락의자 팔걸이에 놓고 창가로 가서 아름다운 밤을 내다보았다. 두 약혼자는 언제까지나 관목숲 속에서 돌층계까지, 돌층계에서 다시 관목숲을 향해 잔디 위를 거닐었다. 둘은 마치 자기 자신을 잃고 서로 손을 꼭 쥔 채 대지에서 뿜어나오는 시(詩)의 세계로 끌려들어가 말도 잃은 듯했다.

잔은 별안간 창틀 램프 불가에 떠오른 노처녀의 그림자를 보았다.

"어머나! 리종 이모가 우리를 보고 있어요."

자작은 고개를 들고 아무 생각 없이 무관심한 목소리로 대답했다.

"네, 리종 이모가 우리를 보고 있군요."

두 사람은 다시 천천히 걸으며 공상하고 사랑의 이야기를 계속했다.

그러나 이미 숲에는 이슬이 내렸고, 둘은 가벼운 냉기를 느꼈다.

잔이 물었다.

"이제 그만 들어갈까요?"

두 사람은 집 안으로 들어갔다. 그들이 객실로 들어갔을 때 리종 이모는 다시 뜨개질을 하고 있었다.

그녀는 얼굴을 푹 숙인 채 뜨개질에 열중했는데, 여윈 손가락이 피로한 듯 가늘게 떨리고 있었다.

잔은 옆으로 다가서며 말했다.

"이모님, 이제 그만 자야겠어요."

그녀는 눈길을 들었다. 그 눈은 울고 난 뒤처럼 붉게 충혈되어 있었다. 그러나 사랑에 취한 이들은 거기까지 마음이 가지 않았으며, 그보다도 청년은 처녀의 매끈한 구두가 이슬에 흠뻑 젖은 것을 보고 염려스러운 듯 상냥하게 물었다.

"당신의 그 작고 예쁜 발이 차갑지 않소?"

갑자기 이모의 손이 세차게 떨리며 쥐고 있던 일감이 미끄러져 내렸다. 이모는 두 손으로 얼굴을 가리고 어깨를 들먹거리며 몹시 흐느껴 울기 시작했다. 잔은 이모의 무릎에 매달려 그녀의 양팔을 끌어내리며 어리둥절한 목소리로 물었다.

"왜 그러세요? 왜 그러세요, 이모님?"

그러자 가엾은 여자는 슬픔에 몸을 떨면서 눈물 젖은 목소리로 떠듬떠듬 대답했다.

"저분이 너한테…… 차갑지 않느냐고 말했을 때, 그…… 그…… 귀여운 작은 발이라고 했지…… 나는 이제까지 그런 말을 한 번도 들어본 적이 없단다. 나는…… 하…… 한 번도…… 단 한 번도……."

잔은 놀랍고 가엾은 생각이 들기도 했으나, 리종에게 상냥한 말을 건네는 연인을 상상하니 우스웠다. 자작도 웃음을 감추느라고 뒤돌아섰다.

그러자 이모는 별안간 일어서더니 털실은 마룻바닥에, 편물은 안락의자 위에 남겨놓은 채 램프도 들지 않고 어두운 층계를 더듬어 자기 방으로 올라갔다. 단둘이 남게 된 약혼자들은 의아한 표정으로 마주 보며 놀라는 한편 측은한 마음이 들기도 했다.

잔이 입속말로 중얼거렸다.

"가엾은 이모!"

쥘리앵이 대답했다.

"이모님이 오늘 저녁에는 좀 이상해지신 모양입니다."

두 사람은 서로 헤어질 결심을 하지 못한 채 손을 맞잡고 방금 리종 이모가 비워놓은 긴 의자 앞에서 조용히 그들의 첫 키스를 했다.

다음 날 두 사람은 이미 이모의 눈물에 대해서는 전혀 생각하지 않았다.

결혼 전의 2주일 동안 잔은 마치 부드러운 감동에 지친 듯 아주 평온한 기분에 싸여 있었다. 드디어 운명이 결정되는 날 아침, 잔은 무엇을 생각할 여유가 조금도 없었다. 마치 살과 피와 뼈가 피부 밑에서 녹아버린 듯 오직 온몸에 커다란 공허감만 느껴질 뿐이었다. 그리고 물건을 만질 때마다 자신의 손이 몹시 떨리는 것을 느꼈다.

잔은 성당 안에서 결혼식이 진행되는 동안 비로소 자신의 의식을 되찾았다. 결혼한 것이다! 이렇게 그녀는 결혼한 것이다. 새벽부터 지금까지 일어난 일이나 움직임이나 사물의 연속을 그녀는 꿈같다고, 정말 꿈과 같다고, 생각했다. 주위의 세계가 갑자기 달라져 보이는 순간이었다. 사람들의 몸짓이 새로운 의미를 지니고 시간마저 규칙대로 흘러가지 않는 것처럼 여겨지는 그러한 순간이었다.

그녀는 멍한 상태였으며, 특히 몹시 놀라고 있었다. 그 전날만 해도 그녀의 생활 속에서 달라진 것이라고는 아무것도 없었다. 다만 평생의 희망이 좀더 가까워진 것 같고 손에 잡힐 듯했을 따름이었다. 그 전날 밤만 해도 처녀로 잠들었었지만, 그러나 지금은 남의 아내가 되었다. 따라서 여자로서 꿈꾸어 본 온갖 환희와 기쁨으로 싸인 미래를 가로막고 있던 장벽을 그녀는 넘어선 셈이었다. 마치 문이 그녀 앞에 열어젖혀진 것 같았고, 드디어 기대하고 있던 곳으로 들어갈 참이었다.

결혼식은 어느덧 끝났다. 아무도 예식에 초대하지 않았기 때문에 텅 빈 성당 안을 둘이서 걸어 다시 밖으로 나왔다. 그러나 그들이 성당 문턱을 나서자 무서운 폭음이 신부를 깜짝 놀라게 했고 또 남작 부인이 놀라 비명을 지르게 했다. 그것은 농부들이 일제히 쏜 축포의 사격소리로, 그 소리는 그들이 레쾨플에 이를 때까지 그치지 않았다.

가족과 신부들과 촌장, 그리고 근처의 몇몇 지주들을 위해 간소한 식사를 차렸다. 저녁식사 준비가 될 때까지 모두들 뜰 안을 산책했다. 남작과 남작 부인, 리종 이모, 촌장, 피코 신부는 '남작 부인의 가로수길'을 산책하고, 맞은편 가로수길에서는 다른 신부가 뚜벅뚜벅 걸으면서 기도서를 읽고 있었다. 저택의 다른 쪽 사과나무 그늘 아래에서 사과술을 마시며 기쁨에 들뜬 듯한 농부들의 목소리가 들려왔다. 예복 차림의 이웃 사람들이 뜰 안을 가득 채우고 있었다. 남자아이들과 여자아이들은 술래잡기를 하고 있었다.

잔과 쥘리앵은 관목숲을 지나 언덕까지 올라가 말없이 바다를 내려다보았다. 때는 8월 중순이었으나 북풍이 불어오면서 날씨는 제법 선선했다. 커다란 태양이 푸른 하늘에서 강렬하게 내리비쳤다. 두 사람은 그늘을 찾으려고 오른쪽으로 돌아 들을 가로질렀다. 이포르 마을로 내려가는 꾸불꾸불하고 숲이 우거진 골짜기로 갈 생각이었다. 두 사람이 잡목숲 속으로 들어섰을 때는 바람한 점 없었다. 그들은 나뭇잎으로 하늘이 가려진 오솔길로 들어섰다. 나란히 서서 겨우 걸을 수 있을 만한 길이었다.

그녀는 살며시 허리를 휘감는 팔의 감촉을 느꼈다. 숨이 가쁘고 가슴이 뛰고 마침내는 숨이 끊어지는 것 같아서 아무 말도 못했다. 나직이 드리워진 나뭇가지들이 그들의 머리를 어루만졌다. 지나가면서 몇 번이나 몸을 움츠렸다. 그녀가 나뭇잎을 하나 따서 들여다보니 잎 뒤에 딱정벌레 두 마리가 작고 빨간 조개껍질 처럼 붙어 있었다.

그녀는 좀 긴장이 풀려 순진하게 말했다.

"어머나, 한 쌍인가 봐요."

쥘리앵은 그녀의 귀에 입을 대며 말했다.

"오늘 밤에는 당신도 내 아내가 되는 거요."

전원에서 생활하며 꽤 많은 것을 배우기는 했지만 아직도 시적인 사랑밖에는 알지 못하고 있었으므로 잔은 깜짝 놀랐다. 오늘 밤에 아내가 되다니? 나는 이미 그의 아내가 된 것이 아닌가?

그가 잔의 이마와 솜털이 보송보송 난 목덜미에 짧고 빠르게 키스했다. 그럴 때마다 그녀는 자작의 그런 생소한 키스에 놀라 본능적으로 피하려고 고개를 이리저리 돌렸다. 그러나 한편으로 그녀는 이 애무에 황홀하기도 했다.

그러는 사이에 두 사람은 어느덧 숲 변두리에 이르렀다. 그녀는 이렇게 먼 곳까지 온 것을 깨닫고 당황하여 걸음을 멈추었다. 남들이 우리를 어떻게 생각할 것인가? 그녀는 말했다.

"그만 돌아가요!"

그는 그녀의 허리를 껴안았던 팔을 풀었다. 둘이 몸을 돌리자 바로 얼굴을 정면으로 마주보게 되었다. 거리가 너무도 가까워 서로의 입김을 느낄 정도였다. 그들은 언제까지나 마주 바라보았다. 두 사람의 영혼이 서로 얽혀들어갈 듯, 강하고 날카로우며 찌를 듯한 눈길로 똑바로 바라보았다. 둘은 상대방의 눈길에서 눈 저 안쪽, 침투할 수 없는 미지의 존재 속에서 서로를 찾으려 했고, 말없고 집요한 질문 속에서 서로를 탐색하려고 했다.

두 사람은 각각 상대방이 나에게, 그리고 내가 상대방에게 어떤 존재가 되어 줄 것인가, 둘이 함께 시작하는 이 생애는 어떻게 될 것인가, 부부생활이라는 이 끊을 수 없는 긴 운명 속에서 둘은 얼마만한 환희와 행복을, 또는 환멸을 서로 간직하게 될 것인가 하고 생각하다 보니 상대방이 전혀 낯선 사람처럼 느껴지는 것이었다.

두 사람은 갑자기 처음 대하는 사람들처럼 서먹서먹한 느낌이 들었다. 별안간 쥘리앵은 두 손으로 그녀의 어깨를 끌어안고 입 가득히 갖다 누르며 그녀가 한 번도 받아보지 못한 힘찬 키스를 했다. 그것은 혈관이나 뼛속까지 맺히는 듯한 키스였다. 그녀는 야릇한 충격에 사로잡혀 엉겁결에 쥘리앵을 힘껏 떠다밀며 자기도 뒤로 넘어질 뻔했다.

그녀는 나직한 목소리로 중얼거렸다.

"그만 돌아가요, 네, 그만 돌아가요!"

그는 대답 대신 그녀의 손을 꼭 쥐고 놓을 줄을 몰랐다. 집 안에 이를 때까지 두 사람은 한 마디도 하지 않았다.

오후의 나머지가 몹시 긴 것 같았다. 해질 무렵이 되자 모두 식탁에 앉았다. 저녁식사는 노르망디 풍습에 비해 아주 간소했다.

어쩐지 거북스러운 분위기가 흐르고 있었다. 두 신부와 촌장과 그리고 초대받은 네 지주만이 잔치 뒤에 따르는 유쾌한 기분을 내고 있었다. 그러나 웃음소리가 이제 사라졌나 보다 하면 촌장의 이야기가 다시 웃음을 자아내게 하곤 했다.

밤 9시쯤이었다. 손님들이 막 커피를 들려는 참이었다. 바깥 앞뜰 사과나무 아래서는 시골풍의 춤이 벌어지고 있었다. 손님들은 창밖으로 이 풍경을 바라보았다. 사과나무 가지에 매달린 촛불이 그 잎을 잿빛 도는 초록색으로 물들였다. 부엌용 큰 식탁 위에서 연주되는 두 개의 바이올린과 클라리넷의 가냘픈 반주에 맞추어 시골 남녀들이 둥그렇게 원을 그리며 소박한 무용곡을 큰 소리로 부르며 춤추고 있었다. 그들의 노랫소리 때문에 때때로 악기 소리가 파묻히기도 했다. 그리고 찢기는 듯한 노랫소리에 토막토막 끊어져 들리는 이 가냘픈 악기 소리는 어떤 악보의 단편(斷片)이 조각조각난 채 흩어져 하늘에서 떨어지는 것과도 같았다.

큰 술통 두 개가 횃불에 둘러싸여 있는 사람들에게 술을 제공하고 있었다. 두 하녀가 쉴 새 없이 컵과 사발을 큰 통에서 씻어내어 물방울이 뚝뚝 떨어지는 채로 붉은 포도주와 밝고 금빛나는 사과술이 흘러나오는 술통 아가리에 갖다 대느라고 바빴다.

목이 마른 춤꾼이나 말없는 노인들, 또한 땀에 젖은 처녀들이 몰려와 저마다 팔을 내밀고 아무거나 닥치는 대로 움켜쥐고는 고개를 뒤로 젖히고 자기가 좋아하는 음료를 목에다 들이부어댔다. 식탁 위에는 빵이며 버터며 치즈며 소시지 등이 놓여 있어서 모두들 이따금씩 이 식탁 앞으로 와서 저마다 입맛 당기는 것을 한 입씩 집어넣고 제자리로 돌아갔다.

불을 밝힌 푸른 사과나무 가지 아래에서 벌어지는 이 경쾌하고 힘찬 놀이는 식당 안에 들어앉아 있는 울적한 손님들도 그들과 함께 어울려 춤을 추고 버터 바른 빵과 날양파를 먹으며, 불룩하게 배가 나온 술통에서 한 잔 따라 마시고 싶게 했다.

나이프로 박자를 맞추고 있던 촌장이 외쳤다.

"잘들 뛰고 노는군. 마치 '가나슈'의 피로연 같다!"

그러자 어색한 웃음의 물결이 일어났다. 세속적인 권위를 몹시 싫어하는 피코 신부가 끼어들었다.

"가나*8 말씀이겠지요."

상대방은 그 말을 듣지 않았다.

"아닙니다, 신부님. '가나슈'입니다."

모두들 일어나서 객실로 갔다. 몇 사람은 뜰의 놀이패에 한몫 끼려고 나갔고, 초대받은 사람들은 돌아갔다.

남작 부부는 낮은 목소리로 말다툼을 하고 있었다. 여느 때보다 한층 더 숨을 헐떡이는 아델라이드 부인은 남편이 요구하는 것을 거절하고 있는 듯싶었다.

부인은 큰 소리로 외쳤다.

"여보, 정말이지 난 못하겠어요! 어떻게 말을 꺼내야 좋을지."

그러자 남작은 부인 곁을 떠나 잔에게로 다가서며 물었다.

"나하고 뜰을 한 바퀴 돌지 않겠니?"

몹시 감동한 딸이 대답했다.

"그렇게 하세요."

두 사람은 밖으로 나왔다. 벽 한쪽에 붙은 문밖으로 나오자 썰렁한 바람이 불어왔다. 벌써 가을을 재촉하는 싸늘한 바람이었다. 구름이 하늘에 세차게 흐르고 별이 사라졌다 나타났다.

남작은 살며시 딸의 손을 잡으면서 딸의 팔을 이끌었다. 아버지와 딸은 잠시 말없이 걸었다.

남작은 망설이는 듯하더니 드디어 결심하고 말했다.

"애, 아가, 내가 아주 곤란한 역할을 맡았구나. 네 어미가 해야 할 일이지만 싫다고 하니 내가 대신 말할 수밖에 없구나. 실생활에서 네가 어떤 것을 얼마나 알고 있는지 나는 모른다. 그런데 자식들에게는, 특히 딸자식에게는 아주 은밀히 숨기는 비밀이 있단다. 딸이란 그 영혼이 순결해야 하고 그 부모가 딸의 행복을 맡아 줄 남자에게 맡길 때까지 완전무결하게 순결해야 한다. 인생의 이 감미로운 비밀 위에 던져진 포장을 걷어올릴 권리는 그 남자에게만 있단다. 그런데 딸들이란 만일 인생에서 어떠한 의혹도 가져보지 못했을 경우 이따금 몽상 뒤에 숨겨진, 좀 동물적이라고 할 수 있는 현실에 맞닥뜨리면 반항하

---

*8 갈릴리의 가나. 예수가 물로써 술을 만든 최초의 기적을 행한 결혼 피로연으로 유명함.

게 될 때가 있다. 그것으로 인해 정신적인 것만 아니라 육체적인 상처까지 받게 되니까 여자들은 인생과 자연의 법칙이 절대적인 권리로서 남편에게 부여하는 것을 거부하는 때가 있단다. 얘야, 거기에 대해서 더 이상은 말하지 못하겠구나. 그런데 이것만은 잊지 말아라. 즉 너의 모든 것은 완전히 네 남편에게 속해 있다는 것을."

이 말을 듣고 그녀는 무엇을 정확하게 알게 되었을까? 무엇을 짐작했을까? 그 어떤 막연한 예감처럼 괴롭고 짓눌리는 듯한 우울감에 억눌려 그녀의 몸은 떨렸다.

그들은 다시 집을 향해 걸었다.

뜻밖의 광경에 놀라 그들은 객실 문 앞에 멈춰섰다. 아델라이드 부인이 쥘리앵의 가슴에 얼굴을 파묻고 흐느껴 울고 있었던 것이다. 그녀의 눈물은 마치 대장간의 풀무로 밀어내는 듯 요란스럽게 코와 눈과 입에서 한꺼번에 쏟아져 나오는 것 같았다.

젊은이는 놀라고 어리둥절한 표정으로 뚱뚱한 부인을 어색하게 부축하고 서 있었는데, 부인은 아끼고 아끼며 귀염둥이로 키운 예쁜 딸을 잘 부탁한다고 당부하며 쓰러질 듯이 기대 서 있었다.

남작이 재빨리 달려갔다.

"제발 부탁이니 그러지 좀 마오."

그는 눈물을 닦는 부인을 안락의자에 앉혔다. 그리고 잔을 바라보며 말했다.

"자, 네 어머니에게 키스하고 가서 자거라."

그녀는 울먹이며 재빨리 부모에게 키스하고 그 자리에서 도망치듯 달아났다. 리종 이모는 이미 자기 침실로 들어간 뒤였다. 남작과 부인만이 쥘리앵과 함께 남아 있었다. 세 사람은 몹시 어색한 표정으로 입을 다물고 있었다. 여전히 프록코트 차림인 두 남자는 맥이 빠져 서 있었고, 아델라이드 부인은 안락의자 위에 파묻힌 채 흐느껴 울었다. 모두들 어색한 얼굴로 어쩔 줄 몰랐다.

남작은 신혼부부가 며칠 뒤에 떠날 여행에 대해 이야기하기 시작했다.

잔의 침실에서는 샘처럼 눈물을 흘리며 로잘리가 잔의 옷을 벗겨주고 있었다. 헛손질을 하면서 로잘리는 끈도 머리핀도 제대로 찾지 못하는 태도로 보아 확실히 주인 아씨보다 더 흥분해 있는 듯했다. 그러나 잔에게는 눈물 흘리는 하녀를 거들떠볼 마음의 여유가 없었다.

그녀는 전혀 생소한 땅에 발을 들여놓은 것처럼 여겨졌다. 자기가 알고 있던 모든 것, 자기가 소중히 여기고 있던 모든 것으로부터 떨어져 다른 세계로 가는 것 같은 기분이었다. 자기의 생활과 사상이 온통 뒤집히는 듯하여 심지어는 '남편을 사랑하는 것일까?' 하는 이상한 생각까지 들었다.

별안간 그가 전혀 알지도 보지도 못했던 이방인처럼 생각되었다. 석 달 전만 해도 자기는 그러한 사람이 존재하고 있다는 것조차 몰랐는데, 지금은 그의 아내가 된 것이다. 그리하여 마치 발밑에 열려진 구멍으로 빠지는 것 같은 결혼 속으로 미끄러지듯 들어갔다.

좀 서늘한 홑이불이 그녀에게 오한을 느끼게 했고, 두 시간 전부터 그녀의 마음을 억눌러 온 고독과 비애가 한결 더 강하게 가슴에 느껴졌다.

로잘리는 여전히 흐느껴 울면서 달음질치듯 방을 빠져나갔고, 잔은 기다리고 있었다. 무엇인가 짐작할 수는 없으나 아버지가 막연하게 이야기해 준 사랑의 최대 비밀인 그 신비한 법칙을 마음 졸이며 근심스럽게 기다리고 있었다.

층계를 올라오는 기척도 나지 않았는데 가벼운 노크 소리가 세 번 들려왔다. 그녀는 몸이 오그라질 듯하여 아무 대답도 하지 못했다. 다시 한 번 노크 소리가 나고 이어서 방문 손잡이가 돌아가는 소리가 났다. 그녀는 마치 도둑이 자기 침실에 들어선 듯 이불 속으로 얼굴을 숨겼다. 가벼운 남자의 구두 소리가 마룻바닥을 울리는 것 같더니 갑자기 누군가가 그녀의 침대를 더듬거렸다. 그녀는 본능적으로 몸을 꿈틀하며 가냘픈 비명을 질렀다. 그리고 얼굴을 내밀어 보니 쥘리앵이 자기를 바라보며 웃고 있었다.

그녀는 말했다.

"아이, 어쩌면 사람을 그렇게 놀래세요?"

그는 되물었다.

"그렇다면 나를 기다리고 있지 않았소?"

그는 잘생기고 의젓한 용모로 화려하게 차려입고 있었다. 그녀는 대답도 못하고 그처럼 단정하게 차린 그의 앞에서 이렇게 누워 있는 것이 몹시 부끄럽기만 했다.

두 사람은 무슨 말을 해야 좋을지, 어떻게 해야 할지 몰랐다. 두 사람은 온 생애의 행복이 달린 이 엄숙하고 결정적인 순간에 서로 얼굴조차 바라볼 용기를 갖지 못한 것이다.

남자는 이 싸움에 그 어떤 위험이 존재하며 꿈속에서만 자라난 순수한 영혼의 오묘한 섬세함과 미묘한 수치감을 상하게 하지 않기 위해서는, 부드러운 자세와 기교 있는 애정이 필요하리라는 것을 어렴풋이 느끼고 있었다.

그는 가만히 그녀의 손을 잡아 키스하고, 마치 제단 앞에서처럼 그녀의 침대 앞에서 무릎을 꿇고 나직한 목소리로 속삭였다.

"나를 사랑해 주겠소?"

이 한 마디에 잔은 긴장했던 마음이 풀리며 레이스에 덮인 머리를 베개 위로 올리고 생긋 웃었다.

"벌써 사랑하고 있었어요."

그는 아내의 섬세한 손가락을 입술에 갖다 대고 욕정의 억눌림으로 말미암아 달라진 소리로 물었다.

"나를 사랑한다는 증거를 보여주겠소?"

그녀는 또다시 불안한 생각에 사로잡힌 채 다만 아버지의 말을 떠올리며 그것이 무슨 말인지 자신도 모르면서 대답했다.

"나는 당신 것이에요."

그는 그녀의 손목에 다정하게 촉촉한 키스를 한 다음 천천히 몸을 일으켜 세우더니 그녀의 얼굴에 다가갔다. 그녀는 다시 얼굴을 감쌌다. 그는 별안간 한쪽 팔을 이불 위로 뻗쳐 그녀를 껴안고 다른 팔을 베개 밑에 넣어 베개째 그녀의 머리를 들어올리고는 낮은 목소리로, 아주 낮은 목소리로 물었다.

"그러면 당신 곁에 내 조그마한 잠자리를 내주겠소?"

그녀는 덜컥 겁이 났다. 본능적인 공포였다. 그래서 더듬더듬 말했다.

"아! 아직은 안 돼요. 제발 부탁이에요."

그는 좀 실망하고 얼마쯤 기분 상한 듯했으나 여전히 애원하는, 그러나 좀 퉁명스러운 말투로 말했다.

"어째서 미루는 거요? 결국은 그렇게 될 것이 아니오?"

아내는 그러한 남편의 말을 원망스럽게 생각했으나 단념한 듯 아까 한 말을 되풀이했다.

"나는 당신 것이에요."

그러자 그는 곧 화장실 안으로 사라졌다.

옷 벗는 소리, 주머니 속에서 쩔렁대는 동전 소리, 한 짝씩 벗는 구두 소리를 뚜렷이 구별해 들을 수 있었다. 이윽고 그는 속옷 바람으로 양말만 신고 나타나 벽난로 위에 그의 시계를 풀어놓고, 다시 작은 옆방으로 가서 얼마 동안 꾸물거렸다.

그가 다시 방으로 들어온 기척을 느끼자 잔은 재빠르게 돌아누웠다. 자기 다리 곁으로 차갑고 털이 많이 난 그의 다리가 날쌔게 미끄러져 들어와 닿자마자 그녀는 침대 밑으로 뛰어내릴 듯 펄쩍 뛰었다. 그리고 두 손으로 얼굴을 감싸고 정신없이 두려움과 놀라움으로 금방이라도 소리지를 듯한 기분이 되어 침대 한편 구석에서 몸을 움츠리고 있었다.

남편은 그녀가 등을 돌리고 누워 있는데도 대번에 껴안고는 그녀의 목과 잠자리 모자에 나부끼는 레이스와 속옷 주름에 굶주린 듯 키스했다. 잔은 자기의 두 팔꿈치로 가린 젖가슴을 더듬는 남자의 힘찬 손을 느끼며 무서운 불안으로 몸이 꼿꼿해져 꼼짝도 하지 않았다.

그녀는 남자의 이 난폭한 행동에 놀라 숨이 가빴고, 그리하여 어디로든 이 남자가 없는 곳으로 가서 숨기 위해 집을 뛰쳐나가고 싶은 생각으로 가득찼다.

남편은 꼼짝 않고 있었다. 그녀의 등에 남편의 체온이 느껴졌다. 이윽고 마음이 다시 가라앉고, 남편에게 키스하려면 돌아눕기만 하면 되겠다는 생각이 문득 떠올랐다.

마침내 남편은 초조한 듯 슬픈 목소리로 말했다.

"당신은 내 귀여운 아내가 되지 않겠다는 거로군."

그녀는 얼굴을 손으로 감싼 채 중얼거렸다.

"아직도 저는 당신의 아내가 아닌가요?"

남편은 기분이 상한 목소리로 대답했다.

"물론이오. 자, 나를 너무 놀리지 말구려."

그녀는 남편의 불안스러운 목소리에 마음이 언짢아 곧 용서를 청하려고 돌아누웠다.

그러자 그는 세차게 그녀의 몸을 껴안았다. 그러고는 재빠르게 깨무는 듯한 격렬한 키스를 온 얼굴과 목덜미에 퍼부으며 온갖 애무로 그녀를 어리둥절하게 했다. 그녀는 두 손을 벌리고 남편의 격정에 휩싸인 채 자기가 지금 무엇을 하고 있는 것인지 정신이 혼미하여 아무것도 모른 채 누워 있었다.

별안간 날카로운 아픔이 그녀의 살을 찢는 듯했다. 남편이 난폭하게 자기 몸을 소유하고 있는 동안 그녀는 그의 팔 속에서 몸부림치듯 신음했다. 그다음엔 무슨 일이 일어났는지 그녀는 전혀 기억을 못했다. 정신을 잃고 있었기 때문이었다. 기억에 남은 것은 다만 남편이 감사하다는 듯이 자기의 입술에 짧은 키스를 빗발같이 퍼부은 일뿐이었다.

그러고 나서 남편은 무엇인가 자기에게 말했을 것이고, 자기도 그 말에 뭐라고 대답했을 것이다.

그 뒤 남편은 또 다른 행동을 하려고 했으나 잔은 놀라서 떠밀어냈다. 그녀가 몸부림치는 동안 이미 다리에서 느꼈던 숱한 털이 이번에는 가슴에 와닿아 소스라치며 몸을 뺐다. 아무리 달래도 소용없으리라는 것을 알고 남편은 똑바로 누운 채 움직이지 않았다. 그녀는 생각했다. 전혀 다르게 꿈꾸어 왔던 도취와 파괴된 소중했던 기대와 이미 금이 가버린 축복의 환멸 속에서 마음속까지 절망하여 중얼거렸다.

"이것이 바로 그이가 말하는 아내가 된다는 것이었구나! 이것이⋯⋯."

그녀는 사방의 벽포 위로, 자기의 방을 둘러싸고 있는 오랜 사랑의 전설 위로 눈길을 보내며 절망에 잠겨 한참 동안이나 움직이지 않았다. 그러는 동안 쥘리앵이 아무 말도 않고 움직이지 않아 천천히 머리를 돌려보니, 그는 자고 있지 않은가? 입을 반쯤 벌리고 태연스럽게 잠들어 있었다.

그녀는 그것을 믿을 수가 없었다. 자기를 보통 여자처럼 대한 그 짐승 같은 행위보다도 그가 잠들어 있다는 사실에 모욕과 치밀어오르는 분노를 느꼈다. 이런 밤에 잠이 올까? 두 사람 사이에 일어난 일이 그에게는 조금도 놀라운 사실이 아니었던가? 아! 두들겨 맞는 편이, 난폭한 대우를 받는 편이 정신을 잃을 만큼 온갖 추잡한 애무로써 상처를 받는 것보다 더 나을 것 같았다. 그녀는 팔꿈치를 베고 그에게로 다가누워 입술에서 새어나오는 가끔 코고는 소리 같은 숨소리에 귀 기울이며 움직이지 않았다.

날이 밝아왔다. 처음에는 편하게, 그다음에는 밝게, 그리고 장밋빛으로, 이윽고 활짝 밝아왔다. 쥘리앵은 눈을 뜨고 하품을 하며 기지개를 켜고 아내를 바라보며 웃음지었다.

"여보, 잘 잤소?"

'여보'라는 말에 깜짝 놀라 그녀는 대답했다.

"네, 잘 잤어요. 당신도 잘 주무셨어요?"

"아, 나는 잘 잤소."

그러고는 그녀에게로 몸을 돌려 키스하고 나서 차근차근 이야기하기 시작했다. 그는 처음에는 경제관념에 입각한 앞으로의 생활 방침을 늘어놓았다. 몇 번씩 되풀이되는 이 경제라는 말에 잔은 놀랐다. 그녀는 남편의 말뜻을 잘 모르면서도 그 말에 귀 기울이고 남편을 바라보며 겨우 그녀의 마음을 주마등처럼 스치고 지나가 버리는 사실들에 대해 생각했다.

시계가 8시를 알렸다.

"자아, 일어납시다. 늦도록 잠자리에 있으면 우습게 보일 테니까."

그가 먼저 침대에서 일어났다. 자신의 몸치장을 하고 나자 로잘리를 부르지 않고 자기가 직접 상냥하게 아내의 몸차림을 세세한 데까지 거들었다.

그는 침실을 나가려하다가 아내에게 일렀다.

"알고 있을 테지만, 이제부터 우리는 터놓고 '여보'라고 불러도 상관없지만 부모님 앞에서는 아직 삼가는 것이 좋겠소. 우리가 신혼여행에서 돌아온 뒤라면 그때는 자연스럽겠지만."

잔은 아침 식사 때에야 겨우 가족 앞에 얼굴을 보였다. 그리고 그날 하루도 여느 날과 같이 아무 별다른 일이 일어나지 않은 것처럼 그대로 지나갔다. 다만 집 안에 남자가 하나 더 늘었을 뿐이었다.

5

나흘 뒤에 신혼부부를 마르세유까지 태워다 줄 사륜마차가 도착했다.

첫날밤의 고뇌를 겪고 난 뒤 잔은 벌써 쥘리앵의 키스며 부드러운 애무에 익숙해졌다. 두 사람의 관계를 더욱 친밀하게 접근시킬 만큼 그녀의 혐오감이 줄어들지는 않았지만, 남편의 키스와 부드러운 애무에는 익숙해져 갔다.

그녀는 남편의 아름다움을 발견하게 되었으며 사랑을 느꼈고, 다시 행복하고 즐거워졌다.

작별인사는 짧았고 별다른 슬픔을 남기지도 않았다. 남작 부인만 흥분해 있는 듯했다. 마차가 막 떠나려고 할 때 부인은 납덩이처럼 묵직한 큰 돈뭉치를 주며 말했다.

"너도 이제 신부가 되었으니 사고 싶은 것들이 많을 거다."

잔은 그 돈을 주머니에 넣었다. 말이 달리기 시작했다.

저녁 무렵 쥘리앵은 그녀에게 물었다.

"당신 어머니가 그 지갑에 얼마나 넣었소?"

그녀는 거기에 대해 전혀 생각하지 않고 있었다. 그녀는 돈주머니를 무릎 위에 쏟아 놓았다. 금화가 무릎에 하나 가득 찼다. 2천 프랑이었다. 그녀는 손뼉을 쳤다.

"마음껏 쓸 수 있겠네요."

그녀는 손뼉을 치며 소리쳤다.

뜨거운 더위 속에서 1주일이나 여행하여 그들은 마르세유에 도착했다. 이튿날 아작시오를 거쳐서 나폴리로 가는 작은 상선 '루이 왕'호가 두 사람을 싣고 코르시카로 향하고 있었다. 코르시카! 밀림! 산적! 첩첩한 산맥! 나폴레옹의 고국!

잔은 현실에서 빠져나와 눈뜬 채 꿈속으로 들어가는 듯했다. 둘은 갑판 위에 나란히 서서 프로방스 지방의 절벽들이 지나가는 것을 바라보았다. 타는 듯한 햇볕 아래 응결되고 굳어진 듯 움직이지 않는 진한 하늘빛 바다가 끝없이 푸른 하늘 밑에 펼쳐져 있었다.

그녀가 물었다.

"라스티크 영감의 배를 타고 에트르타로 소풍갔던 일이 생각나세요?"

대답 대신 그는 아내의 귀에 재빠르게 키스했다.

증기선 물레바퀴가 바다의 깊은 잠을 깨우는 듯 물결을 일구고 있었다. 배가 남긴 긴 흔적은, 솟구쳐 오르는 물살로 샴페인처럼 거품을 일구는 굵은 은빛 물줄기가 눈닿는 데까지 똑바로 뻗어 배가 항해해 온 길을 완연하게 보여주었다. 별안간 뱃머리에서 얼마 안 되는 곳에 큼직한 돌고래가 튀어나왔다가 머리를 솟구치며 다시 물속으로 자취를 감추었다. 깜짝 놀란 잔은 엉겁결에 소리지르며 쥘리앵의 가슴으로 뛰어들었다. 그러고는 자신이 그렇게 놀랐던 것에 웃으며 혹시 고래가 다시 나타나지 않을까 궁금해하며 바라보았다. 몇 분 뒤에 그 물고기는 커다란 기계 장난감처럼 또다시 나타났다.

그것은 물속으로 들어갔다가 다시 나오곤 했다. 그러고는 둘이 되고 셋이 되고 여섯이 되어 이 육중한 배 주위에서 높이뛰기 경기를 하는 듯했다. 자기들의 형제간인 괴물 모양의 이 쇠지느러미가 나무로 된 물고기를 호위하는 것 같았다. 그들은 왼쪽으로 갔는가 하면 다시 오른쪽 뱃머리로 되돌아왔다. 어느

때는 함께, 어느 때는 한 마리씩 줄을 지어 마치 유희나 숨바꼭질을 하듯 곡선을 그리며 공중으로 높이 치솟았다가 다시 줄지어 물속으로 들어가는 것이었다.

몸집이 거창하고 매끈한 이 수영선수들이 나타날 때마다 잔은 기뻐서 손뼉치며 몸을 흔들었다. 그녀의 마음도 이 물고기들처럼 미칠 듯한 동심의 기쁨으로 부풀어 올랐다. 별안간 물고기들이 자취를 감추었다. 저 멀리 바다 깊숙이서 한 번 나타나더니 다시는 보이지 않는 것이었다. 잔은 물고기들이 떠나버리자 한동안 섭섭한 마음을 지울 수가 없었다.

저녁이 되었다. 환희와 행복한 평화가 깃든 조용한 저녁이었다. 바람 한 점불지 않았으며, 잔물결도 일지 않았다. 바다와 하늘의 이 끝없는 휴식은 힘없이 늘어진 인간의 영혼 속까지 퍼져나갔으며, 거기에는 전율이라곤 없었다. 태양은 저 멀리 눈에 보이지 않는 아프리카 쪽으로 고요히 지고 있었다. 아프리카! 생각만 해도 벌써 열기를 느끼게 하는 불타는 대지! 그러나 해가 지자 산들바람이라 할 수 없는 서늘한 공기가 부드럽게 스쳐 지나갔다.

두 사람은 여러 가지 악취가 풍기는 선실로 들어가기가 싫었다. 그리하여 갑판 위에서 망토로 몸을 감싸고 서로 얼굴을 마주 보며 바닥에 누웠다. 쥘리앵은 곧 잠들었으나, 잔은 여행의 낯선 풍경에 흥분된 데다 단조로운 배의 바퀴 소리에 귀가 간지러워 잠을 이루지 못하고 뜬눈으로 밤을 새웠다. 그녀는 남국의 푸른 하늘에서 강렬한 빛을 내뿜으며 밝게 반짝이는 별무리들을 바라보고 있었다. 아침녘에야 그녀는 겨우 눈을 붙였다. 그러나 시끄러운 소리와 사람들의 북새통에 잠이 깨고 말았다. 선원들이 노래 부르며 갑판을 청소하고 있었다. 그녀는 곤히 잠든 남편을 흔들어 깨워 함께 일어났다.

소금 냄새 풍기는 아침 안개를 그녀는 힘껏 들이마셨다. 마치 손끝까지 스며드는 듯했다. 사방이 바다뿐이었다. 그러나 눈앞에는 밝아오는 먼동에 싸인 채 무엇인가 분명치는 않으나 잿빛 도는 물체들이, 끝이 뾰족뾰족하고 토막토막 끊긴 일종의 구름송이처럼 바다 위에 펼쳐져 있었다. 그 물체는 점점 더 선명하게 나타났다. 밝아진 하늘의 형태가 아까보다 뚜렷해지면서 뿔이 돋친 듯 이상한 모습을 한 커다란 산맥이 우뚝 솟아났다. 안개에 싸인 코르시카섬의 전경이었다. 그때 그 산맥 뒤로부터 해가 떠오르며 험준한 산봉우리를 검은 그림자로 그려 놓았다.

이윽고 산맥 봉우리가 점점 붉게 물들고, 섬의 봉우리 아랫부분은 아직 뽀얀 안개에 싸여 있었다. 키가 작달막한 늙은 선장이 갑판으로 나왔다. 찝찔하고 세찬 바닷바람에 그을어 피부가 메마르고 찌들었으며 단단해지고 오그라들어 있었다. 30년 동안이나 바닷바람 속에서 호령하고 소리쳐서 익숙해진 닳고 닳은 목 쉰 목소리로 선장이 잔에게 물었다.

"저 냄새를 맡고 계시오?"

사실 그녀는 어떤 강렬한 야생의 향기를 풍기는 식물의 냄새를 맡고 있었다.

선장은 말을 이었다.

"꽃이 한창인 코르시카섬에서 풍겨 나오는 냄새입니다. 그것은 귀여운 여자의 냄새와 꼭 같지요. 20년 동안 떠나 살다가도 이 코르시카 19리 밖 바다까지만 와도 벌써 나는 그 냄새를 맡을 수 있습니다. 그분(나폴레옹)도 저 세인트헬레나에서 고국의 냄새에 대해 늘 이야기하고 있을 테지요. 그분은 나와 혈통이 같습니다."

선장은 모자를 벗고 코르시카섬을 향해 인사했다. 그리고 다시 아득히 먼

지중해 너머의 태양 저편 세인트헬레나섬을 향해 그의 친척이라는, 유배된 황제에게 경례했다.

잔은 몹시 감동해서 눈물이 솟을 것만 같았다.

선장은 팔을 들어 육지 쪽을 가리키며 말했다.

"저것이 상기네르 군도입니다."

쥘리앵은 옆에서 아내의 허리를 껴안은 채, 둘이서 멀리 선장이 가리키는 곳으로 눈길을 보냈다.

마침내 그들은 피라미드 모양의 바위 봉우리들을 바라보았다. 배는 얼마 안 가서 그 바위 봉우리들을 돌아 망망하고 잔잔한 만 안으로 들어갔다. 만은 높은 봉우리들로 둘러싸이고 그 봉우리들 아랫부분은 이끼로 덮인 것 같았다.

선장이 봉우리 윗부분의 푸른 지대를 가리키며 설명했다.

"밀림지대입니다."

앞으로 나아갈수록 산봉우리들로 둘러싸인 바다가 점점 배 뒤로 조여드는 것 같았고, 어찌나 푸르고 투명한지 바닥이 다 들여다보일 듯한 수면 위를 배는 미끄러져 나갔다.

갑자기 항만 안 물결 위에 흔들리는 해안의 산봉우리들을 뒤로 두고 하얀 마을이 나타났다. 작은 이탈리아 고기잡이배 몇 척이 항구에 닻을 내리고 있었다. 너덧 척의 보트들이 이 '루이 왕'호 주위로 몰려와서 왔다 갔다 하며 승객을 찾았다.

짐을 챙기던 쥘리앵이 나직한 목소리로 아내에게 물었다.

"급사에게는 20수만 주면 충분하겠지?"

1주일 동안 그는 늘 똑같은 질문을 되풀이했는데, 그녀는 그때마다 괴로웠다. 그녀는 좀 짜증스럽게 말했다.

"얼마 주어야 할지 모를 때는 넉넉히 주는 게 좋아요."

쉴 새 없이 그는 여관집 주인이나 심부름꾼이나 마차꾼 또는 장사꾼들을 상대로 실랑이를 했다. 길게 궤변을 늘어놓고 얼마쯤 값을 깎고 나면 그는 손을 비비며 말했다.

"나는 이유 없이 빼앗기는 것은 싫소."

그녀는 계산서가 올 때마다 낱낱이 따지려 드는 남편의 성격을 이미 알고 있었으므로 몸서리쳤다. 그처럼 값을 깎으려는 것이 창피스러웠고, 신통치 않은 팁을 받아쥐고 멸시하는 듯한 곁눈질로 남편을 바라보는 하인들의 눈초리를 느낄 때마다 잔은 귀까지 붉어졌다. 쥘리앵은 이번에도 두 사람을 상륙시켜준 사공과 말다툼을 벌였다.

그녀의 눈에 띈 첫 번째 나무는 종려나무였다. 두 사람은 널찍한 들 한편에 자리잡은 크고 한산한 호텔로 가서 아침식사를 주문했다. 디저트를 먹고 나서 잔은 마을을 한 바퀴 산책하려고 일어섰는데, 쥘리앵이 그녀를 두 팔로 안으며 귀에 입을 대고 상냥하게 속삭였다.

"여보, 우리 2층에 올라가서 좀 자지 않겠소?"

그녀는 깜짝 놀랐다.

"자자고요? 저는 전혀 피곤하지 않아요."

그는 아내를 끌어안았다.

"당신을 원하고 있소. 알겠지? 이틀 전부터……."

그녀는 부끄러워 새빨개지며 입속으로 말했다.

"아이! 지금요! 사람들이 뭐라 하겠어요. 어떻게 대낮에 방을 빌리자고 해요. 쥘리앵, 제발 부탁이에요."

그러나 쥘리앵은 초인종을 누르며 그 말을 가로막았다.

"호텔 사람들이 무슨 말을 하든, 어떤 생각을 하든 나는 아랑곳하지 않소. 앞으로 당신은 내가 그런 걸 거북해하는지 어떤지 알게 될 거요."

그녀는 더 이상 아무 말도 하지 않고 눈을 내리깔았지만, 언제나 마음으로 나 몸으로는 남편의 쉴 새 없는 욕정에 반항하고 있었다.

겉으로는 복종하는 척했으나 몸서리쳤고, 단념하고 있으면서도 심한 모욕감을 느꼈으며, 무엇인가 품위를 떨어뜨리는 듯한 야만스러운 것과 추잡한 것을 남편에게서 발견했다. 그녀의 관능은 아직 잠든 채였음에도 남편은 아내도 자기와 같은 격정을 느끼고 있는 듯 여기고 마음대로 행동하였다.

종업원이 오자 쥘리앵은 방으로 안내해 달라고 부탁했다. 눈썹까지 숱이 많은 전형적인 코르시카인인 그 남자는 그 의도를 알아차리지 못하고 방은 밤에만 준비된다고 대답했다.

쥘리앵은 짜증스럽게 설명했다.

"아니, 곧 준비해 줘. 우리는 여행에 지쳐서 좀 쉬고 싶으니까."

종업원은 수염 속에서 미소지었고, 잔은 그 자리에서 도망치고 싶은 마음뿐이었다. 한 시간 뒤 그들이 다시 방에서 내려올 때 그녀는 종업원들 앞을 지날 용기가 없었다. 틀림없이 등 뒤에서 그들이 수군거리고 낄낄거리리라고 생각했기 때문이다.

이런 것을 모르고, 그런 세심한 수치심과 본능적인 섬세한 감각을 쥘리앵이 전혀 가지고 있지 않은 데 대해 그녀는 마음속으로 남편을 원망했다. 그리하여 그녀는 자기와 남편 사이에 어떤 장막이나 장애물 같은 것이 가로놓여 있는 것을 느꼈으며, 처음으로 두 사람은 결코 상대방의 영혼, 즉 사상의 내면까지는 침투할 수 없다는 사실을 알았다. 나란히 거닐고 때로는 포옹하기도 하지만 서로에게 녹아들어갈 수는 없다는 것, 그리고 우리들 인간 각자의 정신적인 존재는 영원히 평생토록 고독한 채로 살아나가야 한다는 것을 비로소 깨달았던 것이다.

앞은 푸른 해안에 둘러싸인 채 뒤로는 산의 절벽이 멀리에서 불어오는 바람을 모조리 막아 버리는 화덕처럼 푹푹 찌는 이 마을에서, 두 사람은 사흘을 보냈다. 둘은 여행계획을 다시 세웠다. 아무리 험난한 길 앞에서도 뒷걸음질치지 않기 위해 말을 빌리기로 했다. 두 사람은 눈에 생기가 넘쳐 보이는 날씬하고 피로를 모르는 작은 코르시카 종으로 말을 두 필 빌려 어느 날 새벽에 길을 떠났다.

노새를 탄 안내인이 식료품을 싣고 두 사람을 뒤따랐다. 이 미개한 지방에는 주막 같은 것이 없었던 것이다.

처음에는 만(灣)을 따라가다가 큰 산맥 쪽으로 통하는, 그다지 깊지 않은 골짜기 속으로 들어섰다. 때때로 거의 물이 마른 골짜기를 가로질렀다. 물줄기가 몸을 감춘 짐승처럼 바위 사이로 조심스럽게 졸졸 흐르고 있기도 했다. 아직 갈지 않은 토지는 벌거숭이처럼 보였다. 산기슭은 우거진 풀숲으로 덮여 있었는데, 타는 듯한 이 계절에 강렬하게 내리쬐는 태양으로 누래졌다.

이따금 산사람들이 걸어서 또는 작은 말을 타거나 개만한 노새를 타고 지나갔다. 그들은 한결같이 탄환을 잰 총을 둘러메고 있었는데, 그것은 녹슨 구식 총이기는 하지만 그들의 손아귀에 있는 한 언제든 발사될 수 있는 위험한 것이었다.

코르시카섬 일대를 뒤덮은 찌르는 듯한 향기를 풍기는 식물 냄새가 한층 더 공기의 밀도를 짙게 하는 것 같았다. 길은 산맥의 골짜기 사이로 완만한 경사를 이루며 뻗어나갔다. 장밋빛이나 푸른빛의 화강암 산봉우리는 이 광막한 지방에 선경(仙境)을 이루고 있었으며, 좀더 낮은 쪽의 경사지고 널찍한 밤나무숲은 푸른 관목숲처럼 보였다. 그처럼 이 지방은 산의 기복이 심했다.

때때로 안내인은 높고 험난한 경사지를 손가락질하며 그 이름을 가르쳐 주었다. 잔과 쥘리앵은 그쪽으로 시선을 돌렸지만 아무것도 보지 못했다. 마침내 무엇인가 산봉우리에서 떨어져 퇴적된 듯한 잿빛 도는 것이 눈에 띄었다. 그것은 마을이었다. 험난한 산 위에 마치 새집처럼 붙어 있어 눈에 잘 띄지 않는 조그만 화강암 마을이었다.

천천히 걸어가는 긴 여행에 지루해진 잔은 말채찍을 들며 말했다.

"좀 달려요."

그러나 남편이 쫓아오는 말굽소리가 들리지 않아 돌아보니 남편이 새파래진 얼굴로 말갈기에 매달려 이상한 모습으로 달려오고 있었다. 그녀는 허리가 끊어질 정도로 미친 듯 웃었다. 그의 잘생긴 기사 같은 모습마저도 그 어색한 몸짓과 공포로 더욱 우스꽝스럽게 보였다.

두 사람은 다시 천천히 말을 몰았다. 여기서부터 길은 망토처럼 산기슭 전체를 덮은 끝없는 두 잡목숲 사이로 뻗어나갔다. 이것이야말로 밀림지대였다. 발을 들여놓을 수조차 없는 밀림은 푸른 참나무와 노간주나무, 소귀나무, 유향나무, 갈매나무, 히스, 월계수, 도금양, 회양목 등으로 이루어졌는데, 이러한 수목들을 양치류, 인동, 로즈메리, 라벤더, 산딸기가 휘감으며, 산등성이를 얽히고 설킨 머리칼처럼 뒤덮고 있었다.

두 사람은 배가 고팠다. 곧 안내인이 쫓아와 그들을 아름다운 샘으로 이끌어갔다. 이러한 샘들은 험준한 골짜기에서 흔히 볼 수 있는 것으로 가늘고 동그스름한 물줄기가 바위틈에서 흘러나와, 여행자들이 물줄기를 입으로까지 끌어들이려고 깔아놓은 밤나무 잎으로 떨어져 내렸다. 잔은 너무 기뻐서 희열에 넘치는 환성을 억누를 수가 없었다.

그들은 다시 출발했다. 그리고 사곤만(灣)을 돌아 내려가기 시작했다. 저녁 무렵 그들은 카르제즈를 지났는데, 그곳은 옛날 조국에서 추방당한 망명객들이 세운 그리스인의 마을이었다. 허리가 가늘고 팔이 길고 몸집이 날씬한 크고 아름다운 처녀들이 신비스러울 정도로 우아하게 샘 주위에 모여 있었다.

쥘리앵이 "안녕하십니까" 하고 소리치자, 처녀들은 버리고 온 고국의 아름다

운 말로 노래하듯 대답했다.

피아나에 닿으니 옛날에 외딴 마을에서 그랬듯이 지금도 하룻밤 잠자리를 청해야 될 형편이었다. 쥘리앵이 두드린 문이 열리기를 기다리고 있는 동안 잔은 기쁨으로 몸이 잦아들 것 같았다. 아! 이것이야말로 정말 여행이다! 아직 사람의 발이 더럽히지 않은 곳에서 뜻밖의 일들이 우리를 기다리고 있지 않은가?

주인 부부는 젊은 사람들이었다. 그들은 신혼부부를 마치 장로들이 하느님의 사자를 영접하듯 맞이했다. 두 사람은 옥수수 매트 위에서 잤다. 온통 벌레가 파먹어 구멍이 숭숭 난 이 집의 서까래들이 모두 삐걱삐걱거리며 살아서 한숨짓는 것 같았다.

그들은 해뜰 무렵에 그곳을 떠났다. 얼마 안 가 다시 수풀 앞에 다다랐다. 붉은 화강암 숲이었다. 오랜 세월과 침식시키는 바람과 바다의 물안개로, 뾰족한 기둥이 만들어져 작은 탑의 형태가 되는 등 온갖 놀라운 기암괴석으로 이루어진 숲이었다. 3백 미터의 높이로 가늘기도 하고 굵기도 하고 또는 뒤틀리고 구부러져서 이상한 형태가 되어 있기도 한, 이 불가사의하고 환상적이며 놀라운 기암괴석은 숲과 나무, 짐승, 기념비, 사람, 사제복을 입은 신부, 뿔달린 귀신, 엄청나게 큰 새들 같았다. 어떤 익살스러운 신의 뜻에서 이루어진 환상의 동물원이요, 괴물의 집단이었다.

잔은 숨이 막혀 아무 말도 하지 못하고 쥘리앵의 손을 꼭 쥐었다. 이 삼라만상의 아름다움 앞에서 문득 사랑하고 싶은 욕구가 그녀를 사로잡았던 것이다. 그러나 문득 이 혼돈 속에서 풀려났을 때 그들은 붉은 화강암의 핏빛 벽으로 둘러싸인 바다를 발견했다. 그 푸른 바닷속에는 이 핏빛 바위가 핏빛 그림자를 던지고 있었다.

"아! 쥘리앵!" 잔은 다만 중얼거릴 따름이었다. 감격에 사로잡힌 채 목이 메어 다른 말은 나오지 않았다. 눈에서는 두 줄기 눈물이 흘러내렸다.

남편은 어리둥절한 표정으로 바라보았다.

"여보, 왜 그러지?"

그녀는 눈물을 닦고 웃음지으며 떨리는 목소리로 말했다.

"아무것도 아니에요…… 흥분되어서…… 저도 잘 모르겠어요…… 좀 감동되었나 봐요. 너무나 행복해서 하찮은 일에도 흥분되는군요."

그는 여자의 이러한 흥분을 이해하지 못했다. 열광이 재난이 되어 마음을 움직이기도 하고, 붙잡을 수 없는 감정에 마음이 자극되며, 기쁨 또는 절망을 불러일으켜 미칠 듯하게 된다는 사실을 이해하지 못했다. 이러한 눈물을 그는 너무 우습게 여겼다. 그리하여 그는 험한 길에 정신이 팔려 있는 잔에게 말했다.

"타고 있는 말에나 신경쓰는 게 좋겠소."

그들은 거의 빠져나가기 힘든 길을 따라 바닷가로 내려가서 오타의 그늘진 골짜기를 오르기 위해 오른쪽으로 길을 잡았다. 그러나 산길은 몹시 험해 보였다.

쥘리앵이 물었다.

"걸어 올라가는 게 어떻겠소?"

그녀가 반대할 리 없었다. 그러한 감동을 받은 뒤인 만큼 남편과 단 둘이 걷는 일이 황홀했던 것이다.

안내인은 노새와 말을 끌며 앞장서고 두 사람은 천천히 그 뒤를 따라갔다. 그 산정에서 기슭까지가 쭉 갈라져 산은 둘로 열려 있었다. 산길은 이 가랑이에 틀어박혀 엄청나게 큰 두 벽의 밑바닥을 쫓아나가고 있었다. 큰 물줄기가 그 옆으로 흘렀다. 공기는 싸늘하고 화강암으로 된 그 산벽은 검었으며, 아득히 위로 보이는 푸른 하늘은 사람을 놀라게 하고 현기증을 일으키게 했다.

별안간 푸드득 소리가 나서 잔은 깜짝 놀랐다. 쳐다보니 큰 새가 한 마리 동굴에서 날아올라가고 있었다. 독수리였다. 활짝 편 새의 날개는 우물 같은 양쪽 벽을 스치는 듯하며 창공까지 날아올라서는 사라져 버렸다.

더 들어가보니 산이 이중으로 갈라지면서, 산길은 가파르고 구불구불하게 두 개의 골짜기 사이를 기어 올라가고 있었다. 잔은 가볍고 활발하게 앞장서서 자갈을 굴리며 겁도 없이 심연을 내려다보면서 걸었다. 남편은 숨을 헐떡이며 현기증이 날까봐 눈을 땅에다 딱 붙이다시피하고 그녀의 뒤를 따라갔다. 갑자기 햇빛이 그들에게 내리비췄다. 마치 지옥에서 빠져나오는 듯한 기분이었다. 둘은 목이 타서 물기 있는 자취를 더듬어 바위밭을 지나 작은 샘을 찾아냈는데, 목동들이 쓰기 위해 만들어 놓은 나무홈통을 타고 물이 흘러나오고 있었다. 샘 주위는 카펫을 만들어 놓은 푸른 이끼들로 덮여 있었다.

잔은 무릎을 꿇고 물을 마셨다. 쥘리앵도 그렇게 했다. 잔이 차가운 샘물을 즐기고 있을 때, 쥘리앵이 그녀의 허리를 안고 나무홈통 끝을 차지하고 있는 그녀의 자리를 빼앗으려고 했다. 그녀는 빼앗기지 않으려고 실랑이하다가 남편의 입술과 부딪치며 맞닿아 뒤로 밀렸다. 싸움의 형세에 따라 그들은 번갈아가며 나무홈통의 가느다란 끝을 잡고 놓치지 않으려고 입으로 물었다. 차디찬 실 같은 물줄기가 쉴 새 없이 잡혔다 놓쳐졌다 하고, 끊어졌다가는 다시 또 이어져 그들의 얼굴과 옷과 손에 물벼락을 씌웠다. 진주 같은 물방울들이 그들의 머리에서 반짝였다. 물줄기 속을 따라 두 사람의 키스가 흘렀다.

갑자기 잔은 사랑의 도취 같은 것을 느꼈다. 그녀는 밝고 투명한 물을 입안에 가득 넣고 볼을 부풀려, 입술을 맞대고 그의 갈증을 풀어주고 싶다는 뜻을 쥘리앵에게 몸짓으로 알렸다. 그는 웃으며 머리를 뒤로 젖히고 두 팔을 벌린 채 목을 내밀었다. 그리고 이 살아 있는 육체의 샘으로부터 단숨에 물을 들이마셨다. 그것이 그의 창자 속에 불타는 듯한 욕정을 쏟아부었다. 잔은 새로운 애정으로 남편에게 비스듬히 기댔다. 그녀의 가슴은 뛰었고 두 개의 유방은 부풀어 올랐다. 눈은 물기에 젖어 부드러워진 듯했다. 그녀는 조용히 속삭였다.

"쥘리앵! 사랑해요!"

이번에는 잔은 자기편에서 남편을 끌어당기고 뒤로 누우면서 부끄러워 새빨개진 얼굴을 두 손으로 가렸다. 쥘리앵은 그녀 위로 쓰러지며 격정에 넘쳐 그녀의 몸을 껴안았다. 그녀는 흥분된 기대 속에서 숨이 가빴다. 갑자기 벼락을 맞은 듯 바라고 있었던 감각을 맛보고 잔은 소리를 질렀다.

그녀는 숨이 차고 힘이 빠져, 그들이 언덕진 꼭대기에 이르는 데는 오랜 시간이 걸렸다. 그들은 저녁때에야 겨우 에비사에 있는, 안내인의 친척 되는 파올리 팔라브레티의 집에 이르렀다. 키가 크고 좀 꾸부정하며 폐병 환자 같은 표정을 한 남자였다. 그는 두 사람을 방으로 안내했다. 초벽(初壁)만 한 초라한 방이었으나 완전한 격식을 차리지 않은 이 방은 그런대로 훌륭한 방이었다.

그 남자는 방으로 들어가자 프랑스 말과 이탈리아 말을 합친 듯한 코르시카 사투리로 그들을 맞이한 기쁨을 말했다. 별안간 맑은 여자의 목소리가 그의 말을 가로챘다. 갈색 머리에 눈은 크고 검으며, 햇빛에 그을린 살갗에 몸집이 작은 그 여자는 쉴 새 없이 흰 이를 반짝이고 웃으며 잔에게 키스하고 쥘리앵의 손을 흔들면서 되풀이해서 말했다.

"안녕하십니까, 부인!"

"안녕하십니까, 무슈! 별일 없으십니까?"

그녀는 모자와 숄을 받아들어 한쪽 팔로 챙겼다. 다른 팔에는 붕대가 감겨져 있었다.

그 일을 마치자 그녀는 자신의 남편에게 말했다.

"저녁식사 때까지 모시고 나가서 산책하고 오세요."

팔라브레티 씨는 곧 그 말을 따라 젊은이들 사이에 끼어 그들에게 마을을 안내했다. 그는 걸음걸이와 마찬가지로 목소리도 질질 끄는 듯했는데, 자주 기침을 하면서 되뇌었다.

"골짜기의 찬바람이 가슴에 들어와서요."

그는 큰 밤나무 밑의 후미진 길로 두 사람을 안내했다. 갑자기 그는 걸음을 멈추고 담담한 말투로 말했다.

"여기서 내 사촌형인 장 리날디가 마티외 로리에게 피살당했습니다. 그때 나는 장 바로 곁에 서 있었지요. 그때 마티외가 우리에게서 열 발짝가량 떨어진 곳에 나타났습니다. 그는 '장, 알베르타스에 가지 마, 알았지? 만일 거기에 간다면 너를 죽여 버릴 테니까, 단단히 알아 둬!' 하고 소리쳤습니다. 나는 장의 팔을 잡으며 '가지 마, 장, 저놈은 틀림없이 형을 죽이고 말 거야' 하고 일렀습니다. 그 일은 둘 다 반해서 쫓아다니던 폴라 시나쿠피라는 여자 때문에 일어났지요. 그러나 장은 그에게 소리쳤습니다. '마티외, 하지만 나는 갈걸. 네가 나를 방해하지는 못할 거야!' 그러자 마티외는 총부리를 내리더니 미처 내가 내 총을 겨눌 사이도 없이 방아쇠를 당겼습니다. 장은 줄넘기하는 아이처럼 껑충 두 발로 뛰어오르더니 내 몸 위로 곧장 떨어져, 그 바람에 내 총은 내 손에서 빠져나가 굵은 밤나무 밑으로 굴러갔습니다. 장은 입을 딱 벌리고 있었습니다만 한 마디 말도 하지 못했습니다. 숨이 끊어졌던 거지요."

두 사람은 놀라서 이 냉정한 범죄의 목격자를 바라보았다.

잔이 물었다.

"그래, 그 죽인 사람은 어떻게 됐지요?"

파올리 팔라브레티는 한참 기침을 하고 나서 다시 말을 이었다.

"산으로 도망쳤어요. 그 이듬해 내 형이 그놈을 죽였습니다. 산적이 된 필리피 팔라브레티라는 나의 형을 아실 테지요?"

잔은 몸서리쳤다.

"당신 형이 산적이라고요?"

냉정한 코르시카인의 눈에 한순간 자랑스러운 빛이 떠올랐다.

"그렇습니다, 부인. 그는 아주 이름난 산적이었지요. 그는 여섯 명의 헌병을 때려눕혔습니다. 그가 니올로에서 6일 동안 싸움을 하고 포위당하여 거의 굶어 죽을 지경에 이르렀을 때, 니콜라 모랄리와 함께 죽었습니다."

그는 내뱉는 듯한 말투로 덧붙였다.

"이 지방에 흔히 있는 일이에요."

그 말투는 "골짜기의 바람은 쌀쌀합니다. 여긴 그런 고장입니다"라고 말하는 것 같았다.

그들은 되돌아가 식사를 했다. 작은 코르시카 여인은 신혼부부에게 마치 20년 전부터 알고 있는 친지를 대하듯 친절했다.

그런데 하나의 불안이 잔의 마음을 괴롭히고 있었다. 즉 샘터 이끼밭에서 느꼈던 이상하고 격렬했던 관능의 충격을 다시 쥘리앵의 포옹 속에서 찾아볼 수 있을까 하는 불안이었다. 방 안에 단둘이 있게 되었을 때 그녀는 남편의 애무를 받으면서 아무런 감회를 느끼지 못할까 불안해했다. 그러나 그러한 불안은 곧 사라졌고, 그날 밤은 그녀에게 난생처음인 사랑의 첫날이었다.

그리하여 그녀는 다음 날 출발할 무렵 자기에게 새로운 행복을 열어준 것 같은 이 오두막집에서의 기억을 가져가고 싶었다. 그래서 그녀는 조그마한 이 집 여주인을 자기 방으로 오게 하여 절대로 선물하려는 것은 아니라고 여러 번 다짐하면서도, 여기서 돌아가 곧 파리에 가면 기념품을 한 개 보내주겠다고 우겨댔는데, 그녀가 이를 거절하자 화까지 냈다. 젊은 코르시카 여자는 받고 싶지 않다고 한참 동안 고집부리다가 결국 승낙했다.

"그렇다면 작은 권총을 부쳐 주세요. 아주 작은 것으로."

잔은 눈이 휘둥그레졌다. 여주인은 그녀의 귀에 입을 대고 달콤한 비밀 이야기라도 하듯 나직한 목소리로 덧붙였다.

"시동생을 죽이려고 그래요."

그 여인은 웃으면서 쓰지 않던 한쪽 팔의 붕대를 재빨리 풀고는 이제는 다 아문 칼자국이 난 희고 포동포동한 팔을 내보였다.

"내가 그만큼 힘이 세지 않았더라면 별수 없이 죽었을 거예요. 남편은 질투심이 없고, 또 나를 무척 이해해 주지요. 보시다시피 그이는 몸이 성치 않아서 도무지 혈기가 없어요. 무엇보다도 나는 행실이 올바른 여자랍니다. 그런데 시동생은 남의 말을 그대로 곧이듣고 있어요. 그리고 그는 남편 대신 질투하고 있지요. 틀림없이 그런 일이 또 일어날 거예요! 그러니까 작은 권총만 있으면 안심할 수 있고, 틀림없이 복수도 할 수 있을 거예요."

잔은 권총을 부쳐 주겠다고 약속한 다음 이 새 친구에게 부드럽게 입을 맞추고 다시 길을 떠났다. 그 나머지 여정은 그야말로 꿈길이요 끝없는 포옹의 연속이었으며 애무의 도취경이었다. 그녀의 시야에는 오로지 쥘리앵뿐이었고, 풍경이나 사람은 보이지도 않았다.

그리하여 두 사람 사이에는 어린아이 같은 친밀감과 애정의 꾸밈없는 희열이 시작되었다. 육체의 후미진 곳에 그들은 동물적이면서도 아름다운 말로 귀여운 이름을 붙여 불렀다. 잔은 오른쪽으로 누워 자기 때문에 아침에 왼쪽 유방이 밖으로 나올 때가 있는데 쥘리앵은 그것을 '오입쟁이'라 불렀고, 오른쪽은 젖꼭지의 장밋빛 꽃망울이 키스에 더욱 민감했으므로 '연인'이라고 불렀다. 두 유방 사이의 깊은 통로는 '어머니의 산책길'이라고 불렀는데, 쥘리앵이 쉴 새 없이 그곳을 더듬었기 때문이었다. 한층 깊고 비밀스러운 통로는 '다마스쿠스의 길'이라 했는데, 그것은 오타의 골짜기를 연상하며 지은 이름이었다.

바스티아에 이르자 안내인에게 삯을 치러야 됐다. 쥘리앵은 주머니를 뒤져 보더니 필요한 만큼의 돈이 없는 것을 알고 잔에게 말했다.

"어머님이 주신 2천 프랑이 당신에게는 소용없을 테니 나한테 맡기구려. 내가 가지고 있는 것이 더 안전하고, 또 잔돈을 거스르지 않아도 될 테니까."

그리하여 그녀는 지갑을 남편에게 맡겼다. 그들은 리보르노에 가서 피렌체, 제노바를 구경하고 코르니슈 전체를 두루 돌아다녔다.

북동풍이 부는 어느 날 아침 그들은 다시 마르세유로 왔다.

그들이 고향 레푀플을 떠난 뒤 두 달이 지난 10월 15일이었다. 아득히 먼 노르망디로부터 불어오는 듯한 세찬 찬바람을 생각하고 잔은 퍽 마음이 쓸쓸했다. 쥘리앵은 얼마 전부터 사람이 달라진 듯 피로한 표정을 보이며 모든 일에 무관심해졌다. 그녀는 까닭 없이 공연히 두려웠다. 그리하여 햇볕이 따스한 이 온화한 지방에서 떠날 것을 망설이며 나흘 동안을 보냈다. 그녀는 왠지 행복의 여정을 끝마친 것 같은 기분이었다.

마침내 그들은 마르세유를 떠났다. 레푀플의 생활에 필요한 온갖 살림살이를 파리에서 사기로 되어 있었다. 잔은 어머니가 준 용돈으로 갖가지 좋은 물건을 사가지고 갈 생각에 기분이 한결 상기되어 있었다.

무엇보다도 그녀가 먼저 생각한 것은 에비사의 그 젊은 코르시카 여인에게 약속한 권총이었다. 도착한 다음 날 그녀는 쥘리앵에게 말했다.

"여보, 물건을 좀 사려는데 당신에게 맡긴 돈을 주시겠어요?"

그는 못마땅한 표정으로 아내를 돌아보며 물었다.

"얼마나?"

그녀는 어리둥절해서 머뭇거렸다.

"뭐…… 생각대로 주세요."

"백 프랑만 주겠소. 절약해서 쓰구려."

그녀는 기가 막히고 어이가 없어 뭐라고 말해야 할지 몰랐다. 그녀는 머뭇거리며 겨우 말했다.

"하지만…… 제가 그 돈을 맡긴 것은……."

그는 그녀의 말을 가로막았다.

"물론 그렇소. 하지만 당신 주머니의 것이든 어떻든 무슨 상관이오. 이제는 당신 지갑이 내 것이고 내 것이 당신 것이잖소. 또 돈을 안 주겠다는 게 아니라 백 프랑 주겠단 말이오."

그녀는 더 이상 말하지 않고 금화 다섯 닢을 받았다. 그 이상 더 달라고 할 용기가 없었다. 그래서 권총밖에 사지 못했다.

1주일 뒤 그들은 레푀플을 향해 길을 떠났다.

6

벽돌기둥이 선 하얀 문 앞에 어머니와 아버지와 하인들이 기다리고 있었다.

이윽고 마차가 멎자 그들은 오랫동안 포옹을 했다. 어머니는 울고 있었다. 잔도 가슴이 복받쳐서 눈물을 흘렸고 흥분한 아버지도 왔다 갔다 하며 서성거렸다.

하인들이 짐을 나르는 동안 식구들은 객실 난로 앞에 앉아 여행 이야기를 주고받았다.

잔의 입에서는 쉴 새 없이 이야기가 쏟아져 나왔다. 빨리 해치우느라고 하찮은 몇 가지 이야기를 빼놓고 반 시간 동안에 다 말해 버렸다.

그리고 그녀는 짐을 풀러 갔다. 덩달아 기분이 들뜬 로잘리가 그녀를 거들었다. 짐을 다 풀고 속옷이며 겉옷 등 자질구레한 화장도구까지 제자리에 정리해 놓고서야 물러나갔다. 잔은 조금 지친 몸으로 앉았다.

그녀는 이제부터 무엇을 할 것인지 생각해 보고 생각해야 할 일, 손으로 해야 할 일을 떠올려 보았다. 객실에서 졸고 있는 어머니 곁으로는 다시 내려가고 싶지 않았다.

그녀는 산책이나 하려고 생각했으나 밖의 경치가 어찌나 처량한지 창으로 내다보기만 해도 울적한 마음이 들었다. 문득 그녀는 아무것도 할 일이 없다는 것을…… 또 앞으로도 영원히 그러하리라는 것을 깨달았다.

성심수녀원 기숙학교에 있을 때는 미래만 생각하고 꿈꾸기에 바쁜 청춘을 보냈던 그녀였다. 그때는 끝없이 부풀어 오르는 희망의 동요로 지나가는 줄 모르게 시간이 흘렀던 것이다.

그런데 그녀는 환상을 둘러싸고 있던 엄격한 장벽을 넘어서자마자 꿈꾸던 사랑이 곧바로 모두 실현되고 말았다. 그녀를 기다리고 있었다는 듯이 흠모하고, 만나고, 사랑하고, 그리고 겨우 몇 주일 만에 결혼했는데, 그 남자는 이런 경우에 흔히 그렇듯이 그녀에게 깊이 생각해 볼 여유도 주지 않고 보자마자 사랑을 채어가 버렸다. 그러나 이제 신혼 첫무렵의 감미로웠던 현실은 단조로운 일상생활로 바뀌어 가려 하며, 또 이것은 끝없는 희망과 미지에 대한 달콤한 불안으로 통하는 문에 빗장을 질렀던 것이다.

그렇다, 기대한다는 것은 이미 모두 끝났다. 오늘도, 내일도, 아니 영원토록 그녀는 아무것도 할 일이 없을 것이다. 문득 그녀는 일종의 환멸과 허물어져 가는 자신의 꿈을 느꼈다.

그녀는 일어나서 차가운 유리창에 이마를 갖다 댔다. 그러고는 얼마 동안 검은 구름이 떠도는 하늘을 바라보다가 밖으로 나가보기로 마음먹었다.

이것이 지난 5월의 그 들이며 그 숲과 그 나무일까? 그렇다면 햇살을 받아 밝게 빛나던 그 나뭇잎들은 다 어찌 되었을까?

민들레꽃이 귀엽게 피고, 양귀비가 빨갛게 타오르며, 데이지꽃이 산뜻한 빛으로 반짝였는데, 그리고 보이지 않는 실끝처럼 꿈결 같은 노랑나비들이 넘나들었는데, 이 잔디밭의 파란 시(詩)와 같은 풍경은 어떻게 되었을까?

넘칠 듯한 생명력과 향기로움과 풍요한 원자들로 가득 차 취할 듯하던 대기가 이제는 흔적도 없이 사라져 버렸다.

　가을비에 푹 젖은 가로수길은 두꺼운 낙엽으로 덮인 채 잎이 다 떨어져 떨고 있는 포플러 아래 뻗쳐 있었다. 가느다란 긴 가지들은 몇 잎 안 남은 잎사귀들을 공중으로 날리듯 바람에 흔들리며 떨고 있었다. 그리하여 온종일 끊임없이 사람을 울고 싶게 하는 쓸쓸한 궂은비처럼, 이제는 노랗게 물들어 커다란 금화 같은 마지막 나뭇잎들이 가지에서 빙글빙글 돌며 춤추면서 떨어지고 있었다.

　잔은 관목숲으로 걸음을 옮겼다. 그 부근은 죽어가는 사람의 방처럼 스산했다. 자기들을 감추고 있던 푸른 잎사귀들의 벽도 이제는 꼬불꼬불한 오솔길을 열어주며 다 져버렸다.

　가느다란 레이스처럼 얽힌 키 작은 나무들은 뼈만 남은 앙상한 가지들을 서로 부딪치고 있었다. 바람에 날리고 흔들려서 여기저기에 쌓이는 가랑잎 소리는 고민에 찬 괴로운 한숨 소리와 같았다.

　새들은 추위에 떠는 듯한 소리로 울며 보금자리를 찾아 이곳저곳으로 날아다녔다.

　두꺼운 장막으로 바닷바람을 막아주는 느릅나무들의 보호로 보리수와 플라타너스는 아직도 여름옷을 입고 있었다. 하나는 빨간 벨벳, 또 하나는 오렌지빛 비단옷을 입고 있는 것 같았다. 각자의 수액에 따라 첫 추위에 이처럼 물들어 있는 것이다.

　잔은 쿠야르 집안의 농장을 따라 어머니의 산책길을 거닐었다. 이제부터 시작될 단조로운 생의 길고 끝없는 권태에 대한 예감 같은 것이 그녀의 가슴을 무겁게 내리누르고 있었다.

　그녀는 쥘리앵이 처음으로 사랑을 고백했던 언덕으로 가서 앉았다. 그리고 공상에 잠긴 채 아무 생각도 하지 않았다. 마음속까지 기운이 빠져, 그대로 그 자리에 누워 오늘 하루의 비애를 잊어버리기 위해 잠들고 싶었다.

　별안간 그녀는 돌풍에 불려 하늘을 날아가는 갈매기를 보고, 저 멀리 코르시카섬의 어두침침한 오타 골짜기에서 본 독수리가 떠올랐다. 즐거웠던 그러나 이미 끝나 버린 것들의 추억이 그녀의 가슴에 격렬한 충격을 주었다. 그러자 문득 야생적인 향기를 풍기는 오렌지와 시트론을 익히는 태양, 핏빛으로 물든 산봉우리며, 창공처럼 푸르른 바다, 급류가 흐르는 골짜기 등 기쁨을 주던 코르시카섬이 떠올랐다.

그러나 잔은 지금 그녀를 감싸고 있는 축축한 습기와 메마른 풍경, 그리고 쓸쓸하게 떨어지는 나뭇잎들과 바람에 불려가는 잿빛 구름이 짓누르는 비애로 울음을 터뜨릴 것 같아 안으로 들어갔다.

이처럼 음산한 날씨에 익숙해 있는 어머니는 그런 기분이 느껴지지 않는 듯 벽난로 옆에서 맥없이 졸고 있었다. 아버지와 쥘리앵은 사무적인 이야기를 하러 밖으로 산책 나가고 없었다. 때때로 난로의 타오르는 불빛이 밝혀주는 이 썰렁한 객실에 음울한 어둠만이 다가오고 있었다.

창밖으로는 희끄무레한 하루의 잔광으로 한 해가 끝나가는 자연의 추한 영상이 드러났고, 하늘도 진흙투성이가 된 잿빛으로 변해 있었다.

얼마 안 되어 남작과 쥘리앵이 들어왔다. 남작은 캄캄한 방으로 들어서자 초인종을 누르면서 외쳤다.

"빨리 등불을 가져오너라, 음산해서 살겠니!"

그는 난로 앞에 앉았다. 습기에 젖은 그의 머리칼이 불꽃 옆에서 김을 내고, 구두 바닥에서는 불에 마른 진흙이 떨어졌다. 남작은 기분이 좋아진 듯 두 손을 비비며 말했다.

"얼음이 얼겠구나. 북쪽 하늘이 밝아오고 있군! 오늘 저녁은 보름달이야. 밤새 몹시 춥겠는데."

그는 딸 쪽을 돌아보았다.

"그래 어떠냐? 네 집이며 이 늙은이들한테로 다시 돌아와서 기쁘냐?"

이 한 마디 질문이 잔의 마음을 흔들어 놓았다. 눈에 눈물이 가득한 채 그녀는 아버지의 품 안으로 뛰어들어 마치 용서를 빌듯이 신경질적인 키스를 퍼부었다. 마음으로는 쾌활한 표정을 짓고 싶었으나 거의 쓰러져 버릴 듯이 슬펐다. 그녀는 부모를 만났을 때 은근히 기대하고 있었던 기쁨을 생각해 보았다. 그런데 멀리서 그리워하기만 하고 자주 만나 보지 못하던 사랑하는 사람을 만났을 때, 그녀는 자기의 애정이 식어 냉담해진 것에 놀랐다. 일상생활이 다시 그들의 관계를 이어 놓을 때까지 느끼는 일종의 애정의 단절 같은 것을 느꼈던 것이다.

저녁식사는 무척 오래 걸렸고, 아무도 입을 열지 않았다.

쥘리앵은 벌써 아내를 잊고 있는 것 같았다.

식사 뒤 객실에서 그녀는 잠들어 버린 어머니 앞에 앉아 난롯불에 온몸이 나른해져 있었다. 무엇인가 의논하는 두 남자의 목소리에 잠시 눈길을 돌렸다가는 다시 정신을 가다듬어 보려고 애쓰면서, 아무것도 그것을 정지시킬 수 없는 음울하고 습관적인 혼미상태에 빠진 것이 아닌가 생각했다.

낮에는 힘이 없고 붉기만 하던 난롯불이 지금은 활기를 띠며 밝아져 우지직 우지직 소리를 내며 타오르고 있었다. 불길은 빛바랜 안락의자 덮개에 수놓인 여우와 두루미, 침울한 해오라기와 매미, 개미 위를 이따금 갑작스레 크게 비추었다.

남작은 웃으며 불길 앞으로 다가와 빨간 숯불 위에 손을 올려 불을 쬐며 말했다.

"아! 오늘 밤은 불길이 좋구나. 얼음이 어는 모양이다. 얼음이 얼어."

그는 한 손을 잔의 어깨 위에 올려놓고 난로를 가리키며 말했다.

"애야, 이것이 세상에서 가장 좋은 거란다. 식구들이 모여 앉은 난롯가가 가장 좋은 거다. 이보다 더 좋은 것은 없지. 그런데 그만 가서 자는 것이 어떻겠니? 아마 피로할 테지, 너희들?"

잔은 침실로 올라와서 생각했다. 늘 사랑하고 있다고 생각했던 이곳이, 수녀원에서 처음 돌아왔을 때와 지금 여행에서 돌아왔을 때가 어쩌면 이토록 달라 보일 수 있을까. 어째서 이처럼 상처받은 듯한 느낌이 드는 것일까? 어째서 이 집과 소중했던 이 방과 그때까지 그녀의 가슴을 떨리게 하던 모든 것이 오늘은 그녀의 가슴을 쓰리게 하는 것일까? 그녀의 눈길은 문득 벽난로 위의 시계로 향했다. 여전히 작은 꿀벌은 빠르고 끊임없는 동작으로 황금빛 꽃밭 위를 왼쪽에서 오른쪽으로 다시 오른쪽에서 왼쪽으로 날고 있었다. 갑자기 잔은 애정의 충동이 되살아났다. 이 꿀벌이 살아서 여전히 그녀에게 시간을 노래해 주고 있었다. 심장처럼 뛰는 이 조그만 기계 앞에서 눈물이 나올 만큼 진한 감동을 느꼈다.

확실히 그녀는 부모에게 키스할 때도 그처럼 감동하지는 않았다. 사람의 마음속에는 이성(理性)으로는 규명할 수 없는 신비한 감동이 있는 것이다.

결혼 뒤 처음으로 그녀는 혼자 자기 침대에 누웠다. 쥘리앵은 피로하다는 구실로 다른 방으로 자러 갔다. 저마다 자기 방을 하나씩 갖기로 한 것은 벌써부터 정해져 있었던 것이다.

그녀는 오랫동안 잠을 이루지 못했다. 혼자 자는 버릇이 없어져 자기 몸 곁에 다른 몸이 없는 것에 놀라고 차양으로 휘몰아치는 사나운 북풍 소리에 마음이 산란해진 것이다.

다음 날 아침, 그녀는 침대를 비추는 밝은 햇살에 잠이 깼다. 유리창에는 온통 성에가 끼고, 지평선 일대가 모두 불붙은 듯 붉게 물들어 있었다. 그녀는 큰 가운으로 몸을 감싸고 창가로 가서 문을 열었다.

찌르는 듯이 싸늘한 세찬 바람이 방으로 불어와 썰렁한 냉기로 그녀의 몸을 후려쳐 눈물이 솟아나게 했다. 불그레한 하늘 한복판에는 술주정꾼의 얼굴처럼 벌겋게 부풀어오른 큰 태양이 나무 사이로 떠올라 있었다. 땅은 하얀 서리에 덮여 굳어지고 건조되어 농부들이 지나갈 때마다 뽀드득 소리가 났다. 나뭇가지에 붙어 있던 마지막 잎조차 하룻밤 사이에 다 떨어져 구르는 길 너머로 여기저기 흰 물살을 일으키는 푸른 바다가 보였다.

플라타너스와 보리수도 지난밤의 모진 바람 속에서 갑작스레 잎이 떨어지고 말았다. 잔은 옷을 입고 밖으로 나갔다. 그리고 무엇을 좀 해볼까 하고 소작인들을 보러 갔다.

마르탱 집안은 반갑게 그녀를 맞아들였고, 여주인은 잔의 양쪽 뺨에 입을 맞추었다. 그리고 복숭아술 한 잔을 억지로 마시게 했다. 그녀는 그곳에서 나와 또 다른 농장으로 가보았다. 쿠야르 가족도 반가이 그녀를 맞아들였다. 여주인은 그녀의 양쪽 귀에 입을 맞추며 아카시아술을 한 잔 권했으므로 마실 수밖에 없었다.

그러고 나서 그녀는 돌아와 식사를 했다.

이날 하루도 그 전날과 달라진 것이라고는 습기 대신에 추위뿐, 그대로 하루가 지나갔다. 그리고 그 주일은 다른 날도 이와 똑같았고, 그달 다른 주일도 첫 번째 주일과 똑같았다. 그러나 차츰 먼곳을 그리는 기대는 사라져 갔다. 마치 밀물이 어떤 물질 위에 석회질층을 덮어주듯 계속되는 습관이 그녀의 생활에 수동적 버릇을 길렀다.

일상생활에서 일어나는 대수롭지 않은 여러 가지 자질구레한 일에 대한 흥미와, 단순하고 평범한 규칙적인 일에 대한 관심이 그녀의 마음속에 다시 싹텄다. 일종의 깊이 생각하는 듯한 우수와 생에 대한 막연한 환멸이 그녀의 마음속에 번져나갔다.

그녀에게 필요한 것은 무엇일까? 그리고 그녀가 요구하는 것은 무엇일까? 그것은 그녀 자신도 알 수 없었던 것이다.

어떤 세속적인 필요도, 어떤 쾌락의 목마름도, 그리고 어떤 기쁨에 대한 갈망도 그녀를 사로잡지는 못했다.

그 밖에 또 무엇이 있을까? 세월의 흐름에 따라 퇴색해 가는 객실의 이 해묵은 안락의자처럼, 그녀의 눈에는 모든 것이 천천히 퇴색되고 지워져서 창백하고 음울한 색조를 띠어가는 것이었다.

쥘리앵과의 관계도 완전히 달라졌다. 배우가 자기 역할을 끝마치고 나서 자기 본래의 몸차림으로 돌아가듯, 신혼여행에서 돌아온 뒤부터 그는 전혀 다른 사람이 된 것 같았다.

이제는 그녀에게 그다지 관심을 갖지 않았으며, 말도 잘 하지 않았다. 애정의 모든 흔적이 갑자기 사라져 버렸던 것이다. 그녀의 침실로 들어오는 밤도 퍽 드물어져 갔다.

그는 재산과 집의 관리권을 쥐고서 소작료를 정비하고, 소작인들을 힘들게 하며 비용을 절약했다. 그리고 시골 귀족 차림을 함으로써 약혼시절의 몸치장과 우아했던 멋이 다 사라졌다. 결혼 전 그가 쓰던 옷장에서 구리단추가 달린 밝은 벨벳 사냥복을 꺼내 입고는 여기저기 얼룩졌는데도 벗으려 하지 않았다. 더욱이 여자의 환심을 끌 필요를 느끼지 않는 남자의 게으름 때문에, 수염도 깎지 않아 길고 들쑥날쑥한 수염 때문에 그의 얼굴을 생각지도 못할 만큼 추해 보였다. 이제 손도 가꾸지 않았으며, 식사 뒤에는 으레 너덧 잔씩 커피를 마셨다.

잔이 몇 번 부드럽게 타이르자 "내 마음대로 하게 내버려두오" 하고 어찌나 퉁명스럽게 대답하는지 더 이상 충고해 볼 용기가 나지 않았다. 이러한 변화에 대해, 잔은 스스로도 놀랄 만큼 체념하고 있었다. 그녀에게 남편이란 지금은 영혼과 마음을 굳게 닫은 남이나 마찬가지였다.

그녀는 몇 번이나 이것에 대해서 생각해 보았다.

그렇게 만나서 사랑하고 애정의 충동에서 결혼한 두 사람이 별안간 나란히 자 본 일도 없는 것처럼 서로 거의 남남이 되어버린 것은 어찌 된 일인가 하고.

더구나 남편이 자기를 돌보아 주지 않는데도 어쩌면 이토록 마음이 고통스럽지 않을까? 인생이란 이러한 것인가? 두 사람은 서로 상대방을 잘못 알아왔던 것일까? 그녀는 이제 미래에 아무것도 바랄 것이 없는 것일까? 만약 쥘리앵이 여전히 잘생기고 멋쟁이며 우아하고 매력적이라면 그녀는 심한 고통을 느꼈을까?

새해가 되면 신혼부부만 남고 어머니와 아버지는 루앙의 본가에서 몇 달 지내기로 되어 있었다. 신혼부부는 일생을 보내게 될 이곳에 조금이라도 빨리 자리잡고 길들이고 또 누리기 위해, 이번 겨울에는 레푀플을 떠나지 않기로 했다. 이웃이 몇 군데 있었는데, 쥘리앵이 아내를 소개하기로 되어 있었다. 그들은 브리즈빌, 쿠틀리에, 푸르빌, 이 세 집안이었다.

그러나 마차에 문장(紋章)을 다시 그릴 도안가를 아직까지도 데려올 수가 없어 신혼부부는 아직도 이웃을 방문할 수가 없었다. 집 안의 오래된 마차 한 대를 남작은 사위에게 물려주었는데, 쥘리앵은 라마르 가문의 문장이 르 페르튀 데 보 문장과 나란히 그려지기 전에는 한사코 이웃 저택을 방문하려 하지 않았다.

그런데 이 지방에는 문장을 전문으로 하는 사람이 한 명밖에 없었다. 그는 바타유라는 볼벡의 도안가로, 마차문에 값진 장식을 박기 위해 노르망디에 있는 모든 귀족 가문에서 번갈아가며 그를 불러들였다.

마침내 12월 어느 날, 아침식사가 끝날 무렵 한 남자가 문을 열고 곧은길로 똑바로 걸어 들어오는 모습이 보였다. 그는 등에 상자를 하나 둘러메고 있었는데, 이 사람이 바타유였다.

쥘리앵은 그를 식당으로 불러들여 식사 대접을 하는 등 예의를 갖추고 신사로 대접했다. 왜냐하면 그의 특수기술과 지방의 모든 귀족들과의 끊임없는 접촉, 또 문장과 품위 있는 말솜씨, 그리고 도안에 대한 지식으로 그는 일종의 문장의 화신처럼 되어, 귀족들도 그와 악수를 하는 터였기 때문이다.

곧 연필과 종이를 가져오게 하고, 그 남자가 식사하는 동안 남작과 쥘리앵은 각기 문장을 가로세로로 4등분하여 윤곽을 그렸다.

이런 일에는 언제나 마음이 흥분되는 남작 부인이 옆에서 자기 의견을 말했다. 잔도 어떤 알 수 없는 의견을 이야기하며 그들의 대화에 끼어들었다. 바타유가 식사하면서 자기 의견을 이야기하거나, 이따금 연필을 들어 초안을 그려 보이거나, 이 지방 귀족들의 마차를 모두 예를 들어 가며 설명할 때는, 그 품이 그 머리 쓰는 법과 말소리와 함께 일종의 귀족다운 티를 나타내 보였다.

그는 짧게 깎은 잿빛 머리와 물감으로 더럽혀진 냄새가 풍기는 키가 작달막한 사나이였다. 소문에 의하면 그는 옛날에 행실이 온당치 못했다고 했으나, 지위 있는 모든 가문의 존경을 받아 그런 오명은 씻긴 지 이미 오래되었다.

커피를 마시고 나자 곧 그를 마차간으로 안내하여, 마차를 덮고 있는 초를 입힌 포장을 걷었다. 바타유는 마차를 꼼꼼히 살펴보고 나서 자기가 생각하는 문장의 크기에 대해 의젓하게 의견을 내놓았다. 그러고는 식구들과 새로 의논해 보고 나서 일에 착수했다.

추위를 무릅쓰고 남작 부인은 바타유가 일하는 것을 보려고 의자를 가져오게 했다. 그러고는 얼어오는 발에 불을 쪼이려고 화로를 가져오라고 했다. 부인은 조용히 그와 이야기하기 시작했다. 그리하여 자기가 모르는 귀족들의 결혼 관계가 어떤지 출생과 사망 여부는 어떤지를 물어가면서 자기 기억 속에 간직하고 있는 집안의 관계를 더 완전하게 만들어 이야기했다.

쥘리앵은 장모 옆의 의자에 걸터앉아 있었다. 그는 파이프 담배를 피우면서 땅에 침을 뱉고, 이야기에 귀 기울이며 자기의 귀족 신분이 그림으로 그려지는 것을 지켜보았다.

얼마 안 되어 괭이를 둘러메고 채소밭으로 나가던 시몽 영감까지 걸음을 멈추고 구경했다. 그리고 바타유가 왔다는 소문이 소작지에 퍼지자 부인들도 구경하러 왔다. 그들은 남작 부인의 양옆에 붙어 서서 황홀한 듯이 되뇌었다.

"저렇게 꼼꼼하게 그리는 걸 보니 솜씨가 여간 아니에요!"

마차의 양쪽 문에 그리는 문장은 다음 날 11시쯤에야 끝났다. 곧 식구들이 몰려나와 일솜씨를 더 잘 살펴보려고 마차를 밖으로 끌어냈다.

나무랄 데 없이 완전했다. 다시 상자를 둘러메고 떠나는 바타유를 모두들 칭찬했다.

남작과 남작 부인, 그리고 잔과 쥘리앵은 이 도안가는 훌륭한 솜씨를 가진 사람이며, 사정만 허락했다면 의심할 바 없이 훌륭한 미술가가 되었으리라는 데 의견이 일치했다.

모든 면에서 절약하기 위해 쥘리앵은 온갖 일을 정리했는데, 그러기 위해서 여러 가지 개혁이 필요했다.

그래서 늙은 마부는 정원사가 되고 마차는 라마르 자작 자신이 부리기로 했으며, 사료값을 절약하기 위해 마차의 말들을 팔아 버렸다. 그리고 식구들이 마차에서 내려 있는 동안 말을 붙잡고 있을 사람이 필요했으므로 마리우스라는 목동아이를 하인으로 쓰기로 했다.

다음에는 말을 손에 넣기 위해 그는 두 소작농인 쿠야르네와 마르탱네와의 토지 임대차 계약서에 특별 조항을 하나 집어넣었는데, 그것은 이 두 농가에서 매달 한 번씩 자작이 정해 놓은 날에 닭을 바쳐야 한다는 조항을 면제하는 대신, 말을 한 필씩 제공해야 한다는 조항을 넣는 것이었다.

그래서 쿠야르 집안에서는 털이 노란 큰 짐말 한 마리를 끌고 왔으며, 마르탱 집안에서는 털이 길고 흰 작은 말을 끌고 와서 두 말이 나란히 마차에 매어졌다. 그리고 마리우스가 시몽 영감의 헐렁한 마부복 속에 파묻혀서 저택 앞 돌층계까지 이 마차를 끌고 왔다.

다시 몸치장을 하고 허리를 척 젖히고 있는 쥘리앵은 얼마쯤 옛날의 우아했던 모습을 되찾은 듯했다. 그러나 깎지 않은 긴 수염은 그 모습을 사라지게 하고 그를 한갓 평민의 모습으로 떨어뜨렸다. 쥘리앵은 말과 마차와 마리우스 소년을 둘러보고, 이것으로 만족스럽다고 생각했다. 그에게 중요한 것은 다만 새로 그린 문장뿐이었던 것이다.

부인은 남작의 부축을 받으며 방에서 나와 겨우 마차에 올라 쿠션을 등에 대고 앉았다. 잔도 나왔다. 그녀는 매여 있는 말 두 필의 모습을 처음으로 보고 웃으면서, 흰 놈은 노란 놈의 손자 같다고 말했다. 그러고 나서 마리우스를 보니 휘장 달린 모자 속에 얼굴이 푹 파묻혀 모자가 코에 걸려 있었다. 두 손은 긴 소매 속에 파묻히고 제복 끝이 양쪽 다리에까지 내려왔으며 거기다 큰 구두를 신은 두 발이 우스꽝스럽게 밑으로 쑥 나와 있었다. 무엇을 보려면 머리를 뒤로 젖혀야 되고, 발을 옮기려면 마치 내를 건너듯 무릎을 치켜올려야 하며, 심부름할 때에는 큰 옷에 몸이 파묻혀 장님처럼 어물어물하는 데다 전혀 보이지 않는 모습을 보니 너무나 우스워 언제까지나 웃음이 멎지 않았다.

남작도 돌아서서 멍청히 서 있는 소년을 보고는 어쩔 수 없다는 듯이 딸을 좇아 너털웃음을 터뜨리면서 부인에게 더듬더듬 외쳤다.

"좀 보, 보, 보구려, 마, 마, 마리우스를, 우습지 않소. 어이구, 하느님 맙소사! 정말 어이없군."

남작 부인도 마차문 밖으로 이 꼴을 내다보고 어찌나 몸을 흔들며 웃었는지 마치 마차가 도랑을 지날 때처럼 뒤흔들렸다.

그러나 쥘리앵은 파랗게 질려서 쏘아붙였다.

"대체 무엇이 그리 우습다고 그러십니까? 다들 정신이 이상해진 모양이군요!"

잔은 너무 웃어 배가 아프고 경련이 일어나 어쩔 수 없이 현관 앞 돌층계 위에 주저앉아 버렸다. 남작도 따라 앉았다. 그리고 마차 안에서도 경련 같은 재채기 소리와 수탉 우는 소리 같은 것이 계속되는 것을 미루어 남작 부인도 웃느라고 목이 멘 듯했다. 별안간 마리우스의 제복이 들썩들썩했다. 그 아이도 사연을 짐작하고 모자 속에서 웃음을 터뜨리고 있는 듯싶었다.

그러자 쥘리앵은 화가 머리끝까지 나서 그에게로 달려가 뺨을 한 대 갈겼다.

소년의 모자가 떨어져 잔디밭 위로 굴러갔다. 쥘리앵은 장인에게로 돌아서서 분노에 떨리는 목소리로 말했다.

"웃으실 권리가 하나도 없습니다. 재산을 탕진해 버리지만 않으셨던들 이 지경이 되지는 않았을 겁니다. 이대로 우리가 망해 버린다면 죄는 누구에게 씌워지겠습니까?"

그러자 유쾌했던 너털웃음은 얼어붙은 듯 딱 멈췄다. 모두들 입을 다물었던 것이다. 잔은 울먹울먹하며 가만히 어머니 곁으로 마차에 올라탔다. 남작은 아연해서 말없이 두 여인과 마주 앉았다. 쥘리앵은 뺨이 부어 울고 있는 소년을 자기 곁에 앉히고 마부석에 자리를 잡았다.

마차가 달려 나가는 동안은 매우 우울하고 지루했다. 마차 안에서는 침묵이 흘렀다. 세 사람 다 우울하고 기분이 언짢아 그들의 가슴을 차지하고 있는 생각을 입 밖에 내놓고 싶어하지 않았다. 그렇다고 다른 이야기를 꺼낼 수도 없었다. 그만큼 고통스러운 생각 때문에 그들의 가슴이 쓰렸고, 그래서 이 괴로운 화제를 건드리기보다는 차라리 슬프더라도 침묵을 지키는 편이 좋겠다고 생각했다.

마차는 보조가 맞지 않는 두 필의 말에 끌려 농가의 앞뜰을 따라 달렸다. 놀란 검정 닭들이 후다닥 뛰며 울타리 속으로 들어가 자취를 감추었다. 때때로 늑대 같은 개가 털을 세우고 짖으면서 따라오다가, 다시 제 집으로 들어가면서 돌아보고 또 짖었다.

한 젊은이가 두 손을 주머니에 찌른 채 푸른 작업복 잔등이를 바람에 부풀리면서 진흙투성이가 된 나막신을 신고 느릿느릿 긴 다리를 끌며 걸어오다가,

마차를 비켜서서는 어색한 솜씨로 모자를 벗었는데 머리털이 머리에 착 달라붙어 있었다. 농장과 농장 사이에는 다시 들이 계속되고 멀리 드문드문 또 다른 농장이 보였다. 이윽고 마차는 전나무 가로수길로 들어섰다. 푹 파인 진흙투성이 도랑으로 마차가 기우뚱거려서 어머니는 놀라 소리를 질렀다.

이 가로수길 끝에 닫힌 하얀 대문이 보였다. 마리우스가 재빨리 달려가 그 문을 열고 마차는 계속해서 구부러진 길을 통해 넓은 잔디밭을 돌아 높고 널찍하고 우중충한 건물 앞에 섰다. 창살의 덧문은 닫혀 있었다.

별안간 가운데 문이 열리며 검은 줄무늬의 빨간 조끼를 입고 그 위에 앞치마를 걸친 중풍에 걸린 듯한 늙은 하인이 다리를 절며 층계를 내려왔다. 그는 방문객들의 이름을 듣고는 그들을 넓은 객실로 안내했다. 객실 문은 언제나 닫혀 있었던 듯 열기가 힘들었다. 방 안 가구들은 모두 덮개로 덮여 있었고 시계와 촛대는 흰 천으로 싸여 있었다.

예스러운 냄새가 풍기는 방 안 공기는 곰팡내와 냉기와 습기가 뒤섞여 방문객의 폐와 심장과 피부까지 온통 슬픔으로 채우는 것 같았다.

모두들 앉아서 주인을 기다렸다. 위층 복도에서 들리는 급한 걸음 소리가 뜻밖의 방문에 당황한 주인의 심정을 알려주는 듯했다. 뜻밖의 방문을 받고 놀란 집안 사람들이 허둥지둥 옷을 갈아입고 있었다. 퍽 오랜 시간이 걸렸다. 초인종이 몇 번씩 울렸다. 또 다른 발소리가 층계를 오르락내리락했다.

남작 부인은 냉기가 몸속으로 스며들자 잇따라 재채기를 했다. 쥘리앵은 방안을 뚜벅뚜벅 왔다 갔다 했다. 잔은 우울한 기분으로 어머니 곁에 앉아 있었다. 남작은 벽난로 대리석에 기대선 채 고개를 떨어뜨리고 있었다.

이윽고 큰 문이 열리며 브리즈빌 자작 부부가 나타났다. 두 사람 다 작고 바싹 여윈 데다 걸음걸이가 품위가 없었는데 나이를 종잡을 수 없었다. 의례적인 인사가 오가자 서로 포옹했다. 부인은 꽃무늬가 진 비단옷 차림에 리본 달린 보닛을 쓰고 날카로운 목소리로 재빨리 인사했다.

남편은 꼭 끼는 화려한 프록코트를 입고 무릎을 굽히며 인사했다. 그의 코와 눈과 잇몸이 드러난 이도, 납을 칠한 듯한 머리카락도, 호화로운 그의 프록코트도 정성껏 손질한 듯 번쩍이고 있었다.

첫 대면 인사가 끝나자 할 말이 없었다. 그래서 주인과 손님은 서로 아무 뜻 없이 칭찬의 말을 주고받았다. 그리고 이처럼 기쁜 교제가 언제까지나 계속되기를 바란다고 했다. 1년 내내 시골에서 살면 서로 만나는 것이 퍽 위안이 된다고 말하기도 했다.

객실의 차가운 공기가 뼛속까지 스며들어 목이 쉬었다. 남작 부인은 미처 재채기가 끝나기도 전에 이번에는 기침을 하기 시작했다. 그래서 남작은 그만 돌아가자고 눈짓했다. 브리즈빌 부부는 말렸다.

"아니, 왜 그렇게 빨리 돌아가십니까? 좀 더 계시다 가지요."

쥘리앵이 눈짓으로 너무 이르다고 표시했으나 잔은 못 본 척하고 일어섰다. 주인은 하인을 불러 마차를 대기시키려고 초인종을 눌렀으나 울리지 않았다.

하는 수 없이 주인이 달려나갔다. 이윽고 그가 돌아와서 말은 지금 마구간에 매여 있다고 말했다.

그래서 또 좀 기다려야만 했다. 저마다 모두 할 말을 찾았다. 올겨울은 비가 많이 내린다는 등의 이야기를 했다.

잔은 자기도 모르게 불안한 마음으로 몸서리치며 단 두 분이서 1년 내내 무엇으로 소일하느냐고 물었다. 브리즈빌 부부는 그 물음을 듣고 놀랐다. 왜냐하면 그들은 늘 일거리가 있었기 때문이다. 프랑스 전국에 퍼져 있는 그들의 친척들에게 편지를 쓰거나, 부부가 마주 앉아 남을 대하듯 예의범절을 갖추고 쓸데없는 일을 엄숙한 말투로 주고받으며 하잘것없는 일로 그날그날을 바쁘게 보냈던 것이다.

온갖 가구를 천으로 싸놓은, 좀처럼 손님이 찾아오지 않는 이 휑뎅그렁한 높고 검은 천장 아래에 앉아 있는 깨끗하고 아주 단정한 옷차림의 자그마한 이 한 쌍의 부부가 잔의 눈에는 마치 통조림 같은 귀족의 표본을 보는 듯했다.

이윽고 짝이 맞지 않는 말 두 필이 끄는 마차가 창 앞으로 지나갔다. 그러나 마리우스의 모습이 보이지 않았다. 저녁때까지는 괜찮으리라고 생각하고 들로 나간 모양이었다.

화가 난 쥘리앵은 나중에 걸어오도록 말해 달라고 부탁했다. 그러고는 공손히 작별인사를 나누고 레푀플로 향했다.

마차 안에 앉자마자 잔과 그의 아버지는 쥘리앵의 난폭한 태도에서 받은 울적한 감정이 아직 가시지 않고 남아 있기는 했으나, 브리즈빌의 몸짓이며 말소리를 흉내내면서 웃기 시작했다. 남작은 그 남편 흉내를 내고 잔은 그 부인 흉내를 냈다. 그러나 남작 부인은 자기가 존경하는 귀족이 놀림감이 된 데 좀 기분이 상해서 그들에게 말했다.

"그렇게 남을 조롱하는 게 아녜요. 그들은 아주 훌륭한 문벌일 뿐 아니라 흠 잡을 데 없는 분들이에요."

어머니의 기분을 상하게 하지 않으려고 잠시 말을 끊었으나, 아버지와 딸은 참을 수가 없어서 서로 쳐다보며 다시 흉내내기 시작했다. 남작은 예의를 갖추어 인사하고 나서 엄숙한 목소리로 말했다.

"하루 종일 불어오는 바닷바람 때문에 레푀플은 몹시 추우시겠습니다, 부인."

그러자 딸은 그 말을 받아 새침한 태도로 물에 잠긴 오리처럼 고개를 휘휘 내두르는 몸짓을 하며 말했다.

"아, 여기서는 무엇이고 일 년 동안 할 일이 많답니다. 더욱이 우리는 편지해야 할 친척들이 많지요. 또 브리즈빌은 모든 일을 내게만 맡긴답니다. 그이는 펠 신부와 함께 학문에 몰두하고 계시거든요. 두 분은 지금 노르망디의 종교 사를 편찬하신답니다."

이번에는 남작 부인도 그다지 기분이 상하지 않은 듯 어색한 표정으로 웃으며 다시 말했다.

"그렇게 같은 계급의 사람을 놀리면 못써요."

별안간 마차가 서고 쥘리앵이 뒤쪽을 돌아보며 누군가를 부르고 있었다. 잔과 남작이 밖을 내다보니, 움직이고 있는 무슨 이상한 생물이 마차를 향해 굴러오는 듯했다. 풍성한 제복 바지자락을 양다리로 번갈아 걷어차고, 쉴 새 없이 내려와 눈을 가리려 하는 모자를 쓰고, 긴 소매 속에서 팔을 풍차의 날개처럼 휘두르며 큰 물도랑을 정신없이 건너다 빠져 흙물을 튀기고, 길가의 돌에 발이 걸려 비틀거리고, 깡충깡충 뛰며 진흙투성이가 된 마리우스가 온 힘을 다해 마차를 쫓아오는 것이었다.

마리우스가 마차 가까이 오자 쥘리앵은 몸을 굽혀 그의 목덜미를 잡아 끌어올려 옆에 앉히고 고삐를 늦추더니 주먹으로 모자 위를 갈기기 시작했다.

모자는 마리우스의 어깨까지 내려지며 북 같은 소리를 냈다. 그는 모자 속에서 소리내어 울면서 안장에서 빠져나가 도망치려 했고, 주인은 도망가려는 그를 한 손으로 움켜쥔 채 다른 한 손으로 계속해서 때렸다.

잔은 어쩔 줄 몰라서 더듬거렸다.

"아버지…… 저걸 보세요, 아버지!"

남작 부인은 화가 머리끝까지 치밀어 남편의 팔을 잡아 흔들었다.

"가서 좀 못 때리게 해요, 자크!"

남작은 별안간 정면 유리창을 내리고는 사위의 소매를 움켜잡으며 분노에 떨리는 목소리로 소리쳤다.

"그만두지 못하겠나?"

쥘리앵은 어리둥절한 얼굴로 돌아보았다.

"이 녀석의 옷꼴이 어찌 되었는지 보이지 않습니까?"

그러나 남작은 두 사람 사이로 고개를 들이밀며 소리쳤다.

"어쨌든 그처럼 난폭한 짓은 그만둬!"

쥘리앵은 버럭 화내며 소리질렀다.

"내버려 두십시오. 장인과는 관계없는 일이니!"

그는 다시 때리려고 손을 들었다. 그러자 장인은 그의 손을 잡아 안장 밑으로 힘껏 내려치고는 노여운 목소리로 외쳤다.

"그래도 그만두지 않는다면 내가 내려가서 네놈을 말릴 테다!"

말투가 아주 격렬했으므로 자작은 갑자기 입을 다물고 아무 대답 없이 어깨를 한 번 으쓱하더니 말에 채찍질을 했고, 말은 전속력으로 달렸다. 두 여자는 납빛처럼 파랗게 질려 꼼짝하지 못했으며, 남작 부인의 무거운 심장 고동소리가 똑똑히 들려왔다.

저녁식사 때 쥘리앵은 아무 일도 없었다는 듯 여느 때보다 더욱 상냥했다. 이러한 쥘리앵의 친절한 태도에 잔과 아버지와 아델라이드 부인도 곧 모든 것을 잊고, 오히려 마음이 기뻐서 회복한 병자처럼 기분이 상쾌해졌다.

잔이 브리즈빌 집안의 이야기를 다시 꺼내자 이번에는 그녀의 남편도 함께 농담을 했다. 그리고 그는 곧 덧붙여 말했다.

"그러나 어쨌든 그들은 품위 있는 사람들입니다."

모두들 마리우스 사건 같은 것이 또 일어날까봐 두려워 다시 방문할 생각은 하지 않았다. 새해맞이 때에는 이웃 사람들에게 카드만 보내고, 다음 해 이른 봄에 따뜻한 날씨를 기다려서 방문하기로 결정했다.

크리스마스가 되었다. 신부와 촌장과 촌장 부인을 저녁식사에 초대했다. 그것은 하루하루의 단조로움을 깨뜨리는 유일한 심심풀이였다.

남작 부부는 1월 9일 레푀플을 떠나기로 되어 있었다. 잔은 부모를 붙들고 싶었으나 쥘리앵은 그다지 관심 두지 않는 듯했다.

남작은 사위의 더해 가는 냉대를 보고 루앙 본가에 연락하여 마차를 보내오도록 일렀다. 떠나기 전날 잔과 아버지는 짐을 다 꾸리고 나서, 춥기는 하지만 날씨가 맑았으므로 이포르까지 내려가보기로 했다. 딸이 코르시카에서 돌아온 뒤로 둘 다 한 번도 이포르에 내려가지 않았던 것이다.

그들은 잔의 결혼식 날, 지금은 남편이 된 사람과 하나가 되어 거닐던 그 숲을 지나갔다. 그녀가 처음으로 애무를 받고 전율하고 나중에 오타의 삭막한 골짜기에서 서로 입술을 대고 마시던 샘 옆에서 처음으로 알게 된 저 관능적인 사랑을 예감했던 숲이었다. 앙상한 나뭇가지가 떠는 소리, 겨울에 잎이 떨어지고 난 숲속은 적막한 소리뿐, 이제는 푸르렀던 잎도 덩굴도 없었다.

두 사람은 작은 마을로 들어섰다. 인적 없는 거리에서 바다와 해초와 생선 냄새가 풍기고 있었다. 칠을 한 널따란 그물은 건조를 위해 여전히 문 앞에 걸려있거나 자갈밭 위에 널려 있었다.

잿빛 감도는 차가운 바다는 변함없이 유구한 파도 소리를 내고, 썰물이 나가며 페캉 쪽 절벽 밑의 푸른 바위들을 드러내고 있었다. 바닷가를 따라 줄지어 쓰러져 있는 큰 고깃배들은 마치 죽어 버린 생선들 같았다.

저녁이 되었다. 어부들이 커다란 장화를 신고 목에는 털목도리를 감고 한 손에 브랜디 병을 쥐고 또 한 손에는 배의 램프를 든 채 여기저기에서 떼를 지어 터벅터벅 걸어나오고 있었다. 그들은 오랫동안 기울어진 뱃전을 왔다 갔다 하더니 노르망디 사람들 특유의 느릿느릿한 동작으로 그물이며 낚싯대며 큰 빵덩어리며 버터 통이며 술병이며 컵 등을 배에 실었다. 그러고는 다시 일으켜 세운 배를 바다 쪽으로 밀어냈다. 배는 큰 소리를 내면서 자갈 위를 미끄러져 나가 물거품을 헤치고 물결 위에 뜬 채 얼마 동안 이리저리 흔들리더니, 갈색 돛을 펴고, 돛대 끝에는 작은 램프를 달고 어둠 속으로 사라졌다.

그러자 몸집이 큰 어부의 아낙네들이 드러난 뼈대를 얇은 옷 밖으로 내비치며 마지막 배가 떠날 때까지 서서 바라보고 있다가 잠든 듯한 거리를 떠들썩한 소리로 뒤흔들어 놓고 돌아갔다.

남작과 잔은 움직이지 않고 이 어부들이 어둠 속으로 사라져 가는 것을 바라보았다. 그들은 굶어 죽지 않으려고 이처럼 목숨을 내걸고 밤마다 나가지만, 그러나 고기 맛을 알지 못할 만큼 가난한 살림살이를 하고 있다.

남작은 바다를 바라보며 흥분한 듯 중얼거렸다.

"바다란 무섭고도 아름다운 것이다. 자네트! 어둠이 내리고 수많은 생명이 위험에 직면하고 있기는 하다만, 이 바다는 얼마나 훌륭하냐!"

그녀는 쓴웃음을 지으며 대답했다.

"그러나 지중해만은 못해요."

아버지는 기분 상한 듯 외쳤다.

"지중해만 못하다구? 그건 기름과 설탕물과 푸른 표백제를 넣은 양철통에 지나지 않아. 거품이 세차게 이는 이 바다가 얼마나 무시무시한가 좀 보렴. 그런데도 저 바다 너머로 멀리 사라져 버린 그 많은 어부들을 좀 생각해 봐."

잔은 한숨 쉬며 대답했다.

"네, 그런 것 같아요."

그러나 그가 입에 담았던 지중해라는 낱말이 다시 그녀의 가슴을 쓰라리게 했고, 모든 꿈이 파묻혀 있는 머나먼 나라로 그녀의 생각을 실어갔다.

그러고 나서 아버지와 딸은 다시 숲으로 가는 대신 거리로 나와 맥빠진 걸음걸이로 언덕을 올라갔다. 다가온 서로의 이별의 슬픔에 대해서는 한 마디도 하지 않았다. 이따금 소작농의 논두렁을 지날 때면 이런 계절에는 노르망디의 모든 지방에서 풍기는 신선한 사과술 냄새가 풍겨와, 불을 밝힌 들 가운데에 사람 사는 집이 있음을 알려주었다.

문득 잔은 자신의 영혼이 점점 커져서 눈에 보이지 않는 것까지도 알 수 있을 것 같은 생각이 들었다. 그리고 여기저기 흩어져 있는 등불을 보면서 갑자기 모든 존재로부터 떨어져 있다는 고독감을 강하게 느꼈다. 그가 사랑하는 사람들을 그녀로부터 떼어내어 헤어지게 하고 멀리 끌고 가는 그러한 고독감이었다.

잔은 채념한 듯한 목소리로 말했다.

"살아가는 것이란 언제나 즐겁기만 한 것은 아니군요."

남작도 한숨지었다.

"그건 사실이지만, 우린 그것을 어떻게 할 수 없단다."

다음 날 아버지와 어머니는 총총히 떠났고, 레푀플에는 잔과 쥘리앵만이 남았다.

젊은 부부는 카드놀이를 즐기기 시작했다. 날마다 아침식사가 끝나면 쥘리앵은 파이프 담배를 피워 물고, 일고여덟 잔씩 마시는 코냑을 홀짝이며 아내를 상대로 하여 몇 번이나 놀이의 승부를 겨루었다.

그러고 나면 잔은 침실로 올라가 창가에 자리잡고 앉아 비바람이 유리창을 때리고 뒤흔드는 동안 스커트 장식을 끈기 있게 수놓았다. 이따금 피로하면 눈길을 들어 멀리 파도가 이는 희끄무레한 바다를 바라다보았다. 그리고 2, 3분 뒤에는 다시 일거리에 몰두했다.

무엇보다도 쥘리앵이 집안의 실권과 경제권을 쥐고 꾸려나갔으므로 잔은 아무것도 할 일이 없었다. 쥘리앵은 아주 인색한 본성을 드러내기 시작하여 절대로 팁을 주지 않았다. 식량도 최소한도로 줄여 버리고 말았다.

잔은 레푀플에 오고 나서부터 줄곧 아침마다 빵집에서 노르망디 식빵을 주문해 먹고 있었는데, 쥘리앵은 그 비용까지 줄이고 보통 구운 빵을 먹게 했다. 무슨 설명이나 말다툼이나 싸움을 피하기 위해 잔은 한 마디 말도 하지 않았지만, 남편에게서 이 구두쇠다운 태도가 나타날 때마다 가슴이 아팠다. 돈에 별다른 관심을 가져보지 않고 자란 그녀는 남편의 이러한 행동을 천하고 추하게 여겼다. "돈이란 쓰게 마련이란다"라는 어머니의 말을 그녀는 귀에 박힐 만큼 자주 들어왔던 것이다.

그것이 이제는 쥘리앵의 다음과 같은 말로 바뀌어 되풀이되었다.

"돈을 헤프게 쓰는 버릇을 영 고치지 못하겠소?"

그리고 그는 봉급이나 계산서 같은 데서 다만 몇 수라도 깎으면 그 돈을 주머니 속에 집어넣고 씩 웃으며 말했다.

"작은 냇물이 모여서 바다가 되는 법이라오."

잔은 그런 날에는 다시 공상에 잠겼다.

자기도 모르게 일손을 멈추고 손을 힘없이 내린 채, 허공을 바라보며 아름다운 사랑의 이야기에 나오는 소녀시절의 일부를 다시 한 번 공상하는 것이었다.

그러나 시몽 영감에게 무엇인가 이르고 있는 쥘리앵의 목소리에 이내 홀연한 꿈의 요람에서 현실로 되돌아오게 되곤 했다. 그리고 지루한 일거리를 다시 잡고는 바늘을 놀리는 손등에 눈물방울을 뚝뚝 흘리며 중얼거렸다.

"아! 끝난 거야, 모두가……"

전에는 언제나 쾌활하고 콧노래를 부르던 로잘리도 이제는 완전히 달라져 버렸다. 포동포동 살이 올랐던 볼도 움푹 들어가고 핏기를 잃어 마치 진흙을 문질러 놓은 듯했다.

이따금 잔은 로잘리에게 물었다.

"어디 아프니, 로잘리?"

그러면 그녀는 언제나 똑같은 대답을 했다.

"아니에요, 아씨."

그러고는 두 볼을 붉히며 재빨리 나가 버리는 것이었다.

옛날처럼 뛰어다니는 대신 힘들여 발을 끌며 걸었고, 모양도 내지 않았으며, 행상인이 비단 리본이나 코르셋이나 여러 가지 향수병을 늘어놓아도 아무것도 사지 않았다.

그 큰 집은 텅 빈 듯해서 깊은 연못에서 무슨 소리가 울려 나올 것 같았고 음산했으며, 벽에는 잿빛 긴 빗물 자국이 나 있었다.

1월이 다 갈 무렵, 처음으로 눈이 내렸다. 희끄무레한 바다 위 먼 북쪽으로부터 큰 구름들이 몰려오는 것이 보이는가 했더니 눈이 내리기 시작했다. 아침에 일어나 보니 하룻밤 사이에 들이 온통 하얗게 눈으로 덮이고 나무들은 흰 눈송이에 싸여 있었다.

쥘리앵은 장화를 신고 관목숲 속에서 들판으로 흐르는 도랑 뒤에 숨어 험상궂은 표정으로 철새를 노리고 있었다. 이따금 총소리가 얼어붙은 듯한 그 들판의 침묵을 깨뜨리면 놀란 까마귀 떼가 큰 나무에서 날아 올라 빙빙 돌다가 날아가 버렸다.

잔은 권태에 못 이겨 현관 앞 층계까지 내려갔다. 그러면 그 창백하고 음울한, 흰빛에 잠긴 듯한 세계 위 저 멀리서 생의 온갖 소리가 울려오는 것이었다. 들리는 것이라고는 멀리 파도 소리와 끊임없이 내리는 눈의 합주뿐이었다. 쉴 새 없이 내리는 눈의 두께는 눈덮인 들판 위에 쌓여 점점 높아져 갔다.

이처럼 음울한 어느 날 아침, 잔은 손끝 하나 까딱하지 않고 난로에 발을 쬐고 있었으며, 날이 갈수록 달라지는 로잘리가 느릿느릿 침대를 정돈하고 있었다. 갑자기 등 뒤에서 괴로운 숨소리가 들려왔다.

고개도 돌리지 않은 채 잔은 물었다.

"왜 그러지?"

하녀는 여전히 똑같은 대답을 했다.

"아무것도 아니에요, 아씨."

그러나 로잘리의 목소리는 떨리고 숨이 넘어가는 것 같았다.

하지만 잔은 벌써 다른 생각을 하고 있었다.

그녀는 문득 하녀가 움직이지 않고 있다는 것을 깨닫고 "로잘리!" 하고 불렀다. 아무 소리도 없었다. 그래서 소리 없이 나갔나 보다, 하고 생각하며 더 큰 소리로 "로잘리!" 하고 불렀다. 그러고는 초인종을 누르려고 팔을 뻗치는데 바로 곁에서 신음소리가 나서 소스라쳐 벌떡 일어났다.

하녀는 얼굴이 하얗게 질린 채 눈을 부릅뜨고서 두 다리를 뻗고 침대 다리에 등을 기대고는 마룻바닥에 주저앉아 있었다.

잔은 그 곁으로 달려가서 물었다.

"아니, 왜 그러니, 응! 왜 그래?"

하녀는 말 한 마디 못하고 손끝 하나 까딱하지 못했다. 다만 광기어린 듯한 눈길로 주인을 쳐다보며 무서운 고통에 찢기는 듯 숨을 헐떡였다. 그러더니 별안간 온몸에 힘을 주고 이를 악물며 비명이 나오는 것을 참으며 뒤로 넘어졌다. 벌린 가랑이에 착 달라붙은 옷 속에서 무엇인가 움직이는 것이 있었다. 거기에서 물결이 밀려드는 소리 같은 이상한 소리가 들렸다. 별안간 가냘프고 고통에 찬 긴 고양이 울음소리 같은 게 들려왔다. 이 세상에 태어난 갓난아이가 고통을 호소하는 첫 울음소리였다.

잔은 순간 이것을 알아차렸다. 그러고는 정신이 혼란스러운 채 층계를 내려가며 소리쳤다.

"쥘리앵! 쥘리앵!"

남편이 대답했다.

"왜 그러오?"

그녀는 가까스로 말했다.

"저…… 저, 로잘리가…….'"

쥘리앵은 후다닥 뛰어 단번에 두 단씩 층계를 올라와 침실로 뛰어들더니 대번에 하녀의 옷을 걷어올리고는 알몸의 가랑이 사이에서 칭얼대며 꿈틀거리는 주름투성이의 오그린 작은 핏덩이를 찾아냈다.

쥘리앵은 험악한 얼굴로 일어서더니 어리둥절해 있는 아내를 밖으로 밀어내며 말했다.

"당신은 참견할 것 없소. 나가서 뤼디빈과 시몽 영감을 불러줘."

잔은 온몸을 떨면서 부엌으로 내려갔다가 다시 올라갈 생각도 못하고, 부모가 떠난 뒤 불을 피우지 않는 객실로 들어가서는 불안에 싸인 채 소식을 기다렸다.

얼마 뒤 하인이 집을 뛰어나가는 모습이 보였다. 5분 뒤 하인은 그 지방의 산파인 당튀 과부와 함께 들어왔다. 그러더니 복도에는 앓는 사람을 끌어내리는 듯 소란한 소리가 들렸다.

이윽고 쥘리앵이 오더니 그만 방으로 올라가도 좋다고 잔에게 말했다. 그녀는 무슨 불길한 일을 보고 난 듯 여전히 몸을 떨고 있었다.

잔은 다시 난로 앞에 앉아서 물었다.

"그 애는 어때요?"

쥘리앵은 무엇에 골몰하고 있는 듯 신경질을 부리는 듯이 방 안을 왔다 갔다 하고 있었다. 몹시 분개하고 흥분한 듯했다. 처음에 그는 대답하지 않더니 몇 분 뒤 걸음을 멈추며 몹시 화난 말투로 물었다.

"당신은 저 애를 어쩔 생각이오?"

그녀는 무슨 말인지 잘 알아듣지 못하고 남편의 얼굴을 물끄러미 바라보았다.

"네? 무슨 말이지요? 저는 잘 모르겠어요."

그러자 쥘리앵은 화난 듯 버럭 고함쳤다.

"어쨌든 아비 없는 자식을 집에 둘 수는 없잖소!"

그 말에 잔은 몹시 당황하여 한참 입을 다물고 있었다.

"하지만 여보, 유모에게 맡겨서 기를 수도 있잖아요?"

쥘리앵은 아내의 말을 가로막았다.

"그렇다면 그 비용을 누가 댄단 말이오? 물론 당신이겠지?"

그녀는 한참 동안 해결할 방도를 궁리해 보았다.

"하지만 어린아이 아버지가 맡을 테지요. 그가 로잘리와 결혼하게 되면 어려울 게 없잖아요?"

쥘리앵은 화가 머리끝까지 치미는 듯 격한 목소리로 뇌까렸다.

"아비! 아비라구! 당신은 알고 있소? 그 아비를 모를 테지? 그렇다면 그다음엔 어떻게 하지?"

잔은 흥분했다.

"하지만 그 남자는 저 아이를 그냥 내버려 두지는 못할 거예요. 내버린다면 그건 비겁한 짓이에요. 이름을 물어봅시다. 그리고 그 남자를 만나 이야기를 잘 들어봅시다."

쥘리앵은 다시 입을 다물고 방 안을 왔다 갔다 했다.

"여보, 저 애는 그 남자의 이름을 밝히려 하지 않을 거요. 그리고 만일 남자가 저 아이를 싫어한다면 어떻게 하지? 그렇다면 아비 없는 아이를 낳은 계집애를 한집 안에 데리고 있을 수는 없잖소? 알아듣겠소?"

잔은 여전히 고집부렸다.

"그렇다면 그 남자는 더러운 인간이에요! 어쨌든 그 남자를 알아봅시다! 그러면 그 남자가 우리와 의논하겠지요."

쥘리앵은 또다시 얼굴을 붉히며 화를 냈다.

"그러나…… 그동안은 어쩌겠소?"

그녀도 어떻게 해야 할지 몰라 남편에게 물었다.

"당신은 어떻게 하면 좋을 것 같아요?"

쥘리앵은 곧 자기 생각을 말했다.

"나 말이오, 나라면 아주 간단하지. 나 같으면 돈을 얼마 집어주어 아기와 함께 쫓아 버리겠소."

그러나 젊은 아내는 노여움에 차서 반대했다.

"절대로 그렇게 할 수 없어요. 저 아이는 내 젖동생이에요. 그 애와 나는 함께 자랐어요. 그 애가 일을 저질러서 안됐긴 하지만, 그렇다고 나는 그 애를 쫓아낼 수는 없어요. 정 어떻게 할 수 없다면 어린아이는 내가 기르겠어요."

그러자 쥘리앵은 웃음을 터뜨리며 말했다.

"그렇게 되면 우리는 좋은 평판을 듣겠군. 남들은 우리가 불의를 감싸주고 있다고 수군대겠지. 행실이 좋지 못한 계집애를 숨겨두고 있다고 말이오. 그렇게 되면 점잖은 사람은 우리집에 발그림자도 비치지 않을 거요. 대체 당신은 어쩌자는 거요! 미쳤소?"

그러나 그녀는 태연하게 대꾸했다.

"나는 절대로 로잘리가 쫓겨나는 것을 쳐다보고만 있지는 않겠어요. 만일 당신이 데리고 있기 싫다면 어머니가 데려가실 거예요. 하지만 아무래도 아기 아버지 이름은 알아야 해요."

그러자 그는 화가 나서 문을 쾅 닫고 나가며 소리쳤다.

"여자들이란 참 바보란 말이야! 모두 생각하는 게 당치도 않은 것뿐이라니까!"

잔은 오후에 산모 방으로 갔다. 하녀는 당튀 과부의 간호를 받으며 지금은 눈을 뜬 채 침대 속에 가만히 누워 있었고, 그 곁에서는 산파가 갓난아이를 팔에 안고 흔들어 주고 있었다.

주인아씨의 모습을 보자 로잘리는 곧 담요 속에 얼굴을 가리고 절망한 듯이 몸부림치며 흐느껴 울기 시작했다. 잔이 입을 맞추려고 하자 하녀는 여전히 소리 죽여 울면서 거부하지 않았다. 난로 속에는 불이 끄느름하게 타오르고, 방 안은 추워서 어린아이가 칭얼거렸다. 로잘리가 또 울까봐 잔은 어린아이에 대한 이야기를 꺼내지 못했다. 그래서 하녀의 손을 잡은 채 기계적으로 되풀이했다.

"괜찮아, 괜찮아."

가엾은 하녀는 산파 쪽을 흘끗 쳐다보고는 어린아이의 울음소리에 몸을 떨었다. 아무리 참으려 해도 참고 있었던 비애가 이따금 발작 같은 흐느낌으로 터져나와 눈물을 삼키는 소리가 목에서 울렸다.

잔은 다시 한 번 키스하고 낮은 목소리로 하녀의 귀에 속삭였다.

"우리가 잘 돌봐줄 테니 마음 놓아라."

그러자 또 울음을 터뜨려서 잔은 밖으로 나왔다.

날마다 잔은 하녀의 방으로 들어가 보았고, 그때마다 로잘리는 주인아씨의 모습을 보고는 흐느껴 울었다. 어린아이는 근처의 어느 유모에게 맡겨졌다. 쥘리앵은 아내에게 그다지 말을 건네지 않았다. 그녀가 하녀를 내쫓을 것을 거절한 뒤부터 아내에게 큰 노여움을 품고 있는 듯했다.

어느 날, 그는 이 문제를 다시 꺼냈으나 잔은 로잘리를 레푀플에 둘 수 없으면 곧 루앙으로 보내라는, 어머니로부터 온 편지를 주머니에서 꺼내 보여주었다.

쥘리앵은 다시 화내며 외쳤다.

"당신 어머니도 당신만큼이나 정신 나간 모양이군!"

그러나 그는 더 이상 고집부리지는 않았다.

2주일 뒤부터 벌써 산모는 일어나 움직일 수 있게 되었다.

어느 날 아침 잔은 로잘리를 앞에 앉히고 그녀의 두 손을 꼭 쥔 채 얼굴을 뚫어지게 들여다보며 말했다.

"로잘리, 이제는 나한테 다 털어놓고 이야기해 봐."

로잘리는 몸을 떨며 중얼거렸다.

"뭘 말씀이세요, 아씨?"

"이 어린아이는 누구의 자식이지?"

그러자 하녀는 다시 무서운 절망에 사로잡혀 두 손으로 얼굴을 가리려는 듯 잡힌 손을 빼려고 몸부림쳤다. 그러나 잔은 하녀에게 입맞추며 위로했다.

"불행한 일이지만 어쩌겠니? 네가 약해서 그랬겠지. 그러나 이런 일을 당하는 것은 너뿐만이 아니야. 아이 아버지가 너와 결혼만 한다면 이 일은 아무도 문제삼지 않을 거야. 그리고 그 남자도 너와 함께 우리집에서 살아도 좋아."

로잘리는 마치 고문이라도 받는 듯 신음 소리를 냈고 때로는 몸을 빼어 도망치려고 몸부림쳤다.

잔은 계속 말했다.

"네가 부끄러워서 그러는 줄은 잘 알아. 하지만 너도 보다시피 나는 화도 안 내고 이처럼 부드럽게 말하고 있잖니? 남자 이름을 너에게 묻는 것도 다 너를 위해서야. 네가 그토록 슬퍼하는 걸 보면 아마 그 남자가 너를 차버린 듯한데, 나는 그걸 막으려고 그러는 거란다. 쥘리앵이 그 사람을 찾아가 너와 결혼하도록 강요할 생각이야. 그리고 우리가 너희 둘을 집에 있게 하고 그 남자가 너를 행복하게 해주도록 할 생각이란 말이야."

그러자 이번에는 로잘리가 갑자기 몸부림치며 여주인의 손에서 자기 손을 빼고 미친 여자처럼 밖으로 뛰쳐나갔다.

그날 저녁식사 때 잔은 쥘리앵에게 말했다.

"여보, 그 애를 유혹했던 남자의 이름을 나한테 말하게 하려고 했지만 로잘리가 도무지 말을 하지 않는군요. 그러니 당신도 함께 힘써 주세요. 아무래도 그 남자와 결혼시켜야 할 테니까."

쥘리앵은 버럭 화를 냈다.

"여보, 난 이제 그 말은 듣기도 싫소. 당신이 데리고 있겠다고 했으니 그렇게 하구려. 하지만 그 일로 나를 괴롭히는 건 제발 그만둬."

로잘리가 어린아이를 낳고부터 쥘리앵은 더 신경질이 느는 것 같았다. 그가 아내에게 말을 할 때는 언제나 화내듯 소리를 질렀고, 한편 이와 반대로 그녀는 모든 말다툼을 피하기 위해 목소리를 낮추고 고분고분하게 타협하는 듯한 태도를 취했다. 그러나 밤이면 침대 속에서 자주 울었다.

이렇게 짜증을 내면서도 남편은 신혼여행에서 돌아온 뒤로 잊고 있었던 사랑의 습관을 다시 시작했다. 사흘 밤이나 거의 아내의 방에 들어왔다.

로잘리는 얼마 안 가서 완전히 회복되었으며, 아직도 무엇인가 알 수 없는 근심에 어찌할 바를 모르고 쫓기는 듯했으나 처음보다는 훨씬 명랑해졌다. 잔은 그 뒤로 두 번이나 다시 물어보려고 했으나 그때마다 그녀는 말없이 달아나 버렸다.

쥘리앵도 갑자기 더욱더 상냥해진 듯했다. 그리하여 젊은 아내는 다시 그 어떤 막연한 희망을 갖기 시작했고, 그 옛날의 명랑함을 되찾아갔다.

그러나 잔은 입 밖에 내어 말하지는 않았지만 이따금 이상한 답답증을 느끼고 괴로워한 적이 있었다. 눈 녹는 계절은 아직 되지 않았다. 5주일 전부터 낮에는 푸른 수정처럼 투명하고 맑으며, 밤에는 얼음꽃처럼 아름다운 별이 총총히 박혀 추위 보이는 넓은 하늘은, 평평하고 단단하게 반짝이는 눈 벌판 위에 펼쳐져 있었다. 흰 서리로 덮인 수목의 장막 뒤로 네모진 뜰 안에 외따로 서 있는 농가들은 흰 속옷을 입고 잠들어 있는 듯 보였다.

사람도 짐승도 밖으로 나가지 않았으며, 다만 농장과 초가집 굴뚝에서 피어나와 얼어 버린 공간으로 올라가는 가느다란 연기만이, 그 안에 숨겨진 생의 존재를 알려주고 있었다.

들도 울타리도 느릅나무의 장벽도 모두 추위에 얼어붙은 것처럼 보였다. 이따금 나뭇가지가 껍질 속에서 부러지는 듯 딱딱 소리를 냈다. 그리고 때로는 견딜 수 없는 추위로 수액이 얼어서 섬유가 끊어지며 큰 가지가 부러져 땅 위로 떨어지기도 했다.

잔은 밀려드는 마음의 온갖 막연한 고민은 모두 다 추위 때문이라고 여기고 따뜻한 바람이 불어오기를 불안하게 기다리고 있었다. 때때로 그녀는 음식을 보고는 구역질을 느끼며 아무것도 먹지 못했다. 어느 때는 맥박이 몹시 뛰고 어느 때는 얼마 먹지 않은 음식이 소화가 안 되어 토할 때도 있었다. 그리고 언제나 긴장된 신경이 흔들리고 있었으므로 줄곧 변화 없고 견디기 힘든 흥분 속에서 지냈다.

온도계가 다시 내려간 어느 날, 저녁 식탁에서 쥘리앵은 추위에 부들부들 떨며 일어나(왜냐하면 식당이 알맞게 더워진 적은 한 번도 없었기 때문이다. 쥘리앵은 그만큼 장작을 절약하고 있었던 것이다) 손을 비비면서 속삭였다.

"여보, 오늘 밤은 한방에서 자는 게 좋겠지, 응?"

그는 옛날처럼 사람 좋아 보이는 그 웃음을 지었다. 잔은 그의 목을 끌어안았다.

그러나 그날 저녁따라 몹시 불편하고 고통스럽고 이상하게 머리가 아파서 그녀는 남편에게 키스하면서 몸이 아프니까 혼자 자게 해달라고 부탁했다.

"여보, 정말 부탁이에요. 오늘은 몸이 좀 불편해요. 하지만 내일이면 좋아질 거예요."

남편은 더 이상 고집부리지 않았다.

"그럼, 당신 좋을 대로 하지. 몸이 아프다면 잘 조리해야 하오."

그리고 그는 다른 이야기를 꺼냈다.

잔은 일찍이 자리에 누웠다. 쥘리앵은 이상하게도 자기가 자는 방에 난로를 피우라고 했다.

이윽고 하인이 알려왔다.

"불이 잘 타고 있습니다."

그는 아내의 이마에 키스하고 나갔다.

온 집 안이 추위에 시달리는 듯 냉기에 배인 벽은 떨고 있는 것처럼 가냘픈 소리를 냈고, 잔은 자기의 침대 속에서 바들바들 떨고 있었다. 두 번이나 일어나 난로에 장작을 넣고 옷과 스커트와 낡은 옷가지를 모두 찾아 이불 위에 덮었다. 아무리 해도 몸이 녹지 않고 발이 시렸으며, 종아리와 넓적다리까지 떨려 엎치락뒤치락하면서 추위에 신경이 곤두서고 흥분되었다.

얼마 뒤에는 이가 딱딱 마주치고 손도 떨리고 가슴이 죄어들어, 고동이 느린 심장을 무언가가 소리 없이 크게 치며 때때로 멈추게 하는 것 같았다. 그리고 목은 숨이 통하지 못할 만큼 헐떡이고 있었다.

무서운 불안이 그녀를 사로잡은 동시에 견딜 수 없는 냉기가 뼛속까지 스며들었다. 이런 기분은 처음이었다. 이렇게 생으로부터 버림받고 이제라도 숨이 넘어갈 것만 같은 기분은 지금까지 느껴본 적이 없었다.

그녀는 생각했다.

'아마 죽으려나 보다…… 나는 죽어……'

그녀는 깜짝 놀라 침대에서 뛰어내려 로잘리를 부르려고 초인종을 눌렀다. 그녀는 기다렸다가 다시 눌렀다. 그래도 대답이 없었다. 그녀는 오한에 떨며 다시 눌렀다. 하녀는 좀처럼 오지 않았다. 아마 업어가도 모를 정도로 첫잠이 든 모양이었다. 잔은 정신없이 층계로 뛰어나갔다. 그녀는 손으로 더듬으면서 소리 없이 층계를 올라가 문을 찾아 열고는 "로잘리!" 하고 부르면서 앞으로 나가다 침대에 부딪쳤다. 두 손으로 그 위를 더듬어보니 비어 있었다. 더구나 아무도 자지 않은 듯 침대 위가 차디찼다.

그녀는 놀라서 중얼거렸다.

"아니, 이렇게 추운 날 아직도 자리에 들지 않았나?"

그러자 갑자기 마음이 설레고 가슴이 뛰어 숨이 막힐 것만 같아서 떨리는 다리를 이끌고 쥘리앵을 깨우려고 다시 층계를 내려갔다.

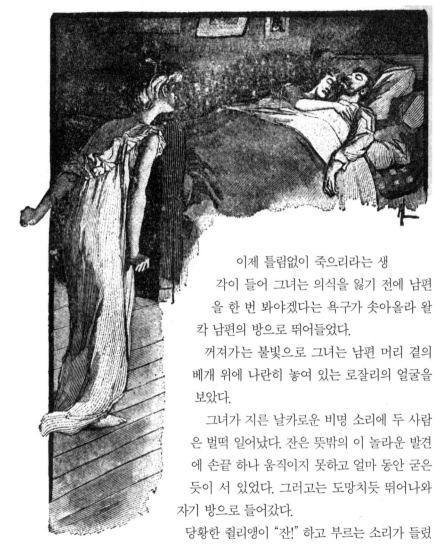

이제 틀림없이 죽으리라는 생
각이 들어 그녀는 의식을 잃기 전에 남편
을 한 번 봐야겠다는 욕구가 솟아올라 왈
칵 남편의 방으로 뛰어들었다.

꺼져가는 불빛으로 그녀는 남편 머리 곁의
베개 위에 나란히 놓여 있는 로잘리의 얼굴을
보았다.

그녀가 지른 날카로운 비명 소리에 두 사람
은 벌떡 일어났다. 잔은 뜻밖의 이 놀라운 발견
에 손끝 하나 움직이지 못하고 얼마 동안 굳은
듯이 서 있었다. 그러고는 도망치듯 뛰어나와
자기 방으로 들어갔다.

당황한 쥘리앵이 "잔!" 하고 부르는 소리가 들렸
으나, 이제는 그를 보고 목소리를 듣고 그가 변명하며
거짓말을 늘어놓는 데 귀 기울이며 얼굴을 마주 볼 생각을 하니 몸서리쳐져서
다시 층계 밖으로 재빨리 뛰어내려갔다.

그녀는 이제 긴 층계에서 굴러떨어지고 돌에 걸려 팔다리가 부러질 것도 두
려워하지 않으며 어둠 속을 달리고 있었다. 그저 아무것도 알지도 보지도 않고
도망가고 싶다는 급급한 욕망에 밀려 끝없이 앞으로만 치닫고 있었다.

맨발에 속옷만 입은 채 아래로 내려온 그녀는 정신없이 층계에 앉아 있었다.

쥘리앵은 침대에서 뛰어나와 재빨리 옷을 주워 입었다. 그녀는 그를 피하기 위해 다시 일어났다. 남편은 벌써 층계를 내려서며 소리쳤다.

"여보! 내 말 좀 들어 보오, 잔!"

그러나 그녀는 그의 말을 듣고 싶지 않았다. 손끝 하나 그에게 만지게 하고 싶지 않았다. 그녀는 마치 살인자에게 쫓기듯 식당으로 뛰어들어갔다. 숨을 구멍이든 어두운 구석이든 어디든 남편을 피할 수 있는 곳이 있을까 찾아보았다. 그녀는 식탁 밑에 웅크리고 들어가 앉았다. 그러나 벌써 남편은 문을 열고 램프를 든 채 여전히 "잔!" 하고 불렀다.

그녀는 토끼처럼 다시 뛰쳐나와, 부엌으로 들어가 마치 오도가도 못하는 짐승처럼 부엌 안을 두 번이나 빙글빙글 돌다가, 다시 남편이 들어오는 것을 보고 후다닥 정원으로 향한 문을 박차고 뛰쳐나갔다. 속옷 바람이었으나 벗은 다리에 이따금 무릎까지 빠지는 눈의 차가운 감촉이 그녀에게 갑자기 필사적인 힘을 주었다. 이제는 추운 줄도 모르고 아무런 감각도 없었다. 그만큼 정신의 경련이 육체를 마비시켰던 것이다. 그녀는 눈 덮인 땅과 같은 하얀 모습으로 달리고 있었다. 관목숲을 지나고 도랑을 뛰어넘으며 들을 건너 그녀는 끝없이 가로수길을 따라 달렸다.

달도 없었다. 별들만이 불꽃을 뿌려놓은 듯 캄캄한 하늘에서 반짝거렸다. 그러나 들은 얼어붙어 움직이지는 않고 영원한 침묵 속에서 희미하게 밝았다.

숨도 돌리지 않고, 아무것도 알지 못하며, 생각도 없이 급히 달리다 보니 갑자기 낭떠러지에 이르렀다. 그녀는 본능적으로 걸음을 멈추고, 모든 생각과 의지가 깡그리 비어 버린 머리로 그 자리에 털썩 주저앉았다.

그녀 앞으로 뚫린 침침한 구멍을 통해 보이지 않는 잔잔한 바다는 조수가 빠진 해변으로부터 해초의 찝찔한 냄새를 풍겨 주고 있었다.

몸과 마음의 맥이 다 빠져 버린 그녀는 오랫동안 가만히 앉아 있었다. 그러자 갑자기 몸이 떨리기 시작했다. 마치 바람에 흔들리는 돛과 같이 그녀는 심하게 와들와들 떨고 있었다. 그녀의 팔과 손과 발이 어쩔 수 없는 힘에 뒤흔들려 팔딱팔딱 움직이며 뛰고 있는 것이었다.

별안간 찌르는 듯한 뚜렷한 의식이 되돌아왔다. 그러고는 지난날의 환상이 눈앞을 주마등처럼 지나갔다. 라스티크 영감의 배를 타고 그와 함께 뱃놀이를

갔던 일, 둘이서 가졌던 대화, 움트던 그들의 사랑, 배의 명명식, 그러고 나서 잔의 환상은 멀리 레쾨플에 도착했던 날 공상에 흔들려 잠들던 그 첫날밤으로까지 거슬러 올라갔다. 그러던 것이 지금은! 아, 지금은! 자기의 생애가 산산이 부서진 것이다. 모든 기쁨과 모든 기대는 맥없이 끝을 맺었다. 그러자 고통과 배반과 절망에 가득 찬 무서운 미래가 눈앞에 나타났다. 그렇다면 차라리 죽는 편이 낫다. 그러면 모든 일은 한순간으로 끝나고 말 테니까. 이때 멀리서 외치는 소리가 들려왔다.

"이쪽이다! 저기 발자국이 있어. 빨리빨리 이쪽으로 와!"

자기를 찾는 쥘리앵의 목소리였다.

아! 두 번 다시 보고 싶지 않은 사람이었다. 그녀가 앉아 있는 낭떠러지 밑에서 이번에는 바위를 스치는 가느다란 물결 소리가 들려왔다. 그녀는 결심하고 일어섰다.

물속에 뛰어들려는 것이다. 그러고는 숱한 절망 속에 빠진 사람들이 던졌던 이별의 인사를 이 세상에 고하려고 죽어가는 사람이 마지막 외치는 말, 또는 싸움터에서 배에 탄환을 맞은 젊은 병사의 마지막 말 "어머니!"라는 한 마디를 신음하듯 불렀다.

문득 어머니 생각이 났다. 울부짖는 어머니의 모습이 눈앞에 보였다. 또 물에 빠져 죽은 자기의 시체 앞에 무릎 꿇고 심한 고통으로 괴로워하고 있을 아버지의 모습도 보였다. 순간 그들의 절망에 찬 고통을 잔은 생각했다. 그러자 그녀는 힘없이 눈 위에 쓰러졌다.

쥘리앵과 시몽 영감이 램프를 든 마리우스를 데리고 왔을 때 그녀는 다시 도망치지 못했다. 그들은 그녀의 팔을 붙들고 뒤로 끌었다. 그만큼 그녀는 낭떠러지 끝에 바싹 다가서 있었던 것이다.

그들은 그녀의 몸뚱이를 마음대로 다루었다. 이제는 몸 하나 까딱할 수 없었던 것이다. 그녀는 어렴풋이 그들이 자기를 들어다가 침대에 눕히고 뜨거운 헝겊으로 문지르는 것까지는 느꼈으나, 그다음은 기억이 없고 의식을 잃어버렸다.

그러고 나서는 악몽—그것이 악몽이었을까?—이 그녀를 괴롭혔다. 그녀는 자기 침실에 누워 있었다. 날이 밝았으나 그녀는 일어날 수가 없었다. 어째서인지 그녀는 이유를 몰랐다. 그러자 마루 위에서 무슨 조그마한 소리가 들려왔

다. 뭔가 긁는 소리 같기도 하고 스치는 소리 같기도 했다. 별안간 생쥐 한 마리가, 조그마한 생쥐 한 마리가 재빨리 그녀의 이불 위로 지나갔다. 또 한 마리가 그 뒤를 따라 지나가고 다음에 세 번째 생쥐가 날쌔고 재빠르게 그녀의 가슴 쪽으로 달려왔다.

잔은 전혀 무섭지 않았다. 생쥐를 잡으려고 손을 뻗었지만 닿지 않았다. 그러자 이번에는 다른 생쥐가 열 마리, 스무 마리, 몇백 몇천 마리씩 여기저기에서 쏟아져 나왔다. 이들은 기둥으로 기어오르고 벽포를 달리며 침대를 뒤덮었다. 이불 속으로도 들어왔다. 피부 위로 미끄러지고 다리를 간질이며 몸을 따라 오르내리는 것을 잔은 느꼈다.

침대다리로 기어올라 자기 목을 향해 달려드는 것이 눈에 보였다. 그녀는 몸부림치며 한 마리를 잡으려고 손을 뻗쳤으나 잡고 보면 언제나 빈손이었다.

잔은 화가 나서 도망치고 싶어 소리질렀다. 누군가가 꽉 누르며 힘센 팔로 꼭 껴안고 꼼짝달싹 못하게 하는 것 같았다. 그러나 아무도 보이지 않았다. 그녀는 시간에 대한 관념이 전혀 없었다. 어쨌든 긴 시간이 흘렀음에 틀림없었다. 그런 뒤에도 고통스러웠지만 상쾌한 기분으로 깨어났다.

힘이 쪽 빠진 것 같았지만 눈을 떴다. 자기 곁에 어머니가 어떤 알지 못하는 큰 남자와 둘이 앉아 있는 것을 보았으나 그다지 놀라지도 않았다. 자기는 지금 몇 살인지도 잘 모르겠고, 다만 조그마한 소녀인 것 같았다. 기억 같은 것은 전혀 남아 있지 않았다.

그 뚱뚱한 남자가 말했다.

"보세요, 의식을 회복했습니다."

그러자 어머니는 울기 시작했다. 뚱뚱한 남자가 다시 말했다.

"부인, 진정하십시오. 내가 모든 것을 책임지겠다고 했잖습니까? 그러나 따님에게는 아무 말씀도 하지 마십시오. 더 자도록 내버려 두십시오."

잔은 다시 무엇인가 생각해 내려고 애쓰다가는 곧 잠이 쏟아져서 퍽 오랜 시간 동안 깊은 잠을 잔 것 같았다. 또 그녀는 막연히 현실이 그녀의 마음에 되살아날까봐 두려운 듯, 무엇이고 돌이켜 보려 애쓰지는 않았다.

한 번은 깨어보니 쥘리앵이 혼자 자기 곁에 있었다. 그러자 갑자기 과거를 가렸던 장막이 걷힌 듯 모든 기억이 되살아났다.

그녀는 심한 고통을 느끼며 또다시 도망치려고 했다. 그녀는 이불을 차버리고 침대 밖으로 뛰어내렸으나 다리에 힘이 없어 그 자리에 쓰러졌다. 쥘리앵이 그녀에게 달려왔다.

그녀는 그의 손이 자기 몸에 닿지 못하게 하려고 소리치기 시작했다. 그녀는 몸부림치며 뒹굴었다. 문이 열리고 리종 이모와 당튀 과부가 들어왔다. 그 뒤로 남작과 정신없이 숨을 헐떡이는 남작 부인이 뒤쫓아 들어왔다.

잔은 다시 침대에 눕혀졌다. 그러자 그녀는 아무 말도 하지 않고 마음대로 생각하고 싶어서 일부러 곧 눈을 감았다. 어머니와 이모가 그녀를 간호하고 바쁘게 왔다 갔다 하며 물었다.

"잔, 우리를 알아보겠니, 잔?"

그녀는 안 들리는 척하고 대답하지 않았다. 그리고 밤이 되자 그들은 가고 간호사가 곁에 남아 간호해 주었다.

그러나 더 자지는 않았다. 마치 자기의 기억 속에 구멍이 뚫리고 공백이 몇 개 있어서 거기에는 사건이 전혀 기록되어 있지 않은 듯, 그녀는 자기가 모르고 있었던 것들을 이것저것 찾으려고 애쓰며 일이 일어난 시작과 끝을 따져보고 있었다. 그렇게 한참 애쓰고 나니 차츰 모든 진상이 밝혀졌다.

그녀는 집요하게 거기에 대해 생각해 보았다. 어머니나 리종 이모나 남작이 온 것을 보면 그녀는 퍽 위독했던 모양이다. 그러나 쥘리앵은? 그는 뭐라고 했을까? 부모는 그 일을 알고 있을까? 그리고 로잘리는? 지금 어디 있을까? 그건 그렇고, 이제는 무엇을 해야 할까? 어떻게 할까? 한 가지 생각이 번개처럼 떠올랐다. 옛날처럼 아버지와 어머니를 따라 다시 루앙으로 돌아가자! 헤어지면 된다. 간단한 일이 아닌가.

그래서 그녀는 주위에서 하는 말을 들어 보려고, 모르는 척하면서 이성이 회복되는 걸 기뻐하며 참을성 있게 일을 잘 처리하려고 궁리를 했다.

그날 밤 그녀는 마침내 어머니와 단둘이 있게 되자 가만히 "어머니!" 하고 불렀다.

그녀는 자기 목소리가 달라진 것에 스스로도 놀랐다.

남작 부인은 딸의 두 손을 잡으며 말했다.

"내 딸아! 귀여운 잔! 나를 알아보겠니?"

"네, 어머니. 하지만 울지는 마세요. 중요한 이야기가 있어요. 어째서 제가 눈 속으로 도망쳤는지 쥘리앵이 이야기했어요?"

"그래, 들었다. 네가 아주 위험한 열병에 걸려 있었단다."

"그런 게 아녜요, 어머니, 열은 그 뒤에 났어요. 그럼 제가 왜 열이 났고, 왜 그이에게서 도망쳐 나갔는지 그이가 말했어요?"

"아니."

"로잘리가 그의 이불 속에 있는 것을 보았기 때문이에요."

남작 부인은 아직도 딸이 헛소리하는 줄 생각하고 쓰다듬어 주면서 달랬다.

"어서 자거라. 애야, 마음을 푹 가라앉히고 잠을 청해봐, 응?"

그러자 잔은 고집부리며 말을 이었다.

"저는 이제 의식을 다 되찾았어요, 어머니. 요 며칠 동안은 제가 헛소리를 했었는지 모르지만 지금은 헛소리하는 게 아녜요. 어느 날 밤 몸이 몹시 아프기에 쥘리앵을 찾으러 갔었어요. 그런데 가보니 로잘리와 함께 자고 있지 않겠어요. 저는 슬픔 때문에 정신을 잃고 절벽으로 몸을 던지려고 눈 속으로 뛰쳐나갔던 거예요."

그러자 남작 부인은 되풀이했다.

"오냐, 아가! 너는 굉장히 위독했단다."

"그런 게 아니라니까요, 어머니. 로잘리가 쥘리앵의 침대에 있는 것을 봤어요. 그래서 더 이상 그이와는 한집에 있고 싶지 않아요. 옛날처럼 저를 루앙으로 데려다 주세요."

무슨 일로든지 잔의 마음을 거스르지 말라는 의사의 지시를 받은 남작 부인은 대답했다.

"오냐, 오냐, 그렇게 하자."

잔은 더 이상 참을 수 없었다.

"어머니가 제 말을 안 믿고 있는 줄 저는 잘 알아요. 아버지를 불러다 주세요. 아버지라면 제 말을 이해할 거예요."

어머니는 힘들여 일어나 지팡이 둘을 짚고 다리를 끌면서 나갔다가 몇 분 뒤 남작의 부축을 받으면서 돌아왔다. 그들은 침대에 앉았고 잔은 곧 이야기하기 시작했다.

그녀는 약한 목소리로, 그러나 똑똑하고 부드럽게 모든 것을 이야기했다. 쥘리앵의 이상한 성격이며 냉혹함이며 인색함, 그리고 마지막으로 그의 불의(不義)를 말했다. 그녀가 말을 마치자 남작은 딸의 이야기가 헛소리가 아니라는 것을 알았다. 그러나 그는 어떻게 생각해야 되고 어떻게 해결하고 어떻게 대답해야 할지 몰랐다.

그는 옛날이야기로 딸을 잠재우던 때처럼 부드럽게 딸의 손을 잡았다.

"애야, 내가 이야기하는 것을 잘 들어라. 신중을 기해서 행동해야 한다. 너무 서두르지 마라. 우리가 어떻게든 해결책을 지을 때까지는 네 남편에게도 천연스럽게 대하도록 명심해라. 그것을 나에게 약속하겠니?"

그녀는 낮은 목소리로 대답했다.

"그렇게 하겠어요. 하지만 저는 회복되면 더 이상 여기에 남아 있지 않겠어요."

그러고는 한층 더 낮은 목소리로 덧붙였다.

"로잘리는 지금 어디 있어요?"

남작은 대답했다.

"그 애를 다시 만나서는 안 된다."

그러나 그녀는 고집을 부렸다.

"어디 있어요? 알고 싶어요."

그래서 남작은 아직 집에 있다는 것을 털어놓았다. 그러나 곧 집을 나가게 될 것이라고 단언했다. 환자의 방을 나오면서 분노로 침이 마르고 아버지로서의 마음이 상한 그는 쥘리앵을 찾아가 다짜고짜 말했다.

"여보게, 내 딸에 대해 자네가 한 행위의 해명을 들으려고 왔네. 자네는 하녀와 함께 내 딸을 속였더군. 이것은 도저히 용서할 수 없는 이중의 파렴치한 행위야!"

그러나 쥘리앵은 결백한 척하며 기를 쓰고 부인하면서 하느님의 이름을 들어 맹세하는 것이었다. 게다가 무슨 증거가 있단 말인가? 잔은 미치지 않았나? 열병에 걸리지 않았나? 발병 초기의 정신착란을 일으켜 밤중에 눈 속으로 뛰어나간 것이 아니었나? 그녀가 남편의 침대에서 하녀를 보았다고 우기는 것은 알몸으로 집 안을 뛰어다니던 발작이 일어났을 때가 아닌가? 그는 펄펄 뛰면서 고소하겠다고 위협했다. 그는 열화같이 화가 나 있었다.

그러자 남작은 당황하여 변명하고 사과했으나 쥘리앵은 그것도 거절했다. 남편이 그렇게 하더라는 말을 듣고 잔은 그다지 놀라지도 않으면서 대답했다.

"거짓말하는 거예요, 아버지. 하지만 우린 결국 진실을 밝히게 될 거예요."

그녀는 말없이 생각에 잠겨 이틀을 보냈다. 사흘째 되는 날 아침 그녀는 로잘리를 보고 싶다고 했다. 남작은 하녀가 부르는 걸 거절하며 집을 나갔다고 했다.

잔은 굽히지 않고 고집을 부렸다.

"그렇다면 사람을 보내 데려와 주세요."

의사가 왔을 때 그녀는 몹시 화가 나 있었다. 의사의 판단을 들으려고 모든 것을 그에게 이야기했다. 그러고는 동시에 지쳐서 울음을 터뜨리며 잔은 외치다시피 소리질렀다.

"로잘리를 데려다줘요, 로잘리를 데려다줘요!"

의사는 그녀의 손을 잡고 나직이 말했다.

"부인, 진정하십시오. 흥분하시면 위험합니다. 부인은 지금 임신 중입니다."

그녀는 머리를 세게 얻어맞은 듯 놀랐다. 그러자 몸속에서 무엇인가 움직이는 듯했다.

잔은 남들이 무어라 해도 들으려 하지 않고 자기 생각에 열중하여 조용히 입을 다물고 있었다. 그러자 자기 배 속에 어린아이가 살고 있다는 새롭고도 신기한 생각이 자꾸 되살아나 잠을 이룰 수가 없었다. 그러나 그 아이가 쥘리앵의 자식이라는 데 슬프고 가슴이 아팠다. 혹시 쥘리앵을 닮을까 해서 근심스럽고 불안했다.

날이 새자 잔은 남작을 불렀다.

"아버지, 저는 이제 결심했어요. 더욱이 지금에 와서는 모든 것을 알아야겠어요. 아시겠지요? 정말이에요. 지금 같은 상태에서 제 기분을 거슬러서는 안 된다는 것을 아버지는 알고 계실 거예요. 잘 들어 주세요. 지금 곧 신부님을 불러오세요. 신부님 앞에서는 로잘리도 거짓말하지 못할 거예요. 신부님이 오시면 곧 로잘리를 불러오세요. 그리고 아버지와 어머니는 여기에 머물러 계세요. 무엇보다도 쥘리앵이 눈치채지 않도록 조심하세요."

한 시간쯤 지나서 신부가 왔다. 전보다도 더 살진 것 같았고, 어머니처럼 숨을 헐떡이고 있었다. 어머니 옆 안락의자에 앉자 두 다리 사이로 배가 축 늘어졌다.

그는 늘 하던 습관대로 줄무늬 수건으로 이마를 닦으며 농담을 하기 시작했다.

"남작 부인, 아마 우리는 살이 안 빠질 모양입니다. 내 생각으로는 우리는 아주 어울리는 한 쌍입니다."

그러고는 환자의 침대 쪽으로 고개를 돌렸다.

"소문에 듣자니 곧 또 새로운 명명식이 있으리라고 하던데, 무슨 명명식이지요? 하하하, 이번에는 항구에서 했던 그런 배의 명명식이 아니겠지요?"

정중한 목소리로 덧붙였다.

"그리고 그는 아마 조국의 수호병일 테지요."

그는 잠시 생각에 잠기더니 남작 부인에게 머리를 숙이며 말했다.

"아니면 바로 부인 같은, 가정의 훌륭한 현모양처일까요?"

그때 안쪽의 문이 열렸다. 로잘리가 질려서 울상인 얼굴로 남작에게 떠다밀리면서 문지방에 착 달라붙어 안 들어오려고 버둥거렸다. 견디다 못해 남작이 단번에 방 안으로 떠다밀었다. 그러자 로잘리는 선 채로 두 손으로 얼굴을 가리며 울었다.

잔은 로잘리의 모습을 보자 이불잇보다도 더 창백한 얼굴로 일어나 앉았다.

그러자 심장이 놀라서, 가슴에 달라붙은 얇은 속옷을 들썩이게 했다. 호흡이 곤란해지고 숨이 막혀 그녀는 말을 할 수가 없었다.

이윽고 그녀는 흥분에 차 더듬더듬 말했다.

"나는…… 나는…… 너한테 물을…… 필요가 없다. 내…… 내 앞에서 네, 네가…… 부끄러워하는…… 것만으로도 충분해."

그녀는 숨이 막혀서 다시 한 번 숨을 가다듬었다.

"그러나 나는 모두 알고 싶은 거다, 모든 것…… 모든 것을. 너가 참회하도록 신부님을 오시라고 했다. 알겠니?"

움직이지 않고 선 채로 로잘리는 경련이 일어나는 손가락 사이로 외치는 듯한 울음소리를 내고 있었다. 분노가 치밀어 올라 남작은 하녀의 팔을 낚아채어 침대 곁으로 떠다밀어 무릎을 꿇게 했다.

"자, 말해봐…… 대답하란 말이야!"

로잘리는 곧잘 그림에 그려지는 막달라 마리아*9 같은 자세로 모자를 비스

---

*9 그리스도의 제자이자 성녀.

듬히 걸치고 앞치마를 떨어뜨린 채 붙들렸다가 자유로워진 두 손으로 얼굴을 가리고 마룻바닥에 웅크리고 있었다.

이윽고 신부가 그녀에게 말했다.

"자, 묻는 것을 잘 듣고 대답해라. 우리는 널 해치려는 게 아니다. 그저 무슨 일이 일어났었는지 정확하게 알려는 거다."

잔은 침대 끝으로 나앉아 하녀를 살펴보며 물었다.

"내가 들어갔을 때 네가 쥘리앵의 이불 속에 있었던 건 사실이지?"

로잘리는 손가락 사이로 신음하듯 대답했다.

"네, 아씨."

그러자 별안간 남작 부인이 목멘 소리로 크게 울기 시작했다. 경련을 하는 듯한 부인의 흐느낌은 로잘리의 울음소리에 반주를 맞추는 듯했다. 잔은 하녀를 똑바로 쏘아보며 물었다.

"언제부터였지?"

로잘리는 더듬대며 말했다.

"오시고 나서부터예요."

잔은 알 수가 없었다.

"오시고 나서부터…… 그렇다면 봄…… 봄부터란 말이냐?"

"네, 아씨."

"처음으로 이 집에 오셔서부터?"

"네, 아씨."

잔은 한꺼번에 수많은 질문으로 가슴이 짓눌린 듯 다급한 목소리로 물었다.

"그래, 어떻게 해서 그렇게 됐니? 어떻게 너한테 청하든? 어떻게 너를 유혹했니? 네게 뭐라고 그러든? 언제 어떻게 너는 허락했니? 어떻게 해서 너는 그이한테 몸을 맡기게 됐니?"

그러자 로잘리는 자기도 말하고 싶고 대답하고 싶은 욕망에 사로잡혀 얼굴에서 손을 내렸다.

"어떻게 말씀드려야 할지…… 처음으로 여기에서 식사하시던 날 제 방으로 오셨습니다. 다락방에 숨어 계셨지요. 저는 소문이 날까봐 소리도 못 질렀습니다. 저와 같이 주무셨습니다. 그때는 저도 제가 무얼 하고 있었는지 잘 몰랐습니다. 서방님은 하고 싶으신 대로 하셨답니다. 저는 서방님이 퍽 잘나셨다고 생각했기 때문에 아무 말도 하지 않았습니다."

그러자 잔은 큰 소리를 쳤다.

"그럼…… 네…… 네 아기도 그이의 것이니?"

로잘리는 흐느꼈다.

"네, 아씨."

그리고 두 사람은 입을 다물었다.

방 안에는 로잘리와 남작 부인의 울음소리만 들렸다.

잔도 맥이 탁 풀려 자기 눈에서도 눈물이 흐르는 것을 느꼈다. 눈물방울이 소리 없이 뺨 위로 흘러내렸다. 하녀의 자식이 자기 자식과 같은 아버지를 갖다니! 순간 분노가 사라져 버렸다. 그리고 음울한 절망감이, 깊고 끝없는 절망감이 천천히 몸속에 젖어드는 느낌뿐이었다.

마침내 눈물에 젖은 목소리로 잔은 말을 이었다.

"우리가…… 그곳…… 여행에서 돌아온 뒤로…… 그이는 언제부터 또 그런 짓을 시작했니?"

바닥에 쓰러진 채 하녀는 중얼거렸다.

"저…… 돌아오신 날 밤부터 오셨어요."

한 마디 한 마디가 잔의 마음을 마구 쥐어뜯었다. 그래서 레푀플로 돌아온 첫날밤부터 이 계집애 때문에 그이는 자기 곁을 떠났던 것이다. 그녀를 혼자 자게 내버려 두었던 것은 바로 그 때문이었다.

이제 충분히 알았다. 더 이상 아무것도 알고 싶지도 않았다. 그녀는 소리 쳤다.

"나가! 나가!"

로잘리가 꼼짝하지 않자 기진맥진한 잔은 아버지를 불렀다.

"애를 데려가세요. 끌어내세요."

그러자 그때까지 말 한 마디 하지 않고 앉아 있던 신부는 바야흐로 짧은 설교를 할 때가 왔다고 생각했다.

"얘야, 네가 여태까지 한 것은 정말 나쁜 짓이야. 하느님도 너를 당장에는 용서하시지 않으실 거다. 앞으로 올바른 행실을 계속하지 않으면 지옥이 너를 기다린다는 사실을 잘 명심해라. 너는 이제 자식도 있으니까 처신을 단정히 해야 된다. 남작 부인께서도 너를 도와주실 거고, 우리도 너에게 신랑감을 하나 얻어

줄 게다."

신부는 더 이야기를 하려고 했으나, 남작이 다시 로잘리의 어깨를 움켜잡고 일으켜 세워 문턱까지 끌고 나가서 짐짝처럼 복도로 난폭하게 내던져 버렸다.

딸보다 더 창백한 얼굴로 남작이 들어오자 신부는 말을 계속했다.

"그렇다고 어쩌겠습니까? 이 지방의 계집아이들은 다 저 모양입니다. 한심한 일이지만 어쩔 수 없지요. 인간 본성의 약점에 너그러워질 수밖에 없습니다. 대체 애를 배지 않고 결혼하는 계집애란 하나도 없으니까 말씀입니다, 부인."

그리고 그는 웃으면서 덧붙였다.

"이 지방의 풍습이라 할까요."

그러더니 그는 좀 분개한 말투로 말했다.

"어린아이들까지 본받고 있으니까요. 지난해에, 내게로 교리문답을 하러 오는 남자아이와 여자아이를 무덤 뒤에서 발견하지 않았겠습니까? 내가 그 부모에게 알려주었지요. 그 부모의 대답이 어땠는지 아십니까? '하지만 신부님, 어떻게 합니까? 우리가 그런 음탕한 짓을 가르쳤던 것도 아니고 어쩔 수 없는 일입니다'라고 말하더군요. 댁의 하녀도 다른 애들과 똑같은 짓을 했을 뿐입니다."

그러나 흥분에 떨고 있던 남작이 그 말을 가로막았다.

"저 하녀 말씀이오? 그게 나와 무슨 상관이 있소? 나를 화나게 한 것은 쥘리앵이오. 그놈의 추잡한 행동이란 말이오! 나는 딸을 데리고 갈 생각이오."

남작은 여전히 흥분하고 화가 나서 방 안을 왔다 갔다 했다.

"내 딸을 그렇게 배신하다니! 그놈은 파렴치한이야, 파렴치한! 그놈은 불한당이고 악한이고 더러운 놈이야. 불쌍한 인간이야. 그를 맞대 놓고 이렇게 말하고 모욕을 줄 테다. 내 지팡이로 때려죽이고 말겠어!"

그러나 눈물 젖은 남작 부인과 나란히 앉아 한 줌의 코담배를 천천히 들이마시면서 조정자로서의 자기 임무를 어떻게 수행할까 궁리하던 신부는 말을 이었다.

"자, 남작, 우리끼리 하는 말입니다만, 그 사람도 남들이 다 하는 짓을 했을 뿐이 아닐까요? 아내에게 충실하다는 남편을 이 세상에서 얼마나 많이 보셨습니까?"

신부는 다소 장난기 어린 호인 같은 말투로 덧붙였다.

"자, 어떻습니까? 남작도 그런 장난을 하셨으리라고 저는 장담할 수 있습니다. 자, 양심을 속이지 말고 대답하십시오. 사실이지요?"

남작은 가슴이 뜨끔하여 신부를 마주 보며 걸음을 멈추었다.

신부는 말을 계속했다.

"물론 남작도 다른 사람과 마찬가지로 그러셨겠지요. 저런 하녀 같은 아이한 테 손대지 않으셨으리라고 누가 보증하겠습니까? 세상 사람들은 누구나 다 그 렇답니다. 그렇다고 부인이 덜 행복하셨다든가 덜 사랑받으셨던 것은 아니겠지 요?"

남작은 정신이 혼란스러워 그대로 가만히 서 있었다. 그렇다. 자기도 그와 똑 같은 행동을 할 기회가 있을 때마다 했던 것은 사실이다. 그리고 부부생활을 하고 있는 장소는 신성하다고 해서 특별하게 생각해 본 적은 없었다. 얼굴만 예쁘면 아내의 하녀라도 상관하지 않았다. 그렇다고 자기는 더러운 인간이었는 가? 자기 행위가 죄스러웠다는 생각은 꿈에도 해보지 않았으면서 왜 쥘리앵의 행위는 그처럼 엄하게 다스리려 하는가?

여전히 흐느껴 울던 남작 부인도 방탕했던 남편을 회상하며 입술에 엷은 미 소를 지었다. 부인은 연애의 모험이 생활의 일부가 되어버린 듯한 선량하고 감 동 잘하는 감상적인 여자였기 때문이다.

잔은 지쳐서 똑바로 누워 팔을 힘없이 늘어뜨리고 눈을 천장으로 향한 채 괴로운 생각에 잠겨 있었다. 로잘리의 말 한마디가 자꾸 되살아나 그녀의 마 음을 괴롭히고 꼬챙이로 찌르듯 심장으로 파고들었다.

"저는 서방님이 퍽 잘나셨다고 생각했기 때문에 아무 말도 하지 않았습니다."

자기도 그이가 잘난 사람이라고 생각했었다. 다만 그 한 가지 이유 때문에 그에게 몸을 맡기고, 일생을 약속하며, 모든 희망과 구상해 보았던 모든 계획 을 포기했고, 다가설 미지의 남자들을 모두 단념해 버렸던 것이다. 그러나 자 기는 이 결혼 속에, 기어올라갈 손잡이도 없는 함정 속에, 이 비참, 이 비애, 이 절망 속에 빠져버린 것이다. 로잘리와 마찬가지로 그를 잘난 남자로 알았기 때 문에!

문이 거칠게 열리더니 쥘리앵이 험상궂은 얼굴로 들어섰다. 그는 층계를 내 려가며 흐느껴 울고 있는 로잘리를 보고 틀림없이 그녀가 모든 것을 이야기했 으며, 뭔가 음모를 꾸미고 있음을 알았던 것이다. 그러나 신부를 보자 그는 못 박힌 듯 그 자리에 섰다.

그는 떨리긴 하지만 침착한 목소리로 물었다.

"뭡니까? 무슨 일입니까?"

조금 전까지 그토록 펄펄 뛰던 남작도 감히 입을 열지 못했다. 신부의 이야기를 듣고 사위가 자신의 과거를 쳐들지 않을까 두려웠던 것이다. 어머니는 더심하게 눈물을 흘렸다. 그러나 잔은 두 손을 짚고 일어나 앉아 숨을 헐떡이며, 자기를 이처럼 심하게 괴롭히는 그를 쏘아보았다. 그녀는 더듬더듬 중얼거렸다.

"무슨 일이라니요? 우리는 이제 다 알았어요. 당신이 처음으로 이 집에 온 날부터…… 그날부터 당신이 파렴치한 행동을 했다는 걸 우리는 남김없이 다 알고 있다구요. 로잘리의 자식이 바로…… 바로…… 내 자식과 마찬가지로 당신의 자식이며…… 그 애들은 형제라는 걸……."

그리고 견딜 수 없는 고통을 느끼며 그녀는 이불 속에 얼굴을 파묻고 목놓아 울었다. 쥘리앵은 어떻게 말하고 어떻게 행동해야 할지 몰라 멍하니 있었다. 신부가 다시 끼어들었다.

"자, 우리 젊은 아씨, 그만 슬퍼하시오. 마음을 가라앉히십시오."

신부는 일어나 침대 곁으로 가서 자신의 따뜻한 손으로 이 절망한 여자의 이마를 짚었다. 이 단순한 접촉이 이상하게도 그녀의 마음을 한결 부드럽게 했다. 죄를 용서해 주는 데 익숙하고 마음을 풀어주는 애무에 길든 이 시골 신부의 힘찬 손이 닿자, 그 손길이 마치 신비로운 마음의 진정을 갖다준 듯 그녀는 곧 마음이 풀리는 것을 느꼈다.

선량한 신부는 선 채로 말을 이었다.

"부인, 언제나 용서할 줄 알아야 합니다. 지금 부인에게는 크나큰 불행이 닥쳐왔습니다. 그러나 자비로우신 하느님은 큰 행복으로 이 불행을 반드시 보상해 주실 겁니다. 부인은 곧 어머니가 되실 테니까요. 앞으로 태어날 아이가 부인에게 위안이 될 것입니다. 그 아이의 이름으로 쥘리앵 씨의 잘못을 용서해 주십시오. 간청합니다. 그것은 두 분 사이의 새로운 인연이 되고 앞으로 주인어른의 성실을 담보하게 될 겁니다. 부인은 배 속에 이분의 아이를 가지고 계시면서도 이분과 헤어질 수 있습니까?"

그녀는 대답하지 않았다. 슬픔에 억눌려 고통으로 기진맥진해서 화를 낼 힘도, 원한을 느낄 힘도 없었다. 온갖 신경이 다 풀어지고 천천히 끊어지는 듯했으며 겨우 목숨이 붙어 있는 것 같았다. 남을 원망할 줄도 모르고 무슨 일이든 끈기 있게 참지도 못하는 남작 부인이 중얼거렸다.

"애, 잔."

그러나 신부는 쥘리앵의 손을 끌어 침대 곁으로 가서 그 손을 아내의 손에 쥐어 주었다. 그리고 좀더 굳건한 인연을 맺어 주려는 듯 그 위를 가볍게 쳤다. 그리고는 직업적으로 설교하는 말투가 아닌 만족한 표정으로 말했다.

"자, 이제 됐습니다. 제 말을 들으십시오. 그러는 편이 좋을 것입니다."

잠시 맞붙었던 두 손은 떨어졌다. 쥘리앵은 감히 잔을 껴안지 못하고 장모의 이마에만 키스하고 구두 뒤꿈치로 빙 돌아 남작의 팔을 잡았다. 남작은 하는 대로 가만두었다.

그는 마음속으로 일이 이처럼 해결된 것이 기뻤다. 두 사람은 담배를 피우려고 밖으로 나갔다. 그리하여 기운이 다 빠진 환자는 다시 잠들고, 신부와 어머니는 낮은 목소리로 조용히 소곤거렸다. 신부는 자기 생각을 설명하고 그것을 부연하기 위해 또 이야기했고, 남작 부인은 머리를 끄덕이며 찬성했다. 마침내 신부는 이야기를 결론지었다.

"그러면 하녀에게 바르빌의 농장을 주십시오. 나는 그 애를 위해 선량하고 성실한 남편감을 구하겠습니다. 뭐 2만 프랑의 지참금만 있다면 어떤 남자든지 올 겁니다. 오히려 고르기 귀찮을 정도일걸요."

이제는 남작 부인도 기쁜 마음으로 웃었다. 아직도 두 볼에 눈물방울이 남았으나 눈물줄기는 다 말라 버렸다.

부인은 다시 한 번 다짐했다.

"그렇게 하세요. 바르빌은 아무리 헐하게 잡아도 2만 프랑은 될 거예요. 그러나 재산은 어린아이의 명의로 하겠어요. 부모는 살아 있는 동안 거기에서 나오는 수입으로 지내기로 하고요."

신부는 일어나며 어머니의 손을 잡았다.

"그대로 앉아 계십시오, 남작 부인. 그대로 계십시오. 한 걸음 걷기도 여간 힘들지 않다는 것을 잘 알고 있으니까요."

신부는 나가다가 병문안 오는 리종 이모를 만났다.

그녀는 아무것도 눈치채지 못했다. 아무도 그녀에게 이야기해 주지 않았으므로 여느 때처럼 아무것도 모르고 있었다.

8

로잘리는 집을 떠났고, 잔은 고통스러운 하루하루를 보내며 출산을 기다리고 있었다.

그녀는 너무 슬픔이 커서 앞으로 어머니가 된다는 것에 마음속으로 아무 기쁨도 느끼지 못했다. 끝없는 불행을 근심하는 나머지 별다른 호기심도 없이 아이가 태어나기를 기다렸다.

봄은 소리 없이 찾아왔다. 벌거벗은 나무들은 아직도 선선한 바람 속에서 떨고 있었으나, 지난가을의 낙엽이 썩어가는 도랑의 습기 찬 풀숲에서는 노란 앵초싹이 트고 있었다. 널따란 들과 농가의 마당과 눈 덮인 들에서 풍기는 듯한, 습기 찬 냄새가 났다. 그리고 수많은 작고 푸른 싹들이 갈색 대지에서 돋아나와 햇빛에 반짝거렸다.

성채처럼 몸집이 큰 여자가 로잘리를 대신하여 가로수길의 단조로운 산책길에서 남작 부인을 부축했는데, 그 가로수길에는 전보다 깊이 파인 발자국이 축축한 진흙길에 찍혀 있었다. 아버지는 이제 몸이 무거워지고 늘 숨차하는 잔을 한쪽 팔로 부축해 주었다. 그리고 리종 이모는 가까워진 잔의 경사에 바쁘고 걱정스러워서 자기로서는 영원히 알 수 없을 이 신비에 마음이 혼란스러우면서도 다른 한쪽으로는 잔의 손을 잡아주었다. 그들은 이렇게 몇 시간 동안 거의 말없이 산책했다.

한편 쥘리앵은 요즘 갑자기 새로이 승마에 재미를 붙여 말을 타고 근처를 뛰어다녔다. 그 어떤 것도 그들의 쓸쓸하고 고요한 삶에 헤살을 놓지는 않았다. 남작은 부인과 자작과 함께 푸르빌 집안을 한 번 방문했다. 자세한 까닭은 알 수 없었으나 쥘리앵은 그 집안과 퍽 친밀한 듯 보였다. 또 하나 의례적인 방문이 브리즈빌 집안과 그들 사이에 오갔다. 그들은 잠들어 있는 듯한 저택에 숨어 살았다.

어느 날 오후 4시쯤 말을 탄 남녀 두 사람이 저택 앞뜰로 들어섰다. 쥘리앵은 몹시 흥분하여 잔의 방으로 뛰어들었다.

"빨리, 빨리 내려가 보오! 푸르빌 부부가 왔소. 당신 몸이 무거워졌다는 것을 알고 그저 단순히 이웃으로서 찾아온 거요. 내가 외출했다고 하고 곧 들어올 거라고 말해 주오. 잠깐 옷을 갈아입고 나오겠소."

잔은 놀라서 아래층으로 내려갔다. 얼굴빛이 창백하고 예쁘기는 하지만 어

딘가 고민이 있어 보이며, 타오르는 눈에 햇빛을 받아본 적이 없는 듯 윤기 없는 금빛 머리를 한 부인이, 여유 있는 태도로 길고 붉은 수염이 난 커다란 도깨비 같은 남편을 소개했다. 그녀는 덧붙여 말했다.

"저희들은 몇 번이나 라마르 씨와 만날 기회를 가졌었어요. 그분은 당신이 보통 몸이 아니라는 말씀을 하기에, 더 망설이지 않고 그저 이웃으로서 편하게 예의를 갖추지 않고 왔어요. 보시다시피 저희들은 말을 타고 왔답니다. 지난번에는 어머니와 남작께서 방문해 주셔서 정말 기쁘게 생각하고 있어요."

그녀는 세련되고 정다운 태도로 품위 있게 이야기했다. 잔은 그녀에게 이끌려 금방 그녀가 마음에 들었다. 잔은 생각했다.

'바로 내 친구가 될 수 있는 사람이구나.'

그녀와 달리 푸르빌 백작은 객실에 들어와 있는 황소 같은 모습이었다. 자리에 앉자 옆에 모자를 놓고 얼마 동안 자기 손을 어떻게 해야 할지 몰라, 무릎 위에 놓았다가 다시 안락의자 팔걸이에 놓았다가 마침내는 기도하는 것처럼 깍지를 끼었다.

별안간 쥘리앵이 들어왔다. 잔은 순간 놀라서 얼른 알아보지 못했다. 그는 말끔히 면도한 모습이었는데 약혼시절처럼 미남이며 우아하고 매력이 있었다.

그는 백작의 털북숭이 손을 잡고 악수했는데, 백작은 그제야 잠에서 깬 듯한 표정이었다. 다음에 그는 백작 부인의 손에 키스했다. 백작 부인의 상앗빛 볼이 발그레해지며 눈꺼풀이 바르르 떨렸다.

쥘리앵은 이야기하기 시작했다. 옛날의 그 상냥했던 모습과 다름없는 태도였다. 사랑의 거울인 듯 큼직한 그의 두 눈은 애무하는 듯했으며, 조금 전까지 윤기 없이 거칠던 머리털은 손질하고 향유를 발라 다시 부드러워져 윤기가 흐르고 굽슬굽슬했다.

푸르빌 백작 부부가 떠나려 할 때 백작 부인이 쥘리앵에게 물었다.

"자작님, 다음 주 목요일에 승마를 함께하시겠어요?"

"네, 좋습니다, 부인."

쥘리앵은 중얼거리며 머리를 숙였다. 그동안 백작 부인은 잔의 손을 잡고 정다운 미소를 띠며 부드럽고 또렷한 목소리로 말했다.

"몸이 나으시면 우리 셋이서 말을 타고 이 근처를 달려봐요. 참 재미있을 거예요. 어떠세요?"

그녀는 가벼운 동작으로 승마복 뒷자락을 올리고는 새처럼 사뿐히 올라탔다. 백작은 어색하게 인사하고 나서 큰 노르망디 말에 올라타더니 켄타우로스*10처럼 몸을 꼿꼿이 세웠다. 그들의 모습이 사라져가자 쥘리앵은 몹시 기분 좋은 듯이 외쳤다.

"매력 있는 사람들이야! 그 사람들과 가까이 지내는 게 우리에게는 유익할 거야."

잔도 까닭 없이 즐거워져서 대답했다.

"그 조그만 백작 부인은 정말 매혹적이에요. 그 부인을 참 좋아하게 될 것 같아요. 하지만 그 남편은 꼭 짐승 같더군요. 당신은 그분들을 어디서 알게 됐어요?"

그는 기분 좋은 듯 손을 비볐다.

---

*10 윗몸은 사람이고 아래는 말인, 그리스 신화에 나오는 동물.

"브리즈빌 집에서 우연히 만났지. 남편은 좀 거친 것 같아. 열광적인 사람이야. 어쨌든 진짜 귀족이오."

어디엔가 숨어 있던 행복이 되돌아온 듯 저녁식사는 아주 유쾌했다. 그리하여 7월 그믐께까지는 아무 일도 없이 지났다.

어느 화요일 저녁, 플라타너스 아래 두 개의 작은 잔과 브랜디 병을 올려놓은 식탁에 앉아 있었다. 그때 별안간 잔이 비명을 지르고 얼굴빛이 무섭게 파리해지면서 두 손으로 옆구리를 감싸쥐었다. 급작스럽고 날카로운 고통이 갑자기 그녀의 몸을 사로잡았다가 곧 사라져 버렸다. 그러나 10분쯤 뒤에는 처음보다 더 강하고 훨씬 긴 고통이 또 한 번 지나갔다. 잔은 아버지와 남편에게 안기다시피 하여 가까스로 집에 들어갔다. 플라타너스 나무로부터 자기 방까지의 짧은 거리가 끝없이 먼 것 같았다.

그녀는 아랫배에 참을 수 없는 중압감을 느껴 자기도 모르게 낮은 소리를 내며 좀 앉아서 쉬자고 했다. 9월이 해산이니 아직 달이 차지는 않았다. 그러나 만일을 염려하여 마차에 말을 매고 시몽 영감이 의사를 부르러 달려갔다.

의사는 자정에야 도착했는데 첫눈에 조산(早産)의 증세임을 알았다.

침대에 누우니 진통은 좀 가라앉았으나 대신 무서운 불안이 잔을 사로잡았다. 자신에 대한 절망적인 낙담과 죽음의 접근에 대한 예감 같은 것에 사로잡혔다. 죽음이 바싹 다가와 그 입김으로 심장을 얼리는 것만 같은 순간이 있는데 마침 그녀가 그런 순간을 경험하고 있었다.

방 안에는 사람들이 가득 차 있었다. 어머니는 안락의자에 파묻혀 숨을 헐떡이고 있었다. 남작은 손을 부들부들 떨며 쉴 새 없이 뛰어다니면서 물건을 가져오고 의사와 의논하는 등 정신을 못 차렸다.

쥘리앵은 초조한 표정으로 왔다 갔다 했으나 마음속으로는 아주 냉정했다. 그리고 당튀 과부가 침대맡에 서 있었는데, 어떤 일에도 놀라지 않는 경험 있는 표정을 짓고 있었다. 그녀는 병을 돌봐 주고 조산사 겸 초상집의 밤샘을 하는 여자로, 갓 태어나는 갓난애를 받고 그들의 첫 울음소리를 울려 더운물에 몸을 씻기고 새 속옷으로 감싸준다. 그와 똑같이 침착한 태도로, 세상을 떠나는 사람의 마지막 말과 숨소리와 전율에 귀 기울이고, 그들의 달라져 버린 육체에 식초를 뿌려 주고 수의(壽衣)를 입히고 최후의 단장을 해주는 이 과부는 출산과 죽음의 온갖 돌발 사건에도 눈썹 하나 까딱하지 않았다.

찬모 뤼디빈과 리종 이모는 현관 뒤에 조심스럽게 숨어 있었다.

환자는 가끔 약한 신음 소리를 냈다. 두 시간 사이에는 아무 일도 일어나지 않을 것 같다고 생각했다. 그러나 새벽에 격심한 진통이 다시 시작되어 견딜 수 없을 정도의 상태가 되었다.

잔은 악다문 잇새로 저도 모르게 비명을 지르며 끊임없이 로잘리 생각을 하고 있었다. 로잘리는 조금도 괴로워하지 않았고 신음 소리도 그다지 내지 않았으며, 사생아가 된 그녀의 자식은 진통도 없이 세상에 나왔던 것이다. 그녀는 비참하고 혼란스런 마음으로 끊임없이 로잘리와 자기를 비교해 보며, 이제까지 옳다고 믿어왔던 신을 저주했다. 운명의 사악함과 공정과 선을 설교하는 사람들의 죄 많은 허위에 격분했다.

이따금 진통이 너무나 심해서 그런 생각도 사라졌다. 이제는 힘이며 생명이며 의식도 다 잃어버리고 심한 진통만 겪을 뿐이었다.

진통이 좀 가라앉으면 그녀는 쥘리앵에게서 눈을 뗄 수가 없었다. 그리고 또 하나 마음의 고통이 그녀를 사로잡았다. 지금 자기 배 속을 뒤틀고 있는 이 갓난아기의 형이, 자기가 지금 누운 침대다리 옆에 쓰러져 있던 하녀의 가랑이 사이에 있었던 생각이 떠올랐던 것이다.

그녀는 지금 그림자 없는 또렷한 기억 속에서 남편이 그 쓰러져 있던 하녀 앞에서 하던 몸짓, 눈짓, 말씨 등을 돌이켜 보았다.

그리고 그녀는 지금 남편에게서, 다른 여자에게 대했던 것과 똑같은 권태와 무관심과 아버지가 된다는 것에 화내는 이기적인 남자의 냉혹함을 거울을 통해 보듯 들여다보고 있었다. 다시 심한 경련이 왔다. 그 경련은 "죽으려나 봐. 아, 죽겠어……" 하고 마음속으로 외칠 만큼 맹렬했다. 그러자 강렬한 반항심과, 저주하고 싶은 마음과, 자기를 파괴시킨 이 남자와, 자기를 지금 죽이고 있는 이 낯모르는 갓난아기에 대한 심한 증오심이 끓어올랐다.

이 짐을 떨쳐 버리려는 듯 그녀는 있는 힘을 다해 몸을 쭉 뻗었다. 그러자 별안간 배 속이 텅 비는 듯하더니 고통이 사라졌다.

조산사와 의사가 그녀에게 몸을 굽히고 일을 처리했다. 그들이 무엇인가를 끄집어냈다. 그러자 이미 한 번 들어본 적이 있는 숨막히는 듯한 소리가 들려와 그녀는 몸서리쳤다.

괴로워하는 듯한, 고양이 같은 갓난아이의 약한 울음소리가 그녀의 마음과 가슴과 힘이 다 빠진 몸속으로 파고들었다.

그녀는 무의식적으로 아이를 향해 두 팔을 뻗으려고 했다. 그것은 그녀의 몸을 꿰뚫은 환희의 반짝임이었고, 새로 피어난 행복에 대한 비약이었다. 그녀는 순식간에 몸이 홀가분해지고 행복해졌다.

태어나서 처음 맛보는 행복이었다. 마음도 몸도 되살아난 듯 자신이 어머니가 된 것을 느꼈다. 그녀는 어린애가 보고 싶었다. 그러나 조산이었으므로 아직 머리털도 없고 손톱도 없었다.

그 애벌레처럼 움직이는 아기를 보았을 때, 입을 벌리고 빽빽 우는 것을 보았을 때, 주름투성이로 찡그린 채 생명을 가진, 달을 채우지 못하고 나온 그 어린아이를 만져 보았을 때, 그녀는 걷잡을 수 없는 기쁨에 사로잡혔다. 자기는 살아서 모든 절망에서 벗어났으며, 이제는 모든 것을 다 잊어버리고 사랑을 쏟을 수 있는 대상을 하나 얻었다는 것을 깨달았다.

그 뒤 그녀는 자기 자식에 대한 것 외에는 생각하지 않았다. 그녀는 갑자기 열광하는 어머니가 되었던 것이다. 사랑에 환멸을 느끼고 온갖 희망이 깨어진 만큼 더욱더 열광하게 되었다. 언제나 요람을 침대 곁에 놓게 하고는 몸을 풀고 일어나자마자 창가에 앉아 가볍게 요람을 흔들면서 며칠씩 보냈다. 그녀는 유모를 시기할 정도였다. 젖에 굶주린 이 갓난아기가 푸른 힘줄이 솟아나온 커다란 젖통에 손을 얹고 주름진 젖꼭지를 굶주린 듯 입에 물 때, 그녀는 얼굴빛이 파래져서 몸을 바르르 떨며 유모에게서 아기를 잡아 뺏고, 아기가 탐욕스럽게 빨고 있던 그 가슴을 때리고 손톱으로 할퀴고 싶은 충동에 사로잡혀 뚱뚱하고 조용한 시골 여자를 노려보았다.

그녀는 갓난아기를 곱게 단장시키려고 예쁜 헝겊에 스스로 수를 놓았다. 아기에게 엷은 레이스가 달린 옷을 입히고 예쁜 모자를 씌웠다.

그녀는 이제 아기에 관한 이야기밖에 하지 않았다. 아기 옷이며 턱받이며 또는 아름답게 장식한 리본을 자랑하고 싶어서 곧잘 이야기를 하다 그만두곤 했으며, 주위 사람들이 말하는데도 귀 기울이지 않고 헝겊조각을 오랫동안 뒤적거리고, 더 잘 보려고 높이 쳐들었다가는 다시 뒤적거리며 혼자 좋아했다. 그러다가 그녀는 불쑥 물었다.

"이거 어때요? 저 아기한테 어울릴까요?"

남작과 부인은 이와 같은 딸의 열광적인 모성애를 웃으면서 보고 있었다. 그러나 쥘리앵은 이 전지전능하고 독재적인 폭군이 태어남으로써 자기의 지배적인 중요성이 축소되고 여느 때의 모든 습관이 뒤헝클어졌으므로, 집안에서의 자기 지위를 빼앗은 이 인간의 조그만 분신에게 자기도 모르게 질투를 느껴 화를 내고 신경질을 부리며 말했다.

"저 애녀석이 나오니까 애에게만 열중하니 참을 수 없어!"

그녀는 어린아이에 대한 정이 급격히 커져서 밤에도 자지 않고 요람 옆에 앉아 어린아이의 잠든 모습을 지켜볼 정도였다. 이처럼 어린아이에 대한 열광적이고 병적인 정성으로 기운이 빠진 그녀는 식사도 하지 못했다. 그러다가 점점 약해져 마침내는 여위고 기침을 하기에 이르렀으므로 의사는 어머니와 갓난 아들을 떼어 놓도록 명령했다.

잔은 화내고 울고 애원하기도 했으나, 아무도 그녀의 간청에 귀 기울이지 않았다. 어린아이는 밤에 유모 곁에서 잤다. 그러자 그녀는 밤마다 맨발로 일어나 열쇠구멍에 귀를 대고 어린아이가 잘 자고 있는지, 깨지나 않았는지, 부족한 것은 없는지 엿들었다. 한 번은 푸르빌 집안의 만찬에 초대받아 갔다가 밤늦게 돌아온 쥘리앵에게 그런 모습을 들켰다. 그 뒤로는 꼭 침대에 붙어 있게 하기 위해 밤이면 그녀의 방에 자물쇠를 채웠다.

세례식은 8월 하순경에 있었다. 남작은 대부가 되고 리종이 대모가 되었다.

아기는 피에르 시몽 폴이라는 이름을 받았는데, 그냥 짧게 폴이라고 불렀다.

9월 초순에 리종 이모는 소리 없이 떠나갔다. 그녀가 없어져도 있을 때와 마찬가지로 누구의 주의도 끌지 않았다.

이날 저녁식사 뒤 신부가 왔다. 뭔가 비밀스러운 일이 있는 듯 어색한 표정이었다. 그는 몇 마디 잡담을 하고 나서 남작 부인과 남작에게 특별히 의논할 일이 있으니 잠시 시간을 내달라고 부탁했다. 세 사람은 가로수길을 끝까지 느릿느릿 걸으며 활기 띤 대화를 주고받았다.

한편 잔과 함께 남은 쥘리앵은 이런 뒤숭숭한 상황에 놀라서 자기를 빼돌린다며 화내고 있었다.

쥘리앵은 작별인사를 한 신부를 따라나서서 두 사람은 마침 종소리가 울려오는 성당 쪽으로 사라졌다. 냉랭한 바람이 불고 날씨는 좀 추웠다. 모두 객실에 앉아 졸고 있는 참에 갑자기 쥘리앵이 화난 듯 붉은 얼굴로 들어왔다. 문턱에서부터 그는 잔이 있다는 것도 생각하지 않고 장인과 장모에게 소리쳤다.

"그 계집애에게 2만 프랑을 주다니, 정말이지 정신이 나갔군요!"

모두 깜짝 놀라 아무 말도 하지 못했다. 쥘리앵은 화가 치밀어 말을 이었다.

"이처럼 어리석은 일이 어디 있어요! 우리에게는 한 푼도 남겨주지 않을 작정입니까?"

남작이 침착성을 되찾고 그의 말을 가로막았다.

"조용히 하게! 아내가 있다는 걸 생각해."

그러나 그는 격노하여 발을 굴렀다.

"그런 건 문제가 아닙니다. 게다가 아내도 일이 어떻다는 것쯤은 알고 있습니다. 그건 결국 사람에게 피해를 입히는 약탈입니다."

잔은 깜짝 놀라 까닭을 모르고 눈을 휘둥그렇게 떴다.

"대체 무슨 일이지요?"

그러자 쥘리앵은 아내에게로 돌아서며 자기와 마찬가지로 기대했던 재산을 빼앗긴 그녀를 그 대화 속으로 끌어넣었다. 그는 재빠른 말투로 로잘리를 결혼시킬 계획과, 적어도 2만 프랑의 가치가 있는 바르빌 농장을 로잘리의 지참금으로 주게 되었음을 그녀에게 설명했다. 그리고 그는 다시 말했다.

"어쨌든 당신의 부모는 미쳤소. 가두어 놔야만 할 미치광이들이오. 2만 프랑! 2만 프랑이라니! 돌았어! 사생아에게 2만 프랑이라니!"

그러나 잔은 조금도 마음의 동요나 노여움이 없었다. 이제는 어린아이에게 관계되는 일 말고는 모든 것에 무관심해진 자신의 침착한 태도에 스스로도 놀라면서 남편의 이야기를 듣고 있었다.

남작은 어이가 없는 듯 얼른 대답하지 못했다. 그러나 결국 화가 치밀어올라 발을 구르며 소리쳤다.

"정신 좀 차리게! 너무 심하지 않나? 자기 자식이 달린 계집애한테 돈을 주게 만든 죄는 누구에게 있지? 그 자식이 누구 자식인가? 이제는 내버리겠다는 건가?"

쥘리앵은 남작의 격분한 말투에 놀라 그를 똑바로 쳐다보고만 있었다. 그는 좀 누그러진 목소리로 말을 이었다.

"하지만 지난번에 준 1천 5백 프랑이면 충분하지 않습니까? 이 근처의 계집애들은 결혼하기 전에 누구나 다 자식을 갖습니다. 그렇다면 그 자식이 누구의 자식이든 상관없잖습니까? 2만 프랑이나 되는 농장을 주게 되면 우리의 손해는 제쳐놓고라도 남들에게 무슨 내막이 있었음을 알리게 되지 않겠습니까? 그러지 마시고 조금이나마 우리 가문과 지위를 좀 생각해 주십시오."

쥘리앵은 자기 논법의 정당성과 논리에 확고한 신념을 가지고 있는 듯 준엄한 말투였다.

남작은 이 예기치 못한 논조에 당황하여 입을 벌리고 서 있었다.

쥘리앵은 자기가 이겼다는 것을 알고 결론 내렸다.

"다행히 서류상으로는 아직 아무 일도 이루어지지 않았습니다. 나는 하녀와 결혼하겠다는 젊은 놈을 알고 있습니다. 좋은 녀석이지요. 그 녀석이라면 모든 일이 잘될 겁니다. 그 일은 내가 맡겠습니다."

그는 더 이상 의논이 이어질까봐 두려운 듯 모두들 입을 다물고 있는 것을 찬성하는 뜻으로 받아들이고 쏜살같이 밖으로 나가 버렸다.

그가 사라지자 남작은 놀라서 몸을 떨며 소리쳤다.

"지독한 놈이야! 지독한 놈!"

그러나 잔은 아버지의 놀란 얼굴을 쳐다보며 별안간 웃기 시작했다. 옛날에 무슨 우스꽝스러운 것을 보았을 때와 같은 명랑한 웃음이었다.

"아버지, 아버지, 그 2만 프랑, 2만 프랑, 하는 목소리를 들으셨어요?"

남작 부인은 즐거움이 눈물만큼이나 빨리 찾아왔다. 사위의 화났던 얼굴과 분노하여 외친 말투와, 자기가 꾀어낸 계집에게 자기 것도 아닌 돈을 주는 데 맹렬하게 반대하는 모습을 떠올리고, 더욱이 잔의 기분이 유쾌해진 것을 보고 눈에 눈물이 가득 찰 만큼 숨찬 웃음을 터뜨리며 몸을 뒤흔들었다.

그러자 남작도 웃음을 터뜨렸다. 세 식구는 지난날의 행복했던 시절처럼 허리가 끊어지도록 웃어댔다. 좀 숨을 돌려 마음을 가라앉힌 다음 잔은 놀란 듯 말했다.

"참 이상해요! 그래도 아무렇지 않아요. 이제 그 사람은 마치 남과 같아요. 내가 그이의 아내라는 것을 믿을 수가 없어요. 그래서 이처럼 그이의…… 그이의…… 야비한 짓에 대해 웃고 있는 거예요."

그러고는 까닭 없이 웃고 감동하여 서로 키스를 주고받았다.

이틀 뒤, 아침식사가 끝나고 쥘리앵이 말을 타러 나간 뒤였다. 스물두세 살쯤 되어 보이는 몸집이 큰 남자가 주름이 골고루 난 풍성한 소매에 커프스가 달린 푸른 새 작업복을 입고, 마치 새벽부터 그 뒤에 숨어 있었던 듯이 살짝 울타리를 넘어 쿠야르 집 개천을 따라 살금살금 걸어와서 저택을 돌아, 언제나 플라타너스 아래에 앉아 있는 남작과 두 부인에게 괴상한 걸음걸이로 다가왔다. 그들을 보자 그는 모자를 벗고 어색한 표정으로 인사하며 앞으로 걸어왔다. 말소리가 들릴 만큼 가까이 왔을 때 그는 더듬거렸다.

"안녕하십니까? 남작님, 마님, 그리고 아씨."

아무도 대답하지 않자 그는 자기 이름을 댔다.

"저는 데지레 르코크입니다."

한 번도 들어보지 못한 낯선 이름이라 남작이 물었다.

"무슨 일로 왔나?"

그 젊은이는 자기 볼일을 설명하지 않으면 안 되게 되자 몹시 당혹스러워 보였다. 그는 손에 쥔 모자와 저택 지붕 꼭대기를 번갈아 올려다보았다 내려다보았다 하며 머뭇머뭇 입속으로 말했다.

"이 일에 대해 신부님이 몇 말씀 귀띔해 주셨습니다만……."

그는 너무 길게 말해서는 자기에게 손해될 것 같았는지 입을 다물었다.

남작은 무슨 말인지 알 수 없어 다시 물었다.

"무슨 일인가? 난 잘 모르겠네."

젊은이는 결심한 듯 나직한 목소리로 말했다.

"댁의 하녀…… 로잘리 일로……."

그러자 잔은 눈치채고 아기를 안고 자리를 떴다.

"자, 가까이 오게나."

남작은 딸이 내놓은 의자를 가리켰다.

농부는 곧 그 자리에 앉으면서 중얼거렸다.

"나리는 참 친절하십니다."

그러고는 아무런 할 말이 없다는 듯 말이 나오기를 기다렸다. 오랫동안 잠자코 있다가 마침내 그는 결심한 듯 푸른 하늘을 쳐다보며 말했다.

"좋은 날씨입니다. 벌써 씨를 다 뿌렸으니 날씨가 밭에도 꼭 알맞을 겁니다."

그는 다시 입을 다물었다. 남작은 참다못해 퉁명스러운 말투로 물었다.

"그러면 로잘리와 결혼하겠다는 게 자네인가?"

이 말투에 젊은이는 노르망디 사람들 특유의 교활한 습관대로 예정이 어긋나 버리자 곧 불안해했다. 그는 경계하는 듯한 자세를 취하며 더욱 강한 말투로 대답했다.

"그것이…… 그 무엇에 따라서는 할 수도 있고 안 할 수도 있지요. 그 무엇에 따라서는."

이와 같이 셈이 있는 듯한 말에 남작은 화가 벌컥 났다.

"제기랄! 솔직하게 말해 봐. 그것 때문에 온 거지! 그런가, 안 그런가? 걔를 데리고 살겠다는 건가, 아닌가?"

젊은이는 당황하여 발등만 내려다보았다.

"신부님이 말씀하시는 대로라면 데려가겠지만 쥘리앵 서방님 말씀대로라면 저는 싫습니다."

"쥘리앵이 뭐라고 하던가?"

"쥘리앵 서방님은 제가 1천 5백 프랑을 받게 될 거라고 하시더군요. 그런데 사제님은 2만 프랑을 받게 될 거라고 하셨습니다. 2만 프랑이라면 그렇게 하겠지만, 1천 5백 프랑이라면 아무래도 안 되겠습니다."

그러자 안락의자에 푹 파묻혀 앉은 남작 부인이 이 시골 젊은이의 불안한 모습을 보고 소리내어 웃기 시작했다. 농부는 웃는 까닭을 몰라 못마땅한 듯이 곁눈질로 부인을 노려보며 말이 나오기를 기다렸다. 남작은 이러한 거래에 기분이 상하여 잘라 말했다.

"나는 자네가 살아 있는 동안은 자네 것이지만, 나중에는 자네 자식의 소유가 되도록 바르빌의 농장을 주겠다고 신부님에게 말한 적이 있네. 그것은 2만 프랑쯤 나가는 농장일세. 나는 다른 말은 하지 않아. 그러면 됐나? 곧 대답해 봐."

젊은이는 만족한 듯 비굴한 웃음을 지으면서 갑자기 웅변투로 말했다.

"어이구! 그렇다면 싫지 않습니다. 그게 좀 문제지요. 신부님께서 말씀하실 때 저는 서슴지 않고 그 자리에서 곧 대답했고, 거기에 대해 남작님도 만족스럽게 여기고 계시려니 생각했었습니다. 남자들끼리의 약속을 하고 나중에 서로 만나면 보답하는 게 도리 아니겠습니까? 그런데 쥘리앵 서방님이 저를 찾아와서는 1천 5백 프랑밖에 줄 수 없다는 것입니다. 무슨 말씀을 드리려는 게 아니라 그저 알고 싶어서 온 겁니다. 저는 믿고 있었습니다. 돈셈이 깨끗하면 친구도 깨끗하다고 합니다만 사실 그렇지요, 남작 나리……."

이 장황한 말을 가로막고 남작이 물었다.

"그래 언제 결혼하겠나?"

그러자 젊은이는 다시 걱정스럽고 당황한 얼굴로 망설이더니 마침내 말했다.

"증서라도 먼저 하나 만들어 주시면 어떠실지요?"

남작은 벌컥 먼저 화를 냈다.

"제기랄, 별소리를 다하는군. 결혼증서가 있을 게 아닌가? 그러면 됐지. 안 그런가?"

그러나 농부는 고집부렸다.

"어쨌든 그때까지라도 조그만 증서는 하나 만들어 주십시오. 해로운 일도 아니잖습니까?"

남작은 결말을 지으려고 일어섰다.

"할 텐가 안 할 텐가? 당장 대답하게. 자네가 싫다면 또 다른 신랑감이 있으니까."

경쟁자가 있다는 말에 교활한 노르망디 농부는 깜짝 놀라며 당황했다. 그러더니 결심한 듯 마치 소 흥정을 끝낸 뒤처럼 손을 내밀었다.

"그렇게 하기로 하겠습니다, 남작 나리. 됐습니다. 절대로 약속을 깨뜨리지 않겠습니다."

남작은 승낙하고 큰 소리로 외쳤다.

"뤼디빈!"

찬모가 창문으로 고개를 내밀었다.

"포도주 한 병 가져와!"

두 사람은 계약이 이루어졌다는 의미에서 건배했다. 그리고 젊은이는 올 때보다 더욱 가벼워진 걸음으로 돌아갔다. 젊은이가 왔다간 데 대해서 아무도 쥘리앵에게 이야기하지 않았다. 계약서는 비밀리에 작성되었고, 일단 결혼하기로 정해지자 어느 일요일 아침 결혼식이 거행되었다. 신랑 신부의 뒤를 따라 이웃집 여자가 마치 행복의 담보물인 듯 어린아이를 안고 교회로 쫓아들어갔다.

마을 사람들은 아무도 놀라지 않았다. 모두들 데지레 르코크를 부러워했다. 그는 행운아야, 라고 말하며 이웃 사람들은 교활한 미소를 띠고, 그러나 분개하는 빛 없이 떠들어댔다.

쥘리앵은 펄펄 뛰었다. 그 때문에 장인 장모는 레푀플에 머무는 날짜를 단축시켰다. 잔은 그다지 섭섭한 감정도 없이 부모를 떠나보냈다. 그녀에게는 폴만

이 마르지 않는 행복의 샘이었던 것이다.

9

잔이 산후 몸조리로 완전히 회복되었으므로, 그들 부부는 푸르빌 집안에 답례를 가고 쿠틀리에 집에도 인사 가기로 했다.

최근에 쥘리앵은 경매에서 새 마차를 하나 사왔다. 지붕이 없는 마차인데, 말이 한 마리밖에 필요하지 않은 경쾌한 사륜 쌍두마차였다. 그리하여 그들은 한 달에 두 번씩 외출할 수 있었다.

12월 어느 맑은 날, 그들은 마차에 말을 매고 떠났다. 마차는 노르망디의 평야를 꿰뚫고 두 시간이나 달린 뒤 양편 등성이에 나무가 우거진 골짜기를 내려가 평평한 밭을 지나갔다.

얼마 안 되어 목장이 나오고, 이윽고 추위에 얼어죽은 큰 갈대들이 무성한 늪이 나타났다. 노란 리본띠 같은 긴 갈대잎은 바람에 흔들려 소리내고 있었다. 골짜기를 돌자 라 브리에트의 저택이 나타났다. 이 저택 뒤로는 나무가 우거진 골짜기가 있고 한편으로는 큰 연못이 그 속에 담벼락을 온통 담그고 있었다. 이 연못은 그 건너편에 있는 또 다른 골짜기의 경사를 덮은 전나무숲에서 끝나고 있었다.

마차가 예스런 적교(吊橋)를 건너 루이 13세식의 으리으리한 정면 문으로 들어서니 중앙에 넓은 뜰이 나왔다.

거기에 흰 슬레이트판 지붕의 작은 탑이 달린, 벽돌로 가장자리를 똑같이 두른 루이 13세식의 우아한 저택이 서 있었다.

쥘리앵은 잔에게 이 건물의 세세한 부분까지 설명했는데, 아무래도 이 집 내막을 속속들이 잘 아는 것 같았다.

쥘리앵은 이 저택의 아름다움에 넋을 잃고 끊임없이 칭찬을 늘어놓았다.

"저 정면 현관을 좀 보구려! 얼마나 으리으리한 저택인가! 뒤편의 현관은 모두 연못을 향해 있고 거기에서 연못까지 내려가는 훌륭한 돌층계가 달려 있지. 그리고 연못가에는 보트가 네 척 매여 있는데, 두 척은 백작의 것이고 두 척은 백작 부인의 것이오. 저기 오른편으로 포플러 가로수가 보이오? 저기가 연못 끝으로 페캉까지 흘러가는 시내가 시작되는 곳이오. 그 근처에는 물새가 많아 백작은 거기서 물새 사냥하기를 좋아한다오. 이것이 진짜 귀족의 저택이오."

문은 활짝 열려 있었다.

얼굴이 창백한 백작 부인이 옛날 성주의 부인처럼 질질 끌리는 긴 옷을 입고, 웃으면서 방문객을 맞이하러 나왔다. 그녀야말로 이같은 백작 저택에 알맞는 호수의 미인처럼 보였다.

객실에는 창문이 여덟 개 있었는데, 그 가운데 네 개는 연못 쪽으로 나 있었다. 창문을 통해 건너편 언덕으로 기어올라간 울창한 전나무숲이 호수를 더욱 깊고 준엄하며 음산하게 만드는 것을 볼 수 있었다. 바람이 불어올 때마다 흔들리는 스산한 나무 소리가 마치 호수의 소리 같았다.

백작 부인은 소녀시절의 친구를 대하듯 잔의 손을 이끌어 의자에 앉히고 자기도 그 옆 낮은 의자에 앉았다. 다섯 달 동안 옛날과 같은 우아한 태도를 되찾은 쥘리앵은 부드럽고 정다운 몸짓으로 이야기하며 웃고 있었다.

백작 부인과 쥘리앵은 그들의 승마에 대해서 이야기했다. 백작 부인은 쥘리앵이 말을 탈 때의 이상한 몸가짐을 웃으면서 '비틀거리는 기사'라고 이름붙여 주자, 쥘리앵도 웃으면서 백작 부인을 '아마존 여왕'이라고 불렀다.

별안간 창 밑에서 총소리가 나 잔은 비명을 질렀다. 백작이 오리를 쏜 소리였다.

부인은 곧 백작을 안으로 불렀다. 노 젓는 소리와, 돌에 부딪치는 보트 소리가 나더니 몸집이 뚱뚱하고 장화를 신은 백작이 들어왔다. 그 뒤를 따라 물에 젖은 백작처럼 불그레한 개 두 마리가 들어와 문 앞 카펫에 배를 깔고 누웠다. 백작은 자기집이라서 그런지 지난번보다 훨씬 몸가짐이 자연스럽고 방문객을 퍽 반기는 것처럼 보였다. 그는 난롯불을 더 잘 피우게 하고 마데이라*¹¹산(産) 포도주와 비스킷을 가져오게 했다. 그리고 그는 별안간 소리치듯 물었다.

"물론 우리와 함께 만찬을 하시겠지요?"

그러나 잠시도 어린아이의 일을 잊지 않는 잔은 이를 사양했다. 백작은 한사코 권유하는데 잔이 끝끝내 응하지 않자, 쥘리앵은 초조한 몸짓을 했다. 잔은 남편과 말다툼을 하게 될까봐 다음 날까지 폴을 못 본다는 생각에 가슴 아팠지만 하는 수 없이 승낙했다.

즐거운 오후였다. 모두 샘터로 갔다. 샘은 끓어오르는 물처럼 깨끗한 바닥 속

---

*11 대서양에 위치한 포르투갈의 섬.

의 바위틈에서 솟아올랐다. 그들은 보트를 타고, 글자 그대로 시든 갈대숲 속의 물길을 따라 한 바퀴 돌았다. 백작은 두 마리의 개 사이에 앉아 노를 저었는데, 이 개들은 콧등을 공중으로 쳐들고 냄새를 맡고 있었다. 그가 삿대질을 할 때마다 배는 들썩 쳐들렸다가 앞으로 나가곤 했다.

잔은 이따금 찬물에 손을 담그고 손끝에서 가슴까지 전해져 오는 얼음 같은 냉기를 즐겼다. 배 뒤편에는 쥘리앵과 숄로 몸을 감은 백작 부인이 마주 보며 웃고 있었는데, 그것은 행복에 겨워 더 이상 바랄 것이 없는 사람들의 영원한 웃음이었다.

마른 갈대숲을 스치며 북풍이 일고, 뼛속까지 스며드는 한기가 나면서 저녁이 되었다. 해는 전나무 뒤로 떨어지고 붉은 구름조각들이 하늘에 가득 차, 보기만 해도 냉기로 몸이 오싹했다.

그들은 불이 활활 타오르는 넓은 객실로 돌아갔다. 방 안의 온기와 즐거운 감각이 문턱에서부터 모두의 기분을 유쾌하게 해주었다. 백작은 기쁨에 넘친 얼굴을 하고 씨름꾼 같은 두 팔로 아내를 껴안더니, 어린아이처럼 번쩍 안아올려 그녀의 두 볼에 흐뭇한 듯이 소박한 남자의 힘찬 키스를 했다.

잔은 웃으며, 수염만 보아도 식인종 같은 이 마음씨 착한 거인을 바라보았다. 그녀는 자기도 모르게 생각했다.

'사람이란 늘 모든 사람을 오해하고 있구나.'

문득 자기도 모르게 쥘리앵에게로 눈길을 돌려보니, 그는 문턱에 선 채 무서울 만큼 파랗게 질린 얼굴로 백작을 쏘아보고 있었다. 잔은 불안해서 남편 곁으로 다가서며 낮은 목소리로 물었다.

"어디 아프세요? 웬일이세요?"

남편은 약 오른 목소리로 대답했다.

"아무것도 아니오. 내버려두오. 추워서 그렇소."

모두들 식당으로 자리를 옮겨갔는데, 백작은 개를 데리고 들어가는 데 대해 양해를 구했다. 개들은 곧 들어와서 주인의 양옆에 앉았다. 주인은 쉴 새 없이 그들에게 먹을 것을 주고 그들의 비단결 같은 긴 귀를 쓰다듬어 주었다. 개들은 고개를 쳐들거나 꼬리를 흔들어대며 만족스러운 듯 몸을 흔들고 있었다.

식사 뒤 잔과 쥘리앵이 작별인사를 하자 횃불 밑에서 고기잡는 것을 보고

가라며 또 붙들었다. 백작은 두 사람을 부인과 함께 연못으로 통하는 돌층계 위에 세워 놓고, 자기는 그물과 햇불을 든 하인을 한 사람 데리고 배에 올랐다. 밤 날씨는 맑아 하늘에 금빛 별이 총총히 박혀 있고, 냉기가 살을 에는 것 같았다. 햇불은 야릇한 형태로 움직이는 불꽃 꼬리를 수면에 비추며, 춤추는 듯한 흰 불꽃 그림자를 갈대숲 위에 던져 전나무의 장막을 환하게 비춰냈다.

별안간 배가 휙 돌더니, 굉장히 크고 괴상하게 생긴 사람의 그림자가 밝게 비쳐진 숲 변두리에 우뚝 솟아올랐다. 그 머리는 숲 위를 지나 하늘로 사라지고 발은 호수 속에 잠겨 있었다. 이 엄청나게 큰 존재는 마치 하늘의 별을 따려는 듯이 두 팔을 위로 쳐들었다. 두 팔은 갑자기 허공으로 치켜 올라가더니 다시 아래로 뚝 떨어졌다. 그러자 곧 수면을 채찍질하는 듯한 작은 물소리가 들려왔다.

이때 배가 천천히 방향을 돌리자, 그 커다란 괴물은 햇불이 환하게 비치는 숲을 따라 달리는 것처럼 보였다. 곧 그것은 보이지 않는 수평선 속으로 사라져 버렸다. 그러자 이번에는 갑자기 아까보다는 몸집이 작았으나, 더욱 뚜렷하게 이상한 몸짓을 하며 저택 현관 앞에 나타났다.

백작의 굵은 목소리가 들려왔다.

"질베르트, 여덟 마리 잡혔소!"

노가 물결을 때렸다. 그 거대한 그림자는 장벽 위에 가만히 서 있었는데, 차츰 키가 작아지더니 머리가 아래로 내려가고 몸집도 줄어들었다. 푸르빌 씨가 여전히 횃불을 든 하인과 함께 돌층계로 올라왔을 때는, 그림자가 백작의 몸집만큼 줄어들어 백작을 그대로 흉내내고 있었다.

그물 속에서는 여덟 마리의 큰 고기가 펄떡펄떡 뛰고 있었다.

백작 집에서 빌려준 망토를 몸에 두르고 함께 마차를 타고 오는 도중에 잔은 무심코 말했다.

"참 좋은 분이에요, 그 거인은."

마차를 몰고 있던 쥘리앵이 대답했다.

"그래. 하지만 사람들 앞에서 너무 예의를 차리지 않는 게 탈이오."

1주일 뒤 그들은 이 지방에서 첫째가는 귀족인 쿠틀리에 집안을 방문했다.

레미닐의 영지는 카니의 큰 마을과 접해 있었다. 루이 14세 때 지어진 새 저택은 벽으로 둘러싸인 아름다운 정원수 속에 있었다. 약간 높은 언덕 위에는 폐허가 된 옛 저택이 보였다. 제복을 입은 하인들이 크고 장엄한 방으로 방문객을 안내했다. 방 한가운데는 둥근 받침대가 세브르*12산(産)의 큰 술잔을 받쳐 들고 있었으며, 대좌(臺座) 위에는 왕이 선물을 레오폴드 에르베 조제프 제르메르 드 바르느빌 드 롤보스크 드 쿠틀리에 후작에게 증정한다는 국왕 친필의 편지가 수정판(水晶板) 속에 들어 있었다.

잔과 쥘리앵이 이 국왕의 선물을 보고 있을 때 후작과 부인이 들어왔다. 분화장을 한 부인은 쥘리앵 부부에게 주인으로서의 친절을 베풀며 억지로 공손하게 대하려 했는데, 그 태도가 어색했다. 주인은 흰머리를 뒤로 빗어 넘긴 뚱뚱한 남자로, 그의 몸가짐이며 목소리며 그의 모든 태도에 그의 신분을 말하듯 오만한 분위기가 있었다.

그들은 무엇보다도 예의를 중요시하는 사람들이었고, 마음이나 감정이나 언어가 늘 오만스러웠다. 상대방의 대답도 채 듣지 않고 혼자 이야기하고 무관심한 태도로 웃으며 가까이 사는 작은 귀족들을 공손하게 접대한다는, 자기들의

---

*12 베르사유에 있는 이름난 도기공장.

훌륭한 문벌에 짐지워진 의무를 끊임없이 수행하고 있는 듯한 태도였다.

잔과 쥘리앵이 어색한 기분을 가라앉히려고 했으나, 더 이상 있기가 거북하고 그렇다고 돌아갈 알맞은 구실도 없어서 망설이고 있노라니까, 마치 신하를 물러가게 하는 예의를 알고 있는 왕후처럼 후작 부인이 적당한 곳에서 대화를 끊음으로써 자연스럽고 간단하게 이 방문을 끝맺었다.

돌아오는 길에 쥘리앵이 말했다.

"어떻겠소? 이 정도로 방문은 이제 그만두기로 합시다. 내 생각으로는 푸르빌 집만으로도 충분할 것 같소만."

잔도 같은 생각이었다.

침침하고 막다른 굴속 같은 1년의 마지막 달인 음울한 12월이 천천히 흘러갔다. 지난해와 마찬가지로 집 안에 틀어박힌 생활이 또다시 시작되었다. 그러나 잔은 폴에게 몰두하여 지루한 줄 모르고 지냈다. 쥘리앵은 불만스럽고 못마땅한 눈초리로 폴을 바라보았다.

이따금 그녀는 어린아이를 팔에 안고, 대부분의 부인들이 열광하듯이 애정을 자식에게 쏟으며 귀여워할 때처럼 남편에게 안겨주며 말했다.

"입맞춰 주세요. 여보! 당신은 아기가 귀엽지 않나 보군요."

그러면 쥘리앵은 주먹을 쥐고 흔드는 아기의 조그마한 손이 몸에 닿을까 꺼리는 듯 몸을 뒤로 빼고 못마땅한 얼굴로 갓난아이의 반질반질한 입술 끝에 자기 입술을 살짝 갖다 대기만 했다. 그리고 싫어서 견딜 수 없는 듯이 재빨리 나가 버렸다.

촌장과 의사와 신부가 이따금 와서 식사를 같이했다. 가끔 푸르빌 부부가 와서 함께 식사했는데, 그 집안하고는 점점 더 친밀해졌다. 백작은 폴을 아주 귀여워하는 듯했다. 늘 폴을 무릎 위에 앉히고 지냈으며 오후 내내 안고 있을 때도 있었다. 커다란 거인의 손으로 교묘하게 어린아이를 다루며, 긴 턱수염 끝으로 아이 콧등을 간지럽히고는 마치 어머니들이 하듯 걱정에 사로잡혀 입맞추었다. 그는 자기들 부부 사이에 어린아이가 없는 것을 늘 한탄했다.

그해 3월은 맑고 건조하고 온화했다. 질베르트 백작 부인이 넷이서 아무 데로나 승마하러 가자고 제의해 왔다. 언제나 똑같은 무미건조한 긴 저녁, 긴 밤, 긴 낮에 좀 싫증난 잔은 이 계획을 몹시 기뻐하며 곧 승낙했다. 그래서 1주일 동안은 승마복을 만드느라고 지루한 줄 몰랐다.

그들은 멀리 말을 달리기 시작했다. 그들은 언제나 둘씩 둘씩 짝을 지어 갔는데, 백작 부인과 쥘리앵이 앞장서고 백작과 잔이 백 걸음쯤 뒤떨어져 갔다. 잔과 백작은 마치 친구처럼 조용히 이야기하며 말을 몰았다.

두 사람은 그들의 올바른 정신과 순박한 마음을 주고받으면서 친구가 되었다. 앞장선 두 사람은 낮은 목소리로 이야기하다가 이따금 웃었으며 입으로 말할 수 없는 것을 눈으로 말하는 듯 갑자기 서로 마주 보았다. 그러다가는 갑자기 멀리 도망가고 싶은 욕망에 사로잡힌 듯 재빠르게 달려가기도 했다.

별안간 질베르트가 무엇엔가 흥분한 듯했다. 날카로운 목소리가 미풍에 불려 이따금 뒤떨어져 가는 두 사람의 귀에까지 들려왔다.

백작은 웃으면서 잔에게 말했다.

"내 아내는 언제나 기분이 좋지 않답니다."

어느 날 저녁, 먼 곳까지 말을 몰고 나갔다가 집으로 돌아오는 길에, 백작 부인이 박차를 가하면서 말을 몰다가는 갑자기 고삐를 당기곤 하여 말을 화나게 만드는 것을 보고, 쥘리앵이 몇 번이나 주의를 주었다.

"조심하십시오, 조심하십시오! 말이 미쳐 도망칠 겁니다."

부인은 대답했다.

"미안하지만 당신이 참견할 일이 아니에요."

그 대답하는 소리가 어찌나 또렷하고 야무졌던지 한마디 한마디가 들판에 울려 퍼지고 마치 공중에 그대로 남아 있는 것 같았다.

말은 뒷발로 서서 땅을 차고 입으로는 거품을 내뿜었다. 별안간 불안해진 백작이 굵은 목소리로 외쳤다.

"주의해! 질베르트!"

그녀는 도전이라도 하듯 무엇으로도 걷잡을 수 없는 여자 특유의 신경질로 난폭하게 말의 두 귀 사이를 후려쳤다. 그러자 말은 세찬 기세로 일어나 앞발로 허공을 한 번 걷어차고는 다리를 떨어뜨리자마자 무서운 힘으로 한 번 뛰어오르더니 전속력으로 들판을 달려갔다. 말은 처음에는 목장을 뛰어넘고, 경작한 밭을 급히 지나면서 기름지고 습기 찬 땅에 먼지를 자욱이 날리며 빨리 달려 말과 사람을 구별하기 어려울 정도였다.

쥘리앵은 얼빠진 듯 그 자리에 못 박혀 서서 절망적으로 외쳤다.

"부인! 부인!"

그러자 백작은 짐승 같은 비명을 지르며 육중한 말의 목 위로 몸을 굽히고는 말을 앞으로 밀었다. 목소리와 몸짓과 박차로 말을 자극하고 고삐를 잡아끌며 말이 거의 미칠 만큼 내몰았으므로, 이 거대한 기사는 말을 가랑이에 끼워 채어 가지고 어디론가 날아가는 것 같았다. 두 마리의 말은 거의 믿을 수 없을 정도의 속력으로 곧장 돌진해 나갔다. 잔은 마치 두 마리의 새가 쫓고 쫓기면서 지평선 너머로 자취를 감추어 버리는 것을 보듯, 저 멀리 아내와 남편의 두 그림자가 아득히 멀어져 가고 작아지고 흐려져서 사라질 때까지 바라보았다.

쥘리앵은 터덜터덜 잔에게 다가오며 화난 표정으로 중얼댔다.

"저 여자가 오늘 아무래도 정신줄 놓은 것 같아."

두 사람은 이제 높고 낮은 들판의 저편으로 파묻혀 버린 친구들을 뒤쫓아 말을 달렸다.

15분쯤 뒤 백작 부부가 돌아오는 모습이 보였다. 이윽고 다시 그들과 함께하게 되었다.

백작은 뻘게진 얼굴이 땀에 젖은 채 만족스러운 듯 의기양양하게 웃으며, 억센 힘으로 아직도 몸부림치는 아내의 말고삐를 잡고 있었다. 부인은 괴로운 듯 얼굴이 새파랗게 질려 있었다.

그날 잔은 백작이 자기 아내를 미친 듯이 사랑한다는 것을 알았다. 그런 일이 있은 뒤 한 달 동안 백작 부인은 이제까지 본 적이 없을 정도로 명랑했다. 레푀플에도 전보다 더욱 자주 찾아와서 웃었고, 애정에 넘쳐 잔을 껴안곤 했다. 그 어떤 신비로운 황홀감이 그녀의 생활에 내려진 듯했다. 그의 남편은 아주 행복해하며 잠시도 아내로부터 눈길을 떼지 않고, 더욱 두터운 애정으로 쉴 새 없이 아내의 손이나 옷에 손을 대려고 했다.

어느 날 저녁 백작이 말했다.

"저희는 지금 행복 속에 잠겨 있습니다. 여태까지 질베르트가 이처럼 상냥한 적은 없었습니다. 기분이 언짢거나 화내는 일이 없어졌습니다. 아내가 저를 사랑하는 것을 저는 느끼고 있지요. 아직까지는 그 점에 확신을 못 가졌던 것입니다."

마치 두 가문의 교제가 각 가문에 평화와 기쁨을 갖다준 듯, 쥘리앵도 훨씬 쾌활해지고 화를 내지 않아 사람이 달라진 듯했다.

봄은 이상하게 빨리 찾아와 날씨가 따뜻했다.

부드러운 아침부터 평온하고 따뜻한 저녁까지 해는 땅에 싹을 움트게 했다. 그것은 모든 새싹이 때를 같이하여 솟아나는 힘차고 급격한 움틈이었다.

온 세계가 젊어지는 듯한 축복받은 해에 때때로 자연이 보여주듯, 억누를 수 없는 생명력이 솟구치고 소생하는 뜨거운 활력이 넘치고 있었다.

이 생명의 끓어오름에 잔은 막연히 마음이 산란해지는 것을 느꼈다. 그녀는 풀숲의 작은 꽃을 보고도 마음이 나른해지고 달콤한 우수에 잠겨, 부드러운 몽상으로 시간을 보내곤 했다.

그녀는 첫사랑의 그리운 추억이 가슴속 깊이 스며드는 것을 느꼈다. 그것은 영원히 끝나 버린 쥘리앵에 대한 애정이 다시 싹터 오는 것이 아니라 그녀의 온몸이 미풍에 어루만져지고 봄의 향기에 배어, 그 어떤 보이지 않는 부드러운 부름에 끌린 듯 마음이 산란해지는 것이었다.

그녀는 혼자 따뜻한 햇볕을 쬐며, 아무런 생각도 떠오르지 않는 막연하고 평온한 감각과 기쁨에 마음껏 잠겼다.

어느 날 아침 그러한 상태로 꿈결에 있을 때 하나의 환영이 그녀의 마음을 스치고 지나갔다. 에트르타 가까이의 작은 숲속 나뭇잎으로 어두워진 한복판에 햇빛의 구멍과도 같은 그 자리의 환상이 불현듯 떠올랐다. 그때 자기를 사랑해 주던 그 젊은 남자 곁에서 처음으로 육체의 떨림을 느낀 곳이 거기였고, 그 남자가 조심스럽게 마음속의 말을 처음으로 속삭이던 곳도 그곳이었다. 별안간 희망으로 가득 찬 황홀한 미래를 느낀 듯 여겨지던 곳도 거기였다.

그녀는 다시 한 번 그 숲을 보고 싶었다. 그곳으로 다시 가는 것으로 자기의 생활이 좀 바뀔 것 같은, 일종의 감상에 치중되고 미신같은 순례를 하고 싶었다.

쥘리앵은 이른 새벽부터 어디론가 나가고 없었다. 잔은 요즈음 자신이 때때로 타는, 마르탱 소작인 집에서 가져온 흰 말에 안장을 얹게 했다.

잔은 밖으로 나갔다. 날씨는 바람 한 점 없이 아주 맑아 풀잎 하나, 나뭇잎 하나도 움직이지 않았다. 마치 바람이 죽어 버린 듯 만물이 영원토록 움직이지 않기로 마음먹은 것 같았다. 심지어는 벌레까지도 어디론가 사라져 버린 듯했다. 타오르듯 드높은 정적이, 눈에 보이지 않는 황금의 안개가 되어 찬란히 태양에서 내려오고 있었다. 잔은 그 작은 백마의 등에 실려 흔들리며 행복에 겨위했다. 그녀는 이따금 목화송이만 한 흰 구름을 쳐다보았다. 푸른 하늘 한복판에 높직이 외따로 걸린 한 무리의 수증기 같았다.

그녀는 골짜기를 따라 내려갔는데, 그 골짜기는 에트르타의 문이라고 불리는 절벽의 큰 아치를 통해 바다로 이어져 있었다. 잔은 유유히 숲속으로 들어갔다. 아직도 설핏한 녹음 사이로 햇빛이 가득 쏟아져 들어왔다. 그녀는 그 장소를 찾아내지 못하고 작은 산을 여기저기 헤맸다.

큰길을 건너는 순간, 그녀는 그 길 막바지 나무에 매여 있는 두 필의 말을 보았다. 그녀는 곧 그 말을 알아보았다. 질베르트와 쥘리앵의 말이었다. 혼자만의 고독에 싫증나 있던 참이라 그녀는 이 뜻밖의 만남이 반가워 그쪽으로 말을 달렸다.

오래 기다리는 데 습관이 된 듯한 끈기 있는 두 필의 말 쪽으로 다가가 불러보았으나 아무 대답도 없었다.

여자의 장갑 한 짝과 두 개의 채찍이 짓밟힌 잔디 위에 떨어져 있었다. 그들은 그곳에 앉아 있다가 말을 내버려둔 채 더 멀리 간 듯했다.

그녀는 그들이 지금 무엇을 하고 있는지 모르는 채 이상하게 생각하며 15분 그리고 20분쯤 더 기다렸다. 그녀가 말에서 내려 움직이지 않고 나뭇등걸에 기대앉아 있노라니, 새 두 마리가 그녀를 못 보았는지 바로 옆 풀밭에 내려앉았다. 그 가운데 한 놈이 날개를 쳐들고 흔들며 머리를 끄덕거리며 지저귀다가, 다른 한 놈의 주위를 깡충깡충 뛰며 돌더니 별안간 두 놈이 달라붙어 버렸다.

잔은 마치 이런 일을 잊고 있었던 듯 놀랐다. 그리고 혼잣말을 중얼거렸다.

"그렇지, 지금은 봄이니까."

그러자 또 하나의 다른 생각이, 의심이 머리를 스쳤다. 그녀는 다시 한 번 채찍과 매어진 말을 바라보았다.

그러고는 문득 그 자리를 떠나고 싶어 말안장에 뛰어올랐다. 그녀는 레푀플을 향해 재빨리 달렸다. 그녀는 머리를 짜서 이치를 따지고 사실과 상황을 종합해 보았다. 왜 빨리 짐작하지 못했을까? 어째서 그런 일을 전혀 모르고 있었을까? 쥘리앵이 자주 집을 비우고 다시 모양을 내고 기분이 좋아졌다는 것을 왜 눈치채지 못하고 있었을까? 그녀는 질베르트의 급작스러운 신경질이며 지나치게 아양을 부리는 것에 대해, 또 얼마 전부터 그 여자가 파묻혀 있었던 행복의 절정, 또 그에 따라 행복해진 백작에 대해 곰곰이 생각해 보았다.

그녀는 말고삐를 늦추었다. 신중하게 생각해 봐야 할 터인데 말의 빠른 걸음이 그녀의 마음을 어지럽게 했기 때문이었다.

첫 흥분이 가시자 그녀의 마음은 다시 평온해졌고, 질투나 원한을 느끼는 대신 모멸감이 솟아올랐다. 그녀는 쥘리앵에 대해서는 거의 생각해 보지 않았다. 그의 행동이 어떻든 이제는 그녀를 놀라게 하지 않았다. 그러나 자기 친구이기도 한 백작 부인의 이중적 배신은 그녀의 가슴을 아프게 하고 화나게 했다. 세상 사람들이란 아무도 믿을 수 없으며 모두 거짓말쟁이고 위선자가 아닌가.

그녀의 눈에 눈물이 가득 찼다. 사람이란 이따금 죽은 사람에 대해 슬퍼하는 것만큼이나, 환멸이나 비애로도 눈물을 흘릴 경우가 있는 모양이었다.

그러나 그녀는 아무것도 모르는 척하기로 했으며, 앞으로는 일반적으로 통용되는 애정에 마음을 닫고 폴과 부모만을 사랑하고, 그저 평온한 얼굴로 남들과 교제해 나가기로 마음먹었다.

집으로 돌아오자 그녀는 곧 아들에게로 달려가 자기 방으로 데려다가 거의 한 시간 동안 쉴 새 없이 미친 듯 키스했다.

쥘리앵이 상냥하게 웃음짓고 애교가 깃든 듯한 몸짓을 하며 저녁식사를 하러 들어왔다. 그는 잔에게 물었다.

"장인 장모님이 올해는 안 오시나?"

그녀는 그처럼 친절하게 물어 주는 것이 고마워서 숲속에서의 일을 거의 용서해 주었다. 그러고는 별안간 폴 다음으로 자기가 가장 사랑하는 두 사람을 한시바삐 만나보고 싶은 맹렬한 욕망이 치밀어올라, 하룻밤을 새워가며 그들이 와주기를 재촉하는 편지를 썼다.

그들은 5월 20일에 오겠다고 답장했다. 그날은 5월 7일이었다. 그녀는 하루하루 초조하게 부모를 기다렸다. 딸로서 부모를 그리워하는 마음뿐만이 아니라, 자기의 마음을 다른 성실한 마음과 마주하고 싶었기 때문이었다. 생활방식이며 행동이며 생각하고 욕구하는 태도가 올바르고, 모든 파렴치한 행위와는 담을 쌓은 깨끗한 사람들과 마음을 털어놓고 이야기하고 싶었던 것이다.

지금 그녀가 느끼는 것은 썩어빠진 양심들 사이에 혼자 외로이 서 있는 올바른 양심의 고독이었다. 이제는 필요에 따라서 쉽게 자기 감정을 숨길 줄 알게 되었고, 손을 내밀어 입가에 미소를 띠며 백작 부인을 맞아들이기는 했지만 인간에 대한 공허와 모멸감이 점점 더 자기를 둘러싸는 것을 느꼈다.

날마다 하찮은 이 지방의 소문들이 그녀의 마음속에 인간에 대한 보다 큰 혐오와 보다 강한 경멸의 감정을 불어넣어 주고 있었다.

소작인 쿠야르네의 철없는 딸이 아기를 배어 곧 결혼한다느니, 소작인 마르탱네 고아로 자란 하녀도 아기를 가졌으며, 이제 겨우 16살인 이웃집 계집애도 애를 배고, 절름발이에다 더러워서 사람들이 똥이라고 부르는 이웃집 과부도 아이를 뱄다는 소문이었다. 아기 뱄다는 소리는 꼬리에 꼬리를 물고 들려왔으며 어느 때는 처녀가, 어느 때는 결혼하여 어린아이의 어머니가 된 시골 여자가, 그리고 부유하고 존경받는 농부의 아낙네가 바람났다는 소문들도 들려왔다.

이 격렬한 봄은 초목이 식물수액을 받는 것과 마찬가지로 사람의 정열까지도 충동질하는 듯했다.

잔은 이미 저버린 감각이 되살아나지 않아 상처받은 마음과 감각을 중시하는 영혼만이 따뜻하고 살찌는 봄바람에 나부끼는 듯, 아무런 욕망도 없이 단순한 감정으로 흥분하고 열광하듯이 몽상하면서도 육체와 관련된 욕구는 죽어 버린 상태였다. 그래서 이처럼 추악한 짐승 같은 욕구에 대해 증오와 더 나아가서 혐오감을 느끼며 놀라는 것이었다.

생물들의 교접은 마치 자연의 이치에 어그러지는 듯 그녀를 분노하게 했다.

그리고 그녀가 질베르트에게 원한을 품는 것은, 그녀가 자기 남편을 빼앗아서가 아니라 질베르트 역시 그러한 흔한 구렁 속에 빠졌다는 사실 자체 때문이었다. 그녀는 저속한 본능의 지배를 받고 있는 시골뜨기 족속들과는 태생이 달랐다. 그런데 어떻게 그처럼 짐승 같은 무리들과 똑같이 몸을 함부로 할 수 있을까?

부모가 도착하기로 되어 있는 날, 쥘리앵은 아주 당연하고 재미있는 이야기를 하듯 유쾌하게 다음과 같은 말을 함으로써 그녀의 혐오감에 다시 불을 질렀다. 빵집 주인이 그 전날 빵을 굽는 날도 아닌데 빵 찌는 솥에서 무슨 소리가 나기에 도둑고양이려니 하고 열어 보니, 빵은 굽지 않고 딴 짓을 하는 자기 아내가 있었다는 것이었다. 쥘리앵은 덧붙여 말했다.

"빵집 주인이 구멍을 막아 버려 안에 있던 두 사람은 하마터면 숨이 막혀 죽을 뻔했다오. 빵집 아이가 자기 어머니가 대장장이와 들어가는 것을 보았기 때문에 이웃 사람들에게 알려서 간신히 살아난 것이오."

그는 웃으며 되풀이했다.

"그 두 남녀는 우리에게 사랑의 빵을 먹이려고 했었던 것 같아. 이거야말로 진짜 라 퐁텐의 콩트 같은 이야기요."

잔은 그 뒤부터 빵을 건드리지도 않았다.

마차가 돌층계 앞에 와서 멈추고 온화한 남작의 웃음이 창문 사이로 들렸을 때, 그녀의 마음과 가슴속에는 이제까지 느껴보지 못한 깊은 감동과 혼란스런 애정의 충동이 용솟음쳤다. 그러나 어머니의 모습을 보고 그녀는 깜짝 놀랐다. 남작 부인은 지난겨울 여섯 달 동안 10년이나 더 늙은 것 같았다. 크고 축 늘어져 떨어질 듯한 부인의 얼굴은 울혈(鬱血)로 부풀어오른 듯 붉었고, 눈의 광채는 꺼져 버린 듯했다. 부인은 두 겨드랑이 밑으로 떠받들어 주지 않으면 걸을 수도 없었다. 숨쉬기가 몹시 힘겨운 듯했으며, 어찌나 힘들어 보이는지 곁에 있는 사람까지도 괴로울 정도였다. 남작은 날마다 부인을 보아왔으므로 부인이 이토록 놀라울 만큼 쇠약한 것을 알지 못했다.

그는 부인이 끊임없이 숨이 차다든가 몸이 점점 더 무거워진다고 호소하면 언제나 똑같은 대답을 되풀이했다.

"여보, 그럴 리가 없소, 당신은 늘 그렇지 않소!"

잔은 부모를 그들의 방으로 모셔다드리고 나서 자기 방으로 들어가 마음 아파하며 정신없이 울었다. 그리고 아직도 눈물이 가득한 채 다시 아버지에게 가서 가슴에 몸을 던졌다.

"어쩌면 어머니가 저토록 달라지셨어요? 왜 그렇게 되셨어요, 네? 말씀해 주세요. 왜 그렇게 되셨어요?"

그러자 아버지는 놀라서 대답했다.

"아니, 별말을 다 하는구나! 나는 네 어머니 곁을 잠시도 떠나지 않는단다. 내가 보기엔 아무렇지도 않구나."

저녁때 쥘리앵이 아내에게 말했다.

"당신 어머니는 몹시 상하셨는데, 앞으로 오래 못 사실 것 같더군."

잔이 울음을 터뜨리자 그는 눈살을 찌푸리며 핀잔을 주었다.

"여보, 누가 당신 어머니가 돌아가시게 됐다고 했소? 당신은 늘 모든 일을 과장해서 생각하는구려. 나이가 드셨으니 좀 달라지셨다는 거 아니오!"

1주일이 지난 뒤부터는 잔도 어머니의 달라진 모습이 눈에 익어 더 이상 생각하지 않았다. 그리고 일종의 이기적인 본능에서, 또는 마음의 평화를 바라는 인간의 천성으로 다가오는 공포와 불안을 누르며 떨쳐버리듯, 그녀는 자기의 공포를 눌러두고 있었다.

남작 부인은 걷는 일이 힘들어 날마다 30분쯤밖에는 산책할 수가 없었다. 자기의 산책길을 한 번만 돌고 나면 더 이상 몸을 움직이지 못하고 자기 의자 위에 앉혀달라고 부탁했다. 그리고 때로는 산책을 하다가도 중도에서 멈추며 말했다.

"그만 쉽시다. 내 심장비대증이 오늘은 다리를 못 쓰게 하는구려."

부인은 옛날처럼 웃지도 않았다. 지난해만 하더라도 몸을 뒤흔들며 웃었을 텐데도 이제는 그저 가볍게 미소지을 뿐이었다. 그러나 시력만은 여전히 좋아서 《코린》*13이며 라마르틴*14의 《명상시집》을 다시 읽으며 그날그날을 보냈다. 부인은 이따금 기념품이 든 서랍도 가져오도록 했다. 그리하여 아직도 마음속에 있는 그리운 해묵은 편지들을 무릎 위에 쏟아놓고 서랍은 옆의자 위에 놓은 채, 자기의 유물인 그 편지를 한 장씩 천천히 읽고 나서 서랍에 도로 넣었다. 주위에 아무도 없을 때는 마치 사랑했던 고인(故人)의 머리카락에 입맞추듯 그 편지 가운데 몇 장에 키스하기도 했다.

이따금 갑자기 방 안에 들어선 잔은, 서러워 눈물지으며 울고 있는 어머니를 보았다. 잔은 물었다.

"왜 그러세요, 어머니?"

그러면 남작 부인은 길게 한숨을 내쉬며 대답했다.

"내 유물들이 나를 울리는구나. 지금은 이미 지나가 버린 아름다웠던 옛 추억에 마음이 어지러울 때가 있단다. 그리고 거의 생각하지도 않던 사람이 문득 떠오를 때도 있지. 그럴 때면 마치 그 사람을 두 눈으로 보고 있는 것 같고 이야기하는 목소리가 들리는 것처럼 여겨지는데, 그렇게 되면 반드시 무서운 결과가 일어난다. 너도 이다음에는 알게 될 게다."

이처럼 서글픈 순간에 남작이 갑자기 들어와서 보더니 나직이 중얼거렸다.

"잔, 너한테 부탁하는데 네 어미가 너에게 쓴 편지든 내가 너에게 쓴 편지든

*13 여류소설가 스탈 부인의 소설 이름.
*14 프랑스의 낭만주의 시인.

네가 가지고 있는 편지는 모두 불살라 버려라. 늙은 뒤에 젊었던 시절의 일을 회상하는 것처럼 괴로운 일은 없단다."

그러나 잔 역시 자기가 받은 편지를 간직하고 있었으며 자기의 유물함도 준비해 두고 있었다. 그녀는 모든 점에서 어머니와 달랐지만 일종의 유전이라고 할까, 어머니의 몽상적인 감상만은 이어받은 듯했다.

며칠 뒤 남작은 볼일이 있어서 집을 비우고 없었다.

계절은 더할 나위 없이 찬란했다. 평온한 저녁 뒤에는 별이 총총한 부드러운 밤이 오고 그다음에는 눈부신 아침이 왔다. 어머니의 건강상태는 곧 좋아졌다.

잔도 쥘리앵의 사랑이나 질베르트의 배신은 완전히 잊어버리고 거의 활짝 핀 행복한 삶을 누리고 있었다. 전원은 꽃을 피워 향기를 풍기고, 언제나 잔잔한 끝없는 바다는 아침부터 저녁까지 햇빛에 반짝였다.

어느 날 오후 잔은 폴을 안고 들로 나갔다. 그녀는 길가의 수풀 사이에 피어난 꽃과 자기 아들을 번갈아 보며 끝없는 행복감에 잠겨 있었다. 그녀는 이따금 어린아이에게 입맞추고 격정적으로 가슴에 꼭 껴안았다.

들의 향긋한 냄새가 코를 스치고 지나가면 영원한 행복 속에 녹아들어가 정신이 몽롱해지는 것 같았다.

그녀는 어린아이의 미래를 꿈꾸어 보았다. 앞으로 이 아이는 무엇이 될 것인가? 어느 때는 유명하고 세력 있는 위대한 인물이 되기를 바랐고, 때로는 그저 평범한 사람으로 자기 곁에서 다정스럽게 자기에게 효도하고 끝까지 자기를 위해 두 팔을 벌려 주는 편이 낫다고 생각했다. 어머니로서의 이기적인 마음으로 자식을 귀여워할 때는 그저 언제까지나 자기가 사랑하는 자식으로만 있어 주었으면 하고 바랐으며, 정열적인 이성으로 자식을 사랑할 때는 그가 어떤 세계적인 인물이 되었으면 하는 야망을 갖기도 했다. 그녀는 개울가에 앉아 어린아이를 유심히 들여다보았다. 처음 보는 아기 같았다. 그러자 이 작은 존재가 앞으로 자라나 어른이 되고 깨끗한 발걸음으로 걸을 것이며, 얼굴에는 수염이 나고 쩡쩡 울리는 큰 목소리로 이야기하겠지 하고 생각하니 그녀는 새삼스럽게 놀라왔다.

멀리서 누가 그녀를 부르고 있었다. 고개를 들고 바라보니 마리우스가 달려오고 있었다. 그녀는 손님이 와서 기다리나 보다고 생각하며 모처럼의 명상이 깨어져서 기분 좋지 않은 마음으로 일어섰다.

있는 힘을 다해 달려온 소년은 그녀의 곁에 이르자 소리쳤다.

"아씨, 마님이 위독하십니다!"

등줄기에 찬물이 끼얹힌 듯한 느낌이었다. 그녀는 정신없이 달려갔다. 멀리 플라타너스 아래에 모여선 사람들이 바라보였다. 그녀는 달음질쳐 갔다. 둘러섰던 사람들이 길을 비켜주어 보니, 어머니는 두 개의 베개로 받쳐진 채 땅바닥에 눕혀져 있었다. 얼굴이 시퍼레지고 두 눈이 감겨 있으며, 20년 전부터 빠르게 뛰던 가슴은 움직이지 않았다.

유모가 그녀의 손에서 어린아이를 받아 데리고 갔다.

잔은 광포해진 눈으로 쳐다보며 물었다.

"웬일이에요? 어떻게 쓰러지셨지요? 빨리 의사를 불러다 줘요!"

그녀가 고개를 돌려보니 어떻게 알고 왔는지 신부가 서 있었다. 그는 사제복 소매를 걷어 올리고 서둘러 온갖 방법으로 손을 썼다. 식초며 오드콜로뉴며 마찰 등, 그러나 아무 소용이 없었다.

신부가 말했다.

"옷을 벗기고 침대에 눕혀 드려야겠소."

조제프 쿠야르 소작인도 시몽 영감과 뤼디빈 찬모와 함께 있었다. 피코 신부의 도움을 받아 그들은 남작 부인을 안으로 옮기려고 했다. 그들이 부인을 들어올리자 머리는 뒤로 축 늘어지고, 그들이 잡은 부인의 옷이 찢어졌다. 그만큼 그 뚱뚱한 몸집은 무거워 들어올리기가 힘들었다. 잔은 무서워서 울기 시작했다. 그들은 뚱뚱하고 물렁물렁하게 늘어지는 몸을 다시 땅에 내려놓았다.

객실의 안락의자를 가져와야만 했다. 이 안락의자에 앉힌 다음에야 부인을 들어올릴 수 있었다. 한 걸음 한 걸음 돌층계를 올라가서 부인을 방 안의 침대에 눕혔다.

찬모가 부인의 옷을 채 벗기기도 전에 당튀 과부가 나타났다. 하인들의 말을 빌리면 그녀는 신부와 마찬가지로 마치 죽음의 냄새를 맡은 듯 달려왔다고 한다.

조제프 쿠야르는 의사를 부르러 말을 타고 전속력으로 달려갔다. 신부가 성유(聖油)를 가지러 갔을 때 과부가 신부의 귀에 속삭였다.

"신부님, 그러실 것 없습니다. 제가 보건대 부인은 이미 돌아가셨습니다."

잔은 넋이 나간 채 어떻게 해야 할지, 무슨 방법과 약을 써야 할지 몰라 그것을 가르쳐 달라고 애원하고 있었다.

　신부는 속죄의 기도문을 중얼거렸다. 사람들은 두 시간 동안이나 납빛이 된 생명 없는 몸뚱이 곁에서 기다리고 있었다. 무릎을 꿇고 앉은 채 잔은 불안과 고통에 가슴이 찢어지는 듯 흐느껴 울었다. 문이 열리고 의사가 들어왔을 때 그녀로서는 구원과 위안과 희망이 들어오는 것 같았다. 그녀는 의사에게 달려가 이 일에 대해 자기가 알고 있는 바를 모두 더듬더듬 들려주었다.

　"여느 때처럼 산책하고 있었습니다…… 건강은 좋으셨어요…… 아주 좋으셨지요…… 점심에는 수프와 달걀을 두 개 드셨습니다…… 별안간 쓰러지셨어요…… 보시다시피 이렇게 얼굴빛이 시꺼메지셨는데…… 그러고는 움직이지 않으셨어요. 다시 되살아나게 하려고 온갖 방법을 다 써봤습니다만…… 온갖……"

　과부가 의사에게 모두 끝났다는, 완전히 끝났다고 은근하게 몸짓하는 것을 보고 그녀는 가슴이 덜컥 내려앉아 입을 다물었다.

　그러고는 그것을 부인하려는 듯 불안스럽게 몇 번이나 의사에게 물었다.

　"위독하신가요? 위독하다고 여기세요?"

　드디어 의사가 말했다.

　"아무래도…… 숨을 거두셨나 봅니다. 용기를 내셔야 해요."

　잔은 팔을 벌린 채 어머니에게 몸을 던졌다. 쥘리앵이 들어와 있었다. 그는 뚜렷한 고통이나 절망하는 빛도 없이 그저 당황한 채 넋을 잃고 서 있었다. 너무나 뜻밖의 일이라 그런 자리에 필요한 얼굴빛과 태도를 갑자기 만들 수 없던 것이다. 그는 중얼거렸다.

　"이럴 줄 알았어, 돌아가실 것 같더라니……"

　그는 손수건을 꺼내 눈을 닦고, 무릎을 꿇고 성호를 그으며 뭐라고 중얼중얼하더니, 일어나면서 자기의 아내도 일으켜 세우려고 했다. 그러나 그녀는 시신을 끌어안은 채 그 위에 엎드려 입맞추고 있었다. 그녀를 떼어내지 않으면 안 되었다. 그녀는 미친 것 같았다.

　한 시간 뒤에야 그녀를 다시 그 방으로 들어가게 했다. 죽은 남작 부인을 되살아나게 할 희망은 없었다. 방도 이제는 유해를 안치한 방처럼 꾸며져 있었다. 쥘리앵과 신부는 창가에 서서 낮은 목소리로 이야기하고 있었다. 당튀 과부는 편안한 자세로 안락의자에 앉아 밤샘하는 여자의 습관으로, 그리고 초상난 집이면 어디든 자기 집처럼 여겨지는 듯 벌써 잠든 것 같았다.

밤이 되었다. 신부는 잔에게로 다가서서 그녀의 두 손을 잡고, 아무리 해도 위안이 되지 않는 그녀의 마음에 신앙심이 깊으면서도 부드러운 위로의 말을 하며 기운을 돋우어 주려고 했다.

그는 죽은 사람에 대해서 신부 특유의 말로 칭찬하고, 애도하는 듯한 슬픈 표정을 지으며 성직자로서 고인에게 은혜를 베풀겠다는 듯이, 자기가 시신 곁에서 기도하며 밤샘하겠다고 제의했다. 그러나 잔은 발작하듯이 흐느껴 울며 그것을 거절했다. 그녀는 영원한 고별의 밤을 아무도 없이 자기 혼자 보내고 싶었던 것이다.

쥘리앵이 그녀에게 다가와서 말했다.

"그럴 수는 없소. 함께 밤을 새웁시다."

그녀는 더 이상 말이 나오지 않아 고개를 가로저었다. 그리고 겨우 말했다.

"우리 어머니예요, 우리 어머니. 나 혼자 어머니를 지키고 싶어요."

의사가 옆에서 말했다.

"하고 싶다는 대로 맡겨두십시오. 저 과부를 옆방에 있게 하면 되지요."

신부와 쥘리앵도 자기들의 침대를 생각하며 그 말에 따랐다. 그러자 피코 신부는 무릎을 꿇고 기도하고 나서 일어나 나가며 '주님은 그대와 함께'라고 말할 때와 같은 말투로 "이분은 성녀처럼 사셨던 분이었습니다"라고 말했다.

그러자 쥘리앵이 여느 때와 다름없는 목소리로 물었다.

"뭘 좀 들지 않겠소?"

잔은 그가 자기를 보고 한 말인 줄 몰라 대답하지 않았다. 그는 다시 말했다.

"뭘 좀 먹어야 기운을 차리지 않겠소?"

그녀는 넋이 나간 얼굴로 대답했다.

"아버지를 오시라고 곧 사람을 보내세요."

쥘리앵은 말 탄 심부름꾼을 루앙으로 보내려고 밖으로 나갔다.

그녀는 고인을 애도하는 절망스러운 마음이 밀물처럼 치밀어올라 마치 여기에 마음껏 몸을 내맡기고 마지막 시간을 기다리는 듯, 일종의 정지된 고통 속에 잠겨 있었다.

방에는 차츰 어둠의 장막이 짙어오며 고인을 뒤덮었다. 당튀 과부가 간호인처럼 조용한 동작으로, 눈에 띄지 않는 물건을 찾거나 치우며 가벼운 걸음으로 돌아다녔다.

　그러고 나서 그녀는 두 자루의 초에 불을 붙여 침대 머리맡에 있는 하얀 식탁보 위에 가만히 놓았다. 잔은 아무것도 보지도 느끼지도 알지도 못하는 것 같았다. 그녀는 혼자 남기만을 기다리고 있었던 것이다.

　쥘리앵이 식사하고 나서 다시 들어와 물었다.

　"아무것도 안 들겠소?"

　그녀는 머리를 가로저었다. 남편은 슬프기보다는 체념한 듯한 표정으로 말 없이 앉아 있었다. 그 세 사람은 움직이지 않은 채 멀리 간격을 두고 의자에 앉아 있었다. 이따금 잠들었던 과부는 코를 골며 갑자기 눈을 뜨곤 했다. 마침 내 쥘리앵은 일어나 잔에게로 다가가서 물었다.

　"그래, 정말 혼자 있겠소?"

　그녀는 격정이 치밀어올라 저도 모르게 그의 손을 잡으며 말했다.

　"네, 그러겠어요. 이대로 내버려둬 주세요."

　그는 그녀의 이마에 키스하며 중얼거렸다.

　"이따금 내가 오지."

　그는 안락의자를 옆방으로 밀고 가는 당튀 과부와 함께 나갔다. 잔은 문을 닫고 두 개의 창문을 활짝 열어젖혔다. 풀 깎는 계절의 따뜻한 미풍이 불어왔 다. 그 전날 깎아 눕힌 잔디의 건초 더미가 달빛 아래에 반짝였다. 이 부드러운 감촉을 그녀는 고통스러워했으며 모순된 것이어서 가슴 아팠다. 그녀는 다시 침대 곁으로 가서 생기 없는 차디찬 한쪽 손을 잡고 어머니의 얼굴을 자세히 들여다보았다.

　쓰러졌던 그 순간처럼 그토록 부어 있지는 않았다. 어머니는 그 어느 때보다 더욱 평화롭게 잠들어 있는 듯했다. 바람에 나부끼는 창백한 촛불의 불꽃이 쉴 새 없이 얼굴의 그림자 위치를 변화시켜 순간적으로 움직이지나 않나 할 만큼 부인을 싱싱하게 보이게 했다.

　잔은 어머니의 얼굴을 뚫어지게 들여다보았다. 그러자 먼 소녀시절부터의 수 많은 추억들이 마음속에 솟아올랐다. 그녀는 어머니가 수녀원 응접실로 찾아 와 과자가 잔뜩 든 봉지를 건네주던 모습이 떠올랐다. 온갖 대수롭지 않았던 일들, 하찮은 사실, 하찮은 애정의 표시, 여러 가지 말들, 억양들, 늘 하던 몸짓, 웃을 때 눈가에 잡히던 주름, 앉았을 때의 숨찬 한숨 소리 등을 돌이켜보았다.

그녀는 어떤 혼미한 상태 속에서 '어머님은 돌아가셨다'고 되풀이하며 바라보고 있었다. 그러자 이 말이 지닌 공포감이 그녀에게 밀려왔다.

저기에 누워 있는 부인—어머니가—엄마가—아델라이드 부인이—돌아가셨다고? 이제는 움직이지도 말하지도 웃지도 않을 터이고, 더욱이 아버지와 마주앉아 식사하는 일도 없으리라. 이제는 "잘 잤니, 자네트?" 하고 아침 인사하는 일도 없을 것이다. 어머니는 돌아가셨다! 얼마 안 되어 관 속에 넣어 못을 박고 파묻으면 그것으로 끝나는 것이다. 두 번 다시 볼 수 없는 것이다.

그럴 수가 있을까? 어째서 그럴까? 이제 어머니는 정말 사라지는 것일까? 눈을 뜨면서부터 보아 왔고 팔을 벌리면서부터 사랑해 온, 이 정답고 그리운 얼굴은, 이 크나큰 애정의 배출구는, 그녀의 마음속에서 어느 존재보다도 더 소중했던 유일한 존재인 어머니는 영원히 사라져 버린 것이다.

이제는 어머니의 얼굴을, 움직이지도 않고 생각하지도 않는 이 얼굴을 보는 것도 몇 시간 남지 않았다. 그 뒤에는 추억밖에 아무것도 남지 않을 것이다. 그리하여 그녀는 절망적이고도 무서운 발작으로 바닥에 털썩 무릎 꿇고 앉았다. 그러고는 경련을 일으키는 손으로 탁자를 움켜잡고 뒤틀며 입을 침대에 갖다 대고, 요와 이불 속에서 소리를 죽여가며 찢어지는 듯한 목소리로 외쳤다.

"아! 엄마! 우리 불쌍한 엄마! 엄마!"

이러다가는 지난번 눈 속을 도망치던 날 밤처럼 미칠 것만 같아, 그녀는 다시 일어나 창가로 가서 몸을 기대어 머리를 식히고, 이 죽음의 공기와는 다른 새로운 공기를 들이마셨다. 풀을 벤 풀밭과 숲과 들판과 저 멀리 바다가 부드럽고 요염한 달빛 아래에 잠들어 평화로운 침묵 속에서 쉬고 있었다. 이러한 부드러운 평화가 얼마쯤 가슴속에 배어들어, 그녀는 소리 없이 흐느껴 울었다. 그러고는 다시 침대 곁으로 다가가서 마치 환자를 간호하듯 어머니의 손을 잡고 앉았다.

큰 날벌레가 촛불에 끌려 방으로 날아 들어왔다. 벌레는 마치 총알처럼 벽에 부딪치며, 방의 이 끝에서 저 끝까지 날아다녔다. 잔은 윙윙거리는 날개 소리에 정신이 팔려 눈을 들어보았으나, 하얀 천장에 움직이는 검은 그림자밖에 보이지 않았다. 이윽고 아무 소리도 들려오지 않았다. 조금 뒤 째깍거리는 시계 소리가 들려오고 나직한, 거의 들릴락 말락 한 또 다른 작은 소리가 들려왔다. 그것은 침대다리 옆 의자 위에 팽개쳐진 어머니의 옷 속에서 잊힌 채 줄곧 초침이 돌아가는 어머니의 회중시계 소리였다. 문득 이 고인과 째깍거리는 그 시계와의 막연한 대조가 잔의 가슴에 강렬한 비통함을 불러일으켰다.

그녀는 시계를 보았다. 이제 겨우 10시 30분이었다. 그녀는 고인의 침대머리에서 보낼 이 한밤에 대해 무서운 공포감이 엄습했다.

또 다른 추억들이 떠올랐다. 그것은 자신의 생에 대한 추억─로잘리─질베르트─자기 가슴에 쓰라린 환멸을 불러일으키는 대상들이었다. 그러고 보면 세상일이란 비참함과 슬픔과 죽음에 지나지 않는다. 누구나 다 속이고 거짓말하고 남을 괴롭히고 울린다. 어디에서 조금이나마 휴식과 기쁨을 얻어볼 수 있겠는가. 아, 저세상에서나 찾아볼 수 있으려나. 영혼의 휴식을!

그녀는 해결되지 않는 이 신비에 대해 공상하기 시작했다. 갑자기 시적(詩的)인 영혼의 확신을 가져보다가, 또 그와 비슷하게 막연한 다른 가설들이 곧 이것을 뒤집어엎었다. 대체 어머니의 영혼은 지금 어디에 있는 것일까? 이 움직이지 않고 차디찬 시체의 영혼은 어디에 있는 것일까? 아주 먼 곳에 가 있는 것이다. 우주 공간의 한모퉁이에 있는 것일까? 그렇다면 그곳이 어디일까? 새장에서 달아나 보이지 않는 새처럼 증발해 버린 것일까? 하느님에게로 불려갔을까? 그렇지 않으면 어떤 새로운 창조물 속에 흩어져 깨어나려는 싹 속에 섞여버렸을까? 또는 아주 가까이 있는 게 아닐까? 이 방 안은 아직도 어머니가 떨어져 나간 이 생명 없는 육체의 주위일까?

별안간 잔은 마치 망령이 닿은 것처럼 어떤 입김이 자기를 스치는 듯한 느낌이 들었다. 그녀는 무서웠다. 소름끼치도록 무서웠다. 어찌나 무서운지 손끝 하나 까딱하지 못하고 숨을 죽인 채 감히 시신을 돌아볼 용기조차 나지 않았다. 그녀의 가슴은 놀란 토끼처럼 마구 뛰었다. 갑자기 보이지 않던 날벌레가 또다시 빙빙 날아돌며 벽에 부딪치기 시작했다. 그녀는 발끝에서부터 머리끝까지 오싹했으나 곧 날벌레 소리임을 알고는 마음이 놓여 일어나서 돌아다보았다.

그녀의 눈길은 유물로 남은 가구, '스핑크스'의 머리가 붙은 책상서랍 위에 멈추었다. 문득 부드럽고 신비한 생각이 그녀의 가슴에 스며들었다. 이 마지막 밤샘을 하며 성경을 읽듯이 고인의 소중했던 저 오래된 편지를 읽어 보겠다는 생각이었다. 잔에게는 이것이 상냥하고 신성한 의무이며, 저승으로 간 어머니를 기쁘게 해드리는 참다운 효도를 하는 것같이 여겨졌다.

이것은 그녀가 전혀 알지 못하는 할아버지, 할머니의 해묵은 편지들이었다.

그녀는 그들의 딸의 육체 너머에 있는 그들에게로 가서 옛날에 돌아가신 그들과, 지금 여기에 자기 차례가 와서 이 세상을 떠난 어머니와, 아직 이 세상에 살아남아 있는 자기와의 사이에 어떤 신비적인 애정의 열쇠를 만들고 싶었다.

그녀는 일어나 책상서랍의 앞문을 열고 아랫서랍에서 차곡차곡 끈으로 묶은 누렇게 바랜, 여남은 개의 조그만 편지 다발을 꺼냈다.

그녀는 일종의 감상에 젖은 마음으로 그 편지를 침대 위 남작 부인의 팔 사이에 펼쳐놓고 읽기 시작했다. 그것은 집안의 고풍스러운 책상서랍 속에서 발견된 오래된 편지들로 지난 세기의 냄새가 풍기는 것들이었다. 첫 번째 편지는 '나의 사랑하는 딸에게'라는 말로 시작되어 있었다. 또 다른 것은 '나의 귀여운 소녀에게'라고 되어 있었다. 다음에는 '귀여운 어린 것'으로 되어 있고, '나의 예쁜이' '너무나 사랑하는 내 딸', 그리고 '귀여운 자식' '귀여운 아델라이드' '사랑하는 내 딸' 소녀, 처녀, 나중에는 젊은 부인으로 달라짐에 따라 이와 같이 편지의 호칭도 달라졌다. 이 모든 편지들은 열정적이고 유치한 애정과, 사소하고 친근한 일들과, 집안의 크고 작은 사건들로 가득 차 있었는데, 그 편지와 관계없는 사람들에게는 아주 평범한 것이었다.

'아버님은 유행성감기가 드셨습니다. 하녀 오르탕스는 손가락을 데었습니다. 고양이 크로크라가 죽었습니다. 오른편에 있는 전나무를 잘랐습니다. 어머님이 교회에서 돌아오는 길에 미사책을 잃어버리셨는데, 어머님은 누가 훔쳐갔나 보다고 생각하십니다'라는 식의 것이었다.

거기에는 또한 잔이 모르는, 그러나 어렸을 때 이름만은 어렴풋이 들은 것 같은 사람들에 대한 이야기도 씌어 있었다. 그녀는 여러 가지 계시와 같은 이런 사소한 일들에 감동했다. 그녀는 마치 지나간 과거의 비밀생활에, 즉 어머니 마음의 생활에 뛰어든 것 같은 기분이었다. 그녀는 누워 있는 시체를 바라보다가 별안간 큰 소리로 편지를 읽기 시작했다. 고인을 위해 마치 위로하려는 듯 소리 높여 읽기 시작했다. 그러자 움직이지 않는 시체도 행복한 듯 보였다.

하나씩 하나씩 읽는 대로, 그녀는 침대 밑으로 던졌다. 그리고 꽃과 함께 이 편지들도 관 속에 넣어드려야겠다고 생각했다. 그녀는 또 하나의 편지 뭉치를 풀었다. 새로운 글씨의 편지였다. 그 편지는 '당신의 애무 없이 나는 이제 살아갈 수 없게 되었습니다. 나는 당신을 미칠 듯이 사랑합니다'라고 시작되어 있었다. 그것뿐이었다. 보낸 사람의 이름도 없었다. 까닭을 몰라 다시 겉봉을 보았다. 분명 르 페르튀 데 보 남작 부인 앞으로 되어 있었다.

그래서 그녀는 다음 편지를 펼쳤다.

오늘 밤 그가 나가는 대로 곧 와주십시오. 우리는 한 시간을 같이 보낼 수 있을 겁니다. 나는 당신을 사랑하고 있습니다.

또 다른 편지에는—

헛되이 그대를 욕망하면서 정신착란의 하룻밤을 보냈습니다. 나는 내 마음속에 당신의 육체를 껴안았고, 내 입술은 그대 입술 위에 있었으며, 그대의 두 눈은 내 눈 밑에 있었습니다. 그런데 지금 이 순간, 당신은 그 남자 곁에 잠들어 있고, 그 남자가 당신의 육체를 마음대로 다루리라고 생각하니, 분노로 말미암아 창밖으로 내 몸을 던지고 싶은 기분입니다.

잔은 놀라 입을 벌린 채 어리둥절했다.

이것은 어찌 된 일일까? 이 사랑의 말은 누가 누구에게 보낸, 누구를 위한 누구의 것일까? 그녀는 계속 읽어나갔으나 여전히 미칠 듯한 사랑의 고백과 신중한 태도를 취하라고 경고한 밀회의 약속뿐이었다. 그리고 언제나 사연 끝에 다음과 같은 부탁의 말이 있었다.

'반드시 이 편지를 태워 버리십시오.'

마지막으로 그녀는 평범하고 간략한 편지 한 장을 펼쳐보았다. 그것은 만찬 초대를 승낙한다는 것으로, 필적은 먼저 것들과 같았으며, 폴 덴마르라고 서명되어 있었다. 지금도 남작은 그에 대해 이야기할 때 '가엾은 폴'이라고 부르는데, 그 폴의 부인은 남작 부인과 가장 친한 친구였다. 그러자 잔에게 어떤 의혹이 스쳐 지나갔고, 이것은 다시 움직일 수 없는 확신으로 나타났다. 어머니는 그 남자를 연인으로 삼고 있었던 것이다.

그녀는 갑자기 머리가 혼란스러워져서 독벌레를 떨쳐버리듯 몸서리치며 이 추악한 편지들을 팽개쳐 버렸다. 그리고 창가로 달려가 자기도 모르게 목이 찢어지는 듯한 소리를 내며 무섭게 울기 시작했다. 온몸에 힘이 빠져 벽 밑에 맥없이 쓰러져, 소리나지 않게 커튼으로 얼굴을 가리고 끝없는 절망 속에 흐느

껴 울었다. 아마 밤새도록 그렇게 울고 있었을 것이다. 그러나 문득 옆방에서 발소리가 나서 벌떡 일어났다.

어쩌면 아버지인지도 몰라. 침대 위며 방바닥에 흩어진 편지들을 어떻게 할까? 이 편지 한 통만 펴보아도 지난 일이 모두 탄로나는 것이다.

'아버지가 그것을 아시게 된다면, 그분이?'

갑자기 그녀는 쏜살같이 달려들어 할머니, 할아버지의 편지며, 연인의 편지, 아직 펴보지 않은 편지, 그리고 책상서랍 속에 묶인 채로 있는 편지, 누렇게 빛바랜 어머니의 편지들을 모두 난로 속에 던져 버렸다. 그리고 탁자 위에서 껌뻑이고 있는 촛대 하나를 갖다가 이 편지 더미에 불을 붙였다. 큰 불길이 일어나 방과 침대와 시체를 춤추는 듯한 빛으로 비추고, 굳어진 떨리는 듯한 옆얼굴과 이불 속에 있는 뚱뚱한 몸집의 그림자를 침대 탁자 위에 꺼멓게 던져주었다. 난로 속에 한 줌의 재밖에 남지 않게 되자, 더 이상 시체 곁에 머무를 용기가 나지 않아 잔은 다시 열린 창가로 돌아가 앉았다. 그러고는 두 손으로 얼굴을 가린 채 울면서 창자가 끊어지는 듯한 비통한 신음 소리를 냈다.

"아! 불쌍한 엄마! 아! 불쌍한 엄마!"

문득 무서운 생각이 들었다.

'만일 어머니가 돌아간 것이 아니라면, 지금은 다만 혼수상태에 빠져 있을 뿐인데 별안간 일어나서 이야기라도 하신다면 어떻게 할 것인가? 그처럼 무서운 비밀을 알아낸 것은 자식으로서의 어머니에 대한 애정을 덜게 하지는 않을까? 다시 옛날처럼 경건하게 입술에 키스할 수 있을까? 다시 옛날처럼 성스러운 애정으로 사랑할 수 있을까? 이제 그것은 절대로 불가능한 일이다!'

이런 생각이 그녀의 가슴을 찢어놓는 듯했다.

어둠의 장막은 점점 엷어져 가고 반짝이던 별들도 차츰 빛을 잃었다. 날이 밝기 직전의 서늘한 시각이었다. 기울어진 달은 해면을 진줏빛으로 물들이며 막 가라앉는 순간이었다.

처음으로 레퓌플에 도착했을 때 첫날밤을 창가에서 보낸 추억이 잔의 마음을 아프게 했다. 얼마나 먼 옛날인가? 그새 얼마나 달라져 버렸나! 미래가 얼마나 많이 그때와 달라져 보이나! 어느덧 하늘은 장밋빛으로 물들었다. 즐겁고 사랑스럽고 아름다운 장밋빛이었다. 그녀는 지금 불가사의한 사물을 대한 듯 놀란 채 이 찬란한 먼동을 바라보고 있었다.

그리고 이처럼 먼동이 밝아오는 이 땅에 기쁨도 행복도 없다는 것이 정말일까, 하고 생각했다. 그녀는 문 여는 소리에 깜짝 놀랐다.

쥘리앵이었다.

그는 물었다.

"어떻소, 너무 피로하지 않소?"

그녀는 곁에 누가 있다는 데 적이 마음이 가라앉아 중얼거렸다.

"괜찮아요."

그는 말했다.

"자, 이제 그만 가서 쉬구려."

그녀는 괴롭고 고통스럽게 느릿느릿 어머니에게 키스하고 나서 자기 침실로 돌아갔다.

죽음에 뒤따르는 갖가지 슬픈 일들 속에서 하루해가 지나갔다. 남작은 저녁때 도착했다. 그는 몹시 서럽게 울었다.

장례식은 그다음 날에 있었다. 잔은 마지막으로 얼음같이 찬 어머니의 이마에 입술을 대고, 마지막 화장을 시키고 관에 넣어 못질하는 것을 보고 물러나 왔다. 곧 손님들이 올 것이기 때문이었다.

질베르트는 맨 먼저 와서 자기 친구의 품에 몸을 던지고 흐느껴 울었다. 마차가 몇 대씩 담을 돌아서 달려오는 것이 창밖으로 보였다. 현관 쪽은 사람들 소리로 떠들썩했다.

잔이 전혀 모르는 상복 입은 여자들이 차츰 방 안으로 들어오기 시작했다.

쿠틀리에 후작 부인과 브리즈빌 자작 부인이 잔에게 키스했다.

별안간 잔은 리종 이모가 자기 등 뒤에 소리 없이 다가와 서 있는 것을 알았다. 그녀는 다정스럽게 이모를 와락 껴안았다. 그것은 노처녀를 거의 실신케 했다.

쥘리앵이 상복을 입고 멋진 모습으로, 조문객이 몰려든 데 만족한 표정을 지으며 기쁘게 들어왔다. 그는 상의할 일이 있다고 낮은 목소리로 말했다. 그러고는 은근한 목소리로 덧붙였다.

"귀족이란 귀족은 다 모였군. 볼만하겠는데."

그는 부인들에게 정중히 인사하고 나갔다.

장례식이 거행되는 동안 리종 이모와 질베르트 백작 부인만 잔 곁에 남아 있었다. 백작 부인은 쉴 새 없이 그녀에게 키스하며 되풀이해서 말했다.

"가엾은 분, 가엾은 분."

푸르빌 백작이 그의 아내를 찾으러 왔을 때 백작은 마치 자기 어머니를 잃은 듯이 울었다.

10

장례식이 끝난 며칠 동안은 몹시 슬펐다. 이제는 정다웠던 사람이 영원히 가버리면서 온 집 안이 텅 빈 듯한 음울한 나날이었고, 고인이 살았을 때 늘 쓰던 모든 물건들이 눈에 띌 적마다 사람들에게 새로운 고통을 주는 그러한 나날이었다.

때때로 고인과의 추억어린 일들이 떠올라 마음을 아프게 했다. 여기에 고인이 앉았던 안락의자가 있고, 현관에도 양산이 덩그렇게 놓여 있었으며, 고인의 컵은 하녀가 치우지 않아 아직도 그대로 놓여 있었다. 어느 방에나 고인을 생각나게 하는 물건들이 그대로 있었다. 가위, 장갑 한 짝, 고인의 손때가 묻고 책장이 너덜너덜 낡아빠진 책, 그리고 수없이 작은 추억들을 떠오르게 하는 수많은 사소한 일들도 비통함을 자아내게 했다. 또한 고인의 목소리가 귀에서 떠나지 않아, 정말 뚜렷이 그 소리를 듣고 있는 듯이 여겨졌다.

잔은 어디론가 도망치고 싶었다. 넋이 붙어 있는 듯한 이 집에서 빠져나가고 싶었다. 그러나 다른 식구들도 집에 남아 똑같은 고통을 당하고 있는 이상, 자기도 어쩔 수 없이 남아 있지 않으면 안 되었다.

더욱이 잔은 자신이 발견한 어머니의 비밀에 짓눌려 있었다. 그 생각으로 말미암아 마음의 상처는 좀처럼 아물지 않았다.

그 무서운 비밀 때문에 그녀의 고독은 더욱더 견디기 힘들었다. 그녀의 마지막 신뢰는 마지막 신앙과 함께 땅에 떨어졌던 것이다.

아버지는 며칠 뒤 떠나 버렸다. 장소를 옮겨 새로운 공기를 들이마심으로써, 그가 점점 더 깊이 빠져들어가는 암흑의 고뇌에서 벗어날 필요가 있었던 것이다.

그리고 이처럼 주인 가운데 한 사람이 사라져 가는 것을 보아온 이 오래된 큰 집은 거의 평온하고 규칙적인 생활을 되찾았다.

그러자 이번에는 폴이 병이 났다. 이 때문에 잔은 완전히 이성을 잃고 10여일 동안을 거의 먹지도 자지도 않고 밤을 지새웠다.

어린아이의 병은 완치되었다. 그러나 그녀는 혹시 폴이 죽을지도 모른다는 공포에 떨고 있었다.

그렇게 되면 어떻게 될까. 자기는 어떻게 될까. 그렇게 생각하자 어린아이가 하나 더 있었으면 하는 가느다란 욕망이 조용히 그녀의 가슴속에 스며들었다. 그녀는 거기에 대해 몽상해 보고는 자기 슬하에 남자아이 하나, 여자아이 하나를 갖고 싶어 했던 지난날의 욕망에 다시 사로잡혔으며, 그것은 마음에서 떠나지 않고 하나의 집념이 되었다.

그러나 로잘리 사건 이후 그녀는 남편과 방을 따로 쓰고 있었다. 지금 두 사람의 상태로 볼 때 다시 가까워진다는 것은 거의 불가능해 보였다. 쥘리앵은 따로 사랑을 하고 있었고, 그녀는 그것을 알고 있었다. 남편의 애무를 다시 받는다는 생각만으로도 그녀는 혐오감에 몸서리쳤다.

하지만 그런 감정보다도 그녀는 어머니가 되고 싶은 욕망이 더 강했다. 어떤 방법으로 다시 접촉할 것인가, 하고 그녀는 생각해 보았다. 자기 생각을 남편에게 눈치채게 할 행동을 하려니 그녀는 굴욕감으로 죽을 것 같은 심정이었다. 남편도 더 이상 자기에게 관심을 갖지 않는 것 같았다.

그래서 그것은 단념해 버리겠다고 생각하면서도 그녀는 밤이면 밤마다 여자아이를 꿈꾸었다. 꿈속에서는 언제나 플라타너스 아래에서 여자아이와 폴이 놀고 있는 것이었다. 그녀는 일어나서 말없이 남편의 침실로 찾아가고 싶은 안타까운 마음을 느낄 때도 있었다.

두 번이나 그녀는 남편의 침실문 앞까지 몰래 갔다가는 부끄러운 생각에 가슴을 두근거리며 재빨리 되돌아오곤 했다.

어머니는 돌아가셨고, 아버지도 떠나가 버렸다. 잔에게는 이제 함께 의논할 사람도 없었고, 마주 앉아 마음속의 비밀을 털어놓을 만한 사람도 없었다.

그러자 그녀는 피코 신부를 찾아가 비밀을 지켜달라는 조건으로 자기가 생각한 이 어려운 계획을 의논해 보리라고 마음먹었다.

그녀가 찾아갔을 때 신부는 과일나무를 심은 작은 정원에서 기도서를 읽고 있었다.

몇 분 동안 이런저런 이야기를 하고 나서 그녀는 얼굴을 붉히며 더듬더듬 이야기를 꺼냈다.

"신부님, 저는 참회를 하고 싶어요."

신부는 깜짝 놀라 안경을 치켜올리고는 그녀를 유심히 바라보며 웃음지었다.

"하지만 부인이 양심에 꺼릴 만한 큰 죄를 지으셨으리라고는 여겨지지 않는데요."

그녀는 몹시 당황하며 말을 이었다.

"아닙니다. 그런 것이 아니라 상의할 말씀이 있는데, 그것이 퍽…… 퍽…… 거북한 것이라서 이렇게 말씀드리기가 어렵습니다."

신부는 곧 호인다운 표정을 버리고 신부다운 표정을 지었다.

"좋습니다. 그러면 고해실에서 말씀을 듣기로 하지요."

그러나 그녀는 텅 빈 성당의 조용한 분위기 속에서 그처럼 얼마쯤 부끄러운 일을 이야기한다는 것이 불안해져서, 갑자기 걸음을 멈추고 망설이며 신부를 붙들었다.

"혹시…… 저…… 신부님…… 저는…… 신부님만 좋으시다면…… 여기에 오게 된 까닭을 말씀드릴 수 있습니다. 저기 조그마한 정자 나무 밑으로 가서 앉을까요?"

그들은 천천히 그쪽으로 걸어갔다. 그녀는 어떻게 설명하고 어떻게 말머리를 꺼낼까 궁리하고 있었다.

그들은 앉았다.

그녀는 참회하듯 말을 꺼냈다.

"신부님."

그녀는 다시 조금 망설였다.

"신부님."

그러나 그녀는 완전히 마음이 어지러워져 입을 다물어 버렸다. 신부는 배 위에 두 손을 깍지끼고 다음 말을 기다렸다.

그녀가 당황하는 것을 보고 신부는 용기를 북돋아 주었다.

"말씀하시기가 거북한 듯한데, 자, 용기를 내십시오."

잔은 위험 속으로 뛰어드는 겁쟁이처럼 마음을 단단히 먹고 말했다.

"신부님, 저는 아기를 하나 더 갖고 싶어요."

신부는 그 까닭을 몰라 대답하지 못했다.

그녀는 더욱 당황하며 어물어물 설명했다.

"저는 지금 세상에서 혼자 살아가고 있습니다. 저의 아버지와 남편과는 마음이 맞지 않으며 게다가 어머니는 돌아가셨습니다. 그리고……."

그녀는 몸을 떨며 낮은 목소리로 말을 이었다.

"요전에 하마터면 저는 자식을 잃을 뻔했습니다. 그랬더라면 저는 어떻게 되었겠어요?"

잔은 입을 다물었다. 신부는 그녀의 말을 어떻게 해석해야 할지 몰라서 물끄러미 바라보았다.

"자, 그러면 요점을 말씀하십시오."

잔은 되풀이했다.

"저는 아기를 하나 더 갖고 싶어요."

그러나 자기 앞에서 조금도 서슴지 않고 농담하는 농사꾼들에게 단련이 된 신부는 빙그레 웃었다. 그는 교활하게 고갯짓을 한 번 하고 대답했다.

"아무래도 그건 부인에게 달린 문제가 아닌 것 같은데요."

그녀는 순진한 눈초리로 신부를 쳐다보며 거북스러운 듯이 머뭇머뭇 말했다.

"그런데…… 그런데…… 아시다시피 그때부터…… 알고 계신…… 그 하녀의 일이 있은 뒤부터 내 남편과 저는 방을 따로 쓰고 있어요."

시골의 추잡한 풍습이나 남녀들의 난잡한 행위에 길든 신부는 이 고백에 놀랐다.

그는 이 젊은 부인의 진정한 욕구를 알 수 있을 것 같았다. 그녀의 비탄에 대해 신부는 호의와 동정의 마음을 가지고 곁눈으로 그녀를 바라보았다.

"네, 잘 알았습니다. 부인의…… 부인의 독수공방의 쓰라림을 알겠습니다. 젊으신 데다 퍽 건강하시고…… 어쨌든 그건 당연합니다. 당연함 이상입니다."

시골 신부의 다분히 방종한 성품이 고개를 들어 그는 다시 빙글빙글 웃었다.

그는 부드럽게 그녀의 손을 토닥거렸다.

"그것은 허용되어 있는 것입니다. 신의 이름으로 완전히 허용되어 있는 것입니다. 육체적인 작업은 오직 결혼한 뒤에만 바랄지어다—부인은 이미 결혼하셨습니다. 그렇지 않습니까? 뭐 조금도 가책받을 일이 아니잖습니까."

이번에는 그녀가 신부의 말뜻을 알아차리지 못했다. 그러나 그 의미를 짐작하자마자 그녀는 얼굴이 새빨개지고 깜짝 놀라면서 눈물이 글썽해졌다.

"아이! 신부님도 무슨 말씀을 하세요? 어떤 생각에서 그런 말씀을 하시지요? 저는 정말이지……."

그녀는 흐느낌으로 목이 메었다. 신부는 깜짝 놀라 그녀를 위로했다.

"저는 부인을 괴롭히려고 한 말이 아닙니다. 좀 농담을 한 것입니다. 악의만 없으면 농담도 상관없지 않을까요? 어쨌든 저를 믿으셔도 좋습니다. 쥘리앵 씨를 제가 한번 만나보도록 하지요."

그녀는 어떻게 말해야 좋을지 몰랐다. 신부의 어색하고 위태로운 개입이 근심스러워 그것을 취소하려고 했으나 다시는 용기가 나지 않았다.

"고맙습니다. 신부님."

그녀는 나직이 중얼거린 다음 그 자리를 빠져나왔다.

1주일이 지났다. 그녀는 근심스러운 불안 속에서 살았다.

어느 날 저녁식사 때, 쥘리앵은 남을 조롱할 때 하는 버릇으로 히죽 웃는 듯한 주름살을 입가에 새기며 이상하게 잔을 쳐다보았을 뿐만 아니라, 자기 아내에게 일종의 눈에 보이지 않는 장난스러운 교태까지 부렸다. 그는 식사 뒤 어머니가 걷던 산책길을 걸으며 그녀의 귀에 속삭였다.

"우리는 다시 사이가 좋아진 모양이지?"

그녀는 대답하지 않았다. 풀이 자라서 이제는 거의 보이지 않게 된 땅 위에 난 똑바른 선을 그녀는 내려다보고 있었다. 그것은 추억이 사라져가듯 차츰 사라져가는 남작 부인의 발자국이었다. 잔은 슬픔에 잠겨 가슴이 죄어드는 것같이 생각되었다.

그녀는 모든 사람에게서 동떨어진 채 인생에서 길을 잃어버린 듯한 느낌이 들었다.

쥘리앵은 말을 이었다.

"나는 더 바랄 나위도 없소. 당신을 괴롭힐까봐 늘 걱정했었어요."

해가 넘어가고 공기는 부드러웠다. 울고 싶은 마음이 잔의 가슴을 억눌렀다. 친근한 사람에게 진심을 털어놓고 싶은 마음, 그 사람을 껴안으면서 자기의 고뇌를 절절이 호소하고 싶은 심정이었다. 흐느낌이 목구멍까지 치밀어올랐다.

그녀는 팔을 벌리고 쥘리앵의 가슴에 쓰러졌다.

그녀는 울었다. 쥘리앵은 모르는 척 머리만 내려다보고 있었다. 그는 아내가 아직도 자기를 사랑하고 있다고 여겨져 그녀의 목에 점잖게 키스해 주었다.

그리고 한마디 말도 없이 그들은 돌아갔다.

그는 아내의 방으로 들어가 아내와 함께 그날 밤을 지냈다. 이리하여 옛날 그들의 관계가 다시 시작되었다. 그는 그러한 관계를 의무처럼 수행했으나 그렇다고 그다지 불쾌한 일도 아니었다. 그녀는 구역질나는 필요성과 고통으로 그러한 관계를 받아들였으며, 임신했다고 느끼기만 하면 이 관계를 영원히 끊어버릴 결심이었다.

그러나 얼마 안 가서 그녀는 남편이 그전과 달라진 것을 눈치챘다. 그전보다 더 세련되었는지는 모르나 완전하지 못한 것이었다. 남편은 마치 조심스러운 연인을 대하듯, 마음을 터놓은 태도가 아니었다.

그녀는 놀라서 이런 태도에 주의를 기울였다. 그리고 얼마 안 가 남편의 행동이 지나치게 조심스럽다는 사실을 알아차렸다.

어느 날 밤 그녀는 남편에게 속삭였다.

"당신은 이제 예전처럼 저를 사랑하지 못하나요?"

남편은 비웃듯이 대답했다.

"당신의 임신을 바라지 않아서요."

그녀는 몸이 오싹해졌다.

"어째서 당신은 어린애가 싫으세요?"

그는 깜짝 놀란 듯 말했다.

"뭐라고, 당신 미쳤소? 아이를 더? 하느님 맙소사! 하나 있는데도, 빽빽거려서 귀찮고 손이 가고 돈이 드는데도, 하나 더? 제발 맙소사!"

그녀는 그를 껴안고 남편을 달래며 낮은 목소리로 속삭였다.

"제발 부탁이니 한 번만 더 어머니가 되게 해주세요."

그러나 남편은 그녀의 말에 기분이 상한 듯 화를 버럭 냈다.

"아니, 당신은 정말 정신이 어떻게 됐소? 제발 그런 바보 같은 소리는 그만둬."

그녀는 입을 다물어 버렸다. 그러나 어떤 책략을 써서라도 기어코 자기가 바라는 행복을 얻으리라고 마음먹었다. 그리하여 그녀는 키스하는 시간을 오래 끌어 보기도 하고 정열의 연극을 부려 보기도 했다.

그녀는 온갖 수단을 다 써보았으나 남편은 냉정을 잃지 않았으므로 한 번도 성공하지 못했다. 그리하여 점점 더 심해져 가는 욕구에 사로잡혀 이제는 막다

른 길까지 다다라 무슨 짓이라도 할 마음의 준비가 갖추어졌고, 무슨 수단이
든 다 써보겠다는 생각으로 그녀는 또다시 피코 신부를 찾았다.

신부는 막 식사를 끝마친 참이었다. 식사 뒤에는 늘 심장의 두근거림이 심해
서 그의 얼굴은 몹시 붉었다. 그녀가 들어오는 것을 보자 신부는 외쳤다.

"그래, 어떠십니까?"

신부는 자기가 교섭한 결과를 알고 싶었던 것이다. 이제는 이미 모든 결심이
되어 있었으므로 그녀는 더 이상 부끄러움으로 망설이지 않고 곧 대답했다.

"남편은 어린아이를 더 바라지 않는답니다."

신부는 그러한 규방의 비밀에 호기심이 끌려 비밀을 들춰내려고 잔에게로
돌아섰다. 그러한 일은 참회실에서의 신부를 언제나 즐겁게 해주었다. 신부는
물었다.

"어째서 그렇습니까?"

이렇게 되자 그녀도 단단히 마음먹기는 했으나 설명하기가 난처했다.

"그이가…… 그이가…… 그이는 제가 다시 한 번 어머니가 되는 것을 싫어한
답니다."

신부는 고수처럼 알아들었다. 그는 그러한 일을 잘 알고 있었다. 그리고 겨우
며칠 굶었던 사람이 걸신들려 먹듯이, 자세한 내막과 하찮은 점까지 꼬치꼬치
캐물었다. 그는 잠시 동안 골똘히 생각하더니 조용한 목소리로 마치 풍년든 수
확에 대해 이야기하듯이 모든 점을 세밀히 규정지으며 교묘한 행동 계획을 그
려 이야기해 주었다.

"방법은 한 가지밖에 없습니다. 그것은 남편께서 부인이 임신했다는 것을 믿
도록 하는 일입니다. 그렇게 되면 남편은 더 주의하지 않을 것이고, 그러면 부
인은 정말 임신하게 될 겁니다."

그녀는 그야말로 눈 속까지 빨개졌다. 그러나 모든 것을 각오했던 바라 다시
물었다.

"하지만 그이가 제 말을 믿지 않으면요?"

신부는 사람을 조종하고 다루는 방법을 잘 알고 있었다.

"세상 사람들에게 부인이 임신했다고 말하십시오. 가시는 곳마다 어디서나
그 말을 하십시오. 그러면 결국 남편도 그 말을 믿을 겁니다."

그러고는 그같은 책략을 부리는 죄를 자신 있게 신부가 용서해 주는 것처럼

이렇게 덧붙였다.

"그것은 부인의 권리입니다. 성당은 남녀 관계에서 출산이라는 목적만을 허용하지요."

그녀는 이 교묘한 충고에 따랐고, 1주일 뒤 임신한 것 같다고 쥘리앵에게 말했다. 쥘리앵은 펄쩍 뛰었다.

"그럴 리가 없소! 거짓말이오."

그녀는 자기가 생각해 낸 증세를 남편에게 이야기했다. 그러나 그는 단정했다.

"아니, 좀 두고 봅시다. 확실하게 알게 될 테니까."

그는 매일 아침마다 물었다.

"그래, 어떻소?"

그녀는 언제나 똑같은 대답을 했다.

"아직은요. 임신한 것만은 틀림없다니까요."

이번에는 쥘리앵이 초조해서 불안해하고 화도 내며, 더욱이 낙심하는 듯했다. 그는 줄곧 되풀이 말했다.

"그거 도무지 알 수 없는 일인걸. 어떻게 되었는지 알았다면 목을 맨다 해도 좋겠는데."

한 달 뒤 잔은 이 말을 곳곳에 퍼뜨렸다.

그러나 질베르트 백작 부인에게만은 일종의 복잡미묘한 수치심에서 알리지 않았다. 최초의 불안 이후 잠시 동안 쥘리앵은 다시 아내를 가까이하지 않았다. 그는 화를 내며 투덜거렸다.

"그거참, 귀찮기만 한 아이가 또 하나 생겼군!"

그러고는 다시 아내의 방에 들어오기 시작했다. 신부가 예측했던 것은 기가막히게 들어맞았다. 그녀는 임신하게 되었던 것이다.

그녀는 황홀한 기쁨에 잠겨 자기가 숭상하는 막연한 성신에게 뜨거운 감사를 드리며, 앞으로는 영원히 순결할 것을 맹세하고 밤이면 자기 침실의 방문을 굳게 잠가 버렸다.

그녀는 또다시 행복한 자신을 느끼게 되었고, 어머니의 죽음에 대한 슬픔이 이토록 빨리 사라지는 것을 놀랍게 생각했다. 도저히 위안받을 수 없다고 여겼던 심한 마음의 상처가 겨우 두 달 남짓하여 아물어 버린 것이다. 이제 남은 것이라고는 그녀의 생활 위에 씌워진 슬픔의 베일 같은 깊은 우수뿐이었다. 이제는 더 이상 아무 일도 일어날 것 같지 않았다. 자식들은 자라갈 것이고 자기를 사랑해 줄 것이다. 그녀는 남편에게 마음 쓰지 않고도 조용하고 안락하게 늙어갈 수 있게 되리라고 생각했다.

9월 말쯤 피코 신부가 아직 2주일 정도밖에 입지 않은 새 사제복을 차려입고 정식으로 찾아와, 자기의 후임자인 톨비악 신부를 소개했다.

그 후임 신부는 아주 젊고 깡마른 데다 키가 몹시 작고 유난히 과장된 말을 하는 사람으로, 눈언저리가 꺼멓게 움푹 패어 과격한 성격일 것 같은 인상이었다.

늙은 신부는 '고데르빌'의 사제장으로 임명받았던 것이다. 잔은 신부가 떠난다는 것이 매우 슬펐다. 이 선량한 신부의 얼굴은 젊은 아내로서의 자신의 모든 추억과 연결되어 있었다. 신부는 그녀를 결혼시켜 주었고 어린 폴에게 영세를 베풀어 주었으며, 남작 부인의 장례를 치러 주었던 것이다.

에투방을 생각할 때마다 농가의 뜰을 따라 산책하던 피코 신부의 불룩한 배가 떠올랐다. 신부의 성격이 명랑하고 자연스럽기 때문에 그녀는 신부를 좋아했다.

신부는 이번 승진이 그다지 기쁘지 않은 듯했다. 그는 말했다.

"괴롭습니다. 괴로워요, 자작 부인. 제가 이곳에 부임해 온 뒤로 18년이 흘렀는데, 마을은 가난하고 그다지 좋은 일도 없습니다. 남자들은 신앙이 없고, 여자들은 모두 보시다시피 행실이 좋지 않습니다. 계집애들은 애기를 배기 전에는 성당으로 결혼하러 오는 법이 없으니, 따라서 이 지방에는 오렌지 화관(花冠)도 헐값입니다. 하지만 저는 그런대로 이 지방을 사랑해 왔습니다."

새로 부임한 새 신부는 진저리나는 듯한 몸짓을 하며 얼굴이 빨개졌다. 그는 불쑥 말했다.

"제가 부임해 온 이상 그런 모든 것을 개조하고 말겠습니다."

이미 다 낡았으나 깨끗한 사제복을 입은, 몸이 가늘고 약하디약한 그는 골잘 내는 어린아이 같은 얼굴빛이었다. 피코 신부는 기분이 좋을 때면 언제나 하는 버릇대로 그를 곁눈질로 쳐다보며 말을 이었다.

"여보시오, 신부! 그런 일을 막으려면 당신 교구의 신자들을 사슬로 붙들어 매어 놓아야 할 것입니다. 그러나 그것도 그다지 효과는 없을걸요."

그 작은 신부는 뿌루퉁한 목소리로 대답했다.

"곧 알게 되겠지요."

늙은 신부는 코담배를 들이마시며 빙그레 웃었다.

"나이를 먹어가면 경험과 동시에 그런 열화같은 당신을 진정시켜 줄 것입니다. 그렇게 하다가는 성당에는 신자 한 사람도 남지 않을 거요. 이 지방에서는 신자라고 해야 모두 개 같아서 조심해야 하오. 정말이지 웬 뚱뚱해 보이는 처녀가 설교를 들으러 오는 것을 보면, 이 여자가 우리 교구에 다른 한 사람을 더 데리고 오겠구나, 하고 나는 생각합니다. 그리고 그러한 여자를 결혼시켜 주려고 노력할 따름이지요. 당신도 그들이 그런 짓을 하는 것을 막을 수는 없을 겁니다. 알아듣겠소? 그러나 남자를 찾아내어 어머니가 될 그 여자를 버리지 못하게 할 수는 있습니다. 그저 어떻게든 결혼을 시켜 주십시오. 그 밖의 일에 마음을 쓰셔서는 안 됩니다."

신임 신부는 퉁명스럽게 대답했다.

"우리는 저마다 생각하는 견해가 다릅니다. 이제 그만하십시오."

그러자 피코 신부는 자기 심정에 대해서, 또 집 창문에서 내다보이는 바다며, 멀리 배가 지나가는 것을 바라보면서 기도서를 읽으러 곧잘 갔던 깔때기 모양의 조그만 골짜기를 못 보게 되는 것이 서운하다고 말했다.

그리고 두 신부는 작별 인사를 했다. 늙은 신부가 잔에게 키스했다. 그녀는 하마터면 울음을 터뜨릴 뻔했다.

1주일 뒤 톨비악 신부가 다시 찾아왔다. 그는 자기가 단행하려는 개혁안을 이야기하며 당부했는데, 그것은 한 나라를 손아귀에 쥔 왕후나 해낼 수 있을 것 같은 어마어마한 것이었다. 그러고는 일요일 미사에 반드시 참석하고, 행사가 있을 때마다 영성체를 하도록 그녀에게 당부했다.

"부인과 나는 이 교구의 수뇌입니다. 우리는 이 지역을 지배하고, 실제로 시범을 보여주어야 할 것입니다. 권위와 존경을 받기 위해 우리는 마음을 서로 합하지 않으면 안됩니다. 성당과 당신이 손을 맞잡으면 나머지 오두막집들은 우리를 두려워하고 우리에게 복종할 것입니다."

잔의 신앙은 다분히 감정에 치우친 것이었다. 그것은 여자들이 흔히 지니는 헛된 신앙이었다. 그리고 그녀가 얼마쯤 종교적인 의무를 수행했다면 그것은 무엇보다도 수녀원에서 얻은 습관이었으며, 남작의 비판적인 철학이 이미 오래

전에 그녀의 모든 신앙적 신념을 뒤집어엎어 버렸던 것이다.

피코 신부는 그녀가 바칠 수 있는 얼마 안 되는 신앙으로 만족했으며 무턱대고 빼앗으려 들지 않았다. 그러나 그의 후임자는 그녀가 지난 일요일 미사에 참석하지 않았다고 하여 용서 없이 달려왔다.

그녀는 신부와 논쟁하기가 싫어 처음 몇 주일 동안은 비위를 맞추기 위해 열심히 나가는 척하리라 생각하고 성당에 나갈 것을 약속했다. 그러는 가운데 차츰 그녀는 성당에 나가는 습관을 붙이게 되었고, 꾸밈없고 위압적이며 아주 약해 보이는 이 신부의 영향을 받기 시작했다. 신비주의자인 신부는 그 격정과 열의로 말미암아 그녀의 마음에 들게 된 것이다. 그는 모든 여자들의 영혼 속에 있는 종교적인 시정(詩情)의 줄을 그녀의 마음 안에 퉁겨 주었던 것이다. 그의 한결같은 엄격함, 그리고 속세와 성 멸시, 세속적인 일에 대한 혐오, 신에 대한 사랑, 또는 경험이 없고 젊음의 특성인 거친 행동과 준엄한 말투, 꺾을 수 없는 의지가 잔에게 신부다운 인상을 받게 했다.

그리하여 이미 인생의 환멸을 느끼는 그녀에게, 그는 종교의 경건한 기쁨이 어떻게 온갖 괴로움을 가라앉힐 수 있는가를 가르쳐 주면서 그녀를 위안자인 신, 그리스도에게로 이끌어갔다. 그리하여 잔은 고해실에서 겨우 15살 정도로만 보이는 이 젊은 사제 앞에 무릎 꿇고 앉아 자신을 작고 연약한 존재라고 생각하는 것이었다.

그러나 얼마 지나지 않아 마을 사람들은 모두 그 신부를 미워하게 되었다. 자신에 대해서도 불굴의 존엄성을 갖는 신부는 다른 사람들에게 너그럽지 못한 태도를 보였다. 특히 그의 분노와 증오를 자아내게 한 것은 남녀 간의 사랑이었다. 그는 설교할 때면 신부의 습관에 따라 쩡쩡 울리는 목소리로 마을 사람들에게 색욕을 배격하라는 벼락같은 말을 퍼부으며 남녀 간의 사랑을 공격했다. 그는 격분한 나머지 쉴 새 없이 떠오르는 환상으로 머리가 가득 차서 분노로 몸을 떨며 발을 굴렀다.

나이 찬 처녀 총각들은 성당 안에서도 음험한 눈길을 재빠르게 주고받았다. 그리고 언제나 이런 일로 농담하기 좋아하는 늙은 농부들은 미사가 끝나고 돌아오는 길에 푸른 작업복을 입은 아들과 검은 망토를 입은 부인 가운데 서서 그 작은 신부가 너그럽지 못한 것을 비난했다. 그리하여 마을 전체가 떠들어댔다.

고해실에서의 그의 엄격함과 그가 부과하는 준엄한 속죄를 사람들은 수군거리고 있었다. 더구나 정조를 더럽힌 처녀에게는 끝끝내 사면을 거절하여 비웃음마저 받았다.

사람들은 대미사 때 몇몇 젊은이들이 다른 젊은이들과 함께 성체를 받아 모시는 데 나가지 않고 제자리에 남아 있는 것을 보고 웃었다.

얼마 안 가서 신부는 산지기가 밀렵자들을 쫓아다니듯 연인들의 밀회를 막기 위해 그들의 거동을 세심하게 살폈다. 개울가에서, 달 밝은 밤에 곳간 뒤에서, 또는 낮은 모래 언덕의 경사진 갈대밭 속에서 그들을 몰아냈다.

한 번은 신부가 자기 눈앞에서도 떨어질 줄 모르고 끌어안고 있는 한 쌍을 보았는데, 그들은 서로 허리를 껴안고 키스하면서 자갈 깔린 골짜기를 걷고 있었다.

신부는 소리쳤다.

"그만두지 못해! 이 잡것들아!"

그러자 젊은 남자는 뒤돌아서며 대답했다.

"신부님, 쓸데없는 참견은 그만두십시오. 당신과는 상관없는 일이니."

이 말에 신부는 자갈을 집더니 마치 개한테 던지듯 두 사람에게 던졌다. 둘은 웃으면서 도망쳤다.

다음 일요일 미사 때 신부는 모든 신도들 앞에서 두 사람의 이름을 지적하며 그들의 비행을 이야기했다. 그러자 이 지방의 모든 젊은이들은 미사에 나가는 것을 그만두었다.

신부는 목요일마다 저택에서 식사하고 그 밖에도 참회자들과 이야기하려고 자주 왔다. 잔도 신부와 마찬가지로 흥분하여 내세의 신비와 종교 논쟁에 버릇처럼 나오는 문구, 옛날부터 내려온 복잡한 문제들을 있는 대로 끄집어냈다. 그들은 그리스도며 사도며 성모며 역대 교회에 대해 마치 친지라도 되듯 이야기하며 남작 부인의 가로수길을 따라 산책했다.

이따금 두 사람은 심원한 문제를 서로 내걸어 신비스러운 이야기에 열중하려고 걸음을 멈추곤 했다. 그녀는 불화살처럼 하늘로 올라가는 시적인 추리에 도취되었다. 신부는 그녀보다 훨씬 구체적이어서 원을 사각형으로 만들 수 있다는 것을 수학적으로 증명해 보이겠다며 편집광의 증상을 보이는 변호인의 논고와 같은 이론을 펼쳐나갔다.

쥘리앵은 새로 부임한 이 신부를 극진히 존경하여 늘 말했다.

"저 신부는 내 마음에 든단 말이야. 타협하려 않거든."

그는 마음 내키면 참회도 하고 영성체에도 참례하여 훌륭한 모범을 보였다.

요즘 들어 쥘리앵은 거의 날마다 푸르빌 백작 집에 갔는데, 이제는 그가 없이는 못 살게 된 백작과 사냥을 하거나, 비가 오든 바람이 불든 백작 부인과 함께 말을 탔다.

백작은 언제나 말했다.

"저 사람들은 말에 미쳤어. 그러나 내 아내를 위해서는 잘됐지."

남작은 11월 중간 무렵에 집으로 돌아왔다. 떠날 때보다 더 늙고 쇠약해졌으며 마음속에 맺힌 울적한 슬픔에 빠져 몰라보게 달라져 버렸다. 그리고 몇 달 동안의 울적하고 고독한 생활로 인해 애정과 신뢰와 자애가 필요한 듯, 딸에 대한 남작의 애정이 갑자기 더 커진 것 같았다.

잔은 자기의 새로운 사상이나 톨비악 신부와의 친교, 종교적인 열정 같은 것을 남작에게 털어놓지 않았다. 그러나 남작은 신부를 보자 대뜸 참을 수 없는 적의가 끓어오르는 것을 느꼈다.

그날 저녁 잔이 아버지에게 물었다.

"아버지가 보시기에 신부님이 어때요?"

그는 대뜸 대답했다.

"그 남자 말이냐? 그는 종교재판소의 판사다! 위험하기 짝이 없는 인물이야."

게다가 남작은 가까운 농부들에게서 젊은 신부가 위엄 있고 과격하며 자연의 법칙과 타고난 본능을 박해한다는 말을 듣고, 마음속에서 혐오의 감정이 폭발했다.

남작은 자연을 숭배하는 낡은 철학파에 속하는 사람으로 두 마리의 동물이 교접하는 것을 보아도 곧 감동하며, 일종의 범신론에 근거한 신 앞에서는 무릎을 꿇었다. 하지만 사납고 악한 복수의 신인 가톨릭교의 신의 개념에 대해서는 부르주아적이고 위선적인 분노를 나타내며 반항했다. 그러한 신은 그가 보건대, 그 전모를 알 수 없는 모든 현상, 엄연히 무한하고 전능한 창조를 굳이 작게 만드는 데 지나지 않았다.

신은 숙명적이고 무한하고 전능한 생명의 창조, 빛, 땅, 생각, 식물, 바위, 인간, 공기, 짐승, 별, 신, 곤충 등의 조물주이기 때문에 만들 수 있는 만물의 창조, 즉 하나의 의지보다 더 강하고, 이치보다도 넓고, 목적도 이유도 없이 끝없이 모든 방향의 한없는 공간을 통해 갖가지 모양의 형태로 우연성을 띤 필요와 우주를 덮게 하는, 모든 천체의 접근에 따라 산출되는 창조, 그러한 창조를 작게 만드는 것에 지나지 않는다는 것이었다.

창조는 모든 것의 싹을 품고 있고, 사상과 생명은 나무에 꽃과 과일이 열리듯이 그것을 성장시켜 나가는 것이다. 그러므로 그는 생식이란 그 뜻을 알 수 없고 영원히 변치 않는, 온갖 신의 의지를 성취시키는 보통의 위대한 법칙이며, 거룩하고 존경할 만하고 신성한 행위로 보았다. 그리하여 남작은 사상과 생명의 박해자인, 이 관능적이지 않은 신부와 격렬한 투쟁을 시작했다.

잔은 통탄하여 하느님께 빌고 아버지에게 탄원했으나, 남작은 언제나 똑같이 대답했다.

"그런 사람은 때려눕혀야 돼. 그것은 우리의 권리이자 의무야. 그런 부류는 인간이 아니야."

그는 긴 흰머리를 흔들며 되풀이했다.

"저들은 인간이 아니야. 저들은 아무것도 몰라. 아무것도…… 아무것도. 숙명적인 꿈속에서 헤매는 거야. 저들은 자연의 이치에서 벗어나고 있어."

그리고 그는 마치 저주하듯 소리쳤다.

"놈들은 반자연주의자들이야!"

신부는 이렇듯 격렬한 자기의 적이 나타난 것을 알았지만 저택과 부인을 자기 손아귀에 쥐고 있고 싶어서, 그리고 뒷날의 승리를 확신하면서 천천히 그 시기를 기다리고 있었다.

게다가 하나의 집념이 그의 머리에서 떠나지 않고 있었다. 우연히 그는 쥘리앵과 질베르트 사이의 정사를 발견하고는 무슨 수단을 써서라도 두 사람의 관계를 끊어 놓으려고 생각했다.

어느 날 그는 잔을 찾아와 몇 시간 동안 신비로운 긴 이야기를 한 뒤, 이 집안에 뿌리박혀 있는 죄악과 싸워 그 죄악을 없애고 위험에 처한 두 사람의 영혼을 구하기 위해서 자기에게 협력해 달라고 부탁했다.

그녀는 이러한 신부의 부탁에 그 까닭을 몰라 더 자세히 알고 싶었다. 그러나 신부는 대답했다.

"아직 때가 안 됐습니다. 가까운 시일 안에 또 오겠습니다."

그러고는 갑자기 돌아가 버렸다.

겨울이 끝나고 있었다. 촌에서 '썩은 겨울'이라고들 하는, 습기 차고 미지근한 날씨였다.

며칠 뒤 신부는 다시 찾아와 용서받을 여지가 없는 사람들이 불의의 관계를 맺고 있다는 사실을 모호하게 이야기했다. 또한 그는 무슨 수단을 써서라도 그러한 관계를 막는 것은 그 사실을 아는 사람들이 해야 할 일이자 의무라고 말했다. 그리고 골똘히 생각하더니 잔의 손을 잡으면서 그녀에게 열심히 사태를 파악하여 자기를 도와달라고 간청했다.

이번에는 그게 무슨 말인지 알아들었지만, 잔은 지금 평온한 자기 집에서 얼마나 괴로운 일이 일어날 것인가를 생각하고 몸서리쳐질 만큼 무서워서 입을 다물고 있었다. 그녀는 신부가 무슨 말을 하는지 못 알아들은 척했다.

그러자 신부는 망설이지 않고 명확하게 말했다.

"자작 부인, 제가 지금 수행하려는 것은 고통스러운 의무입니다. 그러나 다른 도리가 없습니다. 부인이 막아낼 수 있는 일을 부인에게 알려드려야 한다는 저 자신의 명령에 따르는 것이 저의 타고난 직분이니까요. 그래서 알려드리는 것입니다만, 남편은 푸르빌 백작 부인과 불의의 정을 맺고 있습니다."

그녀는 힘없이 고개를 떨어뜨렸다.

신부는 말을 이었다.

"자, 어떻게 하시렵니까?"

그녀는 머뭇머뭇 물었다.

"제가 어떻게 하라는 말씀입니까, 신부님?"

신부는 격렬한 말투로 대답했다.

"부인 자신이 그들의 죄 많은 욕정을 방해하라는 말씀입니다."

그녀는 울면서 괴로운 목소리로 말했다.

"그러나 남편은 전에도 하녀와의 관계로 저를 배신한 적이 있습니다. 그이는 제 말을 듣지 않아요. 이제는 저를 사랑하지도 않습니다. 그이는 거슬리는 말만 해도 저를 못살게 굴어요. 그러니 제가 어쩌겠습니까!"

신부는 그 말에 대답하지 않고 소리쳤다.

"그러면 부인은 그런 죄 앞에 굴종하시는 거군요! 단념하셨군요! 당신 댁에 간통자가 있는데도 참기만 하시겠다는 말입니까? 바로 눈앞에서 범죄가 행해지고 있는데도 부인은 외면하겠다니요. 그러고도 당신이 아내요, 그리스도 신자입니까? 어머니가 될 수 있습니까?"

그녀는 흐느껴 울면서 되풀이해 물었다.

"제가 어떻게 하라는 말씀입니까?"

신부는 대답했다.

"이 추잡한 행위를 용서하느니보다 차라리 무슨 짓이라도 하십시오! 무슨 짓이라도! 남편과 헤어지란 말입니다. 이 더러운 집을 떠나십시오!"

그녀는 대답했다.

"신부님, 하지만 저는 돈이 없습니다. 게다가 이제는 용기도 없습니다. 그리고 증거도 못 잡았는데 어떻게 떠납니까? 저에게는 그럴 권리조차 없어요."

신부는 몸을 떨면서 일어났다

"부인, 당신은 아주 비겁한 분입니다. 저는 당신이 그런 사람인 줄 몰랐습니다. 당신은 하느님의 자비를 받을 만한 자격이 없습니다."

그녀는 쓰러질 듯이 무릎을 꿇었다.

"아, 제발 부탁입니다! 저를 버리지 마십시오. 제가 어떻게 해야 될지 그 길을 가르쳐 주세요!"

그는 짤막하게 대답했다.

"푸르빌 씨에게 알려드리십시오. 이 불의의 관계를 끊을 사람은 그분입니다."

그녀는 그것을 생각해 보고 몸서리쳤다.

"아, 신부님! 그분은 그들을 죽일 거예요! 그러면 저는 밀고죄를 범하는 거지요! 오, 안 돼요! 절대로 그렇게 할 수는 없어요!"

그러자 신부는 화가 치밀어올라 그녀를 저주하려는 듯이 손을 번쩍 들었다.

"당신은 그 치욕과 죄악 속에 언제까지라도 머물러 계십시오. 그들보다도 더 죄가 많은 자는 바로 당신이니까요. 참으로 당신은 너그러운 아내입니다! 난 이런 곳에서 이제 더 할 일이 없소."

그는 몹시 격분한 나머지 부들부들 떨면서 가버렸다.

그녀는 신부에게 복종할 생각으로 약속할 것을 맹세하면서 정신없이 그의 뒤를 쫓아갔다. 그러나 신부는 분노로 몸을 부들부들 떨며, 거의 자기 키만 한 크고 푸른 우산을 홧김에 내휘두르면서 빠른 걸음으로 걸어갔다.

신부는 쥘리앵이 울타리 곁에 서서 가지치기하는 일꾼들을 감독하고 있는 걸 발견했다. 그래서 그는 쿠야르 농장 쪽으로 지나가려고 왼쪽으로 구부러졌다. 그러고는 다시 말했다.

"내버려두십시오, 부인! 당신에게 더 이상 할 이야기가 없습니다."

바로 그가 걸어가고 있던 길의 마당 한가운데서, 그 집 아이들과 이웃에 사는 한 떼의 아이들이 미르자라는 암캐의 집 주위에 모여 무엇인가 말없이 주의 깊게 바라보고 있었다.

그 속에서 남작도 같이 뒷짐진 채 흥미롭게 바라보고 있었다. 남작의 모습은 꼭 초등학교 선생 같았다. 그러나 멀리서 신부가 오는 것을 보고는 그를 만나 인사하고 이야기해야 할 것이 싫어서 슬쩍 피했다.

잔은 애걸하며 말했다.

"저에게 며칠만 여유를 주세요, 신부님. 그리고 집에 다시 와주십시오. 그때 제가 할 수 있는 것과 계획한 것을 말씀드리겠어요. 그런 다음 같이 의논해 주세요."

그는 아이들이 몰려 있는 데까지 왔다. 신부는 무엇이 그토록 아이들의 흥미를 끄는가 보려고 다가섰다. 그것은 암캐가 새끼를 낳고 있는 것이었다. 개집 앞에는 벌써 다섯 마리의 새끼가 어미개 주위에서 꿈틀거리고 있었으며, 어미개는 옆으로 누워서 몹시 고통을 느끼는 표정이면서도 귀엽다는 듯이 새끼들을 핥아주고 있었다. 신부가 몸을 굽히고 들여다보는 순간 개는 몸을 비틀면서 쭉 뻗더니 여섯 번째 새끼를 낳았다. 그것을 보고 아이들은 기뻐 손뼉을 치면서 소리쳤다.

"또 한 마리가 나왔다!"

아이들에게 그것은 하나의 구경거리였다. 아무 불순한 생각도 섞이지 않은 자연스러운 구경거리였다. 그들은 출산을 마치 사과나무에서 사과가 떨어지는 것과 마찬가지로 생각하는 것이었다.

톨비악 신부는 처음에는 어리둥절하고 있었으나 다음 순간 참을 수 없는 분노가 치밀어 그의 큰 우산을 치켜들더니 모여 선 아이들의 머리를 힘껏 후려갈겼다. 놀란 아이들이 와르르 뛰어 달아났다. 그러자 신부는 억지로 일어나려는 새끼 낳는 암캐와 마주 서게 되었다.

신부는 개가 일어설 기회를 주지 않고 미친 듯이 팔의 힘을 다해 때리기 시작했다. 사슬에 묶인 채 개는 도망가지도 못하고 빗발치는 듯한 매를 맞고 몸부림치며 무서운 비명을 질렀다. 우산이 부러졌다. 가지고 때릴 것이 없어지자 신부는 개 위에 올라가 미친 듯이 짓밟고 짓이겨 죽여 버렸다. 눌리는 바람에 마지막 새끼가 비어져 나왔다. 그러자 신부는 눈도 뜨지 못하고 잘 움직이지도 못하는 채 끙끙거리며 젖꼭지를 찾는 갓난 강아지들의 한가운데서, 아직도 꿈틀거리는 지금 막 나온 핏덩이 새끼를 광포하게 발뒤꿈치로 밟아 죽였다.

잔은 이미 도망쳐 버렸다. 그러자 별안간 신부는 누군가에게 목덜미를 잡히고 뺨을 한 대 얻어맞았고, 그 바람에 그의 삼각모자가 날아갔다. 그러고도 격분한 남작은 신부를 울타리까지 끌고 가서 길바닥에다 내동댕이쳐 버렸다.

개주인인 페르튀 씨가 들어와 보니 딸이 울면서 새끼들 한가운데 앉아 스커트에다 새끼들을 주워 담고 있었다. 그는 딸에게로 성큼성큼 걸어가 몸짓을 하면서 소리쳤다.

"저걸 봐라! 저 사제복 입은 인간을! 너도 지금 봤지?"

소작인들도 달려왔다. 모두들 개의 터져나온 배를 보았다. 쿠야르의 아내가 외쳤다.

"저렇게 잔인할 수가 있담!"

잔은 일곱 마리 새끼들을 집으로 데려가서 기르겠다고 했다. 우유를 먹였으나 세 마리는 이튿날 죽었다. 시몽 영감은 나머지 새끼들에게 젖먹일 어미개를 찾으려고 온 동네를 뛰어다녔다. 그러나 개는 얻지 못하고 대신 암고양이를 한 마리 얻어와 그것이 어미 노릇을 할 수 있을 것이라고 다짐했다. 그리하여 나머지 세 마리는 죽고 마지막 한 마리는 종족이 다른 고양이 유모에게 맡겨졌다. 고양이는 곧 그 강아지를 양자로 삼아 그 곁에 누워 젖꼭지를 내밀었다.

이 양모의 기운을 다 빨아먹지 않도록 2주일 뒤에는 젖을 떼고 이번에는 잔이 우유로 강아지를 기르기로 했다.

그녀는 강아지를 토토라고 이름지었는데, 남작이 아버지의 권위로 마사크르(학살)라고 이름을 바꾸었다.

신부는 다시 오지 않았다. 그러나 다음 주일 미사 때 그는 설교단 위에서 이 저택에 대해 저주와 욕설과 협박을 내뱉으며 상처에는 벌겋게 달군 쇠를 갖다 대야 한다고 말했다. 그는 또한 남작을 파문해 버리겠다고 했으나, 남작은 오히려 흥겨워했다.

그리고 신부는 조심스럽게 은근히 쥘리앵의 요즈음 정사를 비추었다. 자작은 격분했으나 무서운 추문이 두려워 분노를 꾹 참고 있었다. 그 뒤로 설교할 때마다 신부는 하느님이 오실 때가 가까웠으며, 하느님의 적은 모두 벼락을 맞을 것이라고 예언하면서 끊임없이 복수를 주장했다.

드디어 쥘리앵은 주교에게 공손하면서도 꽤 강경한 편지를 썼다. 톨비악 신부는 좌천될 것이라고 위협받자 입을 다물었다.

그 뒤로 신부가 혼자 흥분한 모습으로 터벅터벅 긴 산책을 하는 것을 곧잘 보게 되었다. 질베르트와 쥘리앵은 승마하는 길에 종종 그의 모습을 보았다. 어느 때는 들의 끝이나 절벽 끝에서 점처럼 멀리 보이기도 하고, 또 언젠가는 그들이 들어가려는 어떤 좁은 골짜기에서 기도서를 읽을 때도 있었다. 그럴 때면 두 사람은 그의 곁을 지나지 않으려고 말고삐를 돌렸다.

봄이 왔다. 두 사람의 애정은 더욱 불타오르고 말이 이끌어가는 대로 여기저기 그늘 아래에서 날마다 포옹했다. 나무 그늘은 아직 무성해지지 않은 데다 풀밭은 축축하여 한여름처럼 숲속으로 깊숙이 들어갈 수 없었으므로, 두 사람은 그들의 포옹을 감추기 위해 지난해 가을 이래 보코트 언덕 위에 내버려져 있는 목동의 이동식 오두막집을 곧잘 이용했다. 그 오두막집은 절벽에서 5백 미터나 되는 꼭대기에서도 골짜기의 급경사가 시작되는 지점의 바위에 외따로 서 있었다. 그 속에 들어가 있으면 갑작스레 들킬 염려는 없었다. 거기에서는 사방의 들판을 한눈에 환히 내려다볼 수 있기 때문이었다. 기둥에 매인 두 필의 말은 그들의 포옹이 지칠 때를 기다렸다.

어느 날 이 피난처에서 내려오려는 순간 그들은 언덕 숲속에 몸을 거의 감추고 있는 톨비악 신부를 보았다. 쥘리앵이 말했다.

"우리의 말을 골짜기 속에 감추어야겠군요. 멀리서도 우리가 있는 곳을 알아차릴 수 있겠는데요."

그 뒤부터 그들은 잡목이 우거진 골짜기 속에 말을 매어두기로 했다.

어느 날 저녁 이 두 사람은 백작과 함께 식사하려고 라 브리예트로 돌아가는 도중 그곳에서 나오는 톨비악 신부와 마주쳤다. 신부는 두 사람이 지나가도록 한쪽으로 비켜서서 인사했으나 두 사람은 그의 눈길을 피했다. 두 사람은 한순간 불안했다. 그러나 곧 그런 마음도 사라졌다.

바람이 몹시 부는 어느 날 오후, 잔이 난롯가에서 책을 읽고 있는데(그때가 5월 초였다) 별안간 푸르빌 백작이 걸어오는 모습이 보였다. 그 걸음걸이가 몹시 빠른 것으로 보아 무슨 심상치 않은 일이 일어난 듯하여 그녀는 백작을 맞이하려고 재빨리 아래층으로 내려갔다. 백작은 거의 미친 사람의 표정이었다. 그는 집 안에서밖에 쓰지 않는 큰 모피 모자를 그대로 쓴 채 사냥복을 입고 있었다. 그의 붉은 수염이 여느 때에는 그의 불그레한 얼굴빛과 그다지 크게 대조를 이루지 않았는데, 오늘은 얼굴이 아주 파리하여 마치 수염이 불꽃처럼 보였다. 그의 두 눈은 험악했고 얼빠진 듯이 번들거렸다.

그는 더듬거렸다.

"제 아내가 여기 와 있지요?"

잔은 정신없이 대답했다.

"아뇨. 오늘은 한 번도 못 보았어요."

그는 마치 다리가 부러진 듯 털썩 주저앉더니 모자를 벗고 손수건을 꺼내 기계적으로 몇 번 이마를 닦았다. 그러더니 그는 다시 벌떡 일어나 두 손을 펼치고 젊은 부인에게로 다가가 자신의 무서운 고뇌를 털어놓으려는 듯, 입을 열려다가는 문득 멈추고 그녀를 뚫어지게 바라보더니 마치 헛소리를 하는 듯 중얼거렸다.

"그러나 당신의 남편이니…… 당신 역시……."

그러고는 갑자기 바다 쪽으로 달려나갔다.

잔은 그의 이름을 부르고 애원하며 그를 말리려고 쫓아나갔다. 그녀는 생각했다.

'저이는 다 알고 있구나! 어떻게 할 작정인가? 아, 제발 그들이 저이의 눈에 띄지 말았으면.'

그녀의 가슴은 공포에 사로잡혔다.

그녀는 그를 따라갈 수 없었고, 그 또한 그녀의 말에 귀 기울이지 않았다. 그는 자기가 갈 방향에 확신을 가진 듯 조금도 망설이지 않고 곧장 앞으로 달려갔다. 그는 개울을 넘고, 거인의 걸음걸이로 성큼성큼 갈대밭을 지나 절벽에까지 이르렀다.

잔은 나무들이 늘어선 경사지에 서서 오랫동안 백작의 뒷모습을 바라보았다. 그러고는 백작이 보이지 않자 불안으로 가슴을 죄며 집으로 돌아왔다. 백작은 절벽 위를 향해 오른쪽으로 굽어들어 달리기 시작했다.

거친 바다는 높은 물결을 일으키고, 시커먼 구름은 미친 듯 달려왔다가는 지나가곤 했다. 그리고 구름 하나하나가 밀려올 때마다 맹렬한 빗발이 언덕 위를 휘덮었다. 세찬 바람은 휘파람 소리를 내며 신음하고, 풀을 짓밟으며, 어린 농작물을 쓰러뜨리고 물거품 같은 흰 갈매기들을 멀리 육지로 실어갔다.

계속해서 내리는 빗방울이 백작의 뺨을 때리고 수염을 적시며 흘렀고, 요란한 빗소리는 귀가 먹먹해지도록 울렸으며, 분노가 그의 가슴속에 끓어올랐다.

절벽 저 아래 멀리 눈앞에 보코트 골짜기가 험한 입을 벌리고 있었다.

양이 한 마리도 없는 목장 구석에 오두막집이 한 채 있을 뿐 보이는 것이라고는 아무것도 없었다. 두 마리의 말이 그 이동식 오두막집 기둥에 매여 있었다.

'이런 폭풍우 치는 날씨에 누가 와서 보겠는가?'

말을 보자 백작은 곧 땅에 엎드렸다. 그러고는 기어가기 시작했다. 진흙투성이가 된 큰 몸집과 짐승 가죽으로 된 모자를 쓴 그는 마치 괴물 같았다. 그는 좀더 멀리 외따로 떨어져 있는 오두막집까지 기어올라갔다. 그리고 판자벽 사이로 자기 몸이 보일까봐 그 밑으로 몸을 감추었다. 그를 보자 두 마리의 말은 땅을 긁적거렸다.

백작은 손아귀에 쥔 단도로 가만히 고삐를 끊었다. 갑자기 돌풍이 불어와 바퀴 달린 오두막집을 뒤흔들고, 말은 지붕을 후려치는 우박에 놀라 달아나 버렸다. 백작은 무릎을 짚고 일어나 문 밑 틈에 눈을 대고 안을 들여다보았다. 그는 꼼짝 않고 무엇인가를 기다리는 듯했다. 퍽 오랜 시간이 지나갔다.

별안간 그는 몸이 진흙투성이가 된 채 벌떡 일어났다. 그는 밖에서 잠그게 된 빗장을 힘껏 지르고 끌채를 잡고는 부서져라고 뒤흔들었다. 그리고 갑자기 큰 윗몸을 필사의 노력으로 끌채 속에 구부려 넣고는 숨을 헐떡이며 소처럼 오두막 집채를 끌었다.

그 안에 두 사람이 들어 있는 채로 그 이동식 집을 급경사진 절벽 쪽으로 끌고 갔다. 그러자 안에 들어 있던 두 사람은 무슨 일인지 까닭도 모르는 채 주먹으로 널빤지를 두드리며 크게 소리질렀다. 경사 끝까지 와서 백작은 이 가벼운 오두막을 놓았다.

그러자 오두막집은 맹렬한 힘으로 비탈을 굴러 내려갔다. 점점 가속도를 더하며 짐승처럼 뛰고 부딪치고 끌채로 땅을 치면서 급히 굴러 내렸다.

개울가에서 웅크리고 있던 늙은 거지가 자기 머리 위로 오두막집이 단숨에

굴러떨어지는 것을 보았고, 그 나무궤짝 속에서 울려나오는 무서운 비명 소리를 들었다.

오두막집은 별안간 무엇엔가 부딪치면서 바퀴 하나가 떨어져 나가고 옆으로 부딪쳤다가, 기둥뿌리가 빠진 집이 산에서 굴러 내리듯 공처럼 대굴대굴 굴렀다. 맨 아래 골짜기에 이르자 한 번 튀어오르더니 곡선을 그리며 골짜기 밑바닥으로 다시 떨어져 달걀처럼 산산조각이 났다. 오두막집이 머리 위를 지나 골짜기 돌바닥에서 부서지는 것을 보고 늙은 거지는 숲을 헤치고 밖으로 나왔다. 그러나 시골뜨기답게 조심스러워서 부서진 궤짝 가까이 가지는 못하고 가까운 농가로 달려가 이 사실을 알렸다.

사람들이 달려와 부서진 조각을 들어올리자 두 개의 시체가 나왔다. 심한 상처로 깨어진 채 피투성이였다. 남자는 이마가 쪼개지고 얼굴 전체가 찌부러져 있었다. 여자의 턱은 부딪치는 바람에 퉁겨져나와 디룽디룽 매달려 있었다. 그들의 부서진 팔다리는 뼈가 없는 듯 흐물흐물했다. 그러나 두 사람을 알아볼 수는 있었다. 모여 있는 사람들은 이 불행의 원인에 대해 오랫동안 여러 가지 이야기를 했다.

한 여자가 중얼거렸다.

"이 사람들은 이 안에서 무얼 하고 있었을까?"

그러자 늙은 거지가 그들은 틀림없이 돌풍을 피하려고 그 안에 들어갔을 텐데, 맹렬한 바람이 그만 오두막집을 엎어 굴러떨어뜨린 거라고 말했다. 그리고 사실은 자기가 그 안에 숨으려고 갔었으나 말이 두 마리 매여 있는 것을 보고 벌써 다른 사람이 차지했구나, 생각했다고 설명했다. 그는 만족스러운 듯이 덧붙였다.

"그렇지 않았다면 내가 이 꼴을 당할 뻔했군."

그러자 누군가 중얼거렸다.

"오히려 그편이 낫지 않았을까?"

그 늙은이는 크게 화내며 소리쳤다.

"어째서 그편이 낫다는 거지? 내가 가난하고 이 사람들이 부자라서 그런가? 이 꼴을 좀 보고 말해."

비에 흠뻑 젖은 누더기를 걸치고 헝클어진 수염에 찌그러진 모자 밑으로 긴 머리털을 늘어뜨린 그 거지는, 구부러진 지팡이 끝으로 시체를 가리키며 선언했다.

"죽으면 다 저 모양이 되는 거야."

다른 농부들도 모여들어 놀라워하면서, 이기적이며 불안하면서도 교활하고 비굴한 눈초리로 흘끔흘끔 바라보았다. 그리고 어떻게 하면 좋겠느냐고 서로 협의한 결과, 보수를 받을 수 있겠다는 희망으로 시체를 저택으로 옮기기로 결정했다. 그리하여 두 대의 마차에 말을 맸다. 그런데 또 하나 난처한 문제가 생겼다. 어떤 사람은 마차 바닥에 짚을 깔자고 했고, 어떤 사람은 예의상 요를 까는 게 좋을 거라고 말했다. 처음에 말했던 여자가 소리쳤다.

"하지만 요가 피투성이가 될 거예요. 그러면 표백제를 사야 해요."

그러자 사람 좋아 보이는 뚱뚱한 농부가 대답했다.

"그거야 돈을 치러주겠지요. 요값이 비싸면 더 많이 치러줄 테고."

모두 그 말에 동의했다. 그리하여 용수철도 없이 높기만 한 마차 두 대가, 한 대는 오른쪽으로 또 한 대는 왼쪽으로 재빨리 달려갔다.

마차가 도랑에 빠져 흔들릴 때마다 조금 전까지는 서로 껴안고 있었으나, 이제는 영원히 만날 수 없게 된 그 두 사람의 시체는 들썩거리고 흔들렸다.

백작은 오두막집이 험난한 경사 밑으로 굴러떨어지는 것을 보자 곧 폭풍우

속을 전속력으로 달렸다. 그렇게 몇 시간 동안 길을 가로지르고 비탈을 뛰어넘고 울타리를 부수면서 달렸다.

그는 해질 무렵에야 어떻게 왔는지도 모르게 집으로 돌아왔다. 주인을 기다리고 있던 하인들은 그를 보자 놀라며, 두 마리의 말이 주인 없이 돌아왔다고 알렸다. 쥘리앵의 말도 이 집으로 따라온 것이었다.

푸르빌 백작은 비틀대며 더듬거렸다.

"날씨가 이렇게 험해서 무슨 일이 생겼나 보군. 빨리 나가서 찾아보도록 해."

그도 다시 나갔다. 남들의 눈에 띄지 않는 곳에 오자 곧 덤불 속에 숨어서, 아직도 자신이 열렬히 사랑하는 아내가 죽어서 오는지, 또는 거의 죽을 지경에 이르렀는지 아니면 병신이 되어 차마 볼 수 없는 꼴을 하고 돌아오는지를 엿보았다.

한 대의 마차가 이상한 물건을 싣고 그의 앞을 지나갔다. 그 마차는 저택 앞에 잠시 서더니 안으로 들어갔다. 그렇다. 저것이 그녀다. 그 여자야. 그러자 무서운 고뇌가 그를 그 자리에 못박아 꼼짝 못 하게 했다.

그녀의 죽음을 안다는 것을 두려워했으며, 그녀의 죽음이 사실인 것을 두려워했다. 그는 토끼처럼 움츠려 꼼짝도 않고 조그만 소리에조차 몸을 떨었다. 그는 한 시간을 기다렸다. 아니, 두 시간이 지났는지도 모른다. 마차는 나오지 않았다. 그는 아내가 숨이 끊어져가는 것 같다고 생각했다. 문득 아내를 보고 그 눈길과 마주칠 것이라는 생각이 그를 공포로 휘감았고, 숨어 있는 것을 갑자기 들키면 어쩔 수 없이 아내의 임종에 참석해야 될 것이 두려웠다. 그는 다시 숲속으로 도망쳤다. 그러나 별안간 아내는 자기의 도움이 필요할 것이며, 아내를 간호해 줄 사람이 아무도 없다는 생각이 떠올랐다. 그는 다시 정신없이 되돌아서 달렸다.

돌아오는 길에 정원사를 만나 그에게 소리쳤다.

"어떻게 됐나?"

그 남자는 대답하지 못했다. 푸르빌 백작은 으르렁거리는 목소리로 물었다.

"죽었단 말인가?"

하인은 떠듬거렸다.

"네, 백작님."

백작은 안도의 숨을 내쉬었다. 급작스러운 안정감이 그의 혈관과 떨리는 근육에 스며들었다. 그리하여 그는 힘찬 걸음걸이로 그의 현관 층계를 올라갔다.

또 한 대의 마차는 레푀플에 도착했다.

잔은 멀리서 그것을 보았다. 요를 보는 순간 그 위에 시체가 있으리라는 것을 깨닫고, 모든 것을 알아차렸다. 그녀는 심한 충격에 정신을 잃고 그 자리에 쓰러졌다. 그녀가 다시 의식을 되찾았을 때, 아버지가 자기 머리를 받쳐들고 식초로 이마를 적셔 주고 있었다. 아버지는 망설이듯 물었다.

"알고 있니……?"

그녀는 속삭였다.

"네, 아버지."

그녀는 일어나려고 했으나 일어날 수가 없었다. 그만큼 그녀가 받은 충격은 컸다. 그날 밤 그녀는 죽은 아이를 낳았다. 여자아이였다.

잔은 쓰러져서 쥘리앵의 장례식을 전혀 보지 못했기 때문에 그 이후 일은 아무것도 기억나지 않았다. 다만 하루 이틀 뒤에 리종 이모가 와 있다는 것만 알았다. 그녀는 계속 열에 들뜬 악몽에서 리종 이모가 언제 어떠한 사정으로 떠났었는지 집요하게 생각해 보려고 했다. 그러나 정신이 맑아져도 다만 어머니가 돌아가신 뒤에 그녀를 보았던 기억만 확실할 뿐 그 이후는 아무것도 생각나지 않았다.

11

잔은 석 달 동안을 침대에서 떠나지 못했고, 몸이 약해질 대로 약해지고 파리해져서 이제는 가망이 없다고 모두들 생각했다. 그러나 차츰 생기가 돌기 시작했다.

아버지와 리종 이모는 줄곧 레푀플에 묵으며 잔 곁을 떠나지 않았다. 그녀는 이번의 충격을 겪고 나서 일종의 신경병에 걸려, 조그만 소리에도 정신을 잃고 대수롭지 않은 일에도 오랫동안 인사불성 상태가 되었다.

그녀는 쥘리앵의 죽음에 대해 자세히 물어보려고 하지 않았다. 물어봐야 무엇할 것인가. 대체 그것이 뭐 중대한 일이란 말인가? 그녀는 거기에 대해서 잘 알고 있었다. 모두들 우연한 사고라고 했지만, 그녀는 사실을 알고 있었다.

이 비밀을 혼자 가슴속에 간직하고 있으려니 그녀는 고문받는 것처럼 고통스러웠다. 두 사람의 불의의 관계를 이미 알고 있었고, 참사가 일어나던 날 백작이 급작스럽고 무섭게 방문했다. 그러나 지금 그녀의 마음은 감동적이고도 달콤했다. 우울한 회상과, 지난날 남편이 자기에게 베풀었던 짧았던 사랑의 기쁨으로 가득 차 있었다. 생각지도 못했던 추억이 떠오를 때마다 그녀는 몸을 떨었다. 약혼시절의 남편, 코르시카섬의 격렬한 태양 밑에서 피어났던 짧은 순간의 정열로 자기가 사랑했던 그대로의 남편 모습을 또다시 눈앞에 그려보는 것이었다.

그가 지녔던 모든 결점은 차츰차츰 작아지고 잔인성도 사라져 갔으며, 몇 차례에 걸쳤던 그의 불의까지도 닫힌 무덤의 멀어져 가는 추억 속으로 희미해졌다.

그리고 잔은 두 팔로 자기를 껴안아 주던 남편이 죽은 뒤로는, 어떤 막연한 감사의 마음에 잠겨 지나간 모든 잘못을 용서해 주고 행복했던 시절만을 생각했다. 그러면서도 시간은 끊임없이 흘러가 이러한 세월이 마치 쌓인 먼지 같은 망각의 층으로 그녀의 모든 추억과 고뇌를 덮어버렸다.

그리하여 그녀는 자식에게만 온 힘을 쏟았다. 어린아이는 그의 주위에 모인 세 사람의 우상이 되었으며, 그들의 유일한 관심거리였다.

어린아이는 폭군처럼 그들을 지배했다. 그가 지배하는 이 세 사람 사이에는 일종의 질투까지 벌어졌다. 무릎 위에 올려놓고 말놀이를 해준 대가로 남작이 이 어린아이에게서 받는 키스에 잔은 신경질을 부리는 듯한 눈총을 주었다. 누구에게서나 소홀한 대접을 받는 리종 이모는 이 어린아이에게서도 푸대접을 받았다. 때로는 아직 말도 잘 못하는 이 주인으로부터 하녀 대접을 받으며 구걸하다시피하여 겨우 대수롭지 않은 애무라도 받으면, 이 아이가 어머니나 할아버지에게는 따로 특별한 포옹을 베푼다며 자기 방으로 가서 울기도 했다.

어린아이에 대한 끊임없는 관심 속에서 2년이라는 평화로운 세월이 흘러갔다. 3년째 되는 겨울은 다음 해 봄까지 루앙에서 지내기로 하고 온 가족이 그곳으로 옮겨갔다.

오랫동안 비어 있던 축축한 옛집에 이르자마자 폴은 심한 기관지염에 걸려, 가슴막염이 되지나 않을까 하고 염려할 정도였다.

정신없이 허둥거리던 세 식구는 어린아이가 레푀플의 공기 없이는 살 수 없으리라고 단정하고, 병이 낫자 곧 다시 데리고 돌아갔다. 그 뒤로는 단조롭고 조용한 세월이 흘러갔다.

언제나 어린아이 곁에서 어느 때는 그 애의 방에서, 어느 때는 큰 객실에서, 어느 때는 정원에서, 세 사람은 아이의 중얼거리는 말소리며 기묘한 표현이며 흉내에 어쩔 줄 몰라 하며 흥겨워했다.

어린아이의 어머니는 아명(兒名)으로 아이를 폴레라고 불렀다. 아이는 이 말을 똑똑히 발음하지 못하고 풀레(병아리)라고 하여 모두들 끝없이 웃었다. 나중에는 다른 이름을 부르지 않고 풀레라는 별명으로 불렀다.

어린아이는 빠르게 잘 자랐다. 남작이 '세 사람의 어머니'라고 부르는 이 세 식구의 온갖 흥미를 끄는 일 가운데 하나는 어린아이의 키를 재는 일이었다. 객실문에 맞닿는 벽판 위에 긴 칼로 날마다 어린아이의 키를 나타내는 가느다란 줄을 그어 놓았다. '풀레의 척도'라고 불리는 이 선은 식구들의 생활 속에 커다란 위치를 차지하고 있었다.

그리고 또 새로운 한 식구가 이 집안에서 중요한 역할을 하게 되었다. 오로지 자식에게만 정신이 팔린 잔의 머리에서 잊혀져 가는 것은 개 마사크르였다. 개는 뤼디빈에게서 밥을 얻어먹고 외양간 앞의 헌 통에서 자고 언제나 사슬에 매인 채 홀로 지내고 있었다.

어느 날 아침, 폴이 그 개를 보고는 안고 싶다며 울었다. 모두들 몹시 겁을 내면서도 어린아이를 개 곁으로 데려갔다. 개는 어린아이를 환영했고, 아이는 개한테서 떼어 놓으려 하자 마구 울어댔다. 그리하여 마사크르는 사슬에서 풀려 집 안에서 살게 되었다.

개는 폴과 잠시도 떼어 놓을 수 없는 친구가 되었다. 둘은 같이 뒹굴고 카펫 위에서 함께 잠도 잤다. 얼마 안 가서 마사크르는 친구와 한시도 떨어지려 들지 않아 폴의 침대에서 함께 자게 되었다. 잔은 이따금 벼룩 때문에 고생했다. 리종 이모는 어린아이의 애정이 개에게만 쏠린 데 실망하면서, 마치 자기가 그처럼 갈망하던 애정을 그 개가 다 빼앗아간 것처럼 생각했다.

브리즈빌 집안과 쿠틀리에 집안과는 서로 가끔 오갔을 뿐, 촌장과 의사만이 규칙적으로 찾아와서 이 오랜 저택의 고독을 깨뜨려 주었다. 잔은 개의 학살과 백작 부인과 쥘리앵의 무서운 죽음 뒤로는 마음에 스며든 의혹 때문에 다시는 성당에 가지 않았다. 그녀는 이러한 신부를 보낸 신에게 분노하고 있었다.

톨비악 신부는 이따금 공공연하게 이 저택을 저주했다. 그곳은 악의 정령과, 영원한 반항의 정령과, 오류와 허망의 정령과, 부정의 타락과, 불순의 정령이 떠도는 집이라고 했다. 이러한 언사로 신부는 남작을 부르고 있었다.

그러나 그의 성당은 점점 황폐해져 갔다.

농부들은 가래질하고 있는 밭을 신부가 지나가도 일손을 멈추고 말을 건다든가 돌아보고 인사하거나 하지 않았다. 뿐만 아니라 그는 악령이 붙은 여자에게서 악령을 쫓아냈다고 하여 마술사로 통하고 있었다.

소문에 따르면 그는 저주를 물리치는 신비한 말을 알고 있다고 하는데, 그에 의하면 저주란 일종의 악마의 희롱이라는 것이었다. 그가 암소에 손을 대면 푸른 젖이 나오고 꼬리를 동그랗게 말기도 하며, 무슨 까닭 모를 말을 지껄이면 잃어버린 물건이 다시 나온다는 등등의 이야기였다.

그는 자신의 편협하고 광신에 가까운 정신 때문에 이 땅에서의 악마 출현에 관한 종교서 연구에 열중했다. 그 종교서에는 이제까지 발견된 갖가지 악마의 위력, 마술같은 가지각색의 영향, 악마가 지닌 온갖 수단, 악마가 부리는 책략의 일반 수법 같은 것이 적혀 있었다.

특히 그는 자기의 사명이 이처럼 신비하고 불길한 힘을 격파하는 데 있다고 믿었으므로, 종교 서적에 쓴 모든 악마들을 몰아내는 주문을 외고 있었다. 어둠 속에는 악마의 정령이 떠돌고 있다고 그는 굳게 믿었다. 그리고 Sicut leo rugiens circuit quaerens quem devoret(먹이를 찾아 으르렁거리는 사자처럼)이라는 라틴어 문장을 언제나 입에 담고 있었다. 그러자 사람들 사이에 어떤 공포가 퍼졌다. 신부의 숨은 힘을 두려워하는 것이었다.

신부의 동료들도 마왕의 존재를 굳게 믿고 있었지만, 이 악마의 위력이 나타나게 되는 여러 가지 세세한 법칙 절차에 대해서는 혼란스러워했다. 그래서 결국 종교와 마술을 혼돈했는데, 이들까지도 톨비악 신부를 얼마쯤 마술사로 생각하고 있었다. 그들은 나무랄 데 없는 신부의 준엄한 생활과 마찬가지로, 그가 지니고 있다고 여겨지는 마력에도 경의를 나타내고 있었다.

신부는 잔을 만나도 그녀에게 인사하지 않았다. 이 일 때문에 리종 이모의 마음은 불안하고 슬펐다. 그녀의 불안한 마음으로는 성당에 가지 않는다는 것은 생각조차 못 할 일이었다.

물론 그녀는 신앙이 깊고 고해성사도 보고 영성체도 하고 있었다. 그러나 아무도 그것을 몰랐고, 또 알려고도 하지 않았다. 그녀는 폴과 단둘이 있게 되면 낮은 목소리로 폴에게 하느님의 이야기를 들려주었다. 아이는 창세기의 기적에 찬 이야기를 할 때 마지못해 귀 기울였으나, 하느님을 사랑해야 한다, 많이 많이 사랑해야 한다, 고 말할 때에는 이따금 그녀에게 물었다.

"하느님은 어디 있지, 할머니?"

그러면 리종 이모는 손가락으로 하늘을 가리키며 일렀다.

"저 위에 계시단다, 풀레. 하지만 그런 말을 해서는 못써요."

그녀는 남작을 무서워하고 있었다.

어느 날 풀레가 그녀에게 선언했다.

"선량하신 하느님은 어디든지 계세요. 하지만 성당에는 안 계세요."

아이는 할머니가 이야기해 준 기적 같은 계시를 할아버지에게 이야기했던 것이다.

어린아이는 10살이 되었다. 그 어린아이 어머니는 40살이나 되어 보였다. 아이는 몸이 건강하고 장난꾸러기에다 나무에 올라갈 만큼이나 대담했으나, 그다지 재질이 뛰어난 편은 아니었다. 공부를 하다가도 싫증나면 곧 그만두었다. 게다가 남작이 책 앞에 좀더 붙들어 앉히려고 하면 곧 잔이 아버지에게 말했다.

"이제 그만하고 놀게 하세요. 아직 어린것을 너무 지치게 하면 안 돼요."

그녀의 눈에는 언제나 아들이 태어난 지 여섯 달이나 1년밖에 안 된 것처럼 보였다. 어린아이가 어른처럼 걸어다니고 뛰고 이야기하는 것이 좀처럼 눈에 띄지 않는 듯했다. 혹시 넘어지지나 않을까, 감기 들지 않을까, 뛰어다니다가 더위를 먹지나 않을까, 지나치게 많이 먹지나 않을까, 적게 먹지나 않을까 하고 늘 걱정으로 지냈다.

어린아이가 12살이 되자 큰 문제가 하나 생겼다. 영성체의 문제였다.

어느 날 아침에 리종 이모는 잔을 보고 이제는 아이에게 종교 교육을 시켜야 할 때이며, 최초의 의무를 수행하게 하는 일에 더 이상 지체할 수는 없다고 지적했다. 이모는 여러 가지 이유를 늘어놓고 논의했으며, 특히 늘 만나는 사람들의 입이 무섭다고 했다. 어린아이 어머니는 난처하여 결정을 짓지 못하고 망설이면서 조금 더 기다려 보자고 대답했다.

한 달 뒤에 그녀가 브리즈빌 자작 집을 방문했을 때 우연히 부인이 물었다.

"댁의 폴이 첫 영성체를 할 해가 올해지요?"

잔은 갑작스러운 물음에 당황하며 대답했다.

"네, 부인."

이 간단한 말 한 마디에 그녀는 마음을 결정했다. 그리하여 아버지에게는 알리지 않고 리종 이모가 어린아이를 교리문답에 데리고 가기로 했다.

아무 일 없이 한 달이 지났다.

어느 날 저녁 폴레가 목이 쉬어 돌아왔다. 다음 날부터 그는 기침을 하기 시작했다. 어머니는 깜짝 놀라 물었다. 알고 보니 품행이 좋지 않다고 신부가 수업이 끝날 때까지 현관에서 바람이 불어 들어오는 성당문 앞에 세워 놓았다는 것이었다.

그리하여 그녀는 아들을 밖으로 내보내지 않고 직접 종교의 기초를 가르치기 시작했다.

톨비악 신부는 리종이 애원했음에도 아직 충분한 교육을 받지 못했다는 이유로 폴이 영성체자 속에 끼는 것을 거절했다.

다음 해에도 마찬가지였다. 그 때문에 격분한 남작은 올바른 사람이 되기 위해서는 그처럼 어린애 같은 짓이나 유치한 화체(化體)의 상징을 믿을 필요가 없다고 단언했다.

그리하여 어린아이를 천주교 신자로서 교육시키기는 하되 천주교의 의무를 엄수하는 것으로써가 아니라, 뒤에 아이가 성년이 되면 마음대로 선택할 수 있도록 했다.

잔은 그로부터 얼마 뒤 브리즈빌 집을 방문했으나 답례를 받지 못했다. 이웃 사람들의 소심한 예의범절을 잘 알고 있는 잔은 놀랐다. 쿠틀리에 후작 부인이 그 이유를 오만한 태도로 설명해 주었다. 남편의 지위와 어디에나 통하는 그의 작위와, 막대한 재산으로 말미암아 자기를 노르망디 귀족의 여왕으로 자처하는 후작 부인은, 실제로 여왕으로 군림하며 자유로이 하고 싶은 말을 하고, 때로는 상냥하게 때로는 쌀쌀하게 굴기도 했다. 그리고 때를 가리지 않고 충고도 하고 칭찬도 했다.

그래서 잔이 그 집을 방문했을 때, 그 부인은 쌀쌀하게 몇 마디 말을 던지고 나서 다시 퉁명스러운 말투로 덧붙였다.

"사회란 두 계급으로 갈라져 있습니다. 신을 믿는 사람과 믿지 않는 사람으로 말입니다. 신을 믿는 사람은 아무리 신분이 천해도 우리의 벗이요, 대등한 인간입니다. 그렇지 않은 사람은 우리와는 아무 관련도 없습니다."

잔은 공격받는 것 같아서 응수했다.

"하지만 성당을 찾아가지 않고는 신을 믿을 수 없을까요?"

후작 부인은 대답했다.

"그렇습니다, 부인. 사람이 그 집으로 찾아가듯이 신자란 성당에 가서 신에게 비는 것입니다."

잔은 비위에 거슬려서 대답했다.

"하지만 부인, 신은 어디에나 존재합니다. 저로서는 마음으로는 신의 은총을 절대로 믿고 있습니다만, 어떤 종류의 신부가 중간에 끼어들어 있을 때는 오히려 신의 존재를 뚜렷하게 느낄 수 없습니다."

후작 부인은 일어섰다.

"신부는 교회의 깃발을 드신 분이에요, 부인. 누구든 그 깃발을 따르지 않는 사람은 교회의 적이요, 우리의 적입니다."

잔은 몸을 떨면서 일어났다.

"댁에서는 어떤 한 종파의 신을 믿고 계시군요, 부인. 그러나 저는 어디서나 올바른 인간의 신을 믿고자 합니다."

잔은 인사하고 나왔다.

농부들도 풀레를 첫 영성체에 참여시키지 않았다고 하여 자기들끼리 잔을 비난했다. 그들은 사실 전혀 미사에도 나가지 않고 성체 곁에도 가지 않았으며, 나간다 해도 성당의 엄격한 법규에 못 이겨 나가는 부활절 때뿐이었다.

그러나 자식들의 일이라면 문제가 달랐다. 아이들이면 누구나 다 준수해야 되는 이 법규를 떠나서 기르겠다는 잔의 대담한 시도 앞에서는 모두 뒷걸음질쳤다. 역시 종교는 종교인 만큼 어쩔 수 없다는 태도들이었다.

그녀는 이러한 조건 없는 순응주의에 화내지 않을 수 없었다. 양심을 누르고 타협하며, 누군가가 말하면 두려워하고, 자신들의 마음속에 깃든 비굴함을 다른 누군가가 누설하면 즉시 도덕이라는 가면을 쓰고 나오는 것에 분노가 치밀었다.

남작이 폴의 교육 지도를 맡았고 라틴어를 가르쳤다.

어머니는 이제 한 가지 주의밖에 하지 않았다.

"애가 너무 피로하지 않게 하세요."

그녀는 공부방 주위를 걱정하며 돌아다녔다.

"발이 시리지 않니, 풀레?"

"골치 아프지 않니, 풀레?" 또는 학과를 그만 끝마치게 하려고 "너무 말 시키지 마세요, 아이 목이 상해요" 하며 수업을 중단시키므로, 남작은 그녀에게 결코 공부방에 들어오지 못하도록 했다.

아이는 수업이 끝나면 곧 어머니와 리종 할머니와 함께 뜰로 내려갔다. 그들은 요즈음 식물을 재배하는 데 재미를 붙이고 있었다.

세 사람은 봄에 묘목을 심고 씨를 뿌려 이것이 싹트고 꽃이 피는 것을 아주 좋아했으며, 가지를 치고 꽃을 따서 꽃다발도 만들었다.

어린아이는 샐러드 채소 가꾸기에도 관심이 많았다. 그는 채소밭의 큰 묘판 네 개를 맡아 세심한 주의를 기울이며 상추와 로메인, 치커리와 꽃상추와 루아얄처럼, 알려진 모든 샐러드 채소를 재배했다. 호미로 매고 풀을 뽑고 묘목을 옮겨심기에 정신이 없어서 옷이며 손이 흙투성이가 되어, 몇 시간씩 화단에 무릎을 꿇고 앉아 있는 그들의 모습이 곧잘 눈에 띄었다.

풀레는 점점 자라서 15살이 되었다. 객실 문의 키 재는 눈금이 158센티미터를 가리켰다. 그러나 이 두 여자와 시대에 뒤떨어진 선량한 노인 사이에 끼어 지능의 발달이 억눌려서인지 아무것도 모르고 머리도 둔한 데다 마음은 아직도 어린아이였다.

마침내 어느 날 밤 남작이 중학교 이야기를 꺼내자 잔은 곧 흐느껴 울기 시작했다. 리종 이모는 놀란 표정으로 침침한 방 한구석에 앉아 있었다.

어머니는 대답했다.

"그렇게 많이 알 필요가 있어요? 우리가 애를 시골의 귀족으로 만들면 되잖아요? 귀족들도 농사짓는 사람이 많은데 애도 그렇게 하면 되잖아요? 옛날부터 우리가 살아왔고 또 죽어갈 이 집에서 애도 행복하게 살면서 늙을 게 아니에요? 더 이상 뭘 바라겠어요?"

그러나 남작은 머리를 가로저었다.

"이 애가 25살이 되어 너에게 '저는 쓸모없는 인간이에요. 어머니의 잘못과 그릇된 이기주의 때문에 저는 아무것도 아는 것이 없어요. 이제 저는 일할 능력도 없고 상당한 인물이 될 수 없다는 것도 알고 있어요. 하지만 저는 막연하고 천한, 오히려 죽는 것보다도 못한 삶을 꾸려 나가려고 태어난 것은 아니었어요. 앞을 내다보지 못하는 어머니의 애정이 저를 이렇게 만든 거예요'라고 말한다면 너는 뭐라고 대답하겠니?"

그녀는 여전히 눈물을 흘리면서 아들에게 애원했다.

"풀레, 너는 이 엄마가 지나치게 귀여워했다고 해서 엄마를 원망하지는 않겠지, 그렇지?"

그러자 다 자란 어린아이는 까닭을 모른 채 약속했다.

"안 할 테야, 엄마."

"맹세하겠니?"

"응, 엄마."

"너는 언제까지라도 엄마 곁에 있고 싶지, 응?"

"응, 엄마."

그러자 남작은 크고 단호한 목소리로 말했다.

"잔, 너는 이 애의 생활을 네 마음대로 결정할 권리가 없다. 네가 계획한 것은 비겁하고 죄악에 가까운 일이다. 너는 너 자신의 행복을 위해 네 자식을 희생시키려는 것이다."

그녀는 두 손으로 얼굴을 가리고 더욱 흐느껴 울며 눈물어린 목소리로 더듬거렸다.

"하지만 저는 너무나도…… 너무나도 불행했어요. 이제야 겨우 애하고 평온하게 지낼 만하니까 빼앗아가려고 하시는군요. 저는 어떻게 해요…… 이제 혼자?"

남작이 일어나 딸 곁으로 와서 걸터앉으며 두 팔로 껴안았다.

"그러면 나는 어떻겠니, 잔?"

그녀는 와락 아버지의 목을 껴안고 격정에 넘친 키스를 했다. 그러고는 아직도 목멘 소리로 말했다.

"네, 아버지 말씀이…… 옳을 거예요. 너무도 고생해서 제가 아마 정신이 나갔었나 봐요. 이 애를 학교에 보내도록 하겠어요."

자기를 어떻게 하려는 것인지 알지도 못하면서 풀레도 훌쩍이기 시작했다.

그러자 이 세 사람의 어머니는 풀레에게 키스하고 달래며 기운차리게 했다. 그리고 침실로 들어가자, 모두들 가슴이 쓰라려 저마다 침대 속에서 울었다. 꾹 참고 있던 남작까지 울었다.

새학기가 되면 곧 풀레를 르아브르 중학교에 넣기로 했다. 그리고 한여름 동안 아이는 전보다 더 귀여움을 받았다.

어머니는 이별할 생각을 하고 자주 한숨을 쉬었다. 마치 10년 동안의 여행을 계획하는 듯이 어린아이의 행장을 준비했다. 10월 어느 날 아침, 그 전날 밤을 꼬박 새운 두 부인과 남작은 어린아이와 함께 두 마리의 말이 끄는 마차에 올라 빠르게 달리는 마차에 흔들리며 떠나갔다. 사전에 학교를 방문했을 때, 어린아이를 위한 기숙사 방과 교실의 좌석을 결정해 두었었다.

잔은 리종 이모의 도움을 받으며 하루 내내 기숙사 방의 작은 장롱 속에 옷 가지를 챙겨넣었다. 그 옷장에는 가져온 물건의 4분의 1도 들어가지 않아 그녀는 한 개 더 얻으려고 교장을 만나러 갔다. 서무계 담당자가 불려왔다.

그는 이처럼 많은 속옷이며 옷은 아무 소용도 없고 거추장스럽기만 하다고 주장하며, 규칙을 알려주고 장롱을 더 마련해 줄 수는 없다고 거절했다.

실망한 어머니는 하는 수 없이 가까운 조그만 여관에 방을 하나 빌려 나머지 물건들을 맡겨 놓고, 어린아이가 필요하다고 기별하면 곧 주인이 물건을 풀레에게 전해 주도록 일러두리라고 마음먹었다.

그러고 나서 그들은 배가 드나드는 것을 보려고 부둣가를 한 바퀴 돌았다.

차츰 불이 켜져 가는 거리에 쓸쓸한 저녁이 다가들었다. 그들은 식사를 하러 어떤 음식점으로 들어갔다.

모두들 음식에 입맛이 당기지 않았다. 서로들 눈물어린 눈초리로 바라보는 동안에 요리 접시가 식탁에 놓였다가는 그대로 가득 찬 채로 다시 나갔다. 식사가 끝나자 다시 학교 쪽으로 천천히 걸어갔다. 키가 고르지 않은 아이들이 가족들이나 하인에게 이끌려 곳곳에서 길로 모여들었다. 우는 아이들도 있었다. 희미하게 불을 밝힌 큰 운동장에서도 우는 소리가 들려왔다.

잔과 풀레는 오랫동안 서로 껴안았다. 리종 이모는 당연히 잊힌 채, 손수건으로 얼굴을 가리고 뒤에 서 있었다. 마음이 약해진 남작이 딸을 떼어놓음으로써 이별의 장면을 단축시켰다.

마차는 문 앞에서 기다리고 있었다. 그들은 다시 마차에 올라타 그날 밤으로 레푀플에 돌아왔다.

이따금 흐느껴 우는 소리가 어둠 속을 달려가는 듯했다. 다음 날 저녁때까지도 잔은 울며 지냈다.

그다음 날은 사륜마차에 말을 매고 르아브르를 향해 떠났다. 풀레는 벌써 가족과 떨어져 사는 데 길들여진 듯했다. 그는 태어나서 처음으로 친구들을 두었기 때문에 면회실 의자에 앉아서도 놀고 싶은 생각으로 몸을 꿈지럭거렸다.

잔은 이리하여 하루씩 걸러서 오갔다. 그리고 일요일에는 아들을 외출시키려고 갔다. 휴식시간 사이에 낀 학과시간 동안에는 무엇으로 시간을 보내야 할지 모르면서, 학교를 떠날 기력도 용기도 없어서 풀레가 다시 교실에서 나올 때까지 면회실 의자 위에 앉아 마냥 기다렸다.

교장은 그녀를 자기 방으로 불러들여 그처럼 자주 면회 오지 말아달라고 했다. 그녀는 그러한 충고에도 아랑곳하지 않았다. 그러자 교장은 만일 그녀가 여전히 노는 시간에도 놀지 못하게 하고 언제까지나 어린아이의 마음을 어지럽게 하여 공부를 방해한다면, 학교로서는 부득이 아들을 집으로 돌려보낼 수밖에 없다고 경고했다. 남작도 그러한 통고를 받았다.

그리하여 그녀는 마치 죄수처럼 레푀플에서 감시를 받게 되었다. 그녀는 아들보다 더 초조한 마음으로 매주 휴일을 기다렸다.

하나의 불안이 쉴 새 없이 그녀의 마음을 괴롭혔다. 그녀는 다만 개 마사크르만을 데리고 몽상에 잠긴 채 근처를 떠돌아다니며 며칠씩 보냈다. 이따금 절벽 위에 앉아 바다를 바라보면서 오후를 보내기도 했다. 또 어느 때는 숲을 지나 이포르까지 내려가 추억에서 떠나지 않는 옛 산책길을 다시 걸어보기도 했다. 아! 소녀적 꿈에 취해 이곳을 뛰어다니던 시절은 너무나도 아득하고, 너무나도 오래된 옛일이었다.

아들을 만날 때마다 10년이나 떨어져 있었던 것 같은 생각이 들었다. 아들은 다달이 어른이 되어 가고, 그녀는 다달이 노파가 되어 갔다. 아버지는 그녀의 오빠 같았고, 25살이 되던 해부터 시들어지긴 했으나 조금도 늙지 않은 리종 이모는 그녀의 언니 같았다.

아들은 4학년에서 낙제를 했다. 3학년은 그럭저럭 넘겼으나 2학년 때는 다시 배워야 하기도 했다. 그리하여 20살 때에야 비로소 수사학(修辭學)을 배우게 되었다. 그는 갈색 머리의 키 큰 젊은이가 되었고, 벌써 짙은 턱수염이 난 데다 구레나룻도 군데군데 눈에 띄었다. 이제는 일요일마다 자기가 레푀플로 다니러 왔다. 오래전부터 승마 연습을 하고 있었으므로 말을 빌려 타고 손쉽게 두 시간이면 달려왔다.

아침부터 잔은 이모와 남작과 함께 아들을 마중나갔다. 남작은 점점 허리가 꼬부라져서 조그마한 늙은이처럼 마치 코방아를 찧지 않으려는 듯 뒷짐 지고 있었다.

그들은 길을 따라 천천히 걸으면서 이따금 개울가에 앉아, 아직 말 탄 아들이 보이지 않나 하고 멀리 바라보았다. 하얀 선 위에서 점 같은 아들의 모습이 보이면 세 식구는 저마다 손수건을 흔들었다. 그러면 아들은 질풍같이 말을 몰아왔는데, 잔과 리종 이모는 겁이 나서 가슴을 두근거리고, 할아버지는 신이 나서 힘없는 늙은이의 열광으로 "브라보!" 하고 외쳤다.

폴은 어머니보다 목 하나는 더 컸지만, 그녀는 폴을 언제나 어린아이처럼 다루며 아직도 "발이 시리지 않니, 풀레?" 하고 물었다.

점심식사 뒤 그가 담배를 피우며 돌층계 앞을 산책하거나 하면, 그녀는 창문을 열고 크게 소리쳤다.

"제발 좀 맨머리로 나가지 말아라. 감기 들라."

그리고 밤이 되어 아들이 다시 말을 타고 돌아갈 때면 그녀는 불안에 몸을 떨었다.

"너무 빨리 달려서는 안 된다, 풀레. 조심해라. 네게 무슨 일이 일어나면 절망할 이 가엾은 어미를 좀 생각해라."

어느 토요일 아침 잔은 폴로부터 한 통의 편지를 받았다. 다음 날은 친구들이 마련한 파티에 자기도 초대받아 집에 다니러 올 수 없다는 내용이었다.

그녀는 마치 어떤 불행을 예감한 듯, 그 일요일 하루를 내내 불안에 싸여 지냈다. 목요일이 되자 그녀는 더 이상 참지 못하고 르아브르로 떠났다.

뭐라고 말할 수는 없으나 어쨌든 아들은 달라진 듯싶었다. 활기를 띤 것 같았고, 전보다 어른스러운 목소리로 이야기했다. 그러고는 아주 당연한 듯이 어머니에게 말했다.

"저, 어머니, 이렇게 오셨으니 저는 다음 주일에도 레푀플에 가지 않겠어요. 파티가 또 한 번 있으니까요."

그녀는 마치 아들이 새로운 세계로 떠나겠다고 한 듯 깜짝 놀라서 목이 메어 말이 나오지 않았다. 겨우 입을 열 수 있게 되자 그녀는 물었다.

"아니, 풀레! 무슨 일이냐? 무슨 일이 생겼니?"

그는 웃으며 어머니에게 키스했다.

"아무 일도 아녜요, 어머니. 그저 친구들 하고 놀러가는 거예요. 그럴 나이가 되지 않았어요?"

어머니는 대답할 말이 없었다. 마차 안에 혼자 있게 되자 이상한 생각이 그녀를 괴롭혔다. 그녀는 아들에게서 자기가 생각하는 풀레의 모습을 다시 찾을 길이 없었다. 옛날, 자기의 어린 풀레의 모습은 간 곳이 없었다.

이제야 비로소 그녀는 자식이 커졌다는 것과 이제 자식은 자기의 소유물이 아니며, 늙은이들은 염두에 두지 않고 자기 마음대로 살아가려고 한다는 것을 깨달았다. 더욱이 아들은 단 하루 사이에 완전히 달라져 보였다.

이것이 내 아들이었을까? 자기 의지로 움직이는 이 수염 난 강건한 남자가 옛날 자기에게 샐러드 채소를 옮겨 심게 하던 그 귀여운 어린 자식일까?

그 뒤 석 달 동안 폴은 이따금 가족을 보러 왔으며, 와 있는 동안에는 되도록 빨리 가고 싶어 하는 마음이 한시도 머리에서 떠나지 않는지, 저녁때가 되면 언제나 한 시간이라도 빨리 가려고 애썼다. 잔은 조바심했으나 남작은 늘 그녀를 위로했다.

"그냥 놔둬라. 그 애도 이제는 20살이다."

어느 날 아침 허술하게 차린 한 노인이 독일식 억양이 담긴 프랑스어로 자작 부인에게 면회를 청했다. 그는 예의를 차리는 듯이 딱딱한 인사를 늘어놓고 주머니 속에서 때묻은 지갑을 꺼내 손때묻은 종잇조각을 펼쳐 보였다.

"여기 부인에게 보여드릴 증서를 가져왔습니다."

그녀는 읽고 또 읽고, 그 유대인을 쳐다본 다음 다시 또 한 번 읽어보고는 물었다.

"이것이 무슨 의미지요?"

그 남자는 아첨하듯 설명했다.

"말씀드리겠습니다. 댁의 아드님이 돈이 좀 필요하다고 해서 마님이 좋은 어머니라는 것을 제가 알고 있으므로, 필요하신 만큼 얼마 안 되는 돈을 빌려드렸습니다."

그녀는 몸을 떨었다.

"어째서 저한테 직접 달라고 하지 않았을까요?"

유대인은 길게 설명했다.

그것은 다음 날 오전 중에 갚아야 했던 도박 빚이었는데, 폴은 아직 미성년이었으므로 아무도 그 돈을 빌려주려고 하지 않았고, 따라서 이 유대인이 베푼 조그마한 친절이 없었던들 아들의 명예는 위태로웠을 것이라고 말했다. 잔은 남작을 부르려고 했으나 너무 심한 충격 때문에 일어날 수가 없었다.

그래서 그녀는 고리대금업자에게 말했다.

"미안하지만 초인종을 좀 눌러 주시겠습니까?"

늙은이는 어떤 술책인 줄 알고 두려워서 망설였다. 그는 더듬더듬 말했다.

"지장이 있으시다면 다음에 또 오겠습니다."

그녀는 고개를 가로저으며 아니라고 했다. 남자는 초인종을 눌렀다. 두 사람은 마주 보며 남작을 기다렸다. 남작은 객실에 들어오자마자 사태를 깨달았다. 증서는 1천 4백 프랑이었다.

남작은 1천 프랑을 지급하고 그 남자에게 잘라 말했다.

"두 번 다시 오지 마시오."

남자는 고맙다고 인사하고 가버렸다.

할아버지와 어머니는 곧 르아브르로 떠났다. 그러나 학교에 가보니 폴은 한 달 전부터 학교에 나오지 않는다고 했다. 교장은 잔의 서명이 든 네 통의 편지를 받아가지고 있었다. 그것은 아들이 병에 걸려 있다는 것과 그 뒤의 소식을 알린 편지였다. 편지마다 의사의 진단서가 덧붙여져 있었다. 물론 위조된 것이었다. 두 사람은 놀라서 어리둥절한 채 마주 보며 그 자리에 서 있었다. 교장이 그들을 동정하여 경찰서장에게로 안내해 주었다.

두 사람은 그날 밤 호텔에서 잤다. 이튿날 그들은 그 도시의 어떤 창부집에서 아들을 찾아냈다. 할아버지와 어머니는 폴을 데리고 머나먼 귀로에 말 한 마디 나누지 않고 레푀플로 왔다. 잔은 손수건으로 얼굴을 가린 채 울었다. 폴은 태연한 얼굴로 창밖을 내다보고 있었다.

그들은 폴이 1주일 동안에 1만 1천 프랑의 빚을 졌다는 사실을 알았다. 채권자들은 그가 머지않아 성인이 된다는 것을 알고 있었으므로 아직은 얼굴을 내밀지 않고 있었다.

아무 변명도 듣지 않기로 했다. 애정으로 이 아이의 마음을 다시 잡아보려고 생각했기 때문이었다. 맛있는 요리를 먹고 위로해 주고 비위를 맞추어 주었다.

때는 봄이었다. 잔은 불안하지만 마음껏 뱃놀이를 하라고 폴에게 배 한 척을 빌려주었다. 르아브르로 갈까 봐 말은 내주지 않았다. 폴은 할 일이 없어서 짜증을 부리고, 이따금 난폭한 행동까지 했다. 남작은 그가 학업을 중단한 것을 불안스럽게 생각하고 있었다.

잔은 또다시 헤어질 생각을 하면 정신이 아찔했으나, 그러면서도 앞으로 이 아이를 어떻게 하면 좋을까 혼자 궁리했다.

어느 날 폴은 돌아오지 않았다. 그는 뱃사공 두 사람과 함께 보트를 타고 나갔다고 했다. 어머니는 정신없이 밤중에 모자도 쓰지 않고 이포르까지 뛰어내려갔다. 바닷가에서 너덧 남자가 보트가 돌아오기를 기다리고 있었다. 조그만 불빛이 먼 바다에 나타났다. 그것은 흔들리며 다가왔다. 그러나 폴은 배에 없었다.

폴은 르아브르까지 자기를 실어다주도록 청했다. 경찰이 그를 찾으려고 했으나 끝내 찾지 못했다. 처음에 폴을 숨겨두었던 여자도 가구를 다 팔아 버리고 집세까지 치르고 사라져 버렸다.

레푀플에 있는 폴의 방에서, 폴에게 반한 듯한 여자가 보낸 편지 두 통이 나왔다. 필요한 돈이 준비되었으니 영국으로 여행 가자는 내용이었다.

저택의 세 식구는 정신적인 고뇌의 암담한 생지옥 속에서 묵묵히 침울하게 지냈다. 이미 잿빛으로 변한 잔의 머리칼은 이젠 흰머리가 되어 버렸다. 그녀는 어째서 운명이 이토록 자기를 괴롭히는지 골똘히 생각했다.

그녀는 톨비악 신부로부터 한 통의 편지를 받았다.

부인, 신의 손은 드디어 부인 위에 내려졌습니다. 부인은 자제를 신께 바치기를 거절하셨습니다. 그리하여 신은 자제를 빼앗아 창녀에게 던진 것입니다. 주님의 이 훈계에 눈을 뜨지 않으시렵니까? 주님의 자비는 끝이 없습니다. 다시 신의 발 앞에 와 엎드린다면 신은 구원해 주실 것입니다. 저는 신의 비천한 종입니다. 부인이 오셔서 두드리실 때에는 언제나 부인을 위해 신의 궁전 문을 열어 드리겠습니다.

그녀는 이 편지를 무릎 위에 놓고 오랫동안 앉아 있었다. 이 신부의 이야기는 정말일지도 모른다. 그러자 모든 종교적 의혹이 일시에 그녀의 양심을 분열시키기 시작했다.

신이 인간과 다르게 복수심이나 질투심을 품지 않는다면, 아무도 신을 두려워하지 않을 뿐 아니라 숭배하지도 않을 것이다. 그러고 보면 신은 아마 우리에게 자신의 존재를 더 명확하게 나타내기 위해 인간의 감정을 가지고 군림하고 있는지도 모른다. 그러자 마음이 어지러워져 망설이는 사람들이 하듯이 성당 안으로 밀어넣는 마음 약한 의혹에 이끌려, 어느 날 저녁 해가 지자 그녀는 몰래 사제관을 찾아가 비쩍 마른 신부의 발 앞에 무릎을 꿇고 용서를 빌었다.

신은 남작 같은 사람이 살고 있는 집에 대해서는 모든 은총을 내릴 수 없다고 하면서 신부는 반만의 용서를 약속했다.

신부는 단언했다.

"부인께서는 곧 신이 베푸시는 관용의 결과를 아시게 될 것입니다."

그녀는 정말 이틀 뒤 아들의 편지를 받았다. 가슴이 터질 듯한 고통 속에서 그녀는 이것이야말로 신부가 약속했던 위안의 시초라고 생각했다.

사랑하는 어머니, 근심하지 마십시오. 지금 저는 몸 건강히 런던에 있습니다. 그런데 몹시 돈에 쪼들리고 있습니다. 저희는 지금 한 푼 없이 날마다 굶고 있습니다. 지금 저와 함께 있는, 제가 진정으로 사랑하는 여자는 저와 헤어지지 않겠다는 생각에서 가지고 있던 돈을 다 써버렸습니다. 5천 프랑입니다. 제 명예를 생각해서라도 먼저 이 돈을 갚아줘야 되겠습니다.

제가 머지않아 성년이 되니까, 아버지의 유산 가운데 1만 5천 프랑쯤 미리 주신다면 이 곤경에서 벗어날 수 있을 것입니다. 안녕히 계십시오. 사랑하는 어머니, 마음으로부터 키스를 드립니다.

할아버지와 리종 할머니에게도 안부 전해 주십시오. 곧 다시 만나뵐 것을 바랍니다.

어머니의 아들, 자작 폴 드 라마르

편지를 써 보내다니! 그러고 보면 아직 나를 잊지는 않았구나. 그녀는 자식이 돈을 요구한 것은 생각해 보지도 않았다. 돈이 없다니 보내줘야지. 돈 같은 것은 문제도 아니었다. 편지를 써 보냈는데! 그녀는 기쁨의 눈물을 흘리며 남작에게로 가지고 달려갔다. 리종 이모도 불러왔다. 그리고 편지 내용을 한마디 한마디 뜯어 읽고 또 읽었다. 모두들 한마디 한마디에 대해 의논이 분분했다. 깊은 절망 속이라서 어떤 희망 찬 도취로 뛰어올라간 잔은 폴을 편들었다.

"돌아올 거예요. 그 애가 편지까지 쓴 이상 돌아올 거예요."

그러나 냉정한 남작은 말했다.

"그렇지 않아. 그놈은 계집애 때문에 우리를 떠난 거니까. 그놈은 우리보다도 그 계집애를 더 사랑하고 있는 거야. 그런 짓을 서슴지 않고 한 것을 보면."

그러자 무섭고 급작스러운 고통이 잔의 가슴을 뒤흔들어 놓았다. 그리고 갑자기 자기 자식을 빼앗아간 그 계집애에 대한 증오심이 끓어올랐다. 질투심을 일으킨 어머니의 진정시킬 수 없는 강렬한 증오였다.

그때까지 그녀는 폴에 대해서만 생각하고 있었다. 그런 막된 계집애가 폴을 그르치게 만든 원인이라고는 거의 생각해 보지도 않았다. 그러나 별안간 남작의 이야기가 이 경쟁자의 존재를 깨우쳐 주었고, 그들 사이에 맹렬한 싸움이 벌어졌다는 것을 느꼈다.

그녀는 그런 계집애와 함께 자식을 가지기보다는 차라리 자식을 잃는 편이 낫다고 생각했다. 그리하여 그녀의 모든 기쁨은 허물어지고 말았다. 그들은 1만 5천 프랑을 보냈다. 그 뒤 다섯 달 동안 아무 소식도 없었다.

그러는 사이 쥘리앵의 유산 세목을 따지기 위해 대리인이 왔다. 잔과 남작은 두말없이 쥘리앵의 유산과 어머니에게 돌아오는 용익권(用益權)까지 넘겨주었다. 그리고 대리인이 파리로 돌아가자 폴은 12만 프랑을 받았다.

그는 여섯 달 동안에 네 통의 편지를 보내왔다. 간결한 문체로 요즘 상황을 알려왔으며, 끝은 형식적인 애정의 글귀로 맺어져 있었다. '일자리를 구했습니다. 며칠 안으로 레푀플에 가 뵙겠습니다'고 말했다.

그는 그의 정부에 대해 한 마디도 하지 않았다.

이 침묵은 네 쪽에 걸쳐 자세히 쓴 것 이상의 것을 뜻하고 있었다. 잔은 냉정한 이 편지에서 집요하게 그 여자가 몸을 감추고 있는 것을 느꼈다. 모든 어머니의 영원한 적인 창녀의 존재를 눈앞에 보는 것만 같았다.

고독한 세 사람은 폴을 구해 낼 수 있는 방도를 논의했다. 그러나 방법이 떠오르지 않았다. 파리로 찾아갈 것인가. 그러나 그것이 무슨 소용 있으랴? 남작이 말했다.

"그 애의 정열이 식어버리기를 기다리는 수밖에 도리가 없다. 그렇게 되면 혼자 돌아오겠지."

그들의 생활은 쓸쓸하기 이를 데 없었다. 잔과 리종은 남작 몰래 성당에 드나들었다. 폴에게서는 오랫동안 소식이 없었다.

어느 날 아침 절망적인 편지가 날아들어 세 사람을 깜짝 놀라게 했다.

어머니, 저는 이제 파멸입니다. 만일 어머니가 저를 도와주러 오시지 않는다면 저는 총으로 머리를 쏴버리는 수밖에 없습니다. 틀림없이 성공하리라 믿었던 투기사업에 실패했습니다. 8만 5천 프랑의 빚을 졌습니다. 만일 지급하지 않으면 불명예일 뿐만 아니라 파산당하게 되고 앞으로 제 길은 완전히 막혀 버립니다. 저는 파멸입니다. 거듭 말씀드립니다. 저는 이 치욕을 당하느니 차라리 자살해 버리겠습니다. 한 번도 말씀드리지 않았지만 저의 수호신인 한 여자의 격려가 없었던들 벌써 자살했을 것입니다. 진정으로 키스를 보내드립니다. 사랑하는 어머니, 아마 이것이 마지막이 될지도 모릅니다. 안녕히 계십시오.

폴

이 편지와 함께 넣은 서류 뭉치가 이 투기사업의 실패에 대해 설명해 주고 있었다. 남작은 곧 생각해 보겠다는 답장을 썼다. 그리고 상세한 내막을 알아보기 위해 르아브르로 떠났다. 그리고 토지를 저당잡혀 폴에게 보냈더니, 폴은 곧 돌아가서 식구들에게 키스하겠다는 내용의 편지를 보냈다. 그러나 오지 않았다.

1년이 지나갔다. 잔과 남작은 폴을 만나 마지막 노력을 해보려고 막 파리로 떠나려는 참에, 간단한 편지가 와 그가 런던에 다시 가 있다는 것을 알았다.

폴 드라마르 주식회사라는 이름으로 기선회사 설립 계획을 세우고 있다는 것이었다.

편지 내용은 다음과 같았다.

저에게는 행운이 보장되어 있습니다. 어쩌면 한 재산 손에 쥘지도 모릅니다. 하지만 결코 모험은 아닙니다. 이제부터라도 여러 가지 유리한 점을 아시게 될 겁니다. 이번에 만나뵐 때, 저는 사회적으로 상당한 자리를 차지하고 있을 겁니다. 오늘날 역경을 헤쳐나가는 데는 사업을 하는 길밖에 없다고 생각합니다.

석 달 뒤 기선회사는 파산하고, 지배인은 장부를 위조했다는 혐의로 기소되었다. 잔은 신경발작을 일으키고 그것이 몇 시간 계속되더니 그길로 자리에 누웠다. 남작은 또다시 르아브르로 가서 정보를 모으고 변호사, 대리인, 공증인, 집달리 등을 만난 결과 드라마르 회사의 결손액이 23만 5천 프랑에 이른다는 사실을 알았고, 또다시 가산을 저당잡히지 않을 수 없었다. 레푀플의 저택과 두 개의 농장을 막대한 금액으로 저당잡혔다.

어느 날 저녁 남작은 어느 대리인의 사무실에서 마지막 수속을 밟다가 별안간 졸도하여 마룻바닥에 쓰러졌다.

말 탄 심부름꾼이 잔에게로 달려와 알렸다. 그녀가 그곳에 다다랐을 때 남작은 이미 숨이 끊어진 뒤였다.

그녀는 아버지의 유해를 레푀플로 옮겨왔으나 온몸이 기진맥진했다. 그녀의 고통은 절망이라기보다 차라리 마비상태였다. 두 부인이 필사적으로 탄원해 보았으나 톨비악 신부는 남작의 유해를 성당에 들여보내기를 거절했다.

아무런 종교적 의식도 없이 남작은 해가 떨어진 뒤 매장되었다.

폴은 자기 회사의 파산 청산인으로부터 이 사건의 결말을 들었다. 그는 아직도 영국에 숨어 있었다. 그는 이 불행을 뒤늦게 알아서 올 수 없었다는 변명의 편지를 보냈다.

어쨌든 어머니가 저를 구해 주셨으니 어머니, 저는 프랑스로 돌아가겠습니다. 곧 어머니에게 키스하겠습니다.

잔은 너무나 심한 정신적 허탈상태에 있었으므로 아무것도 의식하지 못했다. 그 겨울이 다 갈 무렵 68살이 된 리종 이모는 기관지염에 걸린 것이 악화되어 폐렴이 되었다.

그녀는 조용히 숨을 거두며 말했다.

"가엾은 잔, 신이 네게 자비를 내리도록 내가 부탁드리겠다."

잔은 묘지까지 따라가 이모의 관 위에 흙이 덮이는 것을 보고, 자기도 죽어서 더 이상 고생하지도 않고 아무것도 생각지 않게 되었으면 하고 바라며 그대로 땅에 주저앉아 버렸다. 그러자 건강한 농사꾼 부인이 두 팔로 그녀를 안아 올려 마치 어린아이를 다루듯이 그녀를 데려갔다.

잔은 이모의 머리맡에서 닷새 밤이나 새웠기 때문에 저택으로 돌아오자 상냥하면서도 위엄 있게 대해 주는 이 낯모를 여자가 하자는 대로 순순히 침대로 끌려들어갔다. 그러고는 피로와 고뇌에 시달려 기진맥진했기 때문에 깊은 잠에 빠졌다.

그녀는 밤중에 깨어났다. 등잔불이 벽난로 위에서 깜빡이고 있었고 한 여자가 안락의자에서 자고 있었다. 이 여자는 누구일까? 그녀는 도무지 알 수가 없었다. 그녀는 깜빡이는 등잔불빛에 자세히 보려고 침대 밖으로 몸을 내밀었다.

낯익은 얼굴이었다. 그러나 언제 어디서 보았을까? 여자는 고개를 한쪽 어깨 위에 떨어뜨리고 모자를 마룻바닥에 뒹굴린 채 무심히 잠들어 있었다. 나이는 마흔이나 마흔 다섯쯤 되어 보였다. 햇볕에 그을어 강하고 억세고 튼튼해 보였다.

크고 두툼한 그 여자의 두 손이 의자팔걸이 양쪽에 늘어져 있었다. 머리털은 잿빛으로 변해 가고 있었다. 잔은 큰 불행에 타격을 받고 열병 환자처럼 잠에 빠졌다가 눈을 떴을 때 느끼는 몽롱한 머리로 집요하게 그녀를 바라보았다. 확실히 잔은 그녀의 얼굴을 본 기억이 났다. 그것은 옛날이었나, 최근이었나? 그러나 분명하게 기억나지 않아 그 의문이 머리에서 떠나지 않고 그녀를 괴롭혔다. 그래서 살며시 일어나 발끝으로 걸어 가까이 가서 그녀의 얼굴을 보았다.

묘지에서 자기를 데려다가 침상에 눕혀준 바로 그 여자였다. 그것도 어렴풋이 생각났다. 그러면 다른 곳에서 만난 적이 있었나? 아니면 다만 깊은 잠에 빠지기 전 마지막 날의 몽롱한 기억 속에서 이 여자를 만났던 것같이 여겨지는 것일까? 그런데 이 여자가 어떻게, 무슨 이유로 내 방에 와 있는 것일까? 그녀는 눈을 뜨고 잔을 보더니 벌떡 일어났다. 그들은 서로 맞닿을 정도로 가까워졌다.

낯선 그녀가 크게 소리쳤다.

"아니, 왜 서 계세요? 그러다 감기 드세요. 자, 어서 다시 누우세요!"

잔은 물었다.

"당신은 누구지요?"

그러나 그 말엔 대답하지 않고, 여자는 팔을 벌리고 아까처럼 잔을 다시 안아올려 남자 같은 힘으로 침대까지 데려갔다. 그러고는 가만히 요 위에 눕히고, 거의 덮쳐누를 듯이 몸을 굽혀 그녀의 뺨이며 머리며 눈에 미친 듯이 키스

하다가 이윽고 울음을 터뜨려 눈물로 잔의 얼굴을 적셨다. 그녀는 중얼거렸다.

"가엾은 아씨, 잔 아씨, 가엾은 아씨, 저를 모르시겠습니까?"

별안간 잔이 외쳤다.

"로잘리!"

그녀는 로잘리의 목을 두 팔로 감고 힘껏 껴안으며 키스했다. 그리고 둘 다 꼭 껴안은 채 서로의 눈물에 젖어 팔을 떼지 못하고 흐느껴 울고만 있었다. 로잘리가 먼저 정신을 차렸다.

"자, 마음을 가라앉히세요. 감기 드시면 큰일이에요."

그녀는 이불을 끌어당기고 침대를 매만지며 베개를 옛 주인의 머리 밑에 대주었다. 옛 주인은 마음속에 치밀어오르는 가지가지의 추억에 온몸을 떨며 여전히 흐느껴 울고 있었다. 잔이 물었다.

"어떻게 다시 왔지?"

로잘리가 대답했다.

"이렇게 되신 줄 알면서 아씨를 혼자 계시게 할 수는 없잖아요!"

"네 얼굴 좀 꼼꼼히 보게 촛불을 켜라."

머리맡 탁자 위에 촛불을 올려놓자, 두 사람은 한참 동안 말없이 마주 바라보았다.

잔은 늙은 하녀에게 손을 내밀며 중얼거렸다.

"나는 정말 몰랐지. 너도 많이 달라졌구나. 하지만 아직 나처럼 달라지지는 않았어."

그러자 로잘리도 자기가 떠날 때는 젊고 아름답고 생기에 넘쳤던 주인아씨가, 지금은 바싹 마르고 시들어서 백발이 된 것을 보고 말했다.

"정말이지 많이 달라지셨습니다. 잔 마님, 엄청나게 달라지셨어요! 못 뵌 지도 벌써 24년이나 되었으니까요."

두 사람은 또다시 생각에 빠져 말이 없었다. 마침내 잔이 떠듬거리며 물었다.

"그래, 너는 행복했니?"

로잘리는 너무나도 고통스러운 어떤 추억을 되살릴까봐 두려운 듯 머뭇거렸다.

"네…… 네…… 저는 그다지 불행하지는 않았습니다. 마님보다는 확실히 행복했습니다. 그저 늘 가슴 아팠던 일은 마님을 모시지 못했다는 것이……."

그녀는 생각이 거기까지 미친 데 깜짝 놀라 입을 다물었다. 그러나 잔이 부드럽게 말을 이었다.

"그렇다고 어쩌겠니? 모든 일이 어디 마음먹은 대로 되니? 너도 지금은 홀몸이지?"

문득 어떤 고뇌가 그녀의 목소리를 떨리게 했다. 그녀는 말을 이었다.

"너는 그 뒤 다른…… 자식을 또 낳았니?"

"아니요, 마님."

"그럼, 그 애는…… 네 자식은 어떻게 됐니? 그 애한테 만족하고 있니?"

"네, 일도 잘하고 아주 좋은 아이입니다. 여섯 달 전에 결혼했지요. 그리고 나 대신 농장을 돌보고 있답니다. 내가 이렇게 다시 와서 있으니까요."

잔은 감동하여 몸을 떨며 중얼거렸다.

"그럼, 너는 다시는 내 곁을 떠나지 않겠지?"

로잘리는 급작스러운 목소리로 말했다.

"물론이에요, 마님. 그러기 위해서 뒤처리도 다 해놓았습니다."

그리고 얼마 동안 두 사람은 말이 없었다.

잔은 자기도 모르게 두 사람의 생애를 비교해 보았다. 그러나 이제는 운명의 부당한 잔혹성에 복종하여 가슴속에 아무 쓰라림도 느껴지지 않았다.

그녀는 물었다.

"네 남편은 네게 어떻게 대해 주었니?"

"좋은 사람이었습니다. 건달은 아니었어요. 돈은 모을 줄도 알았습니다. 그런데 폐병으로 죽었어요."

그러자 잔은 좀더 여러 가지 것을 알고 싶어 침대에서 일어나 앉았다.

"자, 다 이야기 좀 해봐. 네 지나간 모든 생활에 대해 다 이야기해. 이제 내게는 그것만이 위안이 될 거야."

로잘리는 의자를 끌어당기고 앉아 자기 자신과 자기 집과 자신의 세계에 대해 이야기하기 시작했다. 시골사람들이 좋아하는 세세한 곳까지 파고들어 자기 집의 뜰을 그려 주고, 때로는 지나간 행복한 시절을 회상시켜 주는 먼 옛날을 이야기하며 웃고, 차츰 목소리를 높여가며 남을 부려 본 습관에 젖은 농가의 여주인다운 말투로 이야기했다. 그러고는 이렇게 끝맺었다.

"저는 부동산도 있어서 아무 걱정도 없답니다."

그녀는 또 당황하며 낮은 목소리로 말을 이었다.

"다 마님 덕분이지요. 그러니 제가 무슨 돈을 받겠어요? 안 받겠습니다. 그리고 혹시 마음에 안 드신다면 나가겠습니다."

잔은 되물었다.

"하지만 아무 보수도 받지 않고 내 일을 봐주겠다는 말은 아닐 테지?"

"원 별말씀을, 마님도! 돈이라니, 마님이 제게 돈을 주시겠단 말씀입니까? 저에게 마님만큼은 돈이 있답니다. 저당잡힌 것과, 아직 내지 않아 기한마다 늘어나는 빚의 이자를 빼고 나면 얼마나 남는지 아십니까? 모르시지요. 제가 알기로는 1년에 1만 리브르도 채 못 들어올 겁니다. 아시겠지요? 1만 리브르도 채 못 돼요. 하지만 모두 깨끗이 정리해 드리겠습니다."

로잘리는 흥분해 가며 다시 목소리를 높여 이자를 물지 않아 곧 파산할지도 모른다고 말했다. 그러자 민망스러워하는 희미한 웃음이 여주인의 얼굴에 스치는 것을 보고 로잘리는 화를 내면서 소리쳤다.

"웃으실 일이 아녜요, 마님! 돈 없이는 사람 구실을 못 한답니다."

잔은 하녀의 손을 꼭 쥐고는 늘 머릿속에서 떠나지 않는 하나의 관념에 쫓기며 천천히 말했다.

"아! 나는 운이 나빴어. 모든 일이 나에게는 뒤틀어지기만 했지. 재앙이 기를 쓰고 내 생애에 달려들어 다 망쳐 버렸단다."

그러자 로잘리는 고개를 가로저었다.

"그렇게 말씀하시는 게 아닙니다. 이유는 다만 불행한 결혼을 하셨다는 것뿐입니다. 상대편을 모르고 결혼했다고 하여 그렇게 되는 건 아닙니다."

이와 같이 그녀들은 늙은 친구들끼리 하듯이 언제까지나 자기의 신세타령을 하고 있었다.

그들이 이야기를 계속하고 있는데 아침 해가 떠올랐다.

12

로잘리는 1주일 만에 저택 안의 물건들과 사람들을 완전히 지배하게 되었다. 잔은 모든 것을 내맡기고 로잘리가 하자는 대로 했다. 잔은 이제 쇠약해질 대로 쇠약해져, 옛날에 그녀의 어머니가 그랬듯이 다리를 끌며 하녀의 팔에 의지하여 외출했다. 하녀는 천천히 잔을 산책시키며 잔소리도 하고 마치 병든 어린

아이 다루듯 무뚝뚝하나 부드러운 말투로 기운을 북돋아 주었다.

그들은 늘 지난 일을 이야기했다. 잔은 눈물어린 목소리로 말했고, 로잘리는 평범한 시골 여자의 조용한 목소리로 이야기했다. 늙은 하녀는 몇 번이나 난처한 이자 문제를 꺼내, 모든 실무에 어두운 잔이 아들의 일이 부끄러워 숨기고 있는 서류를 자기에게 내달라고 요구했다.

그러고는 1주일 동안 날마다 페캉에 가서 자기가 잘 아는 변호사에게서 상세한 설명을 들었다.

어느 날 저녁 로잘리는 주인을 침대에 눕힌 뒤 자기는 침대머리에 앉더니 불쑥 말했다.

"자, 누우셨으니 같이 이야기 좀 하지요."

그녀는 지금 상태를 설명했다. 빚을 갚고 나면 7, 8천 프랑의 연수입이 남으며 남은 것은 모두 그것뿐이라고 했다.

잔은 대답했다.

"그래, 어떻단 말이냐? 나는 오래 살지 못한다. 죽을 때까지 그거면 충분해."

로잘리는 화를 냈다.

"그야 마님은 충분할지 모르지요. 하지만 폴 도련님에게는 한 푼도 안 남겨주실 작정입니까?"

잔은 몸서리쳤다.

"제발 그 애 이야기는 하지 말아다오. 생각만 해도 가슴이 아파 못 견디겠다."

"하지만 말씀드려야겠습니다. 마님은 마음이 약하니까 말입니다. 잔 마님, 폴 도련님은 지금도 난봉을 피우고 있어요. 그러나 언젠가는 끝장날 겁니다. 그렇게 되면 결혼도 하고 어린아이도 낳으실 테지요. 그 아이들을 키우려면 돈이 있어야 합니다. 잘 들으십시오. 마님은 레푀플을 파셔야 합니다."

잔은 침대에서 펄쩍 뛰어 일어나 앉았다.

"레푀플을 팔다니! 그게 무슨 말이냐? 안 된다. 절대로 안 돼."

그러나 로잘리는 눈썹 하나 까딱하지 않았다.

"파셔야 합니다, 마님. 어쩔 수 없는 일입니다."

로잘리는 그래야 될 이유와 또 자기의 재산 계획을 설명했다. 일단 레푀플과 거기에 딸린 두 개의 농장을 팔아버리고 생레오나르에 있는 네 개의 농장을 가지고 있으면, 이것만은 저당에서 빠졌으니까 연 8천 3백 프랑의 수입이 들어

올 것이며 그것을 살 사람은 이미 자기가 구해 놓았다고 말했다. 연 1천 3백 프랑은 부동산의 수리나 유지비로 떼어놓고, 나머지 7천 프랑 가운데서 5천 프랑을 1년의 생활비로 하고 2천 프랑은 비상금으로 저축해야 한다고 말했다.

로잘리는 덧붙였다.

"그 밖의 것은 다 먹혔습니다. 마지막이에요. 이제부터는 제가 열쇠를 맡겠습니다. 그리고 폴 도련님에게 아무것도 못 드리겠습니다. 그렇지 않으면 한 푼도 남기지 않고 빼앗아갈 겁니다."

잔은 조용히 흐느껴 울다가 중얼거렸다.

"하지만 혹시 먹을 것도 없다면?"

"시장하시다면 집에 오셔서 잡수시면 되지요. 언제나 잠자리와 잡수실 것은 준비해 두겠습니다. 처음부터 한 푼도 드리지 않았더라면 그런 난봉은 피우지 않으셨을 것입니다."

"하지만 그 애는 빚을 졌었단다. 그것을 갚지 않으면 욕보게 될 지경이었어."

"마님이 한 푼도 없게 되면 그것으로 폴 도련님의 난봉이 없어질까요? 지금까지는 지급하셨습니다. 그건 좋습니다. 그러나 이제부터는 한 푼도 드리지 못합니다. 그러면 안녕히 주무세요, 마님."

그리고 로잘리는 나가 버렸다. 레푀플을 팔고 자기의 온 생애가 깃들어 있는 이 집을 떠나 다른 곳으로 가야 한다는 생각에 잔은 잠을 이루지 못했다.

이튿날 로잘리가 방 안에 들어오자 잔은 말했다.

"아무래도 나는 여기를 떠날 결심이 서지 않는다."

하녀는 화를 냈다.

"하지만 그렇게 하셔야 해요. 공증인이 곧 이 저택을 사겠다는 사람을 데려올 겁니다. 그렇게라도 하지 않으시면 4년 뒤에는 한 푼도 남지 않아요."

잔은 얼빠진 채 되풀이했다.

"나는 못 하겠어, 나는 아무래도 못 하겠어."

한 시간 뒤에 우편배달부가 1만 프랑을 요구하는 폴의 편지를 갖다주었다. 어떻게 할 것인가?

잔은 넋이 다 빠져서 로잘리와 상의했다. 로잘리는 두 팔을 치켜들며 말했다.

"제가 뭐라고 말했습니까? 마님, 아! 제가 오지 않았더라면 두 분 다 빈털터리가 될 뻔했습니다."

잔은 로잘리가 시키는 대로 아들에게 다음과 같은 답장을 썼다.

사랑하는 내 아들아.

나는 이제 어쩔 수가 없다. 너는 나를 파산시켰단다. 레푀플마저도 팔지 않으면 안 되게 되었다. 하지만 네가 그토록 고생시킨 너의 늙은 어머니 곁으로 잠자리를 구하러 온다면, 나는 언제라도 네 몸을 의지할 곳만은 마련하고 있다는 것을 잊지 말아라.

그리고 공증인이 전직 제당(製糖)업자였던 조프랭 씨를 레푀플 집에 데려왔을 때, 잔은 몸소 그들을 맞아들여 꼼꼼히 모든 것을 보도록 안내했다.

한 달 뒤 잔은 매도계약서에 서명하고 곧 바트빌 마을에 있는 작은 살림집 한 채를 샀다. 그 집은 고데르빌에서 가까웠으며, 길이 몽티빌리에로 이어져 있었다.

이사하기 전에 잔은 늘 저녁때까지 혼자 어머니의 가로수길을 산책했다. 가슴이 찢어지는 듯 마음이 쓰려서 비탈길과 나무들과 플라타너스 아래에 놓인 벌레 먹은 긴의자 등, 자기 눈이나 마음에 박힌 너무나 낯익은 모든 것들, 숲, 그리고 쥘리앵이 죽던 무서운 날 푸르빌 백작이 바다 쪽으로 달려가는 것을 바라보았던, 그리고 그녀가 곧잘 앉아서 광야를 내려다보던 그 언덕과, 늘 기대던 가지 부러진 느릅나무와, 이 정든 뜰에 대해 절망하듯이 흐느끼며 이별의 말을 했다.

로잘리가 나와서 그녀의 팔을 잡아 안으로 데리고 들어왔다. 25살쯤 된 건장한 농부가 현관문 앞에서 기다리고 있었다. 그는 이미 오래전부터 알고 있었다는 듯 다정스럽게 그녀에게 인사했다.

"안녕하십니까, 잔 마님! 어머니가 이사짐을 거들어 드리라고 했지요. 어떤 것을 옮기려는지 알고 싶어서요. 밭일에 방해되지 않게 틈틈이 날라다 드리겠습니다."

그는 로잘리의 아들이었다. 쥘리앵의 자식이며 폴의 형이었다. 그녀는 가슴의 고동이 멈추는 것 같았다. 잔은 이 젊은이에게 키스해 주고 싶었다. 혹시 남편이나 자기 아들을 닮지 않았을까 생각하며 그녀는 그의 얼굴을 찬찬히 훑어보았다. 그는 얼굴이 붉고 억세며 자기 어머니를 닮아 머리털은 갈색이고 눈은 푸른색이었다. 그러면서도 어딘지 모르게 쥘리앵을 닮았다. 어디가 닮았을까! 꼭 집어낼 수는 없었다. 그러나 틀림없이 어딘지 닮은 것 같기는 했다. 젊은이는 말을 이었다.

"지금 곧 일러주셨으면 좋겠습니다만."

잔은 이사할 집이 아주 작아서 무엇을 가져갈지 작정하지 못하고 있으니 주말에 다시 한 번 와달라고 부탁했다. 그러자 이사할 생각이 머리에 가득 찼고, 암담하고 희망 없는 생활이 서글픈 위안이 되었다.

잔은 갖가지 일들을 상기시켜 주는 가구들을 살피며 이 방 저 방 돌아다녔다.

모두 자기 생활의 일부가 되고 친구가 되어버린 가구들은 어렸을 때부터 잘 알고 있으며, 거기에는 자신의 기쁨과 슬픔의 추억이 연결되고 자기 역사의 날짜가 붙어 있는 것이다. 그것들은 즐거울 때나 우울할 때나 자신의 말없는 반려자였으며, 자기 곁에서 낡고 해어져 겉은 여기저기 구멍이 나고 안은 찢어지고 마디는 어그러졌으며 빛이 바랬다.

그녀는 이것을 하나하나 추려냈다. 몇 번이나 주저하고, 중대한 결심을 해야 되는 일인 것처럼 망설이면서, 일단 결정한 것도 다시 생각해 보았다. 두 개의 안락의자 가치를 평가하고, 또 서랍 달린 낡은 책상과 사무용 탁자를 서로 비교하기도 했다. 그리고 서랍을 하나하나 열어 보고는 온갖 추억을 그 속에서 찾아냈다.

그리고 나서 "그래, 이걸 가져가기로 하자"고 완전히 정하면 그것을 식당으로 내려보냈다. 그녀는 자기 방의 가구는 침대나 벽걸이 등을 모두 가져가겠다고 했다.

그녀가 어렸을 때부터 좋아한 여우와 두루미, 여우와 까마귀, 매미와 개미, 그리고 침울한 왜가리 등이 그려진 몇 개의 객실 의자도 가져가기로 했다.

잔은 얼마 뒤에 떠나게 될 이 집의 구석구석을 돌아보다가 어느 날은 다락으로 올라가 보았다. 그러고는 깜짝 놀라 그 자리에 서 버렸다. 가지각색의 물건들이 어수선하게 쌓여 있었기 때문이었다. 어떤 것은 부서져서, 어떤 것은 그저 더럽혀져서, 또 어떤 것은 마음에 들지 않았다든가 다른 물건과 바뀌었다는 이유로 이곳에 올려다 놓았던 것이다.

옛날에 보아왔던 자질구레하고 숱한 잡동사니가 눈에 띄었다. 늘 자기가 써

왔으나 자기도 모르게 갑자기 사라져 버린 하찮은 물건들, 그리고 15년 동안이나 자기 곁에 굴러다니던 오래되고 아무것도 아닌 그 자질구레한 물건들을 그녀는 한 번도 눈여겨보지 않았던 것이다.

잔은 이 다락방 안에서 뜻밖에 그것들을 보니 오랫동안 잊어버렸던 허물없는 친구를 다시 만난 듯 감격스러웠다. 자기가 처음 이곳에 왔을 때 그 가구들이 놓여 있던 장소가 그대로 되살아났기 때문이었다. 그녀는 이 물건들을 보면서 오랫동안 서로 마음을 털어놓지 않으면서 그저 만나러 오던 사람이, 어느 날 저녁 우연히 말끝에 이야기를 시작하여 상대편이 전혀 생각해 보지 않았던 마음의 밑바닥을 내보이는 것과 같은 인상을 받았다.

그녀는 가슴을 설레며 하나하나 둘러보고 중얼거렸다.

"이것은 내가 결혼하기 며칠 전 밤에 깨뜨린 중국 찻잔이구나! 아, 어머니의 등잔. 아버님이 비 맞아 불어난 뻑뻑한 문을 여시다가 부러뜨린 단장도 여기 있구나."

그녀가 못 보던 물건들도 많았다. 할아버지 시대의 것인지 증조할아버지 시대의 것인지 그녀로서는 전혀 기억이 없는 것들이었다. 그것들은 자기들의 시대와는 다른 시대로 추방당한 듯 먼지투성이였다.

그들은 팽개쳐져 있는 것을 슬퍼하는 것처럼 보였다. 아무도 그 역사와 변천을 모르고, 아무도 누가 그것을 골라 사가지고 아꼈는지 어루만졌는지 즐겁게 그것을 바라보았는지 모르는, 무심하게 버려진 것들이었다. 잔은 겹겹이 쌓여 있는 먼지 위에 손자국을 내며 그것을 만져보고 뒤적거려 보았다. 지붕에 난 몇 개의 유리창으로 새어 들어오는 침침한 햇빛 아래에서 잔은, 그와 같은 고물에 둘러싸여 한참 동안 우두커니 서 있었다. 뭔가 생각나는 것이 없나 하고 다리가 세 개 달린 의자를 살펴보고, 구리로 만든 보온기며, 낯익고 찌그러진 발 쬐는 난로며, 쓰지 않는 부엌 살림도구 등을 유심히 들여다보았다.

이리하여 그녀는 가져가려는 물건을 따로 옮겨놓고, 아래로 내려가서 로잘리를 시켜 그것들을 가지고 내려오라고 했다. 로잘리는 화를 내며 '그런 허섭스레기'를 가져오는 것을 거절했다. 그러나 잔도 이번만은 고집을 부려 자기의 뜻에 따르도록 했다.

어느 날 아침 쥘리앵의 아들인 젊은 농부 드니 르코크가 짐을 싣기 위해 마차를 끌고 왔다. 짐 부리는 것을 감독하고 가구를 정돈해 놓기 위해 로잘리도 따라갔다. 혼자 남게 되자 잔은 발작을 할 듯한 절망감에 사로잡혀 저택의 방들을 돌아다녔다.

격렬한 애정이 솟아올라 함께 가져갈 수 없는 모든 물건들에 키스했다. 객실 벽걸이의 큰 백조, 오래된 촛대, 그 밖에 눈에 띄는 모든 것에 키스했다. 그녀는 눈을 번쩍이며 이 방에서 저 방으로 돌아다녀 보고, 이번에는 바다와 이별하려고 밖으로 나왔다.

9월 끝무렵이었다. 무겁게 내려앉은 잿빛 하늘이 온 세상을 덮어누르는 듯했다. 슬픈 듯 누르스름한 빛을 띤 물결이 눈길 가는 곳까지 펼쳐져 나갔다. 잔은 가슴을 에는 듯한 갖가지 추억을 머릿속에 지닌 채 오랫동안 절벽 위에 서 있었다.

이윽고 어둠이 내리깔리자, 그녀는 그날 하루 사이에 이제까지 겪어온 온갖 쓰라린 고통을 모두 하나로 모은 것만큼의 슬픔을 느끼면서 집으로 돌아왔다. 로잘리가 와서 기다리고 있다가 잔이 들어오자, 동떨어진 이 커다란 궤짝 같은 집보다는 새집이 마음에 들고 살맛이 난다고 말했다.

잔은 밤새도록 울었다.

저택이 팔렸다는 사실을 알고 나서부터는 소작인들도 잔에게 필요 이상의 존경을 보이지 않았으며, 아무 까닭도 없이 자기들끼리 그녀를 "미친 여자"라고 불렀다. 그것은 아마 그 무지한 인간의 본능에서, 점점 심해져가는 잔의 병적인 감상과 지나친 망상과 불행에 뒤흔들린 애절한 마음의 온갖 혼란을 알아차렸기 때문이었을 것이다.

떠나기 전날 밤 잔은 우연히 마구간에 들어가 보았다. 그녀는 동물의 울음소리에 깜짝 놀랐다. 그것은 몇 달 동안 거의 생각하지 않고 있었던 마사크르였다. 개의 보통 수명으로는 더 이상 살기 어려운 나이가 되어 눈도 멀고 말도 듣지 않는 몸으로, 아직도 짚 침대 위에서 살고 있었다. 언제나 이 개를 잊지 않고 뤼디빈이 먹을 것을 갖다주고 있었다. 잔은 개를 들어올려 입맞추고 다시 집 안으로 데리고 들어갔다. 절구통처럼 살이 쪄서 옆으로 뒤둥그러진 굳은 다리로 겨우 몸을 끌며 어린아이의 장난감 개처럼 짖고 있었다.

드디어 마지막 날이 밝았다.

잔은 옛날 쥘리앵의 방에서 잤다. 그녀의 방은 가구를 모두 옮겨갔기 때문이었다. 그녀는 마치 먼 길을 달리고 난 뒤처럼 기진맥진하여 숨을 헐떡이며 침대에서 일어났다. 트렁크며 그 밖의 가구를 실은 마차는 뜰 안으로 들어와 벌써 짐을 싣고 있었다. 또 한 대의 이륜마차가 그 뒤에 서 있었는데, 여주인과 로잘리를 태우고 갈 마차였다.

시몽 영감과 뤼디빈만은 새 주인이 올 때까지 남아 있다가 그 뒤에는 저마다 친척 집에 가서 몸을 맡기기로 되어 있었다. 잔은 그들에게 연금을 마련해 주었다. 게다가 그들은 저축도 하고 있었다. 이제는 잔소리만 늘어놓는 늙어빠진 쓸모없는 종들이었다. 마리우스는 아내를 얻어 벌써 오래전에 이 집을 떠났었다.

8시쯤 비가 내렸다. 바닷바람에 휩쓸려오는 차디찬 보슬비였다. 마차에는 포장을 씌워야 했다. 벌써 낙엽이 흩날리기 시작했다. 부엌 식탁 위에 놓인 커피 잔에서 김이 모락모락 피어오르고 있었다. 잔은 자기 잔 앞에 앉아 몇 모금 마시더니 일어나면서 말했다.

"자, 떠나지!"

그녀는 모자를 쓰고 숄을 두른 다음 로잘리가 고무장화를 신겨 주는 동안 목멘 소리로 말했다.

"우리가 루앙을 떠나 이리로 올 때 얼마나 비가 많이 왔는지 너는 생각나니?"

잔은 말을 마치자 갑자기 경련을 일으키며 두 손을 가슴에 대고 뒤로 쓰러져 의식을 잃었다. 한 시간 이상이나 그녀는 마치 죽은 듯 꼼짝 못 하고 누워 있었다. 이윽고 차츰 의식을 회복했으나 너무나도 힘이 빠져 일어설 수도 없었다. 그러나 떠나는 것을 미루었다가는 또다시 발작을 일으킬까 두려워 로잘리는 급히 출발하려고 아들을 찾으러 나갔다. 그들은 잔을 부축해서 안아다가 마차 안으로 들어올려 초를 칠한 가죽을 깐 나무의자 위에 앉혔다. 늙은 하녀는 잔 곁에 앉아 그녀의 다리를 싸주고, 망토로 어깨를 덮어주었다. 그런 다음 머리 위로 우산을 펴들고 외쳤다.

"빨리! 드니, 어서 떠나자."

젊은이는 자기 어머니 곁으로 기어올라와 앉았다. 자리가 좁아 겨우 엉덩이만 붙이고 서둘러 말을 몰았다. 말이 속력을 내자 두 여인은 위로 튀어올랐다. 말이 모퉁이를 돌자 큰길에서 왔다 갔다 하는 남자 모습이 눈에 띄었다. 이 출발을 엿보고 있는 듯한 톨비악 신부였다.

그는 마차가 지나가도록 걸음을 멈추었다. 흙물이 튈까봐 한 손으로 사제복을 들어올렸기 때문에 검정 양말을 신은 마른 정강이 끝으로 큼직한 진흙투성이 구두가 드러나 보였다.

잔은 그의 눈길과 마주치지 않도록 고개를 숙였으나 모든 일을 알고 있는 로잘리는 분노를 참지 못했다.

"못된 놈, 못된 놈."

그녀는 자기 아들의 손을 잡으며 말했다.

"채찍으로 한 대 후려갈겨라."

그 젊은이는 그렇게 하지 않았으나 마침 신부 앞을 전속력으로 달리는 마차 바퀴가 별안간 구덩이 속으로 빠졌기 때문에, 흙탕물이 잔뜩 튀어올라 신부의 발끝에서 머리끝까지 뒤집어씌웠다. 로잘리는 아주 통쾌해하면서 몸을 돌려 큰 손수건으로 흙탕물을 닦고 있는 신부에게 주먹질을 했다.

5분쯤 달리다가 갑자기 잔이 외쳤다.

"마사크르를 잊고 왔구나!"

마차를 세우고 드니가 개를 가지러 달려간 동안 로잘리가 고삐를 잡고 있었다. 이윽고 젊은이가 두 팔에 털이 빠져 못생긴 개를 안고 돌아와, 두 부인의 치마폭 사이에 놓았다.

13

두 시간 뒤 마차는 조그만 벽돌집 앞에 다다랐다. 이 집은 큰길 주변에 있는 물레 모양의 배밭 한가운데 자리잡고 있었다.

인동덩굴과 여러 덩굴이 위로 뻗어올라간 나무둥치들을 엮은 정자 네 개가 뜰의 네 귀퉁이를 이루고 있었다. 그 뜰에는 몇 개의 조그마한 채소밭이 있고, 그 채소밭 사이로 뻗어나간 길 양옆에 과일나무가 늘어서 있었다.

높다란 산들이 울타리처럼 사방에서 이 지대를 둘러싸고 있었으며, 한 개의 밭이 이웃집 농장과 경계를 이루고 있었다. 이 집에서 백 걸음쯤 앞쪽 길가에 대장간이 있었다. 그 밖에는 아주 가까운 마을이라도 1킬로미터나 떨어져 있었다.

어느 쪽을 둘러보나 코 지방의 광막한 평야가 펼쳐지고, 사과나무 숲이 잘 가꾸어져 있었다. 그 숲 사방으로 난 길가에는 큰 나무들이 두 줄로 늘어서 있고 농가들이 이곳저곳에 흩어져 있었다.

잔은 도착하자 곧 쉬고 싶다고 했지만, 로잘리는 또다시 그녀가 망상에 빠질까 두려워 듣지 않았다.

고데르빌에서 목수가 필요한 설비를 하려고 미리 와 있었다. 마지막 짐마차가 올 동안에, 이미 날라온 가구를 정돈하고 늘어놓기 시작했다. 오랫동안 곰곰이 생각하고 판단해야 될 일거리들이었다.

짐마차가 한 시간쯤 뒤 울타리문 앞에 다다랐다. 빗속에서 짐을 풀어야만 했다. 해가 졌을 때 집 안은 아무렇게나 쌓아올린 짐짝으로 엉망진창이었다. 잔은 몹시 지쳐서 침대에 눕자마자 곧 잠들어 버렸다.

그 뒤 며칠 동안 잔은 일에 파묻혀 생각에 잠길 겨를도 없었다. 아들이 돌아오리라는 생각이 언제나 그녀의 머릿속에서 떠나지 않았기에 새집을 아름답게 꾸미는 데 어떤 기쁨마저 느꼈다.

옛날에 방에다 둘렀던 벽걸이 장식은 식당 겸 객실로 쓸 방에다 둘렀다. 2층에 있는 두 방 가운데 하나는 특히 정성껏 꾸며 놓았는데, 그녀는 마음속으로 그 방을 풀레의 방이라고 이름붙였다. 두 번째 방은 잔이 쓰기로 했다. 로잘리는 그 위의 다락방 한편에서 살게 되었다.

정성껏 손질한 작은 집은 아담해졌다. 자신도 알 수 없는 무엇인가가 부족하기는 했지만 처음 얼마 동안은 이 집이 마음에 들었다.

어느 날 아침 페캉의 공증인 서기가, 레푀플에 남기고 온 가구들을 어떤 고물상이 평가한 금액인 3천 6백 프랑을 가져왔다. 그녀는 돈을 받으며 기쁨에 몸을 떨었다. 그 남자가 가자 곧 모자를 쓰고 고데르빌로 가서 이 뜻밖의 돈을 폴에게 부쳐주려고 했다.

그러나 큰길을 총총대며 걸어가는 도중에 그녀는 장보러 갔다오는 로잘리와 마주쳤다. 하녀는 금방 진상을 눈치채지는 못했으나 수상스럽게 생각했다. 잔은 그녀에게만은 아무것도 숨길 수 없어 사실을 털어놓자 로잘리는 바구니를 내려놓았다. 로잘리는 주먹으로 허리를 짚고 큰 소리로 지껄이더니, 오른손으로 주인을 잡고 왼손으로는 바구니를 들고 집을 향해 걸어갔다.

집으로 돌아오자 로잘리는 돈을 내놓으라고 했다. 잔은 6백 프랑만을 남겨놓고 내주었으나, 곧 수상하게 여긴 하녀에게 그 꾀도 발각되어 모두 내주어야만 했다.

그러나 로잘리는 그 6백 프랑만은 폴에게 부쳐줄 것을 허락했다. 며칠 뒤 폴에게서 감사하다는 답장이 왔다.

　사랑하는 어머님, 덕택으로 큰 도움이 되었습니다. 마침 곤궁에 빠져 있었던 참입니다.

잔은 아무래도 바트빌에 길이 들지 않았다. 옛날처럼 자유로이 숨쉴 수 없을 것 같았고, 전보다 더욱 고독하고 버림받은 듯한 기분이었다. 그녀는 한 바퀴 산책하려고 곧잘 밖으로 나갔다. 베르뇌유 마을까지 갔다가 트루아 마르를 지나 되돌아왔는데, 일단 집에 돌아오면 정작 가서 돌아보고 싶었던 곳을 빠뜨린 것 같아 다시 한 번 나가고 싶어서 또 일어났다.

이 이상한 욕구의 원인이 무엇인지 그녀는 알지 못했으나 날마다 그것을 되풀이했다. 어느 날 저녁 무심히 입에 담은 한마디가 그녀의 불안한 마음의 비밀을 들춰내 주었다.

그녀는 저녁식사를 하려고 앉으면서 저도 모르게 말했던 것이다.

"아, 바다가 보고 싶다!"

무엇인가 그토록 강한 부족감을 주었던 것은 바다였다. 25년 동안 그녀의 큰 이웃이었던 바닷바람과 포효와 열풍을 품은 바다, 밤낮으로 함께 호흡하고 친근하게 느끼며 자기도 모르는 사이에 인간을 대하듯 사랑했던 바다였다.

마사크르는 여전히 불안한 상태로 지냈다. 도착한 날 밤부터 부엌 안 창문 밑에 자리를 잡은 뒤 움직이지 못했다. 하루 종일 거의 꼼짝하지도 않고 이따금 가느다란 신음 소리를 내면서 돌아누울 따름이었다. 그러나 밤이 되자마자 일어나 벽에 이리저리 부딪치며 뜰의 문 쪽으로 몸을 끌고 가서 몇 분 동안 있다가 다시 들어와 따뜻한 난로 옆에 앉았다. 그러고는 주인이 침상으로 들어가기가 무섭게 짖어댔다.

개는 애처롭고 슬픈 목소리로 밤새도록 짖었다. 이따금 한 시간쯤 쉬었다가는 더한층 가슴을 에는 듯한 목소리로 다시 짖어댔다. 그래서 집에 있는 빈 통에다 잡아 가두었다. 그러자 이번에는 바깥쪽 창문 밑에서 빈 통에 들어앉아 짖어댔다.

얼마 안 가 개가 당장 죽을 것 같아 다시 부엌에 들여놓았다. 분명히 제 집이 아니라는 것을 알고 개의 본능으로 이 낯선 집의 방향을 알아보겠다는 듯, 쉴 새 없이 끙끙거리며 짖어대는 늙은 개의 몸부림치는 소리에 아무래도 잔은 진정할 수가 없었다.

개는 만물이 살아 움직이고 있을 대낮에는 먼눈과 온전하지 못한 의식 때문에 행동이 제지되는 듯 움직이지 않고 잠만 자다가, 마치 만물을 장님으로 만드는 어둠 속에서만 살아 움직이는 듯, 해가 떨어지고 어둠이 다가오면 이리저리 쉴 새 없이 헤매었다.

어느 날 아침에 보니 개는 죽어 있었다. 모두들 안도의 숨을 내쉬었다.

겨울이 다가왔다. 잔은 어쩔 수 없는 절망에 빠지는 것을 느꼈다. 그것은 마음을 쥐어뜯는 것 같은 날카로운 고통이 아니라 암담하고 침울한 슬픔이었다.

무엇 하나 마음을 풀어주는 것이 없었다. 아무도 그녀를 거들떠보는 사람이 없었다. 문 앞 큰길은 오른쪽을 보나 왼쪽을 보나 늘 인적 없이 한적하게 멀리 뻗어 있었다.

이따금 이륜마차가 재빨리 달려갔다. 얼굴이 붉은 남자가 고삐를 잡고 있었는데, 그의 작업복은 달리는 바람에 부풀어 푸른 풍선처럼 보였다. 더러는 짐마차가 천천히 지나가기도 했다. 멀리서 두 농부가 걸어오는 모습이 보일 때도 있었다. 한 사람은 남자고 한 사람은 여자였는데, 지평선에 조그맣게 나타나서는 점점 커지다가 집 앞을 지나가 버리면 다시 작아지고 저 멀리 눈길 닿는 데까지 뻗어나간 흰 선의 맨 끝에 가서는 두 마리의 벌레만 한 크기로 땅의 부드러운 기복을 따라 올라갔다 내려갔다 했다.

풀이 나기 시작하면서 짧은 스커트를 입은 소녀가 매일 아침 길 옆의 개울을 따라가면서, 풀을 뜯는 비쩍 마른 소 두 마리를 끌고 울타리 앞을 지나갔다. 그 소녀는 저녁때가 되면 역시 아침처럼 졸린 듯한 걸음걸이로 10분에 한 발짝씩 옮겨 놓으면서 소의 뒤를 따랐다.

아직도 잔은 밤마다 레푀플에 사는 것 같은 꿈을 꾸었다. 예전처럼 아버지, 어머니와 함께 있으며, 때로는 리종 이모와 같이 있을 때도 있었다. 그녀는 이미 잊힌 일을 되풀이하여 떠올리기도 하며, 가로수길을 걸어가는 어머니 아델라이드 부인을 부축하고 있는 듯 생각하기도 했다. 그리하여 눈을 뜰 때면 눈물이 솟아올랐다.

그녀는 언제나 폴을 생각하고 있었다. "그 애는 무엇을 하고 있을까? 지금은 어떻게 지내고 있을까? 이따금 나를 생각할 때도 있을까?" 하고 자신에게 물어 보기도 했다.

농장 사이의 낮은 길을 천천히 걸어가면서 그녀는 자기를 괴롭히는 그런 생각들을 머릿속에 떠올려 보았다. 그러나 무엇보다도 고통스러운 것은 자기에게서 아들을 빼앗아간 저 낯모를 여자에 대한 억누를 수 없는 원망의 질투심이었다.

이 증오가 그녀를 잡아묶어 아들을 찾아가지 못하게 하는 유일한 방해물이었다. 아들의 정부가 대문에 서서 자기를 보고 "무슨 일로 오셨지요, 부인?" 하고 묻는 모습이 눈에 보이는 듯했다. 어머니로서의 긍지는 그렇게 만날 가능성만으로도 심한 분노를 느끼게 했다.

순결하고 오만한 자만심과 티끌 하나 없는 잔은, 육체적인 사랑으로 마음까지 더럽혀진 남자의 온갖 행위가 더욱 분노를 자아내게 했다. 성의 더러운 비밀과 인간을 타락시키는 포옹과 불가분한 인연으로 맺어진 남녀 사이를 생각하면, 잔은 마땅히 있어야 하는 인간의 신비한 세계가 불결한 것으로 여겨졌다.

또다시 봄과 여름이 지나갔다. 지루한 비와 잿빛 하늘, 침침한 구름과 더불어 가을이 돌아왔을 때, 잔은 옛날처럼 풀레를 자기 것으로 만들기 위해서는 온갖 노력을 다 해보겠다고 마음먹을 만큼 일상의 삶에 권태를 느끼기 시작했다. 그만하면 이제 젊은이의 정열도 식었을 것이다. 그녀는 눈물겨운 편지를 아들에게 보냈다.

사랑하는 내 아들아.

나는 네가 내 곁으로 돌아와 주기를 간곡히 부탁하겠다. 이 어미가 늙고 병들어 1년 내내 하녀와 단둘이서 살아가고 있다는 것을 좀 생각해 보렴. 나는 큰길가의 작은 집에서 살고 있단다. 매우 서글픈 나날을 보내고 있지. 하지만 네가 내 곁으로 와주기만 한다면 모든 것이 달라질 듯싶구나. 이 세상에 가진 것이라고는 너밖에 없는데 7년 동안 너 없이 살아왔으니! 너 없이 이 어미가 얼마나 불행했는지, 얼마나 내 마음을 네게 의지해 왔는지, 너는 상상도 못 할 것이다. 너는 나의 생명이요, 꿈이요, 유일한 희망이요, 유일한 사랑의 대상이었단다. 그런데 너는 나를 배반했고, 나를 버렸다. 오! 돌아와다오.

나의 귀여운 폴레, 돌아와서 네 어미에게 키스해 다오. 마지막 소원으로 팔을 뻗치고 있는 이 늙은 어미에게로 돌아와다오.

잔

그는 며칠 뒤에 답장을 보내왔다.

　사랑하는 어머님.

　찾아가서 뵐 수만 있다면 얼마나 좋겠습니까? 그러나 저는 지금 한 푼도 없습니다. 얼마쯤이라도 부쳐주신다면 가겠습니다. 그렇지 않아도 어머니가 바라시는 대로 할 계획을 말씀드리러 갈 참이었습니다. 제가 궁핍한 생활을 하는데도 저의 반려자인 여자가 제게 쏟는 사심 없는 애정은 여전히 무한합니다. 이처럼 충실한 애정과 헌신을 공적으로 인정하지 않고 더 이상 내버려둘 수는 없을 것입니다. 어머니께서 보시면 아시겠지만 예의범절도 바릅니다. 교양도 있고, 책도 많이 읽고 있습니다.

　어쨌든 이 여자가 저에게 어떻게 했는가 하는 것은 어머니로서 생각도 못 하실 겁니다. 만일 제가 그 여자에게 감사의 뜻을 나타내지 않는다면 저는 짐승이나 다름없습니다. 그래서 저는 어머니가 결혼을 승낙해 주시기를 바라고 있습니다. 제가 집을 나갔던 일을 용서해 주시고 새집에서 우리 셋이 함께 살도록 해주십시오. 어머니께서 그 여자를 아시기만 하면 곧 승낙해 주실 겁니다. 그 여자가 나무랄 데 없이 훌륭한 사람이라는 것은 제가 보증합니다. 어머니께서도 그 여자를 사랑하게 되시리라 저는 확신합니다. 저는 그 여자 없이는 혼자 살 수 없습니다. 저는 어머니의 답장을 초조한 마음으로 기다립니다. 저희는 진심으로 어머니에게 키스를 보내드립니다.

어머니의 아들인
자작 폴 드 라마르

　잔은 낙심했다. 그녀는 무릎 위에 편지를 놓은 채 꼼짝 않고 앉아 있었다. 아들의 그 여자는 끈질기게 아들을 붙들어 놓고 한 번도 놓아주지 않으면서, 절망한 늙은 어머니가 자식을 껴안고 싶은 열망에 더 이상 참을 수 없어 마음이 약해지기를, 그래서 모든 것을 승낙할 때가 오기를 기다린 것이다. 잔은 이렇게 그 창부의 간계를 꿰뚫어 보았다.

그리고 그 여자를 향한 폴의 줄기찬 애정을 생각할 때 심한 고통이 그녀의 가슴을 쓰리게 했다. 그녀는 마음속으로 되풀이했다.

'나를 사랑하지 않는 것이다. 나를 사랑하지 않는 것이다.'

로잘리가 들어왔다. 잔은 더듬거렸다.

"그 애는 그 여자와 결혼하겠단다."

하녀는 펄쩍 뛰었다.

"원 당치도 않습니다! 마님은 절대로 허락하시면 안 됩니다. 폴 도련님이 그런 천한 창부를 집에 들여놓아서야 되겠습니까!"

잔도 이제는 힘이 모두 빠졌으나 악이 올라서 대답했다.

"절대로 허락하지 않을 테다. 그 애가 오지 않는다면 내가 가서 그 계집애하고 나하고 누가 이기나 결판내 보겠다."

그녀는 곧 폴에게 편지를 썼는데, 자기가 찾아가겠으며, 그 더러운 계집이 없는 다른 장소에서 만나자고 했다. 그녀는 답장이 오기를 기다리는 동안 떠날 차비를 차렸다. 로잘리는 주인의 옷이며 속옷 등을 트렁크 속에 챙겨넣었다.

낡은 외출복을 집어넣다가 로잘리가 외쳤다.

"원, 입고 갈 만한 옷이 한 벌도 없군요. 그래서야 어디 가시겠어요? 공연히 창피만 당하실 겁니다. 파리의 귀부인들이 보면 하녀라고 하겠어요."

잔은 로잘리가 하자는 대로 했다. 두 여자는 고데르빌에 가서 녹색 바둑판 무늬의 천을 골라 마을 양장점에 맡겼다. 그러고는 해마다 2주일씩 파리로 여행하는 공증인 루셀 씨한테서 여러 가지 말을 들어보려고 들렀다. 잔은 28년 동안이나 파리에 가보지 못했던 것이다.

그는 마차를 피하는 방법이며 도둑을 맞지 않는 방법 등을 가르쳐 주었다. 그리고 돈을 옷 속에 꿰매 넣고 주머니 속에는 필요한 돈 말고는 넣어두지 말라고 충고도 해주었다.

값이 그다지 비싸지 않은 음식점에 대해 이야기하고, 그중에서도 주로 부인들이 많이 드나드는 집을 두서너 개 말해 준 다음, 자기가 늘 머무르는 정거장 옆의 노르망디 호텔도 일러주었다. 그의 소개로 왔다고 하면 된다고 말했다.

6년 전부터 어디서나 화젯거리가 되어오던 철로가 파리와 르아브르 사이를 달리고 있었다. 그러나 잔은 슬픔에 잠겨 이 지방을 떠들썩하게 하고 있는 그

증기기관차도 아직 본 적이 없었다.

폴에게서는 답장이 없었다. 1주일을 기다리고 다시 2주일을 기다렸다. 그녀는 매일 아침 큰길로 나가서 우체부를 만나 떨면서 물었다.

"말랑댕 영감, 내게 오는 것은 없소?"

그러면 그는 비바람에 시달린 쉰 목소리로 대답했다.

"이번에도 없습니다. 마님."

폴에게 답장하지 못하게 하는 것은 틀림없이 그 여자다!

그래서 잔은 곧 떠나기로 마음먹었다.

그녀는 로잘리와 함께 가기를 바랐으나 하녀는 여비가 더 든다고 하여 거절했다. 로잘리는 여주인이 3백 프랑 이상을 가져가지 못하게 했다.

"더 필요하신 경우엔 편지를 내시면 공증인한테 이야기하여 부쳐드리도록 하겠어요. 그 이상 더 가져가 봐야 폴 도련님이 가로채실 테니까."

12월의 어느 날 아침, 잔과 로잘리는 그들을 정거장까지 바래다주기로 한 드니 르코크의 이륜마차에 올라탔다. 그들은 먼저 기차표 값을 알아보고 필요한 조치를 취한 뒤 짐은 등기로 부치기로 하고 철로 앞에서 기다렸다. 저런 것이 어떻게 움직일까 하는 그 신기한 것에만 정신이 팔려 그들은 서글픈 여행의 목적을 잃어버릴 정도였다.

이윽고 멀리서 기적 소리가 울려와 고개를 돌려보니 시커먼 기계가 점점 커지며 다가왔다. 그것은 굴러가는 작은 집들을 꽁무니에 달아매고 무서운 폭음을 울리며 그들 앞을 지나갔다. 기계가 멈추자 역부가 문을 열어주어서 잔은 눈물을 흘리며 로잘리에게 키스하고 지정석으로 들어갔다.

로잘리는 울먹거리며 소리쳤다.

"안녕히 다녀오세요, 마님!"

"잘 있거라."

기적이 다시 울렸다. 줄줄이 달린 기차의 바퀴가 움직였다. 처음에는 천천히 그러더니 곧 빨라지면서 마지막에는 무서운 속력으로 달렸다. 잔이 탄 찻간에는 두 신사가 구석에 등을 기대고 잠들어 있었다.

잔은 들이며 나무며 농장이며 마을이 지나가는 것을 바라보자 이 엄청난 속력에 어리둥절해져서 이제는 자기 세계가 아닌, 저 평온한 소녀시절이나 단조로운 생활과는 다른 새로운 생활 속으로 끌려들어가는 것을 느꼈다.

기차가 파리에 도착했을 때는 저녁이었다.

한 짐꾼이 잔의 짐을 들었다. 그녀는 떠들썩하게 움직이는 군중 속을 빠져나갔는데 겁에 질리고 서툴러서 떠다밀리며, 혹시 잃어버릴까봐 뛰다시피 하며 그 남자를 뒤쫓아갔다.

호텔 사무실에 들어서자 그녀는 재빨리 말했다.

"루셀 씨 소개로 왔습니다."

책상 앞에 앉은 아주 의젓해 보이는 여자 주인이 물었다.

"루셀 씨가 누구지요?"

잔은 놀란 표정으로 말을 이었다.

"해마다 여기에 머무르는 고데르빌의 공증인인데요."

뚱뚱한 여인은 말했다.

"그럴지도 모르지요. 하지만 저는 그 사람을 모르겠어요. 어쨌든 방이 필요하시지요?"

"네, 부인."

그러자 종업원이 짐을 들고 앞장서서 2층으로 올라갔다.

그녀는 가슴이 죄어드는 것 같았다. 조그마한 식탁 앞에 앉아 수프와 닭 날개고기를 갖다달라고 부탁했다. 그녀는 새벽부터 아무것도 먹지 않았다.

촛불 밑에서 저녁을 먹으며 잔은 신혼여행에서 돌아오는 길에 이 도시를 지났으며, 그 무렵 파리에 와서 쥘리앵이 처음으로 본성을 드러냈던 일 등을 떠올렸다. 그러나 그 무렵에는 젊었었고 남을 의심할 줄 몰랐으며 원기가 팔팔했었다. 지금은 늙어 어리둥절하고 겁이 날 지경이며, 힘이 없고 대수롭지 않은 일에도 마음이 어수선해지는 것을 느꼈다.

식사를 끝마치고 창가로 가서 사람들로 붐비는 거리를 내다보았다. 그녀는 외출하고 싶었으나 용기가 나지 않았다. 아무래도 길을 잃을 것만 같았다. 그래서 침대로 들어가 불을 껐다. 그러나 온갖 잡음과 낯선 도시에 있다는 기분과 여행의 피로로 잠을 이루지 못했다. 몇 시간이 지나갔다. 밖의 소음도 차츰 가라앉았으나 도회지 특유의 완전히 조용해지지 않는 기척 때문에 신경이 들떠 여전히 잠을 잘 수 없었다.

사람이고 짐승이고 식물이고 모든 것을 집어삼키는 전원의 고독하고 깊은 잠에 길들여져 있는 그녀는 지금 이같은 자기 주위에 대해 이상한 불안을 느

껐다. 들릴락 말락 한 목소리가 호텔의 벽을 타고 스며들어오는 듯했다. 때때로 마룻바닥이 울리고 문이 닫히고 초인종이 울리는 소리가 들려왔다.

새벽 2시쯤 겨우 잠들려고 할 때 별안간 옆방에서 여자의 비명이 들렸다. 잔은 벌떡 침대에서 일어나 앉았다. 그러자 곧이어 남자의 웃음소리가 들리는 듯했다.

날이 밝아옴에 따라 폴 생각이 나서 동트는 것을 보자마자 곧 옷을 입었다.

폴은 시테의 소바주 거리에 살고 있었다. 돈을 절약하라는 로잘리의 말대로 그녀는 거기까지 걸어가려고 했다. 날씨는 맑게 개었으나 찬바람이 살을 에는 듯했다. 사람들은 재빠른 걸음으로 길을 걷고 있었다. 그녀는 가르쳐준 길을 따라 급히 걸었다. 그 길의 막다른 골목까지 가서는 오른쪽으로 꼬부라져 광장이 나오게 되면 다시 길을 물을 참이었다.

그러나 그 광장이 도무지 보이지 않아 어느 빵가게에서 물어보니 전혀 다른 길을 일러주었다. 그녀는 걸어가다가 길을 잃고 한참 헤매다가 다시 다른 사람의 말을 듣고 또 걷는 동안에 완전히 길을 잃고 말았다.

그녀는 정신없이 걸었다. 마부를 부르려고 했을 때 센강이 눈에 띄었다. 그래서 강변을 따라 걸었다.

한 시간쯤 뒤에 소바주 거리에 들어섰는데, 아주 침침한 뒷골목 같았다. 그녀는 문 앞에서 걸음을 멈춰 섰다. 너무도 흥분하여 한 걸음도 옮겨놓을 수가 없었던 것이다. 풀레가 여기 있다. 이 집 안에 있는 것이다.

무릎과 손이 떨렸다. 이윽고 그녀는 그 집 안으로 들어가 통로를 지나서 문지기의 집을 발견했다. 그녀는 은전을 한 닢 내밀고 말했다.

"미안하지만 폴 드 라마르 씨에게 그의 어머니 친구인 한 노파가 아래에서 기다리고 있다고 좀 전해 주십시오."

문지기는 대답했다.

"그 사람은 이제 여기서 살고 있지 않습니다, 부인."

심한 전율이 그녀의 몸을 흔들었다. 그녀는 떠듬거렸다.

"그럼, 어…… 어디…… 살고 있지요?"

"모르겠습니다."

그녀는 눈앞이 아찔해서 금방 쓰러질 것 같았다. 그대로 얼마 동안 아무 말도 하지 못하고 있었다. 이윽고 있는 힘을 다하여 정신을 가다듬고 중얼거렸다.

"언제 이 집을 나갔습니까?"

문지기는 상세히 일러주었다.

"2주일쯤 됩니다. 그들은 어느 날 밤 나가서 그대로 돌아오지 않았습니다. 그들은 여러 곳에 빚을 져서 주소를 알려주지 않았지요."

잔은 눈에서 불이 났다. 마치 똑바로 그녀의 눈에 대고 총을 쏜 것 같았다. 그러나 오로지 하나의 생각 덕분에 그녀는 스스로를 잡아세우고 냉정하고 신중하게 생각할 수 있었다. 그녀는 풀레가 있는 곳을 알아내어 찾아가고 싶었던 것이다.

"그럼, 가면서 아무 말도 안 했습니까?"

"네, 한마디도 없었습니다. 돈을 못 갚아서 도망친 거지요. 그뿐입니다."

"하지만 여기로 온 편지라도 찾기 위해 사람을 보내오지 않겠어요?"

"그다지 편지도 오지 않는걸요. 1년에 열 통쯤이나 올까요. 떠나기 이틀 전에 한 통 올려다 주었어요."

그것은 틀림없이 그녀가 보낸 편지였을 것이다. 그녀는 재빨리 말했다.

"여보세요, 저는 그 애의 어머니요. 그 애를 찾으러 온 겁니다. 여기 10프랑이 있어요. 혹시 그 애의 소식을 들으면 르아브르 거리에 있는 노르망디 호텔로 연락해 주십시오. 그러면 충분히 사례를 하겠어요."

문지기는 대답했다.

"잘 알겠습니다. 부인."

그녀는 거기서 나왔다. 어디로 갈 것인지 생각하지도 않고 다시 걷기 시작했다. 무슨 중대한 볼일이라도 있는 듯 빠르게 걸었다. 벽을 따라가면서 사람들과 부딪치기도 하고 마차가 오는 것도 모르고 길을 건너다 마부의 호통을 듣기도 했다. 제정신이 아니었기 때문에 인도의 경계 돌에 부딪쳐 비틀거리기도 했다. 그저 정신없이 앞으로 앞으로 걸어나갈 뿐이었다.

어느 만큼 걷다가 주위를 돌아보니 공원이었다. 그녀는 피곤해서 벤치에 걸터앉았다. 눈에 띌 만큼 오랫동안 앉아서 자기도 모르게 울고 있었다. 지나가는 사람이 걸음을 멈추고 그녀를 쳐다보았다. 그러자 몹시 추워져서 그녀는 다시 걸으려고 일어섰다. 두 다리로 버티고 일어서는 것이 고작이었다. 그 정도로 기운이 없었다.

음식점으로 들어가 수프라도 마시고 싶었으나 스스로도 뚜렷이 느낄 수 있는 자신의 슬픔을 부끄러워하는 마음 때문에 어쩐지 부끄럽고 겁이 나서 들어갈 용기가 나지 않았다.

그녀는 문 앞에 서서 음식점 안을 잠깐 동안 들여다보다가 식탁에 다가앉아 먹고 있는 사람들이 눈에 띄자, 깜짝 놀라 뛰쳐나와서는 다음 집으로 가야겠다고 생각했다. 그러나 그다음 집에도 들어가지 못했다.

겨우 어떤 빵집에서 초승달 모양의 조그만 빵을 사서 걸어가며 먹었다. 몹시 목이 말랐지만 어디서 목을 축여야 할지 몰라 참았다. 아치 모양의 지붕 밑으로 들어가니 울타리로 둘러싸인 공원이 있었다. 그제야 그녀는 그것이 팔레 루아얄이라는 것을 알았다.

햇볕을 쬐며 재빨리 걸어가노라니 좀 더운 것 같아 다시 공원에 한두 시간 앉아 쉬었다. 한 무리의 사람들이 들어왔다. 잡담하고 웃고 있는 한 무리의 사람들—여자는 아름답고 남자는 부유해 보이는, 오직 사치와 환락을 위해서만 사는 행복한 사람들이었다. 잔은 이러한 군중 속에 있다는 것에 당황하여 빠져나가려고 일어섰다.

그러나 문득 이곳에서 폴을 만날 수도 있으리라는 생각이 떠올랐다. 그래서 그녀는 종종걸음으로 공원의 이 끝에서 저 끝까지 쉴 새 없이 왔다 갔다 하며 사람들의 얼굴을 엿보았다. 돌아서서 그녀의 얼굴을 쳐다보는 사람도 있고 웃으며 손가락질하는 사람도 있었다. 그것을 보자 잔은 도망쳐 나와, 그들이 틀림없이 자기의 태도와 로잘리가 옷감을 골라 고데르빌의 양장점에 그녀의 지시대로 맡긴 초록 바둑판무늬 옷을 보고 웃는 것이라고 생각했다.

잔은 다시 지나가는 사람에게 길을 물을 용기조차 나지 않았다. 그러나 가까스로 용기를 내어 물어서 자기가 묵고 있는 호텔을 찾아갔다.

그날의 나머지 시간은 침대발치에 있는 의자 위에 꼼짝도 하지 않고 앉아서 보냈다. 저녁에는 그 전날처럼 얼마쯤의 수프와 고기를 좀 먹었다. 그러고는 침대에 누웠다.

그녀는 그러한 하나하나의 일을 그저 습관에 따라 기계처럼 해나갔다. 다음 날은 아들을 찾기 위해 경찰서로 갔다. 그들은 약속할 수는 없지만 힘써 보겠다고 말했다.

그녀는 혹시 아들을 만날까 하는 희망으로 정처 없이 거리를 방황했다. 황량한 들판에서 살 때보다 이 들끓는 군중 속이 더 고독하고 버림받은 것처럼 비참하게 여겨졌다.

저녁때 호텔로 돌아와보니 폴의 일로 왔다는 한 남자가 찾아왔다가 다음 날 다시 오겠다는 말을 남기고 갔다고 했다. 가슴이 뭉클하게 끓어올라 그날 밤은 뜬눈으로 샜다. 혹시 왔었다는 사람이 그 애가 아닐까? 그렇다, 비록 호텔 사람의 이야기가 얼마쯤 다른 데가 있긴 하지만 틀림없이 그 애일 것이다.

아침 9시쯤에 누군가 문을 두드렸다. 그녀는 팔을 벌리고 달려들 태세를 취하며 소리쳤다.

"들어와요."

그러나 들어선 것은 낯선 남자였다. 그 남자는 방해해서 미안하다는 변명을 하고 자기 용건은 폴이 진 빚을 갚아달라는 것이며, 그 때문에 왔다고 설명했다. 잔은 그 남자에게 보이지 않으려고 해도 솟아나는 눈물이 눈가에 괼 때마다 손끝으로 닦았다.

그 남자는 소바주 거리의 문지기에게서 잔이 왔다는 말을 듣고 마침 폴의 행방을 모르던 차라 어머니에게 달려온 것이었다. 그는 차용증서를 그녀에게 내밀었다. 그녀는 힘없이 받아 읽었다. 90프랑이라는 숫자가 적혀 있었다. 돈을 치렀다.

그날 잔은 외출하지 않았다. 이튿날은 다른 빚쟁이들이 몰려들었다. 그녀는 20프랑만 남기고 있는 돈을 다 물어주었다. 그리고 로잘리에게 자기의 처지를 설명하는 편지를 썼다.

하녀의 답장을 기다리는 동안 무엇을 해야 할지, 어떻게 우울한 시간을 보내야 할지 몰라 이리저리 헤매면서 날을 보냈다.

상냥히 말을 건네줄 사람도, 자기의 비참한 처지를 알아줄 사람도 없었다. 이제는 떠나고 싶은 생각, 그저 쓸쓸한 길가에 있는 자기 집으로 돌아가고 싶은 생각에 가득 차서 그녀는 정처 없이 헤매었다.

며칠 전만 해도 슬픔에 짓눌려 집에서는 살 수 없을 것만 같았는데, 이제는 그 반대로 자기의 침울한 습관이 뿌리내린 듯한 그 집이 아니면 살 수 없다는 것을 뚜렷이 느끼고 있었다.

어느 날 저녁, 그녀는 한 통의 편지와 함께 2백 프랑의 돈을 받았다.

로잘리는 다음과 같이 썼다.

잔 마님, 곧 돌아오세요. 이제는 더 돈을 부쳐드릴 수 없습니다. 폴 도련님은 소식이 있는 대로 제가 모시러 가겠습니다. 그럼, 안녕히 계십시오.

마님의 하녀
로잘리

잔은 눈이 퍼붓는 몹시 추운 어느 날 아침 고데르빌로 다시 떠났다.

14

파리에서 돌아온 뒤부터 그녀는 외출도 하지 않고 전혀 꼼짝도 하지 않았다. 매일 아침 같은 시각에 일어나서 창밖으로 바깥 날씨를 살피고, 아래층으로 내려가 방 안 난로 앞에 앉아 있는 것이 고작이었다. 그녀는 하루 종일 손끝 하나 까딱하지 않고 두 눈을 난롯불에 못 박은 채 처량한 생각이 이끄는 대로 참담한 자기의 슬픈 일생을 돌이켜보곤 했다. 난로에 장작을 넣기 위해 몸을 움직이기 전에는 그 작은 방에 차츰 어둠이 스며들어도 일어나지 않았다.

그러면 로잘리가 등잔을 가지고 와서 소리쳤다.

"자, 잔 마님, 좀 움직이세요. 그렇지 않으면 오늘 밤에도 좀처럼 시장기가 안 듭니다."

머릿속에서 떠나지 않는 고정관념에 쫓기고, 아주 사소한 일도 그녀의 병적인 머릿속에서는 아주 중대한 의미를 갖기 때문에 하찮은 일에도 시달릴 때가 곧잘 있었다.

무엇보다도 그녀는 자기 생애의 어린시절이며 코르시카섬으로 신혼여행을 떠났던 먼 지난날의 추억 속에서 살아가고 있었다. 이미 오래전에 잊혔던 그 섬의 풍경이 문득 그녀 앞의 난롯불 속에서 솟아날 때가 있었다.

그녀는 세세한 사물과 사건, 그리고 거기에서 만났던 모든 사람들의 얼굴을 되살려냈다. 가끔은 안내인이었던 장 라볼리의 얼굴이 눈앞에서 사라지지 않았다. 그리고 어느 때는 그 목소리마저 들려오는 듯했다.

또 어느 때는 폴이 어렸을 때 즐거웠던 시절을 떠올렸다. 폴이 자기에게 샐러드 채소를 옮겨심게 했던 일과, 리종 이모와 나란히 비료를 준 땅에 무릎을 꿇고 둘이서 서로 어린아이의 마음에 들려고 다투어가며 정성껏 가꾸던 일, 누가 더 능란한 솜씨로 묘목의 뿌리를 내리게 하고 누가 더 많은 식물을 키우나 경쟁했던 시절이었다.

그러고는 마치 그에게 말을 걸듯 낮은 목소리로 그녀는 입술을 움직여 소곤거렸다.

"폴레, 내 귀여운 폴레."

여기서 몽상은 끊어졌다. 때로는 몇 시간이나 이 이름을 구성하고 있는 글자를 손가락으로 공중에다 써보려고 애썼다. 불 앞에서 그 이름자를 보는 듯한 착각을 일으키면서 천천히 써보는 것이었다. 그러고는 틀렸다고 생각되면 피로에 떨리는 팔로 P자를 다시 써서 끝까지 마치려고 애썼다. 한 번 쓰고 나면 또 다시 시작했다. 마침내 그녀는 계속하지 못하고 모든 것을 혼동하여 다른 글자들을 갖다 맞추는 등 정신착란을 일으켰다.

고독한 사람들이 갖는 편집광에게서 볼 수 있는 온갖 징조가 그녀를 사로잡았다. 하찮은 물건의 위치가 바뀌어도 화를 냈다. 때때로 로잘리가 억지로 걷게 하려고 길로 데리고 나갔지만, 20분도 채 못 되어 "나는 더 못 걷겠다"고 하며 개울가에 주저앉아 버렸다.

얼마 뒤부터 잔은 손끝 하나 까딱하기가 싫어져서 되도록 늦게까지 침대에 누워 있었다. 어릴 적부터 오직 하나의 습관만이 변함없이 계속되었다. 그것은 밀크 커피를 마시고 나면 곧 자리를 박차고 일어나는 습관이었다. 더욱이 그녀는 이 밀크 커피에 굉장히 집착해서 이것을 빼앗긴다는 것은 다른 어느 것보다도 견딜 수 없는 일이었다.

그녀는 매일 아침 거의 관능적인 초조감으로 로잘리가 오기를 기다렸으며 가득한 찻잔이 탁자 위에 놓이기가 무섭게, 침대 위에 일어나 앉아 굶주린 듯이 들이마셨다. 그 뒤에야 이불을 걷어차고 옷을 입기 시작했다.

그런데 차츰 찻잔을 접시 위에 놓고 나서 몇 분 뒤에 다시 줄곧 누워서 생각에 잠기는 버릇이 생겼다. 이 게으른 버릇은 하루하루 길어져서 마침내는 로잘리가 되돌아와 화를 내고 억지로 옷을 입힐 때까지 누워 있었다. 더욱이 이제는 의지마저 잃은 듯 로잘리가 의논을 청하거나 의견을 물을 때마다 똑같이 대답했다.

"좋을 대로 하려무나."

그녀는 자기가 지독한 불운에 쫓기고 있다고 굳게 믿었으며 마침내는 동양인처럼 숙명론자가 되어버렸다.

자기의 모든 꿈이 깨어지고 모든 희망이 허물어지는 것을 보아온 습관으로 이제는 아무것도 해보려고 하지도 않았다. 아무리 하찮은 일이라도 그것을 시도하기도 전에 자신은 늘 길을 잘못 들고 일도 엉망이 된다는 고정관념에 사로잡혀 며칠 동안이나 망설였다. 그녀는 늘 말했다.

"나는 이 세상에서 복이 없는 사람이야."

그러면 로잘리는 소리쳤다.

"아니, 그러면 마님이 먹을 것을 벌어야만 될 형편이라면 그때는 뭐라고 말씀하시려고요! 매일 새벽 6시에 일어나서 품팔이를 가셔야 될 지경이라면 뭐라고 말씀하시겠습니까? 할 수 없이 입에 풀칠하려고 일하는 사람들도 많답니다. 그러고도 늙어서는 비참하게 죽어버리지요."

그러면 잔은 이렇게 대답했다.

"하지만 아들도 나를 버리고, 내가 이 세상에 혼자라는 것을 좀 생각해 봐."

로잘리는 버럭 화를 냈다.

"그런 걸 가지고 그러세요? 그럼, 군대에 나간 자식은 어떻게 하겠어요? 미국으로 이주해 간 자식은 어떻게 하겠어요?"

그녀에게 미국이란, 거기에 가면 한 재산 만들기는 하지만 절대로 되돌아올 수 없는 막연한 나라였다.

로잘리는 다시 말을 이었다.

"언젠가는 헤어져야 할 때가 있을 거예요. 늙은이와 젊은이는 언제까지나 같이 살 수 없으니까요."

그러고는 난폭한 말투로 덧붙여 말했다.

"아니, 그러면 아드님이 돌아가시면 어쩌시겠습니까?"

그러면 잔은 더 이상 대답하지 못했다.

이른 봄이 되어 날씨가 풀리자 얼마쯤 기운을 차릴 수 있었으나, 그녀는 그처럼 회복된 기운을 더욱더 침울한 생각에 자신을 이끌어넣는 데에만 썼다.

어느 날 아침, 잔은 무엇인가 찾으려고 다락방으로 올라갔다가 우연히 묵은 달력이 가득 든 상자를 열었다. 시골사람들이 흔히 하는 버릇대로 그렇게 간직해 두었던 것이다. 그녀는 마치 자기의 지난 세월을 되찾은 듯한 기분이었다. 그리하여 이 네모난 달력 앞에서 마음이 이상하게 뒤숭숭해져 우두커니 서 있었다.

그녀는 그것들을 식당으로 가지고 내려갔다. 크기가 다른 가지각색의 달력들이었다. 그 달력을 식탁 위에 연대순으로 늘어놓기 시작했다. 그러다가 자기가 레푀플로 가져갔던 가장 오래된 첫 번째 달력을 발견했다. 수녀원학교를 나와 루앙을 떠나던 그 아침, 자신이 지운 날짜가 그대로 남아 있는 그 달력을 한참 동안 물끄러미 바라보았다.

그녀는 눈물을 흘렸다. 지금 이 식탁 위에 펼쳐진 지나간 비참했던 생애와 마주 앉은 한 늙은 여인의 애절하고 느릿한 울음이었다. 그러자 하나의 생각이 그녀를 사로잡았고, 그것은 다시 지긋지긋한 고정관념으로 바뀌어 떠나지 않았다. 날마다 자기가 했던 일을 다시 기억해 보고 싶은 생각이었다. 그리하여 그녀는 이 누렇게 빛바랜 달력을 벽이며 벽지 위에 한 장 한 장 핀으로 꽂아 놓고, 그 하나하나 앞에서 걸음을 멈추며 "이달에는 내게 무슨 일이 일어났었지?" 하고 스스로에게 물으면서 몇 시간을 보냈다.

그녀는 자기의 생애 가운데 기억할 만한 날짜에는 줄을 그어놓았기 때문에, 때로는 중요한 사건을 앞뒤로 한 작은 사건들을 서로 연결시키고, 분류하며, 다시 하나하나 쌓아올리고, 연월일 전체를 돌이켜 볼 수도 있었다.

그녀는 끈질긴 주의력과 추억을 되살려 내려는 노력과 의지를 집중시킨 결과 레푀플에서 지낸 처음 2년 동안의 생애를 거의 완전하게 떠올릴 수 있었다. 자기 생애의 이 먼 추억이 돋을새김처럼 신기하리만큼 쉽게 머릿속에 되살아났다. 그러나 그다음에 계속된 해들은 서로 섞이고 겹쳐져 안개 속으로 사라져 버리는 듯했다.

이따금 머리를 달력에 대고 생각을 옛날로 달리면서 지난날에 정신을 집중해서 언제까지나 앉아 있을 때도 있었다. 마치 그리스도 수난의 연작 그림같이 지나간 날들에 대한 일들을 하나하나 보면서 그녀는 식당 주위를 이리저리 돌아보았다. 그러다가는 갑자기 한 개의 달력 앞에 의자를 끌어당겨 앉았다. 또 어떤 회상에 잠겨들기 시작한 것이었다. 뚫어지게 바라보며 그렇게 밤까지 꼼짝 않고 있었다.

어느덧 모든 수액이 태양의 열을 받아 깨어나고, 농작물이 밭에서 싹트며, 수목이 녹색으로 변하고, 들의 사과꽃이 장밋빛 구슬처럼 피어나 향기를 풍기게 되면 그녀는 지나치게 흥분했다. 그럴 때면 그녀는 가만히 앉아 있지 못하고 하루에도 스무 번은 더 집 안팎을 들락거리며, 어떤 회한에 사로잡혀 흥분된 채 멀리 농장을 따라 헤매곤 했다. 무성한 숲에 묻혀 피어난 한 떨기 데이지꽃 잎사귀 사이로 새어들어가는 햇빛이며, 물구덩이 속에 비쳐든 푸른 하늘을 보아도 몽상에 잠기면서, 전원을 돌아다니던 소녀시절 정서의 반향처럼 먼 감동이 일어나 마음이 뒤흔들리고 감동받고 뒤집히는 것 같았다.

그녀가 아직 미래를 꿈꾸던 소녀시절에도 이와 똑같은 격동에 몸을 떨면서 달콤한 기분과 포근한 세월의 꿈결 같은 도취를 맛본 일이 있었다.

미래가 닫힌 지금에도 이것만은 옛날과 다름없는 행복한 느낌 속에 젖어 있었다. 그러나 그녀는 이 변함없는 전원을 마음속에 음미하면서도 한편으로는 가슴이 쓰라렸다. 마치 이 햇빛 아래 깨어난 세계의 영원한 기쁨이 그녀의 메마른 피부와 식어버린 피와 억눌린 영혼 속에 스며들자마자, 다만 약하고 고통스러운 매력이 되어버리는 듯했다. 또한 자기 주변이 무엇인가 조금씩 달라진 것 같은 생각이 들었다. 자기가 소녀였던 시절보다 태양의 열이 좀 식은 듯했고 하늘빛도 훨씬 덜 푸르러 보였으며 풀빛도 좀 퇴색한 것 같았다. 뿐만 아니라 꽃도 빛도 향기를 잃은 채 옛날처럼 사람을 취하게 하지 못했다.

그러나 이따금 생의 행복감이 몸에 스며들어 또다시 몽상에 잠기며 희망을 품고 무엇인가를 막연히 기대하기도 했다. 운명이 아무리 잔혹하다 하더라도 맑은 날씨에 어떻게 희망을 걸어보지 않을 수 있을 것인가! 마치 흥분된 영혼이 그녀에게 채찍을 가하는 듯 그녀는 똑바로 앞을 향해 몇 시간을 걷고 또 걸었다. 때로는 갑자기 멈추어 길가에 앉아서 온갖 슬픈 일들을 생각해 보기도 했다. 어째서 자기는 다른 사람들처럼 사랑받아 보지 못했을까? 어째서 자기는 평화롭고 그저 단순한 생활의 행복을 미처 맛보지 못했을까?

때때로 그녀는 자기가 늙었으며, 그리고 자기의 미래는 슬프고 외로운 몇 년밖에 남지 않았다는 것을 잊었다. 마치 옛날 16살의 소녀시절처럼 달콤한 갖가지 계획도 세워 보고 즐거운 미래를 조각조각 맞추어보기도 했다. 그러고 나면 갑자기 무거운 현실 감각이 돌아와 그녀를 짓눌렀다. 그녀는 마치 허리뼈를 부러뜨릴 듯한 무거운 짐짝에 얻어맞은 듯, 겨우 일어나 집을 향해 천천히 걸음을 옮기며 중얼거렸다.

"미친 늙은이지! 내가 미친 늙은이야!"

요즘 들어 로잘리는 잔에게 자주 말했다.

"마님, 집에 좀 가만히 계십시오. 어째서 그렇게 마음을 가라앉히지 못하고 쏘다니시지요?"

그러면 잔은 슬픈 말투로 대답했다.

"너무 그러지 마라. 요즘 내가 죽기 전의 그 마사크르와 꼭 같아졌다."

어느 날 아침 로잘리가 여느 때보다 일찍 그녀의 침실로 들어와 탁자 위에 커피 잔을 놓으며 말했다.

"자, 빨리 마시세요. 드니가 문밖에서 우리를 기다리고 있어요. 레푀플에 볼 일이 있으니 함께 가셔야겠어요."

잔은 마음에 너무나 큰 충격을 받아 정신을 잃을 것만 같았다. 자기의 그리운 옛집을 다시 본다는 생각에 가슴이 벅차오르고 기절할 듯이 감격한 그녀는 떨리는 손으로 옷을 입었다.

머리 위로 드넓은 하늘이 끝없이 펼쳐져 있었다. 말도 마음이 가벼운 듯 때때로 달리려고 했다. 마을로 들어서자 잔은 어찌나 가슴이 뛰는지 숨쉬기가 어려울 정도였다. 담의 벽돌기둥을 보자 그녀는 무슨 이상한 광경이라도 본 듯 자기도 모르게 두세 번 낮은 목소리로 외쳤다.

"오! 오! 오!"

로잘리와 그의 아들이 쿠야르의 집에 말을 풀어놓고 일보러 간 사이에, 소작인들은 지금은 주인이 나가고 없으니 저택을 한 번 둘러보라고 열쇠를 잔에게 내주었다.

그녀는 혼자 걸었다. 그리고 바다로 잇닿은 낡은 저택 앞으로 와서 걸음을 멈추고 그것을 바라보았다. 겉으로는 아무것도 달라진 것이 없었다. 환한 햇살이 이 큰 잿빛 건물 덩어리의 빛바랜 벽 위를 비추고 있었다. 덧문은 모두 닫혀 있었다.

작은 나뭇가지 하나가 그녀의 옷을 스치며 떨어졌다. 눈을 들어 보니 플라타너스에서 떨어진 것이었다. 그녀는 잿빛 도는 평탄하고 굵은 나무기둥에 다가섰다. 마치 산짐승이라도 되는 듯 손으로 어루만졌다. 그녀의 발이 풀 속의 썩은 나무토막에 부딪쳤다. 그 나무토막은 옛날에 그녀가 식구들과 곧잘 앉았던 의자이며, 쥘리앵이 처음으로 자기 집을 방문했을 때 갖다 놓았던 의자의 마지막 조각이었다.

그녀는 현관의 2층 문 앞으로 갔다. 녹슨 자물쇠가 돌아가지 않아 문을 여는 데 힘들었다. 가까스로 자물쇠가 단단한 용수철 소리를 내면서 열렸고, 안쪽문은 좀 뻑뻑하기는 했으나 한 번 밀자 안으로 열렸다.

잔은 거의 뛰다시피 하여 옛날 자기 방으로 들어갔다. 방 안은 그녀가 알아볼 수 없도록 깨끗이 도배되어 있었다.

창문을 열자 자기가 그토록 사랑하던 풍경, 관목숲과 느릅나무숲과 초원, 그리고 멀리 움직이지 않는 듯한 갈색 돛단배가 점점이 떠 있는 바다가 눈앞에 들어와 그녀는 살 속까지 떨려오는 것을 느꼈다.

그녀는 텅 빈 이 큰 집을 돌아보기 시작했다. 눈에 익은 벽 위의 얼룩을 보았다. 그러다가 벽에 뚫린 작은 구멍 앞에서 걸음을 멈추었다. 그것은 남작이 그 앞을 지나갈 때마다 어린시절을 생각하며 이 벽에다 대고 지팡이로 검술을 했던 흔적이었다. 어머니 방에서는, 침대 곁의 침침한 구석 문 뒤에 꽂힌, 꼭지가 금으로 된 가느다란 핀을 찾아냈다.

그것은 옛날에 자기가 거기에 꽂아 놓았었는데, 바로 그 순간 그녀는 그 생각이 머릿속에 떠올랐다. 그 뒤 몇 해를 두고 찾다가 찾지 못한 것이었다. 아무도 이제까지 그것을 발견하지 못했던 것이다.

그것은 그녀에게는 아주 귀중한 유물이어서 그 핀에 키스하고 나서 다시 방마다 들어가 보았다. 도배하지 않은 방에서는, 거의 눈에 띄지도 않는 사소한 흔적들이나 헝겊에 그려진 그림, 대리석, 오랜 세월에 더럽혀진 어둠침침한 천장에서 상상되는 이상한 형상들을 찾아냈다. 그녀는 마치 공동묘지에서 걸어가듯 그녀의 모든 삶이 매장되어 있는 넓고 고요한 이 저택 안을 홀로 소리 없이 걸었다.

그녀는 객실로 내려갔다.

덧문이 닫혀 어두웠기 때문에 얼마 동안은 아무것도 알아볼 수가 없었다. 차츰 눈이 방 안 어둠에 익숙해지면서 새들이 노니는 모습을 그린 벽걸이를 알아볼 수 있었다. 두 개의 안락의자가 지금 막 사람이 앉아 있다가 나간 듯이, 벽난로 앞에 나란히 놓여 있었다.

사람들은 저마다 자기만의 냄새를 지니고 있듯, 그녀가 언제나 기억하고 있는 그 방의 희미하지만 감지할 수 있는 부드럽고 감미롭게 풍기는 해묵은 냄새가 그녀의 뼛속까지 스며들어 추억으로 감싸주고, 그녀의 기억력을 불러일으켰다. 그녀는 안락의자에 두 눈을 고정시키고 과거의 공기를 호흡하며 숨을 헐떡였다.

그러자 그녀의 고정관념 속에서 생긴 급작스러운 착각으로, 옛날에 곧잘 그녀가 보아왔던 그대로 아버지와 어머니가 불에 발을 쬐고 있는 모습이 보였다. 그녀는 소스라치게 놀라 뒤로 물러서며 등이 문에 부딪쳤으나 쓰러지지 않으려고 그대로 기댄 채 여전히 안락의자를 주시하고 있었다.

환상은 다시 사라졌다. 그녀는 몇 분 동안 넋이 나간 채 우두커니 서 있다가 차츰 맑은 정신이 되살아나자, 다시 착시에 빠져버릴 것 같아 겁이 나서 그곳에서 뛰쳐나가려고 했다. 그때 우연히 그녀의 눈길이 지금 기대어 서 있는 벽판으로 옮겨갔다. 풀레의 키를 쟀던 벽의 눈금이 눈에 띄었다.

페인트칠 위에 고르지 않게 간격을 두고 수많은 희미한 줄들이 기어올라가고 있었다. 새로 표시한 숫자가 어린아이의 연월일과 성장을 나타내 주었다. 다른 것보다도 큰 남작의 글씨가 눈에 띄고 자신의 작은 글씨도 있었으며 조금 떨린 듯한 리종 이모의 글씨도 있었다. 문득 옛날 그 금발의 어린아이가 자기 앞에 서서 키를 재달라고 작은 이마를 벽에 착 붙이고 선 모습이 눈앞에 보이는 듯싶었다. 이어서 남작의 거칠고도 친근한 목소리가 들려왔다.

"잔! 이놈이 여섯 주일 동안에 1센티미터나 자랐구나."

그녀는 사랑에 겨워 벽판에 입을 맞추기 시작했다. 그때 밖에서 그녀를 부르는 소리가 들려왔다. 로잘리의 목소리였다.

"마님, 잔 마님, 모두들 점심식사를 하려고 마님을 기다리고 있습니다."

그녀는 정신없이 밖으로 나갔다. 그 뒤로는 사람들이 뭐라고 자기에게 말하는지 하나도 알아들을 수 없었다. 그저 주는 대로 먹고, 무슨 말인지 알아듣지도 못하면서도 그들의 이야기를 듣고, 소작인 부인들이 자기의 건강을 물으면 그들에게 대답하고 서로 키스도 주고받은 다음 마차에 올라탔다.

숲 사이로 보이던 저택의 높은 지붕이 사라져 가자 그녀는 가슴이 미어지는 듯했다. 자기 집에 마지막 작별을 한 것 같은 기분이었다.

그들은 다시 바트빌에 돌아왔다. 그녀가 자기의 새집으로 들어가려는 순간 문 밑에 떨어져 있는 하얀 것을 보았다. 그녀가 없는 동안 우편집배원이 끼워놓고 간 한 통의 편지였다.

그녀는 그 편지가 폴이 보낸 것임을 알고는 불안에 떨면서 겉봉을 뜯었다. 아들은 다음과 같이 써보냈다.

그리운 어머니.

이제까지 답장드리지 않은 것은 제 자신이 직접 어머니를 뵈러 가기 전에 어머니가 파리까지 쓸데없는 여행을 하시지 않도록 하기 위해서였습니다. 저는 지금 몹시 불행한 처지에 빠져 심한 고생을 하고 있습니다. 제 아내는 사흘 전에 여자아이를 낳고는 지금 죽어가고 있습니다. 그런데 저는 한 푼도 없습니다. 어린것은 지금 문지기 아주머니가 우유로 기르고 있습니다만, 이 어린것을 어찌해야 좋을지 모르겠습니다. 혹시 죽지나 않을까 염려됩니다. 어린아이를 어머니가 좀 맡아 기르실 수 없을까요? 유모에게 맡길 돈도 없으니 어떻게 해야 좋을지 정말 모르겠습니다. 곧 답장해 주십시오.

어머니를 사랑하는 어머니의 아들

폴

잔은 의자에 쓰러지듯 주저앉아 가까스로 로잘리를 불렀다. 하녀가 오자 둘은 다시 한 번 편지를 읽고 서로 얼굴만 바라본 채 오랫동안 말없이 앉아 있었다.

마침내 로잘리가 입을 열었다.

"제가 어린것을 데리러 가겠습니다. 아무래도 그대로 죽게 할 수는 없으니까요."

잔은 대답했다.

"그래, 가거라."

두 사람은 또다시 입을 다물었다.

하녀가 다시 말을 이었다.

"자, 마님, 모자를 쓰시고 함께 고데르빌의 공증인한테로 갑시다. 만약 그 여자가 죽는다면 앞으로 아기를 위해 폴 도련님은 새 여자를 구해 결혼하셔야만 됩니다."

그리하여 잔은 한마디 말도 않고 모자를 썼다. 그녀의 가슴은 무어라 말할 수 없는 끝없는 기쁨으로 가득 찼다. 그것은 어떻게든 다른 사람에게 감추고 싶은 믿을 수 없는 기쁨이며 얼굴을 붉힐 만큼 혐오스런 기쁨이었지만, 그녀로서는 영혼이 신비로운 비밀 속에서 미친 듯이 즐기는 기쁨이었다. 그것은 아들의 정부가 지금 죽어가고 있다는 사실이었다.

공증인은 하녀에게 세세하게 지시를 했고, 로잘리는 몇 번이나 그것을 되풀이해 듣고 나서 실수할 염려가 없다고 확신하며 말했다.

"아무 염려 마세요. 이제는 모두 제게 맡겨두세요."

로잘리는 그날 밤으로 파리로 떠났다. 잔은 이틀 동안 아무 생각도 정리하지 못한 채 정신적인 혼란 속에서 지냈다.

사흘째 되는 날 아침 로잘리는 그날 저녁에 도착한다는 짧은 내용의 편지를 보내왔다.

오후 3시쯤, 잔은 고데르빌로 하녀를 마중 나가기 위해 이웃집 마차에 말을 매달라고 부탁했다. 그녀는 승강장에 서서 멀리 지평선 끝으로 차츰 좁아지며 기계적 직선으로 뻗어 나간 철로를 바라보고 있었다.

때때로 그녀는 시계를 쳐다보았다. 10분 전—5분 전—1분 전—도착 시간이 되었다. 저 멀리 철로 위에는 아직 아무것도 나타나지 않았다. 갑자기 흰 점이 나타났다. 연기였다. 그 밑에서 검은 점이 나타나는 것 같더니 점점 커지며 전속력으로 달려왔다.

드디어 그 큰 기계는 속도를 늦추고 증기를 뿜어내며 열심히 승강구를 쳐다보는 잔 앞을 지나갔다. 몇 개의 승강구가 열리더니 작업복을 입은 농부며 광주리를 든 시골 여자들이며 모자를 쓴 소시민들이 내려왔다.

그리고 옷보따리 같은 것을 안고 있는 로잘리가 나타났다.

그녀는 그리로 달려가고 싶었으나 두 다리의 힘이 있는 대로 빠져 쓰러질까 봐 한 발자국도 움직이지 못했다. 하녀는 잔을 보자 침착한 표정으로 다가와서 말했다.

"그동안 안녕하셨지요, 마님. 저도 잘 다녀왔습니다. 결코 쉬운 일은 아니었답니다."

잔은 숨찬 목소리로 말했다.

"그래, 어떻게 된 거니?"

로잘리가 대답했다.

"그 여자는 어젯밤에 죽었어요. 혼인신고는 했다는군요. 이게 그 아기입니다."

로잘리는 천에 싸여 보이지 않는 어린아이를 그녀에게 내밀었다. 잔은 기계적으로 어린애를 받아 안고 둘은 역을 나가 마차에 올랐다. 로잘리가 다시 말을 꺼냈다.

"폴 도련님은 장례가 끝나는 대로 오실 겁니다. 아마 내일 바로 이 차로 오실 테지요."

잔은 "폴……" 하고 중얼거리고는 더 이상 말을 계속하지 못했다.

수평선으로 기울어가는 해가 황금빛 장다리꽃, 핏빛 양귀비꽃, 아롱진 초록색 들판에 강렬한 빛을 던져주었다. 물이 오르는 평온한 대지에는 끝없는 정적이 내려앉고 있었다. 마차는 재빨리 달려갔다. 말의 걸음을 재촉하기 위해 마부가 계속해서 혀를 차며 몰아댔다.

잔은 눈앞의 허공을 똑바로 바라보았다. 제비가 곡선을 그리며 화살처럼 날아 하늘을 가르고 있었다. 그러자 갑자기 생명의 부드러운 온기가 옷을 통해 그녀의 다리와 피부에 조금씩 스며들었다.

그것은 그녀의 무릎에서 자고 있는 어린아이의 체온이었다. 순간 무한한 감동이 그녀의 가슴속으로 파고들었다. 그녀는 아직 자기가 보지도 못했던 어린

아이의 얼굴을 덮고 있는 천을 와락 젖혔다. 자기 자식, 폴의 딸이었다. 이 연약한 생명이 강한 햇빛을 받아 입맛을 다시며 푸른 눈을 떴을 때, 잔은 갑자기 두 팔로 어린아이를 끌어안고 미친 듯이 입을 맞추었다.

그러나 만족해하면서도 또 한편으로는 시무룩해진 로잘리가 그녀의 팔을 잡고 말했다.

"자, 자, 잔 마님, 그만하세요, 아기씨 울리시겠어요."

그리고는 자기 생각에 대답하듯 덧붙여 말했다.

"인생이란 것이, 있잖아요, 사람들이 생각하는 것처럼 그렇게 행복한 것도 불행한 것도 아니에요."

모파상 단편전집

Boule De Suif
비곗덩어리

며칠을 두고 줄곧 달아나는 군대의 일부 병사들이 잇따라 시내를 지나갔다. 그것은 이미 부대가 아니라 뿔뿔이 흩어진 무리에 지나지 않았다. 어느 군인이고 지저분한 수염이 길게 자라 있었으며 군복은 갈기갈기 찢어지고 깃발도 대열도 없이 기진맥진한 채로 걸어가고 있었다. 모두 지쳐서 녹초가 되어 어떤 생각이나 결심을 할 힘도 없이 다만 기계처럼 걸을 뿐이었으며, 발걸음을 멈추자마자 곧 피로로 쓰러질 것처럼 보였다. 특히 소집된 사람들이 눈에 띄었다. 온건한 사람들, 조용한 연금생활자들이 총의 무게 때문에 등이 굽어 있었다. 그리고 민첩한 어린 유격대원들은 쉽게 공포에 사로잡히고 순식간에 열정에 불타오르며, 도망칠 때와 마찬가지로 공격할 준비도 빈틈없이 되어 있었다. 또 그 가운데에는 붉은 반바지를 입은 자들도 보였는데, 어느 큰 싸움에서 산산이 부서진 사단의 패잔병들이었다. 이런 잡다한 보병들과 함께 줄지어 가는 침울한 포병들도 있었다. 그리고 한결 가볍게 걷는 최전선 보병부대 병사들을, 무거운 걸음으로 힘겹게 좇아가는 용기병(龍騎兵)의 철모가 이따금 반짝거렸다.

'패전의 복수자―무덤의 시민―죽음을 나누는 자'라는 용맹한 부대명을 붙인 의용군들도 산적 모양을 하고 지나갔다.

그들의 대장은 본디 포목상이나 고물 장수, 기름 장수 또는 비누 장수들이었는데 갑작스러운 상황으로 군인이 되었고, 돈이 많다거나 수염이 길어서 장교로 임명되었다. 그들은 무기와 견장과 휘장 따위로 몸을 감싸고 쩽쩽 울리는 목소리로 지껄이며 작전 계획을 논하고, 몰락해 가는 프랑스를 자기들만의 어깨로 짊어지겠다고 허세를 부리고 있었다. 그러나 그들은 때로 자기 부하들을 겁내기도 했다. 아무튼 극악무도한 무리들이라 가끔 당치도 않은 만용을 떨치며 약탈과 방탕을 일삼았다.

이윽고 프로이센*¹군이 루앙으로 들어온다는 소문이 떠돌았다.

국민군은 두 달 전부터 부근 숲속을 조심스럽게 정찰하다가 때로는 아군 보초병을 쏘기도 하고 덤불 밑에서 새끼 토끼라도 움직일라치면 허둥지둥 전투 태세를 취하기도 했지만 지금은 저마다 집으로 돌아가 있었다. 국민군의 무기며 군복, 얼마 전까지 30리 사방 국도에 있는 이정표의 돌을 공포에 빠뜨렸던 모든 살육 도구는 갑자기 자취를 감추고 말았다.

프랑스군 마지막 병사들이 마침내 센강을 다 건넜다. 생세베르와 부르아샤르를 거쳐 퐁토드메르로 나가기 위해서였다. 맨 나중에 걸어온 장군은 절망에 잠겨 이와 같은 지리멸렬한 오합지졸로는 아무것도 계획할 수가 없어서, 늘 이기던 싸움밖에 모르던 국민, 그리고 그 전설 같은 용맹에도 지금 참담한 패배를 맛본 국민의 커다란 붕괴 한가운데서 그 자신도 넋을 잃고 부관 둘에게 부축을 받으며 터벅터벅 걸어가고 있었다.

이어서 깊은 정적이, 공포를 섞은 침묵의 기다림이 거리에 감돌았다. 장사 때문에 무력해진 많은 배불뚝이 부르주아들은 그들이 가진 고기 굽는 쇠꼬챙이나 커다란 식칼을 무기로 취급당하지나 않을까 불안에 떨면서 승리자들을 기다리고 있었다.

삶은 마치 멈춘 것 같았다. 가게마다 문을 닫고 한길은 조용했다. 이따금 주민 하나가 이 침묵에 겁을 먹고 담벽을 따라 바삐 달려갔다.

기다리는 동안의 불안이 오히려 적이 나타나기를 바라게 만들었다.

프랑스군이 철수한 이튿날 오후, 어디서 나타났는지 프로이센 창기병(槍騎兵) 몇 명이 재빠르게 거리를 가로질러 갔다. 그리고 조금 지나자 거무스레한 무리가 생카트린 언덕을 내려왔고, 다른 두 갈래의 침입군 물결이 다르네탈과 부아기욤 거리를 지나 밀어닥쳤다. 세 부대의 전위대는 같은 시각에 시청 광장에서 만났다. 그리고 부근 거리라는 거리는 모두 메우며 독일군이 딱딱하고 정연한 발걸음으로 포장된 길을 울리면서 당당하게 대열을 펴고 도착했다.

귀에 익지 않은 걸걸한 목소리로 외치는 구령이 죽은 듯이 잠잠한 집들을 따라 치솟아 올랐다. 닫아 놓은 덧문 뒤에서 수많은 눈이 승리한 이 사나이들을, '전쟁의 권리'에 의한 도시와 재산과 생명의 지배자들을 엿보고 있었다. 주

---

*1 독일 동북부, 발트해 기슭에 있었던 지방.

민들은 컴컴한 방 안에서 모든 지혜도 모든 힘도 어쩔 수 없는 천재지변이나 엄청난 희생자가 발생하는 대혼란이 주는 그런 극도의 두려움 속에 있었다. 흔히 이런 감각은 정연하던 질서가 뒤집힐 때마다, 안전감이 사라질 때마다, 인간의 법칙과 자연의 법칙이 보호하고 있던 모든 것을 분별 없고 잔인한 폭력의 손아귀가 잡을 때마다 되풀이되어 나타난다. 무너지는 집 밑에 온 주민을 깔아 죽이는 지진, 물에 빠진 농부를 죽은 소들과 지붕에서 떨어져 나온 들보와 함께 떠내려 보내는 홍수, 저항하는 사람들을 살육하고 나머지 사람들을 포로로 끌고 가며 칼의 이름 아래에 약탈하고 대포를 쏘아대며 신에게 감사하는 승리의 군대, 그들은 다 같이 영원한 정의에 대한 모든 신앙을 뒤집어엎고, 사람이 가르치는 하늘의 가호와 인간 이성에 대한 신뢰를 의심스럽게 하는 끔찍한 재앙이나 마찬가지이다.

작은 분견대들이 집집마다 문을 두드려 열게 하고 집 안으로 사라졌다. 침입에 따른 점령이었다. 패배자들은 승리자들에게 알랑방귀를 뀌어야만 한다.

얼마쯤 지나자 처음의 공포는 사라지고 새로운 평온이 찾아왔다. 많은 가정에서는 프로이센 장교가 가족들 식탁에서 식사를 했다. 때로는 교양 있게 자란 사람도 있어, 예의상 프랑스를 딱하게 여기며 이 전쟁에 참가하는 것이 내키지 않았다고 말해 주었다. 사람들은 그 마음씨에 고마워했다. 그리고 머잖아 그의 보호가 필요할지도 몰랐다. 그를 소중하게 대우해 주면 숙박을 제공해야 하는 병사들 수를 줄여줄 수도 있었다. 게다가 모든 것을 의지해야 하는 상대를 무엇 때문에 마음 상하게 하겠는가? 그런 짓을 하는 것은 용기라기보다는 만용이다.—이 도시가 영웅적인 방어전으로 이름을 떨친 시대와 같은, 그런 만용은 이제 루앙 시민들에게서 찾아볼 수 없는 결점이었다.—마침내 사람들은 프랑스인다운 세련됨에서 더할 나위 없는 이유를 끌어냈는데, 외국 병사들과 공공의 자리에서만 친근하게 보이지 않는다면 집 안에서 정중하게 대하는 것쯤은 괜찮다는 것이었다. 그리하여 밖에서는 모르는 척했으나 집 안에서는 기꺼이 이야기를 나누었으며, 독일 사람들은 밤마다 난로를 쬐면서 더욱 오래 머물게 되었다.

도시도 조금씩 평소의 모습을 되찾아갔다. 프랑스 사람들은 여전히 거의 외출하지 않았지만 프로이센 병사들은 한길에 우글대고 있었다. 그리고 그들의 큰 살육 도구를 보란 듯이 포장된 길 위로 끌고 다니는 푸른 옷차림의 경기병

(輕騎兵) 장교들도, 지난해 같은 카페에서 술을 마시고 있던 프랑스 기병대(騎兵隊) 장교에 비해 그다지 심하게 일반 시민을 경멸하는 것 같지는 않았다.

그렇다고는 하나 그들의 태도에는 어떤 것이 감돌고 있었다. 무언가 미묘하고 알 수 없는 것, 참기 힘든 낯선 분위기가 주위 가득히 퍼진 어떤 냄새, 침략의 냄새처럼 감돌았다. 그 냄새가 집들과 광장들을 채웠고, 음식 맛을 변하게 했으며, 고향을 멀리 떠나 객지에 있는 듯한 인상을, 위험한 야만족들 속에 있는 듯한 인상을 주었다.

정복자들은 돈을, 많은 돈을 요구했다. 주민들은 요구할 때마다 주었다. 게다가 그들은 부자였다. 그러나 노르망디의 상인들은 부유한 만큼 모든 희생을 치르는 것이, 그들 재산의 최소 부분이라도 남의 손에 넘어가는 것을 보는 것이 더욱 괴로웠다.

그러는 동안 강물을 따라 하류 쪽으로 2, 30리쯤 되는 곳에 크루아세, 디에프달, 또는 비에사르 근처에서 뱃사공이나 어부들이 가끔 독일 병사의 시체를 끌어올리곤 했다. 칼에 찔리던가 발길에 차여서 죽은 사람, 돌에 맞아 머리가 깨진 사람, 또는 다리 위에서 떠밀려 물에 빠져 죽은 사람으로 군복 차림의 몸이 퉁퉁 불어 있었다. 강바닥 진흙은 이러한 은밀하고 야만적이며 정당한 복수를, 아무도 모르는 영웅다운 행동을, 대낮의 전투보다도 위험하고 영예로운 평판도 없는 말없는 공격을 어둠 속에 파묻어 버렸다.

외국인을 증오하기 때문에 늘 하나의 사상에 목숨을 걸고 앞뒤를 가리지 않는 무리들이 무장한다.

요컨대 침입자들은 엄격한 규율 아래 도시를 정복하기는 했지만, 승리의 행진을 하며 저질러 온 소문난 잔학 행위를 여기에서는 전혀 하지 않았기에 시민들은 차츰 대담해졌다. 장사를 하려는 욕구가 고장 상인들 마음속에서 다시 꿈틀거렸다. 개중에는 프랑스군이 점령하고 있는 르아브르에 엄청난 이익이 될 거래를 가진 사람들도 있었다. 디에프까지 육로로 가서 거기에서 배를 타고 르아브르 항구까지 가보려고 생각하게 되었다.

그들은 사귀어 둔 독일 장교에게 부탁해 사령관에게서 출발 허가증을 얻었다.

이 여행을 위해 커다란 한 대의 사두마차가 마련되고 10명의 손님이 좌석을 신청했다. 어느 화요일 아침, 몰려드는 사람들을 피해 날이 밝기 전에 떠나기로 결정되었다.

얼마 전부터 이미 서리가 내려서 땅은 얼어붙어 있었다. 월요일 늦은 3시쯤에 북쪽에서 커다란 검은 구름이 몰려오더니, 저녁때부터 밤까지 쉴 새 없이 눈이 쏟아졌다.

이른 4시 반, 여행자들은 노르망디 호텔 안마당에 모였다. 거기에서 마차를 타기로 되어 있었다.

모두들 아직 잠이 깨지 않아 담요를 뒤집어쓴 채 추위에 오들오들 떨고 있었다. 어두워서 서로의 얼굴도 잘 보이지 않았는데, 두꺼운 겨울옷을 여러 겹 껴어 입었으므로 모두들 기다란 옷을 입은 뚱뚱한 사제처럼 보였다. 하지만 그러는 동안 두 사람이 서로 얼굴을 알아보았고, 거기에 세 번째 사람도 다가가서 이야기가 시작되었다. "저는 아내를 데려갑니다." 이렇게 한 사람이 말했다. —"저도 그렇습니다."—"저도 그래요." 맨 먼저 말한 사람이 덧붙여 말했다. "우리는 루앙으로는 돌아오지 않겠어요. 프로이센군이 르아브르에 접근해 온다면 영국으로 건너가겠어요." 성격과 기질이 비슷한 사람들이어서 모두가 같은 계획을 하고 있는 것이었다.

그런데 마차에 말이 매여 있지 않았다. 이따금 마구간 하인 손에 들린 조그만 등불이 컴컴한 이쪽 문에서 나왔다가는 곧 다른 문으로 빨려 들어갔다. 말이 바닥을 찼지만 짚이 깔려 있기 때문에 가벼운 소리밖에 나지 않았다. 말에게 이야기를 하거나 욕하는 남자의 목소리가 건물 안에서 들려왔다. 가냘픈 방울 소리가 마구(馬具)를 만지고 있다는 기척을 알렸다. 그 소리는 곧 잇따른 밝은 음색으로 바뀌어 말의 걸음에 따라 주위 공기를 흔들어 놓았다. 이따금 멎는가 하면 땅을 밟는 둔한 소리와 함께 또 짤랑짤랑 소리를 냈다.

문이 갑자기 닫혔다. 소리가 뚝 끊어졌다. 승객들은 추위에 얼어 입을 다문 채 꼿꼿한 몸으로 서 있었다.

끝없이 내리는 하얀 눈의 장막이 땅에 떨어지면서 줄곧 반짝 빛났다. 그것이 모든 형태를 지우고 주위를 얼음 이끼로 감쌌다. 겨울 밑에 파묻힌 도시의 거대한 침묵 속에서, 쏟아지는 눈의 막연하고 말로 표현하기 어려운 흔들거리는 스침 소리밖에 들리지 않았다. 그것은 소리라기보다 느낌이었으며, 공간을 채우고 온 세상을 덮어씌울 듯싶은 가벼운 분자(分子)의 뒤섞임 같은 것이었다.

남자가 등불을 들고 다시 나타났다. 쉽사리 나오려 하지 않는 처량한 말의 고삐를 끌어당겼다. 그는 말을 채 옆으로 데려가 줄을 걸고는, 오랫동안 돌아다니며 마구를 조사했다. 등불을 들고 있기에 한쪽 손밖에 쓸 수가 없었기 때문이다. 두 번째 말을 끌고 가려던 그는 여행객들이 눈을 새하얗게 뒤집어쓴 채 그 자리에 꼼짝 않고 있는 것을 보자 말을 걸었다. "왜 마차에 타지 않으세요? 하다못해 눈만이라도 피할 수 있을 텐데요."

여행객들은 물론 그런 것은 생각도 하지 못했는데 과연 그렇다 싶어 서둘렀다. 아까 그 세 남자는 저마다 아내를 마차 안쪽에 앉히고 뒤따라 올랐다. 그런 다음 얼굴을 가려서 알아볼 수 없는 다른 사람들이 말도 주고받지 않고 남은 자리에 앉았다.

마차 바닥에는 짚이 깔려 있어, 그 속에 발을 묻도록 되어 있었다. 안쪽에 탄 부인들은 가공탄(加工炭)을 피우는 작은 구리 난로를 가지고 와서 거기에 불을 붙이고는 얼마 동안 낮은 목소리로 난로의 이점을 늘어놓았고, 이미 알고 있는 일들도 되풀이해 말했다.

이윽고 마차에 말을 매는 작업이 끝났다. 끄는 것이 훨씬 힘들어졌다는 이유로 네 마리가 아니라 여섯 마리를 맸다. 밖에서 누군가 묻는 소리가 들렸다. "여러분, 다들 타셨소?" 안에서 누군가 대답했다. "그렇소." 그리고 마차는 떠났다.

말은 잔걸음으로 천천히, 천천히 나아갔다. 바퀴가 눈 속에 파묻혔다. 차체 전부가 둔중한 소리를 내며 삐걱거렸다. 말들은 미끄러져 헐떡거리며 콧김을 내뿜었다. 마부의 커다란 채찍이 쉴 사이 없이 울리어 사방으로 날았고 가느다란 뱀처럼 얽혔다가는 다시 풀렸다. 그리고 탱탱한 어느 놈의 엉덩이를 갑자기 후려갈겼다. 그러면 그 엉덩이는 왈칵 힘을 주어 불룩해졌다.

날이 차츰 훤해지기 시작했다. 루앙 토박이인 여행객 한 사람이 솜송이 비라고 비유했던 가벼운 눈송이는 이미 멎어 있었다. 뿌연 햇빛이 무겁게 드리워진 어두운 구름 사이로 새어나와 들판의 흰빛을 더욱 눈부시게 만들었다. 들판에는 이따금 상고대를 뒤집어쓴 키 큰 나무들이 잇달아 나타났고, 하얀 두건을 쓴 초가집도 보였다.

마차 안에서 사람들은 이 쓸쓸한 새벽빛으로 서로의 얼굴을 신기한 듯 보고 있었다.

맨 안쪽의 가장 좋은 자리에는 그랑퐁 거리의 포도주 도매상인 루아조 부부가 마주 앉아 졸고 있었다.

루아조는 전에 그 가게 점원이었는데 주인이 사업에 실패했으므로 그 영업권을 사서 한밑천 잡은 인물이다. 시골 영세 소매상인들에게 아주 나쁜 포도주를 헐값에 팔아, 아는 사람이나 친구들 사이에서는 교활한 사기꾼, 쾌활하고 술책에 능한 진짜 노르망디인으로 정평이 나 있었다.

그가 사기꾼이라는 소문은 이미 널리 퍼져 있었다. 어느 날 밤, 도지사 관저에서 우화와 노래 작가이며 날카롭고 섬세한 재치꾼으로서 그 지방에 알려진 투르넬 씨가 부인들의 졸음 오는 듯한 모양을 보고 '루아조 볼*2' 놀이를 하자고 제안했더니, 이 말이 곧 도지사 관저 모임을 넘어 한 달 동안 이 도시의 모든 사람들을 웃겼을 정도였다.

루아조는 그뿐만 아니라 온갖 종류의 짓궂은 장난과 악의 없는 농담 또는 악의 있는 농담을 하는 것으로 유명했다. 누구나 그의 말을 한 뒤에 곧 이렇게 덧붙이지 않을 수가 없었다. "정말 재미있는 녀석이야, 그 루아조는."

몹시 키가 작고 배가 풍선처럼 튀어나온 데다 그 위에 희끗희끗한 구레나룻으로 둘러싸인 붉은 얼굴이 얹혀 있는 꼴이었다.

마누라는 키도 크고 뚱뚱하며, 과감하고 목소리가 컸으며 결단력이 빨라, 남편이 유쾌하게 일을 하여 활기를 띤 가게 안에서 질서를 세워 수익 관리를 하고 있었다.

그들 곁에는 상류 계급에 속해 있는 카레 라마동 씨가 루아조보다 더 위엄 있는 태도로 앉아 있었다. 훌륭한 인물로서 면직업계의 전문가인 데다 세 개의 방직 공장을 가졌으며 레지옹 도뇌르 훈장까지 받았던 도의원이었다. 그는 제정 시대에 쭉 호의적 평가를 받은 야당의 우두머리로 지내 왔다. 그 자신의 표현에 따른다면, 그가 정정당당하게 싸운 까닭은 오로지 그 자신의 주장을 더욱 높이 평가받기 위해서였다. 카레 라마동 부인은 남편보다 훨씬 젊었으며, 루앙 주둔 부대에 파견되어 오는 상류 가정 출신의 장교들에게는 위안이 되는 여인이었다.

그녀가 남편과 마주 앉은 모습은 아주 작고 귀엽고 아름다우며, 털옷에 묻혀 너무나 안타까운 눈초리로 초라한 마차 안을 둘러보고 있었다.

---

*2 '새가 난다', '루아조가 훔친다'는 두 가지 뜻이 있음('루아조'는 프랑스어로 '새', '볼'은 '날다, 훔치다').

그 옆자리의 위베르 드 브레빌 백작 부부는 노르망디 으뜸가는 유서 깊은 집안의 주인이었다. 백작은 풍채가 훌륭한 노귀족으로서, 몸치장에 신경을 쓰는 일로써 앙리 4세와 닮은 점을 더욱더 두드러지게 하려고 애썼다. 이 집안으로서 영광스럽기 그지없는 어떤 전설에 따르면 앙리 4세가 브레빌 집안의 부인을 임신케 했는데, 이 일로 말미암아 그녀의 남편은 백작 칭호를 받았으며, 지방 지사에 임명되었다.

도의회에서 카레 라마동 씨의 동료인 위베르 백작은 오를레앙 왕당파를 대표했다. 낭트의 보잘것없는 선주(船主)의 딸과 백작의 결혼은 지금껏 수수께끼에 싸여 있었다. 그러나 백작 부인은 몸가짐이 의젓했으며 누구보다도 손님 접대에 능숙했고, 그뿐만 아니라 루이 필리프의 한 아들에게서 사랑을 받은 일까지 있었다고 알려져 온 나라의 귀족이 그녀를 극진히 대했다. 부인의 살롱은 이 지방에서는 첫손에 꼽혔고 옛날의 우아함이 남아 있는 유일한 곳으로서 거기에 드나들기란 몹시 어려웠다.

브레빌 집안의 재산은 모두 부동산이며 연 수입은 50만 리브르*³에 이른다고들 했다.

이들 여섯 인물이 마차의 맨 안쪽에 앉아 있었다. 그들은 수입이 있고 편안하며 권력을 갖는 사회 집단, 종교와 도덕규범을 지닌 권위 있고 성실한 사람들 측을 대표하고 있었다.

기묘한 우연으로 부인들 모두가 같은 쪽에 앉아 있었다. 백작 부인 옆자리에는 두 명의 수녀가 앉아 있었다. 〈주기도문〉과 〈성모송〉을 입 속으로 외면서 기다란 묵주를 굴렸다. 한 사람은 늙었는데 마치 아주 가까운 거리에서 얼굴 가득히 산탄(霰彈)을 맞은 것처럼 곰보 자국이 나 있었다. 또 한 사람은 젊었지만 보기만 해도 병든 사람 같았으며, 순교자나 견신자(見神者)를 만들어 내는 그 열렬한 신앙에 좀먹힌 가슴 위에 예쁘지만 병자 같은 얼굴을 숙이고 있었다.

이 두 수녀와 마주 앉은 자리의 남자와 여자가 모두의 주목을 받고 있었다.

남자는 잘 알려진 인물로서 공화주의자인 코르뉘데라 하며 사회 명사들이 두려워하는 존재였다. 20년 전부터 그는 그 검붉은 위대한 수염을 민주주의

---

*3 livre. 프랑스의 옛 화폐 단위.

적 카페의 맥주잔에다 줄곧 적셔 왔다. 과자 장사치인 아버지에게서 물려받은 꽤 많은 재산을 동지들이나 친구들과 함께 마셔버린 그는, 이토록 엄청난 혁명적 소비에 의해 충분히 받을 자격이 있는 지위를 끝내 손에 넣기 위해 공화국을 애타게 기다리고 있었다. 9월 4일[*4]에 아마 누군가의 나쁜 장난 끝이었겠지만, 그는 도지사로 임명된 줄로 믿었다. 그러나 취임하려 했을 때 아무도 남지 않은 관청을 지키고 있던 젊은이들이 그를 도지사로서 인정하기를 거부했기에 그는 어쩔 수 없이 물러나고 말았다. 게다가 그는 퍽 상냥하고 악의가 없으며 남의 일에도 발 벗고 나서는 성미였으며 방어진을 조직하는 일에 누구보다도 열성을 기울여 몰두해 왔다. 들판에 구덩이를 파놓게 하고 근처 숲들의 어린나무들을 베어 눕히게 했으며, 길목마다 덫을 놓게 하고서 적이 다가오면 자기가 차려 놓은 만반의 준비에 만족해하며 재빨리 시내로 후퇴했다. 그는 지금 새로운 방어 진지가 곧 필요하게 될 르아브르에 가는 것이 보람 있는 일이라고 생각하고 있었다.

그런데 여자는 이른바 매춘부의 한 사람으로, 나이보다 일찍 뚱뚱해져 '비곗덩어리'라는 별명이 붙어 있었다. 키가 작은 데다 어디나 뭉실뭉실 비곗살이 찌고 포동포동한 손가락들은 마디마디 잘록잘록 맺혀 있어서 소시지를 묵주처럼 달아 놓은 것 같았다. 그렇지만 윤나는 탄력 있는 피부와 옷 밑에서 큼직하게 부풀어 있는 유방이 근사하게 남자들 마음을 끌어서 인기가 대단했다. 사람들은 그 싱싱한 자태를 보면서 즐거워했다. 얼굴은 빨간 사과나 금방 피어오른 듯한 모란꽃 봉오리 같았다. 이 얼굴 위에는 근사한 까만 눈이 뜨여져 있고 눈동자에 그림자를 떨구는 짙고 긴 속눈썹으로 윤곽이 지어져 있었다. 아래쪽에는 가지런하고 반짝이는 잔잔한 이가, 조그맣게 오므린 매혹적인 입술이 키스를 기다리는 듯 젖어 있었다.

그 밖에도 헤아릴 길 없는 갖가지 장점을 갖고 있다는 소문이었다.

여자의 신원을 알자 곧 숙녀들은 속삭였다. 그리고 '매춘부'라느니 '사회의 수치'라느니 떠들어 대면서 꽤 크게 속삭였으므로 여자는 얼굴을 들었다. 그리고 도전하는 듯한 대담한 눈길을 주위에 앉아 있는 사람들에게 보냈으므로 곧 깊은 침묵이 흘렀고, 루아조를 빼고는 모두 눈을 내리깔고 말았다. 루아조만은

*4 1870년 9월 4일은 프랑스 제3공화정이 수립된 날.

들뜬 표정으로 여자 쪽을 살피고 있었다.

그러나 곧 세 부인 사이에서 대화가 다시 이어졌다. 이 매춘부의 존재가 갑자기 그녀들을 친구처럼 만들었고, 거의 친밀감까지 느끼게 했다. 파렴치한 매춘부를 앞에 놓고 유부녀의 위엄을 뭉쳐야 한다는 생각이 들었던 것이다. 규범에 어울리는 사랑은 자유분방한 상대방을 언제나 경멸하는 법이니까.

세 남자도 코르뉘데의 모습을 보자 보수당의 본능으로 서로 가까워져서, 가난뱅이를 모욕하는 투로 돈에 대한 이야기를 했다. 위베르 백작은 프로이센 군대로 말미암아 입은 자기의 손해, 도둑맞은 가축과 망쳐버린 수확 때문에 일어난 손실에 대해서, 이런 손실이 기껏해야 일 년쯤의 타격에 지나지 않는 천만 장자처럼 태연하게 이야기했다. 카레 라마동 씨는 면직업계에서 엄청난 괴로움을 겪고 있는지라 조심스럽게 영국에다 60만 프랑을 송금해 두었다. 그는 만일의 경우에 대한 대비를 잊은 적이 없었다. 루아조는 지하실에 남아 있던 포도주를 몽땅 프랑스군의 병참부에 팔아 치울 준비를 해두었기에, 국가가 그에게 막대한 돈을 줘야 해서 르아브르에 가기만 하면 이 돈을 요구할 터였다.

세 사람은 서로 정다우면서도 빠르게 눈길을 주고받았다. 비록 신분은 달랐지만 돈에 의해서 형제 같은 기분이 드는 것이었다. 돈을 가진 자들, 바지 주머니에 손을 넣어 금화 소리를 짤랑대는 자들의 위대한 비밀 결사에 소속돼 있는 동질감이었다.

마차의 속도가 하도 느려서 이른 10시가 되었는데도 겨우 40리밖에 달리지 못했다. 남자들은 고갯길을 걸어 올라가기 위해 3번이나 마차에서 내렸다. 모두들 슬슬 걱정이 되기 시작했다. 토트에서 점심 식사를 할 예정이었는데 이러다가는 밤이 되기 전에 도착하기는 다 틀렸기 때문이었다. 저마다 길가에 선술집이라도 없나 하고 살피는 판인데, 마차가 눈 더미에 빠져서 끌어내는 데 두 시간이나 걸렸다.

배고픔이 심해져서 정신들을 차리지 못했다. 그러나 싸구려 음식점이나 선술집 하나 없었다. 프로이센군이 다가오고 굶주린 프랑스군이 지나가는 바람에 장사치들은 모두 겁을 먹고 문을 닫아버린 것이었다.

남자들이 먹을 것을 구하려고 길가에 있는 농가들을 쏘다녀 보았으나 빵 한 조각 찾지 못했다. 닥치는 대로 빼앗아 가는 굶주린 병사들에게 빼앗길까 두려워서 미심쩍어하는 농부들이 먹을 것을 모조리 숨겨버렸기 때문이었다.

늦은 1시쯤, 루아조가 위 속에 틀림없이 커다란 구멍이 뚫린 것 같다고 말했다. 모두가 벌써 오래전부터 그와 같은 괴로움을 느꼈다. 무언가 먹고 싶다는 강렬한 욕망이 차츰 더해 와서 이야기하는 사람조차 없었다.

이따금 누군가가 하품을 했다. 그러자 곧 다른 사람이 그 뒤를 따랐다. 저마다 번갈아 가며 성격, 처세술, 사회적 지위에 따라 염치없는 소리를 내거나, 또는 얌전하게 입을 벌린 채 김을 토하는 허허로운 구멍 앞으로 얼른 손을 가져갔다.

비곗덩어리는 네댓 번 치마 밑에서 무엇을 찾는 것처럼 몸을 굽혔다. 그러고는 잠시 망설이다가 옆 사람들을 쳐다보고 나서 조용히 몸을 일으켰다. 모두들 얼굴이 창백하게 질려 있었다. 루아조는 햄 하나에 1000프랑을 내도 아깝지 않겠다고 말했다. 그의 아내는 항의하려는 몸짓을 하다가 그대로 입을 다물었다. 돈을 낭비한다는 말만 들어도 이 여자는 질색이라 그런 말은 농담조차도 통하지 않았다. "사실 나도 그리 기분이 좋지 않구려." 백작이 말했다. "어떻게 먹을 것을 가져올 생각을 못했을까?" 저마다 똑같은 것을 후회하고 있었다.

하지만 코르뉘데는 럼주(酒)를 채운 물통을 갖고 있었다. 그는 그것을 모두에게 권했다. 모두들 쌀쌀맞게 거절했다. 루아조만이 한 모금 마시고 물통을 돌려주면서 인사를 했다. "어쨌든 술이란 좋은 거로군요. 몸이 더워지고 배고픔을 잊게 해주니까요." 술기가 돌자 그는 기분이 들떠서 노래에 나오는 작은 배 위에서 하는 것처럼 가장 살진 손님을 잡아먹는 것이 어떠냐고 말했다. 교양 있는 사람들은 비곗덩어리를 간접적으로 가리키는 이 농담에 기분이 언짢아서 아무도 맞장구를 치지 않았다. 코르뉘데만이 빙그레 웃었다. 두 수녀는 입 속으로 중얼거리던 기도를 그치고 커다란 소매 속에 두 손을 쑤셔 넣고는 꼼짝도 않고 완강히 눈을 내리깔고 있었다. 하늘이 보낸 이 괴로움을 하늘에 도로 바치고 있는 것이 틀림없었다.

드디어 3시쯤 아득히 마을 하나 없는 끝없는 평야 한가운데에 이르렀을 때, 비곗덩어리는 재빨리 몸을 굽혀 의자 밑에서 하얀 보자기를 씌운 커다란 바구니를 꺼냈다.

먼저 조그만 사기 접시와 얄팍한 은잔, 그리고 커다란 단지를 꺼냈다. 단지 안에는 통닭 두 마리가 잘게 칼질되어 젤리로 재어져 있었다. 그 밖에도 바구니 안에는 포장해 넣은 다른 맛있는 음식들, 파이, 과일, 과자 등 객줏집 음식에 손대지 않고서도 사흘 동안 여행을 할 수 있게 준비된 음식들이 눈에 띄었다. 네 개의 기다란 술병 주둥이가 음식물 꾸러미 사이로 삐죽이 내다보였다. 여자는 통닭 날갯죽지 하나를 집어 들고 노르망디에서 '레장스'라고 부르는 작은 빵을 곁들여 먹기 시작했다.

모든 시선이 여자 쪽으로 쏠렸다. 곧 주위에 음식 냄새가 퍼졌다. 승객들의 콧구멍은 큼직하게 벌름거리고 입에 침이 고였으며 귀 밑 언저리에서 턱이 아플 만큼 당겨졌다. 부인들은 사나우리만큼 창부를 경멸하게 되었다. 죽여버리든가, 아니면 잔이고 바구니고 음식물이고 간에 몽땅 눈 속에 내던져 버리고 싶은 심정이었다.

그러나 루아조는 닭이 담긴 단지를 뚫어지게 바라보고 있었다. 그는 말했다. "허 참, 우리보다 훨씬 준비가 철저하시군요. 모든 일에 조심성 있는 분들이 있지요." 여자는 루아조 쪽으로 고개를 들었다. "좀 드시겠어요, 선생님? 아침부터 굶는다는 건 못 견딜 노릇이에요."

그는 허리를 굽실했다.

"이거 솔직히 말해서 사양할 수가 없군요. 이젠 도저히 더 참을 수가 없소. 전시에는 전시답게 해야지요. 그렇지요, 부인?" 그렇게 말하고 주위를 빙 둘러본 다음 그는 덧붙였다. "이런 상황에서 친절히 말해 주는 사람이 있다는 건 정말 반가운 일이지요." 그는 바지를 더럽히지 않도록 무릎 위에 신문지를 펴놓고, 늘 주머니 속에 간직하고 있는 칼을 꺼내 끝부분으로 젤리로 번질거리는 닭다리 하나를 꽂아 들고는 아주 흡족한 듯이 뜯어대는 바람에, 누군가 신음하는 듯한 큰 한숨 소리가 흘러나왔다.

그런데 비곗덩어리는 겸손하고 상냥한 목소리로 수녀들에게 함께 먹기를 권했다. 수녀들은 둘 다 곧장 받아들여 여전히 눈을 내리깐 채 고맙다는 인사를 중얼거리고는 얼른 먹기 시작했다. 코르뉘데 또한 옆자리 여인의 권유를 거절하지 않았다. 그리고 수녀들과 함께 신문지를 펴고 식탁 같은 것을 만들었다.

쉴 새 없이 입들이 벌어졌다가는 닫혔다. 맹렬한 기세로 집어넣고 씹어서는 꿀꺽 삼켰다. 루아조는 자기 자리에서 부지런히 먹고 있었는데 나직한 목소리로 아내에게도 먹으라고 권했다. 아내는 한참 동안 거부했으나 창자 속에 경련이 일어나자 굴복하고 말았다. 그러자 남편은 말씨를 정중히 하려고 애쓰면서 이 '매력 있는 여자 동행인'에게 루아조 부인에게도 한 조각 나누어 줄 수 없겠느냐고 물었다. 여자는 애교 띤 미소와 함께 "물론이죠, 선생님" 하면서 단지를 내밀었다.

보르도 포도주의 첫 번째 병마개를 뽑았을 때 좀 난처한 일이 일어났다. 공교롭게도 잔이 하나밖에 없었던 것이다. 잔을 잘 닦아서 돌리기로 했다. 코르뉘데만은 여자에 대한 예의로서, 옆자리 여인의 입술이 닿아서 젖은 자리에 자기 입술을 갖다 댔다.

그러자 음식을 먹고 있는 사람들에게 둘러싸여 음식에서 풍기는 냄새에 숨이 막힌 브레빌 백작 부부와 카레 라마동 씨 부부는 탄탈로스의 이름을 남길 그 꺼림칙한 고문에 시달렸다. 갑자기 공장 주인의 젊은 아내가 한숨을 쉬었으므로 모두들 돌아보았다. 그녀의 얼굴은 밖에 내린 눈과 같을 만큼 창백했다. 눈을 감은 채 고개가 푹 수그러졌다. 정신을 잃었던 것이다. 남편은 당황해서 사람들에게 도움을 요청했다. 모두들 어찌할 바를 몰랐는데, 그때 나이 먹은 수녀가 환자의 머리를 받쳐 들며 비곗덩어리의 잔을 입술 새로 들이밀고 포도주 몇 방울을 먹였다. 예쁜 부인은 곧 몸을 움직이고 눈을 뜨더니 미소 지으며 이젠 괜찮다고 다 죽어가는 목소리로 말했다. 그러나 수녀는 다시 이런 일이 없도록 포도주 한 잔을 가득히 따라서 그녀에게 억지로 마시게 한 다음 이렇게 덧붙였다. "시장해서 그래요. 별다른 건 없어요."

그러자 비곗덩어리는 당황하여 얼굴을 붉히면서, 굶고 있는 네 명의 승객을 보며 떠듬거렸다. "저 신사들과 부인들에게도 대접해 드리고 싶지만……" 여자는 실례가 될까 봐 두려워서 입을 다물었다. 루아조가 끼어들며 말했다. "아, 그렇고말고요. 이런 상황에서는 다들 형제나 다름없고 서로 돕는 게 당연하죠. 자 부인들, 예의 차리지 마시고 받아들이세요. 아무 상관없죠! 오늘 밤에 지낼 집도 있을지 없을지 알게 뭡니까? 이렇게 가다간 내일 정오까지 토트에 도착하긴 다 틀렸어요." 그래도 모두 망설이며 아무도 감히 "그럽시다" 하고 나서는 사람이 없었다. 하지만 백작이 문제를 해결했다. 그는 겁을 먹은 뚱뚱한 창부 쪽으로 돌아앉아 귀족다운 거만한 태도를 보이면서 말했다. "고맙게 받겠소, 부인."

첫발을 들여놓기가 어려웠을 뿐이었다. 일단 루비콘 강을 건너고 나니 모두가 체면이고 뭐고 없었다. 바구니는 바닥나고 말았다. 그러나 아직도 간으로 만든 파이, 종달새 파이, 훈제한 혀 조각, 크라산 배, 퐁레베크의 케이크, 작은 과자, 식초에 담근 오이와 양파가 가득 담긴 병이 남아 있었다. 부인들이 모두 그렇듯이 비곗덩어리도 생채소를 좋아했던 것이었다.

그 여자에게서 음식을 얻어먹으면서 말을 건네지 않을 수는 없었다. 그래서 이런 이야기 저런 이야기를 했다. 처음에는 신중했으나 뜻밖에 여자가 얌전했으므로 좀 더 경계심을 풀고 이야기들을 하게 되었다. 처세술이 뛰어난 브레빌 부인과 카레 라마동 부인은 예의를 벗어나지 않을 만큼 싹싹하게 행동했다. 특히 백작 부인은 어떤 관계에서도 흠잡을 데 없는 퍽 지체 높은 귀부인이 발휘하는 상냥한 너그러운 태도를 보여주었으며 유쾌하게 행동했다. 그렇지만 몸집이 큰 루아조 부인은 헌병 같은 근성을 가진 사람이라 줄곧 무뚝뚝했고, 적게 말하는 대신 많이 먹었다.

이야기는 자연히 전쟁에 대한 것으로 돌아갔다. 프로이센군의 잔학성과 프랑스군의 용감한 활약이 화제가 되었다. 도망쳐 나온 이 사람들은 모두 남의 용기에 경의를 표했다. 이윽고 개인의 경험담이 시작되었다. 비곗덩어리는 진정한 감동을 담고 창부가 가끔 그녀들의 타고난 격정을 드러낼 때 보이는 열띤 말투로 루앙을 떠나오게 된 사연을 이야기했다. "처음에는 그냥 남아 있을 생각이었지요. 집에 먹을 것도 잔뜩 준비되어 있었고 정처 없이 시내를 빠져나가는 것보다는 병사 몇 명을 먹이는 편이 낫겠다고 생각했어요. 그런데 막상 그 프로이센 군인을 눈앞에 보니 정말 어쩔 수가 없더군요! 저도 모르게 울컥했지요. 온종일 분에 못 이겨 울었답니다. 오! 제가 남자였다면 그대로 두었겠습니까! 저는 창문으로 흘겨봤지요. 뾰족한 철모를 쓴 살진 돼지 같은 놈들을 말이에요. 저희 집 하녀가 놈들의 등에 제가 집 안 물건을 던지지 못하게 하려고 제 손을 누르고 있었답니다. 머잖아 저희 집에도 몇 놈이 묵으려고 왔어요. 다짜고짜 저는 맨 먼저 들어선 놈의 목을 겨누고 덤벼들었지요. 놈들이라 해서 목 졸라 죽이는 데 다른 사람보다 더 힘들 거야 없으니까요! 누군가 제 머리채를 잡아당기지 않았더라면 틀림없이 그놈을 죽이고 말았을 거예요. 이런 일 때문에 저는 숨어야 했어요. 마침 기회가 있어서 이렇게 나오게 되었답니다."

모두들 여자를 크게 칭찬했다. 그만한 용기를 보이지 못했던 승객들의 눈에 갑자기 존경할 만한 여자로서 크게 비쳤던 것이다. 코르뉘데는 여자의 말을 들으면서 찬성을 하는 듯한, 호의를 보내는 듯한 미소를 띠고 있었다. 신을 찬양한 신자의 말을 듣고 있는 사제처럼도 보였다. 수단을 입은 인간이 종교를 독점하듯이, 수염을 길게 기른 공화주의자는 애국심을 독점할 작정인 것이다. 그는 자기 차례가 돌아오자 점잖은 투로 나날이 나붙는 포고문에서 따온 과장된 문구를 늘어놓으면서 이야기했다. 그리고 당당하게 '바딩게의 방탕자'*5를 규탄하는 연설 투로 끝맺었다.

그런데 갑자기 비곗덩어리가 화를 냈다. 보나파르트 편이었던 것이다. 버찌처럼 새빨개져서 분개한 나머지 떠듬거렸다. "그분의 위치에 서서 당신들이 어떻게 하는가를 보고 싶군요. 아마 훌륭하게 하셨겠지요! 그분을 배반한 건 바로 당신들이 아닙니까! 당신들 같은 불한당이 나라를 다스렸다면 프랑스에 남아 있을 사람이 하나도 없을 거예요!" 코르뉘데는 무표정한 얼굴로 거만하게 경멸하는 미소를 띠고 있었는데 난폭한 말이 방금이라도 튀어나올 듯한 기세였다. 그 순간 백작이 끼어들어 진지한 의견은 모두 존중해야 한다는 말로 위엄 있게 타일러 격분한 창부를 무난히 진정시켰다. 하지만 백작 부인과 공장주의 부인은 상류 사회 인사들이 공화국을 지나치게 증오하고 있었고, 모든 여성이 마음속에서 전제정부를 본능에 충실하게 선호하고 있었으므로 자기들과 감정이 꽤 비슷하고 위엄 넘치는 이 창부에게 자기들답지 않게 끌리고 있음을 느꼈다.

바구니는 비었다. 10명이 덤벼들었으니 먹어치우는 데 문제는 없었다. 바구니가 좀 더 크지 못했던 것을 아쉬워하는 심정이었다. 세상 이야기가 한동안 이어졌지만 음식을 다 먹고 나서부터는 열이 좀 식어버렸다.

해가 지고 조금씩 어둠이 짙어졌다. 추위는 음식을 소화시키는 동안 더욱 심하게 느껴져서 비곗덩어리는 살이 쪘으면서도 오들오들 떨기 시작했다. 그러자 브레빌 부인이 아침부터 몇 차례 숯을 갈아 넣은 발난로를 그녀에게 내주었다. 그녀는 발이 얼어붙을 듯했던 참이라 사양치 않았다. 카레 라마동 부인과 루아조 부인도 자기들 것을 수녀들에게 빌려주었다.

마부는 벌써 네모 초롱에 불을 켰다. 초롱은 끌채에 매어진 땀투성이 말 엉덩이에서 무럭무럭 오르는 김을 비추고, 길 양쪽의 눈을 비추었다. 움직이는 빛의 반사 아래에서 눈이 펼쳐지는 것처럼 보였다.

마차 안은 그만 아무것도 분간할 수가 없어졌다. 그런데 갑자기 비곗덩어리

---

*5 나폴레옹 3세의 별명.

와 코르뉘데 사이에서 무언가 움직이는 기척이 났다. 어둠 속을 바라보고 있던 루아조는 수염을 기른 이 사나이가 소리 없는 기막힌 따귀라도 맞은 듯이 훌쩍 물러나는 것을 본 성싶었다.

앞길에 점점이 작은 등불이 나타났다. 토트였다. 열한 시간을 왔지만, 말에게 귀리를 먹이고 숨을 돌리게 하느라고 네 차례 쉬었던 두 시간을 합치면 열세 시간 걸린 셈이었다. 마차는 마을로 들어가서 코메르스 호텔 앞에 멎었다.

마차 문이 열렸다! 귀에 익은 소리가 모두를 섬뜩하게 했다. 칼집을 땅바닥에 부딪는 소리였다. 곧장 독일인 목소리가 뭐라고 외쳤다.

마차는 움직이지 않았지만 아무도 내리려 하지 않았다. 마치 내리면 죽을 것을 각오해야 하는 것처럼. 그러자 마부가 초롱을 들고 나타났다. 마차 안에 활짝 흘러들어온 초롱불이 겁을 먹고 당황한 두 줄의 얼굴을 갑자기 비추었다. 입은 헤벌리고 눈은 놀라움과 두려움 때문에 커다랗게 뜨여 있었다.

마부 곁에 한 독일 장교가 온 몸에 불빛을 받으며 서 있었다. 몹시 마른 금발의 후리후리한 이 젊은 장교는 코르셋을 입은 처녀처럼 꽉 째는 군복을 입고 밀을 입힌 납작한 모자를 비스듬히 쓰고 있었다. 이 모자 때문에 그는 영국의 호텔 보이처럼 보였다. 곧고 긴 그의 콧수염은 분수에 맞지 않았으며, 양쪽으로 한없이 뻗어가다가 마지막에는 단 한 오라기의 금빛 털만으로 끝나고 있었다. 그 끝은 너무 가늘어서 보이지도 않았다. 수염이 볼을 당기며 입가를 짓누르는 듯했으며 입술 위에 밑으로 처진 한 줄기 주름을 그어 놓고 있었다.

그는 알자스 사투리의 프랑스 말로 "신사 숙녀 여러분, 내리십시오" 하고 무뚝뚝한 투로 여행자들에게 내리기를 재촉했다.

두 수녀가 맨 먼저 모든 복종에 익숙한 동정녀처럼 순순히 명령에 따랐다. 이어서 백작 부부가 내리고 공장 주인과 그 아내가 따라 내렸다. 루아조가 몸집이 큰 아내를 떠밀면서 나왔다. 루아조는 땅에 발을 내려놓으면서 예의라기보다 조심성에서 장교에게 "안녕하십니까?" 하고 말을 걸었다. 장교는 자못 전능한 사나이처럼 건방지게 흘끔 돌아보았을 뿐 대답은 하지 않았다.

비곗덩어리와 코르뉘데는 마차 문 가까이에 있었는데도 맨 나중에 내렸다. 적을 앞에 두고 엄숙하고 거만한 태도를 취했던 것이다. 뚱뚱한 매춘부는 되도록 감정을 억누르고 냉정하려 했다. 민주주의자는 검붉은 턱수염을 조금 비극적이며 떨리는 손짓으로 줄곧 훑고 있었다. 이런 경우, 그들은 조금이나마 나라를 대표하는 사람이라는 심정에서 위엄을 유지하고 싶었던 것이다. 승객들의 무기력함에 똑같이 분개하고는 있었지만, 여자는 주위 숙녀들보다 더욱더 의연한 태도를 보이려 했고, 한편 남자는 모범을 보여야 한다고 느끼면서도 그의 모든 태도에서 도로를 파괴할 때 시작되었던 항전의 사명을 이어 가고 있었다.

그들은 여관의 널찍한 부엌으로 들어갔다. 독일 장교는 여행자의 이름, 인상과 직업, 그리고 군사령관이 서명한 출발 허가증을 제출케 하고 기록된 사항과 본인을 번갈아 보면서 한참 동안 그들을 조사했다.

그러고는 "좋소" 하고 거칠게 한마디 내뱉고는 어딘가로 사라져 버렸다.

그제야 모두들 안도의 한숨을 내쉬었다. 여전히 배가 고파서 저녁을 시켰다. 그 준비를 하는 데 30분이 걸린다고 했다. 두 하녀가 저녁을 차리는 동안 사람들은 방을 보러 갔다. 방은 복도 끝에 번호가 표시된 유리문이 달린 긴 복도에 나란히 붙어 있었다.

마침내 식탁에 막 앉으려는 참인데 여관 주인이 나타났다. 그는 전에 말 장수를 했던 사나이로, 뚱뚱한 천식 환자라 노상 씩씩거리고 목이 쉬었으며 목구멍에서는 가래 끓는 소리가 났다. 그는 아버지에게서 폴랑비*6라는 묘한 이름을 물려받았다.

그가 물었다.

"엘리자베트 루세 양이십니까?"

비곗덩어리가 찔끔하며 돌아보았다.

"저예요."

"프로이센 장교가 급히 할 말이 있답니다."

"저한테요?"

"네, 당신이 틀림없이 엘리자베트 루세 양이라면."

여자는 당황해 잠시 생각에 잠겼다. 그러다가 딱 잘라 이렇게 선언하듯 말했다.

"불렀을지 모르지만 저는 가지 않겠어요."

그녀 주위에 웅성거림이 일어났다. 저마다 이 명령에 대한 이유를 찾으며 논의가 벌어졌다. 백작이 다가왔다.

---

*6 Follenvie. 살아 있는 미치광이.

"그래서는 안 됩니다, 부인. 당신이 거절함으로써 당신뿐만 아니라 동행한 모두가 크게 곤란을 겪을지도 모르니까요. 강한 자에게 대들면 안 됩니다. 잠시 얼굴을 보이는 것뿐이라면 아무런 위험도 없을 겁니다. 아까 수속 절차에 빠진 것이라도 있었겠지요."

모두들 백작을 거들며 그녀를 달래고 재촉하며 설교를 늘어놓은 끝에 설득시켰다. 여자의 충동적인 행동에서 어떤 말썽이 일어날지도 몰라 두려워했기 때문이다. 여자는 마침내 말했다.

"물론 저는 여러분들을 위해서 가는 겁니다!"

백작 부인은 여자의 손을 잡았다.

"정말 고마워요."

여자는 나갔다. 모두들 함께 식사를 하려고 여자가 돌아오기를 기다렸다. 사납고 성마른 그 창부 대신에 자기가 불리지 못한 것을 모두들 가슴 아파하면서 자기 차례가 와서 불렸을 경우를 위해 비위 맞출 말들을 속으로 준비했다.

그런데 10분쯤 지나자 여자가 흥분해 새빨간 얼굴을 하고 숨이 막힐 듯이 씩씩거리며 나타났다. "망할 녀석! 망할 녀석!" 하고 입 속으로 되뇌고 있었다.

모두들 이유를 알고 싶어 했지만 여자는 아무 말도 하지 않았다. 백작이 끈질기게 묻자 여자는 매우 품위 있는 태도로 대답했다. "아니에요, 당신들과는 관계없는 일이에요. 말씀드릴 수 없어요."

그래서 모두들 양배추 냄새가 풍기는 우묵한 수프 그릇을 가운데 놓고 둘러앉았다. 위험한 일이 있었음에도 저녁 식사는 즐거웠다. 사과주가 훌륭했다. 루아조 부부와 수녀들은 돈을 아끼느라 사과주를 마셨다. 다른 사람들은 포도주를 주문했다. 코르뉘데는 맥주를 시켰다. 그는 독특하게도 병마개를 뽑아 맥주에 거품을 일게 한 뒤 잔을 기울이면서 찬찬히 들여다보고는 잔을 쳐든 채 램프에 비쳐 보면서 그 빛깔을 곰곰이 감상하고 있었다. 그가 맥주를 마실 때 그가 사랑하는 맥주빛과 비슷한 색깔을 띤 수염이 애정에 떨리는 것처럼 보였다. 눈은 잠시도 맥주잔에서 떠나지 않고 비스듬히 노려보고 있었다. 그의 태도는, 오로지 술을 마시기 위해 태어난 유일한 직책을 수행하고 있는 것 같았다. 그의 온 생활을 차지하고 있는 두 가지 커다란 열정, 곧 맥주와 혁명 이 두 가지 사이의 연결을, 말하자면 친화력 같은 것을 마음속에 세우고 있다고밖에 생각할 수가 없었다. 그는 반드시 한쪽을 생각하지 않고서는 다른 한쪽을 맛

볼 수 없을 터였다.

폴랑비 부부는 탁자 끝에서 식사를 하고 있었다. 고장 난 기관차처럼 헐떡거리는 폴랑비는 먹으면서 말을 하려면 가슴이 답답했지만 그의 아내는 절대 입을 다물지 않았다. 프로이센군이 들이닥쳤을 때의 인상을 죄다 이야기했다. 그들이 한 것, 그들이 말한 것을 이야기했다. 그녀는 그들을 증오했는데 그것은 첫째로 돈이 들었기 때문이며, 다음으로 두 아들이 군대에 불려갔기 때문이었다. 지체 높은 부인과 이야기하는 것이 기뻐서 그녀는 특별히 백작 부인에게 말을 걸었다.

그러고는 목소리를 낮추어 온갖 미묘한 말을 지껄였다. 남편은 가끔 그것을 가로막았다. "잠자코 있는 게 좋아, 폴랑비 부인." 그러나 아내는 막무가내로 계속하는 것이었다.

"그렇답니다, 부인. 그들은 감자하고 돼지고기만 먹고, 감자랑 돼지고기밖에는 몰라요. 그들이 깨끗할 거라고 생각하시면 안 돼요.—오, 아니에요!—부인 앞에서 이런 말씀드리기가 거북하지만, 그들은 아무 데나 볼일을 본다니까요. 며칠 동안 몇 시간이고 훈련받는 모습이란 어처구니없어요. 그들은 들판으로 나갑니다.—그리고 앞으로 갔다 뒤로 갔다, 이리 돌고 저리 돌아요.—차라리 그들이 밭이나 갈든가 자기 나라로 돌아가서 길이라도 닦는다면 오죽이나 좋겠어요!—정말이지 부인, 그 군인들은 아무에게도 쓸모가 없답니다! 고작해야 사람들 죽이는 법이나 배우는 그들을 가난한 백성들이 먹여 살려야만 한다고요! 사실 저는 교육도 못 받은 늙은 여자일 뿐이지만 아침부터 저녁까지 제자리걸음을 하느라 녹초가 되는 그들을 볼 때마다 이런 생각을 한답니다.—세상에 도움이 되는 많은 발명을 하는 사람들이 있는데, 한편으로 모두에게 해를 끼치기 위해 그토록 애를 써야만 할까 하고요! 정말이지 프로이센 사람이건, 영국 사람이건, 폴란드 사람이건, 프랑스 사람이건 간에 사람을 죽인다는 것은 혐오스러운 일이 아니겠습니까?—만약 당신에게 잘못을 저지른 누군가에게 복수를 한다면 그건 유죄 선고를 받게 되니까 악한 일이 되고, 반면에 총으로 사냥하듯 우리 아이들을 몰살시키는 것은 가장 많이 죽인 자에게 훈장을 주니까 선한 일이 될까요?—아니요, 아시겠지만, 저는 절대 이해할 수가 없어요!"

코르뉘데가 목소리를 높였다.

"전쟁은 평화로운 이웃 나라를 공격할 경우에는 야만 행위입니다. 조국을 지킬 경우에는 신성한 의무랍니다."

노파는 고개를 숙였다.

"옳아요. 자신을 지킨다는 것은 다른 문제겠지만요. 그러면 차라리 자기네들 멋대로 그런 짓을 하는 온 세계 왕들을 모두 죽여버리는 것이 어떨까요?"

코르뉘데의 눈이 빛났다.

"멋진 일이오, 여성 동지." 그는 말했다.

카레 라마동 씨는 깊은 생각에 잠겼다. 이름 높은 장군들을 열렬히 숭배했다고는 하나, 이 시골 여자의 양식(良識)을 통해서 그는 어떤 일을 떠올렸다. 만약 완성하는 데 몇백 년이고 걸리는 큰 산업 공사에, 생산성 없는 채로 방치되어 있는 그 많은 힘, 파산을 불러오는 놀고먹는 그 많은 팔들을 쓴다면 그것이 한 나라에 얼마나 큰 번영을 가져올 것인가 하고 생각했던 것이다.

그런데 루아조가 자리에서 일어나 여관 주인한테로 가더니 작은 소리로 이야기를 시작했다. 뚱뚱보 주인은 웃다가 기침하며 가래를 뱉었다. 그의 불룩한 배는 상대가 농담할 때마다 즐거운 듯이 물결쳤다. 그는 봄에 프로이센군이 철수하면 보르도 포도주 여섯 통을 사겠다고 약속했다.

모두 피로에 지쳐 있었으므로 저녁 식사가 끝나자마자 잠자리에 들었다.

그런데 여러 사태를 관찰하고 있던 루아조는 아내를 먼저 재우고는 열쇠 구멍에 귀를 대보기도 하고 눈을 대기도 하여, 그가 '복도의 수수께끼'라 이름 붙인 것을 발견해 내려고 애썼다.

한 시간쯤 지나자 무언가 가볍게 스치는 소리가 났으므로 그는 얼른 엿보았다. 비곗덩어리의 모습이 보였다. 하얀 레이스로 가장자리를 꾸민 파란 캐시미어 잠옷을 입었기에 더욱 뚱뚱해 보였다. 한 손에 촛대를 들고 아까 그 번호가 붙은 문 쪽으로 가고 있었다. 이윽고 옆방 문이 반쯤 열렸다. 여자가 몇 분 뒤에 돌아오자, 멜빵 걸친 코르뉘데가 여자 뒤를 쫓았다. 그들은 작은 목소리로 이야기를 하더니 걸음을 멈추었다. 남자가 방 안으로 들어가려는 것을 비곗덩어리가 한사코 막고 있는 것 같았다. 불행히도 루아조 귀에 그들의 말이 들리지는 않았지만 나중에 그들의 말소리가 높아졌으므로 몇 마디 알아들을 수가 있었다. 코르뉘데가 무언가 격렬하게 조르고 있었다. 그는 이렇게 말했다.

"여봐요, 정말 바보로군요. 당신에게는 별일 아니잖소."

여자는 화가 난 듯이 이렇게 대꾸했다.

"안 돼요, 그런 짓도 못할 경우가 있는 법이에요. 그리고 이런 데서 그런 짓을 하다간 창피당해요."

아마 코르뉘데는 이해되지 않는 모양이었다. 그것은 무엇 때문이냐고 물었다. 그 말을 듣자 여자는 발끈해 더 거친 소리로 쏘아붙였다.

"왜냐고요? 왜 그런지 모르겠다는 말이에요? 프로이센군이 한 지붕 밑에 있는데, 어쩌면 옆방에 있을지도 모르잖아요."

그는 입을 다물었다. 적이 가까이 있는 곳에서는 애무를 받아들이지 않으려는 이 창부의 애국적 수치심이 정녕 땅에 떨어지려는 그의 위엄을 틀림없이 그의 마음속에 눈뜨게 했을 것이다. 그는 여자에게 키스만 하고 발소리를 죽여 자기 방으로 돌아갔다.

몹시 흥분한 루아조는 열쇠 구멍에서 물러나자, 방 안에서 덩실 춤을 한바탕 추고 나서 마드라스산(産) 무명이 섞인 잠옷을 걸친 채로, 볼품없는 뚱뚱한 몸을 누이고 있는 아내의 담요를 들치고 키스를 퍼부어서 깨우고 말았다. "나를 사랑하지?" 속삭이면서.

그러자 온 집 안이 조용해졌다. 그러나 곧 어디에선가, 지하실인지 또는 다락인지 분간하기 어려운 쪽에서 세차고 단조로우면서도 규칙적인 코 고는 소리가 들려왔다. 압력을 받은 주전자가 진동하는 듯한 둔하고 여운이 긴 소리였다. 폴랑비 씨가 잠을 자고 있는 것이었다.

이튿날은 여덟 시에 떠나기로 했기에 모두들 일찌감치 부엌으로 모였다. 하지만 덮개 위에 눈이 쌓인 마차만이 말도 마부도 없이 마당 한가운데 쓸쓸히 놓여 있었다. 마구간으로, 사료 창고로, 차고로 마부를 찾아다녔으나 헛수고였다. 그래서 남자들은 마을 안을 찾아보기로 하고 밖으로 나갔다. 그들은 교회가 있는 광장으로 나갔으나 광장 양편에는 나직한 집들이 늘어섰고 거기에는 프로이센 군인들의 모습이 보였다. 처음에 눈에 뜨인 프로이센 병사는 감자 껍질을 벗기고 있었다. 좀 더 가자 두 번째 병사는 이발소 바닥을 씻어내고 있었다. 또 하나 얼굴이 수염투성이인 사나이는 우는 아기를 무릎 위에 올려놓고 달래며 어르고 있었다. 남편들을 '전쟁터 군대'에 빼앗긴 뚱뚱한 시골 여자들은 몸짓 손짓으로 유순한 정복자들에게 해야 할 일을 시키고 있었다. 장작을 패거나 수프를 만들거나 커피를 빻는 일이었다. 그들 가운데 하나는 여관집 안주인의 속옷까지 빨았는데, 안주인은 전혀 팔다리를 쓰지 못하는 할머니였다.

백작은 깜짝 놀라 때마침 사제관에서 나온 교회지기에게 물어보았다. 늙은 교회 관리인은 이렇게 대답했다. "오! 저들은 나쁜 사람들이 아닙니다. 프로이센 사람들이 아니라고들 하더군요. 어딘지는 모르지만 더 먼 데서 왔대요. 모두들 고향에 처자를 남겨 놓고 왔다는군요. 그러니 전쟁 같은 것이 즐거울 리가 없지요! 그곳에서도 남자들을 내보낸 뒤에 울고 있는 사람들이 반드시 있을 겁니다. 우리도 그렇지만 저 사람들 또한 전쟁 때문에 무척 비참하게 됐겠지요. 여기는 아직, 지금으로 봐서는 그렇게 심하지 않아요. 저 사람들은 나쁜 짓도 하지 않고 자기 집에 있는 것처럼 일해 준답니다. 그렇지 않습니까, 가난한 사람끼리 서로 도와야 하지 않겠어요…… 전쟁을 벌이는 것은 높은 분들이니까요."

코르뉘데는 정복자와 피정복자 사이에 성립되어 있는, 협조하는 태도를 보고 화를 내며 여관에 처박혀 있는 편이 낫겠다면서 되돌아갔다. 루아조가 농담을 했다. "인구를 다시 늘리고 있는 거요." 카레 라마동 씨는 점잖게 말했다. "속죄를 하고 있는 셈이죠." 그러나 마부는 보이지 않았다. 마침내 이 마을의 술집에서 장교 당번병과 사이좋게 식탁에 마주 앉아 있는 그를 찾아냈다. 백작이 심문하듯이 물었다.

"여덟 시에 말을 매라고 해두지 않았던가?"

"예, 그렇습니다만 그 뒤 또 다른 지시가 내렸답니다."

"무슨 지시?"

"절대로 마차에 말을 매지 말라는 것이었어요."

"누가 그따위 지시를 했나?"

"예! 프로이센 장교랍니다."

"어째서지?"

"저는 아무것도 모르겠습니다. 가서 그에게 물어보십시오. 말을 매지 말라기에 저는 안 맸을 뿐이지요."

"장교가 직접 자네한테 지시했나?"

"아니오, 나리. 여관 주인이 전달하더군요."

"언제 그랬지?"

"어젯밤에 제가 자려고 할 때였습니다."

세 남자는 몹시 불안해하면서 돌아왔다.

폴랑비 씨를 만나려고 했으나 하녀가 대답하기를, 주인은 천식 때문에 절대로 10시 전에는 일어나지 않는다는 것이었다. 불이나 나면 모를까, 그 시간 이전에 깨우는 것은 절대로 금지되어 있다고 했다.

장교를 만나고 싶었으나 같은 여인숙에 머무르고 있다 해도 이거야말로 절대로 불가능한 일이었다. 민간이 관련 일로 그에게 말할 수 있는 것은 폴랑비에게만 허락되어 있었다. 그래서 기다리는 수밖에 없었다. 여자들은 방으로 돌아가서 이것저것 자질구레한 일로 시간을 보냈다.

코르뉘데는 불이 활활 타오르는 부엌의 높다란 벽난로 앞에 자리 잡고 있었다. 그는 그곳으로 작은 탁자와 맥주병을 가져오게 하고 담뱃대를 꺼냈다. 이 담뱃대를 민주주의자들은 코르뉘데를 존중하는 만큼이나 존중하고 있었다. 마치 이 담뱃대가 코르뉘데에게 봉사함으로써 조국에 봉사하고 있기나 한 것 같았다. 기막힐 만큼 담배진이 밴 이 해포석(海泡石) 담뱃대는 주인의 이처럼 까맸지만 좋은 냄새, 구부러진 모양, 반지르한 빛을 가지고 주인의 손에 익어서 주인 몸의 일부가 되어 있었다. 그는 벽난로에서 타는 불길을 바라보기도 하고 맥주잔 위에 수북이 올라 있는 거품을 보기도 하면서 꼼짝도 하지 않았다. 맥주를 마실 때마다 마르고 기다란 손가락으로 기름진 긴 머리카락을 만족스레 쓸어올리는 한편 거품 묻은 턱수염을 혀로 빠는 것이었다.

루아조는 저린 다리를 풀어준다는 핑계로 이 지방의 소매상들에게 포도주를 팔러 다녔다. 백작과 공장 주인은 정치 이야기를 시작했다. 그들은 프랑스 앞날을 예측했다. 한 사람은 오를레앙 집안의 복귀를 믿었고 다른 한 사람은 아무도 알지 못하는 구세주, 모든 것이 절망에 빠졌을 때 나타날 영웅을 믿었다. 이 구원자가 뒤 게클랭 같은 사람일지 또는 잔 다르크 같은 사람일지? 아니면 나폴레옹 1세 같은 사람일까? 아! 황태자가 그렇게 어리지만 않다면! 코르뉘데는 그 이야기를 들으면서 운명의 말을 아는 사나이로서 빙그레 웃었다. 그의 담뱃대가 부엌을 담배 냄새로 가득히 채웠다.

10시를 치자 폴랑비 씨가 나타났다. 그는 곧 질문을 받게 되었다. 하지만 주인은 똑같은 말을 두세 번 되풀이할 수밖에 없었다. "장교가 저한테 말했지요. '폴랑비 씨, 내일 저 손님들 마차에 말을 매지 못하게 하시오. 내 명령 없이는 떠나지 못하게 할 작정이오. 알았소?'라고 말입니다."

그래서 모두들 장교를 만나려고 했다. 백작이 자기 명함을 장교에게 보냈다.

카레 라마동 씨가 거기다 자기 이름과 직함을 모조리 덧붙여 썼다. 프로이센 장교는 점심을 먹고 나서 한 시쯤 면담을 허락한다는 회답을 보내왔다.

부인들도 다시 나타나서, 모두들 불안스럽기는 했지만 그래도 조금씩 식사를 했다. 비곗덩어리는 몸이 아프고 마음이 몹시 어지러운 것 같았다.

커피를 마시고 났을 때 당번병이 신사들을 부르러 왔다.

루아조도 두 사람과 함께 가기로 했다. 그런데 이 교섭에 더욱더 무게를 갖추기 위해 코르뉘데도 끌고 가려 했으나 그는 독일인과 어떤 관계든 맺지 않을 작정이라고 거만스레 말했다. 그리고 맥주를 또 한 병 시켜 놓고 난롯가로 돌아갔다.

세 사람은 2층으로 올라가 이 여관에서 가장 좋은 방으로 안내되었다. 그들을 맞이한 장교는 안락의자에 기다랗게 누워서 다리를 난로 위에 올려놓은 채로 사기로 만든 긴 담뱃대를 피워 물고 있었다. 화려한 빛깔의 실내복을 걸치고 있었는데 아마 어느 취미가 좋지 못한 부자가 버리고 간 집에서 훔쳐 왔을 것이다. 그는 일어나지도 않았고 인사도 없었으며 그들 쪽을 보지도 않았다. 싸움에서 이긴 군대에서 흔히 볼 수 있는 버릇없는 행동의 표본을 유감없이 보여주고 있었다.

잠시 뒤 가까스로 그는 이렇게 말했다.

"무슨 일로 왔소?"

백작이 입을 열었다. "저희들은 떠나고 싶습니다."

"안 됩니다."

"안 되는 이유를 물어봐도 되겠습니까?"

"떠나보내고 싶지 않기 때문이오."

"디에프까지 가기 위한 출발 허가증을 귀하의 사령관께서 저희에게 발급하셨다는 사실을 존중해 주시기를 부탁드립니다. 이렇게 엄한 처분을 받을 일은 아무것도 하지 않았다고 생각하는데요."

"떠나보내고 싶지 않기 때문이오…… 그것뿐이오…… 물러들 가시오."

세 사람은 허리를 굽실거리며 물러나왔다.

오후는 비참했다. 독일 장교의 변덕이 아무래도 이해가 가지 않았다. 더없이 해괴한 생각이 차례차례 그들 머리를 어지럽혔다. 모두들 부엌에 모여 있을 것 같지도 않은 일을 상상하면서 끝없는 논의를 거듭했다. 어쩌면 우리를 인질로 붙잡아 두거나—하지만 무슨 목적으로?—아니면 포로로 데려갈 작정인 것일까? 또는 오히려 엄청난 액수의 몸값을 요구하려는 것일까? 바로 여기에 생각이 미치자 모두들 달아나고 싶은 안타까운 심정이 되었다. 가장 돈 많은 사람들이 누구보다도 두려워했다. 목숨을 건지기 위해서 이 건방진 군인들의 손에 황금이 가득 찬 돈자루를 쏟아붓지 않을 수 없는 자신들 꼴이 벌써부터 눈에 선했다. 그들은 재산을 숨기고 지독한 가난뱅이인 체하려면 어떻게 하면 좋을까, 그럴듯한 거짓말을 꾸며내느라고 머리를 짰다. 루아조는 시곗줄을 풀어서 주머니 안에 감추었다. 해가 지자 걱정은 깊어질 뿐이었다. 램프에 불이 켜졌지만 저녁 식사까지는 아직도 두 시간이나 남아 있었기에 루아조 부인이 카드놀이를 하자고 제안했다. 기분 전환이 될지도 몰랐다. 모두들 찬성했다. 코르뉘데까지도 예의를 지켜 담뱃대의 불을 꺼버리고 놀이에 한몫 끼었다.

백작이 카드를 섞어서—돌리자—비곗덩어리가 단번에 으뜸 패를 잡았다. 잠시 뒤 노름의 흥미가 그들 머리를 괴롭히던 두려움을 가라앉혀 주었다. 코르뉘데는 루아조 부부가 속임수를 쓰는 것을 눈치챘다.

식탁에 앉으려는 참에 폴랑비 씨가 다시 나타났다. 쉰 목소리로 그는 이렇게 말했다. "엘리자베트 루세 양이 아직도 생각이 달라지지 않았는지 프로이센 장교님이 물어보라고 합니다."

비곗덩어리는 새파랗게 질려서 우뚝 서 있었다. 그리고 갑자기 새빨개졌다 싶자 격노한 나머지 숨이 막혀 아무 말도 못하고 있었다. 그래도 가까스로 그녀는 입을 열었다. "그놈에게 이렇게 말해 주세요. 그 더러운, 돼먹지 못한 부랑자 프로이센 놈에게 이렇게 말해 주세요. 나는 절대 싫다고요. 잘 들어요. 절대로, 절대로, 절대로 싫어요."

뚱뚱한 여관 주인은 나갔다. 그러자 모두들 비곗덩어리를 둘러싸고 지난번에 프로이센 장교를 만났을 때 무슨 일이 있었는지 말해 달라고 졸랐다. 처음에 그녀는 거절했지만 마침내 분노에 못 이겨 부르짖었다. "그놈이 무엇을 원했느냐고요?…… 그놈이 무엇을 바랐느냐고요?…… 나하고 함께 자고 싶대요!" 이 노골적인 말에 기분 상한 사람은 하나도 없었다. 그만큼 모두들 격분했다. 코르뉘데는 맥주잔을 거칠게 탁자 위에 놓다가 깨고 말았다. 이 비열한 군인에 대한 비난의 아우성이, 분노의 숨결이, 그녀에게 요구되었던 희생의 일부분을 저마다가 요구받기라도 한 것처럼, 저항을 위한 그들의 단결이 은연중에 불타올랐다. 백작은 이놈들이 옛날 야만족과 똑같은 방식으로 행동한다고 내뱉듯이 말했다. 부인들은 유달리 비곗덩어리에게 힘차고 사려 깊은 동정의 뜻을 표명했다. 식사 때만 나타나는 수녀들은 얼굴을 숙인 채 한마디도 하지 않았다.

최초의 분노가 가라앉자 그래도 식사만은 했다. 하지만 모두들 말수를 줄이고 생각에 잠겨 있었다.

부인들은 일찍 방으로 물러갔다. 남자들은 담배를 피우면서 카드놀이 판을 벌여 폴랑비 씨도 초대했다. 장교의 고집을 꺾기 위해서는 어떤 수단을 써야 좋을지 그에게 교묘하게 물어볼 생각이었다. 그러나 그는 카드에만 정신이 팔려서 남의 말은 듣지도 않았고 아무 대답도 해주지 않았다. 줄곧 "자, 놀이나 합시다, 여러분. 놀이나 합시다" 되풀이할 뿐이었다. 그는 카드놀이에만 정신이 팔려 가래를 뱉는 것마저 잊고 있었다. 그래서 가끔 그의 가슴속에서는 늘임표가 울려나왔다. 아무튼 이 사나이의 씩씩거리는 폐는 낮고 깊숙한 음표에서 시작되어 어린 수탉이 억지로 노래하려고 짜내는 날카롭고 목 쉰 소리로 되기까지 천식의 전 음계를 내보이는 것 같았다.

졸려서 못 견디게 된 아내가 부르러 와도 그는 2층으로 올라가기를 거절했다. 부인은 혼자 자러 나갔다. 그녀는 언제나 해님과 함께 일어나는 '아침형'이었고, 그는 언제나 친구들과 함께 기꺼이 밤을 새우려 드는 '저녁형'이었기 때문이다. 그는 "내가 먹을 레 드 풀*7이나 불에 올려놓아요" 소리치고는 또다시 놀이를 시작했다. 이 사나이에게서 아무것도 알아낼 수 없다는 것을 알게 되자 모두들 잘 시간이 되었다고 하면서 저마다 잠자리로 돌아갔다.

이튿날 또한 모두들 일찍감치 일어났다. 막연한 희망과 더욱 강해진 떠나고 싶다는 욕망, 이 지긋지긋한 여관에서 또 하루를 지내야 한다는 두려움을 느끼면서.

슬프도다! 말들은 여전히 마구간에 매여 있었고 마부는 보이지 않았다. 사람들은 할일 없이 마차 주위를 어슬렁거렸다.

아침 식사는 처량했다. 비곗덩어리에 대해 좀 쌀쌀한 공기가 떠돌았다. 중요한 결정을 내리기 전에는 하룻밤 더 생각하는 게 좋다는 속담처럼 그 밤이 그들의 판단을 조금 바꾸었던 것이다. 지금은 이 여자가 밤중에 몰래 프로이센

---

*7 뜨거운 우유에 달걀 노른자를 푼 음료.

장교를 만나러 가서, 아침에 일어났을 때 마차 탈 손님들을 위해 깜짝 놀랄 만한 소식을 가져다주게끔 해주지 않는 것을 원망하는 듯한 감정을 느꼈다. 이보다 간단한 일이 또 있을까? 게다가 그 일을 누가 알겠는가? 모두 난처해 있는 것을 보니 딱해서 왔노라고 장교에게 말한다면 체면도 세울 수 있을 터였다. 이 여자에게 그런 것은 아무 일도 아니잖은가!

그러나 아직은 누구 하나 그런 생각을 털어놓지 않았다.

오후에 지루해서 어쩔 수 없게 되었으므로 백작이 마을 언저리로 산책이나 해보자고 제안했다. 난롯가에 앉아 있는 편이 더 낫다는 코르뉘데와 교회나 사제관에서 나날을 보내는 수녀들을 빼놓고는 저마다 몸을 잘 감싸고서 이 작은 단체는 떠났다.

나날이 기승을 부리는 추위가 코와 귀를 에는 듯했고 발이 시려서 한 걸음, 한 걸음 옮겨 놓기가 고통스러웠다. 들판이 보이는 데까지 이르자 끝없이 흰 눈에 덮인 경치가 너무나 두렵고 기분 나쁘게 보였으므로 모두들 마음이 얼어붙고 가슴이 조여드는 듯한 심정으로 일찌감치 돌아서고 말았다.

네 여자가 앞장을 서고, 남자 셋이 좀 떨어져서 뒤를 따랐다.

사태를 충분히 인식하고 있는 루아조가 갑자기 저 '매춘부'가 언제까지 자기들을 이런 곳에 붙들어 둘 작정인가 하고 불쑥 말을 던졌다. 늘 여성에게 상냥한 백작은 한 여성에게 그와 같은 괴로운 희생을 강요할 수는 없으며, 희생은 본인이 스스로 알아서 하는 것이어야만 한다고 말했다. 카레 라마동 씨는 자기들이 이야기했던 것처럼 만일 프랑스군이 디에프 쪽에서 반격해 온다면 양군의 충돌은 토트에서 일어날 수밖에 없을 것이라고 지적했다. 이런 의견을 듣자 두 사람은 걱정스러워졌다. "걸어서 도망치는 게 어떨까요?" 루아조가 말했다. 백작은 어깨를 움츠려 보였다. "당치도 않은 소리, 이 눈 속에 여자들을 데리고요? 게다가 달아나 본들 곧 추격당해 틀림없이 십 분 안에 붙잡히고 말 겁니다. 포로가 되어 끌려와서 군인들에게 무슨 짓을 당할지 모르지요." 과연 그것은 사실이었다. 모두들 입을 다물어 버렸다.

부인들은 옷차림에 대한 이야기를 하고 있었으나 어쩐지 서먹해서 잘 어울리지 못하는 것 같았다.

갑자기 그 길 끝에 아까 그 장교가 나타났다. 눈밭이 끝없이 펼쳐진 경치를 배경으로 하여 키가 크고 허리가 잘록한 군복 차림이 뚜렷이 떠올랐다. 공들여 닦은 장화를 조금이라도 더럽히지 않으려는 군인 특유의 걸음걸이로 무릎 사이를 벌리고 걸어왔다.

그는 여자들 곁을 지나가면서 머리를 숙여 인사했다. 남자들에게는 멸시하는 듯한 눈길을 던졌을 뿐이었다. 하기는 남자들 쪽에서도 모자를 벗지 않을 정도의 위엄은 갖고 있었다. 비록 루아조만은 모자에 살짝 손을 대려는 몸짓을 했지만 말이다.

비곗덩어리는 귀 밑까지 새빨개져 있었다. 결혼한 세 여자는 이 군인한테서 험한 대접을 받은 창부와 함께 있는 장면을 그에게 보인 것에 심한 굴욕을 느꼈다.

그래서 이 장교의 이야기가 나오게 되어 태도며 생김새의 품평이 시작되었다. 많은 장교들을 알고 있으며 훌륭한 감식가로서 그들을 판단하는 카레 라마동 부인은 이 장교가 제법 그럴듯하다고 했다. 프랑스 사람이 아닌 것이 유감스럽다고까지 말했다. 프랑스 사람이었다면 훌륭한 미남 경기병 장교로서 틀림없이 모든 여자들이 반했으리라는 것이었다.

막상 여관에 돌아오고 보니 해야 할 일이 없었다. 하찮은 일에도 가시 돋친 말이 오가는 형편이었다. 저녁 식사는 침묵 속에서 일찍 끝났다. 저마다 방으로 돌아가서 잠자리로 들어갔다. 하다못해 시간을 보내기 위해 잠이라도 자길 바랐다.

다음 날은 모두들 지친 얼굴로 화나는 가슴을 안고 내려왔다. 부인들은 비곗덩어리에게 거의 말도 하지 않았다.

종이 울렸다. 세례식이 있는 것이다. 뚱뚱한 창부에게는 이브토의 농가에서 기르고 있는 아이가 하나 있었다. 일 년에 한 번 만나지도 않고 만나려고 생각한 일도 없었다. 그러나 지금부터 세례를 받는 남의 어린아이가 이 여자의 마음에 자기 자식에 대한 갑작스러운 격한 애정을 불러일으켰다. 그녀는 세례식에 가보지 않고서는 견딜 수 없는 심정이 되었다.

그녀가 나가자마자 모두들 얼굴을 마주 보며 의자를 가까이 했다. 드디어 무엇인가를 결정해야 한다는 것을 그들은 느끼고 있었기 때문이었다. 루아조가 묘안을 내놓았다. 비곗덩어리 혼자만 붙잡아 두고 다른 사람들은 떠나게 해달라고 장교에게 요청해 보자는 의견이었다.

폴랑비 씨가 또 심부름을 맡았다. 하지만 그는 곧바로 다시 내려왔다. 인간의 본성을 잘 알고 있는 독일 장교가 무뚝뚝하게 주인을 쫓아내고 말았던 것이다. 그의 욕망이 채워지지 않는 한 이 사람들을 모두 붙잡아 둘 작정이라는 것이었다.

그래서 루아조 부인의 상스러운 기질이 터져 나왔다. "늙어서 죽을 때까지 여기에서 기다릴 수는 없어요. 저 여자는 모든 남자를 상대로 그런 짓을 하는 게 직업이니까. 이 남자는 좋고 저 남자는 싫다고 할 권리는 없다고 생각해요. 놀랍게도 루앙에서는 닥치는 대로 손님을 받았답니다. 마부들까지도요! 정말이에요, 부인, 도청의 마부가 바로 그렇다고요! 나는 그 사람을 잘 알고 있어요. 우리집에 술을 사러 오는 사람이니까요. 그런데 우리를 궁지에서 빼내 줘야 하는 이 마당에 저 여자는 점잔을 빼고 있단 말이에요. 그 갈보년이!…… 나는 그 장교가 퍽 점잖다고 생각해요. 아마 오랫동안 여자가 아쉬웠던 게죠. 더구나 여기 있는 세 여자가 더 마음에 들었을지도 몰라요. 그렇지만 그는 모든 사람에게 몸을 맡기는 그 계집으로 만족하겠다는 것이니까요. 유부녀를 존중하고 있는 거예요. 생각 좀 해보세요. 그는 우두머리예요. '나의 뜻이다'라고 말하면 그만이죠. 병사들을 시켜서 힘으로 우리를 겁탈할 수도 있다고요."

듣고 있던 두 부인은 몸서리를 쳤다. 아름다운 카레 라마동 부인의 눈이 반짝 빛나더니 얼굴빛이 조금 창백해졌다. 마치 그 장교에게 겁탈당하기라도 한 것처럼.

떨어진 곳에서 무언지 의논하고 있던 남자들이 가까이 다가왔다. 격노한 루아조는 '저 역겨운 계집'의 손발을 묶어서 적에게 내주자고 말했다. 하지만 3대에 걸쳐서 대사(大使)를 지낸 집안 출신이며 본디 외교관 소질이 있는 백작은 술책을 쓰는 편에 찬성했다. "그 여자 스스로 각오하도록 만들어야 되겠지요." 그는 그렇게 말했다.

그래서 음모를 꾀하기로 했다.

여자들은 바짝 붙어 앉아 목소리를 낮추었다. 모두들 의논하는 데 참가하여 저마다 자기 의견을 말했다. 그야말로 예의 바른 의논이었다. 특히 이 부인들은 지극히 음탕한 말을 할 때 슬쩍 돌리는 말과 교묘하고 매력적인 표현을 찾아냈다. 이 자리에 관계없는 사람이 들으면 무슨 말을 하는지 통 몰랐을 것이다. 그러나 사교계 여성들이 자기 몸을 감싸고 있는 부끄러움이라는 엷은 가림막은 표면만을 가리는 것이어서, 그녀들은 이 음란한 모험에 마음이 들떠서 속으로는 미친 듯이 즐거워했다. 식도락을 즐기는 요리사가 군침을 삼키면서 남의 식사를 차리듯이 정사에 대한 이야기를 주무르는 것이었다.

저절로 기분이 명랑해졌다. 그만큼 나중에는 이야기를 기막히게 재미있는 것으로 여겼다. 백작까지도 조금 음탕한 농담을 했으나 모두 미소 지을 만큼 능숙하게 해치웠다. 루아조는 자기 차례가 되자 더욱더 노골적인 말을 했으나 아무도 기분이 상하지는 않았다. 이 사나이의 아내가 난폭하게 진술한 그 생각이 모두의 마음을 지배하고 있었다. "저 매춘부의 직업인 이상 이 남자는 좋고 저 남자는 싫다는 법은 없지 않겠어요?" 하는 것이다. 상냥한 카레 라마동 부인은 자기가 그녀의 처지라면 다른 남자들보다는 오히려 그 장교를 택하겠다는 생각까지도 하는 모양이었다.

그들은 요새라도 공략할 것처럼 오랜 시간을 들여 포위진을 갖추었다. 저마다 자기가 맡은 역할, 들고 나설 논법, 실행해야 할 작전 행동에 양해를 구하게 되었다. 이 살아 있는 성채로 하여금 적군에게 항복케 하여 적을 맞아들이게끔 하기 위한 공격 계획, 사용해야 할 계략, 기습할 절차가 결정되었다.

그동안 코르뉘데만은 혼자 떨어져 있어 이 사건에는 전혀 가담하지 않았다.

의논에 너무 깊이 열중해 있었기 때문에 비곗덩어리가 들어오는 것도 모를 정도였다. 백작이 나직한 소리로 "쉿!" 했으므로 비로소 모두들 눈을 들었다. 여자가 와 있었다. 모두들 황급히 입을 다물었다. 몹시 당황해서 선뜻 그녀에게 말을 걸 수가 없었다. 다른 사람들보다도 사교계의 이중성에 익숙한 백작 부인이 이렇게 물었다. "재미있었나요, 세례식은?"

아직도 감동이 가시지 않은 뚱뚱한 창부는 사람들의 얼굴과 태도부터 교회 생김새까지 모두 이야기하고 이렇게 덧붙였다. "가끔 기도를 한다는 것은 정말 기분이 좋군요."

점심때까지 부인들은, 그녀들의 충고에 대한 이 창부의 신뢰와 순종을 증대시키기 위해 그저 이 여자에게 친절하게 행동하는 것으로 그쳤다.

식탁에 앉자마자 작전이 시작되었다. 처음에는 희생에 대한 막연한 대화였다. 옛날에 있었던 많은 전례들을 인용했다. 유디트와 홀로페르네스, 그리고 아무런 이유도 없이 루크레티아와 섹스투스, 적장들을 모조리 자기 침소로 끌어들여서 노예와 같이 무릎을 꿇게 한 클레오파트라의 이름이 나왔다. 그런 뒤 이런 무지한 백만장자들의 상상 속에 우러나온 엉터리 이야기가 펼쳐졌다. 로마

여성들이 카푸아로 가서 한니발을 그녀들의 품속에서, 한니발뿐만 아니라 그 장수들과 용병들도 잠들게 했다는 것이었다. 승리에 날뛰는 적을 막아내고 자기 육체를 싸움터이자 지배 수단 및 무기로 삼았던 부인들, 영웅다운 애무로써 흉악하고 혐오스러운 남자를 정복해 복수와 헌신을 위해 정조를 바친 모든 여성이 인용되었다.

영국의 어느 명문가 부인에 대한 이야기도 에둘러 말했다. 일부러 무서운 전염병에 걸려서 이것을 나폴레옹에게 옮겨 주려 했으나 나폴레옹은 운명의 밀회 시간에 갑자기 불능(不能)에 빠져 기적처럼 모면한 것이었다.

이 모든 사실을 예의와 절도에 벗어나지 않는 조심스러운 말로 이야기하기는 했으나 경쟁심을 자극하기 위해 이따금 의식적으로 열변을 토했다.

결국 이 세상에서 여자가 해야 할 유일한 역할은 끊임없이 자기 몸을 희생하는 것이며 거친 병사들의 일시적인 욕정에 언제나 몸을 내맡기는 것뿐이라고 생각하는 수밖에 없다는 듯한 말투였다.

두 수녀는 깊은 생각에 잠겨 있어 아무것도 듣고 있지 않은 듯했다. 비곗덩어리는 한마디도 하지 않았다.

그날 오후 내내 사람들은 그녀가 잘 생각하도록 내버려 두었다. 그러나 지금까지 해왔던 것처럼 '부인'이라고는 부르지 않고 간단하게 '아가씨'라고 불렀다. 그 까닭은 아무도 잘 몰랐다. 마치 이 여자가 억지로 기어오른 존경 위치를 한단 끌어내려서 그녀의 부끄러운 신분을 깨닫도록 하려는 것 같았다.

수프가 나왔을 때 폴랑비 씨가 다시 나타나서 전날 했던 말을 되풀이했다.

"엘리자베트 루세 양이 아직도 생각이 달라지지 않았는지 프로이센 장교님이 물어보라고 합니다."

비곗덩어리는 "싫어요"라고 무뚝뚝하게 대답했다.

하지만 저녁 식사 때에는 공동 작전이 느슨해졌다. 루아조가 서투른 말을 해버린 것이었다. 저마다 새로운 전례를 찾아내려고 지혜를 짜보았으나 통 찾아내지 못했다. 이때 문득 백작 부인이 미리 깊이 생각해서 한 말은 아니겠지만 종교에 경의를 바치고 싶다는 막연한 기분이 움직이는 대로 성자(聖者)들 삶에서 위대한 행적에 대해 나이 많은 수녀에게 물었다. 그런데 많은 성자들은 우리들 눈으로 볼 때 악행을 저지르고 있다. 그러나 교회는 신의 영광을 위해, 또는 이웃의 행복을 위해 저지르는 악행은 기꺼이 용서해 준다. 이것은 유력한 논거였다. 백작 부인이 이것을 이용했다. 묵계가 있어서였는지, 아니면 성직자의 옷을 입은 자가 누구나 자랑으로 삼는 꿍꿍이속이 있는 호의에서였는지, 또는 단순하게 행복한 무지, 구원이 되는 어리석은 결과인지, 아무튼 나이 먹은 수녀는 이 사람들의 음모를 강력하게 뒷받침해주었다. 수줍어하는 줄만 알았더니 사실은 대담하고 수다스러우며 억센 기질을 드러냈다. 결의론(決疑論)[*8]의 시행착오 따위로 괴로워하는 일은 없었으며 그녀의 교리는 철석같이 굳었고 그 신앙은 망설일 줄 몰랐다. 양심은 조금도 흔들리지 않았다. 아브라함의 희생을 당연한 일이라고 생각했다. 그녀는 지극히 높은 자리에서 명령이 있다면 아버지건 어머니건 즉석에서 죽여버릴 수 있다는 것이었다. 그녀는 뜻하는 바만 훌륭하다면 주님이 기뻐하지 않는 일은 하나도 없다고 생각했다. 백작 부인은 뜻밖의 공범자의 성스러운 권위를 능숙하게 이용해 "목적은 수단을 정당화한다"는 도덕률의 해설적 설교를 한차례 하게 했다.

부인은 이렇게 물었다.

"그렇다면 수녀님은 천주님은 모든 수단을 받아주신다, 동기만 순진하다면 어떤 일이든 용서해 주신다고 생각하시는가요?"

"누가 그것을 의심할 수 있을까요, 부인? 그 자체는 비난받을 행위일지라도 그것을 행하게 한 생각에 따라서는 가끔 칭찬할 만한 일이 된답니다."

그녀들은 이렇게 하여 신의 뜻을 통찰하고 신의 심판을 예측하며, 사실인즉 신과는 아무런 관계도 없는 일과 신을 결부시켜서 이야기를 이어 갔다.

모든 노골적인 것을 피하고 교묘하고 신중하게 토론했다. 그러나 두건을 쓴 성스러운 여자의 말 한마디, 한마디가 창부의 분연한 항거에 구멍을 뚫었다. 그 뒤 이야기는 방향이 조금 바뀌어서 묵주를 늘어뜨린 이 여인은 그녀가 속해 있는 종파의 수도원에 대한 것, 수도원장에 대한 일, 그녀 자신에 대한 일, 그리고 옆자리에 앉아 있는 사랑스러운 수녀 생니세포르에 대한 이야기를 했다. 이두 수녀는 천연두에 걸려서 입원해 있는 수백 명의 병사를 간호하기 위해 르아브르로 불려간다는 것이었다. 그녀는 이 불쌍한 병사들의 상태를 자세히 설명했다. 프로이센 장교의 변덕 때문에 이렇게 붙들려 있는 동안에 자기들 손으로 어쩌면 구할 수 있었을 많은 프랑스 병사가 죽어가고 있을지도 몰랐다! 병사들

[*8] 결의론(casuistique)은 사회적 관습이나 교회, 성서의 율법에 비추어 도덕적인 문제를 해결하려는 윤리학 이론.

을 간호하는 것이 이 수녀가 맡은 일이었다. 크리미아, 이탈리아, 오스트리아에
도 종군했었다. 종군 이야기가 나오자 그녀는 갑자기 자기가 그 용감한 종군
수녀의 한 사람임을 밝혔다. 전쟁터를 달리기 위해 태어난 것 같은 종군 수녀,
싸움의 혼란 속에서 부상병을 거두어들이고 규율 없는 용병 무리를 그들의 대
장보다도 더 능숙하게 말 한마디로 다룬다. 그러한 참된 싸움터의 수녀이며, 수
없는 구멍이 패여서 만신창이 된 얼굴은 전쟁이 가져온 황폐함을 상징하고 있
는 것 같았다.

이 수녀의 말이 끝나자 아무도 입을 여는 사람이 없었다. 그만큼 훌륭한 효
과를 거두었다.

식사가 끝나자 모두들 급히 자기 방으로 올라갔다. 다음 날은 상당히 늦게서
야 모두들 내려왔다.

아침 식사는 픽 조용했다. 그 전날 뿌린 씨가 싹이 터서 열매를 맺을 시간을
주자는 것이었다.

오후가 되자 백작 부인이 산책을 하자고 했다. 그러자 미리 합의한 대로 백작
이 비곗덩어리의 팔을 잡고 단둘이 다른 사람들보다 조금 뒤처져서 걸어갔다.

백작은 허물없는 아버지 같은, 그러나 조금은 상대를 얕보는 듯한, 성실한 신
사가 창부를 상대해서 쓰는 투로 말하면서 그녀를 "여봐요" 하고 부르며 사회
적 지위와 말할 나위 없이 명예로운 높이에서 상대를 다루었다. 곧 문제의 핵
심으로 파고들어 이렇게 말했다.

"그럼 뭔가요, 당신은 지금까지 살면서 숱하게 해온 일들 가운데 하나일 뿐
인 그것에 기쁘게 동의하기보다는, 당신이나 우리나 프로이센군이 만약 지기라
도 한다면 잇따라 어떤 폭행을 당하게 될지 모르는 이곳에 우리를 붙잡아 두
는 편이 더 좋다는 말인가요?"

비곗덩어리는 아무 대답도 하지 않았다.

백작은 그녀를 부드럽게, 논리에 충실하게 감정에 충실하게 다루었다. 그는
필요에 따라서 정중하게 대하거나 치켜세우기도 하면서, 요컨대 상냥하게 행동
하면서도 '백작 나리'로 남아 있을 줄도 알았다. 그는 그녀가 그들에게 해줄 봉
사를 찬미하고, 그에게 그들이 얼마나 감사해하는지도 말했다. 그러고는 느닷
없이 쾌활하게 반말을 했다. "그리고 말이야, 그 장교 녀석은 자기 나라에서는
좀처럼 찾기 힘든 예쁜 여자를 맛봤다고 자랑할 수도 있잖아."

비곗덩어리는 아무 대답도 하지 않은 채 일행에게로 갔다.

여관에 돌아오자마자, 그녀는 그녀 방으로 올라갔고 다시 나타나지 않았다. 너무 불안했다. 어떻게 할 셈일까? 만약 계속 버틴다면 얼마나 난처해지겠는가!

저녁 시간을 알리는 종이 울렸다. 모두들 여자를 기다렸으나 헛수고였다. 그때 폴랑비 씨가 들어왔다. 루세 양은 몸이 불편하니 먼저 식사를 시작하라는 것이었다. 모두들 귀를 쫑긋했다. 백작은 여관 주인 곁으로 다가가서 작은 소리로 물었다. "된 거요?"―"네." 예의상 백작은 모두에게 아무 말도 하지 않았다. 그저 고개를 끄덕이며 신호를 했을 뿐이었다. 곧 안도의 한숨이 그들 가슴에서 토해지고 얼굴에 기쁨이 감돌았다. 루아조가 외쳤다. "만만세다! 이 여관에 샴페인이 있다면 한턱 내지요." 주인이 샴페인 네 병을 두 손에 안고 돌아오는 것을 봤을 때 루아조 부인은 질렸다. 모두들 갑자기 수다스러워지고 떠들썩해졌다. 음란한 기쁨이 사람들 가슴을 채우고 있었다. 백작은 카레 라마동 부인의 매력을 문득 깨달은 것 같았고 공장 주인은 줄곧 백작 부인의 비위를 맞추었다. 대화는 활기를 띠고 유쾌했으며 기지에 넘쳐 있었다.

갑자기 루아조가 걱정스러운 얼굴이 되더니 두 팔을 들면서 외쳤다. "조용히!" 모두들 입을 꽉 다물었다. 깜짝 놀라 벌써 겁에 질리면서. 그러자 루아조는 두 손으로 "쉿!" 하고 모두를 말리는 시늉을 한 다음 귀를 기울이고 천장을 쳐다보았다. 한 번 더 귀를 기울이더니 평상시 목소리로 돌아와서 이렇게 말했다. "마음 놓으세요. 모든 것이 순조롭습니다."

모두들 그 뜻을 이해하지 못해 망설였으나 이윽고 미소가 스쳐갔다.

15분쯤 지나자 그는 또 한 번 같은 익살을 부렸다. 저녁 내내 몇 번이고 그짓을 되풀이했다. 2층에 있는 누군가를 부르는 듯한 시늉을 해보였다가, 도붓장수들이 하듯 두 가지 뜻으로 해석되는 말로 충고하는 것이었다. 슬픈 듯한 태도로 "불쌍한 여자!" 하고 한숨을 쉬는가 하면 격분한 듯이 "프로이센의 불한당, 꺼져!"라고 중얼거렸다. 그리고 누구나가 잊고 있을 즈음에 떨리는 목소리로 여러 번 "그만 둬! 그만 해!" 소리를 질렀다. 그리고 혼잣말처럼 "한 번 더 그 여자 얼굴을 볼 수 있었으면 좋겠는데. 망할 녀석, 제발 부탁이니 죽이지나 말아 다오!" 덧붙였다.

고약한 농담이지만 모두들 듣고 좋아했으며 아무도 기분 나빠하지는 않았다. 분노 또한 다른 모든 것과 마찬가지로 환경에 좌우되는 것이며, 그들 주위에 서서히 퍼져 간 분위기는 음란한 상상에 넘친 것이었기 때문이다.

후식을 먹을 때에는 부인들까지도 재치 있는 조심성스러운 풍자를 하게 되었다. 그들의 눈은 빛나고 있었다. 술도 많이 마셨다. 손에 든 카드를 버릴 때조차 백작은 위엄 있고 당당했으며, 북극 지방에서 마침내 남쪽으로 항로가 열리는 것을 본 난파선 승무원들의 기쁨에 비겨서 퍽 재미나게 비유를 했다.

루아조는 신바람이 나서 샴페인 잔을 한 손에 들고 일어나 "우리의 해방을 축하하며 건배!" 하며 외쳤다. 모두들 일어나서 그에게 갈채를 보냈다. 두 수녀까지 다른 부인들이 권하는 대로 한 번도 맛본 일이 없는 거품이 이는 포도주에 입술을 적셨다. 그러고는 레몬 소다와 비슷하긴 하지만 그보다 훨씬 더 맛이 좋다고 했다.

루아조가 그 자리 분위기를 요약해서 이렇게 말했다.

"카드리유*9 한 곡쯤은 치고 싶은데 피아노가 없다니 유감스럽군요."

코르뉘데는 그때까지 말 한마디 하지 않은 채 꼼짝도 하지 않았다. 그뿐 아니라 꽤나 진지한 생각에 잠겨 있는 것처럼 보였다. 그리고 이따금 화난 듯한 손짓으로 긴 수염을 더욱 길게 늘어뜨리려는 듯이 훑었다. 마침내 한밤이 되어 모두들 잠자리에 들어가려는 때, 루아조가 비틀거리면서 다짜고짜 코르뉘데의 아랫배를 치며 이렇게 웅얼거렸다. "오늘 저녁에는 재미가 없으신 모양이군요. 아무 말도 없으시니 어찌 된 일인가요, 동지?" 그러나 코르뉘데는 갑자기 얼굴을 번쩍 들더니 순간 경멸하는 듯한 눈초리로 사람들을 노려보았다. "여러분 모두에게 말해 두겠는데, 여러분은 비열한 짓을 저질렀소!" 그는 일어나서 문쪽으로 가더니 다시 한 번 "비열한 짓이오!" 되풀이하고는 나가버렸다.

순간, 찬물을 끼었은 듯 조용해졌다. 루아조는 어리둥절해 멍하니 있었다. 하지만 곧 다시 침착해졌고, 느닷없이 자지러지게 웃으며 다음처럼 되풀이했다. "포도는 아직 덜 익었소. 여보게, 포도는 아직 덜 익었다고."*10 무슨 뜻인지 사람들이 이해하지 못했기 때문에 그는 '복도의 수수께끼'에 대해 말해 주었다. 그러자 모두들 다시 엄청나게 즐거운 분위기에 휩싸였다. 부인들은 미친 듯이

---

*9 네 사람이 한 조가 되어 사방에서 서로 마주 보며 추는 프랑스 춤. 또는 그 춤곡.

*10 《이솝 우화》에서 배고픈 여우가 포도송이를 찾아냈으나 너무 높이 달려 있어 따 먹을 수 없자, 포도가 덜 익은데다 시어서 못 먹겠다고 투덜댔다는 이야기.

즐거워했다. 백작과 카레 라마동 씨는 너무 웃어서 눈물을 흘렸다. 그들은 도저히 믿을 수가 없었다.

"어떻게 그런 일이. 정말입니까? 그가 그러길 바랐다고요……."

"내 눈으로 봤다니까요."

"그런데 그녀가 거절했다는 거죠?"

"프로이센 장교가 옆방에 있다면서 말입니다."

"그럴 리가요?"

"맹세합니다."

백작은 숨이 막혔다. 공장 주인은 두 손으로 배를 꽉 눌렀다. 루아조가 말을 이었다.

"그러니, 아시겠지요. 오늘 밤 이 일이 그에게는 기분 좋을 수가 없는 거죠. 정말이지 기분 좋을 턱이 없는 겁니다."

세 사람은 다시 웃어 젖혔다. 배가 아프고, 숨이 막히며, 기침이 나왔다.

그러고 나서 모두들 물러갔다. 하지만 쐐기풀 같은 기질을 타고난 루아조 부인은 잠자리에 들면서 남편에게, 자그마한 카레 라마동의 '그 심술궂은 여자'가 저녁내 억지웃음을 짓고 있었다고 말했다. "당신도 알다시피, 여자들이란, 군복만 입고 있으면 프랑스 사람이든 프로이센 사람이든 상관없다고요. 맙소사, 얼마나 딱한 일인지!"

밤새도록 복도의 어둠 속에서 가벼운 떨림이, 거의 느껴지지 않는 숨결 비슷한 얕은 소리가, 맨발이 살짝 바닥을 스치는 소리가, 어렴풋하게 삐걱대는 소리가 이어졌다. 확실히 모두들 늦게야 잠이 들었다. 가느다란 불빛이 오래도록 문틈으로 새어나오고 있었으니까. 샴페인에는 이런 효과가 있다. 샴페인은 잠을 방해한다고 한다.

이튿날은 겨울의 밝은 햇살이 흰 눈을 눈부시게 비추었다. 드디어 말이 매어진 마차가 문 앞에서 대기하고 있었다. 한 무리의 흰 비둘기가 두터운 깃털에 싸인 가슴을 불룩하게 하고 한가운데 까만 점이 있는 장밋빛 눈을 반짝이면서 말 여섯 마리의 다리 사이로 의젓하게 돌아다니며 김 나는 말똥을 파헤치고 먹이를 찾는 중이었다.

마부는 양가죽으로 몸을 감싸고 마부석에 앉아 담뱃대를 빨고 있었다. 손님들은 모두 상쾌한 얼굴로 남은 여행을 위해 부랴부랴 음식물을 챙겨 넣고 있었다.

이제는 비곗덩어리를 기다릴 뿐이었다. 그녀가 나타났다.

그녀는 마음이 조금 어지러워 부끄러워하고 있는 것같이 보였다. 그녀가 조심스럽게 그들 쪽으로 걸어왔을 때 그들 모두가 일제히 얼굴을 돌렸다. 마치 그녀를 보지 못한 것처럼. 백작은 위엄을 보이며 아내의 팔을 잡고 불결한 접촉을 피하게 하려 했다.

뚱뚱한 창부는 어안이 벙벙하여 걸음을 멈추었다. 그러나 있는 용기를 다해서 공장 주인의 아내에게 다가서며 얌전하게 속삭이듯이 말했다. "안녕하세요, 부인." 상대방은 머리만을 조금 숙여서 거만한 답례의 표시를 보였을 뿐 상처받은 미덕에 노여움의 시선을 던졌다. 모두들 바쁜 체하면서 그녀에게서 멀리 떨어지려고 했다. 이 여자가 치마 속에 병균이라도 묻혀 오기나 한 것처럼. 이윽고 모두들 급히 마차에 탔으나 그녀만은 혼자서 맨 나중에, 처음 길을 떠날 때 앉았던 자리에 말없이 앉았다.

모두 그녀를 못 본 체하며 만나본 적도 없는 얼굴을 했다. 하지만 루아조 부인은 멀찌감치서 화난 얼굴로 여자를 보면서 남편에게 작은 소리로 이렇게 말했다. "저 여자 옆이 아니어서 다행이에요."

무거운 마차가 덜커덩 움직였고 여행은 다시 시작되었다.

처음에는 아무도 말을 하지 않았다. 비곗덩어리도 내리간 눈을 들려 하지 않았다. 그녀는 곁에 있는 모든 인간들에 대한 노여움과, 그들의 위선 때문에 내던져진 프로이센 장교의 애무로 말미암아 몸을 더럽히고 자기 뜻을 굽히고 말았던 것에서 비롯된 굴욕을 동시에 느끼고 있었다.

이윽고 백작 부인이 카레 라마동 부인 쪽으로 돌아앉아 이 괴로운 침묵을 깨뜨렸다.

"부인은 데트렐 부인을 아시지요?"

"네, 친구예요."

"정말 매력있는 여인이지요!"

"아주 멋있는 분이에요! 정말 기막힌 성품에다 교양이 있고 철두철미한 예술가라 황홀할 만큼 노래도 잘 부르고 더할 나위 없이 그림도 잘 그린답니다."

공장 주인은 백작과 이야기를 나누었다. 마차 유리창이 덜거덩거리는 가운데 이따금 이런 말이 튀어나왔다. "배당권—만기일—시세 차익—선물(先物)."

잘 닦지도 않은 탁자에서 5년이나 굴러서 기름때가 묻은 여관집 카드를 훔쳐온 루아조는 아내를 상대로 베지그 놀이를 하기 시작했다.

수녀들은 허리띠에 늘이고 있던 묵주를 집어 들고 둘이 함께 십자 성호를 그었다. 그러고는 갑자기 입술이 맹렬하게 움직이기 시작하더니, 마치 기도 겨루기를 하듯이 뜻도 모를 중얼거림 소리가 차츰 빨라졌다. 이따금 두 사람은 성패(聖牌)에 입을 맞추고는 새로이 십자를 긋고 다시 빠르게 잇달아서 중얼거리기 시작했다.

코르뉘데는 꼼짝도 하지 않고 생각에 잠겨 있었다.

세 시간쯤 마차가 달리고 난 뒤에 루아조가 카드를 긁어모았다. "배가 고프군." 그가 말했다.

그러자 그의 아내는 끈으로 묶은 꾸러미를 풀어서 차가운 송아지 고기 한 점을 꺼냈다. 솜씨 좋게 얄팍하게 잘라서 둘이 함께 먹기 시작했다.

"우리도 먹을까요" 하고 백작 부인이 말했다. 그 말에 동의하자 두 부부를 위해 준비시킨 식료품 꾸러미를 풀었다. 토끼고기 파이가 안에 들어 있다는 표시로, 사기로 만든 토끼가 뚜껑에 달려 있는 길쭉한 항아리 속에 음식이 담겨 있었다. 갈색빛 고기 사이로 비계의 하얀 빛깔이 물줄기처럼 섞인 맛 좋은 돼지고기도 있었고, 잘게 저민 다른 고기도 들어 있었다. 먹음직한 그뤼에르 치즈의 네모진 토막이 신문지에 싸여 있었는데 번지르르한 그 표면에 '잡보(雜報)'라는 글씨가 찍혀 있었다.

두 수녀는 마늘 냄새를 풍기는 동그란 소시지를 펴놓았다. 코르뉘데는 짤막한 외투의 커다란 주머니에 두 손을 찔러 넣더니 한쪽에서는 삶은 달걀 4개를, 다른 한쪽에서는 빵 한 덩어리를 꺼냈다. 그는 껍질을 까서 발밑 짚 속에다 던져 넣고는 달걀을 입에 대고 깨물어 먹기 시작했다. 밝은 빛깔의 노른자 부스러기가 수염 위에 떨어져서 마치 별처럼 보였다.

비곗덩어리는 일어나서 당황한 가운데 서두르느라 아무 준비도 하지 못했다. 그녀는 분노에 숨이 막히고 화가 치밀어서 태연하게 먹고 있는 이들 모두를 노려보고 있었다. 처음에는 미칠 듯한 노여움 때문에 온몸이 떨렸다. 입술까지 밀려나온 욕설을 퍼부어 그들이 한 짓에 대해 소리치려고 입을 열었다. 그러나 말을 할 수가 없었다. 너무나 분해서 목이 막혔던 것이다.

아무도 그녀를 바라보지 않았으며, 생각하지도 않았다. 그녀는 처음에 그녀를 희생양으로 삼고, 그러고 나서는 더럽고 쓸모없는 물건처럼 내동댕이쳐 버린, 이 점잖은 불한당들의 경멸 속에 빠져 있음을 느꼈다. 그러자 그녀는 이작자들이 게걸스럽게 먹어치운, 맛있는 음식들이 가득했던 커다란 그녀의 바구니를 생각했다. 젤리로 반지르르한 두 마리 닭, 파이, 배, 네 병의 보르도 포도주. 그리고 팽팽한 실이 끊어지듯 갑자기 노여움이 스러지자, 그녀는 곧 울음이 터질 것만 같았다. 그녀는 죽을힘을 다해 꿋꿋이 버티며 어린아이처럼 흐느낌을 삼켰다. 하지만 눈물이 솟아나와 눈시울에서 멎더니, 곧 굵은 눈물방울 두 개가, 눈을 떠나 조용히 두 볼 위로 굴러떨어졌다. 잇따라 다른 눈물이 앞선 것보다 더 빨리, 바위 사이에서 스며나오는 물방울처럼 흘러내려 가슴께의 부푼 선 위에 규칙적으로 떨어졌다. 그녀는 시선을 한곳에 고정한 채 창백하게 굳은 얼굴로, 다른 사람들이 보지 않기를 바라는 마음으로 똑바로 앉아 있었다.

하지만 백작 부인이 그것을 알아차리고 그녀 남편에게 눈짓으로 알렸다. 그는 "어떻게 하라고? 내 잘못도 아닌데" 하고 말하는 것처럼 어깨를 으쓱거렸다. 루아조 부인이 승리의 미소를 소리 없이 짓더니 중얼거렸다. "저 여자는 창피해서 우는 거예요."

두 수녀는 남은 소시지를 종이에 싼 뒤 다시 기도하기 시작했다.

그러자 삶은 달걀을 다 먹고 난 코르뉘데가 맞은편 의자 밑에까지 그 기다란 다리를 뻗치고 몸을 뒤로 젖혀 팔짱을 꼈다. 그리고 무슨 재미있는 희극이라도 생각난 듯이 빙그레 웃고는 〈라 마르세예즈〉*¹¹를 휘파람으로 불기 시작했다.

모두의 얼굴이 흐려졌다. 이 민중의 노래가 그들의 마음에 들지 않았던 것이다. 그들은 신경질과 짜증이 나서, 풍금 소리를 들은 개처럼 금방 짖어댈 것만 같았다.

코르뉘데는 그것을 눈치채자 더욱 멈추지 않았다. 때로는 휘파람이 아니라 가사를 흥얼거렸다.

> 신성한 조국애여,
> 복수하는 우리의 팔을 선도하고 지도하자.

---

*11 프랑스 국가(國歌).

자유여, 사랑하는 자유여,
그대를 옹호하는 사람들과 함께 싸우라!

눈이 다져졌기 때문에 마차는 빨리 달렸다. 디에프까지의 길고 음산한 여행 내내 울퉁불퉁한 길에 흔들리면서, 처음에는 저물어 가는 침침함 속에서, 이윽고는 마차 안의 짙은 어둠 속에서 잔인한 집념을 발휘하며 그는 그 단조로운 복수의 휘파람을 계속해서 불었다. 사람들은 진저리 나고 화가 치밀었으면서도 처음부터 끝까지 억지로 노래를 따라가다 보니, 한 소절마다 저절로 그에 맞는 노래 가사를 떠올리게 되었다.

비곗덩어리는 여전히 울고 있었다. 이따금 억누를 수 없는 흐느낌이 어둠 속에서, 노래와 노래 사이로 새어나왔다.

Toine

투안

1

투안 영감, 뚱뚱보 투안, 내 고급술 투안, 화주(火酒) 앙투안 마슈블레, 이런 이름으로 불리는, 투른방*1의 술집 주인을 이 근방 100리 안에서는 모르는 사람이 없었다.

바다를 향해 내려가는 골짜기 틈새에 있는 마을, 도랑과 바람막이숲으로 에워싸인 10채의 노르망디 가옥이 모여 있는 그 가난한 작은 마을은 이 영감님 덕분에 유명해졌다.

그런 집들이 투른방이라 불리는 굽이 뒤쪽, 잡초와 가시양골담초로 뒤덮인 그 골짜기 속에 숨어 있었다. 비바람이 거센 날 새들이 밭이랑 사이에 숨어들 듯이, 집들도 그 골 속에서 피난처를 찾은 것 같은 모습이었다. 그 덕분에 집들은 불길처럼 뜨겁게 불어닥치고 겨울 서리처럼 모든 걸 말라 죽이는 혹독하고 짠 갯바람, 바다의 폭풍으로부터 보호받고 있었다.

그런데 이 마을 전체가 마치 화주 앙투안 마슈블레의 소유물 같았다. 그 밖에도 이 사내는 투안이나, 내 고급술 투안이라는 별명으로 불리고 있었는데, 그가 입버릇처럼 늘 이런 말을 하기 때문이었다.

"내 술이 프랑스에서 최고야."

여기에서 내 술이란 세상이 다 아는 그의 코냑을 말한다.

그는 20년 동안 이 고장 일대를 그의 코냑과 화주로 적셔왔다. 누군가가 "투안 영감님, 뭘 마시는 게 좋을까요?" 물을 때마다 변함없이 이렇게 대답하기 때문이었다.

"내 사위, 그야 화주지. 속을 뜨뜻하게 해주고 머리는 깨끗이 씻어주거든. 몸

---

*1 Tournevent. 바람(vent)이 돌아간다(tourne)는 뜻.

에 이보다 더 좋은 것은 없네."

그는 또 누구에게나 '내 사위'라고 부르는 버릇이 있었다. 그렇다고 짝을 맺어준 딸이 있는 것도, 또 맺어줄 딸이 있는 것도 아니었다.

아! 그랬다. 화주 투안이라고 하면 모르는 사람이 없었다. 그는 그 면(面)에서, 아니 그 군(郡)에서도 가장 뚱뚱했다. 게다가 그의 조그마한 집은 그를 받아들이기에는 터무니없이 너무나 좁고 너무나 낮아 보였다. 그는 온종일 그 집 문간에 서 있었는데, 그 모습을 본 사람들은 저 몸뚱이가 어떻게 집 안에 들어갈 수 있는 건지 의아해하곤 했다. 그런데 그는 손님이 올 때마다 아무렇지도 않게 집 안으로 들어갔다. 왜냐하면 '내 고급술 투안'의 처지에서는 손님이 자기 집에서 술을 마시면 한 잔쯤 얻어 마셔도 된다는 불문율이 있었기 때문이다.

그의 가게 간판에는 '친구들의 만남 장소'라고 되어 있다. 사실 이 간판이 영 엉터리도 아니어서 투안 영감은 그 고장 사람들 모두와 친구였다. 그를 만나 이야기를 듣고 재미있는 시간을 보내기 위해 페캉이나 몽티빌리에에서 찾아오는 사람도 있었다. 이 뚱보는 비석도 웃길 수 있었기 때문이다. 이 사내는 상대를 기분 상하지 않게 놀려먹는 재주가 있었고, 입 밖에 내어 말할 수 없는 것도 눈짓 하나로 대신할 줄 알았으며, 흥이 나면 자신의 허벅지를 철썩 때려서 누구든 언제나 배를 잡고 웃게 만들었다. 또한 그가 술 마시는 꼴이 볼만했다. 권하는 대로 얼마든지 마시고 주는 건 뭐든지 받아 마시는데, 그 은근한 눈길은 자못 기쁨으로 가득했다는 투다. 그 기쁨은 두 가지 즐거움에서 왔다. 첫째는 남에게서 얻어먹는 즐거움, 둘째는 남한테서 얻어먹으면서 자기 호주머니에 돈이 굴러들어오는 즐거움이었다.

고장의 익살꾼들이 그에게 다음과 같이 묻곤 했다.

"투안 영감, 왜 마나님은 마셔버리지 않는 거요?"

그의 대답은 이러했다.

"곤란한 점이 두 가지 있거든. 첫째로 맛이 짜고, 둘째로 도저히 병에 담을 수가 없어서 말이야. 그렇다고 통째로 마셨다간 내 배가 접히겠어?"

다음은 그의 아내와의 싸움인데, 이게 또 볼만했다! 이 연극은 관람료를 내고서라도 아깝지 않을 정도였다. 부부가 된 뒤로 30년 동안 두 사람은 하루도 말다툼을 하지 않는 날이 없었다. 다만 영감은 농지거리를 했고, 반면에 마나

님은 화를 냈다. 그녀는 키가 큰 시골 여자로 황새걸음을 걷고, 야위고 납작한 몸 위에 화난 올빼미 얼굴을 받치고 있었다. 술집 뒤편의 작은 마당에서 암탉을 키우며 시간을 보냈는데, 닭을 토실토실하게 살찌우는 것이 특기라 그 재주로 이름이 자자했다.

페캉의 상류 가정에서는 손님을 초대할 때, 식사를 칭찬받으려면 투안 할멈이 키운 암탉을 대접해야 했다.

하지만 그녀는 타고난 성질이 하도 고약해서, 지금까지 무슨 일에나 불평만 해댔다. 그녀는 온 세상을 상대로 화를 냈는데, 특히 자기 남편에게 원한을 품고 있었다. 남편이 유쾌하고, 유명하며, 건장하고, 뚱뚱한 것이 못마땅했다. 남편이 빈둥거리면서 돈을 번다고 하여 건달처럼 대우했다. 또 남편이 보통 사람의 열 배나 먹고 마신다고 밥벌레라고 불렀다. 그녀는 분노한 표정으로 날마다 남편에게 이렇게 말했다.

"당신은 돼지우리에 처박혀 있는 게 더 좋아. 비곗살만 뒤룩뒤룩 쪘으니 심장에 좋을 리가 있나."

그리고 그녀는 남편 얼굴에 토해 내듯이 소리를 질렀다.

"기다려, 조금만 더 기다리라고. 이제 곧 무슨 일이 생기는지 두고 보라고. 그게 뭔지 알게 될 거야! 그 뚱뚱한 배때기가 곡식 자루처럼 터져버릴 테니까!"

투안은 자기 배를 두드리면서 실컷 웃고는 대답했다.

"쳇! 이 암탉 할멈, 이 말라깽이, 당신이 키우는 닭이나 이렇게 살찌워 보라고. 한번 애써봐."

그러고는 소맷자락을 걷어 올려 엄청난 팔뚝을 드러냈다.

"여기에 날개가 하나 생겼어. 마누라, 이쪽에도 하나 있어."

손님들은 재미있어서 자지러지게 웃으며 탁자를 주먹으로 두드렸고, 바닥에 대고 발을 동동 구르다가, 지나치게 흥에 겨워 바닥에 침을 뱉었다.

할멈은 격노하여 다음과 같이 되풀이했다.

"조금만 더 기다려…… 조금만 더 기다려…… 무슨 일이 생기는지 두고 보라고…… 곡식 자루처럼 터져버릴 거야……"

술꾼들이 웃음을 터뜨리자 그녀는 화난 채로 나가버렸다.

사실 투안의 몸집을 보면 깜짝 놀라지 않을 수 없었다. 옆으로도 앞으로도 계속 퍼지기만 하고, 온몸이 새빨개져서 헉헉거렸다. 이처럼 죽음에 우롱당하고 있는 거구의 한 사람, 죽음은 그런 인간 속에서 책략을 부려 유쾌하게 보이고, 뻔한 익살로 흉계를 감추면서, 야금야금 파괴 작업을 진행하며 재미있어 했다. 이 죽음은 다른 인간들의 경우와는 취향이 달랐다. 즉 흰머리나 말라비틀어진 몸, 주름 속에 "저런! 저렇게도 달라질 수가 있나!" 하고 몸서리를 치지 않을 수 없도록 날마다 더해 가는 쇠약함 속에 그 모습을 드러내는 상습 수단을 취하지 않고, 이 사내의 경우에는 더욱 살찌우며 도깨비처럼 우스꽝스러운 모습으로 만들어 울긋불긋 색칠을 하고, 공기를 넣어 부풀려서, 초인처럼 건장한 외관을 만들어 주고는 즐거워했다. 죽음이 모든 인간에게 부여하는 변형은 대체로 불길하고 처량한 것이 보통인데, 이 사내는 참으로 우스꽝스럽고 기기묘묘하여 사람들의 눈요깃감이 되고도 남았다.

"조금만 더 기다려. 조금만 더 기다려." 투안 할멈은 되풀이했다. "이제 곧 어떻게 되는지 두고 보라고."

2

마침내 올 것이 와서 투안은 중풍으로 쓰러졌다. 몸이 마비되었다. 그리하여 사람들은 이 거인을 가게와 칸막이 하나를 사이에 둔 구석방에 눕혔는데, 옆에서 사람들이 이야기하는 소리도 듣고, 친구들과 잡담도 나눌 수 있게 하기 위해서였다. 그의 커다란 몸집은 옴짝달싹 못하지만 머리만은 자유롭게 움직일 수 있었기 때문이다. 처음에는 그 뚱뚱한 다리를 조금은 움직일 수 있게 될 줄 알았지만, 그 희망조차 사라져 버리고 말았다. 그래서 '내 고급술 투안'은 밤이고 낮이고 침대에 누워 사는 신세가 되어, 이부자리도 일주일에 한 번밖에 갈아주지 않았다. 이웃에서 동원한 네 명의 사내가 달려들어 영감의 팔다리를 각각 들치고 있는 동안, 서둘러 짚을 넣어 만든 요를 뒤집는 것이었다.

그는 여전히 유쾌했다. 그래도 전과는 좀 달라져서 겁이 많고 내성적이 되었다. 무엇보다 진종일 푸념하는 아내 앞에서 어린아이처럼 눈치를 보기도 했다.

"꼴좋다, 이 살진 식충이, 아무짝에도 쓸데없는 게으름뱅이, 뚱보 술주정뱅이! 이게 무슨 꼴이람! 이게 무슨 꼴이냐고!"

영감은 더 이상 아무런 대꾸가 없었다. 다만 늙은 아내의 등 뒤에서 눈을 껌벅거리고는, 누운 채 고개를 옆으로 돌렸다. 이것이 그가 할 수 있는 유일한 동작이었다. 그는 그 움직임을 '북향' 또는 '남향'한다고 표현했다.

지금 그에게 가장 위안이 되는 것은 가게 안에서 오가는 잡담을 듣는 것과, 그 속에서 친구의 목소리라도 들릴라치면 벽 너머로 말을 거는 것이었다. 그는 큰 소리로 외쳤다.

"어이, 내 사위, 셀레스탱, 자넨가?"

셀레스탱 말루아젤이 대답했다.

"투안 영감, 나일세. 그런데, 뚱보 토끼, 이젠 경주를 할 수 있겠나?"

내 고급술 투안이 말했다.

"경주는 아직 어려워. 하지만 살은 하나도 빠지지 않았어. 몸통이 워낙 튼튼해서 말이야."

얼마 뒤 그는 가장 친한 친구들을 자기 방으로 불렀다. 친구들이 상대를 해주기는 했지만, 자기만 빼고 모두 술을 마시고 있는 모습을 보는 것은 괴로웠다. 그는 언제나 이렇게 말했다.

"내가 가장 괴로운 건 말이야, 사위. 우리집 고급술을 못 마시는 거야. 다른 일은 다 괜찮은데, 술을 마실 수 없는 건 도무지 견딜 수가 없어."

그때 투안 할멈의 올빼미 머리가 창문에 나타났다. 그녀가 소리쳤다.

"저 꼴 좀 보시구려, 저 꼴을. 저 아무짝에도 쓸모없는 뚱보 꼴을 말이오! 아무튼 돼지처럼 키우고 씻기고 청소해야 한다니까요."

할멈이 사라지면, 그 뒤에서 깃털이 붉은 수탉 한 마리가 창문에 뛰어오르는 일이 있었다. 수탉은 호기심 가득한 동그란 눈으로 방 안을 둘러본 뒤, 낭랑하게 목청을 뽑았다. 때로는 암탉 한두 마리가 바닥에 떨어져 있는 빵 부스러기를 찾아 침대 다리까지 뛰어내리기도 했다.

투안의 친구들은 가게에서 일찌감치 물러나, 날마다 오후가 되면 뚱보 주위에 모여들어 한가롭게 이야기를 시작했다. 이 투안이라는 익살꾼은 움직이지는 못하지만 누워서도 여전히 친구들을 곧잘 웃기곤 했다. 아무튼 이 입담꾼에게 걸리면 악마라도 낄낄거리고 웃지 않고는 못 배길 터였다. 그의 곁에는 날마다 얼굴을 보여주는 세 사람이 있었다. 셀레스탱 말루아젤은 사과나무처럼 몸이 약간 뒤틀린 키 크고 마른 사내이고, 프로스페 오를라빌은 흰담비 같은 코에 여우처럼 약빠르며 깡마르고 키가 작은 사내였다. 또 세제르 포멜은 말을 전혀 하지 않으면서도 놀기는 좋아하는 사내였다.

그들은 뒷마당에서 널빤지를 한 장 가져와서 침대 끝에 놓고 도미노 놀이를 했다. 그렇게 그들은 두 시부터 여섯 시까지 열전을 벌이곤 했다.

그렇지만 투안 할멈은 곧 그것을 참을 수 없게 되었다. 그녀는 뚱뚱한 게으름뱅이 남편이 침대 안에서 도미노 놀이를 하면서, 계속 즐거운 시간을 보내는 모습을 도저히 견딜 수가 없었다. 그래서 놀이가 시작되는 것을 볼 때마다 불같이 화를 내며 뛰어들어서는, 널빤지를 뒤집어엎고, 놀이 도구를 낚아채서는, 그걸 가지고 가게로 돌아갔다. 그러고 나서 으레 저 뚱뚱한 비곗덩어리가 하루 종일 일하는 가여운 사람들을 비웃기라도 하듯이 즐겁게 쉬는 꼴은 절대로 못 봐주겠다고, 밥을 먹여주는 것만으로도 지긋지긋하다고 내뱉었다.

그러면 셀레스탱 말루아젤과 세제르 포멜은 이내 수그러들지만, 프로스페 오를라빌은 할멈을 더욱 부추기면서 그녀가 화내는 것을 재미있어 했다.

어느 날, 그녀가 평소보다 훨씬 더 화가 나 있는 것을 보고 그가 말했다.

"이봐요! 마나님, 나 같으면 말이오, 내가 당신이라면 어떻게 할지 알아요?"

그녀는 상대의 설명을 기다리면서 올빼미 같은 눈으로 그를 뚫어져라 쳐다보았다.

"당신 남편 말이오, 화덕처럼 뜨겁잖소. 침대에서 나오지도 못하고. 그래서 나 같으면 달걀을 품게 하겠다 그 말이오."

할멈은 어리둥절한 표정이었다. 자기를 놀리는 거라고 생각한 그녀가 말없이 그 농부의 교활해 보이는 얍삽한 얼굴을 살펴보고 있으니, 사내가 말을 계속했다.

"한쪽 팔 밑에 다섯 개, 다른 쪽 팔 밑에도 다섯 개를 넣어두는 거죠. 그리고 같은 날 암탉에게도 품게 하는 거요. 그러면 저절로 부화할걸요. 껍데기를 깨고 나오면, 영감의 병아리를 암탉에게 데려다줘서 키우게 하는 거요. 그러면 꼬꼬닭 만드는 건 일도 아니지. 어떻소, 마나님!"

할멈은 황당하다는 듯이 물었다.

"그게 정말 가능할까요?"

사내가 대답했다.

"가능하냐고요? 안 될 게 뭐 있소? 본디 따뜻한 상자 속에 넣어서 부화시키는 거니까 침대 속에서도 얼마든지 부화시킬 수 있죠."

이런 논리에 충격을 받은 그녀는 깊은 생각에 잠겨 조용히 나가버렸다.

일주일 뒤, 그녀는 앞치마에 달걀을 가득 담아 투안의 방에 들어왔다. 그리고 이렇게 말했다.

"방금 노란 닭에게 알을 열 개 품게 하고 왔소. 자, 영감한테도 열 개 가져왔으니 깨지지 않도록 조심해요."

투안은 어이가 없어서 물었다.

"나더러 뭘 하라고?"

그녀가 대답했다.

"이걸 품고 있으라고요, 이 쓸모없는 영감아."

그는 처음에는 웃었다. 그래도 그녀가 계속 말하자 드디어 화를 내고 말았다. 그는 거부했다. 자신의 살진 팔뚝 밑에 달걀을 넣어 체온으로 부화시키는 건 절대로 할 수 없다고 거절했다.

그러나 할멈은 화를 내며 선언했다.

"영감이 알을 품기 전에는 나도 스튜를 주지 않을 테니 그리 아쇼. 어떻게 되는지 두고 봐요."

투안은 걱정이 되었는지 아무런 말이 없었다.

정오 종소리를 듣고 그가 아내를 불렀다.

"어이! 임자, 수프 아직 안 됐어?"

할멈이 부엌에서 소리쳤다.

"당신한테 줄 수프는 없어요. 쓰잘머리 없는 돼지 영감탱이 같으니라고!"

그는 아내가 자기를 놀리는 것으로 생각하고 기다렸다. 그러다가 부탁했고 애원했으며 맹세도 했다. 절망에 빠져 '북향'과 '남향'을 시도하고 주먹으로 벽을 때리기도 했다. 그러나 결국 침대 속에서 자신의 왼쪽 옆구리에 알을 다섯 개 넣어두는 것을 받아들이지 않을 수 없었다. 그리고 나서야 늘 먹던 수프를 얻어먹을 수 있었다.

친구들이 찾아왔을 때, 그들은 투안의 병세가 악화된 거라고 생각했다. 투안은 그만큼 기가 죽어 있었다. 뭔가 몹시 이상하고 거북스럽게 보였다.

그리고 여느 때처럼 놀이가 시작되었다. 하지만 투안은 전혀 흥이 나지 않는지 손을 뻗는 것도 느려터지고 한없이 조심스러워 보였다.

"어이, 자네 팔이 묶여 있기라도 한 건가?" 오를라빌이 물었다.

투안이 대답했다.

"어깨가 좀 결려서그래."

갑자기 가게에 누가 들어오는 소리가 들렸다. 놀이를 하고 있던 사람들은 입을 다물었다.

면장이 부면장과 함께 들어온 것이었다. 두 사람은 술을 두 잔 주문하더니 지역 문제에 대해 이야기하기 시작했다. 그런데 그 목소리가 너무 낮아서 화주 투안은 벽에 귀를 대기 위해, 자기가 알을 품고 있는 것을 깜박 잊고 갑자기 '북향'을 하는 순간, 침대 속에서 오믈렛이 만들어지고 말았다.

그가 자기도 모르게 내뱉은 큰 소리에 투안 할멈이 달려왔다. 그리고 그 재앙을 알아채자마자 다짜고짜 이불부터 젖혔다. 그녀는 처음에는 화가 나서 미동도 하지 않았다. 영감이 옆구리에 칠하고 있는 노란 고약을 보니 기가 차서 말이 나오지 않았던 것이다.

그러다가 순간 분노가 폭발했다. 그녀는 치를 떨면서 중풍 환자 위에 달려들더니 물가에서 빨래를 할 때처럼 상대의 배를 때리고 또 때렸다. 그녀의 두 손이 번갈아 둔탁한 소리를 내면서 떨어져 내리는데 그 빠르기가 마치 북을 두드리는 장난감 토끼의 앞발 같았다.

투안의 세 친구는 숨이 끊어질 것처럼 웃어젖히면서 기침을 하고, 재채기를 하고, 소리를 지르고 야단들이었다. 간이 떨어질 뻔한 뚱보 영감은 아내의 공격을 조심 또 조심하면서 피했다. 아직 한쪽 옆구리에 남아 있는 다섯 개의 알만은 깨뜨리지 않으려고 애쓰면서.

3

투안이 졌다. 부화할 의무를 지게 된 것이다. 도미노 놀이도 포기하고 약간의 움직임도 포기하지 않을 수 없었다. 알을 깨뜨릴 때마다 할멈이 인정사정없이 먹을 것을 빼앗았기 때문이다.

그는 똑바로 누워 천장만 노려본 채 움직이지 않았다. 자신의 두 팔을 닭의 날개처럼 봉긋하게 쳐들고 하얀 껍데기 속에 들어 있는, 닭이 될 종자를 따뜻하게 품어주었다.

요즘은 말을 할 때도 목소리를 낮추었다. 움직이면 안 되는 것처럼 소리를 내서도 안 된다고 생각한 모양이었다. 그뿐만 아니라 닭장 속에서 자신과 똑같은 임무를 수행하고 있는 노란 어미닭이 걱정되었다.

그는 아내 얼굴만 보면 물었다.

"노란 닭, 저녁 모이 줬어?"

할멈은 암탉에게서 남편에게로, 남편에게서 암탉에게로 바삐 왔다 갔다 했다. 침대와 둥지, 양쪽에서 동시에 태어날 병아리에 대한 걱정에 사로잡혀 정신이 없었다.

그 이야기를 들은 이웃들이 호기심에서, 하지만 심각한 표정으로 투안의 용태를 보러 찾아왔다. 중환자의 방에 들어올 때처럼 발소리를 죽이고 들어와서는 상당한 관심을 가지고 묻는 것이었다.

"이런! 몸은 좀 괜찮나?"

투안이 대답했다.

"괜찮긴 괜찮은데, 영 어깨가 결려서 불편하단 말이야. 아무튼 어찌나 더운지 개미가 온몸을 기어 다니고 있는 것처럼 근질근질해."

그런데 어느 날 아침, 그의 아내가 몹시 흥분해서 들어오더니 선고하듯이 말했다.

"노란 것이 일곱 개 부화했어요. 잘못된 건 세 개."

투안은 가슴이 뛰기 시작했다. ─이쪽은 몇 개일까?

그가 물었다.

"이쪽도 금방이겠지?" 어머니가 되려는 여자처럼 걱정스러웠다.

할멈은 잘못되면 큰일이라고 그 걱정만 하면서 화난 표정으로 대답했다.

"그러리라 믿어야죠!"

두 사람은 기다렸다. 드디어 때가 되었다는 소식을 듣고 친구들도 안절부절 못하며 속속 모여들었다.

어느 집에서나 그 일로 이야기가 끊이지 않았다. 옆집에 물어보러 가는 사람도 있었다.

세 시쯤, 투안은 잠들어 있었다. 요즘은 하루의 반은 잠을 자며 보냈다. 문득 오른쪽 옆구리가 간지러워 갑자기 눈을 떴다. 바로 거기에 왼손을 가져가 노란 솜털로 덮인 동물을 잡자, 그것이 그의 손안에서 움직였다.

감격한 영감이 자기도 모르게 큰 소리를 지르며 손을 펴자, 병아리가 가슴 위를 돌아다니기 시작했다. 가게 안에는 사람들이 가득 모여 있었다. 술 마시러 온 자들이 우르르 달려와서 방 안까지 밀어닥쳤고, 광대라도 에워싸듯이 영감 주위에 빙 둘러서서 원을 만들었다. 그때 할멈이 달려와서, 남편 수염 밑에 웅크리고 있는 조그마한 녀석을 조심스럽게 집어 올렸다.

모두들 말을 잃고 있었다. 따뜻한 4월의 어느 날이었다. 노란 암탉이 병아리를 부르는 소리가 열어둔 창문을 통해 들려왔다.

흥분과 걱정과 불안으로 땀범벅이 된 투안이 중얼거렸다.

"어, 왼쪽 팔 밑에도 한 마리 있는 것 같은데."

그의 아내가 여위고 커다란 손을 침대 속에 집어넣더니 조산사처럼 세심한 손길로 두 번째 병아리를 꺼냈다.

이웃 사람들은 그 병아리를 보고 싶어했다. 그들은 차례차례로 병아리를 손에 들고는 희귀한 물건이라도 되는 것처럼 유심히 들여다보았다.

20분 동안 한 마리도 나오지 않더니, 이윽고 4마리가 동시에 껍데기를 깨고 나왔다.

구경꾼들은 술렁거리기 시작했다. 투안이 빙그레 웃었다. 이 기막힌 솜씨가, 자신과 병아리 사이에 이루어진 이 진기하기 짝이 없는 부자관계가 이제는 자랑스러워 견딜 수가 없었다. 이건 흔히 볼 수 있는 일이 아니었다! 진실로 놀랄 만한 인간이었다!

그는 당당하게 말했다.

"이것으로 여섯 마리군. 젠장, 큰일 났어, 세례를 줄 일이 말이야!"

커다란 웃음소리가 구경꾼들 사이에서 일어났다. 다른 사람들도 계속 가게에 모여들었다. 미처 들어오지 못한 자들은 문 앞에서 기다리고 있었다. 그들은 서로에게 물었다.

"몇 마리래?"

"여섯 마리래."

투안 할멈은 이 새로운 가족을 암탉에게 데려갔다. 깜짝 놀란 암탉이 꼬꼬댁거리면서, 깃털을 곤두세우고 양쪽 날개를 커다랗게 펼쳐 자꾸만 늘어나는 병아리들을 품으려 했다.

"어, 또 한 마리 있다!" 투안이 소리쳤다.

그것은 그의 착각이었다. 세 마리였던 것이다! 그야말로 대성공이었다! 마지막 병아리는 저녁 일곱 시에 알을 깨고 나왔다. 한 개도 실패하지 않았다! 투안은 너무 기쁘고 홀가분한 데다 자랑스러워서, 그 연약한 동물의 등에 키스를 했는데, 하마터면 자기 입술로 병아리를 질식시킬 뻔했다. 이 녀석만큼은 내일 아침까지 자기 침대 속에 넣어두고 싶었다. 자신이 이 세상에 내보낸 이렇게 가녀린 생물에 대해 벌써 엄마 같은 사랑을 느꼈던 것이다. 그러나 할멈은 남편의 간절한 소망은 들은 척도 하지 않고, 다른 것들과 마찬가지로 얼른 들고 나갔다.

구경꾼들은 감동하여 오늘의 일을 서로 이야기하면서 돌아갔다. 맨 마지막까지 남아 있던 오를라빌이 물었다.

"어이, 투안 영감, 한 마리 잡아서 스튜를 끓일 땐 꼭 불러주게."

스튜라는 말에 투안 영감의 얼굴이 갑자기 활짝 펴졌다. 뚱보가 대답했다.

"걱정말게나, 사위!"

시골 처녀 이야기

1

날씨가 참으로 화창해서 농가 사람들은 평소보다 일찍 밥을 먹고 서둘러 들판으로 나갔다.

하녀 로즈만 널찍한 부엌에 혼자 남겨졌다. 뜨거운 물이 가득 든 냄비가 걸려 있는 부뚜막에는 이미 불도 꺼져 가고 있었다. 그녀는 그 냄비에서 물을 퍼서 천천히 접시를 씻다가, 이따금 손길을 멈추고 창문으로 들어오는 네모난 두 개의 햇볕이 유리의 갈라져 터진 것까지 생생히 보여주면서 긴 탁자 위를 가로질러 비추고 있는 것을 바라보았다.

암탉 세 마리가 겁도 없이 의자 아래까지 와서 빵 부스러기를 찾고 있었다. 반쯤 열린 문에서 닭장 냄새와 외양간의 후텁지근한 온기가 흘러들어왔다. 불타는 듯한 한낮의 고요 속에서 수탉 우는 소리도 들려왔다.

처녀는 설거지를 끝낸 다음 식탁을 훔치고 부뚜막을 청소했다. 그리고 부엌 안쪽에, 또렷한 소리로 똑딱거리고 있는 나무 기둥시계 옆에 있는 높다란 찬장에 설거지한 접시들을 올려놓고 자기도 모르게 한숨을 내쉬었다. 왠지 모르게 견딜 수 없는 기분이 들어 머리가 조금 멍해졌기 때문이다. 그녀는 새까만 흙벽과 천장의 검댕이 덕지덕지 붙어 있는 대들보를 올려다보았다. 대들보에는 거미줄이 쳐져 있고 훈제 청어와 양파가 매달려 있었다. 그리고 그녀는 자리에 앉았다. 오랫동안 고여 있던 냄새가 그날의 열기 때문에 부엌의 시멘트 바닥에서부터 올라와 더 이상 배길 수가 없었다. 이전부터 부엌 바닥에 잡다한 것들이 흩어져서 말라 있었기 때문이리라. 그 냄새에는, 옆방의 시원한 장소에서 크림을 만들고 있는 우유의 톡 쏘는 맛도 섞여 있었다. 늘 하던 대로 그녀는 바느질을 시작하려 했지만, 그럴 기력조차 없어서 바깥바람을 쐬려고 문지방으로 갔다.

그리하여 뜨거운 햇살이 그녀를 어루만지자, 그녀는 어떤 감미로움이 가슴 속에 스며들고 어떤 행복감이 팔다리까지 흐르는 듯 느껴졌다.

집 앞의 퇴비 더미에서 반짝반짝 빛나는 가느다란 수증기 한 줄기가 쉬지 않고 피어오르고 있었다. 암탉들이 그 위에 옆으로 드러누워 한쪽 다리로 슬쩍슬쩍 헤집으면서 벌레를 찾았다. 암탉들 한복판에 수탉 한 마리가 당당하게 서 있었다. 녀석은 끊임없이 암탉 가운데서 한 마리를 골라 그 주위를 작게 구구거리면서 돌아다녔다. 그러면 암탉은 선뜻 일어나 태연하게 수탉을 맞이하여, 두 다리를 구부리면서 날개 위에 태웠다. 그런 다음 먼지를 자욱하게 피우면서 날갯짓한 뒤 다시 퇴비 더미 위에 드러누우면, 수탉은 자신의 승리를 선언하면서 목청껏 울었다. 그러면 모든 농가 마당의 모든 수탉들이 그 소리에 화답했다. 마치 농가에서 농가로, 수탉들이 서로 연애에 도전하고 있는 것 같았다.

하녀는 그것을 멍하니 바라보고 있었다. 그러다가 고개를 들자 갑자기 머리가 어질어질했다. 꽃이 한창인 사과나무가 느닷없이, 분을 뿌린 가발처럼 새하얗게 눈을 찔러왔기 때문이다.

그 순간, 망아지 한 마리가 미친 듯이 날뛰면서 그녀 앞을 지나갔다. 망아지는 나무가 자라고 있는 도랑 주위를 두 번쯤 돌더니 갑자기 멈춰 서서 뒤를 돌아보았다. 그러더니 자기밖에 없는 것에 깜짝 놀란 모양이었다.

그녀도 달려가고 싶었다. 몸을 움직여 보고 싶었다. 그런가 하면 누워서 마음껏 팔다리를 뻗어보고도 싶었다. 고요하고 따뜻한 공기 속에서 한가롭게 쉬고 싶었다. 그녀는 어떤 동물적인 행복감에 사로잡혀서 눈을 감고 휘청휘청 두세 걸음을 걸었다. 그런 다음 발소리를 죽이고 닭장에 알을 가지러 갔다. 알은 13개였다. 그것을 주워 와서 찬장에 넣어두고는, 또다시 부엌 냄새를 견딜 수가 없어서 잠시 풀 위에 앉아 있으려고 밖으로 나갔다.

농가 안마당은 나무로 에워싸여 마치 그 속에서 잠자고 있는 듯했다. 햇살처럼 빛나는 노란 민들레를 품고 높이 자란 풀은 짙은 초록색, 이른 봄의 싱싱한 초록색이었다. 사과나무 그림자가 밑동에 동그랗게 모여 있었다. 농가의 여러 건물 초가지붕에는 늘 그렇듯이 잎이 칼처럼 생긴 붓꽃이 자랐는데, 그 지붕에서 김이 조금씩 피어오르고 있었다. 마구간과 광의 습기가 짚을 통해 달아나고 있는 것 같았다.

하녀는 짐수레와 마차를 넣어두는 헛간까지 왔다. 그곳 도랑 우묵한 곳에는 제비꽃이 가득 자라고 있는 커다란 녹색 구멍이 있어 부근에 제비꽃 냄새를 잔뜩 퍼뜨렸다. 비탈에 올라서면 들판이 내다보였다. 그곳은 농작물이 자라고 있는 드넓은 평야로, 군데군데 울창한 숲이 보였다. 또 저 멀리 아득한 들판에는 일하는 사람들이 인형만 한 크기로 점점이 흩어져 있었다. 장난감 같은 하얀 말이 끌고 있는 쟁기가 마치 어린아이 것처럼 보였다. 그것을 밀고 있는 사람 또한 손가락만 했다.

그녀는 곡식 창고로 짚을 한 다발 가지러 갔다. 그것을 그 구멍 속에 던져 넣어 그 위에 앉으려는 것이었다. 그러나 편하지가 않아서 짚을 묶은 끈을 풀어 펼친 뒤, 그 위에 하늘을 향해 누워 두 팔을 베고 다리를 길게 뻗었다.

기분 좋게 나른한 상태로 누워 있으니 어느덧 잠이 와서 조용히 눈을 감았다. 거의 깊은 잠에 빠져들려는 순간, 두 개의 팔이 가슴을 누르는 듯한 느낌이 들어 깜짝 놀라 눈을 떴다. 그것은 농장 일꾼인 자크였다. 피카르디 출신으로 풍채가 좋은 사내인데 전부터 그녀에게 지분거리고 있던 터였다. 마침 그날 양 우리에서 일을 하다가, 그녀가 나무 그늘에 눕는 것을 보고 몰래 다가온 것이다. 숨을 죽이고 눈을 빛내면서, 머리카락에 지푸라기를 여기저기 묻힌 채로.

그가 그녀에게 입맞추려고 하자 사내 못지않게 건장한 그녀가 그의 따귀를 때렸는데, 본디 스스럼없는 성격인지라 그는 그녀에게 이내 사과했다. 그리하여 두 사람은 나란히 앉아 사이좋게 이야기를 나눴다. 수확하기에 알맞은 날씨, 조짐이 좋은 한 해, 선량한 사람인 그들의 주인을 소재로 삼아 말한 다음 이웃 사람들과 마을의 소문, 그리고 자신들의 이야기, 자신들이 태어난 마을 이야기, 어린 시절, 갖가지 추억, 오랫동안 만나지 못했으며 어쩌면 이대로 영영 만나지 못할지도 모르는 부모님 등, 이야기는 끝도 없이 이어졌다. 그녀는 부모를 생각하자 갑자기 슬퍼졌다. 뱃속에 엉큼한 생각을 품고 있는 사내는 온몸이 욕정으로 근질근질하여 여자 쪽으로 조금씩 다가갔다. 그녀가 말했다.

"그러고 보니 엄마도 꽤 오랫동안 만나지 못했네요. 이렇게 오래 헤어져 있으니 너무 힘들어요."

그렇게 말하면서 그녀는 꿈꾸는 듯한 눈을 들어 멀리 하늘 저편을 바라보았다. 북쪽, 아득히 멀리 그녀가 버리고 온 고향 마을을.

갑자기 사내가 여자의 목덜미를 붙잡고 다시금 입맞춤하려 했다. 하지만 여자는 주먹을 쥐고 상대의 얼굴을 때렸다. 그 주먹이 너무나 세서 그는 코피가 터졌다. 사내는 일어나더니 나무로 가서 그 줄기에 머리를 기댔다. 그걸 보고 여자도 측은한 생각이 들었는지 곁으로 다가가서 물었다.

"아파요?"

그러자 사내가 웃음을 터뜨렸다. 아무 일도 아니었던 것이다. 그저 콧마루에 명중한 것뿐이었다. 사내는 중얼거리듯이 "대단한 아가씬데!"하고 말하면서 여자를 감탄의 눈길로 바라보았다. 어떤 존경심이랄까, 지금까지와는 다른 매력이 느껴졌다. 이토록 힘이 세고, 건장한 여자에게 진정한 사랑을 느끼기 시작한 것이다.

코피가 멎자 사내는 여자에게 산책을 하자고 제안했다. 이대로 나란히 앉아 있다가 여자에게 또 무슨 호된 꼴을 당하게 될지 몰라 걱정되었던 것이다. 여자 쪽에서 먼저 사내의 팔짱을 꼈다. 마치 약혼한 남녀가 저녁녘에 가로수가 서 있는 길을 산책하듯이. 여자가 말했다.

"자크, 나를 너무 얕보지 말아요."

그는 항변했다. 그런 게 아니라고, 얕보는 게 아니라 그저 좋아서 그러는 거라고.

"그렇다면 나하고 결혼할 마음이라도 있는 거예요?" 여자가 물었다.

그는 망설였다. 그리고 여자를 곁눈질하기 시작했다. 여자는 무심한 듯 먼 곳을 보고 있었다. 그 통통한 뺨, 사라사 속옷 속에 솟아오른 풍만한 가슴, 싱싱하고 도톰한 입술, 드러낸 것이나 진배없는 유방에는 땀방울이 점점이 맺혀 있었다. 그는 다시금 욕정에 사로잡혀 여자의 귓전에 입을 대고 속삭였다.

"그럼, 물론 그러고 싶지."

그러자 여자는 사내의 목에 두 팔을 감고 키스했다. 두 사람 다 숨이 막힐 정도로 긴 키스였다.

그때부터 두 사람 사이에는 어느 시대에나 변함없는 사랑 이야기가 시작되었다. 즉 보이지 않는 곳에 숨어서 새롱거리고, 달빛을 받으며 볏단 뒤에서 만날 약속을 했으며, 탁자 밑에서 징을 박은 튼튼한 신발로 서로 발길질을 하기도 했다.

그러다가 자크는 점점 여자에게 싫증이 난 모양이었다. 애써 여자를 피해 다녔다. 얘기도 별로 하려 들지 않고 단둘이 만나려고도 하지 않았다. 여자는 의심을 품기 시작했고 깊은 슬픔에 사로잡혔다. 그리고 곧 자신이 임신한 것을 알았다.

처음에 그녀는 어떻게 해야 할지 도무지 알 수가 없었다. 그러나 곧 분노가 끓어오르기 시작했다. 분노는 날이 갈수록 더 거세졌다. 그 정도로 사내가 여자를 용의주도하게 피해 다녔기 때문이다.

마침내 어느 날 밤, 집안사람들이 모두 잠든 뒤, 여자는 가만히 침대에서 빠져나갔다. 속옷 차림에 맨발로 안마당을 지나가 마구간 문을 밀었다. 거기 말들이 있는 곳 위쪽에 만든, 짚을 채워 넣은 커다란 상자 속에 자크가 누워 있었다. 사내는 여자의 발소리를 듣고 코를 고는 척했다. 그녀는 사내 곁에 다가가서 그 옆에 무릎을 꿇더니, 사내가 일어날 때까지 몸을 흔들어댔다.

그가 하는 수 없이 일어나 앉으면서 "무슨 일이야?"하고 물었다. 여자는 노여움으로 몸을 떨며 이를 악물고 대답했다. "일은 무슨 일? 결혼하자는 거지. 그러겠다고 약속했잖아." 사내는 웃음을 터뜨리면서 말했다. "흥! 관계를 가진 여자들이랑 모두 결혼했다간 몸이 남아나겠어?"

그러자 여자는 사내의 멱살을 잡고 자빠뜨리고는 맹렬하게 찍어 눌러 옴짝달싹 못 하게 했다. 그리고 사내의 목을 계속 조르면서 상대 얼굴에 퍼붓듯이 소리쳤다. "난 애를 가졌어, 알겠어? 아이를 가졌단 말이야!"

그는 숨이 막혀 헐떡거렸다. 그리고 두 사람 다 그대로 미동도 하지 않은 채 입을 다물고 있었다. 단지 말 한 마리가 풀시렁에서 짚을 끌어내 천천히 씹는 턱에서 나는 소리가 깜깜한 침묵을 채울 뿐이었다.

자크는 힘으로는 여자를 당할 수 없다는 걸 알고 우물거리면서 말했다.

"그렇다면 결혼해야지. 그렇게 됐다면야."

그러나 여자는 더 이상 사내의 약속을 믿지 않았다.

"당장 결혼한다고 발표해." 여자가 말했다.

사내가 대답했다.

"그래, 곧장."

"하느님께 맹세하라고."

그는 잠시 주저하더니 결심한 듯 말했다.

"하느님께 맹세해."

여자는 사내에게서 손을 놓고 그 이상 한 마디도 하지 않고 밖으로 나왔다.

그로부터 며칠 동안 여자는 사내에게 말을 걸 기회조차 없었다. 게다가 그 뒤로 마구간은 날마다 자물쇠가 채워져 있었지만, 사람들 눈을 의식해서 소란을 피울 수도 없는 노릇이었다.

이윽고 어느 날 아침, 그녀는 다른 하인이 식사하러 온 것을 보았다. 그녀가 물었다.

"자크는 일 그만뒀어요?"

"그렇다마다요." 그 하인이 말했다. "내가 그 자리에 왔으니까."

그녀는 너무나도 화가 나서 냄비를 잡지도 못할 정도로 부들부들 떨었다. 집안사람들이 모두 일하러 나가자, 그녀는 자기 방에 올라가서 울기 시작했다. 누가 들을까 봐 베개에 얼굴을 묻고 울었다.

그날 온종일, 그녀는 사람들이 눈치채지 못하게 주의하면서 사내의 소식을 알려고 수소문하고 다녔다. 그녀는 자신의 불행에 너무 깊이 사로잡혀 있어서, 묻는 사람마다 모두 자기를 비웃고 있는 듯한 느낌이 들었다. 게다가 사내가 마을에서 완전히 떠났다는 것 말고는 아무것도 알 수가 없었다.

2

그날 이후로 그녀에게는 끊임없는 고뇌의 생활이 시작되었다. 그녀는 기계처럼 일했다. 자신이 무엇을 하고 있는지 생각할 여유도 없이, 오직 '남들이 알면 어떡하나!' 그 생각만이 머릿속에 가득했다.

그 강박 관념이 그녀를 끊임없이 따라다녔기 때문에 판단할 능력을 잃어버려서, 추문을 피할 방법을 찾으려고도 하지 않았다. 도저히 어떻게 할 수 없는 그날이 죽음처럼 확실하게 하루하루 다가오고 있다는 것을 그녀도 분명히 알고 있으면서도.

그녀는 매일 아침 어느 누구보다도 먼저 일어났다. 그리고 머리를 빗을 때 사용하는 깨진 작은 거울에, 어떻게든 자신의 몸을 비춰 보려고 애썼다. 날마다, 오늘은 사람들에게 들키는 것이 아닐까 하는 걱정에 미칠 것만 같았다.

그래서 낮 동안에도 쉴 새 없이 일손을 멈추고, 혹시 배가 불러 앞치마가 너무 위로 들리지 않았는지 자신의 몸을 아래위로 훑어보았다.

몇 달이 지나갔다. 그녀는 이제 거의 말을 하지 않게 되었다. 가끔 누가 뭘 물어봐도, 그녀는 그 의미를 이해하지 못하고 그저 깜짝 놀라 손을 떨면서 멍하니 있을 뿐이었다. 그런 모습을 자주 보게 되자 주인도 한마디 하지 않을 수 없었다.

"가엾게도 요즘 왜 그러는 거지? 이상해졌어!"

심지어 성당에 가도 기둥 뒤에 숨은 채 고해성사하러 가지도 않았다. 신부에게는 초인적인 힘이 있어서 마음속까지 꿰뚫어 볼 거라고 생각한 그녀는 신부를 만나는 것이 무엇보다 두려웠던 것이다.

식탁에 앉아도, 요즘은 동료들 시선을 견디기가 괴로워서 까무라칠 지경이었다. 그리고 소치기가 뭔가 알고 있지 않을까 하고, 늘 마음을 졸이곤 했다. 그 조숙하고 음험한 어린 녀석은 번뜩이는 눈길을 그녀한테서 떼어놓은 적이 거의 없었기 때문이다.

어느 날 아침 우편배달부가 그녀에게 편지를 한 통 건넸다. 지금까지 편지 같은 건 받아본 적이 없었기 때문에, 그녀는 깜짝 놀라 자기도 모르게 주저앉아 버렸다. 혹시 그 사람이 보낸 게 아닐까? 그러나 그녀는 글을 몰랐기 때문에 그저 걱정만 할 뿐, 잉크로 갈겨쓴 종이쪽지 앞에서 떨고 있을 수밖에 없었다. 하지만 자신의 비밀을 누구에게 털어놓을 수도 없어서 그 편지를 그대로 호주머니에 집어넣었다. 그리고 몇 번이고 일손을 멈추고는 그 글자들을 오랫동안 들여다보았다. 똑같이 행이 비어 있고, 마지막에 서명이 들어 있는 글을 들여다보고 있으면 문득 그 의미를 알 수 있게 될지도 모른다고 막연하게 생각한 것이다. 마침내 그녀는 불안과 초조감에 속이 타 미칠 것만 같아서, 초등학교 교사를 찾아갔다. 교사는 그녀를 자리에 앉힌 뒤 내용을 읽어 주었다.

사랑하는 딸아, 내 몸이 몹시 아프다. 네가 올 수 있다면 꼭 좀 왔으면 좋겠다. 옆집에 사는 당튀 씨에게 대필을 부탁했다.

어머니를 대신하여
세제르 당튀가 씀.

그녀는 아무 말도 하지 않고 일어섰다. 그러나 혼자가 되자, 다리가 휘청거려 길바닥에 주저앉고 말았다. 그리고 밤이 될 때까지 그 자리에 가만히 있었다.

집에 돌아온 그녀는 자신에게 닥친 불행을 주인한테 이야기했고, 주인은 그녀가 바라는 만큼 고향에 머무르는 것을 허락해 주었다. 그동안 그녀가 하던 일은 날품팔이 여자에게 시키기로 하고, 그녀가 돌아오면 다시 일을 맡기기로 약속해 주었다.

어머니는 죽어가고 있었다. 그리고 그녀가 도착한 날 숨을 거두었다. 그 이튿날 로즈는 팔삭둥이를 낳았다. 조그맣고 해골처럼 여위어서 보기에도 소름 끼치는 아기였다. 그 아기는 끊임없이 괴로워하는 것처럼 보였으며, 게 다리처럼 뼈만 앙상한 가냘픈 손을 아픈 듯이 떨고 있었다.

그래도 아이는 살아 있었다.

그녀는 사람들에게 결혼했다고 말했다. 그러나 아기를 키우기는 힘들다 하여, 아기를 정성껏 돌봐 주겠다는 이웃 사람들에게 맡기기로 했다.

그녀는 주인에게 돌아왔다.

그런데 그때부터 그토록 오랫동안 고통을 겪은 그녀의 마음속에 지금까지 그녀가 느끼지 못했던 사랑이, 멀리 두고 온 그 가녀린 생명에 대한 사랑이 새벽빛처럼 아련하게 비쳐들었다. 그 사랑은 새로운 고통이었다. 모든 시간이, 모든 순간이 고통이었다. 왜냐하면 그녀는 아기와 헤어져 있었기 때문이다.

특히 그녀를 괴롭힌 것은 어떻게 해서든 아기에게 입맞춤하고 싶고, 아기를 품속에 꼭 껴안고 싶고, 아기의 그 작은 몸의 따뜻한 온기를 자신의 살로 느끼고 싶은 미칠 듯한 욕망이었다. 이제는 밤에도 제대로 잠을 이룰 수가 없었다. 낮에는 낮대로 온종일 아기만 생각했다. 그리고 저녁에 일이 끝나면 난로 앞에 앉아, 아득한 생각의 나라를 헤매는 사람처럼 난롯불만 가만히 들여다보았다.

사람들은 그녀에 대해 숙덕거리기 시작했으며 그녀에게 연인이 생긴 게 분명하다고 놀려댔다. 그러고는 그가 잘생겼는지, 키는 큰지, 돈은 많은지, 언제 결혼식을 올릴 것인지, 아이 세례는 언제 할 건지 그녀에게 물었다. 그런 질문들이 바늘처럼 그녀의 살을 찔러대는 것 같아서 그녀는 견디지 못하고 늘 달아나서는 혼자 울곤 했다.

그러한 괴로움을 달래기 위해 그녀는 일에 몰두하기 시작했다. 그리고 늘 아이를 생각하면서 아이를 위해 돈을 모을 방법을 찾았다.

그녀는 무조건 열심히 일하기로 결심했다. 그러면 주인이 급료를 올려줄 거라고 생각한 것이다.

그리하여 그녀는 차츰 자기 주변의 일을 독점하게 되었다. 그녀가 두 사람 몫을 하게 된 뒤에는 자연히 필요 없게 된 하녀도 한 사람 내보냈다. 빵도, 기름도, 양초도 아껴 썼다. 지금까지 암탉에게 아낌없이 주던 곡물도, 약간 낭비하는 듯했던 마소의 여물도 절약했다. 주인의 돈도 마치 자기 돈인 것처럼 아꼈다. 그리고 거래를 잘해서 자기 집에서 생산하는 것은 좋은 값에 팔고, 다른 농부가 가져오는 것은 속임수를 잘 밝혀내는지라, 사고 파는 일부터 일꾼들 작업 지휘, 식료품 회계까지 모든 것을 혼자서 도맡아 했다. 그러자 그녀는 당장 집안에 없어서는 안 될 존재가 되었다. 그렇게 그녀가 감시하는 눈길이 주위에 구석구석 미치고 있었기 때문에 집안은 놀랄 만큼 번영을 이루게 되었다. 그 뒤부터 '발랭 씨네 하녀'라고 하면 근방에서 모르는 사람이 없었고, 또 주인은 주인대로 어디에 가나 "그 아이는 정말 황금보다 소중한 보물이야" 거듭 말했다.

그렇게 시간은 흘러갔건만 그녀의 급료는 여전히 변함이 없었다. 그녀의 어마어마한 노동량은 단지 세상에서 흔히 볼 수 있는 충실한 하녀의 당연한 행위로서, 단순한 선의의 표현으로만 받아들여졌을 뿐이었다. 주인은 그녀 덕분에 매달 50에퀴에서 100에퀴가 남는데도 그녀의 급료는 여전히 일 년에 240프랑으로, 1프랑도 늘지도 줄지도 않는 것에 대해 그녀는 요즘 약간 쓸쓸한 생각이 들기 시작했다.

그녀는 급료를 올려달라고 요구하기로 결심했다. 그래서 세 번이나 주인을 만나러 갔지만, 주인 앞에만 서면 그만 다른 말이 나오고 마는 것이었다. 돈을 요구하는 건 왠지 모르게 부끄러운 행동 같아서, 어떤 수치심을 느낀 것이다. 드디어 하루는, 주인이 혼자 부엌에서 점심을 먹고 있는 것을 보고 그녀는 거북한 듯이 긴히 할 이야기가 있다고 말했다. 주인은 깜짝 놀라 고개를 들었다. 양 팔꿈치를 탁자에 짚은 채, 왼손에는 나이프를 끝이 위로 향하게 쥐고, 오른손에는 한 입 거리의 빵을 든 모습으로 하녀를 뚫어지게 쳐다보았다. 그녀는 상대의 시선에 그만 당황하여 몸이 좀 아프니 일주일 동안 고향에 보내달라고 부탁했다.

주인은 쾌히 승낙했다. 그리고 그 자신도 어색한 듯이 이렇게 말했다.

"나도 하고 싶은 얘기가 있는데, 그건 네가 돌아온 뒤에 말하마."

3

벌써 8개월이 지나서인지 아이는 몰라볼 정도로 자라 있었다. 온통 발그레하고, 볼은 통통했으며 몸도 토실토실 살이 올라 있었다. 마치 살아 있는 작은 지방 덩어리 같았다. 오동통한 손가락이 참으로 만족스러운 듯이 부드럽게 움직였다. 그녀는 먹잇감에라도 달려들듯이 동물처럼 홍분하여 아이에게 달려가 입을 맞췄다. 하지만 너무나 갑작스럽고 맹렬한 그 행위에 아기가 무서웠는지 울음을 터뜨렸다. 그러자 그녀도 울기 시작했다. 아이가 자기를 기억하지 못하고, 유모가 오자 곧 그쪽으로 두 팔을 내밀었기 때문이다.

그러나 이튿날이 되자, 아이도 그녀의 얼굴에 익숙해져서 그녀를 보면 웃어주었다. 그녀는 아이를 들판에 안고 나가서 두 손에 받쳐드는 것처럼 안고 미친 듯이 달리거나, 나무 그늘에 앉아 있기도 했다. 그리고 난생처음으로, 물론 아이가 알아들을 리도 없건만 어쨌든 누군가에게 자기 속마음을 털어놓았다. 자신의 슬픔, 힘든 일, 걱정거리, 희망들을 이야기한 것이다. 그리고 열렬한 애무로 끊임없이 아기를 귀찮게 했다.

그녀는 아이를 주무르거나 씻기고, 옷을 갈아입히는 것에 한없는 기쁨을 느꼈다. 아이의 더러운 기저귀를 빠는 것조차 즐거운 일이었다. 그런 긴밀한 보살핌이 그녀의 모성애를 보증하는 것 같았기 때문이다. 그녀는 이 아이가 자신의 것이라는 사실에 새삼 놀라면서 아이 얼굴을 유심히 들여다보았다. 그리고 두 팔로 아이를 번쩍번쩍 들어 올리면서 작은 목소리로 되뇌었다. "내 아기, 내 아기."

그녀는 주인집으로 돌아가는 내내 울었다. 그녀는 도착하자마자 곧 주인에게 불려갔다. 왠지 모르게 겁이 나서 가슴이 두근거렸다.

"거기 앉아." 주인이 말했다.

그녀가 앉자 두 사람은 잠시 동안 나란히 앉은 채 둘 다 어색한 듯이, 거추장스러운 두 팔을 그저 가만히 늘어뜨리고, 시골 사람들이 으레 그렇듯이 서로의 얼굴을 쳐다보지도 않았다.

주인은 아내와 두 번이나 사별했다. 마흔다섯 살의 뚱뚱한 남자로서, 본디 쾌활하고 고집 센 사람인데 전에 없이 긴장한 기색이 역력했다. 그러다가 가까스로 결심하고 입을 열었다. 그것도 우물거리면서 조금 빠른 말투로, 눈은 멀리 들판 쪽을 향한 채.

"로즈, 넌 결혼해서 정착하고 싶다는 생각해 본 적 없니?" 그가 말했다.

그녀는 죽은 사람처럼 새파랗게 질리고 말았다. 그녀가 대답하지 않는 것을 보고 주인이 말을 이었다.

"너는 착하고 견실하고 부지런한 데다 알뜰한 여자야. 너 같은 여자를 아내로 얻는 남자는 행운아지."

그녀는 여전히 움직이지 않았으나 겁이 난 듯이 보였다. 또한 그녀는 상대가 말하는 의미를 이해하려고도 하지 않았다. 다만 뭔가 커다란 위험이 자신의 몸에 닥치고 있는 듯한 느낌이 들어서 머릿속이 어지러웠다. 주인은 잠시 사이를 둔 뒤 계속 말을 이었다.

"너도 알고 있겠지만, 농가라는 건 안주인이 없으면 살림을 꾸려갈 수가 없어. 아무리 너 같은 하녀가 있어도 말이야."

여기서 주인은 입을 다물었다. 더 이상 어떻게 말해야 할지 몰랐기 때문이다. 로즈는 상대의 얼굴을 지켜보고 있었는데 마치 자객 앞에 있는 사람처럼, 그리고 상대가 조금만 움직여도 달아나려고 작정한 사람처럼 두려움에 떠는 표정이었다.

5분쯤 지나서 겨우 주인이 물었다.

"그래서 말인데! 네 생각은 어떠냐?"

얼빠진 표정으로 그녀가 되물었다.

"그게 무슨 말씀이에요, 나리?"

그러자 주인이 퉁명스럽게 내뱉었다.

"알면서 왜 그래! 나하고 결혼하자는 거지."

그녀는 갑자기 일어서다가 꺾어지듯이 다시 의자에 주저앉더니 그대로 미동도 하지 않았다. 크나큰 불행으로 충격을 받은 사람 같았다. 주인도 더 이상 참을 수가 없었다.

"그렇다면 대관절 넌 어떻게 하고 싶은 거지?"

그녀는 멍하니 주인을 쳐다보았다. 그러더니 갑자기 두 눈에 눈물이 가득 고였다. 그녀는 흐느껴 울면서 숨이 넘어갈 듯한 목소리로 같은 말을 두 번 되풀이했다.

"저는 안 돼요. 저는 안 돼요!"

"왜 안 되는 건데?" 주인이 물었다. "자, 바보처럼 굴지 말고 내일까지 잘 생각해 봐."

그렇게 말하고 주인은 나가버렸다. 그는 몹시 당황스러웠던 그 과정을 끝내고 나자 깊은 안도감을 느꼈다. 그리고 그녀가 이튿날 바로 이 청혼을 승낙할 거라고 믿어 의심치 않았다. 하녀로서는 그것은 꿈과 같은 청혼이었지만, 그에게도 훌륭한 거래였다. 왜냐하면 마을에서 가장 많은 지참금을 가진 신붓감보다 훨씬 이득이 많은 여자를 평생 자기 것으로 만드는 셈이었기 때문이다.

게다가 두 사람의 결혼이 신분에 어울리지 않는다는 우려는 있을 수 없는 일이었다. 시골에서는 누구나 다 사정이 비슷비슷했다. 농가에서는 주인도 하인처럼 밭일을 한다. 그리고 그 하인도 대부분 언젠가는 주인이 된다. 하녀가 안주인이 되는 건 흔히 있는 일이지만 그렇다고 해서 그녀들의 생활과 습관이 바뀌는 것은 아니었다.

그날 밤 로즈는 침대에 들어가지 않았다. 지칠 대로 지쳐서 울 기운조차 없어 무너지듯이 침대에 걸터앉았다. 이미 스스로 자신의 몸을 의식하지 못하고 마음은 어지러이 흩어져서 꼼짝 않고 있었다. 그것은 바로 담요의 털을 풀 때 사용하는 도구로 갈기갈기 찢기는 것 같은 기분이었다.

다만 어쩌다가 흩어진 생각을 정리해도, 이제부터 일어날 일을 생각하면 눈앞이 캄캄해졌다.

그녀의 공포는 점점 커져만 갔다. 모든 사람들이 잠든 집 안의 침묵 속에서, 부엌의 커다란 시계가 천천히 시간을 알릴 때마다 진땀이 배어났다. 머리는 멍하고 악몽은 끊임없이 이어지는데 촛불마저 꺼져버렸다. 망상이 시작되었다. 악운에 사로잡혔다고 믿는 시골 사람들이 일으키는 그 도주의 망상이었다. 폭풍우를 만난 배처럼 이 재난에서 멀어지고 싶고, 벗어나고 싶고, 달아나고 싶은 광기 어린 욕망이었다.

올빼미가 울었다. 그녀는 기분이 오싹해져서 일어났다. 얼굴과 머리를 만지고 미치광이처럼 자신의 몸을 더듬어 보았다. 그리고 몽유병자처럼 아래층까지 걸어서 내려갔다. 안마당에 나가서는 기어가듯이 걸었다. 지고 있는 달이 들판을 환하게 비추고 있어서, 그 근처를 돌아다니는 부랑인에게 발견되면 안 된다고 생각했기 때문이다. 울타리를 열지 않고 비탈로 기어올라갔다. 그리고 들판에 나가자 그대로 앞을 향해 나아갔다. 탄력적이고 조급한 걸음걸이로 그저 똑바로 달려갔다. 그러면서 가끔 무의식적으로 날카로운 소리를 질렀다. 땅에 비치는 어마어마하게 큰 그림자도 그녀와 함께 달렸다. 가끔 밤새가 날아올라 그녀의 머리 위에서 맴돌았다. 발소리를 듣고 농가 안마당에서 개들이 짖어댔다. 한 마리는 도랑을 뛰어넘어 금방이라도 물어뜯을 것처럼 쫓아왔다. 하지만 그녀가 뒤돌아보고 사납게 소리 지르자, 개가 더 놀라서 달아나 개집 속에 들어가 처박히더니 그대로 얌전해졌다.

새끼를 거느린 토끼가 밭에서 놀고 있었다. 그러나 흥분에 휩싸인 디아나 같은 여자가 정신없이 달려오는 것을 보자 겁 많은 토끼들은 슬금슬금 달아나기 시작했다. 새끼들과 어미는 밭고랑 물길 속에 몸을 오그리고 숨었다. 아비는 쏜살같이 뛰기 시작했는데, 저물어 가는 달그림자가 이따금 그것이 뛰어오르는 검은 그림자를 쫑긋 세운 커다란 귀까지 비춰 주었다. 그 달도 지금은 세상 끝으로 가라앉으려 하면서, 마치 지평선에 놓인 거대한 등불처럼 비스듬하게 누운 빛으로 평야를 비추고 있었다.

하늘에는 별빛이 옅어져 가고 벌써 새들이 지저귀고 있었다. 날이 밝아오는 것이다. 그녀는 지쳐서 숨을 헐떡거렸다. 태양이 자줏빛 새벽을 깨고 얼굴을 내밀었을 때 그녀는 걸음을 멈췄다.

다리가 부어올라 더 걸을 수가 없었던 것이다. 바로 그때 늪이 보였다. 커다란 늪이 아침해의 붉은빛을 반사하고 있어서 고여 있는 물이 피처럼 보였다. 그녀는 한 손을 가슴에 댄 채, 물속에 두 발을 담그기 위해 다리를 끌면서 터벅터벅 걸어갔다.

그녀는 풀 위에 앉아 먼지투성이가 된 커다란 신발을 벗고 양말도 벗었다. 그리고 움직이지 않는, 그러나 이따금 거품이 떠올라와 터지는 고인 물에, 퍼렇게 부어오른 종아리를 넣었다.

기분 좋은 차가움이 발뒤꿈치부터 목까지 짜릿하게 올라왔다. 그리고 그 깊은 늪을 뚫어져라 처다보는 동안, 갑자기 현기증이 나면서 늪 속에 푹 잠기고 싶은 격렬한 욕망에 사로잡혔다. 그 속에 들어가 버리면 더 이상 고통스럽지 않을 것이다. 고통은 영원히 사라질 것이다. 이미 아이 같은 건 생각도 하지 않았다. 다만 평화를, 완전한 휴식을 바랄 뿐이었다. 영원히 잠들고 싶었다. 그녀는 일어서서 두 팔을 벌리고 두세 걸음 앞으로 걸어 나갔다. 벌써 물이 넓적다리까지 차올랐다. 그리고 정말 뛰어들려고 하는 순간, 복사뼈 근처를 무엇이 심하게 물어 자기도 모르게 뒤로 물러나면서 비명을 질렀다. 그녀의 무릎에서 발끝까지, 길고 새까만 거머리들이 피를 빨고 잔뜩 부풀어 올라 살에 들러붙어서 그녀의 생명을 마시고 있었던 것이다. 그녀는 떼어낼 엄두도 내지 못하고 너무 무서워서 울부짖기만 했다. 그 절망스러운 비명 소리를 들었는지, 상당히 먼 곳에서 마차를 타고 지나가던 농부가 달려왔다. 농부는 거머리를 하나하나 떼어내고 상처를 풀로 누른 뒤, 그녀를 자기 이륜마차에 태워 주인집까지 데려다 주었다.

그녀는 보름 동안 병상에 누워 있었다. 그녀가 자리에서 일어난 날 아침, 문 앞에 앉아 있으려니 갑자기 주인이 나타나 그녀 앞에 섰다.

"그건 그렇고, 어쨌든 그 이야기는 승낙하는 거지?" 주인이 말했다.

처음에 그녀는 아무 대답도 하지 않았다. 그래도 주인이 계속 그녀의 얼굴을 뚫어지게 바라보며 서 있자 겨우 더듬더듬 말했다.

"아니에요, 나리. 전 그럴 수 없어요."

그러자 주인은 벌컥 화를 냈다.

"안 된다니, 그럴 수 없다니, 왜?"

그녀는 울음을 터뜨렸다. 그리고 같은 말을 되풀이했다.

"전 그럴 수 없어요."

주인은 그녀를 뚫어지게 쳐다보다가 그 얼굴에 퍼붓듯이 소리쳤다.

"그럼 애인이라도 있는 건가?"

그녀는 수치심에 몸을 떨면서 웅얼거렸다.

"그럴지도 몰라요."

사내는 얼굴이 양귀비처럼 새빨개지더니 격분하여 더듬으며 말했다.

"허! 자백하는군, 이 매춘부! 그 사내는 어디 사는 누구지? 어차피 비렁뱅이거나 빈털터리, 아니면 집도 없는 떠돌이거나 끼니도 못 먹는 가난뱅이겠지? 자, 누군지 말해 봐."

하지만 그녀는 한 마디도 대답하지 않았다.

"에잇! 말하기 싫은 모양이군…… 그렇다면 내가 말해 줄까, 장 보뒤지?"

그녀가 큰 소리를 질렀다.

"오! 아니에요. 그 사람이 아니에요."

"그럼 피에르 마르탱인가?"

"오, 아니에요! 그렇지 않아요, 나리."

그는 미친 듯이 마을 젊은이들 이름을 죄다 읊었고, 그동안 그녀는 모두 아니라고 부정하면서 자신의 푸른 앞치마 끝자락으로 끊임없이 눈물을 훔쳤다. 그럼에도 그는 그녀의 비밀을 알아내기 위해 그 마음속을 떠보면서, 동물 같은 집념으로 상대의 이름을 끝없이 탐색했다. 그것은 땅속에 있는 사냥감 냄새를 맡은 사냥개가, 온종일 그 땅을 파헤치는 것과 같았다. 갑자기 사내가 소리쳤다.

"오! 그래, 자크로군! 지난해까지 우리집에 있었던 하인 말이야. 그러고 보니, 놈이 너와 얘기를 나누고 있었다느니, 너희들이 결혼 약속을 했다느니, 하는 말을 들은 적이 있었어."

로즈는 숨이 막혔다. 피가 솟구쳐 올라 얼굴이 새빨개졌다. 눈물이 갑자기 멎더니 달궈진 인두 위에 흘러내린 물방울처럼 뺨 위에서 말라버렸다. 그녀가 소리쳤다.

"아니에요. 그 사람이 아니에요, 그 사람이 아니에요!"

"틀림없나?" 진실의 한 조각을 냄새 맡은 그가 잔인하게 물었다.

그녀는 조급하게 대답했다.

"맹세코, 맹세코……."

그녀는 도저히 하느님을 끌어낼 용기가 없어 무엇에 맹세해야 좋을지 망설였다. 그러자 사내가 가로막고 말했다.

"하지만 그놈은 언제나 으슥한 곳에서 널 기다리고 있었다던데. 밥을 먹을 때도 너에게서 눈을 떼지 않았다고 했어. 네가 끝까지 정조를 지키려는 건 틀림없이 그놈인 거지? 흥, 안 그래?"

이번에는 그녀가 주인을 똑바로 바라보았다.

"아니에요, 아닙니다. 하느님께 맹세해요. 만약 오늘 그 사람이 저를 데리러 온다 해도 전 싫어요."

그 태도가 너무나 진지해서 주인도 흔들리지 않을 수 없었다. 그는 혼잣말처럼 다시 말했다.

"그렇다면 도대체 왜 그러는 거지? 어쨌든 깨진 그릇은 아니라는 얘기군, 어차피 나중에 알 일이지만. 그래서 뒤탈이 없다면, 도대체 하녀가 주인 말을 듣지 않을 리가 없어. 이건 역시 뭔가 까닭이 있는 거야."

그녀는 고통으로 목이 막혀서 더 이상 대답할 수가 없었다.

그가 다시 한 번 물었다. "도저히 안 되겠나?"

그녀는 한숨을 쉬었다. "전 그럴 수 없어요, 나리." 그러자 그는 발길을 돌렸다.

그녀는 주인의 손에서 해방되었다고 생각했다. 그래서 그 뒤 반나절은 그런

대로 평온하게 지낼 수 있었다. 물론 몸이 지쳐 있는 것으로 말하자면, 늙어빠진 백마를 대신하여 동이 틀 때부터 탈곡기를 계속 돌린 것 같았다.

그녀는 일찌감치 잠자리에 들어 그대로 잠들고 말았다.

한밤중에, 그녀는 침대를 더듬는 두 개의 손을 느끼고 잠에서 깨어났다. 두려움에 떨던 그녀는 곧 주인의 목소리를 들었다. "로즈, 두려워할 것 없어. 나야, 할 얘기가 있어서 왔어." 그녀는 깜짝 놀랐다. 이어서 주인이 자신의 침대 안으로 들어오려고 하자, 비로소 그가 무엇을 원하는 건지 알고 맹렬하게 몸을 떨기 시작했다. 아직 잠결에 멍한 상태였으나 어둠 속에 단 한 사람, 그것도 자기를 원하고 있는 사내 곁에서 완전히 벗은 몸으로 침대에 있다고 생각하니 끔찍하기만 했다. 물론 그녀는 그의 뜻에 동의하지 않았다. 그러나 이렇게 단순한 사람들이 지니고 있는 특별히 강한 본능에 그녀도 저항하기는 했으나 필사적으로 싸우지는 못했을 뿐만 아니라, 무엇보다 여리고 무기력한 사람들에게서 볼 수 있는 모호한 의지 때문에 그다지 완강하게 방어하지도 못했다. 그녀는 얼굴을 벽 쪽으로 돌리거나 방 쪽으로 돌리면서 자신의 입술을 원하는 주인의 애무를 피하려고 했지만, 몸싸움으로 지쳐버린 몸은 침대 속에서 소극적으로 발버둥치는 것에 지나지 않았다. 사내는 욕정에 미쳐 갈수록 난폭해져서 거친 동작으로 이불을 걷어찼다. 그녀는 이제 자신의 힘으로는 저항할 수 없음을 똑똑히 알았다. 그녀는 타조처럼 두 손으로 얼굴만 가리고 저항하는 것을 포기했다.

주인은 그날 밤을 그녀 곁에서 보냈다. 다음 날 밤에도 찾아왔다. 그리고 밤마다 찾아왔다.

두 사람은 함께 생활했다.

어느 날 아침 그가 그녀에게 말했다. "내가 결혼을 발표했으니까, 다음 달 식을 올리기로 하지."

그녀는 대답하지 않았다. 무슨 할 말이 있겠는가? 그녀는 거역하지 않았다. 더 이상 어쩔 수 없는 일이 아닌가?

4

그녀는 주인과 결혼했다. 그녀는 가장자리에 닿을 수도 없는 구덩이 속에 빠져버린 듯한 기분이었다. 절대로 빠져나갈 수 없는 구덩이. 그리고 모든 종류의 불행이 금방이라도 떨어질 것 같은 커다란 바위처럼, 그녀의 머리 위에 매달려 있었다. 그녀에게 남편은 자신이 훔친 남자, 게다가 언젠가는 그 사실을 알게 될 남자로 생각하니 견딜 수가 없었다. 그리고 아이에 대해서도 생각했다. 사실 그 아이 때문에 그녀의 모든 불행이 시작되었지만, 그녀의 지상에서의 모든 행복도 그 아이 때문에 비롯된 것이 아니던가.

그녀는 일 년에 딱 두 번 아이를 만나러 갔는데, 그때마다 더욱 큰 슬픔을 안고 돌아와야 했다.

그러다가 차츰 익숙해짐에 따라, 그녀의 걱정도 가라앉고 마음도 안정되었다. 가슴 밑바닥에는 아직도 막연한 불안감이 도사리고 있었지만 전보다는 자신감을 가지고 생활하게 되었다.

몇 년이 흘렀다. 이제 아이는 여섯 살이 되었다. 그 무렵 그녀는 참으로 행복했는데, 언제부턴가 남편의 기분이 어두워지기 시작했다.

이미 이삼 년 전부터 그는 어떤 불안을 안고 있는 것처럼 보였다. 무슨 걱정거리, 뭔가 조금씩 커져가는 마음의 병이 있는 것 같았다. 식사가 끝나도 오래도록 식탁을 떠나지 않고 두 손으로 머리를 감싼 채, 고통 때문에 마음이 어지러운 것처럼 서글픈 표정을 짓고 있었다. 말투도 점점 날카로워지고 때로는 난폭하기까지 했다. 그리고 아내에게 뭔가 딴마음을 품고 있는 것 같은 생각마저 들었다. 아내에 대한 대답도 자주 차가워지고, 때로는 노기마저 띠고 있었기 때문이다.

어느 날 이웃집 아이가 달걀을 가지러 왔을 때, 일에 쫓긴 그녀가 아이를 약간 거칠게 다뤘더니, 갑자기 남편이 나타나서 심술궂은 목소리로 말했다.

"만일 이 아이가 당신 아이라면 그렇게 다루지는 않겠지?"

그녀는 깜짝 놀라 아무 말도 할 수 없었다. 새삼스럽게 그녀의 고뇌가 모조리 되살아나는 것을 느끼면서 안으로 들어갔다.

저녁 식사 때도 남편은 그녀에게 말을 걸지도 않고 그녀를 쳐다보지도 않았다. 그리고 정말 그녀를 싫어하고 경멸하는 것처럼 보였다. 아무래도 뭔가 알고 있는 것 같았다.

그런 남편의 행동에 당황한 그녀는 식사가 끝난 뒤 그와 단둘이 있는 시간을 견딜 수가 없었다. 그녀는 몰래 집에서 나가 그대로 성당으로 달려갔다.

밤이 되었다. 성당의 좁은 곁방은 깜깜했다. 그 침묵 속에, 문득 성가대 쪽에서 발소리가 들려왔다. 성당지기가 밤이 되어 성궤 앞에 등불을 켜고 있었던 것이다. 둥근 천장의 어둠 속에 홀로 흔들리고 있는 그 불빛이 로즈에게는 마지막 희망처럼 보였다. 그녀는 등불에 시선을 고정한 채 무릎을 꿇었다.

가느다란 상야등(常夜燈)이 사슬 소리를 내면서 위로 올라가고 있었다. 곧 바닥돌 위에 나막신 소리가 규칙처럼 울리더니 뒤이어 밧줄을 끄는 희미한 소리가 났다. 그러자 초라한 종이 짙어져 가는 안개 속에 저녁 기도를 알렸다. 그녀는 나가려는 성당지기를 쫓아갔다.

"신부님은 계신가요?" 그녀가 물었다.

성당지기가 대답했다.

"계실 겁니다. 언제나 저녁종이 울릴 때 식사를 하시거든요."

그녀는 몸을 떨면서 사제관 문을 밀고 들어갔다.

신부는 식탁에 앉아 있었다. 그는 곧 그녀를 의자에 앉혔다.

"그래, 잘 왔소. 당신이 여기 왜 왔는지, 당신 남편한테서 이미 얘기를 들어서 알고 있었소."

가련한 여인은 정신이 아득해졌다. 신부가 다시 말했다.

"자, 그래서 어떻게 할 생각이오?"

그렇게 말하면서도 신부는 서둘러 수프를 숟가락으로 떠서 삼키고 있었는데, 그 국물이 배 근처에서 부풀어 있는 더러운 사제복에 뚝뚝 떨어지고 있었다.

로즈는 더 얘기할 용기가 없었다. 탄원하거나 애원할 마음도 없었다. 그녀가 일어나자 신부가 말했다.

"어쨌든 기운 내시오……."

그녀는 밖으로 나갔다.

그녀는 자신이 무엇을 하고 있는지도 모른 채 집으로 돌아갔다. 농가의 날품팔이꾼들은 자기가 없는 사이에 집에 돌아가 버렸고 남편 혼자 그녀를 기다리고 있었다. 그녀는 남편 발밑에 털썩 쓰러져 눈물을 흘리면서 신음했다.

"당신, 나에게 무슨 원한이라도 있는 건가?"

그는 큰 소리로 욕을 퍼붓기 시작했다.

"아이가 없으니, 빌어먹을! 평생 이렇게 단둘이 살자고 여편네를 얻는 건 줄 알아? 날 봐. 암소도 새끼를 못 낳으면 한 푼의 가치도 쳐주지 않아. 여자도 아이가 없으면 마찬가지로 아무 가치가 없는 거라고."

그녀는 울면서 더듬더듬 되풀이해 말했다.

"그건 내 탓이 아니에요! 내 탓이 아니라고요!"

그러자 사내도 조금 누그러져서 덧붙였다.

"당신 탓이라는 얘기는 아니지만, 어쨌든 난처한 일이야."

5

그날부터 그녀에게는 한 가지 생각밖에 없었다. 그것은 아이가, 또 하나의 다른 아이가 생겼으면 하는 바람이었다. 그래서 그녀는 만나는 사람마다 그 이야기를 했다.

이웃집 여자가 한 가지 방법을 일러 주었다. 물 한 컵에 재를 한 자밤 넣은 것을 매일 밤 남편에게 먹이라는 것이었다. 남편은 주는 대로 먹기는 했지만 이 방법은 실패로 끝났다.

그들은 서로 얘기를 나눴다. "뭔가 비법이 있을 거야." 두 사람은 그것을 알아보기 위해 동분서주했다. 누가 마을에서 100리쯤 되는 곳에 살고 있는 양치기를 가르쳐 주었다. 그리하여 발랭은, 어느 날 이륜마차에 말을 매고 그 양치기에게 의논하러 찾아갔다. 양치기는 그에게 빵을 한 개 주었다. 그것은 양치기가 주술을 건 빵으로, 풀을 섞어서 반죽한 것이었는데 그것을 부부가 밤에 잠자리에 들기 전에 한 조각씩 먹으면 된다는 것이었다.

빵 한 덩어리를 다 먹었지만 전혀 효과가 없었다.

다음에는 초등학교 교사가 비결을 가르쳐 주었다. 아직 시골에는 알려져 있지 않은 사랑을 나누는 방법이지만 효능이 확실하다고 했다. 그러나 이것도 실패였다.

신부는 페캉의 피*¹를 찾아 순례를 떠날 것을 권했다. 로즈는 그곳에 있는 수도원에 가서 수많은 사람들과 함께 엎드려 기도했다. 그녀의 기원이 농부들의 모든 조잡한 소원과 뒤섞였고, 모두가 무언가를 달라고 탄원하는 그분에게 그녀도 다시 한 번 아이를 갖게 해달라고 애원했다. 하지만 그것도 헛수고였다. 그녀는 자신의 첫 실수에 대해 벌을 받는 거라 생각하고 말할 수 없는 고통에

---

*1 프랑스 북부 항구 도시 페캉의 수도원에 소장되어 있는, 그리스도의 피를 일컬음.

사로잡혔다.

그녀는 마음의 고통 때문에 점점 여위어 갔다. 남편 또한 늙어갔다. 세상에서 말하듯이 '애간장을 태우고' 살면서 헛된 희망으로 쇠약해졌다.

그리하여 두 사람 사이에 전쟁이 벌어졌다. 남편은 아내를 욕하고 때렸다. 온종일 호통을 치고, 밤이 되면 침대 속에서 증오로 거친 숨을 내쉬면서 그녀의 얼굴에 대고 날이 새도록 욕지거리와 폭언을 퍼부었다.

마침내 어느 날 밤 더 이상 그녀를 괴롭힐 거리가 없게 되자 그는, 그녀에게 밤이 샐 때까지 빗속에 서 있으라고 명령했다. 그녀가 따르지 않자, 목덜미를 움켜잡고 주먹으로 얼굴을 때리기 시작했다. 그녀는 한 마디도 대꾸하지 않고 조금도 움직이지 않았다. 점점 더 흥분한 남편은 아내의 배에 올라타더니 이를 악물고 미친 듯이 때리고 때리고 또 때렸다. 그러자 마침내 아내도 폭발하여 죽을힘을 다해 반항하기 시작했다. 그녀는 무서운 기세로 남편을 벽 쪽에 밀어붙이더니, 자신은 방바닥에 내려서서 휘파람 비슷한 소리를 냈다.

"저에게는 아이가 하나 있어요. 저에게는 아이가 있다고요! 자크의 아이예요. 당신도 자크를 알고 있죠? 저와 결혼할 작정이었는데 달아나 버렸죠."

사내는 벼락을 맞은 듯, 그녀만큼이나 어쩔 줄 모르고 멍하니 있었다. 그러더니 그가 더듬더듬 말했다.

"뭐라고 했어? 뭐라고?"

여자가 흐느껴 울기 시작했다. 그리고 눈물을 뚝뚝 흘리면서 중얼거렸다.

"제가 당신하고 결혼하고 싶어 하지 않은 것도 그것 때문이었어요. 바로 그것 때문이었다고요. 저는 솔직하게 말할 수 없었어요. 그러면 쫓겨나서 아기와 함께 먹고살 길이 막막해졌을 테니까요. 당신은 아이가 없으니까 저를 이해하지 못해요. 당신은 몰라요!"

더욱 놀란 그가 기계적으로 되풀이했다.

"그래, 아이가 있다고? 아이가 있다고?"

그녀는 딸꾹질을 하면서 말했다.

"당신은 어거지로 저를 자기 것으로 만들었어요. 그건 당신도 인정하죠? 어쨌든 저는 당신하고 결혼하고 싶지 않았으니까요."

그는 일어나서 양초에 불을 붙인 뒤 뒷짐을 지고 방 안을 돌아다니기 시작했다. 그녀는 침대에 주저앉은 채 계속 울고 있었다. 갑자기 그가 그녀 앞에서 걸음을 멈췄다. "그럼, 당신이 아이를 갖지 못하는 건 바로 내 탓이란 말이군?" 그가 말했다. 그녀는 대답하지 않았다.

그가 다시 걷기 시작했다. 그리고 또다시 걸음을 멈추더니 물었다.

"당신 아이는 지금 몇 살이지?"

그녀가 중얼거렸다.

"벌써 여섯 살이에요."

그가 또 물었다.

"왜 나한테 말하지 않았나?"

그녀는 탄식했다.

"그걸 어떻게 말하겠어요!"

그는 꼼짝도 하지 않고 서 있었다.

"자, 일어나." 그가 말했다.

그녀는 힘겹게 일어났다. 그녀가 벽에 몸을 기대면서 바닥에 발을 내려놓았을 때 느닷없이 그가 웃기 시작했다. 기분 좋을 때 터져 나오는 그 커다란 웃음소리였다. 그녀가 깜짝 놀라자 그가 말했다.

"그렇다면 그 아이를 데리고 오면 되잖아? 당신과 나 사이에 아이가 생기지 않으니까 말이야."

그녀는 기절할 것처럼 놀랐다. 만약 기운이 빠져 있지 않았더라면 틀림없이 달아났을 것이다. 그런데 남편은 그녀와 손을 맞잡고 비비면서 중얼거렸다.

"그렇잖아도 양자를 들이고 싶었어. 그런데 아이를 찾아냈군. 저절로 찾은 셈이잖아. 사실 신부님에게 고아를 하나 알아봐 달라고 부탁해 두었거든."

그리고 그는 여전히 웃으면서, 바보처럼 계속 울고 있는 아내의 두 뺨에 키스했다. 그리고 상대에게 자신의 목소리가 들리지 않을 거라고 생각했는지 외치듯이 말했다.

"자, 여보, 아직 수프가 남아 있는지 보러가야겠군. 한 그릇 먹고 싶어졌어."

그녀는 치마를 입었다. 그리고 두 사람은 아래층으로 내려갔다. 그녀가 무릎을 꿇고 허리를 숙여 냄비에 불을 붙이는 동안, 남편은 얼굴 가득 웃음을 머금고 부엌을 성큼성큼 걸으면서 되풀이해 말했다.

"아, 참 기분 좋다. 이런 말 하기는 뭣하지만 나는 기뻐. 정말 기뻐."

La ficelle
끈
해리 알리스에게

고데르빌 주변의 모든 길에서는 시골 농부들이 아내들과 함께 부부 동반하여 시내를 향해 줄지어 모여들고 있었다. 장이 서는 날이었기 때문이다. 남자들은 느린 걸음으로 나아갔다. 그들은 긴 다리를 내딛을 때마다 상체를 앞으로 고꾸라질 것처럼 숙였다. 잡다한 거친 일 때문에, 쟁기를 사용할 때는 왼쪽 어깨를 치켜올리는 동시에 허리를 구부려야 하고, 밀을 벨 때는 몸의 균형을 유지하기 위해 무릎을 벌려야 하는, 시간이 걸리는 힘든 들일 때문에 다리가 죄다 휘고 비뚤어져 있었다. 그들의 풀 먹인 푸른 일옷은 니스 칠이라도 한 것처럼 번들거렸고, 옷깃과 소맷부리에는 하얀 실로 조촐한 수가 놓여 있었다. 그 옷이 뼈마디가 앙상한 몸통을 감싸고 부풀어 있는 모습은 금방이라도 날아갈 것 같은 풍선과도 같았는데, 다만 그 안에서 머리 하나, 팔 두 개, 발 두 개가 불쑥 나와 있었다.

그들 가운데는 암소를 끌고 가는 사람도 있고, 송아지를 데리고 가는 사람도 있었다. 아내들이 그 뒤를 따라가면서 걸음을 재촉하려고 아직 이파리가 붙어 있는 나뭇가지로 엉덩이를 찰싹찰싹 때렸다. 그녀들 팔에 걸려 있는 커다란 광주리에서는 닭이 머리를 내밀고 있는가 하면 오리가 고개를 쳐들고 있기도 했다. 그녀들은 남편보다 더 빠르고 활기차게 걸었다. 앙상한 허리를 곧게 편 그녀들은 작고 옹색한 숄을 둘러 납작한 가슴 앞에서 핀으로 고정해 놓았다. 또한 머리는 하얀 천으로 감싸고 그 위에 보닛을 썼다.

그 옆으로 의자가 설치된 마차 한 대가 고삐를 채운 조랑말의 불규칙한 걸음에 맞춰 덜컹거리면서 지나갔다. 그래서 나란히 앉아 있는 두 사내와 마차 속에 앉아 있는 한 여자는 몸이 심하게 뒤흔들렸다. 여자는 그 맹렬한 반동을 조금이라도 줄여보려고 마차 양끝을 꼭 붙들고 있었다.

고데르빌 광장은 사람과 가축들이 뒤엉켜 바글거렸다. 그 군중의 물결 위에 쇠뿔과, 부유한 농부의 긴 털 달린 높직한 모자, 시골 아낙네들의 두건이 솟아 있었다. 시끄럽고 날카로우며 찢어지는 듯한 목소리들이 무시무시하고 끝없는 소음이 되었다. 이따금 그 소음을 뚫고, 벌써 거나하게 취한 농부의 튼튼한 폐부에서 터져 나오는 호탕한 웃음소리와, 집 담벼락에 매여 있는 암소의 긴 울음소리가 한결 높게 들려왔다.

그 모든 것에서 외양간 냄새, 우유와 퇴비 냄새, 여물과 땀 냄새가 풍겼다. 들판에서 일하는 사람들 특유의, 인간의 것과 짐승의 것이 뒤엉킨 시큼하고 역한 냄새였다.

브레오테 마을의 오슈코른 영감은 이제 막 고데르빌에 도착하여 광장 쪽으로 가다가, 문득 땅바닥에 가는 끈 한 오라기가 떨어져 있는 것을 보았다. 노르망디 사람답게 구두쇠인 오슈코른 영감은, 쓸모 있어 보이는 것은 뭐든지 챙겨두는 게 상책이라 생각하고, 류머티즘으로 아픈 허리를 힘겹게 구부렸다. 그가 그 가느다란 노끈 토막을 주워 정성스럽게 감고 있는데, 문득 마구상 말랑댕 영감이 문 앞에 서서 이쪽을 보고 있는 것이 아닌가. 전에 이 두 사람은 고삐 때문에 옥신각신한 적이 있었다. 두 사람 다 그것을 마음속에 담아두고 아직도 꽁해 있었다. 오슈코른 영감으로서는 자기가 진흙을 뒤져 노끈 오라기 따위를 찾고 있는 것을 적에게 들킨 것이 괜히 무안했다. 서둘러 주운 물건을 작업복 주머니에 넣었다가, 곧 다시 바지 속에 숨겼다. 그리고 아직 찾을 것이 더 있는 것처럼 주변을 살피는 척하다가 곧장 시장 쪽으로 걸어갔다. 얼굴을 앞으로 내밀고 통증으로 허리를 구부린 채.

얼마 뒤 그 모습도 인파 속에 사라졌다. 사람들은 끝없이 이어져 있는 상품에 자극을 받아 와자하게 떠들면서 흥정을 벌였다. 농부들은 암소를 만져본 뒤 저쪽으로 갔다가 다시 돌아와 이리저리 재고 계산을 굴렸다. 혹시 속는 게 아닌지 걱정되어 쉽게 마음을 정하지 못한 채, 판매자의 눈빛을 살피면서, 인간의 술책과 가축의 결점을 찾아내려고 계속 탐색전을 벌였다.

아낙네들은 발밑에 커다란 광주리를 내려놓고, 속에서 다리가 묶여 있는 가금류를 꺼내 땅바닥에 아무렇게나 던져놓았다. 볏이 붉고 눈은 휘둥그랬다.

여자들은 손님이 부르는 값은 들은 척도 하지 않고, 한 푼도 깎아주지 않겠다는 듯이 냉정하게 시치미 떼는 표정을 하고 있었다. 그러다가 갑자기 상대가 부르는 값에 팔 마음이 생겨, 느긋하게 돌아서는 손님을 등 뒤에서 큰 소리로 불러 세웠다.

"좋아요, 앙팀 영감. 가져가세요."

이윽고 광장에 있던 사람들도 하나둘 줄어들기 시작했다. 정오를 알리는 종이 울리자, 집이 먼 사람들은 속속 객줏집으로 모여들었다.

주르댕 여인숙의 커다란 식당은 점심을 먹으러 온 손님들로 북적거렸고, 넓은 안마당도 온갖 종류의 마차들로 가득 찼다. 짐마차, 말 한 마리가 끄는 이륜마차, 의자 달린 마차, 두 사람이 타는 이륜마차, 뭐라고 불러야 할지 알 수 없는 허름한 마차 등, 진흙을 누렇게 묻히고 덕지덕지 땜질한 추한 모습으로 끌채를 두 팔처럼 허공을 향해 쳐들고 있는 것이 있는가 하면, 코를 땅바닥에 박고 엉덩이를 쑥 쳐들고 있는 것도 있다.

식탁에 앉아 있는 손님 근처에서는 어마어마하게 큰 난로가 기세 좋게 타오르면서, 오른쪽에 앉은 사람들 등에 뜨거운 열기를 뿜어내고 있었다. 닭과 비둘기, 양 넓적다리를 꿴 세 개의 쇠꼬챙이가 빙글빙글 돌아가고 있었다. 거기에서 고기 굽는 냄새, 노릇노릇한 껍질 위로 흘러내리는 육즙 냄새가 군침을 돋우면서 화덕 쪽에서 퍼져 나가자, 손님들은 더욱 떠들면서 자기도 모르게 침을 삼켰다.

시골 귀족들은 모두 이 주르댕 식당에서 밥을 먹는다. 주인은 여인숙 말고도 마소 거간꾼 노릇도 하고 있는, 돈 많고 교활한 자였다.

접시가 나오면 금방 바닥이 났다. 그것은 노란 사과주 병도 마찬가지였다. 저마다 자신의 장사 이야기, 산 물건과 판 물건을 소재로 삼아 이야기를 나누었다. 작황에 대해 서로 묻기도 하고, 날씨가 목초에는 아주 좋지만 밀농사에는 습도가 너무 높았다는 이야기들도 한다.

갑자기 집 앞마당에서 북소리가 울렸다. 그곳에 있던 사람들은, 무심한 몇몇 사람을 빼고는 모두들 자리에서 일어났다. 입 안 가득 음식을 물고 손에는 냅킨을 든 채 문 앞으로, 창가로 몰려갔다.

포고를 알리는 관리가 북을 울리고 나자, 한마디 한마디 끊어가면서 노래하듯이 불규칙적이고 세찬 목소리로 외치기 시작했다.

"고데르빌 주민 여러분, 그리고 장터에 있는 모든 사람에게 알리겠소. 오늘 아침 뵈즈빌의 길에서 아홉 시에서 열 시 사이에 현금 500프랑과 서류가 든 검은 가죽지갑을 잃어버렸으니, 주운 사람은 면사무소나 만빌의 포르튀네 울브 레크 씨 집에 가져다주시오. 사례금은 20프랑이오."

그러고 나서 남자는 가버렸다. 멀리에서 다시 한 번 둔중한 북소리와 관리 의 희미한 목소리가 들려왔다.

곧바로 갑론을박이 벌어졌다. 과연 울브레크 씨의 지갑을 찾을 수 있을 것 인지 찾지 못할 것인지, 어느 쪽이 가능성이 더 높은지 점쳐보느라 시끌벅적 했다.

그렇게 해서 식사가 끝났다.

커피도 다 마셨을 때쯤 헌병대 대장이 식당에 나타났다.

그가 물었다.

"브레오테 마을에서 온 오슈코른 영감 여기 있소?"

오슈코른 영감이 마침 탁자 저쪽 끝에 앉아 있다가 대답했다.

"나 여깄소."

헌병대장이 말을 이었다.

"오슈코른 영감님, 면사무소까지 함께 가주셔야겠는데요. 면장이 할 얘기가 있답니다."

그 농부는 깜짝 놀라 불안해하면서 술잔을 한입에 털어 넣고 일어섰다. 잠시 라도 쉬고 있다가 걸으면 통증이 더 심해져서, 아침보다 허리를 더욱 구부리고 걷기 시작했다. 그는 길을 나서며 되풀이해서 말했다.

"나 여깄소. 나 여깄어요."

그는 헌병대장을 따라갔다.

면장은 안락의자에 앉아 기다리고 있었다. 마을 공증인이기도 한 그는 뚱뚱 하고 위엄 있으며 말투가 근엄했다.

"오슈코른 영감님." 그가 말했다. "오늘 아침 뵈즈빌 길에서 영감님이 만빌 마 을에 사는 울브레크 씨의 지갑을 줍는 것을 봤다는 사람이 있어요."

아까부터 그런 혐의를 받고 있는 것 같아 불안하긴 했지만, 이 시골 사람은 막상 그 소리를 듣고 보니 너무 놀라 멍한 얼굴로 면장을 바라보았다.

"내가, 내가, 그 지갑을 주웠다고요?"

"그렇소, 틀림없이 영감님이라던데요."

"맹세코 나는 모르는 일이오."

"당신을 본 사람이 있어요."

"본 사람이 있다고요, 나를? 나를 본 사람이 누굽니까?"

"마구상 말랑댕 씨요."

그 말을 듣자 노인은 퍼뜩 짚이는 데가 있었다. 그는 갑자기 욱해서 얼굴이 벌겋게 달아올랐다.

"허! 그 버릇없는 놈이 나를 봤다고요! 그놈이 봤다고 한 건 면장님, 바로 이 노끈 토막을 줍고 있는 장면입니다."

그렇게 말하면서 그는 호주머니 속을 뒤져 그 노끈 한 오라기를 꺼냈다.

하지만 면장은 석연치 않다는 듯이 고개를 저었다.

"오슈코른 영감님, 저를 속이려 하지 말아요. 말랑댕 씨는 믿을 수 있는 사람입니다. 그런 사람이 이런 노끈을 지갑으로 잘못 볼 리가 없어요."

농부는 화가 치밀어 올랐다. 그는 자신의 결백을 맹세하기 위해, 한 손을 들고 한쪽에 침을 뱉고는 같은 말을 되풀이했다.

"아무리 그래도 이건 틀림없는 진실입니다. 명백한 사실이라니까요. 면장님, 내 영혼과 내 구원을 걸고 맹세할 수 있어요."

면장이 다시 말했다.

"그 물건을 주운 뒤에도 동전이 떨어져 있지 않나 하고 몇 번이나 진흙 속을 뒤지더라고 하던데요."

영감은 분하기도 하고 두렵기도 하여 씩씩거렸다.

"그런 말을 하다니……! 그런 말을 하다니……! 정직한 사람을 골탕 먹이려고 그런 거짓말을 하다니! 그런 말을 하다니……!"

그가 아무리 항변해도 소용없었다. 아무도 믿어 주지 않았다.

말랑댕 씨와 대질 심문이 있었지만, 그 사내는 자신이 한 말만 되풀이할 뿐이었다. 두 사람은 한 시간 남짓 싸웠다. 오슈코른 영감이 자청하여 몸수색을 받았다. 아무것도 나오지 않았다.

결국 면장도 어쩔 수 없어서 일단 농부를 돌려보내기로 했지만, 곧 검찰에 보고하고 명령을 기다리겠다고 말했다.

소문은 퍼져 나갔다. 노인은 면사무소에서 나오자마자 구경꾼들에게 에워싸여 진지한 질문과 조롱 섞인 질문을 받았지만, 조금도 분개하지 않았다. 그리고 노인은 노끈에 대해 이야기하기 시작했다. 아무도 그것을 믿지 않았다. 그들은 웃었다.

노인은 가는 곳마다 사람들에게 붙잡히기도 하고, 또 자기 쪽에서 아는 사람을 만나면 붙잡기도 하면서 끝도 없이 이야기를 하며 항변을 되풀이했다. 아무것도 숨기는 게 없다는 증거로 호주머니를 뒤집어 보여주기도 했다.

그러면 사람들은 이렇게 말했다.

"이 약아빠진 영감탱이!"

노인은 화가 나고 분통이 터졌으며 흥분했고, 아무도 믿어주지 않는 것이 괴로웠다. 그러면서도 어떻게 해야 할지 몰라 그 이야기만 계속 되풀이하는 수밖에 없었다.

밤이 되었다. 그는 떠나야만 했다. 이웃에 사는 세 사람과 함께 길을 나선 그는 노끈을 주운 장소를 그들에게 보여주었다. 그리고 가는 동안 내내 그 이야기만 했다.

그날 밤 그는 브레오테 마을을 한 바퀴 돌면서 모든 사람들에게 그 이야기를 하고 다녔다. 어디에 가도 의심하는 자들뿐이었다.

그는 밤새도록 끙끙 앓았다.

이튿날 늦은 1시쯤, 이모빌에 사는 농부 브르통 영감의 하인 마리우스 포멜이라는 자가 그 지갑을 내용물 그대로 만빌 마을의 울브레크 씨에게 돌려주었다.

그 사내는 길에서 지갑을 주웠지만 글을 몰라서 그대로 집으로 가져가 자기 주인에게 주었다고 주장했다.

그 소문은 곧 주변에 퍼져 나갔다. 오슈코른 영감도 그 소식을 들었다. 그는 즉시 온 마을을 돌면서, 이제는 떳떳하게 일단락된 그 이야기를 하고 다녔다. 그는 득의양양했다.

"내가 이토록 섭섭한 건 그 일 자체가 아니라오. 알겠소? 거짓말을 하는 것이 분하단 말이지. 거짓말 때문에 손가락질 당하는 것보다 막막한 일은 없으니까."

그는 온종일 그 이야기만 하고 다녔다. 길에서는 지나가는 사람을 붙들고 말을 걸고, 술집에 가면 술을 마시고 있는 사람들에게 이야기했으며, 다음 일요일에는 성당 출입구에서 이야기를 늘어놓았다. 그 이야기를 하려고 모르는 사람들까지 불러 세웠다. 그제야 가까스로 마음이 가라앉았지만, 그런데도 어딘지 모르게 거북한 느낌이 들었다. 그의 이야기를 듣는 상대 표정에 왠지 조롱하는 듯한 낌새가 엿보였기 때문이다. 아무래도 마음속으로는 인정하지 않는 것 같았다. 어쩐지 뒷담화를 당하고 있는 듯한 기분이었다.

다음 화요일, 그가 고데르빌 시장에 다시 간 것도 오로지 자신의 일을 설명하고 싶은 마음에서였다.

마침 말랭댕이 자기 집 문 앞에 서 있다가 오슈코른 영감이 지나가는 것을 보고 웃기 시작했다. 무엇 때문에?

크리크토 마을에서 온 소작인에게 다가갔는데, 그 사내는 이야기를 끝까지 듣지도 않고 주먹으로 가슴팍을 한 대 치면서 소리쳤다. "이 엉큼한 인간!" 그러고는 가버렸다.

오슈코른 영감은 어안이 벙벙했다. 그리고 점점 더 불안해지기 시작했다. 왜 나더러 '엉큼한 인간'이라고 하는 것일까?

주르댕 여인숙에서 식탁에 앉은 그는 곧 다시 그 사건에 대해 설명하기 시작했다.

몽티빌리에에 사는 마소 거간꾼이 소리쳤다.

"자, 자, 이 사기꾼 영감, 노끈 이야기는 나도 다 알고 있소."

오슈코른 영감은 우물우물 말했다.

"하지만 지갑이 나오지 않았소!"

그러나 상대도 지지 않았다.

"영감, 입 좀 다물어요. 주운 사람도 있고 도로 갖다 놓은 사람도 있소. 하지만 본 사람도 없고 아는 사람도 없으니, 이거야 원 답답해서!"

농부는 숨이 턱 막혔다. 그제야 이해했다. 지갑을 공모자에게 줘서 돌려주었다고 비난하는 것이었다.

그는 반박하려고 했다. 식탁에 있던 사람들은 모두 웃기 시작했다.

그는 밥도 제대로 먹지 못하고, 빈정거림 속에서 밖으로 나와버렸다. 수치스럽고 분했으며, 노여움과 당혹감에 숨이 막힐 지경이었다. 사실 지금 뒤에서 숙덕거리고 있는 수법을, 그 자신도 노르망디인 특유의 교활함으로 할 수 있을 뿐만 아니라, 그것을 멋진 재주인 양 으스댈 수 있는 편이고 보니, 더더욱 난처해지지 않을 수 없었다. 그의 교활함이 이미 널리 알려진 만큼 결백을 증명하는 건 거의 불가능해 보였다. 그리고 그는 이런 부당한 혐의에 충격을 받았다.

그리하여 그는 사건의 경위를 다시 이야기하기 시작했다. 날마다 자신의 이야기를 늘리면서 그때마다 새로운 논리를 갖다 붙였다. 혼자 있을 때 생각해 둔 훨씬 단호한 항의와, 훨씬 엄숙한 맹세의 말을 덧붙여 가면서 오직 노끈 사건에만 온 정신을 쏟았다. 변명이 복잡해지고 논리가 치밀해질수록 사람들은 더욱 그를 믿지 않았다.

"그게 바로 거짓말이라는 증거야." 사람들은 그의 뒤에서 그렇게 말했다.

그도 그것을 느꼈고 안절부절못했으며 헛된 노력에 완전히 지쳐버렸다.

그는 눈에 띄게 쇠약해져 갔다.

이제는 조롱꾼들이 그를 부추겨 '노끈 이야기'를 해달라고 조르면서 재미있어 했다. 마치 귀향한 군인에게 무용담을 조르듯이. 그의 정신은 깊이 상처를 입어 무기력해졌다.

12월 끝 무렵, 마침내 그는 몸져눕고 말았다.

그는 정월 초에 숨을 거두었는데, 임종하는 순간에도 헛소리를 하면서 자신의 결백을 증명하려고 되풀이해 중얼거렸다.

"노끈 토막…… 그냥 노끈 토막…… 바로, 이거라고요, 면장님."

Le mal d'André

앙드레의 수난
에드가 쿠르투아에게

공증인의 집은 광장을 마주 보고 있었다. 집 뒤쪽에는 구석구석까지 손질이 잘된 아름다운 정원이, 벽 하나를 사이에 두고 사람들이 거의 다니지 않는 피크의 오솔길까지 뻗어 있었다.

그 정원 한구석에서 공증인 모로 씨의 아내는 오래전부터 치근덕거리던 솜리브 대위와 처음으로 만나기로 약속했다.

남편은 여드레 예정으로 파리에 가 있었다. 그래서 그녀는 일주일 내내 자유의 몸이 된 셈이었다. 대위는 그토록 많이 부탁하고, 아주 달콤한 말들로 그녀에게 애원했다. 그녀는 그가 자신을 아주 열렬히 사랑하고 있음을 확신했다. 그리고 그녀 자신이 그동안, 공증인이 온종일 코를 처박고 있는 계약서 더미 가운데에서 너무나 외로웠고 또 제대로 인정받지 못했으며 무시당해 왔다고 느꼈다. 그래서 그녀는 앞날에 대해서는 더 생각해 보지도 않은 채 그녀의 마음을 주고 말았다.

그 뒤로 순수하게 정신적인 사랑을 몇 달 계속하면서 서로 손을 잡거나 문 뒤에서 재빨리 도둑 키스를 하고는 했는데, 마침내 대위가 다음과 같이 선언했다. 즉 남편이 없을 때 밀회를, 정원의 나무 그늘에서 하는 진짜 밀회를 해주지 않으면 전임을 신청하여 곧장 그 마을을 떠나겠다는 것이었다.

그녀는 항복했다. 그리고 약속했다.

그녀는 지금 담장에 웅크리고 앉아 그를 기다리고 있었다. 심장이 벌렁벌렁 뛰고 조그마한 소리에도 가슴이 덜컥 내려앉았다.

갑자기 누군가가 담을 기어오르는 소리가 들려왔다. 그녀는 달아날 뻔했다. 만약 그가 아니면 어떡하지? 도둑이면 어떡하나? 그렇지 않았다. "마틸드." 어떤 목소리가 부드럽게 그녀를 불렀다. 그녀는 대답했다. "에티엔." 그러자 고철

이 삐걱거리는 소리가 나더니, 한 사내가 길바닥에 내려섰다.

그였다! 황홀한 키스!

두 사람은 오래도록 서 있었다. 서로 껴안고 입술과 입술을 포갠 채. 그런데 갑자기 가랑비가 내리기 시작했다. 나뭇잎을 타고 미끄러지는 빗방울이 어둠 속에서 또르륵 굴러떨어졌다. 첫 빗방울이 목덜미에 닿았을 때 그녀는 움찔하고 놀랐다.

그가 그녀에게 말했다. "마틸드, 나의 어여쁜 사람, 나의 사랑하는 여인, 나의 애인, 나의 천사, 이제 집 안으로 들어갑시다. 이미 한밤중이오. 두려워할 것 하나도 없어요. 자, 당신 집으로 갑시다. 제발 부탁하오."

그녀가 대답했다. "안 돼요, 내 사랑. 저는 두려워요. 우리에게 무슨 일이 생길지도 모르잖아요."

그러나 그는 그녀를 꼭 껴안고 귓전에 속삭였다. "하인들 방은 사층, 광장을 향하고 있고, 당신 방은 이층, 뜰을 향하고 있지. 우리의 소리는 누구에게도 들리지 않아요. 난 당신을 사랑하오. 당신을 마음껏, 발끝부터 머리끝까지 모두 사랑해 주고 싶소." 그리고 그는 키스로 그녀의 넋을 빼놓고 격렬하게 끌어안았다.

그녀는 더욱더 저항했다. 두렵기도 하고 부끄럽기도 했다. 하지만 그는 그녀의 허리를 붙잡아 안아올리더니, 무섭게 쏟아지기 시작한 빗속을 헤치고 나아갔다.

문은 열려 있었다. 두 사람은 손으로 더듬어 계단을 올라갔다. 그리고 방 안에 들어서자, 그가 성냥불을 켜는 동안 그녀는 방문에 빗장을 질렀다.

그러나 그녀는 힘이 빠져서 안락의자에 쓰러졌다. 그는 무릎을 꿇고 앉아서 여자의 옷을 천천히 벗기기 시작했다. 그녀 발에 키스하기 위해 신발과 양말부터 먼저.

그녀는 가쁜 숨을 몰아쉬면서 말했다. "안 돼요. 안 돼요, 에티엔, 부탁이에요. 저의 정조를 지켜주세요. 나중에 저는 당신을 몹시 원망하게 될 거예요! 이건 추하고 야비한 행동이에요! 영혼으로 서로 사랑할 수 없을까요⋯⋯ 에티엔."

몸종 같은 능란한 손놀림과 안달 난 사내의 기민함이 합쳐져서, 그는 부지런히 단추를 끄르고, 매듭을 풀고, 고리쇠를 끄르고, 코르셋을 풀었다. 여자는 이 대담한 행위에서 벗어나려고 일어서서 달아나려고 했지만, 어느새 드레스도 치마도 속옷도 벗겨져서 마치 토시에서 빠져나온 손처럼 알몸이 되고 말았다.

그녀는 커튼 밑에 숨으려고 미친 듯이 침대 쪽으로 달려갔다. 그 은신처도 위험했다. 그가 그곳으로 쫓아왔다. 그런데 그녀를 붙잡으려고 너무 서두르다가 그의 칼이 빠져서 바닥에 쿵 하고 떨어졌다.

그러자 옆방에서 길게 끄는 칭얼거림, 자지러질 듯이 이어지는 소리, 아기의 울음소리가 들려왔다. 문이 열려 있었던 것이다.

그녀가 중얼거렸다. "어머! 앙드레가 깼나 봐요. 저러면 다시 잠들지 않는데."

그녀의 아들은 태어난 지 15개월이 되었다. 아이는 어머니가 끊임없이 보살필 수 있도록 어머니 곁에서 재웠다.

대위는 미칠 듯한 욕정에 사로잡혀 아무 말도 귀에 들어오지 않았다. "무슨 상관이야? 무슨 상관이지? 난 당신이 좋아. 당신은 내 거야, 마틸드."

하지만 그녀는 당황하고 무서워서 그저 몸부림칠 뿐이었다. "안 돼요. 안 돼요! 아기가 울고 있잖아요. 유모가 깰 거예요. 유모가 오면 어떡해요? 그러면 우린 끝장이에요! 에티엔, 아기가 한밤중에 이럴 때는, 늘 애 아버지가 우리 침대에 데려와서 울음을 그치게 하죠. 곧 진정될 거예요. 그 방법밖에 없어요. 아이를 데려올게요, 에티엔……."

아기는 울부짖었고 찢어지는 듯한 소리를 질러댔다. 이러면 아무리 두꺼운 벽이라도 꿰뚫어 집 옆을 지나가면 길에서도 들릴 터였다.

대위가 탄식하며 일어나자, 마틸드는 아기가 있는 곳으로 달려가서 자신의 침대로 데리고 왔다. 아기는 잠잠해졌다.

에티엔은 말 타듯이 의자에 걸터앉아 담배를 말았다. 오 분쯤 지나자 앙드레는 잠이 들었다. 어머니는 목소리를 낮춰 말했다. "이제 데려다 놓고 올게요." 그녀는 세심하게 주의를 기울여 아기를 요람 속에 눕혔다.

그녀가 돌아왔을 때 대위는 그녀를 두 팔 벌려 기다리고 있었다.

그는 다시 그녀에게 달려들었다. 미칠 것 같은 애정에 사로잡혀서. 이윽고 그녀도 참지 못하고 사내를 끌어안으면서 속삭였다.

"에티엔…… 에티엔…… 사랑해요! 오! 당신이 알아주신다면, 내가 얼마나…… 얼마나……."

앙드레가 다시 울기 시작했다. 대위는 격분하여 저주를 퍼부었다.

"에잇, 몹쓸 녀석! 저 코흘리개 젖먹이가 입 다물 생각이 없군!"

그러했다. 이 코흘리개는 입을 다물지 않았고, 악을 쓰면서 울고 있었다.

마틸드는 위층에서 사람이 움직이는 소리를 들은 것 같았다. 틀림없이 유모가 올 것이다. 그녀는 쏜살같이 달려 나가서 다시 아들을 안고 침대로 데려왔다. 아기는 곧 울음을 그쳤다.

연달아서 세 번이나 요람에 갖다 뉘였다. 그리고 또 연달아서 세 번 데려와야 했다.

솜리브 대위는 있는 대로 악담을 퍼부으면서 날이 밝기 한 시간 전에 돌아갔다.

마틸드는 대위의 마음을 풀어주기 위해, 다음 날 밤 다시 한 번 만나기로 약속했다.

그는 전날 밤처럼 도착했지만, 더욱더 흥분하여 안달복달했다. 기다려야 했기 때문에 신경이 날카로워져 있었던 것이다.

그는 칼을 안락의자 팔걸이에 조심스럽게 걸쳐 두었다. 그리고 도둑처럼 장화를 벗었다. 너무 낮은 목소리로 말을 해서 마틸드에게도 잘 들리지도 않을 정도였다. 마침내 그가 행복을 느끼려는 순간이었다. 완전한 행복을 느끼려 하고 있었다. 바로 그때, 마루판인지, 아니면 무슨 가구인지, 아마 침대 그 자체일지도 모르지만 삐거덕 소리가 났다. 뭔가 받침대라도 부러지는 듯 우지끈하는 소리였다. 그러자 곧 약하게 우는 소리가, 이어서 날카롭게 울어대는 소리가 응답해 왔다. 앙드레가 깬 것이다.

아이는 여우처럼 캥캥거리며 울었다. 이렇게 계속 울음을 그치지 않는다면 틀림없이 온 집안사람들이 잠에서 깰 것이었다.

얼빠진 어머니가 재빨리 뛰쳐나가 아기를 데리고 왔다. 이제 대위는 일어나지 않았다. 그는 분통이 터졌다. 그래서 슬며시 한 손을 뻗어 아기의 허벅다리, 엉덩이 등, 닥치는 대로 아기의 살을 두 손가락 사이에 끼워서 비틀었다. 아기는 귀청이 찢어질 것처럼 울면서 자지러졌다. 그러자 대위는 홧김에 여기저기 가리지 않고 더 세게 꼬집었다. 통통한 살을 꼭 움켜쥐어서는 난폭하게 조르면서 비틀었다. 그런 다음 손을 놓고 그 옆을, 다시 그 옆을, 그리고 또 다른 곳을 차례차례 꼬집었다.

아기는 빽빽거리며 울어댔다. 닭이 목이 비틀릴 때, 개가 채찍으로 맞을 때 내는 비명 같았다. 어머니는 눈물을 흘리며 아이를 껴안고 어루만졌다. 그리고 울음이 잦아들도록 뽀뽀를 하면서 아이를 달래려고 애썼다. 그러나 앙드레는 곧 경련을 일으킬 것처럼 보랏빛이 되었으며, 조그마한 두 발과 두 손을 버둥거리는 모습은 무섭고도 비통했다.

대위는 부드러운 목소리로 말했다. "자, 이제 요람에 데리고 가봐요. 틀림없이 진정될 테니." 마틸드는 그 말대로 아기를 안고 옆방으로 갔다.

아기는 어머니 침대에서 나가자마자 울음소리가 조금 잦아들었다. 그리고 자기 침대에 눕히자 이내 울음을 그쳤다. 다만 이따금씩 흐느낄 뿐이었다.

그날 밤 그 뒤로는 조용했다. 대위는 행복했다.

그는 다음 날 밤에도 찾아왔다. 약간 큰 소리로 얘기했을 뿐인데도 앙드레가 다시 잠에서 깨어나 날카로운 소리로 울기 시작했다. 어머니는 서둘러 아기를 데리러 갔다. 하지만 대위가 너무나 능숙하고도 아주 세게, 또 너무 오랫동안 꼬집었기 때문에, 아기는 입에 거품을 물고 눈알을 허옇게 뒤집는 것이 금방이라도 숨이 넘어갈 것 같았다.

다시 아기를 요람에 눕혔다. 그러자 곧 조용해졌다.

나흘째에는 아기가 더 이상 울지 않아서 어머니 침대에 데려오지 않아도 되었다.

토요일 밤, 공증인이 돌아왔다. 그는 난롯가에서, 그리고 부부 침실에서 자신의 자리를 되찾았다.

그는 여행의 피로 때문에 일찌감치 잠자리에 들었다. 그리하여 평소의 습관으로 돌아와서 성실하고 질서 정연한 남자의 모든 의무를 철저히 수행하고 나자, 깜짝 놀랐다. "아니, 오늘 밤에는 앙드레가 울지 않는구려. 마틸드, 아기를 데려와 봐요. 난 아기를 가운데 두고 자는 게 좋으니까."

아내는 곧 일어나 아기를 데리러 갔다. 그런데 며칠 전까지 그토록 잘 자던 침대 속에 눕히자마자, 아기가 겁에 질려 버둥거리면서 무시무시하게 울어대는 바람에 다시 요람에다 눕히지 않을 수 없었다.

모로 씨는 다시 놀랐다. "너무 이상한 일이잖아? 오늘 밤에 무슨 일이 있었나? 졸려서 그런가?"

아내가 대답했다. "당신이 없을 때도 늘 이랬어요. 한 번도 침대에 데려오지 못한 걸요."

아침이 되어 잠에서 깨어난 아기는 손을 옴지락거리며 웃고 놀기 시작했다.

감동한 공증인은 달려가서 아기에게 뽀뽀를 한 뒤, 품에 안고 부부의 침대로 데려왔다. 앙드레는 웃고 있었다. 아직 잠이 덜 깬 몽롱한 상태에서 어린아이들이 웃는 그런 웃음이었다. 그러다가 문득 아기는 침대를 알아보았다. 그리고 그 속에 있는 어머니를 보았다. 그러자 행복해 보이던 작은 얼굴이 갑자기 주름이 잡히면서 일그러졌다. 아기의 목구멍에서 날카로운 울음소리가 터져 나오더니 학대라도 당할 때처럼 버둥거렸다.

깜짝 놀란 아버지가 중얼거렸다. "아이에게 무슨 일이 있어." 그러다가 무심코 아기의 셔츠를 걷어올렸다.

"앗!" 그가 질겁하여 소리를 질렀다. 아기의 종아리, 허벅지, 허리, 엉덩이 곳곳에 동전만 한 크기의 푸른 반점이 가득했던 것이다.

모로 씨가 소리쳤다. "마틸드, 이걸 좀 봐. 이 끔찍한 모습을!" 어머니가 미친 듯이 달려들었다. 모든 반점의 한가운데 보랏빛 선이 한 줄 지나가고 있고, 피가 죽은 것처럼 보였다. 이건 틀림없이 뭔가 무섭고 불길한 병이었다. 나병과 비슷한 질환 또는 피부에 두꺼비 등 같은 농포가 생기거나, 아니면 악어처럼 비늘이 생기는 기묘한 질환의 초기가 틀림없었다.

부모는 넋을 잃고 서로 얼굴만 쳐다보고 있었다. 모로 씨가 소리쳤다. "의사를 불러야겠어."

그러나 마틸드는 죽은 사람보다 더 창백한 얼굴로, 표범처럼 반점이 뒤덮고 있는 아들을 가만히 지켜보았다. 그러더니 느닷없이 자기도 모르게 비명을, 무서운 사람을 보았을 때처럼 끔찍한 비명을 지르면서 내뱉듯이 말했다. "오! 비열한 사람……!"

모로 씨가 깜짝 놀라서 물었다. "뭐? 누구를 말하는 거지? 누가 비열하다는 거야?"

그녀는 머리까지 빨개져서 얼버무렸다. "아무것도 아니에요…… 그건…… 말이에요. 내 생각에…… 그건…… 의사를 부를 필요는 없을 것 같아요…… 그건 틀림없이 그 비열한 유모가 아기를 꼬집어서 울음을 그치게 했던 거예요."

공증인은 격분하여 유모를 부르러 갔고 그녀를 때릴 뻔했다. 유모는 무례한 태도로 자기는 그런 적이 없다고 항변했지만 해고되고 말았다.

그리고 그녀의 행위가 관청에 알려지자 그녀는 아무 데서도 일자리를 얻을 수가 없었다.

Une ruse

기발한 꾀

늦은 의사와 젊은 여자 환자가 난롯가에서 잡담을 나누고 있었다. 그녀는 아름다운 부인들에게서 흔히 볼 수 있는 여성 특유의 불쾌감에 몸이 조금 편치 않을 뿐이었다. 말하자면 가벼운 빈혈증, 신경쇠약, 그리고 가벼운 피로감, 연애 결혼한 지 거의 한 달이 되어갈 때쯤 신혼부부들이 가끔 느끼는 그런 피로의 기색이 있는 정도였다.

그녀는 긴 의자에 누운 채 이야기를 했다.

"아니에요, 선생님. 여자가 남편을 배신한다는 건 저로서는 도저히 이해할 수 없는 일이에요. 저는 여자가 남편을 사랑하지 않는 것도, 자기가 한 약속과 맹세를 하찮게 생각하는 것까지도 받아들일 수 있어요! 그렇지만 어떻게 감히 다른 남자에게 몸을 맡길 수가 있을까요? 어떻게 세상 사람들이 그걸 모를 거라고 생각하죠? 어떻게 거짓말하고 배신하는 가운데 사랑을 할 수 있을까요?"

의사는 빙그레 웃었다.

"그런 건 쉬운 일이에요. 단언컨대 인간이란 욕망에 사로잡히면 다른 것은 깡그리 잊어버리는 법이지요. 여자는 온갖 복잡한 관계를 거치고, 결혼생활의 권태를 다 겪고 나서야 비로소 진정한 사랑을 할 만큼 성숙해진다고 저는 확신합니다. 결혼이란 어느 유명한 사람의 말에 따르면, 낮에는 나쁜 감정을 주고받고 밤에는 나쁜 냄새를 주고받는 관계일 뿐이니까요. 사실 그건 진리랍니다. 실제로 여자는 결혼을 한 뒤에야 진정으로 열정에 찬 사랑을 할 수 있는 법이라오. 만약 여자를 집에 비유할 수 있다면, 남편이 먼저 살아본 뒤에야 거주할 수 있는 집과 같다고 할까요.

숨긴다는 점에서는 어떤 여자라도 궁지에 몰리면 아주 대단한 데가 있지요. 특히 단순한 여자일수록 가장 어려운 일들을 감쪽같이 해치우니까요."

그러나 젊은 부인은 믿지 않는 듯했다…….

"아니에요, 선생님. 우리는 위험한 상황에서 무엇을 했어야 했는지, 일이 끝난 뒤에야 깨달아요. 게다가 여자는 남자보다 더 정신을 놓치기 쉽잖아요."

의사는 두 팔을 쳐들었다.

"뭐라고요, 일이 끝난 뒤! 나중에 가서야 좋은 생각이 떠오르는 건 남자들, 우리 남자들이란 말이오. 그런 반면 여자들이란!…… 아, 그래요, 내 고객 가운데 한 부인에게 일어났던 가벼운 이야기를 하나 해드리죠. 실은 난 그 사람에게 세상에서 흔히 말하는, 참회 없이 하느님의 은총을 내려준 셈이 되었지만.

어느 시골 마을에서 있었던 일이오.

어느 날 밤, 침대에 들어가자마자 깊은 잠에 빠졌는데, 비몽사몽 속에 화재를 알리는 마을의 종소리가 들려왔소.

문득 나는 눈을 떴지요. 그건 초인종 소리였소. 현관 초인종이 끈질기게 울리는 것이었소. 아무래도 하인이 일어날 것 같지 않아서, 나는 직접 침대 속에 매달린 끈을 당겼지요. 그러자 곧 문소리가 나더니, 발소리가 잠들어 있는 집 안의 침묵을 깨더군요. 이윽고 장이 편지 한 통을 들고 왔는데, 거기에는 이렇게 적혀 있었소. '르리에브르 부인이, 시메옹 선생님이 급히 와주시기를 간절히 부탁드립니다.'

나는 잠깐 생각에 잠겼소. 나는 이렇게 생각했지요. 신경발작, 히스테리, 흥분 정도일 텐데 나는 너무 피곤해, 하고 말입니다. 그리고 나는 다음과 같이 대답했어요. '시메옹 박사는 몸이 아주 불편해서, 르리에브르 부인이 박사의 동료 의사인 보네 씨를 부르시기를 부탁드린다고 전하게.'

그러고 나서 나는 짤막한 편지를 써서 봉투에 넣어 건네주고, 다시 잠자리에 들었소.

삼십 분쯤 뒤에 현관 초인종이 다시 울리더군요. 그리고 장이 와서 나에게 말했지요. '누구신지, 남자인지 여자인지 (완전히 몸을 가리고 있어서 정확히는 모르겠습니다만) 선생님께 급히 드리고 싶은 말이 있다고 합니다. 두 사람 목숨이 달린 문제라고 말하던데요.'

나는 일어났지요. '들어오시게 해.'

나는 침대에 앉은 채 기다렸어요.

정말로 시커먼 유령 같은 인물이 나타나더군요. 장이 밖으로 나가자마자 그

인물은 정체를 드러냈지요. 바로 베르트 르리에브르 부인이었소. 삼 년 전 마을의 뚱뚱한 상인과 결혼한 아주 젊은 부인인데, 그 상인은 이 지방에서 가장 예쁜 사람과 결혼했다고 인정받을 정도이지요.

그녀는 무섭도록 새파랗게 질려서, 미친 사람처럼 얼굴에 경련을 일으키면서 두 손을 떨고 있더군요. 그녀는 뭔가 말하려고 두 번이나 시도했지만 한마디도 입에서 나오지 않았소. 마침내 더듬거리면서 말했어요. '빨리, 빨리…… 빨리…… 선생님…… 함께 가주세요. 제…… 제 애인이 제 방에서 죽었어요…….'

그녀는 숨이 막히는지 말을 멈추었다가 다시 계속했소. '남편이 곧 와요…… 모임에서 돌아올 거예요…….'

나는 잠옷 차림인 것을 잊고 벌떡 일어났다가, 몇 초 만에 옷을 갈아입었소. 그리고 물었지요. '그럼 조금 전에 오신 것도 부인이었소?' 그녀는 공포 때문에 넋이 나가 석상처럼 못 박힌 듯 서 있었소. '아니에요…… 하녀였어요…… 하녀는 알고 있어요…….' 그리고 잠시 침묵한 뒤, 말했죠. '저는 지키고 있었죠…… 그 사람 곁에서.' 이어서 무서운 고통의 신음 소리가 그녀의 입술에서 새어 나왔소. 그런 다음 그녀는 거의 숨을 쉬지 못하는 것처럼 헐떡이다가 울더군요. 일이 분 동안 오열과 경련이 한데 뒤섞여 미친 것처럼 울었소. 그러다가 갑자기 울음을 그치고 마치 불로 말리기라도 한 것처럼 눈물이 말라버리자, 비장하리만치 평정을 되찾고는 '빨리 가주세요!' 하고 말했소.

나는 이미 준비가 되어 있었지요. 그러다가 나도 모르게 소리쳤소. '제기랄, 마차에 말을 매어 두라고 말하는 걸 잊었군!' 그 말에 그녀가 대답했소. '저한테 마차가 있어요. 그 사람이 대기시켜 둔 마차예요.' 그녀는 외투를 머리부터 폭 뒤집어쓰더군요. 우리는 출발했소.

그녀는 어두운 마차 안에서 갑자기 내 손을 잡더니, 그 가느다란 손가락에 꼭 힘을 주고, 애타는 마음에 목소리를 떨면서 더듬더듬 말하더군요. '아! 제가 얼마나 곤경에 빠져 있는지 선생님이 아신다면, 그걸 알아주신다면! 전 그 사람을 사랑했어요. 지난 육개월 동안, 미친 사람처럼 정신없이 사랑했어요.'

나는 물었소. '집안사람들은 깨어 있습니까?' 그녀가 대답했지요. '아니요. 로즈 말고는 아무도. 로즈는 모든 걸 알고 있어요.'

마차가 그녀의 집 문 앞에 섰는데, 과연 집 안은 모두 잠들어 있더군요. 우리는 여벌 열쇠로 조용히 들어가서 발끝걸음으로 이층으로 올라갔소. 하녀는 어쩔 줄 몰라 하며 계단 꼭대기 바닥에 앉아 있었고, 옆에는 촛불이 놓여 있더군요. 그녀는 죽은 사람 옆에 있을 용기가 없었던 거죠.

나는 방 안에 들어갔소. 방은 한바탕 싸움이라도 벌인 것처럼 난장판이 되어 있더군요. 침대는 주름이 가득한 채 난잡하게 어질러져 있고, 이불은 벌려져 있는 것이, 어쩐지 누군가를 기다리고 있는 것처럼 보이더군요. 담요 한 장이 양탄자까지 미끄러져 내려와 있고, 젊은이의 관자놀이를 두드렸던 젖은 수건이 대야와 컵 옆 바닥에 던져져 있었소. 루뱅 향수 냄새와 요리용 식초의 기묘한 냄새가 뒤섞여 방 안에 들어서자마자 속이 메스껍더군요.

시체는 방 한복판에 반듯하게 누워 있었소.

나는 가까이 가서 이리저리 살펴보았소. 두 눈을 열어 보고 두 손을 만져 보았지요. 그런 다음 마치 얼어붙은 것처럼 떨고 있는 두 여자를 향해 말했소. '이 사람을 침대에 옮기는 걸 도와주십시오.' 그리고 우리는 그를 조용히 눕혔소. 나는 그의 심장에 청진기를 대보고 입에 얼음 하나를 얹은 뒤 작은 소리로 말했소. '틀렸어요. 자, 어서 옷을 입힙시다.' 정말 무서운 광경이었지요!

나는 커다란 인형의 팔다리 같은 것을 하나하나 붙잡아서 여자들이 주는 옷을 꿰어 입혔소. 양말, 팬티, 바지, 조끼, 그리고 윗옷인데, 팔을 꿰는 데 한바탕 씨름을 해야 했지요.

목달이구두의 단추를 채울 때는 여자들이 무릎을 꿇고 해야 했기 때문에, 그동안 나는 등불을 비춰 주고 있었는데, 아무래도 발이 약간 부어 있어서 여간 힘든 일이 아니었소. 단춧구멍을 찾지 못해 여자들은 자신의 머리핀까지 뽑아야 했지요.

그 끔찍한 몸단장이 끝나자 나는 잘되었는지 점검한 뒤 말했소. '머리를 좀 빗겨야겠군요.' 하녀가 부인의 얼레빗과 솔을 가져왔소. 그러나 그녀는 손이 너무 떨려서 그만 기다랗게 엉켜 있는 머리카락을 뽑아버렸고, 보다 못한 르리에브르 부인이 거칠게 빗을 빼앗더니 자못 소중한 것을 다루듯이 정성 들여 머리를 빗어주더군요. 가르마를 다시 탄 뒤 턱수염을 솔질하고, 콧수염을 손가락으로 천천히 말아 올렸는데, 아마도 사랑하는 연인과의 허물없는 관계에서 평소에도 그렇게 해온 습관인 듯하더군요.

그러더니 그녀는 갑자기 손에 든 것을 떨어뜨리고는 움직이지 않는 연인의 머리통을 끌어안고, 이제 다시는 웃어주지 않을 그 죽은 얼굴을 절망의 눈빛으로 오래도록 바라보더군요. 그러다가 그 위에 몸을 던지고 두 팔을 벌려 꼭 끌어안고는 열렬히 키스를 퍼부었소. 그녀의 키스는 마치 총알처럼 닫힌 입 위에, 빛이 사라진 눈 위에, 관자놀이 위에, 이마 위에 쏟아졌소. 그런 다음 귓가에 다가가서 자신의 목소리가 상대에게 들리기라도 하는 것처럼, 더욱 세게 끌어안도록 해주는 말을 중얼거리려는 듯이 애절한 목소리로 연달아 열 번이나 되풀이하여 말하더군요. '안녕, 내 사랑!'

그때 추시계가 열두 시를 쳤소.

나는 가슴이 덜컹 내려앉았소. '이런, 자정입니다! 모임이 끝날 시간이오. 자, 부인, 이제 정신을 차리시오!'

그녀가 몸을 일으켰어요. 나는 명령했소. '이 사람을 응접실로 옮깁시다.' 우리는 셋이 달려들어 시체를 옮겼어요. 나는 그를 소파 위에 앉혔소. 그런 다음 내가 촛불을 켰지요.

현관문이 열리는 소리가 나더니 무겁게 닫혔소. 벌써 '그'가 돌아온 거였소. 나는 외쳤지요. '로즈, 얼른 수건과 대야를 가져와요. 그리고 침실을 정리해요. 서둘러요, 빌어먹을! 르리에브르 씨가 돌아왔어요.'

발소리가 계단을 올라와 이쪽으로 오고 있는 것이 들려왔소. 어둠 속에서 벽을 손으로 더듬고 있더군요. 그래서 내 쪽에서 불렀지요. '이쪽입니다. 실은 사고가 좀 있어서요.'

남편은 어리둥절한 얼굴로 입에 궐련을 문 채 문지방 앞에 나타났소. 그가 물었소. '뭐라고? 무슨 일이라고? 무슨 일인데 그러시오?'

나는 남편 쪽으로 다가갔소. '아, 보시다시피 저희는 지금 매우 난처한 상황에 빠져 있습니다. 댁을 방문하여 부인과, 그리고 저를 마차에 태우고 와준 친구와 얘기를 나누다 보니 그만 시간이 늦어졌어요. 그런데 이 친구가 갑자기 쓰러져서 벌써 두 시간째 아무리 애를 써봐도 아직 의식이 돌아오지 않고 있습니다. 모르는 사람을 부르고 싶지는 않았거든요. 그러니 이 사람을 아래층으로 내리는 걸 도와주시지 않겠습니까? 이 사람 집에 데리고 가서 충분히 치료해야 하니까요.'

남편은 깜짝 놀랐지만, 의심하는 기색도 없이 모자를 벗더군요. 그리고 앞으로는 절대 해를 끼치지 못할 자신의 원수를 두 팔로 단단히 붙잡았소. 나는 두 다리 사이에 들어갔지요. 마치 두 개의 자루 사이에 있는 말 같은 꼴이었지요.

그런 모습으로 우리는 계단을 내려갔소. 이번에는 부인에게 등불로 비춰 달라 하고서 말이오.

문에 이르자 나는 시체를 일으켜 세우면서 시체를 향해 말했소. 마부를 속이기 위해 굳은 용기를 불어넣는 말투로요. '이보게, 친구, 걱정하지 말게. 아까보다는 좀 편해졌지? 자, 기운을 좀 차려. 조금만 더 버티면 되니까. 곧 좋아질 거야.'

그자가 자꾸만 내 손에서 미끄러지려고 해서 어깨로 꾹 밀어 넣었더니, 그는 앞으로 고꾸라지면서 마차 안으로 들어가더군요. 나도 그자를 뒤따라 마차에 올라탔소.

그녀의 남편은 걱정스러운 듯이 나에게 묻더군요. '상태가 심각한가요?' '그렇지는 않습니다.' 나는 미소를 지으면서 그렇게 대답하고 부인을 쳐다보았소. 부인은 합법적인 남편의 팔짱을 꼭 끼고 어두컴컴한 마차 속을 뚫어질 듯이 바라보고 있더군요.

나는 악수를 나누고 출발 명령을 내렸소. 가는 도중에 죽은 사람은 내 오른쪽 어깨 위에 축 늘어져 있었지요.

그의 집에 도착하자, 나는 그가 도중에 의식을 잃었다고 알렸소. 그리고 그를 이층 침실로 옮기는 것을 도와준 뒤 그제야 그가 죽었음을 알려주었소. 놀라 울부짖는 가족 앞에서 또 다른 연극을 한 거지요. 간신히 내 방 침대로 돌아온 나는, 사랑에 미친 사람들을 저주하지 않고는 견딜 수 없는 심정이었소."

말을 마친 의사는 여전히 웃고 있었다.

젊은 부인은 참을 수가 없어서 의사에게 물었다.

"그런데 어째서 저에게 그런 무서운 얘기를 하시는 거죠?"

의사는 은근하게 눈짓을 하면서 말했다.

"필요하실 때는 도와드릴까 하고요."

Les sabots
나막신
레옹 퐁텐에게

시골 아낙네들의 새하얀 보닛과 농부들의 덥수룩하거나 포마드를 바른 머리를 내려다보면서, 늙은 신부는 일요 강론의 맺음말을 빠르게 말하고 있었다. 미사에 참석하기 위해 먼 곳에서 찾아온 시골 아낙네들의 커다란 광주리가 저마다의 발아래에 놓여 있었다. 7월 한낮의 무더위 속에 모여든 사람들에게서 가축 냄새, 양 떼 냄새가 났다. 열어둔 큰 문을 통해 수탉 우는 소리가 들려왔다. 또 근처 밭에 누워 있는 암소 우는 소리도 들렸다. 이따금 들판의 향기를 실은 산들바람이 현관 밑으로 불어들어오면 모자의 긴 리본이 나부끼고 제단 위에서 촛불의 노란 불꽃이 흔들렸다……. "모든 일이 신의 뜻대로 이루어지소서, 아멘!" 신부가 선언했다. 그리고 매주 있는 일이지만, 입을 다물고 책을 한 권 펼치더니, 마을에서 일어난 사소한 소식들을 신자들에게 전하기 시작했다. 신부는 사십 년 가까이 이 소교구를 관리하고 있는 백발 노인으로, 일요 강론을 통해 모든 신자들과 가족처럼 가까이 지내고 있었다.

신부가 말을 이었다. "데지레 발랭 씨가 큰 병에 걸렸다 합니다. 또 포멜 부인도 산후 회복이 더디다고 하는군요. 두 분을 위해 여러분이 많이 기도해 주십시오."

이제 할 말은 다 한 것 같았다. 신부는 성무일과서(聖務日課書)를 뒤져 갈피에 끼워 둔 종이쪽지를 찾았다. 이윽고 두 장을 찾아내 말을 이었다. "젊은 남녀가 밤에 묘지에 가서는 안 됩니다. 앞으로 그런 일이 있으면 감시인에게 알리겠어요.—세제르 오몽 씨가 정직한 젊은 여성을 하녀로 들이고 싶다는군요." 그는 잠시 생각하다가 이렇게 덧붙였다. "여러분, 오늘은 이것으로 마치겠습니다. 성부와 성자와 성령의 이름으로 여러분에게 축복이 가득히 내리기를 바랍니다."

신부는 미사를 마치고 강단에서 내려왔다.

말랑댕 가족은 푸르빌 가도에 있는 사블리에르 마을 맨 끝에 자리한 초가에 들어섰다. 식탁 앞에 털썩 앉은 아버지는 키가 작고 몸이 마른, 주름살이 자글자글한 늙은 농부였다. 아내가 냄비를 내리고 딸 아델라이드가 찬장에서 컵과 접시를 꺼내는 동안 그가 말했다. "그거 아주 잘된 일 같아. 오몽 씨네 자리 말이야. 그 양반, 홀아비인 데다 며느리와 사이가 좋지 않다지. 홀몸에 돈이 많으니 우리 아델라이드를 보내면 잘 어울릴 것 같은데."

아내는 새까만 냄비를 식탁 위에 놓고 뚜껑을 열었다. 양배추 냄새를 풍기며 천장으로 올라가는 수프의 뜨거운 김을 바라보면서 생각에 잠겨 있었다.

남편이 말을 이었다. "그가 부자인 건 틀림없어. 하지만 약삭빠르게 굴어야 하는데 우리 아델라이드에게는 그런 점이 도무지 없어서 말이야."

그러자 아내가 딱 잘라 말했다. "어쨌든 제가 부딪쳐 볼게요." 그러고는 딸을 향해, 머리는 노랗고 두 뺨은 사과처럼 빨갛고 통통하며 얼빠진 표정을 짓고 있는 건강한 아가씨를 향해 고개를 돌리면서 소리쳤다. "알겠지, 이 미련한 것아. 너는 오몽 씨네 하녀로 가는 거야. 뭐든지 그 사람이 시키는 대로 다 해야 해."

딸은 대답도 하지 않고 바보같이 웃었다. 조금 뒤 세 사람은 식사를 시작했다.

십 분쯤 지났을 때 아버지가 다시 입을 열었다. "딸아, 잘 들어라. 내가 이제부터 너에게 하는 말은 절대 어기지 않도록 애써야만 한다……."

그러고 나서 그는 딸에게 모든 행동 규칙을 상세하고도 천천히 일러주었다. 아주 사소한 일들까지 예측하여, 가족과 사이가 나쁜 늙은 홀아비를 구워삶을 준비를 하려는 것이었다.

어머니도 먹는 것을 멈추고 귀를 기울였다. 손에 포크를 쥔 채 남편과 딸을 번갈아 바라보면서, 말없이 온 정신을 집중하여 이 교육에 귀를 기울였다.

아델라이드는 온순하고 어리둥절한 얼굴로, 흐릿한 눈으로 주위를 멍하니 쳐다보면서 얌전하게 있었다.

식사가 끝나자 어머니는 딸에게 보닛을 씌워주고, 둘이서 세제르 오몽 씨를 찾아갔다. 세제르 오몽은 소작인들이 사는 농가와 등을 맞댄 정자풍의 작은 벽돌집에 살고 있었다. 지금은 농사에서 손을 떼고 연금으로 생활하고 있었기 때문이다.

그의 나이는 쉰다섯쯤 되었다. 그는 뚱뚱한 몸에, 돈 많은 사람답게 쾌활하면서도 퉁명스러웠다. 벽의 흙이 떨어질 정도로 큰 소리로 웃고 소리를 질렀으며, 사과주든 브랜디든 한 잔 가득 마셨고, 그 나이에도 여전히 기력이 팔팔한 편이었다.

그는 뒷짐을 지고 들판을 어슬렁거리는 것을 좋아했다. 기름진 흙 속에 나막신을 찔러 넣으면서 밀이 자라는 모습이나 꽃을 피우고 있는 유채를 편안한 마음으로 바라보는 것이 취미였는데, 그것만을 즐길 뿐 더 이상 수고스러운 일을 하지는 않았다.

사람들은 그에 대해 이렇게 말했다. "날마다 일찍 일어나지 않아도 되니, 참 팔자 늘어진 영감이야."

그는 식탁에 배를 댄 채 커피를 마시면서 두 여자를 맞이했다. 그리고 몸을 뒤로 젖히면서 물었다.

"그래, 무슨 일로 왔소?"

어머니가 말했다.

"이 아이는 제 딸 아델라이드인데, 하녀를 구하신다기에 찾아왔어요. 저, 오늘 아침 신부님 말씀을 들었답니다."

오몽 영감은 처녀를 가만히 쳐다보다가 불쑥 물었다. "그래, 이 커다란 암염소는 몇 살이오?"

"오몽 영감님, 이번 생 미셸 축제에 스물 한 살이 되어요."

"좋소. 밥을 먹게 해주고 한 달에 십 오 프랑 주겠소. 내일 아침 식사를 차리러 늦지 않게 오도록."

그는 두 여자를 돌려보냈다.

이튿날 아델라이드가 일하러 왔다. 그리고 그녀는 부모의 집에 있을 때와 마찬가지로 말은 한 마디도 하지 않고 부지런히 몸을 놀렸다.

아홉 시쯤 부엌 바닥을 닦고 있는데 오몽 씨가 그녀를 불렀다.

"아델라이드!"

그녀는 달려갔다. "네, 나리."

그녀가 새빨갛고 더러운 손에 겁먹은 눈으로 주인 앞에 서자 그가 불쑥 선언했다. "할 얘기가 있어서 불렀다. 알겠니, 너하고 난 달라. 넌 단지 내 하녀일 뿐이야. 알겠어? 우리는 나막신을 섞어선 안 된다."

"네, 나리."

"있는 장소도 서로 달라. 넌 부엌이고 난 거실이지. 그 밖의 일은 뭐든지 넌 나하고 같아. 알아들었니?"

"네, 나리."

"알았으면 됐다, 가서 일해."

그녀는 다시 일을 하러 갔다.

정오에 그녀는 벽지를 바른 작은 방에 주인의 식사를 준비했다. 이윽고 식탁 위에 음식을 차리자 오몽 씨에게 알리러 갔다.

"나리, 준비되었어요."

그는 방에 들어가서 식탁에 앉아 주위를 둘러본 뒤, 냅킨을 펼치고 잠시 주저하다가 천둥 같은 목소리로 불렀다.

"아델라이드!"

그녀가 깜짝 놀라서 달려왔다. 그는 잡아먹기라도 할 것처럼 호통을 쳤다.

"이런, 젠장…… 도대체 넌 어디에 앉을 생각이냐?"

"하지만…… 나리……."

그가 소리쳤다. "난 혼자 밥을 먹는 건 질색이다. 젠장…… 넌 거기 앉아. 싫다면 이 집에서 당장 꺼져버려. 자, 어서 네 접시와 컵을 가지고 오라니까."

겁에 질린 그녀가 자기 그릇을 가져오면서 웅얼거리듯이 말했다.

"여기 있어요, 나리."

그리고 그녀는 주인과 마주 앉았다.

그러자 주인은 기분이 좋아져서 건배하고 식탁을 두드리고 잡담을 했다. 그녀는 눈을 내리깐 채 듣기만 하고 감히 말은 한마디도 하지 못했다.

그녀는 이따금 빵과 사과주와 접시를 가지러 가기 위해 일어섰다.

커피 마실 시간이 되자 그녀는 찻잔을 하나만 주인 앞에 놓았다. 그러자 그가 다시 화를 내며 불평했다.

"그럼 넌?"

"나리, 저는 안 마셔요."

"왜 안 마셔?"

"커피를 좋아하지 않아서요."

그러자 그는 또다시 폭발했다. "난 혼자 커피 마시는 걸 싫어한다. 젠장……
도저히 못 먹겠다면 이 집에서 꺼져버려. 제기랄…… 꾸물거리지 말고 어서 네
찻잔을 가져와."

그녀는 찻잔을 가져와서 다시 앉은 뒤 새까만 액체를 입에 대더니 얼굴을 찡
그렸다. 그러나 주인이 노려보고 있어서 끝까지 마시고 말았다. 다음에는 브랜
디를 한 잔, 두 잔, 세 잔이나 억지로 마셔야 했다.

그제야 오몽 씨는 그녀를 놓아주었다. "자, 이제 가서 설거지를 해라. 제법 착
한 아이구나."

저녁 식사 때도 마찬가지였다. 식사가 끝나자 그녀는 도미노 게임 상대를 해
주어야 했다. 이윽고 그는 그녀를 잠자리에 들도록 보내주었다.

"자, 가서 자거라. 나도 곧 자러 갈 테니."

그녀는 침실로 주어진 다락방에 올라갔다. 그녀는 기도를 하고 옷을 벗고 이
불 속으로 미끄러지듯 들어갔다.

하지만 곧 그녀는 깜짝 놀라 튕기듯이 일어났다. 무시무시한 고함 소리가 온
집 안을 뒤흔들었던 것이다.

"아델라이드?"

그녀는 문을 열고 다락방에서 대답했다.

"네, 나리, 금방 갈게요."

"어디 있느냐?"

"제 침대에 있는데요, 나리."

그러자 그가 고래고래 소리쳤다. "내려오라니까, 젠장…… 난 혼자 자는 걸
싫어한단 말이다. 젠장…… 네가 싫다면 이 집에서 꺼져버려. 빌어먹을……."

어안이 벙벙해진 그녀는 양초를 찾으면서 위층에서 대답했다.

"네, 나리, 갈게요."

그리고 그는 그녀가 겨우 찾은 나막신을 신고 전나무로 만든 계단을 울리며
내려오는 것을 들었다. 그녀가 마지막 계단에 내려섰을 때 그는 두 팔로 그녀
를 붙들었다. 그리하여 그녀가 자신의 작은 나막신을 주인의 커다란 나막신 옆
에 벗어놓자, 그는 투덜거리면서 그녀를 자기 방에 밀어 넣었다.

"빨리빨리 움직여, 제기랄……."

그녀는 자신이 무슨 말을 하고 있는 건지도 모르고 그저 끊임없이 되뇌었다. "네, 나리, 갈게요, 네, 가요."

6개월 뒤 어느 일요일, 그녀가 부모를 만나러 가자, 아버지가 이상한 표정으로 딸을 살피다가 이윽고 물었다.

"너, 배가 부른 것 아니냐?"

딸은 멍하니 자기 배를 내려다보면서 되풀이해 말했다. "아니요. 아닌 것 같은데요."

그러자 아버지는 모든 걸 알아내려고 딸에게 물어보았다.

"음, 너 밤마다 두 사람의 나막신을 섞어 놓지 않았느냐?"

"그랬어요, 첫날밤에 뒤섞었어요. 그 뒤에도 매일 밤 그랬고요."

"그래서 네 배가 이렇게 술통같이 부른 것이다."

그녀는 이렇게 중얼거리면서 훌쩍훌쩍 울기 시작했다. "전 아무것도 몰라요. 전 아무것도 몰라요."

말랑댕 영감은 만족스러운 얼굴로 눈을 빛내면서 딸을 살피다가 또 물었다. "무엇을 모른다는 거냐?"

그녀는 울먹이는 목소리로 말했다. "전 전혀 몰랐어요. 그런 짓을 하면 아이가 생긴다는 건!"

어머니가 돌아왔다. 남편은 화도 내지 않고 사정을 설명했다.

"지금 임신을 한 모양이야."

그러자 아내가 본능적으로 분노하여 화를 냈다. 흐느껴 울고 있는 딸에게 욕지거리를 퍼부으면서 "후레자식"이니 "매춘부"니 하면서 소리쳤다.

남편이 아내를 가까스로 진정시켰다. 그리고 당장 세제르 오몽 씨에게 담판을 지으러 가기 위해 자신의 모자를 집으면서 말했다.

"이 아이가 생각보다 바보 같군. 자기가 무슨 짓을 하고 있는 건지 몰랐다니, 어이가 없는 아이야."

다음 일요일 미사에서, 늙은 신부는 오뉘프르 세제르 오몽 씨와 셀레스트 아델라이드 말랑댕의 결혼을 공표했다.

Le retour

귀향

짧고 단조로운 파도가 바닷가를 때리고, 하얀 조각구름이 세찬 바람에 휩쓸려 마치 새 떼처럼 넓고 푸른 하늘을 재빠르게 흘러갔다. 그리고 마을은 바다로 길게 뻗어 있는 작은 골짜기에서 햇볕을 쬐고 있었다.

마을 어귀 바로 옆 길가에 마르탱 레베스크의 집이 외따로 자리했다. 조그마한 어부의 집 흙벽, 초가지붕에는 푸른 붓꽃이 가득 피어 있었다. 문 앞에 자리 잡은 손수건만 한 마당에는 양파와 양배추, 파슬리, 세르피유 같은 채소가 자라고 있었다. 길을 따라 산울타리도 쳐져 있었다.

남편은 고기를 잡으러 나갔고, 아내는 오두막 앞에서 커다란 갈색 그물을 손보고 있었다. 그물은 마치 거대한 거미줄처럼 벽에 잔뜩 펼쳐져 있었다. 열네 살짜리 여자아이는 마당 앞 짚의자에 앉아, 몸을 뒤로 젖혀 울타리에 기댄 채 속옷을 깁고 있었다. 벌써 여러 번 기워 입은 낡은 속옷이다. 그보다 한 살 아래인 다른 여자아이가 아직 움직이지도 못하고 말도 할 줄 모르는 젖먹이를 안고 어르고 있었다. 그리고 두세 살쯤 된 아이 둘이 흙바닥에 엉덩이를 깔고 앉아, 코와 코를 맞대고 서투른 손짓으로 흙장난을 하고 있었으며 흙을 한 움큼 쥐고 서로 상대의 얼굴에 던지기도 했다.

아무도 말을 하지 않았다. 다만 젖먹이만이 졸음이 오는지 보채면서 연약한 목소리로 계속 낑낑거렸다. 창문턱에서는 고양이가 졸고 있었고, 벽 밑으로는 활짝 핀 꽃무가 하얀 꽃물결을 이루어 그 위로 작은 날벌레들이 모여들었다.

문 앞에서 속옷을 꿰매고 있던 소녀가 갑자기 소리를 질렀다.

"엄마!"

어머니가 대답했다.

"왜 그러니?"

"그 사람이 또 왔어요."

아침부터 둘은 걱정스러웠다. 어떤 사람이 집 주위를 어슬렁거렸기 때문이다. 거지꼴을 한 늙은 사내였다. 그들은 아버지가 배 타는 것을 배웅하러 가다가 그 사람을 보았다. 그는 그들 집 맞은편 도랑 위에 걸터앉아 있었다. 그들이 바닷가에서 돌아왔을 때도 그는 여전히 그곳에서 집 쪽을 쳐다보고 있었다.

그는 아파 보였고 몹시 불쌍해 보였다. 한 시간이 넘도록 그 자리에서 움직이지 않다가, 사람들이 자신을 수상하게 보는 것을 알자 일어나서 다리를 질질 끌면서 가버렸다.

그런데 그가 이내 다시 지친 모습으로 천천히 돌아오는 모습이 보였다. 그리고 또다시 그 자리에 앉았다. 이번에는 조금 떨어진 곳이었는데, 그것이 오히려 그들의 기색을 살피기 위한 것으로 보였다.

어머니와 딸들은 무서웠다. 특히 어머니는 애가 탔다. 워낙 겁이 많은 데다 남편 레베스크는 날이 저물어야 바다에서 돌아오기 때문이었다.

남편의 이름은 레베스크였고 그녀의 이름은 마르탱이었다. 그래서 두 사람은 마르탱 레베스크라 불리고 있었다. 그 까닭은 이랬다. 그녀는 본디 마르탱이라는 이름의 뱃사람과 결혼했다. 해마다 여름이면 뉴펀들랜드로 대구잡이를 나가는 사람이었다.

결혼하고 두 해가 지났을 때, 남편이 타고 간 배 '자매호(姉妹號)'가 행방불명이 되었다. 디에프항에 적을 둔 돛 세 개짜리 돛단배였다. 남편과의 사이에는 딸이 하나 있고, 그녀는 임신 6개월째였다.

아무런 소식도 없었고, 배에 탔던 선원들 가운데 그 누구도 돌아오지 않았다. 사람들은 배도 사람도 모두 침몰한 거라고 생각했다.

마르탱의 아내는 어렵게 두 아이를 키우면서 10년 동안이나 남편을 기다렸다. 그러다가 이 여자의 굳세고 선량한 성품을 좋게 본 그곳 어부가 청혼했다. 아들 하나를 둔 홀아비 레베스크였다. 그녀는 그 사람과 결혼한 뒤 3년 동안 아이 둘을 더 낳았다.

어렵고 고된 생활이 이어졌다. 빵은 비쌌고 이 집에서는 고기 냄새조차 맡기 힘들었다. 여러 달 돌풍이 몰아치는 겨울에는 빵가게에 빚을 지는 일도 자주 있었다. 그래도 아이들은 튼튼하게 자랐다. 그러자 사람들은 이렇게 말했다.

"저 마르탱 레베스크네는 정말 훌륭한 사람들이야. 마르탱은 인내심이 강하고 레베스크는 물고기 잡는 데는 따를 자가 없어."

울타리에 앉아 있던 소녀가 다시 말했다.

"저 사람, 우리를 아는가 봐요. 틀림없이 에프르빌이나 오즈보스크에서 온 거지일 거예요."

그러나 어머니는 그런 말에 흔들리지 않았다. 아니, 아니, 그는 절대로 이곳 사람이 아니었다!

그 사람이 말뚝처럼 꼼짝도 하지 않고 마르탱 레베스크네 집만 끈질기게 바라보고 있자, 마르탱은 점점 화가 나기 시작했다. 그녀는 너무 무서운 나머지 오히려 대담해져서 삽을 들고 문 앞으로 나갔다.

"이봐요, 거기에서 뭘 하고 있는 거예요?" 그녀는 그 부랑자에게 큰 소리로 말했다.

그는 갈라진 목소리로 대답했다.

"시원한 데서 쉬고 있을 뿐이오! 그게 뭐 잘못되었소?"

그녀가 다시 말했다.

"그럼 왜 내 집을 기웃거리고 있는 건데요?"

남자가 대꾸했다.

"난 아무도 해치지 않았소. 길가에 앉아 있는 것이 잘못이오?"

대답이 궁해진 그녀는 하는 수 없이 집으로 돌아왔다.

하루가 더디게 지나갔다. 점심때쯤 남자는 자취를 감췄다. 그러다가 다섯 시쯤 다시 나타났다. 그리고 저녁이 되자 그는 보이지 않았다.

레베스크는 밤이 이슥해서야 돌아왔다. 아내가 오늘 있었던 일을 이야기하자 그는 이렇게 결론지었다.

"호기심 많은 자이거나 할 일 없는 작자겠지."

그러고는 태연하게 잠자리에 들었다. 그러나 아내는 묘한 눈길로 자기를 쳐다보던 그 부랑자가 자꾸만 떠올랐다.

날이 밝자 바람이 거세게 불었다. 어부는 바다에 나갈 수 없다고 판단하고 아내가 그물을 손보는 것을 도와주었다.

9시쯤 빵을 사러 나갔던 큰딸, 즉 마르탱의 딸이 낯빛이 변해 뛰어오더니 큰 소리로 말했다.

"엄마, 그 사람이 또 왔어요!"

어머니는 가슴이 덜컥 내려앉았다. 새파랗게 질린 얼굴로 남편에게 말했다.

"레베스크, 가서 얘기 좀 해보세요. 그렇게 우리를 엿보지 말라고요. 불안해서 죽겠어요."

벽돌색으로 탄 얼굴, 숱 많은 붉은 수염, 검은자위가 콕 박힌 푸른 눈, 튼튼한 목, 먼바다의 비바람을 막기 위해 언제나 털옷을 입고 있는 이 덩치 큰 뱃사람 레베스크는 조용히 밖으로 나갔다. 그리고 부랑자 쪽으로 다가갔다.

두 사람은 곧 이야기를 나누기 시작했다.

어머니와 아이들은 걱정스럽게 가슴을 졸이면서 그들을 지켜보았다.

갑자기 그 낯선 사람이 일어나더니 레베스크와 함께 집 쪽으로 다가왔다.

마르탱은 너무 놀라서 뒷걸음질 쳤다. 남편이 그녀에게 말했다.

"이 사람에게 빵 한 조각과 사과주 한 잔 주구려. 그저께부터 아무것도 못 먹었다는군."

두 사람은 집 안으로 들어갔다. 아내와 아이들도 그 뒤를 따라 들어갔다. 부랑자는 의자에 앉았다. 그리고 모두의 시선을 받으면서 고개를 숙이고 먹기 시작했다.

어머니는 선 채 그의 얼굴을 뚫어져라 쳐다보았다. 위의 두 딸, 즉 마르탱의 딸들은 문에 기대서서 호기심 가득한 눈길을 그에게 고정시켰다. 딸 하나는 젖먹이를 안고 있었다. 벽난로 재 속에 앉아 있던 두 아이도, 이 낯선 사람을 쳐다보느라 검댕이 묻은 냄비를 가지고 노는 것을 잠시 그만두었다.

레베스크는 의자에 앉아 사내에게 물었다.

"그렇다면 당신은 먼 데서 온 거요?"

"세트에서 왔소."

"걸어서 말이오······?"

"그렇소, 걸어서. 다른 방법이 없으니 그래야만 했소."

"그럼 이제 어디로 갈 거요?"

"나는 여기 온 거요."

"여기에 누구 아는 사람이라도 있소?"

"그럴지도 모르오."

그들은 입을 다물었다. 그 사람은 배가 고플 텐데도 천천히 먹었다. 빵을 한입 먹을 때마다 사과주를 한 모금씩 마셨다. 그 얼굴은 쭈그러들어 주름투성이인 데다 군데군데 움푹 패여 있었다. 어지간히 고생을 한 모양이었다.

문득 레베스크가 그에게 물었다.

"이름이 뭐요?"

상대는 고개도 들지 않고 대답했다.

"마르탱이라 하오."

이상한 전율이 어머니의 온몸을 뒤흔들었다. 그녀는 한 걸음 다가섰다. 그 부랑자를 더 가까이에서 보려는 것 같았다. 그러더니 두 팔을 축 늘어뜨리고 입을 멍하니 벌린 채 그 사람 앞에 섰다. 아무도 말을 하지 않았다. 이윽고 레베스크가 다시 물었다.

"당신은 이곳 사람이오?"

그 사람이 대답했다.

"이곳 사람이오."

그렇게 말하면서 그가 가까스로 고개를 들자 여자의 눈과 그의 눈이 마주쳤다. 두 사람의 눈은 그대로 움직이지 않았다. 마치 두 사람의 시선이 뒤엉켜버린 것처럼.

여자가 갑자기 입을 열었다. 매우 떨리는 낮고 어색한 목소리였다.

"여보, 당신이에요?"

사내는 천천히 말을 끊어가면서 대답했다.

"그래, 나요."

그는 조금도 움직이지 않고 여전히 빵을 씹고 있었다.

깜짝 놀란 레베스크가 중얼거리듯이 말했다.

"당신이 마르탱이라고?"

상대는 꾸밈없이 말했다.

"그렇소, 나요."

그러자 두 번째 남편이 물었다.

"그래, 어디에서 오는 길이오?"

전남편이 얘기했다.

"아프리카 해안에서 왔소. 암초에 부딪쳐 침몰했지요. 세 사람만 살아남았소, 피카르와 바티넬, 그리고 나. 우리는 그곳 원주민에게 붙잡혔는데 그들은 우리를 십이 년 동안 놓아주지 않았지요. 피카르와 바티넬은 그곳에서 죽었소. 영국 여행객이 지나가다가 나를 구조하여 세트까지 데려다주었소. 그렇게 해서 돌아오게 된 거요."

마르탱 부인은 앞치마에 얼굴을 묻고 울기 시작했다.

레베스크가 말했다.

"이제 나는 어떻게 해야 하는 거요?"

마르탱이 물었다.

"당신이 이 사람 남편이오?"

레베스크가 대답했다.

"그렇소, 내가 남편이오!"

두 사람은 서로 얼굴을 마주 본 채 입을 다물었다.

그러자 마르탱은 자기 주위에 모여 있는 아이들을 바라보면서, 그 가운데 두 소녀를 머리로 가리켰다.

"이 아이들이 내 딸들이군요?"

레베스크가 대답했다.

"그렇소, 당신 딸들이오."

사내는 일어서지도 않고 딸들에게 키스도 하지 않았다. 그저 자신이 확인한 사실을 말했을 뿐이다.

"세상에, 몰라보게 컸군!"

레베스크가 되풀이해 말했다.

"이제 나는 어떻게 해야 하오?"

마르탱도 난감해져서 어떻게 해야 할지 알 수가 없었다. 이윽고 그는 결심하고 말했다.

"나는 당신이 하자는 대로 하겠소. 폐를 끼치고 싶지는 않아요. 하지만 이 집에 대해서는 좀 곤란하군요. 아이는 나에게 둘, 당신에게는 셋이니 저마다 자기 자식을 데려가면 되겠지. 그런데 애 엄마는 어떻게 하는 게 좋겠소? 당신 것인지, 아니면 내 것인지? 난 당신이 하자는 대로 하리다. 그렇지만 이 집은 내 것이오. 아버지한테서 물려받은 거니까. 난 이 집에서 태어났고 공증인에게 가면 문서도 다 있소."

마르탱 부인은 파란 바탕의 앞치마 속에 얼굴을 묻고 여전히 울고 있었다. 마르탱의 두 딸이 그 곁에 다가가 조마조마한 마음으로 자신들의 아버지를 바라보았다.

사내가 식사를 마쳤다. 이번에는 그가 물었다.

"내가 어떻게 하는 게 좋겠소?"

레베스크에게 좋은 생각이 떠올랐다.

"신부님에게 갑시다. 틀림없이 결론을 내려주실 거요."

마르탱이 자리에서 일어났다. 그가 아내 쪽으로 다가가자, 그녀는 그의 가슴에 몸을 던지며 울었다.

"여보! 드디어 돌아왔군요! 마르탱, 가엾은 마르탱, 돌아왔군요!"

그녀는 두 팔을 벌려 그를 끌어안았다. 그러자 문득 지난날의 숨결이 몸 안에서 되살아났다. 그리고 자신의 젊은 시절과 그 무렵의 포옹이 생생하게 떠올라 가슴이 찢어지는 것 같았다.

마르탱도 감격하여 그녀의 모자 위에 입을 맞추었다. 벽난로 속에 있던 두 아이는 어머니가 우는 소리를 듣자 따라 울었다. 마르탱의 둘째 딸에게 안겨 있던 젖먹이도 망가진 피리처럼 빽빽거렸다.

레베스크는 일어서서 기다리고 있었다.

"자, 갑시다." 그가 말했다. "결말을 지어야지요."

마르탱은 아내를 놓아준 뒤 자신의 두 딸을 바라보았다. 어머니가 딸들에게 말했다.

"아버지께 키스라도 해드려야지."

두 아이는 동시에 다가갔다. 메마른 눈은 어리둥절하고 약간 겁먹은 기색이었다. 아버지는 아이들의 양쪽 뺨에 차례로, 시골 사람답게 가벼운 키스를 해주었다. 젖먹이는 낯선 사내가 옆에 다가오자 금방이라도 경련을 일으킬 것처럼 날카로운 소리로 울어댔다.

두 사람은 함께 밖으로 나갔다.

카페 '코메르스' 앞을 지나갈 때 레베스크가 물었다.

"어쨌든 한잔하는 게 어떻소?"

"좋지요." 마르탱이 선선히 대답했다.

두 사람은 카페 안에 들어가서 앉았다. 카페는 아직은 텅 비어 있었다. 레베스크가 소리쳤다.

"어이! 시코, 코냑 두 잔 갖다줘, 좋은 걸로. 마르탱이 돌아왔어, 마르탱이. 거 왜 우리 마누라 전남편, 그 난파한 '자매호'의 마르탱 말이야."

그러자 배불뚝이에다 붉은 얼굴에 비곗살이 잔뜩 찐 술집 주인이, 한 손에 컵 세 개, 다른 손에 술병을 들고 다가왔다. 그리고 침착한 목소리로 물었다.

"이런! 마르탱, 자네가 돌아왔군?"

마르탱이 대답했다.

"그래, 돌아왔네……."

En voyage
여행길
귀스타브 투두즈에게

1

칸에서부터 이미 좌석이 다 찬 열차 안 승객들은 수다를 떨고 있었다. 모두들 서로 낯익은 사람들이었기 때문이다. 기차가 타라스콩을 지나갈 때 누군가가 말했다. "바로 여기가 살인사건이 일어난 곳이죠." 그러자 그 수수께끼 같고 신출귀몰한 살인범 이야기가 시작되었다. 2년 전부터 이따금 여행자를 죽인다는 이야기였다. 사람들은 이리저리 추측하면서 저마다 의견을 말했다. 여자들은 몸을 떨면서 유리창 밖의 어두운 밤을 내다보았다. 금방이라도 열차 문에서 그 자의 머리가 나타날까 봐 두려워하면서. 뒤이어 불쾌한 만남들, 그러니까 급행열차에서 미친 사람과 마주 앉아 갔다거나, 수상쩍은 사내와 몇 시간 동안 함께 있었다는 등 끔찍한 경험담이 시작되었다.

남자들은 저마다 모험담을 알고 있었다. 그런데 모든 사람이 어떤 악당을 제압하고 쓰러뜨리고 때려눕혔는데, 그것은 다 감탄할 만한 기지와 용기 덕분이었다고 했다. 그러자 한 의사가 자신의 기이한 경험담을 이야기하기 시작했다. 해마다 남프랑스에서 겨울을 지내는 사람이었다.

"나는 그런 사건에서 나 자신의 담력을 시험해 볼 기회가 한 번도 없었는데, 지금은 세상을 떠났지만 내 환자 가운데 어떤 부인이, 참으로 신비롭고 누구나 감동할 만한 일을 겪은 적이 있었지요.

그녀는 마리 바라노프 백작부인이라고 하는 러시아 사람이었습니다. 키가 무척 크고 보기 드문 미인이었지요. 여러분도 아시다시피, 러시아 여자들은 다들 아름답습니다. 적어도 우리 눈에는 그렇게 보이지요. 콧날이 오뚝하고 입매는 단정하며, 사이가 좁은 눈은 잿빛이 감도는 물빛, 뭐라 표현할 수 없는 빛깔입니다. 게다가 그 차갑고 약간 매정해 보이기도 하는 우아한 모습이란! 그녀들에게는 어쩐지 심술궂으면서도 매력을 느끼는 데가 있어요. 거만하면서도 상냥하고 엄격하면서도 정에 약한 데가 있단 말이죠. 그런 점을 프랑스 남자들은 정말 멋지게 보는 겁니다. 요컨대 내가 그녀들에게서 이렇게 많은 점을 보는 건 단순히 혈통과 외모가 다르기 때문인지도 모릅니다만.

그녀의 주치의는 벌써 몇 년 전부터 그녀의 가슴에 병이 있다는 것을 알고 프랑스 남해안에 가서 요양할 것을 권했습니다. 그런데 그녀는 페테르부르크를 떠나는 것을 완강하게 거부했지요. 그러다가 마침내 지난해 가을, 그녀의 상태를 절망적으로 본 의사는 그 사실을 남편에게 알렸고, 그의 명령으로 그녀는 곧 망통으로 출발하게 되었습니다.

그녀는 기차를 탔는데 객실에는 그녀 혼자뿐이었어요. 하인들은 다른 객실에 있었지요. 그녀가 문에 등을 기대고 쓸쓸한 기분으로 들판과 마을이 스치고 지나가는 것을 바라보고 있으니, 자신이 모든 사람들에게 버림받은 것 같고 자신만큼 고독한 사람은 없다는 생각이 들었습니다. 자식도 없고 부모도 없는 것이나 마찬가지인데, 남편의 사랑은 이미 오래전에 식어버려 자신과 함께 오려고도 하지 않고 세상 끝에 내동댕이치려 하고 있으니, 이건 마치 병에 걸린 하인을 시립병원에 보내버리는 것과 같다는 생각이 든 것이지요.

정거장에 도착할 때마다 하인 이반이 찾아와서 안주인에게 뭔가 시키실 일이 없느냐고 물었습니다. 맹목적으로 주인을 섬기는 그 늙은 하인은 그녀의 명령이라면 어떤 일이든 해치울 각오가 되어 있는 사람이었지요.

해가 저물고 열차는 전속력으로 달리고 있었습니다. 그녀는 극도로 신경이 예민해져서 잠을 잘 수가 없었어요. 그러다가 문득 돈을 헤아려 봐야겠다는 생각이 들었습니다. 남편이 헤어질 때 건네준 프랑스 금화 말입니다. 작은 가방을 열자 금화가 반짝거리는 물결처럼 무릎 위에 쏟아졌어요.

바로 그 순간, 그녀는 얼굴에 차가운 공기가 닿는 걸 느꼈습니다. 그녀가 깜짝 놀라 고개를 들었지요. 객실문이 열리고 있었습니다. 마리 백작부인은 놀라서 옷에 흩어져 있는 금화 위에 얼른 숄을 던져서 가리고 가만히 기다렸지요. 몇 초 뒤 한 남자가 나타났어요. 모자를 쓰지 않은 야회복 차림의 남자가 손에 부상을 입은 채 가쁜 숨을 몰아쉬고 있었습니다. 그 사람은 문을 닫고 자리에 앉더니, 번쩍거리는 눈빛으로 옆자리의 손님을 바라보고는 피가 뚝뚝 떨어지는 손목을 손수건으로 싸맸습니다.

젊은 여자는 공포 때문에 기절할 것만 같았지요. 이 남자는 틀림없이 그녀가 금화를 헤아리는 것을 보았으며, 그래서 그걸 빼앗고 그녀를 죽이려 왔다고 생각한 겁니다.

남자는 여전히 그녀를 뚫어져라 바라보았습니다. 숨을 헐떡이면서 얼굴에 경련을 일으키고 있는 것이 금방이라도 그녀에게 달려들 것만 같았지요.

그런데 남자가 갑자기 말했습니다.

'부인, 두려워하실 것 없습니다!'

그녀는 입을 열 수가 없어서 아무 대답도 하지 않았습니다. 그저 심장이 고동치고 귀가 울릴 뿐이었습니다.

남자가 다시 말했습니다.

'부인, 저는 나쁜 사람이 아닙니다.'

그 말에도 그녀는 아무 대꾸도 하지 못했는데, 그만 몸을 움직이다가 무릎을 오므리는 바람에 금화가 양탄자 위에 떨어지고 말았습니다. 물통에서 쏟아지는 물처럼 말입니다.

남자는 놀란 눈으로 그 금화가 와르르 떨어지는 광경을 보고 있더니, 불현듯 몸을 굽히고 그것을 줍기 시작했습니다.

그녀는 무서워서 모든 재산을 바닥에 내던진 채 일어나서 통로로 달아나려고 문을 향해 몸을 날렸습니다. 그러나 상대의 동작을 본 남자가 달려들어 그녀 팔을 붙들어 억지로 앉힌 뒤, 손목을 잡은 채 말했습니다. '제 얘기 좀 들어주십시오, 부인, 저는 나쁜 사람이 아닙니다. 그 증거로 이 돈을 주워 당신에게 돌려드리려 하고 있지 않습니까? 하지만 국경을 넘는 데 당신의 도움을 얻지 못하면, 저는 모든 것을 잃고 죽은 사람이나 다름없이 될 겁니다. 더 이상은 아무 말도 할 수 없습니다. 앞으로 한 시간만 지나면 우리는 러시아의 마지막 정거장에 도착할 겁니다. 한 시간 이십 분이면 국경 밖으로 나갈 수 있어요. 만약 당신이 저를 구해 주지 않으신다면 저는 끝장날 겁니다. 하지만 부인, 저는 살인을 한 것도 아니고 도둑질을 한 것도 아니며, 떳떳지 못한 짓은 아무것도 하지 않았습니다. 맹세합니다. 더 이상은 아무 말도 할 수 없습니다.'

그리고 나서 남자는 무릎을 꿇고 다시 금화를 줍기 시작했습니다. 의자 밑까지도 더듬어 멀리 굴러간 마지막 금화도 찾아냈습니다. 그녀의 가죽 가방 안에 다시 금화가 가득 차게 되자 그는 한마디도 하지 않고 그녀에게 돌려준 뒤,

객실 반대쪽 구석으로 돌아가 자리에 앉았습니다.

그때부터 두 사람은 꼼짝도 하지 않았습니다. 그녀는 가만히 앉아서 내내 침묵하고 있었습니다. 차츰 마음은 진정되었지만 여전히 공포로 숨이 막힐 것만 같았습니다. 남자도 전혀 움직이지 않고 단정하게 앉아서 앞만 바라보고 있었는데, 얼굴은 마치 죽은 사람처럼 창백했지요. 이따금 그녀는 남자를 재빨리 훔쳐보고는 곧 시선을 거두었습니다. 나이는 서른쯤 된 아주 잘생긴 남자로, 아무래도 귀족처럼 보였습니다.

기차는 어둠을 뚫고 계속 달렸습니다. 밤하늘을 향해 요란한 소리를 내뱉으면서 가끔 속도를 늦추었다가 다시 전속력으로 달리곤 했습니다. 그러다가 갑자기 속도가 느려지고 기적이 몇 번 울리더니 이윽고 완전히 멈춰 섰습니다.

이반이 객실 문 앞에 나타났습니다. 뭔가 지시를 받기 위해서였지요.

마리 백작부인은 몸을 떨면서도 다시 한 번 그 기묘한 길동무를 바라본 뒤, 퉁명한 목소리로 하인에게 말했습니다.

'이반, 자네는 이제 백작님에게 돌아가도록 해. 나에게는 더 이상 필요 없으니까.'

하인은 어리둥절하여 놀란 눈을 크게 떴지요. 그리고 웅얼거렸습니다.

'하지만…… 마님.'

그녀는 거듭 말했습니다.

'아니야, 따라오지 않아도 돼. 난 계획을 바꿨으니까. 자네는 러시아에 남아 있도록 해. 자, 이건 돌아갈 여비. 자네 모자와 외투를 여기에 두고 가.'

늙은 하인은 어안이 벙벙한 표정이었지만, 언제나처럼 시키는 대로 모자를 벗고 외투를 내밀었습니다. 주인들의 거역하기 힘든 변덕과 갑작스러운 요구에 익숙해져 있었기 때문이지요. 그는 눈물을 글썽이면서 떠났습니다.

기차는 국경을 향해 다시 출발했습니다.

그러자 마리 백작부인이 옆 사람에게 말했습니다.

'이건 당신 것이에요, 선생님. 당신은 이반이고 내 하인이에요. 그 대신 한 가지 조건이 있어요. 나에게 절대로 말을 걸지 말 것, 감사를 표하기 위해서든 뭘 위해서든 절대로 한마디도 해서는 안 돼요.'

낯선 남자는 아무 말도 하지 않고 머리를 숙였습니다.

오래지 않아 다시 기차가 서자 제복을 입은 관리가 차 안을 점검하러 왔습니다. 백작부인은 여권을 보여준 뒤 객실 구석에 앉아 있는 남자를 가리키며 말했습니다.

'저 사람은 내 하인 이반이에요. 이것이 저 사람 여권이고요.'

기차가 다시 움직이기 시작했습니다.

두 사람은 밤새도록 마주 앉은 채 침묵을 지키고 있었습니다.

이튿날 아침 독일의 어느 정거장에 도착하자 낯선 남자는 기차에서 내리면서, 그 승강구에 서서 말했습니다.

'부인, 약속을 어기는 것을 용서해 주십시오. 하지만 저 때문에 하인이 없어졌으니, 제가 대신 임무를 수행하는 건 마땅한 일입니다. 뭐든 시키실 일은 없습니까?'

그녀는 차가운 목소리로 대답했습니다.

'내 하녀를 불러주세요.'

그는 하녀를 부르러 갔습니다. 그러고는 자취를 감췄지요.

그녀가 어느 역에서 구내식당에 가고 있는데, 멀리서 자신을 쳐다보고 있는 아까 그 남자의 모습이 보였습니다. 그들은 망통에 도착했습니다.

2

의사는 잠시 말을 끊었다가 곧 이야기를 계속했다.

"어느 날 진찰실에서 환자를 보고 있는데, 키가 큰 젊은이가 들어와서 이렇게 말하더군요.

'선생님, 저는 마리 바라노프 부인의 상태를 알아보려고 왔습니다. 부인은 저를 모르시지만 저는 그분 남편의 친구입니다.'

나는 대답했습니다.

'어려울 것 같아요. 아마 다시는 러시아로 돌아갈 수 없을 겁니다.'

그러자 그 남자는 갑자기 흐느껴 울기 시작했습니다. 그러더니 일어나서 마치 술에 취한 것처럼 비틀거리며 나갔습니다.

그날 밤 저는 당장 부인에게 낯선 남자가 그녀의 상태를 물으러 왔다는 것을 알려주었습니다. 그녀는 충격을 받은 모습이었는데, 그때 방금 제가 여러분에게 한 이야기를 죄다 들려준 것입니다. 그리고 그녀는 이렇게 덧붙였습니다.

'그 사람은 저와 아무 인연도 없는데, 요즘 그림자처럼 제 주위를 맴돌고 있어요. 밖에 나가면 그 사람을 만나지 않을 때가 한 번도 없었지요. 묘한 눈빛으로 저를 지켜보고 있는데, 그렇다고 말을 걸지는 않아요.'

그녀는 생각에 잠겼다가 다시 덧붙여 말했습니다.

'아마 지금도 틀림없이 창문 아래에 와 있을 거예요.'

그녀는 긴 의자 위에서 일어나 커튼을 들치더니 나에게 한 남자를 가리켰습니다. 나를 만나러 왔던 바로 그 남자였습니다. 산책로에 있는 긴 의자 위에 앉아 호텔 창문 쪽을 바라보고 있었어요. 그러다가 우리를 보더니, 일어나서 한 번도 돌아보지 않고 멀어지더군요.

그렇게 해서 저는 참으로 기이하고 가슴 아픈 사실을 알게 된 겁니다. 그것은 서로 모르는 두 남녀 사이의 말없는 사랑이었어요.

남자는 그녀를 사랑하고 있었습니다. 그것은 목숨을 구원받은 동물이 감사한 마음에 죽음도 아랑곳하지 않고 바치는 헌신적인 사랑이었습니다. 그가 날마다 저를 찾아와서 '부인의 상태는 어떻습니까?' 하고 묻는 것은, 제가 이미 자신의 마음을 꿰뚫어 봤다는 것을 알았기 때문입니다. 그는 부인이 날마다 쇠약해지고 창백해져 가는 것을 알고 몹시 흐느껴 울었습니다.

부인은 저에게 말했습니다.

'저는 그 이상한 남자와 단 한 번밖에 얘기한 적이 없어요. 그런데도 이십 년 전부터 알고 있는 사람인 듯한 느낌이 들어요.'

혹시 두 사람이 마주치기라도 하면, 부인은 엄격하고, 그런 만큼 매력 있는 미소로 남자에게 눈인사를 건넸습니다. 나는 부인이 행복해하고 있음을 알아차렸습니다. 가족에게서 버림받고 목숨이 얼마 남지 않은 몸이면서도, 경의와 진심, 그리고 넘치는 시정(詩情)을 지닌 남자가 충성을 다 바쳐 사랑해 주는 것을 알았으니까요. 그러면서도 그녀는 자신의 극단적인 완고함을 지키면서, 그를 만나는 것도, 이름을 물어보는 것도, 말을 거는 것도 안간힘을 다해 거부했습니다. 그녀는 이렇게 말하곤 했습니다. '아니에요, 안 돼요, 그런 짓을 하는 건 이 기묘한 우정을 물거품으로 만드는 거예요. 우리는 서로 남남인 채로 있어야만 해요.'

어쩌면 남자 쪽도 돈키호테 같은 사람이었을 겁니다. 그는 그녀에게 다가가기 위해 어떤 일도 하지 않았습니다. 기차 속에서 한 약속, 절대로 말을 걸지 않겠다는 터무니없는 약속을 끝까지 지키려 했으니까요.

그녀는 쇠약한 몸으로 오랫동안 누워 있는 틈틈이 긴 의자에서 일어나 커튼을 살짝 열고, 창문 아래에 남자가 있는지 자주 확인하곤 했습니다. 그리고 여전히 긴 의자 위에서 꼼짝도 하지 않고 있는 남자의 모습을 보면, 그녀는 입술에 미소를 지으면서 다시 몸을 눕히러 의자로 돌아왔습니다.

그녀는 어느 날 아침 열 시 무렵 숨을 거두었습니다. 제가 호텔에서 나가려고 하는데, 그가 충격에 휩싸인 표정으로 저에게 다가왔습니다. 이미 그 일을 알고 있었던 겁니다.

'잠시라도 좋으니 그분을 보여주십시오, 선생님이 계시는 앞에서.' 그는 말했습니다.

저는 그 남자의 팔을 잡고 방 안으로 들어갔습니다.

죽은 여인의 침대에 다가간 그는 그녀의 손을 잡고 오래도록 입을 맞추었습니다. 그러고는 갑자기 미친 사람처럼 달려 나갔습니다."

의사는 또 한 번 입을 다물었다가 이야기를 계속했다.

"아마 이건 내가 아는 철도와 관련된 기이한 이야기들 가운데 가장 기이한 이야기일 겁니다. 인간이란 참으로 정신 나간 어리석은 존재라는 생각이 드는군요."

한 부인이 낮은 목소리로 중얼거렸다.

"그 두 사람은 선생님이 생각하시는 것처럼 이상하지는 않아요…… 왜냐하면 그 두 사람은…… 그 두 사람은……."

그러나 그녀는 눈물을 지으면서 더 이상 아무 말도 하지 않았다. 그 부인을 진정시키기 위해 사람들이 화제를 딴 데로 돌리는 바람에, 그때 그녀가 무슨 말을 하려고 했는지는 알 길이 없다.

Le père Amable
아마블 영감

1

습기를 머금은 잿빛 하늘이 드넓은 갈색 평야에 낮게 드리워져 있었다. 벌거벗은 축축한 흙과 낙엽, 마른풀에서 나는 쓸쓸한 냄새, 이 가을 냄새에, 저물녘의 가라앉은 공기가 더욱 짙고 더욱 무겁게 느껴졌다. 농부들은 저녁종이 울릴 때까지 들에 흩어져서 일하다가 종이 울리고 나서야 집으로 돌아갔다. 농가의 초가지붕들이 사과밭 바람막이숲의 소슬한 가지 사이로 힐끗힐끗 보였다.

길가 한쪽에서는 아직 철모르는 아이가 자기가 벗어둔 옷 위에 다리를 벌리고 앉아 감자를 장난감 삼아 놀고 있는데, 이따금 감자가 옷 속으로 들어가곤 했다. 바로 옆에 있는 밭에서는 아낙네 다섯이 허리를 구부리고 엉덩이를 쳐든 채 유채 모종을 하고 있었다. 그녀들은 방금 쟁기로 뒤엎은 봉긋한 이랑을 따라 민첩하고도 쉼 없이 일을 해나갔다. 뾰족한 작대기 끝을 찔러 넣어 구멍을 판 뒤, 그 속에 벌써 시들해져서 옆으로 누워 있는 모종을 재빨리 넣고 그 뿌리 위에 흙을 덮었다. 그런 작업이 계속 이어졌다.

손에 채찍을 들고 나막신을 신은 젊은이가 지나가다가 아이 곁에 멈춰 서더니 아이를 안아 올리고 볼에 입을 맞추었다. 그러자 여자 하나가 일어나서 그쪽으로 갔다. 노란 머리에 얼굴이 붉고 키가 큰 여자로, 배도, 가슴도, 어깨도, 옆으로 벌어지고 혈색이 좋은 노르망디 여인이었다.

여자가 단호한 목소리로 말했다.

"세제르, 여기 있었군요, 어떻게 됐어요?"

마르고 우울해 보이는 젊은이는 투덜대듯이 말했다.

"어떻게 되긴, 요지부동이야!"

"허락 안 하세요?

"허락 안 하셔."

"그래서 어떻게 할 건데요?"

"어떻게 해야 할지 나도 모르겠어."

"신부님께 가봐요."

"그래 볼까."

"얼른요."

"그러지."

두 사람은 서로 얼굴을 마주 보았다. 남자는 여전히 아이를 안고 있었다. 그는 다시 한 번 아이에게 입을 맞춘 뒤, 여자들 옷 위에 내려놓았다.

멀리 보이는 두 채의 농가 사이에서, 말이 끌고 가는 쟁기를 뒤에서 밀고 있는 한 사내가 있었다. 저녁녘의 흐린 하늘을 배경으로 그들, 동물과 농기구와 농부가 아주 천천히 지나갔다.

여자가 다시 말했다.

"당신 아버지는 뭐라고 하세요?"

"허락 못 한다고 그러시지."

"왜 허락하지 않으신대요?"

젊은이는 방금 아래에 내려놓은 아이를 몸짓으로 가리키더니, 다시 저 멀리서 쟁기를 밀고 있는 사내를 눈짓으로 가리켰다.

그리고 그가 말했다. "당신 아기는 저 사람 거니까."

여자는 어깨를 치켜올리더니 화난 목소리로 말했다.

"맙소사, 이 아이가 빅토르 아이인 것은 모든 사람이 다 아는 사실이에요. 그게 뭐 어떻다고요? 물론 난 실수를 했어요! 하지만 어디 나만 그래요? 내 엄마도 나보다 먼저 실수를 했고, 당신 어머니도 당신 아버지와 결혼하기 전에 그랬잖아요! 이곳에서 실수하지 않는 사람이 누가 있죠? 물론 나는 빅토르와 실수를 했어요. 게다가 난 헛간에서 자다가 강제로 당한 거고, 그건 사실이에요. 그다음부터는 자고 있지 않을 때도 했지만. 상대가 머슴이 아니었으면 나도 분명 결혼했을 거예요. 그래서 그런 일로 내 가치가 떨어졌다는 뜻인가요?"

남자는 단호하게 말했다.

"난 무슨 일이 있어도 당신을 원해. 아이가 있든 없든 아무래도 상관없어. 다만 아버지가 반대하실 뿐이야. 하지만 어떻게 잘되겠지."

여자는 다시 말했다.

"당장이라도 신부님께 갔다 와요."

"알았어."

남자는 농부답게 무거운 걸음으로 다시 걸어갔고, 여자는 두 손을 허리에 얹고 유채를 심으러 밭으로 돌아갔다.

사실 방금 떠난 남자, 즉 귀머거리 영감 아마블 울브레크의 아들 세제르 울브레크는 아버지의 반대를 무릅쓰고 셀레스트 레베스크와 결혼하려 하고 있었다. 그 여자에게는 이미 아이가 있었다. 상대는 빅토르 르코크, 그 여자 부모의 집에서 일하던 머슴이었는데 그 일 때문에 집에서 쫓겨났다.

하기야 시골에는 계급제도 같은 건 존재하지 않았다. 그래서 머슴이라도 착실하기만 하면 언젠가는 자신의 땅을 갖게 되어, 옛날 주인과 대등해질 수도 있었다.

겨드랑이에 채찍을 끼고 사라진 세제르 울브레크는, 흙이 들러붙은 무거운 나막신을 번갈아 들어 올리면서 천천히 궁리했다. 물론 그는 셀레스트 레베스크와 결혼하고 싶었다. 그는 그녀의 아이도 함께하길 바랐다. 어쨌든 자신에게 꼭 필요한 여자였기 때문이다. 왜 그런지는 말할 수 없었지만 그는 그것을 알았고 확신하고 있었다. 그 여자를 쳐다보기만 하면 모든 것이 이해되었으며, 왠지 모르게 기쁘고, 바보가 된 것처럼 이상한 기분이 되어 마음이 춤을 추었다. 게다가 아기를, 빅토르의 아기를 안는 것조차 기쁜 일이었다. 그 아이도 그 여자가 낳았으니까.

그는 저 끝에서 쟁기를 밀고 있는 사내의 먼 옆얼굴을 증오 없이 바라보았다.

그런데 아마블 영감은 이 결혼을 원치 않았다. 영감은 귀머거리의 고집, 격노한 고집으로 반대했다.

세제르는 아버지의 귀에, 아직 약간 들리는 쪽 귀에 아주 큰 소리로 외치곤 했다.

"아버지, 저는 아버지를 끝까지 보살펴 드릴 거예요. 게다가 좋은 여자예요. 착실하고 알뜰한 사람이고요."

노인은 이렇게 되풀이할 뿐이었다. "내 눈에 흙이 들어가기 전에는 보고 싶지 않다."

어떤 것도 그를 이길 수 없었고, 그 무엇도 그의 엄격함을 누그러뜨릴 수 없었다. 다만 세제르에게는 한 가닥 희망이 남아 있었다. 아마블 영감은 죽음이 다가오고 있다는 불안감에 신부님을 두려워했다. 하느님이나 악마, 지옥, 연옥, 그런 것들은 아예 생각 자체를 하지 않기 때문에 자연히 그것을 두려워하지도 않았지만, 오직 신부님만은 두려웠다. 병이 두려워 의사를 두려워하듯이, 영감에게는 신부님이 장례식을 연상시키기 때문이다. 셀레스트는 노인의 약점을 잘 알고 있어서, 지난 일주일 동안 세제르를 부추겨 신부님에게 보내려고 했지만, 그는 망설이고 있었던 것이다. 왜냐하면 그도 검은 옷을 입은 사제들을 별로 좋아하지 않았고, 신부라고 하면 언제나 헌금이나 성찬 빵을 바라는 것으로 생각했기 때문이다.

하지만 세제르는 가까스로 결심하고 사제관 쪽으로 천천히 걸어갔다. 가는 동안 내내 이 문제를 어떻게 이야기할지 생각했다.

라팽 신부는 여위고 체격이 작은 쾌활한 사제로, 수염을 한 번도 깎은 적이 없는데, 마침 부엌 아궁이의 불에 발을 녹이면서 저녁 식사를 기다리고 있었다.

농부가 들어오는 것을 보자 신부는 고개만 돌리고 물었다.

"세제르, 자네가 여긴 웬일인가?"

"신부님께 드릴 말이 있어서요."

젊은이는 주눅이 들어서인지 한 손에는 모자, 다른 손에는 채찍을 들고 그저 우두커니 서 있었다.

"그래, 이야기해 보게."

세제르는 하녀를 쳐다보았다. 할멈은 다리를 끌면서 창문 앞 식탁에 주인의 식사를 차리고 있었다. 농부는 우물거리면서 말했다.

"그러니까 고해성사 같은 것입니다."

그러자 라팽 신부는 이 농부를 주의 깊게 관찰했다. 상대의 난처한 표정, 거북한 태도, 불안한 눈빛을 알아챈 것이다. 그래서 신부가 명령했다.

"마리아, 잠시 방에 가 있어요. 난 세제르와 할 얘기가 있으니까."

하녀는 화난 눈빛을 젊은이에게 던지더니 투덜대며 나갔다.

성직자가 말을 이었다. "자, 이제 뭐든지 얘기해 보게."

젊은이는 여전히 주저하면서 자신의 나막신을 내려다보고 모자를 만지작거렸다. 그러더니 갑자기 결심한 듯이 말했다.

"그러니까 저는 셀레스트 레베스크와 결혼하고 싶습니다."

"그런데 누가 방해라도 하는가?"

"아버지가 허락하지 않으십니다."

"자네 아버지가?"

"예, 제 아버지가요."

"자네 아버지는 뭐라고 하시는데?"

"여자에게 아이가 있어서 안 된답니다."

"그거라면 우리의 어머니 하와 때부터 늘 있는 일이지, 이제 와서 새삼스럽게 시작된 일이 아닌데."

"그런데 빅토르의 아이라서요. 앙팀 루아젤 집의 일꾼 빅토르 르코크 말입니다."

"아! 아!…… 그래서 허락하지 않는 것이군?"

"예, 맞습니다."

"하지만 그뿐만이 아닐 텐데?"

"말씀드리기 민망하지만, 완고한 아버지가 반대하는 이유는 오로지 그것뿐입니다."

"그래서 허락을 받기 위해서 자네는 뭐라고 말했나?"

"저는 다만 좋은 여자라고 말했습니다. 착실하고 알뜰하다고요."

"그래도 허락하지 않는단 말이지. 그래서 나에게 얘기해 달라는 건가?"

"바로 그겁니다. 신부님이 말씀 좀 해주세요!"

"그래, 내가 자네 아버지에게 뭐라고 말하면 되는 건가?"

"그러니까…… 언제나 헌금을 내도록 하기 위해 하시는 그 설교처럼 얘기해주시면 됩니다."

종교라는 건 천국의 금고를 채우기 위해 인간의 지갑을 털거나 주머니를 비우는 것이라고 이 농부는 생각하고 있었다. 말하자면 어떤 거대한 상점 같은 것으로 신부는 그 지배인이라고 할 수 있다. 그것도 전문가 뺨칠 정도로 교활하고 음험하며 약삭빠른 지배인으로, 시골 사람을 등쳐먹으면서 하나님 사업을 하고 있는 것이다.

그는 물론 사제들이 가난뱅이와 병자, 죽어가는 사람을 도와주고, 위로하며, 충고하고, 지지해 준다는 것을 잘 알고 있었다. 그러나 이 모든 것은 돈에 좌우

되어 금은보화와 교환된다. 성사(聖事)와 미사, 조언과 보호, 지은 죄의 사면과 관용, 연옥과 천국도 죄인의 금전과 선심에 따라 움직이는 것이다.

라펭 신부는 이 젊은이를 잘 알고 있었고, 또 결코 화를 내지 않는 사람이었기 때문에 웃으며 말했다.

"그래, 좋아, 나도 자네 아버지에게 잘 얘기해 보겠네. 그건 그렇고, 자네도 설교를 들으러 올 거지?"

울브레크는 맹세의 표시로 손을 내밀었다.

"맹세하겠습니다. 신부님이 그렇게 해주신다면 저도 약속을 지키겠습니다."

"됐어, 좋아. 자네 아버지를 만나러 언제 가면 좋을까?"

"신부님만 괜찮으시다면 한시라도 빨리 해주셨으면 합니다."

"그렇다면 삼십 분 뒤에 가지. 저녁이나 먹고 말이야."

"삼십 분 뒤에요."

"그래. 그럼 이따 보세."

"안녕히 계세요, 신부님. 감사합니다."

세제르 울브레크는 마음의 무거운 짐을 벗어버린 듯 가벼운 걸음으로 집으로 돌아갔다.

그는 조그마한 밭을, 아주 조그마한 밭을 빌려서 일구고 있었다. 그것은 그들, 즉 아버지와 그에게 돈이 없었기 때문이다. 그들 말고 열다섯 살쯤 된 하녀가 하나 있었는데, 이 아이가 두 사람의 식사를 준비하고 암탉을 돌보고 소젖도 짜고, 버터도 만들었다. 이토록 적은 식구에, 게다가 세제르는 솜씨 좋은 농부인데도 살림을 간신히 꾸려가고 있었다. 땅도 가축도 충분하지 않아서 입에 풀칠하는 것이 고작이고 남는 것은 없었다.

노인은 더 이상 일하지 않았다. 귀가 안 들리는 사람들 대부분이 그렇듯이 성격이 어두웠다. 그는 류머티즘으로 구부러지고 일그러진 몸을 지팡이에 의지한 채, 밭을 거닐면서 완고하고 의심에 찬 눈길로 거기서 일하는 동물과 인간들을 바라보았다. 가끔 도랑가에 앉아 몇 시간씩 꼼짝도 하지 않고, 자신이 평생 동안 고생해 온 온갖 일, 달걀과 곡류의 가격, 수확을 좌우하는 햇볕과 비에 대해 어렴풋이 생각했다. 게다가 류머티즘에 시달리고 있는 팔다리는, 메말라 있기는 하지만 지금도 땅의 습기를 흡수하고 있었다. 그것은 축축한 초가지붕과 나지막한 초가집 벽의 습기를 칠십 년 동안 흡수해 온 것과 같았다.

영감은 해가 저물면 집에 돌아와서 언제나 부엌 식탁 끄트머리 자기 자리에 앉았다. 그리고 수프가 들어 있는 질그릇이 자기 앞에 놓이면, 둥근 그릇의 형태로 굳어버린 듯한 갈고리처럼 구부러진 손가락으로 그것을 감쌌다. 여름에도 겨울과 마찬가지로 그런 식으로 먹기 전에 손을 데웠다. 그것은 아무리 하찮은 것도 낭비하고 싶지 않아서였다. 비싼 값의 숯불에서 나오는 열기는 물론이고, 지방과 소금을 넣은 수프 한 방울, 보리로 만든 빵 부스러기조차 아깝기 때문이었다.

그리고 나서 그는 사다리를 기어 올라가 짚을 채운 매트가 깔려 있는 다락방으로 들어갔다. 아들은 아래층 난로 옆의 움푹한 곳에서 잤다. 하녀는 움막 같은 곳에 틀어박혀 잤다. 전에 감자를 넣어두던 깜깜한 굴이다.

세제르와 아버지는 좀처럼 대화를 나누지 않았다. 다만 이따금 수확물을 팔거나 송아지를 사는 경우에는 아들이 노인의 의견을 물었다. 그런 경우에 세제르는 두 손으로 나팔 모양을 만들어서 자신의 생각을 아버지 머릿속에 불어넣기 위해 큰 소리로 외쳤다. 그러면 아마블 영감은 때때로 그것을 허락했다. 또는 배 속에서 나오는 듯한 느리고 공허한 목소리로 반박하기도 했다.

그러던 어느 날 밤, 세제르는 말이나 암송아지를 살 때처럼, 아버지 옆에 가서 그 귀에 입을 대고, 있는 힘껏 소리를 질러 셀레스트 레베스크와 결혼하고 싶다고 말했다.

그러자 아버지는 격분했다. 어째서? 도덕성 때문에? 물론 그렇지는 않다. 시골에서 처녀의 품행은 아무도 상관하지 않았다. 다만 탐욕과 절약에 대한 뿌리 깊은 강한 본능 때문이었다. 아들이 자기가 만들지도 않은 아이를 키운다는 생각과 탐욕스러운 본능이 아버지의 내부에서 충돌한 것이다. 영감은 순간적으로 생각했다. 아이가 밭에 나가 일할 수 있을 때까지 마실 수프의 양이 얼마나 될지. 그 코흘리개가 열네 살이 될 때까지 먹고 마시는 빵의 무게와 사과주의 양을 계산했다. 그러자 그런 것들은 전혀 생각하지 않는 세제르에 대해 맹렬한 분노가 끓어올랐다.

그래서 영감은 평소에는 좀처럼 사용하지 않는 목소리를 내서 대답했다.

"너 제정신이냐?"

그리하여 세제르는 자신이 그녀와 결혼하려는 이유를 하나하나 늘어놓기 시작했다. 셀레스트의 장점을 이야기하고, 그녀가 아이에게 드는 비용의 백배나 벌어줄 것임을 증명하기도 했다. 하지만 노인은 한편으로 그러한 가치는 의심하면서, 다른 한편으로 아기의 존재는 의심하지 않을 수가 없었다. 그래서 영감은 더 이상 설명하지 않고, 그저 같은 대답만 되풀이했다.

"난 싫다! 싫어! 내 눈에 흙이 들어가기 전에는 그렇게 못 한다!"

그렇게 석 달 동안, 그들은 서로 한 발짝도 물러서지 않고 그대로 있었다. 그리하여 일주일에 한 번 꼴로 똑같은 말다툼을 되풀이했지만, 늘 같은 논리에, 같은 문구, 같은 몸짓이어서 마찬가지로 부질없었다.

그래서 셀레스트는 세제르를 부추겨 신부님의 도움을 청하러 보낸 것이다.

농부가 집에 돌아오자 아버지는 벌써 식탁에 앉아 있었다. 사제관에 들러서 왔기 때문에 평소보다 늦어졌던 것이다.

두 사람은 마주 앉아 말없이 식사를 했다. 수프를 먹은 뒤 사과주 한 잔을 마시면서 빵에 버터를 조금 발라 먹었다. 그러고 나서 그들은 의자에 기대앉은 채 꼼짝도 하지 않았다. 그 모습을 어린 하녀가 날라 온 촛불이 희미하게 비춰주고 있었다. 아이는 그 불빛으로 숟가락을 씻고 컵을 닦았다. 또 다음 날 이른 아침에 먹을 빵도 미리 잘라두었다.

그때 문 두드리는 소리가 나더니 곧바로 문이 열리고, 신부가 나타났다. 노인은 불안한 듯한 의심의 눈초리로 그쪽을 바라보았다. 그러더니 위험을 느꼈는지 얼른 사다리를 올라가려고 하자, 라팽 신부가 그의 어깨에 손을 얹고 귓전에 대고 큰 소리로 말했다.

"아마블 영감님, 드릴 말이 있어서 왔습니다."

세제르는 열려 있는 문으로 나가 자취를 감췄다. 그는 그 자리에서 이야기를 듣고 싶지 않았다. 그만큼 불안했던 것이다. 자신의 희망이 아버지의 완고한 거절 앞에서 여지없이 부숴지는 것을 옆에서 듣고 있을 수가 없었다. 그보다는 좋든 나쁘든 나중에 결과를 듣는 편이 더 낫다고 생각했다. 그래서 어둠 속으로 사라진 것이다. 달도 없고 별도 없는 저녁, 짙은 안개와 습기 때문에 공기가 눅눅한 저녁이었다. 마당에서 희미한 사과 냄새가 감돌고 있었다. 가장 이른, 즉 사과주의 고장에서 말하는 '유리이블 종(種)'을 따도 되는 시기였기 때문이다. 세제르가 외양간 벽을 따라 걷고 있으니, 그 좁은 창문으로 짚 위에서 자고 있는 건강한 동물들이 발산하는 냄새가 코를 찔렀다. 마구간 옆을 지나갈 때는, 말이 서서 발굽을 울리는 소리와, 여물 선반에서 마른풀을 끌어당겨 씹어 먹느라 턱을 놀리는 소리도 들려왔다.

그는 셀레스트를 생각하면서 발길 가는 대로 걸었다. 그의 단순한 머릿속에서는, 관념이란 대상물에서 직접 나오는 영상에 지나지 않았다. 즉 사랑에 대한 생각이라고 하면, 그 얼굴이 발그레한 키 큰 여자가 손을 허리에 얹고 움푹 들어간 길가에 서서 웃고 있는 모습을 떠올리는 것뿐이었다.

그렇게 그가 그녀의 존재를 느낀 그날부터, 그녀에게 연정을 품게 되었다. 물론 그는 그녀를 어릴 때부터 알고 있었지만, 그날 아침처럼 그녀에게 마음을 빼앗긴 적은 없었다. 두 사람은 잠시 동안 서서 이야기를 나눴다. 그리고 그는 돌아가는 내내 되풀이했다. "역시 괜찮은 여자야. 빅토르와 실수를 한 건 유감이지만." 저녁 무렵까지 그는 그녀를 생각했다. 그 이튿날도 마찬가지였다.

그녀를 다시 만났을 때 그는 뭔가 목구멍이 간질간질한 느낌이었다. 누가 수탉의 깃털을 입에서 가슴으로 찔러 넣는 듯한 기분이었다. 그때부터 그녀 옆에 있으면, 반드시 이 신경증 같은 간질거림이 시작되는 것에 스스로도 놀랐다.

삼 주 만에 그는 그녀와 결혼하기로 결심했다. 그만큼 그녀가 마음에 들었다. 그는 자신을 지배하는 이 힘이 어디에서 온 것인지 알 수가 없었다. 그저 "홀렸다"는 한마디로 그것을 설명하고 있었다. 이 여자를 얻고 싶은 욕망은 처음부터 자기 안에 깃들어 있었고, 그것은 지옥의 힘처럼 지배하고 있다라고 말할 뿐이었다. 그녀의 실수 따위는 전혀 개의치 않았다. 결국 그런 건 아무래도 상관없었다. 그런 일로 그녀의 가치가 떨어지지는 않았다. 그는 또 빅토르 르코크에게도 악의를 품지 않았다.

하지만 만약 신부님이 성공하지 못하면 어떡하지? 그건 생각하고 싶지도 않았다. 그만큼 그는 이 불안감에 괴로웠다.

그는 어느새 사제관 앞까지 와 있었다. 작은 나무 울타리 옆에 앉아서 신부님이 돌아오기를 기다리기로 했다.

아마 한 시간은 그곳에 그렇게 앉아 있었던 것 같았다. 이윽고 길에서 발소리가 들려왔다. 매우 어두운 밤이었음에도 그는 훨씬 더 검은 사제복의 그림자를 금세 알아보았다.

그는 일어났지만, 걸을 수가 없었다. 이야기할 용기도 없고 어떻게 해야 할지 알 수가 없었다.

성직자가 그를 알아보고 쾌활하게 말했다.

"오, 젊은이, 잘됐네."

세제르는 더듬거리면서 말했다. "잘됐다면…… 설마!"

"그렇다네, 젊은이, 하지만 애를 좀 먹었지. 자네 아버지는 정말 고집쟁이 영감님이더군!"

농부는 되풀이해서 말했다. "설마요!"

"그렇다니까 그래. 내일 정오에 다시 와주게. 결혼을 알리는 것에 대해 이야기를 해야 하니까."

남자는 신부의 손을 꽉 잡았다. 그리고 그 손을 힘차게 흔들면서 더듬대며 말했다. "정말…… 정말…… 사실인가요…… 신부님…… 맹세해도 좋아요…… 일요일에는…… 설교를 들으러 가겠습니다……."

2

결혼식은 12월 중순에 했다. 신랑 신부가 다 가난해서 간단하게 치렀다. 그날 세제르는 새로 지은 옷을 입고 아침 여덟 시에 벌써 준비를 끝냈다. 언제라도 신부를 부르러 가서 면사무소로 데리고 갈 준비가 되어 있었다. 다만 시간이 아직 너무 일러서, 부엌 식탁 앞에 앉아 친척들과 친구들이 자신을 데리러 오기를 기다리고 있었다.

지난 여드레 동안 눈이 내렸다. 가을에 씨를 뿌릴 때 비료를 넣어 갈색을 띠고 있던 땅이, 지금은 납색으로 변해 거대한 얼음 이불 밑에서 잠들어 있었다.

하얀 모자를 쓴 초가 안은 추웠다. 마당의 둥그스름하게 가지를 다듬은 사과나무들은 마치 꽃을 피우고 있는 것 같았다. 사과꽃이 피는 5월처럼 새하얀 분으로 덮여 있었다.

좍좍 내리는 비처럼 펑펑 쏟아지는 그 북쪽 지방의 함박눈은 그날 아침에야 그쳤다. 햇살을 받아 은빛으로 반짝이는 새하얀 들판 위에 푸른 하늘이 펼쳐져 있었다.

세제르는 행복에 겨워 창문으로 바깥을 멍하니 바라보았다.

문이 열리더니 잘 차려입은 시골 부인 두 명이 들어왔다. 신랑의 숙모와 사촌누나였다. 이어서 사촌형 셋, 그리고 이웃집 여자가 들어왔다. 그들은 의자에 앉더니 꼼짝도 하지 않고 말없이 있었다. 부엌 한쪽에는 여자들이, 다른 한쪽에는 남자들이 모여 있었는데, 어쩐지 모두들 갑자기 기운이 빠진 것처럼 보였다. 의식에 모인 사람들에게서 흔히 볼 수 있는 어색한 분위기 때문이었다. 곧 사촌형 한 사람이 말했다.

"이제 갈 시간이지?"

세제르가 대답했다.

"그런 것 같군요."

"그럼 나가도록 할까?" 다른 사촌형이 말했다.

그들은 일어났다. 그때 세제르는 문득 불안감에 휩싸였고, 아버지가 준비를 마쳤는지 보기 위해 사다리를 타고 다락방으로 올라갔다. 늘 일찍 일어나는 노인이 오늘은 아직도 모습을 보이지 않았던 것이다. 아들은 아버지가 이불을 쓰고 짚으로 만든 위에 누워 있는 것을 보았다. 눈은 뜨고 있었는데 꽤나 심통이 난 기색이었다.

그는 아버지의 고막에 대고 소리쳤다.

"자, 아버지, 일어나세요. 결혼식 시간 다 됐어요."

그러자 귀머거리는 처량한 목소리로 중얼거렸다.

"안 되겠다. 아무래도 한기가 들어서 등골이 으슬으슬해. 도저히 못 일어나겠다."

젊은이는 실망했지만 핑계라는 걸 알고 가만히 지켜보았다.

"자, 아버지, 아버지는 꼭 가셔야 해요."

"못 가겠다니까."

"그럼 제가 도와드릴게요."

그는 노인을 향해 허리를 구부려 이불을 걷은 뒤, 두 팔을 잡고 일으키려고 했다. 그런데 아마블 영감이 소리를 지르기 시작했다.

"아! 아! 악! 아이고 아파라! 으, 으, 안 돼. 등이 붙어버렸나. 아무래도 지붕 아래로 바람이 들어왔나 보다."

세제르는 도저히 안 된다는 걸 알았다. 그는 격분하여 아버지를 향해 난생 처음으로 큰 소리를 질렀다.

"그러시면 아버지는 잔치 음식을 못 드세요. 폴리트네 식당에 피로연을 준비해 두었으니까요. 계속 고집을 부리시면 저도 몰라요."

그러고 나서 그는 사다리를 후다닥 내려갔다. 그리고 길을 나섰다. 그 뒤를 친척과 손님들이 따라왔다.

남자들은 눈이 묻지 않도록 바지자락을 걷어 올렸다. 여자들은 치마를 높이 쳐드는 바람에 여윈 발목과 잿빛 털실로 짠 양말, 빗자루처럼 곧은 뼈가 앙상하게 드러난 다리가 보였다. 일행은 발이 빠져 비틀거리면서 한 줄로 서서 걸어갔다. 끝없이 펼쳐진 눈밭 속에 사라진 길을 잃지 않으려고 조심하면서, 아무 말도 하지 않고 조용조용 걸어갔다.

그들이 농가에 가까이 오자 그 행렬에 끼어들기 위해 그들을 기다리고 있는 한두 사람이 보였다. 그렇게 행렬이 끝없이 길어져서 보이지 않는 굽잇길로 구불구불 돌아가는 모습은, 하얀 들판에 물결치고 있는 살아 있는 묵주처럼 검은 구슬이 점점이 이어져 있었다.

신부네 집 앞에서는, 수많은 사람들이 모여 신랑을 기다리면서 제자리걸음을 하고 있었다. 신랑이 보이자 사람들이 떠들기 시작했다. 셀레스트도 이내 자기 방에서 나왔다. 푸른 옷을 입고 어깨에는 붉은색의 작은 숄을 걸치고, 머리에는 오렌지꽃으로 장식한 관을 쓰고 있었다.

모든 사람이 세제르에게 물었다.

"아버지는 어떡하고?"

그는 난처해하며 대답했다.

"류머티즘 때문에 일어나지 못하셨어요."

믿지 못하겠다는 듯이 심술궂은 표정을 지으면서도 농부들은 고개를 끄덕여 보였다.

일행은 면사무소 쪽으로 걸어갔다. 미래의 부부 뒤에서 한 아낙네가 빅토르의 아이를 안고 따라가는 것이 마치 세례식에 가는 것 같았다. 다음에는 농부들이 둘씩 팔짱을 끼고 바다 위의 작은 배처럼 눈 속을 걸어갔다.

면사무소의 작은 건물 속에서 면장이 신랑 신부를 축하하자, 이어서 신부님이 하느님의 검소한 집 안에서 두 사람을 맺어주었다. 신부님은 이 한 쌍을 축복하고 두 사람에게 자손 번영을 약속해 주었다. 그리고 결혼 생활의 덕목을 설교하고 노동, 화합, 충실 등 시골 생활의 단순하고 건전한 덕목을 설명하는 동안, 아기는 감기라도 걸린 건지 신부(新婦) 뒤에서 계속 울어댔다.

새 부부가 성당 문 앞에 나타나자 총소리가 묘지의 해자 속에서 울려 퍼졌다. 연기가 피어오르는 총부리밖에 보이지 않더니, 불쑥 얼굴이 하나 솟아나 행렬 쪽을 바라보았다. 빅토르 르코크였다. 옛 여자의 결혼을 축하하고 그녀의 행복을 기원하며 쏜 한 발로써, 그녀를 향한 자신의 바람을 드러낸 것이었다. 그는 이 축포의 일제사격을 위해 미리 동료 일꾼들 대여섯 명을 그러모았다. 사람들은 그의 솜씨를 제법이라고 생각했다.

잔치는 폴리트 카슈프린네 식당에서 열렸다. 장날에 늘 식사를 하는 넓은 식당에 스무 명분의 식사가 준비되어 있었다. 쇠꼬챙이에 꽂혀 빙글빙글 돌아가고 있는 커다란 넓적다리 고기, 육즙이 배어나오는 암탉, 새빨갛게 달군 불 위에서 오그라드는 소시지 등이 짙은 냄새가 되고, 기름이 떨어진 고급 숯에서 피어오르는 연기가 되고, 시골 요리의 강하고 묵직한 냄새가 되어 온 집 안에 자욱하게 퍼져 갔다.

사람들은 정오에 식탁에 앉았다. 이내 접시 속에 수프가 부어졌다. 그만큼 사람들의 얼굴에도 활기가 살아났다. 서로 익살을 부릴 때마다 사람들 입도 열렸다. 눈은 야유하는 듯한 주름을 잡으면서 웃고 있었다. 이제부터 제대로 즐기기 시작하는 것이다.

문이 열리더니 아마블 영감이 나타났다. 얼굴에는 노기가 잔뜩 서려 있었고 여전히 심기가 불편한 기색이었다. 자신의 고통을 보여주기 위해 한 걸음마다 투덜거리면서, 지팡이에 매달려 힘겨운 듯이 걸었다.

사람들은 영감을 보고 잠시 입을 다물었다. 그런데 느닷없이 마을 사람들의 뱃속을 훤히 들여다보고 있는 익살꾼인 이웃집 말리부아르 영감이 갑자기 세제르가 하는 것처럼 두 손으로 나팔 모양을 만들어 큰 소리로 외치기 시작했다. "아이고, 날렵한 영감님, 집 안에서 폴리트네 부엌 냄새까지 맡으시다니, 대단한 코란 말이야."

사람들 목구멍에서 꾕음을 내며 나오는 웃음소리가 여기저기 넘쳐났다. 말리부아르는 흥이 나서 계속했다. "류머티즘에는 소시지 찜질만 한 게 없어! 게다가 도수 높은 술 한 잔이면 배가 따뜻해지거든……!"

사내들은 소리를 지르고 주먹으로 식탁을 두드리면서 즐거워했다. 펌프를 다룰 때처럼 몸을 뒤틀면서 웃어댔다. 여자들은 암탉처럼 꼬꼬댁거렸고, 하녀들은 벽에 기대어 자지러지게 웃었다. 오직 아마블 영감 혼자만 웃지 않았다. 그리고 그는 아무 말도 하지 않고 자신의 자리를 마련해 줄 때까지 기다렸다.

영감의 자리는 식탁 한가운데, 그의 며느리 바로 앞에 마련되었다. 자리에 앉자마자 그는 먹기 시작했다. 뭐니 뭐니 해도 돈을 대는 건 아들이므로 자기 몫을 먹어야만 했다. 위장 속에 수프를 한 숟가락씩 흘려 넣을 때마다, 빵 한 조각을 먹을 때마다, 잇몸으로 씹은 고기를 삼킬 때마다, 사과주와 포도주 한 잔이 목구멍을 지나갈 때마다, 영감은 자기 재산의 일부를 되찾고, 이 아귀들에게 다 먹히고 있는 자신의 돈을 조금이라도 되찾는 듯한, 그래서 결국 자기 소유물의 일부를 구하고 있는 듯한 느낌이 들었다. 그리하여 잔돈까지 감추는 구두쇠의 끈기와, 지난 힘든 들일을 통해 얻은 어둡고 끈질긴 집념으로 그는 아무 말 없이 먹었다.

문득 식탁 한구석에서 한 아낙네의 무릎에 안겨 있는 셀레스트의 아이를 보자 영감의 시선이 떠나지 않았다. 그는 계속 음식을 먹으면서도 눈은 아기를 향하고 있었다. 아이 보는 여자가 스튜를 조금씩 입에 넣어주자 아기는 오물오물 씹어 먹고 있었다. 노인은 다른 사람들이 탐욕스럽게 먹는 건 몰라도 이 어린것이 빨아들이는 소량의 음식만은 참을 수가 없었다.

저녁까지 이어진 식사가 끝났다. 그리고 저마다 집으로 돌아갔다.

세제르가 아마블 영감을 부축해서 일으켰다.

"아버지, 이제 그만 돌아갑시다." 그가 말했다. 그는 두 개의 지팡이를 아버지 양손에 쥐어주었다. 셀레스트는 아이를 안았다. 그들은 눈이 반사되는 어슴푸레한 밤길을 천천히 걸어갔다. 4분의 3은 흰머리인 이 귀머거리 영감은 술에 취해 점점 더 심통을 부리면서 도무지 걸음을 옮기려 하지 않았다. 도중에 몇 번이나 주저앉았는데, 그렇게 하여 며느리가 감기에 걸리게 할 계산이었던 것이다. 분명히 입 밖에 내어 말하지는 못하고 괴로운 듯 한숨을 길게 내쉬고는 알아듣지 못할 말로 투덜거렸다.

집에 도착하자 영감은 그대로 다락방으로 올라갔다. 세제르는 아내와 함께 잘 침상 옆에 아이의 잠자리를 만들었다. 신혼부부는 쉬 잠이 오지 않아, 영감이 짚으로 만든 요 위에서 몸을 뒤척이는 소리를 오래도록 들었다. 뿐만 아니라 영감은 몇 번이나 큰 소리를 지르기도 했다. 꿈을 꾸거나, 아니면 고정관념 때문에 자신의 생각을 억제하지 못하고 생각나는 대로 아무 말이나 내뱉은 건지도 몰랐다.

이튿날, 사다리를 내려온 영감은 며느리가 부엌에서 일하고 있는 것을 보았다.

그녀는 영감에게 큰 소리로 말했다. "아버님, 어서 오세요. 수프가 맛있게 됐어요."

그녀는 김이 오르고 있는 국물이 가득한, 배가 불룩한 검은 질그릇을 식탁 위에 올려놓았다. 영감은 대답도 하지 않고 앉더니, 평소처럼 뜨거운 그릇을 붙잡고 손을 녹였다. 그런 다음, 그날 아침은 아주 추웠기 때문에 그릇을 가슴에 대어, 뜨거운 수프의 강한 열기를 겨울 추위에 언 늙은 몸속에 조금이라도 집어넣으려고 애썼다.

그러고 나서 그는 지팡이를 찾더니 얼어붙은 들판으로 휑하니 나가버렸다. 그리하여 정오에 점심을 먹을 때까지 들어오지 않았다. 그것은 나무로 만든 조잡한 가구 속에서 아직 잠들어 있는 셀레스트의 아이를 보았기 때문이었다.

영감은 포기할 수가 없었다. 전과 다름없이 이 초가에 살고 있지만, 그렇지 않은 듯한 얼굴을 하고 있었다. 이제는 전혀 상관없는 사람이라는 듯이 행동하고 있었다. 그들을, 즉 아들과 며느리와 아이를 마치 말도 한 적이 없는, 전혀 모르는 남인 것처럼 바라보았다.

겨울이 지나갔다. 길고 쓸쓸한 겨울이었다. 이윽고 초봄이 되자 새싹이 돋아나기 시작했다. 또다시 농부들은 부지런한 개미처럼 하루 종일 들에 나가 생활했다. 인간이 먹을 빵을 낳는, 그 갈색 땅의 고랑을 떠나지 못하고 비가 오나 바람이 부나 새벽부터 밤늦도록 일했다.

그해는 신혼부부에게 운이 좋은 해였다. 작물은 빼곡하게 자라고 힘이 좋았다. 늦서리도 없었다. 꽃이 한창인 사과나무에서 복숭앗빛이 감도는 하얀 눈송이가 풀 위에 떨어졌다. 이대로 가면 가을에는 대풍이 틀림없었다.

세제르는 열심히 일했다. 일찍 일어나고 늦게 집에 돌아왔다. 일꾼 한 사람 몫을 아끼기 위해서였다.

이따금 아내가 그에게 말했다.

"이렇게 무리하다간 병에 걸리겠어요."

그는 언제나 이렇게 대답했다. "걱정 마, 난 괜찮으니까."

어느 날 저녁, 그는 녹초가 되어 돌아와서 밥도 먹지 않고 그대로 잠들어 버렸다. 이튿날은 평소처럼 일어나기는 했지만, 전날 저녁도 굶었는데 여전히 식욕이 없었다. 그리고 오후 중간에 집에 돌아오더니 다시 잠에 빠져들었다. 밤이 되자 그는 기침까지 시작했다. 열이 높아 몸을 뒤척였다. 이마는 뜨겁고 입은 바짝 마르고 목은 타는 듯이 말라서 괴로워했다.

그런데도 동이 트자 그는 다시 밭으로 나갔다. 하지만 이튿날에는 의사를 부르지 않을 수 없었다. 진단 결과는 폐렴이었다.

이때부터 그는 어두컴컴한 자신의 침상을 떠나지 못했다. 기침을 하고 가쁜 숨을 내쉬면서 굴 속에서 움직이는 소리가 들려왔다. 병자의 상태를 살피거나 약을 주고 흡선치유법(吸腺治癒法)을 할 때마다 촛불을 굴 입구까지 가지고 가야 했다. 그러면 그 불빛에, 수염이 자랄 대로 자란 채 수척해진 얼굴이 보였다. 얼굴 위쪽에는 거미줄이 잔뜩 쳐져 있었는데, 그것이 바람에 흔들흔들 움직이고 있었다. 칙칙한 이불 위에 나와 있는 병자의 손은 마치 죽은 사람의 손 같았다.

셀레스트는 불안 속에서 그를 보살폈다. 약을 먹이고 발포고를 붙여주면서 집 안과 굴을 오갔다. 아마블 영감은 자신의 다락방 끝에 앉은 채, 아들이 죽어가는 그 어두컴컴한 굴을 멀리서 살피고 있었다. 마치 질투심 강한 개처럼 불만스러운 얼굴로, 며느리가 미워서 가까이 가려고 하지는 않았다.

그렇게 엿새가 지난 날 아침, 셀레스트가—그 무렵에는 두 다발의 짚을 깐 바닥에서 자고 있었는데—남편의 기색을 살피러 갔더니, 그 깊숙한 침상에서 가쁜 숨소리가 들려오지 않았다. 깜짝 놀란 그녀가 남편을 불렀다.

"이봐요, 세제르, 간밤엔 어땠어요?"

그는 아무런 대답도 하지 않았다.

그녀가 그를 만져보려고 손을 뻗자, 손에 닿는 그 얼굴의 살이 섬뜩하도록 차가웠다. 그녀는 비명을 질렀다. 경악한 여자의 기나긴 비명 소리였다. 그가 죽어 있었던 것이다.

그 비명 소리에 귀머거리 영감이 사다리 위에서 얼굴을 내밀었다. 셀레스트가 사람들을 부르러 집 밖으로 달려 나가는 것을 보고, 그는 서둘러 내려와서 아들의 얼굴에 손을 대어보았다. 그러자 이내 상황을 알아차리고 문을 잠그러 갔다. 아들이 죽은 이상, 여자가 돌아와서 자기 집을 다시 차지하는 것을 막으려는 속셈이었다.

그런 다음, 그는 죽은 아들 옆에 있는 의자에 앉았다.

얼마 뒤 이웃 사람들이 찾아와 문을 두드리면서 불렀다. 하지만 그에게는 전혀 들리지 않았다. 그들 가운데 한 사람이 유리창을 깨고 방 안으로 뛰어들었다. 다른 사람들도 그 뒤를 따라 들어왔다. 그리하여 문이 다시 열렸고, 셀레스트가 나타났다. 눈물에 젖어서 뺨은 부어오르고 눈은 빨갛게 충혈되어 있었다. 그것을 본 아마블 영감은 풀이 죽어 말 한 마디 없이 자신의 다락방으로 올라가 버렸다.

이튿날 아침에 장례식을 치렀다. 장례가 끝나자 시아버지와 며느리만 집 안에 남겨졌다. 물론 아이와 함께.

마침 점심시간이었다. 그녀는 불을 지핀 뒤 수프에 넣을 빵을 부수고 식탁에 접시를 차려놓았다. 그러는 동안 영감은 일부러 그녀 쪽은 쳐다보지도 않고 의자에 앉아 있었다.

식사 준비가 끝나자, 그녀는 시아버지의 귀에 입을 대고 큰 소리로 말했다.

"아버님, 어서 드세요."

영감은 일어나서 식탁 끝자리에 앉더니 수프 그릇을 비우고 빵에 버터를 발라 먹은 뒤, 사과주 두 잔을 마시고는 훌쩍 나가버렸다.

이 계절에 흔한 따뜻한 날씨였다. 생명이 발효하며 고동치고 온 들판에 꽃이 피는 은혜로운 날이었다.

아마블 영감은 밭을 가로지르는 오솔길을 따라 걸었다. 어린 밀, 어린 귀리를 볼 때마다, 내 아들이, 내 가엾은 아들이 지금 이 땅속에 있다는 생각이 떠올랐다. 그는 피곤한 다리를 절름거리면서 걸어갔다. 그 넓은 들판 속에 그 혼자였다. 푸른 하늘 아래에 쑥쑥 자라는 작물 한복판에 그 혼자 있었다. 경쾌한 노랫가락은 들리지 않지만, 머리 위로 날아오르는 종달새 말고는 아무것도 보이지 않았다. 그래서 그는 걸으면서 울었다.

그는 못 가장자리에 앉아 물을 마시러 오는 작은 새들을 바라보면서 저녁까지 머물렀다. 그러다가 어둠이 내리면 집에 돌아와서 말없이 수프를 먹고 다락방으로 올라갔다.

영감의 생활은 그렇게 예전처럼 계속되었다. 아들 세제르가 무덤 속에서 잠자고 있는 것 말고는 아무것도 변한 게 없었다.

그 늙은이가 무엇을 할 수 있으랴? 그는 더 이상 일을 하지 않았다. 이제는 얌전하게, 며느리가 만들어 주는 수프에 적신 빵을 먹기만 하면 되는 것이다. 영감은 아침에도 저녁에도 잠자코 먹기만 했다. 자신이 앉아 있는 자리 바로 앞에서 함께 먹고 있는 아이를 사나운 눈길로 훔쳐보면서. 그러고는 밖으로 나가서 부랑자처럼 근처를 돌아다니다가 헛간 뒤에 숨어서 한두 시간 낮잠을 잤는데, 남에게 보여주기 싫어서 그러는 것 같았다. 그리고 저녁이 가까워질 즈음 집으로 돌아갔다.

한편, 커다란 걱정거리가 셀레스트의 마음에서 떠나지 않았다. 밭에는 그것을 지키고 가꿀 남자가 필요했다. 거기에만 매달릴 남자가 한 사람은 반드시 필요한 것이다. 그것도 단순한 고용인이 아니라 타고난 농부, 밭일도 잘하고 농가의 생활도 살뜰히 돌보아 줄 주인이어야 했다. 여자 혼자 경작을 하고 곡물 가격을 정하며 가축 매매를 주도하는 건 무리였다. 그렇게 생각하자 어떤 계획이 그녀의 머릿속에 자리 잡기 시작했다. 그것은 간단하고 실제적인 생각이었다. 그녀는 밤마다 그것을 생각하고 또 생각했다. 그녀는 일 년이 지나기 전에는 재혼할 수 없었다. 어쨌든 당장 필요한 것은 간절한 이득을, 눈앞의 이득을 놓치지 않는 것이었다.

단 한 사람만이 그녀를 이런 곤경에서 꺼내줄 수 있었다. 바로 아이의 아버지 빅토르 르코크였다. 그는 부지런한 사람으로 들일에는 이골이 나 있었다. 그 사람이라면 돈도 조금은 모았을 것이고 좋은 농부가 되어 있을 터였다. 그녀는 부모 집에서 일하던 그의 솜씨를 알고 있어서 그 점에 대해서는 신뢰하고 있었다.

그래서 어느 날 아침 그녀는, 거름 마차를 끌고 길을 지나가는 그의 모습을 보고 그를 만나러 나갔다. 그가 그녀를 알아보고 말을 세우자 그녀는 말하기 시작했는데, 마치 어제 만난 사람 같은 말투였다.

"안녕, 빅토르, 어떻게 지내고 있어요?"

그가 대답했다. "잘 지내고 있지. 당신은?"

"오 나는, 아무래도 집에 나 혼자뿐이니까요. 그래서 고생 좀 하고 있죠, 밭일을 생각하면."

두 사람은 묵직한 마차 바퀴에 기댄 채 오랫동안 이야기를 나눴다. 남자는 모자를 쓰고 있는 이마 근처를 이따금 긁으면서 생각에 잠겼다. 여자는 뺨을 발그레하게 물들이면서 자신의 생각과 대책, 미래의 계획을 열심히 말했다. 그러자 마침내 그도 중얼거렸다.

"음, 가능할 것 같은데."

그녀는 거래가 이루어졌을 때의 농부처럼 손을 벌리고 물었다.

"그럼 얘기는 끝난 거죠?"

그는 여자가 내민 손을 잡았다.

"좋아."

"그럼 일요일에 어때요?"

"그래 일요일에."

"그럼 잘 가요, 빅토르."

"안녕, 울브레크 부인."

3

그들이 약속한 일요일은 마을 축제 날이었다. 노르망디 지방에서는 집회라고 부르는데, 해마다 열리는 수호성인 축제였다.

벌써 일주일 전부터 회색과 붉은색의 늙다리 말이 느릿느릿 끄는 상인의 마차가 모든 길에서 날마다 모여들고 있었다. 마차를 집 삼아 시장에서 시장으로 돌아다니는 집시 가족들이었다. 복권장수, 사격장, 잡다한 오락물, 농부들이 '야바위꾼'이라고 부르는, 신기한 물건들을 구경시켜 주는 가게들이었다.

포장을 풍성하게 친 지저분한 이륜마차가 한 대씩 면사무소 광장에 와서 멈춰 섰다. 그 바퀴 사이로 볼썽사납게 생긴 개가 한 마리씩 고개를 숙이고 뒤따라왔다. 그 이동 주택 앞에는 각각 천막이 둘러쳐졌다. 천막의 찢어진 틈새로 마을 아이들의 부러움과 호기심을 부추기는 번쩍거리는 물건들이 힐끗힐끗 보였다.

축제일 아침, 임시로 설치한 모든 건물이 문을 열고 유리와 도자기 등 화려한 물건들을 진열했다. 농부들은 미사를 지내러 가는 길에, 그런 아담한 가게들을, 해마다 똑같지만 그래도 반갑다는 듯이 순박한 눈빛으로 바라보았다.

오후가 되자 광장은 사람들로 가득 찼다. 이웃 마을에서 농부들이 아내와 아이들을 데리고 찾아왔다. 그들이 타고 오는 의자 달린 이륜마차가 마치 앉은뱅이저울처럼 흔들리면 낡은 쇠붙이가 삐걱거리며 소리를 냈다. 그들은 일단 친구 집에 가서 마차에서 말을 풀었다. 그 바람에 모든 농가의 마당은 다리가 긴 해저동물과 비슷한, 초라하게 휘고 키가 큰 기묘한 회색 짐마차로 넘쳐났다.

모든 집에서 온 가족이 아이를 앞세우고 어른들은 그 뒤를 따르면서 집회에 속속 모여들었다. 조용한 걸음걸이로 한결같이 웃는 얼굴들이었다. 그들의 뼈마디가 굵고 붉은 손은, 늘 일만 하다가 오랜만에 찾아온 휴식을 주체하지 못하는 것처럼 보였다.

광대는 나팔을 불고 있었다. 회전목마의 오르간이 토막토막 끊어지는 처량한 가락을 허공을 향해 보내고 있었다. 제비뽑기 수레는 천을 찢는 듯한 날카로운 소리를 내면서 삐걱거렸다. 총소리가 끊임없이 들려왔다. 그리하여 이 느릿한 군중은 마치 밀가루죽이 끓어 넘치는 것처럼 오두막 앞을 줄줄이 지나갔다. 그것이 꼭 양떼 같아서, 우리에서는 잘 나왔지만 막상 어디로 갈지 몰라 우왕좌왕하는 가축과 비슷했다.

처녀들은 여섯 명에서 여덟 명이 열을 지어 서로 손을 잡고 쉴 새 없이 조잘댔다. 청년들은 그녀들을 놀리면서 뒤따라갔다. 모두 모자를 귀까지 눌러쓰고, 풀을 먹여 푸른 풍선처럼 부푼 작업복을 입고 있었다.

마을 사람들은 모두 이곳에 모여 있었다. 주인도, 일꾼도, 하녀도.

아마블 영감도 푸르스름한 낡은 프록코트를 입고 집회를 구경하려고 찾아왔다. 영감은 여태 이 집회에 한 번도 빠진 적이 없었기 때문이다.

영감은 제비뽑기를 구경하고 사격장 앞에 멈춰 서서 사격을 비평했다. 무엇보다 그는 널빤지에 그려진 인형의 벌린 아가리 안으로 커다란 나무공을 던져 넣는 간단한 놀이에 흥미를 느꼈다.

그때 갑자기 그의 어깨를 치는 사람이 있었다. 바로 말리부아르 영감이었는데 그가 큰 소리로 말했다. "여보게! 영감도 한 번 해보지."

두 사람은 노천에 만든 작은 술집 탁자에 앉았다. 브랜디를 한 잔, 두 잔, 석 잔이나 마셨다. 그런 다음 아마블 영감은 다시 집회 속에서 어슬렁거리기 시작했다. 그러자 머리가 조금 몽롱해지면서 이유도 없이 웃음이 나왔다. 제비뽑기 앞에서도, 회전목마 앞에서도 웃었다. 특히 인형 쓰러뜨리기 앞에서는 활짝 웃었다. 그곳에서 그는 누군가가 순경이나 신부를 쓰러뜨리면 뛸 듯이 좋아하면서 오랫동안 머물렀다. 그 두 개의 권위를 본능적으로 두려워하고 있었기 때문이다. 영감은 노천 술집에 되돌아가, 정신을 차리기 위해 사과주를 한 잔 마셨다. 이미 꽤 늦은 시간이었다. 밤이 오고 있었다. 한 이웃이 그에게 주의를 주면서 말했다.

"영감님, 우물거리다간 스튜 못 먹어요."

그는 집을 향해 걸음을 옮겼다. 부드러운 어둠, 봄날 초저녁 포근한 어둠이 땅 위에 조용히 내려앉았다.

집 앞에 오자, 불 켜진 창문을 통해 집 안에서 두 사람의 그림자가 보이는 것 같은 느낌이 들었다. 영감은 몹시 놀라 걸음을 멈췄다가 곧 안에 들어갔다. 빅토르 르코크가 식탁에 앉아 있었다. 감자가 수북하게 담긴 접시를 앞에 놓고, 아들이 앉던 자리에 앉아 저녁을 먹고 있었다.

그러자 영감은 어디론가 갈 것처럼 발길을 휙 돌렸다. 바깥은 이미 깜깜했다. 셀레스트는 일어나서 큰 소리로 그를 불렀다.

"아버님, 어서 이리 오세요. 축제의 맛있는 스튜가 있어요."

그러자 영감은 시키는 대로 고분고분하게 자리에 앉았다. 그는 남자와 여자와 아이를 번갈아 바라보았다. 그리고 평소처럼 천천히 먹기 시작했다.

빅토르 르코크는 마치 자기 집에 있는 것처럼 행동했다. 음식을 먹다가 가끔 셀레스트와 이야기를 나누고, 아이를 무릎에 올려놓고 입을 맞추기도 했다. 그러면 셀레스트는 음식을 더 덜어주고 마실 것을 따라주면서, 남자와 얘기하는 것을 너무나 즐거워하는 것처럼 보였다. 아마블 영감은 두 사람 이야기가 들리지는 않았으나 시선을 고정한 채 그들의 기색을 하나하나 살피고 있었다. 그는 저녁을 다 먹고 나자(영감은 음식에 거의 손을 대지 않았다. 그만큼 속이 불편했던 것이다) 곧 자리에서 일어섰다. 그리고 평소처럼 다락방으로 올라가지 않고 마당 쪽 문을 열더니 밖으로 나갔다.

영감이 나가자 셀레스트는 조금 신경이 쓰여 물었다.

"왜 저러실까?"

빅토르는 무심하게 대답했다.

"걱정할 것 없어. 지치면 들어오시겠지."

그리하여 부엌일을 시작한 그녀는 접시를 씻고 식탁을 닦았다. 그사이에 남자는 태연하게 옷을 벗었다. 그런 다음 전에 그녀가 세제르와 함께 잔, 그 어둡고 깊은 침대 안으로 미끄러지듯 들어갔다.

마당 문이 다시 열렸다. 아마블 영감이 다시 나타났다. 안에 들어온 그는, 늙은 개가 뭔가 냄새를 맡고 돌아다니는 것처럼 주위를 두리번거렸다. 빅토르 르코크를 찾고 있었던 것이다. 그가 아무 데도 보이지 않자 영감은 식탁 위에 있는 촛불을 집어 들더니, 그것을 아들이 죽은 그 어두컴컴한 침상 옆으로 가져갔다. 안쪽에 이불을 덮고 남자가 길게 누워 있는 것이 보였다. 벌써 자고 있었다. 귀머거리는 조용히 방향을 바꿔 촛불을 제자리에 갖다놓고 다시 마당으로 나갔다.

셀레스트는 일을 다 마쳤다. 아이도 재우고 모든 것을 정리했으니, 이제 시아버지가 돌아오기를 기다리기만 하면 되었다. 그런 뒤 빅토르 옆에 눕게 될 터였다.

의자에 앉은 그녀는 두 손을 축 늘어뜨리고 흐릿한 눈빛으로 있었다.

시아버지가 좀처럼 돌아오지 않자 그녀는 지루하고 언짢아서 이렇게 중얼거렸다.

"이 게으름뱅이 늙은이가 초를 4수어치나 태워 버리겠군."

빅토르가 침대 안에서 그 말에 대답했다.

"나간 지 벌써 한 시간이나 됐어. 문 앞 의자에서 자고 있는 게 아닐까?"

"내가 가볼게요." 그녀는 외치고 일어나서 등불을 들고 밖으로 나간 뒤, 어둠 속이 잘 보이도록 손으로 불빛 위를 가렸다.

문 앞에도, 의자에도, 그리고 더운 날 시아버지가 가끔 앉아 있곤 하던 밀짚 다발 위에도 아무 흔적이 없었다.

그런데 그녀가 집으로 돌아오기 위해 집 앞문을 가리고 있는 사과나무 쪽으로 무심코 시선을 돌렸더니, 두 개의 발이, 남자의 두 발이 바로 자신의 얼굴 앞에 매달려 있었다.

그녀는 무시무시하게 비명을 질렀다. "빅토르! 빅토르! 빅토르!"

남자가 셔츠 차림으로 뛰쳐나왔다. 그녀는 더 이상 말이 나오지 않았다. 다만, 쳐다보지 않으려고 얼굴을 돌린 채 팔을 뻗어 나무를 가리키고 있었다.

무슨 일인지 알 수 없어서, 자세히 보려고 사내는 촛불을 집어 들었다. 아래쪽에서 우거진 나뭇잎을 비추자 아마블 영감이 보였다. 마구간의 밧줄에 목을 매어 상당히 높은 곳에 매달려 있었다.

사과나무에는 사다리가 걸쳐져 있었다.

빅토르가 얼른 달려가 손도끼를 가져와서 나무에 올라가 밧줄을 끊었다. 그러나 노인의 몸은 이미 차갑게 식어 있었다. 무섭게 찡그린 얼굴에는 혀가 끔찍하게 밖으로 늘어져 있었다.

Une veuve

어떤 과부

사냥철, 반빌 대저택에서 있었던 이야기이다. 이번 가을은 비가 많이 와서 을씨년스러웠다. 붉은 낙엽은 발밑에서 부스러지는 대신 세차게 쏟아지는 비에 젖어 바퀴 자국 속에서 썩어 갔다.

잎이 거의 다 떨어진 숲은 마치 욕실처럼 눅눅했다. 숲에 들어가면, 비바람을 맞은 큰 나무 아래는 수증기가 자욱하고 젖은 풀과 축축한 땅에서 퀴퀴한 냄새가 휘감겨 왔다. 계속 내리는 큰비에 몸을 굽힌 사격수들, 꼬리를 축 늘어뜨리고 털이 온통 갈비뼈에 들러붙은 처량해 보이는 개들, 빗물이 스며들어 모직 옷이 온몸에 달라붙은 젊은 여자 사냥꾼들은 저녁마다 심신이 지칠 대로 지쳐서 돌아오곤 했다.

저녁 식사가 끝나면, 모두들 모여 앉아 넓은 살롱에서 심심풀이 삼아 카드 놀이를 했다. 바깥에서는 바람이 덧문을 시끄럽게 뒤흔들고 낡은 풍향계를 팽이처럼 빙빙 돌렸다. 그럴 때 사람들은 책에 나오는 이야기를 하고 싶어하지만, 아무도 재미있는 이야기를 지어내지 못했다. 남자들은 총에 얽힌 모험담이나 토끼를 사냥한 이야기를 했으며, 여자들은 아무리 머리를 굴려 봐도 세헤라자드*1의 상상력을 펼치지 못했다.

사람들은 이 심심풀이를 그만두려고 했다. 바로 그때 한 젊은 여자가, 어느 노처녀가 끼고 있는 작은 반지가 금빛 머리카락으로 만들어져 있는 것을 보았다. 물론 지금까지 여러 번 본 적이 있지만 무심히 보고 넘겼던 것이다.

그녀는 손가락에 끼워져 있는 그 반지를 가만히 돌리면서 물었다. "어머나, 이건 무슨 반지예요? 어린아이 머리카락 같은데……." 노처녀는 얼굴이 붉어졌다가 다시 창백해졌다. 이어서 떨리는 목소리로 말했다. "그건 너무나 슬픈 이

---

*1 《아라비안나이트》에 나오는 술탄(Sultan)의 왕비. 천일(千—) 밤마다 재미있는 이야기를 남편에게 들려주어 목숨을 보전했음.

야기여서 말하고 싶지가 않아요. 내 인생의 불행은 모두 이것에서 비롯되었지요. 내가 아주 젊었을 때의 일이지만, 그 기억이 너무 고통스럽게 남아 있기 때문에 생각할 때마다 눈물이 난답니다."

　사람들은 그 이야기를 궁금해했다. 그러나 노처녀는 좀처럼 이야기하려고 하지 않았다. 하지만 사람들이 간곡히 청하자 마침내 그녀는 말하기로 결심했다.

*

　여러분은 제가 상테즈 집안에 대해 얘기하는 것을 가끔 들은 적이 있을 거예요. 지금은 그 집안도 대가 끊겼지만요. 저는 그 집안의 마지막 세 남자를 알고 있었어요. 그들 세 사람은 모두 똑같은 방법으로 죽었죠. 이 반지는 그들 가운데 마지막 남자의 머리카락이에요. 그가 저 때문에 자살한 건 열세 살 때였지요. 이렇게 말씀드리면 틀림없이 기이하게 생각하시겠죠?

　오! 정말 기묘한 집안이었어요. 미친 사람들만 모였다고 할 수 있지만, 모두 아름다운 미치광이들이었죠. 사랑 때문에 미친 거니까요. 아버지부터 아들에 이르기까지 모두들 열정과 충동이 대단했는데 그것 때문에 그들은 더욱 흥분되는 일들로, 광적인 헌신들로, 심지어 범죄들로 내몰렸어요. 그런 성향이 그들 안에 있었던 거죠. 어떤 사람들 영혼에 불타는 신앙심이 자리하듯 말이에요. 트라피스트 수도회에 들어가는 사람들과 사교계에 자주 드나드는 사람들이 같을 수는 없죠. 친척들 사이에서는 "상테즈 집안 남자처럼 사랑에 빠진다"고 말하곤 했어요. 그들을 보기만 해도 그것을 한눈에 알 수 있었죠. 그들 모두가 곱슬머리였고, 이마가 낮았으며, 수염이 곱슬거렸고, 눈이 컸어요. 그 커다란 눈, 사람을 꿰뚫어 보는 듯한 그 눈빛은 왠지 모르게 상대방을 뒤흔들어 놓았답니다.

　제가 그 유일한 추억을 이야기하고자 하는 사람의 할아버지는, 많은 모험과 결투를 했고 여자들 마음을 빼앗은 뒤에, 예순다섯 살쯤에 자기 소작인 딸한테 완전히 반해 버렸어요. 저는 그 두 사람을 다 알고 있었죠. 그 여자는 금빛 머리에 얼굴이 창백하고 기품이 넘쳤는데, 말투가 느릿하고 목소리가 나긋나긋하며, 눈빛이 아주 부드러웠어요. 너무 부드러워서 성모 마리아 같아 보일 정도였죠. 늙은 주인은 그녀를 자기 집으로 데려갔고, 곧 강렬히 사로잡혀서 그녀 없이는 잠시도 견딜 수 없게 되었어요. 같은 저택에 살고 있던 그의 딸과 며느리도 그것을 당연하게 여겼어요. 사랑은 그 집안의 전통이었으니까요. 특히 열정에 관한 일이라면 그 어떤 것에 대해서도 그녀들은 전혀 놀라지 않았어요. 그리고 누군가가 그녀들 앞에서 엇갈린 애정, 헤어진 연인, 배신 뒤의 복수에 대한 이야기를 해도, 그녀들은 둘 다 똑같이 슬픈 목소리로 이렇게 말했지요. "어머나, 그렇게 되기까지 그(또는 그녀)는 얼마나 괴로웠을까요!"라는 말 그뿐이었죠. 그녀들은 사랑에 관한 비극에는 언제나 동정을 보낼 뿐, 분개하는 일은 결코 없었어요. 그 비극이 범죄와 연관된 경우라도 마찬가지였죠.

그런데 어느 해 가을, 사냥에 초대받은 드 그라델이라는 젊은이가 그 아가씨를 유혹해 함께 달아나고 말았어요.

상테즈 씨는 아무 일도 없었다는 듯이 평온했어요. 그러던 어느 날 아침, 그가 사냥개 우리 안에서 수많은 개에게 에워싸여 목을 맨 것이 발견되었죠.

그의 아들도 1841년 파리를 여행하고 있을 때, 어느 호텔에서 같은 방법으로 죽었어요. 오페라 가수에게 배신당했기 때문이었지요.

결국 열두 살짜리 소년과 제 이모인 과부만 남았어요. 이모는 아이를 데리고, 베르티용에 있는 저희 땅에 와서 저희 집에서 함께 살게 되었죠. 그때 저는 열일곱 살이었어요.

그 상테즈 집안의 꼬마가 얼마나 조숙한 아이였는지, 여러분은 아마 상상도 못할 거예요. 애정의 모든 능력이, 그 집안의 모든 열정이, 그 마지막 후예에게 전해졌다고나 할까요. 언제나 꿈꾸고 있는 듯한 아이였어요. 그는 저택에서 숲까지 이어지는 커다란 느릅나무 오솔길을 몇 시간이고 혼자 산책하곤 했지요. 저는 그 감상적인 소년의 모습을 내 방 창문에서 자주 내다보았어요. 그는 무거운 발걸음으로 뒷짐을 지고서 고개를 숙이고 걷다가 이따금 걸음을 멈추고는 두 눈을 치켜떴는데, 그 나이에 어울리지 않게 사물들을 보고 이해하고 느끼는 것 같았죠.

달빛이 밝은 날에는 저녁을 먹은 뒤 저에게 말했어요. "누나, 우리 꿈꾸러 가요……." 그러면 우리는 함께 정원으로 나갔어요. 그는 갑자기 숲속 빈터에서 걸음을 멈췄어요. 주위를 하얀 수증기, 이불솜 같은 달빛이 채우며 떠다니고 있었죠. 그는 제 손을 잡으며 말했어요. "저것 좀 보세요, 저거 좀 봐요. 하지만 누나는 저를 이해하지 못하고 있고, 저는 그걸 느껴요. 누나가 저를 이해한다면 우리는 행복해질 수 있을 텐데. 이해하기 위해서는 사랑을 해야 해요." 저는 웃으면서 나를 죽을 만큼 사랑하고 있는 그 소년에게 키스해 주었지요.

저녁을 먹은 뒤, 그는 내 어머니의 무릎 위에 앉기도 했지요. 그럴 때마다 그는 이렇게 말했어요. "이모님, 사랑 이야기를 들려주세요." 그러면 어머니도 농담 삼아, 그의 집안에 얽힌 여러 가지 오랜 전설과 조상들의 열정에 찬 모험에 대해 얘기해 주곤 했죠. 그 집안에는 사실과 지어낸 이야기가 뒤섞여서 무수한 소문들이 전해지고 있었으니까요. 그 풍문 때문에 그들, 그 남자들이 모든 것을 잃었다고도 할 수 있죠. 그들은 끝까지 자기 집안의 이름을 더럽히지 않은 것을 명예로 여겼어요.

이 소년도 그 감미롭기도 하고 무섭기도 한 이야기에 흥분했지요. 그리고 가끔 손뼉을 치면서 이렇게 되풀이해 말하는 것이었어요. "저도, 저도, 그분들보다 더욱 뜨겁게 사랑할 거예요!"

그래서 그가 저에게 구애를 하기 시작한 거예요. 수줍고 깊은 애정이 담긴 은근한 태도였지요. 그가 하는 짓이 어찌나 재미있던지 웃음이 터져 나오곤 했죠. 매일 아침, 저는 그가 꺾어온 꽃을 받았어요. 그리고 매일 밤 그는 자기 방에 올라가기 전에 제 손에 키스하면서 속삭이는 것이었어요. "당신을 사랑해요!"

저도 잘못했지요, 다 제 잘못이었어요. 그것을 생각하면 지금도 눈물을 흘리지 않을 수 없답니다. 그 때문에 저는 한평생 속죄한 겁니다. 저는 노처녀로 남았어요. 아니, 그보다는 약혼자를 잃은 여인으로서, 그의 과부로서 남았어요. 저는 그 순진한 사랑이 재미있었어요. 그래서 일부러 그를 자극하기까지 했지요. 저는 마치 성인 남자를 대하듯이 그에게 매력있고 요염한 태도를 보였어요. 다정하면서도 불성실했던 거지요. 저는 그 아이를 미쳐버리게 만들었어요. 그것은 저에게 하나의 놀이였어요. 또 그의 어머니와 제 어머니에게는 즐거운 흥밋거리였지요. 생각해 보세요! 겨우 열두 살이잖아요! 그 풋내기의 열정을 누가 진정으로 받아들이겠어요! 저는 그가 원하는 대로 키스도 해주고 연애편지도 써주었지요. 우리의 두 어머니도 그것을 읽었어요. 그도 답장을 주었는데 그 뜨거운 편지들을 지금도 간직하고 있답니다. 그는 자신을 어엿한 남자라고 생각했기 때문에, 우리의 사랑을 아무도 모를 거라고 믿었어요. 우리는 그도 상테즈 집안의 남자라는 사실을 잊고 있었던 거죠!

그것은 거의 일년 동안 계속되었어요. 어느 날 저녁, 그는 정원에서 제 무릎 앞에 쓰러져 제 옷자락에 격정적으로 키스를 하면서 되풀이해 말했어요. "저는 당신을 사랑합니다. 사랑합니다. 죽을 만큼 사랑하고 있어요. 만약 당신이 저를 배신한다면, 아시죠? 만약 당신이 다른 사람 때문에 저를 버린다면 저도 아버지처럼 할 거예요……." 그리고 저를 몸서리치게 하는 심각한 목소리로 덧붙이는 것이었어요. "당신도 아버지가 무슨 짓을 했는지 알고 있죠!"

제가 깜짝 놀라자 그는 일어섰어요. 그리고 자기보다 키가 큰 제 귀에 닿도록 발돋움을 하면서 제 이름을, 제 애칭을 부르는 거였어요. "주느비에브!" 그 목소리가 어찌나 부드럽고 귀엽고 사랑이 넘치던지 저도 모르게 발끝까지 전율을 느꼈지요.

저는 어물거리며 말했어요. "이제 돌아가자, 그만 돌아가!" 그는 더 이상 한 마디도 하지 않고 저를 따라왔어요. 하지만 계단을 올라갈 때 그가 저를 불러 세우더군요. "알죠? 만약 당신이 저를 버린다면 저는 죽어버릴 거예요."

그때는 저도 정말 제 자신의 지나친 행동을 깨달았지요. 그래서 그 뒤부터 행동을 조심했어요. 그 때문에 어느 날 그가 저를 비난하기에 이렇게 타일렀지요. "너는 이제 농담을 하기엔 너무 커버렸어. 그리고 진지한 연애를 하기에는 아직 너무 어리단다. 알아들었을 거라 믿어."

저는 그것으로 끝났다고 생각했어요.

가을이 되자 그는 기숙학교에 들어갔어요. 이듬해 여름, 그가 돌아왔을 때는 저에게 약혼자가 있었지요. 곧장 그것을 눈치챈 그가 일주일 내내 너무도 깊은 생각에 빠져 있어서 저는 몹시 걱정이 되더군요.

그가 온 지 아흐레째 되는 날 아침에 자리에서 일어난 저는 방문 밑에 작은 종이쪽지가 끼워져 있는 것을 보았어요. 그것을 꺼내 펼쳐서 읽어보았지요. "당신은 저를 버렸어요. 제가 당신에게 했던 말을 기억하고 있겠죠. 당신은 저에게 죽음을 명령했습니다. 당신이 아닌 다른 사람에게 발견되는 건 원치 않으니 정원으로, 작년에 제가 당신에게 사랑을 고백한 장소로 와주세요. 그리고 위를 보세요."

저는 미칠 것만 같았어요. 급히 옷을 입고 달려갔지요. 온몸에 힘이 빠져 쓰러질 지경이 되어 그곳으로 달려갔어요. 그의 학생 모자가 진창 속에 떨어져 있더군요. 밤새도록 비가 내린 탓이었지요. 저는 눈을 들었어요. 그러자 나뭇잎 그늘에서 뭔가가 흔들리고 있는 것이 보였어요. 바람이 세차게 불고 있었지요.

그 이상은 저도 모르겠어요. 그 뒤 제가 어떻게 했는지 기억이 나지 않아요. 처음에는 비명을 지르고 아마도 기절해 쓰러졌을 거예요. 그리고 다시 일어나 집으로 달려갔겠죠. 제가 침대에서 깨어났을 때는 어머니가 머리맡에 계시더군요.

이 모든 끔찍한 일들이 제가 꾼 꿈이라고 생각했어요. 그래서 더듬더듬 말했지요. "그런데, 그 아이는, 그 아이는, 공트랑은……?" 집안사람들은 아무 대답도 하지 않았어요. 역시 현실이었던 거지요.

저는 그의 시신을 보려고 하지 않았어요. 다만 그의 긴 금발 한 묶음을 달라고 했어요. 그게…… 그게…… 바로 이 반지예요…….

*

그렇게 말한 노처녀는 절망적인 몸짓으로 떨리는 손을 내밀었다.

그러고는 몇 번이나 코를 풀고 눈물을 닦은 뒤 다시 말했다. "저는 파혼했어요…… 이유는 밝히지 않은 채…… 그래서 저는…… 저는 줄곧…… 그…… 그 열세 살 소년의 과부로 살아왔답니다." 그녀는 가슴에 얼굴을 묻고 뜨거운 눈물을 흘리면서 오래도록 울었다.

이윽고 모두들 각자의 방으로 자러 갈 때, 한 뚱뚱한 사냥꾼이 그녀의 이야기에 어지간히 심란했는지 옆 사람의 귀에 대고 이렇게 소곤거렸다.

"감상이 지나친 것도 참 불행한 일이군요!"

Le bonheur
행복

불을 밝히기 전에 차 마시는 시간이었다. 별장에서는 바다가 내려다보였다. 해는 이미 졌지만, 장밋빛 하늘에는 금가루라도 뿌린 것처럼 그 자취가 남아 있었다. 잔물결은 물론이고 미세한 떨림도 없이 이 스러져 가는 햇살 아래에서 여전히 빛나고 있는 지중해는 마치 반들반들하고 터무니없이 커다란 금속판 같았다.

저 멀리 오른쪽에는 톱니처럼 들쭉날쭉한 산들이 흐릿한 보랏빛 저녁노을 위에 그 검은 윤곽을 그리고 있었다.

사람들은 사랑에 대해 말했다. 그 오래된 주제를 두고 토론했으며, 자주 말했던 것들을 다시 이야기했다. 해질녘의 달콤한 우수는 사람들의 말을 늦추고 그들의 마음에 까닭 모를 감상을 불러일으켰다. '사랑'이라는 말은 때로는 남성의 굵은 목소리로, 때로는 여성의 낭랑하고 연약한 목소리로 끊임없이 속삭여지고 되풀이되어 이 작은 객실을 가득 채우면서, 마치 새처럼 날아다니고 요정처럼 주위를 감돌고 있는 것 같았다.

과연 우리는 사랑을 몇 년씩 지속할 수 있을까?

"할 수 있고말고요."라고 주장하는 사람도 있었다.

"할 수 없어요."라고 단언하는 사람도 있었다.

여러 가지의 경우를 구별하고, 여러 한계와 예를 인용했다. 그 자리에 있던 남자와 여자 모두는 이런저런 괴로운 추억이 되살아나 혀끝까지 밀려왔지만, 그것을 증거로 제시할 용기가 없어 그저 흥분된 표정으로 이 평범하고도 숭고한 사랑에 대해, 또 두 인간 사이의 이 달콤하고 신비로운 결합에 대해 이야기하면서, 깊은 감동과 뜨거운 흥미를 나타냈다.

그때 누군가가 먼 곳을 보고 있다가 불쑥 소리쳤다.

"어! 저기 좀 봐요. 저게 뭘까요?"

바다 위, 수평선 깊숙한 곳에 커다랗고 흐릿한 잿빛 덩어리가 떠올라 있었다.

부인들은 자리에서 일어나 지금까지 한 번도 본 적이 없는, 그 색다른 것을 신기한 듯이 바라보았다.

누가 말했다.

"저건 코르시카섬이오! 일 년에 두세 번, 공기가 완벽하게 맑은 날, 대기가 특별한 경우에 보이기도 해요. 평소에는 수증기와 안개에 싸여 보이지 않지요."

그러자 산등성이가 어렴풋이 보이고, 산꼭대기의 눈까지도 보이는 것 같았다.

갑작스럽게 출현한 이 세계, 바다 속에서 솟아난 이 유령 같은 것에 사람들은 놀라고 당황하여 거의 겁을 먹었다. 콜럼버스처럼 이제껏 그 누구도 가보지 못한 대양을 건넌 사람들도 아마 이렇게 기이한 환영을 만났으리라.

그때 지금까지 한 마디도 하지 않고 있던 노신사가 입을 열었다.

"맞아요, 지금 저 섬이 우리 눈앞에 나타난 건, 우리의 화제에 대해 그 섬이 직접 대답해 주기 위해, 또 나에게는 어떤 특별한 추억을 상기시키기 위해서라는 생각이 드는데, 실은 그 섬에서 나는 사랑의 멋진 실례를 알았다오. 그건 영원히 변치 않는 사랑, 상상도 할 수 없을 만큼 행복한 사랑의 실례지요.

그럼 들려주겠소."

*

내가 코르시카를 여행한 것은 오 년 전이오. 그 황량한 섬은 비록 오늘처럼 가끔씩 프랑스 해안에서 보이는 경우가 있다 해도, 우리에게는 미국보다 더 낯설고 더 먼 곳이지요.

아직 혼돈 상태인 세계, 격류가 흐르는 좁은 골짜기들이 경계를 이루는 산에서 몰아치는 폭풍을 생각해 보시오. 그곳은 평지라고는 전혀 없이 화강암의 끝없는 물결과, 잡목림 또는 소나무와 밤나무의 높은 숲으로 뒤덮인 땅의 거대한 굽이가 펼쳐져 있소. 이따금 산꼭대기에 바위 더미처럼 자리한 마을을 볼 수 있지만, 원시에 가깝고 황량한 불모지대라오. 문화도 전혀 없고, 그 어떤 산업이나 예술도 없지요. 가공된 나뭇조각, 다듬어진 돌조각 하나 전혀 만나볼 수 없을뿐더러, 아름답고 우아한 것에 대한 선조들의 유치하거나 세련된 취미의 어떤 흔적조차 찾을 수 없다오. 그것이 바로 이 장엄하고 혹독한 나라에서 사람들 마음을 가장 감동시키는 점이지요. 그러니까 이 나라에서는 예술이라 불리는, 그 매력있는 형태들을 추구하는 일에 대대로 무관심했던 겁니다.

이탈리아는 어느 궁전이든 훌륭한 작품으로 가득하고, 그 궁전 자체도 하나의 걸작이에요. 그곳에서는 대리석이나 나무, 청동, 철, 금속, 하다못해 돌멩이 하나까지 모두 인간의 재능을 증명하는 것이지요. 오래된 집이면 어디에나 뒹굴고 있는 아주 하찮은 옛 물건까지 아름다움에 관한 인간의 숭고한 관심을 드러내고 있지만, 그러한 이탈리아가 우리 모든 인간들이 기념하고 싶어하는 성지인 것은, 그 나라가 창조하는 지성의 노력과 위대함, 힘, 그리고 승리를 보여주고 또 증명해 주고 있기 때문이 아닐까요.

그런데 그 건너편의 미개지 코르시카는 여전히 원시 상태 그대로지요. 그곳 사람들은 허름한 집에 살며, 자신의 생활 자체나 자기 가족과 관련이 있는 사건에만 관심을 두지요. 따라서 그들에게는 미개인 특유의 장단점이 남아 있어서, 자신도 모르게 포악하고 증오심이 강하며 잔인한 성질이 있는가 하면, 손님을 매우 좋아하고 친절하며 헌신적이고 소박한 데가 있어 지나가는 사람들에게 문을 열어주고, 약간의 호의에도 굳은 우정으로 보답해 준다오.

아무튼 나는 한 달 동안 저 경이로운 섬을 샅샅이 돌아다녔는데, 마치 세상 끝에라도 온 것 같은 느낌이었소. 여관도 없고 술집도 없을 뿐만 아니라 제대로 된 도로조차 없었으니까요. 여행자는 당나귀가 지나가는 오솔길을 걸어간 끝에 산허리에 걸려 있는 듯한 그 작은 마을에 도착하는데, 바로 아래의 굽이지고 깊은 연못에서는 둔중하고 깊은 계곡물 소리가 밤새도록 쉬지 않고 들려오더군요. 어느 여행자든지 그 마을 집들의 문을 두드립니다. 하룻밤 잠자리와 먹을 것을 청하는 거지요. 그리고 보잘것없는 식탁에 앉고, 허술한 지붕 아래에서 잡니다. 그러고는 아침에 주인이 마을 끝까지 배웅해 주고 손을 내밀면 여행자는 그 손을 꼭 잡는다오.

그런데 어느 날 저녁, 열 시간이나 걸어 다닌 끝에, 바다에서 십 리도 더 될 것 같은 좁은 골짜기 속에 있는 조그마한 외딴집에 이르렀어요. 잡목림과 무너진 바위, 커다란 나무로 뒤덮인 험준한 두 개의 비탈이 어두운 두 개의 성벽처럼 그 음울하기 짝이 없는 움푹 팬 땅을 가로막고 있었지요.

그 초가 주위에는 몇 그루의 포도나무와 조그마한 텃밭과 두세 그루의 커다란 밤나무가 있었는데, 요컨대 그 불모의 땅에서는 그것이 식량이자 재산이었던 셈이지요.

나를 맞아준 건 한 늙은 여자로, 그 고장에서는 보기 드물게 근엄한 데가 있는 단정한 여자였어요. 짚으로 만든 의자에 앉아 있던 그녀의 남편은 나를 보자 일어나서 인사를 하고는, 한 마디도 하지 않고 다시 앉더군요. 그 아내가 나에게 말했소.

"결례를 용서하세요. 이젠 귀가 들리지 않아요. 여든두 살이거든요."

그녀가 순수한 프랑스어를 말하는 것을 듣고 나는 깜짝 놀랐소.

나는 그녀에게 물어보았지요.

"코르시카 분이 아닌 것 같은데요?"

그녀가 대답했소.

"네, 우리는 대륙 출신이에요. 하지만 이곳에서 산 지 벌써 오십 년이나 되었어요."

사람이 살고 있는 도시에서 멀리 떨어져 이렇게 음산하게 푹 꺼진 곳에서 오십 년이나 살았다는 건가 하고 생각하니, 나는 곧 불안감과 두려움에 사로잡혔소. 바로 그때 양치기 노인이 들어와서 모두들 식탁에 앉았소. 저녁 식사라고 해야 감자와 양배추와 비계를 끓인 걸쭉한 수프 한 접시가 다였어요.

그 소박한 식사가 끝난 뒤 나는 밖으로 나가 쉬었는데, 주위의 너무나도 우울하고 어두운 풍경에 가슴이 막히는 것 같았지요. 어느 호젓한 저녁, 어떤 외로운 곳에서 여행자가 느끼는 고뇌를 나도 느끼지 않을 수 없었어요. 생명도 우주도, 그야말로 모든 것이 마지막을 고하고 있는 듯한 느낌이었소. 갑자기 삶의 지독한 비참함과 모든 것으로부터의 고립감, 모든 것의 허무함, 그리고 죽을 때까지 꿈을 좇으면서 그 꿈에 헛되이 기대하고 배반당하는 인간의 마음속 어두운 고독감을 느낀 것이지요.

안주인이 나에게 다가왔는데, 호기심이라는 놈은 세상과 담을 쌓고 사는 사람의 마음속에도 도사리고 있는 건지, 나에게 이렇게 묻더군요.

"그럼 프랑스에서 오셨겠군요?"

"네, 여행이 취미라서요."

"아마 파리겠죠?"

"아닙니다, 낭시에서 왔습니다."

순간, 이상한 흥분이 그녀를 움직인 것 같았소. 내가 그걸 어떻게 알았는지, 아니 느꼈다고 하는 편이 나을지도 모르지만, 그 까닭은 지금도 알 수 없어요.

그녀는 느린 말투로 되물었소.

"낚시에서 왔다고요?"

그때 그녀의 남편이 문 앞에 나타났소. 귀가 들리지 않는 사람에게서 흔히 볼 수 있는 덤덤한 표정이었지요.

그녀가 말을 이었소.

"괜찮아요. 저이는 듣지 못하니까요."

그리고 잠시 사이를 둔 뒤 물었소.

"그럼, 낚시에 아는 사람이 많겠군요?"

"물론입니다. 거의 모든 사람을 다 알죠."

"생트알레즈 씨 가족도요?"

"네, 알다마다요. 아버지의 친구시죠."

"당신 이름이 어떻게 되죠?"

나는 내 이름을 말했소. 그녀는 나를 가만히 쳐다보더니 먼 추억을 더듬는 듯한 낮은 목소리로 말했어요.

"네, 네, 저도 잘 기억하고 있어요. 그리고 브리즈마르 씨 가족은 어떻게 됐나요?"

"모두 세상을 떠났습니다."

"어머나! 그럼 시르몽 씨 집안도 알겠군요?"

"예, 막내아드님이 장군이었죠."

그러자 그녀는 흥분 때문인지 고뇌 때문인지, 무엇인지 모를 복잡하고 강렬하고 숭고한 감정에 휩싸인 듯 몸을 떨더군요. 그리고 지금까지 가슴속 깊이 간직하고 있었던 일들에 대해, 또 그 이름을 듣기만 해도 마음이 흔들리는 옛 지인들에 대해 모조리 이야기하고 깡그리 고백하지 않을 수 없는 충동에 사로잡혀 이렇게 말했소.

"그래요, 앙리 드 시르몽. 저도 잘 알고 있어요. 제 동생이니까요."

화들짝 놀란 나는 그녀 쪽으로 시선을 돌렸어요. 그러자 이내 어떤 기억이 머릿속에 되살아났지요.

상당히 오래전 일이지만, 로렌 지방의 어느 귀족 집안에 세상을 떠들썩하게 한 스캔들이 일어난 적이 있었소. 쉬잔 드 시르몽이라는, 아름답고 돈 많은 아가씨를 아버지가 지휘하는 연대의 한 기병 하사관이 납치한 사건이었지요.

하사관은 가난한 농부의 아들이었는데 푸른 제복이 잘 어울리는 잘생긴 남자였소. 이 군인이 자기 연대장의 딸을 유혹한 거지요. 아마 그녀는 기병중대의 분열식 같은 데서 그를 처음 보고 완전히 반해 버렸던 모양입니다. 하지만 그녀가 어떻게 남자에게 말을 걸었고, 두 사람이 어떤 방법으로 만나 마음을 나누었을까요? 그는 그녀가 자신을 사랑한다는 것을 어떻게 깨달았을까요? 그것은 전혀 알 수 없었어요.

어쨌든 둘의 관계를 의심하고 눈치챈 사람은 하나도 없었지요. 그 군인은 병역을 마치자마자, 어느 날 밤 아가씨와 함께 종적을 감춰 버렸어요. 사람들이 모두 나서서 찾았지만 끝내 발견되지 않았지요. 그 뒤에도 아무런 흔적도 없어서 사람들은 그녀가 죽은 것으로 생각했어요.

그런 그녀를 내가 이 음산한 골짜기에서 발견한 겁니다.

그래서 이번에는 내가 물었어요.

"그랬군요, 저도 잘 기억하고 있습니다. 당신이 바로 그 쉬잔 아가씨군요."

그녀는 '그렇다'는 듯이 고개를 끄덕여 보였소. 그러더니 두 눈에서 눈물을 주르륵 흘리더군요. 그때 그녀는 오막살이 앞에서 꼼짝도 하지 않고 있는 노인을 눈짓으로 가리키면서 말했소.

"바로 저 사람이에요."

그녀가 아직도 그를 사랑하고 있음을, 지금도 그를 황홀한 눈길로 바라보고 있음을 나는 알았소.

내가 물어보았지요.

"어쨌든 두 분은 행복하셨겠지요?"

그녀는 마음속 깊은 곳에서부터 울려 나오는 듯한 목소리로 대답했소.

"오! 그럼요. 더없이 행복했죠. 저 사람은 나를 너무나 행복하게 해주었어요. 그래서 조금도 후회하지 않아요."

사랑의 위대한 힘에 감탄한 나는 슬프고도 놀라워서 그녀를 지긋이 바라보았소! 그토록 부유한 여자가, 이런 남자, 이런 농부를 따라온 거요. 그녀 자신도 여느 시골 아낙네가 되고 만 겁니다. 매력이나 사치, 취미라고는 아무것도 없는 생활에 길들여진 그녀는 검소한 습관이 몸에 배어 있었지요. 게다가 여전히 그를 사랑하고 있었어요. 그녀는 삼베 치마에 두건을 쓴 영락없는 시골 여자가 되었죠. 짚으로 만든 의자에 앉고, 나무 탁자에서 질그릇에 양배추와 감자와 비계 끓인 것을 먹었어요. 그런 그녀는 짚을 넣은 매트 위에서 사랑하는 사람과 함께 잠들었소. 그녀는 남편 말고는 아무것도 생각한 적이 없소! 장신구에도, 옷감에도, 우아한 생활이나 폭신한 의자에도, 벽걸이를 친 따뜻하고 향기로운 방에도, 몸을 파묻고 푹 쉴 수 있는 솜이불의 부드러움에도 그녀는 아무런 미련이 없었던 겁니다. 오로지 그녀에게는 그만이 필요했어요. 그 남자만 곁에 있으면 다른 것은 전혀 바라지 않았지요.

그녀는 아주 어린 나이에 삶을, 세상을, 그리고 자신을 키워 주고 사랑해 준 이들을 버렸소. 그녀는 그와 단둘이 이 황량한 골짜기로 왔지요. 그는 그녀에게 모든 것이었어요. 그가 그녀의 모든 욕망이고 모든 꿈이며, 끊임없는 기대이자 한없는 희망이었던 겁니다. 그는 그녀의 삶을, 처음부터 끝까지 행복으로 가득 채워 주었소.

그녀는 아마 더 이상 행복할 수 없었을 겁니다.

그리고 나는 밤새도록 그 늙은 병사가 자신을 이 먼 곳까지 따라와 준 여자와 초라한 침대에 누워 거칠게 내뱉는 숨소리를 들으면서, 이 기이하고도 단순한 모험에, 너무나 초라하면서도 너무도 완벽한 행복에 대해 생각했지요.

이튿날 해가 뜰 무렵, 나는 그 노부부의 손을 잡고 인사를 한 뒤 떠났소.

*

이야기하는 사람이 입을 다물었다. 그러자 한 부인이 말했다.

"아무리 그래도 이상이 너무 낮군요. 희망도 너무 원초적이고 욕구도 너무 단순해요. 어리석은 여자일 뿐이죠."

그러자 또 한 부인이 느릿한 말투로 선언했다.

"상관없죠! 그녀는 행복했으니까요."

그때 저쪽에서, 수평선 깊숙한 곳에서 코르시카섬은 어둠 속으로 가라앉았고 바다 속으로 들어가고 있었다. 그리하여 그 섬에 숨겨진 사랑하는 남녀의 잔잔한 이야기를 들려주기 위해 스스로 나타난 듯한, 그 커다란 환영도 어느새 자취를 감추고 말았다.

의자 고치는 여자

레옹 에니크에게

베르트랑 후작 저택에서 열린 사냥철 전야의 만찬도 끝나가고 있었다. 사냥꾼 열한 명, 젊은 부인 여덟 명, 그리고 현지의 개업의사 한 사람이, 과일과 꽃이 가득하고 불빛이 눈부시게 비치는 커다란 식탁에 둘러앉아 있었다.

마침 사랑 이야기가 시작되자 이내 활발한 토론이 벌어졌다. 진실한 연애는 일생에 한 번만 할 수 있는가, 아니면 몇 번이라도 할 수 있는가 하는 변함없는 주제였다. 그러자 진지한 사랑을 한 번만 한 사람들의 예를 인용하는가 하면, 몇 번씩 열렬한 사랑을 한 사람들의 예도 인용했다. 대체로 남자들의 주장은, 열정은 질병과도 같은 것이라서 한 사람을 여러 번 덮칠 수도 있으며, 또 무슨 장애가 앞길을 가로막을 때는 그를 죽일 수도 있을 만큼 격렬하게 덮친다는 것이었다. 이러한 견해에 어떤 이론의 여지가 있을까 싶은데도, 부인들의 의견은 사실의 관찰보다 시상(詩想)에 충실한 감상으로 흐르기 쉬워, 생명을 건 진실한 사랑과 위대한 사랑은 일생에 한 번만 찾아온다고 주장했다. 그런 사랑은 벼락처럼 떨어져 내리기 때문에, 그것에 맞기만 하면 사람의 마음은 텅 비어버리고 혼돈에 빠져 불타버린 들판처럼 되어버린다는 것이다. 그러므로 거기에서는 어떤 강렬한 애정은 물론이고 어떠한 꿈까지, 다시 싹트는 일은 있을 수 없다는 것이다.

후작은 여러 번 사랑한 적이 있는 만큼 이러한 의견에 강력히 반박했다.

"난 확신하는데, 우리는 몇 번이라도 온 힘과 온 마음을 다해 사랑할 수 있소. 여러분은 사랑 때문에 자살한 사람들의 예를, 인간의 일생에 두 번의 열정은 있을 수 없다는 증거로 들었지요. 나 같으면 이렇게 대답하리다. 만약 그들이 자살이라는 어리석은 짓을 저지르지 않았다면, 그러니까 자살했기 때문에 다시 사랑에 빠질 기회를 빼앗기지 않았다면 사랑의 상처도 곧 치유되었을 거요. 그리고 다시 사랑했을 것이 틀림없어요. 수명을 마치고 죽을 때까지 줄곧 말이오. 사랑에 쉽게 빠지는 사람은 말하자면 술꾼과 같소. 한번 술맛을 아는 사람은 또 마실 것이고, 사랑을 아는 사람은 또다시 사랑할 것이오. 그렇다면 이건 기질 문제인 셈이지요.”

사람들은 의사를 중재자로 삼아 그의 의견을 듣고 싶어했다. 은퇴해서 시골에 있는 파리의 노의사였다.

그런데 하필이면 그는 자기 의견이 없었다.

“그건 방금 후작도 말씀하신 것처럼 기질 문제입니다. 제가 알고 있는 이야기 가운데, 어떤 열정이 오십오 년 동안 하루도 쉬지 않고 계속되다가 죽음에 의해 비로소 끝난 예가 있습니다.”

후작부인이 손뼉을 쳤다.

“정말 아름다운 일이지요! 그런 사랑을 받는다는 건 정말 멋진 꿈같은 일이지요! 오십오 년이나 그렇게 끈질기고 강렬한 사랑에 완전히 둘러싸여 살 수 있다는 건 정말 행복한 일이지요! 그토록 열렬한 사랑을 받은 남자는 틀림없이 행복했고 그런 삶을 진심으로 기뻐했을 겁니다!”

의사는 빙그레 웃었다.

“맞는 말입니다, 부인. 많은 점에서는 그렇습니다. 그런 사랑을 받은 건 틀림없는 남자입니다. 당신도 잘 알고 있는 남자, 이 고장에 사는 약제사 슈케 씨입니다. 여자는 누구인가 하면, 이 또한 아실 텐데, 바로 해마다 이 저택에 찾아와서 의자를 고쳐주는 바로 그 여인이지요. 이제부터 좀 더 상세히 이야기해드리겠습니다.”

그러자 부인들의 열광이 순식간에 사그라졌다. 흥이 깨져버린 그녀들의 표정은 “에이!”라고 말하는 듯했다. 그녀들은 사랑이라는 건 모름지기 신분이 높고 우아한 사람들에게만 찾아오는 거라고, 훌륭한 사람들만이 관심받을 자격이 있다고 생각하는 모양이었다.

의사는 이야기를 이어갔다.

*

제가 그 늙은 여인의 임종에 불려간 것은 석 달 전의 일이었습니다. 그 여인은 그 전날, 자신의 집이나 다름없는 마차를 타고 이곳에 왔습니다. 여러분도 잘 아시는 그 여윈 말이 끄는 마차인데, 여인의 친구이기도 하고 보호자이기도 한 두 마리의 커다란 검은 개를 데리고 왔지요. 제가 갔을 때는 이미 신부님이 와 계셨습니다. 그녀는 우리 두 사람을 유언 집행인으로 지정한 것인데, 자신의 마지막 의지를 우리에게 확실히 밝히기 위해 자신이 지나온 모든 삶을 이야기해 주었습니다. 저는 그토록 기이하고 가슴 아픈 이야기는 지금까지 들어본 적이 없었습니다.

그녀의 아버지도 의자를 고쳤고 어머니도 의자를 고쳤습니다. 그래서 그녀는 땅 위에 서 있는 집에서 산 적이 한 번도 없었지요.

아주 어릴 때부터 그녀는 누더기를 입고, 이가 들끓는 더러운 모습으로 떠돌이 생활을 했습니다. 마을 어귀 도랑가에 마차를 세우면 말을 풀어줍니다. 말은 풀을 뜯어먹고, 개는 주둥이를 제 다리 위에 얹고 잠을 자지요. 아버지와 어머니가 길가의 느릅나무 밑에서 온 마을의 낡은 의자들을 고치는 동안, 어린 딸은 풀 속에서 뒹굴고 다녔습니다. 그 이동식 집에서는 이야기를 하는 일이 좀처럼 없었습니다. 누가 귀에 익숙한 소리로 "의자 고쳐요!"를 외치면서 집집마다 돌아다닐 것인가 결정하는 데 필요한 두세 마디만 하고 나면, 마주 앉거나 나란히 앉아 짚을 엮기 시작합니다. 아이가 너무 멀리 가거나 마을의 개구쟁이들과 어울리려고 하면, "이 망나니, 어서 이리 오지 못해!"라고 외치는 아버지의 화난 목소리가 그녀를 부릅니다. 이것이 이 아이가 듣는 유일한 애정 어린 말이었습니다.

그녀가 좀 더 자라자 망가진 의자 바닥을 모으러 가기 시작했습니다. 그리하여 여기저기에서 동네 개구쟁이들과도 알게 되었는데, 이번에는 새로 사귄 친구들의 부모가 사나운 목소리로 아이들을 불러가는 것이었습니다. "어서 이리 오지 못해, 이 말썽쟁이야! 저런 비렁뱅이와 말을 섞어선 안 돼……!"

어떤 때는 어린 사내아이들이 돌팔매질을 하기도 했습니다.

부인들이 동전 몇 개를 쥐어주면 그녀는 슬쩍 감추었지요.

어느 날—그녀가 열한 살 때였습니다—이 고장에 찾아왔다가 묘지 뒤에서 울고 있는 어린 슈케를 만났습니다. 친구한테 2리아르*¹를 빼앗겨 울고 있었던

─────────────
*1 liard. 옛날 동전으로 수(sou)의 4분의 1.

거지요. 이 부잣집 아들의 눈물을 보고 그녀는 깜짝 놀랐습니다. 불우한 소녀의 제대로 배우지 못한 머리로 생각할 때 부르주아 아이들은 언제나 행복하고 즐거운 줄로만 알고 있었기 때문입니다. 그래서 그녀는 아이 곁에 다가가서 울고 있는 이유를 듣고, 자기 전 재산인 7수를 그 아이의 손에 쥐어주었는데, 물론 아이는 눈물을 닦으면서 그것을 받았습니다. 그녀는 그것이 너무나 기뻐서 대담하게도 상대에게 키스를 했습니다. 소년은 받은 돈을 바라보느라, 그녀가 하는 대로 내버려 두었던 것입니다. 밀치거나 때리지 않는다는 것을 알자, 그녀는 다시 한 번 키스했습니다. 두 팔로 그 소년을 꼭 껴안고 마음을 담아 키스했지요. 그러고는 달아났습니다.

그런데 이 가련한 소녀의 머릿속에서 무슨 일이 일어났을까요? 그녀는 그 어린아이에게 애착을 느끼게 되었는데 그것은 떠돌이 생활 틈틈이 모은 자신의 전 재산을 그를 위해 희생했기 때문일까요, 아니면 난생처음 애정이 담긴 키스를 그에게 해주었기 때문일까요? 사람 마음의 신비로운 작용은 어른이나 아이나 별로 다르지 않은 것 같습니다.

그녀는 몇 달 동안 그 묘지의 구석과 그 소년을 꿈에 보았습니다. 그 아이를 다시 만날 날을 기대하면서 그녀는 의자를 고치는 대금을 슬쩍하거나 물건 산 돈을 속이면서, 여기에서 1수, 저기에서 1수씩 부모님 돈을 훔쳤습니다.

다시 이곳에 찾아왔을 때는 주머니에 2프랑의 돈이 들어 있었습니다. 그러나 그녀가 약제사 아들을 볼 수 있었던 건 그 애 아버지 가게의 유리창을 통해서뿐이었습니다. 붉은 커다란 병과 촌충 표본 사이에 그 소년이 새침한 모습으로 앉아 있었습니다.

그녀는 여러 색깔 물과 반짝거리는 성스러운 유리그릇에 마냥 마음이 홀려, 가슴이 두근거리는 황홀경에 빠져 그 아이를 더더욱 사랑하게 되었습니다.

이 잊을 수 없는 추억을 그녀는 가슴 깊숙이 새겼습니다. 그리하여 이듬해 그가 학교 뒤에서 친구와 구슬치기를 하고 있는 것을 보자, 그녀는 갑자기 뛰어들어 두 팔로 소년을 끌어안고 키스를 했는데, 그것이 어찌나 격렬했는지 그가 겁이 나서 울음을 터뜨렸을 정도였습니다. 그래서 달래줄 생각에 그녀는 가지고 있는 돈을 모두 소년에게 주었습니다. 3프랑과 20상팀. 그것은 그녀에게는 진짜 보물이어서, 그도 눈을 동그랗게 뜨고 그 돈을 바라보았습니다.

그는 그것을 받아들고 상대가 원하는 만큼 만지도록 내버려 두었습니다.

그로부터 4년 동안 그녀는 저금한 돈 전부를 그의 손안에 쏟아부었고, 그쪽에서도 키스를 허락하는 대가로 달갑게 자신의 주머니 속에 넣었습니다. 처음에는 30수, 다음에는 2프랑, 그다음에는 12수(그녀는 금액이 작은 것이 괴롭고 부끄러워서 울었지만, 그 해는 불경기였기 때문에 어쩔 수가 없었습니다) 그리고 마지막 해에는 5프랑, 그 둥글고 커다란 은화를 받고 소년은 기쁜 듯이 미소 지었습니다.

그녀는 이제 소년만 생각하게 되었습니다. 그리고 소년도 그녀가 오기만을 애타게 기다리게 되어 그녀의 모습을 보면 달려 나와 맞이해 주었는데, 그것이 또한 소녀의 심장을 두근거리게 했습니다.

얼마 뒤 소년은 사라지고 말았습니다. 중학교에 들어간 것이지요. 그녀는 재치 있게 질문하여 그 사실을 알아냈습니다. 그래서 매우 고심한 끝에, 그녀는 부모의 여정을 바꾸게 하여 여름방학 때 그곳을 지나가도록 만들었습니다. 일 년 동안 술책을 궁리해서 얻은 성공이었지요. 그래서 이 년 동안 소년을 보지 못한 셈이 되는데, 그는 그녀가 겨우 알아볼 정도로 변해 있었습니다. 키가 자랐고 멋스러워졌으며, 금단추가 달린 제복을 입은 모습은 참으로 당당했습니다. 하지만 그는 그녀를 못 본 척하면서 거만한 태도로 그녀 옆을 지나가 버렸습니다.

이틀 동안 그녀는 내내 울기만 했습니다. 그리고 그때 이후로 그녀의 고뇌는 끝날 줄을 몰랐습니다.

그녀는 해마다 돌아와서 그 앞을 지나갔지만 인사할 용기도 없었고, 물론 그 또한 그녀에게 눈길조차 주지 않았습니다. 그녀는 그를 죽을 만큼 사랑하고 있었습니다. 그녀는 저에게 이렇게 말했습니다. "선생님, 그 사람은 제가 이 세상에서 본 단 한 사람의 남자예요. 전 이 세상에 다른 남자가 존재하는지조차 모른답니다."

얼마 뒤 부모가 세상을 떠났습니다. 그녀는 그들이 하던 일을 물려받아 계속했습니다. 그때까지 한 마리였던 개를 두 마리로 늘렸는데, 두 마리 다 아무도 손을 댈 수 없을 만큼 사나웠습니다.

어느 날 늘 마음속에 간직하고 있던 이 마을에 다시 들어온 그녀는, 한 젊은 여자가 자신이 사랑하는 그 남자의 팔짱을 끼고 슈케 상점에서 나오는 것을 보았습니다. 그것은 바로 그의 아내였습니다. 그가 결혼을 한 것입니다.

그날 밤, 그녀는 면사무소 앞 광장에 있는 연못에 몸을 던졌습니다. 밤늦게 술에 취해 돌아가던 사람이 그녀를 건져서 약국에 둘러메고 갔습니다. 슈케의 아들이 치료를 하기 위해 잠옷 차림으로 이층에서 내려왔는데, 그녀를 아는 기색은 전혀 보이지 않고, 옷을 벗기고 몸을 주물러 준 뒤 매몰찬 목소리로 말했습니다. "당신, 미쳤소! 이런 어리석은 짓을 하면 어쩌자는 거요!"

그녀를 회복시키는 데는 그 말이면 충분했습니다. 그가 그녀에게 말을 건네 주었으니까요! 그녀는 오랫동안 행복했습니다.

그녀는 무슨 일이 있어도 치료비를 내려고 했지만, 그는 치료의 대가를 받으려 하지 않았습니다.

그렇게 해서 그녀의 삶은 흘러갔습니다. 오직 슈케만 생각하면서 의자를 고쳤습니다. 해마다, 유리문 너머로 그의 모습을 바라보았습니다. 그녀는 이런저런 자질구레한 약들을 사 모았습니다. 그러면 그를 가까이에서 보고 그와 말도 하고, 이전처럼 그에게 돈을 줄 수도 있었던 거지요.

처음에 말했듯이 그녀가 죽은 것은 올봄이었는데, 이 가련한 이야기를 들려준 뒤 그녀는 자신이 한평생 사랑해 온 그 남자에게 전해 달라며, 평생 동안 모은 돈을 모두 저에게 맡겼습니다. 그녀도 말했듯이, 정말 그녀는 오로지 그 남자를 위해 끼니를 걸러 가면서 일해 왔던 것입니다. 자신이 죽으면, 적어도 한 번은 생각해 주리라 믿었던 거지요.

그리하여 그녀가 저에게 준 돈은 모두 2,327프랑이었습니다. 저는 27프랑을 장례비로 신부님께 드리고, 잔액은 그녀의 임종을 지켜본 뒤 가지고 돌아왔습니다.

이튿날 나는 슈케 씨를 찾아갔습니다. 부부는 마주 앉아 점심 식사를 막 끝낸 다음이었습니다. 두 사람 다 뚱뚱하고 혈색이 좋으며, 약품 냄새를 주위에 풍기면서 당당하고 만족스럽게 보였습니다.

저는 그들이 권하는 대로 의자에 앉아, 그들이 내온 버찌주를 마셨습니다. 저는 감동에 젖은 목소리로 이야기를 하기 시작했습니다. 두 사람이 눈물을 흘릴 거라고 확신하면서 말입니다.

그런데 그 집 없는 여자가, 그 의자 고치는 여자가, 그 떠돌이가 슈케 씨를 사랑하고 있었다는 것을 알자마자 펄쩍 뛰었습니다. 그것으로 자신의 명성과 인망, 명예, 즉 그가 목숨보다 중요하게 여기는 무언가가 물거품이 된 것처럼 격분해서요.

그 아내도 남편 못지않게 화를 내면서, "그 거지가! 그 거지가! 그 거지가……!" 하고 되풀이했습니다. 아무래도 다른 말은 생각이 나지 않는 듯했습니다.

그는 자리에서 일어나, 식탁 뒤쪽으로 성큼성큼 걸어갔습니다. 그리스 모자가 한쪽 귀 위에서 뒤집혀 있었지요. 그는 더듬더듬 말했습니다. "이건 어처구니없는 일 아닙니까, 선생님? 남자에게는 끔찍한 일입니다! 나더러 어쩌라는 거죠? 오! 그녀가 살았을 때 이 사실을 알았더라면, 헌병대에 신고해 그녀를 붙잡아 가게 해서 감옥에 처넣었겠죠. 그러면 그녀는 절대 밖으로 못 나왔을 겁니다. 이게 제 대답이에요!"

저는 경건한 마음에서 한 행동이 불러온 이 결과에 어안이 벙벙했을 뿐입니다. 그래서 어떻게 말해야 할지, 무엇을 해야 할지 모르겠더군요. 그러나 제 사명을 마쳐야 했습니다. 저는 다시 말을 이었지요. "그녀는 저에게 자신이 평생 모은 재산을 당신에게 전해 달라며 맡겼습니다. 모두 2,300프랑입니다. 그런데 방금 알려드린 이야기에 매우 불쾌하신 것 같으니, 이 돈을 가난한 사람들에게 나누어 주는 게 더 나을지도 모르겠군요."

그들은 저를 바라보았습니다. 남편도 아내도 엄청난 충격으로 꼼짝하지 못한 채로요.

저는 주머니에서 그 돈을 꺼냈습니다. 온갖 지방의 돈과 온갖 표시가 된 돈, 금화와 동전이 뒤섞인 비참한 돈이었죠. 그리고 나서 제가 물었습니다. "어떻게 하시겠습니까?"

슈케 부인이 먼저 말했습니다. "하지만, 그게 그 여자의, 마지막 뜻인 이상…… 우리가 거절한다는 것도 몹시 힘든 일 같네요."

남편은 약간 민망해하며 다시 말했습니다. "어쨌든 그 돈으로 우리 아이들을 위해 뭔가를 사줄 수도 있을 거 같습니다."

저는 무뚝뚝한 표정으로 말했습니다. "좋으실 대로 하시죠."

그가 이렇게 덧붙이더군요. "아무튼 주십시오. 그녀가 선생님에게 부탁한 일이니까요. 우리가 뭔가 좋은 일에 사용할 괜찮은 방법을 찾아보겠습니다."

저는 그에게 돈을 건네주고 인사를 한 뒤 밖으로 나왔습니다.

이튿날 슈케 씨가 저를 찾아와서 느닷없이 말했습니다. "저…… 그 여자 말인데, 분명히 마차를 놔두었을 거라고 생각하는데요. 어떻게 하셨습니까, 그 마차를?"

"그냥 있습니다. 필요하다면 가져가십시오."

"좋습니다. 그렇게 하지요. 채소밭 오두막으로 쓸까 합니다."

그가 나가려고 하자 저는 그를 불러 세웠습니다. "늙은 말과 개도 두 마리 남겼는데, 그것도 필요하신지요?" 그는 깜짝 놀라 걸음을 멈췄습니다. "오! 천만에요. 그런 걸 어디다 쓰겠습니까? 알아서 처분하십시오." 그러고는 웃으면서 저에게 손을 내밀어서 저도 마주 잡았지요. 어쩌겠습니까? 같은 지역에 사는 이상, 의사와 약제사가 적이 될 수는 없는 노릇이니까요.

저는 개를 내 집에서 키우기로 하고, 말은 정원이 넓은 신부님이 거둬 주셨습니다. 마차는 슈케 씨네 오두막이 되었고, 그 돈으로는 철도 채권을 다섯 장 정도 산 모양입니다.

이것이 제가 살아오는 동안 알게 된, 단 하나의 깊은 사랑이었습니다.

*

의사는 입을 다물었다.

그러자 눈에 눈물을 글썽거리고 있던 후작부인이 한숨을 내쉬면서 이렇게 말했다.

"이것으로 분명해졌군요, 진정으로 사랑할 줄 아는 건 여자들뿐이에요!"

쥘 삼촌
아실 베누빌 씨에게

수염이 새하얀 초라한 노인이 우리에게 구걸했다. 내 옆에 있던 조제프 다브랑쉬가 노인에게 100수를 주었다. 내가 깜짝 놀라자 그는 나에게 말했다.

"저런 불쌍한 사람을 보면 나에게 떠오르는 이야기가 하나 있어. 줄곧 떠나지 않는 기억이지. 이런 이야기라네."

*

나의 집안은 본디 르아브르 출신으로 부자는 아니었네. 그럭저럭 사는 수준이었지. 아버지는 직장에서 열심히 일하고 밤늦게 돌아왔지만 벌이가 신통치 않았어. 나에게는 누나가 두 명 있었지.

어머니는 살림을 꾸려가기가 어찌나 힘이 들었는지, 툭하면 아버지에게 가시 돋친 잔소리를 늘어놓으면서 은근한 비난으로 상처를 주곤 했다. 그럴 때면 불쌍한 아버지는 뭐라 표현하기 힘든 손짓을 했는데, 나는 그것을 볼 때마다 가슴이 아프더군. 한 손을 펴서 이마에 대고, 나지도 않은 땀을 닦는 것처럼 문지르는 거였어. 그리고 아무 말도 안 하는 거야. 나는 도저히 어떻게도 할 수 없는 아버지의 고통을 느꼈지. 집에서는 모든 것을 절약했어. 저녁 식사 초대도 절대 받아들이지 않았는데, 답례로 식사 대접을 피하기 위해서였지. 식료품도 가게에서 팔고 남은 것을 싸게 사왔어. 누나들은 옷을 스스로 지어 입었기 때문에, 1미터에 15상팀짜리 장식끈을 사는 데도 몇 시간이나 의논해야 했지. 평소에 먹는 것이라고 해야, 비계를 넣은 수프나 여러 가지 소스로 만들어 낸 소고기뿐이었어. 참으로 몸에 좋고 영양이 듬뿍 든 것처럼 보이지만, 그래도 나는 다른 것도 먹고 싶었다네.

단추를 잃어버리거나 바지를 찢겨오기라도 하면, 나는 지독히도 혼쭐이 나 곤 했어.

그러면서도 일요일마다 가족들은 습관처럼 정장을 입고 부두를 한 바퀴 돌 았네. 아버지는 프록코트에 큰 모자를 쓰고, 장갑까지 끼고서 어머니에게 팔 을 내미는데, 어머니 또한 축제일의 배처럼 잔뜩 꾸몄지. 누나들은 맨 먼저 준 비를 마치고 이제나저제나 하면서 출발을 기다렸지만, 막상 그때가 되면 어김 없이 가장의 프록코트에 얼룩이 묻어 있는 것을 발견하는 거야. 그러면 헝겊에 벤젠을 묻혀서 서둘러 닦아내야 했지.

아버지는 머리에 큰 모자를 쓴 채 셔츠 바람으로 손질이 끝나기를 기다렸어. 어머니는 근시용 안경을 끼고 얼룩이 묻지 않도록 장갑을 벗은 뒤 서둘러 그 옷을 손질했어.

그런 다음 위풍당당하게 길을 나섰지. 누나들이 앞장서서 서로 팔짱을 끼고 서. 결혼 적령기였던 누나들은 그렇게 해서 온 도시에 선을 보이는 셈이었지. 나는 어머니의 왼쪽에 붙어 있고, 아버지는 어머니의 오른쪽을 차지했네. 지금 도 눈에 선해. 그 일요일 산책 때 가엾은 부모님들이 뻐기던 모습, 두 분의 딱 딱한 표정과 점잖은 걸음걸이가 말이야. 그들은 마치 당신들의 자세에 뭔가 아 주 중대한 일이 달려 있는 것처럼 허리를 꼿꼿이 세우고 두 다리를 곧게 뻗으 면서 엄숙하게 걸어갔다네.

그리고 일요일마다 먼 미지의 나라에서 큰 배가 항구에 들어오는 것을 보면, 아버지는 늘 똑같은 말을 되풀이했어.

"아! 저 속에 쥘이 있다면 얼마나 좋을까!"

쥘 삼촌은 아버지의 동생으로, 한때는 가족의 골칫거리였지만 그때는 가족 의 유일한 희망이었다네. 이 삼촌에 대해서는 어릴 때부터 자주 이야기를 들었 기 때문에, 처음 만나도 한눈에 알아볼 수 있을 것으로 생각될 정도였지. 미국 에 가기 전까지의 그의 행적에 대해, 세세한 것까지 알고 있었네. 하기는 그 무 렵 그의 생활 태도는 그리 큰 목소리로 말할 만한 건 아니었지만.

요컨대 그는 행실이 좋지 않았던 것 같아. 그러니까 그는 약간의 돈을 탕진 했는데, 그것은 가난한 집안에서는 가장 큰 죄악임이 분명했어. 부잣집이라면 '바보 같은 짓'을 한 것으로 끝났을 거야. 그리고 히죽히죽 웃으면서 방탕아라 고 불리는 게 고작이겠지. 그런데 끼니 걱정을 해야 하는 집에서는 부모의 재산에 조금이라도 구멍을 내면 나쁜 자식이 되고, 망나니가 되며, 건달이 되는 거라네!

똑같은 일을 하고도 이렇게 차별 대우를 받는 건 당연한 일이지. 세상 사람들은 결과만 보고 행위의 중대성을 판단하는 경향이 있으니까.

어쨌든 쥘 삼촌은 자신의 몫을 마지막 1수까지 써버린 다음, 내 아버지가 기대하고 있던 유산까지 적잖게 없애고 말았어.

그래서 그 시절에는 자주 있었던 일이지만, 집에서는 쥘 삼촌을 르아브르에서 뉴욕으로 가는 상선에 태워 미국으로 보내버렸어.

그런데 그쪽에 간 쥘 삼촌은 무슨 장사인가를 해서 자리 잡은 뒤 편지를 보내, 돈을 좀 벌었으니 아버지에게 끼친 피해도 곧 갚을 수 있을 거라고 했다네. 이 편지는 가정에 커다란 감동을 불러일으켰지. 지금까지는 아무런 장점도 없는, 말하자면 아무짝에도 쓸모없던 쥘 삼촌이 갑자기 훌륭한 인간, 용감한 사람, 모든 다브랑쉬 집안사람들처럼 흠잡을 데 없는, 진정한 다브랑쉬 남자가 된 거라네.

뿐만 아니라 어느 선장은 삼촌이 커다란 가게를 빌려 크게 장사를 하고 있다고 알려주었어.

이 년 뒤에 온 두 번째 편지에는 이렇게 적혀 있었네. '사랑하는 필리프 형, 제가 잘 있는지 걱정할까 봐 이 편지를 씁니다. 저는 건강히 잘 지내고 있어요. 장사도 잘되고 있고요. 저는 내일 남아메리카 쪽으로 긴 여행을 떠날 예정입니다. 그래서 아마 몇 년 동안은 소식을 전하지 못할 거예요. 그러니 편지를 보내지 않더라도 걱정하지 마세요. 한 재산 모이는 대로 르아브르로 돌아갈 테니까요. 그것이 너무 먼 일이 아니기를 기도하고 있어요. 그러면 함께 행복하게 살 수 있을 겁니다……'

이 편지는 가족의 복음서가 되었다네. 그래서 틈만 나면 그것을 읽고, 찾아오는 사람마다 보여주곤 했지.

정말 쥘 삼촌은 십 년 동안 편지를 보내지 않았어. 하지만 아버지의 희망은 시간이 흐를수록 더욱더 커져 갔다네. 어머니까지 자주 이렇게 말하곤 했지.

"쥘 삼촌이 돌아오면 우리 형편도 달라질 텐데. 아무튼 그는 역경을 이겨낸 사람이니까!"

그리고 일요일마다 수평선 위에 나타난 커다란 검은 배가 하늘을 향해 시커멓게 연기를 토해 내는 것을 바라보면서, 아버지는 그 영원한 말을 되풀이했어.

"아! 저 속에 쥘이 있다면 정말 좋을텐데!"

가족들은 삼촌이 손수건을 흔들면서 다음처럼 소리치는 모습을 기대하곤 했지.

"어이! 필리프 형."

그 삼촌이 반드시 고향으로 돌아올 것을 전제로 수많은 계획을 세웠다네. 삼촌 돈으로 앵구빌 근처에 작은 별장까지 살 계획도 짜두었지. 그것을 위해 아버지가 이미 흥정을 시작하지 않았다고는 장담할 수가 없군.

큰누나는 그때 스물여덟 살, 작은누나는 스물여섯 살, 둘 다 아직 결혼을 못한 것이 무엇보다 큰 고민거리였지.

이윽고 작은누나에게 구혼자가 한 사람 나타났어. 돈은 없어도 견실한 회사원이었지. 나는 지금도 확신하고 있는데, 어느 날 밤 쥘 삼촌의 편지를 보여준 것이 이 젊은이의 결심을 부추기고 망설임을 끝내게 한 거야.

부모님은 기꺼이 승낙했네. 그리고 결혼식이 끝나면, 가족이 다 함께 저지섬으로 짧은 여행을 하기로 했지.

저지섬은 가난한 사람들에게는 꿈의 여행지야. 그리 먼 곳은 아니지만, 이 섬은 영국령이었기 때문에 배를 타고 바다를 건너 외국에 가는 것과 같았지. 프랑스 사람에게는 두 시간의 항해로 이웃나라 사람들을 현지에서 직접 구경할 수 있고, 또 사람들이 신기한 듯이 이야기하는 바에 따르면, 특별히 감탄할 만한 것은 아니더라도 어쨌든 영국 국기가 나부끼고 있는 이 섬의 풍습을 관찰할 수 있을 테니까.

이 저지섬 여행은 가족들의 관심사, 유일한 기대, 부단한 꿈이 되었다네.

마침내 출발했네. 그때의 일이 마치 어제 일처럼 떠오르는군. 증기선은 그랑빌 부두에 정박한 채 증기를 토해 내고 있었고, 아버지는 초조해하면서 세 개의 여행 가방을 싣는 것을 지켜보고 있었네. 어머니는 불안한 듯이, 아직 짝을 찾지 못한 누나의 팔짱을 끼고 있었지. 왜냐하면 동생이 떠난 뒤로 큰누나가, 부화장에 외로이 남아 있는 병아리처럼 풀이 죽어 보였기 때문이라네. 뒤에는 신혼부부가 따라오고 있었어. 가능하면 뒤에만 있으려고 했기 때문에 나는 자주 뒤돌아보았다네.

배가 기적을 울렸네. 가족들이 모두 올라타자 배는 부두를 떠나, 푸른 대리석 탁자처럼 평탄한 바다 위로 나아갔지. 모래밭이 멀어지는 것을 바라보고 있었는데, 그것은 거의 여행을 한 적이 없는 사람들의 의기양양한 행복의 절정이었어.

아버지는 프록코트 속에서 배를 잔뜩 내밀고 있었지. 그 프록코트는 사실 그날 아침에도 잔뜩 묻어 있는 얼룩을 닦아냈고, 그런 까닭에 외출하는 날에는 어김없이 벤젠 냄새를 주위에 풍겼는데, 그걸 맡으면 나는 일요일이라는 느낌이 들곤 했지.

문득 아버지는, 품위 있는 두 부인에게 두 신사가 굴을 건네주는 것을 보았네. 누더기를 걸쳐 입은 한 늙은 선원이 칼로 굴 껍데기를 비틀어 열면, 신사가 그것을 받아 부인들에게 내밀더군. 그러면 부인들은 우아하게 비단 손수건 위에 껍데기를 얹고 옷을 더럽히지 않도록 입을 내밀고 먹는다네. 그렇게 그녀들은 단숨에 국물을 마시고는 바닷속에 껍데기를 던져 넣는 거지.

아무래도 아버지는 달리고 있는 배 위에서 굴을 먹는 그 세련된 방식에 이끌렸던 모양이야. 그것을 멋있고 고상하며 우월한 취미라고 생각한 아버지는 어머니와 누나들에게 다가가서 이렇게 묻더군.

"어때, 굴을 좀 사줄까?"

어머니는 돈이 드는 일이라서 내키지 않는 눈치였지만, 두 누나는 곧장 그것에 응했지. 어머니가 반대하는 듯이 말하더군.

"저는 위장에 탈이 날까 봐 겁나요. 아이들만 사주세요. 하지만 너무 많이 사주지는 마요. 애들도 배탈 날지 모르니까요."

그런 다음 어머니는 나를 향해 이렇게 덧붙여 말했네.

"조제프는 사줄 필요 없어요. 사내아이들은 버릇이 나빠지니까요."

그리하여 이 차별 대우를 부당하게 생각하면서도 나만 어머니 옆에 남아 있었네. 나는 아버지의 뒷모습을 눈으로 쫓았지. 아버지는 거들먹거리며 두 딸과 사위를 거느리고 넝마를 걸친 늙은 선원 쪽으로 갔네.

이미 두 부인은 가고 없었어. 아버지는 누나들에게 국물을 흘리지 않도록 먹으려면 어떻게 하면 되는지 방법을 가르쳐 주고 있었어. 그래서 시범을 보이려고, 굴을 집어 들었어. 그 부인들이 하던 대로 흉내 내다가 아버지는 이내 프록코트 위에 국물을 몽땅 쏟고 말았네. 그러자 어머니가 중얼거리는 소리가 들려오더군.

"가만히 있는 게 더 나았지."

그런데 갑자기 아버지가 안절부절못하는 것 같더군. 아버지는 두세 걸음 물러나서, 굴 까는 남자를 에워싸고 있는 가족을 가만히 바라보더니 황급히 가족들 쪽으로 다가왔어. 눈은 이상하게 빛나고 얼굴은 몹시 창백하더군. 아버지는 낮은 목소리로 어머니에게 말했네.

"이상한 일도 다 있군, 저 굴 까는 남자가 쥘과 닮았어."

어머니가 놀라서 물었네.

"쥘이라니, 누구 말이에요?"

아버지가 다시 말했어.

"누구긴…… 내 동생 말이지…… 만약 그 아이가 미국에서 잘 살고 있다는 걸 몰랐으면, 틀림없이 그 녀석인 줄 알았을 거야."

어머니는 깜짝 놀라 더듬대며 말했어.

"당신 미쳤군요! 그가 아니라는 걸 알면서 왜 그런 바보 같은 소리를 해요?"

하지만 아버지는 당신의 주장을 굽히지 않으시더군.

"어쨌든 당신도 보고 와, 클라리스. 당신 눈으로 똑똑히 확인해 주면 좋겠어."

어머니는 일어나서 딸들 쪽으로 갔어. 나도 그 사람을 쳐다보았는데, 주름투성이의 지저분한 그 노인은 자신이 하는 일에서 좀처럼 시선을 떼지 않더군.

어머니가 돌아왔어. 나는 어머니가 떨고 있다는 걸 알았지. 어머니는 아주 빠른 말로 이야기하기 시작했어.

"아무래도 그가 맞는 거 같아요. 선장님에게 한번 물어봐요. 하지만 조심해요. 이제 와서 그 건달을 또 떠맡게 되면 큰일이니까요!"

아버지가 선장에게 가자 나도 그 뒤를 따라갔네. 나는 기묘할 정도로 흥분에 휩싸였지.

선장은 구레나룻이 긴, 마르고 키가 큰 남자였는데, 거드름을 피우면서 갑판 위를 거닐고 있는 모습이 마치 인도를 오가는 우편선이라도 지휘하는 것 같더군.

아버지는 먼저 선장에게 정중히 다가가더니, 의례에 맞는 말들을 섞어 가며 그의 직업에 대해 묻기 시작했네.

"저지섬에서 가장 중요한 건 무엇입니까? 특산물은? 인구는? 풍속은? 습관은? 토양의 성질은?" 등등.

누가 들었으면, 적어도 미국에 대해 이야기하고 있는 줄 알았을 거야.

그런 다음 아버지는 우리가 타고 있는 렉스프레스호에 대해 이야기하고, 이어서 승무원 쪽으로 화제를 돌렸네. 드디어 아버지는 약간 허둥대는 목소리로 말을 꺼냈지.

"그건 그렇고, 저기 굴 까는 노인이 있던데 사연이 많아 보이더군요. 저 노인에 대해 뭔가 아시는 거라도 있습니까?"

마침내 이 대화에 짜증이 나기 시작한 선장은 무뚝뚝하게 대답했다.

"저 늙은 프랑스인 떠돌이는 작년에 제가 미국에서 만나 본국으로 데리고 온 자입니다. 르아브르에 친척이 살고 있는데, 돈을 빌린 죄로 돌아가지 못하고 있다더군요. 이름이 쥘…… 쥘 다르망쉬라든가 다르방쉬라든가 뭐 그랬습니다. 저쪽에서는 한때 돈을 잘 벌었던 모양인데, 지금은 보시다시피 저런 신세가 되어 있지요."

아버지는 새파랗게 질려서 얼빠진 눈으로 목이 메여 말했네.

"아! 아! 그래요…… 그랬군요…… 흔히 있는 얘기죠…… 정말 감사했습니다, 선장님."

그리고는 아버지가 자리를 뜨자 선장은 어안이 벙벙하여 멀어져 가는 아버지의 뒷모습을 바라보고 있었네.

다시 어머니 곁으로 돌아온 아버지는 너무 충격을 받아 어머니가 먼저 이렇게 말했을 정도였지.

"어서 앉으세요, 남들이 눈치채면 어떡하려고."

아버지는 의자 위에 쓰러지더니 더듬대며 말했어.

"그 녀석이야. 역시 그 녀석이었어."

그리고 물었네.

"어떡하지……?"

어머니는 단호하게 대답했지.

"아이들을 멀리 떼어놓아야 해요. 조제프는 모두 알고 있으니 그 아이를 보내세요. 사위가 절대로 의심하지 못하도록, 이게 중요해요."

아버지는 완전히 풀이 죽어서 중얼거렸네.

"이게 웬 날벼락이람!"

그러자 어머니가 벌컥 화를 내며 쏘아붙였지.

"나는 늘 그 도둑놈이 아무 일도 하지 않을 거라고, 우리에게 다시 빌붙을지 모른다고 의심했었죠! 다브랑쉬 집안에 뭔가를 기대했다니!"

아버지는 한 손으로 이마를 문질렀는데, 그것은 어머니에게 비난을 들을 때마다 나오는 버릇이었지.

어머니는 덧붙였네.

"조제프에게 돈을 줘서 어서 굴값을 치르고 오라고 해요. 우물거리다간 저 거지가 눈치챌지도 몰라요. 그렇게 되면 우리는 온 배 안의 좋은 구경거리가 될 테죠. 자, 우리도 저쪽 끝에 가서 저 사람이 찾아오지 못하게 합시다!"

어머니가 일어섰네. 부모님은 나에게 100수짜리 동전을 하나 준 뒤 멀찌감치 가버렸어.

누나들은 놀란 모습으로 아버지를 기다리고 있더군. 나는 어머니가 멀미가 좀 났다고 말한 뒤, 굴 까는 사람한테 물었네.

"아저씨, 얼마예요?"

나는 삼촌하고 아무 얘기든 하고 싶었다네.

그가 대답하더군.

"2프랑 50상팀입니다."

내가 100수를 내밀자 그는 잔돈을 거슬러 주더군.[*1]

나는 그의 손을 바라보았네. 거칠고 주름이 가득한 선원의 손이더군. 그러고 나서 그의 얼굴을 쳐다보았지. 지친 듯한 서글프고 비참한 노인의 얼굴이었어. 나는 마음속으로 생각했다네.

'이 사람은 내 삼촌이야. 아버지의 동생이고 내 삼촌!'

나는 그에게 팁으로 10수를 주었어. 그가 고마워하더군.

"젊은이에게 신의 축복이 있기를!"

동냥을 받는 거지의 말투였어. 그는 미국에서도 틀림없이 구걸을 했을 거라는 생각이 들더군.

누나들은 나의 선심에 소스라치게 놀라서 나를 쳐다보았어.

나머지 2프랑을 아버지에게 돌려줬을 때 어머니는 깜짝 놀라 물었지.

"3프랑이나 돼?…… 그럴 리가 없는데."

---

*1 1수는 5상팀이고 1프랑은 100상팀이므로, 100수는 5프랑에 해당.

나는 단호한 목소리로 말했네.

"제가 팁으로 10수를 줬어요."

어머니는 펄쩍 뛰면서 나를 노려보았어.

"너 미쳤구나! 그런 사람에게, 그런 비렁뱅이에게 10수나 주다니……!"

어머니는 입을 다물었네. 아버지가 사위가 온다고 눈짓을 했거든.

그리고 모두들 입을 다물고 말았지.

바로 앞 수평선 위에, 보랏빛 그림자가 바다에서 불쑥 솟아나고 있었어. 바로 저지섬이었네.

배가 부두에 다가갔을 때, 다시 한 번 쥘 삼촌을 보고 싶은 강렬한 욕망이 내 가슴속에 끓어올랐네. 쥘 삼촌에게 다가가서 뭐든 위로가 될 수 있는 다정한 말을 해주고 싶었어.

하지만 굴을 먹는 사람은 아무도 없었고 그의 모습도 보이지 않더군. 그 불쌍한 사람이 머물고 있는, 썩은 선창 바닥으로 내려간 것이겠지.

그리고 여행에서 돌아올 때는, 그를 다시 만나지 않기 위해 생말로로 가는 기선을 탔다네. 어머니는 걱정으로 애가 탔지.

그 뒤로 나는 아버지의 동생을 두 번 다시 보지 못했네!

내가 부랑인을 보면 이따금 100수를 주는 건 바로 이런 까닭에서라네.

En mer

바다에서

앙리 세아르에게

얼마 전 신문에 다음과 같은 기사가 났다.

"1월 22일, 불로뉴쉬르메르.

이 땅에 무서운 재난이 발생하여, 이 년 전부터 수많은 고난을 겪어온 해안 주민들에게 큰 충격을 주었다. 자벨 선장이 이끄는 어선이 항구로 들어올 때 거센 폭풍 때문에 서쪽으로 떠밀려 방파제에 부딪쳐 난파했다.

즉시 구조선을 띄우고 밧줄을 던져주는 등, 온갖 노력을 기울였음에도 네 명의 선원과 수습 선원이 목숨을 잃었다.

나쁜 날씨가 계속되고 있다. 사람들은 또 다른 재난이 일어나지 않을까 두려움에 휩싸여 있다."

이 자벨 선장은 누구일까? 그 한쪽 팔이 없는 사람의 형일까?

그 선장은 아마 파도에 휩쓸려 자기 배의 파편 밑에서 죽은 것 같다. 그런데 만약 그 불행한 사내가 내가 짐작하고 있는 인물이라면, 벌써 십팔 년 전의 일이지만, 그는 또 하나의 참극에 개입한 셈이 된다. 그것은 바다 위에서는 흔히 볼 수 있는 무섭지만 단순한 사건이었다.

그때 형 자벨은 트롤선의 선장이었다.

트롤선은 우수한 어선이다. 배의 동체가 둥글고 튼튼한 데다, 코르크 마개처럼 흔들리면서도 언제나 파도 위에 떠 있기 때문에 어떤 날씨에도 끄떡하지 않았다. 영국해협에서 휘몰아치는 짭짤한 열풍에 얻어맞으면서도 돛을 잔뜩 부풀리고 끈질기게 바다에 도전하는데, 옆구리에 끌고 가는 큰 그물이 바다 밑바닥을 긁어내면서 바위 밑에 잠들어 있는 모든 동물들, 모래에 달라붙어 있는 납작한 물고기들, 발이 갈고리처럼 생긴 무거운 게들, 수염이 뾰족하게 난

왕새우들을 잡아떼어 그러모은다.

이 배는 바람이 적당히 불고 파도가 그리 높지 않을 때 고기잡이에 나선다. 쇠장식이 달린 커다란 나무 기둥을 따라 고정된 그물은, 배 양쪽 끝에 있는 두 개의 롤러 위를 두 개의 닻줄이 미끄러지면서 함께 내려진다. 배는 바람과 조류에 따라 방향을 바꾸면서 바다 밑을 약탈하고 할퀴는 이 도구를 끌어당긴다.

자벨의 배에는 그의 동생과 네 명의 어부, 어린 선원 하나가 타고 있었다. 이 배는 트롤 그물을 치기 위해 날씨가 맑고 화창할 때 불로뉴를 출발했다.

그런데 곧 바람이 일더니 돌풍으로 바뀌어 트롤선은 피하지 않을 수 없었다. 영국 해안에 이른 것까지는 좋았는데, 성난 파도가 절벽을 때리면서 뭍까지 밀려오는 통에 어느 항구에도 들어갈 수가 없었다. 이 작은 어선은 다시 바다로 나가서 프랑스 해안으로 돌아갔지만 폭풍은 여전히 거세서, 항구 근처는 어디고 할 것 없이 소음과 물보라에 싸여 위험하기 짝이 없고 방파제에 다가갈 수가 없었다.

트롤선은 다시 앞바다로 나가 성난 파도 위를 달리다가 나뒹그러지고, 요동치며, 물을 뒤집어쓰면서, 줄지어 덮쳐오는 거대한 파도에 시달렸다. 그러나 그런 사나운 날씨에 익숙한 그들은 의기양양하게 서로 이웃한 두 나라 사이를, 때로는 어느 쪽 항구에도 다가가지 못한 채 대엿새씩 계속 표류하는 일도 있었다.

마침 배가 먼바다에 떠 있을 때쯤에는 폭풍우도 차츰 가라앉고 있었다. 아직 파도는 상당히 높았지만 선장은 그물을 내리라고 명령했다.

커다란 어구를 뱃전 너머로 던지자, 뱃머리의 두 사람과 고물의 두 사람이 트롤 그물을 매달고 있는 밧줄을 롤러로 풀어내기 시작했다. 곧 트롤 그물이 바다 밑바닥에 닿았다. 하지만 커다란 파도가 덮쳐 와서 다시 배가 기우뚱했고, 뱃머리에서 트롤 그물 내리는 작업을 지휘하던 동생 자벨이 비틀거리는가 싶더니 배의 흔들림으로 느슨해진 그물과, 그 그물을 풀어내는 롤러 사이에 그만 한쪽 팔이 끼고 말았다. 그는 다른 손으로 그물을 늦추려고 애썼지만, 트롤 그물은 이미 내려졌기 때문에 팽팽해진 밧줄이 마음대로 될 리가 없었다.

그는 고통으로 얼굴에 경련을 일으키면서 사람들을 불렀다. 모두가 달려왔다. 형도 키를 놓고 달려왔다. 그들은 밧줄에 달려들어 으스러지고 있는 동생 자벨의 한쪽 팔을 빼내려고 했다. 그러나 아무 소용없었다. 한 선원이 "밧줄을 잘라야 한다"고 말했다. 그리고 그는 주머니에서 커다란 칼을 꺼냈다. 이것으로 두 번만 베면 동생 자벨의 팔을 건질 수 있을 터였다.

하지만 그걸 끊어버리면 트롤 그물을 잃게 된다. 그 트롤 그물에는 1만 5000 프랑이나 되는 큰 돈이 걸려 있었다. 그것은 형 자벨의 소유물이었고 그는 자신의 물건에 대한 애착이 강했다.

그는 심장이 끊어지는 듯한 심정으로 소리쳤다. "안 돼, 자르면 안 돼. 기다려, 바람이 불어오는 쪽으로 해볼 테니까." 그는 키로 달려가자마자 키를 아래로 쑥 내렸다.

배는 좀처럼 말을 듣지 않았다. 그물에 묶여 있어서 전혀 움직이지 못하는데다 조류와 바람에 끌려가고 있었기 때문이다.

동생 자벨은 이를 악물고 눈을 희번덕거리며 무릎을 푹 꿇고 있었다. 아무 말도 하지 않았다. 아무래도 선원의 칼이 걱정되었는지 형이 다시 돌아왔다. "기다려, 기다려, 끊지 마. 금방 닻을 내릴 테니까."

닻이 내려지고 모든 사슬이 풀려나갔다. 사람들은 트롤 그물을 늦추기 위해 캡스턴*1을 돌리기 시작했다. 마침내 그물이 느슨해져서 팔을 꺼낼 수 있었지만, 그 팔은 피범벅이 된 소매 속에서 축 늘어져 움직이지 않았다.

동생 자벨은 바보가 된 것 같았다. 그의 작업복을 벗기자 끔찍한 광경이 드러났다. 팔뚝이 마치 죽처럼 짓이겨져 있었다. 그리고 거기에서 피가 펌프질을 하는 것처럼 솟구치고 있었다. 그는 자신의 팔을 바라보더니 중얼거렸다. "망했군."

팔에서 흘러내리는 피가 갑판 위에 고이자 선원 하나가 소리쳤다. "출혈이 너무 심해. 혈관을 묶어야 해."

그들은 끈을 하나 가져왔다. 타르를 바른 굵은 갈색 끈이었다. 그것을 상처보다 높은 곳에 감고 다 같이 힘을 합쳐서 죄었다. 솟아나는 피가 점점 줄어들더니 이윽고 완전히 멎었다.

동생 자벨이 일어섰다. 그의 팔은 축 늘어져 옆구리에서 덜렁거렸다. 다른 손

---

*1 수직으로 된 원뿔형 몸체에 밧줄이나 쇠줄을 감아 회전시켜 무거운 물건을 끌어올리거나 당기는 기계. 주로 선박의 정박용 밧줄을 감는 데 씀.

으로 그것을 잡아 들어올려 돌리고 흔들어 보았다. 완전히 끊어진 상태였다. 뼈도 으스러졌고 오직 근육만이 이 육체의 일부를 붙들고 있을 뿐이었다. 그는 침울한 눈으로 그 일부를 유심히 바라보았다. 그런 다음 접혀진 돛 위에 앉았다. 괴사하지 않도록 상처를 계속 물로 적셔야 한다고 동료들이 충고했다.

누가 물통을 옆에 갖다주어서, 일 분마다 컵으로 물을 떠서 그 끔찍한 상처 위에 맑은 물줄기를 떨어뜨렸다.

"아래로 내려가는 것이 좋지 않을까." 형이 말했다. 그는 내려갔다. 그러나 한 시간 뒤 다시 올라왔다. 혼자 있으니 마음이 울적했던 것이다. 게다가 신선한 공기가 더 좋았다. 돛 위에 앉자 그는 다시 팔에 물을 떨어뜨리기 시작했다.

고기잡이는 만족스러웠다. 배가 하얀 커다란 물고기가 죽음의 경련으로 몸을 뒤집으면서 옆에서 나뒹굴었다. 그는 처참하게 뭉그러진 상처에 계속 물을 끼얹으면서 그 물고기들을 바라보았다.

불로뉴에 도착할 즈음 다시 바람이 불기 시작했다. 작은 배는 붕 뜨거나 비틀거리며 그 가련한 부상자를 뒤흔들면서 미친 듯이 질주를 계속했다.

날이 저물었다. 날씨는 새벽까지 계속 거칠었다. 해가 뜨자 다시 영국이 보였다. 다행히 바다가 약간 잔잔해져서 바람을 헤치고 프랑스를 향해 출발했다.

저녁 무렵, 동생 자벨은 동료들을 불러 상처에 검은 반점이 생긴 것을 보여주었다. 이미 자신의 몸에 붙어 있지 않은 팔의 그 부분에 틀림없는 부패의 징후가 나타나 있었다.

선원들은 그것을 보면서 저마다 의견을 말했다.

"괴사할지도 몰라." 한 사람은 그렇게 생각했다.

"소금물을 끼얹어야 해." 다른 사내가 단언했다.

그래서 소금물을 가져와 그 상처 위에 끼얹었다. 부상자는 새파랗게 질려 이를 악물고 몸을 조금 비틀었을 뿐 아무 소리도 내지 않았다.

타는 듯한 통증이 가라앉자 동생 자벨은 형에게 말했다. "형 칼을 빌려주구려." 형이 칼을 내밀었다.

"내 팔을 좀 잡아줘. 똑바로 위로 잡아당겨서."

형은 시키는 대로 했다.

그는 스스로 자신의 팔을 잘라내기 시작했다. 천천히, 생각하고 또 생각하면서 잘라 나갔다. 면도날처럼 예리한 칼날로 마지막에 남은 힘줄을 하나씩 끊어냈다. 이윽고 팔꿈치 윗부분만 남았다. 그는 깊은 한숨을 내쉰 뒤 말했다.

"이렇게 할 수밖에 없었어. 나는 이제 끝장이야."

그는 무거운 짐을 내려놓은 것처럼 심호흡을 크게 했다. 그리고 아직 남아 있는 팔뚝에 다시 물을 끼얹기 시작했다.

그날 밤에도 바다가 거칠어 배를 육지에 댈 수가 없었다.

날이 새자, 동생 자벨은 잘라낸 자신의 팔을 손에 들고 오래도록 살펴보았다. 부패의 징후가 나타나 있었다. 동료들도 찾아와서 살펴보았다. 그들은 서로 돌려가면서 만져보고 뒤집어 보고 냄새도 맡아 보았다.

형이 말했다. "이제 바다에 던져버려."

그러자 동생 자벨이 화를 냈다. "아! 그게 무슨 소리야! 아! 말도 안 돼. 난 싫어. 이건 내 거야, 그렇잖아, 이건 내 팔이라고."

그는 그 팔을 되찾아 다리 사이에 놓았다.

"하지만 썩어버릴 텐데." 형이 말했다. 그러자 부상자에게 좋은 생각이 떠올랐다. 바다에 오래 있을 때 선원들은 물고기를 보존하기 위해 소금에 절여둔다.

그가 물었다. "이걸 소금물에 넣어두면 되잖아."

"그래, 맞아." 모두들 찬성했다.

그래서 요 며칠 동안의 어획물을 채워 둔 통을 하나 비우고 그 바닥에 팔을 넣었다. 그 위에 소금을 뿌린 뒤 물고기를 한 마리씩 쌓아올렸다.

선원 하나가 농담 삼아 말했다. "이건 경매에 부칠 수 없겠지?"

자벨 형제를 제외하고 모두들 재미있다는 듯이 웃었다.

바람은 여전히 불고 있었다. 배는 불로뉴를 향해 이튿날 열 시까지 바람을 헤치며 나아갔다. 부상자는 끊임없이 상처에 물을 끼얹었다.

이따금 그는 일어나서 배 끝에서 끝까지 걸었다.

키를 잡고 있는 형은 고개를 끄덕이면서 그 뒷모습을 바라보았다.

가까스로 항구에 들어갈 수 있었다.

동생 자벨의 상처를 살펴본 의사는 경과가 좋다고 말했다. 그리고 충분히 치료한 뒤 안정할 것을 명령했다. 그러나 동생 자벨은 자신의 팔을 가져오기 전에는 자리에 누울 생각이 없었다. 그래서 서둘러 항구로 돌아가서 십자 표시를 해둔 통을 찾았다.

사람들은 그가 보는 앞에서 그 통을 열었고, 그는 자신의 팔을 되찾았다. 주름이 생기기는 했지만 그것은 소금으로 완벽하게 보존되어 싱싱해 보였다. 그는 준비해 간 수건으로 그것을 싸서 집으로 돌아갔다.

아내와 아이들은 아버지의 그 일부분을 오래도록 바라보았다. 그리고 손가락을 가볍게 두드려 보고 손톱 사이에 끼어 있는 소금을 떼어내기도 했다. 동생 자벨은 소목장이를 불러 작은 관을 만들어 달라고 주문했다.

이튿날, 트롤선의 선원들은 한 사람도 빠짐없이 잘려나간 팔의 장례식에 참석했다. 두 형제가 행렬 맨 앞에 나란히 섰다. 성당 관리인이 관을 겨드랑이에 끼고 걸어갔다.

동생 자벨은 뱃일을 그만두고 항구에서 일자리를 얻었다. 그 뒤 그는 이 사건에 대해 이야기할 때마다 목소리를 낮춰 상대에게 이렇게 털어놓았다. "형이 트롤 그물만 끊어 줬어도 나에게는 아직 팔이 붙어 있었을 텐데. 아무튼 형은 자기 재산밖에 모르지."

Aux champs

들판에서

옥타브 미르보에게

두 채의 초가가 아담한 온천 도시와 가까운 어느 언덕 기슭에 나란히 서 있었다. 이 두 집의 농부들은 자식들을 키우기 위해 불모의 땅을 억척스럽게 경작하고 있었다. 두 집 다 자식이 네 명씩이었다. 서로 이웃한 두 집의 문 앞에는 아침부터 저녁까지 아이들이 와글와글 모여서 놀았다. 양쪽 다 맏이는 여섯 살, 막내는 약 15개월이었다. 두 집 다 결혼과 출산을 거의 같은 시기에 했던 것이다.

두 집안의 어머니조차 그 아이들 속에서 자기 아이를 찾는 것이 쉽지 않았으니, 하물며 아버지들은 완전히 헷갈려 했다. 그들의 머릿속에서는 여덟 개의 이름이 끊임없이 뒤섞였다. 그 가운데 하나를 부를 때는 서너 개의 이름을 부르고 나서야 당사자 이름이 나오곤 했다.

이 두 집 가운데, 롤포르 정수장 쪽에서 헤아려 첫 번째 집에 사는 튀바슈 가족에게 여자아이가 셋, 남자아이가 하나 있었다. 다른 오두막에 살고 있는 발랭 가족에게는 여자아이 하나에 남자아이 셋이 있었다.

모두 수프와 감자와 공기(空氣)로 겨우 생계를 꾸려 나갔다. 아침 일곱 시와 정오, 저녁 여섯 시에 두 안주인은 개구쟁이들을 불러 먹을 것을 주었다. 거위지기가 거위를 불러 모으는 식이었다. 아이들은 나이순으로 나란히, 오십 년 동안 손때가 묻어 반들반들 빛나는 나무 식탁에 앉았다. 막내인 젖먹이는 겨우 식탁 끝에 입이 닿을까 말까였다. 저마다 앞에는 감자와 양배추 반 통, 양파 세 개를 끓인 물에 담가 부드러워진 빵이 가득 든 우묵한 접시가 놓였다. 일렬로 앉은 아이들은 배가 터지도록 먹었다. 아기는 어머니가 직접 먹여주었다. 일요일에는 스튜에 고기가 약간 들어가는데, 아이들에게 그것이 특별식이었다. 아버지도 이날은 오래도록 식탁을 떠나지 않고 몇 번이나 말했다. "날마다 이런 걸 먹을 수 있으면 좋겠는데."

8월의 어느 날 오후, 경쾌한 마차 한 대가 갑자기 이 두 초가 앞에서 멈춰 섰다. 고삐를 잡고 있던 젊은 부인이 옆에 있는 신사에게 말했다.

"오! 저것 좀 보세요, 앙리. 아이들이 많아요! 정말 귀엽지 않아요? 저렇게 먼지 속에 모여 있군요!"

신사는 한 마디도 대답하지 않았다. 그에게는 고통이었을 뿐만 아니라 거의 비난의 말처럼 들리는 이런 감탄에 익숙해졌기 때문이다.

젊은 부인은 말을 이었다.

"나, 아무래도 아이에게 키스하고 와야겠어요! 아! 나도 저런 아이가 하나 있었으면. 보세요, 저기 있는 작은 아기요."

그렇게 말하자마자 마차에서 뛰어내린 그녀는, 아이들 쪽으로 달려가더니 두 막내 가운데 한 아기를 붙들었다. 그것은 튀바슈 가족의 아기였는데, 그 아기를 안아 올리더니 그녀는 더러운 뺨과 흙이 묻은 금발 곱슬머리, 거친 애무에서 벗어나려고 발버둥치는 조그만 손에 닥치는 대로 키스했다.

그러고 나서 그녀는 다시 마차를 타고 부리나케 출발했다. 그리고 다음 주에도 찾아와서 자신도 같이 땅바닥에 앉아 아기를 팔에 안고 과자를 아이 입에 넣어주고, 다른 아이들에게도 사탕을 주었다. 자신도 어린아이가 된 것처럼 함께 놀았는데, 그동안 남편은 마차 속에서 참을성 있게 기다렸다.

다시 찾아온 그녀는 부모들과도 알게 되었고, 그때부터 주머니를 단 과자들과 동전으로 가득 채우고 날마다 찾아오기 시작했다.

그녀는 앙리 뒤비에르 부인이었다.

어느 날 아침, 마차가 서더니 남편도 그녀와 함께 마차에서 내려왔다. 그리고 이제는 완전히 친해진 아이들에게는 눈길도 주지 않고 성큼성큼 농부의 집 안으로 들어갔다.

농부 부부는 마침 수프를 끓일 장작을 패고 있었다. 그들은 너무 놀라서 몸을 일으켜, 의자를 권하고 기다렸다. 젊은 부인은 떨리는 목소리로 띄엄띄엄 말을 꺼냈다.

"여러분, 오늘 이 댁을 찾아온 건 다름이 아니라…… 댁의 막내아이를…… 제가 데려가고 싶어서……."

농부 부부는 어안이 벙벙하여 아무 생각도 떠오르지 않았고, 대답도 하지 못했다.

그녀는 잠시 숨을 돌린 뒤 다시 말을 이었다.

"저희들에게는 아이가 없어서요. 저랑 남편 둘뿐이라…… 그래서 아기를 저희 곁에 두고 키우고 싶어서…… 어떠신지요?"

아이의 어머니는 겨우 말뜻을 이해하고 이렇게 물었다.

"그럼 샤를로를 달라는 말씀인가요? 오, 물론 안 되죠."

그때 뒤비에르 씨가 끼어들었다.

"아내가 설명을 잘못한 것 같군요. 댁의 아기를 양자로 들이고 싶습니다. 물론 두 분은 아기를 만나러 오실 수 있습니다. 아기가 훌륭하게 성장하면, 틀림없이 그렇게 되리라 생각합니다만, 그때는 상속인이 될 것입니다. 만일의 경우 아이가 생긴다면, 유산은 그 아이들과 공평하게 상속하겠습니다. 그러나 키운 보람이 없는 결과가 된다 하더라도 아이가 스무 살이 되면 2만 프랑의 돈을 주기로 하고, 즉각 그 아이 이름으로 신뢰할 만한 공증인에게 맡겨두겠습니다. 그리고 두 분에 대해서도 배려하여 두 분이 살아 있는 동안은 다달이 100프랑의 연금을 드리기로 하지요. 이해가 되셨나요?"

농부의 아내는 분노에 휩싸여 일어섰다.

"그렇다면 샤를로를 당신들에게 팔라는 얘기잖아요? 아, 기가 막혀서! 어머니에게 어떻게 그런 말을 할 수가 있지요? 오! 말도 안 돼요! 그건 끔찍한 일이에요."

농부는 심각하게 생각에 잠긴 채 한마디도 하지 않았다. 하지만 끊임없이 고개를 끄덕이면서 아내가 하는 말을 하나하나 수긍했다.

뒤비에르 부인은 어쩔 줄 몰라 울음을 터뜨렸다. 그리고 남편을 향해 크게 흐느끼는 목소리로 중얼거렸다. 그것은 평생 모든 것을 자기 마음대로 해온 아이 같은 목소리였다.

"이분들이 안 된대요, 앙리. 이분들이 안 된대요!"

그래서 두 사람은 마지막 협상을 시도했다.

"하지만, 두 분 생각해 보시지 않겠습니까? 아이의 장래와 행복, 그리고……."

농부의 아내는 발끈하여 상대의 말을 가로막았다.

"다 보고 다 듣고 생각도 충분히 했어요…… 자, 그만 돌아가 주세요. 그리고 다시는 이 집에서 당신들을 보고 싶지 않아요. 그런 식으로 남의 아이를 가로

채려 하다니, 세상 사람들이 용서하지 않을 거예요!"

뒤비에르 부인은 하는 수 없이 밖으로 나오다가, 똑같은 어린아이가 둘 있는 것이 생각났다. 그녀는 하고 싶은 대로 다 하면서 응석받이로 자라 참을 줄을 모르는 여자의 고집대로 울먹이는 목소리로 물었다.

"하지만 또 한 아기는 댁의 아기가 아니죠?"

튀바슈 씨가 대답했다.

"아닙니다. 그 아이는 옆집 애입니다. 생각이 있으시면 그리로 가보시든지요."

그렇게 말하고 그는 집 안에 들어갔는데, 거기에서는 아직도 분노에 찬 아내의 목소리가 울려 퍼지고 있었다.

발랭 부부는 식사를 하던 중이었다. 두 사람 사이에 놓인 접시에서 곰팡이 핀 버터를 칼끝에 조금만 찍어, 그것을 빵 조각에 아껴 바르면서 아주 천천히 먹고 있었다.

뒤비에르 씨는 그 제안을 다시 꺼냈는데, 이번에는 전보다 함축된 표현을 써서 언어 사용에도 세심한 주의를 기울여 책략을 펼쳤다.

농부 부부는 당치도 않다는 듯이 고개를 옆으로 젓더니, 한 달에 100프랑을 받을 수 있다고 하자, 곧바로 흔들리는 빛을 띠면서 서로 얼굴을 마주 보며 눈빛으로 의논했다.

부부는 괴로워하고 망설이면서 오랫동안 말이 없었다. 이윽고 아내가 먼저 입을 열었다.

"여보, 어떻게 생각해요?"

그는 거들먹거리는 목소리로 대답했다.

"난 그리 나쁘지만은 않은 것 같은데."

뒤비에르 부인은 걱정으로 가슴을 졸이고 있다가 그 말을 듣더니 아이의 장래와 아이의 행복, 그리고 나중에 아이에게서 큰 돈이 부모에게 돌아갈 것임을 설명했다.

남편이 물었다.

"그 1,200프랑의 연금에 대해 공증인 앞에서 약속해 주실 수 있습니까?"

뒤비에르 씨가 대답했다.

"물론입니다. 내일 당장이라도."

아내는 뭔가 생각하다가 다시 입을 열었다.

"한 달에 100프랑은, 아이를 포기하는 대가로는 충분하지 않은 것 같은데요. 지금은 아기지만 몇 년 뒤에는 제법 쓸모가 있을 텐데 말이죠. 우리에게 120프랑은 주셔야 합니다."

뒤비에르 부인은 초조하게 속이 타들어가던 터라 이 말에 얼른 달려들었다. 그리고 곧바로 아이를 데려가고 싶어서 남편이 증서를 쓰는 동안 100프랑의 사례금을 내밀었다. 곧 면장과 이웃집 남자를 불러왔고, 두 사람 다 증인이 되어주었다.

젊은 부인은 못 견디게 갖고 싶었던 골동품을 샀을 때처럼 싱글벙글하면서, 울어 젖히는 아기를 데리고 갔다.

튀바슈 부부는 자신들이 거절한 것을 이제 와서 후회하고 있는 건지, 아무 말 없이 문간에 서서 옆집 아기를 데려가는 모습을 험악한 눈길로 지켜보았다.

어린 장 발랭에 대한 소식은 전혀 없었다. 부모들은 약속한 120프랑을 받으러 매달 공증인을 찾아갔다. 그들은 이웃집 부부와 사이가 틀어지고 말았다. 튀바슈 부인이 험담을 했기 때문이다. 그녀는 동네방네 다니면서 아이를 팔아넘기는 건 못 할 짓이다, 혐오스럽다, 더럽다, 썩은 근성이다 하면서 떠들어댔다.

그녀는 이따금 보란 듯이 샤를로를 안고, 아기가 말을 알아듣기라도 하는 것처럼 큰 소리로 얘기했다.

"엄마는 너를 팔지 않았단다, 엄마는. 아가, 엄마는 너를 팔지 않았어. 어떻게 내가 자식을 팔겠어? 물론 돈이 좋기는 좋지, 하지만 그래도 난 자식을 파는 짓은 하고 싶지 않단다."

그렇게 여러 해 동안 날마다 이웃집에 들으라는 듯이 문 앞에서 소리치면서 야비한 빈정거림을 계속했다. 튀바슈 부인은 자신이 샤를로를 팔지 않았다는 점에서 자기 스스로 그곳에서 가장 훌륭한 사람이라고 생각했다. 그러자 그곳 사람들도 그녀에 대해 이렇게 말했다.

"그건 누구에게나 넝쿨째 굴러들어온 호박이었어. 그런데도 그것을 거절했으니 역시 훌륭한 어머니라고 해야겠지."

사람들은 그녀를 인용하여 이야기했다. 그리고 이제 열여덟 살이 된 샤를로도 끊임없이 그런 말을 들으면서 자랐기 때문에, 자신이 팔려가지 않으니 또래 젊은이들보다 훌륭하다고 여겼다.

발랭 가족은 연금 덕분에 안락하게 살고 있었다. 여전히 가난한 튀바슈 가족은 그것 때문에 줄곧 분노를 느꼈다.

그들의 맏아들은 군대에 들어갔고 둘째는 죽었다. 혼자 남은 샤를로는 어머니와 두 누이를 부양하기 위해 늙은 아버지와 함께 일을 해야 했다.[1]

그가 스물한 살이 된 어느 날 아침, 멋진 마차 한 대가 두 초가 앞에서 멈춰섰다. 한 젊은 신사가 시계 금줄을 찰랑거리면서 마차에서 내려섰다. 젊은이는 백발 노부부의 손을 잡고 있었다. 나이 든 부인이 그에게 말했다.

"아들아, 저쪽이다, 두 번째 집."

그는 자기 집인 것처럼 발랭의 오막살이에 들어갔다.

늙은 어머니는 앞치마를 빨고 있었다. 몸이 불편한 아버지는 난롯가에 앉아서 꾸벅꾸벅 졸고 있었다. 두 사람이 고개를 들자 젊은이가 말했다.

"잘 지내셨어요, 아빠. 잘 지내셨어요, 엄마."

그들은 깜짝 놀라 몸을 일으켰다. 농부의 아내는 감격한 나머지 비누를 물속에 빠뜨리고는 더듬더듬 말했다.

"네가 내 아들이라고? 네가 내 아들이야?"

그는 어머니를 두 팔로 끌어안고 입을 맞추며 되풀이했다. "잘 지내셨어요, 엄마." 노인은 몸을 부들부들 떨면서도 타고난 침착한 목소리로 말했다. "장, 네가 왔구나." 한 달 전에도 만난 것 같은 태도였다.

그렇게 서로를 알아보자, 부모는 당장이라도 아들을 밖에 데리고 나가 이웃에 자랑하고 싶었다. 그들은 면장과 부면장, 신부와 학교 선생에게 데리고 갔다.

샤를로는 집 앞에 서서 그가 지나가는 것을 바라보았다.

그날 밤 저녁 식사 때, 샤를로는 늙은 아버지에게 말했다.

"발랭 아저씨의 아들에게 그 자리를 빼앗기다니, 어머니 아버지는 너무 바보 같은 일을 했어요!"

어머니는 고집스레 대답했다.

"나는 자식을 팔아넘기고 싶지 않았어!"

아버지는 아무 말도 하지 않았다.

아들이 말을 이었다.

---

[1] 튀바슈 가족의 자녀 수와 성별이 앞뒤 모순되고 있지만 원문 그대로 옮김.

"이렇게 희생되는 건 불행한 일이에요!"

그러자 튀바슈 노인이 분노해서 말했다.

"널 보내지 않았다고 우리를 비난하는 게냐?"

젊은이는 난폭한 말투로 대답했다.

"맞아요, 지금 어머니 아버지가 멍청하다고 비난하는 거예요. 이런 부모 밑에서는 자식만 불행해질 뿐이죠. 이제 여기를 떠나겠어요. 당연히 그래도 된다고요."

선량한 어머니는 접시에 고개를 떨어뜨린 채 울고 있었다. 그리고 숟가락으로 떠먹는 수프를 반은 흘리면서 목멘 소리로 말했다.

"자식을 키워 놓고 이런 대접을 받을 줄이야!"

그러자 젊은이가 거칠게 대꾸했다.

"이렇게 살 바엔 차라리 태어나지 않는 게 더 나을 뻔했어요. 아까 저 대신 잘된 녀석을 보니 온몸의 피가 거꾸로 솟는 것 같았어요. '저 모습이 지금 내 모습이었을 텐데!' 하는 생각이 들었다고요."

그는 일어났다.

"이제 저는 더 이상 이 집에 있지 않는 게 좋을 것 같군요. 어차피 아침부터 밤까지 아버지 어머니에게 불평만 해대면서 괴롭힐 테니까요. 저는 그 일만 생각하면 두 분을 도저히 용서할 수가 없어요!"

두 노인은 너무나 충격을 받아서 아무 말도 하지 못하고 눈물만 흘렸다.

그가 계속해서 말했다.

"정말 그 생각만 하면 견딜 수가 없어요. 차라리 어디든 다른 곳에 가서 제 인생을 찾는 게 나을 것 같아요."

그는 문을 열었다. 떠들썩한 사람들의 목소리가 흘러 들어왔다. 발랭 부부가 돌아온 아들과 잔치를 벌이고 있었다.

그 소리를 들은 샤를로는 더욱 분해서 발을 동동 굴렀다. 그리고 다시 부모를 향해 돌아서서 소리쳤다.

"시골뜨기끼리 잘 살아봐요!"

그러고는 밤의 어둠 속으로 사라져 버렸다.

Pierrot

피에로
앙리 루종에게

르페브르 부인은 리본을 달고 요란하게 꾸민 모자를 쓰고 다니는 거의 농부나 다름없는 시골 부인, 홀어미였다. 노골적인 시골 사투리를 쓰면서도 남 앞에 나서면 거들먹거리고, 붉게 튼 커다란 손을 비단 장갑 속에 감추는 것처럼 요란하게 장식한 우스꽝스러운 겉모습 속에 거드름 피우는 교양 없는 영혼을 숨기고 있는 인물이었다.

그녀에게는 하녀가 한 사람 있었는데, 로즈라고 하는 착한 시골 여자였다.

두 여자는 녹색 덧문이 달린 조그마한 집에서 살고 있었다. 노르망디 코 지방 중심부의 어느 길가에 자리한 집이었다.

집 앞에는 자그마한 마당이 있어서 둘이서 몇 가지 채소를 키웠다.

어느 날 밤, 누군가 양파를 열두 개 정도 훔쳐갔다.

로즈는 도둑을 맞았다는 걸 알자 곧바로 마님에게 알리러 달려갔다. 부인은 모직 치마만 입은 채 달려 나왔다. 화가 나기도 하고 무섭기도 했다. 도둑이 들었다. 르페브르 부인의 집에 도둑이 든 것이다! 그것은 이 고장에 도둑이 숨어들었다는 얘기다. 그러니 다시 찾아오지 말라는 법도 없다.

겁먹은 두 여자는 발자국을 조사하고, 씩둑씩둑 지껄이면서 이리저리 추측해 보았다. "저기 좀 봐, 바로 저기를 넘어온 거야. 담에 발을 걸치고 화단 속으로 뛰어내렸나봐."

그걸 알고 나자 앞일이 무서웠다. 이제 어떻게 발 뻗고 잠을 잘 수가 있나!

도난 소문은 곧바로 온 동네에 퍼졌다. 이웃들이 찾아와서 침입 경로를 확인하고 갑론을박을 벌였다. 두 여자는 새로운 사람이 나타날 때마다 자신들의 관찰한 결과와 생각을 늘어놓았다.

이웃에 사는 농부가 충고했다. "개를 한 마리 키워야 합니다."

그렇다, 그것은 옳았다. 다만 경고하기 위해서라도 그녀들은 개를 길러야 했다. 맙소사, 큰 개가 아니어도 되었다! 큰 개를 그녀들이 어떻게 감당하겠는가! 먹이를 주다가 재산을 다 날려버릴 터였다. 하지만 작은 개(노르망디에서는 '캥'이라고 부른다), 경박한 작은 캥은 깨깽하고 짖는다.

이웃 사람들이 모두 돌아가자, 르페브르 부인은 오랫동안 개 문제를 두고서 로즈와 의논했다. 생각하면 할수록 온갖 장애물이 떠올랐다. 먹이를 수북하게 담은 그릇이 눈앞에 어른거리니 등골이 오싹했다. 왜냐하면 그녀는 그 인색한 시골 부인이라는 종족에 속해 있기 때문이었다. 그런 여자가 으레 그렇듯이, 늘 잔돈을 주머니에 넣고 다니면서 오가는 거지에게 보란 듯이 적선을 하거나, 일요일의 기부금 모금에 응하는 것은 빠뜨리지 않았다.

로즈는 동물을 좋아했기 때문에 자신의 이론을 끄집어내어 그것을 재치 있게 주장했다. 그래서 아주 작은 녀석이라면 한 마리 키워도 좋겠다는 결론이 났다.

그리하여 개를 찾기 시작했는데 물망에 오르는 것은 큰 개, 무시무시하게 수프를 먹는 대식가들뿐이었다. 롤빌 식료품점에 아주 작은 개가 있기는 했지만 지금까지 키우는 데 든 값으로 2프랑을 요구했다. 르페브르 부인은 선언했다. 자신은 개를 한 마리 먹여 살리는 건 각오하고 있지만, 돈을 주고 살 생각은 아예 없다고.

그런데 사건을 알고 있는 빵집 주인이 어느 날 아침, 작기는 하지만 참으로 기묘한 샛노란 동물 한 마리를 마차에 태워 데리고 왔다. 다리는 없는 것이나 다름없고 몸은 악어, 머리는 여우 같았으며, 꼿꼿이 선 꼬리는 진짜 깃털 장식 같았고 몸의 나머지 부분을 합한 것만큼 길었다. 빵집 단골손님이 남에게 주고 싶어한다는 것이었다. 돈은 한 푼도 주지 않아도 되기 때문인지, 이 추한 발바리도 르페브르 부인에게는 꽤 훌륭하게 보였다. 로즈는 개를 안아든 뒤 이름이 무엇인지 물었다. 빵집 주인이 대답했다. "피에로예요."

낡은 나무 상자에 개를 넣고 일단 마실 물을 줘보았다. 마셨다. 그런 다음 빵을 한 조각 줬다. 그것도 먹었다. 걱정이 된 르페브르 부인은 한 가지 생각을 해냈다. "개가 우리집에 익숙해지면 풀어놓자. 그러면 다른 데 가서 먹을 걸 찾겠지."

실제로 개를 풀어놓았으나 배가 고픈 것에는 변함이 없었다. 게다가 이 개는 자신의 먹이를 요구할 때가 아니면 짖지 않았다. 단, 그럴 때는 악착같이 짖어댔다.

그 집 마당은 누구나 마음대로 들어올 수 있었다. 피에로는 새로운 사람이 다가올 때마다 다가가서 꼬리를 쳤고, 아무런 소리도 내지 않았다.

르페브르 부인은 그래도 이 짐승과 점점 친해졌다. 나중에는 애착까지 느낄 정도가 되어, 가끔은 직접 자신의 스튜 국물에 빵 조각을 적셔 주기도 했다.

그러나 그녀는 세금에 대해서 꿈에도 생각하지 않았다. 그래서 8프랑의 세금이 청구되었을 때―부인, 8프랑입니다!―그것도 어지간해서는 짖지 않는 이 조그마한 개 때문이라고 생각하니, 그녀는 충격으로 하마터면 기절할 뻔했다.

즉시 피에로를 처분하기로 결정했지만 아무도 그 개를 갖고 싶어하지 않았다. 이 근처 100리 안에 사는 사람들은 모두 거절했다. 그렇다고 별 뾰족한 수도 없는지라 '짚오두막행'을 결행하기로 했다.

'짚오두막행'이란 '이회토(泥灰土)를 먹이는' 것을 말한다. 처분할 개는 모두 짚오두막으로 보내는 것이다.

그 오두막은 넓은 들판 한복판에 있었다. 오두막이라기보다는 땅 위를 덮은 작은 초가지붕이라고 하는 편이 맞을지도 모른다. 그것은 이회암 채석장의 입구였다. 커다란 수직굴이 지하 20미터까지 똑바로 파여 있고, 거기에서 옆으로 긴 갱도가 여러 개 뚫려 있다.

사람이 이 수직굴 속에 내려가는 것은 일 년에 한 번, 즉 땅에 이회토 비료를 줄 때뿐이다. 그 밖에는 버림받은 불쌍한 개의 무덤으로 사용된다. 그래서 그 굴 옆을 지나가면 탄식하듯이 짖는 소리, 절망하여 미친 듯이 울부짖는 소리, 애처롭게 부르는 소리들을 자주 들을 수 있다.

사냥개와 양치기개도 이 비명에 가득 찬 굴 옆에 오면 무서워서 달아난다. 뿐만 아니라 위에서 안을 들여다보면 썩은 짐승의 견딜 수 없는 악취가 올라왔다.

무서운 비극이 그 암흑 속에서 벌어지고 있었다.

버림받은 개가 먼저 들어온 동료들의 불결한 찌꺼기를 먹으면서 굴 바닥에서 열흘이나 열이틀 정도 단말마의 고통에 허덕이고 있으면, 거기에 그보다 훨씬 크고 틀림없이 더 힘센 또 다른 동물이 갑자기 내던져진다. 그들은 거기에서 마주한다. 두 마리뿐이다. 양쪽 다 배를 주리고 있는 터라 서로 눈만 번들거리고 있다. 그들은 서로 기회를 엿보면서 꽁무니를 밟지만 불안해서 머뭇거린다. 그러나 굶주림이 그들을 부추긴다. 그들은 마침내 덤벼들어 오랫동안 맹렬하게 서로 물어뜯는다. 그리고 강한 쪽이 약한 쪽을 먹는다. 산 채로 뜯어먹는 것이다.

피에로에게 '짚오두막행'이 결정되자 그것을 맡아줄 사람을 알아보았다. 도로를 고치던 인부가 수고비로 10수를 요구했는데, 르페브르 부인에게는 터무니없는 금액으로 생각되었다. 옆집 하인은 5수면 된다고 했지만 그것도 너무 많았다. 그래서 결국 그녀들이 직접 하기로 했다. 그러면 피에로도 거칠게 다룰 일이 없고, 또 자신의 운명을 몰라도 되니까 그 편이 낫겠다는 것이 로즈의 생각이었다. 해가 지면 둘이서 가기로 결정했다.

그날 밤에는 약간이나마 버터까지 넣은 수프를 개에게 듬뿍 먹였다. 개는 마지막 한 방울까지 남김없이 핥아먹었다. 그리고 만족스러운 듯이 꼬리를 흔들고 있는 것을 로즈가 앞치마에 안았다.

그녀들은 농작물을 훔치는 사람처럼 큰 걸음으로 들판을 가로질러 나아갔다. 이윽고 이회암 채석장이 보였고 두 사람은 곧 그곳에 도착했다. 르페브르 부인은 안에서 개 짖는 소리가 나는지 들으려고 몸을 구부렸다—없었다—한 마리도 없었다. 피에로는 혼자 있을 수 있다. 그때 눈물을 흘리고 있던 로즈가 개에게 입을 맞추고 나서 개를 굴속에 던져 넣었다. 그런 다음 두 사람은 귀를 기울이며 안을 살펴보았다.

처음에는 뭔가 둔한 소리가 들려왔다. 이어서 상처 입은 개의 귀청을 찢는 듯한 비명 소리와 뒤이어 고통스러운 작은 울음소리가 계속되다가, 그다음에는 절절한 호소, 입구 쪽으로 머리를 쳐들고 뭔가 애원하는 듯한 소리가 들려왔다.

짖고 있다. 아! 저렇게 짖고 있다!

두 여자는 후회에, 불안에, 뭐라 표현할 길 없는 미칠 듯한 공포에 사로잡혀서 재빨리 달아났다. 로즈의 걸음이 더 빨라서 르페브르 부인은 뒤에서 목청껏 그녀를 불렀다. "기다려, 로즈, 기다려!"

그날 밤 두 사람은 밤새도록 끔찍한 악몽에 시달렸다.

꿈속에서 르페브르 부인은 식탁에 앉아 수프를 먹으려 하고 있었다. 그녀가 수프 그릇 뚜껑을 열자 그 안에는 피에로가 들어 있었는데, 그녀를 보자 달려

들어 코를 물어뜯었다.

그녀는 잠에서 깨어났지만 피에로가 캥캥대는 소리가 아직도 들려오는 것 같았다. 그녀가 귀를 기울여보니, 역시 그것은 착각이었다.

다시 잠에 빠져들었는데, 이번에는 널찍한 도로에 있었다. 그녀는 가도 가도 끝이 없는 그 길을 걷고 있었다. 문득 길 한복판에 놓인 바구니 하나가 눈에 띄었다. 농부들이 사용하는 커다란 바구니가 버려져 있었던 것이다. 그녀는 그 바구니가 무서웠다.

그럼에도 그녀는 열어보지 않을 수 없었으며, 그러자 안에 웅크리고 있던 피에로가 그녀의 손을 물고 놓지 않는 것이었다. 그녀는 미친 듯이 달아나기 시작했지만, 개는 계속 그녀의 팔을 물고 매달려 있었다.

이른 아침 르페브르 부인은 벌떡 일어나서 거의 미친 사람처럼 그 이회암 채석장으로 달려갔다.

개가 짖고 있었다. 아직도 짖고 있었다. 아마 밤새도록 짖었을 것이다. 그녀는 흐느껴 울기 시작했다. 그리고 수없이 많은 애칭으로 피에로를 불렀다. 개도 개 목소리로 그것에 대답했다. 그것은 애정이 담긴, 모든 종류의 짖는 소리였다.

그러자 그녀는 다시 한 번 개가 보고 싶어졌다. 죽을 때까지 개를 행복하게 해주기로 다짐하지 않을 수 없었다.

그녀는 이회암을 채굴하는 우물 파는 일꾼의 집에 달려가서 사정을 얘기했다. 남자는 말없이 듣고 있었다. 그녀가 이야기를 마치자 그는 이렇게 말했다. "개를 다시 되찾고 싶다는 겁니까? 그건 4프랑인데요."

그녀는 펄쩍 뛰었다. 그리고 마음의 고통도 어느새 날아가 버리고 말았다.

"4프랑! 너무 심하잖아요! 4프랑이라니!"

그가 대답했다.

"농담하는 것 아닙니다. 밧줄이니 크랭크니 하는 것들이 필요하거든요. 그것을 모두 가져가서, 일하는 아이를 데리고 굴속에 내려가, 댁의 빌어먹을 개에게 물려가면서 데리고 나와 당신에게 돌려주는 건데요? 그럴 거면 던져 넣지를 말았어야죠."

그녀는 잔뜩 화가 나서 가버렸다—4프랑이라니!

집에 돌아온 르페브르 부인은 당장 우물 파는 일꾼의 말을 로즈에게 이야기했다. 늘 체념이 빠른 로즈는 되풀이해서 말했다. "4프랑이라고요! 마님, 그건 큰돈이잖아요."

그런 다음 그녀가 덧붙였다. "그보다는 먹을 것을 던져주는 게 어떨까요? 우리 개가 그렇게 죽어가는 건 불쌍하잖아요."

르페브르 부인은 크게 기뻐하면서 그 의견에 찬성했다. 그리고 버터 바른 커다란 빵 덩어리를 안고 두 사람은 서둘러 집을 나섰다.

두 사람은 그것을 한 입 거리씩 찢어 계속 던져주면서 번갈아 피에로에게 말을 걸었다. 그러자 개는 한 조각 먹고 이내 짖으면서 다음 것을 요구했다.

두 사람은 저녁에 다시 가고 이튿날에도 갔다. 그것을 날마다 되풀이했다. 이제 두 사람에게는 그렇게 오가는 길밖에 없었다.

그러던 어느 날 아침, 첫 번째 빵 조각을 던져주었더니, 갑자기 굴속에서 무시무시하게 짖는 소리가 들려왔다. 개가 두 마리였다! 누군가가 또 한 마리를, 그것도 커다란 개를 내던진 것이다!

로즈가 "피에로" 하고 외치자 피에로가 짖었다. 피에로가 짖는 소리였다. 두 사람은 먹을 것을 던져주었다. 그러나 빵을 던져 넣을 때마다 두 마리가 맹렬하게 싸우는 기척이 똑똑히 느껴졌다. 이어서 상대에게 물린 건지, 피에로가 처량하게 짖는 소리가 들려왔다. 상대가 모두 먹어버린 것이다. 그쪽이 강하니까 어쩔 수 없는 일이었다.

"피에로, 이건 네 몫이야." 두 사람이 아무리 마음을 다해서 말해 봐도 소용없었다. 피에로는 한 조각도 먹지 못하고 있는 것이 분명했다.

두 여자는 어찌할 바를 몰라 서로 얼굴을 쳐다보았다. 르페브르 부인이 분하다는 듯이 말했다. "남이 버린 개까지 내가 먹여 살릴 순 없어. 무슨 일이든 포기할 줄도 알아야 해."

이 개들이 모두 자신의 돈으로 살아가고 있다고 생각하자, 르페브르 부인은 화가 치밀어 올랐다. 그래서 남아 있는 빵을 챙겨 얼른 집으로 발길을 돌렸다. 그리고 걸으면서 빵을 먹었다.

로즈는 파란 앞치마 자락으로 눈물을 훔치고 또 훔치면서 뒤따라갔다.

노인

    따뜻한 가을 햇살이 도랑을 에워싸고 있는 너도밤나무 가지 너머 농가의 마당에 비쳐들었다. 소가 뜯어먹은 잔디밭에 얼마 전 내린 비가 스며들어, 걸으면 발이 푹푹 빠지면서 물소리를 냈다. 가지가 휠 것 같은 사과나무에서 떨어진 연두색 사과가 짙푸른 잔디밭 속에 여기저기 떨어져 있었다.

    암송아지 네 마리가 한 줄로 묶인 채 풀을 뜯어먹고 있었다. 이따금 대가리를 집 쪽으로 쳐들고 음매 울기도 한다. 암탉들은 외양간 앞 퇴비 더미 위에서 수선스럽게 돌아다니면서 주변을 파헤치며 꼬꼬댁거리고 있고, 수탉 두 마리도 끊임없이 울며 암탉을 위해 벌레를 찾다가, 발견하면 시끄럽게 울어대면서 암탉을 불렀다.

    나무 울타리가 열리더니 한 사내가 들어왔다. 나이는 아직 마흔 안팎일 텐데, 주름투성이에 허리가 굽어 예순 노인처럼 보였다. 그는 짚을 채운 무거운 나막신 탓에 큰 걸음으로 천천히 걸었다. 지나치게 긴 팔을 양 옆구리에 늘어뜨리고 있었다. 사내가 농가에 다가가자, 누런 개 한 마리가 기쁜 듯이 꼬리를 살랑거리면서 짖었다. 개는 개집 대신 사용하는 작은 통 옆에 있는 커다란 배나무 밑동에 묶여 있었다. 사내가 소리쳤다.

    "가만있어, 피노!"

    개는 조용해졌다.

    한 아낙네가 집에서 나왔다. 뼈가 앙상하고 옆으로 넓고 납작한 몸은, 몸통을 졸라매고 있는 양모 윗옷 속에 그대로 드러나 보였다. 아주 짧은 잿빛 치마가 푸른 양말을 신은 다리 중간까지 내려왔다. 그녀 또한 짚을 채운 나막신을 신고 있었다. 누런색으로 변한 하얀 두건은 머리에 들러붙어 있는 성긴 머리카락을 덮고, 뺨이 홀쭉한 데다 이가 빠져서 추해 보이는 갈색 얼굴은 농부의 얼굴에서 흔히 볼 수 있는 거칠고 험한 생김새 그대로였다.

사내가 물었다.

"좀 어떠셔?"

여자가 대답했다.

"신부님 말씀으로는 이제 가망 없대요. 오늘 밤을 넘기지 못할 것 같다네요."

두 사람은 나란히 집 안으로 들어갔다.

부엌을 지나 낮고 어두컴컴한 방에 들어갔다. 넝마 같은 노르망디산 사라사 조각이 걸려 있는 창문을 통해 겨우 빛이 새어들어왔다. 세월의 때가 묻어서 새까맣게 그을린 천장의 대들보가 방 안을 끝에서 끝으로 가로질러 지붕 밑의 얇은 판자를 지탱하고 있는데, 그 지붕 밑에서는 쥐들이 돌아다니고 있었다.

습기 찬 울퉁불퉁한 흙바닥에서는 기름이 배어나올 것 같았다. 그리고 방 안쪽에 있는 침대가 허여스름한 얼룩처럼 떠올라 보였다. 규칙적이고 거친 소리, 힘겹게 헐떡이며 쌕쌕거리는 숨소리가, 마치 찌그러진 펌프에서 나는 듯한 꾸르륵거리는 소리와 함께 암흑에 둘러싸인 침대에서 흘러나왔다. 그 침대에서는 아낙네의 아버지, 노인이 죽어가고 있었다.

사내와 여자는 침대에 다가가, 체념한 듯한 평온한 눈빛으로 임종이 가까워진 노인을 바라보았다.

사위가 말했다.

"이번에는 정말 안 되겠지. 밤까지 버티지 못하실 거야."

아낙네가 그 말을 받았다.

"낮부터 저렇게 꾸르륵거리시네요."

그러고 나서 두 사람은 입을 다물었다. 눈을 감고 있는 노인은 얼굴이 흙빛이고 나무토막처럼 메말라 있었다. 반쯤 벌린 입에서는 물결이 일렁이는 듯한 괴로운 숨소리가 새어나오고, 호흡할 때마다 가슴 위에서 잿빛 이불이 부풀어 올랐다.

사위는 긴 침묵 끝에 입을 열었다.

"이대로 기다리는 수밖에 없겠군. 더 이상 할 수 있는 게 없어. 다만 유채 때문에 걱정이야. 날씨가 좋아서 내일이라도 옮겨 심어야 하는데."

이 말에 아내는 걱정이 되는지 잠시 생각한 뒤에 말했다.

"오늘 돌아가신다 해도 토요일 전에는 장례를 치를 수 없어요. 유채는 내일이라도 괜찮지 않겠어요?"

농부는 생각하다가 이윽고 말했다.

"그렇긴 하지만, 내일은 부고를 알리러 나가야 해서 말이야. 투르빌에서 마느토까지 집집마다 돌리면 아무래도 대여섯 시간은 걸릴 텐데."

아내는 잠시 생각한 뒤 말했다.

"아직 세 시도 안 되었으니 오늘 밤 안에 시작해서 투르빌 쪽은 마치는 게 어떻겠어요? 돌아가셨다고 알려도 괜찮을 거예요. 어차피 저녁까지 못 버티실 테니까요."

사내는 이 의견의 결과와 이득을 저울질해 본 뒤 잠시 망설이다가 마침내 결심했다.

"어쨌든 가보지 뭐."

사내는 나가려다가 다시 되돌아와서 잠시 머뭇거렸다.

"당신은 할 일이 없으니까 사과를 따서 사과만두를 네 다스 정도 만들어 둬. 장례식 손님들에게 대접할 수 있도록. 아궁이 불쏘시개로는 압착기 창고 아래 있는 땔나무가 좋을 거야. 잘 말라 있을 테니."

그리고 사내는 방을 나가 부엌으로 돌아가서, 찬장을 열고 6파운드짜리 빵을 꺼내 조심스럽게 한 조각 잘라낸 뒤, 선반 위에 떨어진 빵 부스러기를 손바닥에 모아 조금도 낭비하지 않도록 입 안에 털어 넣었다. 이어서 갈색 질항아리 바닥에서 소금을 넣은 버터를 칼끝으로 조금 긁어서 빵에 발라 여느 때처럼 천천히 먹기 시작했다.

식사를 마치자, 마당을 가로질러 가면서 다시 짖기 시작한 개를 어루만져 준 뒤, 집 주위의 도랑을 따라 나 있는 길에 나가더니 투르빌 쪽을 향해 멀어져 갔다.

혼자 남은 아내는 일을 시작했다. 밀가루 통을 열고 사과만두를 빚을 밀가루를 반죽하기 시작했다. 뒤집고, 또 뒤집고, 비틀고, 때리고, 뭉개면서 오랫동안 치댔다. 그리고 나서 그것을 노르스름하고 커다란 덩어리로 만들어 식탁 모서리에 올려두었다.

다음에는 사과를 따러 갔는데, 장대 때문에 나무가 다치지 않도록 발판을 이용해서 나무 위로 기어올랐다. 잘 익은 것만 골라 조심스럽게 딴 뒤 그것을 앞치마 속에 담았다.

길에서 누가 부르는 소리가 들려왔다.

"어이, 시코 부인!"

그녀가 돌아보았다. 이웃에 사는 면장 오심 파베였다. 밭에 퇴비를 주러 가는 길인지 비료차에 올라타 두 다리를 흔들거리고 있었다. 그녀가 돌아보고 대답했다.

"무슨 일이에요?"

"아버님은 좀 어떠세요?"

그녀가 소리쳤다.

"돌아가신 거나 진배없어요. 장례식은 토요일 일곱 시예요. 아무래도 유채 때문에 한시가 급하네요."

이웃 사람이 대답했다.

"알았소. 행운을 빌어요! 그럼 수고해요!"

그녀도 인사를 보냈다.

"고마워요, 면장님도요."

그녀는 다시 사과를 따기 시작했다.

집에 돌아오자마자, 이미 숨을 거뒀을 거라 생각하고 아버지를 보러 갔다. 그런데 문 앞까지 가자, 쌕쌕거리는 소리가 단조롭게 들려왔다. 침대 옆에 가는 건 시간만 허비할 뿐이라 생각하고 그녀는 사과만두를 빚기 시작했다.

얇은 반죽에 사과를 하나하나 싸서 식탁 가장자리에 늘어놓았다. 동그란 공을 열두 개씩 한 줄로 하여 마흔여덟 개 만들고 나자, 저녁 식사나 준비해야겠다 싶어서 냄비를 불에 올려 감자를 삶았다. 생각해 보니, 장례식 준비를 하는 데는 아직 내일 하루가 더 있으니, 오늘 아궁이에 불을 피우는 것은 쓸데없는 낭비였기 때문이다.

다섯 시쯤 되자 남편이 돌아왔다. 그는 문지방을 넘어서자마자 물었다.

"돌아가셨어?"

그녀는 대답했다.

"아직 아니에요. 여전히 꼬르륵거리고 있어요."

두 사람은 노인을 보러 갔다. 노인은 조금도 변화가 없는 상태였다. 그 컥컥거리는 호흡은 시계추처럼 규칙적이어서 빠르지도 않고 느리지도 않았다. 일초마다 되풀이되는 그 호흡은, 공기가 폐 속에 들어갔다가 나올 때마다 음조가 조금 변할 뿐이었다.

사위는 노인을 바라보고 있다가 이윽고 말했다.

"촛불처럼 아무도 모르는 사이에 숨이 멎을지도 모르겠군."

두 사람은 부엌으로 돌아오자 말없이 저녁을 먹기 시작했다. 수프를 삼키고 버터 바른 빵을 먹은 뒤, 설거지를 마치고 다시 빈사 상태의 노인이 있는 방으로 돌아갔다.

아내는 심지가 그을리고 있는 램프를 들고 아버지의 얼굴 앞에서 이리저리 움직여 보았다. 숨만 쉬고 있지 않다면 틀림없이 죽었다고 생각했을 것이다.

부부의 침대는 같은 방 반대쪽에 굴처럼 움푹 들어간 곳에 숨어 있었다. 두 사람은 한 마디도 하지 않고 눕더니 불을 끄고 눈을 감았다. 곧 두 개의 코 고는 소리가 한쪽은 굵고 한쪽은 날카로운 불협화음을 이루며, 죽어가는 사람이 끝없이 헐떡거리는 소리와 함께 들려오고 있었다.

지붕 밑에서는 쥐가 이리저리 뛰어다녔다.

남편은 먼동이 희붐하게 밝아오자마자 잠에서 깼다. 그의 장인은 아직 살아 있었다. 그는 노인이 이토록 끈질기게 버티는 것이 걱정스러워져 아내를 흔들어 깨웠다.

"이것 봐, 페미, 장인어른이 돌아가실 것 같지 않은데. 어떻게 하지?"

그는 아내가 좋은 조언을 해주리라 기대했다.

아내는 대답했다.

"분명 오늘을 못 넘기실 테니 걱정할 것 하나도 없어요. 그러면 내일 장례를 치러도 면장님이 반대하지 않을 테죠. 르나르 영감님도 하필이면 씨 뿌리는 시기에 돌아가셔서 모두 그렇게 했잖아요."

그럴듯한 말이라 생각하고 그는 들에 나갔다.

아내는 사과만두를 삶고, 농가의 온갖 일을 해치웠다.

정오가 되어도 노인은 죽지 않았다. 유채를 옮겨 심기 위해 부탁한 날품팔이들이 우르르 찾아와서 좀처럼 세상을 뜰 것 같지 않은 노인을 바라보았다. 저마다 뭔가 한 마디씩 하고는 다시 들판으로 나갔다.

여섯 시에 돌아왔을 때도 노인은 여전히 숨이 붙어 있었다. 사위도 급기야 불안해졌다.

"페미, 이제 이 일을 어떡한다?"

아내라고 별 뾰족한 수가 있을 리 없었다. 두 사람은 면장을 만나러 갔다. 면장은 모르는 척 내일의 매장을 허락한다고 약속해 주었다. 그다음 의사에게 갔는데, 그도 시코 씨를 생각하여 사망증명서 날짜를 앞당겨 주겠다고 약속했다. 부부는 안심하고 집으로 돌아갔다.

두 사람은 잠자리에 들었다. 그리고 전날 밤처럼 노인의 가냘픈 호흡에 자신들의 높은 호흡 소리를 곁들여 잠을 잤다.

그들이 눈을 떴을 때도 노인은 죽지 않고 있었다.

이제는 두 사람 다 어찌할 바를 몰랐다. 그들은 아버지의 머리맡에 우뚝 선 채 미심쩍은 눈길로 노인을 바라보았다. 어쩐지 상대가 자신들에게 짓궂은 장난으로 골탕을 먹이고, 재미삼아 자신들을 곤경에 빠뜨리려 하는 것처럼 생각되었다. 쓸데없이 시간을 허비하게 하는 것이 무엇보다 원망스러웠다.

사위가 물었다.

"어떻게 해야 하지?"

그녀도 뭘 해야 할지 몰라 이렇게 대답했을 뿐이다.

"아무튼 난감하게 됐어요!"

조문객들이 곧 몰려들 테니 이제 와서 그들에게 다시 알리러 갈 수도 없는 노릇이었다. 그래서 그들이 오기를 기다려 사정을 설명하기로 결정했다.

일곱 시 십 분 전쯤 벌써 손님들이 나타나기 시작했다. 머리에 커다란 베일을 쓴 상복 차림의 여자들은 사뭇 슬픈 기색으로 찾아왔다. 남자들은 나사로 만든 윗옷이 무척이나 불편해 보였지만 여자들보다 여유롭게 두 사람씩 일 이야기를 하면서 걸어왔다.

시코 부부는 깜짝 놀라서 황망하게 손님들을 맞이했다. 그리고 두 사람 다 입을 맞춘 것처럼 첫 번째 손님들에게 다가가 갑자기 울기 시작했다. 두 사람은 사정을 설명하면서 자신들이 처한 곤경을 이야기한 뒤 의자를 권하고, 여기저기 왔다 갔다 하면서 끊임없이 사과했다. 그리고 이런 경우 누구라도 자기들처럼 조치할 것임을 어떻게든 증명하려고 끊임없이 이야기하는 동안, 점점 말이 많아져서 상대에게 대답할 틈도 주지 않았다.

두 사람은 닥치는 대로 손님을 붙들고 말했다.

"우리도 설마 하고 생각했소. 이렇게 오래 끌 줄은 생각도 못 했다니까!"

놀란 표정의 손님들은 고대했던 의식이 허사로 돌아갔을 때처럼 약간 실망한 모습으로 어떻게 해야 좋을지 몰라 앉았다가 섰다가 안절부절못했다. 그들 중에는 돌아가려는 사람들도 있었다. 그러자 시코 씨가 그들을 붙잡고 말했다.

"그래도 간단히 식사 대접을 하겠소. 사과만두를 만들어 두었으니 들고 가게나."

사과만두라는 말에 모두의 얼굴이 밝아졌다. 손님들은 조용조용 이야기를 시작했다. 마당은 점점 사람들로 가득 찼다. 먼저 온 손님은 새로 온 손님에게 사정을 이야기했다. 사과만두에 모두들 들떠서 뭐라고 서로 귀엣말을 했다.

여자들은 마지막으로 노인을 보기 위해 들어갔다. 그러고는 침대 옆에서 성호를 긋고 기도문을 중얼거린 뒤 나갔다. 남자들은 그러한 경우에는 담담한 듯, 열어둔 창문을 통해 한 번 힐끗 쳐다볼 뿐이었다.

시코의 아내는 죽어가는 사람에 대해 설명했다.

"저런 상태에 빠진 지 정확하게 벌써 이틀째인 걸요. 뭐, 물이 끊어진 펌프나 마찬가지지요."

죽음을 앞둔 노인을 보고 나자 이번에는 모두들 간식에 대해 생각했다. 그러나 부엌에 다 들어가기에는 사람 수가 너무 많아서 문 앞에 식탁을 내갔다. 커다란 접시 두 개에 담긴, 황금색의 먹음직한 사과만두 마흔여덟 개가 손님들의 눈길을 끌었다. 차례가 돌아올지 걱정되어 저마다 자신의 몫으로 손을 뻗었다. 그런데 네 개가 남았다.

시코 씨는 입 안 가득 사과만두를 베어 물면서 말했다.

"장인어른이 우리가 이걸 먹고 있는 모습을 보면 틀림없이 분하게 생각하실 걸. 이걸 무척 좋아하셨으니까."

뚱뚱한 농부가 유쾌하게 말했다.

"하지만 이젠 먹을 수가 없지. 저마다 차례가 있으니까 말이야."

차례라는 말에도 손님들은 숙연해지기는커녕 오히려 더욱 즐거워진 것 같았다. 만두를 먹는 것은 그들 차례였던 것이다.

시코의 아내는 경비 때문에 속상해하면서 사과주를 가지러 쉴 새 없이 지하 저장실에 들락거렸다. 술병은 끊임없이 이어졌고 한 잔 한 잔 비어 갔다. 이제는 모두들 밝게 웃으면서 큰 소리로 이야기하며 평소의 식사 때처럼 떠들기 시작했다.

아낙네 하나가 언젠가 자신에게도 돌아올 차례가 두려우면서도 지켜보고 싶은 기분에 반죽음 상태의 노인 곁에 남아 있다가, 갑자기 창문으로 얼굴을 내밀고 소리쳤다.

"갔어요! 갔어!"

모두 입을 다물었다. 여자들은 당장 보러 가려고 자리에서 일어났다.

노인은 정말 죽어 있었다. 이미 꼬르륵거리는 것이 멎어 있었다. 남자들은 서로 얼굴을 마주 쳐다보며 겸연쩍은 듯이 눈을 감았다. 그들은 만두를 다 먹지 못했다. 고약한 늙은이가 죽을 때를 잘못 고른 것이다.

시코 부부도 새삼스럽게 울지는 않았다. 이미 끝난 일이라 아주 태연자약했다. 그들은 되풀이해 말했다.

"오래가지 않을 줄 알고 있었어. 다만 밤사이에 가셨더라면 이런 혼란은 없었을 것을."

어쨌든 더 이상 이러고저러고 할 것도 없었다. 이미 끝난 일, 일요일에 매장하면 그뿐이다. 그리고 그때는 다시 사과만두를 먹을 수 있다.

그런 말들을 하면서 손님들은 모두 돌아갔다. 이제 임종을 지켜보았고 맛있는 것도 먹었기 때문에 만족스러웠다.

이윽고 두 부부만 남아 마주 앉자 아내는 괴로운 듯이 얼굴을 찡그리며 말했다.

"또다시 만두를 네 다스나 만들어야 하다니! 밤사이에 가셨으면 얼마나 좋아!"

그러자 남편은 좀 더 체념이 빠른 건지 이렇게 대답했다.

"뭘, 이런 일이 날마다 있는 것도 아닌데."

Le trou

구멍

'상해치사.' 실내장식업자 레오폴 르나르가 법정에 서게 된 죄목이었다.

그의 주변에는 유력한 증인으로 피해자의 아내인 플라메슈 부인과 고급가구
세공사 루이 라뒤로, 배관공 장 주르당 두 사람이 나와 있었다.

피고 옆에는 검은색 옷을 입은 그의 아내가 앉아 있었다. 키가 작고 못생긴
그녀는 부인복을 입은 긴꼬리원숭이 같아 보였다.

다음의 기록이 르나르(레오폴)가 진술한 사건의 전말이다.

*

"맙소사, 이번 사건에서 처음부터 줄곧 피해자였던 것은 오히려 저입니다. 제
의지와는 아무런 상관이 없는 일이었어요. 사실들을 있는 그대로 말씀드리면
재판장님도 이해하실 겁니다. 저는 한동네에서 십육 년 동안 살고 있는 정직한
사람이고 직업인이며 실내장식업자입니다. 이름도 알려졌고, 심지어 늘 쾌활하
지 않은 문지기 아주머니를 비롯해 이웃들이 증언해 준 것처럼, 모두가 사랑하
고 존경하고 인정했습니다. 저는 일을 사랑하고, 절약을 좋아하며, 정직한 사람
들과 정직한 취미들을 좋아합니다. 그런데 그 정직한 취미 때문에 이렇게 운이
다하게 되었으니 정말 애통합니다. 물론 제 의지와는 관계없기에 저는 지금도
스스로를 떳떳하게 생각합니다.

저는 오 년 전부터, 여기 있는 제 아내와 함께 일요일마다 푸아시에 가서 하
루를 보냈습니다. 바깥 공기를 마시는 것뿐만 아니라, 오! 그러니까 낚시를 너무
나도 좋아해서요. 본디 이런 열정을 저에게 붙여준 건 멜리, 바로 이 심술궂은
여자인데, 그녀가 저보다 더 낚시에 미쳐서, 이제 이야기하면 재판장님도 아시
겠지만, 사실 이번 재앙도 모두 그 원인을 따지면 이 고약한 여자 때문입니다.

저는, 힘은 세지만 마음이 여리고 악의라고는 전혀 없는 사람입니다. 하지만 그녀는! 오! 이런! 이런! 겉으로는 전혀 아무렇지 않게 보이지요. 작고 말랐으니까요. 이런 세상에! 족제비보다 더 교활하다니까요. 물론 이 여자에게도 장점이 있다는 걸 부정할 생각은 없습니다. 그녀는 장사꾼에게 중요한 장점들을 가지고 있어요. 하지만 그 성격이 참! 주변 사람들에게 물어보세요. 조금 전 저를 변호해 준 그 문지기 아주머니한테도…… 그 아주머니가 무언가 이야기해 줄 겁니다.

제 아내는 날마다 제가 점잖다고 잔소리를 늘어놓았죠. '나 같으면 그렇게 내버려 두지 않을 거예요! 나라면 저렇게 하도록 놔두지 않을 거예요.' 이 사람이 하는 말을 듣다 보면 재판장님, 한 달에 세 번은 주먹다짐을 해야 할 겁니다……."

르나르 부인이 그 말을 가로막았다. "마음대로 지껄여요. 마지막에 웃는 사람이 진정한 승자니까요."

남편은 무심한 표정으로 아내를 돌아보았다.

"글쎄, 당신에게 죄를 덮어씌운다 해도 문제없을걸. 원인이 당신한테 있으니까……."

그리고 다시 재판장 쪽을 향해 말했다.

"그럼 얘기를 계속하겠습니다. 그런 까닭에, 저희가 토요일 저녁마다 푸아시에 가는 것도 이튿날 해돋이와 함께 낚시를 하고 싶어서죠. 이건 정말이지 저희에게는 습관, 흔히 말하는 제2의 천성이 되어버린 습관입니다. 삼 년 전 여름에 저는 그곳에서 한 자리, 자리 하나를 발견했습니다! 오! 세상에! 이럴 수가! 나무 그늘도 있지, 물 깊이는 적어도 8피트, 어쩌면 10피트쯤 되는 그야말로 '구멍'인 겁니다. 아니, 비탈 아래에는 가로굴까지 있는 거예요. 물고기가 살기에는 안성맞춤인 곳이고 낚시꾼에게는 천국이고요. 제가 그 '구멍'의 크리스토퍼 콜럼버스인 셈이니, 재판장님, 제가 그걸 제 것으로 생각하는 것도 아주 마땅한 일 아닙니까? 부근 사람들도 모두 알고 아무도 반대하지 않았으니까요.

모두가 말했습니다. '그곳은 르나르 씨 자리야.' 그래서 아무도 그 자리에 오지 않았어요. 심지어 플뤼모 씨도요. 이런 말을 해서 실례가 될지 모르지만, 그는 다른 사람 자리를 가로채기로 이름이 났거든요.

그래서 저는 제 자리라고 굳게 믿고서, 주인처럼 그곳으로 다시 가곤 했습니다. 토요일, 그곳에 도착하자마자 저는 아내와 함께 '달릴라'에 올라탑니다―
'달릴라'는 노르웨이식 보트인데, 제가 포르네즈에게 주문해서 만들게 했지요.
가볍고도 안전한 배입니다―방금 말씀드린 대로 '달릴라'에 올라타서, 미끼를
답니다. 미끼를 다는 데 저를 따라올 자가 없다는 걸 친구들도 잘 알고 있죠―
제가 무엇을 미끼로 쓰는지 궁금하십니까? 저는 대답할 수 없습니다. 그건 이
번 사건과 전혀 관계없는 일이니까요. 어쨌든 저는 대답할 수 없습니다. 제 비
밀이니까요―저에게 그걸 물어본 사람이 이백 명도 넘지요. 제 입을 열게 만
들려고 술이니, 튀김이니, 생선 요리를 사준다고 하는 자들도 있었답니다!! 하
지만 그깟 걸로 잉어가 올 줄 알고요? 아! 그랬지요, 사람들은 제 비결을 알아
내려고 저를 허물없이 대했습니다…… 그걸 알고 있는 사람은 제 아내뿐이에
요…… 그리고 그녀는 저와 마찬가지로 절대 입 밖에 내지 않아요!…… 안 그래,
멜리……?"

재판장이 가로막고 말했다.

"피고, 어서 사실이나 얘기하시오."

피고는 말을 계속했다. "이제 말씀드리죠, 이제 말씀드리겠습니다. 그래서 7
월 8일 토요일, 다섯 시 이십오 분 기차를 타고 출발해서, 여느 때처럼 저녁을
먹기 전에 미끼를 달러 갔지요. 날씨는 계속 좋을 것 같더군요. 제가 멜리에게
'괜찮은데, 내일도 걱정 없겠어!' 하고 말하니, 아내도 '그럴 것 같아요' 하고 대
답했죠. 저희는 그런 말 말고는 할 얘기가 없거든요.

이윽고 저녁을 먹으러 돌아갔죠. 저는 기분이 좋았고 목이 말랐어요. 바로
이것이 모든 사건의 시작입니다, 재판장님. 저는 멜리에게 말했지요. '멜리, 날씨
도 좋고 하니 〈밤 술〉 한 잔이 생각나는데.' 우리가 그렇게 부르는 건 백포도주
작은 병을 말하는데, 그걸 조금 마시면 잠이 잘 오지 않아서 취침용 모자를
쓴 것과 마찬가지거든요. 무슨 뜻인지 아시겠지요.

이 사람이 대답했습니다. '마시고 싶으면 마셔요. 하지만 또 속이 안 좋아서
내일 아침에 못 일어날지도 몰라요' ―이건 정말이지 진실하고 영리하고 빈틈
없고 선견지명이 있는 말이라는 걸 저도 인정하지 않을 수가 없습니다. 그걸
알면서도 도저히 참을 수가 없어서 그 한 병을 다 마셔버렸지요. 이게 잘못된
겁니다.

아니나 다를까 역시 잠이 오지 않더군요. 젠장! 새벽 두 시까지, 그 포도즙으

로 만든 밤 술을 계속 마시고 있었으니까요. 그러다가 문득 잠이 들었는데, 한 번 잠들면 최후의 심판을 알리는 천사가 귀에 대고 호통을 쳐도 안 들린다니까요.

간단하게 말씀드리면 아내가 저를 깨웠을 때는 벌써 여섯 시라, 저는 침대에서 튕기듯이 일어나 얼른 바지를 입고 윗도리를 걸친 뒤, 얼굴은 씻는 둥 마는 둥하고 '달릴라'에 뛰어올랐지요. 너무 늦었습니다. '제 구멍'에 도착했을 때는, 다른 사람이 그 자리를 차지하고 있었으니까요! 이런 일은, 재판장님, 여태까지 한 번도 없었어요. 삼 년 동안, 단 한 번도!

저는 뻔히 눈뜨고 도둑맞은 기분이 들었습니다. 그래서 중얼거렸지요. '이런 빌어먹을, 빌어먹을, 빌어먹을!' 그러자 아내가 저를 닦아세웠습니다. '나 원 참, 밤 술을 마시더니 꼴좋네요! 이 주정뱅이 영감! 나사 빠진 바보 같으니, 이제 만족해요?'

저는 아무 말도 못했습니다. 모두 다 맞는 말이었으니까요.

그럼에도 저는 저쪽이 놓친 거라도 좀 얻을까 하고, 그 가까이에 배를 댔습니다. 저 남자가 뭘 낚을 수 있겠어? 하고 우습게 봤던 거지요.

키가 작고 깡마른 사람으로 하얀 아마포 옷을 입고 커다란 밀짚모자를 쓰고 있더군요. 그도 자기 아내와 함께 있었는데, 뚱뚱한 그 여자는 남편 뒤에서 상황을 지켜보고 있었습니다.

우리가 구멍 근처에 자리를 잡는 것을 보자 그녀가 이렇게 중얼거렸지요.

'강에 다른 자리가 없나?'

가뜩이나 기분이 언짢았던 아내가 즉각 대꾸하더군요.

'도대체 상식이라는 게 있는 사람이면, 남의 자리를 차지하기 전에 그곳 풍습이 어떤지 물어봐야 하는 것 아닌가?'

저는 말썽이 일어나는 게 싫어서 아내에게 이렇게 말했죠.

'잠자코 있어, 멜리. 내버려 둬, 내버려 둬. 어차피 곧 알게 되겠지.'

그래서 우리는 '달릴라'를 버드나무 밑에 묶어두고, 기슭에 올라가 낚시를 시작했지요. 그 두 사람 바로 옆에서 멜리와 제가 나란히 말입니다.

재판장님, 이제부터는 사건을 상세히 말씀드려야겠군요.

저희가 그곳에 앉고 오 분도 지나지 않아서, 옆자리 남자의 낚싯줄이 두세 번 움직이는 것 같더니 한 마리가 걸려들더군요. 잉어가요. 제 허벅지만 한 커다란 놈이, 아니, 그 정도까지는 아니더라도, 실제로 그만하게 보이는 놈을 말입니다! 저는 가슴이 두근거리고 관자놀이에서 땀이 배어나더군요. 또 멜리는 멜리대로 이러는 겁니다. '흥, 주정뱅이! 방금 그거 봤어요?'

하필이면 그때, 푸아시의 식료품상인 데다 모래무지 낚시의 애호가인 브뤼 씨가 배를 타고 그곳을 지나가다가 저에게 큰 소리로 말을 걸더군요. '르나르 씨, 당신 자리를 빼앗겼군요!' 제가 대답했습니다. '예, 브뤼 씨, 세상에는 관습이 뭔지 모르는 무례한 사람이 꼭 있거든요.'

그런데 옆에 있으면서도 그 키 작은 아마포에게는 그 소리가 들리지 않는 모양이더군요. 그 아내, 그 뚱뚱한 아내에게도 말입니다. 거참, 기가 막혀서!"

재판장이 다시 끼어들어 말했다. "주의하시오! 그건 이 자리에 출석한 플라메슈 부인을 모욕하는 겁니다."

르나르는 사과했다. "죄송합니다, 죄송합니다, 그만 속이 울컥해서요."

"십오 분도 되기 전에 그 키 작은 아마포가 다시 잉어 한 마리를 낚더군요— 그리고 같은 것을 또 한 마리, 오 분쯤 지나자 또다시 한 마리를요.

그걸 보니 제 두 눈에 눈물이 고였습니다. 르나르 부인도 속이 부글부글 끓는지 쉴 새 없이 제 아픈 곳을 찔러대더군요. '아! 이럴 수가! 당신이 저 사람한테 당신 물고기를 도둑맞았다는 걸 알겠어요? 알아요? 당신은 아무것도 못 잡을 거예요. 절대 아무것도 못 잡아요. 개구리 한 마리도 안 걸린다고요. 이거 봐요, 생각만 해도 손바닥이 화끈화끈 거려요.'

저는 속으로 이렇게 생각했습니다. '정오까지만 기다려 보자. 저 불법 낚시꾼도 점심을 먹으러 가겠지. 그사이에 내 자리를 되찾으면 돼.' 저는 말이죠, 재판장님, 저는 일요일마다 그곳에서 점심을 먹었거든요. '달릴라'에 음식을 싣고 다니니까요.

아! 드디어 정오를 알리는 종소리가 울렸습니다! 그런데 그가, 그 악당 녀석이 닭고기를 신문지에 싸온 겁니다. 게다가 그걸 먹으면서, 또 잉어 한 마리를 낚아 올렸습니다!

멜리와 저도 서둘러 한입 먹었지만, 점심이고 뭐고 제정신이 아니었습니다요.

그래서 저는 소화가 잘되라고 신문을 꺼냈습니다. 언제나 일요일에는 이렇게 물가의 나무 그늘에서 《질블라스》를 읽는데, 콜롱빈이 쓰는 날이라서, 아시겠지만 《질블라스》에 기사를 쓰는 콜롱빈 말입니다. 저는 이 콜롱빈이라는 여자를 알고 있다고 말해서 자주 르나르 부인을 화나게 하는데, 그건 거짓말이고 알기는커녕 본 적도 없지요. 그건 그렇고, 그녀는 글도 잘 쓰고, 여자치고 거침없이 생각하는 대로 말을 척척 해치운답니다. 저는 그 여자의 팬입니다. 그런 여자는 드물지요.

그래서 저는 그날도 마누라를 놀리기 시작했는데, 마누라가 금세 화를 내고 뾰로통해 있어서 저도 입을 다물고 말았지요.

바로 그때, 여기 있는 두 증인이 강 건너편에 오신 겁니다. 라뒤로 씨하고 뒤르당 씨 말이죠. 저희하고는 안면이 있는 사이였지요.

키 작은 남자는 다시 낚시를 시작했는데, 저는 낚시고 뭐고 이제는 몸이 부들부들 떨려서 견딜 수가 없더군요. 그의 아내가 이렇게 말했거든요. '여긴 정말 자리가 좋아요. 앞으로는 언제나 이곳에서 하기로 합시다, 데지레!'

저는 등줄기가 오싹했습니다. 르나르 부인도 가만히 있지 않더군요. '당신은 사내도 아니에요. 사내도 아니고말고요. 당신 몸속에는 닭의 피가 흐르고 있는 게 분명해요.'

저는 불쑥 아내에게 말했습니다. '아무래도 여길 떠나는 게 좋겠어. 그렇잖으면 내가 무슨 바보 같은 짓을 저지를지 모르겠으니까.'

그러자 아내는 제 코 밑에 인두라도 갖다 대는 것처럼 자꾸 화를 돋우는 겁니다. '당신은 사내도 아니에요. 자기 자리를 남에게 빼앗기고 이제 와서 달아나겠다! 마음대로 해요, 이 바젠 장군!'[*1]

이 말에는 저도 울컥했지만 그래도 가만히 참고 있었죠.

그러나 상대가 이번에는 잉어 브렘을 낚아 올리더군요. 오! 그렇게 큰 건 지금까지 본 적도 없었어요. 단 한번도!

그러자 제 아내는 들으란 듯이 혼잣말을 지껄이기 시작하더군요. 아시겠습니까, 그게 이 여자의 교활한 점이죠. 이 사람이 말하기를, '훔친 물고기란 바로 이걸 두고 하는 말이야. 우리가 직접 이 자리에 미끼를 달아놓았으니, 아무튼 미끼에 든 비용만은 받아내야겠어.'

그런데 키 작은 아마포의 뚱보 아내가 이러는 겁니다. '그거 저희를 두고 하

---

*1 바젠(François Achille Bazaine, 1811~1888)은 프랑스 육군 원수(元帥). 프로이센–프랑스전쟁 때 스당전투에서 항복한 그는 군법회의에서 금고형을 선고받고 투옥 중 달아나 이탈리아를 거쳐 영국으로 망명함.

는 말인가요, 부인?'

'다른 사람들이 쓴 돈으로 낚시하는 물고기 도둑에게 하는 말이에요.'

'그 물고기 도둑이 저희라는 건가요?'

그렇게 말이 오가기 시작해서 점점 말다툼이 되고 말았죠. 아니, 거참, 여자들의 입이란 정말 얼마나 가차 없고 인정사정없던지. 어떻게나 큰 소리를 지르던지, 건너편에 있던 이 두 증인도 농담처럼 이렇게 말했으니까요. '거, 좀 조용히 해요. 남편들 낚시하는 데 방해가 되니까.'

여기에서 있는 그대로 사실을 말씀드리고 싶은 것은, 키 작은 아마포와 저는 나무 그루터기 밖으로는 전혀 움직이지 않았다는 겁니다. 강을 향한 채 듣고도 못 들은 척하고 있었죠.

하지만 젠장, 아무리 안 들리는 척을 해도 들리는 걸 어쩝니까. '이 거짓말쟁이야—넌 매춘부—너야말로 창녀—너는 양갈보.' 맙소사, 이건 뭐 뱃사람을 뺨칠 정도더군요.

갑자기 제 뒤에서 소리가 났습니다. 저는 돌아보았지요. 뚱보가 제 아내에게 달려들어 양산으로 때리고 있더군요. 팡! 팡! 멜리가 두 번이나 당했습니다. 그러자 드디어 멜리도 진짜로 화가 났지요. 화가 나면 그녀는 어김없이 따귀를 때리거든요. 멜리가 그 뚱보의 머리카락을 그러잡더니 철썩 철썩, 철썩, 따귀를 날렸습니다. 마치 총알이 빗발치듯이 말입니다.

저는 내버려 뒀습니다. 여자는 여자들끼리, 남자는 남자들 끼리. 여자들 싸움에 남자가 끼어들면 안 되지요. 그런데 키 작은 아마포가 벌떡 일어나더니 제 아내에게 달려들려는 게 아니겠습니까. 아! 이건 아니지! 아! 이건 아니야! 이보게, 안 되네. 저는 그 녀석을, 그 비실거리는 녀석을 주먹으로 막았지요. 퍽, 퍽. 한 번은 콧등에, 또 한 번은 옆구리에. 그러자 그 녀석은 두 팔과 한쪽 다리가 공중에 붕 뜨더니 하늘을 향한 채 날아가서 강물 속에, 바로 그 구멍 근처에 떨어진 겁니다.

여기서 저에게 여유가 있었더라면 재판장님, 저는 틀림없이 그 사람을 구해냈을 겁니다. 그런데 꼭 그럴 때 나쁜 일이 겹치는 법인지라, 뚱보가 우세해서 멜리를 마구 때리고 있었지요. 상대가 강물을 실컷 마시고 있는 동안 그 아내를 거드는 건 좀 너무한 게 아닐까 하는 생각이 잠시 들었지만, 설마 그대로 물에 빠져 죽을 줄 누가 알았겠습니까. '뭘! 잠시 시원하게 있으라지!' 정도로만 생각했던 거지요.

그래서 저는 여자들에게 달려가서 두 사람을 떼어놓으려고 했습니다. 할퀴고, 물어뜯고, 완전 난리도 아니었지요. 거참, 무서운 여자들이라니까요!

간단하게 말씀드리면, 꺾쇠처럼 서로 뒤엉켜 있는 두 사람을 떼어놓는 데 족히 오 분, 아니 십 분은 걸렸을 겁니다.

그러고 나서 뒤돌아보니 아무것도 없었습니다. 물은 호수처럼 잔잔하더군요. 그리고 강 건너편에서는 '건져 올려, 건져 올려!' 소리치고 있고요.

말로는 쉽지만, 저는 헤엄칠 줄 몰랐지요. 잠수하는 건 더 말할 것도 없고요. 정말 이건 사실입니다!

나중에 관리인도 오고 장대를 든 두 사람도 왔지만, 그를 찾는 데 십오 분이 걸렸지요. 겨우 구멍 밑바닥에서 발견했습니다. 아까도 말씀드렸지만 깊이가 8피트나 되었으니까요. 거기에 키 작은 아마포가 있었던 거지요!

지금까지 말씀드린 것은 거짓 없는 진실 그대로입니다. 저는 결백을 맹세합니다."

*

증인들도 같은 내용의 증언을 했고 피고는 무죄 선고를 받았다.

La femme de Paul

폴의 연인

그리용 식당, 이 보트 애호가들의 집합소는 천천히 비어 갔다. 문 앞에는 벌써부터 외치는 소리, 서로 부르는 소리로 떠들썩하기 짝이 없었다. 하얀 셔츠를 입은, 키 크고 쾌활해 보이는 남자들이 노를 어깨에 멘 채 손짓 몸짓을 하고 있었다.

화사한 봄옷을 차려입은 여자들도 조심조심 보트에 올라탄 뒤 가로대에 앉아 매무새를 고쳤다. 그러면 붉은 수염을 기른 건장한 젊은이로 힘이 세기로 유명한 식당 주인이, 그 홀쭉한 보트의 균형을 유지하면서 젊고 사랑스러운 여자에게 손을 빌려주었다.

다음에는 노잡이들이 자리를 잡았다. 그들은 팔을 걷어붙이고 가슴을 펴면서 구경꾼들을 향해 자세를 취했다. 나들이옷을 입은 부르주아, 노동자, 군인들이 대부분인 구경꾼들은 모두 다리 난간에 팔꿈치를 괸 채 열심히 그 광경을 바라보고 있었다.

보트는 한 척씩 배다리를 떠났다. 배를 잡아당기는 사람들이 몸을 숙였다가, 규칙적인 동작으로 다시 몸을 뒤로 젖혔다. 그러면 길게 구부러진 노의 힘에 밀려 빠르게 물 위를 미끄러져 가는 보트는 점점 작게 멀어지다가, 마침내 '라 그르누예르' 쪽으로 내려간 뒤 철도가 지나가는 또 하나의 다리 밑으로 사라져 갔다.

한 쌍의 남녀만이 남았다. 아직 수염도 나지 않은 날씬하고 얼굴이 창백한 젊은이가 연인의 허리를 껴안고 있었다. 움직이는 모습이 메뚜기를 연상시키는 밤색 머리의 여위고 키 작은 여자였다.

주인이 소리쳤다. "자, 폴 씨, 서두르세요." 두 사람은 보트 옆으로 다가갔다.

여러 손님들 가운데서 폴 씨가 가장 인기 있었고 가장 존경받았다. 다른 손님들은 돈이 궁해 야반도주라도 하지 않으면 최대한 지급을 미루는 데 비해,

그만은 언제나 여유롭게 돈을 냈다. 그뿐만 아니라 이 식당에 대해 그는 살아 있는 광고나 마찬가지였다. 그의 아버지가 상원의원이었기 때문이다. 이를테면 뜨내기 손님이 "저 아가씨에게 열을 올리고 있는 애송이가 도대체 누구죠?" 하고 물으면, 단골 가운데 누군가가 의미심장한 듯이 목소리를 낮춰 대답하는 것이다. "폴 바롱이오. 거 왜 상원의원 아들 있잖소." 그러면 상대는 판에 박은 듯이 이렇게 대답하곤 했다. "안됐군요! 완전히 푹 빠진 모양이오."

그리용의 안주인은 장사에 밝은 선량한 여자인데, 그녀도 이 연인들을 '잉꼬 부부'라고 부르면서, 장사에 도움되는 이 연애를 자못 동정하고 있는 눈치였다.

그 연인들은 천천히 다가갔다. 경주용 보트 마들렌호는 벌써 준비가 되어 있었다. 그런데 보트에 올라타려는 순간, 두 사람은 서로 끌어안고 입을 맞췄다. 다리 위에 모여 있던 사람들 사이에서 웃음이 터졌다. 폴이 노를 잡았고, 그 또한 라 그르누예르를 향해 출발했다.

두 사람이 도착했을 때는 벌써 세 시가 가까워져서, 물 위의 커다란 카페는 손님들로 넘쳐나고 있었다.

이 카페는 어마어마하게 큰 뗏목으로 되어 있고, 역청을 바른 지붕을 나무 기둥이 받치고 있었다. 뗏목은 두 개의 작은 다리를 통해 아름다운 크루아시 섬으로 이어졌다. 다리 하나는 이 수상 카페의 한가운데까지 들어가 있고, 또 하나의 다리는 나무 한 그루가 서 있어서 '꽃항아리'로 불리는 작은 섬으로 이어져 그곳에서부터 물놀이 구역이 펼쳐졌다.

폴 씨는 자기 배를 그 뗏목에 매어놓고, 카페 난간을 뛰어넘은 뒤 연인의 손을 잡고 끌어올렸다. 그리고 두 사람은 식탁 한쪽 끝에 마주 앉았다.

강 건너편 도로에는 마차 행렬이 길게 늘어서 있었다. 일반 영업 마차와 거만한 사람들의 고급 마차가 뒤섞여 있었다. 지나치게 무거워 보이는 영업 마차의 스프링을 짓누르는 듯한 거대한 몸체에는, 목이 늘어지고 무릎이 구부러진 늙은 말이 한 마리 매여져 있었다. 그런가 하면 가느다란 바퀴 위에 날렵하게 서 있는 말쑥한 마차에 매어진 말들은 하나같이 곧고 탄탄한 다리에 목을 꽂꽂이 세우고, 재갈은 눈처럼 하얀 거품으로 덮여 있었다. 마부 또한 제복을 입고 점잔을 뺐다. 커다란 깃에 머리를 곧추세우고 채찍을 한쪽 무릎에 얹은 채 엉덩이를 약간 들었다.

강둑에서 사람들이 줄지어 이쪽으로 다가왔다. 가족과 함께 온 사람도 있고 단체도 있었으며, 쌍쌍도 있는가 하면 혼자 온 사람도 있었다. 그들이 풀잎을 따면서 물가까지 내려가든, 또 처음의 도로를 향해 올라가든, 결국은 같은 장소에 와서는 그대로 멈춰 서서 뱃사공을 기다렸다. 그 무거워 보이는 나룻배는 끊임없이 강 양쪽을 오가면서 손님을 섬에 내려주었다.

이 수상 카페가 있는 강의 지류는(죽은 지류라 불렸는데) 물살이 약해서 마치 잠들어 있는 것 같았다. 경주용 보트, 경정(輕艇), 카누, 소형 보트 등 모든 형태와 모든 성질의 보트들이 이 고요한 물 위를 질주하고 있었다. 스쳐 지나가고 뒤섞이다가 때로는 충돌하기도 해서 얼른 팔로 힘껏 밀어내면 팔 근육이 급격히 긴장했고, 보트는 다시 돌진하면서 매끄럽게 미끄러져 갔다. 마치 노랗고 빨간 긴 물고기 같았다.

보트들은 연이어 속속 들어왔다. 강 상류의 샤투에서 오는 것도 있고, 강 하류의 부지발에서 오는 것도 있었다. 웃음소리가 물 위의 보트에서 보트로 넘나들었는데 서로를 부르는 소리, 묻는 목소리, 욕설을 퍼붓는 소리도 있었다. 노잡이들은 이두박근이 부풀어 오른 갈색 육체를 뜨거운 햇살 아래에 드러냈다. 한편 고물 쪽에 앉아 있는 여자들의 빨강, 초록, 파랑, 노랑 등 비단 양산이 활짝 피어 있는 모습은 신기한 꽃, 헤엄치고 있는 꽃 같았다.

7월의 태양은 하늘 한복판에서 붉게 타올라, 불타는 듯한 즐거운 기분이 주위에 가득 넘쳐났다. 미풍조차 없어서 버드나무와 미루나무도 이파리 하나 살랑거리지 않았다.

맞은편 저 멀리 몽 발레리앙 산의, 성벽이 둘러쳐진 산기슭이 반짝거리는 햇살 속에 층을 이룬 것처럼 보였다. 오른쪽은 사랑스러운 루브시엔 언덕이 강을 따라 구부러지면서 둥그스름한 반원형을 그렸다. 군데군데 드넓은 정원의 울창한 푸른 숲 그늘 사이로 별장의 하얀 벽들이 힐끗힐끗 보였다.

라 그르누예르 부근에서는 산책객들이 거대한 나무 아래를 오가고 있었다. 바로 그 거목 덕분에 섬의 이 일대가 보기 드물게 아름다운 공원을 이루었다. 여자들, 아니 매춘부들이 노랑머리, 부푼 가슴, 엄청나게 큰 엉덩이, 눈에 숯을 바르고 입술을 새빨갛게 칠한 짙은 화장에, 코르셋으로 잔뜩 졸라 꼭 끼는 기발한 드레스를 입고 산뜻한 잔디밭 위로 그 자극적이고 야한 옷을 질질 끌고 다녔다. 그 옆에 따라가고 있는 젊은이들 또한 유행잡지에서 그대로 빠져나온 듯한 별난 옷차림으로 별나게 으스대고 있었다. 화려한 장갑, 니스를 칠한 장화, 젓가락처럼 가느다란 지팡이, 거기에 외알박이 안경까지 그들의 우스꽝스러운 미소를 강조했다.

섬은 라 그르누예르에서 잘록하게 들어가 있었다. 건너편 기슭에서도 나룻배 한 척이 크루아시 사람들을 쉴 새 없이 실어 나르고 있었는데, 물살이 빠른 그 일대의 지류는 곳곳에서 소용돌이와 역류, 거품이 일어나 격류처럼 넘실거렸다. 강둑 위에는 포병 제복을 입은 다리세 징수인들이 모여 있고, 기다란 들보에는 병사들이 일렬로 걸터앉아 강물을 바라보고 있었다.

수상 카페 속에서는 소리를 지르며 떠드는 군중이 복작거렸다. 음료가 쏟아져서 끈적끈적한 가느다란 물줄기가 퍼져 나가는 탁자 위에는 마시다만 잔들이 흩어져 있었으며, 반쯤 취해 있는 손님들이 그 주위를 에워싸고 있었다. 그들은 모두 소리를 지르고 노래하면서 괴성을 질렀다. 사내들은 모자를 뒤로 젖혀 쓰고 얼굴은 새빨갛게 달아올라 취객답게 눈을 번쩍이면서, 동물 본성으로 날뛰고 싶은 욕망에 사로잡혀서인지 아우성을 치면서 몸을 마구 움직였다. 여자들은 밤의 사냥감을 고르면서, 그때까지 자기가 마신 술값을 치러줄 사람을 찾고 있었다. 탁자들 사이사이의 공간을 점령하고 있는 그 지역의 단골손님, 즉 우스꽝스러운 춤에 빠진 노잡이들은 짧은 플란넬 치마를 입은 여자들을 상대했다.

그들 가운데 한 사람이 피아노를 마치 발과 손으로 치는 것처럼 난폭하게 치고 있었다. 네 쌍의 남녀가 카드리유를 추었으며 다른 젊은이들은 그것을 구경했다. 예의 바르고 점잖은 젊은이들이어서, 적어도 그 결함만 없었더라면 나무랄 데 없이 완벽하게 보였으리라.

그 결함이란 이 일대를 가득 채우고 있는 그윽한 악취였다. 세상의 모든 찌꺼기 냄새, 모든 종류의 천박한 냄새, 그리고 파리 사회 전체에서 나는 곰팡이 냄새였다. 암거래상, 뜨내기 배우, 저급한 저널리스트, 금치산자 귀족, 수상쩍은 투기꾼, 타락한 방탕아, 늙고 부패한 건달들이 뒤섞여 있고, 조금 유명해지기 시작한 자, 조금씩 나락으로 떨어지기 시작한 자, 조금 존경받고 있는 자, 조금 체면을 잃어가고 있는 자, 그런 모호한 인간들의 수상한 집합으로 소매치기도 있고 야바위꾼도 있고 뚜쟁이도 있었다. 그런가 하면 "나를 악당 취급하는 놈은 다 때려눕히고 말겠어" 하는 듯한 당당한 호걸형 사기꾼도 있었다.

그곳은 축축하고 비열한 습기와 함께 추잡한 싸구려 정사(情事)의 악취를 발산하고 있었다. 거기에서는 수컷도 암컷도 똑같은 가치를 지녔다. 애욕의 냄새가 떠다녀서 사소한 대응에도 곧바로 칼부림이 일어났다. 그런 일들은 다 내리막을 걷고 있는 체면을 유지하기 위해서이겠지만, 날붙이로도 권총 탄환으로도 유지가 되기는커녕 더럽히기만 할 뿐이었다.

일요일이면 가까이에 사는 사람들이 일부러 구경하러 오기도 했다. 젊은이들, 그것도 아주 어린 소년들이 해마다 이곳에 나타나서 처음으로 사는 법을 배웠다. 때로는 한가롭게 거닐던 산책객이 얼굴을 내밀 때도 있다. 그러다가 지나치게 고지식한 사람은 간이 떨어질 것처럼 놀라는 것이다.

그곳이 '라 그르누예르'*¹라 불리는 것은 당연하다. 사람들이 술을 마시는, 지붕 있는 뗏목 옆과 '꽃항아리' 바로 옆에서는 모두들 수영을 했다. 매춘부 중에서도 풍만한 몸을 자랑하는 여자들은 이곳에 와서 그 육체를 내보이며 손님을 끌었다. 그 밖의 여자들도 거만한 자세로 있었다. 사실은 자신의 빈약한 몸을 솜으로 부풀리거나, 용수철로 여기저기를 튀어나오게 하거나 또는 움푹 들어가게 하고 있으면서, 자신들의 동료가 흙탕물을 휘젓고 있는 모습을 자못 경멸하듯이 바라보는 것이다.

작은 다이빙대에서는 수영하는 사람들이 너도나도 물속으로 거꾸로 뛰어들었다. 그들 가운데는 버팀목처럼 긴 사람도 있고 호박처럼 둥그스름한 사람도 있으며, 또 올리브 가지처럼 뼈가 울퉁불퉁한 사람도 있고, 배가 너무 나와서 앞으로 구부정하거나 뒤로 젖혀진 사람도 있었다. 어쨌든 모두 추한 것은 마찬가지, 그들이 물속에 뛰어들면 카페의 술꾼들에게까지 물이 튀었다.

물가의 울창한 거목 그늘 아래에 있는 이 수상 카페 주위는 숨 막히는 열기로 가득 차 있었다. 쏟아진 술이 발산하는 냄새에 사람들의 체취, 그리고 사랑을 파는 여자들 피부에 스며들어 있던 짙은 향수가 이 열기 속에서 증발하는 냄새가 뒤섞였다. 그 잡다한 냄새 속에 희미하게나마 분첩 향기가 감돌았다. 그런데 그것은 향기가 나는 것 같다가도 곧 사라졌다가 다시 향기가 풍겨와서, 어딘가 숨이 있는 손이 보이지 않는 분첩을 흔들고 있는 듯했다.

강 위의 경관도 멋지고, 특히 쉴 새 없이 드나드는 보트가 사람들의 눈길을 끌었다. 보트 안의 여자들은 팔심이 센 사내들을 앞에 두고 의자에 몸을 한껏

*1 개구리가 사는 습지.

젖히고 앉아 있었다. 그리고 저녁 식사를 찾아 섬을 어슬렁거리고 있는 여자들을 경멸의 눈길로 바라보았다.

탄력을 받은 배가 전속력으로 지나갈 때는 뭍에 있는 친구들이 소리를 질렀다. 그러면 모든 구경꾼이 갑자기 광기에 사로잡힌 듯이 아우성치기 시작했다.

샤투 방면으로 강이 구부러지는 곳에서 잇따라 새로운 보트들이 나타났다. 그 배가 가까이 다가와서 그 안에 타고 있는 사람들의 얼굴을 알아보면, 또다시 환성이 터졌다.

텐트를 친 카누 한 척이 네 명의 여자를 태우고 조용히 강을 내려왔다. 노를 젓고 있는 것은 여위고 키가 작은 쭈글쭈글한 여자로 해군복을 입고, 감아올린 머리에 방수 모자를 쓰고 있었다. 그녀의 맞은편에는 뚱뚱한 금발 여자가 하얀 플란넬 양복으로 남장을 하고 배 안에 누워, 노를 젓고 있는 여자의 양옆 의자 위에 두 다리를 올리고 있었다. 노가 움직일 때마다 그녀의 가슴과 배가 강한 진동을 받아 흔들리는데도 아무렇지 않은듯 담배를 피웠다. 뱃고물 쪽 텐트 밑에는 키가 크고 늘씬한 아름다운 여자 둘이 있었는데 한 사람은 갈색 머리, 또 한 사람은 금발로 서로 허리를 껴안고 자신들의 짝을 지치지도 않고 바라보았다.

라 그르누예르에서 외치는 소리가 들려왔다. "여기가 레스보스섬*²이로군!" 그것은 곧 어마어마한 소란으로 번져 엄청난 혼란을 불러왔다. 술잔이 쓰러지고 탁자에 올라가는 자도 있었다. 모든 사람이 소음에 흥분해서 소리치고 있었다. "레스보스! 레스보스! 레스보스!" 그 소리가 요란하게 울려 퍼지자, 순식간에 무슨 말인지 알아들을 수도 없는 무서운 함성으로 변했다. 그러자 그것은 다시 왁자하게 끓어올라 공중을 타고 올라간 뒤 들판을 뒤덮고, 커다란 나무들이 울창한 숲속을 채운 다음, 먼 언덕으로 펼쳐져 태양까지 이를 것만 같았다.

이 요란한 환영에 노를 젓던 여자가 조용히 손길을 멈췄다. 카누 속에 누워 있던 뚱뚱한 금발 여자는 양 팔꿈치를 짚고 일어나면서 사뭇 귀찮은 듯이 고개를 돌렸다. 고물에 있던 아름다운 두 여자도 군중에게 인사하면서 웃었다.

그러자 함성이 더욱 커져서 수상 카페를 뒤흔들었다. 남자들은 모자를 쳐들

---

*2 그리스 동부 에게해에 있는 섬. 고대 시대 이 섬에서 동성애가 성행했으며 '레즈비언'이라는 말이 이로부터 생겨남.

고 여자들은 손수건을 흔들었다. 모든 목소리, 높거나 낮은 목소리가 한데 뒤섞여 소리쳤다. "레스보스!" 이 군중, 이 부패한 인간 집단은 제독이 지나갈 때예포를 쏘는 함대처럼 우두머리에게 인사를 했다.

수많은 보트 무리도 여자들의 카누를 향해 갈채를 보냈다. 카누는 더 빨리 배를 대려고 나른한 기색으로 다시 움직이기 시작했다.

폴 씨는 다른 사람들과는 반대로 주머니에서 열쇠를 하나 꺼내더니 힘껏 소리를 울렸다. 그의 연인은 당황하여 새파래진 얼굴로 상대의 팔을 잡고 말리다가, 눈에 노기마저 띠고 젊은이를 노려보았다. 하지만 젊은이는 남자의 질투심에 사로잡혀선지 본능적이고 통제할 수 없는 깊은 울분 때문에 기를 쓰고 있는 것 같았다. 그는 분노로 입술을 떨면서 중얼거리듯이 말했다.

"부끄러운 일이야! 저런 여자들은 암캐처럼 목에 돌을 매달아 물속에 처넣어야 해."

그러자 마들렌이 갑자기 화를 냈다. 가늘고 날카로운 그녀의 목소리가 휘파람 같은 목소리로 변했다. 그리고 마치 자기 자신이라도 변호하듯이 빠르게 말을 쏟아냈다.

"당신하고 상관없는 일이잖아요, 안 그래요? 저 사람들이 특별히 누구에게 피해를 주는 것도 아닌데, 자기 하고 싶은 대로 할 자유가 있는 것 아닌가요? 남의 일 가지고 이러니저러니 하지 말고 당신이나 잘해요……."

그러나 그는 그녀의 말을 가로막았다.

"나하고는 상관없을지 모르지만, 경찰과는 상관 있어. 난 저 여자들을 생라자르로 내쫓아 버리겠어!"

깜짝 놀란 그녀가 말했다.

"당신이?"

"그래, 내가! 그리고 미리 말해 두지만, 당신은 저 여자들과 말을 섞어선 안 돼, 알겠어? 절대로 안 돼."

그녀는 어깨를 으쓱하더니 갑자기 가라앉은 목소리로 말했다.

"이봐요, 난 내가 하고 싶은 대로 할 거예요. 그게 싫다면 돌아가요, 당장이라도. 나는 당신 아내가 아니잖아요? 그러니 조용히 해요."

그는 대답하지 않았다. 두 사람은 입술을 떨고 숨을 거칠게 내뱉으면서 서로 얼굴을 마주 보고 있었다.

카페 다른 쪽 끝으로 네 여자가 들어섰다. 남장한 두 사람이 앞장서서 왔다. 한 사람은 늙수그레한 소년 같은 모습을 한 여윈 여자로, 관자놀이가 노랗게 물들어 있었다. 또 한 여자는 살진 몸을 하얀 플란넬 옷에 터지도록 채워 넣고, 커다란 바지도 엉덩이에서 불룩 튀어나와 있었다. 그 엄청난 허벅지로 무릎을 구부리면서 비척비척 걷고 있는 모습이 살진 거위 같았다. 그 뒤로 두 명의 상대가 따라왔다. 노잡이들이 악수를 하려고 그녀들 곁으로 다가왔다.

여자들은 넷이서 강가에 별장을 한 채 빌렸다. 그 집에서 그들은 두 쌍의 부부처럼 살았다.

그녀들의 동성애는 세상이 다 아는 공공연하고 명백한 일이었다. 사람들도 그것을 아무렇지도 않게 이야기할 뿐만 아니라 오히려 그녀들에게 공감하고 있을 정도였다. 그리고 그녀들을 둘러싸고 있는 이상한 이야기와 여자의 무서운 질투심에서 일어나는 비극, 그리고 이름이 알려진 부인과 여배우가 그 강가의 작은 집을 은밀하게 찾아온다는 소문에 대해 귀엣말을 주고받곤 했다.

그런 추악한 소문에 분노를 느꼈는지 한 이웃이 헌병대에 신고했다. 그래서 헌병반장이 부하를 하나 데리고 조사하러 갔지만, 그 임무는 그렇게 간단한 것이 아니었다. 결국 특별히 매음을 한 것도 아닌 그녀들을 어떻게 조치할 수는 없는 일이었다. 헌병반장도 어쩔 수 없어서 혐의를 걸기는 했지만, 그 범죄의 성격조차 거의 모르는 형편이어서 적당히 심문한 뒤 무죄를 주장하는 터무니없는 보고를 하고 말았다.

그 일은 생제르맹 일대에서 웃음거리가 되었다.

그녀들은 라 그르누예르의 카페를 마치 여왕처럼 아름아름 지나갔다. 자신들이 유명한 것을 자랑스럽게 여기며, 사람들이 쳐다보는 것을 행복으로 느끼고, 이 군중, 이 하층민보다 자신들이 몇 등급 위라고 생각하는 듯했다.

마들렌과 그 애인은 그녀들이 오는 것을 바라보고 있었다. 여자의 눈 속에 불꽃이 타올랐다.

앞장선 두 사람이 탁자까지 오자 마들렌이 소리쳤다. "폴린!" 뚱뚱한 여자가 돌아서서 걸음을 멈추었다. 여전히 세일러복을 입은 여자의 팔을 잡고 있었다.

"오! 마들렌…… 이쪽으로 와서 나랑 얘기 좀 해."

애인의 손목을 잡고 있는 폴의 손가락이 떨렸다. 그러나 그녀가 그를 향해 이렇게 말하는 것 같은 표정을 지었다. "알다시피 당신은 돌아가도 돼요." 그래서 그는 아무 말 없이 혼자 남았다.

세 여자는 선 채로 뭔가 소곤소곤 이야기하기 시작했다. 정말 기쁜 듯이 들떠 있는 마음이 그 입술에서 느껴졌다. 그녀들은 빠르게 이야기했다. 가끔 폴린이 교활하고 짓궂은 미소를 지으면서 폴 쪽을 흘긋 쳐다보았다.

마침내 폴은 더 이상 참지 못하고 벌떡 일어서더니 온몸을 떨면서 여자에게 달려갔다. 그리고 마들렌의 어깨를 잡았다. "이쪽으로 오라니까, 이런 여자들하고 말을 섞어선 안 된다고 내가 말했잖아."

하지만 폴린이 소리를 지르더니, 천박한 여자 특유의 온갖 악담을 폴에게 퍼붓기 시작했다. 주위에서는 웃고 있는 사람도 있었다. 사람들이 속속 모여들었다. 무슨 일인가 하고 발돋움을 하고 구경하는 자도 있었다. 폴은 그 더러운 욕설을 듣고 그저 망연자실하고 있을 뿐이었다. 그 여자의 입에서 터져 나와 자기 위에 쏟아지는 그 말들이 오물처럼 자신을 더럽히는 것 같았다. 그는 스캔들이 일어날 것이 두려워 멈칫거리다가 돌아서서, 강을 향해 난간에 팔꿈치를 괴고 의기양양해하는 세 여자에게서 등을 돌리고 말았다.

그는 꼼짝 않고 강물을 바라보았다. 이따금 눈가에 고인 눈물을 신경질적인 손가락으로 닦아냈다. 마치 눈물을 털어내는 것 같은 재빠른 동작으로.

그는 열애에 빠져 있었다. 그의 섬세한 성격에도, 이성에도, 의지조차도 거스르는 그 열애는 그 스스로도 이유를 알 수 없었다. 말하자면 진흙 구렁에라도 빠지는 것처럼 그 열애 속에 푹 빠져버린 것이다. 그는 그 다정하고 섬세한 성격으로 아름답고 열정적이며 이상적인 사랑을 꿈꾸었다. 그런데 결과는 어떤가. 이 자그맣고 보잘것없는 여자, 다른 모든 매춘부처럼 바보 같은, 짜증이 날 정도로 멍청한 여자, 여위고, 화를 잘 내며 조금도 아름답지 않은 여자가 그를 사로잡고 포로로 만들어 몸과 마음을 머리끝에서 발끝까지 소유하고 만 것이다. 그 신비롭고 전능한 여성의 고혹적인 매력, 그 미지의 힘, 그 놀라운 지배력에 그는 맹종하고 있었다. 도무지 어디에서 온 건지 알 수 없는, 아마도 육체의 악마에게서 생겨난 듯한 여성의 시배력이야말로, 그 숙명적인 힘을 지니고 있는 것으로 생각되는 매춘부의 발아래에 분별 있는 남자도 무릎을 꿇게 만드는 것이리라.

그러면서도 폴은 등 뒤에서 뭔가 불길한 일이 준비되고 있음을 느끼지 않을 수 없었다. 웃음소리가 그의 마음속까지 찌르고 들어왔다. 어떡하지? 그는 그것을 잘 알고 있으면서도 그렇게 할 수가 없었다.

그는 맞은편 강둑에서 한 낚시꾼이 미동도 하지 않고 낚싯줄을 드리우고 있는 것을 꼼짝 않고 바라보았다.

갑자기 그 사람이 작은 은빛 물고기를 강에서 다급히 낚아 올렸다. 물고기는 낚싯줄 끝에서 팔딱팔딱 뛰고 있었다. 이어서 그 사람은 낚싯바늘을 빼내려고 물고기를 비틀었다가 돌려보기도 했지만 소용이 없었다. 그래서 초조해진 그가 낚싯줄을 휙 잡아당기자, 피투성이가 된 물고기의 머리가 내장과 함께 송두리째 떨어져 나갔다. 그러자 폴은 자신의 심장까지 찢겨버린 듯한 느낌에 몸을 떨었다. 저 낚싯바늘이 자신의 사랑이 아닐까, 그리고 그 낚싯바늘을 빼내려고 하면 자신의 마음속 깊이 걸려 있는 구부러진 낚싯바늘 끝에, 지금처럼 자신의 가슴속에 있는 것이 모조리 딸려 나오는 것이 아닐까, 그리고 그 낚싯줄을 조종하고 있는 자는 바로 마들렌이 아닌가 하는 생각이 들었다.

폴의 어깨에 손을 얹는 사람이 있었다. 놀라서 뒤돌아보니 애인이 옆에 와 있었다. 두 사람은 아무 말도 하지 않았다. 그녀도 난간에 팔을 올리고 강물에 시선을 떨어뜨렸다.

그는 해야 할 말을 찾았지만 아무 생각이 나지 않았다. 무엇보다 자신의 속마음이 어떤지조차 가늠할 수가 없었다. 오직 그가 깨닫는 것이라고는, 돌아온 그녀가 자기 곁에 있음을 느끼는 기쁨뿐이었다. 그리고 그녀가 더 이상 자기 곁을 떠나지 않는다면, 모든 것을 용서하고 허락해 주고 싶은 부끄러운 나약함이었다.

몇 분 뒤에 드디어 그는 매우 부드러운 목소리로 물었다. "그만 가보지 않겠어? 보트 안에 가면 틀림없이 기분이 좋아질 거야."

그녀가 대답했다. "그래요, 자기."

그는 감격한 나머지 눈에 눈물마저 비치면서 그녀의 손을 잡고 보트 속으로 내려주었다. 그녀도 미소 지으면서 그의 얼굴을 보았고 두 사람은 새삼스럽게 키스를 나눴다.

그들은 기슭을 따라 천천히 강 위로 갔다. 버드나무가 자라고 풀이 무성한 기슭은, 오후의 따뜻한 공기에 감싸여 느긋하게 물에 잠겨 있었다.

그들이 그리용 식당에 도착했을 때는 이제 겨우 여섯 시였다. 그래서 섬을 산책하려고 강가에 늘어선 키 큰 미루나무를 따라 목장을 몇 개 가로질러 브종 쪽으로 걸어갔다.

베어낼 때가 된, 키 큰 풀에는 꽃이 잔뜩 달려 있었다. 기울어 가는 태양이 넓게 드리워진 적갈색 빛 위로 펼쳐지고, 하루가 끝나가는 온화한 온기 속에 떠다니는 풀 냄새가 강의 축축한 향기에 섞이면서 거기에서 편안하고 나른한, 가벼운 행복감이 안온한 안개처럼 피어올랐다.

그는 문득 정신이 아득해지는 듯한 느낌이 들었다. 황혼녘의 조용한 아름다움과, 넘치는 생명의 종잡을 수 없는 신비로운 박동과 하나가 되는 듯한 느낌이었다. 초목과 사물에서 싹터서 꽃을 피우는 듯한, 마음속을 파고드는 우수 어린 시정, 이 온화하고 절실한 시간에만 느낄 수 있는 시정 속에 녹아드는 듯했다.

폴은 그 분위기를 온전히 느낄 수 있었다. 그러나 그녀는 전혀 느끼지 못했다. 두 사람은 나란히 걷고 있었는데, 갑자기 그녀가 그런 침묵이 답답했는지 노래를 부르기 시작했다. 전혀 가락이 맞지 않는 새된 목소리로, 모두가 알고 있는 어떤 노래를 희미한 기억에 따라 부르기 시작한 것인데, 그 바람에 황혼녘의 깊고 고요한 조화도 와장창 깨지고 말았다.

새삼스럽게 그녀를 쳐다보고 있던 그는 두 사람 사이에는 건널 수 없는 심연이 있음을 느꼈다. 그녀는 고개를 약간 숙여 발밑을 보면서 양산으로 풀을 때리고 있었다. 노래를 부르며 소리를 길게 늘이기도 하고 장식음을 붙이거나 바이브레이션을 넣기도 하면서.

그가 그토록 좋아하는 그녀의 좁은 이마 속은 비어 있었다, 텅 비어 있었다! 그 속에는 새풍금*3 정도의 음악만 들어 있었다. 그 속에서 우연히 형성된 생각들도 이 음악과 엇비슷했다. 그리고 두 사람은 어쩌다가 동거는 하지 않았지만, 사실은 그 이상으로 떨어져 있었던 것이다. 그래서 그의 키스는 입술보다 더 멀리까지 나아가지 않았던 걸까?

그때 그녀가 그를 향해 눈을 들고 다시 미소 지었다. 그는 뼛속까지 감동하여, 그 사랑스러움에 두 팔을 벌려 열광적으로 포옹했다.

그녀는 자신의 옷이 구겨진 것을 알고 그의 품에서 빠져나가면서, 대신 "사랑해요, 자기." 하고 속삭였다.

---

*3 새에게 노래를 가르치는 데 쓰는 작은 손풍금.

하지만 그는 그녀의 몸을 붙잡은 순간 갑작스럽게 미칠 듯한 기분에 사로잡혀, 상대를 끌어당기면서 앞으로 계속 달려갔다. 달리면서 환희에 벅차 상대의 뺨과 관자놀이, 목덜미에 쉴 새 없이 키스를 퍼부었다. 두 사람은 저녁 햇살에 새빨갛게 타오르고 있는 수풀 속에 가쁜 숨을 헐떡이면서 쓰러졌다. 그리고 겨우 숨을 돌린 두 남녀는 몸을 포갰다. 여자는 남자가 흥분한 이유도 모른 채.

두 사람이 손을 잡고 돌아오자, 문득 나무 사이로 물 위에 네 여자를 태운 카누가 보였다. 뚱뚱한 폴린도 두 사람을 봤는지 일어나서 마들렌을 향해 키스를 날려 보냈다. 그리고 큰 소리로 말했다. "오늘 밤에 와!"

그러자 마들렌이 대답했다. "밤에 갈게요!"

폴은 갑자기 심장이 얼음에 갇힌 듯한 느낌이 들었다.

두 사람은 저녁을 먹으러 돌아갔다.

그들은 강가 나무 정자 아래에 자리를 잡고 말없이 먹기 시작했다. 주위가 어두워지자 누군가 촛불을 가져왔다. 둥근 유리갓 속에 들어 있는 촛불이 어슴푸레하게 흔들리는 빛으로 두 사람을 비췄다. 이층 큰 방에서는 노잡이들의 깨지는 듯한 고함 소리가 끊임없이 들려왔다.

후식을 먹으면서 폴은 부드럽게 마들렌의 손을 잡고 말했다. "몹시 피곤한데, 자기, 우리 일찌감치 가서 자는 게 어떨까?"

그러나 그녀는 그의 속셈을 알아채고 그 수수께끼 같은 시선을 던졌다. 여자의 눈 속에 재빨리 나타나는 배신의 눈빛이었다. 이어서 잠시 생각한 뒤 그녀가 대답했다. "그럼 당신은 가서 자요. 저는 라 그르누예르 무도회에 가기로 약속했으니까요."

그는 슬픈 미소를 지었다. 사람이 무서운 고뇌를 숨기려고 할 때의 그 미소였다. 하지만 그는 비통한 가운데서도 부드러운 목소리로 말했다. "그러지 말고 여기 함께 있어." 그녀는 입을 열지 않고 고개만 저어 '안 된다'고 표시했다. 그는 다시 졸랐다. "자기, 부탁이야!" 그러자 그녀는 쌀쌀하게 가로막았다. "방금 말했잖아요. 싫다면 당신은 당신 좋을 대로 해요. 붙잡지 않을게요. 저는 약속했으니까 가야 해요."

그는 탁자에 팔꿈치를 괴고 두 손 안에 이마를 묻었다. 그리고 괴로운 듯이 생각에 잠겼다.

노잡이들이 여전히 떠들면서 이층에서 내려왔다. 그들도 경주용 보트를 타고 라 그르누예르의 무도회에 가려는 것이다.

마들렌이 폴에게 말했다.

"갈 건지 안 갈 건지 확실히 결정해요. 안 가겠다면 나는 저 사람들에게 태워 달라고 부탁할 테니까요."

폴이 일어서면서 작은 소리로 말했다. "갑시다!"

두 사람은 출발했다.

별이 가득한 어두운 밤이었다. 그 암흑 속을 흘러가는 무더운 밤공기는 찌는 듯한 더위와 뭔가 발효하는 냄새, 그리고 강한 새싹 향기 속에서 갈수록 무거워졌는데, 희미하게 부는 바람이 그것을 조금은 늦추어 주었다. 어둠이 사람들의 얼굴을 뜨뜻미지근한 애무로 감싸자, 숨결이 가빠져서 헐떡이지 않을 수 없었다. 밤공기는 그토록 짙고 무거웠다.

경주용 보트들이 출발했다. 뱃머리에 하나씩 동그란 등불이 켜져 있었다. 보트의 모습은 보이지 않았지만, 이 색깔 있는 작은 등불이 춤추면서 질주하는 모습은 이리저리 날아다니는 반딧불처럼 보였다. 그리고 사람들의 목소리가 주변 어둠 속에서 흘러나왔다.

젊은 두 연인의 보트는 조용히 미끄러져 갔다. 가끔 돌진해 오는 보트가 두 사람 바로 옆을 스치고 지나갈 때는, 노잡이의 하얀 등이 불빛 속에 드러나기도 했다.

강이 굽이도는 곳을 지나자 라 그르누예르가 저 멀리 보였다. 축제가 한창인 수상 카페는, 가지 달린 촛대와 꽃이 장식된 색유리 헌등(軒燈), 그리고 아름다운 무늬가 새겨진 등불로 꾸며져 있었다. 센강 위로 여러 척의 대형 보트들이 느릿하게 움직였다. 둥근 지붕과 피라미드, 기념비의 형상을 본뜬 보트에는 온갖 색깔의 등불이 켜져 있었다. 불타는 듯한 꽃줄이 수면에 닿을 듯이 늘어져 있는 것도 있었다. 또 빨갛고 푸른 등불은 눈에 보이지 않는 거대한 낚싯대 끝에 매달려 있는 것 같기도 하고, 커다란 별이 흔들리고 있는 것 같기도 했다.

이 조명이 카페 주위에 빛의 줄기를 펼치면서, 그 위에 강둑의 커다란 나무들을 우듬지에서 밑동까지 비추자, 나무줄기는 창백한 잿빛으로 잎은 젖빛이 감도는 녹색으로, 들판과 하늘의 깊은 어둠 속에 떠올랐다.

변두리를 전전하는, 다섯 명의 악사들로 구성된 오케스트라의 단순하고 빈약한 술집 음악이 멀리서 들려오자, 거기에 흥이 오른 마들렌이 다시 노래를 부르기 시작했다.

그녀가 빨리 안으로 들어가고 싶어해서, 그 전에 섬을 한 바퀴 돌고 싶었던 폴은 양보하지 않을 수 없었다.

손님들은 모두 세련되었다. 대부분 노잡이들로 그 속에 중류층 모습이 언뜻 언뜻 보이고, 여자를 데리고 온 젊은이들도 몇몇 있었다. 캉캉춤의 지휘자이자 주최자인, 검은색 낡은 연미복을 차려입은 위풍당당한 남자가 싸구려 대중오락의 늙은 장사꾼처럼 닳고 닳은 얼굴로 이리저리 두리번거리고 있었다.

뚱뚱한 폴린과 그 일행이 보이지 않는 것을 알고 폴은 마음이 놓였다.

사람들이 춤을 추었다. 한 쌍씩 마주 보고 서로 다리와 다리를 상대의 코끝까지 쳐들면서 흥겹게 춤을 추고 있었다.

여자들은 엉덩이 관절이 빠져나갈 것처럼 속옷을 힐끗힐끗 보이면서 둥그렇게 부푼 치마 속에서 뛰고 있었다. 그녀들의 다리는 놀랄 만큼 쉽게 머리 위까지 닿았다. 그리고 배와 엉덩이를 흔들고 허리를 꼬면서, 땀에 젖은 여자의 활기 넘치는 향기를 주변에 가득 뿌려댔다.

남자들은 끊임없이 외설스러운 몸짓을 하면서 두꺼비처럼 웅크리고 앉거나, 추한 얼굴을 찡그리면서 몸을 꼬고 손을 잡고 도는가 하면, 억지로 우스꽝스러운 교태를 지으며 손짓 몸짓을 연출했다.

뚱뚱한 하녀 하나와 종업원 둘이 손님들의 시중을 들었다.

이 수상 카페에는 지붕만 있고 바깥 울타리가 전혀 없어서, 이 광란의 춤은 조용한 밤하늘을 향해 그대로 드러났다.

저 멀리 맞은편에 있는 몽 발레리앙 산이 갑자기 밝아져서, 산 너머에 불이라도 난 것처럼 보였다. 그 불빛은 점점 강하게 퍼져 하늘까지 침범하더니 한 줄기 창백한 빛으로 밝고 커다란 원을 그려냈다. 이어서 뭔가 붉은색이 나타나 더 커져 갔다. 모루 위의 금속처럼 뜨겁고 붉은빛이었다. 그것은 천천히 둥글게 부풀어 올라 흙에서 솟아나려는 것처럼 보였다. 그러자 곧 달이 수평선에서 떨어져 나가 조용히 하늘로 올라갔다. 올라갈수록 붉은빛이 엷어지면서 노랗게 변했다. 밝게 빛나는 노란색이었다. 그 천체는 멀어져 갈수록 점점 작아지는 것처럼 보였다.

폴은 연인도 잊고 오랫동안 묵묵히 그 달을 바라보았다. 그러다가 문득 뒤돌아보니 어느새 그녀는 사라지고 없었다.

그는 그녀를 찾았지만 보이지 않았다. 불안한 눈빛으로 그는 식탁 사이를 이리저리 쉼 없이 오가면서 만나는 사람마다 물어보았으나 그녀를 보았다는 사람은 아무도 없었다.

불안해서 견딜 수가 없어서 무작정 걷고 있으니 종업원 하나가 그를 불러 세웠다. "마들렌 양을 찾으십니까? 마들렌 양은 조금 전에 폴린 부인과 함께 나가셨는데요." 바로 그때 카페 저쪽 끝에 해군복을 입은 여자와 두 명의 아름다운 여자가 서 있는 것이 폴의 눈에 들어왔다. 세 사람은 서로 껴안고 뭔가 소곤대면서 폴을 지켜보고 있었다.

짚이는 데가 있었다. 그는 미친 사람처럼 섬으로 뛰어갔다.

처음에 샤투 쪽으로 달려간 그는 들판이 나오자 다시 돌아섰다. 거기서 잡목림 속으로 깊이 들어가 정신없이 헤매다가, 이따금 멈춰 서서 귀를 기울였다. 두꺼비가 금속적인 짧은 울음소리를 사방으로 보내고 있었다.

부지밭 방향에서, 모습은 보이지 않지만 새 한 마리가 억양을 붙여 지저귀는 소리가 멀리서 희미하게 들려왔다. 널찍한 잔디밭에는 부드러운 달빛이 솜먼지처럼 내려앉고 있었다. 달빛은 무성한 나뭇잎 속까지 파고들어 미루나무의 은빛 줄기를 타고 흘러내리고, 키 큰 나무 끝에서는 살랑거리는 가지 위로 반짝이는 비처럼 쏟아져 내렸다. 이 여름 초저녁의 도취하는 듯한 시정(詩情)은 어느새 폴의 가슴속에 스며들어, 그의 미칠 듯한 고뇌를 꿰뚫고 얄궂게도 그 마음을 감동시켰다. 그리하여 그가 뜨겁게 사랑하는 충실한 여자의 가슴에 이상적인 애정을 구하고, 또한 열정을 토로하고 싶은 욕구가 그의 온화하고 명상하는 듯한 영혼 속에 불길처럼 번져 갔다.

그는 걸음을 멈추지 않을 수 없었다. 격렬한 흐느낌이 치밀어 목이 메어서였다.

잠시 동안의 발작이 지나가자 그는 다시 걷기 시작했다.

갑자기 칼에 푹 찔린 듯한 느낌이 들었다. 그곳 풀숲 속에서 누군가가 서로 껴안고 있었다. 달려가 보니 두 연인이었다. 그의 발소리를 듣고 두 그림자가 서둘러 멀어져 갔다. 서로 뒤엉켜 한 몸이 되어 끊임없이 입맞춤을 나누면서.

그는 불러 세우려 하지 않았다. '그녀'가 대답하지 않으리라는 것을 잘 알고 있었기 때문이다. 게다가 두 사람을 발견하는 것은 등골이 오싹할 만큼 두려운 일이었다.

카드리유곡이 되풀이되고 코르넷의 찢어지는 듯한 솔로, 플루트의 냉소, 바이올린의 물어뜯는 듯한 새된 소리가 그의 마음을 이리저리 끌고 다니며 더욱더 고통스럽게 했다. 그 광란의 음악은 긴 꼬리를 끌 듯이 나무 그늘을 달려갔다. 지나가는 산들바람을 타고 때로는 약하게 때로는 거칠게.

문득 그는 '그녀'가 돌아와 있을지도 모른다고 생각했다.

그렇고말고! 돌아와 있는 게 틀림없어! 돌아와 있지 않을 리가 없잖아! 아무런 근거도 없는데 내 머리가 어떻게 되었던 거야. 너무 걱정이 되어 무섭도록 흥분하고 만 거야. 조금 전부터 자신을 덮치고 있었던 터무니없는 의심 때문에 정신이 이상해졌던 거야.

그렇게 절망이 너무 크면 흔히 빠지기 쉬운 일시적인 위안에 사로잡혀 그는 무도회장 쪽으로 돌아갔다.

그는 무도회장을 쭉 둘러보았다. 그녀는 보이지 않았다. 식탁 사이를 빙글빙글 돌다가 그는 다시 세 여자와 마주쳤다. 틀림없이 그가 실망한 듯한 묘한 표정을 지었으리라. 세 사람은 다 같이 재미있다는 듯이 웃음을 터뜨렸다.

그 자리에서 빠져나간 그는 다시 섬으로 가서, 가쁜 숨을 헐떡이면서 잡목림을 가로질렀다. 그리고 다시 귀를 기울였다. 귓속에서 윙윙 소리가 나서 오랫동안 귀를 기울였다. 그러자 겨우, 조금 떨어진 곳에서 귀에 익은 가느다랗고 날카로운 웃음소리가 들려오는 것 같았다. 그는 기어가듯이 나뭇가지를 헤치면서 조용히 그곳으로 다가갔다. 심장이 너무 두근거려서 숨 쉬기가 힘들었다.

두 개의 목소리가 뭔가 속삭이고 있는데 내용은 아직 알아들을 수가 없었다. 이윽고 그 목소리도 그치고 말았다.

그러자 그는 그 자리에서 달아나고 싶은, 아무것도 보고 싶지 않고 아무것도 알고 싶지 않은 터무니없이 커다란 욕망에 사로잡혔다. 그는 자신을 좀먹는 이 미친 듯한 애욕으로부터 영원히 멀리 달아나고 싶었다. 그래, 샤투로 돌아가서 기차를 타자. 그리고 두 번 다시 돌아오지 말자. 이제 다시는 그녀를 만나지 않으리라. 그렇게 생각하자 문득 그녀의 모습이 눈앞에 생생하게 보이면서 여러 가지 일들이 떠올랐다. 아침에 따뜻한 침대 속에서 눈을 뜨면 그의 목에 팔을 감고 달콤하게 다가오는 그녀. 흐트러진 머리카락이 이마에 몇 가닥 드리워져 있고 눈은 여전히 감고 있지만, 아침의 첫 키스를 받기 위해 입술은 열려 있다. 그 아침의 어루만짐이 떠오르자 이내 격렬한 미련과 미친 욕망이 샘솟았다.

또다시 이야기 소리가 들려왔다. 그는 허리를 굽히고 다가갔다. 그러자 바로 옆에 있는 나뭇가지 밑에서 희미한 신음 소리가 났다. 신음소리! 그도 둘만의 황홀한 애무 속에 느꼈던 그 사랑의 신음 소리였다. 그는 더욱 다가갔다. 자신도 모르는 사이에 저항할 수 없는 힘에 이끌려 아무것도 의식하지 않고…… 그리고 그는 두 사람을 보았다.

아! 적어도 상대가 남자였더라면! 하지만 이건! 이건! 그는 두 사람의 비열한 행위 그 자체에 마음을 빼앗겨 버렸다. 그리고 팔다리가 잘려 나간 연인의 시체를 갑자기 발견한 것처럼, 자연을 거스르는 기괴한 범죄, 추악한 모독 행위를 본 것처럼 엄청난 충격을 받고 넋이 나가 그 자리에 서 있었다.

그러자 그 내장이 빠져나온 물고기가 한순간 그의 무의식적인 관념 속에서 번뜩였다…….

그때 마들렌이 속삭였다. "폴린!" 그녀가 "폴!" 하고 부를 때와 똑같이 열정에 찬 목소리였다. 그는 온몸이 찢겨 나가는 듯한 고통에 사로잡혀 전속력으로 달아나지 않을 수 없었다.

나무에 두 번이나 부딪치고 나무뿌리에 걸려 넘어지면서 달리던 그 앞에 느닷없이 강이 나타났다. 달빛에 비친 물살이 빠른 지류였다. 군데군데 격류가 커다란 소용돌이를 이루고 있고, 거기서 달빛이 춤추고 있었다. 물가에는 높은 강둑이 절벽처럼 우뚝 서 있고, 확실하지는 않지만 그의 발밑은 넓은 지대로 되어 있으며, 어둠 속에 물결이 부딪치는 소리가 들려왔다.

건너편 기슭에는 불을 환히 밝힌 크루아시의 별장들이 층을 이루고 있었다.

폴은 그 모든 것을 꿈속에서, 추억 속에서 보고 있는 듯한 느낌이 들었다. 그는 아무것도 생각하지 않았다. 아무것도 이해하지 않았다. 그리고 모든 것이, 그의 존재조차 멀고 막연한 것, 잊히고 끝난 것으로밖에 생각되지 않았다.

강물이 눈앞에 있었다. 그는 자신이 무엇을 하려는 건지 알았을까? 그는 죽으려 했던 것일까? 그는 제정신이 아니었다. 그러면서도 섬 쪽으로, '그녀' 쪽으로 돌아가고 싶었다. 그때까지도 계속되고 있는 술집 음악이 집요하게, 그러나 희미하게 들려왔다. 조용한 밤공기를 향해 그는 절망한듯이 날카로우며, 인간이 아닌 듯한 끔찍한 외마디 소리를 외쳤다. "마들렌!"

이 비통한 외침은 하늘의 드넓은 침묵을 꿰뚫고 사방으로 퍼져 갔다.

그런 다음 놀라운 도약, 동물 같은 도약으로 그는 강물에 뛰어들었다. 강물이 물보라를 일으킨 뒤 가라앉자, 그가 사라진 자리에서 잇따라 커다란 원이 생겨나더니, 반짝이는 물마루가 건너편 기슭까지 넓게 번져 갔다.

두 여자는 들었다. 마들렌이 몸을 일으키며 말했다. "폴이야." 그리고 혹시나 하는 마음이 일어났다. "폴이 강물에 몸을 던졌나 봐." 그녀는 그렇게 말하더니 그대로 강가를 향해 달려갔다. 뚱뚱한 폴린도 그 뒤를 따라갔다.

두 사내를 태운 무거운 보트가 현장을 빙글빙글 돌고 있었다. 한 사람은 노를 젓고 있고, 또 한 사람은 긴 막대기를 물속에 넣고 뭔가 찾고 있는 것 같았다. 폴린이 큰 소리로 물었다. "뭘 찾고 있어요? 무슨 일이죠?" 귀에 익은 목소리가 대답했다. "방금 어떤 남자가 물에 빠졌소."

두 여자는 낯빛이 변해 그대로 주저앉은 채 보트의 움직임을 지켜보았다. 라그르누예르의 음악이 여전히 멀리서 희롱하듯 들려오고 있었다. 마치 이 거무튀튀한 뱃사람의 동작에 박자를 맞춰 반주하는 것처럼. 시체를 숨긴 강은 반짝거리면서 소용돌이치고 있었다.

수색하는 데 시간이 걸렸다. 무서운 결과를 기다리면서 마들렌은 오들오들 몸을 떨었다. 마침내, 30분쯤 지났을 때 뱃사람 하나가 소리쳤다. "여기 있소!" 그리고 손에 든 갈고리 장대를 아주 천천히 올렸다. 그러자 뭔가 커다란 것이 수면에 떠올랐다. 다른 사내도 노를 놓더니 둘이서 힘을 합쳐 그 움직이지 않는 덩어리를 배 안으로 끌어올렸다.

두 사내는 밝고 낮은 장소를 찾아 배를 저었다. 배가 기슭에 닿자 여자들도 다가왔다.

마들렌은 그를 한눈에 알아보고는 너무나 두려워서 뒷걸음질을 쳤다. 달빛 아래에 드러난 그의 모습은 입도, 눈도, 코도, 옷도 온통 진흙투성이가 되어 이미 전체가 녹색으로 보였다. 꼭 쥔 채 굳어 있는 손가락들은 보기에도 끔찍했다. 물에 갠 검은 도료 같은 것이 그의 몸 전체를 뒤덮고 있었다. 얼굴은 부어올랐으며 진흙에 엉킨 머리카락에서는 더러운 물이 쉴 새 없이 흘러내렸다.

두 사내는 시체를 살펴보았다.

"자네, 이 사람을 알고 있나?" 한 사내가 물었다.

다른 사내가, 곧 크루아시의 나루터지기가 망설이며 말했다. "글쎄, 분명히 본 적이 있는 얼굴 같기는 한데, 이런 상태에서는 아무래도 확실하지가 않아."

그러더니 갑자기 소리쳤다. "아니, 이건 폴 씨잖아!"

"폴 씨가 누군데?" 동료가 물었다.

첫 번째 사내가 다시 말했다.

"거 왜 폴 바롱 씨 있잖아, 상원의원 아들 말이야. 이 사람, 여자에게 미쳐 있었지."

그러자 상대가 철학자처럼 덧붙였다.

"그럼, 이제 장난질도 끝난 셈인가. 아무튼 부자들도 불쌍하단 말이야!"

마들렌은 땅바닥에 주저앉은 채 흐느껴 울었다. 폴린이 시체에 다가가서 물었다. "정말로 죽었어요? 도저히 가망이 없는 거예요?"

두 사내는 어깨를 추켜올렸다. "그렇소! 시간이 이렇게 흘렀으니 이젠 틀렸어요!"

이어서 한 사람이 물었다. "그리용에 묵고 있었겠지?"

"응." 상대가 대답했다. "자, 옮겨 가세. 수고비를 조금은 받을 수 있겠지."

그들은 배를 타고 다시 출발했다. 물살이 빨라서 천천히 멀어져 갔다. 여자들이 있는 곳에서는 더 이상 그들의 모습이 보이지 않게 된 뒤에도, 노가 규칙적으로 물을 헤치는 소리가 오랫동안 들려왔다.

폴린은 울고 있는 마들렌을 품에 안고 달래면서 오래도록 키스하며 위로했다. "왜 그래, 응? 네 잘못이 아니잖아? 사내들이란 제멋대로 바보짓을 저지르는 거야. 그걸 어떻게 말리겠어. 그 사람이 그러고 싶어서 그랬던 거야. 결국 자기 잘못이지!" 그리고 마들렌을 일으켜 세웠다. "자, 이제 집에 가서 잠이나 자도록 해. 어차피 오늘 밤 너는 그리용에 돌아갈 수 없을 테니까." 그녀는 마들렌에게 다시 한 번 키스했다. "자, 아무 걱정 말고 우리한테 맡겨."

마들렌은 일어났지만 여전히 울고 있었다. 하지만 이제 그 울음소리가 희미해진 그녀는 폴린의 어깨에 머리를 기대고 천천히 걷기 시작했다. 전보다 훨씬 더 가깝고 확실하며, 훨씬 더 친밀하고 신뢰할 수 있는 애정으로 달아나려는 듯이.

La parure
목걸이

월급쟁이 집안에, 운명의 장난이라고 생각할 수밖에 없는, 예쁘고 매력있는 딸이 태어나기도 하는데, 그녀가 바로 그런 사람들 가운데 하나였다. 지참금도 없고 유산 같은 건 감히 생각지도 못할 처지라, 돈 많고 지체 높은 남성을 만나 마음을 사로잡고 사랑을 얻어 청혼을 받을 수 있는 방법이 있을 턱이 없었다. 그래서 결국 그녀는 교육부 일선 공무원과 결혼하게 되었다.

몸치장을 하는 건 꿈도 꿀 수 없는 일이라 그녀는 간소한 차림새로 그럭저럭 버텼지만, 속으로는 하층민으로 굴러떨어진 것 같은 기분이 들어 스스로 가여워서 견딜 수가 없었다. 왜냐하면 여자에게는 신분이나 혈통보다 오직 그녀들 자신의 미모와 애교, 매력이 출신과 집안을 대신하기 때문이다. 타고난 섬세함, 본능적인 우아함, 유연한 정신, 그것만이 그녀들의 유일한 계급이니, 그 덕택에 평범한 집안의 딸도 부잣집 며느리라도 되는 게 아니겠는가.

자신은 온갖 사치를 부리고 세련된 생활을 하도록 태어났다고 생각하는 그녀는, 늘 마음이 괴로웠다. 초라한 집, 지저분한 벽, 망가진 의자, 더러운 카펫이 그녀에게는 언제나 고통의 씨앗이었다. 그녀와 같은 계급의 여자라면 아무렇지도 않게 보일 그런 것들이 그녀에게는 하나하나 눈에 거슬려서 볼 때마다 부아가 치밀었다. 브르타뉴 출신의 하녀가 허름한 가구를 손질하는 모습을 보면 새삼스럽게 서글픈 후회에 젖으면서 마음속에 품었던 열정에 찬 꿈들이 되살아났다. 그녀가 늘 꿈에 그리는 것은 동양풍 벽걸이가 걸린 조용한 거실, 높은 청동 촛대에는 촛불이 밝게 켜져 있고 반바지를 입은 두 건장한 하인이 난롯가의 나른한 온기 속 푹신한 안락의자에서 졸고 있는 풍경이었다. 또한 오래된 직물로 장식된 으리으리한 가구 위에는 온갖 값비싼 골동품이 진열되어 있는 넓은 살롱과, 맵시 있고 사랑스러우며 아담한 살롱을 꿈꾸기도 했다. 오후 다섯 시, 차 마시는 시간에는 아주 친한 친구들만 살롱으로 부르리라. 그들은 모든 여자들이 부러워하는 유명 인사들이어야 한다.

저녁 식사 때, 사흘이나 빨지 않은 식탁보가 씌워져 있는 둥근 탁자 앞에 마주 앉은 남편이 수프 그릇 뚜껑을 열면서 "아! 정말 맛있겠는걸! 이런 스튜는 여간해서 맛볼 수 없단 말이야……!" 외치면서 기뻐할 때마다 그녀는 이내 호화로운 만찬, 반짝반짝 빛나는 은식기, 또 요정의 숲을 배경으로 옛날이야기에 등장하는 인물들과 진귀한 새가 수놓인 벽걸이를 상상하곤 했다. 그리고 멋진 그릇에 담겨 나오는 맛있는 요리들, 송어의 장밋빛 살점과 들꿩 가슴살을 먹으면서 신비로운 미소를 짓고 재미있게 이야기를 나누는 장면을 공상해 보기도 했다.

그녀에게는 외출복도 없고 장신구도 없었다. 정말 무엇 하나 가진 것이 없었다. 그런데도 그녀는 그런 것만 좋아했다. 그리고 자신은 그런 것을 누리기 위해 태어난 것 같은 기분마저 들었다. 그토록 그녀는 남들이 자기를 마음에 들어 하고 부러워해 주기를 바랐다. 사람들을 매료시키고 모든 사람에게서 사랑받고 싶었다.

그녀에게는 학교 동창인 부자 친구가 한 명 있었다. 그런데 그녀는 다시는 그 친구를 만나고 싶지 않았다. 만나고 돌아올 때면 늘 서글픈 기분이 들어서 견딜 수가 없었던 것이다. 그런 날, 그녀는 괴롭고 분한 마음에 절망과 비탄에 잠겨 며칠씩 울며 지새곤 했다.

어느 날 저녁, 남편이 의기양양하게 돌아왔다. 한 손에는 커다란 봉투를 들고 있었다.

"여보, 당신에게 좋은 선물을 가져왔어!" 그가 말했다.

서둘러 봉투를 뜯은 아내는 그 속에서 한 장의 카드를 꺼냈다. 거기에는 이렇게 적혀 있었다.

"교육부 장관 및 조르주 랑포노 부인은 루아젤 씨와 그 부인을 1월 18일 월요일 밤, 장관 관저의 잔치에 조대합니다."

남편의 기대와는 달리, 그녀는 기뻐하기는커녕 오히려 울화가 치밀어 초대장을 탁자 위에 내던지며 불만 가득한 목소리로 말했다.

"그래서 저보고 어떡하라고요?"

"아니, 여보, 나는 당신이 기뻐할 줄 알았는데. 좀처럼 외출할 일이 없는 당신에게 좋은 기회 아니야? 정말 좋은 기회라고! 그걸 손에 넣으려고 내가 얼마나 애를 썼는데. 모두들 줄을 서서 서로 차지하려고 난리였지. 아랫사람들에게는 몇 장 나오지 않았거든. 가보면 알겠지만 모두 훌륭한 분들만 오셔."

그녀는 못마땅한 눈길로 남편의 얼굴을 쳐다보다가 참지 못하고 쏘아붙였다.

"도대체 저더러 뭘 입고 거기에 가란 말이에요?"

거기까지는 미처 생각하지 못한 그는 더듬대면서 말했다.

"하지만 극장에 갈 때 입는 옷이라도 입지 그래. 그만하면 꽤 괜찮은 것 같던데, 난……."

그러다가 그는 아내가 우는 걸 보고서 놀라고 어리둥절하여 그만 입을 다물고 말았다. 커다란 눈물방울이 그녀의 눈가에서 입 가장자리로 천천히 흘러내리고 있었다. 그는 어쩔 줄 몰라 하며 말했다.

"왜 그러오? 응, 도대체 왜 그래?"

그녀는 가까스로 괴로운 심정을 누르고 눈물에 젖은 뺨을 닦으면서 차분한 목소리로 말했다.

"아무것도 아니에요. 그냥, 저에게는 외출복이 없잖아요. 그래서 그런 초대에는 갈 수가 없어요. 그 초대장은 다른 사람에게 주세요. 저보다 옷이 많은 아내를 둔 친구에게요."

그는 어찌할 바를 모르고 이렇게 대답했다.

"저, 마틸드, 얼마나 할까? 뭐, 그런대로 봐줄 만한 옷이라면, 다른 데도 입고 나갈 수 있는 아주 수수한 옷이라면?"

그녀는 잠시 생각하며 이리저리 계산을 해보았다. 얼마를 말하면 이 소심한 일선 공무원이 깜짝 놀라 단칼에 거절하지 않을지 머리를 굴린 것이다.

이윽고 그녀가 서슴서슴 대답했다.

"글쎄요, 정확한 건 모르겠지만 한 400프랑이면 어떻게 될 것 같은데요."

그의 얼굴이 약간 창백해졌다. 실은 딱 그만큼의 돈을 마련해 두고 있었기 때문이다. 그것으로 엽총을 사서 올여름에 낭테르 들판으로 친구들과 사냥을 하러 갈 생각이었던 것이다. 일요일에 친구들은 자주 그곳으로 종달새를 잡으러 가곤 했다.

그러나 그는 결단을 내렸다.

"좋아, 400프랑 주리다. 그 대신 최대한 멋진 옷을 지어야 해."

잔칫날이 가까워졌다. 그런데도 루아젤 부인의 얼굴은 슬프고 불안하며 걱정이 있는 듯이 보였다. 외출복은 이미 다 되어 있었다. 어느 날 밤 남편이 아내에게 말했다.

"무슨 일이야, 여보? 며칠 전부터 기운이 없어 보이는데."

그러자 그녀가 대답했다.

"그렇잖아요, 장신구도 하나 없고 보석도 하나 없고, 몸에 붙일 것이 하나도 없으니 한심해서 그래요. 생각해 보니 너무 초라하게 보일 것 같아서 차라리 그런 자리에는 가지 않는 게 좋을 것 같아요."

그는 다시 말했다.

"꽃이라도 달면 되잖아. 이런 계절에는 오히려 그게 더 멋질지 몰라. 10프랑만 주면 멋진 장미를 두세 송이 살 수 있을 거야."

그녀는 들은 척도 하지 않았다.

"안 돼요…… 부자들 속에서 나만 초라한 차림을 하고 있는 것은 정말 기죽는 일이란 말이에요."

그러자 남편이 큰 소리로 말했다.

"당신도 참 바보로군! 포레스티에 부인을 찾아가 보구려. 뭐든 장신구를 좀 빌려달라고 부탁하면 되잖아. 아주 친한 사이이니 그 정도는 부탁할 수 있지 않을까?"

그녀는 너무 기뻐서 소리를 질렀다.

"맞아요, 그 생각을 미처 못 했네요."

이튿날 그녀는 친구를 찾아가서 자신의 사정을 얘기했다. 포레스티에 부인은 곧바로 거울이 달린 옷장으로 가서 커다란 보석 상자를 꺼내오더니 뚜껑을 연 뒤 루아젤 부인에게 말했다.

"자, 마음에 드는 걸로 골라봐."

그녀는 먼저 몇 개의 팔찌를, 이어서 진주 목걸이를, 그다음에는 금과 보석을 박아 멋지게 세공한 베네치아산(産) 십자가를 살펴보았다. 그녀는 거울 앞에 서서 목걸이를 이것저것 자신의 목에 걸어보았다. 일단 손에 쥐자 좀처럼 내려놓기가 어려웠고 어느 것을 선택할지 쉽게 결심이 서지 않았다. 그녀는 끊임없이 물었다.

"다른 것은 없니?"

"왜 없어, 직접 찾아봐. 어떤 게 마음에 들지 난 모르니까."

문득 그녀는 검은 새틴 상자 속에 들어 있는 멋진 다이아몬드 목걸이를 발견했다. 그러자 그녀는 그것을 목에 걸고 싶다는 욕망으로 심장이 마구 뛰기 시작했다. 그것을 목에 걸 때는 자기도 모르게 손이 떨리기까지 했다. 깃이 높이 올라오는 옷이기는 했지만, 그래도 그 위에 걸쳐보니 자신의 모습에 스스로 도취해 버릴 정도였다.

그녀는 몹시 불안해하며 머뭇거리면서 물어보았다.

"이거 빌려줄 수 있겠니? 이것만 있으면 되겠는데."

"물론이야, 얼마든지."

그녀는 친구의 목덜미를 끌어안고 맹렬하게 키스를 퍼붓고는 보석을 안고 뛰어서 집으로 돌아갔다.

드디어 잔칫날이 되었다. 루아젤 부인은 대성공을 거두었다. 그녀는 누구보다도 아름다웠다. 고상하고 우아하며 애교가 넘쳤고, 그 얼굴은 기쁨에 들떠 발갛게 물들어 있었다. 모든 남자들이 그녀에게 시선을 빼앗겨 이름을 묻고 소개받고 싶어 했다. 고위 관리들도 모두 그녀와 춤추고 싶어 했다. 장관조차 그녀에게서 눈을 떼지 못했다.

그녀는 즐거움에 사로잡혀 정신없이 춤을 추었다. 자기 아름다움의 승리, 자신이 거둔 성공의 영광에 푹 빠져 아무것도 생각나지 않았다. 남자들의 찬사와 감탄, 그녀의 몸 안에서 깨어난 모든 욕망, 또 여자들 마음에 있어서는 더할 나위 없이 달콤한 승리, 그러한 것들에서 피어나는 행복한 구름에 싸여 그녀는 꿈꾸는 듯한 기분으로 춤을 추었다.

새벽 네 시가 되어서야 그녀는 집에 돌아가기로 했다. 남편은 자정부터 다른 세 동료와 함께 사람이 별로 없는 작은 살롱에 들어가서 자고 있었다. 아내들은 남편들이 자는 동안에도 매우 즐겁게 보냈다.

남편은 돌아갈 때를 위해 가져온 옷을 아내의 어깨에 걸쳐주었다. 그러나 그것은 초라한 평상복이어서 아름다운 파티복에는 어울리지 않았다. 그녀는 그것을 알아채고 얼른 밖으로 나가려고 했다. 호화로운 모피를 휘감고 있는 다른 부인들에게 자신의 모습을 보이기가 싫었던 것이다.

루아젤이 아내를 붙잡았다.

"어, 잠깐만 기다려. 그런 차림으로 밖에 나가면 감기에 걸릴 거야. 얼른 마차를 불러오리다."

하지만 그녀는 남편의 말을 들은 척도 하지 않고 서둘러 계단을 내려갔다. 두 사람이 거리로 나왔을 때는 마차가 한 대도 보이지 않았다. 그들은 마차를 찾기 시작했다. 마차가 아무리 멀리 떨어져 있어도 큰 소리로 부르면서 걸어갔다.

두 사람은 실망하여 추위에 떨면서 센강 쪽으로 내려갔다. 강가에서 가까스로 발견한 것은 밤에만 돌아다니는 구식 마차였다. 낮에는 추한 몰골을 드러내는 것이 부끄러워서 밤에만 파리에 나타나는 마차다.

그들은 그 허름한 마차를 타고 마르티르 거리에 있는 그들의 집 앞까지 갔다. 두 사람은 우울한 기분으로 자신들 방으로 가는 계단을 올라갔다. 그녀는 모든 게 끝나서 홀가분했다. 남편은 남편대로, 열 시까지 사무실에 가야 한다는 것을 생각하고 있었다.

그녀는 어깨에 걸치고 있던 평상복을 벗고, 거울 앞에 서서 다시 한 번 자신의 자랑스러운 모습을 바라보았다. 그 순간 그녀가 갑자기 소리를 질렀다. 목걸이가 어느새 사라지고 없었던 것이다!

이미 반쯤 옷을 벗고 있던 남편이 깜짝 놀라 물었다.

"왜 그래?"

그녀는 거의 까무러칠 것 같은 표정으로 남편을 향해 돌아섰다.

"없어요…… 없어요…… 포르스티에 부인의 목걸이가 사라졌어요."

남편은 기겁해서 벌떡 일어났다.

"뭐라고!…… 그럴 리가!…… 말도 안 돼!"

두 사람은 목걸이를 찾기 시작했다. 옷 사이의 주름, 외투 주름, 주머니 속, 모든 곳을 찾아봤지만 그 어디에도 없었다.

남편은 몇 번이나 되풀이해 물었다.

"무도회를 떠날 때는 있었던 것이 확실해?"

"확실해요. 관저 현관에서 손으로 만져보았으니까요."

"하지만 거리에서 잃어버렸다면 떨어지는 소리가 났을 텐데. 그렇다면 틀림없이 마차 속에서 떨어뜨린 모양이군."

"맞아요, 그럴지도 몰라요. 당신, 마차 번호 기억나요?"

"아니. 당신은, 당신은 못 봤소?"

"못 봤어요."

두 사람은 실망하여 서로 얼굴을 마주 보았다. 루아젤은 결국 다시 옷을 입었다.

"어쨌든 가봐야지. 둘이서 걸어온 길을 다시 한 번 걸으면서 찾아보리다."

그렇게 말하고 그는 밖으로 나갔다. 그녀는 여전히 연회복을 입은 채, 자리에 누울 힘도 없이 불기 없는 방 안에서 멍하니 넋을 잃고 의자 위에 주저앉았다.

일곱 시 즈음 남편이 돌아왔다. 목걸이는 찾지 못했다.

그는 경찰서에 가보고, 신문사에 현상광고를 맡기고, 마차 회사에도 가보았다. 조금이라도 가능성이 있는 데는 어디든 다 가봤다.

그녀는 하루 종일 기다렸다. 이 무서운 재난 앞에서 그저 멍하니 있는 수밖에 어찌할 수가 없었다.

루아젤은 저녁이 되어서야 퀭한 눈에 창백한 얼굴로 돌아왔다. 완전히 헛걸음이었다. 그가 말했다.

"일단 친구에게 편지를 쓰는 게 좋겠어. 목걸이 고리가 망가져서 수선하러 보냈다고 하구려. 그러면 아직 여유가 있으니까 그동안 어떻게 방법을 찾아봅시다."

그녀는 남편이 시키는 대로 편지를 썼다.

일주일 뒤에는 모든 희망의 끈이 끊어지고 말았다.

루아젤은 며칠 새 오 년이나 늙어버린 것 같은 얼굴로 선언했다.

"이렇게 된 이상, 똑같은 것을 찾아내는 수밖에 없겠어."

이튿날, 그들은 목걸이가 들어 있던 상자를 가지고 그 속에 이름이 적힌 보석상을 찾아갔다. 보석상은 장부를 뒤적여 보았다.

"부인, 그 목걸이는 저희 가게에서 판 것이 아닙니다. 아마 상자만 드린 것 같군요."

그래서 그들은 보석상을 여기저기 찾아다니면서, 기억을 더듬어 잃어버린 것과 똑같은 목걸이를 찾아내려고 했다. 두 사람 다 마음의 고통과 불안 때문에 몰골은 병자 같았다.

마침내 팔레 루아얄의 한 가게에서 자신들이 찾고 있는 다이아몬드 목걸이와 똑같은 것을 발견했다. 가격은 4만 프랑이었다. 그러나 3만 6000프랑까지 깎을 수 있을 것 같았다.

그들은 그 목걸이를 사흘 동안만 다른 사람에게 팔지 말아달라고 보석상에 부탁했다. 그리고 만약 2월 말까지 잃어버린 목걸이를 찾으면 3만 4000프랑에 보석상에서 되산다는 조건도 붙였다.

루아젤에게는 아버지의 유산 1만 8000프랑이 있었다. 그 나머지는 빌리는 수밖에 없었다.

그는 돈을 빌렸다. 이 사람한테서 1000프랑, 저 사람한테서 500프랑, 여기에서 5루이, 저기에서 3루이 하는 식으로 그러모았다. 그는 어음을 쓰고, 가지고 있는 모든 물건을 담보로 잡혔으며, 고리대금을 비롯하여 모든 종류의 금융업자와 거래를 했다. 그리하여 자신의 남은 인생을 몽땅 바쳐도 다 갚을 수 있을지 어떨지도 모르면서 서명했다. 그리고 앞날의 고생과 자신에게 닥쳐올 암담한 생활을 생각할 때마다, 또 모든 물질적인 결핍과 정신적인 고뇌를 예상할 때마다 새삼스럽게 두려워지는 마음으로 새로운 목걸이를 사러 보석상에 가서 계산대 위에 3만 6000프랑을 늘어놓았다.

루아젤 부인이 목걸이를 돌려주러 가자 포레스티에 부인은 약간 기분이 상한 듯이 말했다.

"좀더 빨리 돌려주었어야지. 그사이에 내가 필요했으면 어쩔 뻔했니?"

포레스티에 부인은 상대가 가장 두려워하고 있었던 일, 즉 상자를 열어보는 일은 하지 않았다. 만약 목걸이가 바뀐 것을 알면 그녀는 어떻게 생각할까? 뭐라고 말할까? 나를 도둑으로 생각하지는 않을까?

루아셀 부인은 이제 끼니를 걱정해야 하는 가난한 생활의 고통을 뼈저리게 느끼게 되었다. 물론 그녀는 각오를 단단히 하고 있었다. 무슨 일이 있어도 그 끔찍한 빚을 갚아야만 했다. 어차피 갚는 수밖에 없었다. 먼저 그녀는 하녀부터 내보냈다. 그리고 집도 다락방을 빌려 이사했다.

그녀는 거친 집안일과 부엌일이 얼마나 힘든지도 알게 되었다. 장밋빛 손톱

이 닳고 닳도록 설거지를 하고 기름 묻은 사기그릇과 냄비를 닦았다. 더러운 속옷과 셔츠, 걸레를 빨아서 빨랫줄에 널어 말렸다. 매일 아침 큰길까지 쓰레기를 내가고 물을 길어 왔다. 한 층마다 걸음을 멈추고 숨을 골라야만 했다. 또 빈민굴에 사는 아낙네 같은 차림으로 팔에 장바구니를 걸고 과일가게, 식품가게, 정육점에도 갔다. 그때마다 욕을 먹으면서도 최대한 값을 깎아 빈약한 지갑에서 한 푼이라도 지키려고 했다.

매달 어음을 갚고, 그렇지 않으면 다른 어음으로 바꿔서 지급을 연기했다.

남편은 저녁에 한 상점에서 장부 정리하는 일을 했고, 밤에는 1쪽 당 5수를 받고 필사도 자주 했다.

그런 생활이 십 년 동안 이어졌다.

마침내 십 년째 되던 해에 고리대금 이자에, 이자에 이자가 쌓인 빚까지 모두 갚을 수 있었다.

루아젤 부인은 이제 완전히 할머니처럼 보였다. 가난에 찌들어 뼈마디가 굵어지고, 거칠고 드센 아낙네가 되어 있었다. 머리도 제대로 빗지 않고 치마는 비뚤게 입었으며 손은 시뻘갰다. 큰 소리로 지껄이고, 물을 쫙쫙 뿌려 가면서 바닥을 씻어냈다. 그래도 남편이 직장에 나가고 없을 때면, 자주 창가에 앉아 옛날의 그 잔치를 생각하곤 했다. 자신이 그토록 아름다웠고 그토록 인기를 누렸던 무도회를 그리운 마음으로 떠올렸다.

만약 그녀가 그 목걸이를 잃어버리지 않았더라면 지금쯤 어떻게 되었을까? 누가 알랴? 그 누가 알 수 있으랴? 인생이란 얼마나 기묘하고 얼마나 변화무쌍한가! 참으로 사소한 일 하나에 한 인간이 파멸하기도 하고 구원을 받기도 하는 것이니!

어느 일요일, 그녀가 일주일 동안 고된 일을 한 뒤 한숨 돌리려고 샹젤리제 거리를 거닐고 있는데, 문득 아이를 데리고 나온 부인이 눈에 들어왔다. 포레스티에 부인이었다. 그녀는 여전히 젊고 아름답고 우아했다.

루아젤 부인은 왠지 모르게 가슴이 미어지는 것 같았다. 가서 말을 걸어볼까? 그래, 무슨 상관이야. 이제는 빚도 다 갚았는데 무슨 말인들 못하랴. 안 될 까닭이 없잖아?

루아젤은 친구에게 다가갔다.

"오랜만이야, 잔!"

그 말을 듣고도 상대는 기억이 나지 않는지, 이런 아낙네가 자기를 친숙하게 부른 것에 대해 이상하게 여기는 기색으로 머뭇거리면서 말했다.

"그런데…… 부인! 아마…… 사람을 잘못 보신 것 같은데요."

"아니야. 나, 마틸드 루아젤이야."

그녀의 친구는 소스라치게 놀라 소리를 질렀다.

"어머나!…… 마틸드, 너 참 많이 변했구나……!"

"응, 무척 많이 변했지. 나 엄청나게 고생했거든, 그때 널 만난 뒤로. 정말 고생도 그런 고생이 없었지…… 그게 다 너 때문이었단다……!"

"나 때문이라고…… 어째서?"

"너도 기억할 거야. 그 다이아몬드 목걸이, 관저 잔치에 갈 때 나에게 빌려준 것 말이야."

"그래. 그게 왜?"

"그런데 그때 나 그걸 잃어버렸었어."

"무슨 소리야? 내게 돌려줬잖아?"

"너에게 돌려준 건 아주 비슷하지만 다른 것이었어. 내가 그 값을 치르는 데 꼬박 십 년이 걸렸단다. 나처럼 재산도 없고 아무것도 없는 사람들에게는 이만 저만한 고생이 아니었지…… 하지만 이젠 다 끝났어. 그래서 지금은 이렇게 홀가분해!"

포레스티에 부인은 그 자리에 우뚝 섰다.

"그러니까 새 다이아몬드 목걸이를 사서 나에게 돌려줬다는 말이니?"

"응. 역시 넌 눈치채지 못했구나? 무리도 아니지, 똑같이 생겼으니까."

그렇게 말하며 루아젤 부인은 우쭐거리면서도 순박하게 웃었다.

포레스티에 부인은 너무나 기가 막혀 친구의 두 손을 와락 잡았다.

"맙소사! 어쩌면 좋니, 마틸드! 그 목걸이는 가짜였어. 기껏해야 500프랑밖에 안 하는 거였는데……!"

Une partie de campagne
소풍

뒤푸르 씨네는 5개월 전부터 페트로니유, 즉 뒤푸르 부인의 영명(靈名) 축일에 파리 교외에서 식사를 하기로 계획을 세워 두었다. 이 소풍을 손꼽아 기다리고 있었던 그들은 그날이 오자 아침 일찍부터 일어났다.

뒤푸르 씨는 우유가게에서 마차를 빌려와 직접 마차를 몰았다. 지붕도 있는 멋진 이륜마차였다. 지붕을 받치고 있는 네 개의 쇠기둥에는 가림막이 쳐져 있었는데, 밖의 경치를 볼 수 있도록 말아 올렸다. 그래서 뒤쪽 가림막만 바람을 받아 깃발처럼 나부꼈다. 아내는 남편과 나란히 앉았다. 흔히 볼 수 없는 주홍빛 비단으로 휘감은 그녀는 매우 아름다웠다. 두 개의 의자에는 할머니와 아가씨가 앉아 있었다. 또 머리가 노란 젊은이가 있었는데, 그는 자리가 없어서 마차 안에 쪼그리고 앉아 있었기 때문에 머리만 보였다.

샹젤리제 거리를 지나 마요 성문을 통해 성벽을 넘어서자 교외의 경치가 펼쳐지기 시작했다.

뇌이 다리까지 왔을 때 뒤푸르 씨가 소리쳤다. "야, 드디어 시골에 왔군!" 그 소리에 벌써 아내는 시골의 자연에 감격했다.

쿠르브부아의 원형교차로에 이르자, 넓직하게 펼쳐진 사방의 경치를 보고 모두들 감탄의 소리를 질렀다. 저 멀리 오른쪽에 보이는 것은 아르장퇴유였다. 그곳에는 교회 종탑이 높이 서 있었다. 그 위쪽에 사누아의 작은 언덕들과 오르주몽의 풍차가 보였다. 왼쪽에는 마를리 수도교(水道橋)가 아침의 맑은 하늘 위로 그림처럼 떠올랐다. 저 멀리 생제르맹의 테라스도 보였다. 또 앞쪽에는 구불구불하게 이어진 언덕이 끝나는 곳에 땅이 파헤쳐져 있었는데 아마도 코르메유의 새 요새인 것 같았다. 들을 지나 마을 너머 아득한 저 끝에는 검푸른 숲이 어렴풋이 보였다.

햇살이 벌써 얼굴에 뜨겁게 내리쬐기 시작했다. 먼지가 뭉게뭉게 피어올라

시야를 가렸다. 길 양쪽에서는 악취가 코를 찌르는, 황량하고 지저분한 시골이 끝없이 펼쳐져 있었다. 돌림병이라도 발생하여 오두막까지 송두리째 휩쓸고 지나간 것처럼 파괴되고 방치된 건물의 잔해와, 대금을 지급하지 못해 공사가 중단된 오두막이들이 지붕도 없이 앙상한 뼈대만 드러내고 있었기 때문이다.

또한 저 멀리 군데군데 공장의 기다란 굴뚝들이 이 메마른 땅에서 자라나고 있는 듯이 보였다. 저것이 이 썩어 가는 들판의 유일한 작물이란 말인가. 게다가 봄바람은 석유와 편암 냄새와 함께 그보다 더 나을 것도 없는 다른 악취를 실어왔다.

이윽고 일행은 다시 센강을 건넜다. 다리 위는 경치가 매우 멋졌다. 강물은 햇살을 받아 반짝반짝 빛나고, 태양에 빨려 올라가는 것처럼 한 가닥 수증기가 피어오르고 있었다. 공장의 검은 연기와 하수 처리장의 악취를 몰아내 주지는 못하지만, 그래도 한결 상쾌한 공기를 마시자 그들은 숨통이 트이면서 다시 살아난 기분이 되었다.

지나가던 사람이 그곳의 이름을 가르쳐 주었다. 브종이라고 했다.

마차가 멈추어 섰다. 뒤푸르 씨는 근처에 있는 싸구려 식당의 마음 끄는 간판을 읽었다. "풀랭 식당, 생선 요리와 튀김, 사교실, 정원, 그네 있음. 어때! 여보, 여기가 어떻소? 어디 한번 들어가 볼까?"

이번에는 아내가 읽었다. "풀랭 식당, 생선 요리와 튀김, 사교실, 정원, 그네 있음." 그러고 나서 그녀는 그 집을 찬찬히 살펴보았다.

길가에 자리 잡은, 흔히 볼 수 있는 하얀 시골집이었다. 열려 있는 문 사이로 바의 번쩍거리는 카운터가 보였다. 그 앞에 외출복을 차려입은 두 노동자가 앉아 있었다.

뒤푸르 부인은 이윽고 마음을 정했다. "여기로 해요. 전망이 좋잖아요." 마차는 커다란 나무들이 자라고 있는 넓은 공간으로 들어갔다. 그 공간은 여관 뒤쪽까지 뻗어 있는데 강변도로를 하나 건너면 센강이었다.

모두들 마차에서 내렸다. 맨 먼저 뛰어내린 남편이 두 팔을 벌려 아내를 받아주었다. 두 개의 쇠막대기가 지탱하고 있는 발판이 좀 멀었기 때문에 뒤푸르 부인이 거기에 발을 뻗자 자연히 한쪽 다리가 그대로 드러나고 말았는데, 허벅지에서 장딴지까지 비곗살이 올라 젊은 시절의 탄력은 이미 사라지고 없었다.

아까부터 시골 정취에 흥이 난 뒤푸르 씨는, 그 장딴지를 세게 꼬집고 나서 그녀의 겨드랑이 밑에 손을 넣어 꼭 붙잡아 안더니, 마치 무거운 짐을 부리듯이 털썩 땅에 내려놓았다.

아내는 비단으로 지은 나들이옷을 툭툭 쳐서 먼지를 털어낸 뒤 주위를 두리번거렸다. 나이는 서른다섯 정도. 매우 살집이 좋고 육감에 충실한 한창 무르익은 여자였다. 그녀는 힘겹게 숨을 몰아쉬고 있었다. 코르셋을 너무 세게 졸라매어 답답한 모양이었다. 그 도구의 압력 때문에 풍만한 가슴의 넘칠 듯한 살이 이중턱까지 밀려 올라가 있었다.

아가씨는 아버지의 어깨에 손을 얹고 혼자 가볍게 뛰어내렸다. 노랑머리 젊은이는 차바퀴에 발을 딛고 내려와서 뒤푸르 씨와 함께 할머니를 내려주었다.

그곳에서 말을 풀어 나무에 묶어두고, 마차는 코를 처박듯이 가로장을 아래로 내려두었다. 남자들은 겉옷을 벗고 물통에서 손을 씻은 뒤, 그새 그네를 타고 있는 여자들에게 갔다.

뒤푸르 양은 혼자 서서 그네를 타려고 했지만 생각대로 높이 올라가지 않았다. 그녀는 길에서 마주치는 남자들에게 정욕을 불러일으켜, 막연한 설렘과 관능의 도발로 밤에도 잠을 이룰 수 없게 만드는, 열여덟에서 스무 살쯤 된 아름다운 아가씨였다. 키가 크고 늘씬한 데다 엉덩이도 풍만했다. 피부는 밝은 다갈색, 큰 눈에 머리는 칠흑같이 까맸다. 그녀가 그네를 구르려고 허리에 힘을 줄 때마다, 유난히 눈길을 끄는 탄탄한 몸매가 드레스 위에 그대로 드러났다. 머리 위로 두 팔을 높이 뻗어 줄을 잡고 있어서, 그네를 굴려도 그녀의 가슴은 전혀 흔들림 없이 봉긋 솟아 있었다. 모자는 바람에 날아가 뒤쪽에 떨어져 있었다. 그네는 점점 탄력이 붙기 시작했다. 그녀가 내려올 때마다 예쁜 다리가 무릎까지 드러났고, 싱글벙글 웃으면서 쳐다보고 있는 두 남자의 코끝에 포도주보다도 향긋한 바람을 일으켰다.

다른 그네에 앉은 뒤푸르 부인은 계속 똑같은 목소리로 조르고 있었다. "시프리앵, 나 좀 밀어줘요. 이리 와서 밀어달라니까요. 시프리앵, 여보!" 견디다 못해 남편은 아내에게 갔다. 그리고 큰일을 시작하기 전처럼 셔츠 소매를 걷어붙이고 끙끙거리며 아내를 밀어주었다.

그녀는 줄에 매달린 채 발이 땅에 닿지 않게 똑바로 앉아 있었다. 그네의 왕복운동으로 어질어질한 것이 재미있었다. 그네에 흔들리는 몸이 마치 접시에 담긴 젤리처럼 부르르 떨렸다. 그러나 그녀가 점점 높이 올라갈수록 현기증이 나서 무서웠다. 그네가 내려올 때마다 꺅꺅 소리를 질러대는 통에 무슨 일인가 하고 동네 아이들이 몰려왔다. 그녀의 눈에 정원 울타리 너머로 개구쟁이들의 웃는 얼굴이 어렴풋이 보였다.

하녀가 나오자 그들은 점심 식사를 주문했다.

"센강의 생선 튀김과 토끼고기 튀김, 샐러드, 그리고 후식으로 과일." 뒤푸르 부인은 거드름을 피우며 한마디 한마디 끊어 가면서 말했다. "사이다 두 병과 보르도산 포도주도 한 병 갖다줘요." 남편이 말했다. "우리 모두 풀밭에 앉아서 먹는 게 어때요?" 딸이 덧붙였다.

할머니는 이 집 고양이를 보자마자 애정이 샘솟아, 아까부터 다정한 목소리로 계속 부르면서 그 뒤를 쫓아다녔지만 아무 소용이 없었다. 아마 고양이도 그 호의가 속으로는 기분 좋은지, 계속 할머니 가까이 맴돌면서도 끝내 만지게 해주지는 않았다. 꼬리를 세우고 즐거운 듯이 목을 가르릉거리면서 나무 주위를 천천히 돌거나 나무에 몸을 문질렀다.

"어!" 아까부터 주변을 샅샅이 둘러보던 노랑머리 젊은이가 갑자기 소리쳤다. "여기 멋진 배가 있어요!" 모두들 구경하러 갔다. 정말 작은 나무 헛간 속에 멋진 경주용 보트가 두 척이나 매달려 있었다. 고급 가구처럼 공들여 만든 것이었다. 광택을 낸 가느다란 몸통이 길게 두 척 나란히 있는 모습은 키 크고 맵시 있는 두 명의 아가씨 같았다. 아름다운 봄날 초저녁 또는 맑은 여름 아침에 물 위에 띄워 달리고 싶어지는 배였다. 나무들은 가지를 물에 푹 담그고 있고, 갈대가 쉬지 않고 수런거리며 물총새가 푸른 불꽃처럼 날아오르는 기슭, 꽃이 흐드러지게 핀 그런 기슭을 따라 노를 저어가 보고 싶어지는 배였다.

가족 모두 경탄의 눈길로 그 보트를 바라보았다. "오! 정말 멋지군." 뒤푸르 씨는 점잖게 되풀이해 말했다. 그리고 다 아는 것처럼 보트에 대해 설명하기 시작했다. 그의 말에 의하면, 그 자신도 젊은 시절에는 보트를 저어 본 적이 있을 뿐만 아니라 보다시피 실력도—하면서 그는 노 젓는 시늉을 해 보였다—누구에게 지지 않을 자신이 있다고 말했다. 예전에는 주앵빌에서 영국 사람을 물리친 적도 한두 번이 아니라고 했다. 그리고 노를 고정하는 두 개의 노받이를 '담(dames)'이라고 부르는 데서, 그것을 익살스럽게, 그도 그럴 것이 배를 타는 사람은 부인들(dames) 없이는 외출하지 않는 법이라고 우스갯소리를 했다. 그러더니 싱거운 농담에 더욱더 신이 나서, 이만한 보트라면 한 시간에 60리는 너

끈히 갈 수 있다며 내기해 보자고도 했다.

"식사가 준비되었습니다." 하녀가 문 앞에 나타나 말했다. 모두들 그리로 달려갔다. 그런데 아까부터 뒤푸르 부인이 앉으려고 점찍어 둔 가장 좋은 자리에는 이미 두 젊은이가 앉아 식사를 하고 있었다. 두 사람 다 뱃놀이 복장을 하고 있는 것으로 보아 아마도 그 보트의 주인인 것 같았다.

그들은 거의 눕다시피 하며 의자에 비스듬히 앉아 있었다. 얼굴은 햇볕에 그을려 새까맣고, 하얀 무명 셔츠가 겨우 가슴을 가리고 있을 뿐 그대로 드러난 팔은 대장장이처럼 탄탄했다. 둘 다 힘이 넘치는 건장한 사내들이었는데, 몸동작 하나하나에 훈련을 통해 얻은 팔다리의 탄력 있는 아름다움이 배어 있어서, 날마다 되풀이되는 힘든 노동으로 보기 흉해진 노동자의 몸과는 너무도 달랐다.

젊은이들은 어머니를 보더니 재빨리 미소를 주고받았고, 이어서 딸을 보고는 서로 눈빛을 주고받았다. "우리 자리를 양보하자. 그러면 인사를 할 수 있을 거야." 한 사람이 말하자 다른 한 사람도 곧 일어섰다. 그리고 빨강과 검정 두 가지 색으로 반반씩 물들인 챙 없는 모자를 벗어 들고, 정원에서 유일하게 그늘인 그 자리를 부인들에게 양보하겠다고 정중히 제안했다. 뒤푸르 씨 가족은 고마워하면서 그 호의를 받아들였다. 그리고 더욱 시골 기분을 내기 위해 탁자와 의자를 치우고 풀 위에 자리를 깔고 앉았다.

두 젊은이는 자신들의 음식을 조금 떨어진 곳으로 옮겨서 먹기 시작했다. 그들의 맨팔이, 보려고 하지 않아도 자꾸 눈에 들어와서 뒤푸르 양은 약간 거북해졌다. 그녀는 애써 얼굴을 돌리며 보지 않으려고 했지만, 교외에 나가자 대담해진 뒤푸르 부인은 여자의 호기심에 이끌려—아마도 그것은 욕정이겠지만—젊은이들을 유심히 바라보면서 속으로 남편과 비교하고 있는 것 같았다. 자신만이 알고 있는 남편의 볼품없는 모습을 떠올리자 그녀는 더욱더 그들에게 마음이 끌렸다.

그녀는 두 다리를 구부리고 풀 위에 완전히 주저앉아 있었는데, 개미가 옷속에 숨어들었다면서 쉴 새 없이 몸을 꼼지락거렸다. 뒤푸르 씨는 모르는 남자가 친근하게 구는 것이 불쾌해서, 어디 좋은 장소가 없나 하고 찾아봤지만 마땅한 데가 없었다. 노랑머리 젊은이는 아무 말도 하지 않고 그저 아귀처럼 게걸스럽게 먹기만 했다.

"날씨가 참 좋네요." 뚱뚱한 부인이 한 젊은이에게 말을 걸었다. 자리를 양보해 주었으니 친절하게 대해 주자고 생각한 것이다. "그렇군요. 부인" 젊은이가 대답했다. "그런데 시골에는 자주 오십니까?"

"아, 일 년에 겨우 한두 번 와요. 바람 쐬러 오지요. 그쪽은요?"

"날마다 여기 와서 잡니다."

"어머나! 그러면 정말 재미있겠군요?"

"예, 물론이죠, 부인."

어느덧 젊은이는 자신의 일과를 시적으로 이야기하기 시작했다. 그 이야기를 듣자, 푸른 나무도 제대로 보지 못하고 교외로 산책도 나가지 못한 채 일년 내내 어두컴컴한 가게 계산대에서 지내고 있는 이 중산층 시민은 평소에 바라 마지않던 시골 생활이 부러워서 견딜 수가 없었다.

그녀의 딸도 솔깃해져서 고개를 들어 젊은이를 쳐다보았다. 뒤푸르 씨도 처음으로 입을 열었다. "정말 멋진 생활이군요." 그리고 덧붙였다. "여보, 토끼고기 더 시킬까?" "아뇨, 그만 됐어요."

다시 젊은이들을 바라보던 그녀는 그들의 팔을 가리키면서 물었다. "춥지 않아요?"

그 말에 두 사람 다 웃기 시작했다. 그리고 노 젓기가 얼마나 고된 일인지에 대해, 그리고 온몸이 땀으로 흠뻑 젖어 밤안개 속을 저어 가야 하는 것에 대해 이야기하여 그들을 깜짝 놀라게 했다. 그들은 자신들의 가슴을 힘껏 때려 어떤 소리가 나는지 들려주었다. "오! 정말 탄탄하군요!" 그렇게 말한 남편은 영국인을 물리쳤을 때의 이야기는 더 이상 꺼내지 않았다.

그제야 딸도 곁눈질로 두 사람을 힐끔거렸다. 노랑머리 젊은이는 비스듬하게 누워서 포도주를 마시다가 사레가 들려 심하게 기침을 하는 바람에, 부인의 주홍빛 비단 나들이옷에 내뿜고 말았다. 화가 난 부인은 얼룩 닦을 물을 어서 가져오라고 했다.

그러는 농안 기온이 점점 높아졌다. 반짝반짝 빛나는 강물은 마치 뜨거운 도가니 같았다. 게다가 술기운까지 오르기 시작했다.

뒤푸르 씨는 조금 전부터 심하게 딸꾹질을 하느라 지쳐서, 조끼 단추와 바지 위쪽 단추를 풀어버렸다. 그것을 보자 아내도 갑갑하던 참이라 옷의 걸단추를 하나씩 풀기 시작했다. 수습생은 기분이 좋아져서 삼실 같은 머리카락을 흔들면서 한 잔, 또 한 잔 계속해서 술을 마셨다. 할머니도 술이 좀 오르는지 아주 꼿꼿한 자세로 얌전하게 앉아 있었다. 딸은 별로 달라진 건 없었지만 왠지 모르게 눈만 타올라 까무잡잡한 피부는 뺨 언저리만 장밋빛으로 물들어 있었다.

커피를 마시는 것으로 식사가 끝났다. 그래서 노래나 한 곡씩 부르기로 하고, 저마다 잘하는 노래를 부르면 다른 사람들은 열광하듯이 환호하며 박수를 쳐주었다. 그러고 나서야 그들은 힘겹게 자리에서 일어났다. 머리가 띵해진 두 여자가 숨을 돌리는 동안, 정신없이 취한 두 남자는 계속 체조를 했다. 녹초가 된 몸은 무겁게 늘어지고 얼굴은 달아올라, 링에 꼴사납게 매달려 봤지만 몸은 올라가지 않았다. 셔츠는 금방이라도 바지에서 빠져나와 깃발처럼 바람에 펄럭일 것 같았다.

그사이 두 젊은이는 보트를 물에 띄운 뒤, 돌아와서 두 여자에게 정중하게 뱃놀이를 제안했다.

"여보, 그래도 괜찮죠? 제발 부탁이에요!" 아내가 큰 소리로 말했다. 남편은 술에 취해 흐리멍덩한 눈으로 아내를 쳐다보기는 했지만 무슨 말인지 알아듣지 못했다. 그때 한 젊은이가 낚싯대를 두 개 들고 다가갔다. 모래무지 낚시는 파리 중산층의 꿈이자 이상인지라, 이 호인의 흐릿한 눈이 금세 빛을 발하며 여자들이 원하는 대로 하게 허락해 주었다. 그리고 그는 낚싯대를 들고 다리 밑 그늘진 곳에 가서 강물 위로 두 다리를 늘어뜨리고 앉았고, 노랑머리 젊은이는 그 옆에서 이내 쿨쿨 잠이 들었다.

한 젊은이가 먼저 나섰다. 그는 어머니 쪽을 맡아서 데려갔다. "영국인 섬의 작은 숲에서 보자!" 그가 멀어지면서 소리쳤다.

또 한 척의 보트는 천천히 나아갔다. 젊은이는 다른 것은 다 잊어버린 것처럼, 오로지 동행한 여자만 넋을 잃고 바라보았다. 그러자 강렬한 흥분에 사로잡혀 온몸의 힘이 마비되는 것 같았다.

아가씨는 키잡이 자리에 앉은 채, 물 위를 미끄러져 가는 감미로움에 몸을 맡기고 있었다. 그녀는 뭐라 표현할 수 없는 황홀감에 사로잡혀 생각할 힘도 잃어버린 채 팔다리에 힘이 빠져서, 그대로 자신을 송두리째 내던져 버리고 싶은 기분이었다. 숨결이 가빠지고 흥분된 얼굴은 발그스름하게 물들었다. 주위에 내리쬐는 맹렬한 열기에 술기운이 더욱 올라, 강가의 나무도 모두 자신에게 인사하면서 멀어져 가는 것 같았다. 쾌락을 좇는 막연한 욕망으로 끓어오르는 피가 한낮 더위에 자극받은 몸속을 휘돌았다. 게다가 뜨거운 하늘 아래 아무도 없고 아득하게 넓은 물 위 한복판에서 두 사람이 마주 보고 있다고 생각하니 마음이 더욱 어지러웠다. 그녀를 아름답다고 생각하는 젊은 남자의 시선은 그녀의 살갗에 들러붙었고, 그 욕정은 햇살처럼 따갑게 찔러왔다.

서로 아무 말도 하지 않는 것이 오히려 두 사람의 열정을 부채질했다. 하는 수 없이 그들은 주위를 둘러보았다. 그때 남자가 용기를 내어 그녀에게 이름을 물어보았다. "앙리에트예요." 그녀가 말했다. "이럴 수가! 내 이름도 앙리인데." 그도 말했다.

서로의 목소리를 듣자 두 사람은 비로소 안도감을 느꼈다. 그제야 그들은 자신들이 다다를 강기슭을 생각했다. 먼저 간 보트가 멈춰 서서 자신들을 기다리고 있는 모양이었다. 그 배에 타고 있는 젊은이가 외치는 소리가 들려왔다. "숲에서 만나자. 우리는 로뱅송까지 갈 거야. 부인이 목 마르시대." 그리고 노 위에 몸을 엎드리자 배는 순식간에 멀어져서 곧 보이지 않았다.

이때 아까부터 계속 희미하게 들려오던 어떤 울림이 갑자기 가까이 다가왔다. 그 무거운 소리는 강바닥에서 일어나고 있는지 강물이 진동하고 있는 것 같았다.

"저 소리는 뭘까요?" 그녀가 물었다.

그것은 섬 끝에서 강물을 막고 있는 댐에서 물이 떨어지는 소리였다. 그가 그것을 열심히 설명하고 있는데, 폭포 소리에 섞여 매우 먼 곳에서 울고 있는 듯한 새소리가 문득 들려왔다. "어, 나이팅게일이 낮에 울고 있군요. 저건 암컷이 알을 품고 있는 겁니다."

나이팅게일! 그 새가 우는 소리를 한 번도 들은 적이 없는 그녀는, 방금 그 소리를 들었다고 생각하니 마음속에 시적인 사랑의 감정이 아련하게 샘솟았다. 나이팅게일! 그러고 보니 줄리엣이 발코니에서 연인을 만날 때 불러낸, 보이지 않는 손님이 아니었던가. 사랑하는 남녀의 키스에 화답하는 하늘의 음악이 아니었던가. 감상을 좇는 소녀의 순진한 가슴에 이상의 하늘을 펼쳐주는, 안타까운 로맨스의 영원한 후원자가 아니었던가!

그녀는 그 나이팅게일의 노랫소리를 듣게 된 것이다.

"우리 아무 소리도 내지 맙시다. 숲속에 들어가면 바로 그 새 가까이까지 갈 수 있을 거예요."

보트는 미끄러지듯이 달려 나갔다. 섬의 나무들이 보이기 시작했다. 기슭이 매우 낮아서 한눈에 깊은 숲속까지 다 보였다. 보트를 세우고 매어두었다. 앙리에트는 앙리의 팔에 의지하여 나뭇가지를 헤치며 나아갔다. "몸을 숙여요." 그가 말하자 그녀는 몸을 웅크렸다. 두 사람은 칡덩굴과 갈대가 어지러이 뒤엉켜 있는 수풀을 헤치고 들어갔다. 그곳은 사람들 눈에 띄지 않는 더할 나위없이 안전한 은신처였다. 젊은이는 "나의 밀실"이라고 웃으면서 말했다.

그 새는 두 사람 머리 바로 위를 뒤덮고 있는 나무 어딘가에 앉아서 계속 울고 있었다. 처음에는 구슬을 굴리는 듯이 지저귀다가 한 번 고음을 내지르자, 그 소리가 하늘 가득 울려 퍼졌다. 그것은 일대를 지배하고 있는 한낮의 침묵을 뚫고 강을 따라 들판을 건너더니, 마침내 멀리 지평선 너머로 사라졌다.

두 사람은 새가 날아가 버릴까 봐 소리를 내지도 못한 채 가까이 붙어 앉아 있었다. 그러자 앙리의 팔이 천천히 앙리에트의 몸을 한 바퀴 돌아 가볍게 힘을 주면서 안았다. 그녀는 별로 화내는 기색도 없이 그 무례한 손을 밀어냈다. 그리고 그가 다시 손을 가까이 가져갈 때마다 끊임없이 밀어냈지만 그 포옹이 그다지 싫지는 않았다. 그녀가 그것을 밀어내는 것이 자연스러운 것처럼, 그 포옹 또한 자연스럽게 생각되었던 것이다.

그녀는 자신도 잊을 만큼 한껏 달떠서 새소리를 듣고 있었다. 그저 까닭도 없이 행복해지고 싶고, 문득 뭔가를 사랑하고 싶은 기분이 몸 안에서 꿈틀거렸다. 시적 감흥이 솟아나는 듯하더니, 신경도 마음도 누그러지고 풀어져서 까닭 없이 흐르는 눈물을 주체할 수가 없었다. 젊은이는 그녀를 꼭 껴안고 있었다. 그녀는 이제 더 생각할 기력도 없어서 그를 밀어내지도 않았다.

갑자기 나이팅게일이 노래를 그쳤다. 멀리서 "앙리에트!" 하고 부르는 소리가 들려왔다.

"대답하면 안 돼요." 그가 낮은 목소리로 말했다. "새가 날아가 버리니까요."

그녀도 대답할 생각이 없었다.

두 사람은 잠시 그대로 있었다. 뒤푸르 부인도 어디엔가 앉아 있을 것이다. 아마 다른 젊은이가 장난을 치고 있는 건지 뚱뚱한 부인의 짧은 비명 소리가 이따금 희미하게 들려왔다.

아가씨는 여전히 울고 있었다. 말할 수 없이 달콤한 감상에 젖어 살갗은 달아오르고, 뭔지 알 수 없는 간지러운 감각이 몸의 곳곳을 아프게 찔러왔다. 앙리의 머리가 바로 어깨 위에 있었다. 갑자기 그가 그녀의 입술에 키스했다. 그녀는 맹렬하게 저항하면서 상대를 피하려다가 뒤로 넘어지면서 손을 짚었다. 그러나 그는 다시 덮쳐와서 온몸으로 그녀를 감싸 안았다. 그는 달아나려는 그녀의 입술을 끝까지 쫓아가 자신의 입술을 포갰다. 그러자 그녀도 왠지 모를 격렬한 욕정에 사로잡혀, 자신의 가슴에 상대를 안고 키스를 돌려주었다. 그녀의 모든 저항력은 너무나 무거운 무게에 짓눌려 무너지고 말았다.

주위는 고요했다. 새가 다시 울기 시작했다. 사랑을 호소하는 듯한 애절한 가락을 세 번 내지르더니, 잠시 사이를 두었다가 이번에는 가냘픈 목소리로 곡조를 바꾸어 매우 느리게 읊조리기 시작했다.

부드러운 산들바람이 지나가자 나뭇잎들이 살랑거렸다. 그러자 수풀 속 깊은 곳에서 두 개의 뜨거운 한숨 소리가 나이팅게일의 노래와 숲의 희미한 숨결 속으로 들려왔다.

스스로 도취한 듯한 새의 노랫소리가 마치 불길이 번지듯이, 열정이 고조되듯이 서서히 격렬해지면서, 나무 아래의 입맞춤 소리에 화답하는 것 같았다. 이어서 새의 목청은 무아지경 속에 미친 듯이 날뛰기 시작했다. 긴 까무러침을 떠올리게 하는 가락도 있고, 경련을 일으키는 듯한 아름다운 선율도 있었다.

이따금 새는 잠시 쉬기도 하고, 두세 번 가볍게 소리를 내더니 갑자기 날카롭게 한 번 외치고 나서는 딱 그쳤다. 그러다가 다시 온갖 음의 용솟음과 가벼운 떨림, 불규칙하고 급격한 움직임과 함께 미친 듯한 사랑의 곡조를 시작하여 승리의 외침으로 이어졌다.

하지만 새는 노래를 그쳤다. 자기 아래쪽에서 영혼이 스러져 가는 듯한 깊은 신음 소리가 들려왔기 때문이다. 그 소리는 한동안 계속되다가 흐느낌으로 끝맺었다.

풀덤불 침대에서 나왔을 때, 그들은 둘 다 얼굴이 창백해져 있었다. 하늘도 어둡게 보였고 빛나는 태양도 그들 눈에는 사라지고 없었다. 그들은 갑자기 고독과 침묵을 깨달았다. 서로 달라붙어서 빠르게 섰지만 말도 하지 않고 손도 잡지 않았다. 왠지 모르게 두 사람의 육체 사이에 어떤 혐오감이 생기고, 두 사람의 마음 사이에 증오가 일어난 것처럼 자신들이 화해할 수 없는 적이 된 것 같은 느낌이 들었다.

앙리에트가 문득 소리쳤다. "엄마!"

갑자기 풀숲에서 소리가 났다. 앙리는 힐끗 본 것 같았다. 누군가가 하얀 치마를 살찐 장딴지로 황급하게 내리는 것을. 그러자 그 뚱뚱한 부인이 나타났다. 약간 당황한 것처럼 얼굴이 붉었다. 눈은 빛나고 가슴은 들썩이고 있었다. 틀림없이 동행한 남자와 너무나 가까이 붙어 있었던 탓이리라. 상대방은 뭔가 재미있는 것을 본 것처럼, 참다가도 다시 생각난 듯 웃곤 했다.

뒤푸르 부인은 다정하게 남자의 손을 잡았고, 그들은 배로 돌아갔다. 여전히 입을 다문 채 아가씨와 앞장서서 나란히 걸어가던 앙리는, 문득 자기 뒤에서 숨 막힐 듯한 커다란 키스 소리를 들은 것 같았다.

이윽고 그들은 브종으로 돌아갔다.

뒤푸르 씨는 술이 깨어 기다리고 있었다. 노랑머리 젊은이는 그곳을 떠나기 전에 서둘러 음식을 조금 먹었다. 마차가 뜰에 준비되어 있었다. 벌써부터 마차에 올라타고 있던 할머니는 파리 근교는 위험하다는 얘기를 들었기 때문에, 길을 가다가 밤을 맞게 될까 봐 마음을 졸이고 있었다.

모두들 악수를 나눈 뒤 뒤푸르 씨 가족은 길을 떠났다. "안녕히 가세요." 젊은이들이 소리쳤다. 한숨과 눈물이 그들에게 대답했다.

두 달 뒤, 마르티르 거리를 걷던 앙리는 어느 건물에서 '뒤푸르 철물상'이라는 간판을 보았다.

그는 안으로 들어갔다.

그 뚱뚱한 부인이 계산대에 앉아 있었다. 그들은 곧 서로를 알아보았다. 정중하게 인사를 나눈 뒤, 그는 그 뒤의 소식을 물었다. "앙리에트 양은 잘 있습니까?"

"네, 아주 건강하게 잘 있어요. 그 아이는 결혼했답니다."

"아……!"

알 수 없는 감정에 가슴이 먹먹해졌다. 그가 다시 물었다.

"그런데…… 누구하고요?"

"당신도 알잖아요, 그때 우리와 함께 갔던 젊은이 말이에요. 그 사람이 이 가게를 물려받게 되었죠."

"오! 그랬군요."

그는 왠지 모르게 몹시 슬픈 기분이 되어 그곳을 나서려고 했다. 그를 뒤푸르 부인이 불러 세웠다.

"그런데 당신 친구는?" 그녀가 수줍은 듯이 물었다.

"물론 잘 있습니다."

"그에게 안부 전해줘요. 아, 그리고 지나가는 길에 꼭 한 번 들러달라고 말해
줘요……."

그녀는 얼굴을 붉히더니 이렇게 덧붙였다. "그래 준다면 내가 기뻐할 거라고
요."

"꼭 전하지요. 그럼 안녕히 계세요!"

"아니…… 되도록 빨리!"

그 이듬해 몹시 무더운 어느 일요일, 그 뒤로 앙리의 머리에서 떠나지 않고
있던 그 일이 문득 세세하게 떠올랐다. 그 일이 너무나 생생하여 견딜 수가 없
었던 그는 혼자 그 숲속의 별실을 찾아가 보았다.

그곳에 들어서던 그는 깜짝 놀라고 말았다. 그녀가 그곳에, 그 풀밭 위에 쓸
쓸히 앉아 있었다. 바로 그 옆에는 그녀의 남편이 된 노랑머리 젊은이가 언제나
처럼 겉옷을 벗고 아주 깊이 잠들어 있었다.

그녀는 앙리를 보자 새파랗게 질려서 거의 기절할 것처럼 보였다. 이윽고 두
사람은 자신들 사이에 아무 일도 없었던 것처럼 자연스럽게 이야기를 나누기
시작했다.

앙리는 자기가 이곳을 매우 좋아하며, 여러 가지 추억에 잠겨 일요일이면 자
주 이곳으로 쉬러 온다고 말했다. 그러자 그녀는 그의 눈을 가만히 바라보면서
말했다.

"저도 매일 밤 이곳을 생각해요."

"여보, 그만 갑시다." 그때 그녀의 남편이 깨어나 하품을 하면서 말했다. "슬
슬 돌아갈 시간이 된 것 같은데."

Décoré!
훈장!

태어나서 말을 하고 생각이라는 것을 하게 되면 특별히 강한 본능과, 천성이나 단순한 소망을 드러내는 사람들이 흔히 있다.

어릴 때부터 사크르망 씨의 머릿속에는 오직 훈장을 받고 싶다는 생각밖에 없었다. 아주 어린 시절 그는 보통 아이들이 군인 모자를 쓰고 좋아하듯이 아연으로 만든 레지옹 도뇌르 십자훈장을 달고 빨간 리본과 금속 별로 장식한 작은 가슴을 내밀면서, 어머니 손을 잡고 우쭐대며 거리를 걷곤 했다.

워낙 공부에는 뜻이 없었던 그는 대학입학 자격시험에 떨어졌다. 특별히 하는 일은 없었지만 재산이 많은 덕분에 아름다운 아가씨와 결혼할 수 있었다.

부부는 파리에서 부유한 중산층답게 살고 있었다. 상류사회에는 섞이지 않고 자신들 나름의 세계에 드나들었다. 장관이 되고자 하는 국회의원과 알고 지내고, 또 사단장 두 사람과 친분이 있다는 것이 부부의 자랑거리였다.

그럼에도 어린 시절부터 사크르망 씨의 머릿속에 들어 있었던 그 생각은 그를 떠나지 않았고, 색깔 있는 작은 리본을 프록코트에 당당히 달 수 있는 권리가 없다는 생각으로 그는 늘 괴로워했다.

길에서 가슴에 훈장을 단 사람들을 만날 때마다 그는 마음이 아팠다. 그는 절망에 빠져 질투하는 눈길로 그들을 훔쳐보았다. 때로는 할 일 없는 긴 오후를, 그런 사람들을 하나하나 헤아리며 보내기도 했다. 그럴 때마다 그는 생각했다. '어디, 마들렌에서 드루오 거리까지 몇 사람이나 있나 세어보자.'

그는 먼 곳에서도 그 빨간 작은 점들을 알아보는 데 단련이 된 눈으로, 사람들의 옷을 점검하면서 천천히 걸어갔다. 거리 끝에 이르렀을 때, 언제나 그렇듯이 그는 그 수가 많은 것에 매번 감탄했다. '장교가 여덟 명, 기사가 열일곱 명.*¹ 이렇게나 많단 말인가! 이런 식으로 훈장을 낭비하는 건 바보 같은 짓이야. 돌아가는 길에도 이만큼 많은 사람들을 만나게 될지 한번 보자.'

그는 천천히 걸어서 돌아갔다. 잡다한 통행인이 많아서 탐색에 방해를 받아 한 사람이라도 놓치면 그는 꽤나 실망했다.

그들을 가장 많이 볼 수 있는 곳을 그는 잘 알고 있었다. 팔레 루아얄 쪽은 우글우글하고, 오페라 거리는 라페 거리에 못 미쳤다. 산책로 오른쪽이 왼쪽보다 많았다.

그들은 또 어떤 카페, 어떤 극장을 특별히 좋아하는 것 같았다. 어쩌다가 백발의 노신사들이 거리를 가로막거나 보도 한복판에 서 있는 것을 보면, 사크르망 씨는 어김없이 혼잣말을 했다. "레지옹 도뇌르 장교들이다!" 그리고 저절로 경례를 하고 싶어지는 것이었다.

장교들은 (그는 그것을 자주 눈여겨보았다) 단순한 기사들과는 몸가짐이 다르게 보였다. 머리를 움직이는 것부터 달랐다. 모든 사람들은 그들이 공식적으로 보다 큰 존경과 신뢰를 받고 있음을 느꼈다.

그런 한편, 이따금 사크르망 씨가 분노를 느낄 때도 있었다. 그것은 훈장을 지닌 모든 사람에게 느끼는 분개였다. 그들에게 사회주의자들이 가지는 증오를 느꼈다.

그래서 그는 배를 주린 가난뱅이가 맛있는 음식점 앞을 지나갈 때처럼, 너무나 많은 훈장을 만나 완전히 흥분하여 집으로 돌아올 때면 터무니없이 과장된 몸짓을 하면서 소리를 질렀다. "이렇게 썩은 정부를 도대체 언제쯤 쫓아내 버릴 수 있을까?" 어안이 벙벙해진 아내가 물었다. "여보, 오늘 왜 그래요?"

그가 대답했다. "곳곳에서 부정이 벌어지고 있는 것을 보니 화가 나서 참을 수가 있어야지. 아! 그러고 보면 파리 코뮌*² 가담자들 생각이 옳았어!"

그러면서도 저녁을 먹고 나더니 가만히 있지 못하고 다시 훈장을 구경하러 나갔다. 다양한 모양, 다양한 색깔의 온갖 훈장을 점검하는 것이다. 가능하다

---

*1 1802년에 나폴레옹이 제정한 프랑스 최고 훈장 레지옹 도뇌르(Légion d'honneur)는 다섯 등급으로 나뉜다. 순서대로 그랑크루아(Grand Croix, 대십자), 그랑도피시에(Grand Officier, 대장군), 코망되르(Commandeur, 사령관), 오피시에(Officier, 장교), 슈발리에(Chevalier, 기사)이다.

*2 1871년 프로이센–프랑스 전쟁에서 프랑스가 지고 나폴레옹 3세의 제2제정이 몰락하는 과정에서, 파리에서 일어난 민중 봉기. 혁명정부는 72일 동안 존속하면서 민주적인 개혁을 시도했으나 정부군에게 패배해 무너졌다.

면 그것들을 모두 자기 것으로 만들고 싶었다. 공개 의식에 참석하여, 사교계 인사들과 눈을 크게 뜨고 감탄하는 일반인들로 넘쳐나는 드넓은 살롱 안을 행렬의 선두에 서서 나아가고 싶었다. 또한 갈비뼈 모양에 따라 하나하나 겹치면서 주르륵 늘어선 훈장 핀이 줄무늬를 이룬 당당한 가슴을 펴고, 감탄의 속삭임과 존경의 술렁거림 속을 별처럼 찬란하게 빛을 내면서 예모를 옆구리에 끼고 사뭇 위엄 있게 나아가길 바랐다.

슬프게도 그에게는 없었다! 훈장을 받을 수 있는 직함 따위는 하나도 없었다.

그는 생각했다. '레지옹 도뇌르 훈장은 역시 공직에 있지 않은 자에게는 어려운 일이지. 그보다 교육 공로 훈장을 받도록 힘써보는 게 어떨까?'

그렇지만 막상 어떻게 해야 할지 도무지 알 수가 없었다. 그래서 아내에게 얘기했더니 아내는 화들짝 놀랐다.

"교육 공로 훈장을 받겠다고요? 도대체 당신이 그만한 일을 했단 말이에요?"

그는 발끈했다.

"내 말뜻을 이해해야지. 그러니까 내가 무엇을 어떻게 해야 할지 찾고 있는 거잖아. 당신은 가끔 바보 같단 말이야."

그녀는 미소를 지었다. "네, 지당한 말씀이군요. 하지만 내가 그걸 어떻게 알아요!"

그에게는 꿍꿍이속이 있었다. "만약 당신이 국회의원 로슬랭 씨에게 얘기해 주면, 그 사람이 틀림없이 좋은 조언을 해줄 것 같은데. 나로서는 이런 질문을 그 사람에게 직접 하기는 힘드니까. 이건 상당히 예민하고 까다로운 문제지만, 당신이 하면 모든 게 자연스럽게 될 거야."

사크르망 부인은 남편의 부탁을 들어주었다. 그리고 로슬랭 씨는 장관에게 얘기해 보겠다고 약속했다. 그러자 사크르망은 화살처럼 쉴 새 없이 재촉했다. 결국 국회의원은 그러려면 직함을 열거하고 요구서를 제출해야 한다고 대답했다.

직함이라고? 그런데 그에게는 대학입학 자격조차 없었다.

그럼에도 그는 그 일을 시작하여 '국민의 권리에서 교육까지'를 다룬 작은 책을 하나 써 나갔다. 물론 빈약한 사상 때문에 완성하지는 못했다.

그래서 다음에는 더 쉬운 문제를 찾아서 수단 방법을 가리지 않고 해보았다. 처음에 한 것은 '시각을 통한 아동 교육'이라는 것이었다. 그는 거기서 빈민굴 어린이를 위한 무료 극장을 세우자고 제안했다. 부모가 자식을 아주 어릴 때부터 그곳에 데려가서, 영상 자료를 통해 아이들에게 지식의 기초를 심어주는 체제로 실물 강의라고 말할 수 있는 것이다. 그것은 시각을 통해 두뇌를 깨우치며, 영상을 기억 속에 깊이 새겨 넣어 이를테면 학문을 눈으로 볼 수 있는 것으로 만들려는 목적이다.

그런 방식이 세계역사와 지리, 박물학, 식물학, 동물학, 해부학을 가르치는 것보다 더 쉬운 방법이 아닐까? 등등.

그는 이 건의서를 인쇄하여 각 국회의원에게 1부씩, 각 장관에게 10부씩, 대통령에게 50부, 파리의 각 신문사에 10부씩, 그리고 지방신문에 5부씩 보냈다.

다음에는 이동도서관 문제를 다뤘다. 즉 오렌지를 팔고 다니는 차와 똑같은 방법으로, 책을 가득 실은 작은 차를 국가에서 정책적으로 거리를 돌아다니게 해야 한다는 주장이었다. 시민들은 구독료 1수로 한 달에 10권씩 빌릴 수 있는 것이다.

사크르망 씨는 말했다. "국민은 마음이 내키지 않으면 움직이지 않는다. 만약 그들이 교육에 다가가지 않는다면, 교육이 그들에게 다가가야 한다." 등등.

그러나 그 논문들은 아무런 반향도 일으키지 못했다. 그런데도 그는 요구서를 제출했다. 당국은 언젠가 심사를 한 뒤에 알려주겠다고 답변했다. 그는 자신의 성공을 믿어 의심치 않았다. 그는 기다렸지만 아무런 연락도 오지 않았다.

그래서 그는 개인적으로 운동하기로 결심하고 국민 교육에 대한 문제로 장관에게 면회를 요청했다. 그런데 그를 만나준 것은 아직 애송이이면서도 거드름을 피우는 데는 누구도 따라올 수 없는, 너무나 오만방자한 비서실장의 보좌관이었다. 이 사람은 늘어선 작고 하얀 단추를 피아노라도 치듯이 눌러 경비원을 부르고 종업원을 부르고 일선 직원을 불러댔다. 그는 탄원자에게 청원의 취지는 잘 진행되고 있다고 장담했으며, 앞으로도 훌륭한 일을 계속하라고 권유했다.

그 말을 듣고 사크르망 씨는 다시 일에 몰두했다.

국회의원 로슬랭 씨는 이제야 사크르망 씨의 성공에 매우 흥미를 느끼기 시작한 것 같았다. 그는 실제적이며 보탬이 될 만한 여러 가지 충고를 해주었다. 무엇보다도 그는 훈장을 가지고 있었다. 하지만 그런 명예를 얻을 만한 어떤 사유가 있었는지는 알 수 없었다.

그는 사크르망 씨가 시작해야 할 새로운 연구 과제를 알려주었다. 또 명성을 얻을 목적으로 엄선하여, 정체를 알 수 없는 학문만 연구하고 있는 많은 학회를 소개해 주었다. 뿐만 아니라 장관에게도 그를 추천해 주었다.

그러던 어느 날, 로슬랭 씨는 친구의 집에 점심 식사를 하러 와서는(지난 몇 달 동안 그는 이 집에서 자주 식사를 했다) 갑자기 상대의 손을 잡더니 속삭이는 목소리로 말했다.

"당신을 위해 아주 좋은 특전을 얻어왔소. 역사연구위원회에서 당신에게 어떤 임무를 하나 맡기기로 했어요. 프랑스 각지의 도서관에서 조사하는 일이오."

사크르망은 너무 기뻐서 먹을 수도 마실 수도 없을 지경이었다. 그는 일주일 뒤에 출발했다.

그는 도시에서 도시로 옮겨가면서 카탈로그를 조사하고, 먼지투성이 책이 가득 쌓여 있는 서고를 뒤져대는 바람에 도서관 직원의 원성을 샀다.

어느 날 밤 루앙에 온 그는 문득 일주일이나 떨어져 지낸 아내가 보고 싶어졌다. 그래서 곧바로 아홉 시 기차를 탔는데, 그 기차로는 한밤중이 되어야 집에 도착할 수 있었다.

그는 열쇠를 가지고 있어서 가만히 집 안으로 들어갔다. 아내가 깜짝 놀라면서 얼마나 기뻐할지 생각하니, 기분이 좋아서 온몸이 떨렸다. 그녀는 문을 잠그고 있었다. 아니 이런! 그는 문밖에서 크게 소리쳤다. "잔, 나야!"

그녀는 많이 놀란 기색이었다. 침대에서 벌떡 일어난 그녀는 잠이 덜 깼는지 혼잣말을 하는 것 같았다. 그런 다음 화장실까지 달려가서 문을 열더니 다시 닫았다. 그리고 맨발로 방 안을 이리저리 뛰어다녔다. 그때마다 가구에 부딪쳐서 유리문이 덜컹거리는 소리가 났다. 얼마 뒤 그녀가 겨우 물었다. "정말 당신이에요, 알렉상드르?"

그가 대답했다. "그렇다니까, 나야. 어서 문 열어!"

문이 열렸다. 그리고 아내가 그의 가슴에 뛰어들면서 말을 더듬거렸다.

"아! 너무 무서웠어요! 깜짝 놀랐잖아요! 이렇게 반가울 수가!"

그리하여 그는 여느 때처럼 순서대로 잠자리에 들 준비를 시작했다. 그리고 의자에서, 늘 스스로 현관에 걸어두는 외투를 집어 들었다. 그러나 그 순간, 그는 소스라치게 놀랐다. 외투 단춧구멍에 빨간 리본이 걸려 있지 않은가!

그가 더듬거리면서 말했다. "이…… 이…… 이 외투에 훈장이 달려 있어!"

아내가 깜짝 놀라 달려들더니 그에게서 외투를 빼앗듯이 잡아채면서 말했다. "안 돼요…… 당신, 그게 아니에요. 이리 주세요."

하지만 그는 소매를 꽉 잡고 놓으려 하지 않았다. 그리고 잠꼬대처럼 되풀이해서 말했다. "응?…… 이게 뭐지?…… 어찌 된 일까?…… 이 외투는 누구 거야?…… 이건 내 외투가 아니야. 훈장이 달려 있잖아?"

그녀는 횡설수설하면서 그에게서 외투를 빼앗으려고 기를 썼다. 그리고 허둥지둥 말을 더듬었다. "어머…… 어머…… 그거 이리 주세요…… 지금은 말할 수 없어요…… 비밀이니까…… 어쨌든."

그러나 그는 화가 나서 얼굴이 새파래져 있었다. "이 외투가 왜 여기에 있는 건지 난 그것을 알고 싶어. 이건 내 외투가 아니잖아."

그러자 그녀는 남편의 얼굴에 대고 소리쳤다. "그건 말이에요, 아직 비밀이지만…… 그러니까…… 당신이 훈장을 받았어요!"

그는 감격한 나머지 격렬하게 동요하여 손에 든 외투를 놓아버리고 의자 속에 털썩 쓰러지고 말았다.

"내가…… 당신 말은…… 내가…… 훈장을 받았다고?"

"그래요…… 이건 비밀이에요, 중요한 비밀……."

그녀는 그 빛나는 외투를 옷장 속에 넣고, 창백한 얼굴로 몸을 떨면서 남편에게 돌아왔다. 그리고 다시 말했다. "그래요, 그래서 새 외투를 주문한 거예요. 하지만 저는 당신에게는 말하지 않을 생각이었어요. 한 달, 그러니까 6주 뒤에야 정식으로 발표될 거예요. 당신의 임무가 끝난 뒤여야만 한단 말이에요. 그 일을 마치고 돌아오면 비로소 알릴 예정이었죠. 로슬랭 씨가 당신을 위해 받아준 거예요……."

사크르망은 정신이 혼미해지는 것을 느끼면서 소리쳤다. "로슬랭이…… 훈장을…… 그가 나에게 훈장을 받아주었어…… 그 사람이…… 나에게…… 아……!"

그는 물을 한 잔 마시지 않을 수 없었다.

그런데 작은 종잇조각이 바닥에 떨어져 있었다. 외투에서 떨어진 모양이었다. 사크르망은 그것을 주워 들었다. 명함이었다. 그가 읽었다. "국회의원 로슬랭."

"봐요, 맞잖아요." 아내가 말했다.

그는 기쁨의 눈물을 흘리고 또 흘렸다.

일주일 뒤 사크르망 씨가 특별한 공적에 의해 레지옹 도뇌르 기사 훈장을 받았다는 소식이 관보에 실렸다.

Nuit de Noël

크리스마스이브

"오, 밤참! 밤참*¹이라니! 아! 나는 싫어. 난 밤참 같은 건 절대로 안 먹어!"

뚱뚱한 앙리 탕플리에는 수치스러운 행위라도 권유받은 것처럼 분개하면서 말했다.

다른 사람들이 웃으면서 저마다 소리쳤다. "자네, 왜 그렇게 화를 내나?"

그가 대답했다. "사실 나는 밤참 때문에 터무니없는 추태를 부린 적이 있어. 그래서 이렇게 어리석고 우스꽝스러운 짓거리에 참을 수 없는 증오를 품게 되었다네."

"도대체 무슨 일인데?"

"무슨 일이냐고? 궁금한가? 좋아, 그렇다면 얘기해 주겠네.

*

두 해 전 이때쯤, 그때 얼마나 추웠는지 다들 기억하고 있겠지. 거리의 가난한 사람들을 얼어 죽게 만들 만큼 추웠으니까. 센강이 얼어붙고 보도의 찬 기운이 구두 바닥을 통해 발에 전해질 정도였어. 세계가 쨍하고 갈라질 것만 같았지.

그때 나는 하던 중요한 일이 있어서, 밤참을 먹자고 하는 걸 죄다 거절하고 책상 앞에서 밤을 보내기로 했다네. 그래서 나는 혼자 저녁을 먹고 일을 시작했지. 그런데 열 시쯤 되니까 온 파리를 뒤덮고 있는 들뜬 분위기가 느껴지더군. 듣기 싫어도 거리의 시끄러운 소리를 듣지 않을 수가 없었던 거야. 벽 너머로 이웃들이 밤참을 준비하는 소리가 들려오더군. 그러니 내 마음이 흔들리지

---

*1 특히 크리스마스 전날 밤의 만찬을 가리킨다.

않고 배기겠나? 내가 지금 뭘 하고 있는 건가 하는 생각이 들더군. 난 거의 의미도 없는 글을 쓰고 있었다네. 그날 밤에는 뭔가 좋은 작품을 쓰겠다는 희망은 포기할 수밖에 없다는 걸 깨달았어.

난 방 안을 잠시 걸어보았지. 그리고 앉았다가 다시 일어섰어. 확실히 나는 문밖의 떠들썩한 즐거움에 이상한 영향을 받고 있었어. 그래서 결국 꺾이고 말았지.

나는 하녀를 불러서 말했다네. "앙젤, 뭐든 밤참을 2인분 사다줘. 굴하고 차가운 자고새 고기, 가재, 햄, 과자, 그리고 샴페인도 두 병 가져와. 식탁에 차려놓고 나면 자러 가도 좋아."

그녀는 약간 놀라는 듯했으나 시키는 대로 하더군. 준비가 끝나자 난 외투를 걸치고 밖으로 나갔네.

해결해야 할 중요한 문제가 있었거든. 난 도대체 누구와 밤참을 먹어야 하나? 아는 여자들은 저마다 어디론가 초대받아 갔을 테고. 그들 중 한 사람을 부르려면 미리 약속을 해두었어야 했지. 그래서 나는 이때 뭔가 선량한 행위를 한다면 일거양득일 거라고 생각했어. 파리에는 저녁도 먹지 못한 채, 동정심 많은 남자를 찾아 헤매고 있는 가난하고 아름다운 여자들이 많으니 내가 그런 집 없는 여자들 가운데 한 사람에게 크리스마스의 구세주가 되어주자고 마음먹은 거야.

나는 거리를 돌아다니고, 유흥가에 들어가 이것저것 물어보고 물색하여 마음에 드는 상대를 고르려 했어.

그래서 나는 거리를 돌아다니기 시작했다네.

물론 저녁 식사를 구하는 가난한 여자들을 많이 만났지만, 모두 다 손도 내밀고 싶지 않을 만큼 못생겼거나, 걸음을 멈추면 그대로 얼어붙어 버릴 것처럼 깡말랐더군.

다들 알겠지만 나에게는 약점이 한 가지 있네. 누가 뭐래도 뚱뚱한 여자를 좋아한다는 것이지. 아무튼 살집이 두둑할수록 좋은 걸 어쩌나. 그래서 몸집이 큰 여자 앞에서는 사족을 못 쓴다네.

걷다 보니 바리에테 극장 바로 앞에서 얼핏 마음에 드는 옆얼굴을 보았네. 그다음에 머리가 보이더군. 이어서 몸 앞쪽에 달려 있는 두 가지 혹. 하나는 매우 아름다운 가슴에 달려 있는 혹이고, 또 하나는 그 아래에 있는 참으로 놀라운 것, 다시 말해 뚱뚱한 거위처럼 보이는 배였다네. 온몸이 짜릿짜릿하더군. 그래서 작은 목소리로 말했지. "됐다, 미인이야!" 다만 확인해야 할 것이 한 가지 더 남아 있었어. 얼굴 말일세.

얼굴은 디저트이고, 그 나머지가 곧…… 스테이크지.

나는 걸음을 빨리해서 마치 떠내려가듯 걸어가는 여자를 뒤쫓았네. 그리고 가스등 밑에서 뒤돌아보았어.

그녀는 매력이 있고 무척 젊은데다, 밤색 머리에 눈이 검고 커다랗다네.

내가 제안하자 그녀는 망설이지도 않고 받아들였어.

십오 분 뒤, 우리는 벌써 내 아파트 식탁 앞에 앉아 있었지.

그녀는 안으로 들어오면서 말했어. "어머! 집이 참 좋군요."

그리고 식탁과 얼어붙는 듯한 그날 밤을 보낼 잠자리를 찾아낸 것이 무척이나 만족스러운 듯 주위를 둘러보더군. 그녀는 멋졌고, 놀랄 만큼 예뻤으며, 또 내 마음을 영원히 빼앗을 만큼 충분히 뚱뚱했지.

그녀는 외투와 모자를 벗고 앉아서 먹기 시작했어. 그렇다고 게걸스럽게 먹지는 않더군. 가끔 약간 창백한 얼굴을 떨고 있기는 했지. 뭔가 고통을 숨기려고 참고 또 참으며 괴로워하고 있는 것 같았어.

나는 그녀에게 물어보았네. "뭔가 괴로운 일이라도 있나?"

그녀가 대답하더군. "아니에요! 다 잊어버리기로 해요, 우리."

그녀는 술을 마시기 시작했어. 샴페인 잔을 단숨에 털어버리고는 바로 다음 잔을 비우는 식으로, 그렇게 연달아서 마시는 거야.

이내 뺨이 불그스름해지더군. 그때 그녀는 처음으로 웃기 시작했어.

이미 그녀에게 홀딱 빠진 나는 삼킬 듯이 키스를 했다네. 또 그녀는 거리의 여자들처럼 멍청하지도 않고, 흔히 볼 수 있는 유형도 아니며, 예의를 모르는 여자도 아니라는 걸 알게 되었어. 난 그녀의 생활에 대해 꼬치꼬치 캐물었네. 그녀는 이렇게 대답하더군. "이봐요, 그런 건 당신하고 관계없는 일이잖아요!"

나 참! 그래 놓고 그 한 시간 뒤에는…….

드디어 침대에 들 시간이 되었지. 내가 난로 앞에서 식탁을 정리하는 동안, 그녀는 서둘러 옷을 벗더니 이불 속에 들어가더군.

이웃 사람들은 웃고 떠들고 노래하고 난리도 아니었지. 나는 생각했다네. '이 예쁜 아가씨를 찾으러 가길 잘했어. 어차피 오늘 밤엔 일하기 글렀으니까.'

그런데 깊은 신음 소리에 나는 무심코 돌아보았네. "왜 그러지?" 내 물음에는 대답하지 않았지만 엄청난 고통을 참고 있는 건지, 그녀는 계속 괴로운 신음을 토해 내고 있더군.

내가 다시 물었네. "어디가 아픈가?"

그러자 그녀가 갑자기 찢어지는 듯한 목소리로 비명을 지르더군. 난 촛불을 들고 그녀에게 다가갔네.

그녀의 얼굴은 고통 때문에 일그러져 있더군. 그리고 손을 비비 꼬고 숨을 헐떡이면서 당장이라도 심장이 멎을 것처럼 거친 숨결과 희미한 신음을 목구멍 속에서 내보내고 있었어.

나는 놀라서 물었다네. "왜 그래? 이봐, 왜 그러는 거야?"

그녀는 대답하지 않고 울부짖기만 하는 거야.

이웃집 사람들이 그 소리를 들었는지 갑자기 조용해지더군.

나는 몇 번이나 되풀이해서 말했네. "어디가 아픈 거야? 이봐, 어디가 아픈 거야?"

그녀가 떠듬떠듬 말하더군. "아! 배가! 배가 아파요!"

나는 얼른 이불을 걷어보았네. 그러자 눈에 들어온 광경은⋯⋯.

그녀가 아기를 낳았어, 친구들.

나는 까무러칠 만큼 놀라 벽으로 달려가서 있는 힘을 다해 주먹으로 옆집을 향해 두드리면서 외쳤다네. "도와주시오! 도와주시오!"

문이 열리고 사람들이 우르르 들어왔어. 연미복을 입은 남자들, 데콜테*[2]를 입은 여자들, 어릿광대들, 터키 사람들, 근위기병들이었지. 이 침입에 완전히 놀란 나는 아무런 변명도 할 수 없었지.

그들은 무슨 사건이, 아마도 범죄가 일어났다고 생각한 듯했으나 그 이상은 전혀 이해하지 못하는 것 같더군.

나는 가까스로 이렇게 말했다네. "저⋯⋯ 그러니까⋯⋯ 이⋯⋯ 이 여자가⋯⋯ 아이를 낳았습니다."

그러자 그들은 그녀를 살펴본 뒤 저마다 의견을 말하기 시작했어. 특히 한 수도사가 그 방면에 대해 잘 아는 것처럼 말하면서 그녀를 돕겠다고 나서더군.

---

*2 남자의 연미복에 해당하는 여자의 예복. 소매가 없고 등이나 가슴 부분이 파인 드레스.

그러나 그들은 모두 고주망태가 되어 있었지. 그런 자들에게 맡겼다간 그녀를 죽일지도 모른다는 생각이 들어서, 나는 모자도 쓰지 않고 계단을 뛰어 내려가 인근에 사는 늙은 의사를 부르러 갔네.

의사를 데리고 돌아오니, 온 집안사람들이 다 깨어 있더군. 계단의 등불은 환하게 켜져 있고, 아파트 거주자들이 내 방에 모여 있었어. 부두 노동자 넷이 식탁을 차지하고 앉아 내 샴페인과 가재를 거의 다 먹어치웠더군.

내가 나타나자 그들 사이에서 무시무시한 외침 소리가 터져 나왔네. 그러자 우유를 배달하는 여자가 수건에 싼 것을 보여주더군. 주름이 잔뜩 잡혀 쭈글쭈글하고 징그러운 살덩어리가 구물거리면서 고양이처럼 울고 있었어. 그녀가 나에게 말하더군. "딸이에요."

의사가 산모를 진찰했는데, 밤참을 먹은 직후에 아이를 낳았기 때문에 아직 안심할 수 없는 상태라고 선언하더군. 그리고 곧 간호사와 유모를 보내겠다고 말하고 돌아갔지.

한 시간 뒤, 두 여자가 약품 꾸러미를 들고 찾아왔어.

나는 앞으로의 일을 생각하기는커녕, 너무나 황당하고 어리둥절해서 의자에 앉은 채 밤을 지샜다네.

아침이 되자 곧 의사가 찾아왔네. 그녀의 상태가 상당히 나쁘다는 것이었어.

그가 나에게 말하더군. "선생님, 당신 아내는……."

나는 그의 말을 가로막았네. "내 아내가 아니오."

그가 다시 말했네. "정부라 해도 마찬가지죠." 그러고는 산모의 몸조리에 대해, 약에 대해, 그리고 그 밖에도 필요한 온갖 주의사항을 일러주더군.

어떻게 한다? 차라리 이 불행한 여자를 시설에 보내버릴까? 그랬다면 나는 이 아파트에서, 이 동네에서 나쁜 사람으로 낙인찍혔을 테지.

나는 그녀를 돌봐주기로 했네. 그녀는 내 침대에 6주 동안이나 있었어.

아기? 푸아시의 한 농가에 줘버렸지. 지금도 매달 50프랑이 들어가지. 애초에 돈을 내고 말았으니 아마 내가 죽는 날까지 지급하게 될 거야.

게다가 먼 훗날에는 아이가 틀림없이 나를 아버지라고 생각하겠지.

그런데 더욱 난처한 것은 그녀의 몸이 회복되자…… 그 여자가 나를 사랑하게 된 거야…… 완전히 물불을 가리지 않고 나에게 빠져버렸어, 그 매춘부가 말이야!"

*

"그래서?"

"그래서! 그녀는 버림받은 고양이처럼 자꾸만 여위어 갔지. 난 그 해골을 밖으로 내쫓아 버렸는데, 그게 지금도 거리에 숨어서 나를 기다리거나 내가 지나가는 모습을 보려고 숨어 있다가, 밤에 외출할 때마다 내 앞에 나타나 손에 키스를 퍼붓는데, 나 참, 내가 미쳐버릴 지경이라니까.

그래서 나는 정말 밤참은 절대 사양이라네."

Les bijoux
보석

　랑탱 씨는 사무실 차장 집에서 열린 파티에서 그 아가씨를 만났을 뿐인데 마치 그물에 걸리듯 사랑에 빠지고 말았다.

　그녀는 몇 년 전에 죽은 어느 지방 세무 관리의 딸이었다. 아버지가 죽은 뒤 그녀는 곧 어머니와 함께 파리로 나왔다. 어머니는 딸의 인연을 찾아줄 수 있기를 바라면서, 여기저기 돈 많은 가정에 부지런히 드나들었다. 그들은 가난하지만 분수에 맞는 생활을 하는 조용하고 얌전한 모녀였다. 딸은 성실한 젊은이에게 자신의 인생을 맡길 것을 꿈꾸는, 정숙한 여성의 본보기처럼 보였다. 그 수수한 아름다움에는 천사처럼 순결한 매력이 있었고, 늘 입술에서 사라지지 않는 은은한 미소는 그녀의 마음을 보여주는 듯했다.

　모든 사람이 그녀를 칭찬했다. 그녀를 알고 있는 사람은 누구든지 이런 말을 되풀이했다. "저런 아가씨를 데려가는 남자는 행운아야. 어디 가서 저런 아가씨를 얻는단 말인가."

　그 무렵 랑탱 씨는 내무부 주임서기로 연봉 3,500프랑을 받고 있었는데, 그런 그가 그녀에게 청혼하여 그녀와 결혼했다.

　그녀와 함께 살면서 그는 정말 거짓말처럼 행복했다. 능숙한 솜씨로 살림을 꾸려 가는 그녀 덕분에 두 사람은 호화로운 생활을 하고 있는 것처럼 보였다. 그녀는 남편에게 온갖 배려와 관심을 쏟았으며 애교 있는 몸짓도 아끼지 않았다. 그녀의 매력 있는 성품 때문인지, 만난 지 여섯 해나 흘렀는데도 그는 신혼 때보다 더 그녀를 사랑했다.

　다만 그녀에게 실망한 것은, 연극과 가짜 보석을 좋아하는 두 가지 취미였다.

　그녀의 친구들(그녀는 중급 관리의 부인을 몇 명 알고 있었다)은 인기 있는 연극의, 심지어 초연 무대까지 특등석 표를 끊임없이 얻어주었다. 그래서 그녀는 좋든 싫든 남편과 함께 극장에 가게 되었는데, 하루 종일 일한 뒤라 남편은 무척 피곤했다. 그래서 그는 아내에게 누군가 아는 부인과 함께 가서 돌아올 때도 데려다 달라고 하면 되지 않겠느냐고 몇 번이나 부탁을 했다. 그것은 남편의 의무를 다하지 않는 태도라고 하며 좀처럼 양보하지 않던 그녀는, 결국 남편을 생각하여 그렇게 하기로 결심했다. 그는 그녀에게 꽤나 고마워했다.

그런데 연극에 대한 취미는 뒤이어 그녀에게 멋에 대한 욕망을 불러일으키게 되었다. 본디 그녀의 옷은 소박했는데 취미가 고상한 건 사실이지만 그래도 수수한 건 어쩔 수가 없었다. 그렇지만 그녀의 우아하고 부드러운 모습, 겸손하고 사랑스러운 모습은 소박한 옷차림 덕분에 오히려 참신한 매력으로 돋보이는 것처럼 생각되었었다. 그런 그녀가 갑자기 커다란 가짜 다이아몬드를 양쪽 귀에 달게 된 것이다. 가짜 진주 목걸이를 걸고, 금도금한 팔찌를 차고, 보석처럼 보이는 색색의 유리구슬이 박힌 머리빗으로 멋을 부리게 된 것이다.

남편은 아내의 그러한 싸구려 취향에 기분이 언짢아져서 자주 이런 말을 되풀이했다. "여보, 진짜 보석을 살 능력이 없으면, 타고난 아름다움과 정숙함으로 꾸민 자신을 보여주구려. 그것이 가장 귀한 보석이니까."

그럴 때마다 그녀는 생긋 웃으면서 이렇게 대답했다. "어쩔 수가 없어요. 이런 것이 좋은 걸 어떡해요. 나쁜 습관이기는 하죠. 당신 말이 옳다는 것쯤은 저도 알고 있어요. 하지만 이 취미만은 어떻게 할 수가 없어요. 물론 이게 진짜 보석이라면 오죽이나 좋겠어요?"

그러고는 진주 목걸이를 손가락으로 만지작거리고, 수정의 단면을 반짝반짝 비춰 보면서 언제나 되뇌었다. "이것 좀 봐요, 얼마나 잘 만들었는지 몰라요. 모두들 진짜인 줄 알 거예요."

남편도 하는 수 없이 웃으면서 말했다. "당신은 집시 여자의 취향을 가지고 있어."

저녁에 난롯가에서 두 사람이 마주 앉아 차를 마시고 있을 때, 그녀는 탁자 위에 모로코 가죽으로 만든 작은 상자를 가져오곤 했다. 랑탱 씨의 이른바 '잡동사니'가 들어 있는 상자였다. 그녀는 열정에 차서 그 가짜 보석을 주의 깊게 살펴보기 시작하는데, 그런 그녀는 비밀스러우며 깊은 기쁨을 맛보고 있는 것처럼 보였다. 그리고 억지로 남편 목에 목걸이를 걸어주고는 배 속 깊은 곳에서 치밀어 오르는 듯한 웃음을 터뜨리면서 소리쳤다. "어머나, 우스워라!" 그러고 나서 남편의 품안에 몸을 던지더니 미친 듯이 키스를 퍼부었다.

어느 겨울밤, 그녀는 오페라 극장에 갔다가 추위에 떨면서 돌아왔다. 이튿날부터 쉴 새 없이 기침을 했다. 그러더니 일주일 뒤 폐렴으로 죽고 말았다.

랑탱 씨는 하마터면 무덤 속까지 그녀를 따라갈 뻔했다. 그가 비통해하는 모습이 너무나 처절하여 한 달 뒤에는 머리가 하얗게 세었다. 그는 아침부터 저녁까지 내내 울었다. 죽은 아내에 대한 추억과 그녀의 미소와 목소리 등, 그녀가 지니고 있었던 모든 매력을 잊지 못해 참을 수 없는 고통에 가슴이 찢어지는 듯했다.

시간도 그의 고통을 달래주지 못했다. 사무실에 있을 때는 동료들이 자주 찾아와서 사소한 잡담만 해도, 갑자기 뺨이 부풀어 오르고, 코에는 주름이 잡히고, 눈에는 눈물이 그렁그렁했다. 그러고는 추하게 얼굴이 일그러지면서 흐느껴 울기 시작하는 것이었다.

아내의 방은 그대로 손을 대지도 않은 채 두고, 날마다 그 방에 틀어박혀서 그녀를 생각했다. 모든 가구와 그녀의 옷도 마지막 날 그대로 남겨두었다.

그러나 생활하기가 너무 힘들었다. 그의 봉급도 아내가 관리했을 때는 집안에 필요한 모든 것을 충족시켰는데, 지금은 자기 혼자 써도 모자랄 지경이었다. 도대체 그녀는 어떻게 해서 언제나 고급 포도주를 마시게 해주고 맛있는 음식을 먹게 해줄 수 있었던 건지, 그의 보잘것없는 벌이로는 도저히 그렇게 할 수 없다고 생각하니, 도무지 이해할 수가 없었다.

그는 빚을 졌고, 돈이 궁한 사람들이 하듯이 돈을 꾸러 다녔다. 마침내 어느 날 아침, 월말까지는 아직 일주일이나 남았는데도 돈이 한 푼도 없었다. 갑자기 뭔가 팔아야겠다고 생각했다. 그러자 문득 아내의 '잡동사니'를 처분하면 되겠다는 생각이 떠올랐다. 왜냐하면 전에 그를 화나게 했던 그 '눈속임'에 대한 어떤 원망이 아직 그의 마음속에 남아 있었기 때문이다. 그것들을 보기만 해도 사랑했던 아내에 대한 추억이 퇴색되는 듯했다.

그는 아내가 남긴 엄청난 양의 가짜 보석들을 오랫동안 살펴보았다. 하기는 죽기 전까지 집요하게 사 모으며 거의 매일 밤 새로운 것을 가지고 돌아왔을 정도였다. 그는 아내가 특히 좋아했던 커다란 목걸이를 팔기로 결심했다. 그 정도면 가짜치고는 세공이 매우 섬세해서 아마 6프랑에서 8프랑은 될 거라고 생각했다.

그는 그것을 주머니에 넣고 사무실 쪽으로 걸어가면서 믿을 만한 보석 가게를 찾았다.

가까스로 한 집을 발견하고 안에 들어갔다. 이렇게 자신의 비참한 처지를 드러내어 서푼 어치도 안 되는 것을 팔려고 하는 것이 조금 부끄러웠지만 상인에게 말했다.

"저, 이것 좀 봐주시겠소? 값이 얼마나 나갈지."

상인은 물건을 받아 들더니 꼼꼼히 살펴보기 시작했다. 뒤집어 보고 손바닥으로 무게를 재고 확대경을 꺼내 들여다보더니, 점원을 불러 뭔가 소곤소곤 의논한 뒤 판매대 위에 올려놓고 더욱 잘 감정하기 위해 멀리서 바라보기도 했다.

랑탱 씨는 그 과장스러운 태도가 너무 거북했다. "아! 대단한 물건이 아니라는 건 알고 있소만." 그런데 그 순간 보석상이 선언했다.

"손님, 이건 12,000프랑에서 15,000프랑쯤 되는 물건이군요. 하지만 출처를 확실하게 알려주셔야만 살 수 있겠는데요."

이 홀아비는 상인이 지금 무슨 소리를 하는 건지 도무지 이해할 수가 없어서 입을 벌린 채 눈을 이리저리 굴렸다. 그리고 겨우 더듬대면서 말했다. "뭐라고요……? 그게 정말입니까?" 상인은 손님이 깜짝 놀라는 것을 가격 때문에 그러는 거라 오해하고 차가운 목소리로 말했다. "더 쳐주는 가게가 있는지 다른 데 가보시는 게 어떨까요? 저희 가게에서는 15,000프랑이 최대한입니다. 그이상 쳐주는 가게가 없으면 다시 이리로 오시죠."

랑탱 씨는 완전히 어안이 벙벙하여 목걸이를 쥐는 그대로 그 가게에서 나왔다. 혼자서 천천히 생각해 보고 싶었던 것이다.

하지만 거리로 나오자마자 웃음이 터지려 했다. 그는 생각했다. '멍청한 녀석! 세상에! 저런 멍청이가 있나! 내가 정말 저 사람이 부르는 값에 팔면 어떡하려고! 진짜와 가짜도 구별할 줄 모르는 보석상이 다 있군!'

그는 라페 거리 어귀에 있는 다른 가게에 들어갔다. 그 목걸이를 보자마자 보석 가게 주인이 소리쳤다.

"오! 이 목걸이에 대해선 잘 알고 있죠. 아무렴요. 저희 가게에서 판 물건이거든요."

랑탱 씨는 몹시 당황하며 물었다.

"이거 얼마나 할까요?"

"손님, 이건 25,000프랑에 판 물건입니다. 따라서 18,000프랑은 받을 수 있을 겁니다. 물론 당국의 방침에 따라 손님이 이 목걸이의 소유자라는 것을 증명해주셔야 합니다만."

여기에서도 랑탱 씨는 소스라치게 놀랐다. 그가 다시 말했다. "하지만…… 하지만 좀더 잘 살펴보는 게 어떨까요. 지금까지 저는…… 가짜인 줄 알고 있었는데요."

보석 가게 주인이 다시 말했다. "성함을 알려주실 수 있나요?"

"물론이지요. 이름은 랑탱, 내무부 공무원, 주소는 마르티르 거리 16번지입니다."

상인은 장부를 펼쳐서 찾아보더니 확인하듯이 말했다. "이 목걸이는 마르티르 거리 16번지 랑탱 부인에게 보낸 것이 맞습니다. 날짜는 1876년 7월 20일로 되어 있군요."

두 남자는 서로의 눈 속을 들여다보았다. 공무원은 너무나 놀란 나머지 망연자실하여, 또 보석 가게 주인은 그가 도둑이 아닌가 알아내기 위해서.

상인이 먼저 입을 열었다. "이 물건을 저에게 맡겨주실 수 없을까요? 하루 동안이면 충분합니다."

랑탱 씨는 우물거리며 말했다. "아, 좋습니다, 물론." 그리고 보관증을 접어 주머니에 넣고서 가게에서 나왔다.

그는 길을 가로질러 거슬러 올라가다가 길을 잘못 들어선 것을 깨닫고 튈르리 쪽으로 다시 내려가서 센강을 건넜는데, 또다시 잘못 온 것을 알고 샹젤리제로 돌아갔지만, 머릿속에 확실한 생각이 있었던 것은 아니었다. 그는 어떻게든 이치를 따져서 이해하려고 애썼다. 아내가 그런 값비싼 물건을 살 수 있었을 리가 없다. 그건 틀림없었다. 그렇다면 이건 선물이다! 분명히 선물이다! 누가 준 선물일까? 무슨 선물일까?

그는 문득 걸음을 멈추고 그대로 길 한복판에 꼼짝 않고 서 있었다. 무서운 의혹이 머리를 스치고 지나갔다. 아내가? 그렇다면 다른 보석도 모두 선물인가! 발밑의 땅이 흔들리고 눈앞에 있는 나무가 넘어지는 것 같았다. 그는 두 팔을 벌리더니 그대로 의식을 잃고 그 자리에 쓰러지고 말았다.

그가 의식을 되찾은 것은 약국 안이었다. 지나가던 사람들이 옮겨준 모양이었다. 그는 집까지 데려다 달라고 부탁하여 그대로 방 안에 틀어박혔다.

밤이 되도록 그는 내내 울었다. 소리를 내지 않으려고 손수건을 물고 미친 듯이 울었다. 그러다가 피로와 슬픔에 녹초가 되어 그대로 침대에 들어가서는 깊은 잠에 빠져들었다.

햇빛 때문에 잠에서 깨어난 그는 마지못해 자리에서 일어났다. 사무실에 가야만 했다. 이토록 심한 충격 뒤에 일하기는 힘들 것 같아서 생각해 보니, 과장에게 허락을 얻는 방법이 있었다. 그래서 그는 과장에게 편지를 썼다. 편지를 다 쓰고 나자, 이번에는 그 보석 가게에 가야 한다는 것이 생각났다. 그러자 수치심에 얼굴이 붉어졌다. 오랫동안 이런저런 생각에 갈피를 잡지 못하고 있었다. 하지만 목걸이를 계속 맡겨둘 수는 없는 노릇이었다. 그는 옷을 입고 밖으로 나갔다.

화창한 날씨였다. 미소를 짓고 있는 듯한 도시 위로 푸른 하늘이 펼쳐져 있었다. 산책하는 사람들은 손을 주머니에 찔러 넣고 줄줄이 걸어갔다.

지나가는 사람들을 바라보면서 랑탱 씨는 생각했다. '아, 돈이 있으면 얼마나 행복한가! 돈만 있으면 슬픔도 날아가 버리지. 가고 싶은 곳에 가고 여행도 하고 즐겁게 놀 수도 있어. 그래, 돈만 있으면!'

그는 문득 배가 고픈 것을 느꼈다. 그저께부터 아무것도 먹지 않았던 것이다. 그러나 주머니는 텅 비어 있었다. 그러자 그 목걸이가 생각났다. 1만 8000프랑! 1만 8000프랑! 그것은 상당한 액수다!

그는 라페 거리까지 오자 그 보석 가게 건너편에서 서성거렸다. 1만 8000프랑! 그는 들어가려고 몇 번이나 망설였지만 수치심 때문에 들어갈 수가 없었다.

그러나 배가 너무 고팠다. 견딜 수 없이 고팠다. 돈은 한 푼도 없었다. 마침내 결심한 그는, 더 이상 생각할 여지를 주지 않으려고 급히 서둘러서 길을 건너 보석 가게 안으로 뛰어들었다.

그를 알아본 가게 주인이 얼른 다가와서 너무나 친절하게 의자를 권했다. 점원들도 모여들어 랑탱 씨를 옆에서 보고 있었는데, 그 눈과 입이 모두 웃고 있었다.

보석 가게 주인이 말했다. "손님, 조회를 마쳤습니다. 아직도 파실 생각이 있으시면 말씀드린 금액을 지급해 드리지요."

공무원은 말을 더듬거렸다. "물론, 그렇게 하겠소."

보석 가게 주인은 서랍에서 커다란 지폐를 18장 꺼내어 헤아린 뒤, 랑탱 씨에게 내밀었다. 랑탱 씨는 작은 영수증에 서명하고 떨리는 손으로 돈을 받아

주머니에 넣었다.

그리고 가게를 나가려고 하다가, 아직도 웃고 있는 주인을 향해 돌아서더니, 눈을 내리깔면서 말했다. "나에게…… 다른 보석이 더 있는데…… 그것 또한…… 유산으로 받은 거요. 그것도 사주시겠소?"

가게 주인은 고개를 꾸벅 숙이며 말했다. "물론입니다, 손님." 점원 한 사람이 얼른 자리를 떴다. 마음껏 소리내어 웃고 싶었던 것이다. 또 한 점원은 큰 소리를 내면서 코를 풀었다.

랑탱 씨는 얼굴을 붉히면서도 아무렇지도 않은 듯 위엄 있게 말했다. "그렇다면 가져오겠소."

그는 마차를 불러 보석을 가지러 갔다.

한 시간 뒤 다시 가게에 찾아왔을 때 그는 아직도 점심을 먹지 못한 상태였다. 점원들은 물건을 하나하나 꼼꼼하게 살핀 뒤 각각 값을 매겼다. 거의 모두가 이 가게에서 판 것이었다.

이제는 랑탱 씨도 감정에 대해 불평을 했다. 화를 내기도 하고 판매 장부를 보여달라고 요구하기도 했다. 가격이 오르면 오를수록 목소리도 커졌다.

커다란 다이아몬드 귀걸이 하나가 2만 프랑, 팔찌가 3만 5000프랑, 브로치, 반지, 메달이 1만 6000프랑, 에메랄드와 사파이어 목걸이가 1만 4000프랑, 다이아몬드 펜던트가 달린 금목걸이가 4만 프랑, 모두 합치면 19만 6000프랑[1]이나 되었다.

가게 주인이 농담처럼 말했다. "이분은 모든 것을 보석에 쏟아부으신 것 같군요."

랑탱 씨는 진지하게 선언했다. "그것도 투자의 한 방법이지요." 그리고 이튿날 다시 감정하기로 결정하고 가게를 나섰다.

거리로 나가 방돔 광장의 기둥을 올려다보니, 꼭대기에 보물이라도 달려 있는 것처럼 끝까지 기어오르고 싶은 충동에 사로잡혔다. 또 어쩐지 몸이 매우 가벼워진 것 같은 느낌이 들어, 하늘 높이 서 있는 나폴레옹 동상 위에서 뜀뛰기도도 할 수 있을 것 같았다.

---

[1] 원전 본문에 따라 개별 보석들의 값을 합하면 191,000프랑(귀걸이 하나가 2만 프랑, 한 쌍이면 4만 프랑)으로 본문에 나오는 값과는 5,000프랑 차이가 나지만 원전 본문을 존중하여 그대로 옮김.

그는 부아쟁 식당에서 점심을 먹으면서 한 병에 20프랑짜리 포도주도 마셨다.

그리고 마차를 타고 블로뉴 숲을 한 바퀴 돌았다. 멋진 자가용 마차를 봐도 어쩐지 경멸하고 싶은 기분이 들었다. "이보시오, 나도 부자라오. 20만 프랑이나 가진 부자란 말이오!" 하고 그들을 향해 소리치고 싶었다.

문득 내무성이 생각났다. 그는 마차를 타고 사무실에 가서 결연히 과장실에 들어가서 알렸다. "과장님, 사표를 내러 왔습니다. 유산으로 30만 프랑을 받았거든요." 그리고 옛 동료들과 악수를 나누면서 새로운 생활에 대한 계획을 이야기했다. 그런 다음 그는 앙글레 카페에서 저녁을 먹었다.

자기 옆에 앉아 있는 훌륭한 신사에게, 방금 40만 프랑을 상속받았다고 넌지시 이야기하고 싶은 충동을 참을 수가 없었다.

난생처음 극장에서도 지루하지 않았다. 그리고 그날 밤은 여자들과 함께 보냈다.

6개월 뒤 그는 재혼했다. 두 번째 아내는 품행은 정숙하지만 성격이 매우 까다로워서 그는 꽤나 시달리면서 살았다.

Le père
아버지

바티뇰에 살면서 교육부에서 일하던 그는 매일 아침 승합마차를 타고 출근했다. 아침마다 어느 젊은 아가씨와 마주 앉아 파리 시내까지 갔는데, 그러다가 그는 그 아가씨를 좋아하게 되었다.

그녀는 날마다 같은 시간에, 자신이 일하는 가게로 갔다. 사랑스러운 갈색 머리 아가씨였다. 눈동자는 흑점으로 보일 정도로 까맣고 얼굴은 상앗빛으로 빛났다. 그녀는 늘 똑같은 길모퉁이에서 나타나 느린 마차를 따라잡으려고 뛰기 시작했다. 다급하게 뛰면서도 유연하고 우아했다. 그녀는 말이 완전히 서기 전에 발판에 폴짝 뛰어올랐다. 그리고 숨을 약간 몰아쉬면서 마차 안에 들어와서는 주위를 한 바퀴 둘러보며 자리에 앉았다.

프랑수아 테시에는 그녀를 처음 본 순간부터 그 얼굴이 마음에 쏙 들었다. 상대가 어떤 사람인지 알지도 못하면서, 당장이라도 미친 듯이 안아주고 싶은 여자를 만날 때가 있는 법이다. 그런데 그녀는, 그 젊은 아가씨는 그의 내밀한 욕망과 은밀한 기대에, 사람들이 무의식중에 마음속에 품고 있는 사랑의 이상형에 딱 들어맞았던 것이다.

그는 자기도 모르게 그녀를 뚫어지게 바라보았다. 그가 그렇게 빤히 보는 것을 알고 거북해진 그녀는 얼굴을 붉혔다. 그도 그것을 알아채고 시선을 돌리려고 했다. 그러나 그가 아무리 딴 데를 쳐다보려 애써도, 그의 눈길은 끊임없이 그녀에게 돌아가곤 했다.

며칠 뒤에는 밀은 주고받지 않았지만 서로 얼굴을 아는 사이가 되었다. 마차가 만원일 때 그는 그녀에게 자리를 양보하고, 힘들기는 하지만 혼자 지붕 위 좌석으로 올라갔다. 이제는 가볍게 웃으면서 인사도 하는 그녀였다. 지나치게 강렬한 그의 시선에는 여전히 눈을 내리깔고 있었지만, 그런 시선을 받는 것이 전처럼 싫지는 않은 듯했다.

마침내 두 사람은 서로 이야기를 나누게 되었다. 그리하여 두 사람 사이에 하나의 짧은 교제가 시작되었다. 하루 삼십 분의 교제였다. 그것은 물론 그의 생활에서 가장 즐거운 삼십 분이었다. 나머지 시간은 그녀만 생각하면서 보냈다. 사무실에서 긴 회의 시간 중에도 끊임없이 그녀의 모습이 눈앞에 떠올랐다. 좋아하는 여자의 얼굴은 뚜렷하지 않은, 그러면서도 사라지지 않는 인상을 우리 마음에 남기는데, 그러한 영향이 끊임없이 그의 마음속에 달라붙어 그를 사로잡고 침범하곤 했다. 그 사랑스러운 사람을 완전히 소유한다는 건 이 세상에 둘도 없는 행복이자, 인간이 실현할 수 없는 일처럼 생각되기도 했다.

이제는 아침마다 그녀가 그의 손을 잡아주었다. 그는 그 감촉을, 그 조그마한 손가락들의 연약한 힘이 그의 살에 남긴 추억을 저녁까지 간직했다. 그 흔적이 피부에 여전히 남아 있는 듯한 느낌이 언제까지나 사라지지 않았다.

승합마차를 타고 도는 그 짧은 여행을 그는 온종일 초조한 마음으로 기다렸다. 그러므로 그에게는 일요일이 괴로운 날이었다.

그녀 또한 그를 사랑하고 있었다. 그녀가 내일, 즉 어느 봄날 토요일 메종라피트로 점심을 먹으러 가는 것을 승낙한 것을 보면.

그녀가 역에 먼저 와서 기다리고 있었다. 그가 약간 어리둥절해하자 그녀가 말했다.

"출발하기 전에 할 얘기가 있어서요. 아직 이십 분이나 남았으니 시간은 충분해요."

그녀는 그의 팔에 기대면서 몸을 떨었다. 눈은 내리깔고 두 뺨은 창백했다. 그녀가 다시 말했다.

"저에 대해 오해하면 곤란해요. 저는 순진한 처녀인 걸요. 저에게 약속해 줄 수 있다면 당신과 함께 가도 좋아요…… 만약 당신이 아무 일도…… 아무 짓도 하지 않겠다고…… 맹세한다면, 그러니까…… 이상한 짓은 하지 않겠다고……"

그녀의 얼굴이 갑자기 개양귀비처럼 새빨개졌다. 그러더니 그녀는 입을 다물었다. 그는 어떻게 대답해야 할지 몰랐다. 기쁘기도 하고 실망스럽기도 했다. 실제로는 그런 그녀가 더욱 바람직하지만, 그래도…… 그래도 간밤에는 온몸의 혈관이 불타는 듯한 온갖 망상에 사로잡히지 않았던가. 애초에 그녀를 불량한 여자로 생각했다면 이렇게까지 사랑하지 않았겠지만, 그것은 몹시 매혹적이고 즐거운 일이라는 생각을 떨쳐버릴 수가 없었다! 그리고 연애에 대한 남자의 모든 이기적인 계산이 그의 정신을 움직이고 있었다.

그가 아무 대답도 하지 않자, 그녀는 눈가에 눈물마저 비치면서 흥분한 목소리로 이야기하기 시작했다.

"무례한 행동은 절대로 하지 않겠다고 약속해 주지 않으면 저는 집으로 돌아가겠어요."

그는 그녀의 팔을 다정하게 잡으면서 대답했다.

"약속할게요, 뭐든지 당신이 하자는 대로 하겠소."

그녀는 안심한 듯 미소 지으면서 물었다.

"정말이죠?"

그가 그녀의 눈 속을 가만히 바라보았다.

"맹세해요!"

"그럼 차표를 끊어요." 그녀가 말했다.

기차 안은 만원이어서 그들은 제대로 이야기를 나누지 못했다.

메종라피트에 도착한 두 사람은 센강 쪽으로 걸어갔다.

따뜻한 공기에 몸과 마음이 사르르 녹는 것 같았다. 강 위에도 나뭇잎에도 잔디밭에도 햇빛이 찬란하게 내리쬐어, 육체와 정신에 싱그럽게 반사되었다. 두 사람은 손을 잡고 둑길을 걸으면서, 작은 물고기가 떼 지어 헤엄쳐 가는 것을 바라보았다. 끝없는 환희에 젖어 있는 두 사람은 더없는 행복의 하늘을 날고 있는 것 같았다.

이윽고 그녀가 말했다.

"저를 틀림없이 이상한 여자라고 생각하겠죠?"

그가 물었다.

"어째서요?"

그녀가 다시 말했다.

"당신과 난둘이 이런 곳에 오다니 이상한 여자 아닌가요?"

"그렇지 않아요! 이건 자연스러운 일이에요."

"아니에요! 아니에요! 자연스러운 일이 아니에요, 저에게는요. 왜냐하면 저는 잘못을 저지르고 싶지 않거든요. 여자들이란 이런 일에서 잘못을 저지르는 법이잖아요. 하지만 당신이 안다면! 제가 얼마나 서글프게 살고 있는지를요. 날마다, 달마다, 해마다 늘 똑같은 일만 반복되니까요. 저는 엄마와 함께 둘이 살아요. 엄마는 고생을 너무 많이 한 사람이라서 무척 까다로워요. 그래도 저는 제가 할 수 있는 건 다 해드리고 있어요. 마음이 내키지 않을 때도 웃으려고 노력하죠. 그렇다고 늘 그렇게 잘하기만 하는 건 아니에요. 어쩔 수가 없어요. 오늘 제가 여기 온 건 잘못한 일인 걸요. 당신은 적어도 저에게 그런 걸 바라지 말아주었으면 해요."

대답 대신 그는 그녀의 귓전에 열정적으로 키스했다. 그러나 그녀는 거칠게 그를 피하더니 갑자기 화를 냈다.

"아니, 프랑수아 씨! 아까 맹세해 놓고선."

두 사람은 메종라피트로 돌아갔다.

그들은 '프티 아브르'에서 점심을 먹었다. 그것은 강가에 서 있는 네 그루의 커다란 미루나무 아래에 있는 단층 건물이었다.

대기와 무더운 열기, 약간의 백포도주, 거기에 마주 앉은 것이 어색했던지 그들은 얼굴이 달아오르고 가슴이 답답해서 자꾸만 침묵에 빠지곤 했다.

커피를 마시고 나자, 느닷없이 어떤 강렬한 기쁨이 두 사람을 감쌌다. 그들은 센강을 건넌 뒤, 강둑을 따라 라프레트 마을 쪽으로 걸어갔다.

그가 불쑥 물었다.

"그건 그렇고, 이름이 뭐라고 했죠?"

"루이즈예요."

루이즈, 하고 그가 되뇌더니 다시 입을 다물고 말았다.

긴 곡선을 그리는 그 강물은, 아득히 먼 곳에 거꾸로 그림자를 떨어뜨리며 늘어서 있는 하얀 집들을 씻어내고 있었다. 아가씨가 데이지 꽃으로 시골풍의 커다란 꽃다발을 만드는 동안, 그는 그대로 들판에 풀어놓은 망아지처럼 들떠서 큰 소리로 노래를 불렀다.

왼쪽에 강물을 따라 포도나무밭이 자리 잡고 있었다. 그런데 프랑수아가 갑자기 걸음을 멈추더니 깜짝 놀라서 꼼짝도 하지 않는 것이었다.

"아! 저길 봐요." 그가 말했다.

이미 포도철은 끝났고 지금은 비탈 전체에 라일락이 한창이었다. 정말 짙은 보랏빛 숲이었다. 그 숲이 2, 3킬로미터나 떨어진 마을까지 이어져 있었다. 땅 위에 가득 깔린 드넓은 꽃 양탄자와 다름없었다.

그녀도 감탄하면서 자기도 모르게 발길을 멈추고 낮은 목소리로 말했다.

"어머나! 정말 아름다워요!"

두 사람은 밭을 가로질러 그 신기한 언덕 쪽으로 달려갔다. 해마다 꽃 파는 여자들이 수레에 잔뜩 싣고 파리 곳곳에서 팔고 다니는 라일락은 모두 이 숲에서 공급하고 있었다.

좁은 오솔길이 키 작은 나무 아래로 모습을 감추었다. 그 길을 가다가 조그마한 숲속 빈터가 나오자 그들은 거기에 앉았다.

파리들이 그들의 머리 위를 날면서 부드러운 소리로 끊임없이 윙윙거렸다. 햇살이, 바람 한 점 없는 날의 밝은 햇살이 꽃이 핀 긴 비탈을 내리쬐면서 그 꽃다발의 숲에서 강렬한 향기와 무한한 숨결, 꽃의 땀방울을 발산시키고 있었다.

멀리서 교회 종이 울렸다.

그러자 두 사람은 가만히 포옹했다. 이윽고 풀 위에 누운 그들은 자신들이 하고 있는 키스 말고는 전혀 아무것도 느끼지 못한 채 서로를 껴안았다. 그녀는 눈을 감고 두 팔로 그를 꼭 붙잡고서, 아무 생각도 하지 않고 실신한 것처럼, 그저 무언가를 강렬하게 기다리는 마음으로 머리끝에서 발끝까지 마비된 듯이 정신없이 상대를 끌어안았다. 그리하여 그녀는 자신이 무엇을 하고 있는 건지도 모르는 채, 그에게 몸을 맡기고 있다는 사실조차 의식하지 못한 채 완전히 몸을 내맡겼다.

그녀는 커다란 불행의 공황 상태 속에 눈을 떴다. 그리고 두 손으로 얼굴을 가리고 고통에 신음하면서 울기 시작했다.

그는 그녀를 달래려고 애썼다. 그러나 그녀는 당장 떠나고 싶다느니, 집으로 돌아가겠다느니하면서 말을 듣지 않았다. 그녀는 성큼성큼 걸으면서 되풀이해 말했다.

"맙소사! 어쩌면 좋아!"

그가 그녀에게 말했다.

"루이즈! 루이즈! 가지 말아요, 제발."

그녀는 눈이 움푹 꺼지고 뺨은 새빨갰다. 파리 역에 도착하자 그녀는 작별 인사도 하지 않고 그냥 가버렸다.

이튿날 그가 다시 승합마차에서 그녀를 만났을 때, 어찌나 초췌하던지 마치 딴사람 같았다. 그녀가 그에게 말했다.

"꼭 얘기하고 싶은 것이 있으니 큰길에서 내려요."

보도에 두 사람만 남게 되자 그녀가 말했다.

"우린 헤어져야 해요. 그런 일이 일어난 지금은 만날 수가 없어요."

그는 더듬거리면서 말했다.

"하지만, 어째서죠?"

"그럴 수가 없으니까요. 저는 죄를 저질렀거든요. 이제는 그러지 않을 거예요."

그는 욕정에 타올라 그녀에게 간청하고 애원했다. 사랑의 밤을 무조건 포기해야 한다는 생각으로, 그녀를 완전히 자기 것으로 갖고 싶은 절박한 욕구로 미칠 것만 같았다.

그녀는 완강하게 되풀이했다.

"아니에요, 그럴 수 없어요. 전 싫어요."

하지만 그럴수록 그는 더욱 흥분하여 애가 탔다. 그는 결혼하겠다는 약속까지 했다. 그래도 그녀는 거듭 말했다.

"안 돼요."

그리고 이내 가버렸다.

일주일 동안 그는 그녀를 보지 못했다. 그녀를 만날 수도 없고 그녀의 주소도 몰랐기 때문에, 그는 그녀를 영원히 놓쳐버렸다고 생각했다.

9일째 저녁 초인종이 울렸다. 그는 문을 열어주러 나갔다. 그녀였다. 그의 품에 뛰어든 그녀는 더 이상 거부하지 않았다.

석 달 동안 그녀는 그의 여자였다. 서서히 싫증이 나기 시작할 무렵 여자에게서 임신했다는 말을 들었다. 그때 그의 머릿속에는 한 가지 생각밖에 없었다. 무슨 일이 있어도 그녀를 떼어내야겠다는 것.

그러기 위해서는 어떻게 하는 것이 좋을지, 어떻게 말하면 좋을지 몰라 마음이 초조하고 불안한 데다 자꾸만 자라나는 아이에 대한 공포 때문에 아무것도 할 수 없었던 그는, 마침내 마지막 수단을 선택했다. 어느 날 밤 몰래 이사하여 자취를 감춰 버린 것이다.

너무나 큰 충격을 받은 그녀는 그런 식으로 자기를 버린 남자를 찾지 않기로 했다. 그녀는 어머니 무릎에 쓰러져 울면서 자신의 불행을 고백했다. 그리고 몇 달 뒤 사내아이를 낳았다.

몇 년이 흘렀다. 프랑수아 테시에는 생활에 아무런 변화도 없이 나이만 먹어 갔다. 희망도 없고 기대도 없이 단조롭고 우울한 공무원 생활로 나날을 보내고 있었다. 날마다 똑같은 시간에 일어나서, 똑같은 거리를 지나, 똑같은 경비원 앞에서 똑같은 문을 지나고, 똑같은 사무실에 들어가서, 똑같은 의자에 앉아, 똑같은 일을 했다. 그는 이 세상에 오로지 혼자였다. 점심은 냉담한 동료들 사이에서 혼자 먹었고, 밤에는 밤대로 하숙집에서 홀로 지냈다. 그는 노후를 위해 매달 100프랑씩 저축하고 있었다.

일요일마다 샹젤리제에 산책하러 가서 멋진 마차와 아름다운 여인들, 상류층 인사가 지나가는 것을 구경했다.

다음 날 그는 자신과 똑같이 하루하루 살아가는 동료에게 말했다.

"어제 불로뉴 숲에서 돌아올 때는 정말 멋지더군."

어느 일요일, 그날따라 다른 길을 걷고 있던 그는 몽소 공원에 들어가 보았다. 화창한 여름 아침이었다.

하녀들과 엄마들이 가로수 아래에 있는 긴 의자 위에 앉아 아이들이 눈앞에서 놀고 있는 것을 지켜보고 있었다.

그런데 갑자기 프랑수아 테시에는 움찔하고 놀랐다. 한 부인이 두 아이의 손을 잡고 지나가고 있는 것을 본 것이다. 열 살쯤 된 사내아이와 네 살쯤 된 계집아이였다. 바로 그녀였다.

그는 백 걸음쯤 따라가다가 비틀거리면서 긴 의자 위에 주저앉고 말았다. 충격으로 숨이 막혔다. 그녀는 그를 알아보지 못한 것 같았다. 그래서 정신을 차리고 다시 한 번 그녀를 보려고 했다. 그녀는 긴 의자 위에 앉아 있었다. 계집아이는 흙장난을 하고 있고 사내아이는 그 옆에 얌전하게 있었다. 그녀였다. 틀림없는 그녀였다. 그녀는 어엿한 부인다운 태도가 몸에 배어, 소박한 옷차림이시만 자신감 넘치는 위엄 있는 모습이었다.

그는 가까이 다가갈 용기도 없어 그저 멀리서 바라보았다. 사내아이가 고개를 들었다. 프랑수아 테시에는 온몸의 피가 얼어붙는 것 같았다. 틀림없는 자기 아이였다. 그는 그 아이를 살펴보았다. 그것은 옛날에 찍은 사진 속의 자신과 똑같은 얼굴이었다.

그는 나무 뒤에 숨었다. 그녀가 걷기 시작하면 뒤를 밟을 생각이었던 것이다.

그날 밤 그는 한숨도 잠을 이루지 못했다. 아이에 대한 생각 때문이었다. 그의 아들이었다! 아! 확실히 알 수는 없을까? 그러나 안다고 한들 이제 와서 어쩌겠는가?

그는 그녀의 집을 보았다. 눈치채지 않게 탐색한 바로는 그녀는 이웃집 남자와 결혼한 것 같았다. 건실하고 정직한 사람으로, 그녀의 불행을 동정한 것이다. 그 남자는 그녀의 과거를 알고 용서했을 뿐만 아니라 프랑수아 테시에의 아이까지 받아들였다.

그는 일요일마다 몽소 공원에 가서 그녀를 보았다. 그리고 그때마다 자기 아들을 안아보고 싶고, 온 얼굴에 키스를 퍼붓고 싶고, 그대로 데려오고 싶고 훔치고 싶은, 저항할 수 없는 미칠 듯한 욕망에 사로잡히곤 했다.

그는 누구에게서도 사랑받지 못하는 늙은 독신자로서, 비참한 고독 속에 절망적인 번민을 되풀이하고 있었다. 후회와 부러움과 질투, 또 자연이 인간의 태내에 불어넣은 그 어린아이를 사랑하고 싶은 욕망으로 가득한 부성애 때문에 가슴이 찢어질 듯한 끔찍한 형벌로 괴로워했다.

마침내 그는 더 이상 견디지 못하고 한번이라도 시도해 보기로 결심했다. 그리하여 어느 날, 그녀가 공원에 들어오는 것을 보고 곁에 다가가서 말을 걸었다. 그는 창백한 얼굴로 길 한복판에 우뚝 서서 입술을 떨면서 말했다.

"나를 알아보시겠소?"

눈을 들어 상대를 쳐다보던 그녀는, 공포와 경악에 찬 고함을 지르더니, 두 아이의 손을 잡고 끌고 가듯이 달아나 버렸다.

그는 집에 돌아와 눈물을 흘렸다.

또 몇 달이 흘렀다. 이제 그녀 모습은 보이지 않았다. 그러나 그는 아버지로서의 사랑 때문에 가슴이 찢어지는 듯한 고통으로 밤낮없이 괴로워했다.

아들에게 키스할 수만 있다면, 자신이 죽어도 좋고 살인도 할 수 있을 것 같았다. 무슨 일이든 해치우고 어떤 위험도 무릅쓰며 아무리 무모한 짓도 할 수 있었다.

그는 그녀에게 편지를 써 보냈다. 하지만 답장은 오지 않았다. 스무 통이나 계속 쓴 끝에, 그는 그녀의 허락을 받으려는 생각이 잘못되었음을 깨달았다. 그래서 경우에 따라서는 심장에 총알을 맞을 수도 있다는 각오로 힘들게 결심을 했다. 그녀의 남편에게 다음과 같이 짤막한 편지를 보낸 것이다.

　선생님.
　당신은 제 이름을 혐오하실 거라고 생각합니다. 그러나 저는 마음의 가책
으로 괴로워하는 가련한 남자로, 이제 당신에게 매달리는 것 말고는 아무런
희망이 없습니다.
　부디 십 분만 만나주시기를 간청합니다.
　그럼 이만 줄이겠습니다.

이튿날 그는 답장을 받았다.

　선생님.
　화요일 오후 다섯 시에 기다리고 있겠습니다.

프랑수아 테시에는 한 계단 오를 때마다 멈춰 섰다. 그만큼 심장이 뛰었던
것이다. 말이 달릴 때처럼 빠르고 무거운 소리가 가슴속에서 들려왔다. 쓰러지
지 않으려고 난간을 붙잡으면서 그는 간신히 숨을 내쉬었다.
　4층에서 초인종을 눌렀다. 하녀가 문을 열어주었다.
　"여기가 플라멜 씨 댁이오?"
　"네, 들어오세요."
　그는 안으로 들어갔다. 중류 가정의 응접실이었다. 그 혼자였다. 마침내 중요
한 순간이 왔다는 느낌 속에 그는 안절부절못하며 기다렸다.
　문이 열렸다. 한 남자가 들어왔다. 검은 프록코트를 입은 그는 키가 크고 약
간 뚱뚱하며 듬직한 남자였다. 그 사람이 손으로 의자를 가리켰다.
　프랑수아 테시에는 거기에 앉았다. 그리고 숨 가쁜 목소리로 말했다.
　"선생님…… 선생님…… 제 이름을 아시는지 모르겠지만…… 만약 모르신다
면……"
　플라멜 씨가 그의 말을 가로막았다.
　"그러실 필요 없습니다. 알고 있습니다. 아내한테서 당신 얘기를 들었으니까
요."

일부러 자신을 차갑게 보이려고 하는, 친절한 사람한테서 흔히 볼 수 있는 말투였다. 또 성실한 사람이 지닌 부르주아다운 위엄도 갖추고 있었다. 프랑수아 테시에가 다시 말했다.

"네, 그렇군요. 사실 저는 슬픔과 후회와 수치심으로 죽고만 싶은 심정입니다. 한 번이라도 좋으니, 단 한 번이라도 좋으니 키스해 주고 싶습니다…… 그 아이에게……"

플라멜 씨는 일어나 난로 옆으로 가서 초인종을 울렸다. 하녀가 나타나자 그녀에게 말했다.

"루이를 데리고 와요."

그녀가 나갔다. 두 사람은 얼굴을 마주하고 있었지만 더 이상 할 말이 없어서 잠자코 기다렸다.

잠시 뒤 열 살쯤 되어 보이는 소년이 응접실 안으로 뛰어들더니 자신이 아버지라고 생각하는 사람을 향해 달려갔다. 그러다가 그 자리에 전혀 모르는 사람이 있는 것을 보고, 아이는 어리둥절해서 멈춰 섰다.

플라멜 씨는 아이의 이마에 키스한 뒤 말했다.

"얘야, 아저씨에게 키스해야지."

그 말에 아이는 낯선 사람을 가만히 쳐다보면서 얌전하게 곁으로 다가왔다.

프랑수아 테시에는 일어서다가 비틀거리는 바람에 모자를 떨어뜨렸다. 그는 오로지 자기 아들만 열심히 바라보았다.

플라멜 씨가 친절하게도 자리에서 일어나 창문으로 가서 거리를 내다보았다.

어리둥절한 채 기다리던 아이는 모자를 주워 낯선 사람에게 건넸다. 그러자 프랑수아는 두 팔을 벌리고 아이를 품에 안더니 눈, 입, 머리카락 할 것 없이 온 얼굴에 키스를 퍼붓기 시작했다.

이 폭풍 같은 키스 세례에 놀란 아이는 그것을 피하기 위해 얼굴을 돌리면서, 남자의 탐욕스러운 입술을 작은 손으로 밀어내려고 했다.

그러자 프랑수아 테시에는 아이를 거칠게 내려놓고 소리쳤다.

"안녕! 안녕!"

그리고 도둑처럼 달아나 버렸다.

Le vengeur
복수하는 사람

앙투안 뢰이에 씨는 마틸드 수리 부인과 결혼했다. 그녀를 사랑한 지 십 년째 되던 해였다.

수리 씨는 뢰이에의 친구, 중학교 동창인 오래된 친구였다. 뢰이에는 그를 무척 좋아했지만 약간 어수룩한 사람이라고 생각했다. 그는 자주 이렇게 말하곤 했다.

"수리는 머리가 둔해."

수리가 마틸드 뒤발 양과 결혼했을 때 뢰이에는 깜짝 놀랐고 조금 화도 났다. 왜냐하면 그도 그녀를 남몰래 사랑하고 있었기 때문이다. 마틸드는 이웃집 아가씨였는데, 그녀의 어머니는 예전에 방물가게를 하면서 어느 정도 돈을 모은 뒤 지금은 장사를 그만두었다. 그녀는 예쁘고 날씬하고 똑똑했다. 그녀는 돈 때문에 수리를 선택한 것이었다.

그리하여 뢰이에는 다른 희망을 품게 되었다. 그는 친구의 아내에게 구애했다. 당당한 풍채에 얼간이도 아니고 더구나 돈도 있었다. 그래서 성공을 믿어 의심치 않았지만 보기 좋게 실패했다. 그는 완전히 짝사랑을 한 셈이 되고 말았다. 남편과 친한 사이인 만큼 조심스럽고 소심하며 거북하기 짝이 없는 짝사랑의 연인이 된 것이다. 수리 부인은 완전히 안심하고 있었다. 상대가 다시는 엉뚱한 생각을 품지 않고, 더 이상 자신에 대해 생각하지 않을 거라 믿고 순순히 친구가 되어주었다. 그런 관계가 아홉 해나 지속되었다.

그러던 어느 날 아침, 하인이 가련한 부인의 광란에 찬 한 마디를 뢰이에에게 전했다. 수리가 동맥류 파열로 갑자기 죽었다는 소식이었다.

그는 등골이 오싹했다. 두 사람이 같은 나이였기 때문이다. 그러나 이어서 억제할 수 없는 기쁨과 안도, 구원을 받은 듯한 기분이 온몸과 마음에 파고들었다.

하지만 그는 그럴듯하게 슬픈 표정을 짓는 것을 잊지 않았다. 그리고 적절한 때를 노리며 모든 기회를 엿보았다. 그로부터 15개월 뒤, 마침내 그는 수리 부인과 결혼했다.

세상 사람들은 그 행위를 자연스럽게 여기고 훌륭하다고까지 생각했다. 그것은 좋은 친구, 훌륭한 사람에게 어울리는 행동이었다.

가까스로 그는 행복해질 수 있었다. 아니, 완벽하게 행복했다.

그들은 처음부터 마음이 잘 맞는 세상에 보기 드문 잉꼬부부였다. 서로 비밀이라고는 전혀 없이 마음속 밑바닥까지 모두 이야기했다. 지금의 뢰이에는 온화하고 신뢰할 수 있는 애정으로 아내를 사랑하고 있었다. 자신과 일심동체라고 할 수 있는 다정하고 헌신하는 반려로서 아내를 사랑했다. 다만 약간 난처한 것은, 그의 마음속 깊은 곳에는 아직도 죽은 수리에 대한 설명할 수 없는 기묘한 원한이 달라붙어 있는 것이었다. 이 여자를 처음 소유하여 그 젊음과 영혼의 꽃을 꺾고 그 외모를 어느 정도 해치기까지 한 수리에 대한 원한이었다. 죽은 남편의 추억은 살아 있는 남편의 행복에 상처를 주는 법이다. 그래서 그 무렵에 이 사후의 질투가 밤낮으로 뢰이에 마음을 괴롭혔다.

그래서 그는 수리에 대한 이야기를 줄곧 꺼내는 것이었다. 그 친구에 대해 남들이 모르는 온갖 비밀을 미주알고주알 캐물으며 그의 습관과 인품을 세세하게 알려고 했다. 그리하여 자기만족으로 상대의 결점을 찾거나 그 어리석음을 되풀이하여 말하고 그 단점들을 역설하면서, 조롱거리 삼아 무덤 깊숙한 곳까지 그를 쫓아다녔다.

심지어 그는 무슨 생각이 났다 하면, 아내가 아무리 멀리 있어도 쉴 새 없이 불러댔다.

"여보! 마틸드?"

"네, 가요."

"좀 물어보고 싶은 것이 있어서 말이오."

그녀는 언제나 웃는 얼굴로 나타났다. 수리에 대한 이야기라는 것도 잘 알고 있었고, 또 이 새 남편의 밉지 않은 묘한 버릇이 기분 좋기도 했다.

"당신도 기억하지? 언젠가 수리가 키 작은 남자가 키 큰 남자보다 인기가 있다는 것을 어떻게든 나에게 이해시키려고 한 일 말이오."

그렇게 말한 그는 키가 작은 고인이 달가워하지 않았던, 키 큰 남자인 자신에게 은근히 유리한 성찰에 빠지곤 했다.

뢰이에 부인은 그렇고말고요, 하고 그의 말에 맞장구를 치면서 속으로 크게 웃음을 터뜨렸다. 그리고 옛 남편을 가볍게 놀림으로써 새 남편을 더욱 기쁘게 해주려고 하면, 그 남편은 마지막에는 어김없이 이렇게 덧붙였다.

"아무튼 수리, 그 친구는 어리석단 말이야."

그들은 행복했다. 정말 행복했다. 뢰이에는 자신의 마르지 않는 애정을, 늘 하는 표현으로 아내에게 증명하는 것을 그만두지 않았다.

그러던 어느 날 밤, 두 사람 다 갑자기 회춘이라도 한 건지 몹시 흥분하여 잠을 이루지 못하고 있었다. 아내를 꼭 껴안고 삼킬 듯이 키스하던 뢰이에가 무슨 생각이 들었는지 갑자기 물었다.

"저기, 여보."

"왜요?"

"수리가 말이오…… 이런 걸 묻기는 그렇지만…… 수리가 말이오…… 제법 잘했소?"

그녀는 열렬하게 키스를 하고 나서 속삭였다. "당신만큼은 아니었어요."

뢰이에는 남자로서의 자존심이 살아나서 기뻐하면서 다시 물었다. "그 친구, 분명히…… 얼뜨기였어…… 안 그래?"

그녀는 대답하지 않았다. 그저 남편의 목덜미에 자신의 얼굴을 묻으면서 짓궂게 엷은 웃음만 지었을 뿐이다.

그가 또 물었다. "틀림없이, 상당히, 얼뜨기였던 게 분명해. 그리고…… 그리고 말이오…… 뭐랄까…… 그 친구, 서툴렀지?"

그녀는 머리를 살짝 끄덕였다. '맞아요. 아주 서툴렀어요'라는 의미로.

그가 다시 말했다. "그 친구, 당신을 지루하게 했을 거야, 밤에 말이오."

이번에는 그녀도 매우 솔직하게 대답했다. "네, 정말 그랬어요!"

이 말에 그는 다시 한 번 그녀를 꼭 껴안고 중얼거렸다. "그렇게 멋대가리 없는 녀석은 이 세상에 둘도 없을 거야. 당신, 그럼 행복하지 않았겠네?"

그녀가 대답했다. "그래요, 하루하루가 지루했어요."

아내의 옛날과 지금을 비교해 본 뢰이에는 자기가 완전히 이긴 것을 확인하고 황홀할 정도로 기뻐했다.

그는 잠시 아무 말 없이 가만히 있더니 갑자기 신이 나서 물었다.

"여보?"

"왜요?"

"당신은 나에게 뭐든지 사실 그대로 말하고 있지, 안 그래?"

"그럼요. 당연하죠."

"그렇다면 말이오, 실은 바로 이건데, 당신은 아직 한 번도 그를…… 그를 말이오…… 배신하는 마음을 품은 적이 없었소, 그 바보 같은 수리를?"

뢰이에 부인은 수치심에서 "오!" 하고 희미하게 탄식하고는, 남편의 가슴에 얼굴을 더욱 찰싹 밀어붙였다. 그러나 남편은 그녀가 웃고 있는 것을 알았다.

그래서 그는 더욱 분발했다. "자, 그 점에 대해 털어놓을 수 있지? 그 친구는 아내에게 속아 넘어가고도 남을 위인이지. 그 친구는 말이야! 상당히 멍청하고 얼간이인 게 분명해. 그 사람 좋은 수리라는 친구. 자, 어서 말해 봐, 여보. 나한테 못 할 말이 어딨어, 안 그래?"

그는 이 '나한테'에 힘을 주었다. 그것은 만약 그녀가 남편인 수리를 배신하는 마음을 품었다면 상대는 바로 자기일 거라고 생각했기 때문이다. 그녀가 그것을 고백한다고 생각하자 기뻐서 가슴이 마구 뛰었다. 만약 그녀가 정숙한 여자가 아니었다면, 사실이 그랬지만, 그렇다면 자기는 그때 이미 그녀를 얻은 것이 확실하기 때문이었다.

그러나 그녀는 대답하지 않았다. 무척 우스운 일을 떠올리고 있는 것처럼 여전히 웃고 있었다.

이번에는 뢰이에가 웃음을 터뜨렸다. 수리를 이겼다고 생각하니 웃음이 나왔다! 이렇게 재미있는 농담! 이렇게 멋진 익살! 오, 그래, 이거야말로 정말 유쾌한 익살이 아닌가!

그는 기쁨에 몸을 떨면서 중얼거렸다. "불쌍한 수리, 불쌍한 수리, 아 정말이지 한심한 녀석이었어, 하, 하, 하!"

지금 뢰이에 부인은 이불 속에서 몸부림치고 있었다. 눈물까지 흘리면서 웃던 그녀는 이제는 소리까지 지르기 시작했다.

그때 뢰이에가 되풀이해서 말했다. "자, 여보, 말해 보구려, 털어놔 봐. 있는 그대로. 당신도 알 거야. 이제는 말해도 난 아무렇지도 않으니까."

그러자 그녀는 숨이 막혀 말을 더듬거렸다. "네, 그래요."

남편은 계속 졸랐다. "그래, 뭘? 자, 다 말해 보구려."

이제 그녀는 조심스럽게 웃고 있었다. 그리고 기분 좋은 고백을 기다리고 있는 뢰이에의 귓전에 입을 대고 속삭였다. "그래요…… 저는 그를 배신했어요."

그는 뼛속까지 오싹하여 자기도 모르게 몸을 떨었다. 그리고 어떻게 해야 할지 몰라 빠르게 말했다. "당신이…… 그러니까…… 당신이 그를 배신했다고…… 실제로?"

그녀는 남편이 그 일을 매우 재미있어하는 줄 알고 대답했다. "물론이에요…… 정말로…… 정말로."

그는 자기도 모르게 침대에 일어나 앉았다. 너무나 흥분해서 숨이 막힐 정도였다. 마치 자기 자신이 아내에게 배신당한 것처럼 가슴이 덜컥했다.

처음에 그는 한마디도 대꾸하지 못했다. 이어서 잠시 뒤 "아!" 하고 탄식하는 소리를 냈을 뿐이다.

그녀도 웃음을 그쳤다. 뒤늦게 자신의 실수를 깨달은 것이다.

뢰이에는 가까스로 물었다. "상대가 누군데?"

그녀는 이야기의 이치가 맞는 건지 아닌지를 생각하면서 잠자코 있었다.

그가 다시 물었다. "상대가 누구냐고."

그녀는 간신히 대답했다. "젊은 남자요."

갑자기 그가 그녀 쪽으로 돌아앉았다. 그리고 메마른 목소리로 말했다. "나도 상대가 부엌데기가 아니라는 것쯤은 알고 있어. 그 젊은이가 누구인지 그걸 묻고 있는 거야, 알겠어?"

그녀는 아무 대답도 하지 않았다. 그는 그녀가 얼굴을 파묻고 있던 이불을 잡아서 침대 가운데로 내던지고 다시 물었다.

"어떤 젊은이인지 그걸 알고 싶다니까, 알겠어?"

그녀는 가까스로 대답했다. "저는 그저 웃자고 한 소리예요."

그러나 그는 격분하여 몸을 떨었다. "뭐라고? 어쨌다고? 웃자고 한 소리라고? 그렇다면, 나를 놀렸단 말이야? 하지만 그런 핑계는 통하지 않아, 알겠어? 그 젊은 녀석의 이름을 대라니까."

그녀는 대답하지 않았다. 천장을 향해 누운 채 꼼짝도 하지 않았다.

그는 그녀의 팔을 잡더니 세게 죄었다. "내 말 안 들려? 당신에게 물었으니 당신은 나한테 대답해야 해."

그러자 그녀는 신경질을 부리면서 말했다. "당신, 머리가 이상해진 것 아니에요? 날 그냥 내버려 둬요!"

그는 격앙된 나머지 아무 말 없이 그저 몸만 떨고 있었다. 그러던 그는 그녀를 힘껏 흔들면서 되풀이했다. "내 말 들려? 내 말 알겠어?"

그녀는 그를 밀어내려고 거세게 몸부림쳤다. 그러다가 손끝이 남편의 코에 부딪치고 말았다. 남편은 자기가 맞은 건 줄 알고 그녀에게 달려들었다.

이제 그는 그녀를 깔아 눕히고 있는 힘을 다해 따귀를 때리면서 소리쳤다. "이런, 이런, 이런, 이 매춘부 같은 년, 이 창녀! 창녀!"

이윽고 그도 숨이 차고 기운이 빠져서 일어나더니, 찬장으로 가서 오렌지 꽃을 넣은 꿀물을 한 잔 만들려고 했다. 그는 당장이라도 숨이 끊어질 것처럼 흥분해 있었다.

그녀는 침대 속에서 울음을 그치지 않았다. 끊임없이 흐느끼면서, 자신의 실수 때문에 이제 행복도 끝났다고 생각했다.

그녀는 눈물을 흘리면서 중얼거렸다. "여보, 앙투안, 이리 와봐요. 제가 거짓말을 한 거예요. 틀림없이 이해할 수 있을 거예요, 여보."

그녀는 이성과 술책으로 무장하고 전념과 방비에 애쓰면서, 주름이 잔뜩 잡힌 보닛을 쓴 헝클어진 머리를 약간 쳐들었다.

그러자 그도 그녀 쪽으로 몸을 돌리더니, 때린 것이 부끄러운 듯 곁으로 다가갔다. 하지만 남편으로서 그의 마음속에는 또 한 사람의 남자 수리를 배신한 이 여자를 향한 끝없는 증오심이 끓어오르고 있었다.

Les tombales
묘지

친구 다섯 명이 저녁 식사를 끝내고 있었다. 다섯 남자 모두 사려 깊고 부유한 사교계 인사로서, 세 사람은 결혼했고 두 사람은 아직 혼자였다. 그들은 이렇게 한 달에 한 번씩 모여서 자신들의 젊은 시절을 추억하곤 했다. 그리고 보통, 식사가 끝난 뒤 새벽 두 시까지 이야기를 나누었다. 서로 속속들이 잘 아는 친구 사이로 함께 어울려 노는 것을 좋아해서, 아마 그들의 생애에 이보다 더 즐거운 밤은 없으리라고 모두들 생각하고 있었다. 파리 사람들의 마음을 사로잡고 파리 사람들이 좋아하는 것이라면 무엇이든 가리지 않고 그들의 이야깃거리가 되었다. 어느 살롱에서나 마찬가지지만, 여기서도 그날 아침 신문에 오른 기사를 다시금 음미하곤 했다.

그 가운데에서도 특별히 재미있는 사람은 조제프 드 바르동이라는 독신으로, 거의 자기 마음대로 자유롭고 완전한 파리 생활을 즐기는 사람이었다. 그렇다고 방탕아나 망나니는 아니고, 다만 호기심이 많으며 아직 젊고 쾌활할 뿐이었다. 어쨌든 아직 마흔 안팎 나이였으니까. 사교계 인사라는 말에 걸맞게 가장 넓고 가장 좋은 의미에서의 사교인인 그는, 상당한 재주를 지니고 있었다. 그러나 그 재주가 그리 깊지는 않았고, 그의 잡학은 진정한 박학의 영역에는 이르지 못했으며, 그 민감한 이해력도 깊은 통찰에까지 닿지 못했다. 다만 그의 관찰과 그의 모험심, 그가 보고 만나고 발견한 것 등에서 희극과 철학이 어우러진 소설 같은 기이한 이야기와 유머가 가득한 요점을 이끌어 낼 줄 알아서, 그 덕분에 그는 대단히 지적인 사람이라는 평판이 떠들썩했다.

그는 저녁 식사에서 연설가였다. 언제나 이야깃거리를 한 가지는 반드시 가지고 있었고, 친구들도 늘 그것을 기대했다. 그는 누가 부탁하기를 기다릴 것도 없이 스스로 이야기를 꺼내곤 했다.

탁자 위에 팔꿈치를 괴고 담배를 피우고 있는 그의 눈앞에는 반쯤 마시다만 코냑 잔이 놓여 있었다. 뜨겁고 진한 커피 향과 담배 연기가 자욱한 이 방의 분위기에 사뭇 도취했는지, 그는 자기 집에 있는 것처럼 편안해 보였다. 그것은 바로 어떤 것이, 어떤 시간, 어떤 장소, 다시 말해 반드시 있어야 할 곳에 있는 것, 이를테면 독실한 신자가 교회에 있거나 금붕어가 어항 속에 살고 있는 것과 같았다.

담배를 피우면서 그가 말했다.

"얼마 전에 묘한 일을 겪었네."

그러자 모두들 한목소리로 부추겼다. "이야기해 보게."

그는 다시 말을 이었다.

*

그럼 얘기해 볼까? 내가 파리 시내를 자주 산책하고 다니는 건 자네들도 알고 있지? 골동품 애호가가 고물상 진열대를 찾아다니는 것처럼 말이야. 그곳에서 나는 거리의 다양한 풍경과 다양한 사람들, 지나가는 사람, 일어나는 일들을 구경한다네.

그런데 9월 중순이 다 된 무렵, 마침 날씨도 화창한 어느 날 오후에, 나는 어디로 가겠다는 목적도 없이 훌쩍 집을 나섰지. 남자라면 누구나 아름다운 여자를 만나고 싶은 막연한 희망을 품기 마련 아닌가. 그래서 마음에 드는 산책로를 걸으면서 누구를 고를까 하고 찾는 거지. 머릿속으로 그녀들을 비교하면서, 그들에게서 느낄 수 있는 정취와 매혹을 저울에 달아보면서 말이야. 그래서 결국 그날 끌어당기는 힘에 따라 마음을 정하지. 그런데 햇살이 화창하고 바람도 따뜻한 날은 그다지 여자를 찾아가고 싶은 생각이 없는 경우가 종종 있다네.

그날도 햇빛이 화창하게 내리쬐고 바람도 따뜻하더군. 나는 담배에 불을 붙이고서 외곽도로를 무작정 걸어갔네. 그렇게 정처 없이 한가롭게 걷는 동안, 문득 몽마르트르 묘지에 들어가 보고 싶은 마음이 들더군.

나는 묘지가 좋아. 묘지에 가면 마음이 편안하고 차분해지거든. 나에게는 그런 것이 필요하다네. 뿐만 아니라 묘지에는 아주 좋은 친구들도 있어.

지금은 만날 길이 없는 친구들 말일세. 그래서 지금도 나는 이따금 묘지에 가네.

특히 몽마르트르 묘지에는 내 마음의 역사가 있어. 다시 말해 내 마음을 송두리째 사로잡고 나를 열광시킨 한 여인, 사랑스럽고 아름다웠던 여인이 잠들어 있다네. 그 여자를 생각하면 내 가슴은 아직도 격렬한 아픔과 동시에 후회가…… 온갖 종류의 아쉬움이 차올라…… 그래서 가끔씩 그녀의 무덤 앞에 가서 생각에 잠기곤 하지…… 그저 그뿐이지만 말이야.

게다가 내가 묘지를 좋아하는 까닭은, 그곳은 수많은 인간들이 살고 있는 이상한 도시이기 때문이라네. 생각해 보게, 그 조그마한 장소에 파리의 모든 세대가 살고 있지 않은가. 영원히 그곳에 사는 거지. 영원히 동굴 속에서 사는 사람들은 저마다 작은 지하실, 돌 뚜껑이 덮여 있고 십자가 표식이 있는 작은 구덩이 속에 누워 있어. 그런데 어떤가, 살아 있는 자들은 저렇게 넓은 장소를 차지하고도 저렇게 시끄럽게 떠들고 있지 않은가, 저 어리석은 인간들이 말일세.

내가 묘지를 좋아하는 까닭은 또 있네. 묘지에는 박물관 못지않은 흥미로운 기념비가 있기 때문이지. 이를테면 몽마르트르 묘지에 묻혀 있는 카베냐크[*1]의 묘비. 고백하자면, 나에게는 그건 장 구종[*2]의 걸작과도 비교할 수 없다네. 루앙 대성당 지하교회당에 누워 있는 루이 드 브레제[*3]의 시신도 말일세. 그렇다고 이것저것을 비교해 본 건 아니지만. 이보게들, 근대적이고 사실적인 예술은 모두 거기에 기원을 두고 있다네. 루이 드 브레제의 시신은, 오늘날 사람들이 묘석 위에서 고문하고 있는 어떤 시체와 비교해도 훨씬 더 진실에 가까울 거야. 아마 훨씬 더 처참할걸. 단말마의 고통으로 일그러진 훨씬 생기 없는 살로 이루어져서 말이네.

그뿐인가, 몽마르트르 묘지에 가면 위풍당당하게 서 있는 보댕[*4]의 기념물

---

*1 프랑스 군인·정치가(Louis Eugène Cavaignac, 1802~57). 육군 장관으로 1848년 노동자 반란(6월 사건)을 무력으로 진압했으며, 대통령 선거에 나섰다가 루이 나폴레옹에게 패했다.

*2 프랑스 조각가(Jean Goujon, 1510?~67?). 부드럽고 우아한 신체를 특색으로 하는 인상 조각(人像彫刻)을 많이 남겼다.

*3 프랑스 아네(Anet) 영주, 몰르브리에 백작(Louis de Brézé, 1460?~1531). 프랑스 왕 샤를 7세의 손자이다.

*4 프랑스 의사·국회의원(Jean-Baptiste Baudin, 1811~51).

도 감상할 수 있어. 고티에*5 무덤과 뮈르제*6의 무덤 앞에 무릎을 꿇을 수도 있지.

그래, 그러고 보니 얼마 전에도 뮈르제의 무덤에 초라한 노란 에델바이스 화환이 하나 놓여 있던데, 그 누가 갖다 바친 것일까? 지난날에는 매춘부였지만 지금은 늙어서 이 근처의 문지기 아내가 되어 있는 여자일까? 밀레*7가 빚은 사랑스러운 작은 입상(立像)은 지금은 더러워져서 아무도 돌보는 이 없이 황폐해지고 말았지. 오, 뮈르제여, 젊은 날을 노래하라!

그건 그렇고, 몽마르트르 묘지에 들어가려던 나는 문득 슬픈 감정에 휩싸였네. 그 슬픈 감정은 사람의 마음을 쥐어뜯는 종류의 것이 아니라, 이를테면 사람이 매우 건강할 경우에 '무덤도 아주 나쁜 것만은 아니야. 하지만 나에게는 아직 때가 이른 것 같아……' 하는 생각이 들 때 느껴지는 그런 슬픔이지.

주위에는 차갑고 축축한 공기가 떠다니고 가을색도 깊어져서 햇빛조차 힘이 없고 지쳐서 창백해 보이는 것이, 나뭇잎도 죽음의 빛을 띠고 있더군. 인간의 죽음 냄새가 나는 그곳에 서려 있는 적막한 기운, 결정적인 종말의 인상에 이 가을색이 더욱더 짙게 물들어, 내 슬픔의 감정을 시적으로 승화해 주고 있었지.

그 묘석이 늘어선 거리를 나는 천천히 걸어갔네. 거리라고 했지만 그곳 주민들은 서로 오가지는 않는다네. 이제는 함께 잠을 자지도 않고, 신문도 읽지 않아. 하기는 내 쪽에서는 비명(碑銘)을 읽기 시작했네만. 아, 정말이지, 이 세상에 그토록 재미있는 건 다시없을 거야. 라비슈*8와 메이약*9도, 그 묘석에 산문으로 적힌 희극만큼 나를 웃기진 못했을 테니까. 사람을 웃기는 것에서는 폴 드

---

*5 프랑스 시인·소설가·평론가(Théophile Gautier, 1811~72). '예술을 위한 예술'을 제창하여 고답파(高踏派)의 선구자가 되었다.

*6 프랑스 시인·소설가(Henri Murger, 1822~61). 푸치니의 오페라 〈라 보엠〉 원작소설 《보헤미안들의 생활 모습》을 썼다.

*7 프랑스 화가(Jean François Millet, 1814~75). 농촌 풍경과 생활을 주로 그렸다. 대표작에 〈만종〉, 〈이삭줍기〉 등이 있다.

*8 프랑스 극작가(Eugéne Marin Labiche, 1815~88). 기지와 풍자가 풍부한 희극과 익살이 담긴, 인간성의 진실을 추구한 작품을 썼다. 작품에 〈이탈리아의 밀짚모자〉와 〈페리숑 씨의 여행〉 등이 있다.

*9 프랑스 극작가(Henri Meilhac, 1830~97). 오페라와 오페레타 대본 작가로 활동하여 〈아름다운 엘렌〉과 〈푸른 수염〉 등을 썼다.

코크*10의 소설보다 몇 수 위거든. 어쨌든 그 대리석판 또는 십자가 모양을 한 책에는 죽은 자의 유족이 저마다 애도의 정을 토로하고 있지. 저세상에서 망자가 행복하기를 기원하면서 말이야. 그리고 언젠가는 다시 만날 희망을 말하는 대목에 이르면—그건 새빨간 거짓말!

그건 그렇고, 내가 이 묘지에서 특별히 좋아하는 것은 사이프러스와 키 큰 주목이 울창하게 자라고 있는, 망각 속에 묻힌 듯한 한적한 모퉁이, 즉 망자들의 구시가지라네. 물론 그것도 언젠가는 본디대로 신시가지가 되겠지. 인간의 시체로 파룻파룻 잘 자란 나무들도 곧 베어져서, 얇은 대리석판 밑에 새로운 망자를 진열하게 될 테니까.

그 적막한 곳을 거닐면서 잠시 머리를 식히고 있던 나는, 곧 기분이 우울해지는 것을 느꼈다네. 그리고 내가 사랑하는 여자의 무덤에 충실한 추억의 공물을 바쳐야겠다는 생각이 들더군. 그녀의 무덤 근처까지 오자 가슴이 약간 먹먹해지더군. 가엾고 애처로운 여자, 그토록 다정하고 그토록 정이 많았던 여자, 그토록 아름답고 그토록 발랄했는데…… 그런데 지금…… 만일 이 무덤을 파헤친다면…….

철책 위로 몸을 구부리고, 나는 상대에게 들릴 리가 없다는 걸 알면서도 나의 슬픈 마음을 작은 소리로 이야기했네. 그리고 나서 그곳을 떠나려고 하는데, 한 여자가 바로 옆 무덤 앞에서 무릎을 꿇고 있는 모습이 보이지 뭔가. 아직도 상중인지 검은 옷을 입은 여자가. 크레프 베일을 올리고 있어서 그 사이로 밝은 빛깔의 아름다운 얼굴이 보였는데, 양쪽으로 가른 머리카락이 검은 모자 아래 새벽빛을 받아 환히 빛나 보이더군. 발길을 돌리려던 나는 걸음을 멈췄지.

분명히 그녀는 깊은 고뇌를 품고 있는 것처럼 보였어. 두 손 사이로 눈길을 내리간 채 꼼짝도 하지 않고 그리움 때문인지 석상처럼 생각에 잠겨 눈을 감고 있는데, 그 눈꺼풀 아래의 어둠 속에서 슬픈 추억의 묵주알을 굴리고 있는 모습은 마치 그녀가 죽은 사람인 것처럼 보이더군. 죽은 여자가 죽은 남자를 생각하고 있다고나 할까. 나는 문득 그 여자가 울고 있다는 것을 알아챘네. 버드나무에 부는 산들바람처럼 여자의 등이 가늘게 떨리는 것을 보고 알았지.

---

*10 프랑스 작가(Charles Paul de Kock, 1793~1871). 거침없고 힘찬 표현력, 경쾌한 서술과 묘사 등으로 재미있는 소설을 많이 썼다.

처음에는 소리를 죽이고 울더니 점점 고조되어 목덜미와 어깨를 격렬하게 들썩이면서 울더군. 갑자기 그녀가 눈을 가리고 있던 두 손을 떼었네. 눈물이 그렁그렁한 아름다운 눈이었지. 무언가에 홀린 듯한 눈길로, 그녀는 악몽에서 깨어난 것처럼 주위를 둘러보다가, 내가 보고 있다는 것을 알고 부끄러운지 다시 두 손으로 얼굴을 가리더군. 그리고 더욱 몸을 떨면서 흐느끼더니 머리를 서서히 묘석 쪽으로 기울이다가 이마가 돌에 닿았어. 그러자 베일이 벗겨지고, 마치 방금 상을 당한 것처럼 묘석의 하얀 모서리를 애잔하게 부둥켜안더군. 그리고 울부짖는 소리와 함께 그 자리에 털썩 쓰러지는 거야. 한쪽 뺨을 바닥에 댄 채 의식을 잃었는지 움직이지 않더군.

나는 서둘러 그녀 쪽으로 달려가서 그녀의 손을 때리고 눈꺼풀에 숨결을 불어넣었네. 그러면서도 나는 재빨리, 매우 간결한 묘비명을 읽고 있었다네. "육군 대위, 루이 테오도르 카렐 여기에 잠들다. 통킹*¹¹에서 전사. 그가 편히 잠들기를."

몇 달 전에 죽은 사람이었어. 나는 눈물이 날 정도로 감동하여 그녀를 정성껏 간호해 주었네. 그 덕분이었는지 그녀는 곧 정신이 돌아왔어. 난 몹시 흥분해 있었지—나도 아주 목석은 아니니까 말이야. 어쨌든 아직 마흔도 되기 전이 아닌가. 나는 상대의 눈빛을 언뜻 보고 한눈에 예의 바르고 은혜를 아는 여자임을 알아보았는데, 정말 짐작한 그대로더군. 그녀가 이번에는 다른 의미로 눈물을 흘리면서 가쁜 숨을 몰아쉬며 더듬더듬 이야기하는 사연을 들으니, 그 장교가 통킹에서 전사한 건 두 사람이 결혼한 지 겨우 일년 뒤였고, 연애결혼이었는데 그녀는 부모가 없었지만 다행히 지참금은 그런대로 지니고 있었다더군.

난 그녀를 위로하고 용기를 불어넣어 주었지. 그리고 일어서는 그녀를 부축해 도와주었어.

그러고 나서 그녀에게 말했네.

"여기에 더 있으면 안 되겠소. 자, 갑시다."

그녀는 중얼거리듯이 말했네.

"도저히 못 걸을 것 같아요."

"그럼 나를 붙잡으시오."

---

*11 베트남 북부 송꼬이강 유역. 프랑스 식민지 시대에 분리정책에 의해 명명된 지역.

"감사합니다. 정말 친절하시군요. 선생님도 이곳에 돌아가신 분을 애도하기 위해서 오신 거죠?"

"그렇습니다, 부인."

"여자분인가요?"

"예, 부인."

"아내분?"

"친구입니다."

"친구도 아내처럼 사랑할 수 있다고 생각해요. 사랑에 법칙 같은 건 없으니까요."

"그럼요, 부인."

그리하여 우리는 함께 그곳을 떠났네. 그녀는 나에게 몸을 기대고, 나는 그녀를 거의 짊어지듯이 하여 묘지 밖으로 나왔어. 그때 그녀는 가슴이 답답한 듯이 이렇게 속삭이더군.

"기절할 것 같아요."

"어디 가서 뭐 좀 마시겠습니까?"

"네."

한 식당이 눈에 보이더군. 망자의 지인들이 순조롭게 장례를 마친 뒤 모이는 식당들 가운데 하나였어. 우리는 그곳으로 들어갔네. 뜨거운 홍차를 마시고 나자 그녀도 좀 기운을 차리는 것 같더군. 입술에는 희미한 미소까지 띠고 있었지. 그러더니 그녀는 자신에 대해 이야기를 하기 시작했네. 이 세상에 오직 혼자라는 사실이 외로워서 견딜 수가 없다고 하더군. 사랑해 주는 사람도, 의지할 사람도, 이해해 주는 사람도 하나 없이, 밤이나 낮이나 집 안에 혼자 있는 것이 너무 외롭다면서.

참으로 진솔한 모습이었어. 말투도 어찌나 얌전하던지 감동으로 눈시울이 뜨거워지더군. 아직 무척 젊어 보였는데 한 스무 살이나 되었을까? 난 진심으로 위로의 말을 건넸고, 그녀도 기쁜 마음으로 받아들여 주었네. 그러는 동안 시간이 흘러 그녀의 집까지 마차로 데려다주겠다고 하자, 그녀는 그것도 승낙해 주더군. 마차 속에서 우리는 서로 어깨가 맞닿을 만큼 가까이 붙어 앉아 있었기 때문에, 우리 두 사람은 옷을 통해 서로의 체온을 나누고 있었다네. 사실 그것만큼 사람의 마음을 미묘하게 흔드는 것도 없을 거야.

마차가 집 앞에 서자 그녀가 작은 목소리로 말했네. "저 혼자서는 계단을 못 올라갈 것 같아요, 5층이거든요. 부탁이에요, 제 집까지 좀 도와주시면 안 될까요?"

물론 나는 기꺼이 그 부탁을 들어주었지. 그녀는 가쁘게 숨을 몰아쉬면서 천천히 계단을 올라갔어. 그리고 문 앞에 서서 이렇게 말하더군.

"잠깐 들어가시지 않겠어요? 감사를 드리고 싶어요."

물론 나는 들어갔지. 아무렴.

집은 매우 검소하고 좀 가난해 보이기는 했지만, 아담하게 잘 정돈되어 있더군.

우리는 작은 소파에 나란히 앉았네. 그러자 그녀는 또다시 혼자 사는 외로움을 토로하더군.

그녀가 초인종을 울려 하녀를 불렀네. 뭔가 마실 거라도 내오게 하려는 생각이었겠지. 그런데 하녀가 나타나지 않는 거야. 나는 속으로 은근히 기뻐했다네. 아마도 출퇴근하는 하녀인 것 같은데, 아침이 되어야 온다는 걸 눈치챈 거지.

그녀는 이미 모자를 벗고 있었어. 참으로 애처로워 보이더군. 그 맑은 눈동자로 나를 가만히 쳐다보는데, 너무나 투명한 눈을 크게 뜨고 나를 바라보는 눈빛에, 그만 생각지도 못한 유혹을 느낀 나는 도저히 참을 수가 없었어. 나도 모르게 그녀를 끌어안고 눈꺼풀 위에, 물론 깜짝 놀라 눈꺼풀이 닫히고 말았지만, 그 위에 키스를 했지…… 또 키스…… 또 키스…… 정신없이 마구 말이야.

그녀는 나를 밀어내고 또 밀어내며 몸부림치면서 되풀이해 말했네. "그만해요…… 그만해요…… 이제 그만요."

이 말에 그녀는 어떤 의미를 부여하고 있었을까? 이런 경우 '그만하다'에는 적어도 두 가지 의미를 생각할 수 있네. 나는 그녀가 입을 열지 못하도록 키스를 눈에서 입으로 이동시켰네. 그리고 그 '그만하다'를 내 멋대로 해석하기로 했지. 그녀도 더 이상 저항하지 않더군. 그렇게 통킹에서 전사한 대위의 명예를 더럽힌 뒤 우리 두 사람이 다시 얼굴을 마주했을 때, 지쳐서 녹초가 된 그녀의 침울하고 체념한 듯한 모습을 보자 나의 불안도 차츰 사라지더군.

그리하여 난 호의로 넘치는 정중한 멋쟁이 신사가 된 거지. 그리고 한 시간쯤 이런저런 얘기를 나눈 뒤 그녀에게 물었네.

"저녁은 어디에서 먹어요?"

"근처에 있는 작은 식당에서요."

"혼자서?"

"그럼요."

"나랑 함께 식사할래요?"

"어디서요?"

"큰길에 있는 좋은 식당으로 갑시다."

그녀가 조금 망설이더군. 그래도 나는 계속 졸랐어. 그녀는 승낙했지만 "저는 너무…… 너무…… 피곤해요"라고 말하면서, 짐짓 그런 기색을 지어 보이더군. 그러고는 "조금 덜 어두운 옷으로 갈아입어야겠어요"라고 덧붙였어.

곧 그녀는 침실로 들어갔지.

그녀가 다시 나왔을 때는, 약식 상복 차림이더군. 잿빛의 아주 단순한 옷이었는데, 매력있고 순수하며 날씬해 보였어. 그녀는 묘지에 갈 때와 시내에 나갈 때 입는 두 가지 상복을 가지고 있었던 거야.

저녁 식사는 정말 즐거웠어. 그녀도 샴페인을 마시자 완전히 기분이 좋아져서 들뜨기 시작하더군. 그런 다음 우리는 함께 그녀의 집으로 돌아갔네.

묘지에서 맺은 이 관계는 그 뒤 3주일쯤 계속되었어. 하지만 인간이란 무슨 일이든 곧 싫증을 내게 마련이지. 특히 상대가 여자인 경우에는 말이야. 나는 어쩔 수 없는 여행을 핑계대고 그 여자와 관계를 끊어버렸어. 위자료를 듬뿍 줬더니 오히려 나에게 고맙다더군. 그리고 여행에서 돌아오면 다시 자기 곁으로 오겠다는 약속을 나에게 받아내고 맹세까지 하게 했지. 솔직히 그녀는 나에게 약간 미련이 있었던 것 같아.

나는 다시 다른 여자들에게서 사랑을 찾고 다녔네. 그렇게 한 달 정도 지났는데, 그동안 그 상복 입은 사랑스러운 여자를 그리워하거나 다시 만나고 싶은 유혹에 빠지는 일은 한 번도 없었네. 그렇다고 그녀를 잊은 건 아니었지만…… 아니, 오히려 그녀와의 추억은 끊임없이 나를 따라다니고 있었지. 하나의 신비로서 말이야. 그리고 심리학상의 의문으로, 또 풀 수 없는 어려운 수수께끼의 하나로서 말이지.

그러던 어느 날, 나는 왠지 몽마르트르 묘지에 가면 그녀를 만날지도 모른다는 생각이 들더군. 그래서 가보았지.

오랫동안 그곳을 거닐면서 내가 만난 건 그저 일반 참배객들뿐, 그러니까 죽은 사람과의 관계를 아직 완전히 끊지 못한 사람들뿐이었네. 통킹에서 전사한 대위의 무덤에는, 그 대리석 위에서 눈물을 흘리는 여자도 없고 꽃도 화환도 없더군.

그런데 망자들이 잠들어 있는 그 대도시의 다른 구역을 거닐다가 문득 본 거야, 십자가가 늘어선 좁은 거리 저쪽에서 정식 상복을 입은 한 쌍의 남녀가 이쪽으로 걸어오는 모습을. 얼마나 놀랐던지! 두 사람이 다가왔을 때 나는 그 여자를 보았어. 분명 그녀였어!

그녀는 나를 보자 얼굴을 살짝 붉히더니, 스치고 지나갈 때 희미한 몸짓과 재빠른 눈짓을 보내더군. 그건 '모르는 척해 주세요'라는 의미였겠지만, '다시 찾아줘요'라고 말하는 것 같기도 했지.

상대는 훌륭하고 품위 있는 신사로 보이는, 레지옹 도뇌르 장교 훈장의 소유자였지. 나이는 쉰 정도?

그리고 그는 여자의 몸을 부축하듯이 안고 있었네. 그것은 전에 내가 그 묘지를 나갈 때 그녀에게 했던 것과 똑같은 모습이었어.

아연실색한 채 그 자리를 떠난 나는 가는 길 내내 방금 본 광경에 대해 생각하지 않을 수가 없었지. 이 무덤 저 무덤으로 옮겨 다니는 그 여자는 도대체 누구일까? 그냥 평범한 창녀인가? 아니면 세상을 떠난 아내나 정부를 잊지 못해 지난날 애무의 추억을 그리며 묘지에 찾아오는 남자를, 그 묘석 위에서 유혹할 생각을 한 매춘부인가? 이것은 그녀만의 방법인가? 아니면 그런 여자들이 많이 있는가? 이것도 하나의 직업인가? 거리를 돌아다니는 이상, 묘지라고 못 다닐 것이 없지 않은가? 그렇다면 묘지에서 영업하는 여자들도 있단 말인가! 그게 아니라면, 심원한 철학이라고도 할 수 있는 그 경탄스러운 사상은 오직 그녀만의 것인가? 이 죽음의 장소에서 사랑에 대한 미련이 한층 더 커지는 것을 교묘하게 이용할 생각을 하다니.

아무튼 나는 궁금하더군. 그날의 그녀는 또 어디 사는 누구의 과부 노릇을 하고 있는 건지 말이야.

미뉴에트
폴 부르제에게

불행도 너무 심해지면 오히려 슬픔을 느끼지 못하는 법이라오, 이렇게 말한 건 회의주의자로 통하는 독신 노인 장 브리델이었지요. 나는 전쟁도 바로 옆에서 목격했어요. 연민도 느끼지 않고 시체를 뛰어넘기도 했지요. 이러한 자연과 인간의 잔혹 행위는 물론 공포와 격분의 외침을 불러일으킬 수 있어요. 그런데 별것 아닌, 조그마한 가엾은 일에서도 등골이 오싹한 전율과 심장이 찔리는 듯한 고통을 느낄 때가 있지만, 큰 불행에는 오히려 그런 일이 없는 것 같아요.

뭐니 뭐니 해도 인간이 느낄 수 있는 가장 큰 고통은 어머니에게는 자식의 죽음이고, 자식에게는 어머니의 죽음이겠지요. 물론 그건 인간의 마음을 갈기갈기 찢어놓고 가슴을 도려내는 격렬하고 무서운 고통일지도 몰라요. 하지만 그런 대재앙도 피를 철철 흘리는 심한 상처와 마찬가지로 언젠가는 낫는 법입니다. 그런데 우연히 부딪친 사건, 어쩌다가 흘끗 들여다보았을 뿐인 일, 표현되지 않은 슬픔, 운명의 장난, 뭐 그런 정도에 지나지 않는데도 우리 마음속의 모든 고통을 일깨우고 치유할 수 없는 복잡한 정신적 고뇌의 신비한 문을 느닷없이 우리 눈앞에 열어 보이는 것이 있지요. 그것은 얼핏 그렇지 않은 것처럼 보이는 만큼 더욱더 심각하고, 막연해 보이는 만큼 더욱더 쓰라리며, 꾸며낸 일처럼 보이는 만큼 더욱더 집요해요. 그런 일을 한번 당하면 우리 영혼에는 슬픔의 흔적과 씁쓸한 뒷맛, 그리고 환멸감만 남아서 쉽게 사라지지 않지요.

저에게는 늘 그런 일이 두세 가지 있었어요. 남들은 눈치도 채지 못하지만, 제 마음속에는 길고 가느다란 흉터가 되어 언제까지나 아물지 않고 콕콕 쑤실 때가 있거든요.

그런 순간의 인상이 제 마음에 어떤 감동을 남기는지, 아마 당신은 모를 거요. 이제 그 가운데 한 가지만 얘기해 보려 합니다. 꽤 오래전 일인데 마치 어제 일처럼 생생하게 남아 있어요. 뭐, 제가 그렇게 감동한 것도 어쩌면 제 멋대로 하는 공상 탓일지도 모르겠군요.

제 나이 이제 쉰인데, 그때는 아직 젊은 나이로 법률을 공부하고 있었어요. 저는 약간 음울하고 약간 몽상가인 데다 염세철학에 상당히 물들어 있었지요. 시끌벅적한 카페도, 입에 거품 물고 열변을 토하는 친구들도, 머리에 든 것 없는 여자들도 싫어했어요. 아침에는 늘 일찍 일어났는데, 저에게 가장 큰 즐거움은 아침 여덟 시쯤 뤽상부르 공원의 수목원을 혼자 산책하는 것이었지요.

아마 당신 같은 젊은 사람들은 그 수목원을 잘 모르겠죠? 지난 세기의 잊힌 정원이라고 할까, 노부인의 다정한 미소를 닮은 아름다운 정원이었다오. 나뭇잎이 빽빽한 산울타리가 똑바로 뻗은 오솔길을 정연하게 에워싸고 있었어요. 그러니까 깔끔하게 손질된 수풀로 이루어진 두 개의 벽 사이에 그 조용한 오솔길이 있었다는 거요. 정원사의 커다란 가위가 이 나뭇가지들을 끊임없이 깎아내고 있었던 겁니다. 군데군데 꽃밭이 있었어요. 키 작은 나무들이 소풍 온 학생들처럼 줄 서 있기도 했지요. 멋진 장미의 사회가 있는가 하면 과일나무 연대도 있었어요.

게다가 이 훌륭한 수풀은 곳곳마다 꿀벌들의 보금자리였어요. 적당한 간격을 두고 꽃밭 속에 만들어진 그들의 오막살이가 저마다 해를 향해 문을 크게 열고 있는 모습은 마치 골무의 구멍 같았지요. 그리고 그 길 어디서나 윙윙거리는 금빛 파리들을 만났어요. 그들이야말로 이 평화로운 곳의 참된 주인이며, 복도를 닮은 이 한적한 오솔길의 진정한 산책자라고 할까요.

저는 매일 아침 그곳을 찾아가 긴 의자 위에 앉아 책을 읽으면서 시간을 보냈지요. 때로는 책이 무릎 위로 떨어지는 것도 모르고 몽상에 잠기기도 했었어요. 내 주위에서 들려오는 살아 있는 도시 파리의 시끄러운 소리에 귀도 기울이면서 그 예스러운 가로수 길의 무한한 고요를 즐긴 거지요.

그런데 곧 깨달았지만, 공원 문이 열리자마자 그곳을 찾아오는 사람은 나 혼자만이 아니었던 거예요. 숲 한구석에서 자그마하고 이상한 노인과 딱 마주치는 일이 자주 있었어요.

그 사람은 은고리가 달린 단화를 신고 있었어요. 앞을 올렸다 내렸다 할 수 있는 반바지에 밤색 프록코트를 입고, 넥타이 대신 레이스를 묶고 있더군요. 그 잿빛 모자는 한 번도 본 적이 없는 진귀한 것으로, 챙이 넓고 긴 털이 달린 정말 옛날 물건이었지요.

뼈가 앙상할 정도로 마른 그는 인상을 찌푸리고 있는 것 같기도 하고 미소 짓고 있는 것 같기도 했어요. 그 날카로운 눈이 쉴 새 없이 깜박이는 눈꺼풀 속에서 끊임없이 두리번거리고 있었지요. 늘 손잡이가 금으로 장식된 멋진 지팡이를 들고 있었는데, 상당히 유서 깊은 물건으로 보이더군요.

처음에는 깜짝 놀랐지만, 저는 곧 그 노인에게 커다란 흥미와 관심을 느끼게 되었어요. 그래서 산울타리 안에서 노인을 기다리다가 멀리서 뒤따라가곤 했지요. 들키지 않도록 이따금 산울타리 모퉁이에 서 있기도 하면서 말이오.

그러던 어느 날 아침, 그 노인은 자기 혼자뿐이라고 생각했는지 기묘한 운동을 하기 시작하더군요. 먼저 폴짝폴짝 몇 번 뜀뛰기를 한 뒤에 절을 했어요. 그리고 앙상한 한쪽 다리로 더욱 빠르게 한 번 뛰더니 빙글빙글 우아하게 돌기 시작했지요. 돌면서 뛰기도 하고 이상하게 몸을 흔들기도 하더군요. 앞에 관객이라도 있는 것처럼 붙임성 있게 웃기도 하고, 익살을 부리며 두 팔을 벌리기도 하고, 빈약한 몸을 꼭두각시 인형처럼 비틀기도 하면서. 그리고 허공에 대고 감격스러운 듯이 우스꽝스럽게 인사하기도 했어요. 그 노인은 춤을 추고 있었던 겁니다!

저는 깜짝 놀라 돌처럼 굳어버렸어요. 그와 저 두 사람 가운데 누가 이상한 건지, 그가 이상한 건지 제가 이상한 건지 저 자신에게 물어보았을 정도였으니까요.

그런데 노인이 문득 동작을 멈추고 무대 위 배우처럼 앞으로 나아가더군요. 그리고 환하게 미소 지으면서, 잘 손질된 두 줄의 산울타리를 향해 떨리는 손으로 여배우처럼 키스를 불어 보내고는 인사를 하고 물러갔지요.

그러고는 다시 진지한 얼굴로 산책을 계속하는 겁니다.

그날부터 저는 그 노인한테서 시선을 뗄 수가 없었어요. 그는 아침마다 그 이상야릇한 춤을 연습했거든요.

저는 그와 무슨 얘기든 하고 싶었어요. 그래서 용기를 내어 인사한 뒤 말을 걸어보았지요.

"오늘은 날씨가 참 좋군요, 어르신."

그도 인사를 받아주더군요.

"그래요, 선생. 마치 옛날 날씨 같군요."

여드레 뒤 두 사람은 벌써 친구가 되어 있었어요. 그리고 저는 그의 신상에 대해 알 수 있었지요. 그는 루이 15세 시대의 오페라 극장 무용 선생이었어요. 그 멋진 지팡이는 클레르몽 백작이 선물한 거라더군요. 춤이 화제에 오르기만 하면 시작되는 노인의 수다를 도저히 말릴 수가 없었지요.

그러던 어느 날, 그가 저에게 이렇게 털어놓더군요.

"나는 라 카스트리라는 여자와 결혼했소. 당신에게 소개해 주고 싶지만, 그 사람은 오후에만 이곳에 오거든요. 어쨌든 나와 그 여자 두 사람에게 이 정원은 가장 큰 즐거움이자 생명 같은 곳이라오. 옛것 가운데 두 사람에게 남아 있는 것이래야 고작 이 정원 정도니까요. 이 정원이 없었다면, 정말 무슨 재미로 살았을지 모르겠소. 참으로 오래되고 훌륭한 정원 아니오? 나는 이곳에 오면, 나의 젊은 시절과 조금도 다르지 않은 공기를 마시는 듯한 기분이 들어요. 아내와 난 오후에는 늘 이 정원에서 지내고 있다오. 물론 나는 워낙 일찍 일어나서 아침부터 오지만 말이오."

점심 식사를 마치자 저는 즉시 뤽상부르 공원으로 돌아갔어요. 곧 제 친구의 모습이 보이기 시작하더군요. 그 친구는 검은 옷을 입은 자그마한 노부인에게 정중하게 팔을 내주고 있었어요. 그는 저에게 그 부인을 소개했지요. 그녀가 바로 라 카스트리였어요. 루이 15세를 비롯하여 왕후 귀족들은 물론이고, 이 세상에 사랑의 향수를 뿌렸다고 할 만한 여인, 그 화려한 세기의 모든 사람들이 사랑했던 유명한 춤꾼 라 카스트리 말입니다.

그 친구와 저는 돌로 만든 긴 의자 위에 앉았어요. 때는 5월, 꽃향기가 말끔한 오솔길에 감돌고 있었지요. 따뜻한 햇살이 나뭇잎을 뚫고 우리 위에 빗방울처럼 빛의 방울을 뿌리고 있었어요. 라 카스트리의 검은 옷은 빛에 젖어 있는 것처럼 보였지요.

정원은 아무도 없이 텅 비어 있었어요. 멀리 승합마차가 지나가는 소리만 들려오더군요.

"저, 선생님, 제게 설명을 좀 해주실 수 없을까요?" 저는 그 늙은 무용가에게 말했어요. "미뉴에트는 어떤 춤인지요?"

노인은 몸을 떨었어요.

"미뉴에트라는 건 젊은이, 춤의 여왕 같은 것이라오. 그리고 여왕의 춤이지. 알겠소? 그러니 왕이 없는 지금은 미뉴에트도 없는 거라오."

그는 과장된 말투로 미뉴에트를 열렬히 찬양하기 시작했지만 저는 도무지 이해가 되지 않더군요. 그보다는 발 움직임이나 동작, 자세를 보여주는 것이 더 낫겠다 싶었어요. 그러자 노인도 난처해하는 눈치더군요. 쇠잔해진 자신의 체력에 스스로 화가 났는지 서글픈 표정으로 풀이 죽어 있었으니까요.

그러더니 노인은 갑자기 자신의 옛날 춤 상대를 돌아보더군요. 언제나 침울한 기분에 빠져 아무 말이 없는 그 늙은 반려 쪽으로 말입니다.

"여보, 엘리즈, 승낙해 주면 안 될까? 이 젊은이에게 한번 보여주는 게 어때?"

노파는 불안한 듯이 주위를 살펴보다가 아무 말 없이 일어나더니 노인과 마주 섰어요.

바로 그때 저는 평생 잊을 수 없는 광경을 보게 된 겁니다.

두 사람은 어린아이 같은 동작을 하면서 이리저리 왔다 갔다 하더군요. 서로 미소를 주고받으면서 몸을 좌우로 흔들거나 인사를 하고, 뛰어오르기도 하는 것이 마치 두 개의 낡은 인형 같더군요. 그것도 옛날 인형의 명인이 그 시대의 양식으로 만들었지만 지금은 조금 망가진, 구식 기계장치로 움직이는 인형 말입니다.

두 사람이 춤추는 모습을 지켜보고 있던 저는 마음에 이상한 감동이 밀려오면서, 영혼이 말로 표현할 수 없는 애수에 젖어드는 것을 느끼지 않을 수 없었어요. 애처롭고 우스꽝스러운 유령, 마치 한 세기 전의 망령이라도 보고 있는 듯한 느낌, 웃고 싶기도 하고 울고 싶기도 한 기분이었지요.

갑자기 춤을 추던 두 사람이 동작을 멈췄어요. 춤이 끝난 것이었지요. 그런데도 한동안 계속 마주 보고 있던 두 사람이 얼굴을 묘하게 일그러뜨렸고, 이내 흐느껴 울면서 서로 부둥켜안더군요.

그로부터 사흘 뒤 저는 시골로 떠났어요. 그 이후로는 두 사람을 만나지 못했지요. 두 해가 지나 파리에 돌아왔을 때는 그 수목원은 흔적도 없이 사라진 뒤였어요. 그 옛날의 정든 정원이 사라졌으니 두 노인은 어떻게 되었을까요? 그 미궁 같은 꽃밭도, 과거의 향기도, 우아하게 구부러진 산울타리도 사라지고 말았으니.

그들은 죽었을까요? 아니면 희망을 잃은 망명객처럼 근대의 거리를 헤매고 있을까요? 그것도 아니면, 묘지의 사이프러스 나무 아래나 묘석이 늘어선 오솔길 근처에서 달빛을 받으며 우스꽝스러운 망령처럼 기괴한 미뉴에트를 추고 있는 것은 아닐까요?

그들의 추억은 내 마음속에 흉터처럼 길게 남아, 끊임없이 오가면서 끈질기게 따라다니고 괴롭히며 떠나지 않고 있어요. 왜 그런지 저는 잘 모르겠지만 말이죠.

당신은 틀림없이 이것을 우습다고 생각하겠지요?

Le voleur
도둑

"이런 이야기를 해도 어차피 아무도 믿지 않을걸."

"그래도 얘기해 보시오."

"그럼 얘기해 볼까? 하지만 미리 말하는데, 내 이야기는 지어낸 것처럼 들릴지 모르지만 처음부터 끝까지 모두 사실이라는 걸 믿어주지 않으면 곤란해. 하기야 화가들이라면 이런 이야기에 놀라지도 않을 거야. 술에 취해 난동을 부리던 그 짓궂은 시대를 알고 있는 나이의 화가들이라면 특히 더 그러겠지. 어쨌든 그 시대라고 하면 익살 정신이 유행하던 때여서, 우리처럼 고지식한 얼굴을 하고 있어야 하는 경우에도 이 정신이 늘 따라다니곤 했으니까."

이렇게 말하면서 그 늙은 화가는 말을 타듯이 의자에 걸터앉았다.

바르비종*¹의 어느 호텔 식당에서 있었던 일이다.

그는 이야기를 계속했다.

*

그날 밤 우리는 소리월의 집에서 저녁을 먹었다네. 우리 친구들 가운데 가장 열정이 불탔지만, 가엽게도 지금은 이 세상 사람이 아니지. 그날 밤 우리는 셋뿐이었어. 아마도 소리월, 나, 그리고 르 푸아트뱅이었을 거야. 하지만 르 푸아트뱅이라고 확실하게 단언할 수는 없을 것 같은 기분이 드는군. 물론 내가 말하는 것은, 역시 지금은 죽고 없지만 해양화가였던 외젠 르 푸아트뱅을 말하는 것이네. 지금도 왕성하게 활동하고 있는 그 뛰어난 풍경화가 말고.

우리가 소리월의 집에서 저녁을 먹었다는 건 곧 우리가 술에 취해 있었다는

---

*1 파리 교외 시골 마을 바르비종은 일명 '화가들의 마을'로 불린다. 이곳을 중심으로 농촌 풍경과 농민 생활 등을 그린 화가들을 일컬어 '바르비종파(École de Barbizon)'라고 한다.

걸 의미하네. 르 푸아트뱅만이 이성을 유지하고 있었지. 물론 거나한 기분은 있었지만 그래도 아직은 정신이 말짱했다네. 그때는 우리도 젊었으니까. 우리는 양탄자에 드러누워 아틀리에로 이어지는 작은 방에서 이야기를 나누고 있었지. 소리월은 천장을 향해 누워서 두 다리를 의자 위에 올리고 전쟁 이야기를 하고 있었어. 얘기가 마침 제정시대 군복에 이르자, 생각난 듯이 벌떡 일어나서 잡동사니가 든 커다란 옷장에서 경기병의 제복을 한 벌 꺼내 오더니 그것을 입더군. 그러더니 이번에는 르 푸아트뱅에게 척탄병 옷을 억지로 입히려는 것이었어. 그런데 이 사람이 도무지 말을 듣지 않자 우리 둘이서 덤벼들어 그를 벌거숭이로 만든 뒤 그 큼직한 군복 속에 억지로 집어넣었네. 그랬더니 그가 그 속에 쏙 들어가고 말았지.

나는 흉갑기병으로 변장했지. 소리월은 우리에게 복잡하기 그지없는 연습을 시키더군. 그것이 대충 끝나자 그는 큰 소리로 말했네. "오늘 밤 우리는 용병이야. 그러니 용병답게 마시자고."

먼저 펀치*²에 불을 붙여 한입에 털어 넣고 나자, 럼주가 든 잔에서 불꽃이 피어올랐네. 우리는 목청껏 소리 지르면서 옛날 노래를 불렀지. 나폴레옹의 병사들이 불렀던 노래 말일세.

르 푸아트뱅은 아무리 마셔도 정신을 잃지 않았는데, 그런 그가 갑자기 우리에게 입을 다물라는 신호를 하더군. 잠시 정적이 흐른 뒤 그가 작은 소리로 말했네. "아니, 이런! 아틀리에 안에 누가 있어!" 소리월이 겨우 몸을 일으키며 소리쳤어. "도둑이라고! 잘됐어!"

그러더니 느닷없이 〈라마르세예즈〉*³를 부르는 거야.

　무기를 들라, 시민들이여!

그리고 무기 선반으로 달려가더니 저마다의 옷차림에 따라 우리에게 무기를 건네더군. 나는 구식 보병총과 긴 칼, 르 푸아트뱅은 터무니없이 큰 총검, 그리고 소리월은 적당한 것이 없어서 승마용 권총으로 하고, 그것을 허리띠에 끼워넣은 다음 적진으로 돌격할 때 쓰는 도끼를 들고 휘둘렀지. 그런 다음 그가 조

---

*2 과일즙에 설탕, 양주 따위를 섞은 음료.
*3 프랑스 국가(國歌). 프랑스 혁명 시기인 1792년 루제 드 릴(Rouget de Lisle)이 작사, 작곡했다.

심조심 아틀리에 문을 열자, 군대는 적지에 쳐들어간 것이지.

그 넓은 아틀리에는 커다란 캔버스와 가구, 생각지도 못한 진기한 물건들로 가득했는데, 우리가 그 한복판에 이르렀을 때 소리월이 우리에게 말하더군. "내가 장군이 되겠다. 먼저 군사회의부터 열자. 자네는 흉갑기병이니까 적의 퇴로를 끊어야 해. 즉 문을 잠그는 거지. 자네는 척탄병이니까 나를 호위한다."

나는 명령을 수행한 뒤 정찰 중인 본대에 합류하려고 했지.

커다란 칸막이 뒤에서 본대를 따라잡은 순간, 무시무시한 소리가 들려오더군. 난 촛불을 든 채 뛰기 시작했지. 르 푸아트뱅이 상대를 총검으로 찌르고 소리월이 도끼를 휘둘러 머리를 쪼갠 것까지는 좋았는데, 그것이 사람이 아니라 인체 모형이라는 것을 알자 장군은 "신중을 기하라"고 명령했고, 다시 작전이 시작되었네.

적어도 이십 분 동안 아틀리에 속을 구석구석 뒤졌지만 모두 헛수고로 끝나자, 그때 르 푸아트뱅은 커다란 벽장을 열어볼 생각이 든 거야. 벽장은 깊고 어두웠어. 나는 촛불을 든 손을 내밀다가 깜짝 놀라 나도 모르게 뒷걸음질치고 말았지. 거기에 한 사내가 웅크리고 있었어. 이번에는 정말 살아 있는 남자가 우리를 보고 있었어.

나는 즉시 벽장문을 닫고 열쇠를 두 번 돌렸네. 그리고 다시 회의를 열었지.

의견이 저마다 다르더군. 소리월은 연기를 피워 도둑을 몰아내자고 하고, 르 푸아트뱅은 보급로를 차단하자고 하고, 나는 벽장째 화약으로 날려버리자고 제안했지.

르 푸아트뱅의 의견이 채택되었어. 커다란 총포를 가지고 있는 그에게 감시를 맡기고, 우리는 펀치 남은 것과 담뱃대를 가지러 갔지. 그리고 모두 잠긴 문 앞에 진을 치고 포로를 위해 건배했네.

반 시간쯤 지나자 소리월이 말했네. "아무래도 놈의 얼굴을 자세히 보고 싶은데 말이야. 힘으로 제압하는 게 어떨까?"

내가 "브라보!" 하고 소리치자 저마다 무기를 향해 달려갔지. 마침내 벽장문이 열렸어. 소리월이 빈 권총을 들고 맨 먼저 돌진하더군.

나머지 두 사람도 함성을 지르면서 그 뒤를 따랐지. 어둠 속에서 굉장한 몸싸움이 시작되었어. 무려 오 분이나 진짜 격투를 벌인 뒤, 우리는 그 늙은 도둑을 밝은 곳으로 끌어냈네. 보니까 넝마를 입은, 땟국이 꾀죄죄하고 머리가 새하얀 사내더군.

다 함께 도둑의 손발을 묶은 뒤 안락의자에 앉혔지. 상대는 한마디도 하지 않더군.

그때 소리윌이 몹시 취했는지 우리를 돌아보면서 이렇게 말하더군.

"그럼 이제부터 이 범죄자를 재판해야겠지?"

나도 완전히 취해 있었기 때문에 그 제안을 지극히 마땅한 것으로 받아들였지.

르 푸아트뱅이 변호사 역할을 맡고 나는 검사 역할을 맡았어.

도둑은 변호인의 한 표를 제외하고는 만장일치로 사형을 선고받았지.

"우리는 사형을 집행할 것이다." 소리윌이 선언했지만 한 가지 마음에 걸리는 것이 있었어.

"이 사람이라고 종교의 구원 없이 죽게 할 수야 없지. 누가 신부님을 부르러 가는 게 좋지 않을까?" 나는 시간이 너무 늦었다는 이유로 반대했네. 그러자 소리윌이 나에게 신부님 역을 대신하는 게 어떻겠느냐고 제안하더군. 그리고 죄인에게는 내 가슴에 안겨 참회할 것을 권했지.

상대는 오 분 전부터 놀란 눈을 껌벅거리면서, 지금 자기 눈앞에 있는 자들은 도대체 뭐 하는 인간들인가 궁금해하는 눈치더군. 그리고 술에 찌든 쉰 목소리로 말했어. "나리들, 농담이시겠죠?" 하지만 소리윌은 힘으로 그를 굴복시켰어. 그리고 어쩌면 그의 부모들이 그에게 세례식을 하는 것을 잊어버렸을지도 모른다면서 그의 머리에 럼주를 한 잔 뿌리더군.

그런 다음 사내에게 이렇게 말했지.

"자, 그 나리에게 죄를 자백하게. 너의 마지막 순간이 왔으니."

늙은 도둑이 미친 듯이 날뛰며 소리치기 시작하더군.

"살려줍쇼!" 그 목소리가 어찌나 크던지, 이웃의 잠을 깨우지 않기 위해서는 재갈을 물리는 수밖에 없었어. 그러자 그는 바닥에 드러누워 뒹굴면서 파닥거리고 엎치락뒤치락하다가 가구를 뒤엎고 캔버스를 찢고 그런 야단법석이 없었네. 마침내 소리윌도 더 이상 참지 못하고 "해치우자" 소리치더군. 그리고 바닥에 뒹굴고 있는 그 범죄자를 겨누어 권총 방아쇠를 당겼어. 딱 하고 작고 메마른 소리가 나면서 공이치기가 떨어지더군. 그것에 흥분해서 이번에는 내가 쏘았지. 내 것은 구식 보병총이었는데, 나 자신도 깜짝 놀랄 정도로 불꽃이 튀더군.

그때 르 푸아트뱅이 엄숙하게 이런 말을 하는 거야. "과연 우리에게 이 사람을 죽일 권리가 있을까?"

소리월이 깜짝 놀라 대답했어. "우리는 이미 이 사람에게 사형 선고를 내렸잖아!"

그러나 르 푸아트뱅은 다시 말하더군. "민간인을 총살하는 법은 없어. 이자는 사형집행인에게 넘겨야 해. 초소에 데리고 가자고."

더 이상 논의의 여지가 없었지. 우리는 다 같이 사내를 일으켰는데 비틀거리는 그를 모델대의 판자에 싣고 단단히 묶은 다음, 나와 르 푸아트뱅이 운반을 맡고 소리월은 완전무장한 차림으로 후미를 맡았지.

초소 앞에서 당번병이 우리를 불러 세우더군. 급보를 받고 달려 나온 초소 대장은 우리를 보자 그저 웃기만 하면서 우리의 포로를 넘겨받으려고 하지 않는 거야. 우리의 짓궂은 장난과 기상천외한 놀이에 대해서는 이미 잘 알고 있었거든.

그래도 소리월이 계속 고집을 부리는 거야. 그러자 상대 병사는 여러 말 할 것 없이 집에 돌려보내는 것이 신상에 이로울 거라고 엄포를 놓더군.

부대는 다시 행진을 시작하여 아틀리에로 돌아왔지. 내가 물었어. "이 도둑을 어떻게 하지?"

르 푸아트뱅은 동정심이 일어났는지 그 사내는 지금 매우 피곤할 거라고 단정하더군. 사실 그는 손발이 묶이고 재갈도 물린 채 다시 판자 위에 묶여 숨도 겨우 쉬고 있는 형편이었지.

그렇게 말한 나도 갑자기 연민의 정이 밀려오더군. 주정뱅이의 연민인지도 모르지만, 어쨌든 재갈을 풀어주면서 그에게 물었네. "영감, 몸은 좀 어떻소?"

그가 끙끙대며 대답했네. "진절머리가 나오. 제기랄!" 그러자 소리월도 아버지처럼 너그러워져서 묶은 것을 모두 풀어준 뒤, 그를 의자에 앉히고 마치 친구를 대하듯이 말하는 거야. 우리는 그를 기운차리게 해주려고 셋이서 다시 서둘러 펀치를 준비했어. 도둑은 안락의자에 얌전하게 앉아 우리 모습을 바라보고 있더군. 술이 준비되자 그에게도 잔을 건넸어. 우리는 그의 머리를 안아주고 싶은 기분이었지. 그리고 건배했네.

포로는 고래처럼 술을 들이켜더군. 이윽고 새벽이 다가오자, 그는 일어나더니 매우 침착한 태도로 말했네. "이제 여러분과도 작별할 때가 왔군요. 어쨌든 저도 집으로 돌아가야 하니까요."

우리는 실망했지. 어떻게든 그를 붙잡으려고 했지만 그는 더 이상 머무는 것은 거절하더군.

그래서 서로 악수를 나누고 소리월은 촛불로 현관을 비춰 주면서 "정문 아래 계단을 조심하오."라고 소리쳤네.

*

이야기꾼 주위에서 왁자한 웃음소리가 일어났다. 이야기꾼은 일어나서 담뱃대에 불을 붙이고 자세를 고치더니 이렇게 덧붙였다.

"그런데 이 이야기에서 가장 재미있는 건 이것이 실제로 있었던 일이라는 거야."

오르탕스 여왕

아르장퇴유 사람들은 그 여자를 오르탕스 여왕이라고 불렀다. 그 이유는 아무도 몰랐다. 그것은 그녀의 말투가 장교가 명령하는 것처럼 단호했기 때문일까? 아니면 뼈대가 굵고 체격이 큰 오만한 여자였기 때문일까? 그것도 아니라면 다른 노처녀들처럼 그녀도 암탉과 개, 고양이, 검은머리방울새, 앵무새 같은 동물들을 시종처럼 키우고 있었기 때문일까? 그렇다고 해서 그녀가 그 동물들을 애지중지하지는 않았다. 목을 갸룽대는 고양이의 부드러운 털 위에, 여자들 입술에서 새어 나옴직한 그 어리광스러운 사랑을 쏟아붓는 것도 아니었다. 그녀는 자신의 짐승들을 오로지 권력용으로 사육하고 있었다. 말하자면 지배하고 있었던 것이다.

그녀는 말 그대로 노처녀였다. 카랑카랑한 목소리, 메마른 몸짓, 마음이 돌처럼 딱딱한 노처녀 한 사람이었다. 반박이나 말대꾸, 망설임, 어설픔, 태만, 피로 같은 것을 그녀는 절대로 허용하지 않았다. 그 대신 그녀가 불평을 하거나 뭔가 아쉬워하고, 누구를 원망하는 말을 들은 사람은 아무도 없었다. 그녀는 숙명론자 같은 신념을 가지고 늘 "저마다 자기 몫이 있다"고 말했다. 성당에 다니지도 않고, 사제를 존경하지도 않으며, 신도 믿지 않고, 종교적인 것은 죄다 '울보들이나 좋아하는 것'으로 여겼다.

그녀는 거리를 향해 작은 마당이 있는 그 작은 집에 사는 삼십 년 동안, 자신의 습관을 바꾼 적이 단 한 번도 없었다. 바꾸는 것은 오직 하녀뿐, 하녀는 스물한 살이 되면 가차 없이 쫓겨났다.

자신이 키우던 개, 고양이, 새가 사고를 당해, 또는 수명이 다해 죽어도 그녀는 눈물 한 방울 흘리지 않고, 슬퍼하지도 않으며 지체 없이 다른 것으로 바꾸었다. 죽은 동물은 삽으로 화단에 구덩이를 파서 묻은 뒤 발로 아무렇게나 몇 번 밟아서 다지면 그만이었다.

도시에는 그녀가 알고 지내는 사람들이 몇 있었다. 남편이 날마다 파리로 출근하는 직장인 가정이었다. 밤에 다과회에 초대받는 일도 가끔 있었다. 그런 모임에 와서도 그녀는 매번 잠만 잤기 때문에 사람들이 깨워야 비로소 집으로 돌아갔다. 낮이고 밤이고 무서울 것이 없어서 누가 바래다주는 것을 절대로 받아들이지 않았다. 어린아이들을 좋아하는 기색도 없었다.

그녀가 시간을 보내는 일 또한 남자가 하는 일뿐이었다. 목재를 다듬거나 밭을 일구고, 톱과 도끼로 나무를 베고, 집을 수리하고, 필요할 때는 석공 일까지 마다하지 않았다.

친척이 두 집 있어서 일 년에 두 번 그녀를 만나러 왔다. 즉 심 집안과 콜롱벨 집안인데 둘 다 결혼한 여동생 가족으로, 앞의 동생은 약국을 하고 또 하나는 금리생활자였다. 심 부부에게는 아이가 없고 콜롱벨 부부에게는 아이가 셋 있었다. 앙리, 폴린, 조제프이다. 앙리는 스무 살, 폴린은 열일곱 살, 조제프는 어머니가 더 이상 임신이 불가능해 보였을 때 느닷없이 태어났기 때문에 이제 겨우 세 살이었다.

그러나 노처녀는 그러한 친척들에게도 전혀 애착을 느끼지 않았다.

1882년 봄, 오르탕스 여왕이 갑자기 병에 걸렸다. 이웃 사람들이 의사를 불러왔지만 그녀는 거절했다. 그다음에 신부가 찾아오자 그녀는 반쯤 벌거벗은 모습으로 침대에서 기어 나와 역시 쫓아내 버렸다.

어린 하녀는 불안해하면서 약을 달여주었다.

자리에 누운 지 사흘째 되던 날 몸 상태가 매우 위태로워 보이자, 의사의 충고로 이웃에 사는 통 제조공이 그 집에 들어가서 주소들을 알아내어 두 여동생 가족에게 연락했다.

두 가족은 같은 기차를 타고 아침 열 시쯤 찾아왔다. 콜롱벨 부부는 어린 조제프를 데리고 왔다.

그들이 마당에 들어서자 먼저 하녀의 모습이 눈에 들어왔다. 하녀는 의자에 앉아 벽에 기대어 울고 있었다.

개는 햇볕이 뜨겁게 내리쬐는 현관문 앞에서 자고 있었다. 두 개의 창가에 고양이가 한 마리씩 눈을 감고 다리와 꼬리를 축 늘어뜨린 채 죽은 듯이 누워 있었다.

살진 암탉 한 마리가 꼬꼬댁거리며, 노란 솜털로 뒤덮인 솜처럼 가벼워 보이는 병아리들을 이끌고 작은 마당을 가로질러 갔다. 벽에 매달려 있는, 별봄맞이 꽃이 얹혀 있는 커다란 새장에는 새들이 따뜻한 봄날 오전의 햇살 속에서 즐겁게 노래하고 있었다.

오두막을 본뜬 작은 새장에는 앵무새 한 쌍이 홰 위에 서로 몸을 기대고 조용히 앉아 있었다.

기질이 거칠고 난폭한 심 씨는 필요하면 남자든 여자든 아무렇지도 않게 밀어내고 어디든 맨 먼저 쳐들어가는 사람인데, 이날도 역시 맨 먼저 입을 열었다.

"이봐! 셀레스트! 그렇게 안 좋으신가?"

하녀가 울먹이는 목소리로 말했다.

"이젠 저도 못 알아보세요. 의사선생님도 손쓸 방법이 없대요."

모두 서로 얼굴을 마주보았다.

심 부인과 콜롱벨 부인은 말없이 서로 부둥켜안았다. 이 두 사람은 매우 닮았다. 둘 다 똑같이 앞가르마를 타고, 숯불처럼 눈부신 붉은 색 프랑스 캐시미어 숄을 두르고 있었다.

심은 동서를 돌아다보았다. 위장병 때문에 얼굴색이 나쁘고 누렇게 여윈 남자였다. 게다가 다리도 심하게 절었다. 심이 점잖은 목소리로 말했다.

"맙소사! 그래도 늦지 않아서 다행이군."

그러면서도 일층에 있는 병자의 방에는 아무도 들어가려고 하지 않았다. 심까지 차례를 양보했다. 그래서 맨 먼저 들어가기로 한 것은 콜롱벨이었다. 지팡이의 물미로 바닥을 두드릴 때마다 그의 몸은 배의 돛처럼 옆으로 흔들렸다.

두 여자도 결심한 듯 그 뒤를 따르고, 결국 심 씨는 맨 뒤에 섰다.

어린 조제프는 개에게 정신이 팔려 혼자 밖에 남아 있었다.

한 줄기 햇살이 침대를 둘로 가르면서 일직선으로 병자의 손을 비추고 있었다. 신경질 부리듯이 흔들리는 두 손은 끊임없이 폈다 닫혔다를 되풀이했다. 손가락도 쉴 새 없이 움직였다. 어떤 관념이 그것들을 조종하고 있는 것처럼 보였다. 뭔가를 의미하고 어떤 생각을 나타내면서 지성에 따라 움직이고 있는 것 같았다. 그 손가락을 제외한 다른 육체는 이불 속에서 전혀 움직이지 않았다. 뼈만 남은 얼굴도 아무런 떨림이 없었다. 눈은 감겨 있었다.

친척들은 반원형으로 둘러서서 아무 말도 하지 않고 바라보기만 했다. 가슴이 답답하고 숨결이 가빠졌다. 뒤따라 들어온 하녀는 여전히 눈물을 흘리고 있었다.

이윽고 심이 물었다.

"의사가 정확히 뭐라고 했지?"

하녀가 우물우물 말했다.

"그냥 조용히 내버려 두라고 했어요. 더는 할 수 있는 일이 없다면서요."

그때 갑자기 노처녀의 입술이 움직였다. 그 입술은 소리 없는 말을, 죽어가는 여자의 머릿속에 숨겨진 말을 하고 있는 것 같았다. 그리고 두 손은 기묘한 움직임을 더욱 빠른 속도로 하고 있었다.

문득 그녀는 가늘게 갈라진 목소리로 말하기 시작했다. 그것은 그녀의 평상시 목소리가 아니라 어딘가 먼 곳에서 들려오는 듯한, 아마도 늘 닫혀 있던 마음속 깊은 곳에서 들려오는 듯한 목소리였다.

심은 차마 그 광경을 볼 수 없었는지 발끝으로 걸어서 나가버렸다. 한쪽 다리를 쓰지 못하는 콜롱벨은 피곤한 듯 의자에 앉았다.

두 여자는 계속 서 있었다.

오르탕스 여왕은 매우 빠르게 옹알거렸는데, 무슨 말을 하는 건지 전혀 알아들을 수는 없었다. 여러 이름을 말하며 공상 속 사람들을 다정하게 부르는 것이었다.

"귀여운 필리프, 자, 이리 온, 이리 와서 엄마에게 키스해 다오. 아가야, 넌 엄마를 좋아하지? 로즈, 너는 어린 여동생을 돌봐야 해. 엄마는 이제부터 잠깐 나갔다 올 테니까 무슨 일이 있어도 아기를 혼자 내버려 둬서는 안 돼. 알았지? 그리고 성냥을 만져선 안 돼."

그녀는 잠시 입을 다물었다가, 곧 더욱 높은 소리로 사람을 부르는 것처럼 "앙리에트!" 하고는, 조금 있다가 다시 말을 계속했다. "아빠한테 사무실에 나가기 전에 나에게 알려달라고 전해 줘." 그리고 갑자기 말했다. "오늘은 몸이 좀 좋지 않아요. 여보, 너무 늦지 않게 돌아와 줘요. 꼭이요. 과장님께 제가 아프다고 말씀드리면 되잖아요. 제가 누워 있는데 아이들을 내버려 두면 위험하니까요. 저녁에는 설탕을 넣은 쌀 요리를 만들게요. 아이들도 그걸 무척 좋아해요. 클레르가 틀림없이 기뻐할 거예요!"

그녀는 웃기 시작했다. 생기발랄하고 명랑한 웃음이었다. 지금까지 그녀가 그렇게 웃는 모습을 한 번도 본 적이 없었다. "어머나, 장을 좀 보세요, 저 우스꽝스러운 얼굴 좀 봐요. 잼을 잔뜩 묻혀서 찐득찐득해졌어요. 얼마나 지저분한 아이인지! 저것 좀 봐요, 여보, 저렇게 이상한 얼굴을 하고!"

콜롱벨은 여행에 지친 한쪽 다리의 위치를 끊임없이 바꾸면서 중얼거리듯이 말했다.

"꿈을 꾸고 있는 거야. 아이와 남편이 있는 꿈을 꾸고 있는 게지. 드디어 임종이 가까워진 모양이군."

두 자매는 그저 어쩔 줄을 몰라 하며 여전히 꼼짝도 하지 않았다.

하녀가 말했다.

"저쪽 방에 가서서 모자와 숄을 벗으시는 게 좋지 않을까요?"

두 여자는 아무 말 없이 방을 나갔다. 콜롱벨도 다리를 절면서 뒤따라 나가자, 죽어가는 병자는 다시 혼자 남았다.

여자들은 여행길에 입었던 옷을 벗고서야 비로소 자리에 앉았다. 창문턱에서 자고 있던 고양이 한 마리가 일어나 기지개를 켠 뒤 방 안으로 뛰어내려 심 부인의 무릎에 올라오자, 그녀가 쓰다듬어 주었다.

여전히 옆방에서는 죽어가는 병자의 목소리가 들려왔다. 그녀는 마지막 순간이 되어서야 비로소 그녀가 동경했던 삶을 살고 있는 것 같았다. 모든 것이 그녀에게서 끝나려 하는 순간에, 그녀는 꿈 자체를 살려 하고 있는 것이다.

심은 어린 조제프와 개를 데리고 마당에서 놀고 있었다. 너무나 제멋대로 살아온 거친 사내답게 사뭇 유쾌하게 떠드는 그에게, 죽어가는 병자 따위는 염두에도 없었다.

그런데 갑자기 생각난 듯이 그가 집 안으로 들어와 하녀에게 말했다.

"이봐, 우리 점심은 먹게 해줘야지. 부인들은 뭘 먹겠소?"

파슬리 등을 넣은 오믈렛, 새로 딴 사과를 곁들인 안심 구이, 치즈, 커피로 메뉴가 정해졌다.

콜롱벨 부인이 지갑을 꺼내려고 호주머니를 뒤지자 심이 말리더니 하녀에게 물었다. "돈은 있나?"

그녀가 대답했다.

"네, 나리."

"얼마나 있는데?"

"15프랑 있어요."

"그거면 됐어. 서둘러, 아가씨. 우린 지금 배가 고파."

심 부인은 햇살에 잠긴 덩굴풀의 꽃들과, 건너편 지붕에 앉아 있는 사이좋은 비둘기 두 마리를 바라보다가 무척 상심한 표정으로 말했다.

"이렇게 슬픈 일로 오니까 재미가 없어. 오늘 같은 날, 시골길을 산책하면 정말 기분이 좋을 텐데."

여동생은 한숨만 내쉴 뿐 아무 대답도 하지 않았다. 콜롱벨은 걷는다는 말에 화가 나는지 불만스러운 듯이 말했다.

"내 다리가 나를 지독히도 괴롭히는군."

어린 조제프와 개는 시끄럽게 떠들고 있었다. 한쪽이 기뻐서 꺅꺅 소리를 지르면 다른 한쪽은 혼을 빼놓을 것처럼 왈왈 짖어댔다. 아이와 개는 미친 듯이 세 개의 화단 주위를 서로 쫓고 쫓기면서 숨바꼭질을 했다.

죽어가는 병자는 여전히 자기 아이들을 불러대고 있었다. 그리고 그 한 사람 한 사람과 얘기하면서 상대에게 옷을 입히고, 키스를 하고, 읽기와 쓰기를 가르치고 있는 것으로 믿었다. "자, 시몽, 다시 한 번 말해 봐. 아, 베, 세, 데…… 아니야, 데, 데, 데야, 알았지? 그래, 거기서 다시 한 번 해봐……."

심이 말했다. "누구든 이런 상황에서는 꼭 묘한 헛소리들을 한단 말이야."

그러자 콜롱벨 부인이 물었다.

"언니 옆에 가 있는 것이 좋지 않겠어요?" 하지만 곧장 심이 그녀를 말렸다.

"그럴 필요 없어. 처제가 가본다고 상태가 좋아질 것도 아니고. 여기 있어도 상관없다고."

아무도 그 이상 고집부리지 않았다. 심 부인은 모란잉꼬[*1]라 불리는, 초록 앵무새 두 마리를 가만히 바라보고 있었다. 그녀는 감동을 주는 이 새의 부부애를 가볍게 칭찬한 뒤, 남자들이 그 동물을 본받지 않는 것을 헐뜯었다. 심은 웃음을 터뜨리면서 아내를 힐끗 보고 놀리듯이 콧노래를 불렀다. "트랄랄라, 트랄랄라." 마치 자신이 아내를 얼마나 사랑하는지 보여주려는 듯이 말이다.

콜롱벨은 위경련이 일어나 지팡이로 바닥을 때리고 있었다.

또 한 마리의 고양이가 꼬리를 바짝 세우고 들어왔다.

---

*1 프랑스어 모란잉꼬(inséparables)는 떼려야 뗄 수 없는 사람, 언제나 함께 있는 사람이라는 뜻의 'inséparable'의 복수명사이다.

그들이 식탁에 앉았을 때는 한 시가 다 되어 있었다.

고급 보르도만 마시라는 권유를 받은 콜롱벨은 포도주를 입에 대어보더니 즉시 하녀를 불렀다.

"이봐, 아가씨, 창고에 이것보다 더 좋은 술 없나?"

"네, 나리, 있어요. 언제나 오실 때 드리는 고급술이 있어요."

"그럼 그걸 세 병만 갖다줘."

정말 맛이 좋긴 좋았다. 그것은 이름난 포도원 거라서 그런 것이 아니라 창고에 십오 년이나 묵혀둔 덕분이었다. 심도 공언했다. "이건 진정 환자용 술이야."

콜롱벨은 그 보르도를 소유하고 싶은 강렬한 욕망에 사로잡혀 다시 하녀에게 물었다.

"이게 얼마나 남아 있지?"

"오! 나리, 이건 손도 대지 않은 채 남아 있어요. 마님은 한 방울도 입에 대지 않으시거든요. 창고 속에 산처럼 쌓여 있어요."

그러자 콜롱벨은 동서 쪽으로 몸을 돌리고 말했다.

"그렇다면 형님, 내가 이 술을 가지는 대신 형님에게는 뭔가 다른 것을 양보하리다. 이건 내 위장에 안성맞춤이라서."

이번에는 암탉이 병아리들을 데리고 들어왔다. 두 여자는 재미있어 하면서 빵 부스러기를 던져주었다.

조제프도 개도 배불리 먹고 나자 다시 마당으로 내보내졌다.

오르탕스 여왕은 여전히 얘기하고 있었다. 그러나 이제는 목소리가 낮아져서 무슨 말인지 알아들을 수가 없었다.

그들은 커피를 마시고 나자 병자의 상태를 보러 갔다. 병자는 좀 진정된 것 같았다.

그들은 소화를 시키려고 다시 밖으로 나아가 마당에 둥글게 둘러앉았다.

갑자기 개가 뭔가를 물고 의자 주위를 전속력으로 달리기 시작했다. 어린 조제프가 정신없이 개 뒤를 쫓아가더니 둘 다 집 안으로 모습을 감췄다.

심은 배를 햇볕에 드러내놓고 잠들었다.

죽어가던 병자가 다시 높은 목소리로 얘기하기 시작했다. 그러다가 느닷없이 소리를 지르는 것이었다.

두 여자와 콜롱벨은 이상한 생각이 들어 얼른 방으로 들어갔다. 심도 깨어나기는 했는데 이런 일은 영 거북해서 움직이지 않았다.

병자는 얼빠진 눈으로 앉아 있었다. 개는 어린 조제프의 추격을 피하려고 침대 위에 뛰어오른 뒤 죽어가는 병자를 밟고 넘어갔다. 그리고 베개 뒤에 가서 눈을 반짝이며 친구를 보면서, 다시 놀이를 시작하기 위해 당장이라도 뛰어나갈 자세를 취하고 있었다. 개가 입에 물고 있던 것은 여주인의 슬리퍼 한 짝이었다. 벌써 한 시간이나 물고 장난치는 바람에 이미 너덜너덜해져 있었다.

아이는 자기 눈앞에서 그 여자가 갑자기 일어났기 때문에 겁을 먹고 침대 쪽을 향한 채 얼어붙어 있었다.

들어와 있던 암탉도 그 소리에 깜짝 놀라 의자 위로 날아올랐다. 병아리가 의자의 네 다리 사이로 우왕좌왕하면서 삐악삐악 울자 어미가 위에서 안간힘을 다해 불러댔다.

오르탕스 여왕이 찢어지는 듯한 목소리로 외쳤다. "싫어요, 싫어, 난 죽기 싫어요. 죽기 싫어! 죽기 싫다고요! 내가 죽으면 아이는 누가 키워요? 누가 돌봐줘요? 누가 사랑해 줘요? 싫어요. 난 죽기 싫어요!…… 난……."

그녀는 그대로 뒤로 나자빠졌다. 숨이 끊어진 것이다.

몹시 흥분한 개가 온 방 안을 뛰어다녔다.

콜롱벨은 창가로 달려가서 동서를 불렀다. "어서 와요, 어서 와. 방금 숨을 거뒀어요."

겨우 정신을 차리고 일어난 심이 방에 들어오면서 중얼거렸다.

"생각보다 오래 걸리지 않았군."

Le papa de Simon
시몽의 아빠

정오 종이 울렸다. 교문이 열리자 아이들이 앞다투어 몰려나왔다. 그러나 여느 때처럼 서둘러 흩어져서 점심을 먹으러 집에 돌아가지는 않고, 조금 가더니 삼삼오오 멈춰 서서 수군거리기 시작했다.

그날 아침 라 블랑쇼트의 아들 시몽이 처음으로 학교에 왔기 때문이다.

라 블랑쇼트에 대해서는 모두들 집에서 얘기를 들어 알고 있었다. 어머니들은 겉으로는 그녀에게 예의 바르게 행동했지만, 가족끼리 있을 때는 약간의 경멸이 섞인 동정심을 드러냈기 때문에 아무것도 모르는 아이들 마음에도 그런 태도가 옮아갔던 것이다.

시몽에 대해서는 아이들은 아무것도 모르고 있었다. 무엇보다 시몽은 집 밖에 나가는 일이 거의 없어서, 다른 아이들과 함께 마을이나 강가를 뛰어다니면서 놀지 않았다. 그들은 시몽을 좋아하지 않았다. 그래서 열너덧 살쯤 된 한 소년이 다 안다는 듯이 교활하게 눈을 찡긋거리면서 한 말을 신이 나서 서로 되풀이했는데, 거기에는 커다란 놀라움과 함께 어떤 기쁨조차 들어 있었다.

"너희들도 알지?…… 시몽은 말이야…… 아빠가 없대."

바로 그때 라 블랑쇼트의 아들이 교문에 나타났다.

일고여덟 살쯤 된, 얼굴이 약간 창백하고 무척 깔끔한 인상의 아이인데 겁이 많아 보였다. 다시 말해 몹시 어색해 보였다.

어머니에게 돌아가려는 그 아이를, 반 아이들은 못된 장난을 꾸미고 있는 아이들 특유의 짓궂고 잔인한 눈길로 바라보더니, 여전히 수군거리면서 조금씩 에워싸서 결국 완전히 가두고 말았다. 아이는 그대로 그 한복판에 꼼짝없이 갇혀 서 있는 수밖에 없었다. 그리고 무슨 짓을 당할지 몰라 당황해서 쩔쩔매고 있을 뿐이었다. 시몽에 대해 폭로한 조금 전의 그 소년은, 일이 이렇게 쉽게 성공하자 거들먹거리면서 아이에게 물었다.

"네 이름은 뭐냐?"

아이가 대답했다. "시몽이야."

"시몽, 뭐?" 상대가 다시 물었다.

아이는 당황해서 같은 말만 되풀이했다. "시몽이야."

소년이 소리를 질렀다. "그러니까 시몽 뭐냐고 묻잖아…… 시몽……만 가지고는 이름이 안 되잖아."

그러자 아이는 금방이라도 울음을 터뜨릴 것 같은 얼굴로 이번에도 같은 말을 되풀이했다.

"내 이름은 시몽이라고."

아이들이 와 하고 웃음을 터뜨렸다. 소년은 으스대면서 목소리를 더욱 높였다. "어때, 이제 너희들도 알았지? 이 녀석은 아빠가 없어."

주위가 조용해졌다. 아이들은 이 이상한, 있을 수 없는 기이한 사실—아빠가 없는 아이가 있다—에 놀란 것이다. 뭔가 이상한 것, 자연스럽지 않은 것이라도 보는 듯한 눈길로 아이를 바라보았다. 그리고 지금까지 이유를 몰랐던, 어머니들의 라 블랑쇼트에 대한 경멸이 마음속에 크게 번져 가는 것을 느꼈다.

시몽은 쓰러지지 않으려고 나무에 기댔다. 그리고 돌이킬 수 없는 재난이 덮친 것처럼 꼼짝 않고 있었다. 아이는 어떻게든 설명하려고 했다. 그러나 자신에게는 아빠가 없다는 그 무서운 사실을 부정할 수 있는 대답을 아무래도 찾을 수가 없었다. 드디어 아이는 얼굴이 창백해져서 나오는 대로 소리쳤다. "아니야, 나에게도 아빠가 있어."

"어디 있는데?" 소년이 물었다.

시몽은 입을 다물었다. 자신도 잘 몰랐기 때문이다. 아이들은 웃으며 시끄럽게 떠들어댔다. 시골 아이들은 동물과 비슷해서, 이를테면 암탉 한 마리가 상처를 입으면 다른 닭들이 닭장에서 줄줄이 나와 여럿이 몰려들어 죽여버리듯이 그런 잔인한 욕망이 그들을 사로잡았다. 문득 시몽은 옆에 과부의 아들이 있는 것을 깨달았다. 그도 자신과 마찬가지로 언제나 어머니와 단둘이 사는 것을 봤기에 알고 있었다.

"너도 아빠가 없지?" 아이가 말했다.

"무슨 소리야, 있어." 상대가 대답했다.

"그럼 어디 있어?" 시몽이 다시 물었다.

"돌아가셨어." 아이는 더할 나위 없이 자랑스럽게 선언했다. "우리 아빠는 무덤 속에 있어."

그래, 맞아, 하는 동조의 웅성거림이 장난꾸러기들 사이에서 일어났다. 무덤에 돌아가신 아빠가 있다는 사실이 그들의 동료를 위대하게 만들었기 때문에, 아버지가 어디에도 없는 아이의 코를 납작하게 만드는 데 충분하다고 생각한 것이리라. 게다가 이런 악동들의 아버지라면 대부분 주정뱅이, 날치기꾼, 아내를 때리고 학대하는 악당들인데, 대체로 그 아들들도 그런 아버지들과 마찬가지여서 서로 밀치락달치락하면서 포위망을 점점 좁혀 갔다. 합법적인 자신들은 불법적인 자를 짓밟고 질식시켜도 괜찮다고 생각하는 것 같았다.

마침 시몽의 옆에 있던 아이가 비웃는 표정으로 혀를 쑥 내밀어 보인 뒤 큰 소리로 말했다.

"아빠가 없대! 아빠가 없대!"

시몽은 그 아이의 머리를 두 손으로 움켜잡더니, 무턱대고 발로 차면서 상대의 뺨을 물어뜯었다. 뒤엉켜 있는 두 아이가 겨우 떨어지자 시몽은 맞고 찢기고 상처 입은 채 땅바닥에 나뒹굴어졌고, 주위 악동들은 박수를 치고 야단들이었다. 시몽이 가까스로 일어나 먼지투성이가 된 작은 셔츠를 무의식적으로 털고 있을 때, 누군가가 외쳤다.

"이제 아빠한테 가서 일러보시지."

그 말을 듣자 아이는 가슴속에서 뭔가가 와르르 무너져 내리는 것 같았다. 그들 모두 자기보다 강하기 때문에 자신을 때린 것이다. 그런데 자신은 그들에게 아무 대답도 할 수 없었다. 왜냐하면 자신에게 아빠가 없는 것은 사실임을 아이 자신도 잘 알고 있었기 때문이다. 자존심 앞에서 아이는 목이 메도록 북받쳐 오르는 눈물과 싸우기 위해 몇 초 동안 가만히 있었다. 그러나 숨이 막힌 아이는 마침내 심하게 몸을 떨면서 소리 죽여 흐느껴 울기 시작했다.

그러자 적들에게서 와 하는 함성이 일어났다. 그리고 미친 듯이 기뻐하는 야만인처럼 서로 손을 잡고 아이의 주위를 빙글빙글 돌면서 후렴처럼 되풀이해 소리쳤다. "아빠가 없대! 아빠가 없대!"

시몽은 갑자기 울음을 그쳤다. 분노가 불길처럼 치솟았다. 발아래 돌이 있었다. 아이는 그것을 주워 들고 자신의 박해자를 향해 있는 힘을 다해 던졌다. 두세 명이 맞았는지 소리를 지르면서 달아났다. 아이가 너무나 험악한 모습을 보이자 다른 아이들도 당황하기 시작했다. 군중이 격분한 한 사람 앞에서 언제나 그렇듯이, 그들도 겁을 먹고 뿔뿔이 흩어져서 달아났다.

혼자 남은 아버지 없는 자식은 들판을 향해 달리기 시작했다. 어떤 기억을 떠올리고 중대한 결심을 한 것이다. 시몽은 강물에 빠져 죽기로 했다.

실제로 일주일 전에, 동냥을 하던 불쌍한 남자가 돈이 없어서 강물에 몸을 던진 것을 기억해 낸 것이다. 시몽은 사람들이 시체를 건져 올렸을 때 거기에 있었다. 그 불쌍한 남자는 평소에는 초라하고 더럽고, 추한 사람이라고만 생각했는데, 그때는 너무나도 온화한 얼굴을 하고 있어서 시몽은 마음속으로 깊은 감동을 느꼈다. 얼굴은 새파랗고 긴 턱수염은 물에 젖어 있었지만, 두 눈을 뜬 모습은 무척 평온해 보였다. 옆에서 누가 말했다. "저 사람 죽었소." 그러자 또 누군가가 덧붙였다. "이젠 정말 행복하겠군."

그래서 시몽도 강물에 몸을 던지고 싶었다. 그 거지에게 돈이 없었던 것처럼 그에게는 아빠가 없으니까.

강가로 간 아이는 강물이 흐르는 것을 가만히 바라보았다. 물고기 몇 마리가 맑은 물속에서 바쁘게 헤엄치고 있었다. 그리고 이따금 팔짝팔짝 뛰어올라 수면에서 날고 있는 작은 벌레를 잡아먹었다. 아이는 그 광경을 보느라고 정신이 팔려 울음을 그쳤다. 그 방법이 매우 재미있어 보였다. 다만 폭풍이 잠시 잦아든 뒤에도 갑작스레 세찬 바람이 불어치면서 나무를 뒤흔들고는 지평선으로 사라지듯이, 이따금 '나에게는 아빠가 없으니까 강물에 빠져 죽을 거야' 하는 생각이 되살아나서 아이를 아프도록 찔렀다.

날씨가 무척 따뜻하고 아주 맑았다. 포근한 햇살이 들판의 풀을 데워 주고 있었다. 강물은 거울처럼 빛났다. 시몽은 몽롱한 듯 기분이 너무 좋았다. 실컷 운 뒤의 나른함이 찾아왔다. 아이는 그대로 햇살 아래 풀 위에서 잠들어 버리고 싶었다.

작은 청개구리 한 마리가 시몽의 발밑에서 폴짝 뛰었다. 아이가 붙잡으려고 하자 개구리는 달아났다. 뒤를 쫓아갔으나 세 번이나 놓쳤다. 겨우 뒷다리를 붙잡자, 개구리가 어떻게든 달아나려고 버둥거리는 것을 본 아이는 웃음을 터뜨리고 말았다. 개구리는 뒷다리를 접어 몸을 웅크리더니, 두 개의 작대기처럼 경직된 다리를 갑자기 앞으로 뻗었다. 그리고 금빛 테두리로 에워싼 눈을 동그랗게 내밀고, 손처럼 움직이는 앞다리로 공기를 때렸다. 그 모습을 보자 어떤 장난감이 생각났다. 가느다란 판자를 한 장 한 장 지그재그로 겹쳐서 못질을 한 장난감인데, 그것을 그런 식으로 움직이면 그 위에 서 있는 작은 병정이 운동하는 구조로 되어 있었다. 그러자 집과 엄마가 생각나서 슬퍼진 아이는 다시 울기 시작했다. 팔다리가 떨려서 견딜 수가 없었다. 아이는 잠자기 전에 하는 것처럼 무릎을 꿇고 기도를 올렸다. 하지만 끝까지 계속할 수가 없었다. 갑자기 울음이 복받쳐서 온몸을 휘감았기 때문이다. 더 이상 아무것도 생각나지 않았다. 주위는 이미 깜깜해서 아무것도 보이지 않았다. 아이는 그저 울고만 있었다.

갑자기 두툼한 손이 아이의 어깨를 짚더니 굵은 목소리로 물었다. "애야, 뭐가 그리 슬퍼서 울고 있니?"

시몽은 돌아다보았다. 키 큰 남자가 친절한 눈길로 아이를 바라보고 있었다. 구레나룻과 머리카락이 새까맣게 곱슬거리는 노동자였다. 아이는 눈에 눈물을 가득 담고 목이 메는 목소리로 대답했다.

"아이들이 때렸어요…… 왜냐면…… 제가…… 제가…… 아빠가…… 없다고…… 아빠가 없다고요……."

"뭐라고?" 그 사람은 웃으면서 말했다. "누구에게나 아빠는 있는 법이란다."

아이는 슬픔에 흐느껴 울면서 겨우 대답했다. "그런데 저에게는…… 저에게는…… 아빠가 없어요."

그러자 남자의 표정이 심각해졌다. 아이가 라 블랑쇼트의 아들이라는 걸 안 것이다. 그는 이 고장에 온 지 얼마 안 되었지만 시몽의 사연에 대해서는 막연하게나마 알고 있었다.

"그 문제라면 걱정 마라, 애야." 그가 말했다. "자, 아저씨하고 함께 엄마한테 가자. 너에게 아빠를…… 구해 주마."

두 사람은 걷기 시작했다. 어른이 아이의 손을 잡았다. 그리고 다시 한 번 미소 지었다. 라 블랑쇼트를 보는 것이 싫지 않았기 때문이다. 사람들 말로는 마을에서 그녀가 가장 예쁘다고 했다. 아마도 남자는 한 번 실수를 저지른 젊은 여자는 또다시 그럴 수 있을 거라고 마음속으로 자신에게 말하고 있었을지도 모른다.

두 사람은 작은 집 앞에 도착했다. 매우 깔끔한 하얀 집이었다.

"여기예요." 아이가 그렇게 말한 뒤 소리쳤다. "엄마!"

한 여자가 나왔다. 그러자 갑자기 남자의 얼굴에서 미소가 사라지고 말았다. 이 키가 크고 얼굴이 창백한 여자를 본 순간, 그녀는 함부로 희롱할 수 있는 여자가 아니라는 것을 깨달았기 때문이다. 실제로 문 앞에 엄숙하게 서 있는 그녀는, 전에 한 남자에게 배신당한 적이 있는 이 집 문지방을 세상의 모든 남자들로부터 방어하고 있는 것처럼 보였다. 겁먹은 남자는 사냥모자를 손에 들고 우물우물 말했다.

"부인, 아드님이 강가에서 길을 잃고 헤매고 있기에 데리고 왔습니다."

그렇지만 시몽은 엄마의 목에 매달리더니 또다시 울음을 터뜨리면서 말했다.

"아니야, 엄마, 나 강물에 뛰어들려고 했어. 아이들이 나를 때렸어…… 때렸어…… 나한테 아빠가 없다고."

젊은 여자의 뺨이 붉게 물들었다. 그리고 온몸에 상처 입은 듯한 얼굴로 아들을 꼭 끌어안았다. 눈물이 쉴 새 없이 뺨을 타고 흘러내렸다. 남자는 마음이 뭉클하여 떠나지도 못한 채 머뭇거렸다. 갑자기 시몽이 그에게 달려와서 말했다.

"아저씨, 저의 아빠가 되어주실래요?"

조용해졌다. 라 블랑쇼트는 쥐구멍에라도 들어가고 싶을 만큼 부끄러워서 아무 말 없이 두 손을 가슴에 대고 벽에 몸을 기댔다. 아이는 대답을 듣지 못하자 다시 말했다.

"아저씨가 싫다고 하시면 저는 다시 강물에 뛰어들러 갈 거예요."

남자는 농담처럼 웃으면서 대답했다.

"그래, 아빠가 되어주고말고."

"그럼, 아저씨 이름이 뭐예요?" 사이를 두지 않고 아이가 물었다. "아이들이 이름을 물으면 대답해 주려고요."

"필리프라고 한단다." 남자가 대답했다.

시몽은 그 이름을 기억해 두기 위해 잠시 입을 다물었다. 그리고 안심한 듯이 두 팔을 내밀면서 말했다.

"야, 잘됐다! 필리프는 저의 아빠예요."

남자는 아이를 안아 올리고 두 뺨에 키스했다. 그리고 한달음에 달아나고 말았다.

이튿날 시몽이 학교에 가자 짓궂은 웃음이 그를 맞이했다. 집에 가는 길에 어제의 그 소년이 다시 시비를 걸려고 했을 때, 시몽은 돌을 던지듯이 상대의 얼굴에 이렇게 내뱉었다. "잘 들어, 우리 아빠 이름은 필리프야."

사방에서 왁자한 웃음소리가 터져 나왔다.

"필리프가 누군데?…… 필리프가 누구지?…… 그게 누구야, 필리프?…… 그 필리프를 어디서 얻어온 거니?"

시몽은 한마디도 대답하지 않았다. 그리고 굳게 자신하고 있었기에 눈빛으로 그들에게 도전했다. 여기서 도망칠 바에는 차라리 놀림을 받겠다는 각오를 했다. 그러나 마침 선생님의 도움으로 집에 돌아갈 수 있었다.

석 달 동안, 키 큰 노동자 필리프는 자주 라 블랑쇼트의 집 앞을 지나갔다. 그리고 그녀가 창가에서 바느질을 하고 있는 것을 보면 가끔 용기를 내어 말을 걸기도 했다. 그러나 그녀는 언제나 예의 바르고 근엄한 태도로 대답했다. 함께 웃지도 않았고 그를 집 안으로 들이지도 않았다. 하지만 남자들이 흔히 그렇듯이 조금 어리석은 데가 있는 그는, 자신과 얘기할 때의 그녀는 늘 보통 때보다 얼굴이 붉어지는 듯한 느낌을 받았다.

그러나 한번 잃어버린 평판은 좀처럼 회복되지 않고 계속 따라다니는 법이어서, 라 블랑쇼트의 지나칠 정도로 신중한 처신에도 마을 사람들은 여전히 그녀에 대해 수군거렸다.

시몽은 새로운 아빠가 무척 마음에 들어서, 아빠의 일이 끝나면 저녁에 함께 산책하는 것을 거의 거르지 않았다. 아이는 열심히 학교에 다니면서 친구들 사이에서 당당하고 의젓하게 행동하면서, 그들이 무슨 말을 해도 대꾸하지 않았다.

그러던 어느 날, 맨 처음 아이를 공격했던 소년이 말했다.

"너는 거짓말쟁이야. 필리프라는 사람은 네 아버지가 아니잖아."

"그게 무슨 소리야?" 시몽이 씩씩거리면서 물었다.

소년은 두 손을 비벼대면서 다시 말했다.

"너에게 아빠가 있다면 그건 네 엄마의 남편이어야 하잖아?"

맞는 얘기인지라 시몽은 난처했지만 대답했다. "어쨌든 내 아빠야."

"그럴지도 모르지." 소년은 코웃음을 치면서 말했다. "그렇지만 아직은 진짜 네 아빠가 아니야."

라 블랑쇼트의 아들은 고개를 숙이고 말했다. 아이는 생각에 잠긴 채 필리프가 일하고 있는 루아종 영감네 대장간을 향해 걸어갔다.

그 대장간은 울창한 숲에 파묻혀 있다시피 해서 몹시 어두웠다. 오직 화덕의 시뻘건 불빛만이 다섯 명의 대장장이들을 환하게 비추어 주었다. 팔뚝을 드러낸 그들은 무서운 불꽃을 튀기면서 저마다 모루를 두드리고 있었다. 그들은 화염에 싸여 악마처럼 꼼짝 않고 선 채, 자신이 고문하고 있는 뜨거운 쇠를 지켜보았다. 그 묵직한 팔이 쇠망치와 함께 오르내렸다.

시몽은 아무도 몰래 그 안에 들어가 친구의 소매를 가만히 잡아당겼다. 그가 돌아보았다. 그 순간 그가 작업을 중단하는 바람에, 모두들 일제히 진지한 얼굴로 이쪽을 쳐다보았다. 그 갑작스러운 정적 속에 시몽의 가녀린 목소리가 들려왔다.

"저기요, 필리프, 미쇼드 녀석이 아까 저한테 그랬어요. 아저씨는 아직 진짜 제 아빠가 아니라고요."

"어째서?" 대장장이가 물었다.

아이는 순진하게 대답했다.

"아저씨가 제 엄마의 남편이 아니니까요."

아무도 웃지 않았다. 필리프는 우뚝 선 채, 모루 위에 세운 쇠망치를 잡은 커다란 두 손 위에 이마를 갖다 댔다. 그는 생각에 잠겼다. 네 동료가 그 모습을 지켜보았다. 그 거인들 속에서 조그마한 시몽은 걱정스러운 듯이 기다렸다. 갑자기 대장장이 한 사람이 모두의 생각을 대변하듯이 필리프에게 말했다.

"라 블랑쇼트는 제법 괜찮은 여자야. 그런 불행을 당하고도 착실하고 얌전해. 건실한 남자가 받아준다면 손색없는 아내가 될 거야."

"두말하면 잔소리지." 나머지 세 사람이 장단을 맞췄다.

그가 다시 말을 이었다.

"몸을 망친 것이 어디 그 여자만의 잘못인가? 결혼하겠다고 약속했으니까 그랬지. 게다가 그런 실수를 하고도 지금은 남들한테 존경받고 사는 여자도 세상에는 얼마든지 있으니까."

"맞는 말이야." 세 사람은 한목소리로 대답했다.

그는 계속 말을 이었다. "홀몸으로 아들을 키우는 건 여간 고생이 아닐 거야. 어쨌든 교회에 가는 것 말고는 제대로 밖에도 나가지 않는 걸 보면 틀림없이 맨날 울고 지낼걸. 그 사정은 아마 하느님만 아시겠지."

"암, 그렇고말고." 세 사람이 말했다.

그 뒤에는 화덕의 불을 부채질하는 풀무 소리만 들릴 뿐이었다. 갑자기 필리프가 시몽 쪽으로 몸을 굽혔다.

"엄마한테 가서 말하렴. 오늘 밤 내가 할 얘기가 있으니 가겠다고."

그러고는 어깨로 아이를 밀어내어 밖으로 내보냈다.

그는 다시 일을 시작했다. 다섯 개의 망치가 일제히 모루 위에 떨어졌다. 그렇게 그들은 밤까지 쇠를 두드렸다. 튼튼하고 힘이 센 그들은 만족스러워하는 듯한 망치처럼 즐거워 보였다. 축제일에 대성당의 종소리가 다른 성당의 종소리를 누르고 크게 울려 퍼지는 것처럼, 필리프의 쇠망치는 다른 쇠망치 소리를 제압하듯이 더 큰 소리를 내면서 매 순간 떨어졌다. 그는 불꽃 속에 우뚝 서서 불길처럼 이글거리는 눈빛으로 쉼 없이 쇠를 벼렸다.

그가 라 블랑쇼트의 집 문을 두드렸을 때, 하늘은 별로 가득 차 있었다. 일요일에 입는 겉옷에 새 셔츠, 수염도 말끔하게 다듬은 모습이었다. 문지방에 나타난 젊은 여자는 난처한 표정으로 말했다. "필리프 씨, 이렇게 늦은 시간에 오시면 곤란해요."

그는 대답하려고 했지만 입만 우물거리면서 어쩔 줄 몰라 하며 여자 앞에 서 있었다.

여자가 말을 이었다. "잘 아시잖아요. 저는 더 이상 사람들 입에 오르내리고 싶지 않아요."

그러자 그가 불쑥 말했다.

"그게 뭐 어때서요, 당신만 내 아내가 되어준다면!"

아무 대답도 없었다. 다만 방의 어둠 속에서 사람의 몸이 맥없이 쓰러지는 소리가 들린 것 같았다. 그는 재빨리 집 안으로 들어갔다. 이미 침대 속에 들어가 있던 시몽에게, 키스하는 소리와 엄마가 뭔가 속삭이는 소리가 들려왔다. 그리고 시몽은 자기 몸이 친구의 팔에 안기는 것을 느꼈다. 그 사람은 거인 같은 두 팔로 아이를 안아 올리면서 이렇게 소리쳤다.

"자, 학교 친구에게 말하렴, 내 아빠는 대장장이 필리프 레미라고. 그리고 널 괴롭히는 녀석은 모두 귀를 잡아당겨 줄 거라고 아빠가 약속했다고 말이야."

이튿날 아이들로 가득 찬 교실에서 수업이 시작되려 할 때, 어린 시몽이 자리에서 일어났다. 그의 얼굴은 창백하고 입술은 떨고 있었지만 씩씩한 목소리로 말했다. "내 아빠는 대장장이 필리프 레미야. 아빠가 나를 괴롭히는 녀석들은 모두 귀를 잡아당겨 줄 거라고 했어."

이번에는 아무도 웃지 않았다. 대장장이 필리프 레미에 대해서는 모두들 잘 알고 있었기 때문이다. 그리고 그라면 누구라도 자랑할 수 있는 아빠였기 때문이다.

À cheval
승마

그 가난한 가족은 쥐꼬리만 한 남편 월급으로 힘들게 살아가고 있었다. 결혼하자 잇따라 두 아이가 태어났다. 이러한 생활고는 그들을 인색하고 음침하며 수치스럽고 비참한 기분에 빠뜨렸다. 그것은 가난하지만 자신의 신분만은 유지하고자 하는 귀족 출신의 비참한 기분이었다.

그 집의 가장인 엑토르 드 그리블랭은 시골 아버지 집에서 가정교사인 늙은 신부에게 교육받았다. 결코 부자는 아니었지만 그런대로 체면만은 지키면서 살고 있었다.

이윽고 스무 살이 되었을 때, 누군가의 도움으로 해군부에 연봉 1500프랑의 사무원으로 들어갔다. 그것은 마치 암초에 걸린 것과 다름없었다. 왜냐하면 인생의 거친 파도와 싸우도록 일찍부터 준비하지 못한 사람들, 실생활을 구름 사이로 바라보고 있을 뿐 아무런 수단이나 저항력도 없이, 어린 시절부터 특수한 재능이나 특별한 능력, 투쟁에 맞서는 왕성한 힘을 비축하지 않았던 사람들, 또 생존경쟁을 위해 그 어떤 무기와 도구도 주어지지 않은 사람들이 흔히 그렇듯이, 그 공간에 꼼짝 못하고 갇혀버리기 때문이다.

처음 삼 년 동안은 정말 참담했다.

그는 집안 친구를 몇 사람 만났지만, 모두 불운한 점까지 서로 닮은 고리타분한 노인들뿐으로, 귀족의 거리라고 할 수 있는 생제르맹의 음산한 뒷골목에 살고 있었다. 그리하여 그의 교제 범위도 그 정도로 고정되고 말았다.

이렇게 가난한 귀족들은 근사한 생활을 외면하고 초라한 신세에 자존심만 내세운 채, 잠자는 듯 활기 없는 집들의 옥상 가까운 층에서 살아갔다. 그러한 집들의 위층에서 아래층까지 세 들어 사는 사람들은 모두 직함은 가지고 있었지만 돈이 없기는 1층이나 6층이나 비슷했다.

옛날에는 행세께나 했겠지만 놀고먹는 가장들 때문에 파산한 그 가족들의 머리에서 떠나지 않는 것은, 언제까지나 변하지 않는 편견과 가문을 중시하고 귀족의 체면을 잃지 않으려는 조바심이었다. 엑토르 드 그리블랭은 그 사회에서 자신과 마찬가지로 가난한 귀족 아가씨를 알게 되어 결혼했다.

그들은 사 년 동안 두 아이를 낳았다.

그리고 다시 사 년 동안 그들은 내내 가난에 시달리면서 살았다. 즐거움이라고 해야 일요일에 샹젤리제를 산책하거나, 동료에게서 얻은 초대권으로 겨울에 한두 번 연극을 보러 가는 것이 전부였다.

그런데 봄이 시작될 무렵, 과장이 그에게 추가 업무를 맡겨서 그는 300프랑이나 되는 특별수당을 받게 되었다.

그는 아내에게 그 돈을 갖다주면서 말했다.

"앙리에트, 우리 이 돈으로 아이들하고 소풍이라도 갈까?"

그래서 오랫동안 의논한 끝에 도시락을 싸서 시골로 놀러 가기로 결정했다.

"옳지." 그가 외쳤다. "좀처럼 없는 기회이니 마차를 한 대 빌려서 당신과 아이들, 하녀는 마차를 타고, 나는 나대로 마장에서 말을 빌려야겠어. 난 승마를 무척 좋아하거든."

그들은 일주일 내내 이 소풍에 대해 이야기꽃을 피웠다.

매일 저녁 사무실에서 돌아오면, 엑토르는 맏아들을 자신의 한쪽 다리에 걸터앉히고 신나게 뛰게 하면서 이렇게 말했다.

"아빠는 이렇게 말을 타고 달릴 거란다. 이번 일요일 소풍 갈 때 말이다."

그러면 아이는 아이대로 의자에 걸터앉아 온 방 안을 덜커덕거리고 끌고 다니면서 소리쳤다.

"아빠가 말을 타는 거야."

하녀까지 주인이 말을 타고 마차를 따라오는 모습을 상상하면서 감탄스러운 눈빛으로 주인을 바라보았다. 그리고 식사 때마다 주인이 하는 승마 이야기에 귀를 기울이면서, 옛날 아버지 집에서 있었던 일을 자랑스럽게 회상하는 이야기에 탄성을 질렀다. 오! 나리는 승마에 대해서는 충실하게 배웠기 때문에 일단 말에 걸터앉았다 하면 무서울 게 하나도 없는 분이구나!

그는 아내에게도 두 손을 비비면서 몇 번이나 말했다.

"약간 다루기 힘든 녀석을 주면 오히려 좋겠는데. 아무튼 내 솜씨를 한번 보라니까. 당신만 괜찮다면 불로뉴 숲에서 산책하던 사람들이 돌아올 때를 노려서 샹젤리제를 지나가는 것도 멋질 거야. 해군부 직원을 만나더라도 나쁘지 않을 거고. 그러면 상관 눈에 들 수도 있을 테니까."

그날이 오자 마차와 말이 동시에 문 앞에 도착했다. 그는 당장 말을 살펴보기 위해 내려갔다. 바지 밑단에는 발을 넣을 끈도 벌써 걸어두었고 채찍도 전날 사두었다. 그는 그 채찍을 끊임없이 휘둘렀다.

그는 말의 네 다리를 하나하나 들어 올리고 만져보았다. 목과 옆구리, 뒷다리 관절도 쓰다듬었다. 손가락으로 등을 더듬어 보고, 입을 벌려 이빨도 살펴보고 나이를 추정했다. 그런 다음 가족들이 내려오자 말의 전체적인 것에 대해, 그리고 특히 이 말에 대해 학문상 및 실제상의 짤막한 강의를 신나게 늘어놓은 뒤 그 말이 좋은 말이라는 것을 인정했다.

가족들이 마차에 올라타자, 그는 안장의 가죽띠를 점검한 뒤 등자에 발을 걸치고 가뿐하게 올라앉았는데, 어찌 된 일인지 말이 펄쩍 뛰어올라 하마터면 떨어질 뻔했다.

깜짝 놀란 엑토르는 한동안 말을 진정시키려고 애썼다.

"자, 워워, 괜찮아, 진정해."

잠시 뒤 사람을 태운 말도 진정되고 타고 있는 사람도 다시 균형을 잡자, 그가 물었다.

"다들 준비됐나?"

모두가 한목소리로 대답했다.

"네!"

그래서 그는 명령을 내렸다.

"출발!"

그것을 신호로 기마행렬이 출발했다.

모든 시선이 그에게 쏟아졌다. 그가 영국식 속보를 하듯이 일부러 과장스럽게 몸을 위아래로 움직이자, 허리가 안장 위에 떨어졌다가 이내 다시 하늘로 올라갈 것처럼 뛰어올랐다. 그러다가 갈기 위에 몸이 고꾸라질 것처럼 기울어진 적도 한두 번이 아니었다. 그는 얼굴이 경직되고 뺨이 창백해져서 똑바로 앞만 쳐다보았다.

아이 하나를 무릎에 안고 있는 아내와 다른 아이를 안고 있는 하녀는 되풀이해서 말했다.

"아빠 좀 봐, 아빠 좀 보렴!"

두 아들은 마차는 흔들리지, 기분은 들뜨지, 공기는 또 얼마나 상쾌한지 완전히 신이 나서 꺅꺅 소리를 질러댔다. 그 소란에 말이 놀랐는지 갑자기 내달리기 시작했다. 기수가 있는 힘을 다해 말을 세우려다가 모자가 땅에 떨어지자, 마부는 모자를 줍기 위해 마차를 세우고 마부석에서 내릴 수밖에 없었다. 엑토르는 마부의 손에서 모자를 받아 들고는 먼 곳에서 아내를 불렀다.

"여보, 아이들 좀 조용히 시켜. 말이 놀라서 날뛰잖아!"

베지네 숲에 도착하자 그들은 풀밭에 앉아 준비해 온 도시락을 꺼내 점심을 먹었다.

마부가 세 마리의 말을 보살펴 주고 있는데도, 엑토르는 끊임없이 일어나서 자기 말이 잘 있는지 살펴보러 갔다. 그리고 말의 목덜미를 쓰다듬으면서 빵과 과자와 설탕을 먹였다.

그가 말했다.

"이 녀석은 상당히 거친 말이야. 처음에는 나도 조금 힘들었지. 하지만 이렇게 금방 잘 다루는 것 보았지? 역시 자기 주인을 알아본 거지. 이제부터는 순해질 거야."

예정대로 돌아올 때는 샹젤리제로 나왔다.

넓은 도로는 마차로 온통 북적거렸다. 양쪽의 보도를 산책하는 사람들도 꽤 많아서, 마치 개선문에서 콩코르드 광장까지 두 줄기의 기다란 리본이 흘러가고 있는 것 같았다. 그 모든 것 위에 햇살이 찬란하게 내리쬐어, 옻칠을 한 사륜마차와 강철 마구, 마차 문의 손잡이가 번쩍거렸다.

사람과 탈것과 동물들이 뒤섞여 광적인 충동과 넘치는 생명력을 주체하지 못해 몸부림치고 있는 듯했다. 저 멀리 금빛 안개 속에는 오벨리스크[1]가 우뚝 서 있었다.

엑토르의 말은 개선문을 지나자 다시 사나워져서, 그가 아무리 진정시키려 해도 듣기는커녕 마차 사이를 마구 헤치면서 자신의 마구간을 향해 빠르게 달리기 시작했다.

---

[1] 고대 이집트에서 태양 숭배의 상징으로 세웠던 기념비. 1833년 이집트 총독 무하마드 알리 파샤가 루이 필리프 왕에게 선물한 것으로, 룩소르 신전에서 콩코르드 광장으로 옮겨왔다.

가족이 탄 마차는 이미 저 멀리 뒤처지고 말았다. '산업관' 앞까지 오자, 이 짐승은 넓은 광장에서 오른쪽으로 돌더니 내달리기 시작했다.

그때 앞치마를 두른 한 노파가 아주 느린 걸음으로 차도를 건너고 있었다. 그런데 바로 그 앞으로 엑토르가 탄 말이 전속력으로 달려간 것이다. 말을 통제할 수가 없었던 그는 목청껏 소리를 질렀다.

"이봐요! 어어! 이봐요! 저리 비켜요!"

귀가 안 들리는 건지, 태평하게 걸어가던 노파는 기관차처럼 돌진해 온 말 가슴팍에 충돌하여, 세 번이나 곤두박질을 친 뒤 옷자락을 펄럭이면서 열 걸음이나 굴러갔다.

지나가던 사람들이 소리쳤다.

"말을 멈추시오!"

이미 넋이 나가버린 엑토르는 말갈기에 매달리면서 울부짖었다.

"살려주세요!"

무섭게 몸이 흔들리더니, 말 귀 위를 총알처럼 통과한 그의 몸은 급보를 듣고 달려온 경찰관의 팔 안에 떨어졌다.

흥분한 사람들이 순식간에 그의 주위를 에워싸고 몸짓을 하면서 웅성거렸다. 그중에서도 가슴에 커다란 둥근 훈장을 달고 흰 수염을 당당하게 기른 노신사가 유난히 더욱 분개하여 되풀이해 말했다.

"제기랄, 이렇게 형편없는 기수는 얌전하게 집에나 있을 것이지. 탈 줄도 모르는 말을 타고 거리에 나와 사람을 죽이다니, 분수를 모르는 사람이군."

그때 네 명의 남자가 노파를 둘러메고 왔다. 그녀는 꼭 죽은 것처럼 보였다. 얼굴은 노랗고 모자는 삐딱하게 기울어지고 온몸은 먼지투성이였다.

"이 부인을 의원으로 데려가시오." 노신사가 명령했다. "그리고 우리는 경찰서에 갑시다."

엑토르는 두 경찰관과 함께 걷기 시작했다. 구경꾼들이 그 뒤를 따라갔다. 그때 가족들이 타고 있던 사륜마차가 그곳에 도착했다. 아내는 뛰어오고, 하녀는 넋이 나가고, 아이들은 울부짖었다. 그는 아내에게 한 부인을 치긴 했지만 별일은 아니니 곧 집으로 돌아갈 거라고 설명했다. 가족들은 불안해하면서 멀어져 갔다.

경찰서에서의 조사는 간단하게 끝났다. 이름은 엑토르 드 그리블랭, 해군부 직원이라고 밝히고, 나머지는 부상자의 소식을 기다리는 것뿐이었다. 상황을 알아보러 간 경찰관이 돌아왔다. 노파는 의식을 회복했지만, 본인의 말로는 몸 안이 몹시 아프다는 것이었다. 노파는 시몽 부인이라고 하는 가정부인데 나이는 예순다섯 살이라고 했다.

생명에는 지장이 없다는 것을 알고 엑토르는 안도의 한숨을 내쉬었다. 그는 치료비를 댈 것을 약속하고 의원으로 달려갔다.

의원 문 앞에는 사람들이 많이 모여 있었다. 노파는 안락의자에 쓰러져서 끊임없이 신음하고 있었다. 팔은 축 늘어지고 얼이 빠진 얼굴이었다. 의사 두 명이 아직도 진찰하는 중이었다. 팔다리는 멀쩡하지만 내부손상이 우려된다는 것이었다.

엑토르가 노파에게 말을 걸었다.

"많이 아프십니까?"

"오! 그럼요."

"어디가 아프신가요?"

"배 속에 불덩이 같은 것이 들어 있는 것 같아요."

의사 한 명이 다가왔다.

"선생이 사고를 낸 분인가요?"

"그렇습니다."

"아무래도 병원에 입원하셔야겠습니다. 제가 아는 병원이 있는데, 하루 6프랑에 맡아줄 겁니다. 알아봐 드릴까요?"

엑토르는 다행이라 여기고 감사 인사를 한 뒤 안심하고 집으로 돌아갔다.

아내는 눈물을 흘리면서 남편을 기다리고 있었다. 그는 아내를 안심시켰다.

"뭘, 별일 아니야. 시몽 부인은 이제 많이 좋아졌대. 사흘만 지나면 다 나을 걸. 병원에 입원하기는 했지만 별일 아니야."

별일은 아닌가 보다!

이튿날 그는 업무가 끝나자 시몽 부인을 보러 갔다. 노파는 사뭇 편안한 듯이 고기 수프를 먹고 있었다.

"몸은 좀 어떠세요?" 그가 물었다.

그녀가 대답했다.

"오! 그게요, 달라진 게 없네요. 아주 죽을 지경이에요. 얼른 나을 것 같지가 않아요."

의사는 합병증이 생길지도 모르니까 조금 더 기다려 봐야 한다고 말했다.

그는 사흘을 기다렸다가 다시 찾아갔다. 시몽 부인은 혈색도 좋아지고 눈에 생기가 도는데도 그를 보자마자 앓는 소리를 냈다.

"아이고, 몸을 움직일 수가 없구려. 이러다가는 죽을 때까지 움직이지 못할 것 같아요."

엑토르는 등줄기가 오싹해졌다. 그는 의사에게 물어보았다. 의사도 노파에게는 두 손 든 눈치였다.

"어쩌겠습니까, 저도 알 수가 없어요. 아무튼 일으켜 세우려고만 하면 비명을 지르니까요. 의자 위치를 바꾸는데도 하도 소리를 지르는 통에 할 수가 없다니까요. 뭐, 저로서는 할머니가 하는 말을 믿는 수밖에 없지요. 제 몸이 아니니, 할머니가 걷는 모습을 확인하지 않는 이상 상대가 거짓말하고 있다고 추측할 권리는 없으니까요."

노파는 음험한 눈길로 꼼짝도 하지 않고 의사의 말을 듣고 있었다.

한 주가 흘렀다. 그리고 두 주, 이윽고 한 달이 지났다. 시몽 부인은 아직도 의자에서 일어나려 하지 않았다. 아침부터 밤까지 잘 먹어서 살도 찌고 다른 환자들과도 유쾌하게 잘 얘기하며, 가만히 움직이지 않고 있는 것에도 익숙해진 것 같았다. 생각해 보면 노파는 지난 오십 년 동안 계단을 오르내리고, 침대를 정리하고, 이 방 저 방으로 석탄을 나르고, 빗자루와 솔로 청소를 했으니, 당연히 그 대가로 얻은 휴식이라고 생각하는 듯했다.

엑토르는 애가 타서 날마다 병원을 찾아갔다. 그때마다 노파는 태평하게 시치미를 떼면서 이렇게 말했다.

"이보쇼, 나는 도무지 몸을 움직일 수가 없어요. 정말 꼼짝도 못 한다고요."

그리블랭 부인은 걱정이 되어 견딜 수가 없어서 밤마다 남편에게 물었다.

"시몽 부인은 좀 어때요?"

그때마다 남편은 잔뜩 풀이 죽어 절망적인 목소리로 대답했다.

"바뀐 게 없어, 전혀 차도가 없다고!"

그들은 하녀를 내보냈다. 급료가 부담이 되었던 것이다. 뿐만 아니라 집안 살림도 줄였다. 특별수당도 모두 날려버리고 말았다.

엑토르는 하는 수 없이 네 명의 이름난 의사를 불러 노파 주위에 모이게 했다. 그녀는 얌전하게 진찰을 받으면서, 자기를 두드려 보고 만져보는 의사들을 짓궂은 눈길로 훔쳐보았다.

"한번 걸어보시겠습니까?" 한 의사가 말했다.

노파가 소리를 질렀다.

"움직일 수가 없어요, 선생님. 움직일 수가 없다니까요!"

의사들은 노파를 억지로 일으켜 세운 뒤 두세 걸음 끌어보았지만, 그녀는 상대의 손을 놓치고 바닥에 쓰러지면서 어마어마하게 큰 소리로 비명을 질러댔기 때문에 그들은 다시 그녀를 더없이 조심스럽게 의자에 앉혀놓았다.

그들의 의견은 신중론으로 기울어져서 결국 그녀가 일하는 것은 불가능하다는 결론에 이르렀다.

엑토르는 그 소식을 아내에게 들려주었다. 그러자 아내는 의자 위에 주저앉으면서 떠듬떠듬 말했다.

"차라리 우리집으로 데려오는 편이 낫겠어요. 그러는 편이 돈이 적게 들 것 같아요."

그는 펄쩍 뛰었다.

"그 노파를 우리집으로 데려온다고? 농담하지 마."

하지만 이제 완전히 포기해 버린 그녀는 두 눈에 눈물을 글썽이면서 대답했다.

"어떡해요, 그럼. 제 탓은 아니잖아요⋯⋯!"

Deux amis

두 친구

파리가 포위되어 시민들은 굶주림으로 심한 고통을 받고 있었다. 지붕 위에서는 참새들이 눈에 띄게 줄고 시궁창의 쥐들도 사라졌다. 사람들은 아무거나 닥치는 대로 입에 넣었다.

1월의 어느 화창한 날 아침, 본업은 시계 기술자이지만 때가 때인지라 일거리가 없어진 모리소 씨는 반바지 주머니에 두 손을 찔러 넣고 배를 주린 채 변두리 거리를 처량하게 걷다가, 자신과 똑같은 처지에 있는 사람과 딱 마주쳐서 걸음을 멈췄다. 강가에서 알게 된 소바주 씨였다.

전쟁이 일어나기 전, 모리소는 일요일마다 이른 새벽부터 대나무로 만든 지팡이를 한 손에 들고 양철통을 어깨에 메고 집을 나섰다. 아르장퇴유로 가는 기차를 타고 가다 콜롱브에서 내린 뒤, 걸어서 마랑트 섬까지 갔다. 꿈에도 잊지 못할 그 땅에 도착하면 곧바로 낚시를 시작했고, 밤이 될 때까지 물고기를 잡았다.

일요일마다 그곳에서 키 작고 뚱뚱하며 붙임성 좋은 남자를 만났는데, 그가 바로 소바주 씨로, 노트르담 드 로레트 거리에서 잡화점을 하고 있었다. 그 사람도 낚시광이었다. 그들은 나란히 강둑 위에 걸터앉아 낚싯줄을 드리우고 한나절을 함께 보내곤 했다. 그러다가 서로 친구가 된 것이다.

어떤 날에는 둘 다 아무 말도 하지 않고 보냈다. 때로는 서로 이야기를 나누기도 했다. 하지만 취미도 비슷하고 생각도 같았기 때문에 아무 말 하지 않아도 두 사람 마음은 잘 통했다.

봄날에는, 아침 열 시쯤, 새로 태어난 태양이 엷은 안개를 잔잔한 강물 위로 흘려보내고 두 낚시꾼의 등에도 따뜻한 봄의 기분 좋은 온기를 비추어 줄 때면, 모리소는 생각난 듯이 옆자리 친구에게 말을 걸었다. "아! 참 따사롭군요." 그러면 소바주 씨도 맞장구를 치곤 했다. "이보다 더 좋을 순 없지요." 단지 그것만으로도 두 사람은 서로를 이해하고 마음을 터놓을 수 있었다.

가을에는, 하루가 끝나갈 즈음, 석양을 받아 핏빛으로 뒤덮인 하늘이 진홍색 구름들을 강 속에 던져 넣고, 강물 전체를 붉게 물들이며, 지평선을 불타오르게 하고, 두 친구를 불꽃처럼 빨갛게 만들며, 겨울이 다가오는 예감에 벌써 몸을 떨며 다갈색으로 바뀐 나무들을 금빛으로 물들일 때면, 소바주 씨는 미소를 머금고 모리소를 바라보며 말했다. "정말 아름답군요!" 그러면 모리소도 자기 낚싯찌에서 눈을 떼지 않은 채로, 감탄하며 대답했다. "그럼요, 시내보다 훨씬 좋죠?"

그런 두 사람이었기에 서로 상대의 얼굴을 알아보자 힘주어 손을 잡았다. 이렇게 달라진 세상에서 다시 만난 것이 너무 반가웠던 것이다. 소바주 씨는 한숨을 내쉬며 중얼거렸다. "참, 세상이 이렇게 될 줄 누가 알았겠습니까!" 모리소도 몹시 어두운 얼굴로 내뱉듯이 말했다. "게다가 요즘 날씨는 또 어떻고요! 어쨌든 오늘이 올해 들어 처음으로 맑게 갠 날이군요."

정말 하늘이 새파랗게 개어 반짝반짝 빛나고 있었다.

두 사람은 생각에 잠겨 나란히 걷기 시작했다. 모리소가 말을 이었다. "요즘 낚시는 어떻습니까? 참, 그때가 좋긴 좋았는데요!"

소바주 씨가 물었다. "언제쯤이면 다시 할 수 있을까요?"

그들은 어느 작은 카페에 들어가서 압생트를 한 잔씩 마셨다. 그리고 다시 거리를 걷기 시작했다.

모리소가 갑자기 걸음을 멈췄다. "한 잔 더, 어때요?" 소바주 씨도 찬성했다. "좋지요." 그들은 다시 다른 술집에 들어갔다.

그곳에서 나왔을 때는 두 사람 다 거나하게 취해 비틀거리고 있었다. 아마도 빈속에 술이 들어가서 더 그랬으리라. 따뜻한 날씨였다. 산들바람이 그들의 얼굴을 쓰다듬듯이 간질였다.

따뜻한 바람을 맞자 더욱 술이 오른 소바주 씨가 걸음을 멈췄다. "우리, 거기 가볼까요?"

"어디요?"

"어디긴, 낚시 말이지요."

"하지만 어디서?"

"어디라니, 그때 그 섬 말입니다. 프랑스군 전초부대가 콜롱브 근처까지 나가 있어요. 거기 뒤물랭 대령을 제가 아는데 아마 쉽게 통과시켜 줄 겁니다.”

모리소도 낚시가 하고 싶어 견딜 수가 없었다. “좋아요, 갑시다.” 그래서 두 사람은 저마다 도구를 챙기러 헤어졌다.

한 시간 뒤, 그들은 나란히 국도를 걷고 있었다. 이윽고 대령이 숙소로 사용하는 별장에 도착했다. 대령은 두 사람 얘기를 듣고 웃으면서 그 엉뚱한 요구를 들어주었다. 그들은 통행증을 받아 다시 걷기 시작했다.

곧 전초선을 넘어 지금은 아무도 살지 않는 콜롱브를 지나, 센강 쪽으로 내려가는 작은 포도밭 가장자리로 나왔다. 그러는 사이 거의 열한 시가 되었다.

눈앞에 아르장퇴유 마을이 죽은 듯이 누워 있었다. 오르주몽과 사누아 언덕이 그 일대를 내려다보고 있었다. 낭테르까지 이어진 드넓은 평야에는 아무것도 없고, 눈에 들어오는 건 오직 잎이 다 떨어진 벚나무들과 잿빛 들판뿐이었다.

소바주 씨는 언덕 꼭대기를 가리키면서 중얼거렸다. “저 위에 프로이센 병사들이 있어요!” 그러자 그 황량한 풍경 앞에서 두 사람은 온몸이 굳는 듯한 불안을 느꼈다.

“프로이센 병사들!” 두 사람은 아직 그 모습을 직접 본 적이 없지만, 몇 달 전부터 파리 주위에서 약탈과 학살을 저지르고 사람들을 굶기면서 프랑스를 파괴하고 있는, 눈에 보이지 않는 강력한 힘을 그들은 느끼고 있었다. 두 사람이 그 미지의 전승국민에게 품고 있는 증오에는 어떤 미신적인 공포마저 들어 있었다.

모리소는 우물거리면서 말했다. “아! 저놈들과 마주치면 어떡하죠?”

소바주 씨는 그런 상황에서도 곧 파리 사람 특유의 익살을 담아 대답했다. “생선튀김이나 대접하지요, 뭐.”

그러나 두 사람은 지평선 전체를 뒤덮고 있는 불길한 침묵에 겁이 나서 얼른 들판 속에 들어가지 못하고 있었다.

드디어 소바주 씨가 결심했다. “자, 갑시다! 하지만 조심해야 해요.” 두 사람은 포도밭 속으로 내려갔다. 몸을 숙여 기어가면서, 수풀이 있으면 그 속에 숨어서 눈을 두리번거리고 귀를 쫑긋 세웠다.

저 앞에 좁고 긴 빈터가 있는데, 강가에 가려면 그것을 가로질러야 했다. 그들은 뛰기 시작했다. 그리고 겨우 강둑에 다다르자 곧장 마른 갈대 속에 몸을 숨겼다.

모리소는 근처에서 사람 발소리가 나지 않는가 하고 땅에 귀를 기울였다. 그러나 아무 소리도 들리지 않았다. 분명히 그들뿐, 오직 두 사람뿐이었다.

그들은 가슴을 쓸어내리면서 낚시를 시작했다.

눈앞에 지금은 아무도 살지 않는 마랑트 섬이 있어서, 건너편 기슭에서는 두 사람의 모습이 보이지 않을 터였다. 문이 잠긴 작은 식당은 몇 년 전부터 버려져 있던 것처럼 보였다.

소바주 씨가 먼저 모래무지를 낚아 올렸다. 그다음에는 모리소가 한 마리 낚았다. 그리하여 두 사람은 낚싯줄 끝에서 은빛의 작은 물고기가 파닥거리는 낚싯대를 쉴 새 없이 걷어 올렸다. 정말 기적 같은 대어였다.

낚은 물고기는 발아래 물에 담가둔, 아주 촘촘한 그물 어롱 속에 조심조심 넣어두었다. 짜릿한 기쁨이 온몸을 타고 흘렀다. 그것은 오랫동안 금지되어 있던 쾌락을 되찾았을 때 누구나 느끼는 그런 기쁨이었다.

따뜻한 햇살이 두 사람의 어깨 사이로 온기를 흘려보냈다. 그들은 이제 아무 소리도 들리지 않았다. 아무것도 생각나지 않았으며 세상일에 대해서는 모두 다 잊어버리고 오로지 낚시에만 집중했다.

그런데 갑자기 땅속에서 일어나는 듯한 둔중한 음향이 땅바닥을 진동시켰다. 대포가 울리기 시작한 것이다.

모리소가 뒤를 돌아보았다. 강둑 넘어 왼쪽 저 멀리 커다란 몽 발레리앙 산의 윤곽이 보였다. 그 정면 꼭대기에서 방금 뿜어져 나온 화약 연기가 하얀 깃털처럼 피어오르고 있었다.

곧 다시 두 번째 화약 연기가 요새 꼭대기에서 뿜어져 나왔다. 그러자 몇 초 뒤에 다시 폭발음이 들려왔다.

그때부터 연달아 폭음이 일어났고, 산은 쉴 새 없이 죽음의 숨결을 내뿜으며 우윳빛 연무를 토해 냈다. 그것은 평온한 하늘로 조용히 올라가서 산 위에 한 떼의 구름을 이루었다.

소바주 씨는 어깨를 으쓱이면서 말했다. "또 시작이군요."

낚시찌가 움직이는 것을 초조하게 바라보던 모리소는 갑자기 화가 치밀었다. 이렇게 서로 전쟁을 벌이고 있는 저 미치광이들에 대한 온화한 인간의 분노였다. 그는 중얼거렸다. "이렇게 서로 죽고 죽이는 건 정말 어리석은 일 아닙니까?"

소바주 씨가 맞장구를 쳤다. "짐승보다 못한 인간들이지요."

마침 그때 잉어를 낚아 올린 모리소가 내뱉듯이 말했다. "어쨌든 정부가 존재하는 한 전쟁은 끊이지 않을 겁니다."

소바주 씨가 그 말을 가로막았다. "공화국이었다면 전쟁이 일어나지 않았을 텐데……."

이번에는 모리소가 말을 가로챘다. "왕이 있을 때는 외국과 싸우고 공화국일 때는 집안싸움이 나지요."

두 사람은 중대한 정치문제를 단순하고 온화한 사람의 온건론으로 풀어 나가면서 한가롭게 토론을 시작했는데, 결국 인간은 언제까지나 자유로워질 수 없을 거라는 데 의견이 일치했다. 그사이에도 몽발레리앙산은 쉴 새 없이 진동하면서 포탄으로 프랑스의 집들을 부수고, 많은 생명들을 파괴하며, 많은 존재를 짓밟고, 수많은 꿈, 수많은 기쁨과 기대, 수많은 동경과 행복에 마침표를 찍으며, 머나먼 고향에 있는 아내의 마음, 딸의 마음, 어머니의 마음에 평생 치유될 수 없는 상처를 내고 있었다.

"이것이 바로 인생이지요." 소바주 씨가 말했다.

"차라리 이것은 바로 죽음이라고 말하고 싶군요." 모리소는 웃으면서 대답했다.

바로 그때 그들은 흠칫 놀라 몸서리를 쳤다. 분명히 방금 자신들 뒤에서 누군가가 걸어온 것 같은 느낌이 들었던 것이다. 가만히 눈을 돌려 보니, 바로 어깨 옆에 사내 넷이 서 있었다. 하인들이 입는 작업복에 납작한 군모를 쓰고, 수염이 텁수룩하며 키가 큰, 무장한 사내들이 두 사람 쪽으로 총구를 겨누고 있었다.

두 개의 낚싯대가 두 사람 손에서 떨어져 강물을 따라 떠내려갔다.

두 사람은 그대로 붙잡혀서 보트에 태워져 섬으로 끌려갔다.

빈집인 줄 알았던 그 건물 뒤에 스무 명가량의 독일 병사들이 있었다.

털북숭이 사내가 말 타듯이 의자에 걸터앉아 커다란 도자기 담뱃대를 빨고 있다가 두 사람을 보더니 유창한 프랑스어로 물었다. "그래, 여러분, 많이 잡았소?"

그러자 한 사병이 눈치 빠르게 물고기가 가득 들어 있는 어롱을 장교 앞에 내려놓았다. 프로이센 장교가 미소 지었다. "어! 이런, 제법 괜찮군요. 그건 그렇고, 이제부터 내가 하는 말을 잘 들으시오. 걱정할 건 없어요.

우리는 당신들 두 사람을 우리를 염탐하러 온 간첩으로 간주하고 있소. 그래서 우리는 당신들을 붙잡았고, 그리고 총살할 것이오. 당신들은 계획을 감쪽같이 속이려고 낚시를 하는 것처럼 꾸몄소. 당신들이 우리 손안에 들어온 건 참 안된 일이지만, 그게 바로 전쟁이오.

그런데 당신들은 전초선을 나왔으니까 반드시 돌아갈 수 있는 암호를 받아왔을 거요. 그 암호를 우리에게 가르쳐 주면 당신들을 풀어주겠소."

두 친구는 나란히 서서 새파랗게 질린 채 경련을 일으키듯 손을 가볍게 떨면서 묵묵히 있었다.

장교가 다시 말했다. "아무도 모를 거요. 당신들은 아무 일도 없었던 것처럼 돌아갈 테니까. 이 비밀은 당신들과 함께 사라져 버리는 거라오. 만약 당신들이 싫다고 하면 이 자리에서 즉시 사형이오. 어느 쪽인지 선택하시오."

두 사람은 입도 벙긋하지 못한 채 움직이지 않고 가만히 있었다.

프로이센 장교는 여전히 침착하게 한 손으로 강을 가리키면서 다시 말했다. "잘 생각하시오. 오 분 뒤면 당신들은 저 강물 속에 있게 될 거요. 오 분 뒤에 말이오! 당신들에게도 부모가 있지 않소?"

몽 발레리앙은 여전히 요란하게 울리고 있었다.

두 낚시꾼은 말없이 우뚝 서 있었다. 독일 사람은 자기 나라 말로 뭐가 명령을 내렸다. 이어서 자신이 앉아 있는 의자를 약간 비켜서, 두 포로와 너무 가까이 있지 않도록 했다. 그러자 열두 명의 병사들이 스무 걸음 떨어진 곳에 정렬하여 '세워총' 자세를 취했다.

장교가 다시 말했다. "일 분만 시간을 주겠소. 그 이상은 더 기다리지 않을 거요."

그때 갑자기 그가 일어나더니 두 프랑스인에게 다가갔다. 그리고 모리소의 팔을 붙잡고 약간 떨어진 곳으로 데려가서 목소리를 낮춰 말했다. "자, 어서 말해 보시오. 암호가 뭐요? 당신 친구는 아마 모를 거요. 불쌍해서 풀어주는 것처럼 할 테니."

모리소는 아무 대답도 하지 않았다.

프로이센 장교는 소바주 씨도 끌고 가서 같은 질문을 했다.

소바주 씨도 아무 대답도 하지 않았다.

그들은 다시 나란히 세워졌다.

장교가 명령을 내렸다. 병사들은 총을 들었다.

그때 문득 모리소의 시선이 모래무지가 들어 있는 어롱 위로 떨어졌다. 그것은 두세 걸음 떨어져서 풀 위에 내던져져 있었다.

한 줄기 햇살이 아직도 퍼떡이는 물고기에 닿아 반짝거리고 있었다. 그러자 왠지 정신이 아득해졌다. 참으려 애썼으나 두 눈 가득 눈물이 고였다.

그는 더듬더듬 말했다. "그럼 안녕히, 소바주 씨."

소바주 씨도 대답했다. "모리소 씨, 안녕히."

그들은 손에 손을 굳게 잡았다. 머리 꼭대기에서 발끝까지 전율이 흘렀다.

장교가 소리쳤다. "발사!"

열두 발의 총성이 한꺼번에 울렸다.

소바주 씨가 털썩 앞으로 고꾸라졌다. 모리소는 키가 커서, 비틀거리다가 빙그르르 한 바퀴 돌더니, 친구의 몸 위에 교차하듯이 얼굴을 하늘로 향하고 쓰러졌다. 가슴께에 총을 맞아서 외투에서 피가 뿜어져 나왔다.

독일인이 다시 뭐라고 명령했다.

병사들은 사방으로 흩어졌다가 이내 밧줄과 돌을 가지고 돌아오더니, 그 돌을 두 시체의 다리에 묶었다. 이어서 강가로 운반해 갔다.

몽 발레리앙은 여전히 쾅쾅 울리고 있었는데, 어느새 화약 연기가 자욱하게 층을 이루었다.

두 병사가 모리소의 머리와 다리를 들었다. 그리고 다른 두 병사도 마찬가지로 소바주 씨를 들어 올렸다. 시체들은 있는 힘을 다해 흔들린 뒤 멀리 내던져졌다. 그리고 저마다 곡선을 그리면서 돌의 무게 때문에 발을 아래로 하여 선 자세로 강물 속에 가라앉았다.

강물이 튀어 오르고 거품이 일어 넘실거리다가 곧 잔잔해졌다. 잔물결이 기슭까지 퍼져 갔다.

물 위로 핏물이 약간 떠올랐다.

장교는 여전히 경쾌한 태도로 입속으로 우물거리듯이 말했다. "이번에는 물고기들이 신이 나겠군."

그런 다음 그는 숙소 쪽으로 향했다.

그러다가 문득 풀 위에 놓인 모래무지 어롱을 보았다. 그는 그것을 주워 들고 내용물을 살펴본 뒤 자기도 모르게 빙그레 웃었다. 그리고 소리쳤다. "빌헬름!"

하얀 앞치마를 두른 졸병 하나가 달려나왔다. 프로이센 장교는 총살당한 두 사람의 어획물을 졸병에게 던져주면서 명령했다.

"이 물고기들을 살아 있을 때 얼른 튀겨 와. 정말 맛있을 거야."

그는 다시 담배를 피우기 시작했다.

미친 여자

로베르 드 보니에르에게

그런데 말이야, 하고 마티외 당돌랭이 말했다. 난 도요새만 보면 이번 전쟁 중에 일어났던 아주 참혹한 이야기가 떠오른다네.

자네도 알고 있지, 코르메유 교외에 있었던 내 집 말일세. 프로이센군이 들어왔을 때 나는 그 집에 살고 있었어.

그때 내 옆집에 미친 여자가 한 명 살았네. 거듭된 불행으로 머리가 이상해진 여자였네. 옛날에, 그 여자 나이 스물다섯 살 때, 단 한 달 사이에 아버지와 남편, 그리고 갓난아기까지 잃어버렸대.

죽음이 한번 집 안에 들어오면, 아마도 부엌문을 기억하고 있는 건지 어김없이 곧 다시 찾아오는 법이거든.

가엾게도 젊은 나이에 잇따라 덮쳐온 슬픔으로 그녀는 덜컥 자리에 눕더니 6주 동안 계속 헛소리만 했다네. 이윽고 그 격렬한 발작이 지나가자, 이번에는 조용한 무기력증이 이어졌지. 꼼짝도 하지 않고 거의 먹지도 않고, 그저 눈만 이리저리 굴리고 있었다더군. 누가 일으키려고 하면 자기를 죽이기라도 하는 것처럼 소리를 지르곤 했지. 하는 수 없이 늘 누운 채로 그냥 내버려 둘 수밖에 없었다네. 오직 몸단장을 할 때나 침대용 요를 뒤집을 때만 침대에서 끌어낼 수 있었지.

늙은 하녀가 그녀 옆에 붙어 있으면서 이따금 물을 먹이거나 차가운 고기를 입에 넣어주곤 했어. 과연 희망을 잃은 이 영혼 속에 무슨 일이 일어나고 있었던 걸까? 그건 아무도 알 수 없었지. 그녀는 더 이상 말을 하지 않았으니까. 죽은 사람들을 생각하고 있었을까? 이렇다 할 뚜렷한 기억도 없이 그저 슬픔에 잠겨 어떤 생각에 빠져 있었을까? 아니면 그녀의 공허한 상념은 흐르지 않는 물처럼 움직이지 않고 고여 있었던 것일까?

그녀는 십오 년 동안 그렇게 틀어박힌 채 죽은 듯이 살아가고 있었다네.

그리고 전쟁이 일어났고, 십이 월 초순에 프로이센군이 코르메유에 쳐들어왔어.

나는 마치 어제 일처럼 또렷하게 기억하고 있어. 돌도 깨질 것처럼 꽁꽁 얼어붙은 날이었지. 그때는 나도 통풍 때문에 몸을 움직이지 못하고 안락의자에 기대앉아 있었는데, 밖에서 발걸음을 맞춘 무거운 군화 소리가 들려오더군. 창문을 통해 그들이 지나가는 모습을 보았지.

그들의 행렬은 끝없이 이어졌다네. 특유의 꼭두각시 인형 같은 동작으로 행진하는 그들은 모두가 똑같아 보였어. 얼마 뒤 대장은 민가에 병사들을 배치했네. 우리집에는 열일곱 명, 옆집인 미친 여자의 집에는 열두 명. 그런데 그 지휘관이라는 작자가 매우 거칠고 난폭하며 퉁명스러운 군인이었어.

처음 며칠은 아무 일 없이 지나갔지. 부인이 병에 걸렸다는 건 미리 장교에게 말해 두었기 때문에 그도 별로 신경 쓰지 않았어. 그런데 곧 전혀 얼굴을 보여주지 않는 부인이 못마땅했는지 환자의 상태에 대해 물어보더군. 그 안주인은 극심한 고통 때문에 지난 십오 년 동안 내내 누워만 지낸다는 대답을 들었지. 물론 장교는 그 말을 믿지 않았네. 그리고 그 가련한 여자가 완강하게 침대를 떠나지 않는 것은, 그녀가 프로이센군을 보거나 얘기하고 접촉하는 것을 싫어해서라고 생각했네.

장교는 무슨 일이 있어도 그녀를 만나겠다면서 침실로 안내를 받았다네.

그는 거친 말투로 물었지.

"부인, 일어나 아래층에 내려와서 모두에게 얼굴을 보여주기 바라오."

그녀는 공허한 눈길로 장교를 쳐다보고는 한마디도 대답하지 않았어.

장교가 다시 말했네.

"이렇게 우리를 무시하는 건 용납 못합니다. 당신이 정 일어날 수 없다면, 혼자서 걷게 할 수 있는 방법을 찾겠소."

그녀는 아무 반응도 하지 않았네. 상대 얼굴이 아예 보이지 않는 것처럼 여전히 조금도 움직이지 않는 거야.

장교는 화를 냈지. 그 조용한 침묵을 둘도 없는 모욕이라고 생각했거든. 그래서 이렇게 덧붙였네.

"만약 내일도 내려오지 않는다면……."

그러고는 나가버렸다네.

이튿날 늙은 하녀는 죽을힘을 다해 옷을 입히려고 했지만, 미친 여자는 발버둥치면서 울부짖기만 했지. 장교가 쿵쾅거리면서 올라왔네. 하녀는 무릎을 꿇고 장교에게 호소했어.

"마님이 도무지 말을 듣지 않아요. 대장님, 제발 용서해 주세요. 정말 가엾은 분이랍니다."

장교는 화가 났지만, 그렇다고 부하 병사의 손을 빌려서까지 그녀를 침대에서 끌어내릴 수도 없어서 난감해지고 말았지. 그러다가 갑자기 그가 웃음을 터뜨렸네. 그리고 독일어로 뭐라고 명령을 내렸지.

얼마 뒤, 한 분대의 병사들이 마치 부상자라도 운반하듯이, 침대용 요를 메고 가는 광경을 볼 수 있었다네. 요를 통째로 그대로 들고 나온 침대 속에서 미친 여자는 여전히 말없이 가만히 있었어. 누워 있게만 해주는 한, 무슨 일이 일어나든 상관하지 않겠다는 듯이 말이네. 그 뒤를 병사 하나가 여자의 옷을 싼 보따리를 들고 따라갔네.

장교는 손을 비비면서 선언했어.

"당신이 혼자 옷을 입고 혼자 걸을 수 없다면, 우리가 그렇게 하도록 만들어 주겠소."

이윽고 그 행렬은 이모빌 숲을 향해 멀어져 갔네.

두 시간 뒤 병사들만 돌아왔어.

그 뒤로 미친 여자를 본 사람은 아무도 없었다네. 도대체 병사들은 그녀를 어떻게 한 것일까? 어디로 데려간 것일까! 아무도 아는 사람이 없었지.

이윽고 밤낮으로 눈이 내려 들판과 숲이 온통 차가운 눈으로 하얗게 뒤덮이고 말았네. 늑대가 집 문 앞까지 내려와서 울부짖곤 했지.

나는 행방을 알 수 없게된 그 여자가 계속 마음에 걸렸네. 뭔가 정보를 얻어내려고, 프로이센 당국과 여러 번 교섭도 해보았다네. 그러다가 하마터면 총살당할 뻔도 했지.

봄이 오자 마침내 점령군은 물러갔네. 옆집은 여전히 문이 굳게 닫혀 있었지. 뜰의 오솔길에는 잡초만 무성하게 자랐더군.

늙은 하녀는 겨울을 넘기지 못하고 죽어버렸네. 그러므로 이제 그 사건에 대해 떠올리는 사람은 아무도 없었네. 오직 나 혼자만 끊임없이 그 일에 대해 생각하고 있었지.

그들은 그 여자를 어떻게 한 것일까? 그래, 어쩌면 그녀는 숲을 빠져나가 달아났을지도 모른다! 그래서 어디에서 구조되어 병원에 입원했다 하더라도 그여자가 그런 사정을 말할 수는 없었을 것이다. 이렇게 생각해 봤지만 의혹을 풀어줄 수 있는 정보는 여전히 아무것도 없었지. 시간이 흐를수록 내 마음의 걱정도 점점 희미해져 갔네.

가을이 되자 도요새도 다시 찾아왔어. 내 통풍도 조금 가라앉아서 나는 다리를 절면서 숲까지 가보았네. 잠깐 사이에 부리가 긴 그 녀석들을 몇 마리 쏘아 맞혔는데, 마지막 한 마리가 잔가지들이 잔뜩 쌓인 도랑 속에 빠져버린 거야. 나는 사냥물을 줍기 위해 거기까지 내려갔어. 사냥물은 한 개의 해골 옆에 떨어져 있었어. 그 순간, 번개 같은 충격과 함께 그 미친 여자가 떠올랐네. 그불행했던 해에 이 숲속에서 죽은 사람들은, 아마 그 여자 말고도 많겠지. 그런데도 왜 그런지 그런 생각이 들더군. 그래, 그 가엾은 미친 여자의 해골이 틀림없다는 확신이 말이야.

나는 곧 깨달았네. 그리고 모든 것이 이해되었어. 그들은 그 침대용 요에 그녀를 올려놓은 채 그 춥고 황량한 숲속에 그대로 버려두고 간 거야. 그리고 그녀는 자신의 고정관념을 충실히 지키면서 서서히 죽어간 거지. 가벼운 깃털 같은 두툼한 눈 이불 속에서 손가락 한 번 움직이지 않고 말이네.

이윽고 늑대들이 그녀를 뜯어먹었겠지.

그리고 까마귀들은 해진 침대의 솜을 물어가 자신들의 보금자리를 지었던 거고.

나는 그 슬픈 유골을 소중히 간직하고 있다네. 우리 자손들이 두 번 다시 전쟁을 겪지 않기를 바라는 마음으로.

소바주 어머니

조르주 푸셰에게

1

생각해 보니, 나는 십오 년 동안이나 비를로뉴에 돌아가지 않고 있었다. 가을이 되어 사냥을 하러 오랜만에 돌아가서 친구 세르발의 집으로 갔더니, 프로이센군이 파괴했던 그의 별장이 마침내 새로 지어져 있었다.

나는 그곳을 매우 좋아했다. 세상에는 눈으로 보아 관능에 충실한 매력을 지닌 즐거운 장소가 있게 마련인데, 사람들은 그런 곳을 거의 감각에 충실하게 사랑한다. 땅의 냄새에 끌리기 쉬운 우리는 그 샘, 그 숲, 그 연못, 그 언덕, 그리고 우리가 수없이 보았던, 또 행복한 사건처럼 우리를 감동시킨 적이 있는 풍경을 떠올리게 하는 저마다의 그리운 추억을 품고 있다. 봄날 아침, 거리에서 밝고 상쾌한 옷을 입은 여자를 보면, 그녀들의 모습에서 달랠 길 없고 잊을 길 없는 욕망과 그녀가 스쳐 지나갈 때의 행복감을 우리 몸과 마음에 남기게 되는데, 그렇게 화창한 날 우연히 바라본 숲의 한구석이나 강둑의 끄트머리, 꽃이 핀 과수원, 그런 사소한 풍경도 때때로 우리 마음을 끌곤 한다.

비를로뉴에서는 나는 그 들판을 좋아했다. 거기에는 작은 수풀이 흩어져 있고 개울은 핏줄처럼 흙에 혈액을 공급하면서 곳곳을 가로질러 달리고 있었다. 사람들은 그 개울에서 가재, 송어, 뱀장어를 낚기도 했다! 이 얼마나 흠잡을 데 없는 행복인가! 군데군데에서 수영도 할 수 있고 얕은 여울의 풀이 우거진 곳에는 도요새도 살고 있었다.

나는 내 눈앞에서 장난치고 있는 두 마리의 사냥개를 바라보고 있으니 암염소처럼 기분이 좋아졌다. 오른쪽으로 100미터쯤 되는 곳에서 세르발이 자주개자리[1] 밭을 다지고 있었다. 소드르 숲의 경계를 이루는 덤불을 돌아가자 폐허

---

[1] 콩과의 여러해살이풀. 사료용으로 재배한다.

가 된 초가집 한 채가 눈에 들어왔다.

그 순간, 지난번에 그 집을 보았을 때가 생생하게 떠올랐다. 1869년 그때는 이 집도 말끔했고, 포도덩굴이 지붕을 뒤덮고 있었으며, 문 앞에는 암탉이 놀고 있었다. 황폐하고 을씨년스럽게 뼈대만 드러낸 채 다 망가져 버린 집만큼 비참한 것이 또 있을까?

나는 곧 생각해 냈다. 그날, 몹시 지쳐 있던 나에게 포도주를 한 잔 내주었던 친절한 부인과 세르발이 그 집에 살고 있는 사람들에 대해 이야기해 준 것을. 아버지인 늙은 밀렵꾼은 헌병에게 총살당했다. 전에 나도 본 적이 있는, 키가 크고 여윈 아들도 용맹한 사냥꾼이었다. 사람들은 그들을 '소바주*2'라고 불렀다.

그것은 본명이었을까, 아니면 별명이었을까?

나는 세르발을 소리쳐 불렀다. 그는 황새처럼 긴 다리로 성큼성큼 다가왔다. 나는 그에게 물었다.

"저 집에 살던 사람들은 어떻게 되었나?"

그러자 그는 뜻밖의 이야기를 들려주었다.

2

전쟁이 시작되자, 그때 서른세 살이었던 소바주네 아들은 어머니를 홀로 집에 두고 지원병이 되었다. 마을 사람들은 노파에게 돈이 있다는 것을 알고 있었기 때문에 그다지 가엾게 여기지 않았다.

그래서 그녀는 마을에서 꽤 멀리 떨어진 이 숲가의 외딴집에 혼자 남게 된 것이다. 그녀도 집안 남자들과 같은 종족이었는지, 혼자 사는 것을 별로 무서워하지 않았다. 키가 크고 여윈 무뚝뚝한 노파는 좀처럼 웃는 일이 없었고, 마을 사람들도 그녀와 농담을 주고받지 않았다. 하기는 시골 여자들은 거의 웃지 않는다. 웃는 건 남자들이 하는 일이니까! 생활 자체가 음울하고 밝지 않아서 그녀들의 마음은 언제나 어둡게 닫혀 있었다. 남편들은 가끔 술집에 가서 즐겁게 떠들기도 하지만, 아내들은 언제나 근심 어린 얼굴로 진지하게 집안에 있어야 했다. 그녀들의 얼굴 근육은 웃는 동작을 전혀 배우지 못한 것이다.

---

*2 미개인, 사교성이 없는 사람 등의 뜻을 가진 단어.

소바주 어머니는 초가집 안에서 전과 다름없이 살아갔다. 얼마 안 있어 그 집도 눈 속에 파묻히고 말았다. 그녀는 일주일에 한 번씩 마을에 내려가서 빵과 고기를 조금씩 사고는 얼른 집으로 돌아왔다. 마을 사람들이 늑대가 나온다는 얘기를 하는 걸 듣고부터는 그녀는 외출할 때마다 총을 메고 다녔다. 아들의 총이었는데, 녹슬고 개머리판은 손길에 닳아버린 것이었다. 그 키가 큰 여인 소바주는 몸을 앞으로 약간 숙인 채 눈 때문에 큰 걸음으로 천천히 걸어갔다. 아무도 본 적이 없다는 백발을 감싸서 단단하게 눌러쓴 검은 두건 위로 총신이 불쑥 올라와 있는 모습은 기이하게 보였다.

어느 날 프로이센군이 들어왔다. 병사들은 마을 사람들의 재력에 따라 각 가정에 배정되었다. 돈이 상당히 많은 것으로 알려진 노파의 집에는 네 명이 머물게 되었다.

넷 다 뚱뚱한 젊은이였다. 피부와 수염은 황금색, 눈은 파랗고, 지금까지의 고생으로 피곤에 절어 있을 텐데도 기름기가 올라 있었다. 그리고 점령지인 이곳에서도 의외로 얌전했다. 이 나이 든 여자가 혼자 살고 있다는 걸 안 그들은, 자연히 그녀에게 친절을 베풀면서 되도록 수고를 끼치지 않고 돈도 절약하게 하려고 애써주었다. 아침에는 넷이서 다 같이 우물가에서 셔츠를 벗고 세수하는 모습을 볼 수 있었는데, 눈에 반사되어 따가운 햇살 속에서 북쪽나라 출신다운 분홍빛 감도는 하얀 피부에 물을 끼얹곤 했다. 그러는 동안 소바주 어머니는 왔다 갔다 하면서 수프를 준비했다. 세수가 끝나면 그들은 부엌을 청소하고, 유리창을 닦고, 장작을 패고, 감자 껍질을 벗기고, 속옷을 빨고, 그 밖에 집 안일은 뭐든지 하면서, 마치 어머니를 모시는 착한 네 아들처럼 행동했다.

그러나 그녀는 늘 자신의 아들을 생각하고 있었다. 매부리코에 갈색 눈을 한 아들, 입술 위에 수북한 검은 콧수염을 기른 여위고 키가 큰 아들을. 난롯가에 모여드는 병사들에게 그녀는 늘 이렇게 물었다.

"프랑스 보병 23연대는 어디로 갔는지 알아요? 내 아들도 그 연대에 있는데."

그들은 대답했다. "모릅니다, 저희는 그런 건 전혀 몰라요." 그렇지만 그녀의 걱정과 고통을 이해할 수 있었고 또 자신들도 고향에 어머니를 두고 온 몸이라, 사소한 일까지 그녀를 거들어 주었다. 그녀 또한 그 네 명의 적을 사랑하고 있었다. 농부들에게는 적개심 같은 건 아예 없었다. 그런 것은 상류사회에만 있는 것이었다. 가난과 세금 때문에 허덕이느라 가장 큰 희생을 치르는 그들, 머릿수가 많아서 몸을 탄환처럼 여겨 떼죽음을 당하는 그들, 힘이 없고 저항력이 약해서 전쟁 참화도 가장 많이 겪어야 하는 그들, 그 하층사회 사람들은 전쟁열이나 공명심, 또는 전승국도 패전국과 마찬가지로 반년 만에 고갈시키고 마는, 이른바 정치적 연계 같은 것은 전혀 몰랐다.

마을 사람들은 소바주 어머니의 집에 있는 독일인에 대해 얘기할 때는 이런 식으로 말했다.

"그 네 사람은 기막힌 둥지를 발견한 셈이지."

어느 날 아침, 노파가 혼자 집에 있는데 들판 저쪽에서 자기 집을 향해 다가오는 한 남자가 눈에 들어왔다. 그는 편지를 배달하고 다니는 보병이었다. 접혀 있는 종이 한 장을 건네받은 그녀는 안경집에서 바느질할 때 쓰는 안경을 꺼내 읽기 시작했다.

소바주 부인께 슬픈 소식을 알려드립니다. 부인의 아들 빅토르가 어제 포탄에 맞아, 완전히 두 동강이 나서 전사했습니다. 저는 바로 그 옆에 있었습니다. 저희는 중대에서 늘 함께 다니는 단짝이었습니다. 그는 만약 자신에게 불행한 일이 생기면 어머니께 소식을 전해 달라고 말했습니다.

그의 호주머니에 들어 있던 시계는 전쟁이 끝나면 제가 전해 드리겠습니다.

그럼 안녕히 계십시오.

보병 제23연대 이등병
세제르 리보.

그 편지는 3주일 전 날짜였다.

그녀는 울지 않았다. 조금도 움직이지 않았다. 너무 놀라서 넋이 나가 미처 슬픔조차 느낄 수가 없었다. 그녀는 생각했다. '그러니까 이제 빅토르가 죽고 없다는 말이지?' 그러자 눈물이 조금씩 솟아났고 고통이 가슴속에 세차게 밀려왔다. 끔찍하고 괴로운 생각들이 하나씩 떠올랐다. 이제 두 번 다시 아들에게, 다 큰 내 자식에게 입맞춤을 할 수 없단 말인가! 헌병은 남편을 죽였고 프로이센 병사는 아들을 죽였다…… 게다가 아들은 탄환으로 두 동강이 났다고 한다. 곧 그 모습이, 그 무서운 광경이 눈에 보이는 것 같았다. 고개를 떨어뜨리고 눈을 부릅뜬 채, 분노하면 언제나 그렇듯이 짙은 콧수염을 씹고 있는 아들 모습이.

아들의 시신은 어떻게 되었을까? 이마 한가운데 총알이 박힌 남편을 돌려준 것처럼 자식을 돌려주기만 한다면 얼마나 좋을까?

그때 가까이에서 사람들 목소리가 들려왔다. 프로이센 병사들이 마을에서 돌아온 것이다. 그녀는 얼른 편지를 호주머니 속에 숨기고 눈물도 말끔하게 훔친 뒤, 평소 얼굴로 그들을 맞이했다.

네 명 다 기분 좋게 웃고 떠들었다. 틀림없이 어디서 훔친 토실토실한 토끼 한 마리를 가져왔기 때문이다. 그들은 노파에게 오늘은 맛있는 것을 먹게 되었다는 시늉을 해 보였다.

그녀는 곧장 점심 준비를 시작했다. 그러나 토끼를 죽여야 할 단계가 되자 용기가 나지 않았다. 이번이 처음도 아니건만! 그래서 그들 가운데 한 병사가 토끼의 귀 뒤를 주먹으로 때려 죽였다.

동물이 죽자 그녀는 가죽을 벗기고 붉은 살을 꺼냈다. 그런데 양손에 묻은 피를 보고, 그 뜨뜻미지근한 피가 점점 식어서 굳어져 가는 것을 느끼자, 머리 끝에서 발끝까지 소름이 끼쳤다. 그리고 아직도 맥박이 뛰고 있는 이 동물처럼 피투성이가 되어 두 동강이 난 아들을 끊임없이 떠올리고 있었다.

그녀는 프로이센 병사들과 함께 식탁에 앉았지만 그 고기를 한 입도 먹을 수가 없었다. 하지만 그런 그녀는 아랑곳하지 않고 병사들은 토끼고기를 게걸스럽게 먹어댔다. 그녀는 아무 말도 하지 않고 그저 한 가지 생각에만 파묻힌 채 그들을 옆에서 가만히 지켜보았는데, 그 얼굴이 너무나 태연해서 그들은 별로 신경 쓰지도 않았다.

불쑥 그녀가 물었다. "이렇게 한 달을 함께 지내면서도 난 아직 젊은이들 이름도 모르고 있구려." 그들은 그녀의 말뜻을 겨우 이해하고 저마다 자기 이름을 말했다. 그것만으로는 부족했는지 그녀는 종이에 집 주소도 함께 써달라고 했다. 그리고 커다란 코 위에 안경을 걸치고 그 낯선 문자를 눈으로 훑어본 뒤 종이를 접어 호주머니 속에, 아들의 죽음을 알려준 그 편지 위에 겹쳐서 넣었다.

식사가 끝나자 그녀는 병사들에게 말했다.

"젊은이들을 위해 좋은 일을 해주지."

그리고 그녀는 그들이 늘 잠을 자는 다락방에 짚단을 나르기 시작했다.

그들은 이 작업에 놀랐지만, 더 따뜻하게 해주려는 거라는 설명을 듣고 자신들도 도왔다. 그들은 짚단을 초가지붕에 닿을 정도로 쌓아올렸다. 그러자 사방이 짚단 벽으로 에워싸인 따뜻하고 향기로운 넓은 방이 완성되었다. 그 속에서는 포근하게 잠이 잘 올 것 같았다.

저녁 식사 때도 소바주 어머니가 아무것도 먹지 않는 것을 보고 한 병사가 걱정이 되어 물었다. 그녀는 위경련이 일어나서 그런다고 대답했다. 그리고 몸을 따뜻하게 하기 위해 불을 넉넉히 지폈다. 이윽고 네 명의 독일인도 매일 밤 사용하는 사다리를 타고 자신들의 잠자리로 올라갔다.

그리고 다락문이 닫히자 노파는 사다리를 치워 버렸다. 그런 다음, 출입문을 조용히 열고 쉴 새 없이 짚단을 가지러 가서 부엌으로 옮겨놓았다. 그녀는 소리가 나지 않도록 눈 위를 맨발로 살금살금 걸어갔다. 이따금 자고 있는 네 병사의, 불협화음처럼 들려오는 코골이 소리에 귀를 기울였다.

그녀는 충분히 준비되었다고 판단하자, 아궁이 속에 짚단 하나를 던져 넣었다. 그리고 거기에 불이 붙자 다른 짚단 다발 위에 그것을 흩뿌린 뒤 밖으로 나가서 지켜보았다.

눈 깜짝할 사이에 초가집 안이 환하게 밝아졌다. 이윽고 집 전체가 무시무시한 불덩이가 되고 불타는 거대한 아궁이가 되어, 그 불꽃이 좁은 창문으로 널름거리면서 눈 위에 눈부신 빛줄기를 던졌다.

이윽고 용마루 근처에서 끔찍한 비명 소리가 들리더니, 이어서 고통과 공포로 울부짖고 절규하는 아우성이 귀를 찢었다. 잠시 뒤 다락문이 아래층으로 무너져 내리자, 소용돌이치는 불길은 다락방을 덮치고 초가지붕을 뚫고 엄청난 횃불이 되어 하늘로 올라갔다. 마침내 집 전체가 불길에 휩싸였다.

집 안에서는 불꽃이 폭발하는 소리, 벽이 갈라지는 소리, 대들보와 기둥이 무너지는 소리만 들렸다. 얼마 안 있어 지붕도 무너졌다. 불타는 집의 뼈대는 검은 연기 속에 하늘 높이 깃털 장식 같은 커다란 불똥을 쏘아 올렸다.

불길에 비친 눈 덮인 들판은 붉은빛을 띤 은빛 보자기처럼 빛나고 있었다.

멀리서 경종이 울리기 시작했다.

노파는 불타 무너진 자신의 집 앞에 우두커니 서 있었다. 병사들을 한 사람도 놓치지 않으려고 아들의 총을 들고서.

그녀는 모든 것이 끝났음을 알고 무기를 뜨거운 불길 속에 던져 넣었다. 총은 커다란 소리를 내며 폭발했다.

곧 농부들과 프로이센 병사들이 달려왔다.

그들은 나무 밑동에 만족스러운 듯이 태연한 모습으로 앉아 있는 부인을 발견했다.

한 독일 장교가 프랑스 사람처럼 능숙한 프랑스어로 그녀에게 물었다.

"당신 집에 있던 병사들은 어디 있소?"

그녀는 여윈 손으로 시뻘겋게 불탄 잿더미를 가리키면서 또렷한 목소리로 대답했다.

"저 속에!"

사람들이 그녀를 에워쌌다. 프로이센 병사가 물었다.

"어쩌다가 불이 났어요?"

그녀가 단호하게 말했다.

"내가 불을 질렀소."

아무도 그녀가 하는 말을 믿지 않았다. 이 참사 때문에 정신이 이상해진 거라고 생각했다. 그녀는 사람들이 자신을 에워싸고 이유를 알고 싶어 하자, 편지가 왔을 때부터 집과 함께 재가 된 병사들이 마지막 비명을 지를 때까지 모두 이야기를 해주었다. 그녀는 자신이 느낀 것과 자신이 한 일의 세세한 부분까지 하나도 빠뜨리지 않고 말했다.

이야기가 끝나자, 호주머니에서 두 장의 종이를 꺼내어 안경을 끼더니 아직 남아 있는 불빛에 비춰 보며 한쪽 종이를 보여주었다. "이쪽은 빅토르가 죽었다는 소식을 알리는 것이고." 그녀는 다른 한쪽을 보여주고 붉은 잿더미가 된 집을 턱으로 가리키며 덧붙였다. "이쪽은 그 사람들 이름인데 모두의 집으로 편지를 쓰려고 그런다오." 그리고 자신의 어깨를 잡고 있는 장교에게 그 하얀 종이를 침착하게 내밀면서 그녀는 다시 말했다.

"여기에 있는 그대로 적어주시구려. 바로 내가 한 짓이라고 그 부모들에게 말해 줘요. 빅투아르 시몽, 소바주 부인이 한 짓이라고! 부디 잊지 마시오."

장교는 독일어로 명령을 내렸다. 병사들은 그녀를 붙잡아 아직 불기가 식지 않은 벽에 밀어붙였다. 이윽고 열두 명의 병사들이 그녀 앞 20미터 되는 곳에 줄지어 늘어섰다. 그녀는 상황을 알아채고, 기다렸다.

명령이 떨어진 순간, 총성은 오래도록 그 주위에 울려 퍼졌다. 그러다가 뒤늦은 총성이 한 발 늦게 울렸다.

노파는 쓰러지지 않았다. 누가 다리를 걸어 넘어뜨린 것처럼 그 자리에 그대로 주저앉았다.

프로이센 장교가 그녀에게 다가가 보았다. 몸이 거의 두 동강이 나 있었다. 그리고 아직도 움직이고 있는 손에는 피 묻은 편지가 쥐어져 있었다.

내 친구 세르발은 이렇게 덧붙였다.

"프로이센 병사들이 내 소유로 되어 있는 별장을 파괴한 것도 그 보복의 하나였지."

나는 나대로 생각에 잠겨 있었다. 그곳에서 불타 죽은 네 젊은이가 고향에 두고 온 어머니들을. 그리고 또 그 벽에서 총살당한 또 한 어머니의 잔인하고 대담한 행동을.

나는 조그만 돌멩이를 하나 주워 들었다. 불에 타서 아직 검게 그을려 있었다.

Les prisonniers
포로들

숲속에는 정적이 감돌고, 우듬지에서 사락사락 미끄러져 떨어지는 희미한 눈 소리만 들려왔다. 점심때부터 눈이 쉬지 않고 내려, 나뭇가지에는 얼어붙은 거품처럼 눈꽃이 피고, 덤불의 마른 잎 위에는 은빛 지붕이 소복하게 덮였으며, 모든 길에는 폭신하고 새하얀 양탄자가 끝없이 깔려 있어, 이 끝없이 펼쳐진 나무들의 바다 모를 침묵은 갈수록 짙어졌다.

산림관리인의 집 앞에서 젊은 여자 혼자 팔뚝을 드러낸 채 도끼를 휘둘러 돌 위의 장작을 쪼개고 있었다. 키가 크고 단단한 체격이 참으로 건강해 보이는 것이, 숲에서 태어나고 숲에서 자라 산림관리인의 아내가 되었을 것 같은 여자였다.

집 안에서 그녀를 부르는 소리가 들려왔다.

"베르틴, 이제 그만하고 들어오너라. 오늘 밤엔 우리 둘뿐이잖니. 날도 벌써 저물었고, 프로이센 병사와 늑대가 어슬렁거리고 있을지도 몰라."

그러나 젊은 여자는 여전히 가슴을 젖히고 팔을 휘둘러 힘껏 나무를 쪼개면서 대답했다.

"어머니, 이것만 하면 끝나요. 곧 갈 테니까 걱정 마세요. 아직 밝은 걸요."

그녀는 나뭇단과 장작들을 집 안으로 가져가 난롯가에 쌓아올린 뒤, 다시 밖으로 나가 덧창을 닫았다. 떡갈나무 가지로 만든 거칠고 모양 없는 덧창이었다. 이윽고 집 안에 들어가자 이번에는 출입문에 무거운 빗장을 질렀다.

어머니는 난롯가에서 실을 잣고 있었다. 주름투성이 노파로 나이 탓인지 겁이 많아 보였다.

"아버지가 안 계시면 난 싫다." 그녀가 말했다. "어쨌든 여자 둘만 있으니 불안하구나."

젊은 여자가 대답했다.

"아이참! 나도 늑대고 프로이센군이고 죽일 수 있다니까요."

그리고 그녀는 난로 위에 매달아 둔 커다란 권총에 눈짓을 보냈다.

그녀의 남편은 프로이센군이 침입하자마자 소집되어, 이 두 여자는 아버지와 함께 남겨지고 말았다. 그런데 '죽마(竹馬)'라는 별명으로 불리는 늙은 산림 관리인 니콜라 피숑은 어찌나 완고한지, 이곳을 떠나 시내로 돌아가는 것을 도무지 승낙하지 않았다.

가까운 도시라 하면 르텔을 말하는데, 그곳은 병풍처럼 깎아지른 험준한 바위 위에서 사방을 노려보고 있는 듯한 오래된 요새였다. 애국심이 매우 강한 고장으로, 시민들은 끝까지 침입군에 저항하면서 집을 떠나지 않고 도시의 전통에 따라 보금자리를 지키기로 결정했다. 그때까지 이미 두 번이나, 즉 앙리 4세와 루이 14세 시대에 이 르텔의 시민들이 용감하게 항전함으로써 이름을 떨친 역사가 있기 때문이다. 이번에도 제기랄, 그렇게 할 것이다! 아니면 성을 베개 삼아 전사할 따름이라는 각오였다.

그래서 시내에서는 대포와 소총 같은 무기를 구입하여 시민군을 조직하고, 그것을 대대와 중대로 편성하여 온종일 연병장에서 훈련하는 것도 게을리하지 않았다. 빵집 주인도, 식료품상도, 정육점 주인도, 공증인, 소송대리인, 심지어 소목장이, 책방 주인, 약사에 이르기까지, 정해진 시간에 모두들 저마다 한 역할씩 맡아서 훈련을 받는 데 여념이 없었다. 그들을 지휘하는 것은 라비뉴 씨로, 그는 도시의 장로 라보당 씨의 사위가 되어 그의 가게를 물려받아 지금은 수예재료상을 하고 있지만, 옛날에는 용기병 하사관이었던 사람이다.

그런 까닭에 라비뉴는 시민군 대장 자리를 맡았는데, 혈기왕성한 젊은이들은 모두 군대에 가고 없어서 남아 있는 남자들 가운데에서 쓸 만한 자들을 그러모으는 수밖에 없었다. 뚱뚱한 사람들이 길을 걸을 때도 달리기를 하듯이 하는 것은 살을 빼고 숨이 차는 것을 방지하기 위함이고, 힘이 약한 사람들이 되도록 무거운 것을 드는 것은 근육을 단련하기 위함이었다.

그렇게 시민들은 프로이센군을 기다렸다. 하지만 정작 프로이센군은 코빼기도 보이지 않았다. 그렇다고 멀리 있는 것도 아니었다. 왜냐하면 프로이센군의 척후가 벌써 두 번이나 숲을 가로질러 '죽마', 즉 니콜라 피숑의 집 근처에 출몰한 적이 있기 때문이다.

이 늙은 산림관리인은 여우처럼 달려서 발 빠르게 시내에 알리러 내려갔다.

그리고 기다렸다는 듯이 대포까지 조준했지만 그때 이후로 적병은 모습을 드러내지 않았다.

그 일을 계기로 '죽마'의 집은 아블린 숲의 전초기지가 되었다. 그때부터 이 사내는 일주일에 두 번씩 시내로 양식을 구입하러 가는 길에, 전선의 상황을 시민군에게 전해 주고 있었다.

그날 그가 시내에 가서 시민군에게 알리려 한 것은, 이틀 전 오후 두 시쯤, 독일 보병 소대가 그의 집까지 찾아왔다가 곧 떠났다는 내용이었다. 지휘하고 있던 하사관은 프랑스어로 이야기했다.

이 노인이 외출할 때마다 입이 사자처럼 생긴 두 마리의 몰로스 개를 데리고 다니게 된 것도, 계절적으로 늑대가 더욱 난폭해지는 시기였기 때문이다. 그는 집을 지키는 여자들에게 날이 저물면 반드시 집 안에 들어가 있으라고 엄중히 말해 두었다.

딸은 아무렇지도 않았지만, 어머니는 겁이 많아서 언제나 되풀이해 말하곤 했다.

"아무래도 나쁜 일이 생길 것만 같구나. 어쩐지 자꾸만 일이 잘못될 것 같아."

그날 밤은 특히 더 걱정이 되어 견딜 수가 없었다.

"네 아버지는 몇 시쯤 돌아오실까?" 어머니가 말했다.

"글쎄요, 아무리 빨라도 열한 시 전에는 못 오실걸요. 대장님 집에서 저녁을 드시면 언제나 늦잖아요."

딸은 그렇게 대답하고 수프 냄비를 불에 올리려다가 문득 동작을 멈추고, 난로의 굴뚝을 타고 들려오는 이상한 소리에 귀를 기울였다.

그녀가 중얼거렸다.

"누가 숲속을 걸어오고 있는 것 같아요. 일고여덟 명은 되겠는데요."

어머니는 등골이 오싹해져서 물레 돌리는 손을 자기도 모르게 멈췄다.

"오! 맙소사! 아버지도 안 계신데!"

그녀의 중얼거림이 채 끝나기도 전에 탕탕 하고 거세게 문을 두드리는 소리가 났다.

두 여자가 대답하지 않자 굵고 걸걸한 목소리가 고함을 질렀다.

"문 여시오!"

그래도 잠자코 있으니 밖에서 다시 같은 목소리가 외쳤다.

"문 열어요. 열지 않으면 문을 부숴 버릴 거요!"

베르틴은 벽난로 위의 권총을 치마 호주머니 속에 숨기고 문에 귀를 갖다 대고 물었다.

"누구세요?"

밖의 목소리가 대답했다.

"지난번에 왔던 분대 대원이오."

젊은 여자는 거듭 물었다.

"무슨 일인데요?"

"오늘 아침부터 이 숲속에서 길을 잃고 헤매고 있소. 문 좀 열어주시오, 안 열면 문을 부수겠소."

산림관리인 딸은 선택의 여지가 없었다. 재빨리 큰 빗장을 풀고 무거운 미닫이문을 열자, 눈빛으로 허여스름한 어둠 속에 여섯 명의 남자, 즉 여섯 명의 프로이센 병사들이 서 있었다. 지난번에 왔을 때와 똑같은 얼굴들이었다. 그녀는 단호한 목소리로 말했다.

"이 시간에 무슨 일로 왔어요?"

그러자 하사관이 되풀이해 말했다.

"길을 잃고 헤매다가 이 집을 발견했소. 아침부터 아무것도 먹지 못했어요, 나도, 대원들도."

베르틴이 선언하듯이 말했다.

"오늘 밤에는 어머니와 나, 둘뿐이에요."

그때 사람이 좋아 보이는 병사 하나가 끼어들었다.

"걱정 안 해도 됩니다. 먹을 것만 주면 해를 끼치지 않겠소. 배가 너무 고프고 피곤해서 쓰러질 것만 같소."

산림관리인 딸은 하는 수 없이 뒷걸음치면서 말했다.

"들어오세요."

그들이 들어왔다. 온몸이 눈에 뒤덮이고, 철모에는 눈이 쌓여 마치 거품 낸 크림을 얹은 것 같아 머랭 쿠키를 생각나게 했다. 모두들 지쳐서 녹초가 된 모습이었다.

젊은 여자는 커다란 탁자 양쪽에 놓인 나무 의자를 가리키며 말했다.

"저기 앉으세요, 곧 수프를 만들어 드릴 테니. 정말 많이 지치신 것 같군요."

그리고 문에 빗장을 지르러 갔다.

그녀는 냄비에 물을 담고 버터와 감자를 넣은 뒤, 난로 위에 매달아 둔 돼지 비계를 내려 반을 잘라서 수프 속에 던져 넣었다.

여섯 병사들은 갑자기 시장기를 느꼈는지, 탐욕스러운 눈길로 그녀의 움직임을 하나하나 지켜보았다. 소총과 철모를 한구석에 내려놓고 얌전하게 앉아 기다리는 모습이 마치 학교 걸상에 앉아 있는 초등학생들 같았다.

어머니는 다시 실을 잣기 시작했지만, 이 침입자들을 겁먹은 눈길로 계속 흘끔거렸다. 사방이 조용해서 들려오는 소리라고는 가볍게 삐걱거리는 물레 소리와 불똥이 튀는 소리, 그리고 수프가 보글거리는 소리뿐이었다.

그러다가 갑자기 이상한 소리가 나서 그들은 자신도 모르게 몸을 떨었다. 갈라진 듯한 신음 소리가 문 아래로 새어 들어온 것이다. 뭔가 짐승 같은 굵고 요란한 숨소리였다.

독일 하사관이 튀어 오르듯 일어나 총을 잡으려 하자, 산림관리인 딸이 손으로 그를 막은 뒤 살짝 웃으면서 말했다.

"늑대예요. 당신들하고 마찬가지죠. 배를 주린 채 돌아다니고 있는 거니까."

그는 그 말을 믿지 못하는 건지, 직접 정체를 확인하려고 문을 조금 열어보았다. 그 순간, 두 마리의 커다란 잿빛 짐승이 한달음에 달아나는 것이 보였다.

그는 자리로 돌아와 앉으면서 중얼거렸다.

"깜짝 놀랐네."

그들은 음식이 다 되기를 기다렸다.

그리고 음식이 다 되자 모두들 허겁지겁 먹었다. 되도록 많이 삼키려고 입이 귀까지 찢어지고, 동그란 두 눈은 턱과 동시에 열리고, 목에서는 홈통에서 물이 떨어지는 것 같은 소리가 났다.

두 여자는 아무 말 없이, 커다랗고 붉은 수염들이 바쁘게 움직이는 것을 바라보았다. 움직이는 털의 물결 속으로 감자가 빨려 들어가는 듯이 보였다.

그들이 목이 마르다고 해서 산림관리인 딸은 사과술을 가지러 지하실로 내려갔다. 그녀는 한참 동안 돌아오지 않았다. 그것은 천장이 둥근 작은 지하 저장고였는데, 대혁명 때 감옥이나 은신처로 사용된 적이 있었던 곳이다. 부엌 바닥의 뚜껑문을 열면 좁은 나선형 계단이 지하실로 이어졌다.

이윽고 모습을 나타낸 베르틴은 뭔가 생각하는 것이 있는지 혼자 빙긋이 웃으면서 가져온 술병을 독일인들에게 건넸다.

그리고 부엌 한쪽으로 물러나서 어머니와 함께 수프를 먹었다.

식사가 끝나자 탁자를 에워싸고 있는 병사들은 여섯 명 모두 꾸벅꾸벅 졸기 시작했다. 그들은 이따금 탁자에 이마를 쾅 박고는 놀라서 머리를 쳐들곤 했다.

베르틴이 하사관에게 말했다.

"불 앞에서 주무시는 게 어때요? 여섯 명이면 충분히 잘 수 있을 거예요. 나는 어머니와 함께 방으로 올라갈 테니까요."

곧 두 여자는 이층으로 올라갔다. 문 잠그는 소리가 들린 뒤, 한동안 방 안을 걸어 다니는 기척이 나더니 이윽고 조용해졌다.

프로이센 병사들은 두 다리를 난로 쪽으로 뻗고 외투를 말아 머리에 받쳐 바닥에 눕더니 금세 코를 골기 시작했다. 새된 소리, 굵은 소리, 6인 6색의 소리였지만, 끊김이 없는 높은 소리인 건 다 마찬가지였다.

그런데 병사들이 상당히 오랫동안 자고 난 뒤, 갑자기 한 발의 총소리가 들려왔다. 그 소리가 너무 커서 이 집 벽에 대고 쏘는 듯 느껴졌다. 그리고 다시 두 발, 이어서 세 발의 총소리가 울려 퍼졌다.

갑자기 이층 문이 열리더니 산림관리인 딸이 나타났다. 맨발에 짧은 치마, 슈미즈*1만 걸친 그녀는 손에 촛불을 들고 있었는데, 얼빠진 상태였다. 그녀가 더듬더듬 말했다.

"프랑스군이에요, 이백 명은 되는 것 같아요. 당신들이 여기 있다는 걸 알면 집을 송두리째 불태워 버릴 거예요. 어서, 빨리 지하실로 내려가세요. 소리가 들리지 않도록 조용히, 밖에서 듣는 날엔 끝장이니까요."

하사관도 너무 당황해서 중얼거렸다.

"그래, 그래. 그런데 어디로 내려가면 되오?"

젊은 여자는 좁고 네모난 뚜껑문을 얼른 올려주었다. 서둘러 좁은 나선형 계단을 내려가는 여섯 명의 병사들은, 계단을 잘 디디기 위해 몸을 뒤로 돌려

---

*1 여성용 속옷 상의로 엉덩이를 덮을 정도의 길이.

한 사람 한 사람 땅속으로 사라져 갔다.

마지막 철모마저 보이지 않게 되었을 때, 베르틴은 떡갈나무로 만든 무거운 뚜껑문을 내렸다. 그것은 벽처럼 두껍고 강철처럼 튼튼한 데다, 감옥용 자물쇠와 경첩이 달려 있는 문이었는데, 그녀는 열쇠를 두 번 돌려 꼼꼼하게 확인하더니 갑자기 웃기 시작했다. 소리는 나지 않았지만 기쁨의 웃음이었고, 포로들위에서 춤을 추고 싶은 심정이었다.

아래쪽에서는 모두들 소리를 죽이고 있었다. 그들을 가두고 있는 것은 돌로만든 튼튼한 상자와 다름없었고, 게다가 공기가 들어오는 곳은 쇠창살을 끼운통풍구뿐이었다.

베르틴은 난로에 불을 지핀 뒤 그 위에 냄비를 올려 수프를 끓이면서 중얼거렸다.

"아버지도 오늘 밤에는 수고 좀 하셔야겠네."

그리고 앉아서 기다렸다. 오직 괘종시계의 추가 규칙적으로 똑딱거리는 소리만이 깊은 밤의 침묵을 깨고 있을 뿐이었다.

젊은 딸은 끊임없이 시계의 문자판을 노려보았다. 너무나 초조해 보이는 그눈길은 다음과 같이 말하는 것 같았다.

"왜 이렇게 늑장을 부리고 계시는 걸까?"

잠시 뒤 발밑에서 뭔가 소곤거리는 소리가 들리더니, 낮고 희미한 말소리가지하실의 둥근 돌 천장을 통해 새어 나왔다. 프로이센 병사들도 그녀의 책략을 눈치챈 건지, 곧 하사관이 좁은 계단을 올라와 뚜껑문을 두드리면서 아까처럼 소리쳤다.

"문 여시오!"

그녀는 일어나 뚜껑문까지 가서 상대의 말투를 흉내내며 말했다.

"무슨 일이오?"

"문 열어!"

"못 열어."

하사관이 화를 냈다.

"안 열면 문을 부숴 버릴 테다."

그녀는 웃음을 터뜨렸다.

"그래, 부숴봐, 이 애송이야, 부숴보라니까, 애송이!"

그러자 하사관은 개머리판으로 그의 머리 위에서 단단하게 잠겨 있는 떡갈나무 뚜껑문을 때리기 시작했다. 그러나 그 문은 대포 앞에서도 끄떡없을 정도였다.

산림관리인 딸은 곧 그가 다시 내려가는 소리를 들었다. 그리고 다음에는 부하 병사들이 번갈아 올라와서 저마다 힘을 시험해 보고 문이 잠긴 상태를 살펴보았지만, 소용없다는 것을 깨달았는지 모두 그대로 지하실로 돌아가더니 뭔가 소곤소곤 의논하기 시작했다.

그 소리를 가만히 듣고 있던 젊은 여자는 이윽고 앞문을 열고 어둠을 향해 귀를 기울였다.

이윽고 멀리서 개 짖는 소리가 들려왔다. 그녀는 사냥꾼을 흉내내어 휘파람을 불었다. 그러자 곧 두 마리의 맹견이 어둠 속에 나타나더니 기쁜 듯이 그녀를 향해 달려왔다. 그녀는 개가 달려 나가지 못하게 목덜미를 꽉 붙잡고 목청껏 소리쳤다.

"아버지!"

아직은 매우 멀기만 한 목소리가 대답했다.

"그래, 베르틴!"

그녀는 잠시 기다린 뒤 다시 불렀다.

"아버지!"

상당히 가까워진 목소리가 되풀이했다.

"그래, 베르틴!"

산림관리인 딸이 계속 말했다.

"통풍구 앞으로는 지나가지 마세요. 지하실 안에 프로이센 병사들이 있어요."

갑자기 왼쪽에 커다란 남자의 모습이 검게 떠오르더니, 두 그루의 나무 사이에 딱 멈춰 서서 무슨 소리인지 모르겠다는 듯이 물었다.

"지하실에 프로이센 병사가 있다니, 그게 무슨 소리냐?"

젊은 여자가 웃기 시작했다.

"지난번 그놈들이에요. 숲속에서 길을 잃었다고 해서 지하실 안에서 시원하게 지내게 해주었죠."

그리고 그녀는 어떻게 해서 총소리로 그들에게 겁을 줬는지, 또 지하실에 어떻게 가뒀는지 자초지종을 얘기했다.

노인은 고지식한 사람답게 물었다.

"이 시간에 나더러 어떡하라는 거냐?"

그녀가 대답했다.

"가서 라비뉴 씨를 불러오세요, 소대도 함께 데리고요. 그래서 저들을 포로로 잡는 거예요. 라비뉴 씨도 좋아할 걸요."

그러자 피숑 영감도 빙그레 웃으면서 말했다.

"그야 물론 싫어할 리가 없지."

딸이 말을 이었다.

"수프가 있으니 얼른 드시고 잠깐 달려갔다 오세요."

늙은 산림관리인은 식탁에 앉았다. 개를 위해 수북이 담은 접시 두 개를 바닥에 내려준 뒤, 자신도 수프를 먹기 시작했다.

프로이센 병사들은 두 사람이 나누는 이야기를 들었는지 조용해져 있었다.

십오 분쯤 지나자 '죽마'가 다시 떠났다. 베르틴은 머리를 두 손으로 받치고 아버지가 돌아오기를 기다렸다.

포로들은 다시 동요하기 시작했다. 이번에도 소리를 지르고 불러대면서, 약이 올라 개머리판으로 계속해서 두드렸지만 지하실뚜껑문은 꼼짝도 하지 않았다.

그러더니 이번에는 통풍구에서 밖을 향해 총을 마구 쏘기 시작했다. 그들의 부대가 그 근처를 지나가다가 들을지도 모른다는, 한 가닥 희망을 품은 것이리라.

가만히 앉아 있던 산림관리인 딸은 그 총소리가 머릿속에 울려서 도저히 참을 수가 없었다. 사나운 분노가 몸속에서 부글부글 끓어올라, 차라리 저 적군들을 몰살시켜서라도 조용하게 만들고 싶었다.

초조감이 커지자 그녀는 시계를 보면서 분초를 헤아리기 시작했다.

아버지가 나간 지 거의 한 시간 반이 되었다. 지금쯤 시내에 도착해 있을 시간이었다. 눈앞에 아버지의 모습이 보이는 것 같았다. 아버지가 라비뉴 씨에게 사건을 이야기한다. 라비뉴 씨는 흥분한 나머지 새파래진 얼굴로 하녀를 불러 군복과 총검을 준비시킨다. 그녀에게는 적의 내습을 온 거리에 알리고 다니는 큰북 소리까지 들리는 것 같았다. 창문마다 놀란 얼굴들이 고개를 내민다. 시민군들은 곧 군복을 입고 숨을 헐떡이며, 허리띠의 잠금장치를 채우면서 집을 나가 군대식 걸음걸이로 대장의 집을 향해 달려간다.

마침내 부대는 '죽마'를 선두로 눈 속을 헤치면서 어둠을 뚫고 숲을 향해 행진해 온다.

그녀는 시계를 바라보았다. "한 시간 뒤에는 틀림없이 도착할 거야."

더 이상 버틸 수 없을 것처럼 초조해졌다. 일 분 일 분이 끝없이 이어지는 것만 같았다. 얼마나 긴 시간이었는지!

이윽고 시곗바늘이 그녀가 스스로 정한 시간을 가리켰다.

그녀는 다시 문을 열고 사람 발소리에 귀를 기울였다. 그림자 하나가 조심스럽게 이쪽으로 걸어오는 것이 보였다. 무서워서 자기도 모르게 소리를 질렀다. 그림자는 바로 그녀의 아버지였다.

그가 말했다.

"별일 없지? 상황이 그대로인지 살펴보고 오라는 명령을 받았다."

"없어요, 아무 일도 없어요."

그 말을 듣고 이번에는 아버지가 어둠을 향해 귀청을 찢는 듯한 긴 휘파람을 불었다. 그러자 이내 갈색 물체가 나무 아래로 천천히 다가오는 것이 보였다. 전초를 맡은 열 명의 시민군이었다.

'죽마'는 끊임없이 되풀이해 말했다.

"통풍구 앞은 지나가지 마시오."

먼저 도착한 사람들은 뒤에 오는 사람들에게 위험한 통풍구에 대해 주의를 주었다.

이윽고 본대가 나타났다. 모두 이백 명, 저마다 이백 발의 총알을 지니고 있었다.

라비뉴 씨는 설레고 흥분하여 몸을 떨면서, 오두막 주위를 빈틈없이 에워싸도록 부하들을 배치했다. 물론 지하실에 공기를 끌어들이기 위해 땅바닥에 스칠 듯이 뚫려 있는 그 작고 어두컴컴한 구멍 앞은 공간을 넉넉하게 남겨두었다.

그들은 집 안에 들어가서 적의 병력과 거동을 탐색하기 시작했지만, 어찌 된 일인지 그 적이 아무런 말이 없어서 어디로 사라져 버렸거나, 기절했거나, 아니면 통풍구로 날아가 버린 것이 아닐까 하는 생각이 들 정도였다.

라비뉴 씨는 뚜껑문을 쾅쾅 밟으면서 불러보았다.

"프로이센군 장교 거기 없나?"

독일인은 대답이 없었다.

지휘관은 다시 불러보았다.

"프로이센군 장교 거기 없어?"

헛수고였다. 라비뉴 씨는 거의 이십 분 동안 그 말없는 하사관을 상대로, 무기와 짐을 넘기고 항복하면 군인의 체면과 생명은 보장해 주겠다고 다그쳤으나, 동의고 거부고 아무 의사 표시가 없었다. 아무래도 일이 만만치 않게 된 것 같았다.

시민군들은 마부가 흔히 하듯이, 눈 위에서 제자리걸음을 하고 어깨를 팔로 탁탁 때리면서 추위를 견디고 있었는데, 눈앞의 통풍구를 보고 있는 동안 그 앞을 지나가 보고 싶은, 어린애처럼 터무니없는 욕망에 사로잡히기 시작했다.

그들 가운데 한 사람이 마침내 대담하게 시도해 보았다. 포트뱅이라는 매우 민첩한 사내였다. 그는 뛰어가서 눈 깜짝할 사이에 사슴처럼 지나갔다. 정말 눈부신 솜씨였다. 포로들은 마치 죽은 것처럼 조용했다.

누군가가 소리쳤다.

"아무도 없어."

그러자 그 말을 듣고 또 한 사람이 이 위험한 구멍 앞의 공터를 가로질렀다. 그렇게 되자 그것은 이제 놀이로 변하고 말았다. 너도 나도 차례로 뛰어가서는 어린아이들의 놀이처럼 한쪽 진에서 반대쪽 진까지 달려갔다. 어찌나 힘차게 달리는지 발 뒤로 눈이 사방으로 튀었다. 몸을 녹이려고 마른 가지로 모닥불을 피웠기 때문에, 오른쪽 진영에서 왼쪽 진영을 향해 재빨리 이동하는 시민군의 그림자가 타오르는 모닥불 속에 떠올랐다.

누군가가 소리쳤다.

"말루아종, 자네 차례야!"

말루아종은 뚱뚱한 빵가게 주인인데, 그의 올챙이배가 늘 사람들의 웃음거리가 되고 있었다.

그는 망설였다. 모두가 그를 놀리고 야유를 보냈다. 그래서 하는 수 없이 결심하고 뛰기 시작하는데, 군대식 걸음걸이로 종종걸음을 치면서 달리니 숨이 턱에 닿을 뿐만 아니라, 올챙이배가 너무 심하게 흔들리는 것이었다.

그것을 본 분견대 전원이 눈물까지 흘리면서 웃어댔다. 그러면서도 저마다 응원을 보냈다.

"말루아종, 잘한다, 잘해!"

그가 겨우 3분의 2쯤 되는 곳에 갔을 때였다. 갑자기 새빨간 불꽃이 문제의 통풍구에서 길게 뿜어져 나왔다. 폭음이 울리자, 뚱보 빵가게 주인이 외마디 비명을 지르면서 털썩 앞으로 고꾸라지고 말았다.

그를 구하러 달려 나가는 자는 아무도 없었다. 그래서 그는 신음하면서 눈 속을 네 발로 기어가는 수밖에 없었다. 그리고 위험 구역을 벗어나자마자 그대로 기절해 버렸다.

그는 지방이 많은 허벅지 부분 위쪽에 탄알을 맞은 것이다.

그리하여 최초의 놀라움과 두려움이 일단 가시자, 다시 왁자하게 웃음이 터졌다.

그때 라비뷰 지휘관이 산림관리인 집 문 앞에 모습을 드러냈다. 멋진 전략을 생각해 낸 모양이었다. 그는 우렁찬 목소리로 명령을 내렸다.

"함석공 프랑쉬와 그 직공들 모이게."

세 남자가 다가갔다.

"이 집 홈통을 떼어내."

그리하여 십오 분 뒤에는 이십 미터짜리 홈통이 지휘관에게 운반되었다.

그는 신중에 신중을 거듭하여 뚜껑문 가장자리에 작은 구멍을 뚫게 한 뒤, 거기를 통해 펌프의 물이 지하실로 들어가도록 홈통을 장치한 뒤 유쾌하게 선언했다.

"자, 이제 독일인 손님들에게 물을 대접해 주자."

와, 하는 열광에 찬 고함소리에 이어 기쁨의 외침과 미친 듯한 웃음소리가 일어났다. 지휘관은 작업반을 짜서 오 분마다 교대하기로 했다. 그리고 명령을 내렸다.

"물을 내보내!"

그 한마디에 펌프 손잡이가 아래위로 움직이기 시작했다. 관을 타고 흐르는 희미한 물소리가 들려오더니 이내 폭포 소리가 되어 물이 시시각각 지하실 속으로 떨어졌다.

모두 기다렸다.

한 시간이 지났다. 그리고 두 시간, 세 시간이 지났다.

몹시 흥분한 지휘관은 가만히 있지 못하고 부엌을 왔다 갔다 하고 있었다. 이따금 마룻바닥에 귀를 대고 적의 상황을 탐색하면서 이제 곧 항복할 거라고 예상하기도 했다.

적들이 마침내 동요하는 것 같았다. 술통을 움직이고 소곤소곤 의논하더니 물을 첨벙거리는 소리가 들려왔다.

이윽고 아침 여덟 시쯤 통풍구에서 목소리가 들려왔다.

"프랑스군 장교에게 할 말이 있소."

라비뉴는 창문에서 너무 머리를 내밀지 않도록 하면서 대답했다.

"항복하는 건가?"

"항복하겠소."

"그럼 무기를 넘겨."

그러자 소총 한 자루가 구멍 밖으로 나와 눈 속에 떨어졌다. 이어서 두 자루, 세 자루, 그들의 무기가 모두 넘어왔다. 다시 같은 목소리가 말했다.

"이게 다요. 어서 중단해 주시오. 익사하겠소."

지휘관이 다시 명령을 내렸다.

"물을 끊어."

그러자 펌프 손잡이가 멈추었다.

지휘관은 대기하고 있던 병사들을 부엌으로 물샐틈없이 들이고, 자신은 무기를 옆에 두고 떡갈나무 뚜껑문을 조용히 들어 올렸다.

물에 푹 젖은 네 개의 머리가 모습을 드러냈다. 넷 다 푸른빛을 띤 긴 금발 머리였다. 차례차례 여섯 명의 독일 병사가 몸을 벌벌 떨고 물방울을 뚝뚝 흘리면서 잔뜩 겁먹은 얼굴로 나왔다.

라비뉴는 그들을 그 자리에서 붙잡아 포박했다. 그리고 적의 내습을 우려하여 즉시 출발하기로 했다. 부대를 둘로 나눠, 한쪽은 포로를 데려가고 다른 한쪽은 작대기에 침대용 요를 묶어 말루아종을 실어서 옮겼다.

그리하여 그들은 개선장군처럼 르텔로 돌아왔다.

그런 뒤 라비뉴 씨는 프로이센군의 전초병을 포획한 공로로 훈장을 받았고, 뚱보 빵가게 주인도 적탄에 의한 명예로운 부상에 대해 무공훈장을 받았다.

L'infirme
상이군인

그 사건은 1882년에 일어났던 일이다.

나는 텅 빈 객차 한구석에 막 자리를 잡고 앉은 참이었다. 혼자 있게 되기를 바라며 승강구 문을 잘 닫았는데, 갑자기 그 문이 다시 열리더니 사람 소리가 들려왔다.

"나리, 조심하십시오. 하필이면 노선의 교차점이라서 발판이 무척 높습니다."

그러자 다른 목소리가 대답했다.

"걱정 말게, 로랑, 손잡이를 붙잡을 테니까."

그러더니 중산모를 쓴 머리가 나타났다. 그리고 두 개의 손이 승강구 양쪽에 매달려 있는 가죽과 무명천으로 된 손잡이를 붙잡고 뚱뚱한 몸을 살짝 들어 올리자, 두 발이 계단에 닿으면서 바닥을 때리는 지팡이 소리가 났다.

그 사람이 상체를 객차 안에 밀어 넣었을 때, 헐렁한 바지 속에 검은색의 나무다리가 언뜻 보였다. 이어서 들어온 다른 한쪽 다리도 같은 의족이었다.

또 하나의 얼굴이 이 여행객 뒤에 나타나서 이렇게 물었다.

"나리, 괜찮으십니까?"

"그래, 괜찮고말고."

"그럼 짐과 목발을 여기 두겠습니다."

그러면서 하인이 올라왔는데, 이제 막 군에서 제대한 듯한 모습이었다. 검은색과 노란색 종이에 싸서 소중하게 끈으로 묶은 물건을 양팔에 가득 안고 있었는데, 그것을 주인 머리 위의 그물 선반에 하나씩 얹은 뒤 말했다.

"나리, 전부 다 실었습니다. 사탕, 인형, 북, 총, 거위간 요리, 모두 다섯 개입니다."

"그래, 알았네."

"그럼 나리, 잘 다녀오십시오."

"고맙네, 로랑, 자네도 잘 지내!"

하인이 문을 열고 나가자, 나는 다시 한 번 이 옆자리 승객을 찬찬히 바라보았다.

머리는 거의 하얗게 세었지만 나이는 아직 서른다섯 살 정도로 보였고, 약식 훈장을 달고 콧수염을 길렀는데 몸이 무척 뚱뚱했다. 그 뚱뚱함은 몸을 움직이는 것을 매우 좋아하는 건장한 사람이, 신체장애 때문에 운동을 하지 못할 때 발생되기 쉬운 것으로 숨이 턱턱 막히는 지방 과다에 가까웠다.

그는 이마의 땀을 훔치고 나서 숨을 몰아쉬더니, 내 얼굴을 빤히 쳐다보면서 물었다.

"선생, 담배를 피워도 될까요?"

"그럼요, 괜찮습니다."

그 눈, 그 목소리, 그 얼굴이 왠지 낯설지가 않았다. 하지만 언제? 어디서? 분명히 그 남자를 만난 적이 있다. 서로 얘기를 나눈 적도 있고 손을 잡은 적도 있다. 어쨌든 그것은 매우 오래전 일이어서 모든 것이 짙은 안개 속에 숨어 있었다. 그 혼돈 속에서 정신이 기억을 더듬어 쫓아가 보았지만, 앞에서 달아나고 있는 환상을 뒤쫓는 듯 도무지 잡히는 것이 없었다.

이제는 상대도 기억이 날 듯 말 듯하지만 확실하게 생각나지 않는 사람의 강하고 침착한 시선으로 내 얼굴을 뚫어지게 바라보았다.

두 사람은 마주치는 시선의 집요한 충돌이 거북해서 서로 피했다가, 몇 초 뒤에, 다시 생각이 날 듯 말 듯한, 막연하면서도 끈질긴 의지력에 이끌려 또다시 부딪쳤다. 그래서 내가 말했다.

"저기, 선생, 우리 이렇게 한 시간씩이나 서로 훔쳐볼 게 아니라, 우리가 어디서 알게 되었는지 함께 생각해 보는 게 어떨까요?"

옆자리 사내가 흔쾌히 대답했다.

"그럽시다, 그게 좋겠소."

나는 내 이름을 말했다.

"나는 사법관 앙리 봉클레르라고 합니다."

그는 잠시 주저했다. 그러고는 정신이 매우 긴장했을 때 흔히 볼 수 있는, 눈과 목소리가 아련한 표정으로 말했다.

"아! 그렇군요. 우리는 푸앙셀 거리에서 만났어요. 예전에 전쟁이 터지기 전, 그러니까 벌써 십이 년 전이군요!"

"맞아요, 선생…… 아!…… 아!…… 당신은 르발리에르 중위인가요?"

"맞습니다…… 아니, 르발리에르 대위였지요. 두 다리를 잃기 전까지…… 네, 포탄 한 발에 두 다리를 한꺼번에 잃어버리기 전까지는."

그리하여 서로 안면이 있는 사이라는 걸 알게 된 우리는 다시 한 번 얼굴을 마주 보았다.

나는 모든 것이 생각났다. 그 세련되고 아름다운 젊은이가 경쾌하고 유연하게, 그리고 열정적으로 코티용*1을 이끌어 가던 것과, 그의 별명이 '회오리바람'이었던 것도. 그러나 이렇듯 선명하게 이미지를 떠올리면서도, 그 배후에 아직도 포착할 수 없는 뭔가가 떠다니고 있었다. 내가 한 번 알았다가 잊어버린 이야기, 처음에는 가벼운 호의를 느꼈지만 이윽고 마음속에 있으나 마나 한 흔적밖에 남기지 않는 그런 이야기가 하나 남아 있었다.

거기에는 사랑이 있었다. 나는 사랑 특유의 감각을 기억의 바닥 속에서 찾았지만, 다만 그것뿐, 흙 위에 남아 있는 사냥감의 발자국이 개의 코끝을 간질이는 냄새에 비할 수 있는 감각에 지나지 않았다.

그러는 동안 어둠이 조금씩 밝아지면서 내 눈앞에 한 처녀의 모습이 떠올랐다. 이어서 그 처녀의 이름이, 폭죽에 불을 붙인 듯이 내 머릿속에서 폭발했다. 망달 양, 그때부터 모든 것이 생각나기 시작했다. 물론 그것은 사랑 이야기였지만 아주 흔해빠진 이야기이긴 했다. 그 처녀가 이 청년을 사랑했던 것이다. 그 무렵에 나는 그를 만났는데, 이미 두 사람의 임박한 결혼에 대해 소문이 자자할 때였다. 그도 처녀를 진심으로 사랑하고 있었는지 매우 행복해 보였다.

나는 그물 선반 쪽에 눈길을 주었다. 내 옆 손님의 하인이 가져온 짐이 기차의 움직임에 따라 흔들리고 있었다. 그러자 하인의 목소리가 방금 들은 것처럼 내 가슴속에 떠올랐다.

하인은 이렇게 말했다.

"나리, 전부 다 실었습니다. 사탕, 인형, 북, 총, 거위간 요리, 모두 다섯 개입니다."

이내 하나의 소설이 완성되어 내 머릿속에서 전개되어 갔다. 그것은 세상에서 흔히 볼 수 있는 소설과 비슷한 것으로, 육체적 또는 경제적 파탄이 있고 나서 청년 또는 처녀가 약혼자와 결혼에 이른다는 줄거리이다. 그렇다면 전쟁

---

*1 네 사람 또는 여덟 사람이 한 조가 되어 추는 프랑스의 궁정 무용.

중에 장애인이 된 이 장교는 전쟁이 끝난 뒤 자신의 약혼녀와 다시 만났고, 그 약혼녀는 약속을 지켜 결혼한 것이리라.

그 줄거리는 아름답지만 너무 단순하다고 나는 생각했다. 책이나 연극에 나오는 희생과 결말이 모두 단순하게 생각되는 것과 같았다. 오로지 의협심 하나로 모든 것을 극복하는 그러한 소설이나 연극을 보면, 사람들은 열광에 찬 환희를 느끼고 강렬한 흥분에 휩싸여, 자기 자신도 희생할 수 있을 것 같은 기분이 든다. 그러나 이튿날 가난한 친구가 돈이라도 빌리러 오면 역시 기분이 그다지 내키지 않는 것이 사실이다.

그러자 문득 다른 가정(假定)이, 좀더 시(詩)다운 정취를 지니고 현실성 있는 가정이 처음의 가정을 뒤집고 일어섰다. 아마도 청년은 전쟁이 터지기 전에, 포탄이 그의 두 다리를 절단한 그 참사가 일어나기 전에 결혼했을 것이다. 그래서 그녀는 물론 비탄에 잠겼지만 결국 체념하고 이 남편을 맞이하여 간호하고, 위로하고, 용기를 북돋워 주지 않을 수 없었을 것이다. 집을 떠날 때는 늠름하고 멋진 모습이었으나 부자유와 무기력한 분노, 지방 과다라는 가혹한 운명만이 기다리는 처참한 상이군인이 되어 의족으로 돌아온 남편을.

이 사람은 행복할까, 아니면 고통에 번민하고 있을까? 그의 사연을 알고 싶은 욕망이, 처음에는 미미했으나 차츰 강렬해져서 더는 참을 수가 없게 되었다. 하다못해 그 요점만이라도 알면 본인이 이야기할 수 없거나, 또 이야기하고 싶지 않은 것까지 대충 짐작할 수 있는 법이다.

나는 이야기를 나누면서도 자꾸만 그런 생각에 빠져들곤 했다. 조심스럽게 몇 마디 대화를 나눈 뒤, 나는 그물 선반을 올려다보면서 이런 생각을 하고 있었다. '그렇다면 아이가 셋이구나. 사탕은 아내에게, 인형은 딸에게, 북과 총은 두 아들에게, 그리고 거위간 요리는 자신의 것인가 보군.'

나는 불쑥 그에게 물었다.

"선생도 아이들의 아버지겠지요?"

그가 대답했다.

"아닙니다, 선생."

나는 터무니없는 무례를 저지른 것 같아 완전히 당황하고 말았다.

"아, 이거 실례했습니다. 아까 그 사람이 장난감 이야기를 하기에 그만 지레짐작을 하고 말았군요. 옆에서 하는 이야기는 들을 생각이 없어도 그냥 귀에 들려서 제멋대로 판단해 버리게 되지요."

그는 희미하게 웃은 뒤 중얼거리듯이 말했다.

"아닙니다, 저는 결혼하지 않았어요. 결혼을 할 뻔은 했지요."

나는 그제야 불현듯이 생각난 척했다.

"아!……, 그랬지요. 제가 만났을 때 선생의 약혼자는 아마도 망탈 양이었던 것 같은데."

"맞습니다, 선생. 기억력이 대단하시군요."

그러자 나는 더욱 대담해져서 이렇게 덧붙였다.

"그랬지요. 분명히 망탈 양이 결혼했다고 하던데, 상대가…… 누구라더라……."

그는 그 사람의 이름을 조용히 말했다.

"플뢰렐 씨입니다."

"아, 맞아요! 네…… 그리고 보니 생각이 나는군요. 당신의 부상에 대해서 들은 것도."

나는 그를 똑바로 바라보았다. 그러자 그의 얼굴이 새빨개졌다.

본디 둥글고 통통한 그의 얼굴은 끊임없이 피가 몰려 자줏빛이었는데, 그것이 더욱 좋은 혈색을 띠고 있는 것처럼 보였다.

그는 갑자기 흥분하여 소리 높여 대답했다. 그것은 바로, 자신의 머리와 가슴으로 생각하고 느껴도 처음부터 질 줄 알고 있는 소송을, 여론에 호소하여 이기려고 애써 변호하는 사람과 비슷했다.

"선생, 플뢰렐 부인의 이름을 제 이름과 나란히 입에 올리는 것은 잘못입니다. 제가 두 다리를 잃고 전쟁에서 돌아왔을 때, 그녀와의 결혼을 아! 어떻게, 어떻게 승낙할 수 있겠습니까? 그건 있을 수 없는 일 아닙니까? 결혼이라는 건 관대함을 드러내기 위한 것이 아닙니다. 그건 한 남자 옆에서 함께 생활하기 위한 것이지요. 매일, 매시간, 매분, 매초 떨어지지 않고 말입니다. 그런데 만약 그 상대가 저 같은 지체장애인이라면, 그런 남자와 결혼하면 평생 고통 속에서 살아야 하지 않겠습니까! 오! 그야 물론 저도 희생과 헌신에 대해서는 인정도 하고 찬양도 합니다. 하지만 거기에는 한계가 있어요. 한 여자가 사람들의 찬사에 부응하고자 행복해야 할 자신의 인생을 헛되이 하고, 모든 기쁨과 모든 꿈을 단념하는 건 용납할 수 없는 일입니다. 저 자신조차 방바닥에서 의족과 목발이 차가운 소리를 낼 때면 스스로 울화가 치밀어서, 옆에 있는 하인의 목을 조르고 싶을 정도니까요. 저 자신도 견딜 수 없는 일을 한 여자가 참고 있는 모습을 아무렇지도 않게 바라볼 수 있을까요? 아니, 도대체 저의 이 다리를 당신은 아름답다고 생각합니까……?"

그리고 그는 입을 다물었다. 내가 무슨 대답을 할 수 있을까? 정말이지 그가 하는 말 그대로다! 물론 그녀를 비난하거나 경멸할 수도 없고, 여자 쪽이 나쁘다고도 할 수 없다. 하지만 그래도? 규칙과 중용, 진리, 그리고 진실에 합당한 결말은 시(詩)의 정취를 지닌 나의 욕망을 만족시켜 주지 않았다. 이 절단된 숭고한 다리에서, 나 같은 사람은 지니고 있지 않은 희생하는 그 아름다운 행위를 떠올리지 않을 수 없었기 때문에, 나로서는 사실 약간 기대에 어긋나는 느낌이 들었다.

문득 그에게 물었다.

"플뢰렐 부인에게는 아이가 있습니까?"

"네, 딸 하나에 아들 둘입니다. 이 장난감도 그 아이들에게 갖다줄 거지요. 그녀와 그녀의 남편은 저에게 매우 친절히 대해 주고 있습니다."

기차는 생제르맹의 언덕길에 접어들고 있었다. 터널을 여러 개 빠져나간 뒤 역에 들어가서 멈춰 섰다.

이 다리가 절단된 장교가 하차하는 걸 도와주려고 하는데, 열려 있는 승강구에서 두 개의 손이 그를 향해 뻗어 왔다.

"오, 어서 오게! 르발리에르."

"아! 잘 있었나, 플뢰렐."

남편 뒤에는 아직도 아름다움을 잃지 않은 부인이 활짝 웃으면서, 장갑 낀 손으로 끊임없이 인사를 보내고 있었다. 그녀 옆에서는 귀여운 여자아이가 폴짝폴짝 뛰면서 기뻐하고, 두 사내아이는 북과 총이 기차 선반에서 아버지의 손에 넘어가는 모습을 간절하게 바라보고 있었다.

이 상이군인이 승강장에 내려서자 아이들이 모두 다가와서 그에게 키스를 했다. 그리고 그들은 다 함께 걷기 시작했다. 여자아이는 너무나도 다정하게, 그 고사리 같은 손을 광칠을 한 목발의 가로목에 올려놓았다. 그렇게 나란히 걸으면, 소녀는 자신이 그 커다란 친구의 엄지손가락이라도 잡고 있는 듯한 느낌이 들었던 것이리라.

La peur

공포

조리스 카를 위스망스에게

우리는 저녁 식사를 마친 뒤 갑판으로 올라갔다. 눈앞에 지중해가 끝없이 펼쳐져 있었다. 잔물결 하나 일지 않는 바닷물 위에 커다란 보름달이 일렁이며 비쳤다. 커다란 배는 검은 연기를 밤하늘에 자욱하게 토해 내면서 조용히 물 위를 미끄러져 갔다. 이 육중한 선체는 빠른 속도로 나아가고 있었기 때문에 배 뒤에 새하얀 물결이 일어났고, 그것이 추진기에 부딪쳐 거품을 일으키며 뒤엉켜서, 마치 달빛이 끓어오르는 것처럼 수많은 빛을 뒤흔들었다.

우리 예닐곱 명은 지금 우리가 가고 있는 아프리카 쪽을 멀리 바라보면서 감개무량한 표정으로 침묵하고 있었다. 우리들 가운데 서서 궐련을 피우고 있던 선장은 무슨 생각을 했는지, 갑자기 저녁 식사 때 나누었던 이야기를 다시 꺼냈다.

"맞아요, 그날만큼은 정말 무서웠습니다. 아무튼 우리 배는 여섯 시간이나 암초에 올라앉아 있었으니까요. 다행히 저녁 무렵 영국의 석탄선에 발견되어 겨우 구조되었지요."

일행 가운데에는 얼굴이 햇볕에 검게 그을린 키 큰 남자가 있었다. 태도가 침착하고 여유로운 그, 끊임없이 위험과 맞닥뜨리면서 아무도 가지 않은 먼 나라를 여행한 사람, 눈 속에 자신이 본 신비로운 풍경을 깊이 간직하고 있는 사나이, 얼핏 보기에도 저력이 있어 보이는 그 사나이가 먼저 입을 열었다.

"선장님, 당신은 무서웠다고 말씀하시지만 저는 아무래도 믿을 수가 없군요. 당신은 무섭다는 말을, 또 당신이 그때 경험한 감각을 착각하고 계시는 겁니다. 용기 있는 사람은 절박한 위험 앞에서 결코 공포를 느끼지 않습니다. 물론 흥분하고 당황하며 불안을 느끼기는 하지만, 그것은 공포와는 완전히 다른 것이지요."

선장은 웃으면서 말했다.

"천만에요! 맹세하지만 저는 무서웠습니다."

그러자 구릿빛 얼굴의 사내가 침착한 목소리로 말했다.

*

"제 얘기를 들어보시죠! 공포란, (그리고 아무리 대담한 사람도 무섭다고 느낄 수는 있지만) 그것은 뭔가 무시무시한 느낌을 말하는 겁니다. 악랄한 감각, 이를테면 영혼의 붕괴, 생각과 마음의 끔찍한 경련처럼 뒤에 떠올리기만 해도 전율이 느껴지는 정도를 말하지요. 하지만 적의 공격을 받을 때도, 피할 수 없는 죽음에 직면해서도, 그 밖에 위험을 느끼는 어떠한 경우를 당하더라도 그 사람이 용감하기만 하면 공포 같은 건 있을 수가 없습니다. 공포는 비정상적인 상황, 즉 막연한 위험 앞에서 어떤 신비한 힘의 영향을 받는 경우에 일어납니다. 진정한 공포는 옛날에 느낀 적이 있는 환각과도 같은 공포라는 추상 같은 것입니다. 유령을 믿는 사람이 암흑 속에 귀신을 본 듯한 느낌이 들었다면, 그 사람은 온전히 끔찍한 공포를 느꼈다고 할 수 있습니다.

저는 약 십 년 전, 대낮에 그런 공포를 느낀 적이 있습니다. 그리고 지난겨울, 12월 밤에도 그런 경험을 했지요.

그렇지만 저는 치명적인 위험과 모험을 수없이 겪어온 사람입니다. 칼부림도 몇 번이나 당했는지 모릅니다. 강도를 만나 죽을 뻔한 적도 있습니다. 미국에서는 폭도로서 교수형을 선고받은 적도 있고, 중국 연안에서는 배의 갑판에서 바다에 내던져지기도 했습니다. 그때마다 저는 이제야말로 죽었구나 하고 각오했는데, 이상하게 슬프지도 않고 후회도 없었지요.

그러나 공포는 그런 게 아닙니다.

저는 그것을 아프리카에서 알았습니다. 사실 공포는 북쪽 사람의 특유한 것으로, 남쪽에서는 태양 때문에 공포도 안개처럼 사라져 버립니다. 여러분, 부디 이 점에 유의해 주십시오. 중앙아시아 사람들은 삶에 크게 집착하지 않기 때문에 체념이 상당히 빠릅니다. 게다가 밤에도 비교적 밝은 편이어서, 추운 나라 사람들에게 따라다니는 어둠에 대한 불안도 없지요. 실제로 중앙아시아에는 극심한 불안은 있어도 공포 같은 건 없습니다.

그런데 정말 그럴까요! 이것은 아프리카 지역에서 있었던 일입니다.

저는 우아르글라*² 남쪽에 있는 거대한 모래언덕을 건너가고 있었습니다. 실제로 그곳은 세계에서 가장 이상한 곳 가운데 하나이지요. 여러분은 눈앞에 끝없이 펼쳐진 모래, 해변에 무한하게 뻗어 있는 모래사장을 알고 계실 겁니다. 아! 커다란 회오리바람 속에 모래로 변한 대서양을 생각해 보십시오. 노란 모래 먼지로 이루어진 움직이지 않는 파도와 고요한 폭풍을 상상해 보십시오. 산처럼 높은 그 파도에는 굴곡이 있고 형태도 다양하며, 때로는 격랑처럼 우뚝 솟아 있지만, 더욱 광대하며 천의 주름처럼 줄이 나 있습니다. 입을 꼭 다문 채 움직이지 않는 그 거친 바다 위에는, 남쪽 지방의 뜨거운 태양이 강렬한 불꽃을 내리쬐고 있습니다. 그러한 금빛 모래의 물결을 기어오르고 다시 내려갔다가, 쉬지 않고 그림자조차 없이 오로지 기어오르고 또 기어올라야 합니다. 말은 숨을 헐떡거리고 다리가 무릎까지 묻히며, 놀랍기 그지없는 모래산의 비탈은 굴러떨어지듯 미끄러져 내려가는 수밖에 없습니다.

저는 친구와 둘이서, 여덟 명의 알제리 기병과 네 마리의 낙타, 그리고 각각의 낙타몰이꾼을 데리고 있었습니다. 저희들은 말도 제대로 할 수 없었습니다. 더위와 피로로 온몸은 녹초가 되어, 그 불타는 사막과 마찬가지로 햇볕에 바짝바짝 타들어 가는 것 같았습니다. 그때 갑자기 하인 하나가 뭐라 표현할 수 없는 이상한 소리를 질렀습니다. 모두들 걸음을 멈췄습니다. 인적이 드문 그 고장을 여행하는 사람이라면 누구나 알고 있는, 그 설명하기 힘든 현상 때문에 저희들은 그저 놀랐을 뿐입니다.

어딘가 저희들 바로 가까이에서, 그러면서도 어딘지는 알 수 없는 방향에서 북소리가 들려오고 있었습니다. 모래언덕에서 울리는 신비로운 북소리였습니다. 분명히 들렸습니다. 때로는 격렬하게, 때로는 희미하게, 그쳤다고 생각하면 또다시 그 환청 같은 울림이 들려오는 것이었습니다.

아랍인들은 겁에 질려 서로 얼굴을 마주 보았는데, 그들 가운데 한 사람이 그들의 언어로 "죽음이 우리 위에 있다"고 말하더군요. 그러자 갑자기 저와 함께 다니던, 저에게는 형제나 다름없는 친구가 일사병으로 말에서 거꾸로 떨어졌습니다.

---

*2 알제리 중동부 오아시스 도시. 사하라 사막 북동쪽에 있다.

소용없는 줄 알면서도 어떻게든 살리려고 갖은 애를 쓰는 두 시간 동안, 정체를 알 수 없는 북의 단조롭고 이해할 수 없는 울림이 언제 그칠지 모르는 채제 귓속에 계속 울리고 있었습니다. 사방이 모래산으로 에워싸여 뜨거운 태양에 타들어 가는 그 골짜기에서 친구의 시신을 마주했을 때, 공포가, 진정한 공포가, 그 불길한 공포가 뼛속까지 스며드는 것을 느꼈습니다. 프랑스인 마을로부터 800킬로미터나 떨어진 곳에서, 빠르게 울리는 북소리가 낯선 메아리가 되어 퍼져 가는 것을 귓속에 느끼면서.

그날 저는 처음으로 두렵다는 것이 어떤 것인지 알았습니다. 그 뒤, 그것을 다시 한 번 경험하고 나자 더욱 확실하게 알았습니다만…….

그때 선장이 그를 가로막고 말했다.
"저, 잠깐만, 그런데 그 북소리는요? 그건 도대체 뭐였습니까?"
여행자가 대답했다.

저는 모릅니다. 아무도 아는 사람이 없었습니다. 그곳에 사는 장교들은 그런 이상한 소리를 늘 듣는다고 하더군요. 그들은 일반적으로 메아리 때문이라고 여기는 것 같았습니다. 그러니까 바람에 실려 온 모래알이 메마른 풀숲에 부딪치는 소리가, 모래언덕의 골짜기에서 확대되고 증폭되면서 마침내 엄청나게 큰 메아리가 된다는 얘기지요. 왜냐하면 그 현상은 언제나 햇볕에 타서 양피지처럼 말라버린 풀과 키 작은 나무들 부근에서 일어난다고 하니까요.

요컨대 그 북소리는 음향의 신기루에 지나지 않는 거겠지요. 그뿐입니다. 하지만 제가 그 사실을 안 것은 훨씬 뒤의 일입니다.

다음은 저의 두 번째 공포 이야기입니다.

그것은 지난겨울, 프랑스 북부의 숲속에서 있었던 일입니다. 밤이 두 시간이나 일찍 찾아왔다고 생각될 정도로 하늘이 어두웠습니다. 저는 안내인인 농부와 함께 매우 좁은 길을 걷고 있었습니다. 저희들 머리 위를 덮고 있는 전나무 밀림이 사나운 바람을 맞아 요란한 소리를 내며 흔들리고 있었습니다. 나무 사이로 구름이 나는 듯이 빠르게 흘러가는 것이 보였는데, 실제로 그것은 공포 때문에 미친 듯이 달아나는 것처럼 생각될 정도였지요. 이따금 이러다가 죽는 게 아닐까 싶을 만큼 무서운 돌풍이 불어와, 숲 전체가 고뇌에 찬 신음 소리를 내면서 한 방향으로 기울어지곤 했습니다. 두꺼운 옷을 입고 빠른 걸음으로 걷는데도 추위가 사정없이 옷 속으로 파고 들었습니다.

저희들은 산림관리인 집에서 저녁을 먹고 하룻밤 묵을 예정이었는데, 그 집도 이제 그리 멀지 않았습니다. 거기에서 사냥을 할 계획이었지요.

안내인은 이따금 올려다보며 중얼거렸습니다. "음산한 날씨군요!" 그리고 저희들이 가고 있는 집 사람들에 대해 이야기해 주었습니다. 아버지는 이 년 전에 어느 밀렵꾼을 죽였는데, 그때부터 심한 우울증에 걸려 끊임없이 그 기억에 시달리고 있다는 것이었습니다. 아들들은 둘 다 결혼하여 함께 살고 있다고 하더군요.

어둠이 짙어지기 시작했습니다. 앞이든 주변이든 아무것도 보이지 않고, 그저 나뭇가지가 끊임없이 서로 부딪치는 소리만이 밤공기를 가득 채우고 있었습니다. 이윽고 불빛이 보였고, 곧 안내인이 문을 두드렸습니다. 그러자 안에서 여자들의 날카로운 외침이 들려왔습니다. 그리고 남자 목소리, 목멘 목소리가 물었습니다. "누구요?" 안내인이 자신의 이름을 말했고 저희들은 안으로 들어갔지요. 그것은 잊을 수 없는 광경이었습니다.

백발노인이 광기에 사로잡힌 눈으로, 장전한 총을 들고 부엌 한복판에 서서 무언가를 기다리고 있었습니다. 한쪽에는 몸집이 큰 두 남자가 도끼를 들고 문을 지키고 있더군요. 또 어두컴컴한 구석에는 두 여자가 무릎을 꿇고 앉아 얼굴을 벽 쪽으로 돌리고 있었습니다.

저희들은 사정을 설명했습니다. 노인은 무기를 벽에 걸더니 제가 묵을 방을 준비하도록 지시했습니다. 하지만 여자들이 여전히 움직이려고 하지 않는 것을 보고 느닷없이 저에게 이렇게 말하더군요.

"선생, 나는 이 년 전 오늘 밤, 한 남자를 죽였소. 작년에는 그자가 나를 부르러 왔더군요. 그래서 오늘 밤에도 이렇게 기다리고 있는 겁니다."

그러고 나서 그는 듣는 사람을 미소 짓게 하는 말투로 덧붙였지요.

"그래서 우리는 차분하지 못합니다."

공교롭게도 바로 그날 밤 저는 이곳에 와서 이 미혹되고 공포스러운 장면에 참관하게 된 것을 행운으로 여기고, 최대한 노인을 안심시키려고 애썼습니다. 저는 여러 가지 이야기를 들려주면서 그들을 거의 진정시킬 수 있었지요.

난로 옆에는, 거의 눈이 멀고 굵은 수염이 난 늙은 개가, 자기가 알고 있는 누군가를 닮은 듯한 느낌이 드는 개가 코를 다리 사이에 처박고 잠들어 있었습니다.

문밖에서는 격렬한 폭풍이 그 조그만 집을 뒤흔들고 있었습니다. 그리고 문 옆에 나 있는, 바깥을 내다볼 수 있게 만든 좁은 유리창 너머로는 바람에 마구 흔들리는 나무들의 무시무시한 모습이 번쩍이는 번갯불에 갑자기 보이곤 했지요.

그러나 제가 아무리 노력해도, 알 수 없는 깊은 공포가 그들의 마음을 사로잡고 있다는 것을 알았습니다. 그들은 제 이야기가 잠시 끊어질 때마다 귀를 쫑긋 세우곤 했지요. 제가 그토록 어리석고 겁이 많은 그들에게 넌더리가 나서 잠이나 자야겠다고 생각한 순간, 늙은 산림관리인이 의자에서 벌떡 일어났습니다. 그리고 다시 총을 집어 들고 광기에 사로잡힌 사람처럼 외쳤습니다. "그래, 왔구나! 왔어! 기다리고 있었다!" 두 여자는 얼굴을 두 손으로 가리고 구석에서 다시 무릎을 꿇었고, 아들들은 저마다 도끼를 들었습니다. 제가 다시 그들을 진정시키려고 하자, 그때까지 자고 있던 개가 갑자기 눈을 떴습니다. 그리고 고개를 들고 목을 길게 늘려 거의 실명한 한쪽 눈으로 난로 뒤를 바라보면서, 저물녘에 들판을 가로지르는 여행자를 두려움에 떨게 만들 정도로 처절한 소리를 내기 시작했습니다. 사람들은 일제히 개를 향해 고개를 돌렸습니다. 개는 무슨 환각에 사로잡힌 것처럼 꼼짝도 하지 않고 서 있더니, 뭔가 보이지 않고 알 수 없는 것을 향해서 곧 다시 짖어댔습니다. 개의 털이 모조리 곤두서 있었으니까 아마도 뭔가 무서운 것을 향해서겠지요. 산림관리인은 하얗게 질린 얼굴로 소리쳤습니다. "저놈은 알고 있는 겁니다! 알고 있어요! 제가 그를 죽였을 때 저놈이 바로 옆에 있었거든요." 그러자 실성을 한 듯 두 여자가 개와 함께 울부짖기 시작했습니다.

저도 모르게 등골이 오싹했지요. 장소도 그렇고 시간도 그렇고, 게다가 이렇게 미친 사람들 속에서 보는 이 동물의 환각은 끔찍하게 무서웠습니다.

개는 한 시간 동안 꼼짝도 하지 않고 계속 짖어댔습니다. 마치 가위에 눌린 것처럼 울부짖었습니다. 그러자 공포가, 무서운 공포가 제 몸속으로 들어왔습니다. 무엇에 대한 공포냐고요? 제가 그걸 어찌 알겠습니까? 그냥 공포입니다. 다만 그뿐이지요.

저희들은 뭔가 무서운 사건을 기다리는 마음으로, 창백한 얼굴로 꼼짝도 하지 않고 있었습니다. 심장을 두근거리면서 귀를 기울이다 조그마한 소리에도 깜짝 놀라곤 하면서요. 이윽고 개는 벽에 코를 대고 냄새를 맡으면서 계속 으르렁거리며 방 안을 빙글빙글 돌기 시작했습니다. 정말 그 동물의 움직임을 지켜보고 있으니 모두 미쳐버릴 것만 같았습니다! 그때 저를 안내한 농부가 그 공포 때문에 격렬한 발작을 일으켜 개에게 달려들더니, 작은 마당 쪽의 문을 열고 밖으로 내쫓았습니다.

개는 곧 잠잠해졌습니다. 하지만 저희들은 오히려 전보다 더욱 무서운 침묵 속에 빠져버렸지요. 바로 그때 갑자기 모든 사람들이 소스라치게 놀라고 말았습니다. 뭔가가 숲을 향해 있는 외벽을 긁고 있었습니다. 곧 그것은 출입문 옆을 지나갔는데, 어쩌면 그 문을 두드리는 것 같기도 했습니다. 이어서 이 분 정도는 아무 소리도 나지 않았는데, 그야말로 미칠 것 같았지요. 잠시 뒤 그것은 여전히 벽을 긁으면서 돌아왔습니다. 어린아이가 손톱으로 그러는 것처럼 가만히 긁기만 하고 있었습니다. 그러더니 갑자기 머리 하나가 작은 유리창 저편에 나타났습니다. 들짐승처럼 두 눈이 이글거리는 새하얀 얼굴이었습니다. 그 입에서 어떤 소리가 흘러나왔습니다. 무슨 소리인지 알아듣기 힘든, 호소하는 듯한 중얼거림이었습니다.

그때 부엌에서 엄청난 소리가 났습니다. 늙은 산림관리인이 총을 쏜 것입니다. 그러자 아들들이 단숨에 달려와서 커다란 탁자를 들어 올리더니, 그것으로 유리창을 막고 찬장을 가져와서 그 앞에 질러놓았습니다.

고백하지만, 전혀 예상하지 못했던 그 총소리를 들었을 때, 저는 몸과 마음 모두에 정체를 알 수 없는 고뇌를 느끼며 정신이 아득해지는 것이, 공포 때문에 죽을 것만 같은 심정이었습니다.

저희들은 몸을 움직이지도 못하고 입도 열지 못한 채, 터무니없는 생각에 움츠러들어 새벽까지 꼼짝하지 않고 있었지요.

차양 틈새에서 아침의 가느다란 빛줄기가 새어 들어오는 것을 보고서야 사람들은 출구를 치웠습니다.

입구의 벽 옆에 늙은 개가 입에 총알을 맞고 쓰러져 있었습니다.

그 개는 울타리 밑에 굴을 파서 마당을 통해 집 밖에 나가 있었던 것입니다.

*

갈색 얼굴의 남자는 잠시 입을 다물었다가 이렇게 덧붙였다.

"그날 밤 저는 어떠한 위험도 만나지 않았습니다. 그리고 유리창에 나타난 수염투성이 머리에 총을 쏜 그 순간에는, 두 번 다시 그런 일을 겪느니 차라리 제가 지금까지 저지른 가장 무서운 위험을 모조리 되풀이하는 편이 낫겠다고 생각했습니다."

Le Horla
오를라

5월 8일

얼마나 화창한 날인지! 아침나절은 집 앞 풀밭에 누워서 시간을 보냈다. 커다란 플라타너스 나무가 집 전체를 뒤덮고 있어서 주위가 온통 어두컴컴한 그늘을 이루었다. 나는 이곳을 좋아한다. 그리고 이곳에서 지내는 것을 좋아한다. 이곳에 나의 뿌리를 깊숙하게 내리고 있기 때문이다. 그 뿌리는 조상들이 태어나고 죽은 땅에 우리 인간들을 붙들어 매어둔다. 거기에는 사람이 생각하는 것과 사람이 먹는 것, 풍습과 식량, 사투리와 농부들 말투, 나아가서는 흙냄새, 마을 냄새, 공기 자체의 냄새까지 연결되어 있다.

나는 내가 자란 이 집을 사랑한다. 내 방 창문에서는 앉은 채로 센강을 볼 수 있다. 나의 정원을 따라, 마치 우리집의 일부인 것처럼 길 하나를 사이에 두고 흘러가는 센강, 크고 작은 배들을 끊임없이 나르면서 루앙에서 르 아브르를 향해 흘러가는 드넓은 센강.

왼쪽 저 멀리 루앙이 보인다. 푸른 지붕들이 즐비하고 고딕양식 종탑이 삐죽삐죽 솟아 있는 대도시다. 그 크고 작은 수많은 종탑 사이에서 성당의 뾰족한 철탑이 빼어나게 우뚝 솟아 있다. 종탑의 종들이 화창한 아침 하늘에 종소리를 울린다. 아련하고 감미롭게 울리는 낭랑한 소리, 거침없이 울려 퍼지는 그 맑은 가락은, 바람이 세게 불거나 약하게 불 때마다 멀리서, 때로는 가까이에서 들려온다.

오늘 아침에는 날씨가 정말 멋지다!

열한 시쯤 배가 길게 줄을 지어 집 앞을 지나갔다. 검은 연기를 짙게 토해내면서 괴로운 듯 헐떡이는 작은 통통배만 한 예인선에 끌려가고 있었다.

영국의 스쿠너*¹ 두 척이 붉은 깃발을 하늘에 나부끼면서 지나간 뒤, 돛 세

---

*1 둘 또는 네 개의 돛에 세로돛을 단 범선(帆船).

개짜리 브라질 배가 다가왔다. 맵시 있는 새하얀 선체가 눈부시게 빛나고 있었다. 나는 나도 모르게 배를 향해 경례를 했다. 보기만 해도 저절로 기분이 좋아지는 배였다.

5월 12일

나는 며칠 전부터 미열이 있는 것 같다. 견딜 수 없이 괴롭다. 아니, 기분이 우울하다.

우리의 행복을 절망으로 바꾸고, 우리의 자부심을 비탄으로 바꿔 버리는 그 이상한 잠재력은 도대체 어디에서 오는 것일까? 공기 속에는, 눈에 보이지 않는 이 공기 속에는 도무지 알 수 없는 어떤 '힘'이 가득해서, 우리를 온통 에워싸고 있는 그 신비로운 존재가 우리에게 영향을 주는 건지도 모른다. 나는 잠에서 깨어날 때는 무척 기운이 나서 나도 모르게 콧노래가 나온다—왜 그럴까?—나는 강가로 내려간다. 잠시 거닐다가 갑자기 뭔가 나쁜 일이 집에서 나를 기다리고 있는 듯한 묘한 불안을 느끼면서 집으로 돌아온다—왜 그럴까?—피부에 오싹오싹 스며드는 오한이 내 신경을 자극하고 마음을 우울하게 만드는 것일까? 구름의 모양과 햇빛의 빛깔, 시시각각 변하는 사물들의 색깔이 내 눈을 통해 몸속에 들어와서 나의 생각을 어지럽히는 것일까? 누가 알랴? 우리를 둘러싼 모든 것, 바라보지 않았는데 우리 눈에 보이는 모든 것, 알지 못한 채 스쳐가는 모든 것, 만지지 않았는데 우리 손에 닿는 모든 것, 선택하지 않았음에도 만나게 되는 모든 것이 우리 위에, 우리 기관 위에, 그리고 그 기관들을 통해 우리 관념뿐만 아니라 우리 심장에도 빠르고 놀라우며 설명할 수 없는 영향들을 끼치고 있다.

이처럼 '눈에 보이지 않는 것'의 신비는 얼마나 심오한가! 우리의 보잘것없는 다섯 감각기관으로는 그 신비를 헤아릴 수가 없다. 우리의 눈은 너무 작거나 너무 큰 것, 너무 가깝고 너무 먼 것은 볼 수가 없다. 별의 세계에 살고 있는 생명체도, 한 방울의 물속에 있는 생명체도 볼 수 없다…… 우리의 귀도 마찬가지로 우리를 속이고 있다. 귀는 공기의 진동을 소리로 우리에게 전달한다. 귀는 공기의 운동을 소리로 바꾸는 기적을 일으켜, 그 변형을 통해 자연의 말 없는 흔들림을 음률적인 것으로 만들어 음악을 낳는 요정이다…… 우리의 후각은 개보다 못하고…… 우리의 미각은 포도주의 숙성 햇수조차 제대로 감정할

오를라 635

수 없지 않은가!

아! 만약 우리가 우리를 위해 다른 기적을 일으켜 주는 또 다른 기관을 가지고 있다면, 우리 주위에서 얼마나 많은 사물을 발견할 수 있을까!

5월 16일

확실히 나는 병에 걸린 듯하다! 지난달에는 그토록 건강했는데! 지금은 열이, 지독한 열이 있다. 아니, 열에서 오는 신경쇠약이다. 그래서 이렇게 육체뿐만 아니라 정신까지도 괴로운 것이다! 뭔가 위험이 닥쳐올 것 같은 무서운 느낌이 든다. 뭔가 나쁜 일이 찾아오고 있는 듯한 느낌, 죽음이 다가오고 있는 듯한 느낌이 든다. 아직 확실하지는 않지만, 이미 피와 살 속에 어떤 질병이 깃들어 있는 예감이 든다.

5월 18일

도무지 잠이 오지 않아서 방금 의사의 진찰을 받았다. 의사의 말로는 맥박이 빠르고, 안구가 팽창되어 있으며, 신경이 항진되어 있지만, 특별히 경계해야 할 징후는 없다고 한다. 샤워를 자주하고 브로민화칼륨*2을 복용하라는 처방이다.

5월 25일

아무런 변화도 없다! 실제로 내 몸은 상당히 묘한 상태다. 저녁만 되면 까닭을 알 수 없는 불안에 사로잡힌다. 마치 밤이 나에게 뭔가 두려운 위협을 숨기고 있는 것만 같다. 나는 저녁을 먹는 둥 마는 둥 책을 읽기 시작한다. 하지만 아무리 읽어도 내용을 이해할 수가 없다. 글자조차 분간할 수 없을 정도다. 하는 수 없이 응접실 안을 이리저리 거닐어 보지만, 도무지 어떻게 할 수 없는 막연한 공포, 이를테면 잠에 대한 공포, 침대에 대한 공포 때문에 마음이 무겁게 짓눌려서 견딜 수가 없다.

두 시쯤 침실로 올라간다. 방에 들어가서 문을 이중으로 잠그고 빗장을 지른다. 나는 두렵다…… 무엇이?…… 지금까지 나는 두려운 것이 없었다…… 옷

---

*2 브로민과 칼륨의 화합물. 19세기 말과 20세기 초에 항경련제와 진정제로 널리 쓰였다.

장 문을 열어본다, 침대 밑을 들여다본다, 귀를 기울인다…… 귀를 기울인다…… 무엇에?…… 도대체 이상하지 않은가? 우리는 기계의 섬세하고 불완전한 기능에 단순한 불쾌감, 아마도 혈액순환장애나 신경망 자극 또는 약간의 충혈 같은 아주 작은 고장이 일어나기만 해도, 쾌활하기 그지없는 남자가 순식간에 침울하고 어두운 인간으로 변하고, 용감한 남자가 이내 겁쟁이가 되어버리니 말이다. 나는 침대에 들어간다. 그리고 사형집행인을 기다리는 심정으로 잠이 오기를 기다린다. 기다리는 동안의 두려움으로 심장이 두근거리고 다리는 와들와들 떨리고 따뜻한 이불 속에서도 온몸이 떨린다. 그러나 어느새 스르르 잠에 빠져든다. 마치 물이 고여 있는 깊은 연못 속에 빠져 죽으려고 뛰어드는 것처럼. 나는 예전처럼 잠이 다가오는 것을 느낄 수가 없다. 이 괘씸한 잠은 내 옆에 숨어서 나를 지켜보며, 내 머리를 붙잡고 내 눈을 감기고 나를 끝장내 버리려 한다.

나는 잠이 든다―오랫동안―두세 시간 계속해서―이어서 꿈이―아니―악몽이 나를 끌어안는다. 나는 침대 속에서 자고 있다고 생각한다…… 나는 그것을 느끼며 그것을 안다…… 또 나는 알 수 있다, 누군가가 나에게 다가오는 것을. 나를 바라보고, 나를 만지고, 침대에 올라와서 내 가슴에 걸터앉아, 두 손으로 내 목을 움켜잡고 조르고…… 또 졸라서…… 있는 힘을 다해 나를 목 졸라 죽이려는 것을.

나는 발버둥을 친다. 꿈속에서 우리를 마비시키는 그 끔찍한 무력함 때문에 옴짝달싹할 수가 없다. 나는 소리를 지르려 한다―그러나 소리가 나오지 않는다. 그래서 움직이려고 한다―하지만 움직일 수가 없다. 다시 나는 숨을 헐떡이며 온몸에 힘을 짜내어 몸을 뒤척이려고 한다. 나를 짓누르며 내 숨통을 끊어놓으려는 그 녀석을 떨쳐내려고 한다―역시 안 된다!

그러다가 별안간 잠에서 깨어난다. 겁에 질리고 온몸이 땀에 흠뻑 젖어서. 촛불을 켠다. 나는 혼자였다.

매일 밤 되풀이되는 그 발작 뒤에, 나는 겨우 잠이 든다. 새벽까지 조용히.

6월 2일

상태가 점점 더 악화되어 간다. 도대체 나에게 무슨 일이 일어난 걸까? 브로민화칼륨은 아무런 도움도 되지 않는다. 샤워도 효과가 없다. 적당히 피곤한 몸을 더욱 지치게 만들려고, 아까 루마르 숲을 한 바퀴 돌고 왔다. 풀과 나뭇잎 냄새가 가득한 달콤하고 상쾌한 공기가 혈관에 새로운 피를 흘려 넣고 심장에 새로운 힘을 채워 줄 것 같았다. 나는 사냥터의 넓은 길을 지나 라부이유 쪽의 좁은 오솔길로 들어갔다. 하늘을 찌를 듯이 높이 서 있는 양쪽의 가로수가, 대낮에도 어두컴컴할 정도로 하늘과 나 사이에 짙은 녹색 지붕을 만들고 있었다.

그러자 느닷없이 어떤 전율이 온몸을 휘감았다. 오한의 전율이 아니라 고뇌에서 오는 기묘한 전율이었다.

나는 걸음을 재촉했다. 이 숲속에 혼자 있는 것이 불안했다. 바닥 모를 적막감 때문에 어리석게도 까닭 없이 두려워진 것이다. 불현듯 누가 내 뒤를 따라오고 있는 듯한 느낌이, 누군가가 바로 뒤에서 거의 닿을 듯이 따라오는 듯한 느낌이 들었다.

나는 용기를 내어 뒤돌아보았다. 나 혼자였다. 뒤에는 똑바로 뻗은 널찍한 가로수 길이 보일 뿐 텅 비어 있다. 높은 나무들에 에워싸여 두려우리만치 텅 비어 있다. 내 앞쪽에도 그 가로수는 끝이 보이지 않게 뻗어 있고, 역시 오싹할 정도로 텅 비어 있다.

눈을 감았다. 왜 그랬을까? 그런 다음 한쪽 발뒤꿈치로 빙글빙글 팽이처럼 돌기 시작했다. 쓰러질 것 같았다. 눈을 떠보았다. 나무들이 춤추고 있었다. 땅이 일렁거렸다. 나는 주저앉을 수밖에 없었다. 아! 어디를 어떻게 지나왔는지 알 수가 없다! 이상한 일도 다 있다! 정말 이상하다! 정말 기묘하다! 나는 아무것도 알 수가 없다. 아무렇게나 오른쪽 길을 걸어갔더니 처음에 맞닥뜨렸던 가로수 길이 나왔다. 아까 나를 숲 한복판으로 이끌어 준 그 길이다.

6월 3일

무서운 밤이었다. 몇 주 동안 어디론가 떠나자. 잠시 여행이라도 다니면 회복될지도 모른다.

7월 2일

집에 돌아왔다. 나는 이제 회복되었다. 여행은 참으로 유쾌했다. 지금까지 한 번도 가보지 않았던 몽생미셸에도 갔다.

나처럼 해 질 녘에 아브랑슈에 도착한 사람은 그 장관에 감탄을 금치 못할 것이다! 도시는 언덕 위에 있었다. 도시 외곽의 공원으로 안내받은 나는 자신도 모르게 탄성을 지르지 않을 수 없었다. 눈앞에는 넓은 만이 끝없이 펼쳐져 있고, 멀리 안개에 둘러싸여 있는 두 개의 암벽이 그것을 양쪽에서 제압하고 있었다. 그 노란색의 끝없는 물굽이 한복판, 금빛으로 가득한 하늘 아래에 모래땅으로 에워싸인 음울하고 신비로운 산이 뾰족하게 솟아 있는 것이다. 이제 막 해가 넘어간 참이었다. 그러자 노을빛으로 아직도 불타고 있는 수평선에, 기괴한 건축물을 이고 있는 그 신비로운 바위산의 윤곽이 뚜렷이 드러났다.

날이 새자마자 그 산 쪽으로 갔다. 바다는 어제저녁처럼 간물때였다. 가까이 다가갈수록 그 놀라운 수도원이 점점 내 눈앞에 높이 솟아올랐다. 몇 시간 더 걸어가니 엄청나게 큰 돌무더기가 보였다. 그곳에 대성당이 굽어보고 있는 작은 마을이 있었다. 좁고 가파른 길을 올라가자, 신을 위해 이 땅에 세워진 가장 감탄할 만한 고딕양식의 건물이 나왔다. 그것은 하나의 도시만큼 거대했다. 둥근 천장 아래에 납작하게 눌린 듯한 낮은 방들, 가느다란 원기둥이 받치고 있는 높은 회랑이 곳곳에 있었다. 나는 겉으로 보기에 레이스처럼 가벼울 것 같은 커다란 화강암 세공물 속으로 들어갔다. 건물 꼭대기에는 크고 작은 탑들이 수없이 솟아 있고, 나선형 계단으로 올라가도록 되어 있었다. 탑 꼭대기에는 상상 속의 동물, 악마, 괴수, 기괴한 꽃들이 조각되어 있는데 낮에는 푸른 하늘에, 밤에는 어두운 하늘에 그 형태가 선명하게 드러났다. 탑과 탑은 세공을 한 가느다란 아치로 서로 이어져 있었다.

꼭대기에 이르렀을 때, 나는 안내하던 수사에게 말했다. "이런 곳에서 사시니 정말 좋으시겠습니다!"

그러자 수사가 대답했다. "이곳에는 바람이 너무 많이 불어서요." 그것을 계기로 우리는 이야기를 나누기 시작했다. 눈앞에, 차오르는 바닷물이 모래언덕을 꾸역꾸역 올라와 이내 그것을 철의 갑옷으로 에워싸는 것이 보였다.

수사는 여러 가지 이야기를 들려주었다. 모두 이 고장에 전해 내려오는 오래된 이야기였다. 전설, 예외 없이 전설이었다.

그 전설들 가운데 어느 하나에 나는 크게 감동했다. 그곳 사람들, 즉 산에 사는 사람들의 말로는, 밤에 모래사장에서 사람 말소리가 들리고, 그다음에는 염소 두 마리가 한 마리는 크게, 또 한 마리는 가느다랗게 우는 소리가 들린다는 것이다. 그것을 믿지 않는 사람들은 바닷새의 울음소리라고 주장하고 있다. 바닷새의 소리가 때로는 동물의 울음소리, 때로는 사람이 한탄하는 소리와 닮았다는 것이다. 그런데 밤늦게 돌아오는 어부들이 장담하기를, 세상과 떨어진 이 작은 도시를 에워싸고 있는 모래땅에 바닷물이 들어왔다 나갔다 하는 사이에 양치기 노인이 거닐고 있는 것을 본 적이 있다는 것이다. 망토를 푹 뒤집어쓰고 있어서 얼굴은 잘 볼 수 없었지만, 어쨌든 그 노인은 암수 세 마리의 염소를 데리고 있었다. 수놈은 남자 얼굴, 암놈은 여자 얼굴인데, 양쪽 다 긴 백발을 늘어뜨리고 뭔가 끊임없이 이야기하면서 알아들을 수 없는 말로 싸우는가 하면, 갑자기 싸움을 멈추고 열심히 매애애애 하고 운다는 것이다.

나는 수사에게 물어보았다. "그 이야기를 믿으십니까?"

수사는 속삭이듯 "잘 모르겠습니다" 하고 말했을 뿐이다.

내가 다시 말했다. "만약 이 땅에 우리 말고도 어떤 존재가 있다면, 어째서 우리는 이렇게 오랫동안 그것을 모르고 있을까요? 그리고 어째서 수사님도 그것을 보지 못하셨을까요? 또한 저도 어째서 그것을 보지 못했을까요?"

수사가 대답했다. "우리가 존재하고 있는 것의 10만분의 1이라도 보고 있다고 생각합니까? 보십시오. 지금 바람이 불고 있습니다. 이것은 자연계에서 가장 강력한 것입니다. 바람은 사람들을 넘어뜨리고, 건물을 쓰러뜨리고, 나무를 뿌리째 뽑기도 하고, 바다를 들어 올려 산더미 같은 파도를 만듭니다. 절벽을 무너뜨리고 거대한 배를 암초에 부딪치게도 합니다. 바람은 사람을 죽이고 으르렁거리는가 하면 탄식하다가 이내 성난 소리를 지릅니다—당신은 그 바람을 본 적이 있습니까? 실제로 지금 그것을 볼 수 있습니까? 그럼에도 바람은 존재합니다."

참으로 간단한 그 추론 앞에서 나는 입을 다물고 말았다. 이 사람은 현자가 아니면 아주 어리석은 자가 분명하다. 나라면 이렇게 확고하게 단언할 수 없을 것이다. 그렇지만 나는 입을 다물었다. 그가 방금 한 이야기는 나도 지금까지 수없이 생각했던 것이다.

7월 3일

잠이 오지 않는다. 분명히 이 집에는 사람을 열병에 걸리게 하는 힘이 숨어 있다. 마부도 나처럼 불면증에 시달리고 있으니까. 어제 집에 돌아와 보니, 마부가 묘하게 창백한 얼굴을 하고 있어서 물어보았다.

"장, 자네 어디 아픈가?"

"아이고, 나리, 도무지 잠을 자지 못해서요. 이러다가 밤낮이 뒤바뀌겠습니다. 나리가 떠나신 뒤로 이상한 병에 걸려버렸어요."

물론 다른 하인들은 건강하게 잘 지내고 있다. 하지만 나도 또다시 그 증세에 걸려드는 게 아닐까 걱정되어 견딜 수가 없다.

7월 4일

결국 나는 다시 걸렸다. 예전의 악몽이 돌아온 것이다. 간밤에 나는 누군가가 내 위에 웅크리고 앉아 내 입에 자신의 입을 대고, 내 입술 사이로 내 생명을 빨아 마시는 것을 느꼈다. 그렇다. 그놈은 거머리처럼 내 목에서 내 생명을 빨아먹고 있었다. 그리고 실컷 빨아먹은 뒤에야 그놈은 일어났다. 그래서 나도 눈을 떴는데, 몸이 마구 뜯어 먹힌 듯한 느낌이 들어 도저히 움직일 수 없을 정도였다. 이런 일이 며칠 더 계속된다면, 틀림없이 나는 다시 떠날 것이다.

7월 5일

나는 미친 것일까? 간밤의 일은 생각만 해도 머리가 뒤죽박죽이 될 정도로 혼란스럽다!

요즘은 매일 밤, 어젯밤에도 방문을 잠갔다. 그리고 목이 말라 물을 반 컵 마셨다. 그때 무심코 물병 속에 물이 유리 마개 바로 아래까지 들어 있는 것을 보았다.

곧 잠자리에 들었다. 언젠가 그 무서운 잠에 빠져들었는데, 두 시간이나 지났을까, 전에 없이 무서운 꿈에 허덕이다가 깨어났다.

생각해 보라. 잠을 자던 남자가 살해당하려 한다. 잠에서 깨어나면 가슴에는 칼이 꽂혀 있고, 온몸이 피투성이가 된 채 숨을 헐떡이고 있다. 숨도 쉬지 못한 채 죽어가고 있다. 그런데 도대체 무슨 일이 일어난 건지 이해할 수가 없다. 그런 꿈이다.

겨우 정신이 돌아오자 다시 목이 말랐다. 촛불을 켜고 물병이 있는 탁자로 갔다. 물병을 집어 들고 컵에 물을 따르려 하는데 물이 나오지 않는다—물병이 텅 비어 있었다! 완전히 비어 있었다! 처음에는 무슨 일인지 알 수가 없었다. 이어서 불현듯 어떤 무서운 충격을 느끼고 나도 모르게 그 자리에 주저앉 았다. 아니, 의자 위에 쓰러지고 말았다! 그리고 다시 벌떡 일어나 주위를 둘러 보았다! 다음 순간, 나는 경악과 공포에 사로잡혀 그 투명한 유리병 앞에 다시 앉았다. 그리고 물병을 가만히 노려보면서 수수께끼를 풀고자 했다. 손이 떨렸 다! 그렇다면 누군가가 이 물을 마신 거란 말인가? 그게 누구지? 나인가? 물 론 나일 테지? 나 말고 누가 마실 수 있단 말인가! 그렇다면 나는 몽유병자로 서 그 이상한 이중생활을 하고 있었던 것이리라. 본디 이중생활은 우리 안에 두 개의 존재가 살고 있기 때문일까, 아니면 어떤 신비롭고 이해할 수 없으며 눈에 보이지도 않는 존재가 있어서, 그것이 이따금 우리의 정신력이 둔해지기 를 기다렸다가 포로가 된 우리의 몸을 우리 자신보다 더욱 자유롭게 조종하기 때문일까?

아! 누가 나의 이런 가혹한 고민을 이해해 줄까? 건전하고 쾌활한 정신과 올 바른 이성을 지닌 한 남자가, 잠자는 동안에 사라진 소량의 물을, 물병의 유리 를 통해 공포의 눈으로 바라볼 때의 충격을 누가 이해할 수 있단 말인가! 나 는 다시 침대에 들어갈 용기가 나지 않아 날이 샐 때까지 그 자리에서 꼼짝도 하지 않고 있었다.

7월 6일

나는 미쳐버릴 것만 같다. 간밤에도 누군가가 물병의 물을 다 마셔버렸다. 아니, 내가 마신 것이다!

그러나 그것은 나였을까? 틀림없이 나였을까? 내가 아니면 누구란 말인가? 누구지? 오! 하느님! 이러다가 나는 미쳐버릴 것만 같다! 누가 나를 구해 줄까?

7월 10일

방금 나는 놀라운 실험을 했다.

그 결과, 나는 확실히 미쳤다! 하지만, 하지만 말이다!

7월 6일, 나는 자기 전에 포도주와 우유, 물, 빵, 딸기를 탁자 위에 두어보 았다.

누군가가 그 물을 전부, 우유는 조금 마셔버렸다—틀림없이 내가 마신 것이 다. 그렇지만 포도주와 빵과 딸기에는 손도 대지 않았다.

7월 7일, 나는 같은 실험을 다시 했는데 똑같은 결과를 얻었다.

7월 8일에는 물과 우유를 갖다두지 않았더니 아무것도 손대지 않고 그대로 있었다.

마지막으로 7월 9일에는 물과 우유만 탁자 위에 놓고, 그 두 개의 병을 하얀 모슬린 천으로 감싼 뒤 마개를 꼭 묶어두었다. 그런 다음 입술과 수염과 두 손에 흑연을 칠하고 잠자리에 들었다.

저항할 수 없는 잠에 빠져들었다가 곧 참담한 꿈 때문에 깨어났다. 나는 조금도 움직이지 않았던 모양이다. 이불에도 아무런 흔적이 묻어 있지 않았다. 병을 감싼 천도 얼룩 하나 없이 그대로였다. 나는 긴장 속에 끈을 풀어보았다. 누군가 물을 다 마셔버렸다! 우유도 완전히 다 마시고 없었다! 오, 하느님……!

당장 파리로 가야겠다.

7월 12일

파리. 나는 며칠 동안 아무래도 제정신이 아니었던 모양이다. 진짜 몽유병자는 아니지만 적어도 신경쇠약에서 비롯된 망상에 농락당하고 있었던 건 분명하다. 아니면 확인은 되었지만 지금까지 설명되지 않은 그 잠재력, 사람들이 암시라고 부르는 것에 지배당하고 있었던 건지도 모른다. 어쨌든 나의 미친 듯한 상태는 정신착란에 가까웠지만, 파리에서 보낸 스물네 시간은 나를 제정신으로 되돌리는 데 충분했다.

어제는 볼일을 보고 사람들을 방문하는 동안 내 마음에 신선한 공기가 공급되었다. 그 뒤 밤에 테아트르 프랑세 극장에 갔다. 마침 알렉상드르 뒤마 퓌스[3]의 연극을 공연하고 있었는데, 그 발랄하고 힘찬 재능이 내 기분을 회복시켜 주었다. 일을 하는 지식인에게 고독이 위험한 것은 분명한 것 같다. 우리 주위에는 생각하고 이야기하는 인간이 필요하다. 오랫동안 혼자 있으면 망령이 쉽게 허를 찌르고 들어온다.

나는 상쾌한 기분으로 큰길을 지나 호텔로 돌아왔다. 사람들이 어깨를 부딪치는 혼잡한 거리를 빠져나오면서, 지난주부터 계속되었던 공포와 망상을 생

---

*3 프랑스 작가(Alexandre Dumas fils, 1824~95). '퓌스(fils)'는 '아들'이란 뜻으로, 《몬테크리스토 백작》을 쓴 아버지 알렉상드르 뒤마(1802~70)와 구분하기 위해 붙은 이름이다. 소(小) 뒤마라고도 한다. 대표작에 《춘희》, 《사생아》 등이 있다.

각하니 나 스스로 아이러니를 느끼지 않을 수 없었다. 어쨌든 나는 내 지붕 아래에 눈에 보이지 않는 존재가 살고 있다고 믿었으니까. 그렇다, 진지하게 믿고 있었다. 정말이지 사람의 머리란 약해 빠졌다. 조금이라도 이해되지 않는 사실에 부닥치면 이내 겁을 먹고 허둥대다니!

"원인을 모르니 나로서는 알 수 없는 일이다." 이렇듯 간단명료한 말로 정리해 버리면 될 것을, 툭하면 무서운 신비라느니 초자연의 힘이니 하면서 상상하는 것이 문제다.

7월 14일

파리 대혁명 기념일. 거리를 산책해 본다. 불꽃놀이와 깃발이 나를 마치 어린아이처럼 즐겁게 해준다. 그러나 생각해 보면, 정부가 정해 준 날에 기분이 좋아 들뜨는 것은 정말 바보 같은 짓이다. 국민이란 어리석은 양떼 같은 집단이다. 바보처럼 꾹 참고 있는가 하면, 맹렬히 저항하기도 한다. 그들은 "즐겨라" 하면 즐기고 "이웃 나라와 싸워라" 하면 싸운다. "황제에게 투표하라" 하면 황제에게 투표한다. 그다음에 "공화국에 투표하라" 하면 또 공화국에 투표하는 것이다.

국민을 지도하는 자들도 어리석기는 마찬가지다. 게다가 그들은 인간을 따르는 게 아니라 이념을 따른다. 그런데 그 이념이라는 것은, 그것이 이념이기 때문에, 즉 그것이 이 세상에 확고부동한 관념이라고 믿고 있기 때문에, 대체로 어리석고 공허한 가짜일 수밖에 없다. 왜냐하면 빛은 환영이고 소리도 착각에 지나지 않는 이 세상에서 확실한 것은 하나도 없기 때문이다.

7월 16일

어제는 여러 가지 신기한 광경을 보고 엄청난 충격을 받았다.

나는 사블레 부인의 집 저녁 식사에 초대받았다. 나의 사촌 누이인데 그녀의 남편은 리모주 제76보병대 사령관이다. 우연히 그 자리에 젊은 여성 둘이서 합석했는데, 한 사람은 파랑 박사의 아내였다. 이 의사는 신경계통 질병을 전문으로 하며, 최근에는 최면술과 암시 실험에서 일어나는 특이한 현상을 연구하고 있었다.

그는 영국 학자들과 낭시 의학교 의사들이 얻은 신기한 결과에 대해 긴 이야기를 들려주었다.

그런데 사실이라는 그 이야기들이 너무나 기괴해서 나는 도저히 믿을 수가 없다고 말했다. 그러자 그는 단언했다.

"지금 우리는 자연계에서 가장 중대한 비밀 하나를 발견하려 하고 있습니다. 그것은 지구상의 자연계에서 가장 중요한 비밀들 가운데 하나라는 뜻입니다. 왜냐하면 수많은 별들의 자연계에는 그에 못지않게 중요한, 이 땅의 것과는 다른 비밀이 있을 테니까요. 인간이 생각을 하게 된 뒤부터, 그리고 그 생각을 입으로 말하고 문자로 쓰게 된 뒤부터 인간은 자신의 조잡하고 불완전한 다섯 가지 감각기관만으로는 헤아릴 수 없는 어떤 신비를 느껴왔습니다. 그래서 자신이 가진 기관의 무력함을 지식으로 보완하려고 노력했습니다. 그런데 그 지식이 아직 초보 상태에 머물러 있는 동안은, 눈에 보이지 않는 현상과의 소통은 통속적인 공포의 형식을 취했습니다. 그리하여 초자연에 대한 속인들의 신앙, 즉 정령과 요정, 지신(地神), 유령에 대한 전설이 생겨난 것입니다. 신의 전설도 바로 거기서 태어났다고 나는 말하고 싶습니다. 왜냐하면 우리가 조물주에 대해 품고 있는 관념은, 그것이 어떠한 종교에서 온 것이든, 모두 평범하고 매우 어리석으며 도저히 받아들일 수 없을 만큼 지어낸 것들로, 겁이 많은 피조물의 두뇌에서 태어난 것이기 때문입니다. '신은 자신의 형상을 본떠 인간을 만들었고, 그 대가로 인간은 자신의 형상을 본떠 신을 만들었다'고 한 볼테르[4]의 말만큼 진실한 것은 없을 겁니다.

그런데 한 세기 전부터 사람들은 새로운 무언가를 예감해 왔습니다. 메스머[5]와 몇몇 학자들은 전혀 생각지도 못한 길로 우리를 이끌었습니다. 그리하여 우리는, 특히 지난 사오 년 동안 참으로 놀라운 결과에 이르렀습니다."

내 사촌이 못 믿겠다는 듯이 웃자 파랑 박사가 그녀에게 말했다. "부인, 제가 부인을 잠들게 해볼까요?"

"네, 좋아요."

그녀가 안락의자에 앉자, 의사는 그녀를 홀리듯이 그 얼굴을 가만히 응시하

---

[4] 프랑스 작가·사상가(Voltaire, 1694~1778). 일찍부터 풍자시인으로 이름을 얻었으나, 뒤에 신앙과 언론의 자유를 추구하는 합리주의적인 계몽사상가로 활약했다.

[5] 독일 의학자(Friedrich Anton Mesmer, 1734~1815). 동물 자기설(磁氣說)을 주장하여 일종의 암시요법을 창시했다.

기 시작했다. 나는 갑자기 걱정이 되어 가슴이 두근거리고 목구멍이 막히는 것 같았다. 나는 사블레 부인의 눈꺼풀이 점점 무거워지고 입술이 경련을 일으키고 가슴이 들썩이는 것을 보았다.

십 분 뒤 그녀는 잠이 들었다.

"부인 뒤로 가세요." 의사가 나에게 말했다.

나는 그녀 뒤에 가서 앉았다. 의사는 그녀의 손에 명함을 한 장 쥐어주고 물었다. "이것은 거울입니다. 이 속에 무엇이 보이나요?"

그녀가 대답했다.

"제 사촌 오빠가 보여요."

"그는 무엇을 하고 있습니까?"

"수염을 만졌어요."

"그럼 지금은?"

"호주머니에서 사진을 꺼내고 있어요."

"누구 사진이죠?"

"자기 사진이에요."

정말이었다! 그 사진은 그날 저녁 호텔에서 받은 것이었다.

"그럼 사진 속의 그는 어떤 모습인가요?"

"손에 모자를 들고 서 있어요."

그렇다면 그녀는 마치 거울 속이라도 들여다보는 것처럼, 그 명함 속이, 그 하얀 마분지 속이 훤히 보이는 것이다.

젊은 여자들이 겁에 질려 말했다. "그만! 이제 그만하세요! 그만요!"

하지만 의사는 명령조로 말했다. "당신은 내일 아침 여덟 시에 일어날 겁니다. 일어나면 호텔로 사촌 오빠를 찾아가서 당신 남편이 필요하다고 한 5000프랑을 빌리세요. 당신 남편은 틀림없이 이번 여행에 그만한 돈을 당신에게 요구할 테니까요."

그런 다음 그는 그녀를 깨웠다.

호텔로 돌아가면서 나는 그 이상한 실험에 대해 여러 가지로 생각해 보았다. 갑자기 어떤 의심이 솟구쳤다. 물론 어릴 때부터 친동생이나 다름없이 잘 알고 지내는 사촌누이에 대해서는 의심할 여지가 절대로 없지만, 의사는 사기친 것이 아니라고 장담할 수는 없었다. 어쩌면 그는 손에 거울을 숨기고 있었고, 명함과 함께 그것을 잠든 그녀에게 보여준 것이 아닐까? 본업이 마술사인 사람은 그 정도는 얼마든지 해치우지 않던가.

그래서 나는 돌아가서 잠을 잤다.

그런데 오늘 아침 여덟 시 반쯤, 나는 내 방을 담당하는 직원이 깨워서 일어났다. 그가 말했다.

"손님, 사블레 부인이 급히 뵙고 싶다고 하십니다."

나는 서둘러 옷을 갈아입고 그녀를 만났다.

그녀는 매우 곤경에 처한 듯이 고개를 숙인 채 베일도 쓰지 않고 앉아 있다가, 이윽고 나에게 말했다.

"사실은 오빠에게 어려운 부탁이 있어서 찾아왔어요."

"무슨 부탁인데?"

"정말 얘기하기 어려운 일이지만 어쩔 수가 없어서요. 5000프랑이 꼭 필요해요."

"네가?"

"네, 제가요. 아니, 그이가 그만한 돈을 구해 달라고 나에게 부탁했어요."

나는 완전히 놀라서 얼른 대답이 나오지 않았다. 이건 파랑 박사와 짜고 나를 놀리고 있는 게 아닐까, 처음부터 짜여진 각본에 따라 연극을 하고 있는 것이 아닐까 하는 의심이 들지 않을 수 없었다.

하지만 주의 깊게 그녀를 관찰하는 동안, 나의 모든 의심은 깨끗이 사라졌다. 그녀가 곤욕스러워하며 온몸을 떨고 있는 것을 보니 몹시 고통스러운 것은 사실인 듯했다. 아마도 그녀는 솟구치는 흐느낌을 꾹 참고 있는 것 같았다.

그러나 나는 그녀가 돈이 많다는 것을 알고 있었기 때문에 이렇게 말했다.

"뭐! 네 남편은 5000프랑 정도의 돈도 융통하지 못한다는 거니? 자, 잘 생각해 봐. 네 남편이 그 돈을 나에게서 빌려오라고 분명히 말했어?"

그녀는 열심히 기억을 되살리려고 잠시 머뭇거린 뒤 대답했다.

"네…… 그래요…… 그건 확실해요."

"남편이 편지로 그렇게 말했니?"

그녀는 또다시 머뭇거리며 생각에 잠겼다. 나는 그녀의 마음속에서 일어나고 있는 비참한 움직임을 이해했다. 그녀는 모르고 있다. 남편을 위해 나에게서 5000프랑을 빌려야 한다는 것밖에 모른다. 그래서 그녀는 거짓말을 하지 않을 수 없었다.

"맞아요, 편지로 그랬어요."

"그게 언제였는데? 어제는 그런 얘기 없었잖아."

"오늘 아침에 편지가 왔으니까요."

"그럼 그걸 나한테 보여줄 수 있을까?"

"아니…… 아뇨…… 안 돼요…… 아주 사사로운 내용이 적혀 있어서…… 남에게는 도저히 보여줄 수 없는…… 그래서 제가…… 불태워 버렸어요."

"그렇다면 너 모르게 네 남편은 빚이라도 지고 있다는 거로군."

그녀는 또 머뭇거리다가 속삭이듯 말했다.

"그건 저도 모르겠어요."

내가 불쑥 선언했다.

"아무리 그래도 지금 당장 5000프랑이나 되는 돈을 구할 수는 없어."

그녀는 너무나 실망하여 소리를 질렀다.

"아! 아! 부탁이에요, 제발 부탁이에요, 어떻게 안 될까요……."

그녀는 흥분하여 마치 나에게 기도라도 하는 것처럼 두 손을 모았다! 그녀의 목소리가 갑자기 변한 것 같았다. 그녀는 자신이 받은 저항할 수 없는 명령에 묶여 위협당하는 듯이 울면서 말을 더듬거렸다.

"오! 오! 부탁이에요…… 제발…… 제 고통을 이해하신다면…… 무슨 일이 있어도 오늘 꼭 필요해요."

나는 그녀가 가여워졌다.

"그럼 있다가 어떻게 구해 보마. 약속할게."

그녀가 소리쳤다.

"아! 고마워요! 고마워요! 오빠는 정말 좋은 사람이에요."

내가 다시 말했다. "간밤에 너희 집에서 있었던 일 기억하니?"

"네."

"그럼 파랑 박사가 너를 잠재운 일도 기억하고 있겠구나."

"네."

"그렇다면 다행이군. 실은 말이다, 그때 박사가 너에게 오늘 나를 찾아가서 5000프랑을 빌려오라고 명령했단다. 그래서 지금 너는 그 암시에 걸려 있는 거야."

그녀는 잠시 생각하다가 대답했다.

"하지만 돈이 필요하다고 말한 건 그이예요."

나는 꼬박 한 시간 동안 그녀를 이해시키려고 노력해 봤지만 결국 헛일이었다.

그녀가 돌아가자 나는 당장 의사에게 달려갔다. 마침 외출하려던 의사는 내말을 웃으면서 듣더니, 이윽고 말했다.

"이제는 제 말을 믿으시겠습니까?"

"예, 믿지 않을 수가 없군요."

"그럼 지금 사촌 동생의 집으로 갑시다."

사촌의 집에 가보니 그녀는 완전히 기진맥진해서 긴 의자 위에 늘어져 있었다. 의사는 그녀의 맥을 짚고 한 손을 그녀의 눈높이로 든 채 잠시 동안 바라보았다. 그러자 그녀는 이 자력이 지닌 불가항력의 작용에 걸려 서서히 눈을 감았다.

이윽고 그녀가 완전히 잠에 빠졌다.

"부인의 남편은 이제 5000프랑이 필요 없게 되었습니다. 그러니 당신은 사촌 오빠에게 그 돈을 빌려달라고 부탁한 일을 잊을 것이며, 만약 그가 당신에게 그 이야기를 해도 기억하지 못할 것입니다."

의사는 그렇게 말하고 나서 그녀를 깨웠다. 나는 호주머니에서 지갑을 꺼냈다.

"자, 오늘 아침 네가 나에게 부탁한 것을 가져왔다."

그녀가 어찌나 놀라던지, 나는 더 이상 계속하고 싶은 마음이 사라졌다. 물론 그녀의 기억을 되살리려고 애썼지만, 그녀는 완강히 부정하면서 자기를 놀리고 있다고 생각하는지 나중에는 화까지 내는 것이었다.

·····························

자! 이제 막 집으로 돌아왔다. 점심도 거른 채. 오늘의 실험은 나를 혼란에 빠뜨렸다.

7월 19일

만나는 사람마다 그 사건에 대해 얘기해 보았으나 아무도 내 말을 진지하게 들어주지 않았다. 이제 나는 어떻게 생각해야 할지 도통 알 수가 없다. 영리한 사람은 이렇게 말할 것이다. "그럴 수도 있겠죠?"

7월 21일

부지발에 가서 저녁을 먹고 밤에는 보트 애호가들의 무도회에 갔다. 모든 것은 장소와 환경에 따라 영향을 받는 것 같다. 라그르누이에르섬에서 자연을 넘어선 존재를 믿는 건 정말로 어리석은 짓일 것이다······ 그렇다면 몽생미셸 꼭대기에서는?······ 인도에서는? 우리는 주위의 영향을 무서울 정도로 받고 있다. 다음 주에는 집으로 돌아가야겠다.

7월 30일

어제 집에 돌아왔다. 모든 게 순조롭다.

8월 2일

변화 없음. 날씨가 참 좋다. 온종일 센강을 바라보면서 시간을 보냈다.

8월 4일

하인들끼리 말다툼을 벌였다. 그들은 찬장에 넣어둔 컵을 밤에 누군가가 깬다고 서로들 주장하고 있다. 하인은 요리사에게 죄를 뒤집어씌우고, 요리사는 세탁부에게 떠넘기며, 세탁부는 또 다른 두 사람을 의심한다. 도대체 누가 범인일까? 누가 그걸 알겠는가!

8월 6일

이번에는 난 미치지 않았다. 나는 보았다······ 보았다······ 내 눈으로 보았다!······ 더는 의심할 여지가 없다······ 나는 보았다······! 지금도 손톱 속까지 한기가 스며든다······ 뼛속까지 무섭다······ 나는 보았다······!

두 시쯤, 햇살이 비치는 낮에 집의 장미꽃밭을 산책하고 있었다······ 가을 장미가 피고 있는 오솔길을.

'전쟁의 거인'이라는 별명으로 불리는 장미가 멋진 꽃을 세 송이 피웠는데, 그것을 보려고 걸음을 멈췄을 때 나는 보았다, 분명히 보았다. 바로 내 앞에서, 그 가운데 한 송이의 꽃줄기가 보이지 않는 손이 비튼 것처럼 휘어지는 것을.

이어서 그 손이 꺾은 것처럼 톡 부러지는 것을! 그러자 사람이 꽃을 입으로 가져갈 때 그 팔이 그리는 곡선을 따라, 그 꽃이 저절로 높이 올라가더니, 갑자기 투명한 공중에, 그대로 움직이지 않고, 무섭도록 새빨간 얼룩 같은 모습으로 내 눈앞에 떠 있었다.

나는 그것을 잡으려고 정신없이 달려들었다! 그러나 거기에는 아무것도 없었다. 어느 사이에 꽃이 사라져 버렸다. 나는 나 자신에게 격렬한 분노를 느꼈다. 왜냐하면 그런 환각에 사로잡히는 건 이성적이며 신중한 사람에게는 일어날 수 없는 일이기 때문이다.

하지만 그것은 정말 환각이었을까? 나는 시선을 돌려 줄기를 찾았다. 줄기는 장미나무 위에서 곧 발견되었다. 처음처럼 가지에 달려 있는 다른 두 송이의 꽃 사이에, 방금 꺾인 그 꽃줄기가.

나는 허둥지둥 집으로 돌아왔다. 이제는 내 옆에 눈에 보이지 않는 존재가 살고 있다는 것을 확신했기 때문이다. 그것은 밤과 낮이 번갈아 바뀌는 것처럼 확실한 사실이다. 그놈은 우유와 물을 마시며 살고 있고, 사물을 만질 수도 있으며, 그것을 꺾고 그 위치를 바꿀 수도 있고, 요컨대 우리의 감각들로는 지각할 수 없지만 엄연히 유형물의 성질을 갖추고서 나와 함께, 내 집 지붕 아래 살고 있다…….

8월 7일

편히 잘 잤다. 그놈은 내 물병의 물은 마셨지만 내 잠은 방해하지 않았다.

나는 내가 정말 미친 것인지 궁금하다. 아까도 밝은 햇살이 내리비치는 강가를 산책하면서, 나의 이성을 계속 의심했다. 그것은 내가 지금까지 품고 있던 막연한 의심이 아니라 확연하고 절대적인 의심이었다. 나는 지금까지 미친 사람들을 많이 보아 왔다. 그들 가운데 어떤 자는 어느 한 가지만 제외하면, 이해력이 뛰어나고 명석하며 인생의 모든 것에 대해 탁월한 견해를 가지고 있었다. 그들은 무슨 일에서나 명쾌하고 유연하며 깊이 있게 말하지만, 그들의 생각이 그들이 지니고 있는 광기라는 암초에 부딪쳐 버리면, 그 생각은 산산조각으로 부서지고 흩어져서, 성난 파도와 짙은 안개 또는 돌풍에 갇혀 날뛰는 바닷속에 가라앉아 버린다. 그것은 이른바 '정신착란'이다.

만약 내가 이 상황을 의식하지 못하고 나 자신의 상태를 완전히 알고 있지 않다면, 또 내가 완벽하고 명석하게 나의 상태를 분석하고 헤아릴 수 없다면 나는 분명히 나 자신을 미친 사람이라고, 틀림없이 미치광이라고 믿을 것이다. 그런데 사실은 그렇지 않은 것을 보면, 결국 나는 분별력을 지닌 채 환각에 사로잡혀 있는 것뿐이다. 지금까지 세상에 알려지지 않은 신경장애, 오늘날 생리학자들이 연구하고 정의하려 애쓰고 있는 그 신경장애 가운데 하나가 분명히 나의 뇌수 속에서 일어난 것이다. 그 신경장애 때문에 내 정신이, 내 관념의 질서와 추리가 깊게 갈라져 터진 것이 분명하다. 우리가 꿈속에서 이상한 일은 아무것도 없는데 도저히 있을 수 없는 환상의 경계를 방황하는 것도, 이런 현상이 꿈속에서 일어나는 것도, 공상 기능은 깨어나서 활동하고 있는 데 비해 심사기관, 즉 통제하는 감각이 잠자고 있기 때문이다. 뇌 속에 들어 있는 건반의, 눈에 보이지 않는 키 하나가 내 안에서 마비된 것은 아닐까? 사고를 당해 고유명사와 동사, 숫자, 또는 단순히 날짜에 대한 기억을 잃어버리는 사람들이 있다. 오늘날에는 사고(思考)를 담당하는 기능의 분포는 세세한 부분까지 철저하게 증명되어 있다. 그런데 어떤 종류의 현실성 없는 환각을 통제하는 기능이 지금 내 안에서 마비되어 있다고 해도 그렇게 놀랄 일도 아니다!

나는 그런 것을 끊임없이 생각하면서 강가를 거닐었다. 햇살이 강물을 밝은 빛으로 뒤덮으며 땅을 감미롭게 물들였다. 이 햇빛을 쬐고 있으면 나는 내 삶을, 보기에도 즐겁고 경쾌하게 날아다니는 제비들을, 귀에 기분 좋게 사락거리는 강가의 풀들을 사랑 넘치는 눈길로 바라볼 수 있다.

곧 뭐라 표현할 길 없는 불쾌한 감정이 서서히 내 안에 스며들었다. 무언가 은밀한 힘이 나를 붙들고 마비시켜 더 이상 앞으로 나아가지 못하게 하고 뒤로 되돌리려고 한다. 그것은 바로, 사랑하는 병자를 집에 두고 온 사람이 병자의 상태가 악화되었음을 예감하고 집으로 돌아가야 함을 느낄 때처럼, 그 사람의 마음을 짓누르는 무거운 기분과 같았다.

그리하여 나는 마지못해 집으로 돌아갔다. 집에서 어떤 나쁜 소식, 편지나 전보가 기다리고 있는 듯한 느낌이 들었기 때문이다. 그런데 아무 일도 없었다. 그러자 또다시 무슨 기괴한 환각에 사로잡힌 것이 아닌가 싶어서 더욱 놀라고 더욱 불안해질 뿐이었다.

8월 8일

어제 나는 무서운 밤을 보냈다. 이제 그놈은 자신의 존재를 드러내지 않게 되었지만, 그런데도 바로 내 옆에 있다는 것을 느낄 수 있다. 나를 감시하고 나를 지켜보고 내 마음속을 들여다보면서 나를 지배하고 있다. 초자연 현상에 의해 놈이 눈에 보이지는 않지만, 확고한 존재를 드러내고 있었을 때보다 이렇게 숨어 있을 때가 더 무섭다.

어쨌든 나는 잠을 잤다.

8월 9일

아무 일도 없지만 무섭다.

8월 10일

아무 일도 없다. 내일은 어떤 일이 일어날까?

8월 11일

여전히 아무 일 없다. 마음속에 파고든 이 공포와 생각 속에서는 도저히 이 집에 가만히 있을 수가 없다. 어디로든 나가자.

8월 12일

밤 열 시—온종일 어디로든 나가야겠다고 생각만 하지, 도무지 그럴 수가 없다. 나는 마차를 타고 루앙까지 한바탕 달리는—나간다—이 쉽고 간단한 자유 행동을 하고 싶었다—하지만 할 수가 없었다. 왜 그럴까?

8월 13일

사람이 어떤 질병에 걸리면 육체의 모든 스프링이 망가지고 모든 에너지가 고갈되어, 모든 근육은 이완되고, 뼈는 살처럼 물렁해지며, 살은 물처럼 액체가 되는 것 같다. 나는 이런 현상을 참으로 기묘하게, 그리고 슬프게 내 정신 위에 경험하고 있다. 이제 나에게는 어떠한 힘도, 어떠한 용기도, 어떠한 자제력도 없고, 또 내 의지를 스스로 움직일 능력도 없다. 이제 나는 내가 바라는 행동을 할 수가 없다. 그러나 누가 나에게 무언가를 요구하면 나는 그것에 복종한다.

8월 14일

나는 이제 끝났다! 누군가가 내 마음에 달라붙어 내 마음을 지배하고 있다! 누군가가 나의 모든 행위를, 나의 모든 움직임을, 나의 모든 생각을 명령하고 있다. 이제 나는 있으면서도 없는 것처럼, 내가 하는 모든 행동을 노예와 같은 처지에서 두려움에 휩싸인 채 바라보는 구경꾼에 지나지 않는다. 나는 외출하고 싶다. 하지만 그럴 수가 없다. 그놈이 그것을 원하지 않는다. 나는 그놈이 앉혀두는 의자에 이유도 없이 떨면서 말없이 앉아 있다. 나는 아직 나의 주인이라고 믿고 싶어서 조금이라도 일어서려고 몸을 일으켜 보았다. 그런데 되지 않았다! 나는 의자에 못 박혀 있고, 의자는 바닥에 붙어 있어서 지레로도 움직일 것 같지 않다.

그러다가 갑자기, 무슨 일이 있어도 뜰에 나가 딸기를 따 먹어야 한다는 생각이 든다. 그래서 나는 뜰로 나간다. 나는 딸기를 따서 그것을 먹는다! 오! 신이시여! 신이시여! 신은 있는가! 있다면 나를 자유롭게 하소서, 나를 살려주소서! 나를 구해 주소서! 용서해 주소서! 불쌍히 여기소서! 은총을 베푸소서! 나를 구원해 주소서! 오! 이 무슨 고뇌인가! 이 무슨 형벌인가! 이 무슨 공포란 말인가!

8월 15일

그렇다, 가련한 사촌 누이가 나에게 5000프랑을 빌리러 왔을 때, 분명히 이런 식으로 뭔가에 사로잡혀 시키는 대로 했던 것이다. 또 하나의 다른 영혼, 기생하고 있으면서도 지배하려 드는 또 하나의 다른 영혼처럼 그녀 속에 침입한 어떤 기이한 의지에 복종하고 있었다. 드디어 세상이 끝나려는 것인가?

그렇지만 나를 지배하고 있는 놈은, 보이지 않는 그놈은 도대체 누구일까? 그 정체를 알 수 없는, 이 불가사의한 종족의 부랑자는?

과연 '눈에 보이지 않는 자'들이 존재하고 있는 것인가! 그렇다면 이 세상이 생겨난 이래, 그들이 지금 나에게 하듯이 확실한 방법으로 자기를 드러낸 적이 한 번도 없었던 것은 어째서일까? 지금까지 나는 내 집에서 일어난 일들을 책에서조차 읽은 적이 없다. 오! 하다못해 이 집을 뛰쳐나갈 수만 있다면, 어디론가 갈 수 있다면 달아나서 두 번 다시 돌아오지 않을 것이다. 그러면 나는 구원받을 수 있을 텐데 그게 안 되는 것이다.

8월 16일

나는 오늘 꼭 두 시간 동안 달아날 수 있었다. 그것은 우연히 감방문이 열려 있는 것을 발견한 죄수와 같았다. 나는 갑자기 내가 자유로워지고, 그놈이 멀리 떨어져 있는 것을 느꼈다. 이때다 싶어서 곧바로 말을 준비시켜 루앙을 향해 급히 마차를 달렸다. 오! 나에게 순순히 복종하는 자에게 "루앙까지 가다오!"라고 명령할 수 있다는 것이 이렇게 기쁜 일이었던가!

도서관 앞에서 마차를 세운 나는 곧바로 에르만 에레스토스 박사의 책을 빌렸다. 동서고금의 알려지지 않은 존재를 소재로 삼은 유명한 논문이다.

그곳에서 나는 마차를 타자마자 "정거장으로!"라고 말할 작정이었다. 그런데 나는 이렇게 소리치고 말았다—말한 것이 아니라 소리쳤다—지나가던 사람들이 뒤돌아볼 만큼 큰 목소리로 "집으로!"라고. 나는 미칠 듯한 고뇌에 사로잡혀 그대로 마차의 방석 위에 주저앉아 버렸다. 그놈이 또 나를 발견하고 사로잡은 것이다.

8월 17일

아! 끔찍한 밤! 잊을 수 없는 밤이었다! 그렇지만 기뻐해야 마땅한 건지도 모른다. 나는 새벽 한 시까지 계속해서 책을 읽었다! 철학 및 신학박사 에르만 에레스토스는 인간의 주위를 서성거리거나, 인간이 몽상하는 보이지 않는 모든 존재의 역사와 그 발현을 쓰고 있다. 박사는 그들의 기원과 영역, 그들의 세력에 대해 이야기했지만, 그들의 어느 것도 나에게 달라붙어 있는 놈과는 닮지 않았다. 박사의 주장은 대략 다음과 같다. 본디 인간은 생각을 하게 된 뒤부터 자기보다 강한 새로운 생명체, 즉 이 세상의 인간을 계승할 존재의 출현을 예감하고 두려워하고 있었던 것이 아닐까. 그리고 그것을 가까이 느끼면서도 그 새로운 세력의 정체를 알 길이 없어, 결국 공포에 사로잡힌 나머지 기괴하고 신비로운 존재를 상상하고, 그 공포의 산물인 막연한 유령을 창조해 낸 것이다.

나는 새벽 한 시까지 책을 읽은 뒤, 열려 있는 창가에 앉아 고요하게 불어오는 밤바람을 쐬며 내 이마와 사색을 식혔다.

포근하고 따뜻한 밤이었다! 예전의 나였으면 이렇게 아름다운 밤을 마냥 사랑했을 것이다.

달은 뜨지 않았다. 별이 어두운 하늘 깊은 곳에서 반짝반짝 빛나고 있었다.

저 별의 세계에는 어떤 존재가 살고 있을까? 어떤 모양의 것이, 어떤 생물이, 어떤 식물이 저곳에 있을까? 저 먼 세상에서 생각하는 자들은 우리보다 더 많은 것을 알고 있을까? 우리보다 더 많은 것을 이룰 수 있을까? 우리가 모르는 것을 볼 수 있을까? 그들 가운데 누군가가 뒷날 우주 공간을 지나, 옛날에 노르만족*6이 자기보다 약한 민족을 정복하기 위해 바다를 건너온 것처럼, 이 지구를 정복하러 찾아오지 않을까?

우리는 참으로 허약하고 무력하며 무능하고 왜소하다. 한 방울의 물에 녹아서 돌고 있는 이 한 덩어리의 진흙 위에 살고 있는 우리 인간들은.

차가운 밤바람을 맞으면서 그런 몽상에 빠져 있던 나는 어느새 잠이 들고 말았다.

사십 분쯤 잤을까, 뭐라 표현할 수 없는, 까닭 모를 기묘한 느낌에 깨어난 나는 조금도 움직이지 않은 채 눈만 떴다. 처음에는 아무것도 보이지 않더니, 탁자 위에 펼쳐두었던 책의 한 페이지가 갑자기 저절로 넘어가는 것처럼 보였다. 물론 창문에서는 바람 한 점 들어오지 않았다. 나는 소스라치게 놀라서 그다음을 기다렸다. 그리고 약 사 분 뒤에 나는 보았다, 나는 보았다, 그렇다, 내 눈으로 똑똑히 보았다. 마치 손가락으로 넘기듯이 다음 페이지가 저절로 들리더니 앞 페이지 위에 덮이는 것을. 내 의자는 비어 있었다. 적어도 비어 있는 것처럼 보였지만 나는 분명히 알았다. 나 대신 그놈이 내 자리에 앉아서 책을 읽고 있음을. 나는 미친 듯이 한달음에, 격분한 맹수가 조련사를 찢어발기려는 것처럼 단숨에 방을 가로질러 갔다. 그놈을 붙잡아 목 졸라 죽일 생각이었다!······ 그런데 내가 거기까지 채 가기도 전에, 벌써 누가 거기서 달아난 것처럼 의자가 바로 내 앞에서 뒤집히고 말았다······ 당황한 도둑이 어둠 속으로 뛰어 달아나면서 문을 쾅 닫은 것처럼, 탁자가 흔들리고 등불이 쓰러져서 불이 꺼지고 창문이 닫혔다.

결국 그놈은 달아나고 만 건가. 무서웠던 것이다. 그놈은 내가 무서웠던 것이다!

그렇다면······ 그렇다면······ 내일······ 아니면 모레······ 그것도 아니면 언젠가는 그놈을 제압하고 땅바닥에 깔아뭉갤 수도 있지 않을까! 개도 경우에 따라

---

*6 덴마크와 스칸디나비아 지방을 원주로 하는 북방 게르만족. 8~12세기 유럽 각지를 침략하여 노르망디 공국, 양(兩) 시칠리아 왕국, 노브고로트 공국 등을 세웠다.

서는 주인을 물어 죽이기도 하지 않는가?

8월 18일

나는 온종일 생각했다. 오! 그래, 역시 나는 그놈에게 복종해야 한다. 놈이 충동질하는 대로 따르며 놈의 모든 의지를 채워 주고, 몸을 낮춰 놈에게 아부하고 기꺼이 비겁자가 되어주는 거다. 놈은 무엇보다 강하다. 하지만 때가 되면······.

8월 19일

나는 알았다······ 알았다······ 모든 것을 알았다! 나는 방금 《과학 잡지》를 읽었다. 그 기사에 따르면 "리우데자네이루에서 매우 진기한 보고가 들어왔다. 중세에 유럽인을 덮친, 전염성이 있고 정신착란과 비슷한 광기, 어떤 광기의 전염병이 지금 상파울루주(州)에서 창궐하고 있다. 광란에 빠진 주민들은, 그들의 집을 떠나 마을을 버리고 농작물을 포기하고 있다. 그들이 말하는 바에 따르면, 자신들이 잠자는 동안 자신들의 생명을 파먹고, 물과 우유만 마시며 다른 음식에는 손도 대지 않는 흡혈귀가 분명히 있다는 것은 알지만 눈에 보이지는 않는 어떤 존재 때문에, 자신들은 인간의 모습을 한 가축처럼 쫓기고 홀리며 지배당하고 있다고 한다.

돈 페드로 엔리케 교수는 의학 대가들 여럿을 이끌고, 이 놀라운 광기의 원인과 증상을 현지에서 연구하고 또 광기에 사로잡힌 마을 사람들을 회복시키는 데 가장 좋은 대책을 황제에게 제안하기 위해 상파울루주로 떠났다."

아! 아! 이제 생각난다. 지난 5월 8일, 돛 세 개짜리 아름다운 브라질 배가 센강을 거슬러 올라가다가 내 창문 아래를 지나간 일이! 그때 나는 그 배를 맵시 있고 새하얀 경쾌한 배라고 생각했다! 놈은 바로 그 배를 타고 놈의 종족이 발생한 그 지방에서 오는 중이었던 것이다! 그리고 놈은 나를 보았다! 내 집도 하얀색인 것을 보고 놈이 급히 배에서 뛰어내린 것이다. 오! 맙소사!

이제야 나는 알았다, 그리고 이해했다. 이제 인간의 시대는 끝났다.

놈이 찾아왔다. 순박한 민중이 처음부터 가장 두려워했던 놈이다. 겁먹은 성직자들이 몰아내려고 노력해 온 그놈이다. 어두운 밤, 마법사가 아무리 불러내도 지금까지 모습을 보여준 적이 없는 그놈이다. 잠깐이나마 이 세계를 지배했던 자들이 상상력을 동원하여 지신과 유령, 정령, 요정, 요괴, 모든 비천하거나 고상한 형체를 부여했던 그놈이다. 본디 그러한 조잡스러운 개념은 원시인의 공포가 창조했지만, 인간이 더욱 총명해짐으로써 놈의 존재를 더욱 뚜렷하게 예상하게 된 것이다. 먼저 메스머가 놈을 예언했고, 또 이미 십 년 전에 많은 의사들이 놈이 지닌 마성을, 놈이 그 힘을 발휘하기 전에 어떤 적확한 방법으로 발견해 낸 것이다. 의사들은 이 새로운 영주들이 지닌 그 무기를 사용하여, 인간의 영혼을 노예로 만들고 그것에 어떤 괴이한 힘을 행사했다. 그들은 그것을 동물자기술, 최면술, 암시……라고 불렀는데, 그건 내 알 바 아니다. 나는 의사들이 장난꾸러기처럼 그 무서운 마력을 가지고 노는 모습을 본 것이다! 우리에게 재앙이 닥치리라! 인간들에게 재앙이 생기리라! 놈이 왔다, 그…… 그…… 그놈을 뭐라고 부르지…… 그…… 그놈이 자기 이름을 큰 소리로 말하고 있는 것 같은데, 들리지가 않는다…… 오…… 그래…… 분명히 소리치고 있다…… 아무리 귀를 기울여도…… 들리지가 않아…… 다시 한 번 말해 다오…… 오…… 오를라…… 드디어 들린다…… 오를라…… 그것이 바로 그놈 이름이다…… 오를라…… 그놈이 왔다……!

아! 독수리는 비둘기를 먹었다. 늑대는 양을 먹었다. 사자는 뿔이 뾰족한 물소를 뜯어 먹었다. 인간은 활과 창과 화약으로 사자를 죽였다. 하지만 오를라는, 인간이 말과 소에게 한 짓을 이제 인간에게 하려 하고 있다. 그러니까 의지라는 유일한 무기를 사용하여 인간을 자신의 소유물로, 자신의 노예로, 자신의 먹잇감으로 삼으려는 것이다. 우리에게 재앙이 닥치리라!

그렇지만 때로는 동물도 반항하며 자신을 길들인 인간을 죽이기도 하는 법…… 나도 그렇게 해주리라…… 나도 가능하다면…… 하지만 무엇보다 먼저 놈을 알고 놈을 만지고 놈을 보는 것이 중요하다! 과학자들은 동물의 눈은 인간의 눈과 달라서 인간의 눈처럼 사물을 식별하지 못한다고 주장한다…… 그런데 내 눈은 나를 억압하는 새로운 출현자를 식별할 수가 없다.

왜 그럴까? 오! 지금 이 순간 몽생미셸에서 수사가 한 말이 생각난다. "우리가 존재하고 있는 것의 10만분의 1이라도 보고 있다고 생각합니까? 보십시오. 지금 바람이 불고 있습니다. 이것은 자연계에서 가장 강력한 것입니다. 바람은 사람들을 넘어뜨리고, 건물을 쓰러뜨리며, 나무를 뿌리째 뽑기도 하고, 바다를 들어 올려 산더미 같은 파도를 만듭니다. 절벽을 무너뜨리고 거대한 배를 암초

에 부딪치게도 합니다. 바람은 사람을 죽이고 으르렁거리는가 하면 탄식하다
가 이내 성난 소리를 지릅니다──당신은 그 바람을 본 적이 있습니까? 실제로
지금 그것을 볼 수 있습니까? 그럼에도 바람은 존재합니다."

나는 곰곰이 생각했다. 내 눈이 약하고 불완전해서, 단단한 물체조차 유리처
럼 투명하게 보여 그것을 식별할 수 없을 것이다!…… 만약 주석을 입히지 않
은 거울이 내가 갈 길을 가로막고 있다면, 방 안에 뛰어든 새가 유리창에 머리
를 부딪치듯이 나는 그것에 부딪칠 것이 분명하다. 그 밖의 수많은 사물도 내
눈을 속이고 내 눈을 혼란에 빠뜨리지 않는가? 그러니 빛이 통과하는 새로운
물체를 눈이 볼 수 없다 해도 이상할 것이 뭐 있겠는가.

새로운 생물! 그것도 있을 것이 아닌가? 당연히 와야 할 것이 온 것뿐이다!
왜 우리가 최후의 것이어야 한단 말인가? 그렇다면 우리 이전에 만들어진 다
른 것들처럼, 우리는 왜 놈을 알아볼 수 없는가? 그 이유는 간단하다. 놈의 본
성이 우리보다 더 완전하고, 그 육체가 우리보다 훨씬 교묘하며 정교하기 때문
이다. 우리 몸은 너무나 허약하고 완성도가 떨어지며, 그 속에 들어 있는 기관
은 언제나 그렇듯이 지칠 대로 지쳐 있고, 너무 복잡한 용수철 장치처럼 부담
이 크다. 우리 몸은 동식물과 하나도 다를 바 없이 공기와 풀과 육류에서 간신
히 양분을 섭취하며 살아가고 있다. 참으로 본능에 충실한 기계여서 쉽게 병에
걸리고 기형이 되어 썩어버린다. 피로해지기 쉽고 엉성하며, 간단하면서도 괴
이하고, 잘 만든다고 만들었지만 형편없이 조잡하면서 미묘한 기계이다. 한마
디로 말해 앞으로 지능이 높고 훌륭한 존재가 될 수도 있는 생물의 윤곽일 뿐
이다.

동굴에서 인간에 이르기까지, 우리 생물은 이 지구상에서 참으로 미미한 존
재에 지나지 않는다. 다른 종족들이 잇달아서 나타나는 것을 저마다 구분하는
시대가 끝났다면, 또 하나의 존재가 나타나서는 안 되는 까닭은 무엇인가?

또 하나의 존재가 있어서는 안 되는 까닭은 무엇인가? 그 지역을 그윽한 향
기로 가득 채우는 거대한 꽃이 흐드러지게 피는 다른 나무가 있어서는 안 되
는 까닭은 무엇인가? 불, 공기, 흙, 물 이 네 가지 말고는 원소가 없는 것인가?
──만물을 품는 모체라고 해야 오직 그 네 가지, 단 네 가지에 지나지 않는다
니! 이렇게 한심한 노릇이 있나! 왜 사십, 사백, 사천 가지가 있어서는 안 되는
가! 하나부터 열까지 빈약하고 인색하며 초라하기 짝이 없다! 마지못해 주어지

고, 성의 없이 창조되고, 어설프게 만들어진 것들뿐이다! 아! 코끼리나 하마에게 조금의 우아함이라도 있는가! 낙타에게 조금의 품위라도 있는가!

나비는 어떤가! 날아다니는 꽃인 나비가 있지 않느냐고 사람들은 말할 것이다! 나는 우주의 백배나 되는 거대한 나비를 꿈꾼다. 그 날개의 모양과 아름다움, 색채, 움직임은 헤아릴 길이 없지만, 내 눈에는 그 나비가 선명하게 보인다…… 그것은 이 별에서 저 별로 날아다닌다. 그 가볍고 부드러운 날갯짓으로 별세계를 경쾌하고 그윽하게!…… 그러면 별세계 주민들은 그 나비가 지나가는 모습을 황홀한 눈길로 넋 놓고 바라볼 것이다!

⋯⋯⋯⋯⋯⋯⋯⋯⋯⋯⋯⋯⋯⋯⋯⋯⋯⋯⋯⋯

내가 도대체 왜 이러는 걸까? 그놈이다, 그놈, 오를라 때문이다. 나에게 달라붙어 이렇게 터무니없는 생각을 하게 만들다니! 놈은 내 안에 숨어들어 내 영혼이 되려 하고 있다. 그래, 놈을 죽여버리는 수밖에 없다!

8월 19일

놈을 죽일 것이다. 나는 놈을 보았다! 간밤에 나는 탁자 앞에 앉아 있었다. 그리고 매우 조심하면서 글을 쓰고 있는 척했다. 나는 다 알고 있었다, 놈이 내 주위로, 내 바로 옆으로 어슬렁거리며 오리라는 것을. 잘하면 놈을 만지고 놈을 붙잡을 수도 있을 만큼 가까이. 바로 그때!…… 그때야말로 나는 죽기를 각오하고 달려들 것이다. 내 두 손, 두 무릎, 가슴, 이마, 이로 놈을 조르고, 짓밟고, 물고, 찢어주리라.

나는 모든 기관을 날카롭게 세우고 놈이 나타나기를 기다렸다.

그리하여 두 개의 등잔과 벽난로 위에 있는 초 여덟 개에 불을 켰다. 이만큼 밝으면 충분히 놈을 발견할 수 있을 것이다.

눈앞에는 내 침대, 네 기둥이 있는 오래된 떡갈나무 침대가 있다. 오른쪽에는 벽난로, 왼쪽에는 문이 있다. 문은 놈을 꾀어내기 위해 잠시 동안 열어둔 뒤 가만히 닫아버렸다. 뒤에는 상당히 키가 큰, 거울 달린 옷장이 있다. 나는 날마다 그 거울 앞에서 수염을 깎고 옷을 입는다. 그리고 그 앞을 지나갈 때마다 습관처럼 머리끝에서 발끝까지 비춰 본다.

나는 놈을 속이기 위해 글을 쓰는 척하고 있었다. 놈도 나를 지켜보고 있을 것이기 때문이다. 그러자 문득 느낌이 왔다. 놈이 내 귀를 건드리면서 내 어깨너머로 책을 읽고 있는 것을, 그곳에 분명히 있는 것을 확실하게 느낄 수 있었다.

나는 두 팔을 벌리고 일어서서 하마터면 넘어질 뻔하면서 잽싸게 뒤를 돌아보았다. 아니, 이럴 수가……? 대낮처럼 밝은데 거울 속에 내 모습이 보이지 않는다……! 텅 빈 거울 속에는 맑고 깊은 빛이 가득했다! 그 속에 내 모습은 없었다…… 나는 바로 그 앞에 있는데! 나는 그 맑고 커다란 유리판을 위에서 아래까지 다 보고 있었다. 착란을 일으킨 눈으로 그것을 바라보고 있었다. 나는 더 이상 앞으로 다가가고 싶지 않아서 꼼짝하지 않았다. 놈이 그곳에 있다는 것은 알고 있지만, 자칫 잘못하면 놓칠 거라고 생각했기 때문이다. 어쨌든 눈에 보이지 않는 육체로 내 영상을 삼켜버린 놈이 아닌가.

얼마나 무서웠는지 모른다! 그러다가 갑자기 안개 속에, 거울 바닥의 안개 속에 마치 물을 통해 보는 것처럼, 내 모습이 몽롱하게 보이기 시작했다. 이윽고 그 물이, 왼쪽에서 오른쪽으로 천천히 미끄러지듯 흘러가자, 시시각각 내 모습이 생생하게 보였다. 그것은 일식이 끝나는 것과 비슷했다. 나를 가로막고 있었던 것은 확실한 윤곽을 가진 것이 아니라 불투명한 것이었는데 그것도 차츰 희미해졌다.

드디어 나는 완전한 내 모습을 볼 수 있었다. 날마다 나를 비쳐볼 때의 모습 그대로.

나는 그놈을 보았다! 아직도 그때의 공포가 남아 있어 지금도 등골이 오싹해진다.

8월 20일

놈을 죽인다 해도 어떤 방법으로? 놈에게 가닿을 수가 없는데? 독약으로? 하지만 놈은 내가 물에 독약을 타는 것을 볼 것이다. 게다가 내 독약이 실체가 없는 놈의 몸에 효과가 있을까? 아니다…… 아니야…… 안 되는 게 분명하다…… 그렇다면……? 그렇다면……?

8월 21일

나는 루앙에서 자물쇠 장수를 불러와, 도둑을 막기 위해 파리의 아파트 지하실에 흔히 설치하는, 그 철제 덧문을 내 방에도 설치해 달라고 했다. 또 여관에 있는 것과 똑같은 문도 만들어 달라고 할 작정이다. 나는 겁쟁이의 오명을 스스로 써버렸지만, 뭐 그게 대수겠는가 ……!

....

9월 10일

루앙, 콩티낭탈 호텔이다. 해냈다…… 드디어 해냈다…… 하지만 놈은 죽었을까? 나는 내 눈으로 본 광경 때문에 기절할 것만 같다.

어제였다. 자물쇠 장수가 철제 덧문과 철문을 설치해 주었다. 그래서 한밤중이라 추웠지만 줄곧 열어두었다.

문득 나는 놈이 그곳에 있는 것을 느꼈다. 그러자 어떤 기쁨이, 미칠 것 같은 기쁨이 당장 나를 사로잡았다. 나는 가만히 일어나서, 놈이 눈치채지 못하도록 시치미 떼는 얼굴로 오랫동안 이리저리 왔다 갔다 했다. 그런 다음, 태연히 장화를 벗고 슬리퍼를 신었다. 이어서 철제 덧문을 닫고 살그머니 문으로 가서, 곧장 문을 닫고 자물쇠를 이중으로 잠가버렸다. 다시 창문으로 돌아간 나는 호주머니에 넣어둔 열쇠로 창문에도 자물쇠를 채웠다.

갑자기 놈이 내 주위에서 요동치고 있는 것을 알았다. 이번에는 놈 쪽에서 내가 무서워져서 문을 열어달라고 조르는 것 같았다. 나는 하마터면 놈의 요구를 들어줄 뻔했지만, 다행히 넘어가지 않았다. 나는 문에다 등을 붙인 채 뒷걸음치면서 아주 조금, 겨우 내 몸이 빠져나갈 만큼만 열었다. 게다가 키가 커서 내 머리가 문틀에 닿았으니 걱정할 필요가 없었다. 놈은 달아나지 못했을 것이다. 그렇게 하여 나는 놈을 혼자, 완전히 혼자 가두고 말았다. 얼마나 기뻤는지! 놈은 내 손안에 있다! 나는 계단을 뛰어 내려가 침실 아래에 있는 응접실에 들어가서 등잔을 두 개 꺼냈다. 그 속의 석유를 양탄자고 가구고 할 것 없이 곳곳에 뿌렸다. 그런 다음 불을 붙이고 달아났다. 입구의 큰 문은 이중으로 자물쇠를 채우는 것을 잊지 않았다.

그리고 정원 안에 있는 월계수 수풀 속에 몸을 숨겼다. 시간은 왜 이렇게 더디단 말인가! 시간은 너무 느리다! 깜깜한 주위는 쥐 죽은 듯 고요했다. 움직이는 기척 하나 없이 바람 한 점 불지 않고 별도 하나 보이지 않았다. 다만 구름의 산이, 눈에 보이지는 않지만 내 마음을 묵직하게 짓누르고 있었다.

나는 내 집을 바라보면서 기다렸다. 시간이 왜 이리도 더디게 느껴지던지! 불이 저절로 꺼졌거나, 아니면 놈이 끈 건지도 모른다고 생각했다. 반쯤 포기하고 있는데, 아래쪽 창문 하나가 불길의 힘으로 터져버렸다. 그러자 붉고 노란, 거대한 불꽃이 부드럽게 어루만지는 것처럼 하얀 벽을 길게 기어 올라가 지붕에 혀를 날름거리기 시작했다. 한 줄기 빛이 나무줄기와 가지와 나뭇잎을 훑고 지나갔다. 그러자 전율이, 공포의 전율이 다시 한 번 그 모든 것을 스치고 지나갔다. 날이 샐 때처럼 새가 잠에서 깨어나고 개가 짖어댔다! 다른 두 개의 창문도 어느새 터져버리고, 이미 건물 아래층은 거대한 불덩어리로 변했다. 그때 외마디 비명이, 찢어질 듯이 날카로운 비명이, 겁에 질린 여자의 절규가 밤공기를 찢고 울려 퍼졌다. 그리고 지붕 밑 두 개의 창문이 열렸다! 나는 하인들을 잊고 있었던 것이다! 나는 겁에 질린 그들의 얼굴과 마구 흔들고 있는 팔을 보았다……!

나는 공포에 질려 한달음에 마을 쪽으로 미친 듯이 달리면서 "사람 살려! 사람 살려! 불이야! 불이야!" 소리쳤다. 그리고 달려오는 사람들을 만난 나는 그들과 함께, 어떻게 되었는지 보기 위해 다시 돌아갔다.

이제 집은 무섭고 장엄한 화형대로 변해 있었다. 주위를 환히 비추고 있는 기이한 화형대, 사람들이 불에 타고 있는 화형대, 그리고 또 그놈, 나의 포로, 새로운 생명체, 새로운 영주인 오를라가 불타고 있는 화형대였다!

갑자기 지붕 전체가 벽 사이로 무너져 내리더니 불기둥이 하늘까지 솟아올랐다. 그 맹렬한 불길의 아궁이 속에 열려 있는 모든 창문에서 용광로가 보였다. 틀림없이 놈은 그곳에, 그 용광로 속에 있을 것이다, 죽어서…….

"죽었을까? 틀림없이……? 그렇다면 놈의 몸은? 어쩌면 빛을 통과시키는 놈의 몸을 없애는 건, 우리의 육체를 죽이는 것과 같은 방법으로는 안 되는 것이 아닐까?

만약 놈이 죽지 않았다면……? 오직 시간만이 그 '보이지 않는 무서운 존재'를 사멸시킬 힘을 지니고 있을 것이다. 그 투명한 몸이, 그 눈에 보이지 않는 몸이, 그 정신에 속해 있는 몸이 우리와 마찬가지로 질병과 상처, 장애, 요절을 두려워할 리가 있을까?

때 이른 죽음? 인간의 모든 공포는 바로 여기서 비롯된다! 인간 다음에는 오를라가 온다—어느 날, 어느 시간, 어느 순간, 어떤 사고에 의해서도 죽을 수 있는 존재 뒤에, 죽어야 하는 날과 시간과 순간이 오지 않으면, 즉 그 존재의 극한에 다다르지 않으면 절대로 죽지 않는 것이 온 것이다!

　그래…… 그래…… 분명히 그럴 것이다…… 의심할 여지없이…… 놈은 죽지 않았다…… 그렇다면…… 그렇다면…… 곧 내가, 나 자신이 죽어야만 한다……!"

Qui sait?

누가 알겠는가?

1

이런! 맙소사! 역시 나는 나에게 일어난 일을 쓰지 않을 수가 없다! 하지만 내가 그것을 쓸 수 있을까? 나에게 그런 용기가 있을까? 그 이상야릇하며 도무지 뭐라 설명할 수 없는, 수수께끼 같고 미친 듯한 그 일을!

만약 내가 본 것이 확실하지 않다면, 또 나의 추리력에 아무런 결함도 없고, 나의 검증에 아무런 오류도 없으며, 나의 계속된 치밀한 관찰에 아무런 빈틈도 없다면, 그렇다면 나는 나 자신을 단순히 이상한 환상과 환각에 사로잡힌 거라고 생각해야 하리라. 그렇지만 결국, 누가 그런 것을 알겠는가?

나는 지금 정신병원에 있다. 게다가 나는 스스로 입원했다. 걱정이 되어 신중하게 스스로 들어온 것이다. 내가 겪은 일에 대해 알고 있는 자는 한 사람밖에 없다. 이곳의 의사다. 나는 이제부터 그 얘기를 쓰려고 한다. 왜 쓰는 건지는 모른다. 아마도 꺼림칙한 존재를 쫓아내고 편안해지고 싶어서일 것이다. 왜냐하면 이 경험담이 끈질긴 악몽처럼 언제나 나에게 달라붙어 있기 때문이다.

나의 경험담은 이렇다.

나는 언제나 은둔자, 몽상가, 고독한 철학자였다. 열정적이고 만족할 줄 알며 관대하고 하늘을 원망하지 않는, 그런 부류의 인간이었다. 지금까지 나는 혼자 살았다. 나는 다른 사람이라는 존재를 거북하게 느끼기 때문이다. 그것을 어떻게 설명하면 좋을까? 아무래도 잘될 것 같지 않다. 어쨌든 나는 사람들과의 만남을 거부하는 것은 아니다. 친구들과 얘기를 나누고 식사를 하는 것도 거부하지 않는다. 그러면서도 그들이 내 옆에 오래 있으면, 아무리 친한 사이라도 싫증이 나고 피곤해서 견딜 수가 없다. 그래서 얼른 그들이 가버렸으면 좋겠다, 아니면 내 쪽에서 달아나고 싶다, 나 혼자 있고 싶다는 격렬하고 괴로운 욕망에 사로잡히게 된다.

이 욕망은 단순한 필요가 아니다. 어찌할 도리 없이 긴급한 일이다. 만약 내가 만나는 사람들이 계속 남아 있어서, 귀를 기울이지는 않더라도 그들의 대화를 오래 들어야 한다면, 내 몸에 반드시 무슨 사고가 일어날 것만 같다. 어떤 사고? 아! 그걸 누가 알겠는가? 아마도 단순한 졸도? 그래! 그럴지도 모른다!

나는 혼자 있는 것을 좋아한다. 그래서 같은 지붕 아래, 옆방에서 누군가가 자고 있다는 생각만 해도 참을수가 없을 정도다. 나는 파리 같은 곳에서는 살수가 없다. 파리에 있으면 한없이 시달려야만 하니까. 나는 아마도 정신적으로 죽어버릴 것이다. 그 무한한 군중, 내 주위에 우글거리며 살고 있는 그 군중에 의해서도, 설령 그들이 자고 있을 때조차 나는 육체와 신경에 사형선고를 받는다. 아! 그렇다, 다른 사람의 잠은 나에게는 그들의 대화보다 더욱 참을 수 없는 것이다. 그리고 이성의 규칙적인 월식이라고 할 수 있는 잠에 의해 활동을 멈춘 존재를, 벽 하나를 사이에 두고 알고 느낄 때, 나는 결코 잠을 잘 수가 없다.

나는 왜 이럴까? 그걸 누가 알겠는가? 어쩌면 원인은 아주 간단할지도 모른다. 즉 나는 나의 내부에서 일어나는 일이 아니면 금방 피곤해지는 것이다. 그리고 나 말고도 그런 사람이 많은 것 같다.

세상에는 두 부류의 인간이 있다. 한쪽은 타인을 필요로 하는 사람들, 타인을 통해 마음을 달래고 타인에게 마음을 빼앗기며, 타인과 함께 있으면 안정되는 사람들이다. 그래서 그들은 고독하게 있으면 무서운 얼음산을 올라가거나 사막을 가로지를 때처럼 지치고 의기소침해진다. 반대로 다른 한쪽은 타인이 있으면 싫증 나고 피곤하고 거북함을 느끼며 기진맥진해지는 사람들이다. 그래서 이들은 고립되어 있으면 편안해지고, 휴식하는 분위기 속에서 생각이 독립적이고 기발해진다.

요컨대 이것은 일반적인 심리 현상이다. 어떤 사람들은 외향적으로 살도록 되어 있는가 하면, 나 같은 사람은 내면적으로 살도록 되어 있다. 그런 나는 나 자신에 대한 주의력이 매우 약해서 금방 지쳐버린다. 그 주의력이 한계에 이르면 나는 온몸과 정신에 견딜 수 없는 불쾌감을 느낀다.

아마 그 결과 때문인지, 나는 나에게 중요한 존재인 무생물에 마음이 끌렸고 지금도 그렇다. 내 집은 나만의 세계였으며 지금도 그렇다. 그 세계 속에서 나는 홀로 활동적인 삶을 살고 있다. 나를 에워싼 가구와 골동품들은 나에게는 인간의 얼굴처럼 친근하고 속속들이 마음이 통하는 존재들이다. 나는 내 방을 그런 물건들로 자꾸자꾸 채워 넣고 장식했다. 그 속에 있으면 마음이 풍요롭고 행복하다. 마치 여인의 품속에라도 있는 듯한 기분이다. 그렇지만 그녀의 습관적인 애무가 지금은 온화하고 달콤한 욕구가 된, 그런 사랑스럽고 친숙한 여인이어야만 한다.

나는 그 집을 도로에서 멀리 떨어져 있도록, 아름다운 정원의 가장 구석진 곳에 지었다. 그리고 그 집을 어느 도시 근처에 지은 것은, 나도 이따금 사교의 욕구를 느낄 때가 있어서 필요할 때 그 수단을 쉽게 구할 수 있기 때문이다. 하인들은 높은 담으로 둘러친 채소밭 별채에서 잠을 잤다. 큰 나무 그늘로 몸을 피해 숨어 있는 듯한 우리집의 침묵 속에, 어두운 밤의 장막이 내 마음을 무척 편안하게 해주기 때문에, 오래도록 그것을 즐기고 싶어서 나는 밤마다 잠자리에 드는 것을 몇 시간씩 미룰 정도였다.

그날은 시내 극장에서 〈시구르트〉*¹ 공연이 있었다. 음악을 주로 한 그 아름다운 몽환극을 본 것은 이번이 처음이었기 때문에 나는 특별한 기쁨을 느꼈다.

나는 경쾌한 걸음으로 집에 돌아가고 있었다. 머릿속은 낭랑한 대사들로 가득하고, 눈에는 아름다운 환영이 어른거렸다. 어둡고 어두운 밤이었다. 길을 간신히 구별할 수 있을 만큼, 그리고 몇 번이나 도랑에 곤두박질칠 뻔할 만큼 어두웠다. 시내에서 집까지는 1킬로미터가량, 어쩌면 조금 더 될지도 모른다. 어쨌든 천천히 걸어서 이십 분쯤 걸린다. 새벽 한 시, 한 시 또는 한 시 반이었다. 눈앞에 보이는 하늘이 조금 밝아지더니 조각달이 떴다. 그것은 슬퍼 보이는 하현달이었다. 오후 네 시에서 다섯 시 사이에 뜨는 상현달은 은가루를 뿌린 듯 밝고 즐겁다. 그런데 한밤중이 지나서 뜨는 이 불그레한 달의 모습은 침울하고 처연하다. 그야말로 마녀들의 모임에나 어울릴 듯한 달이다. 아마도 밤에 돌아다니는 몽유병자가 아니면 그런 차이를 모를 것이다. 상현달은 실처럼 가늘지만 사람의 마음을 들뜨게 하는 깨끗하고 즐거운 빛을 비추면서 땅 위에 선명한 그림자를 그려낸다. 하현달은 거의 그림자를 만들지 않을 정도로 흐릿하게 죽은 듯한 빛을 겨우 퍼뜨릴 뿐이다.

---

*1 Sigurd. 중세 독일의 장편 영웅 서사시 〈니벨룽겐의 노래〉 주인공인 지크프리트(Siegfried)의 원형이 된 존재이자 북유럽 신화 속의 인물이다.

저 멀리 나의 집 정원이 어둠 속에서 봉긋하게 드러나기 시작했다. 그러자 왜 그런지 모르지만, 그 속에 들어간다고 생각하니 막연한 불쾌감이 느껴졌다. 나는 걸음을 늦췄다. 참으로 기분 좋은 밤이었다. 나무들이 시커멓게 웅크리고 있는 모습은, 나의 집이 파묻혀 있는 무덤처럼 보였다.

나는 울타리의 문을 열고 무화과나무가 늘어선 긴 오솔길로 들어섰다. 높은 터널처럼 아치를 이루면서 집으로 이어지는 오솔길은 어두컴컴한 숲을 가로질러 잔디밭을 돌아가고 있다. 잔디밭에 꾸며진 화단은 푸르스름한 어둠 속에 색조가 뚜렷하지 않은 타원형 반점처럼 보였다.

집에 가까워질수록 나는 뭐라 표현하기 힘든 기묘한 불안감에 사로잡혔다. 나는 걸음을 멈췄다. 아무 소리도 들리지 않았다. 나뭇잎을 스치는 한 줄기 바람조차 없었다. '이 느낌은 도대체 뭐지?' 나는 생각했다. 십 년 전부터 나는 집에 돌아올 때 티끌만 한 불안도 느낀 적이 없었다. 나는 두려움을 모른다. 밤에도 무섭다고 생각한 적이 없다. 소매치기든 도둑이든 수상한 자를 본다면, 나는 아무런 주저 없이 엄청난 기세로 그자에게 달려들 것이다. 무엇보다 나는 무장하고 있으니까. 연발 권총을 지니고 있었다. 물론 그것에 손을 대지는 않았다. 왜냐하면 내 안에서 발생한 이 공포의 영향에 저항하고 싶었기 때문이다.

도대체 이건 뭐지? 예감인가? 사람이 이해할 수 없는 것을 보려고 할 때 그 사람의 감각을 점령하는 신비한 예감일까? 어쩌면 그럴 수도 있겠지? 그걸 누가 알겠는가?

앞으로 나아갈수록 피부에 소름이 돋았다. 담벼락 앞 닫힌 덧창 아래 서자, 나는 안으로 들어가기 전에 몇 분 기다려야 할 것 같았다. 그래서 나는 응접실 창문 밑에 있는 긴의자에 앉았다. 벽에 머리를 기대고 나무 사이의 어둠에 시선을 모은 채, 몸을 조금 떨면서 가만히 앉아 있었다. 처음 순간에는 내 주위에서 아무런 이상도 느끼지 못했다. 귓속에서 윙윙거리는 소리가 들렸지만, 그것은 늘 있는 일이었다. 기차 지나가는 소리 같을 때도 있고, 종소리 같을 때도 있으며, 사람들이 지나가는 소리처럼 들릴 때도 있다.

그런데 곧 그 소리는 더욱 확실하고, 더욱 뚜렷하며, 더욱 명료해졌다. 나는 착각하고 있었던 것이다. 그것은 평소처럼 내 정맥이 꿈틀거리고, 그로 말미암아 귓속에 웅성거림이 일어나는 것과는 달랐다. 그것은 매우 특별하면서도 아주 모호한 소리로, 의심할 여지없이 내 집 안에서 들려오고 있었다.

벽 저쪽에서 그 소리가 들렸다. 잇달아 들려오는 소리, 아니 소리라기보다는 어떤 술렁거림, 여러 사물들이 모여서 내는 막연한 삐걱거림이. 마치 누군가가 내 가구를 모조리 흔들고 질질 끌면서 옮기고 있는 듯했다.

오! 그러고도 나는 오랫동안 내 귀를 의심했다. 그리고 내 집의 이 심상치 않은 소란의 정체를 확인하려고 창문에 귀를 대고 나서야 비로소 이해할 수 있었다. 집 안에서 뭔가 이상하고 이해할 수 없는 일이 일어나고 있는 것이다. 무섭지는 않았다. 나는…… 그것을 뭐라고 설명하면 좋을까…… 놀라고 당황스러웠다. 나는 권총을 잡지는 않았다―그럴 필요가 없다는 것을 알고서. 나는 기다렸다.

오랫동안 기다렸지만 도무지 결심이 서지 않았다. 머릿속은 맑은데 터무니없이 불안했다. 나는 그 소리에 여전히 귀를 기울이면서 선 채로 기다렸다. 그 소리는 갈수록 커졌다. 그리고 가끔 갑자기 격렬하고 거세지기도 했다. 초조해하거나 화를 내면서 이해할 수 없는 소란을 피우고 있는 듯, 어떤 요란한 소리 같은 것이 들려왔다.

나는 문득 나 자신의 비겁함이 부끄러워져서, 열쇠 꾸러미를 꺼내 필요한 열쇠를 찾아 열쇠 구멍에 꽂고 두 번 돌린 뒤, 문을 힘껏 밀어 그 문이 벽에 가서 부딪칠 정도로 열어젖혔다.

그 충돌 소리가 총이 폭발하는 소리처럼 울려 퍼졌다. 그러자 이 폭발하는 소리에 반응하여, 집 꼭대기에서 바닥까지 무시무시한 소란이 일어났다. 그 소리가 너무나 갑작스럽고 귀가 멍멍할 정도로 커서, 나는 몇 걸음 뒤로 물러나, 필요 없는 줄 알면서도 권총집에서 권총을 꺼냈을 정도였다.

나는 여전히 기다렸다. 오, 아주 잠깐이었지만! 이제 확실하게 들려왔다. 계단과 바닥, 카펫을 밟는 이상한 소리가. 그러나 그것은 신발 소리가 아니었다. 어쨌든 사람의 신발은 아니었다. 그것은 목발, 나무나 쇠로 된 목발이 심벌즈처럼 진동하는 소리였다. 그러다가 문득 눈에 들어온 광경, 문지방에서 안락의자가, 내가 책을 읽을 때 쓰는 커다란 안락의자가 엉덩이를 흔들면서 나오는 것이 아닌가. 그 의자는 그대로 정원 쪽으로 가버렸다. 다른 것들이 그 뒤를 따라갔다. 찬찬히 보니 모두 응접실에 있는 것들이다. 다음에는 나지막한 소파가 악어처럼 짧은 네 다리로 느릿느릿 기어갔다. 그다음은 의자. 의자가 전부 염소처럼 폴짝폴짝 뛰어갔다. 작은 걸상도 토끼처럼 깡충깡충 달려갔다.

아! 말할 수 없는 그 충격! 나는 수풀 속으로 뛰어들어 몸을 웅크린 채, 그 가구들의 행렬을 지켜보았다. 행렬은 차례차례 하나도 남김없이 이어졌다. 생김새나 무게에 따라 빠른 것도 있고 느린 것도 있었다. 내 피아노, 그 그랜드 피아노는 배 속에서 음악을 연주하듯이 뱉어 내면서 화난 말처럼 달려갔다. 솔, 유리그릇, 컵 같은 작은 물건들이 개미처럼 모래 위를 달려가는 곳에, 달빛이 반딧불이 같은 인광을 뿌리고 있었다. 옷감들은 기어서 나왔다. 그것은 물웅덩이 앞에 오자 문어처럼 넓게 몸을 펼쳤다. 나의 소중한 책상이 나타났다. 그것은 지난 세기의 귀중한 골동품이다. 그 속에는 내가 받은 모든 편지가, 내 마음의 모든 역사가, 그것 때문에 내가 그토록 고통을 겪었던 오랜 역사가 들어 있었다! 또한 사진도 들어 있었다.

그러자 별안간 두려움이 사라졌다. 나는 책상에 달려들어 그것을 붙잡았다. 마치 도둑을 붙잡듯이, 달아나려는 여인을 붙잡듯이 나는 책상을 붙잡았다. 그러나 책상은 도저히 안 되겠다는 듯이 막무가내로 가버렸다. 아무리 힘을 쓰고 아무리 화를 내봐도, 나는 그 행진을 늦출 수조차 없었다. 나는 이 괴력에 악착같이 저항하면서 씨름하다가 땅바닥에 넘어지고 말았다. 책상은 나를 밀어뜨렸고 나는 모래 위로 질질 끌려갔다. 금세 뒤에서 속속 따라오는 다른 가구들이 내 옆을 지나가면서 내 다리를 짓밟았다. 내가 책상을 놓자 다른 가구들은, 말에서 떨어진 병사에게 기병들이 달려드는 것처럼 내 몸을 타 넘고 지나갔다.

격렬한 공포로 제정신을 잃은 나는 넓은 도로 밖으로 간신히 기어나가서 다시 나무 그늘 속에 숨었다. 그리고 내가 소유하고 있던 가구 가운데 가장 작고 가장 눈에 띄지 않으며 가장 잊고 있던 것들이 마지막으로 사라져 가는 것을 바라보았다.

이윽고 멀리서, 지금은 빈집처럼 텅 비어버린 집에서 문이 닫히는 소리가 쾅 하고 들려왔다. 아래위층 문들이 동시에 소리를 내며 닫혔다. 마지막으로 내가 어리석게 열어주는 바람에 내 가구들을 놓쳐버린 현관문까지 닫혔다.

나는 시내 쪽으로 달아나기 시작했다. 그리고 시내에서 밤늦게 귀가하는 사람들을 만나고 나서야 비로소 냉정을 되찾았다. 나는 잘 아는 호텔에 가서 초인종을 눌렀다. 두 손으로 옷의 먼지를 턴 뒤 호텔 사람에게 알렸다. 열쇠 꾸러미를 잃어버렸는데 그 속에 채소밭 열쇠가 들어 있다는 것, 채소밭의 과일과 채소를 도둑맞지 않도록 울타리가 쳐져 있는데 그 울타리 안에 하인들이 잠자는 별채가 있다는 것, 그 소중한 열쇠를 잃어버린 사실을 이야기한 것이다.

나는 안내받은 방의 침대 속에 들어가 머리까지 담요를 뒤집어쓰고 누웠다. 그러나 잠을 이룰 수가 없었다. 나는 심장이 두근거리는 소리를 들으면서 날이 새기를 기다렸다. 날이 새면 곧바로 하인들에게 연락해 달라고 호텔에 부탁해 두었다. 아침 일곱 시가 되자마자 하인이 내 방문을 두드렸다.

하인은 몹시 당황한 표정으로 말했다.

"나리, 실은 간밤에 어이없는 일이 일어났습니다."

"어이없는 일이라니?"

"나리의 가구를 하나도 남김없이 도둑맞았습니다. 몽땅 다요. 잡동사니까지 모두요."

이 소식에 나는 기뻤다. 왜일까? 누가 알겠는가? 다만 나는 나 자신을 통제할 줄 알았다. 내가 본 것을 비밀에 부치고 누구에게도 말하지 않을 자신이 있었다. 무서운 비밀로서 내 의식 속에 숨기고 묻어둘 자신이 있었다. 나는 대답했다.

"그렇다면 내 열쇠를 훔쳐 간 것도 바로 그 도둑인 것 같군. 당장 경찰에 신고해야겠다. 곧 일어나서 뒤따라가마."

수사는 5개월 동안 계속되었다. 하지만 아무것도 발견되지 않았다. 내 골동품 가운데 가장 하찮은 것도, 도둑에 대한 가장 사소한 단서도 발견되지 않았다. 물론 당연한 일이다! 만약 여기에서 내가 알고 있는 사실을 말한다면…… 만에 하나 말한다면 어떻게 될까…… 사람들은 나를 감금할 것이 분명하다. 물론 도둑으로서가 아니라, 그런 이상야릇한 일을 목격한 인간으로서.

오! 나는 침묵할 줄 알았다. 하지만 내 가구를 새로 마련하지는 않았다. 다소용없는 일이기 때문이다. 또 같은 일이 되풀이될 터였다. 나는 다시는 집에 돌아가고 싶지 않았다. 돌아가지 않을 작정이었다. 실제로 그 집을 두 번 다시 보지 않았다.

나는 파리에 와서 호텔에 머물렀다. 그리고 그 기막힌 밤 이래, 내 신경 상태가 걱정이 되어 의사의 진찰을 받았다.

의사들은 모두 여행을 권했다. 나는 그들의 권고를 따랐다.

나는 먼저 이탈리아 여행부터 시작했다. 이탈리아의 태양은 확실히 효과가 있었다. 6개월 동안 제노바에서 베네치아, 베네치아에서 피렌체, 피렌체에서 로마, 로마에서 나폴리로 나는 떠돌아다녔다. 시칠리아섬도 돌아보았다. 자연경관은 말할 것도 없고, 그리스인과 노르만인들이 남긴 유적이 감탄을 자아내는 멋진 곳이었다. 나는 다시 아프리카로 건너갔다. 정적에 싸인 대사막을 별다른 어려움 없이 가로질렀다. 낙타와 영양, 아랍인이 유랑하고 있는 사막, 그 가볍고 투명한 공기 속에 밤이나 낮이나 어떠한 강박관념도 떠다니지 않는 사막이었다.

나는 마르세유를 통해 프랑스로 돌아왔다. 그런데 프로방스 특유의 쾌활한 분위기가 있음에도 약해진 햇빛이 나를 우울하게 했다. 병이 다 나았다고 생각했는데도, 대륙으로 돌아오자 그 질병의 신비한 작용이 다시 느껴졌다. 그리고 병의 뿌리가 아직도 뽑히지 않았음을 어떤 막연한 고뇌가 예고하고 있다는 걸 느꼈다.

그리고 파리에 왔다. 한 달쯤 지나자 지루했다. 계절이 가을이라, 겨울이 오기 전에 아직 내가 모르는 노르망디를 돌아보기로 했다.

말할 것도 없이 먼저 루앙에서 시작했다. 이 중세 도시, 이상한 고딕 건축물로 가득한 이 놀라운 박물관을, 일주일 동안 황홀감과 감격 속에 아무 생각 없이 돌아다녔다.

그런데 어느 날 오후 네 시쯤이었을까, 나는 이 세상에 있을 것 같지 않은 한 거리에 들어섰다. '로베크강의 물'이라 불리는, 잉크처럼 검은 강물이 흐르고 있는 거리이다. 그때 나는 집집마다 고풍스럽고 기괴한 모습을 주의해서 보고 있었는데 그러다가 죽 늘어서 있는 골동품 가게로 시선을 돌렸다.

아! 그 가게들은 정말 기막힌 장소에 있었다! 음산한 강가, 이 괴상한 골목길에 이렇게 너저분한 잡동사니 가게라니! 기와와 슬레이트를 씌운 뾰족한 지붕들에는 아직도 옛날 풍향계가 삐걱거리고 있었다!

어두컴컴한 가게 안에는 조각이 새겨진 궤짝이 보였다. 루앙과 느베르, 무스티에 등에서 생산된 도기도 뒹굴고 있었다. 색채를 입힌 조각, 떡갈나무 조각상, 그리스도상, 성모상, 성자상, 교회 장식품, 미사복, 예복 등이 산더미처럼 쌓여 있었다. 게다가 제구(祭具)까지 있었다. 금빛으로 번쩍이는 오래된 목제감실도 보였다. 그 안에 있던 주인은 오래전에 어디론가 옮겨간 뒤였다. 오! 그러한 넓은 집들, 그야말로 기괴한 동굴이라고 할 만한 그곳은 지하실에서 다락에 이르기까지 온갖 종류의 물건들로 빼곡하게 차 있었다. 이미 존재가 끝난 것처럼 보이는 그러한 물건들이 본디의 소유자와 그 세기, 그 시대, 그 유행이 사라진 뒤까지 이렇게 살아 있는 까닭은 바로, 골동품으로서 새로운 세대 사람들에게 팔리기 위한 것이다.

골동품 가게가 많은 이곳에 오자 골동품에 대한 나의 열정이 되살아났다. 나는 그 가게들을 구경하면서 돌아다녔다. '로베크강의 물'이라는 구역질 나는 강에 걸쳐진 네 장의 썩은 널빤지 다리를 단숨에 건너, 한 집 한 집 눈요기를 하면서 걸어다녔다.

그런데 맙소사! 어떻게 이런 일이! 내 아름다운 옷장들 가운데 하나가 저기 보이는 것이 아닌가! 온갖 물건들로 가로막혀 있는 아치형 가게 입구, 오래된 가구들이 묻혀 있는 카타콤*2 같은 가게 입구에 내 옷장이 떡하니 놓여 있었던 것이다. 나는 팔다리를 떨면서 그것에 다가갔다. 그러나 그것을 만질 수도 없을 만큼 떨고 있었다. 나는 손을 뻗다가 주춤했다. 그게 내 물건인 건 틀림없었다. 단 한번이라도 본 사람은 누구나 알아볼 수 있는, 둘도 없는 루이 13세 양식의 옷장이었다. 문득 나는 좀 더 멀리, 그 화랑의 가장 안쪽으로 시선을 돌렸는데, 거기에는 나의 안락의자 세 개가 있었다. 틀림없이 촘촘하게 짠 장식 융단이 그 위에 씌워져 있었다. 더욱 안쪽에는 내 탁자가 두 개, 파리에서 일부러 사람들이 구경하러 올 정도로 진기한 물건인 앙리 2세 양식의 탁자가 있었다.

생각해 보라! 나의 정신 상태가 어땠을지!

그래도 나는 더 나아갔다. 흥분 때문에 숨이 막히고 팔다리가 생각대로 움직이지 않았다. 그래도 나는 나아갔다. 나는 용감하니까. 암흑시대의 기사가 마법의 집에 침입하듯이 앞으로 나아갔다. 한 걸음 내딛을 때마다 지난날 나의 소유였던 모든 것들이 눈에 띄었다. 샹들리에, 책, 그림, 옷감, 무기 같은 모든 것들. 하지만 편지가 들어 있는 책상은 어디에도 보이지 않았다.

나는 어두컴컴한 화랑으로 내려갔다가 다시 위층으로 올라왔다. 나는 혼자

---

*2 초기 기독교 시대의 비밀 지하 묘지.

였다. 소리 내어 사람을 불러봤지만 아무 대답도 없었다. 나는 혼자였다. 미로처럼 넓고 구불구불한 이 가게에 나 말고는 아무도 없었다.

밤이 되었다. 암흑 속에서 나는 내 의자 하나에 앉는 수밖에 없었다. 어디에도 가고 싶지 않았다. 나는 이따금 큰 소리로 외쳐봤다. "이봐요! 이봐요! 여기 아무도 없소?"

거의 한 시간은 지났을 무렵 발소리가, 가볍고 느린 발소리가 어디선지 모르게 들려왔다. 나는 달아나려다가, 내가 왜? 하는 생각에 다시 한 번 불러보았다. 그러자 옆방에서 불빛이 보였다.

"누구십니까?" 누군가가 물었다.

나는 대답했다.

"손님입니다."

그러자 상대가 말했다.

"가게에 들어오기에는 너무 늦은 시간 아닙니까?"

나는 다시 말했다.

"벌써 한 시간 넘게 기다렸어요."

"내일 다시 오십시오."

"내일은 루앙에 없소."

나는 더 이상 그쪽으로 다가갈 용기가 없었고 상대도 오려고 하지 않았다. 불빛은 여전히 비치고 있었다. 불빛이 장식 융단을 비추자, 두 천사가 전쟁터에서 죽은 병사 위를 날고 있는 무늬가 드러났다. 그 장식 융단도 내 것이었다. 내가 말했다.

"이봐요! 이쪽으로 좀 와주시죠."

그가 대답했다.

"손님이 이리로 오시지요."

나는 일어나서 그 사람이 있는 곳으로 갔다.

커다란 방 한가운데 키 작은 사내가 있었다. 정말 작고 정말 뚱뚱한 사내였다. 도깨비처럼 추악하고 도깨비처럼 뚱뚱했다.

숱이 적은 노란 수염이 듬성듬성 나 있었다. 게다가 머리에는 머리카락이 하나도 없었다! 한 오라기도 없었다! 그가 나를 보기 위해 촛불을 들고 있는 팔을 높이 쳐들자, 낡은 가구들이 가득한 넓은 방 안에서 그 사내의 머리가 조그마한 달처럼 보였다. 부은 얼굴에는 주름이 가득하고 눈은 보이지 않을 정도로 작았다.

나는 전에 내 것이었던 의자 세 개의 가격을 흥정하고, 그 자리에서 값을 치른 뒤 호텔 방 번호를 가르쳐 주었다. 의자들은 내일 아홉 시 전에 배달될 거라고 했다.

나는 밖으로 나왔다. 사내는 친절하게 문까지 배웅해 주었다.

나는 곧장 경찰서장을 찾아가서 가구를 도난당한 것과, 방금 그것을 발견했다는 것을 얘기했다.

서장은 전에 이 도난 사건을 심리한 적이 있는 검사국에 곧 전보로 문의했다. 그러더니 나에게 답신이 올 때까지 기다려 달라고 했다. 한 시간 뒤에 답신이 왔는데, 나로서는 매우 만족스러운 소식이었다. 서장이 말했다.

"그자를 체포하고 곧 신문하겠습니다. 그자가 낌새를 채고 선생의 물건들을 감출 수도 있으니까요. 돌아가서 저녁 식사를 하고 두 시간 뒤에 다시 와주십시오. 그때까지 그자를 이곳에 데려다 놓겠습니다. 그리고 선생 앞에서 다시 한 번 신문하겠습니다."

"잘 알겠습니다. 여러 가지로 감사합니다."

나는 저녁을 먹으러 호텔에 갔다. 그리고 스스로도 깜짝 놀랄 정도로 잘 먹었다. 나는 기분이 매우 좋았다. 이미 그 사내는 붙잡혀 있을 것이다.

두 시간이 지나자 나는 나를 기다리고 있을 서장에게 돌아갔다.

서장은 나를 보자마자 이렇게 말했다.

"아! 아직 그 사람을 찾지 못했습니다. 부하 경관들도 그를 붙잡지 못했어요."

아! 나는 기절할 것만 같았다.

"하지만…… 그 가게는 찾으셨겠죠?" 내가 물었다.

"물론 찾았지요. 그자가 돌아올 때까지는 사람을 붙여 가게를 감시할 작정입니다. 다만 그자가 사라져서."

"사라지다니요?"

"그자가 사라졌습니다. 그자는 저녁마다 이웃 여자 집에서 시간을 보냈다고 합니다. 비두앵이라는 과부로 역시 골동품상인데, 마녀 같은 여자지요. 그런데 오늘 밤에는 그자가 오지 않았다는군요. 그래서 그 여자한테서는 그자에 관한 정보를 얻을 수가 없었습니다. 내일까지 기다리는 수밖에 없을 것 같군요."

나는 일어섰다. 아! 루앙의 거리가 온통 불길하고 수상쩍은 유령처럼 보였다.

나는 잠을 이룰 수가 없었다. 잠이 들었다가도 금방 악몽에 시달리다 깨어나곤 했다.

나는 그들에게 너무 걱정하고 있는 것처럼 보이거나 초조해하는 것처럼 보이기가 싫어서, 이튿날은 경찰서에 가는 것을 열 시까지 참았다.

그러나 골동품상은 나타나지 않았다. 가게는 여전히 닫혀 있었다.

서장이 나에게 말했다.

"필요한 조치는 다 했습니다. 검사국에도 통지해 두었고요. 이제부터 함께 가서 그 가게를 열려고 합니다. 그러면 선생의 물건들을 하나하나 가르쳐 주십시오."

승합마차가 우리를 그곳까지 태워다 주었다. 경관 몇 사람이 자물쇠공과 함께 가게 문 앞에 모여 있었다. 문은 금방 열렸다.

안에 들어가 보니 옷장도, 안락의자도, 탁자도, 아무것도 보이지 않았다. 그 어느 것도, 내 집에 장식되어 있었던 그 어떤 물건도 없었다. 전날 밤에는 한 걸음 내딛을 때마다 내 물건에 부딪칠 정도였는데.

깜짝 놀란 서장은 처음에는 의심스럽다는 듯이 내 얼굴을 쳐다보았다.

"맙소사, 서장님, 이게 어떻게 된 일일까요? 그 가구들이 없어진 것이 상인이 자취를 감춘 것과 묘하게 일치하는군요."

내가 그렇게 말하자 서장은 미소 지었다.

"그렇군요! 아무래도 선생이 자신의 골동품을 사고 돈을 지급한 것 때문인 것 같군요. 그래서 그자가 경계를 한 거지요."

내가 다시 말했다.

"도저히 이해할 수 없는 건, 제 가구가 있던 자리가 지금은 모두 다른 가구로 바꿔치기 되어 있다는 겁니다."

"아!" 서장이 대답했다. "어쨌든 하룻밤 여유가 있었고 공범도 반드시 있을 겁니다. 이곳은 이웃 가게들과 통하고 있는 것이 분명합니다. 하지만 걱정 마십시오. 내가 본격적으로 이 사건을 맡을 테니까요. 우리가 이 소굴을 장악하고 있으니 도둑도 그리 오랫동안 숨어 있지 못할 겁니다."

⋯⋯⋯⋯⋯⋯⋯⋯⋯⋯⋯⋯⋯⋯⋯⋯⋯⋯⋯⋯⋯⋯⋯

오! 내 마음, 내 마음, 내 불쌍한 마음이 얼마나 두근거렸던가!

나는 루앙에 보름 동안 머물렀다. 그자는 끝내 찾을 수가 없었다. 물론 그럴 테지! 당연한 일이야! 도대체 그런 사내를 어디서 찾아낸단 말인가?

16일째 날 아침, 나는 기이한 편지를 받았다. 발신인은 내 정원사였다. 약탈당해 지금은 텅 비어 있는 내 집 관리인이다.

주인님.

간밤에 일어난 일을 알려드립니다. 그것은 아무도 이해할 수 없는 사건, 아무리 경찰이라 해도 저보다 더 알 수 없을 사건입니다. 주인님의 가구가 모두 돌아왔습니다. 하나도 남김없이 전부 말입니다. 잡동사니 하나까지 죄다 돌아왔습니다. 이제 집은 도난을 당하기 전과 똑같습니다. 생각만 해도 정신이 이상해질 것 같습니다. 그것은 금요일부터 토요일 밤 사이에 일어났습니다. 담장에서 출입문까지 끌고 온 건지 길이 온통 파헤쳐져 있습니다. 사라진 날과 똑같이요.

저희 모두 주인님이 돌아오시기를 기다리고 있습니다.

필리프 로댕 올림

오! 천만에! 아! 안 돼, 아! 안 돼, 안 돼. 왜 내가 돌아간단 말인가!

나는 그 편지를 루앙 경찰서장에게 보여주었다. 서장이 말했다.

"이건 매우 교묘한 반환이군요. 우리는 모르는 척하고 있는 게 좋겠습니다. 가까운 시일 안에 반드시 붙잡고 말겠습니다."

그런데 붙잡지 못했다. 그렇다, 경찰은 그자를 체포하지 못했다. 그리고 나는 지금 그자가 무서워서 견딜 수가 없다. 풀어놓은 맹수가 내 바로 뒤에 와 있는 것처럼.

찾아낼 줄 알고! 그 달덩이 머리의 괴물을 어떻게 찾는단 말인가. 그자는 절대로 잡히지 않는다. 바보같이 자기 집으로 돌아올 리가 없다. 그런 일로 겁먹을 작자가 아니다. 누군가가 그자를 만난다면, 그건 나 말고 없다. 그리고 나는 만나고 싶지 않다.

싫다! 싫다! 싫단 말이다!

설령 그자가 돌아온다 해도, 자기 가게로 돌아온다 해도 내 가구가 그자의 집에 있었다는 걸 누가 증명할 수 있을까? 그자에게 대항할 수 있는 건 내 증언 말고는 없다. 그런데 내 증언 자체가 이제는 매우 의심스러운 것이 되고 말았다.

아! 안 된다! 이제 이런 생존은 불가능하다. 그리고 나는 내가 보았던 비밀을 지킬 수가 없다. 그런 일이 다시 일어날 수 있다는 두려움을 간직한 채로 나는 보통 사람들처럼 이 세상을 살아갈 수가 없다.

나는 이 정신병원을 운영하고 있는 의사를 만나러 왔다. 그리고 모든 사실을 털어놓았다. 의사는 나에게 오랫동안 질문을 던진 뒤 이렇게 말했다.

"당분간 이곳에 있어보시겠습니까?"

"그럴 생각입니다."

"재산이 있으신가요?"

"네, 선생님."

"격리 병동이 어떠십니까?"

"좋습니다."

"친구의 면회를 허락하시겠습니까?"

"아니오, 선생님, 아닙니다. 아무도 만나지 않겠습니다. 그 루앙의 사내가 화풀이를 하기 위해 여기까지 쫓아올지도 모르니까요."

....

그리고 나는 혼자, 오직 혼자다. 석 달 전부터 오직 혼자다. 나는 거의 평온하다. 나에게는 한 가지 두려움밖에 없다…… 혹시 그 골동품상이 미쳐버린다면…… 그래서 이 병원에 입원한다면…… 감옥도 안심할 수 없다.

La main

손

　사람들은 예심판사 베르뮈티에 씨를 에워싸고, 생클루에서 일어난 수수께끼 같은 사건에 대한 그의 의견을 듣고 있었다. 한 달 전부터 이 기괴한 범죄 사건이 파리 전역을 긴장시키고 있었다. 그 사건의 진실을 아는 사람은 아무도 없었다.

　베르뮈티에 씨는 난로에 등을 돌리고 선 채, 쉴 새 없이 이야기하면서 증거를 늘어놓고 잡다한 의견들을 반박했지만 결론은 내리지 않았다.

　부인들 여럿이 자리에서 일어나 그의 곁에 모여들더니 그대로 선 채, 법관의 면도 흔적이 아직 남아 있는 그의 입을 뚫어지게 지켜보면서, 거기에서 흘러나오는 위엄 있는 말에 귀를 기울였다. 그들은 그 기묘한 공포를 견디지 못하면서도, 자신들의 마음에 달라붙어 자신들을 배고픔처럼 괴롭히고 있는, 그 무서운 것을 보고 싶고 듣고 싶은 지칠 줄 모르는 욕망에 사로잡혀 오한을 느끼며 온몸을 부들부들 떨었다.

　특히 다른 누구보다도 얼굴이 창백해진 한 부인이 이야기가 끊긴 사이를 비집고 들어왔다.

　"정말 무섭군요. 마치 불가사의한 일 같아요. 도저히 이해할 수가 없어요."

　판사는 그녀 쪽을 돌아보았다.

　"그렇습니다, 부인. 이해할 수 없다고 말씀하시는 게 당연합니다. 다만 '불가사의한'이라는 말은 지금 이 경우에는 어울리지 않는 것 같군요. 왜냐하면 이번 범죄는 아주 용의주도하게 계획되고 아주 교묘하게 수행된 결과, 신비에 싸여 있어, 범죄를 둘러싼 이해할 수 없는 사정을 밝혀 빠른 시일 내에 드러내지 못하고 있을 뿐이니까요. 하지만 나는 오래전 일이지만, 그야말로 진정한 괴담 같은 어느 사건을 심리한 적이 있습니다. 물론 밝혀낼 방법이 없어서 포기할 수밖에 없었지만요."

그러자 여자들이 한목소리로 말했다.

"오! 그 사건에 대해 얘기해 주세요!"

베르뮈티에 씨는 자못 예심판사답게 위엄 있게 웃어 보인 뒤, 다시 말을 이었다.

"먼저 말씀드리고 싶은 건, 제가 그 사건에 불가사의한 작용이 있었다고는 한순간도 생각한 적이 없다는 사실입니다. 본디 저는 합리적인 사건밖에 믿지 않는 사람이니까요. 하지만 우리가 이해할 수 없는 것을 표명할 때는 '불가사의한'이라는 말이 아니라 '설명할 수 없는'이라는 말을 사용하는 것이 훨씬 더 어울릴 듯합니다. 어쨌든 이제부터 이야기하려는 사건에서 특히 제가 충격을 받은 것은, 사건을 에워싸고 있는 상황이었습니다. 사전에 준비된 상황이었던 거지요. 그럼 이야기를 시작할까요."

*

그 무렵 나는 아작시오에서 예심판사로 지내고 있었습니다. 아작시오는 사방이 높은 산으로 에워싸인 아름다운 만(灣)에 누운 듯이 가로놓여 있는, 하얗고 작은 마을입니다.

이곳에서 내가 주로 다룬 것은 복수에 얽힌 사건이었습니다. 거기에는 정말이지 웅장한 것과 연극적인 것, 무서운 것, 영웅적인 것 등 다양한 것들이 있었지요. 아직도 그곳에는 상상을 초월하는 엄청난 복수의 재료가 있습니다. 세기를 거듭해 이어져 내려온 증오는 잠시 사그라지는 일은 있어도 절대로 사라지진 않으니까요. 그리고 혐오해야 할 책략이나, 명예로운 행위라고 할 수 있는 학살에 가까운 살인 같은 것들이 얼마든지 있습니다. 그 두 해 동안 내가 들은 건 피비린내 나는 이야기들뿐이었지요. 어쨌든 코르시카 사람들은 조금이라도 모욕을 당하면 상대는 말할 것도 없고, 그 일가친척까지 몰살해 버리는 무서운 생각을 하는 사람들이니까요. 노인이나 어린아이, 형제까지 살해되는 것을 본 적이 있어요. 제 머리는 그런 이야기들로 가득 차 있지요.

어느 날, 한 영국인이 물굽이 깊숙한 곳에 있는 작은 별장을 몇 년 계약으로 빌린 사실이 알려졌습니다. 그 사람은 도중에 마르세유에서 고용한 프랑스인 하인을 데리고 왔다더군요.

곧 사람들은 이 기묘한 인물에게 관심을 가지기 시작했습니다. 그런데 그 사람은 사냥과 낚시를 할 때 말고는 밖으로 한 걸음도 나오지 않고 혼자 집 안에 틀어박혀 있었습니다. 사람들과 얘기를 나누기는커녕 마을에도 아예 나타나질 않았지요. 그는 매일 아침 한두 시간 동안 연발 권총과 소총으로 사격 연습을 했어요.

그 사람을 둘러싸고 여러 가지 풍문이 나돌았습니다. 정치적인 이유로 조국을 떠나 망명한 고관이라고 그럴듯하게 말하는 사람이 있는가 하면, 흉악한 범죄를 저지르고 몸을 숨기고 있는 거라고 단언하는 사람도 있었어요. 특히 무서운 사건을 들먹이면서 얘기하는 자까지 있었지요.

나는 예심판사라는 직책상 그 사람에 대해 정보를 좀 얻으려고 했지만 아무것도 알 수 없었습니다. 그는 스스로를 존 로웰 경으로 일컫고 있었습니다.

어쩔 수 없이 저는 그를 잘 감시하기로 했지만, 수상한 점을 보고하는 사람은 아무도 없었지요.

그러면서도 그에 관한 소문은 계속되었고 갈수록 더욱 크게 번져 가기만 했기 때문에, 저는 직접 그 이방인을 만나기로 결심하고 그 집 근처에서 규칙적으로 사냥을 하기 시작했습니다.

오랫동안 기회를 엿보던 저는 마침내 그 기회를 얻게 되었습니다. 제가 쏘아맞힌 자고새가 그 영국인 바로 앞에 떨어진 것입니다. 물론 제 개가 그것을 물어 왔는데, 저는 그것을 들고 곧바로 존 로웰에게 가서 저의 무례를 사과하고, 그 죽은 새를 받아달라고 부탁했어요.

그는 머리와 수염이 붉고 몸집이 큰 사내로, 키도 몸집도 무척 커서, 마치 온화하고 점잖은 헤라클레스 같았습니다. 그 사람에게서는 영국인 특유의 경직된 면을 전혀 볼 수 없었지요. 그는 영국 억양의 프랑스어로 내 성의에 깊이 감사하더군요. 한 달이 지나는 동안 대여섯 번 정도 얘기를 나눴습니다.

그러던 어느 날 저녁이었습니다. 그의 집 앞을 지나가는데, 정원에서 의자에 앉아 파이프 담배를 피우고 있는 그의 모습이 보였습니다. 제가 인사를 하자, 그는 저에게 안에 들어와서 맥주라도 한 잔 마시지 않겠느냐고 물었습니다. 물론 저는 두말없이 승낙했지요.

그는 영국인답게 저를 세심하고 정중하게 대접하면서, 프랑스와 코르시카를 입에 침이 마르도록 칭찬하고, 이 나라와 이 해안을 무척 사랑한다고 말하더군요.

그래서 저는 매우 주의 깊게, 그리고 사뭇 흥미로운 듯이 그의 생활과 계획에 대해 몇 가지 질문을 해보았습니다. 그러자 그는 별로 꺼리는 기색도 없이 아프리카와 인도, 미국 등, 곳곳을 여행한 것을 이야기한 뒤 웃으면서 이렇게 덧붙이더군요.

"저는 참 많은 일들을 겪었지요. 오! 그랬지요."

그리고 제가 사냥 이야기를 꺼내자 그는 하마, 호랑이, 코끼리, 심지어 고릴라까지 사냥한 신기한 일들을 자세히 이야기해 주었습니다.

저는 말했습니다.

"모두 위험한 동물들이군요."

그는 빙그레 웃으면서 대답했습니다.

"오! 아닙니다. 오히려 가장 감당하기 힘든 건 사람이지요."

그는 뚱뚱하고 원만한 영국인다운 선량한 웃음으로 껄껄 웃기 시작했습니다.

"저는 인간 사냥도 많이 했어요."

그리고 그는 무기에 대해 이야기했습니다. 저를 집 안으로도 안내하여 여러 가지 총을 보여주었지요.

응접실은 온통 검은 천으로 둘러쳐져 있었습니다. 금실로 수를 놓은 검은 비단이었어요. 칙칙한 천 위에 커다란 황금색 꽃들이 잔뜩 피어 마치 불꽃처럼 타오르고 있었더군요.

그가 가르쳐 주었습니다.

"이건 일본에서 온 천입니다."

그런데 가장 큰 벽널 중앙에 있는 뭔가 이상한 물체가 제 시선을 끌었습니다. 네모나고 붉은 벨벳 위에 어떤 물체가 새까맣게 튀어나와 있는 겁니다. 나는 그 앞으로 다가가 보았지요. 그것은 손, 사람의 손이었습니다. 새하얗고 깨끗한 뼈로 된 손이 아니라 말라비틀어진 거무스름한 손, 힘줄이 불거져 있고 누런 손톱도 그대로였습니다. 팔뚝 중간에서 도끼 같은 것으로 싹둑 잘린 것처럼, 오래된 피가 때처럼 엉겨붙어 있더군요.

튼튼한 쇠사슬 한 가닥이 그 더러운 손목을 파고들 것처럼 감고 있고, 코끼리도 매어둘 수 있을 듯한 고리로 벽에 고정되어 있었습니다.

제가 물었어요.

"저건 뭡니까?"

영국인은 태연하게 대답했습니다.

"저건 저에게는 가장 큰 적의 것입니다. 미국에서 가져왔지요. 군도로 잘라 뾰족한 돌로 가죽을 벗긴 뒤 일주일 동안 햇볕에 잘 말린 겁니다. 오, 이건 저에게 무척 소중한 것입니다."

저는 아마도 거구의 남자에게 달려 있었을 것으로 짐작되는 그 인체의 일부분을 만져보았지요. 가죽끈으로 군데군데 묶여 있는 굵은 힘줄에 의해, 엄청나게 긴 손가락이 연결되어 있었습니다. 보기만 해도 소름이 끼치더군요. 그렇게 가죽을 벗겨낸 걸 보니 당연히 뭔가 끔찍한 복수가 생각났습니다.

제가 말했습니다.

"이 사람은 틀림없이 힘이 아주 셌겠지요?"

영국인은 차분하게 대답했습니다.

"아, 네. 하지만 제가 더 강했지요. 그를 놓치지 않으려고 이 사슬로 묶어버렸으니까요."

나는 상대의 말을 농담으로 생각하고 이렇게 말했습니다.

"이제 이 사슬은 필요 없겠군요. 설마 손이 달아나는 일은 없을 테니까요."

그러자 존 로웰 경은 진지한 얼굴로 말했습니다.

"언제든지 달아나려 하기 때문에 이 쇠사슬이 꼭 필요합니다."

나는 그의 얼굴을 힐끗 쳐다보면서 속으로 이렇게 말했습니다.

'이 사람은 미치광이일까, 아니면 장난을 치고 있는 걸까?'

그러나 상대의 얼굴은 여전히 조용하고 표정이 부드러웠으며, 무슨 생각을 하고 있는지는 전혀 알 수가 없더군요. 저는 화제를 바꿔, 총을 칭찬해 주었습니다.

그런데 가구 위에 장전된 세 자루의 연발 권총이 놓여 있는 것이 보였습니다. 끊임없이 강박관념에 시달리면서 생활하고 있음을 이야기해 주는 듯했지요.

그 뒤 저는 몇 번 그의 집을 방문했으나 언제부턴가 발길을 끊게 되었습니다. 그리고 소문이란 것은 오래가지 않는 법이라 사람들은 어느덧 그의 존재를 잊고 말았어요.

일 년이 지났습니다. 11월 끝 무렵 어느 아침, 하인이 저를 깨우더니 존 로웰 경이 한밤중에 살해당했다는 소식을 전해 주었습니다.

그로부터 삼십 분 뒤, 저는 주임판사, 헌병대위와 동행하여 그 영국인의 집으로 갔습니다. 그의 하인은 문 앞에서 비탄에 젖어 울고 있더군요. 처음에 저는 그 하인에게 혐의를 두었으나 곧 무죄라는 것이 밝혀졌습니다.

범인에 대한 단서는 전혀 발견되지 않았습니다.

존 경의 응접실에 들어가자, 맨 먼저 시체가 보였지요. 시체는 방 한복판에 똑바로 누워 있었습니다.

그의 조끼는 찢어지고 소매는 뜯겨 나가 너덜거리며, 모든 광경이 격렬한 싸움이 벌어졌음을 말해 주고 있더군요.

영국인은 목이 졸려 살해되었습니다! 검게 부은 그 끔찍한 얼굴은 말로는 나타낼 수 없는 공포를 나타내고 있는 것처럼 보였습니다. 치아 사이에 뭔가 꽉 물려 있고, 목에는 쇠못으로 뚫은 것 같은 구멍이 다섯 개나 있는데, 온통 피투성이가 되어 있었지요.

의사가 불려 왔습니다. 그는 죽은 사람의 살에 나타나 있는 손가락의 흔적을 오랫동안 조사하더니 기묘한 말을 하더군요.

"마치 해골에게 목이 졸린 것 같습니다."

저는 등줄기에 소름이 끼치는 것을 느끼면서 벽 위로 시선을 주었습니다. 전에 가죽이 벗겨진 그 무서운 손이 있던 장소로요. 그런데 그 손이 그곳에 없는 겁니다. 끊어진 쇠사슬만 대롱대롱 매달려 있었습니다.

그래서 죽은 사람에게 몸을 굽혀 살펴보니, 이를 악문 입 안에 사라진 손의 손가락 하나가 들어 있는 게 아니겠습니까? 바로 두 번째 마디에서 잘려 있더군요. 아니, 물려서 끊어졌다고 하는 편이 정확할지도 모릅니다.

수사가 시작되었지만 아무런 단서도 발견되지 않았습니다. 문에도, 창문에도, 가구에도 아무 이상이 없었습니다. 집을 지키는 두 마리의 개도 잠이 깨지 않았다고 하더군요.

하인의 진술은 대략 다음과 같았습니다.

"한 달 전부터 주인은 뭔가 초조해하고 있는 것처럼 보였습니다. 어디선가 빈번하게 편지가 왔지만, 그때마다 불태워 버렸습니다.

주인은 이따금 미친 듯이 흥분해서 채찍으로 벽에 고정시켜 놓은 그 말라비틀어진 손을 마구 때리는 것이었습니다. 어떻게 된 일인지는 모르지만, 살인이 있었던 그때 없어진 그 손을 때렸습니다.

그리고 밤에는 매우 늦게 자고 문단속은 철저히 했습니다. 또한 늘 손이 닿는 곳에 무기를 두었습니다. 자주 한밤중에 큰 소리로 얘기하곤 했는데, 마치 누구하고 싸움이라도 하는 것처럼 들렸습니다."

그런데 그날 밤에는 우연인지 그는 아무 소리도 내지 않았고, 하인이 와서 문을 열고서야 비로소 존 경이 살해되어 있는 것을 발견한 것입니다. 하인은 의심 가는 자는 아무도 없다고 말했지요.

저는 죽은 사람에 대해 알고 있는 사실을 사법관과 경찰관에게 말했습니다. 그리고 섬 전체에 걸쳐 면밀한 수사가 시작되었지요. 하지만 아무것도 찾아내지 못했습니다.

그런데 사건이 있고 나서 석 달 뒤인 어느 날 밤, 저는 매우 무서운 꿈을 꾸었습니다. 그 손이, 그 무서운 손이 전갈처럼 또는 거미처럼, 온 방과 벽을 기어다니는 것을 본 것 같은 기분이었지요. 저는 세 번 잠이 깨고 세 번 다시 잤는데, 그때마다 그 추악한 살점이 손가락을 마치 다리처럼 움직이면서 온 방 안을 질주하는 광경을 본 것입니다.

이튿날 묘지에서 찾았다고 하면서, 그 손을 저에게 가지고 온 자가 있었습니다. 그것은 존 로웰 경의 무덤 위에 있었다고 하더군요. 그는 가족을 찾을 수가 없어서 이곳의 묘지에 묻혔던 것입니다. 그 손에는 집게손가락이 없었습니다.

자, 여러분, 제 이야기는 여기까지입니다. 그 이상은 아무것도 모릅니다.

*

부인들은 얼굴이 새파랗게 질려서 불안해하며 몸을 떨었다. 부인 가운데 한 사람이 큰 소리로 말했다.

"하지만 이건 결론도 아니고 설명도 안 되잖아요! 이떤 말이든 판사님 생각을 듣지 않으면 우리는 잠을 이룰 수가 없을 것 같아요."

그러자 법관은 위엄 있게 미소 지었다.

"오! 여러분, 제 생각을 말하면 여러분의 무서운 꿈을 망치게 될 겁니다. 제 생각은 매우 간단하니까요. 즉 손의 정당한 주인은 죽은 것이 아니라, 자신에게 아직 남아 있는 한쪽 손으로 그 손을 찾으러 온 것이라고 저는 보고 있습니다. 다만 제가 알 수 없는 것은, 이를테면 그것을 어떤 방법으로 실행했는가 하는 겁니다. 뭐, 그것도 어떤 복수극이겠지요."

한 여자가 목소리를 낮춰 말했다.

"아니에요, 그럴 리가 없어요."

예심판사는 여전히 빙그레 웃으면서 말을 맺었다.

"그러니까 제 설명은 여러분에게 통하지 않을 거라고 미리 말씀드리지 않았습니까?"

Sur l'eau
물 위에서

지난여름 나는 파리에서 몇 킬로미터 떨어져 있는 센강 기슭에 작은 시골집을 빌려, 밤마다 그곳에 가서 잠을 잤다. 며칠 뒤 한 이웃 남자를 알게 되었는데, 나이가 서른에서 마흔 사이인 그는 내가 이제까지 한 번도 본 적 없는 괴짜였다. 그는 보트의 달인인데 그냥 단순한 보트 애호가가 아니었다. 언제나 물가나 물 위, 물속에서 살고 있는 보트광이라고 말할 수 있었다. 아마 태어난 것도 보트 속이었을 것이고, 죽을 때도 보트 속에 있을 것이다. 다시 말해 보트를 저으면서 숨을 거둘 것이라는 얘기다.

어느 날 밤, 우리는 함께 센강 기슭을 산책했는데, 나는 그에게 수상생활에 대한 재미있는 이야기를 들려달라고 부탁했다. 아니나 다를까, 그 남자의 얼굴은 곧 생기가 넘치며 빛이 났다. 그리고 시인처럼 달변을 토해 내기 시작했다. 그의 가슴속에는 강에 대한 위대한 열정, 몸을 망칠 수도 있는 저항하기 힘든 열정이 숨어 있었다. 그런 그가 나에게 말했다.

*

오! 그런 이야기라면 얼마든지 있지요. 지금 우리 눈앞을 흘러가고 있는 이 강에 대해서도 얼마나 많은 추억이 있는지 모릅니다! 당신들처럼 도시 한복판에서 사는 사람들은 강에 대해 잘 모를 겁니다. 그러니 어부는 강이라는 단어를 어떻게 발음하는지를 한 번쯤 들어보는 것도 나쁘지 않지요. 어부에게 그것은 신비롭고 매우 깊은 울림이 있는, 어떤 미지의 것이라고 할 수 있어요. 신기루와 환상의 나라, 즉 밤에는 존재하지 않는 것의 모습이 보이고, 들은 적도 없는 소리가 들리면서, 마치 묘지를 지나갈 때처럼 왠지 모르게 떨리는, 바로 그런 나라지요. 어쩌면 묘지 가운데 가장 불길한 것일지도 모릅니다. 비석조차 없는 묘지니까요.

땅은 어부에게는 한계가 정해져 있습니다. 그렇지만 달도 뜨지 않는 밤의 어둠 속에 있는 강은 무한합니다. 물 위에서 산다는 점에서는 똑같지만 선원들은 바다를 그렇게 느끼지 않아요. 본디 바다는 완고하고 심술궂은 데가 있긴 하지만, 어쨌든 큰 소리를 지르며 울부짖는 바다는 어디까지나 당당하고 한없이 크고 넓지요. 그에 비해 강은 말이 없고 음험합니다. 그것은 울부짖지 않고 늘 소리 없이 흘러가는데, 저는 그 물의 영원한 운동이 망망대해의 높은 파도보다 무섭답니다.

몽상가들의 이야기로는, 바다는 그 품속에 푸른빛을 띤 무한한 나라들을 품고 있다고 합니다. 거기에는 물속에서 죽은 자들이 커다란 물고기들 사이에 섞여 신비로운 숲과 수정 동굴 속을 떠다니고 있다고 하지요. 그런데 강에는 어두운 깊이만 있을 뿐, 거기에서는 모든 것이 진흙 속에서 썩어버립니다. 물론 강도 아름다울 때가 있어요. 아침 햇살을 받아 반짝반짝 빛날 때나, 갈대가 수런거리는 강변을 살금살금 핥으면서 흘러갈 때는 더욱 그렇지요.

한 시인이 바다를 이렇게 노래한 적이 있습니다.

> 오 바다여, 수많은 비극을 알고 있는 바다여!
> 무릎 꿇은 어머니들이 두려움에 떠는 깊은 바다여,
> 높은 파도가 들려주는 건 바로 그 이야기,
> 저녁이면 파도가 당당하게 우리에게 몰려와서
> 그토록 비통하게 외치는 것도 바로 그 때문이런가.

그런데 가녀린 갈대가 바스락거리며 속삭이는 이야기가, 거대한 파도가 으르렁거리며 이야기하는 비극보다 얼마나 더 섬뜩한지 모릅니다.

아무튼 뭔가 추억담을 들려달라고 하니, 십여 년 전의 일로서, 이 강물 위에서 일어난 기괴한 일을 이야기하지요.

그때도 지금처럼, 저는 라퐁 부인의 집에 세 들어 살고 있었습니다. 그리고 루이 베르네라는 친구가, 지금은 보트는 물론 그 화려하고 방종했던 생활도 다 끊고 참사원에 들어갔는데, 8킬로미터쯤 강 아래쪽에 있는 C 마을에 살고 있었어요. 그래서 저희는 날마다 저녁을 함께 먹었습니다. 그의 집에서 먹기도 하고 저희집에서 먹기도 하면서요.

어느 날 밤, 저는 혼자서 피곤한 몸으로 밤에만 사용하는 커다란 보트를 힘겹게 저으면서 12피트 거리의 바다에서 돌아오고 있었지요. 마침 철교 앞 200미터쯤, 갈대가 끝난 곳에서 잠시 쉬려고 아주 잠깐 배를 멈췄습니다. 아름다운 저녁이었어요. 달빛이 비쳐 강물은 반짝거리고, 공기는 고요하고 따뜻했지요. 저는 그 조용함에 마음이 끌렸고, 이런 곳에서 담배를 한 대 피우면 기분이 그만이겠다는 생각이 들더군요. 그 생각을 곧바로 행동으로 옮겼습니다. 나는 닻을 강물 속에 던져 넣었지요.

강물과 함께 흘러가던 배는, 닻줄이 다 풀리자 그대로 멈춰 섰어요. 저는 양가죽이 깔려 있는 뱃고물에 최대한 편안한 자세로 앉았어요. 아무 소리도 들리지 않더군요. 다만 강기슭을 때리는 물의 찰랑거림만이 가끔 희미하게 들려오는 것 같았지요. 그리고 높다랗게 자란 무성한 갈대가 눈에 들어왔는데, 어딘지 모르게 괴상한 모습으로 이따금 살랑거리는 것처럼 보였어요.

강은 완벽한 정적에 휩싸였고 주위의 심상치 않은 침묵에 오히려 마음이 어지러워지는 듯했답니다. 개구리와 두꺼비처럼, 그런 늪에 사는 밤의 가수들도 모두 입을 다물고 있었어요. 그런데 갑자기 오른쪽에서 개구리 한 마리가 울기 시작했습니다. 저는 흠칫 놀랐지요. 그러자 그것마저 울음을 그치더군요. 그걸 끝으로 아무 소리도 들리지 않아서, 저는 기분 좋게 담배를 한 대 더 피우기로 했어요. 그런데 유명한 골초인 제가 도무지 마음이 내키지 않는 거예요. 두 개비째 피우려던 저는 마음이 바뀌어 그만두고 말았어요. 콧노래라도 부르려고 생각했지만 목에서 소리가 나오지 않더군요. 하는 수 없이 배 바닥에 드러누워 하늘을 바라보았습니다. 한동안 그렇게 편안하게 누워 있는데, 문득 배의 미세한 흔들림이 불안해지기 시작했어요. 어찌 된 일인지 배가 양쪽 강기슭에 번갈아 닿으면서 심하게 흔들리고 있는 것 같더군요. 하지만 곧 뭔가가, 눈에 보이지 않는 어떤 힘이 배를 조용히 강바닥으로 끌어 내렸다가 다시 밀어 올리고, 또 아래로 떨어뜨리려 하는 것 같은 느낌이 들었습니다. 저는 폭풍의 한복판에라도 있는 것처럼 이리저리 흔들리고 있었어요. 주위에서는 온갖 소리가 들려왔지요. 그래서 벌떡 일어나 보니 강물은 반짝거리고 모든 것이 잠잠하더군요.

아무래도 신경이 좀 날카로워진 것 같아서 차라리 그곳을 떠나기로 했어요. 닻줄을 당기자 보트가 움직이기 시작했는데, 뭔가 닻줄에 걸리는 느낌이 들더군요. 그래서 더욱 힘을 주어 당겨보았지만 닻이 올라오지 않는 겁니다. 강바닥의 뭔가에 걸린 것 같았어요. 아무리 해도 끌어 올릴 수가 없는 겁니다. 다시 한 번 잡아당겨 보았지만 역시 안 되더군요. 그래서 키를 조종하여 배를 강위쪽으로 돌려서 닻의 위치를 바꾸려고 해봤는데, 그것도 안 되고 닻도 여전히 움직이지 않는 겁니다. 저는 짜증이 나서 닻줄을 마구 흔들어 보았지만 꿈쩍도 하지 않더군요. 실망하여 주저앉아 버린 저는 지금 내가 있는 위치를 곰곰이 생각하기 시작했습니다. 이 닻줄을 끊어서 배에서 떼어놓는 건 생각도 할 수 없는 일이었지요. 닻줄이 굵은 데다, 그것이 제 팔뚝보다 굵은 나무로 고물에 고정되어 있었으니까요. 그건 불가능한 일이지만, 정말 아름다운 밤이어서 잠시 기다리면 틀림없이 어부가 지나가다가 구조해 주리라고 생각했지요. 그렇게 생각하자 오히려 마음이 편해지더군요. 그제야 앉아서 담배를 피울 수 있었습니다. 럼주를 한 병 가지고 온 것이 있어서, 그것을 두세 잔 마시는 동안 제가 처한 상황이 재미있어지더군요. 정말 무더운 밤이어서, 여차하면 굳이 애쓸 것도 없이 물 위에서 하룻밤을 보낼 수도 있었지요.

그런데 갑자기 꽝 하고 뱃전에 무엇이 부딪치는 소리가 났습니다. 깜짝 놀란 저는 식은땀으로 온몸이 차갑게 얼어붙는 것 같더군요. 아마 그 소리는 무슨 나무토막 같은 것이 강물에 흘러가다가 뱃전에 닿은 것이겠지요. 그렇다 해도 저는 다시 신경의 기묘한 흔들림에 사로잡혔어요. 저는 닻줄을 잡고 될 대로 되라는 심정으로 힘껏 당겨보았지만 닻은 꿈쩍도 하지 않았고, 저는 기진맥진하여 주저앉고 말았습니다.

이러구러 수면에 스칠 듯이 떠다니던 새하얗고 짙은 안개가 조금씩 강을 뒤덮기 시작하더군요. 점점 강이 보이지 않았어요. 제 발도, 제가 타고 있는 배조차도 보이지 않을 정도였지요. 오직 갈대 이삭만이 희미하게 보였습니다. 그리고 아득히 멀리, 들판이 달빛 속에 푸르스름하게 보였지요. 커다란 검은 덩어리 같은 것이 하늘 높이 솟아 있는 것은 이태리포플러 숲이었을 겁니다. 어쩐지 불길할 정도로 새하얀, 푹신푹신한 솜에 허리까지 묻혀 있는 듯한 기분이었어요. 그러자 온갖 기괴한 환상이 밑도 끝도 없이 떠오르는 것이었습니다. 문득 누군가 이미 구별할 수 없게 된 제 배에 올라타려 하는 것이 아닌가 하는 생각이, 이 몽롱한 밤안개 속에 숨어 있는 강에는 낯선 존재들이 내 주위를 우글우글하게 헤엄치며 돌아다니고 있을지 모른다는 생각이 들자 미칠 것 같더군요. 소름 끼치는 듯한 불쾌감 속에서, 관자놀이는 욱씬거리고 숨 쉬기가 힘들 만큼 가슴이 심하게 뛰기 시작했어요. 그리고 정신을 놓아버린 건지 헤엄을 쳐서라도 달아나야겠다는 생각까지 드는 겁니다. 하지만 그건 생각만 해도 등골이 오싹해지더군요. 이 짙은 안개 속을 어림짐작으로 헤엄치다가는 오도 가도 못하게 될 게 뻔하니까요. 뿐만 아니라 팔다리에 엉켜드는 수초와 갈대 때문에 발버둥을 쳐야 할 테고, 무서운 나머지 숨은 막히고 강기슭은 보이지 않고, 그러다가 배마저 놓치게 될 것이 틀림없었지요. 게다가 이 깜깜한 물속에 두 다리가 끌려들어가게 될 게 뻔했습니다.

사실 수초와 골풀에 걸리지 않도록 안전한 곳으로 나가려면 강을 500미터나 거슬러 올라가야 하기 때문에, 제가 아무리 수영을 잘한다 해도 틀림없이 안개 속에서 방향을 잃고 익사하게 되리라는 건 불을 보듯 뻔한 일이었어요.

저는 애써 이성을 되찾기 위해 노력했습니다. 저에게는 공연히 무서워하지 않는다는 확고한 의지가 갖춰져 있다고 생각하면서도, 또 그 의지와는 별개의 존재가 제 안에 있었어요. 그리고 그 별개의 존재가 무서워하고 있었던 거지요. 도대체 저는 무엇을 두려워하고 있는 것인지 저 자신에게 물어보았습니다. 용감한 '제'가 겁이 많은 '저'를 비웃은 것이지요. 저는 그날만큼, 우리 인간 속에 있는 두 개의 존재가 확연하게 대립하는 것을 본 적이 없었어요. 한쪽은 적극적이고, 다른 한쪽은 그것에 저항하며 서로 싸우고 있었지요.

그런데 그 어리석은, 이유를 알 수 없는 두려움이 점점 커져서 확실한 공포가 되기 시작했습니다. 저는 미동도 하지 않고 눈을 감은 채 귀를 쫑긋 세우고 기다리고 있었지요. 도대체 무엇을? 저는 그게 무엇인지는 몰랐지만 끔찍한 것임에 틀림없었어요. 만약 그때 물고기 한 마리가 불쑥 물 위로 튀어 올랐다면, 흔히 있는 일임에도 저는 곧장 정신을 잃고 졸도해 버렸을 겁니다.

얼마 뒤, 저는 애써 노력한 덕분에 잠시 잃었던 이성을 상당히 되찾을 수 있었어요. 그래서 럼주병을 다시 집어 들고 제법 많이 마셨지요.

그때 문득 이상한 기분이 들어서 저는 힘껏 소리를 지르기 시작했습니다. 앞뒤 좌우를 향해 번갈아 가면서 소리를 질러 목이 완전히 쉬어버리고 나서야 가만히 귀를 기울였어요―개가 짖고 있더군요, 아득히 먼 곳에서.

저는 다시 술을 조금 마시고 배에 길게 드러누웠습니다. 아마 한 시간, 어쩌면 두 시간 동안 그렇게 있었던 것 같습니다. 눈을 뜬 채 자지도 않고, 제 주위에서 우글거리는 악몽의 위협을 받으면서. 저는 일어나고 싶어 죽겠는데 몸이 말을 듣지 않더군요. 그래서 일 분, 또 일 분 뒤로 미뤘지요. 그러면서 저 자신에게 말해주었어요. "자, 이제 일어나는 거다!" 하지만 조금이라도 움직이는 것이 무섭더군요. 그러다가 마침내 조그마한 소리에도 제 생명이 위험해질 것처럼, 최대한 조심스럽게 일어났습니다. 그리고 뱃전에서 주위를 둘러보았어요.

세상에 그렇게 멋지고 그렇게 놀라운 광경이 또 있을까요, 저는 완전히 넋을 잃고 말았습니다. 그것은 요정들이 사는 나라의 환상 속 광경이었어요. 먼 나라에서 돌아온 여행자들이 들려주는 꿈 이야기 같은 광경이었지요.

두 시간 전까지 물 위에 감돌고 있던 안개가 조금씩 달아나서 양쪽 기슭에서 몽롱하게 피어오르고 있더군요. 강줄기에서 완전히 물러난 안개는, 양쪽 기슭에 높이 6, 7미터나 되는 언덕을 길게 만들어 달빛 속에서 눈처럼 찬란한 빛을 내며 반짝이고 있었습니다. 그리하여 금물결 은물결을 잔잔하게 일렁이면서, 그 두 개의 하얀 산 사이를 흘러가는 그 강 말고는 아무것도 보이지 않더군요. 올려다보니 머리 위 높이 푸르스름한 우윳빛 하늘에, 크고 밝은 보름달이 붉게 빛나고 있었습니다.

물에서 사는 모든 생물들도 잠에서 깨어나 있었어요. 개구리가 미친 듯이 울고 있었지요. 그러자 생각난 듯이 오른쪽에서, 다시 왼쪽에서, 그 짧고 단조로운 슬픈 가락이 들려오는 겁니다. 두꺼비는 금속성 소리를 별을 향해 내지르고 있었어요. 그러자 이상하게도 더 이상 무섭지가 않더군요. 게다가 저는 놀랄 만큼 기이한 풍경의 한복판에 있었기 때문에, 아무리 놀라운 신비에 부딪쳐도 아마 꿈쩍하지 않았을 겁니다.

그런 상태가 몇 시간이나 계속되었는지 저는 전혀 모릅니다. 어느새 꾸벅꾸벅 졸아버렸거든요. 정신을 차렸을 때는 달은 이미 지고, 하늘에는 구름이 잔뜩 끼어 있었습니다. 강물은 음산하게 찰랑거리며 흘러가고, 바람은 불며, 날씨는 춥고, 어둠은 깊었지요.

저는 남은 럼주를 모두 다 마셔버렸습니다. 그런 다음 추위에 몸을 떨면서 술렁거리는 갈대 소리와 음산한 물소리에 귀를 기울였어요. 저는 앞을 분간하려고 했지만 제 배도 알아볼 수가 없었답니다. 아니, 아무리 눈을 돌려봐도 제 손조차 보이지 않더군요.

그러나 차츰 어둠의 밀도가 조금씩 옅어지기 시작했습니다. 갑자기 그림자가 내 바로 옆을 미끄러져 가는 것 같은 기색이 있어서, 저도 모르게 소리를 질렀지요. 거기에 응답하는 소리가 들려오더군요. 어부였어요. 제가 소리쳐 부르자 그 사람이 제 옆으로 다가왔고, 저는 그에게 오늘 밤 겪은 재난을 이야기해 주었지요. 그러자 그 사람이 자기 배를 제 배와 나란히 대고 함께 닻줄을 당겼지만, 그래도 닻은 움직이지 않더군요. 그러다가 아침이 되었습니다. 비가 올 것처럼 우중충하고 어두컴컴한 날씨에 차가운 아침이, 뭔가 불길하고 꺼림칙한 사건이 일어날 것 같은 날이었지요. 배가 다시 한 척 보이기에 불렀더니, 그 배에 타고 있던 사람도 저희를 도와주었습니다. 그제야 닻이 조금씩 움직이기 시작했어요. 닻이 천천히, 아주 천천히 올라왔는데, 뭔가 상당히 무거운 물체가 걸린 것 같더군요. 겨우 검은 물체가 보여서 뱃전으로 끌어 올렸습니다.

그것은 바로 한 노파의 시체였어요. 목에 커다란 돌멩이가 매달린 시체 말입니다.

L'auberge

산장

오트잘프 지방에 가면 온통 흰 눈으로 뒤덮인 산봉우리를 돌아가는, 바위투성이의 험준한 통로에 빙하 자락 가까이 비슷비슷한 목조 건물들이 서 있다. 슈바렌바흐 산장은 그 가운데 하나로서 겜미 고개를 넘어가는 여행자들에게 유일한 대피소였다.

그 집에는 장 오제 가족이 살면서 일 년에 반만 문을 열고 있었다. 산에 눈이 내려 골짜기를 뒤덮으면, 로이크 마을로 내려가는 길이 막히기 전에 여자들을 비롯하여 아버지와 세 아들도 산을 내려가고, 늙은 안내인 가스파르 아리와 젊은 안내인 울리히 쿤지가 커다란 산악견인 샘과 함께 집을 지켰다.

그렇게 두 남자와 개는 봄이 올 때까지 그 눈에 파묻힌 감옥 속에서 지냈다. 눈에 보이는 거라고는 발름호른산의 온통 새하얀 비탈면뿐으로, 하얗게 빛나는 봉우리들에 에워싸여 눈 속에 꼼짝없이 갇히는 것이다. 집 주위에도 눈이 내리쌓여 그들의 작은 집을 짓누를 듯이 뒤덮어 버린다. 지붕 위에도 쌓이고 창문까지 차올라 문까지 막아 버린다.

겨울이 다가오면서 내리막길이 위험해지자, 오제 가족은 마침내 로이크 마을로 돌아가기로 했다.

세 아들은 옷과 그 밖의 짐을 실은 노새 세 마리를 끌고 한발 먼저 출발했다. 이어서 어머니 잔 오제와 딸 루이즈가 네 번째 노새를 타고 떠났다.

아버지는 두 안내인을 데리고 그들 뒤를 따라갔다. 안내인들은 고개까지 일행을 호위하는 것이다.

그들은 먼저 작은 호수를 돌았다. 호수라지만, 사실 산장 앞에 펼쳐져 있는 바위투성이의 커다란 구덩이로, 바닥에는 벌써 얼음이 끼어 있었다. 일행은 홑이불을 간 것처럼 하얗고 밝은 골짜기를 따라 나아갔다. 주위에는 눈을 머리에 인 봉우리들이 우뚝 서 있었다.

햇빛은 소나기처럼 이 빛나는 얼어붙은 하얀 사막 위에 내리쬐어, 눈부신 차가운 불꽃으로 주위를 태우고 있었다. 이 산들의 바닷속에는 살아 있는 생명은 하나도 남지 않은 채, 그 무한한 고독 속에서 어떤 움직임도 없고, 그 깊은 침묵 속에는 아무런 소리도 들리지 않았다.

젊은 안내인 울리히 쿤지는 키가 크고 다리가 긴 스위스 사람인데, 어느새 오제 영감과 가스파르 노인보다 앞서가고 있었다. 그는 두 여자를 태우고 가는 노새를 따라잡으려고 걸음을 서둘렀다.

젊은 여자는 그가 다가오는 것을 가만히 바라보고 있었는데, 그 모습이 왠지 모르게 슬픈 눈길로 상대를 부르고 있는 것처럼 보였다. 그녀는 금발머리의 자그마한 시골 아가씨로, 우윳빛 뺨과 연노랑 머리카락이 얼음에 갇혀 사는 긴 산속 생활 때문인지 바랜 것처럼 보였다.

가까스로 그 아가씨를 태운 노새를 따라잡자, 젊은이는 노새 엉덩이에 손을 얹어 걸음을 늦췄다. 어머니인 오제 부인이 먼저 입을 열어, 겨울을 나는 데 필요한 여러 가지 주의사항을 끝없이 늘어놓았다. 아리 노인은 열네 번의 겨울을 눈 속의 슈바렌바흐 산장에서 보냈지만, 이 젊은이에게는 이번이 처음이었다.

울리히 쿤지는 듣고는 있지만 알아듣는 건지 마는 건지, 끊임없이 젊은 여자만 쳐다보고 있었다. 그리고 가끔 "예, 오제 부인" 하고 대답은 하지만 마음은 딴 데 있는 것처럼, 그 온화한 얼굴에는 아무런 반응도 나타나지 않았다.

드디어 그들은 도브 호수에 다다랐다. 얼어붙은 기다란 수면이 골짜기 속에 평탄하게 뻗어 있었다. 오른쪽에는 다우벤호른산의 삐죽삐죽한 검은 바위들이 드러나 있고, 그 옆에는 뢰메른 빙하의 거대한 퇴석이 보였다. 그 위에 빌트슈트루벨산이 가장 높이 솟아 있었다.

로이크 마을로 내려가는 겜미 고개가 가까워졌을 때, 론강의 깊고 넓은 계곡을 사이에 두고, 발레주 알프스의 드넓은 지평선이 갑자기 눈앞에 펼쳐졌다.

그것은 멀리 죽 이어져 있는 하얀 봉우리들이었다. 납작하게 짓눌린 것도 있는가 하면, 깎아지른 듯한 봉우리도 있어서 각양각색이지만 햇살을 받아 한결같이 빛나고 있었다. 즉 뿔이 두 개인 미샤벨, 바이스호른의 당당한 산맥, 장중한 브루네그호른, 살인자라고도 불리는 세르뱅*1의 높고 무시무시한 피라미드,

---

*1 스위스와 이탈리아 국경에 있는 페나인알프스산맥의 한 봉우리인 '마터호른'의 다른 이름.

잔인한 요부에 비할 만한 당블랑슈 봉우리였다.

이윽고 그들의 발아래, 바닥을 알 수 없는 깊은 구멍 속, 무섭고 깊은 연못의 바닥에 로이크 마을이 보이기 시작했다. 이쪽은 젬미 고개가 막고 있고, 저쪽으로는 론강 쪽으로 펼쳐진 거대한 균열 속에 집들이 모래알처럼 흩어져 있었다.

고개에 오자 노새가 걸음을 멈췄다. 이제부터 내려가야 하는 오솔길은, 험준한 산허리를 누비면서 끝없이 구부러졌다가 다시 돌아오곤 하는데, 참으로 변덕스럽지만 길은 끊어지지 않고 이어지면서, 눈에 보이지 않을 만큼 작은 기슭의 마을까지 뻗어 있었다. 여자들이 눈 위로 뛰어내렸다.

두 노인도 따라왔다.

"자, 여기서 헤어지세. 모두 잘 있게. 내년에 다시 보세나." 오제 영감이 말했다.

아리 영감도 같은 말을 되풀이했다. "내년에 보세나."

그들은 키스를 나눴다. 자기 차례가 되자 오제 부인이 뺨을 내밀었다. 그리고 젊은 딸도 그대로 했다.

울리히 쿤지의 차례가 왔을 때, 그는 루이즈의 귓전에 대고 작은 소리로 말했다. "산에 있는 사람들을 잊지 마요." 그녀는 "네" 하고 대답했다. 목소리가 너무 작아서 그는 알아듣지 못했지만 그 의미는 짐작할 수 있었다.

"자, 이제 헤어지세. 건강하게 잘 있게." 장 오제가 다시 한 번 말했다.

노인은 여자들보다 먼저 내려가기 시작했다.

곧 첫 번째 길모퉁이에서 그들 세 사람의 모습이 사라졌다.

두 남자는 슈바렌바흐 산장을 향해 발길을 돌렸다.

그들은 어깨를 나란히 한 채 별다른 얘기도 없이 천천히 걸어갔다. 이것으로 끝이었다. 이제부터 몇 달 동안 그들은 서로 얼굴을 마주 보며 단둘이 살아야 했다.

가스파르 아리는 곧 지난겨울 이야기를 시작했다. 작년에는 미셸 카놀과 함께 지냈는데, 그 노인은 한 번 더 산장에서 겨울을 나기에는 너무 노쇠했다. 긴 겨울을 보내는 동안 무슨 사고가 일어날지 모르기 때문이다. 어쨌든 그들은 별로 지루하지는 않았다. 첫날부터 체념하고 각오를 단단히 했기 때문이다. 그러다 보면 결국 소일거리나 놀이, 그 밖에 여러 가지 심심풀이를 저절로 찾아내기 마련이었다.

울리히 쿤지는 눈을 내리깐 채 노인의 말을 듣고 있었지만, 마음은 겜미의 구불구불한 길을 지나 마을로 내려가는 사람들을 따라가고 있었다.

곧 산장이 보이는 곳까지 왔다. 하지만 그것은 보일까 말까 할 정도로 작아서, 거대한 눈더미 아래쪽에 찍힌 검은 점 하나에 지나지 않았다.

그들이 문을 열자, 털이 곱슬거리는 커다란 개 샘이 두 사람에게 달려왔다. 가스파르 노인이 말했다.

"자, 이제 여자들이 아무도 없으니 우리가 식사를 준비해야 해. 자네는 감자 껍질을 벗기게나."

두 사람은 나무 의자에 앉아 빵을 수프에 적셔서 먹기 시작했다.

이튿날 오전은 울리히 쿤지에게는 매우 길게 느껴졌다. 아리 노인이 담배를 피우면서 아궁이 속에 쉴 새 없이 침을 뱉는 동안, 젊은이는 창문 너머 맞은쪽에 있는 눈부신 산을 바라보았다.

오후가 되자 그는 집을 나와, 어제와 같은 길을 걸으면서 눈 위에 두 여자를 태우고 간 노새의 발자국을 찾아보았다. 이윽고 겜미 고개까지 오자, 절벽 끝에 엎드려 로이크 마을을 내려다보았다.

그 마을은 바위산의 낮은 지대에 있기 때문에 아직 눈에 파묻히지는 않았다. 물론 눈은 바로 그 근처까지 내려와 있었지만, 마을 주변을 보호하는 전나무 숲에 막혀 있었다. 위에서 내려다보니, 지붕이 낮은 집들이 마치 목장에 포석을 깔아놓은 것처럼 보였다.

오제의 딸은 지금 저곳의, 저 잿빛 집들 가운데 한 곳에 있을 것이다. 어느 집일까? 울리히 쿤지는 자신이 너무 먼 곳에 있어서 그 집들을 하나하나 구별할 수는 없다고 생각했다. 지금이라도 마음만 먹으면 내려갈 수 있을 때 차라리 내려가 버리고 싶었다!

시간은 이미 늦어서 빌트슈트루벨의 높은 봉우리 뒤로 해가 지고 말았다. 젊은이는 산장으로 되돌아왔다. 아리 영감은 담배를 피우고 있었다. 그는 동료가 돌아오는 것을 보자 카드놀이나 하자고 말했다. 그리하여 두 사람은 탁자에 마주 앉았다.

그것은 브리스크라는 간단한 카드놀이였지만 두 사람은 오랫동안 계속했다. 그런 다음 저녁을 먹고 잠자리에 들었다.

이튿날도 그 이튿날도 첫날과 똑같았다. 날씨가 맑고 추웠지만 눈은 더 내리지 않았다. 가스파르 노인은 독수리와, 이렇게 높은 얼음산에 날아드는 온갖 진귀한 새를 사냥하기 위해 오후부터 나가 있었다. 울리히는 그동안 다시 겜미고개에 가서 마을을 내려다보았다. 그 뒤 두 사람은 다시 카드와 주사위, 도미노 놀이를 했다. 재미를 위해 약간의 물건을 걸고 내기를 하여 따기도 하고 잃기도 했다.

어느 날 아침, 먼저 일어난 아리가 울리히를 불러 깨웠다. 어느새 굵고 가벼운 눈, 새하얀 거품 같은 눈이 그들을 향해 그들 주위에 소리도 없이 내려앉은 것이다. 그리고 그들을 두껍고 묵직한 거품 이불 속에 서서히 파묻고 있었다. 그 눈은 나흘 밤낮 계속 내렸다. 출입문과 창문을 파내고, 길을 뚫으며, 발판을 다져놓아야만 열두 시간 동안 얼어 붙으면서 빙하의 퇴석보다 더 단단해진 이 얼음 가루 위로 나갈 수 있었다.

그때부터 그들은 죄수처럼 밖에 나가지도 못하고 집 안에만 갇혀 지냈다. 두 사람은 일을 나누어 규칙적으로 생활했다. 울리히 쿤지는 청소와 빨래 등, 집을 깨끗하게 유지하는 일을 맡았다. 장작을 패는 것도 그의 몫이었다. 그동안 가스파르 아리는 부엌일을 하거나 불을 관리했다. 이 규칙적이고 단조로운 집 안일 사이사이에 카드놀이와 주사위놀이를 즐기기도 했다. 두 사람 다 온화하고 조용한 성격이어서 서로 다투는 일은 한 번도 없었다. 화를 내지도 않았고, 언짢아하거나 거친 말을 쓰지도 않았다. 그것은 산 위에서 겨울을 나는 것에 대해 두 사람 다 마음을 비우고 있었기 때문이다.

가스파르 노인은 가끔 총을 메고 영양을 찾으러 나갔다. 때로는 정말 잡아 오는 날도 있었다. 그런 날은 슈바렌바흐 산장의 축제일, 신선한 고기로 잔치를 벌이는 날이었다.

어느 날 아침, 노인은 또 사냥을 하러 나갔다. 바깥 온도계가 영하 18도를 가리키고 있었다. 해가 아직 뜨기 전이어서, 사냥꾼은 빌트슈트루벨산 부근에서 사냥감을 찾을 생각이었다.

혼자 남은 울리히는 열 시까지 잤다. 그는 본디 아침 늦게 일어나지만, 언제나 활기차게 아침 일찍 일어나는 늙은 안내인 앞에서 계속 누워 있을 수는 없는 노릇이었다.

울리히는 역시 밤낮없이 난로 앞에서 잠만 자는 샘과 함께 느긋하게 아침을 먹었다. 식사가 끝나자, 왠지 모르게 슬픈 기분이 들고 혼자 있는 것이 무서웠다. 사람들은 흔히 억제할 수 없는 습관의 힘에 끌리기 마련인데, 그도 날마다 하던 카드놀이가 하고 싶어졌다.

그래서 네 시에 돌아올 예정인 동료를 마중하러 나갔다.

눈은 깊은 계곡을 완전히 평평하게 뒤덮고 말았다. 크레바스*²를 메웠고, 두 개의 호수를 삼켜 버렸으며, 바위틈을 채워 버렸다. 그것은 말하자면, 높은 봉우리와 봉우리 사이에 눈이 부시도록 새하얗게 얼어붙은 거대한 통이 만들어져 있는 듯했다.

울리히는 지난 3주 동안 마을을 내려다볼 수 있는 그 절벽에 가지 않았다. 빌트슈트루벨산에 가는 비탈을 오르기 전에 그는 그곳에 먼저 가보고 싶었다. 로이크 마을도 지금은 눈에 뒤덮여 있었다. 그리고 집들 또한 하얀 외투를 입고 있어서 분간할 수가 없었다.

이윽고 오른쪽으로 돌아 뢰메른 빙하까지 갔다. 돌처럼 단단한 눈을 등산용 지팡이로 찍으면서 산사나이답게 큰 걸음으로 걸어갔다. 그 끝없는 설원 멀리 날카로운 시선을 보내면서 움직이는 작고 검은 점을 찾으려고 했다.

빙하 가장자리까지 오자 그는 걸음을 멈췄다. 노인이 과연 이 길을 지나갔는지 어떤지 의심스러웠다. 그러자 갑자기 걱정이 된 그는 빙하의 퇴석을 따라 빠른 걸음으로 걷기 시작했다.

해가 지고 있었다. 눈은 장밋빛으로 물들기 시작했다. 차갑고 메마른 바람은, 이따금 생각난 듯이 얼어붙은 눈 표면으로 불고 지나갔다. 울리히는 날카롭게 떨리는 목소리를 길게 끌면서 친구를 불러보았다. 그 목소리는 산들이 잠들어 있는 죽음의 침묵 속으로 이내 사라졌다. 그리고 거품이 꽁꽁 얼어버린, 움직이지 않는 깊은 물결 위로 멀리 달아났다. 그것은 파도 위를 스치고 지나가는 바닷새가 우는 소리와도 비슷했다. 부르는 목소리는 이내 사라졌고, 그것에 대답하는 목소리는 들리지 않았다.

그는 다시 걷기 시작했다. 해는 이미 산봉우리 뒤에 숨었고, 하늘에 반사된 빛이 산꼭대기를 아직도 붉게 물들였지만, 골짜기 바닥은 벌써 잿빛을 띠어 갔다. 젊은이는 갑자기 두려운 생각이 들었다. 침묵이, 추위가, 고독이, 겨울산의

---

*2 빙하 표면에 생긴 깊은 균열.

죽음이 모조리 그에게 스며들어 피를 얼어붙게 하고 팔다리를 마비시켜, 그를 옴짝달싹 못 하게 하려는 것 같았다. 그는 산장을 향해 한달음에 달아나려는 듯이 달리기 시작했다. 자기가 산장을 비운 동안 틀림없이 노인이 돌아와 있을 거라고 그는 생각했다. 틀림없이 길이 어긋난 것이며, 노인은 지금쯤 잡아 온 영양을 옆에 두고 난로 앞에 앉아 불을 쬐고 있을 것이 틀림없다고 생각했다.

곧 산장이 보였다. 그러나 굴뚝에서 연기가 나오고 있지 않았다. 울리히는 정신없이 달려가서 문을 열어젖혔다. 샘이 기쁜 듯이 달려들었지만 가스파르 아리는 아직 돌아와 있지 않았다.

가슴이 쿵 내려앉은 울리히 쿤지는 주위를 두리번거렸다. 어디 구석에라도 동료가 숨어 있는 듯한 기분이 들었던 것이다. 이윽고 그는 노인이 곧 돌아오기를 바라면서 불을 지피고 수프를 끓였다.

이따금씩 그의 모습이 보이지 않나 하고 밖에 나가보기도 했다. 완전히 밤이 되었다. 산 특유의 무겁고 창백한 밤, 납빛의 밤이었다. 산봉우리들 너머로 기울어 가는 가늘고 노란 조각달 때문에 지평선 끝이 희끄무레했다.

다시 집 안에 들어간 젊은이는 불 앞에 앉아 팔다리를 녹이면서, 일어날 수 있는 사고를 이리저리 상상해 보았다.

가스파르는 다리가 부러져 어딘가 구덩이 속에 빠졌을 수도 있고, 발을 헛디뎌 발목이 부러졌을 수도 있다. 그래서 눈 위에 쓰러져 추위에 몸이 얼어버려, 혼자 한탄하면서 살려달라 외치고 있을지도 모른다. 밤의 침묵 속에 목을 쥐어짜며 소리치고 있을 것이다.

하지만 거기가 어디란 말인가? 산은 넓고 굴곡이 심하다. 특히 이런 계절에는 가까운 곳도 위험하다. 그 망막함 속에 단 한 사람을 찾는 데도 열 명, 스무 명의 산악 안내인이 사방으로 인력을 나눠 일주일은 수색해야 한다.

그런데도 울리히 쿤지는, 만약 가스파르 아리가 열두 시에서 새벽 한 시 사이에 돌아오지 않으면 샘을 데리고 출발하기로 결심했다.

그는 곧 찾아 나설 채비를 하기 시작했다.

배낭 안에 이틀분 식량을 담고 강철 아이젠을 꺼내 왔다. 가늘고 튼튼한 로프도 몸에 감았다. 또 등산용 지팡이와 얼음에 발판을 깎을 손도끼의 상태도 살펴보았다. 그리고 그는 기다렸다. 난롯불이 활활 타올랐다. 개는 불빛 속에서 코를 골고 자고 있었다. 괘종시계는 소리가 잘 울리는 나무 상자 속에서 심장처럼 규칙적으로 째깍거렸다.

그는 먼 소리에도 귀를 세우고, 희미한 바람이 지붕과 벽에 닿아도 소스라치게 놀라면서 기다렸다.

시계가 열두 시를 쳤다. 그는 전율을 느꼈다. 겁에 질려 온몸이 떨리기 시작해서, 나가기 전에 물을 끓여 뜨거운 커피를 한 잔 마시기로 했다.

괘종시계가 한 시를 치자, 그는 일어나서 샘을 깨워 문을 열고 빌트슈트루벨 산을 향해 떠났다. 다섯 시간 동안 그는 오르고 또 올랐다. 아이젠을 이용하여 바위산을 기어오르고, 얼음에 발 딛을 자리를 깎으면서 오로지 앞으로 앞으로 나아갔다. 너무 가팔라서 개가 오르지 못할 때는 로프 끝에 개를 묶어 끌어올렸다. 여섯 시쯤, 가스파르 노인이 영양을 잡으러 자주 가는 봉우리 하나에 다다랐다.

그곳에서 그는 날이 새기를 기다렸다.

머리 위 하늘이 희뿌옇게 밝아오기 시작했다. 그러자 갑자기 어디선가 모르게 이상한 빛이 새어 나와, 사방이 100리나 되는 창백한 봉우리들의 바다를 한꺼번에 비추었다. 이 정체를 알 수 없는 빛은, 마치 우주로 퍼져 나가기 위해 눈 속에서 태어난 것 같았다. 이윽고 먼 곳의 가장 높은 산봉우리가 살처럼 부드러운 장밋빛을 띠어 갔다. 그리고 붉은 해가 베른 알프스의 장엄한 산맥 뒤에서 나타났다.

울리히 쿤지는 다시 길을 나섰다. 사냥꾼처럼 앞으로 몸을 숙이고 발자국이 있는지 살피면서, 개에게도 "샘, 찾아봐. 샘, 너도 찾아봐" 하고 계속 말하면서 걸어갔다.

이제 그는 다시 산을 내려가기 시작했다. 갈 수 없는 깊은 구렁은 눈으로 잘 살피면서 이따금 큰 소리로 길게 불러보았지만 그 소리는 광막한 침묵 속에 사라져 버렸다. 그는 땅에 귀를 대고 가만히 들어보았다. 왠지 모르게 어떤 목소리가 들려오는 것 같은 느낌이 들어, 달려 나가면서 다시 한 번 불러보았으나 아무 소리도 들려오지 않았다. 몸은 지칠 대로 지치고 절망에 빠진 그는 그 자리에 주저앉고 말았다. 정오 무렵에 점심을 먹었다. 그와 마찬가지로 지쳐버린 샘에게도 먹을 것을 주었다. 그러고는 다시 수색을 시작했다.

날이 저문 뒤에도 그는 여전히 걷고 있었다. 이미 산길을 50킬로미터나 걸은 뒤였다. 집에 돌아가기에는 너무 멀리 와버렸고, 너무 피곤해서 더 이상 걸을 수가 없었다. 그는 눈에 굴을 판 뒤, 개와 함께 그 속에 몸을 웅크리고 가져 온 담요를 덮었다. 인간과 동물은 그렇게 서로 몸을 맞대고 서로의 체온을 나누면서 누웠으나, 한기가 뼛속까지 파고드는 듯했다.

울리히는 한숨도 자지 못했다. 마음은 끊임없이 환상에 시달리고 팔다리는 추위에 떨었다.

날이 밝아 오자 그는 일어났다. 다리가 쇠막대기처럼 딱딱하고 기운이 전혀 없어 저절로 신음 소리가 새어 나왔다. 심장은 계속 두근거리고, 조그만 소리에도 놀라 그대로 쓰러져 버릴 것 같았다.

문득 그는 자신도 이 적막한 산속에서 얼어 죽을지도 모른다는 생각이 들었다. 그러자 죽음의 공포가 오히려 그의 의지를 자극했는지 다시 기운이 돌아왔다.

그는 수없이 넘어졌다가 다시 일어나면서 산장을 향해 내려갔다. 샘은 세 다리로 절뚝거리면서 멀리 뒤처져서 따라왔다.

그들은 오후 네 시쯤 간신히 슈바렌바흐에 도착했다. 집은 텅 비어 있었다. 젊은이는 불을 피우고 밥을 먹은 뒤 곧바로 잠에 빠져들었다. 너무나 기진맥진하여 아무것도 생각할 기운이 없었다.

도저히 물리칠 수 없는 졸음에 겨워 그는 오랫동안 잠을 잤다. 그런데 갑자기 어떤 목소리가, "울리히!" 하고 이름을 외치는 목소리가 그의 깊은 잠을 흔들어 깨웠다. 꿈을 꾼 것일까? 그것은 불안에 사로잡힌 사람들의 꿈속을 스치고 지나가는 그 이상한 부름이었던 것일까? 아니다, 그의 귀에는 아직도 그 소리가 들리고 있었다. 떨리듯이 울리는 그 소리는 귀로 들어와 살 속에, 손가락 끝까지 남아 있는 것 같았다. 분명히 누군가가 외치는 소리였다. 누군가가 "울리히!" 하고 불렀다. 누가 저기에, 이 집 근처에 있는 것이 분명했다. 그것은 의심할 여지가 없었다. 그는 문을 열고 소리쳤다. "영감님, 가스파르 영감님이오?" 목이 터지게 소리쳤다.

아무 대답도 없었다. 아무 소리도, 중얼거림도, 신음 소리도 들리지 않았다. 아무 것도 없었다. 이미 밤이 되어 있었다. 눈은 푸르스름하게 빛났다.

바람이 일었다. 그것은 바위를 깨부수는, 황량한 고지대에 살아 있는 생명은 그 어떤 것도 허락하지 않으려는 듯이 모든 걸 얼어붙게 하는 바람이었다. 사막의 뜨거운 바람보다 훨씬 메마르고, 훨씬 치명적인 바람이었다. 울리히는 다시 소리쳤다. "가스파르! 가스파르! 가스파르!"

그리고 기다렸다. 산 위에는 정적만이 감돌 뿐 아무 소리도 없었다! 그러자 공포가 뼛속까지 뒤흔드는 듯했다. 그는 쏜살같이 산장 속에 뛰어들어 문을 닫고 빗장을 질렀다. 그리고 온몸을 떨면서 의자 위에 쓰러지고 말았다. 자신의 동료가 숨을 거두면서 자신을 부른 것이 틀림없다는 느낌이 들었다.

그것은 확실했다. 살아 있는 것과 빵을 먹는 것이 확실하듯이 확실했다. 가스파르 노인은 어떤 구덩이 속이나, 주위가 온통 새하얘서 오히려 지하의 어둠보다 더욱 기분 나쁜, 사람 발길이 닿은 적이 없는 깊은 골짜기에 빠져서, 이틀 낮 사흘 밤 동안 단말마의 고통 속에 있었던 것이 틀림없다. 그렇게 사흘 동안 빈사 상태에서 헤매다가 방금 동료를 생각하면서 숨을 거둔 것이리라. 그리하여 그의 영혼이 가까스로 자유로워지자 울리히가 자고 있는 산장 쪽으로 달려 내려와, 죽은 자의 영혼이 지닌, 살아 있는 사람들을 찾아갈 수 있는 무서운 신비의 힘에 의해 그를 부른 것이리라. 그 소리 없는 영혼이 깊이 잠든 사람의 영혼 속에 외친 것이다. 그것은 마지막 작별 인사였거나, 아니면 자신을 끝까지 찾아주지 않은 사람에 대한 비난이나 저주였을지도 모른다.

그러자 울리히는 그 영혼을 바로 곁에서, 벽 뒤에서, 그리고 방금 그가 닫은 문 뒤에서도 느꼈다. 날개로 불 켜진 창문을 문지르는 밤새처럼 그것도 주위를 서성이고 있었다. 그렇게 생각하자 미칠 지경이 된 젊은이는 무서워서 크게 소리를 지를 뻔했다. 달아나고 싶었지만 밖에 나갈 용기는 없었다. 지금도 없고 앞으로도 그럴 것이다. 왜냐하면 늙은 안내인의 유해를 발견하여 축복받은 묘지 한 자락에 묻지 않는 한, 밤이고 낮이고 그 망령이 산장 주위에 머물 것이 틀림없기 때문이었다.

날이 새고 밝게 빛나는 햇빛을 쐬자 쿤지는 약간 기운이 되살아나는 것 같았다. 자신이 먹을 것을 만들고 개가 먹을 수프도 만들고 나자, 그는 의자에 앉은 채 움직이지 않고, 고통 속에서 눈 위에 쓰러져 있을 노인을 계속 생각했다.

이윽고 밤의 장막이 산을 감싸기 시작하자 새로운 공포가 밀려왔다. 촛불 하나가 희미하게 비추고 있는 어두운 부엌을 그는 하는 일도 없이 서성거렸다. 그는 부엌 안을 큰 걸음으로 왔다 갔다 하면서, 전날 밤의 그 무서운 외침이 문 밖의 음산한 침묵을 깨고 들려오지 않는지 가만히 귀를 기울였다. 그는 지금 자신이 혼자라는 것을 뼈저리게 느꼈다. 이 가련한 젊은이는, 지금까지 어느 누구도 경험한 적이 없는 고독을 느끼고 있었던 것이다! 그는 끝없이 쓸쓸한 이 설원에 오직 혼자 있었다. 사람들이 사는 땅, 사람들의 집, 그 복잡하고 시끄럽고 어수선한 생활에서 2000미터나 떨어진 높은 곳에 홀로, 얼어붙은 하늘 아래 오로지 홀로 있었다! 어디라도 상관없이 무슨 수를 써서라도 여기에서 달아나고 싶은, 그 깊은 연못에 뛰어들어 로이크 마을로 내려가고 싶은 미친 듯한 욕망이 그를 사로잡았다. 그러면서도 막상 문을 열 용기는 없었다. 틀림없이 또 한 사람이, 그 죽은 사람이 이번에는 자기 혼자 이 높은 산에 남겨지는 것이 싫어서 그가 가는 길을 막을 것이었기 때문이다.

자정 무렵이 되자, 서성거리는 것도 지치고 고뇌와 공포에 짓눌린 그는 의자에 앉은 채 잠이 들고 말았다. 사람들이 유령의 집을 무서워하듯이, 자신의 침대에 들어가는 것이 그는 무서웠다.

그런데 갑자기 전날 밤과 똑같은 날카로운 외침이 그의 귀를 찢어놓았다. 그 소리가 너무나도 처절하여 울리히는 자신도 모르게 두 팔을 내저어 망령을 쫓아내는 시늉을 했다. 그 순간 그는 의자와 함께 뒤로 벌렁 나자빠지고 말았다.

샘이 그 소리에 잠이 깨어, 겁에 질린 것처럼 짖어대기 시작했다. 그리고 위험의 소재를 찾으려는 듯이 산장 주위를 빙빙 돌았다. 문 앞까지 가자, 개는 그 아래쪽 냄새를 맡으면서 코를 킁킁거리더니, 털을 곤두세우고 꼬리를 축 늘어뜨린 채 낮게 으르렁거렸다.

쿤지는 정신없이 서 있다가 느닷없이 의자 다리를 붙잡고 소리쳤다. "들어오지 마, 들어오지 마, 들어오면 죽여버리겠어!" 그러자 개는 그 위협에 더욱 자극을 받아, 주인이 목소리로 도전하고 있는 보이지 않는 적을 향해 맹렬하게 짖어댔다.

샘은 조금씩 진정되어 난로 옆에 가서 엎드렸다. 하지만 그래도 왠지 모르게 불안한 듯, 머리를 쳐들고 눈을 이글거리면서 엄니 사이로 으르렁거렸다.

울리히도 제정신으로 돌아왔지만 공포 때문에 기진맥진해서, 찬장에서 브랜디 병을 하나 꺼내 연거푸 몇 잔 마셨다. 머릿속이 몽롱해지면서 오히려 용기가 났다. 뜨거운 기운이 혈관 속에 퍼져 갔다.

이튿날도 그는 아무것도 먹지 않고 술만 마셨다. 그렇게 며칠 동안 술에 취해 보냈다. 가스파르 아리가 생각나면 이내 술을 마시기 시작하여, 정신을 잃을 만큼 취해 바닥에 쓰러져 버릴 때까지 마셔댔다. 그러다가 결국 그 자리에 엎어져서, 죽은 듯이 팔다리가 마비되어 이마를 바닥에 대고 커다랗게 코를 골았다. 그렇지만 그 타는 듯한, 사람을 미치게 만드는 액체가 다 소화되고 나면, 그 "울리히!"라는 외침이 마치 두개골을 꿰뚫는 총알처럼 그를 다시 깨웠다. 그러면 비틀거리면서 다시 일어나, 쓰러지지 않으려고 두 팔을 뻗으면서 샘을 불러 도움을 청했다. 그런데 개도 주인처럼 정신이 이상해진 건지, 문에 달려들어 발톱으로 긁고 긴 이빨로 물어뜯기도 했다. 젊은이는 다시 앞가슴을 헤치고 드러누워, 달리기를 한 뒤에 물을 마시듯이 브랜디를 벌컥벌컥 들이켰다. 그러면 술의 힘으로 금방 생각도, 기억도, 미친 듯한 공포도 가라앉았다.

3주 동안 그는 비치해 두었던 술을 다 마셔버렸다. 그러나 이 밤낮 없는 폭음도 그의 공포를 잠깐 가라앉게 했을 뿐, 술이 떨어지자 그의 공포는 더욱더 심해졌다. 한 달 동안의 취기에 자극받아 더욱 악화된 강박관념은 절대 고독 속에서 갈수록 커져서, 결국은 송곳처럼 몸속을 더욱 깊이 파고들었다. 이제 그는 우리 속에 갇힌 동물처럼 집 안을 왔다 갔다 하면서, 문에 귀를 대고 상대가 가까이 와 있지 않은지 엿보거나, 벽을 사이에 두고 상대에게 도전하기도 했다.

그러다가 피로에 지쳐 잠이 들면, 또다시 그 소리를 듣고 벌떡 일어나곤 했다.

드디어 어느 날 밤, 겁쟁이가 궁지에 몰리면 대담하게 나오듯이 그는 갑자기 문을 향해 뛰어가더니, 자신을 부르고 있는 자의 정체를 확인하고 그를 조용히 잠재우기 위해 문을 활짝 열어젖혔다.

차가운 공기가 얼굴에 확 끼치자 뼛속까지 얼어붙는 것 같았다. 그는 얼른 문을 닫고 빗장을 질렀지만, 그사이에 개가 밖으로 뛰쳐나가는 것을 보지 못했다. 추위에 떨면서 난로에 장작을 넣고, 몸을 녹일 생각으로 그 앞에 앉던 그는 다시 소스라치게 놀라고 말았다. 누군가가 울부짖으면서 벽을 긁고 있었다.

그는 미친 듯이 소리쳤다. "꺼져버려!" 그러자 슬픈 듯이 길게 호소하는 신음 소리가 그것에 대답했다.

그에게 남아 있던 마지막 이성마저 공포 때문에 모조리 소멸하고 말았다. 그는 다만 어딘가에 숨을 곳이 없는가 하고 주위를 빙글빙글 돌면서 "꺼져버려!" 하고 되풀이해 외칠 뿐이었다. 상대는 여전히 울부짖으며 벽에 몸을 비벼대면서 집 주위를 돌고 있었다. 울리히는 그릇과 식품이 들어 있는 떡갈나무 찬장

쪽으로 달려가서, 초인적인 힘으로 그것을 들어 올려 문까지 끌고 가서 바리케이드를 쳤다. 그런 다음 가구, 매트리스, 짚을 넣은 요, 의자 등 집 안에 있는 물건들을 닥치는 대로 쌓아 올리고, 마치 적에게 포위당한 것처럼 창문을 모두 막아버렸다.

그러나 밖에 있는 녀석은 여전히 기분 나쁜 신음 소리를 길게 빼면서 그것에 반응했고, 젊은이도 그것과 비슷한 신음 소리를 내기 시작했다.

그들은 그렇게 며칠 동안 밤이고 낮이고 서로를 향해 짖어댔다. 한쪽은 집 주위를 끊임없이 돌면서 발톱으로 벽을 계속 긁어댔다. 혹시 벽이 무너져 버리는 게 아닌가 하는 생각이 들 정도의 힘이었다. 안에 있는 사람은 몸을 웅크리고 벽에 귀를 댄 채, 밖에 있는 녀석이 하는 대로 따라 했다. 밖의 녀석이 부르는 소리에 무서운 고함으로 대답한 것이다.

그러던 어느 날 밤부터 울리히의 귀에 더 이상 아무 소리도 들리지 않았다. 그는 자리에 앉더니 기진맥진해서 그대로 쓰러져 잠이 들었다.

눈을 떴을 때는 이미 아무 기억도, 아무 생각도 남아 있지 않았다. 그 무서운 잠을 자는 동안, 그는 머리가 텅 비어버린 것처럼 아무것도 기억하지 못했다. 그저 배가 고플 뿐이었다. 그래서 그는 먹었다.

······································

겨울이 끝났다. 겜미 고개도 오갈 수 있게 되자 오제 가족은 산장으로 돌아가기 위해 길을 나섰다.

고갯마루에 도착하자 여자들은 노새를 탔다. 그리고 자신들이 곧 다시 만나게 될 두 남자에 대해 이야기했다.

실은 며칠 전부터 길이 뚫려 있었기 때문에, 두 사람 가운데 누군가가 긴 겨울 동안의 소식을 알리러 내려오지 않아 그녀들은 이상하다고 생각했다.

드디어 산장이 보였다. 산장은 아직도 눈에 덮여 있었다. 문도 창문도 닫혀 있었지만 굴뚝에서 연기가 가늘게 피어오르고 있어서 오제 영감은 안도했다. 하지만 가까이 다가가자, 문 앞에 있는 동물의 해골이 눈에 띄었다. 꼼꼼히 보니, 그것은 독수리에게 뜯어먹혀 엎어져 있는 커다란 해골이었다.

그들은 그것을 꼼꼼히 살펴보았다. "이건 샘이 틀림없어요." 어머니가 말했다. 그리고 큰 소리로 불렀다. "가스파르!" 그러자 안에서 날카로운 목소리가 대답했다. 짐승의 소리로밖에 생각할 수 없는 무서운 외침이었다. 오제 영감이 다시 불렀다. "이보게, 가스파르!" 조금 전과 똑같은 목소리가 다시 들려왔다.

아버지와 아들 둘, 세 남자가 문을 열려고 했다. 하지만 좀처럼 열리지 않았다. 그들은 빈 마구간에서 기다란 들보를 가져와서 문을 힘껏 쳤다. 그러자 문이 굉음과 함께 부서지면서 널빤지가 사방으로 흩어졌다. 다음 순간 집 전체를 뒤흔드는 듯한 큰 소리가 일어났다. 그들은 보았다. 집 안에, 무너져 내린 찬장 뒤에 한 남자가 우뚝 서 있는 것을. 머리는 어깨까지 내려오고 수염은 가슴팍까지 자란 채, 몸에 넝마를 걸치고 두 눈을 번뜩이고 있었다.

세 남자는 그가 누구인지 알아보지 못하고 있는데 루이즈 오제가 소리를 질렀다. "울리히예요, 엄마!" 머리카락은 하얗게 셌지만, 어머니도 울리히가 틀림없다는 걸 인정했다.

그는 모두가 가까이 다가가서 몸을 만져도 가만히 있었다. 그러나 아무리 물어봐도 도무지 입을 열지 않았다. 하는 수 없이 그를 로이크로 데려갔는데, 의사는 그가 미쳤다고 진단을 내렸다.

또 한 사람의 동료는 어떻게 되었는지 그들은 전혀 알 길이 없었다.

딸 루이즈는 그해 여름 시름시름 앓다가 하마터면 죽을 뻔했는데, 사람들은 산속의 추위 때문에 그런 거라고 생각했다.

Clair de lune

달빛

줄리 루베르 부인은 언니인 앙리에트 레토레 부인이 스위스 여행에서 돌아오기를 기다리고 있었다.

레토레 부부는 5주일 전에 여행에 나섰는데, 칼바도스에 있는 그들의 영지에 볼일이 생기자 앙리에트 부인은 남편을 혼자 영지로 돌려보내고, 자신은 파리의 동생 집에서 며칠 지내기로 한 것이다.

해가 지고 있었다. 땅거미가 내려 어둑해진 중류 가정의 작은 응접실 안에서, 루베르 부인은 무슨 소리가 들릴 때마다 고개를 들면서 건성으로 책을 읽고 있었다.

이윽고 초인종이 울렸다. 곧 편안한 여행복 차림의 언니가 들어왔다. 두 여자는 인사도 제대로 하지 않고 반갑게 서로를 끌어안았다. 그리고 떨어졌다가 이내 다시 끌어안기를 반복했다.

잠시 뒤 그녀들은 입을 열었다. 앙리에트 부인은 모자를 벗을 틈도 아깝다는 듯이 서로의 건강과 가족, 그 밖에 여러 가지 안부를 서로 묻는데 그 말도 토막토막, 조급하게 이리저리 튀면서 수다가 이어졌다.

밖은 이미 어두워졌다. 루베르 부인은 종을 울려 등불을 가져오게 했다. 등불이 오자, 그녀는 다시 한 번 키스를 하려고 언니를 쳐다보았다. 그런데 키스는커녕, 그녀는 깜짝 놀라 아무 말도 하지 못하고 있었다. 레토레 부인의 양쪽 관자놀이 근처에 흰머리가 몇 가닥 보였던 것이다. 다른 부분은 칠흑같이 새까맣게 윤기가 나는데, 이 몇 가닥만 마치 두 줄기의 은빛 강물처럼 흘러내리다가 올림머리 속으로 섞여 들어가 있었다. 이제 겨우 스물네 살인데, 이건 아무래도 스위스로 여행을 떠난 뒤에 갑작스럽게 일어난 변화가 분명했다. 루베르 부인은 움직이지도 않고 어안이 벙벙해진 눈으로 언니를 바라보았다. 뭔가 언니에게 끔찍한 불행이 일어난 것이 아닐까 하고 생각하니, 금방이라도 울음이 터질 것만 같았다. 그녀가 물었다.

"앙리에트 언니, 이게 도대체 어떻게 된 일이야?"

비탄에 젖은 슬픈 미소를 지으면서 언니가 대답했다.

"내 흰머리 말이니? 아무 일도 아니니까 걱정 마."

그러나 루베르 부인은 도저히 그냥 넘어갈 수가 없어서, 언니의 어깨를 꼭 붙잡고 뚫어질 듯이 바라보면서 되풀이해 물었다.

"어떻게 된 거냐니까? 어서 말해 봐. 거짓말하면 가만히 있지 않을 테야."

두 사람은 서로 얼굴을 마주 보았다. 그러자 앙리에트의 얼굴이 기절이라도 할 것처럼 새파랗게 질리더니, 내리뜬 눈가에는 눈물마저 맺혔다.

동생은 다시 말했다.

"분명히 무슨 일 있었지? 무슨 일이야, 응? 대답해 봐, 언니."

그러자 앙리에트는 체념한 목소리로 말했다.

"실은…… 나한테 남자가 생겼어."

그렇게 실토하고 나자, 그녀는 동생 가슴에 얼굴을 묻고 울음을 터뜨렸다.

잠시 뒤 그녀는 약간 진정되어 두근거리던 가슴도 가라앉자, 이야기를 시작했다. 마치 사랑하는 동생의 마음속에 그 비밀을 흘려 넣어 자신의 고통을 비워버리려는 듯이.

두 사람은 손을 꼭 잡고 응접실의 어두컴컴한 구석에 있는 소파에 가서 앉았다. 동생은 언니의 어깨에 팔을 둘러 자기 가슴에 꼭 끌어안고 이야기를 들었다.

*

아! 난 무슨 비난을 들어도 할 말이 없어. 아무튼 나 자신도 나를 잘 모르겠으니까. 그날부터 나는 제정신이 아닌 것 같아. 너도 조심해. 스스로 자신에게 주의하는 수밖에 없어. 우리 여자들은 정말 나약한 존재니까, 쉽게 유혹당하고 쉽게 타락해 버리니까! 그것도, 아무것도 아닌, 아주 조그마한 일 때문에 말이야. 이를테면 눈시울이 뜨거워지는 감동을 받은 듯한 기분이나, 문득 마음을 스치는 우수, 우리 여자들이 자칫하면 그런 마음이 되는, 팔을 벌려 모든 것을 동정하고 보듬어 주고 싶은 그런 기분, 그런 사소한 것에서 실수가 시작되는 법이야.

넌 내 남편을 잘 알고 있지? 그리고 내가 그이를 얼마나 사랑하고 있는지도. 하지만 그이는 사려 깊고 이성에 충실한 사람이잖아. 그래서 여자의 마음이 얼마나 부드럽고 쉽게 떨림을 느끼는지에 대해선 전혀 모른단다. 그이는 언제나 똑같아. 언제나 선량하고, 언제나 상냥하며, 언제나 친절하고, 언제나 완벽해. 아! 가끔씩 그이가 나를 열렬하게 사랑하는 마음으로 안아주기를 얼마나 바랐는지 모른단다. 두 몸을 하나로 만드는, 무언의 비밀 이야기 같은, 뭐라 표현할 수 없이 달콤한 키스를 천천히 해주기를 내가 얼마나 바랐는데! 차라리 그이가 불성실하고 의지가 약한 사람이라면 더 낫겠다는 생각이 들 정도야. 그러면 그이에게 내가, 나의 애무와 눈물이 필요해질 테니까.

이런 모든 것이 정말 어리석지만, 여자란 다 그런 거야. 우리가 뭘 어쩌겠니?

그래도 나는 그이를 배신한다는 건 꿈에도 생각해 본 적이 없었어. 그런데 바로 지금 내가 그렇게 되고 말았구나. 하지만 그건 사랑 때문도 아니고 무슨 특별한 이유가 있는 것도 아니야. 그냥 어느 날 밤, 루체른 호수에 달빛이 비치던 그날부터 시작되었어.

우리는 한 달이나 함께 여행하고 있었는데, 그동안 그이는 여전히 냉담하고 무관심해서 오랜만에 맛본 나의 감격과 흥분도 이내 식어버리더라. 이를테면 우리가 네 마리 말이 끄는 마차를 타고 아침 해가 떠오르는 산길을 내려가다가, 투명한 아침 안개 속에 길게 뻗은 골짜기와 숲, 강, 마을들을 발견하면, 난 완전히 흥분해 손뼉을 치면서 그이에게 말한단다. "여보, 정말 아름답지 않아요? 키스해 줘요!" 하고. 그러면 그이는 어깨를 약간 으쓱하면서, 친절한 듯, 그러면서도 차가운 미소를 지으면서 이러는 거야. "경치가 마음에 든다는 게 우리가 키스할 이유는 아니지 않소?"

그럴 때마다 나는 심장까지 얼어붙어 버리는 것 같아. 사랑하는 두 사람이 감동을 주는 경치를 보면, 사랑의 감정이 더욱더 커지는 게 당연하다고 생각하니까.

요컨대 내 가슴속에서는 시정이 끓어넘치는데 그이가 매정하게 거기에 찬물을 끼얹어 버리는 거지. 뭐라고 표현하면 좋을까? 나 같은 여자는 속에 증기가 가득 차 있는데 출구가 꽉 막혀 버린 보일러와 같다고 할까.

어느 날 밤, (플뤼엘렌 호텔에 온 지 나흘째였지) 로베르는 머리가 좀 아프다면서, 저녁 식사가 끝나자마자 바로 자러 가버렸기 때문에, 나는 호숫가로 혼자 산책하러 나갔단다.

동화 속에 나올 듯한 밤이었어. 둥근 달이 하늘 한가운데 홀로 떠 있었지. 눈을 이고 있는 높은 산들은 은빛 모자를 쓴 것 같았고, 호수는 잔물결을 일렁이며 빛나고 있었어. 달콤한 공기가 몸속까지 온화하게 스며들자, 정신이 아득해질 만큼 무기력해져서 왠지 모르게 감상이 앞서게 되는 밤이었어. 하지만 그럴 때 사람의 마음은 얼마나 민감하게 떨리는지! 얼마나 섬세하고 감성이 예민해지는지!

나는 풀밭 위에 앉아서 그 아름답고도 슬픈 커다란 호수를 바라보고 있었어. 그런데 문득 묘한 기분이 드는 게 아니겠니. 사랑이 그리워서, 그리워서 견딜 수가 없는 거야. 나의 우울하고 단조로운 삶에 반항하는 마음이 일어나더구나. 아, 나라고 애인의 품에 안겨 달빛이 쏟아지는 호숫가를 산책 한 번 못한 채 인생을 끝내라는 법이 있겠니? 하느님이 사랑하는 남녀를 위해 만들어 주신 그 달콤한 밤마다 연인들이 나누는 깊고 달콤하고 뜨거운 키스를, 나는 끝내 알지 못한 채 끝나버려야 해? 여름밤의 달빛 그림자 아래에서 뜨거운 품에 격정적으로 안기는 일도 없이?

그렇게 생각하자 나는 미친 여자처럼 울음을 터트리고 말았어.

그때 뒤에서 무슨 소리가 들리는 거야. 내가 돌아보니 어떤 남자가 서서 나를 보고 있었지. 그 사람은 나를 아는 것처럼 내 옆에 다가와서 말했어. "부인, 울고 계십니까?"

그는 젊은 변호사인데, 우리도 몇 번 만난 적이 있는 사람이었어. 어머니와 함께 왔다더구나. 예전에도 그 사람의 시선이 나를 쫓고 있었던 적이 한두 번이 아니었어.

난 너무 당황해서 어떻게 말해야 할지 아무 생각도 나지 않더구나. 나는 일어나면서 무척 난감하게 되었다고 생각했지.

그 사람은 나와 함께 걸었는데, 뭔가 거북해하거나 이상한 태도는 보이지 않고 이번 여행에서 느낀 감상을 서로 묻고 대답했어. 그 사람은 내가 마음으로 느낀 것을 말로 너무나 잘 나타내 주었어. 내가 감동한 것들을 모두 나만큼, 아니 나보다 더 잘 이해했지. 잠시 뒤 그 사람이 갑자기 어떤 시를 읊조리는 거야.

뮈세*1의 시였어. 나는 말로는 나타낼 수 없는 감동에 숨이 막히는 것만 같았어. 산들이, 호수가, 달빛이, 말로 표현할 수 없이 감미로운 노래를 부르고 있는 듯한 느낌이었지…….

그다음부터는 뭐가 뭔지, 그저 꿈을 꾸는 것만 같았어…….

그리고 그 사람은…… 이튿날 출발하기 전에 잠깐 만났을 뿐이야.

그가 나에게 명함을 주었어……!

*

얘기를 마친 레토레 부인은, 동생의 품에 힘없이 안기면서 거의 비명에 가까운 신음 소리를 냈다.

그러자 루베르 부인은 정숙하고 엄격한 표정으로, 그러나 상냥하게 말했다.

"언니, 우리가 사랑하는 건 남자가 아니라 사랑, 바로 그 자체인 경우가 많아. 그리고 그날 밤 언니의 진짜 애인은 달빛이었어."

---

*1 프랑스 작가(Alfred de Musset, 1810~57). 19세기 낭만파 4대 시인의 한 사람으로 관능에 찬 우수와 시대의 고뇌를 노래했다.

세계 최고 단편작가 모파상 전집을 펴내며

세계 최고 단편작가 모파상 전집을 펴내며

인간의 위선을 파헤친 모파상

앙리 르네 알베르기 드 모파상(Henry René Albert Guy de Maupassant)은 인간의 추악한 본성 및 인생의 야수성, 복잡하고 어지러운 현실 등을 정확하고 세밀한 관찰력과 간결하며 객관적인 문체로 담담하게 그려낸 자연주의 작가이다.

그의 걸작 소설들은 일상 속 평범한 사건 속에서 흔히 일어나는 인간의 심리 변화와 갈등을 그리며, 프랑스 사회의 온갖 세태를 풍자한다.

특히 대담한 압축과 외부 묘사를 통해 인간의 미묘한 심리를 포착하여 그 변화 과정을 표현하는 기법은 그를 프랑스 최고 단편소설 작가로 인정받게 했다.

이런 작품들에는 모파상 자신이 몸소 관찰할 기회가 있었던 소시민, 노동자, 농어민, 사교계 남녀들의 모습과 더불어 전쟁 체험과 가정불화, 그리고 작가의 병적 체험도 담겨 있다.

냉정한, 때로는 잔혹하다고도 할 수 있는 모파상의 객관적인 서술 태도는 그를 자연주의 작가 대표자들 가운데 하나로 꼽게 하는데, 약자에 대한 동정심을 품고 있는 작가의 시선은 이야기 전개와 훌륭히 어우러져 오늘날에도 수많은 사람들 마음에 그대로 와닿는다.

노르망디의 자연과 어린 시절

모파상은 1850년 8월 5일, 프랑스 노르망디 지방 디에프 근처 작은 도시 투르빌쉬르아르크의 미로메닐(Miromesnil)성(城)에서, 귀스타브 드 모파상(Gustave de Maupassant)과 로르 르 푸아트뱅(Laure Le Poittevin) 부부의 맏아들로 태어났다.

할아버지는 몰락한 귀족으로 루앙에서 담배 사업과 농원을 경영했으며 아

기 드 모파상(1850~93)

버지는 바람기 있는 시골 신사였다. 어머니는 유복한 가정의 딸로 영어와 이탈리아어를 할 줄 알고 문학을 사랑했다. 이름에 붙어 있는 '드(de)'라는 관사는 프랑스혁명 때 떼어졌지만, 결혼하기 직전 신부(新婦)의 바람으로 되살아났다.

사실 기 드 모파상이 미로메닐성에서 태어났다는 어머니 로르의 주장은 논란의 대상이 되었다(부모가 그 성을 빌렸을 가능성은 있지만 그가 실제로 그곳에서 태어났다는 것은 입증할 수 없다).

1854년 모파상 가족은 르아브르에 있는 그랭빌이모빌(Grainville-Ymauville)의 블랑(Blanc)성으로 이사했으며, 2년 뒤 둘째 아들 에르베(Hervé)가 태어났다. 1859년 아버지 귀스타브가 파리의 스톨츠(Stolz) 은행에 취직하여 가족 모두 파리로 옮겨갔고, 기 드 모파상은 나폴레옹 황제 중고등학교(지금의 앙리4세 중고등학교)에 입학했다.

그 무렵 프랑스에서는 이혼에 대한 규정이 없었지만 모파상의 부모는 15년간의 결혼생활 끝에, 모파상이 열한 살 되던 해(1860)에 헤어졌다. 귀스타브의 바람기 탓이었다. 부모의 결혼 실패는 모파상의 인생과 작품에 커다란 영향을 끼쳤다. 이로 말미암아 그는 결혼을 두려워하게 되었으며, 그의 단편소설에는 어리석고 박해받는 남편과 아버지 없는 외로운 아이가 자주 등장하게 된다.

그해 로르는 아들 둘을 데리고 노르망디의 작은 해안도시 에트르타(Étretat)로 옮겨가 자리를 잡았다.

모파상은 교구 신부에게 수학, 그리스어, 라틴어를 배웠다. 바다와 자연을 마음껏 즐기면서 자유로운 소년 시절을 보냈는데, 이때의 기억은 노르망디에 대

모파상이 태어난 노르망디 지방 미로메닐성

한 애착으로 이어졌으며, 뒷날 이곳이 그의 작품 배경으로 쓰인다.

1863년 그는 신학도와 평신도 모두를 받아주는 이브토(Yvetot)의 작은 신학교에 들어갔다. 성적은 우수했지만 엄격한 규율과 제한된 생활에 커다란 반감을 느꼈기 때문에, 일부러 몇 가지 사소한 교칙을 어겨 1868년에 퇴학당했다(자퇴했다는 설도 있다). 그 뒤 루앙에 있는 고등학교(지금의 피에르–코르네유 고등학교)로 전학했다.

모파상의 어머니 로르는 귀스타브 플로베르(Gustave Flaubert)가 젊었을 때 가장 친했던 알프레드 르 푸아트뱅(Alfred Le Poittevin)의 동생이었다. 오빠가 1848년 서른두 살 나이로 세상을 떠난 뒤에도 로르는 플로베르와 평생 동안 다정한 관계를 유지했다(모파상의 몇몇 전기작가들은 그가 로르와 플로베르 사이에서 태어난 사생아라고 주장한다. 하지만 이런 견해를 뒷받침하는 증거는 하나도 제시하지 못했다).

로르는 루앙 근처 크루아세(Croisset)에 있는 플로베르에게 아들을 보내 인사를 시켰고, 그때부터 모파상은 자주 플로베르 집을 찾아가 그의 가르침을 받게 되었다. 이때 플로베르의 친구 루이 부이예(Louis Bouilhet)와도 친분을 맺었다.

1869년 가을에 모파상은 파리에서 법률 공부를 시작했으나 프로이센(독일)과 전쟁이 벌어지자 자원입대했다. 처음에는 전쟁터에서 사병으로 복무하다가

모파상의 에트르타 빌라(별장) 기 드 모파상 거리. 1900년 이후 사진. 센마리팀 지방 기록보관소

〈고깃배를 뒤집어 지붕으로 덮은 오두막〉 엽서 1900년경(개인 소장품). 모파상의 에트르타 빌라 정원에 있으며, 손님들의 숙소로 사용하기도 했다. 1870년부터 1900년까지 이런 형태의 오두막이 많이 지어졌다.

718 여자의 일생, 목걸이

▲페캉에서 에트
르타 해안을 바
라본 광경 영국
해협에 면한 에
트르타는 근처
에 예쁜 별장이
즐비한 피서지
이다.

▶레스토랑 푸르
네즈 파리 교
외 샤토에 있는
푸르네즈는 그
무렵 보트 타는
사람들이 모이
는 곳이다. 모파
상은 보트를 타
고 노젓는 것을
좋아했다.

나중에 아버지가 손을 써서 보급 부대로 전속되었다. 염세주의 철학자 쇼펜하우어(Arthur Schopenhauer)에 심취해 있던 모파상은 패전과 후퇴의 기억 때문에 전쟁에 깊은 회의를 품게 되었고, 이때의 체험은 가장 뛰어난 몇몇 단편소설의 소재가 된다.

1871년 프로이센과 프랑스 사이에 휴전 조약이 체결되자, 11월에 제대한 모파상은 파리에서 다시 법률 공부를 시작했다. 그의 아버지는 이번에도 그를 도와서 해군성에 일자리를 마련해 주었다. 변호사 자격을 얻을 때까지 생활비를 벌어야 했기 때문이다.

플로베르에게서 받은 문학 수업

1972년부터 모파상은 낮에는 해군부 서기관으로 일하고, 밤에는 글을 썼으며, 일요일마다 플로베르를 찾아가서 문학 수업을 받았다. 본격적으로 문학의 길로 들어선 것이다.

플로베르는 모파상에게 문체 강의를 해주고, 모파상의 미숙한 습작을 고쳐주곤 했다. 또한 일요일 오후 파리에 있는 자신의 아파트를 찾아오는 에밀 졸라(Emile Zola), 이반 투르게네프(Ivan Sergeyevich Turgenev), 에드몽 드 공쿠르(Edmond Louis Antoine Huot de Goncourt), 헨리 제임스(Henry James) 같은 작가들에게 그를 소개해 주었다.

"그는 내 제자이고, 나는 그를 친아들처럼 사랑한다."

모파상에 대한 플로베르의 이 말은 두 사람의 관계가 지닌 두 가지 성격을 정확하게 표현하고 있다.

플로베르는 작가 모파상을 격려하고 감화시켰을 뿐만 아니라, 양아버지 역할도 해주었다. 스승이자 아버지였던 플로베르가 1880년 갑자기 세상을 떠나자 모파상은 '제자'인 동시에 '아들'로서 엄청난 충격을 받게 된다.

모파상은 플로베르에게 문학 수업을 받는 동안, 잡지 《알마냐크 로랭 드 퐁타무숑(L'Almanach lorrain de Pont-à-Mousson)》에 조제프 프뤼니에(Joseph Prunier)라는 필명으로 1875년 첫 번째 단편 〈살갗이 벗겨진 손 La Main écorchée〉을 발표했다.

이듬해인 1876년에는 《르 뷜르탱 프랑세(Le Bulletin Français)》에 기 드 발몽(Guy de Valmont)이라는 필명으로 단편 〈뱃놀이 En canot〉를 싣기도 했다.

〈대로 : 바리에테 극장〉 장 베로. 1880~90. 파리의 큰길가 모습이다.

　이 무렵 모파상은 심장 발작을 일으키고 신경질환 증세를 보이기 시작했으며, 매독에 걸려 한동안 스위스로 요양을 다녀왔다. 그는 우울증, 여성 편력, 방랑벽 등으로 사는 내내 고통스러워했는데, 부모의 기질을 물려받은 것으로 보인다. 아버지 귀스타브는 여성 편력과 신경증적 증세를 가지고 있었고, 어머니 로르도 신경질환을 앓았다.

　이런 불안정한 정신과 고독 속에서 모파상은 냉혹한 시선과 무감동한 문체로 비참하고 절망적인 인간 생활을 때로는 해학적으로, 때로는 외설적으로 그려낸 것이었다.

　모파상은 관료사회를 좋아하지 않았지만, 공무원 시절은 그의 생애 중 가장 행복한 나날이었다. 1879년 다시 아버지의 도움을 받아 해군부에서 공교육부(지금의 국가교육부)로 직장을 옮긴 그는 틈날 때마다 센강에서 헤엄을 치거나 배를 타면서 시간을 보냈다. 단편소설 〈파리 *Mouche*〉(1890)를 보면, 모파상과 그의 친구들이 뱃놀이에 데려간 여자들은 대부분 창녀이거나 미래의 창녀였다는 사실을 알 수 있다.

　모파상은 플로베르가 죽기 한 달 전인 1880년 4월에 작가로서의 전환점을

맞았다. 그는 졸라가 이끄는 6명의 작가들 가운데 한 사람이었는데, 그들은 전쟁에 대한 단편소설을 저마다 1편씩 써서 《메당의 저녁 *Les Soirées de Médan*》이라는 제목으로 출판했다.

모파상이 이 책에 기고한 〈비곗덩어리 *Boule de suif*〉는 6편 가운데 가장 훌륭한 작품이었을 뿐 아니라, 모파상이 쓴 모든 단편 중에서도 아마 가장 뛰어난 작품일 것이다.

이 단편의 착상과 구성 및 문체에는 플로베르의 냄새가 배어 있지만 그는 단순한 모방자가 아니라 더할 나위 없는 계승자였다. 장편소설가인 플로베르한테서 배운 것을 그는 단편소설에 어울리게 바꾸었다. 〈비곗덩어리〉의 장점은 '절제'와 '균형'이다.

1880년 1월, 작품이 아직 출판되기 전에 플로베르가 모파상에게 급히 써 보낸 편지에는 제자의 성장을 보고 기뻐하는 모습이 또렷이 나타나 있다.

　　빨리 자네에게 말해 주고 싶어 초조했는데, 나는 〈비곗덩어리〉를 걸작이라 보네. 그렇네, 젊은 친구!
진정한 걸작일세. 대가의 품
격이 있네. 구상이 아주 독
창적이야. 완전히 잘 이해되
고 있어. 문장도 훌륭해. 배
경도 인물도 눈에 선하네.
심리 묘사도 잘돼 있어. 간
단히 말해 나는 크게 만족
하네. 두세 번 크게 소리 내
어 웃었다네…… 이 조그만
이야기는 후세에 남을 걸세,
내가 보증하네! 자네가 쓴
부르주아들의 얼굴이 아주
그럴싸해! 모두 다 적중돼
있어. 코르뉘데는 멋있게 그
려졌네. 그리고 진실하지!
곰보 수녀 또한 완전한 묘
사야. 그리고 "응, 어때" 하

귀스타브 플로베르(1821~80) 모파상의 문학 스승이자 아
버지 같은 사람. 졸라, 투르게네프 등의 작가를 소개해
주었다.

고 비위를 맞추며 부드러운 목소리를 내는 백작. 게다가 결말이 좋았네! 가
엾은 여자가 흐느끼며 〈라마르세예즈〉를 부르고. 더할 나위 없이 훌륭해.

플로베르가 극찬했듯이 모파상은 이 작품으로 문단의 총아로 떠올랐다.

작가로서의 성공, 인간으로서의 그늘

〈비곗덩어리〉가 발표되자마자 신문사 잡지사에서 원고를 부탁하는 요청이
쏟아져 들어왔다. 그는 공교육부를 그만두고 그 뒤로 2년 동안 《르 피가로(Le
Figaro)》, 《르 골루아(Le Gaulois)》, 《질 블라스(Gill Blas)》, 《에코 드 파리(L'Écho de
Paris)》 등에 기사를 썼다.

1880년부터 1890년까지 10년 동안 그는 놀랄 만큼 많은 글을 썼다.

이 소설들을 한데 모으면 그 시대 프랑스인의 생활 모습이 포괄적으로 드러

난다. 모파상의 작품에는 개인적인 요소가 무척 짙기 때문에 전기작가들은 그의 소설에 나오는 구절을 마치 자서전이나 일기에서 가려 뽑은 인용문처럼 다루었다.

개인적 요소는 장편소설 《벨아미 Bel-Ami》(1885)에 가장 두드러지게 나타나 있다. 처음에는 작가와 그가 창조한 비열한 주인공 조르주 뒤루아 사이에 큰 차이가 있고, 단 하나 공통점은 바람둥이인 것처럼 보인다. 그러나 어느 정도 위장은 했어도 실제로 모파상이 뒤루아와 자신을 동일시하고 있으며, 그가 창조한 주인공과 똑같은 건강과 파렴치한 승리를 누릴 수만 있다면 무엇이든 아낌없이 내주었으리라는 점을 독자는 깨닫게 된다.

'벨아미'는 그대로 옮기면 '아름다운 벗'이라는 뜻이지만 작품에서는 '아름다운 남자'라는 의미로 뒤루아의 별명이다.

그는 소설 속에서는 주인공과 자신의 연관성을 숨겼지만, 다른 데서는 일부러 그것을 드러냈다. 1932년 발견된 초판본에는 그가 여자친구에게 바친 헌사─"벨아미가 오마주 부인에게"─가 쓰여 있다. 그리고 생활이 넉넉해지자 젊은 시절의 기쁨이었던 작은 보트를 요트로 바꾸고, '벨아미'라고 이름 붙이기도 했다.

모파상은 여러 나라에서 베스트셀러 작가가 되었다. 또한 억척스럽기로 이름난 노르망디 사업가였다. 큰돈을 벌어들인 그는 파리에 별관(여자들과의 밀회 장소)이 딸린 아파트를 갖고 있었고, 에트르타에도 별장이 한 채(친구들을 자주 초대한 곳) 있었으며, 리비에라(Riviera)에도 집이 두 채였다.

1881년 모파상은 여행을 시작하여 프랑스령 아프리카와 이탈리아를 돌아다녔고, 2년 뒤에는 요트를 샀다. 1889년에는 기구(氣球)를 타고 두 번 비행했다. 같은 해 그는 처음이자 마지막으로 영국을 방문해서 헨리 제임스를 만났는데, 식당에서 점심식사를 하던 중에 갑자기 옆 탁자에 앉은 여성을 가리키며 "사 달라!"고 제임스에게 부탁했다.

이런 일들 때문에 프랑스 평론가이자 수필가인 폴 레오토(Paul Léautaud)는 모파상을 "완전한 색광증자(complete erotomaniac)"라고 불렀다.

그는 매춘굴과 창녀들에게 강하게 매혹되었는데, 이것은 〈비곗덩어리〉뿐만 아니라 단편집 《텔리에의 집 La Maison Tellier》(1881)에도 뚜렷이 드러나 있다. 하지만 성공한 작가로서 에르민 르콩트 뒤 누이(Hermine Lecomte du Nouÿ), 알리

그르(Aligre) 후작부인, 포토카(Potocka) 백작부인 등과 같은 상류층 여자들과 좀더 밀접한 관계를 맺게 되자 그의 소설에는 변화가 일어났다. 주인공은 농민에서 상류층으로, 배경은 매춘굴에서 상류층 여자의 거실로 바뀌었다.

운동선수처럼 건장했던 겉모습과 달리 모파상의 글은 건강에 대한 한탄, 특히 눈병과 편두통에 대한 고통으로 가득했다. 세월이 흐를수록 그는 더욱 우울해졌다. 처음 얼마 동안 즐거웠던 여행은 강박관념에 휩싸여 방랑증이 되어버렸다.

《방랑생활》(1890) 속표지 만년의 여행기로 이탈리아에서 북아프리카로 간 여행을 담았다. 모파상은 평생 여행가였다.

마침내 그는 늘 어딘가로 떠나야 한다는 충동에 사로잡힌 나머지, 집에 앉아 있다가도 느닷없이 프랑스의 다른 지역으로 달려가거나 요트를 타고 무작정 항해를 떠나고는 했다.

1888년 동생 에르베가 급작스러운 정신이상을 일으켰다. 에르베는 지능이 모자랐기 때문에 제대로 된 직업을 가질 수가 없어서 모파상이 프랑스 남부에 있는 묘목장을 관리하게 하고 자금도 대주었다. 가족들은 에르베를 정신병원에 입원시켰고, 이듬해 11월 에르베는 그곳에서 숨을 거두었다. 모파상은 동생의 죽음으로 절망에 빠졌다.

1891년 무렵부터 매독으로 인한 눈병이 심해져서 모파상은 앞을 보지 못할 정도로 고통스러워했다. 그리고 1892년 니스로 휴양을 갔는데, 1월 2일 스스로 목숨을 끊고자 머리에 총구를 갖다 댔으나 총알이 재워져 있지 않아 면도칼로

목의 동맥을 그었다. 다행히 하인들이 뛰어 들어와 그를 살렸다. 의사들은 그를 정신병원에 입원시켜야 한다 말했고, 망설이던 어머니는 마지못해 이에 동의했다.

이틀 뒤 그는 파리에 있는 블랑슈(Blanche) 박사의 병원으로 끌려갔다. 그리고 그는 마흔네 번째 생일을 한 달 앞두고 그 병원에서 죽었다. 시신은 몽파르나스 묘지에 안장되었으며, 친구이자 문학 동지였던 에밀 졸라가 조사(弔詞)를 읽었다.

"나는 모든 것을 탐냈으나 결국 아무것도 갖지 못했다(J'ai tout convoité, et je n'ai joui de rien)." 이는 모파상의 유언이었다.

창작에 대한 무서운 집념

모파상은 1850년에 태어나 1893년에 죽었는데, 그의 문학 활동은 서른 살부터 마흔 살까지였다. 단 10년 동안 360편에 이르는 단편과 중편, 장편소설 6권, 여행기 3권, 희곡 2편, 시집 1권 등 모두 29권의 작품을 탄생시켰다. 연달아 작품을 발표하고는 바로 세상을 떠나버린 것이다.

아마 그는 책 읽기에 전념할 시간도 없었을 테고, 자신의 작품세계에 대해 깊이 고민하는 일도 없었을 것이다. 일단 펜을 들고 10년 동안 써내려가면서, 창작 이외의 시간은 단순한 일상을 즐기는 데에만 썼던 것 같다.

실제로 그의 스승 플로베르는 독서와 사색에서 자신의 자원을 찾은 데 비해, 모파상은 생활 자체 속에서 찾아 생활의 늪에서 손으로 진흙을 떠올려 그대로 원고지 위에 쏟아냈다. 플로베르의 작품처럼 예술품으로서 세련된 향기가 부족한 대신, 모파상 작품에서는 생생한 삶의 체취가 물씬 풍겨 나온다.

360편에 이르는 그의 중단편에는 인생의 모든 것이 골고루 다뤄져서 마치 인생의 축소판으로도 보인다. 그 가운데 하나만을 든다면 넓은 바다의 물 한 방울, 비극과 희극의 한 장면에 지나지 않을지 모르지만, 그것이 수십 편씩 쌓이면 대장편의 모습을 드러내게 된다. 사실 장편소설 《여자의 일생 Une Vie》은 그런 여러 단편으로 이루어져 있다고도 할 수 있다.

그 360편의 중단편에서 대표작으로 생각되는 45편을 가려내어 《여자의 일생》과 함께 이 책에 실었는데, 해설 지면을 빌려 먼저 《여자의 일생》을 들여다보고 이어서 모파상 단편들을 크게 세 가지로 나누어 설명해 보고자 한다.

물론 한 작가의 작품을 분류한다는 것 자체가 애초에 부자연스러운 일인 만큼 얼마쯤 무리가 있지만(이를테면 전쟁물이 시골물과 겹치는 경우도 있고, 하나의 괴기물이 도시에서 일어나는 일도 있을 수 있다), 주된 특성을 중심으로 정리하면 훨씬 이해하기 쉬울 것이다.

모파상 작품은 고향 노르망디를 비롯하여 그 밖의 지방에서 취재한 시골물, 파리 생활을 다룬 도시물, 그리고 그도 종군했던 프로이센–프랑스 전쟁을 다룬 전쟁물과 초자연 현상에서 취재한 괴기물로 분류된다.

《여자의 일생》

모파상의 첫 장편 《여자의 일생》은 1883년 2월 27일부터 4월 9일까지 《질 블라스》지에 연재되었으며, 연재가 끝나자마자 아바르(Havard) 서점에서 단행본으로 출판, 다음 해인 1884년 초까지 25판을 거듭할 정도로 커다란 성공을 거두었다. 우리나라에는 옮긴이가 본디 제목인 《어떤 생애》를 《여자의 일생》이라 번역한 이래 이 제목으로 통하고 있다. 행복한 소녀에서 행복한 아내가 되었어야 할 여성이 차례차례 믿었던 사람들에게 배반당하여 환멸을 맛보아 가는 이야기의 내용이 이 의역을 정당화해 준다.

모파상이 초기 중단편에서 증오와 비웃음의 대상이 되는 현실만을 묘사하고 그 밖의 현실에 눈길을 돌리지 않는 데 대해 평단 선배들이 충고한 적이 있었는데, 《여자의 일생》 형식으로 열매를 맺을 장편의 계획을 이미 1877년 무렵부터 품고 있었으므로 그런 충고가 결정적 계기라고 할 수는 없으나, 어느 정도 이 작품으로써 비평에 대답한 결과가 된 것만은 확실하다.

이 소설 첫머리에 '어떤 진실'이란 한 구절이 붙여졌다는 것은 흥미롭다. 제재가 사회의 상류층으로 향했을 뿐만 아니라 증오하고 비웃어야 할 진실 외에 동정해야 할 진실이 있다는 것이 명백해졌다고 할 수 있다.

이 소설에는, 소설 속의 이야기나 장면이 독립된 단편으로서 발표된 것이 몇 있다. 《봄날 저녁》《옛 물건》 등이 그것이다. 작품 전체의 구성에도 조금 통일성이 부족하다는 인상을 받는다. 이 작품의 몇 가지 초고를 면밀하게 비교 연구한 앙드레 비알(André Vial)의 《여자의 일생 성립 과정(La Genèse d' "Une vie")》(1954)은 단편을 모은 장편이라는 기존 평가를 물리치고 장편 쪽이 단편보다 먼저 성립되어 있었다는 결론을 내린다.

작가의 고향인 노르망디를 무대로 삼고 있는 이 소설(신혼여행과 잔이 아들을 찾아 파리로 가는 장면을 빼고는 무대가 노르망디를 벗어나지 않는다)에는 다분히 자전적 요소가 담겨 있다고 추측된다. 비알은 이 점에서도 꽤 많은 자료를 검토하고 날카로운 추정을 한다. 주인공 잔의 불행에는 모파상 어머니 로르의 경험이 상당히 반영되어 있다. 둘째 아들 에르베는 품행이 좋지 못해 그녀를 괴롭혔고, 모파상 아버지는 잔의 남편 줄리앙과 마찬가지로 하녀와 관계를 맺거나 유부녀와의 정사로 문제가 되었던 인물이다. 요컨대 소년기 감수성이 그 속에서 상처받았을 게 틀림없는 분위기가 이 소설의 배경으로 되어 있는 것은 분명한 사실인 듯하다.

그러나 인물 하나하나의 성격이나 행동이 확실한 모델을 갖고 있는, 이른바 '모델 소설'의 종류라고는 생각할 수 없다. 다만 이 소설에 나타나는 지방에 대해서 작가의 느낌이나 지식만은, 당연한 일이지만 매우 훌륭하다. 별장 이름인 레쾨플과 에투방이라는 마을, 그 밖에 두셋의 귀족 별장 이름만이 가공된 것이고 나머지는 모두 바다가 부채꼴로 보이는 전형적인 노르망디의 벼랑 '보코트의 언덕'을 비롯하여 모두 실재 지명을 쓰고 있다. 비알의 면밀한 연구를 읽어보면 가공된 것은 아주 최소한도로 하고, 정확한 지리적 기술이 최대로 살려져 있음을 알 수 있다. 가공된 별장을 설정했기 때문에 어쩔 수 없이 두세 군데 지형 수정을 하게 되었지만, 그 밖에는 벼랑이나 골짜기의 기술도 매우 정확하다는 것이 밝혀졌다.

플로베르가 《부바르와 페퀴셰(Bouvard et Pécuchet)》 배경으로 쓰기 위해 모파상에게 해안의 벼랑 묘사를 보고하게 만들었다는 이야기가 있지만 스승에게 제출한 보고는 바로 그 자신에게도 쓸모가 있었던 것이다. 특징 있는 벼랑을 품은 바다만이 정확한 모델이 있는 유일한 등장인물이었다고 할 수 있을는지도 모르겠다. 이 소설에서는 주인공의 생활에 바다가 아주 중요한 의미를 갖고 있다는 데에 주목하고 싶다. 바다는 말없는 등장인물로서 처음부터 끝까지 주인공 생애의 불행을 지켜보고 있다. 잔이 이사를 하자마자 왠지 마음이 안정되지 않는 것은 창문으로 바다가 보이지 않기 때문이다.

"아! 바다가 보고 싶어!" 어느 날 저녁 잔은 무의식중에 중얼거린다. 여기에서 안정되지 않는 마음의 비밀이 밝혀진다. 이 한 구절에 잔의 불행이 아로새겨져 있다 해도 지나친 말이 아니다.

모든 뛰어난 소설이 그렇듯 이 소설도 여러 가지로 음미할 수가 있다. 정확하게 시대를 설정한 풍속 소설, 시대 소설로서 읽을 수도 있다. 이야기 첫머리에 1819년이라는 시대가 드러나고, 잔과 줄리앙이 신혼여행을 코르시카로 건너갈 때는 기선이 다니기 시작하고 있다(돛단배가 다니던 메리메(Prosper Mérimée)의 《콜롱바(Colomba)》와 비교하면 재미있다. 섬의 묘사에 대한 비교에서도 흥미로운 결론을 얻을 수 있다).

차례차례 땅을 팔아 생활해야 하는 몰락한 운명의 귀족 집안 이야기가 처음부터 설정되어 있다. 별장으로 가는 마차 속에서 별장 수리를 하기 위해 농장을 판 잔금 6400프랑의 금화가, 꾸벅꾸벅 졸기 시작한 어머니의 손가방 속에서 흘러 떨어져 딸의 행복한 웃음을 자아낸다. 그녀의 이 행복한 웃음에는 앞으로 다가올 불행의 씨앗이 뿌려져 있다. 잔이 단정치 못한 아들의 품행 때문에 고민하는 대목은, 갑자기 일어난 한창때인 자본주의가 먼 파도 소리처럼 배경에 있다는 것을 느끼게 한다.

그러나 무엇보다도 이 소설은 자연주의 문학 발전에 중대한 의의를 가진 것으로서, 그 적극적인 부분을 평가해야만 할 작품이다. 모파상은 결코 '육체의 작가'가 아니다. 친구인 폴 부르제(Paul Charles Joseph Bourget)의 영향 아래에 '심리 소설'로 기울기 전부터 인간 마음을 날카롭게 탐구했다. 인간의 세계가 숨기고 있는 뜻밖의 진실, 특히 인간 감정을 초월하는 환멸적 작용의 탐구에 몰두하는 태도가 《여자의 일생》에 뚜렷하게 나타났다는 것은, 프루스트(Marcel Proust) 이후 프랑스 소설가들의 걸작에 비해 뒤떨어졌다고는 하지만 그래도 충분히 눈여겨볼 가치가 있다.

주인공 잔의 불행은, 남편의 배반만으로 비롯되는 것은 아니다. 실은 여행에서 부모 곁으로 돌아왔을 때 잔이 가졌던 긴장감도 작가는 빠뜨리지 않고 있다. 인간 영혼의 절대 고독, 이것이야말로 모파상이 도저히 숨길 수 없었던 격한 느낌이었다. 잔은 서로 사랑하여 결합된 남편과 참된 부부애를 체험하기 직전에 "두 사람은 결코 상대방의 영혼, 즉 사상의 내면까지는 침투할 수 없다는 사실을 알았다." 더구나 부부 사이에 도취의 경험이 그녀를 더욱 고독 속으로 몰아넣기 위한 덫으로서 그려져 있다는 점은 끝없는 빈정거림이랄 수밖에 없다. 이야기의 매듭에 잔과는 대조되는 씩씩한 생활력을 갖는 하녀 로잘리의 말이 여운을 남긴다.

그러고 보면 인생이란, 사람들이 생각하듯 그렇게 행복하지도 불행하지도 않은 것인가 봐요.

이보다 더 옳은 말은 없다 할지라도 이 말 정도로 치료받을 수 있는 그런 고독감은 아니다. 제비가 날고 양귀비꽃이 피어 있는 4월의 들판, 마차에 흔들리면서 손녀딸 체온을 느끼며 "두 팔로 어린아이를 끌어안고 미친 듯이 입을 맞추었다" 할지라도, 그것으로 잔의 고독감이 구원될 수 있을까? 로잘리의 이 말에 작가의 사상이 담겨 있다고 볼 수만은 없을 듯하다. 분명한 점은 잔이 인생에 대해 옳고 그른 판단을 내리지 못할 만큼 타격을 받고 있다는 것이고, 그 타격받은 여주인공 옆에서 이 말을 했다는 것뿐이다.

톨스토이(Lev Nikolaevich Tolstoy)는 《여자의 일생》이 오밀조밀한 인생의 진실을 감동적으로 그려냈다며 비로소 모파상을 인정했다.

1. 시골물
독자들도 알고 있듯이, 모파상의 시골은 북프랑스 노르망디 코(Caux) 지방이다. 이곳의 바다와 들판, 농부와 어부는 모파상의 창작에 끊임없는 샘이 되었다. 현실을 중시하고 탐욕스러우며 조심성 많은 농부, 그리고 몸이 가볍고 모험을 좋아하는 선원, 모파상의 성격과 기질에는 노르망디 사람의 이 두 가지 특성이 나타나 있다.

〈투안 Toine〉은 모파상의 걸작 가운데 하나이다. 모파상이 쓴 작품들 가운데에는 잔혹한 내용의 이야기가 많다는 것은 알려져 있지만, 이렇게 익살스러운 작품도 적지 않다. 그리고 그것은 농부의 탐욕과 연결되는 경우가 많으며, 훨씬 더 우스꽝스럽다.

뚜렷한 자연주의풍 〈시골 처녀 이야기 Histoire d'une fille de ferme〉는 모파상의 초기 작품으로, 시골 처녀의 운명을 그리고 있다. 첫 페이지부터 시골 처녀의 건강한 육체 향기와 코를 찌르는 비료 냄새가 뒤섞여서 여름 한낮 침묵 속에 발산된다. 톨스토이에게서 쓴소리를 들은 소설이지만, 오히려 생명력으로 넘치고 있는 건강한 작품이라 말하고 싶다.

〈끈 La ficelle〉의 소심하기 짝이 없는 농부처럼 웃으려야 웃을 수 없는 것도 있다. 첫머리에 프랑스 코 지방의 전형적인 농부 모습을 또렷하게 그린 부분도 그렇고, 주위 풍경과 시골 시장 및 모략 등이 한 덩어리가 되어 이 우스꽝스러운 이야기를 생생하게 만들고 있다.

〈앙드레의 수난 *Le Mal d'André*〉도 〈기발한 꾀 *Une ruse*〉도 모파상은 모두 모프리뇌즈(Maufrigneuse)라는 필명을 썼다. 또한 〈경솔 *Imprudence*〉과 〈훈장! *Décoré!*〉, 〈복수하는 사람 *Le vengeur*〉 등에서도 이 이름을 사용하고 있지만 가벼운 작품이 많은 듯하다. 〈앙드레의 수난〉이나 〈기발한 꾀〉도 경쾌하고 소탈한 이야기인데, 여기에 모파상 단편소설의 현실적인 면이 있다.

특히 〈기발한 꾀〉의 의사 입을 통해 드러낸, 결혼

GIL BLAS
ILLUSTRÉ, HEBDOMADAIRE

LA MAISON TELLIER, par Guy de Maupassant

〈텔리에의 집〉의 삽화를 표지로 한 《질 블라스》지 잘 나가는 작가 모파상은 그 무렵 직장인들이 선호하는 삽화가 들어 있는 작품을 《질 블라스》지에 여러 연재했다. 창부들의 생태를 대담하게 그려 화제를 불러일으킨 〈텔리에의 집〉(1881)도 이 잡지에 연재한 작품이다.

을 신랄하게 비판한 내용에서 모파상의 결혼관을 엿볼 수 있다.

결혼이란 어느 유명한 사람의 말에 따르면, 낮에는 나쁜 감정을 주고받고 밤에는 나쁜 냄새를 주고받는 관계일 뿐이니까요. 사실 그건 진리랍니다.

모파상은 언제나 낭만적인 꿈을 비난하고 있으면서도, "인생에서 좋은 것은 꿈뿐"이라는 말로 끝나는 작품을 여러 편 쓴 것은 기이한 일이다. 사소한 단편에서 이 꿈을 더욱 밀고 나간다면 무의식 세계까지 확대되는 것처럼 생각되는

단편 〈비곗덩어리〉(1880) 표지

데, 그 점이 매우 흥미롭다.

〈나막신 *Les sabots*〉에서도 그렇지만, 특히 〈귀향 *Le retour*〉에서 모파상은 그의 독특한 노르망디 방언을 교묘하게 사용했다. 단순하고 무뚝뚝한 사투리로 아무런 감정도 섞지 않고 하나의 비극이 이야기될 때, 그것은 수다꾼의 표정이 가득한 언어 이상으로 사람의 심장을 찌른다. 단편이면서도, 그리스 비극까지 떠올리게 만드는 어떤 비장(悲壯)한 아름다움을 갖추고 있다. 아래 대화는 그 가장 좋은 예이다.

"당신은 이곳 사람이오?"
그 사람이 대답했다.

"이곳 사람이오."

〈여행길 *En voyage*〉은 기차 안 이야기이다. 기차, 그리고 기차를 타는 일 등은 모파상 시대에는 아직 진기한 일이었다. 기차가 돌진해 오는 모습이, 매우 신기한 듯이 《여자의 일생》에도 그려져 있다.

〈아마블 영감 *Le père Amable*〉도 탐욕 때문에 자살한다. 그러나 이 소설의 밑바닥에는 인간성에 충실한 것이 한 줄기 흐르고 있는 듯 여겨진다. 무지한 농부의 입을 빌려 종교나 성직자와 경찰을 야유할 수 있는 것은, 권위를 싫어하는 모파상 자신의 성격 덕분이다.

아마블 영감이란 '사랑해야 하는(아마블)'을 비튼 것이 틀림없는데, 여기에도 작가의 빈정거림과 장난기가 드러나 있다.

대체로 모파상은 잔혹하고 비정한 작가라고 생각하기 쉽지만, 그 잔혹한 겉모습 밑바탕에 불쌍히 여기는 마음이 깊이 깔려 있다는 점을 결코 잊어서는 안 된다. 감정을 중시하는 이런 작품이 달콤한 감상주의(센티멘털리즘)로 타락하지 않은 것은 작가의 사실주의(리얼리즘)의 힘이다.

이와 같은 작품이 모파상에게 많은 것은 뜻밖의 일인데, 〈어떤 과부 *Une veuve*〉, 〈행복 *Le bonheur*〉 그리고 〈의자 고치는 여자 *La rempailleuse*〉 등은 모두 그 계열에 속한다. 이들은 어느 것이나 여자의 가련

〈비곗덩어리〉 삽화 인간의 추악한 이기주의를 그린 걸작으로 모파상의 등단작이다.

함이 배어나오는 작품들로서 인간의, 특히 여자의 행복이라는 것도 다룬다.

모파상은 일류 풍경화가이다. 그리고 이야기가 아무리 어두워도, 그의 자연은 언제나 감격과 행복으로 가득 차 있다. 그가 시골의 자연을 그릴 때 그 경향은 더욱 강해진다.

〈행복〉은 원시적인 땅 코르시카(Corsica)를 무대로 하여 가장 순수한 사랑, 이른바 연애의 원형을 그려내고 있다. 이야기 끝에서 한 여자는 "어리석은 여자일 뿐이죠" 말하고, 다른 여자는 "상관없죠! 그녀는 행복했으니까요" 대답한다.

이 같은 주제를 작가는 여행기 《물 위에서 *Sur l'eau*》(1888)에서 다시 다루었는데, 외골수 노인은 청각장애인 노인에게 배신당한 사실을 알고 스스로 목숨을 끊는다. 사랑이니, 행복이니 해도, 결국 모파상에게는 함정이고 환상에 지나지 않는 것이 아닐까.

ŒUVRES COMPLÈTES ILLUSTRÉES
DE
GUY DE MAUPASSANT

UNE VIE

ILLUSTRATIONS DE A. LEROUX
Gravures sur bois par G. LEMOINE

PARIS
Société d'Éditions Littéraires et Artistiques
LIBRAIRIE OLLENDORFF
50, CHAUSSÉE D'ANTIN, 50
Tous droits réservés

《여자의 일생》(1883) 속표지

〈의자 고치는 여자〉에서도 알 수 있듯이, 모파상의 세계는 무엇보다도 물질과 감각이 중심이다. 아무리 정신을 중시하는 연애를 그려도, 거기에는 반드시 물질과 관련된 것이 뒷받침된다. 모파상에게는 돈, 쾌락, 피, 유산 등 눈에 보이고, 손에 잡히며, 오감으로 느낄 수 있는 것만이 존재하는 듯싶다.

그 유산, 먼 아메리카에서의 유산이기는 하지만 〈쥘 삼촌 *Mon oncle Jules*〉 가족은 눈에 보이고 손에 잡히도록, 그것을 유일한 희망으로서 하루하루를 살아가는데, 그것마저도 배반당하고 만다. 하지만 모파상 특유의 잔혹함이 없고 어떤 따뜻한 익살이 녹아 있어, 가벼운 마음으로 즐길 수 있는 작품이다.

〈바다에서 *En mer*〉는 탐욕이 낳은 비극이기는 하지만, 어딘가 유머러스하고 밝기조차 하다. 죽음과 실종, 눈물로 끝나지 않기 때문일지도 모른다.

〈들판에서 *Aux champs*〉는 앞의 작품에 비하면 처참하기 그지없고 무서운 이야기이다. 농부의 탐욕은 모파상이 즐기는 제목으로, 〈끈〉 등에서 뚜렷하게 드러난다.

〈피에로 *Pierrot*〉와 〈노인 *Le vieux*〉은 모두 농부의 탐욕을 다루고 있으며, 흠잡을 데가 없는 소품이다.

2. 도시물

프로이센–프랑스 전쟁이 발발하자 스무 살에 일찌감치 종군한 모파상은 전쟁이 끝난 뒤 일단 에트르타로 돌아오지만, 문학의 길을 걷겠다는 강한 결의를 품고 파리로 올라가 아버지가 근무하던 해군부에 임시직으로 채용된다.

그 뒤 아버지의 도움과 플로베르의 추천으로 공교육부에 들어갔는데, 이 10년에 걸친 관청 생활 체험을 통해 우울한 하급관리를 주제로 작품을 탄생시켰다. 그는 공교육부에 근무하면서도 문학을 향한 뜻을 버리지 않고 플로베르를 부지런히 찾아다니며 배움을 게을리하지 않았지만, 문학을 본업으로 생각하지는 않았기 때문에, 작가로서의 지위가 확립되기 전까지는 일을 그만두

《여자의 일생》삽화 결혼한 지 얼마 되지 않은 신혼생활의 나날을 보내던 어느 날 한밤에 잔은 추위에 눈을 떴다. 오한과 불안으로 2층 남편 방으로 가려고 어둠 속을 걸었다. 남편 방에서는 빛이 새어나오고 있었다. 잔이 거기에서 본 광경은……

지 않았다. 모파상 또한 노르망디 사람답게 '돌다리도 두드려 보고 건너는 성격'을 지니고 있었던 것이다.

모파상은 사냥을 좋아하고 낚시도 잘했으며 보트와 요트도 즐겼다. 그 점에서 볼 때 크루아세의 은둔자 플로베르와는 상당히 달랐다.

모파상은 평생 물을 사랑했다. 고향에서는 에트르타 바닷가, 파리에서는 센 강, 남쪽으로 가면 지중해 연안이 있었다. 그의 작품에 나오는 파리 근교 유흥가, 아니에르(Asnières), 아르장퇴유(Argenteuil), 샤투(Chatou), 부지발(Bougival), 르그르뉘에(Le Grenier), 메종 라피트(Maisons–Laffitte), 푸아시(Poissy) 등이 모두

《벨 아미》(1885 초판) 표지

물가이다.

모파상이 도시 생활에 으레 따라다니는 밤의 여자들을 놓칠 리도 없고, 또 파리 문단의 유명 작가가 되었으므로 작품에 사교 여성들도 자주 모습을 드러내게 된 것이다.

〈구멍 Le trou〉, 〈폴의 연인 La femme de Paul〉은 둘 다 물에서 소재를 가져온 이야기이다. 〈구멍〉은 낚시애호가를 다룬 작품으로, 읽는 사람은 배꼽을 잡게 된다. 이 파리 노동자의 괄괄한 목소리는 노르망디 농부의 우울한 말투와 좋은 대조를 이루고 있다. 모파상 자신도 센강에서는 여러 가지 의미에서 '구멍'에 정통해 있었을 게 틀림없다.

스물다섯 살 모파상은 파리에서 고향의 어머니에게 다음과 같은 편지를 써 보냈다.

저는 요즘 보트에 미쳐 있습니다. 부지발에 모여드는 보트 친구들의 집에 럼주를 마시기 위해 한밤중에 쳐들어가 문을 두드려 깨워 그들을 깜짝 놀라게 하기도 합니다. 언젠가도 말씀드렸듯이 그 뱃놀이 광경을 쓰려고 고심하고 있습니다. 뱃놀이와 관련된 재미있는 이야기를 수집하면, 틀림없이 흥미롭고 생생한 작품을 쓸 수 있을 것입니다.

그렇게 해서 〈구멍〉과 〈폴의 연인〉이 탄생한 것이리라.

모파상에게는 선정적인 악덕을 다룬 작품들이 꽤 있지만 동성애 소설로는 〈폴의 연인〉이 유일하며, 그 점에서 매우 대담한 시도였다. 모파상이 서른 살

안팎일 때 이런 주제를 다루었다는 점만으로도 상당히 놀라운 일인데, 이 까다로운 작품에서는 매우 훌륭한 분석과 심리 해부까지 볼 수 있다.

〈목걸이 *La parure*〉는 진짜와 가짜의 차이에 기초를 둔 이야기이다. 모파상에게 보석의 반짝임은 속임수를 대표하는 일이 많다. 다시 말해 속임수의 겉모습 속 진실의 바닥을 보여주는 것이다. 그 바닥에 흐르고 있는 것은 염세주의(페시미즘)이다.

《벨 아미》 삽화

이 소설은 여자의 허영을 경고하는 것으로 해석되는 경향이 있지만, 그것은 터무니없는 오해이다. 모파상의 작품에는 교훈을 주는 요소 따위는 아예 없다.

〈소풍 *Une partie de campagne*〉에서도 표면의 쾌활함 속에 흐르고 있는 것은 깊은 염세주의이다. 푸른 자연을 동경하던 도시생활자가 대지로 도피하여 자유로운 사랑을 찾아 강물 위로 달아난다. 자유로운 연애와 단조로운 결혼의 대비는 이 이야기의 마지막 두 문장에서 뚜렷이 드러나 있다.

"나도 매일 밤 이곳을 생각해요." (…)
"여보, 이제 그만 갑시다. 슬슬 돌아갈 시간이 된 것 같은데."

모파상은 언제나 비참한 처지에 놓이는 것은 남자 쪽이라고 생각하며, 그것은 〈훈장!〉에서도 마찬가지다. 이는 무턱대고 훈장을 좋아하는 프랑스인에 대한 통렬한 야유, 그리고 훈장도 남자의 재능 때문이 아니라 아내의 미모 덕

《르 프티 모니퇴르 일뤼스트레》(1887년 10월 30일자)에 실린 〈야성의 어머니〉 삽화

분에 받았다는 점에 이중의 야유가 들어 있다. 이렇듯 작가에게 심한 학대를 당하는 것은 언제나 남자이다.

〈크리스마스이브 *Nuit de Noël*〉도 겉모습이 진실을 속이는 예이다. 뚱뚱한 겉모습 속의 진실은 임신이었다. 〈보석 *Les bijoux*〉 또한 마찬가지로 겉모습 속의 진실을 폭로한다. 본디 보석은 모파상에게는 진짜와 가짜를 대변하는 것일 뿐이다. 〈목걸이〉에서는 진짜로 생각했던 것이 가짜였고, 〈보석〉에서는 가짜라고 생각한 것이 진짜였다. 여기서도 모든 것은 우연의 장난이다.

모파상의 짧은 문학생활에서 끊임없이 그를 따라다닌 주제 가운데 하나로 '자식'을 들 수 있다. 하룻밤 포옹의 결과는 후회의 씨앗이 되어 평생 남는다. 〈아버지 *Le père*〉의 주인공은 젊은 시절 자식의 속박에서 달아났지만, 늙어서는 고독에서 벗어나기 위해 다시 자식을 보고 싶어한다.

〈소풍〉에서는 육체에 저항하기 힘든 유혹으로 나타난 것이 '나이팅게일'인데, 〈아버지〉에서는 '라일락꽃'이다.

〈시몽의 아빠 *Le Papa de Simon*〉는 아빠를 얻은 아이의 행복을 그린 작품으로, 모파상의 작품 치고는 드물게 즐거운 분위기로 마무리된다.

〈복수하는 사람〉은 남자의 질투를 분석심리학의 관점에서 시도한 것으로 볼 수 있다.

묘지를 모독하는 것이 〈묘지 *Les tombales*〉의 주제라면, 그의 출세작 〈텔리에의 집〉도 매춘부가 첫 영성체를 모독하고 있다. 이 또한 겉모습이 부도덕한 내면을 숨기고 있는 예로, 상복을 입은 과부가 실제로는 남자를 사냥하는 여자였던 것이다.

아름다움과 젊음만을 생명으로 하는 자들에게는 노년에 접어드는 것만큼 고통스러운 일은 없다. 모파상은 그런 주제로 진귀한 단편 〈미뉴에트 *Menuet*〉를 썼다. 〈미뉴에트〉라는 제목 자체가 벌써 옛 시대의 냄새를 풍기고 있어, 흘러간 시대를 되찾고자 애쓰는 슬픈 이야기를 예언해 준다. 그리고 단순히 늙은 부부의 슬픔만 그려져 있는 게 아니라, 독신자인 '나' 자신에게도 노년이 이미 현실로 다가와 있다.

〈소바주 어머니〉(1884) 삽화 전쟁이 가져온 비극과 그 잔인성이 생생하게 드러난 작품이다.

가련한 노처녀를 다룬 〈오르탕스 여왕 *La reine Hortense*〉은 앞의 〈의자 고치는 여자〉와 같은 계열에 놓을 수 있는 가슴 아픈 작품이다. 자식이 없는 노처녀가 죽음의 순간에 남편과 자식이 있다고 상상하는 감동적인 장면을 설정하여, 그 여자의 가정과 생활을 연민의 눈으로 그려낸다. 이 모습과 강렬한 대조를 이루는 것은, 옆방에서 유산을 기다리고 있는 그녀의 친척들이다.

〈도둑 *Le voleur*〉은 세 예술가의 생활을 빌려 작가 자신의 방종했던 젊음을 노래한 작품이라고 할 수 있다.

〈승마 *A cheval*〉에서도 모파상은 인생의 잔인한 불행을 향해 열려 있는 문만 보여주고 출구는 만들어 주지 않는다. 그래서 그의 이야기는 이따금 음산한 분위기를 드러낸다. 가난한 직장인이 모처럼 가족과 함께 즐거운 소풍을 갔는

데, 얄궂은 운명의 장난으로 자기 삶을 불행의 구덩이에 빠뜨리고 만다.

모든 것은 불합리하다. 그리고 모든 사건은 우연에 의한 결과일 뿐이다. 모파상의 작품에서는 '우연'이 커다란 역할을 하고 있다. 〈목걸이〉도 우연한 운명의 장난일 뿐이다.

3. 전쟁물과 괴기물

1870년에 프로이센−프랑스 전쟁이 터지자 그때 스무 살이던 모파상도 소집되어, 자기 눈으로 전쟁을 바라보았다. 이 경험은 뒷날 그의 수많은 단편들

단편 〈오를라〉(초판 1887) 표지 윌리엄 줄리안 다마치 그림의 1908년판 표지

의 밑거름이 되었다. 그의 출세작 〈비곗덩어리〉도 그 하나이다. 플로베르는 〈비곗덩어리〉를 읽고, "이런 소설을 10편쯤 쓴다면 자네는 대가가 될 것이네" 말한 바 있다.

짧지만 강렬했던 종군 경험으로 그는 평생 동안 전쟁을 끔찍하게 혐오했다. 여행기 〈물 위에서〉에서 그는 다음과 같이 외쳤다.

우리는 그 전쟁을 보았다. 인간이 다시 광포한 짐승으로 돌아가서 놀이 삼아, 또는 공포나 허영심 때문에 방약무인하게 사람을 죽이는 것을 보았다. 거기에는 법률도 없고 법칙도 통하지 않는다. 정의의 모든 관념도 소멸해 버렸다.

전쟁이 끝나고 파리로 돌아온 그는 문단에 나갈 때까지 생계를 위해 월급쟁

이가 되는데, 이윽고 〈비곗덩어리〉로 인정받고 《여자의 일생》으로 유명 작가가 되어 사교계의 총아로 떠오른다.

그러나 그 화려한 생활 중에도 신경증 장애가 갈수록 심해져서 그의 삶을 위협했다. '영혼의 분리'를 다룬 초자연적인 작품이 특히 만년에 많이 나온 것도, 이 병마와의 관련성을 무시할 수 없을 것이다. 그리하여 모파상은 발광, 자살 미수, 정신병원에서의 죽음이라는 비참한 길로 들어서게 되었다.

〈두 친구 Deux amis〉는 모파상의 단편 가운데서도 걸작이다. 두 친구는 전쟁 때문에 자신들의 유일

〈오를라〉 삽화 '오를라'라는 수수께끼의 생명체에 시달리는 '나'의 독백을 주제로 하고 있다. 화자인 '나'는 오를라에게 시달리면서 차츰 미쳐가게 되고, 마지막에 자살을 암시하면서 끝난다.

한 즐거움을 빼앗긴다. 그로 말미암아 온화한 파리시민들도 전쟁을 저주하게 된다. 그런 점에서도 평화주의자 모파상의 숨결을 느낄 수 있다.

그렇지만 결말은 약간 비참하다. 모파상은 대부분 단편을 강렬한 효과를 가진 격렬한 사건, 특히 죽음으로 끝맺는 경우가 많다. 〈두 친구〉와 마찬가지로 〈소바주 어머니 La mère sauvage〉는 사형집행, 〈미친 여자 La folle〉는 추위에 의한 죽음 등, 프랑스군의 전사(戰死) 장면까지 등장한다.

〈미친 여자〉는 전쟁이 낳은 가장 작은 비극에 지나지 않지만, 전쟁에 맞서는 가장 큰 항의서라고 할 수 있다.

〈소바주 어머니〉는 모파상이 프로이센–프랑스 전쟁에서 소재를 가져온 작

품 가운데 가장 뛰어난 소설로 꼽는다. 그 이전에 쓴 전쟁물 〈비곗덩어리〉도 걸작으로서 재미있는 야유가 풍부하지만 〈소바주 어머니〉에서는 보다 현실을 중시하고 정확한 묘사에 치중한다.

이 작품에서는 '사랑'이 주요 동기가 되어, 먼저 고향에 대한 사랑을 씀으로써 어머니의 사랑에 대한 묘사를 준비한다. 그리고 프로이센군에 의해 집이 파괴되었던 친구를 방문하는 일은, 이윽고 어머니의 초가집도 그와 같은 운명이 되리라는 것을 암시한다. 그리고 결국 자식에 대한 어머니의 사랑은 사디즘까지 이어진다. 이는 모성애의 비극이라고 할 수 있으리라.

〈포로들 *Les prisonniers*〉은 포로의 우스꽝스러움이 자연히 배어 있는 뛰어난 단편이다.

모파상은 흔히 여성에게는 친절하고 남성에게는 가혹한 경향이 있는데, 여기서도 산림관리인 딸의 기지에 의해 마을 남자들이 모두 동원되는 모습을 그리고 있다. 프랑스군의 한심한 모습을 은근히 조롱하는 듯하지만, 작가가 자신의 애국심을 강조하려고 하는 것은 아니다.

용기라는 것도, 그에게는 더욱 자연스러운 감정을 숨기고 있는 표면적인 것에 지나지 않는다. 그리고 그런 용기에 의해 훈장을 받는 것은, 용기를 신랄하게 야유한 것이라고 할 수 있다.

〈상이군인 *L'infirme*〉에는 프로이센–프랑스 전쟁이 낳은 상이군인이 등장한다. 그를 보면서 '나'는 처음에 연애이야기의 낭만에 찬 결말을 상상했으나, 나중에는 더욱 평범한 현실을 이끌어 내기 위해 염세주의와 자연주의의 영향을 받은 결말을 떠올린다. 이런 꿈이 배신당하는 것은 《여자의 일생》에서도 중요한 주제가 되고 있다.

〈공포 *La peur*〉에서 나오는 '공포'는 모파상이 가장 즐겨 다루는 주제의 하나이다. 이런 제목은 정의(定義)라는 관점에서는 낭만에 가깝다.

사실 모파상은 공포를 정의하여 "사람은 자기가 이해할 수 없는 것을 두려워한다"는 뜻의 말을 여러 번 했다. 그러므로 신비롭고 환각에 빠진 듯하게 묘사할 수 있는 것은 모두 비합리적이다. 모파상에게는 그런 비합리적인 것은 전혀 없으며, 불가능한 것을 묘사할 때조차 언제나 신문의 사회면 기사처럼 정확하고 간결하다. 그런 종류의 초자연적인 주제를 다룬 작품 가운데 가장 뛰어난 것이 〈오를라 *Le Horla*〉이다.

〈오를라〉의 첫머리는 마치 사랑을 고백하는 것처럼 고향에 대한 애정이 길게 그려져 있다. 모파상이 거기에서 이야기한 것은 그 자신의 집이 아니라, 그가 제자로서 자주 드나들었던 스승 플로베르의 집이다.

가장 순수한 형태의 이상(理想)이나 감정을 표현할 때는 독백 형태를 취하는데, 그럴 때는 특히 일기 형식이 어울린다. 모파상은 〈오를라〉와 〈누가 알겠는가? Qui sait?〉 등에서 광기를 그리는 데 일기를 이용

모파상의 흉상 파리 몽소공원

했다. 곧 하루하루 자신의 정신 상태를 분석하는 것은 미친 사람 자신이다. 그리고 일기는 광기의 진전을 기록하는 것이므로 병의 경과를 더듬을 수 있다.

미친 사람의 머릿속에서 이성(理性)이 움직이듯이 가구가 그의 집에서 움직이는 〈누가 알겠는가?〉는, 모파상의 다른 괴기소설과는 달리 설명을 추구하지 않고 완전한 신비인 채로 남아 있다. 이런 종류의 작품 가운데서도 마지막에 (1890) 집필된 점에서 보아, 모파상이 더 오래 살았더라면 아마도 그의 괴기물은 좀더 다른 양상을 보였을지도 모른다. 어쨌든 〈누가 알겠는가?〉는 모파상의 작품 가운데 가장 현대성이 풍부하다.

〈손 La main〉의 무대는 코르시카이다. 모파상을 포(Edgar Allan Poe)와 호프만(Ernst Theodor Amadeus Hoffmann)의 후계자로 일컫지만, 초자연적 사실의 자연적인 설명을 추구하고 있다는 점에서(〈산장 L'auberge〉, 〈물 위에서〉, 〈공포〉)는 호프만과 다르다.

이따금 그는 이 〈손〉처럼 합리적인 해석으로 만족하는 경우도 있고, 〈누가 알겠는가?〉처럼 설명할 수 없는 신비로 남아 있기도 하다. 이러한 공포와 광기를 묘사할 때 모파상이 자연주의 작가다운 태도를 더욱 발휘하는 것은 눈여겨볼 만하다.

모파상의 괴기소설은 만년에 그가 미치기 직전 많이 창작되었으나, 〈물 위에서〉처럼 초기 작품도 있기 때문에 이른바 '영혼의 분리' 이야기를 그의 발병과 연관짓는 것은 위험하고도 섣부른 판단이다.

〈산장〉은 추위와 고독 때문에 미쳐버린 영혼의 심리를 소재로 한 습작이다. 〈미친 여자〉도 그렇지만, 모파상에게는 추위가 중요한 주제가 되어 질병이나 죽음을 동반하는 경우가 많다.

쇼펜하우어의 제자인 염세주의자 모파상에게 달빛은 거꾸로 인생에 대한 환상의 상징이다. 그러므로 그것은 흔히 자연이 파놓는 함정이기도 하다. 〈달빛 *Clair de lune*〉의 앙리에트는 바로 그 함정에 걸려든 것이다.

《여자의 일생, 목걸이》에 실린 작품들에서 우리는 '인간 군상의 민낯'을 다룬 자연주의 작가 모파상을 가까이 만날 수 있다.

이 책이 모파상의 모든 작품세계를 알려줄 수는 없지만 인간 내면을 날카로운 시선과 탄탄한 구성, 간결하고 무덤덤한 문체로 그려 낸, 모파상 문학의 정수를 느끼기에 충분할 것이다.

"그에게는 다른 사람들이 보지 못하는 방식으로 사물을 보는 재능이 있다. 그에게는 말하고자 하는 것을 단순하고 명쾌하게, 그리고 아름답게 표현할 수 있는 문학적 재능이 있다."라는 톨스토이의 말로써 이 글을 마무른다.

모파상 연보

1850   8월 5일 기 드 모파상, 프랑스 북서부 노르망디 지방 디에프에서 가
        까운 소도시 투르빌쉬르아르크의 미로메닐성(城)에서 태어나다. 친
        할아버지는 로렌 지방에서 노르망디로 이주한 귀족으로 그즈음 루
        앙 시에서 담배 사업에 종사하면서 농원 경영에도 손을 대다. 아버
        지 귀스타브는 평범하고 호색적인 시골 신사. 어머니 로르는 그 지
        방에서는 명문인 르 푸아트뱅 집안의 딸로 아름답고 총명하며 남에
        게 지기 싫어하는 성격. 또한 그녀의 오빠 알프레드는 플로베르와
        절친한 친구.

1862(12세) 모파상의 부모는 정식으로 별거하고 그는 노르망디의 에트르타에
        있는 어머니의 별장에서 어머니와 동생 에르베와 셋이서 살게 되
        어, 자연과 바다를 마음껏 즐기면서 자유분방한 소년 시절을 보내
        다. 평생 노르망디에 대한 애착이 강해서 작품의 무대로 자주 이용
        하다.

1863(13세) 이브토의 신학교에 기숙생으로 입학하다. 이곳은 근처의 귀족이나
        부자나 지주의 자제들이 들어가는 학교로 그는 성적은 좋았으나, 엄
        격한 종교적 교육 방침에 반발하여 2년 뒤에는 학교에서 쫓겨나다.

1864(14세) 여름, 에트르타 해안에서 영국 시인 스윈번이 물에 빠진 것을 구하
        여 친구가 되다. 나중에 단편소설 〈에트르타의 영국 사람〉에서 그
        이야기를 말하다.

1867(17세) 루앙의 국립고등학교(1873년부터 피에르-코르네유 고등학교로 교명
        변경)에 기숙생으로 입학하다. 플로베르의 친구로, 어머니의 소꿉동
        무였던 시인 루이 부이예에게서 시작(詩作) 지도를 받고, 그의 권유
        로 플로베르를 찾게 되다.

1869(19세) 루이 부이예 죽다. 7월 바칼로레아(중등학교 졸업인증 시험이자 대학

입학 자격시험)에 합격하다. 이 학창 시절에 친구 로베르 팽송과 플로베르와의 친교를 얻다.

1870(20세) 법률 공부를 뜻했으나 마침 프로이센—프랑스 전쟁이 일어나 징집되어 종군하다. 이 경험은 뒤에 〈비곗덩어리〉를 비롯하여 〈피피 양〉 〈미친 여자〉 등 17편의 작품 소재가 되다.

1871(21세) 병역이 해제되고 에트르타로 돌아오다. 이듬해 3월 아버지의 권유로 해군부 임시 직원으로 취직하다. 이 무렵 플로베르에게서 시작(詩作)이며 문학 지도를 받다. 73년에는 정식 채용되다. 파리의 몽세 거리에 방 하나를 빌리는 한편 창작에도 손을 대다.

1874(24세) 파리의 플로베르 집에서 졸라를 알게 되다. 이후 공쿠르, 투르게네프 등 많은 저명인사들과 교제하다.

1875(25세) 해군부의 일보다는 센강에서 보트를 타거나 여자들과의 놀이를 즐기다. 이때의 경험은 뒤에 단편 〈소풍〉(1881), 〈폴의 연인〉(1881), 〈이베트〉(1884) 등에 묘사되다. 이해 단편 〈살갗이 벗겨진 손〉을 조제프 프뤼니에라는 필명으로 지방지 《알마냐크 로랭 드 퐁타무숑》에 발표하다. 또한 〈유곽(遊廓) 터키관〉이라는 속이 빤히 들여다보이는 연극을 화가 르누아르의 아틀리에에서 상연하다.

1876(26세) 심장장애로 진찰받을 정도의 육체적 불안이 시작되다. 시편이나 평론 〈귀스타브 플로베르론(論)〉을 잡지에 발표함과 동시에 졸라를 중심으로 하는 자연주의 모임을 만들어 이에 적극 참여하다.

1877(27세) 플로베르의 부탁으로 《부바르와 페퀴셰》를 위하여 에트르타 해안의 현장 서술을 시도하다. 기 드 발몽이라는 필명으로 〈성수(聖水)를 주는 사람〉을 잡지 《모자이크》에 발표하다.

1878(28세) 단편 〈라레 중위의 결혼〉 〈코코넛, 코코넛, 신선한 코코넛!〉을 《모자이크》지에 발표하다. 플로베르에게 보낸 편지에서 눈병을 호소하다. 12월, 공교육부(지금의 국가교육부)로 직장을 옮기다.

1880(30세) 1월 〈비곗덩어리〉의 원고를 읽은 플로베르로부터 걸작이라고 격찬받다. 3월 이 작품을 실은 《메당의 저녁》이 간행되고 일약 문단에 확고한 지위를 확립하다. 5월 8일, 아버지처럼 스승처럼 우러르던 플로베르 죽다. 9월~10월, 코르시카 여행 수필과 기행 등 12편을 발표

하다.

1881(31세) 7월 아프리카 여행 출발하다. 12월 첫 단편 소설집 《텔리에의 집》을 간행하다. 공교육부를 사직하다. 10년 가까운 하급 관리 생활이 〈유산〉 〈승마〉의 인간 관찰, 인생 관조의 기반이 되다. 중·단편 10여 편을 발표하다.

1882(32세) 신문에 약 60편의 단편을 발표하다. 6월에 벨기에서 제2의 단편집 《피피 양》을 간행하다. 7~8월 브르타뉴 지방을 여행(이때의 기행은 2년 뒤에 간행된 아프리카 기행 《뜨거운 햇살 아래》에 함께 수록되다). 이 무렵 비평가 사르세이 볼프의 비판에 대답해서 자연주의 옹호의 관점에서 반론을 《골루아》지에 발표하다.

1883(33세) 첫 장편 소설 《여자의 일생》을 《질 블라스》지에 연재해서 커다란 호평을 받다(4월 6일 완결 후 단행본으로 출판. 3만 부가 8개월 동안에 매진되다. 문명(文名)이 국제적으로 알려짐과 동시에 부자가 되다). 7월, 고향 에트르타에 별장을 새로 지었는데, 이해 병세는 더욱 악화되고 눈병, 신경장애, 두통에 시달리는 등 고생을 하다. 〈그 사람인가?〉에 묘사되는 것 같은 환각과 강박 관념을 겪고 있었다고 짐작되다. 여름 오베르뉴에 어머니와 함께 온천 요양을 떠나다. 11월 하인 겸 요리사로서 벨기에 사람 프랑수아를 고용하다. 이해 중·단편 약 70편을 발표하다. 단편집 《멧도요새 이야기》 간행하다.

1884(34세) 1월~3월 남프랑스 칸에 머무르다. 러시아 태생인 여류 화가 마리 바시키르체프와 편지를 주고받으며 교제하다. 6월~10월 에트르타를 방문하다. 두 번째 장편 《벨아미》 집필 외에 중·단편 약 60편. 단편집 《달빛》 《론돌리 자매》 《미스 해리엇》 간행하다.

1885(35세) 눈병이 더욱 악화되다. 4월~7월 이탈리아 각지, 시칠리아섬으로 여행하다. 《벨아미》를 《질 블라스》지에 연재하다(4월 8일~5월 30일). 10월 장편 《몽토리올》의 취재와 온천 요양을 겸해서 오베르뉴에 머무르다. 11월~12월 남프랑스 앙티브에 산 별장에 머물다. 이해 중·단편 약 20편을 발표하다. 소설집 《낮과 밤 이야기》 《투안》 《이베트》.

1886(36세) 1~2월, 앙티브에 머묾, 요트를 사들이다(뒤에 '벨아미 호'라 이름 붙이다). 여름, 오베르뉴, 런던, 옥스퍼드 여행하다. 10~11월, 앙티브에

머물다. 시력이 완전히 약해지다. 《질 블라스》지에 《벨아미》 연재하다(12월 23일~2월 6일). 단편 20여 편 발표하다. 소설집 《로크의 딸》 《파랑 씨(氏)》 간행되다.

1887(37세) 작가로서의 이름을 크게 떨치다. 신문사, 출판사는 그의 작품을 얻으려고 다투다. 방문객을 피하기 위해 파리 교외 센강 변에 성을 구해서 옛 친구를 초대하고 밤새워 술을 마시기도 하다. 마틸드 공작 부인의 초대를 받다. 《춘희》의 작가 뒤마 피스는 그를 아카데미 회원으로 추천하려고 운동했고, 여성 독자들로부터는 동경의 대상이 되었으나 공쿠르에게서는 질투받다. 연말 두 번째로 아프리카를 여행하다. 걸작 《피에르와 장》이 《르뷔 블랑슈》지에 실리다(12월호~신년호). 이해 중·단편 10여 편. 소설집 《르 오를라》 간행되다.

1888(38세) 1월 아프리카 여행에서 돌아왔는데, 《피가로》 신문에 실린 그의 〈소설론〉 일부가 아무런 양해도 구하지 않고 무단 삭제되어 있었으므로 소송을 제기해서 사죄하게 하다. 이 무렵 여행과 항해가 관심의 전부라고 편지에 쓰다. 4월 칸, 6월~7월 스위스의 온천지로 나가다. 11월~12월 세 번째 장편 《죽음처럼 강하다》 집필. 단편 약 5편. 소설집 《위송 부인의 장미나무》, 중편 《피에르와 장》, 여행기 《물 위에서》 간행되다.

1889(39세) 장편 《죽음처럼 강하다》를 《르뷔 일뤼스트레》지에 연재(2월 15일~3월 15일)하고 이어 출판하다. 7월 에트르타로 가고, 9월~10월에는 세 번째로 이탈리아 여행을 떠나다. 아끼는 벨아미 호를 타고 베르나르, 레이몽 두 선원과 프랑수아와 동행하다. 여행 중에 고열과 위통이 일어나 예정을 변경하여 집으로 돌아오다. 도중 리옹 교외의 브롱 정신병원에 입원 중인 동생 에르베를 위문하다. 중·단편 10여 편. 소설집 《왼손》 간행되다.

1890(40세) 1월~3월 칸에 머무르다. 4월 환각적 이야기 〈누가 알겠는가?〉를 발표하다. 두통·안질·불면증 더욱 심해지다. 장편 《우리의 마음》을 《르뷔 데 되 몽드(양세계 평론)》에 연재(5, 6월호). 7월 스위스로 온천 요양을 떠나다(신작 장편 《이방인의 영혼》 취재 목적도 있었다고 추정되다). 한편 극작에도 관심을 나타내고 희곡 〈뮈조트〉를 탈고하다.

10월 아프리카로 여행한 것으로 추정되다. 11월 플로베르 기념상 제막식에 참석하기 위해서 루앙으로 가다. 장편 《우리의 마음》과 중·단편 4편이 발표되다. 소설집 《쓸모없는 아름다움》 간행되다.

1891(41세) 병세는 절망적이었으나 미완성인 유작 《앙젤 뤼스(삼종 기도)》 집필에 온 힘을 기울이다. 〈뮈조트〉가 파리에서 상연되어 호평을 받다. 5월~6월 니스에 머무르다. 7월에 니스에서 뤼숑 온천, 디본 온천으로 가서 요양하다. 연말부터는 과대망상 등 정신착란 증세가 심해지다. 작품은 발표되지 않다.

1892(42세) 1월 1일 밤, 자살하려다 미수로 끝나다. 파시(Passy) 정신병원에 수용되다.

1893(43세) 이따금 맑은 정신으로 되돌아오는 때도 있으나 기어다니며 독방의 벽을 핥기도 했다고 전해지다. 6월 28일 두 번이나 경련, 발작하다. 7월 2일까지 혼수상태 계속되다. 7월 6일 오후 3시 무렵 두 간호사가 지켜보는 가운데 어두컴컴한 병원 한구석에서 숨을 거두다. 7월 9일 파리의 몽마르트르 묘지에서 작가들이 참석하여 졸라가 조사를 읽는 가운데 장례가 치러지다. 유해는 몽파르나스 묘지에 묻히다.

이춘복(李春馥)

한국외국어대 불어과 졸업 서울대대학원 불문학 석사 프랑스 파리제1대학원 박사. 한국외대 불어과 교수 역임. 옮긴책 기 드 모파상《여자의 일생》《비곗덩어리》《목걸이》, 프로스페르 메리메《마테오 팔코네》, 알퐁스 도데《별》등이 있다.

World Book 80
Henri René Albert Guy de Maupassant
UNE VIE/LA PARURE
여자의 일생/목걸이
기 드 모파상 지음/이춘복 옮김

1판 1쇄 발행/1978. 6. 10
2판 1쇄 발행/2008. 5. 5
3판 1쇄 발행/2021. 3. 1

발행인 고정일
발행처 동서문화사

창업 1956. 12. 12. 등록 16-3799
서울 중구 마른내로 144(쌍림동)
☎ 546-0331~6 Fax. 545-0331
www.dongsuhbook.com

*

사업자등록번호 211-87-75330
ISBN 978-89-497-1795-1 04080
ISBN 978-89-497-0382-4 (세트)